Curso de DIREITO CONSTITUCIONAL

O GEN | Grupo Editorial Nacional – maior plataforma editorial brasileira no segmento científico, técnico e profissional – publica conteúdos nas áreas de concursos, ciências jurídicas, humanas, exatas, da saúde e sociais aplicadas, além de prover serviços direcionados à educação continuada.

As editoras que integram o GEN, das mais respeitadas no mercado editorial, construíram catálogos inigualáveis, com obras decisivas para a formação acadêmica e o aperfeiçoamento de várias gerações de profissionais e estudantes, tendo se tornado sinônimo de qualidade e seriedade.

A missão do GEN e dos núcleos de conteúdo que o compõem é prover a melhor informação científica e distribuí-la de maneira flexível e conveniente, a preços justos, gerando benefícios e servindo a autores, docentes, livreiros, funcionários, colaboradores e acionistas.

Nosso comportamento ético incondicional e nossa responsabilidade social e ambiental são reforçados pela natureza educacional de nossa atividade e dão sustentabilidade ao crescimento contínuo e à rentabilidade do grupo.

GP

Guilherme Peña de Moraes

Curso de DIREITO CONSTITUCIONAL

14ª ed. REVISTA & AMPLIADA

gen | atlas

- Fechamento desta edição: *07.02.2024*

- **Atendimento ao cliente: (11) 5080-0751 | faleconosco@grupogen.com.br**

  Editora Atlas Ltda.
  Uma editora integrante do GEN | Grupo Editorial Nacional
  Travessa do Ouvidor, 11 – Térreo e 6º andar
  Rio de Janeiro – RJ – 20040-040
  www.grupogen.com.br

- Capa: Bruno Zorzetto

CIP-BRASIL. CATALOGAÇÃO NA PUBLICAÇÃO
SINDICATO NACIONAL DOS EDITORES DE LIVROS, RJ

M82c
14. ed.

Moraes, Guilherme Peña de
Curso de direito constitucional / Guilherme Peña de Moraes. - 14. ed., rev. e atual. - Barueri [SP] : Atlas, 2024.
840 p. ; 23 cm.

Inclui bibliografia e índice
ISBN 978-65-5977-594-1

1. Direito constitucional - Brasil. I. Título.

24-87871 CDU: 342(81)

Meri Gleice Rodrigues de Souza - Bibliotecária - CRB-7/6439

Quem supera, vence.

Johann Wolfgang von Goethe

er examinado sob o ângulo objetivo, denominado "Direito como
eito Positivo", e sob o ângulo científico, designado "Direito como
do Direito".
tivo é consubstanciado pelas regras e princípios que regulam o
pessoas por meio da coerção.[3]
ireito é contemplada pelos estudos acerca das normas jurídicas,
escritivas sobre as regras e os princípios do Direito Positivo, sendo
áticos, em ramos jurídicos.[4]
temas de Direito estão contidos na família jurídica da *Civil Law*, de
, e na família jurídica da *Common Law*, de proveniência saxônica,
reconduzida à fenomenologia da produção e aplicação das normas
aw, há a preponderância da produção legislativa (*ius ex lege*), na
é fonte principal ou direta, enquanto a analogia, costumes e prin-
ntes subsidiárias ou indiretas do Direito romano-germânico.[5] Na
prevalência da produção tribunalícia (*ius ex iustitia*), uma vez que a
nte de conhecimento ou revelação do Direito anglo-saxônico, a teor
isis et non quieta movere.[6] A distinção entre a *Civil Law* e a *Common*
urídicos contemporâneos, é objeto de flexibilização ou relativização,
cia de elementos inerentes aos ordenamentos de procedência saxô-
mano-germânico, a exemplo, no processo civil, das ações coletivas
e, no processo penal, da transação penal e suspensão condicional
o pelo absorvimento de elementos intrínsecos aos ordenamentos de
a pelo Direito anglo-saxônico, a exemplo das *Rules of Civil Procedure*,
999, que disciplinam o processo judicial na Inglaterra e no País de
utional Reform Act, de 24 de março de 2005, que institucionalizou a
Reino Unido.[7]
ireito, no espaço da tradição jurídica da *Civil Law*, contêm o Direito
preservação do interesse do Estado, e o Direito Privado, destinado à
sses das pessoas, cuja diferenciação pode ser remontada à tipologia da
Público, há a preponderância da justiça distributiva (*quod ad Statum*

DER, Paulo. *Filosofia do Direito*. 16ª ed. Rio de Janeiro: Forense Jurídica, 2003,
guel. *Filosofia do Direito*. São Paulo: Saraiva, 2002, p. 45; SALDANHA, Nelson.
eito. 2ª ed. Rio de Janeiro: Renovar, 2005, p. 3, e VELOSO, Waldir de Pinho.
eito. São Paulo: Thomson IOB, 2004, p. 51.

rei. *Positive Law*. Oxford: Clarendon Press, 2001, p. 24.

ward. *Science of Law*. Holmes Beach: Gaunt, 1996, p. 51.

ohn. *Civil Law Tradition*. 3ª ed. Palo Alto: Stanford University Press, 2007, p. 21.

orge. *Common Law Tradition*. New Brunswick: Transaction Publishers, 2006, p. 83.

vil Law reside na promulgação da Lei das Doze Tábuas da República Romana,
passo que a *Common Law* é resultado da conquista normanda da Inglaterra
Hastings, em 1066, quando é estabelecida a "poderosa clivagem". DAVID, René.
tèmes de Droit Contemporains. 8ª ed. Paris: Dalloz, 1982, p. 57. V., também, do
Traité Élémentaire de Droit Civil Comparé. 8ª ed. Paris: Librairie Générale de Droit
dence, 1950, p. 75.

SOBRE O AUTOR

Mestre em Direito Constitucional pela Pontifícia Universidade Católica do Rio de Janeiro (PUC/RJ). Doutor em Direito Constitucional pela Pontifícia Universidade Católica de São Paulo (PUC/SP). Pós-Doutor em Direito Constitucional pela *Fordham School of Law - Jesuit University of New York* (FU/NY). Membro do Ministério Público do Estado do Rio de Janeiro. Professor de Direito Constitucional da Universidade Federal Fluminense (UFF).

PREFÁCIO

Pode parecer pouco usual ou nada ortodoxo que, em tema de editoração bibliográfica, o pai, instado por convite com força de comover, venha a prefaciar obra acadêmica do filho.

Fi-lo, todavia, certo da indulgente imunidade de não me expor à exceção de impedimento ou suspeição por parte dos operadores do Direito, a cuja nobilíssima comunidade se destina o trabalho em apreço, resultante, pude testemunhar, de labor fecundo do autor e de incontáveis pares de horas por ele subtraídas da reserva do seu lazer.

Amigos, em grau de estima recíproca e absoluta, somos ambos, pai e filho, cúmplices e parceiros, hoje, na mesma dedicação intelectual: o estudo diuturno e o magistério fascinante do Direito Constitucional.

Lecionamos, os dois, por feliz coincidência e para gáudio meu, no Centro de Estudos, Pesquisa e Atualização em Direito (CEPAD) e na Escola da Magistratura do Estado do Rio de Janeiro (EMERJ), instituições sediadas na cidade do Rio de Janeiro, o que me tem permitido admirar, da planície, o brilho acentuado do filho ilustre, fulgurando na cumeada da cordilheira, ainda no alvorecer de sua vida profissional.

Sou grato, por isso, a Deus e ao destino, ambos extremamente magnânimos e generosos comigo.

A obra da qual se trata, com a consentida pretensão de ser um *Curso de Direito Constitucional*, é densa, profunda e moderna, contendo, demais disso, referto número de informações doutrinárias acomodadas, de forma sistêmica, em notas de rodapé, no melhor estilo acadêmico, atributos que lhe emprestam, além de qualificação, foros de excelência, de sorte a permitir ao leitor o aprofundamento de pesquisas nas variadas dimensões dos temas cogitados, inclusive no plano do direito alienígena.

A preocupação em estadear a jurisprudência dos tribunais, máxime dos superiores, com inflexível pertinência e atualidade, não resultou, por outro prisma, ao largo da virtuosa inquietude do autor, que a catalogou, nos moldes do estilo, cuidando de ensejar-lhe os dados indispensáveis, de sorte a viabilizar as consultas acaso pretendidas.

A composição, na sua tessitura, é didática e a linguagem utilizada é fluente e persuasiva.

As matérias enfrentadas com autoridade, na edificação do trabalho, em seu todo orgânico, obedecem a uma ordem de apresentação presidida por rigoroso critério lógico-sistêmico.

O cuidado do autor, que já publicou seis outros títulos, revela, certamente, nesse particular, a sua já apreciável experiência no exercício da atividade magisterial.

A obra é proficiente e erudita, vindo a lume em período determinante da vida nacional, época sublinhada pela crescente importância das questões de conteúdo constitucional, sendo o Estado de opção democrática.

O trabalho ora publicado nasce, dessa maneira, sob o pálio auspicioso do anseio de utilidade, sendo facultado, por isso, antever, como produção definitiva, o seu sucesso editorial.

Depois de tudo o que nomeei, a título de prefaciar a obra da qual se cuida, o leitor terá aquilatado, certamente, o quanto da emoção que experimentei ao longo da tarefa a que me permiti.

Afinal, partilhando esse instante insuperável com a Wilméa, esposa excepcional e mãe extremadíssima, a mim resta dizer o que parece truísmo: *o Guilherme é o orgulho dos seus pais.*

Niterói, outono de 2003.
Humberto Peña de Moraes

NOTA À 14ª EDIÇÃO

Concluída a 13ª edição do *Curso de Direito Constitucional*, dedicamo-nos a revisá-lo, atualizá-lo, modificá-lo e ampliá-lo, enfatizadas a doutrina, nacional e estrangeira, e a jurisprudência publicada pelo Supremo Tribunal Federal em 2023.

Dentro dessa linha de entendimento, foram reunidas considerações sobre o *overriding*, o condomínio internacional, a liberdade de exercício religioso, a segurança digital dos dados pessoais, a judicialização da política, o protagonismo institucional e o ativismo judicial, as formas alternativas de solução consensual de litígios constitucionais e as definições de constitucionalismo abusivo, constitucionalismo digital e constitucionalismo ecológico.

Foram reunidas, também, questões objetivas de concursos públicos para carreiras jurídicas, especialmente a Magistratura, o Ministério Público, a Defensoria Pública e as Procuradorias, que estão distribuídas ao final de cada capítulo e, bem assim, em ambiente virtual, com o gabarito oficial e os vídeos de atualização mensal da obra.

Esperando ter respondido às expectativas dos alunos do curso de graduação e candidatos a processos seletivos em geral, aos quais a produção editorial se destina, colocamo-nos à disposição dos leitores para quaisquer esclarecimentos, observações ou críticas, que poderão continuar a ser enviadas para a plataforma digital www.guilhermepenademoraes.com.br.

Rio de Janeiro, verão de 2024.

O Autor

Acompanhe atualizações importantes sobre a matéria.

> *https://uqr.to/15oro*

SUMÁRIO

ABREVIATURAS

AA – Ação Anulatória
AC – Ação Cautelar ou Acórdão
ACO – Ação Cível Originária
ADC – Ação Declaratória de Constitucionalidade
ADCT – Ato das Disposições Constitucionais Transitórias
ADIn – Ação Direta de Inconstitucionalidade
ADIO – Ação Direta de Inconstitucionalidade por Omissão
ADPF – Arguição de Descumprimento de Preceito Fundamental
ADV-COAD – *Advocacia Dinâmica*
a. e. – *ad exemplum*
AFAT – Associação Fluminense dos Advogados Trabalhistas
Ag. – Agravo
AgRg – Agravo Regimental
AI – Agravo de Instrumento
AMPERJ – Associação do Ministério Público do Estado do Rio de Janeiro
AP – Ação Penal ou Advocacia Pública
Apel. – Apelação
APMP – Associação Paulista do Ministério Público
AR – Ação Rescisória
art. – artigo
BAASP – *Boletim da Associação dos Advogados de São Paulo*
BACC – *Bulletin des Arrêts de la Cour de Cassation*
BOE – *Boletín Oficial del Estado*
Bol. – *Boletim*
BverfGE – *Entscheidungen des Bundesverfassungsgerichts*
C – Constituição
CAT – Conflito de Atribuições
CC – Código Civil ou Conflito de Competência
c/c – combinado com
CD – Câmara dos Deputados
CE – Código Eleitoral
CEAC – Constituição do Estado do Acre
CEAL – Constituição do Estado de Alagoas
CEAM – Constituição do Estado do Amazonas
CEAP – Constituição do Estado do Amapá
CEBA – Constituição do Estado da Bahia

CECE – Constituição do Estado do Ceará
CEES – Constituição do Estado do Espírito Santo
CEGO – Constituição do Estado de Goiás
CEMA – Constituição do Estado do Maranhão
CEMG – Constituição do Estado de Minas Gerais
CEMS – Constituição do Estado do Mato Grosso do Sul
CEMT – Constituição do Estado do Mato Grosso
CEPA – Constituição do Estado do Pará
CEPB – Constituição do Estado da Paraíba
CEPE – Constituição do Estado de Pernambuco
CEPI – Constituição do Estado do Piauí
CEPR – Constituição do Estado do Paraná
CERJ – Constituição do Estado do Rio de Janeiro
CERN – Constituição do Estado do Rio Grande do Norte
CERO – Constituição do Estado de Rondônia
CERR – Constituição do Estado de Roraima
CERS – Constituição do Estado do Rio Grande do Sul
CESC – Constituição do Estado de Santa Catarina
CESE – Constituição do Estado de Sergipe
CESP – Constituição do Estado de São Paulo
CETO – Constituição do Estado de Tocantins
CJ – Conflito de Jurisdição
CLT – Consolidação das Leis do Trabalho
CN – Congresso Nacional
CNJ – Conselho Nacional de Justiça
CNMP – Conselho Nacional do Ministério Público
CONAMP – Associação Nacional dos Membros do Ministério Público
CONFAZ – Conselho Nacional de Política Fazendária
CP – Código Penal
CPC – Código de Processo Civil
CPM – Código Penal Militar
CPP – Código de Processo Penal
CPPM – Código de Processo Penal Militar
CRFB – Constituição da República Federativa do Brasil
Cta. – Consulta
CTN – Código Tributário Nacional
DCAP – *Direito Administrativo, Contabilidade e Administração Pública*
Des. – Desembargador
Desaf – Desaforamento
DI – declaração de inconstitucionalidade
DJU – *Diário de Justiça da União*
DOAC – *Diário Oficial do Acre*

DOAL – *Diário Oficial de Alagoas*
DOAM – *Diário Oficial do Amazonas*
DOAP – *Diário Oficial do Amapá*
DOBA – *Diário Oficial da Bahia*
DOCE – *Diário Oficial do Ceará*
DOES – *Diário Oficial do Espírito Santo*
DOGO – *Diário Oficial de Goiás*
DOMA – *Diário Oficial do Maranhão*
DOMG – *Diário Oficial de Minas Gerais*
DOMS – *Diário Oficial do Mato Grosso do Sul*
DOMT – *Diário Oficial do Mato Grosso*
DOPA – *Diário Oficial do Pará*
DOPB – *Diário Oficial da Paraíba*
DOPE – *Diário Oficial de Pernambuco*
DOPI – *Diário Oficial do Piauí*
DOPR – *Diário Oficial do Paraná*
DORJ – *Diário Oficial do Rio de Janeiro*
DORN – *Diário Oficial do Rio Grande do Norte*
DORO – *Diário Oficial de Rondônia*
DORR – *Diário Oficial de Roraima*
DORS – *Diário Oficial do Rio Grande do Sul*
DOSC – *Diário Oficial de Santa Catarina*
DOSE – *Diário Oficial de Sergipe*
DOSP – *Diário Oficial de São Paulo*
DOTO – *Diário Oficial de Tocantins*
DP – Defensoria Pública
DPAM – Defensoria Pública do Amazonas
DPBA – Defensoria Pública da Bahia
DPGO – Defensoria Pública de Goiás
DPISRT – declaração parcial de inconstitucionalidade sem redução de texto
DPMA – Defensoria Pública do Maranhão
DPMG – Defensoria Pública de Minas Gerais
DPMT – Defensoria Pública do Mato Grosso
DPPA – Defensoria Pública do Pará
DPPE – Defensoria Pública de Pernambuco
DPPR – Defensoria Pública do Paraná
DPRN – Defensoria Pública do Rio Grande do Norte
DPRO – Defensoria Pública de Rondônia
DPRR – Defensoria Pública de Roraima
DPRS – Defensoria Pública do Rio Grande do Sul
DPSC – Defensoria Pública de Santa Catarina
DPSE – Defensoria Pública de Sergipe

DPSP – Defensoria Pública de São Paulo
DR – *Diário da República*
EC – Emenda à Constituição
ECR – Emenda Constitucional de Revisão
ed. – edição
EE – Estatuto do Estrangeiro
e. g. – *exempli gratia*
EMD – Embargos de Declaração
EOAB – Estatuto da Ordem dos Advogados do Brasil
Ext. – Extradição
FGV – Fundação Getulio Vargas
GU – *Gazzetta Ufficiale*
HC – *Habeas Corpus*
HD – *Habeas Data*
IAB – Instituto dos Advogados Brasileiros
IBCCrim – Instituto Brasileiro de Ciências Criminais
ICC – interpretação conforme a Constituição
IDC – Incidente de Deslocamento de Competência
IF – Intervenção Federal
ILR – *International Law Review*
inc. – inciso
Inf. – Informativo
Inq. – Inquérito
IOB – *Soluções Fiscais*
j. – Julgamento
JO – *Journal Officiel*
L – legislação
LC – Lei Complementar
LINDB – Lei de Introdução às Normas do Direito Brasileiro
LM – Lei de Migração
LODF – Lei Orgânica do Distrito Federal
LODJERJ – Lei de Organização e Divisão Judiciária do Estado do Rio de Janeiro
LOMAN – Lei Orgânica da Magistratura Nacional
LOMPE – Lei Orgânica do Ministério Público do Estado
LOMPU – Lei Orgânica do Ministério Público da União
LOMRJ – Lei Orgânica do Município do Rio de Janeiro
LONMP – Lei Orgânica Nacional do Ministério Público
M – mérito
MC – Medida Cautelar
MCD – Mesa da Câmara dos Deputados
MCN – Mesa do Congresso Nacional
MI – Mandado de Injunção

Min. – Ministro
MP – Medida Provisória ou Ministério Público
MPAL – Ministério Público de Alagoas
MPAM – Ministério Público do Amazonas
MPBA – Ministério Público da Bahia
MPCE – Ministério Público do Ceará
MPDF – Ministério Público do Distrito Federal e Territórios
MPES – Ministério Público do Espírito Santo
MPF – Ministério Público Federal
MPMG – Ministério Público de Minas Gerais
MPMS – Ministério Público do Mato Grosso do Sul
MPMT – Ministério Público do Mato Grosso
MPPE – Ministério Público de Pernambuco
MPPI – Ministério Público do Piauí
MPPR – Ministério Público do Paraná
MPRJ – Ministério Público do Rio de Janeiro
MPRO – Ministério Público de Rondônia
MPRS – Ministério Público do Rio Grande do Sul
MPSP – Ministério Público de São Paulo
MS – Mandado de Segurança
MSF – Mesa do Senado Federal
n/f – na forma de
OAB – Ordem dos Advogados do Brasil
OE – órgão especial
ONU – Organização das Nações Unidas
P – Presidente ou plenário
p. – página
p. e. – por exemplo
PCAP – Polícia Civil do Amapá
PCGO – Polícia Civil de Goiás
PCRJ – Polícia Civil do Rio de Janeiro
PCPI – Polícia Civil do Piauí
PCPR – Polícia Civil do Paraná
Pet. – Petição
PGEAL – Procuradoria-Geral do Estado de Alagoas
PGEGO – Procuradoria-Geral do Estado de Goiás
PGEMG – Procuradoria-Geral do Estado de Minas Gerais
PGEMS – Procuradoria-Geral do Estado do Mato Grosso do Sul
PGEPE – Procuradoria-Geral do Estado de Pernambuco
PGEPI – Procuradoria-Geral do Estado do Piauí
PGERS – Procuradoria-Geral do Estado do Rio Grande do Sul
PGESC – Procuradoria-Geral do Estado de Santa Catarina

PGESE – Procuradoria-Geral do Estado de Sergipe
PGESP – Procuradoria-Geral do Estado de São Paulo
PGETO – Procuradoria-Geral do Estado de Tocantins
Proc. – Processo
PT – Partido dos Trabalhadores
PTB – Partido Trabalhista Brasileiro
QO – Questão de Ordem
QP – questão prejudicial
RCCN – Regimento Comum do Congresso Nacional
RDA – *Revista de Direito Administrativo*
RDDT – *Revista Dialética de Direito Tributário*
RDTJRJ – *Revista de Direito do Tribunal de Justiça do Estado do Rio de Janeiro*
RE – Recurso Extraordinário
Recl. – Reclamação
Rel. – Relator
REsp – Recurso Especial
RF – *Revista Forense*
RHC – Recurso em *Habeas Corpus*
RICD – Regimento Interno da Câmara dos Deputados
RISF – Regimento Interno do Senado Federal
RISTF – Regimento Interno do Supremo Tribunal Federal
RITJRJ – Regimento Interno do Tribunal de Justiça do Rio de Janeiro
RMS – Recurso em Mandado de Segurança
RODC – Recurso Ordinário em Dissídio Coletivo
RODI – Recurso Ordinário em Dissídio Individual
Rp. – Representação
RR – Recurso de Revista
RT – *Revista dos Tribunais*
RTJ – *Revista Trimestral de Jurisprudência*
RTRF – *Revista do Tribunal Regional Federal*
RvC – Revisão Criminal
SF – Senado Federal
SL – Suspensão de Liminar
SS – Suspensão de Segurança
STF – Supremo Tribunal Federal
STJ – Superior Tribunal de Justiça
STM – Superior Tribunal Militar
SUS – Sistema Único de Saúde
TCP – Tribunal Constitucional de Portugal
TJ – Tribunal de Justiça
TJAC – Tribunal de Justiça do Acre
TJAL – Tribunal de Justiça de Alagoas

TJAM – Tribunal de Justiça do Amazonas
TJAP – Tribunal de Justiça do Amapá
TJBA – Tribunal de Justiça da Bahia
TJCE – Tribunal de Justiça do Ceará
TJDF – Tribunal de Justiça do Distrito Federal e Territórios
TJES – Tribunal de Justiça do Espírito Santo
TJGO – Tribunal de Justiça de Goiás
TJM – Tribunal de Justiça Militar
TJMA – Tribunal de Justiça do Maranhão
TJMG – Tribunal de Justiça de Minas Gerais
TJMS – Tribunal de Justiça do Mato Grosso do Sul
TJMT – Tribunal de Justiça do Mato Grosso
TJPA – Tribunal de Justiça do Pará
TJPB – Tribunal de Justiça da Paraíba
TJPE – Tribunal de Justiça de Pernambuco
TJPI – Tribunal de Justiça do Piauí
TJPR – Tribunal de Justiça do Paraná
TJRJ – Tribunal de Justiça do Rio de Janeiro
TJRN – Tribunal de Justiça do Rio Grande do Norte
TJRO – Tribunal de Justiça de Rondônia
TJRR – Tribunal de Justiça de Roraima
TJRS – Tribunal de Justiça do Rio Grande do Sul
TJSC – Tribunal de Justiça de Santa Catarina
TJSE – Tribunal de Justiça de Sergipe
TJSP – Tribunal de Justiça de São Paulo
TJTO – Tribunal de Justiça de Tocantins
TRE – Tribunal Regional Eleitoral
TRF – Tribunal Regional Federal
TRT – Tribunal Regional do Trabalho
TSE – Tribunal Superior Eleitoral
TST – Tribunal Superior do Trabalho
UERJ – Universidade do Estado do Rio de Janeiro
UFAC – Universidade Federal do Acre
UFAL – Universidade Federal de Alagoas
UFAM – Universidade Federal do Amazonas
UFBA – Universidade Federal da Bahia
UFC – Universidade Federal do Ceará
UFES – Universidade Federal do Espírito Santo
UFF – Universidade Federal Fluminense
UFG – Universidade Federal de Goiás
UFMA – Universidade Federal do Maranhão
UFMG – Universidade Federal de Minas Gerais

UFMS – Universidade Federal de Mato Grosso do Sul
UFMT – Universidade Federal de Mato Grosso
UFPA – Universidade Federal do Pará
UFPB – Universidade Federal da Paraíba
UFPE – Universidade Federal de Pernambuco
UFPI – Universidade Federal do Piauí
UFPR – Universidade Federal do Paraná
UFRGS – Universidade Federal do Rio Grande do Sul
UFRJ – Universidade Federal do Rio de Janeiro
UFRN – Universidade Federal do Rio Grande do Norte
UFRR – Universidade Federal de Roraima
UFS – Universidade Federal de Sergipe
UFSC – Universidade Federal de Santa Catarina
UFT – Universidade Federal de Tocantins
U.K. – *United Kingdom of Great Britain and Northern Ireland*
UnB – Universidade de Brasília
Unesco – Organização das Nações Unidas para Educação, Ciência e Cultura
UNESP – Universidade Estadual Paulista
UNIFAP – Universidade Federal do Amapá
UNIR – Universidade Federal de Rondônia
U.S. – *United States of America*
USP – Universidade de São Paulo
V. – *Vide* ou *versus*
v. g. – *verbi gratia*
VP – Vice-Presidente

INTRODUÇÃO

Acesse e assista à aula explicativa sobre este assunto.

> https://uqr.to/14uh9

1 ESFERAS DE NORMATIZAÇÃO DA CONDUTA HUMANA

A conduta humana, de acordo com a teoria de **Immanuel Kant**, é regulada por esferas de normatização, sobretudo a Moral e o Direito.

A **Moral** é reconhecida como unilateral, cujo objetivo é assegurar a liberdade psíquica da pessoa, de maneira que o dever moral é de foro interno, excluído o cumprimento pelo instituto da coerção.

O **Direito** é reputado como bilateral, cujo objeto é asseverar a liberdade física da pessoa, de sorte que o dever jurídico é de foro externo, exigível o cumprimento pelo instrumento da coerção.[1]

A propósito, o relacionamento entre as esferas de normatização da conduta humana é demonstrado pela *Moral no Direito*, referente à produção da norma jurídica, sendo investigado o grau de incorporação das normas da Moral pelas normas do Direito, cuja análise é preconizada pela Filosofia do Direito, e *Moral do Direito*, respeitante à aplicação da norma jurídica, sendo investigado o grau de condicionamento das normas do Direito pelas normas da Moral, cuja análise não prescinde da Hermenêutica do Direito.[2]

---

1 KANT, Immanuel. *Grundlegung zur Metaphysic der Sitten*. 3ª ed. Hamburg: F. Meiner, 1965, p. 13.

2 Sobre o relacionamento entre a Moral e o Direito, na doutrina alemã: RADBRUCH, Gustav. *Rechtsphilosophie*. 8ª ed. Stuttgart: K. F. Koehler, 1973, p. 3; na doutrina argentina: CAMPOS, Germán Bidart. *Filosofia del Derecho*. Buenos Aires: Ediar, 1969, p. 7; na doutrina espanhola: CALERA, Nicolas Maria. *Filosofía del Derecho*. 2ª ed. Albolote: Comares, 2004, p. 10; na doutrina francesa: RENAULT, Alain. *Philosophie du Droit*. Paris: Presses Universitaires de France, 1991, p. 13; na doutrina italiana: VECCHIO, Giorgio del. *Filosofia del Diritto*. 2ª ed. Citta di Castello: Leonardo da Vinci, 1932, p. 21; na doutrina mexicana: TAMAYO, Luis Alfonso. *Filosofía del Derecho*. México: Harla, 1995, p. 33; na doutrina norte-americana: COLEMAN, Jules. *Philosophy of Law*. 7ª ed. Belmont: Wadsworth, 2003, p. 45; na doutrina portuguesa: MONCADA, Luís Cabral de. *Filosofia do Direito*. 2ª ed. Coimbra: Coimbra Editora, 1988, p. 51. V., também, na doutrina brasileira: ADEODATO, João Maurício. *Filosofia do Direito*. São Paulo: Saraiva, 2005, p. 13; BARROS, José Manoel. *Filosofia do Direito*. São Paulo: Juarez de Oliveira, 2004, p. 21; BOSON, Gerson de Britto. *Filosofia do Direito*. 2ª ed. Belo Horizonte: Del Rey, 1996, p. 10; GUSMÃO, Paulo Dourado de. *Filosofia do Direito*. 7ª ed. Rio de Janeiro: Forense Jurídica,

2 DIREITO

O Direito pode ser examinado sob o ângulo objetivo, denominado "Direito como ordenamento" ou "Direito Positivo", e sob o ângulo científico, designado "Direito como ciência" ou "Ciência do Direito".

O **Direito Positivo** é consubstanciado pelas regras e princípios que regulam o comportamento das pessoas por meio da coerção.[3]

A **Ciência do Direito** é contemplada pelos estudos acerca das normas jurídicas, ou seja, prescrições descritivas sobre as regras e os princípios do Direito Positivo, sendo cindida, para fins didáticos, em ramos jurídicos.[4]

A respeito, os *sistemas de Direito* estão contidos na família jurídica da *Civil Law*, de procedência romana, e na família jurídica da *Common Law*, de proveniência saxônica, cuja diferenciação é reconduzida à fenomenologia da produção e aplicação das normas jurídicas. Na *Civil Law*, há a preponderância da produção legislativa (*ius ex lege*), na medida em que a lei é fonte principal ou direta, enquanto a analogia, costumes e princípios gerais são fontes subsidiárias ou indiretas do Direito romano-germânico.[5] Na *Common Law*, há a prevalência da produção tribunalícia (*ius ex iustitia*), uma vez que a jurisprudência é fonte de conhecimento ou revelação do Direito anglo-saxônico, a teor da regra do *stare decisis et non quieta movere*.[6] A distinção entre a *Civil Law* e a *Common Law*, nos sistemas jurídicos contemporâneos, é objeto de flexibilização ou relativização, tanto pela absorvência de elementos inerentes aos ordenamentos de procedência saxônica pelo Direito romano-germânico, a exemplo, no processo civil, das ações coletivas e efeito vinculante, e, no processo penal, da transação penal e suspensão condicional do processo, quanto pelo absorvimento de elementos intrínsecos aos ordenamentos de proveniência romana pelo Direito anglo-saxônico, a exemplo das *Rules of Civil Procedure*, de 26 de abril de 1999, que disciplinam o processo judicial na Inglaterra e no País de Gales, e do *Constitutional Reform Act*, de 24 de março de 2005, que institucionalizou a Suprema Corte do Reino Unido.[7]

Os *ramos do Direito*, no espaço da tradição jurídica da *Civil Law*, contêm o Direito Público, dedicado à preservação do interesse do Estado, e o Direito Privado, destinado à proteção dos interesses das pessoas, cuja diferenciação pode ser remontada à tipologia da justiça. No Direito Público, há a preponderância da justiça distributiva (*quod ad Statum*

2004, p. 33; NADER, Paulo. *Filosofia do Direito*. 16ª ed. Rio de Janeiro: Forense Jurídica, 2003, p. 7; REALE, Miguel. *Filosofia do Direito*. São Paulo: Saraiva, 2002, p. 45; SALDANHA, Nelson. *Filosofia do Direito*. 2ª ed. Rio de Janeiro: Renovar, 2005, p. 3, e VELOSO, Waldir de Pinho. *Filosofia do Direito*. São Paulo: Thomson IOB, 2004, p. 51.

3 MARMOR, Andrei. *Positive Law*. Oxford: Clarendon Press, 2001, p. 24.

4 CAMPBELL, Edward. *Science of Law*. Holmes Beach: Gaunt, 1996, p. 51.

5 MERRYMAN, John. *Civil Law Tradition*. 3ª ed. Palo Alto: Stanford University Press, 2007, p. 21.

6 LIEBMANN, George. *Common Law Tradition*. New Brunswick: Transaction Publishers, 2006, p. 83.

7 A origem da *Civil Law* reside na promulgação da Lei das Doze Tábuas da República Romana, em 450 a. C., ao passo que a *Common Law* é resultado da conquista normanda da Inglaterra na Batalha de Hastings, em 1066, quando é estabelecida a "poderosa clivagem". DAVID, René. *Les Grands Systèmes de Droit Contemporains*. 8ª ed. Paris: Dalloz, 1982, p. 57. V., também, do mesmo autor: *Traité Élémentaire de Droit Civil Comparé*. 8ª ed. Paris: Librairie Générale de Droit et de Jurisprudence, 1950, p. 75.

rei romanae spectat) nas relações de subordinação ou verticais entre as entidades públicas e os indivíduos.[8] No Direito Privado, há a prevalência da justiça comutativa (*quod ad singulorum utilitatem pertinet*) nos relacionamentos de coordenação ou horizontais entre os indivíduos e as entidades privadas por eles postas a atuar no comércio jurídico e, bem assim, uns e outros entre si.[9] A distinção entre o Direito Público e o Direito Privado está atenuada ou mitigada, em razão da pluralização dos interesses em jogo, sob a forma da privatização do Direito Público, que é dirigido às relações de coordenação ou horizontais, como, por exemplo, as regras de conexão do Direito Internacional Público – ou publicização do Direito Privado, que é direcionado aos relacionamentos de subordinação ou verticais, como, por exemplo, os princípios do exame de Direito do Trabalho.[10]

A despeito do ramo do Direito de que se cogite, é evidente o processo de invasão do Direito Constitucional, por força do caráter abrangente e analítico do texto e, em especial, da ascensão científica e política da Constituição, que ocupa o epicentro axiológico do sistema jurídico contemporâneo, de onde irradia a eficácia de que é dotada.[11]

3 DIREITO CONSTITUCIONAL

O **Direito Constitucional**, como ramo didaticamente autônomo do Direito Público, denomina o estudo sistematizado das normas que integram a Constituição, a compreender as normas jurídicas, produzidas no desempenho do poder constituinte, dirigidas precipuamente à divisão territorial e funcional do exercício do poder político e à afirmação e asseguramento dos direitos fundamentais, inclusive os fins a serem alcançados na ordem econômica e social, as técnicas de aplicação e os meios de proteção das próprias normas constitucionais.[12] Em outras palavras: "o Direito Constitucional é o tronco ao qual se prendem, mas do qual também derivam, os vários ramos da mesma ordenação".[13]

No que tange às *relações de coordenação no Direito Constitucional*, o conteúdo científico da disciplina é dividido em três matérias de ensino.[14]

---

8 CHAPERON, Elisabeth. *Droit Public*. Paris: Foucher, 2007, p. 10.

9 CORLAY, Pierre-Henri. *Droit Privé*. Paris: Nathan, 2005, p. 68.

10 AUBY, Jean Bernard. *Distinction du Droit Privé et du Droit Public*. Paris: Panthéon Assas, 2004, p. 121.

11 A constitucionalização do Direito é evidenciada pela "constitucionalização-transformação", isto é, a releitura da ordem jurídica pelos valores constitucionais, e "constitucionalização-elevação", ou seja, a inclusão na Constituição de temas anteriormente disciplinados pela legislação ordinária ou mesmo ignorados por ela. FAVOREU, Loius. *La Constitutionalization du Droit* in *L'Unité du Droit: mélanges en hommage a Roland Drago*. Paris: Economica, 1996, p. 37. V., também, do mesmo autor: *Le Droit Constitutionnel, Droit de la Constitution et Constitution du Droit* in *Revue Française de Droit Constitutionnel*, nº 1, 1990, p. 71.

12 VIRGA, Pietro. *Diritto Costituzionale*. 6ª ed. Milano: Giuffrè, 1967, p. 12.

13 ROMANO, Santi. *Diritto Costituzionale*. 2ª ed. Milano: Giuffrè, 1990, p. 9.

14 A primeira cátedra de Direito Constitucional foi instituída na Faculdade de Direito de Paris, e cometida ao Professor Pellegrino Rossi (Carrara, 13 de julho de 1787 – Roma, 15 de novembro de 1848), por determinação de François-Pierre-Guillaume Guizot (Nimes, 4 de outubro de 1787 – Val-Richer, 12 de outubro de 1874), no exercício do cargo de Ministro da Instrução Pública da França, durante o ano de 1834. PRÈLOT, Marcel. *Institutions Politiques et Droit Constitutionnel*. 10ª ed. Paris: Dalloz, 1987, p. 13. V., também, do mesmo autor: *Précis de Droit Constitutionnel*. 2ª ed. Paris: Dalloz, 1952, p. 19.

O Direito Constitucional geral compreende institutos que permeiam todos os ordenamentos jurídicos positivos, para reconduzi-los a uma unidade harmônica.

O Direito Constitucional comparado confronta normas constitucionais de alguns ordenamentos jurídicos positivos, por intermédio de critérios espaciais e temporais.

O Direito Constitucional particular congrega normas constitucionais do mesmo ordenamento jurídico positivo, delimitado no espaço e no tempo, com a finalidade de conhecer, sistematizar e, por vezes, criticar as normas que integram a Constituição de determinado Estado.[15]

No que toca às *relações de subordinação ao Direito Constitucional*, a disciplina conserva relações com os demais ramos do Direito, com ênfase para o Direito Público.[16]

O Direito Constitucional e o Direito Administrativo mantêm relação íntima, na medida em que o primeiro é correlativo ao Estado em seu aspecto estático, posto que tem por objetivo o estudo da estrutura do Governo - complexo de órgãos integrantes da organização constitucional, qualificado como estrutural e orgânico, no exercício do poder político -, enquanto o segundo é correlato ao Estado em seu aspecto dinâmico, visto que tem por objeto o estudo do funcionamento da Administração Pública - conjunto de órgãos integrantes da organização administrativa, qualificada como contingente e instrumental, no exercício de poderes administrativos -, tal como sucede com a anatomia e a fisiologia, em relação ao organismo humano.[17]

O Direito Constitucional e o Direito Ambiental mantêm relação transversal, dado que as normas ambientais tendem a se incrustar em regras definidoras de novos direitos.[18]

O Direito Constitucional e o Direito Eleitoral mantêm relação direta, eis que as normas constitucionais dispõem sobre o alistamento eleitoral, a perda ou suspensão de direitos políticos, as condições de elegibilidade, as causas de inelegibilidade, os sistemas eleitorais e os partidos políticos.[19]

O Direito Constitucional e o Direito Penal mantêm relação protetiva, já que as normas penais, principalmente as incriminadoras, estão submetidas a garantias constitucionais especiais, com o escopo de assegurar a inviolabilidade dos direitos fundamentais em tema penal.[20]

---

15 ENCINAR, José González. *Derecho Constitucional*. 5ª ed. Barcelona: Ariel, 2003, p. 151.

16 O Direito Constitucional, a despeito das relações com os demais ramos do Direito, conserva relações com outras ciências afins, mormente a Teoria do Estado e a Ciência Política. Pelo fio do exposto, considerando que o primeiro toma por ponto de partida o Estado contemporâneo e analisa objetivamente a sua estrutura e o seu funcionamento, a segunda estuda as questões relativas à formação do Estado, justificação ética do poder político e perspectivas sobre o seu futuro, ao passo que a terceira examina as questões referentes às formas de manifestação dos fatos políticos, com o objetivo de desvendar as causas e precisar a regularidade dos mesmos. BURDEAU, Georges. *Du Droit à la Science Politique* in *Ecrits de Droit Constitutionnel et de Science Politique*. Paris: Panthéon-Assas, 2011, p. 659. V., também, do mesmo autor: *La Science Politique, Science pour l'Homme* in *Recueil Dalloz de Doctrine, de Jurisprudence et de Legislation*, nº 1, 1950, p. 17.

17 CAETANO, Marcello. *Direito Administrativo*. 10ª ed., v. I. Coimbra: Almedina, 2005, p. 19.

18 ANTUNES, Paulo de Bessa. *Direito Ambiental*. 9ª ed. Rio de Janeiro: Lumen Juris, 2006, p. 22.

19 MORAES, Marcos Ramayana de. *Direito Eleitoral*. 6ª ed. Niterói: Impetus, 2006, p. 25.

20 BRUNO, Aníbal. *Direito Penal*. 5ª ed. Rio de Janeiro: Forense, 2003, p. 25.

O Direito Constitucional e o Direito Processual mantêm relação disciplinar, uma vez que as normas constitucionais traçam as linhas mestras da teoria do processo, como instrumento provido de acessibilidade, operosidade, utilidade e proporcionalidade, de sorte a garantir o acesso à ordem jurídica justa.[21]

O Direito Constitucional e o Direito Tributário mantêm relação sistêmica, sendo certo que o poder de tributar está subsumido às limitações impostas, sob a forma de princípios especiais ou setoriais, por normas constitucionais.[22]

O Direito Constitucional, de um lado, e o Direito Privado e Direito Social, de outro, também mantêm relações recíprocas, com a sujeição destes perante aquele, o que é evidenciado pela definição de institutos de Direito Civil[23] e Direito Empresarial,[24] bem assim de Direito Trabalhista[25] e Direito Previdenciário,[26] na Constituição da República, respectivamente.

À guisa de complementação, a *importância teórica e prática do estudo do Direito Constitucional* é salientada por **Marcelo Rebelo de Sousa**: "(i) a compreensão do que são o Estado e a Política na sua dimensão institucional; (ii) a percepção da norma jurídica na sua relação com o mundo do ser, a começar nas realidades orgânicas que a criam e aplicam; (iii) a criação de esquemas conceituais necessários para compreender a essência do jurídico e para abrir caminho ao estudo de ramos mais próximos; (iv) a noção de que esses esquemas conceituais são tanto ou mais do que noutro ramo jurídico testados pela prática social; (v) o conhecimento das instituições jurídico-políticas que vigoram na nossa ordem constitucional; (vi) a relativização dessas instituições, por comparação com instituições alheias, e (vii) a formação cívica adveniente da valoração do Direito Constitucional e da implementação dos mecanismos da sua garantia".[27]

21 MOREIRA, José Carlos Barbosa. *Direito Processual*. v. VI. São Paulo: Saraiva, 1997, p. 48.

22 MARTINS, Ives Gandra da Silva. *Direito Tributário*. v. I. Rio de Janeiro: América Jurídica, 2003, p. 1.

23 CARVALHO, Luiz Paulo Vieira de. *Direito Civil*. 4ª ed. Niterói: Impetus, 2010, p. 7.

24 PAES, Paulo Roberto Tavares. *Direito Empresarial*. 3ª ed. São Paulo: Atlas, 2001, p. 17.

25 MARTINS, Sérgio. *Direito Trabalhista*. 11ª ed. São Paulo: Atlas, 2000, p. 56.

26 TAVARES, Marcelo. *Direito Previdenciário*. 8ª ed. Rio de Janeiro: Lumen Juris, 2006, p. 1.

27 SOUSA, Marcelo Rebelo de. *Direito Constitucional*. Lisboa: Lex, 1999, p. 32-33. V., também, do mesmo autor: *Ciência Política: Conteúdos e Métodos*. Lisboa: Lex, 1998, p. 62-63.

Capítulo 1

CONSTITUCIONALISMO

Acesse e assista à aula explicativa sobre este assunto.

> *https://uqr.to/14ug3*

1 CONCEITO

O constitucionalismo pode ser definido como reivindicação de Constituição escrita, evolução histórico-constitucional do Estado ou mesmo função e posição da Constituição em sociedades diferentes.

No sentido que lhe emprestamos, todavia, o constitucionalismo é delineado como **proposta teórica, ideológica ou metodológica de limitação dos poderes do governo nas mãos dos governados, de modo a resguardá-los do arbítrio.**[1, 2]

2 HISTÓRICO

A história do constitucionalismo é investigada tanto pela Ciência do Direito, sob a perspectiva comparada, quanto pelo Direito Positivo, sob a perspectiva brasileira.

2.1 Ciência do Direito comparado

O paradigma constitucionalista é formado pelos *constitucionalismos antigo, grego, romano, medieval, moderno, liberal, social e contemporâneo,* entremeados pela organização política das nações europeias e, depois, pela revolução anglo-franco-americana em 1688, 1776 e 1789.

---

1 COOLEY, Thomas M. *A Treatise on the Constitutional Limitations which rest upon the Legislative Power of the States of the American Union*. 3ª ed. Boston: Little, Brown & Company, 1874, p. 36.

2 Charles H. McIlwain defende que "o mais antigo, o mais persistente e o mais duradouro dos fundamentos do verdadeiro constitucionalismo ainda permanece no Estado contemporâneo: o governo limitado pelas normas constitucionais". MCILWAIN, Charles H. *Constitutionalism: ancient and modern.* Ithaca: Cornell University Press, 1940, p. 24.

2.1.1 *Constitucionalismo antigo*

O constitucionalismo antigo, disperso pelo Egito, Mesopotâmia, Fenícia, Pérsia e Palestina, no período entre 3500 a. C., desde a união de aldeias egípcias e a formação dos nomos, e 70 d. C., até a destruição de Jerusalém e a diáspora dos hebreus, é expressado pela teocracia, com a recondução do poder político ao poder religioso, motivo pelo qual os monarcas seriam revestidos de natureza divina ou estariam submetidos à vontade de Deus.[3]

2.1.2 *Constitucionalismo grego*

O constitucionalismo grego, disposto pelas fases micênica, arcaica, clássica e helenística, no período entre 1500 a. C., desde a fixação dos aqueus, jônios, eólios e dórios na península balcânica, e 338 a. C., até a batalha de Queroneia e a conquista macedônica, exprimiu-se pela onipotência, com a subordinação do indivíduo ao Estado, de maneira que a liberdade dos antigos compreendia a participação na vida política (liberdade política), ao passo que a liberdade dos modernos consiste na esfera de ação pessoal, imune à atuação estatal (liberdade civil).[4]

2.1.3 *Constitucionalismo romano*

O constitucionalismo romano, disseminado pelas fases real, republicana e imperial, no período entre 753 a. C., desde a fusão de aldeias às margens do Rio Tigre e a fundação de Roma, e 395 d. C., até o falecimento de Teodósio e divisão entre o Império Romano do Ocidente e o Império Romano do Oriente, é exteriorizado pela centralização, com o reconhecimento do poder político, uno e indivisível, cuja plenitude poderia ou deveria ser atribuída a um detentor (príncipe), sem embargo da repartição entre o Direito Público (direito de voto e o de acesso aos cargos públicos) e o Direito Privado (direito de casamento legítimo e o de celebração de atos jurídicos).[5]

2.1.4 *Constitucionalismo medieval*

O constitucionalismo medieval, dissipado entre a fase da insegurança geral, na qual não havia um poder universal, e a da segurança local, na qual havia alguns poderes particulares (feudos, senhorios ou burgos), no período entre 476 d. C., desde a tomada de Roma e a quebra do Império Romano do Ocidente, e 1453 d. C., até o triunfo de Constantinopla e a queda do Império Romano do Oriente, é externado pelo dualismo, com o concerto entre o povo e o monarca, sem prejuízo do confronto entre a Igreja e o Estado, diante da constatação de que o Príncipe (centro pessoal), e não a Cidade (centro real), ocupava o ponto de convergência da vida política.[6]

---

3 FIORANTI, Maurizio. *Stato e Costituzione*. Torino: Giappichelli, 1993, p. 41.

4 ADRADOS, Francisco Rodrigues. *Ilustración y Política en la Grecia Clásica*. Madrid: Revista de Occidente, 1966, p. 19.

5 STEFANO, Rodolfo de. *Il Problema del Potere*. Milano: Giuffrè, 1962, p. 21.

6 GROSSI, Pietro. *El Orden Jurídico Medieval*. Madrid: Tecnos, 1996, p. 8.

2.1.5 Constitucionalismo moderno

O constitucionalismo moderno, erguido no período entre 1453, desde a formação das monarquias nacionais, e 1789, até a explosão da Revolução Francesa, é fulcrado na nacionalidade, porquanto a organização política girava em torno da nação, concebida como homogeneidade do grupo social, demonstrada pela existência de consciência coletiva, solidariedade psíquica e identidade de interesses entre os seus membros, e supremacia, porque o poder político era qualificado pela soberania, conceituada como capacidade de autodeterminação estatal, denotada pela hegemonia na ordem nacional e independência na ordem internacional, tendo sido fracionado em constitucionalismo estamental e constitucionalismo absoluto.

O constitucionalismo estamental é indicado pelo equilíbrio entre o Estado e a sociedade, à luz da contraposição entre o poder real e o poder estamental, próprio das camadas ou classes sociais que procuravam a conservação dos privilégios adquiridos no tempo medieval, representadas pelas assembleias dos estamentos (cortes, parlamentos, dietas e estados gerais).

O constitucionalismo absoluto é individualizado pela unidade do Estado e sociedade, a teor da convergência do poder político no rei absoluto, subdividido em constitucionalismo patrimonial, traduzido como bem patrimonial do príncipe, em nome de Deus (fundamento divino), e constitucionalismo de polícia, transformado em associação para a intervenção em todos os domínios no interesse do bem público, dispondo o príncipe de liberdade nos meios para a sua prossecução, em nome da Razão (fundamento racional).[7]

2.1.6 Constitucionalismo liberal

O constitucionalismo liberal, erigido no período entre 1789, desde a disseminação das revoluções burguesas, e 1917, até a edição da Carta Política dos Estados Unidos Mexicanos, é fundado na técnica de limitação do poder político, não somente no âmbito interno, pelo instrumento da divisão do exercício do poder político, mas também no âmbito externo, por intermédio da redução das funções do Estado perante a sociedade, com a finalidade de proteger o espaço de ação pessoal, tendo sido fragmentado em constitucionalismo de direito e constitucionalismo de legalidade.

O constitucionalismo de direito é influenciado pelo individualismo, na medida em que o poder político é submetido a leis naturais que decorrem da liberdade individual, com a possibilidade de existência de direitos fundamentais, ainda que não prescritos explicitamente no ordenamento jurídico.

O constitucionalismo de legalidade é informado pelo estatismo, uma vez que o poder político é sujeito a leis positivas que defluem da representação popular, limitado às funções tradicionais de proteção e repressão, sem que houvesse a adoção de qualquer

7 CARACCIOLO, Alberto. *La Formazione dello Stato Moderno*. Bologna: Zanichelli, 1970, p. 19.

política de desenvolvimento social, de sorte que não são reconhecidos como fundamentais os direitos que não houverem sido acolhidos no ordenamento normativo.[8]

2.1.7 Constitucionalismo social

O constitucionalismo social, evidenciado no período entre 1917, desde a elaboração da Constituição mexicana, e 1989, até o fim da Guerra Fria entre os Estados Unidos da América e a União das Repúblicas Socialistas Soviéticas, é fundamentado no intervencionismo estatal, destinado à proteção, preservação e promoção do mercado, como também à satisfação das reivindicações sociais, econômicas e culturais da sociedade de massa, e na organização da comunidade internacional e proteção universal dos direitos humanos, especialmente após o desaparecimento dos regimes nazifascistas e a emancipação política das colônias afro-asiáticas, tendo sido fraturado em constitucionalismo de bem-estar social, constitucionalismo socialista e constitucionalismo totalitário.

O constitucionalismo de bem-estar social é inspirado na intervenção estadual, ativa e prolongada, nas áreas econômica e social, dado que a atuação estatal era submetida a programas governamentais de desenvolvimento e efetivação de direitos prestacionais, com o propósito de viabilizar a igualdade efetiva perante os bens da vida.

O constitucionalismo socialista é instruído pelo dirigismo, eis que o comportamento dos sujeitos econômicos era subsumido à planificação compulsória, com o projeto de apropriação dos meios de produção e gestão da economia pelo proletariado.

O constitucionalismo totalitário é instaurado como reação contra as ideologias individualista e socialista, reconhecido pela sujeição total da pessoa humana, em prol da grandeza do Estado, cujo ordenamento jurídico não era lastreado em determinados valores, mormente os direitos fundamentais.[9]

2.1.8 Constitucionalismo contemporâneo

O constitucionalismo contemporâneo é identificado pela flexibilização ou mitigação dos conceitos de soberania e nação.

A conceituação da soberania não satisfaz aos imperativos de segurança, já que, na ordem interna, o Estado perde a capacidade de regular todas as condutas desenvolvidas no âmbito do seu território, bem assim, na ordem internacional, a superioridade bélica de alguns organismos políticos possibilita intervenções militares sobre os outros, que não dispõem de força para dissuadir pretensões externas.

A concepção da nação não é suficiente para uma ordenação econômica constituída em vista da sociedade de massa, pois que a globalização proporciona o alargamento das relações econômicas, que alcançam todas as comunidades nacionais, com a abertura e integração de mercados, concentração empresarial e nova divisão transnacional do trabalho.

Em consequência, o Estado e, de algum modo, os direitos fundamentais são objeto de alterações externas e internas, levadas por fatores sociais, econômicos e políticos.

---

8 ENTERRÍA, Eduardo García de. *La Lengua de los Derechos. La Formación del Derecho Público Europeo tras la Revolución Francesa*. Madrid: Alianza, 1994, p. 54.

9 LUHMANN, Niklas. *Stato di Diritto e Sistema Social*. Nápoles: Guida, 1978, p. 23.

As alterações externas, referentes às formas estatais, são indiciadas pela adoção de um novo modelo de associação de Estados, em decorrência da solidariedade social, globalização econômica e formação de centros de poder político alternativos e concorrentes, que operam em dimensões independentes do território nacional. Destarte, as organizações políticas são congregadas na ordem internacional, com a constituição de organismos de cooperação, integração ou unificação, por meio da coordenação, exteriorizada pela intergovernamentalidade, ou do compartilhamento, externada pela supranacionalidade, de soberanias, com o fim de satisfazer os interesses transnacionais em jogo.

As alterações internas, relativas às funções estatais, são indigitadas pelo advento de um novo modelo de consensualidade e subsidiariedade do Estado, em desdobramento do pluralismo social, intervenção no domínio econômico e participação na vida política. Deveras, a organização política é convertida em instrumento a ser conduzido e controlado pela sociedade, no sentido de reequilibrar a relação entre esta e aquela com o consequente redimensionamento da legislação, pela atribuição de poder normativo a agências reguladoras para o estabelecimento de diretrizes, em atenção ao marco regulatório previamente fixado em lei, administração, pela transferência da execução de atividades públicas a entidades privadas, por via da qual se dá a redução do tamanho do Estado a dimensões adequadas para desempenhar as funções que lhe comete a sociedade, e jurisdição, pela utilização de meios alternativos de pacificação social, tais como a conciliação, transação e arbitragem.[10, 11]

2.2 Direito Positivo brasileiro

A história brasileira é marcada por rupturas constitucionais, tendendo a um *movimento pendular entre a democracia e a ditadura cívico-militar.* Na verdade, o "constitucionalismo luso-brasileiro",[12] que perdurou de 1808, quando da translação da Corte portuguesa ao Brasil, até 1824, quando da outorga da Carta do Império, que, após, foi transladada para Portugal com modificações do próprio Imperador brasileiro, ao abdicar o trono em favor de sua filha, D. Maria da Glória, remonta à Súplica de

---

10 KRISCH, Nico. *Beyond Constitutionalism: the pluralist structure of Postnational Law.* London: Oxford University Press, 2013, p. 3.

11 A relativização das definições de nação e soberania é revelada pelo "patriotismo constitucional", ou seja, fator de integração social em torno de uma cultura política sobre os princípios constitucionais, que não depende necessariamente de uma origem étnica, geográfica, institucional, linguística ou religiosa comum, capaz de respeitar tanto os direitos humanos quanto a integridade de diferentes formas de vida na sociedade multicultural, politicamente organizada em Estados na contemporaneidade. HABERMAS, Jürgen. *O Estado Nacional Europeu. Sobre o Passado e o Futuro da Soberania e da Nacionalidade* in *A Inclusão do Outro: estudos de teoria política.* São Paulo: Loyola, 2002, p. 123. V., também, do mesmo autor: *A Constelação Pós-Nacional.* São Paulo: Littera Mundi, 2001, p. 87, e *A Guerra e seus Juízos Contraditórios* in *Folha de S. Paulo*, 27.4.2003, p. 30A.

12 MIRANDA, Jorge. *O Constitucionalismo Luso-Brasileiro.* Lisboa: Comissão Nacional para as Comemorações dos Descobrimentos Portugueses, 2001, p. 13-21.

Constituição a Napoleão Bonaparte, de 23 de maio de 1808, em Portugal, e à Revolução Pernambucana, de 6 de março de 1817, no Brasil.[13]

Nessa ordem de ideias, a "Assembleia Geral Brasílica e Constituinte Legislativa",[14] que havia sido convocada por decreto do Príncipe Regente de 3 de junho de 1822, foi dissolvida em 12 de novembro de 1823, o que ensejou a outorga da Constituição Política do Império do Brasil do ano seguinte.

2.2.1 *Constituição de 1824*

A Constituição, de 25 de março de 1824, esclareceu que as matérias que não dissessem respeito aos limites e atribuições dos Poderes do Estado e direitos civis e políticos seriam alteráveis pelas legislaturas ordinárias, ao tempo que opôs a limitação à reforma constitucional de 4 anos, depois de jurada pela Majestade Imperial.[15]

O Poder Moderador, chave de toda a organização política, era delegado ao Imperador Constitucional, para que velasse sobre a independência e harmonia dos demais Poderes do Império. A despeito das garantias dos direitos individuais, como, por exemplo, a igualdade de todos perante a lei, o *status libertatis* era restringido às pessoas livres, ingênuas ou libertas, o que evidenciava a contradição entre o liberalismo e a escravidão.[16]

2.2.2 *Constituição de 1891*

Em 24 de fevereiro de 1891, definiu a Constituição a república, que havia sido proclamada pelo Decreto do Governo Provisório nº 1, de 15 de novembro de 1889, como a forma de governo da nação brasileira.[17]

O Brasil é forjado, desde a Constituição em epígrafe, pela união perpétua e indissolúvel de Estados, reunidas a unidade nacional e pluralidade regional pelo laço da federação. Exercia o Presidente da República, durante o mandato de 4 anos para o qual havia sido eleito pela maioria absoluta de votos a descoberto dos cidadãos alistados

---

13 MORAES, Guilherme Peña de. *Constitucionalismo Brasileiro: passado, presente e futuro da Constituição Cidadã in 30 Anos da Constituição Federal e o Direito Brasileiro*. Rio de Janeiro: Forense, 2018, p. 4.

14 LEAL, Aurelino de Araújo. *História Constitucional do Brasil.* Rio de Janeiro: Imprensa Oficial, 1915, p. 47.

15 RODRIGUES, José Carlos. *Constituição Politica do Imperio do Brazil seguida do Acto Addicional, da Lei da Sua Interpretação e de Outras*. Rio de Janeiro: Eduardo & Henrique Laemmert, 1863, p. 10.

16 A Constituição de 1824 não aludia à escravidão. O cotejo do art. 6º, inc. I – "são cidadãos brasileiros os que no Brasil tiverem nascido, quer sejam ingênuos, ou libertos, ainda que o pai seja estrangeiro, uma vez que este não resida por serviço de sua nação", – e art. 94, inc. II – "podem ser eleitores, e votar na eleição dos Deputados, Senadores e membros dos Conselhos de Província todos, os que podem votar na Assembleia Paroquial, excetuando-se os libertos" –, no entanto, denota que a *servitutem* era tolerada pelo Império. MATTOS, Hebe Maria. *Escravidão e Cidadania no Brasil Monárquico*. Rio de Janeiro: Zahar, 2000, p. 14, 19-20, 34 e 37.

17 LEAL, Aurelino de Araújo. *Teoria e Prática da Constituição Federal Brasileira*. Rio de Janeiro: F. Briguet, 1925, p. 23.

como eleitores, tanto a chefia de Estado quanto a chefia de governo, sendo-lhe vedada a manutenção de relações de dependência ou aliança com igrejas ou cultos religiosos.[18]

2.2.3 Constituição de 1934

A Constituição, de 16 de julho de 1934, emergiu do constitucionalismo social-democrata, que, mediante a intervenção do Estado na ordem econômica, objetivava a proteção social do trabalhador e dos interesses econômicos do País.[19]

As competências administrativas, legislativas e tributárias foram repartidas em planos horizontal e vertical, o que explica o trespasse do federalismo dualista, no qual o poder político era compartimentado (*dual federalism*), para o federalismo cooperativo, no qual o poder político é compartilhado entre a União e os Estados (*kooperativen Föderalismus*). O voto das mulheres investidas de funções públicas remuneradas foi erigido à condição de obrigatório, com o desiderato de fomentar a inserção feminina na vida política do País.[20]

2.2.4 Constituição de 1937

Em 10 de novembro de 1937, a Constituição do Estado Novo foi responsável pela implantação do regime político de inspiração fascista da ditadura polonesa de Józef Pilsudski que aliava a centralização do poder político à supressão de direitos fundamentais.[21]

Ao Presidente da República, que, inclusive, podia submeter decisões de inconstitucionalidade de leis e atos normativos do Poder Judiciário à reapreciação do Parlamento Nacional, era outorgada a "autoridade suprema do Estado". Em decorrência do estado de emergência que, na própria Constituição do Estado Novo, foi declarado por

---

18 O voto era obrigatório e o sufrágio, direto. Todavia, no regime da Constituição de 1891, era o voto aberto, permitido o voto a bico de pena ou descoberto pela Lei nº 35, de 26 de janeiro de 1892, e o sufrágio restrito, proibido o sufrágio das mulheres e, igualmente, dos mendigos, analfabetos, praças, excetuados os alunos de escolas militares de ensino superior, e religiosos de ordens monásticas, companhias, congregações ou comunidades de qualquer denominação pela Lei nº 1.269, de 15 de novembro de 1904. LEAL, Victor Nunes. *Coronelismo, Enxada e Voto*. 3ª ed. São Paulo: Alfa-Ômega, 1976, p. 23, 25, 53, 69-70 e 86.

19 CASTRO, Raimundo. *A Nova Constituição Brasileira*. 2ª ed. Rio de Janeiro: Freitas Bastos, 1936, p. 462.

20 Embora a primeira mulher a votar no Brasil, Celina Guimarães Viana, tenha sido incluída no rol de eleitores do Município de Mossoró em 25 de novembro de 1927, a obrigatoriedade do voto feminino foi imposta em 1965. Do art. 121 do Decreto nº 21.076, de 24 de fevereiro de 1932, se extraia o voto facultativo das mulheres. Do art. 109 da Constituição de 1934, extrair-se-ia o voto obrigatório das mulheres com profissões públicas. Do art. 4º, inc. I, *d*, da Lei nº 1.164, de 24 de julho de 1950, extraía-se o voto facultativo das mulheres que não exercessem profissões regulamentadas. Do art. 6º, *caput*, do Código Eleitoral de 1965, foi evidenciado o voto obrigatório das mulheres, sem distinção de qualquer natureza. NICOLAU, Jairo. *Eleições no Brasil*. Rio de Janeiro: Zahar, 2012, p. 76-77, 94 e 113.

21 ROCHA, Francisco da. *Constituição do Estado Novo*. Porto Alegre: Barcellos, Bertaso & Cia., 1940, p. 18.

prazo indeterminado, operou-se a suspensão de garantias constitucionais em todo o território nacional.[22]

2.2.5 *Constituição de 1946*

A Constituição, de 18 de setembro de 1946, exsurgiu do constitucionalismo liberal-social, que, pela conciliação entre a liberdade de iniciativa e a valorização do trabalho humano, era direcionado à obtenção da justiça social.[23]

A separação de poderes (*separation of powers*) foi rigorosa, tanto que vedada a qualquer deles a avocação e delegação de competências ou atribuições que lhes eram proporcionadas (*übertragung von Befugnissen*). Aos direitos fundamentais, garantias e remédios constitucionais foram introduzidas, ou mesmo reinseridas, a greve, inafastabilidade de prestação da jurisdição, participação de trabalhadores nos lucros ou resultados das empresas e ação de cidadãos para invalidação dos atos de lesão ao patrimônio do Estado.[24]

2.2.6 *Constituição de 1967*

Em 24 de janeiro de 1967, desenvolveu a Constituição engendrada pela ditadura cívico-militar que havia sido orquestrada pelo Ato Institucional nº 1, de 9 de abril de 1964, a centralização antifederativa brasileira e, por dedução, o federalismo hegemônico da União.[25]

O quadro de hipertrofia do Poder Executivo era revelado pela concentração do poder político nas mãos do Presidente da República, que detinha o comando da administração pública e, sobretudo, das forças armadas. Elaborou o governo um aparato oficial de repressão aos direitos fundamentais, que, por indução, não ofereceram à

---

22 Na história constitucional brasileira, a Constituição dos Estados Unidos do Brasil, de 10 de novembro de 1937, deveria ter sido submetida a plebiscito nacional, que, entretanto, nunca foi regulado em decreto pelo Presidente da República. Em 7 de janeiro de 1938, questionado sobre o plebiscito de que tratava o art. 187, segundo o qual "a Constituição entrará em vigor na sua data e será submetida ao plebiscito nacional na forma regulada em decreto do Presidente da República", Getúlio Vargas revelou que "o governo é o senhor da decisão. A nação ainda não está devidamente esclarecida sobre o benefício do Estado Novo". SILVA, Hélio. *1938 – Terrorismo em Campo Verde*. Rio de Janeiro: Civilização Brasileira, 1971, p. 75.

23 DUARTE, José. *A Constituição Brasileira de 1946*. Rio de Janeiro: Imprensa Nacional, 1947, p. 373.

24 Enquanto às normas inseridas na Emenda Constitucional nº 4, de 2 de setembro de 1961, reconheceu-se vigência, o sistema de governo brasileiro foi parlamentarista, tendo havido a nomeação, com a aprovação do Senado Federal, de 3 Conselhos de Ministros, obrigados solidariamente perante a Câmara dos Deputados pela direção da política do governo e da administração pública federal, no decurso do mandato presidencial de João Goulart, sob as presidências de Tancredo Neves, Brochado da Rocha e Hermes Lima. O presidencialismo da Constituição de 1946 foi restabelecido pela Emenda Constitucional nº 6, de 23 de janeiro de 1963. REALE, Miguel. *Parlamentarismo Brasileiro*. 2ª ed. São Paulo: Saraiva, 1962, p. 6, 8, 16, 60-61 e 82.

25 CORREA, Oscar Dias. *A Constituição de 1967*. Rio de Janeiro: Forense, 1969, p. 16.

sociedade civil proteção contra o arbítrio do Estado até a abertura política e a redemocratização do Brasil.[26]

2.2.7 *Constituição de 1988*

A Constituição, de 5 de outubro de 1988, estabeleceu que o ordenamento normativo deve ser perpassado pelo valor fundamental da dignidade da pessoa humana, que impede o retrocesso social, à medida que impõe a promoção do mínimo existencial, observada a reserva do possível do Estado.[27]

O sistema de governo do presidencialismo de coalizão é evidenciado pela organização e implementação de coalizões partidárias de sustentação política da Presidência da República que, em contrapartida, desempenham os Ministérios de Estado. Os direitos fundamentais devem ser promovidos por meio das políticas públicas que, ao fim da história constitucional luso-brasileira, são incorporadas pelo constitucionalismo contemporâneo.[28, 29]

3 INSTRUMENTOS OU MECANISMOS

A limitação do poder político é instrumentalizada pelos mecanismos dos *direitos fundamentais, controle de constitucionalidade, federalismo estatal e freios e contrapesos.*[30, 31]

---

26 A nosso ver, a Emenda Constitucional nº 1, de 17 de outubro de 1969, tem a natureza de revisão. Não se tratou de emenda à Constituição de 1967, pois a Emenda Constitucional nº 1, de 17 de outubro de 1969, não foi resultado do procedimento legislativo dos arts. 46, inc. I, 47, incs. I e II e § 3º, 48 e 49. Não se tratou de Constituição, pois a Emenda Constitucional nº 1, de 17 de outubro de 1969, não resultou em descontinuidade da ordem jurídica de matiz autoritária, conservadora e militarista iniciada pela Constituição de 1967. FERREIRA FILHO, Manoel Gonçalves. *A Reconstrução da Democracia.* São Paulo: Saraiva, 1979, p. 70, 119, 208 e 228.

27 SARLET, Ingo Wolfgang. *Dignidade da Pessoa Humana e Direitos Fundamentais na Constituição Federal de 1988.* 4ª ed. Porto Alegre: Livraria do Advogado, 2006, p. 62.

28 As políticas públicas relacionadas aos direitos fundamentais são satisfeitas por condutas da Administração Pública direcionadas à consecução de programas enumerados em normas constitucionais ou legais, suscetíveis de controle judicial no tocante à eficiência dos meios empregados e avaliação dos resultados alcançados, como, por exemplo, as políticas de "desenvolvimento urbano" - arts. 21, inc. XX, 182 e 183 - e "reforma agrária" - arts. 184 a 191 - da Constituição de 1988. APPIO, Eduardo Fernando. *Controle Judicial das Políticas Públicas no Brasil.* Curitiba: Juruá, 2004, p. 17, 23, 27, 37, 41, 43 e 46.

29 BONAVIDES, Paulo. *As Constituições Brasileiras: notícia, história e análise crítica.* Brasília: OAB, 2008, p. 51. V., também: CAETANO, Marcello. *História Breve das Constituições Portuguesas.* 3ª ed. Lisboa: Verbo, 1971, p. 200; IGLÉSIAS, Francisco. *Constituintes e Constituições Brasileiras.* 4ª ed. São Paulo: Brasiliense, 1987, p. 33; MIRANDA, Jorge. *As Constituições Portuguesas de 1822 ao Texto Atual da Constituição.* 4ª ed. Lisboa: Petrony, 1977, p. 21; e PACHECO, Cláudio. *Tratado das Constituições Brasileiras: noções gerais e história constitucional.* São Paulo: Saraiva, 1990, p. 13.

30 O'DONOGHUE, Aoife. *Constitutionalism in Global Constitutionalisation.* London: Cambridge University Press, 2014, p. 14.

31 Cass Sunstein descreve os "freios e contrapesos, o federalismo estatal, o controle de constitucionalidade e os direitos fundamentais como as pedras de toque do constitucionalismo". SUNSTEIN, Cass. *The Partial Constitution.* Cambridge: Harvard University Press, 1993, p. V.

3.1 Direitos fundamentais

Os direitos fundamentais, especialmente os direitos individuais, procedem à limitação do poder político na medida em que estatuem, relativamente ao Estado e aos particulares, um dever de abstenção, de forma a assegurar a existência de uma esfera de ação própria, inibidora de interferências indevidas.[32]

Os direitos à vida, liberdade de locomoção, integridade física e moral e liberdade de consciência e crença, entre outros, constituem exemplos de direitos individuais.[33]

3.2 Controle de constitucionalidade

O controle de constitucionalidade produz a limitação do poder político na medida em que enseja a ineficácia das normas infraconstitucionais, veiculadas por leis ou atos normativos, engendradas em desconformidade vertical, sob o(s) aspecto(s) formal e/ou material, com as regras ou princípios constitucionais que lhe servem de fundamento de validade.[34]

O controle de constitucionalidade pode tornar ineficaz o excesso cometido pelo Governo no exercício do poder político, através da elaboração de normas legais que não encontram fundamento de validade no ordenamento jurídico.[35]

3.3 Federalismo estatal

O federalismo estatal propicia a limitação do poder político na medida em que a repartição constitucional de competências restringe o espaço de atuação dos governos nacional e regionais, qualificados como coordenados e independentes, isto é, "o federalismo é baseado na posição coordenada e independente dos diferentes centros de governo. O que é necessário é que cada governo se limite a sua própria esfera e, dentro de cada esfera, seja independente um do outro".[36]

A atuação de cada ente da federação deve estar reduzida ao limite do poder político que lhe tenha sido constitucionalmente atribuído.[37]

3.4 Freios e contrapesos

O sistema de freios e contrapesos provoca a limitação do poder político na medida em que estabelece a interpenetração das funções estatais e o controle recíproco entre o Executivo, o Legislativo e o Judiciário, com a finalidade de impedir potenciais excessos dos Poderes do Estado, funcionando como condição de legitimidade do Governo, ou seja, "os freios e contrapesos consistem na garantia de manutenção do equilíbrio cons-

---

32 ALEXY, Robert. *Theorie der Grundrechte*. 2ª ed. Frankfurt: Suhrkamp, 1978, p. 33.

33 MORAES, Guilherme Peña de. *Direitos Fundamentais*. Rio de Janeiro: Frater et Labor, 2000, p. 13.

34 SCHMIDHAUSER, John; BERG, Larry. *The Supreme Court and Congress: conflict and interaction*. New York: Free Press, 1972, p. 23.

35 NEVES, Marcelo. *Teoria da Inconstitucionalidade das Leis*. São Paulo: Saraiva, 1988, p. 74.

36 SCHWARTZ, Bernard. *American Federalism: a contemporary view*. New York: Juan March, 1984, p. 9.

37 BARACHO, José Alfredo de Oliveira. *Teoria Geral do Federalismo*. Rio de Janeiro: Forense, 1986, p. 53-55.

titucional entre os Poderes do Estado, sendo certo que, em face de determinada ação ou omissão do Executivo, Legislativo ou Judiciário, o contraste constitucional que um outro pode exercer para contê-lo (freio) ou para restabelecer o equilíbrio (contrapeso) constitui um freio ou contrapeso ao dito Poder".[38]

No texto da Constituição da República, a teoria dos freios e contrapesos é assim consagrada, de modo sintético: o controle do Poder Legislativo sobre o Poder Executivo pela aprovação congressual de tratado ou convenção internacional (art. 49, inc. I), sustação dos atos normativos que exorbitem dos limites do poder regulamentar ou da delegação legislativa (art. 49, inc. V), *impeachment* do Presidente e Vice-Presidente da República, Ministros de Estado e Comandantes Militares, por meio de autorização para instauração do processo, instrução e julgamento (arts. 51, inc. I, e 52, inc. I c/c art. 86, *caput, in fine*), aprovação da escolha dos titulares de certos cargos públicos (art. 52, inc. III), Comissões Parlamentares de Inquérito (art. 58, § 3º), rejeição do veto (art. 66, § 4º) e controle externo (arts. 70, *caput, in fine*, e 71, *caput, initio*); o controle do Poder Executivo sobre o Poder Legislativo pela iniciativa reservada para projetos de lei que versem sobre determinadas matérias (art. 61, § 1º), controle legislativo sobre a medida provisória (art. 62), veto (art. 66, § 1º) e delegação legislativa (art. 68); o controle do Poder Legislativo sobre o Poder Judiciário pela fixação dos subsídios dos magistrados, em conformidade com as propostas orçamentárias formuladas pelos Tribunais e encaminhadas pelos respectivos Presidentes (arts. 48, inc. XV, 96, inc. II, *b*, *in fine*, e 99), disciplina da organização judiciária (art. 48, inc. IX), criação, transformação e extinção de cargos (arts. 48, inc. X, e 96, inc. II, *b*, *initio*), *impeachment* dos Ministros do Supremo Tribunal Federal, mediante a instrução do processo e julgamento (art. 52, inc. II), e aprovação da escolha dos membros do Supremo Tribunal Federal, Superior Tribunal de Justiça, Tribunal Superior do Trabalho e Superior Tribunal Militar (art. 52, inc. III, *a*); o controle do Poder Executivo sobre o Poder Judiciário pela concessão de indulto e comutação de penas (art. 84, inc. XII) e nomeação dos membros do Supremo Tribunal Federal, Superior Tribunal de Justiça, Tribunais Regionais Federais, Tribunal Superior do Trabalho, Tribunais Regionais do Trabalho, Tribunal Superior Eleitoral, Tribunais Regionais Eleitorais e Superior Tribunal Militar (art. 84, incs. XIV, *initio*, e XVI c/c arts. 101, parágrafo único, 104, parágrafo único, 107, *caput*, 111-A, *caput*, 115, *caput*, 119, inc. II, 120, § 1º, inc. III, e 123, *caput*) e o controle do Poder Judiciário sobre os Poderes Executivo e Legislativo pelo controle de constitucionalidade das leis e atos normativos (arts. 58, § 2º, inc. I, e 66, § 1º, *initio* c/c arts. 36, inc. III, *initio*, 102, inc. I, *a*, §§ 1º e 2º, e 103, § 2º).[39]

4 DIMENSÕES DO CONSTITUCIONALISMO

As *novas perspectivas do Direito Constitucional* são delineadas por teorias, ideologias ou métodos de investigação dos sistemas jurídicos contemporâneos, a exemplo do garantismo, transconstitucionalismo e neoconstitucionalismo.

---

38 GARVEY, John; ALEINIKOFF, Alexander. *Modern Constitutional Theory*. Saint Paul: West Publishing, 1991, p. 11.

39 SILVEIRA, Paulo Fernando. *Freios e Contrapesos ("Checks and Balances")*. Belo Horizonte: Del Rey, 1999, p. 104.

4.1 Garantismo

A partir da consideração de que os direitos fundamentais incorporados pelas Constituições devem ser garantidos e satisfeitos concretamente, "o garantismo é a outra face do constitucionalismo, dirigida a estabelecer as técnicas de garantias idôneas e a assegurar o máximo grau de efetividade aos direitos reconhecidos pela democracia constitucional, que pode e deve ser estendida em três direções: em primeiro lugar, para a garantia de todos os direitos fundamentais; em segundo lugar, frente a todos os poderes e, em último lugar, em todos os níveis, não somente no Direito interno, mas também no Direito internacional".[40]

4.2 Transconstitucionalismo

A partir dos espaços de convergência do Direito Constitucional de todos ou, pelo menos, alguns Estados nacionais, a despeito do pluralismo legislativo e, bem assim, da genealogia constitucional de cada um deles, na ordenação global, ao transconstitucionalismo, "interconstitucionalismo", "*cross*-constitucionalismo", "fecundação cruzada" ou "constitucionalismo transfronteiriço" incumbe a promoção de intercâmbio de elementos constitucionais entre agentes supostamente autossuficientes.[41]

O transconstitucionalismo é, portanto, identificado pelo aproveitamento ou uso do conhecimento estrangeiro já desenvolvido em torno de princípios compartilhados, por um "empreendimento interpretativo comum", em ordem a resolver controvérsias de matiz constitucional que excedem aos limites dos territórios nacionais e, simultaneamente, são debatidas por tribunais constitucionais, supranacionais e internacionais.[42]

4.3 Neoconstitucionalismo

A partir da constatação de que "as insuficiências do jusnaturalismo e juspositivismo explicam um novo paradigma jurídico",[43] o neoconstitucionalismo, definido como movimento de superação da antinomia entre o naturalismo e o positivismo jurídicos, está baseado em dois pilares de sustentação.

Um, que reside no campo de interface entre a Filosofia do Direito e a Filosofia da Política, é orientado ao estabelecimento de uma nova grade de inteligibilidade à compreensão das relações entre o direito, a moral e a política, harmonizando-os pelo fio condutor da questão da ordem jurídica legítima.[44]

---

40 FERRAJOLI, Luigi. *Dos Modelos de Constitucionalismo*. Madrid: Trotta, 2013, p. 84. V., também, do mesmo autor: *La Democracia Constitucional* in *Democracia y Garantismo*. Madrid: Trotta, 2010, p. 35, e *Poderes Salvajes: la crisis de la democracia constitucional*. Madrid: Trotta, 2011, p. 38.

41 ACKERMAN, Bruce. *The Rise of World Constitutionalism* in *Virginia Law Review*, n° 83, 1997, p. 794.

42 KAHN, Paul. *Interpretation and Authority in State Constitutionalism* in *Harvard Law Review*, n° 106, 1993, p. 1.147.

43 FIGUEROA, Alfonso. *Criaturas de la Moralidad. Una Aproximación Neoconstitucionalista al Derecho a través de los Derechos*. Madrid: Trotta, 2013, p. 18.

44 A diferenciação entre os neoconstitucionalismos teórico, ideológico e metodológico foi concebida por Paolo Comanducci. O "neoconstitucionalismo teórico" explicita as transformações dos sistemas jurídicos contemporâneos. O "neoconstitucionalismo ideológico" expõe

Outro, que resiste no campo da Teoria do Direito, é unido pela análise da importância da principiologia constitucional, racionalidade do processo argumentativo no discurso filosófico e hermenêutica jurídica na compreensão do funcionamento do direito nas sociedades democráticas.[45]

A título de ilustração, a argumentação é conceituada como articulação de meios e técnicas para provocar e obter a adesão a teses sustentadas em face de auditórios, com a distinção entre a demonstração e a argumentação. A demonstração é indigitada por raciocínios lógico-formais, fundada na ideia de evidência, de arte que no silogismo, a partir de premissas incontroversas, são obtidas conclusões necessárias, às quais deve aderir a universalidade de pessoas. A argumentação é individualizada por raciocínios persuasivos, fundamentada na ideia de argumento, de molde que no entinema, a partir de premissas verossímeis, são obtidas conclusões relativas, às quais pode aderir o auditório particular, sendo certo que a efetividade do direito deflui da coercitividade das decisões judiciais (atos de autoridade) e da adesão voluntária da comunidade jurídica pela força dos argumentos (ato discursivamente legitimado), com a legitimação da primeira pela última.[46, 47, 48]

---

a proteção dos direitos fundamentais. O "neoconstitucionalismo metodológico" expressa a vinculação entre o direito e a moral. COMANDUCCI, Paolo. *Formas de (Neo)constitucionalismo* in *Isonomia*, n° 16, 2002, p. 89.

45 As condições do neoconstitucionalismo são enumeradas por Ricardo Guastini, dentre as quais "a existência de uma Constituição rígida, que incorpore o catálogo dos direitos fundamentais; a garantia da Constituição, mediante um sistema de controle sobre a produção legislativa; a força vinculante do texto da Constituição; a 'sobreinterpretação' da Constituição; a aplicação direta das regras da Constituição para regular as relações de Direito Privado; a interpretação conforme a Constituição, ou adequadora das leis e atos normativos, e a influência dos princípios da Constituição sobre as relações políticas". GUASTINI, Ricardo. *La Constitucionalización del Ordenamiento Jurídico* in *Neoconstitucionalismo(s)*. Madrid: Trotta, 2002, p. 49.

46 ATIENZA, Manuel. *As Razões do Direito. Teorias da Argumentação Jurídica.* 2ª ed. São Paulo: Landy, 2002, p. 17.

47 MÖLLER, Max. *Teoria Geral do Neoconstitucionalismo. Bases Teóricas do Constitucionalismo Contemporâneo.* Porto Alegre: Livraria do Advogado, 2011, p. 7. V., também: POZZOLO, Susanna. *Neoconstitucionalismo e Positivismo Jurídico.* 3ª ed. São Paulo: Inovação, 2013, p. 13; ROSSI, Amélia. *Neoconstitucionalismo. Ultrapassagem ou Releitura do Positivismo Jurídico?* Curitiba: Juruá, 2011, p. 21; FRANCISCO, José Carlos. *Neoconstitucionalismo e Atividade Jurisdicional.* Belo Horizonte: Del Rey, 2012, p. 33, e MOREIRA, Eduardo. *Neoconstitucionalismo. A Invasão da Constituição.* São Paulo: Método, 2007, p. 45.

48 O Supremo Tribunal Federal tem se debruçado sobre outras perspectivas do Direito Constitucional, como, por exemplo, o constitucionalismo abusivo, ou seja, "prática que promove a interpretação ou alteração do ordenamento jurídico, de forma a concentrar poderes no Chefe do Executivo e desabilitar agentes que exercem controle sobre a sua atuação", constitucionalismo digital, isto é, "valores normativos que consideram de forma harmônica os impactos que declarações de direitos e propostas legislativas exercem sobre a proteção de direitos fundamentais no ciberespaço", e constitucionalismo ecológico, com vistas à "preservação da ordem constitucional vigente de proteção do meio ambiente". STF, ADPF nº 622, Rel. Min. Roberto Barroso, j. 1º.3.2021, *DJU* 21.5.2021; STF, ADPF nº 695, Rel. Min. Gilmar Mendes, j. 15.9.2022, *DJU* 19.6.2023, e STF, ADIn nº 4.757, Rel. Min. Rosa Weber, j. 13.12.2022, *DJU* 17.3.2023.

Capítulo 2

PODER CONSTITUINTE

Acesse e assista à aula explicativa sobre este assunto.

> *https://uqr.to/14ug4*

1 CONCEITO

O poder constituinte, com esteio na melhor doutrina, é conceituado como **poder de produção das normas constitucionais, por meio do processo de elaboração e/ou reforma da Constituição, com o fim de atribuir legitimidade ao ordenamento jurídico do Estado.**[1,2]

Nesse contexto, há a distinção entre *poder constituinte* e *poderes constituídos*. O primeiro é correlato à Ciência Política, cuja expressão é transitória e intermitente, na medida em que é recoberto de natureza política. Os segundos são correlativos ao Direito Constitucional, cuja exteriorização é permanente e contínua, uma vez que são revestidos

---

1 Sobre o conceito de poder constituinte, José Joaquim Gomes Canotilho salienta a existência de três experiências histórico-constituintes. A primeira, em conformidade com a doutrina inglesa, frisa que o poder constituinte é exercido para revelar as normas constitucionais. A segunda, em consonância com a doutrina norte-americana, grifa que o poder constituinte é exteriorizado para dizer as normas constitucionais. A terceira, para a doutrina francesa, indica que o poder constituinte é destinado à criação das normas constitucionais: "três palavras resumirão os traços caracterizadores de três experiências histórico-constituintes. Os ingleses compreendem o poder constituinte como um processo histórico de revelação da Constituição da Inglaterra. Os americanos dizem num texto escrito, produzido por um poder constituinte, a lei fundamental da nação. Os franceses criam uma nova ordem jurídico-positiva através da destruição do antigo e da construção do novo, traçando a arquitetura da nova cidade política num texto escrito – a Constituição. Revelar, dizer e criar uma Constituição são os *modi operandi* das três experiências histórico-constituintes". CANOTILHO, José Joaquim Gomes. *Direito Constitucional e Teoria da Constituição*. 3ª ed. Coimbra: Almedina, 1999, p. 64-65. V., também, HOLT, James. *Magna Charta*. 2ª ed. London: Cambridge University Press, 1992, p. 13; KELLY, Alfred; HARBISON, Wilfred; BELZ, Herman. *The American Constitution. Its Origins and Developments*. 6ª ed. New York: Norton, 1983, p. 105, e BOUTMY, Emil. *Études de Droit Constitutionnel*. 3ª ed. Paris: Plon, 1885, p. 241.

2 FRANCO, Afonso Arinos de Melo. *Curso de Direito Constitucional Brasileiro*. v. I. Rio de Janeiro: Forense, 1958, p. 118.

de natureza jurídica, incumbidos do exercício das funções administrativa, legislativa e jurisdicional.[3]

2 TEORIZAÇÃO

A teoria do poder constituinte é esposada em "Que é o Terceiro Estado?" (*Qu'est-ce que le Tiers État?*),[4] de autoria de **Emmanuel Joseph Sieyès**,[5] pela qual eram manifestadas as reivindicações da burguesia contra o absolutismo, com a finalidade de *legitimar e limitar o poder político inerente ao Estado.*[6] Sobre a obra supramencionada, o ato de convocação, editado em julho de 1788, autorizou os franceses a apresentarem propostas acerca da reforma do Estado, tendo sido produzidos 40 mil *cahiers de doleances*, entre os quais adquiriram destaque os quatro livros de Emmanuel Joseph Sieyès – *Essai sus les Privilèges, Vues sur les Moyens d'exécution dont les Représentants de la France Pourront Disposer en 1789, Délibérations à Prendre dans les Assemblées* e *Qu'est-ce que le Tiers État?* –, tendo o último sido elaborado entre novembro e dezembro de 1788 e publicado no início de janeiro de 1789.[7]

Com efeito, o autor diagnostica que a composição dos Estados Gerais não permitia a representação da nação, politicamente confundida com o Terceiro Estado, porquanto o direito ao voto era exercido por ordem, com o desiderato de privilegiar a nobreza e o clero, em detrimento da classe laboriosa.

Demais disso, o autor prognostica que a convocação da Assembleia Nacional Constituinte possibilitaria a restauração da legitimidade do poder político, porque a Constituição seria promulgada pelos representantes da nação, em atenção à conjugação dos direitos de propriedade (voto censitário) e igualdade perante a lei (voto unitário), com o escopo de atender aos interesses do Terceiro Estado.

Portanto, considerando que a legitimidade do governo seria proporcional à expressão dos interesses do Terceiro Estado, sendo certo que os membros da classe laboriosa eram caracterizados como "economicamente usurpados, politicamente desprivilegiados e socialmente oprimidos", Emmanuel Joseph Sieyès conclui que uma nova ordem jurídica

---

3 MIRANDA, Francisco Cavalcanti Pontes de. Defesa, Guarda e Rigidez das Constituições in *Revista de Direito Administrativo – Seleção Histórica*, 1995, p. 64.

4 Com pertinência a "Que é o Terceiro Estado?", a obra é dirigida à resposta de três perguntas, quais sejam: (i) "O que é o Terceiro Estado? Tudo"; (ii) "O que tem sido ele, até agora, na ordem política? Nada", e (iii) "O que é que ele pede? Ser alguma coisa". SIEYÈS, Emmanuel Joseph. *Qu'est-ce que le Tiers État?* Paris, 1789, p. 1.

5 Com referência a Emmanuel Joseph Sieyès, parcela da doutrina nega a autoria da teoria do poder constituinte ao Abade, de forma que a teorização do poder constituinte caberia a Lafayette. KLAIN, Claude. *Théorie et Pratique du Pouvoir Costituant*. Paris: Presses Universitaires de France, 1996, p. 7.

6 Com relação à amplitude da teoria do poder constituinte, parte da doutrina nega o objetivo de legitimação do poder da burguesia francesa, de modo que a teorização do poder constituinte objetivaria a modernização econômica e política da sociedade francesa. ZAPPERI, Robert. *Introdución au "Qu'est-ce que le Tiers État?"*. Geneve: Librairie, 1970, p. 19.

7 FURET, François; RICHET, Denis. *La Revolution Française*. Vervier: Nouvelles Éditions Marabaut, 1979, p. 113.

poderia ser estabelecida pelo poder constituinte, exteriorizado pelos representantes da nação, reunidos em Assembleia Nacional Constituinte.[8]

3 NATUREZA

A natureza do poder constituinte não é unívoca na doutrina.

A primeira corrente doutrinária, precipuamente jusnaturalista, acolhida por **Emmanuel Joseph Sieyès**[9] e **Georges Burdeau**,[10] assim como **Manoel Gonçalves Ferreira Filho**[11] e **Luiz Pinto Ferreira**,[12] acentua que a natureza do poder constituinte seria a de *poder de direito*, cuja análise é vinculada a considerações pertinentes à sua legitimidade, eis que o poder constituinte seria legitimado pelo seu titular, resultante do Direito Natural.

A segunda corrente doutrinária, primordialmente juspositivista, adotada por **Carl Schmitt**[13] e **Carré de Malberg**,[14] bem como **Celso Ribeiro Bastos**[15] e **Raul Machado Horta**,[16] adverte que a natureza do poder constituinte seria a de *poder de fato*, cujo exame é desvinculado de considerações relativas à sua legitimidade, já que o poder constituinte seria legitimado por si mesmo, transcendendo ao Direito Positivo.

A terceira corrente doutrinária, a que nos filiamos, capitaneada por **Paulo Bonavides**[17] e **José Horácio Meirelles Teixeira**,[18] defende que a natureza do poder constituinte é a de *poder político*, de sorte que o poder constituinte é investigado ora como categoria jurídica, com referência à origem, posto que precede ao processo de edição de normas constitucionais, ora como categoria fática, com relação ao efeito, visto que produz o fundamento de validade da ordem jurídica do Estado, ficando a critério do intérprete investigá-lo com ou sem neutralidade axiológica.

4 TITULARIDADE E EXERCÍCIO

A doutrina, à luz do art. 1º, parágrafo único, da CRFB, estabelece a diferenciação entre titularidade e exercício do poder constituinte.

A **titularidade** denomina a quem é afetada a *decisão* do poder constituinte, correspondendo à nação ou povo.

---

8 FURET, François; HALÉVI, Ran. *Orateurs de la Révolution Française*. Paris: Éditions Gallimard, 1989, p. CVI.

9 SIEYÈS, Emmanuel Joseph. *Que es el Tercer Estado?* Madrid: Aguilar, 1973, p. 11.

10 BURDEAU, Georges. *Droit Constitutionnel et Institutions Politiques*. 6ª ed. Paris: Presses Universitaires de France, 1974, p. 124.

11 FERREIRA FILHO, Manoel Gonçalves. *Curso de Direito Constitucional*. 23ª ed. São Paulo: Saraiva, 1996, p. 20.

12 FERREIRA, Luiz Pinto. *Curso de Direito Constitucional*. 10ª ed. São Paulo: Saraiva, 1999, p. 18.

13 SCHMITT, Carl. *Teoría de la Constitución*. Madrid: Alianza, 1996, p. 104.

14 MALBERG, Carré de. *Contribution à la Théorie Generale de l'État*. v. II. Paris: Librairie Sirey, 1922, p. 488.

15 BASTOS, Celso Ribeiro. *Curso de Direito Constitucional*. 18ª ed. São Paulo: Saraiva, 1997, p. 25.

16 HORTA, Raul Machado. *Estudos de Direito Constitucional*. 2ª ed. Belo Horizonte: Del Rey, 1999, p. 29.

17 BONAVIDES, Paulo. *Curso de Direito Constitucional*. 11ª ed. São Paulo: Malheiros, 2001, p. 125-128.

18 TEIXEIRA, José Horácio Meirelles. *Curso de Direito Constitucional*. Rio de Janeiro: Forense Universitária, 1991, p. 200-208.

O **exercício** designa a quem é atribuído o *desempenho* do poder constituinte, compreendendo as formas ou modos direto, indireto e misto.

Em consequência, a distinção entre titularidade e exercício consiste em técnica de legitimação do poder constituinte, pois a elaboração e/ou reforma constitucional será legitimada na medida em que estiver em conformidade com o consentimento dos titulares, em nome dos quais o poder constituinte é exercido.[19]

4.1 Titularidade

No tocante à titularidade do poder constituinte, a questão é indissociada da titularidade da soberania, dado que o poder constituinte consiste na mais alta expressão do poder político, dedicado à elaboração e/ou reforma da estrutura fundamental do Estado e da sociedade, tendo a Ciência Política revelado a existência de três principais teorias a respeito da titularidade da soberania.

As **teorias da soberania divina** asseguram que o poder político emana de Deus. Ademais, há a diferenciação entre a *teoria da soberania divina sobrenatural* e a *teoria da soberania divina providencial*, conforme o agente seja investido diretamente por intervenção divina, designado pelo próprio titular do poder político, ou o agente seja investido indiretamente por intervenção divina, escolhido em virtude dos acontecimentos conduzidos pelo titular do poder político, respectivamente.

As **teorias da soberania nacional** asseveram que a soberania é atribuída à nação, compreendida como entidade abstrata, havida como dessemelhante das pessoas que a constituem. Outrossim, há a distinção entre a *teoria da soberania nacional alienável* e a *teoria da soberania nacional inalienável*, consoante os contratos políticos celebrados entre titular e agente importassem na transferência da titularidade ou exercício do poder político, respectivamente.

A **teoria da soberania popular** assinala que a soberania é atribuída aos cidadãos, considerados como complexo de pessoas que participam da vida política do Estado. Portanto, na soberania nacional, o poder político é totalmente conferido à nação (*uti universi*), enquanto na soberania popular, o poder político é parcialmente concedido a cada membro do povo (*uti singuli*).

A doutrina, malgrado a concepção de Emmanuel Joseph Sieyès, pela qual o titular do poder constituinte seria a nação, em contraposição ao povo, ao argumento de que a nação consistiria na comunidade permanente de pessoas, ao passo que o povo corresponderia ao conjunto de pessoas que, em determinado momento histórico, compõem uma comunidade, para que os interesses permanentes da comunidade prevalecessem sobre os interesses momentâneos de seus componentes, salienta que a titularidade do poder constituinte reside no povo. A respeito, na história constitucional brasileira, as Constituições de 1824 (art. 12: "todos estes poderes, no Imperio do Brazil, são delegações da Nação") e 1891 (art. 15: "são órgãos da soberania nacional o Poder Legislativo,

---

[19] Debruçando-se sobre o tema, Antonio Negri diverge do entendimento que perfilhamos, tendo formulado a teoria do sujeito constituinte, segundo a qual o poder constituinte é, em si mesmo, um sujeito formado pela subjetividade coletiva. NEGRI, Antonio. *Poder Constituinte – Ensaio sobre as Alternativas da Modernidade*. Rio de Janeiro: DP&A, 2002, p. 452.

o Executivo e o Judiciário, harmônicos e independentes entre si") acolheram a teoria da soberania nacional, enquanto as Constituições de 1934 (art. 2º: "todos os poderes emanam do povo"), 1937 (art. 1º: "o poder político emana do povo"), 1946 (art. 1º: "todo poder emana do povo"), 1967 (art. 1º, § 1º: "todo poder emana do povo") e 1988 (art. 1º, parágrafo único: "todo o poder emana do povo") adotaram a teoria da soberania popular, sendo certo que a titularidade do poder constituinte é imputada ao povo no ordenamento constitucional em vigor.[20]

4.2 Exercício

No tocante ao exercício do poder constituinte, a questão é investigada sob os ângulos dos órgãos e procedimentos constituintes.

A análise dos **órgãos** implica a discriminação entre exercício direto, indireto e misto do poder constituinte. No *exercício direto*, há a elaboração e/ou reforma popular da Constituição, já que o poder constituinte é desempenhado pelo povo, como, por exemplo, na hipótese de aclamação em revolução. No *exercício indireto*, há a elaboração e/ou reforma representativa da Constituição, posto que o poder constituinte é desempenhado por representante(s) popular(es), personificado(s) em um agente (sistema monocrático) ou reunido(s) em um órgão (sistema policrático), como, por exemplo, na hipótese de Assembleia Constituinte (denominação francesa) ou Convenção Nacional (designação norte-americana). No *exercício misto*, há a elaboração e/ou reforma combinada da Constituição, visto que o poder constituinte é desempenhado conjuntamente pelo povo e seu(s) representante(s), como, por exemplo, na hipótese de plebiscito ou referendo, com a promulgação ou outorga da Carta Constitucional.

A avaliação do **procedimento** importa na divisão das fases preparatória, introdutória, constitutiva e complementar do poder constituinte. Na *fase preparatória*, há a decisão constituinte, no sentido da elaboração ou reforma da Constituição. Na *fase introdutória*, há o ato convocatório do órgão constituinte, que pode ser levado, ou não, a termo por órgão regular de representação. Na *fase constitutiva*, há a atividade constituinte, expressada pelas formas de revolução, assembleia constituinte ou convenção nacional e plebiscito ou referendo. Na *fase complementar*, há o produto do exercício do poder constituinte, exteriorizado por meio de outorga ou promulgação.[21]

5 CLASSIFICAÇÃO

O poder constituinte, à luz da doutrina de **Nelson de Souza Sampaio**, é classificado em virtude do *objeto*, segundo o qual o exercício do poder constituinte objetiva a elaboração ou reforma das normas constitucionais, e *produto*, segundo o qual o exercitamento do poder constituinte importa na produção da Constituição da República ou Constituição do Estado, da atividade constituinte. A propósito, o poder constituinte é dividido em

---

[20] FERREIRA FILHO, Manoel Gonçalves. *O Poder Constituinte*. 3ª ed. São Paulo: Saraiva, 1999, p. 21-32. V., também: MATTEUCCI, Nicola. *Sovranità* in *Dizionario di Politica*, v. II, 1983, p. 1.179-1.188.

[21] SILVA, José Afonso da. *Poder Constituinte e Poder Popular (Estudos sobre a Constituição)*. São Paulo: Malheiros, 2000, p. 70-71. V., também: GRASSO, Pietro Giuseppe. *Potere Costituente* in *Enciclopedia del Diritto*, v. IV, 1985, p. 68.

quatro espécies, quais sejam: (i) poder constituinte originário, (ii) poder constituinte derivado reformador, (iii) poder constituinte derivado decorrente institucionalizador estadual e (iv) poder constituinte derivado decorrente de reforma estadual.[22]

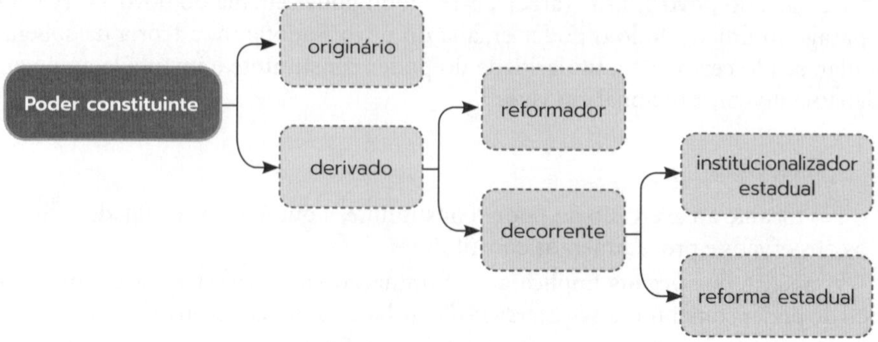

O **poder constituinte originário** consiste em *poder de elaboração da Constituição da República*. Por conseguinte, a Constituição da República Federativa do Brasil, promulgada pela Assembleia Nacional Constituinte, é produto do poder constituinte originário.

O **poder constituinte derivado reformador** corresponde ao *poder de reforma da Constituição da República*, com definição no art. 60 da CRFB e art. 2º do ADCT. Por conclusão, as mais de 100 Emendas à Constituição da República, promulgadas pelas mesas da Câmara dos Deputados e Senado Federal, em dois turnos em cada Casa do Poder Legislativo, por maioria de três quintos, e as seis Emendas Constitucionais de Revisão à Constituição da República, promulgadas pela mesa do Congresso Nacional, em sessão unicameral, por maioria absoluta, são produtos do poder constituinte derivado reformador.[23]

O **poder constituinte derivado decorrente institucionalizador estadual** denomina o *poder de elaboração da Constituição do Estado*, com espeque no art. 25 da CRFB e art.

---

22 SAMPAIO, Nelson de Sousa. *O Poder de Reforma Constitucional*. 3ª ed. Belo Horizonte: Nova Alvorada, 1994, p. 108-114.

23 Cabe asseverar, quanto à admissibilidade do poder constituinte derivado reformador, que temos o entendimento de que o poder constituinte pode ser classificado como originário ou derivado reformador, conforme seja dirigido à elaboração ou reforma da Constituição da República. No sentido do texto, Carlos Sánchez Viamonte, assim como Anna Cândida da Cunha Ferraz, admitem a existência do poder constituinte derivado reformador, de forma que o poder constituinte originário expressar-se-ia na etapa de primogeneidade, ao passo que o poder constituinte derivado reformador exteriorizar-se-ia na etapa de continuidade da Constituição. No sentido contrário, Jorge Reinaldo Vanossi, bem como Edvaldo Brito, inadmitem a existência do poder constituinte derivado reformador, de modo que o poder constituinte originário corresponderia à potência, à proporção que o poder constituinte derivado reformador consistiria em competência atribuída ao poder constituído para alterar a Constituição. A jurisprudência do Supremo Tribunal Federal é predominante do sentido da existência do "poder constituinte derivado reformador". VIAMONTE, Carlos Sánchez. *El Poder Constituinte*. Buenos Aires: Editorial Bibliográfica Argentina, 1957, p. 575-577; FERRAZ, Anna Cândida da Cunha. *Poder Constituinte do Estado-Membro*. São Paulo: Revista dos Tribunais, 1979, p. 13; VANOSSI, Jorge Reinaldo. *Teoría Constitucional*. 2ª ed. v. I. Buenos Aires: Depalma, 2000, p. 129-138; BRITO, Edvaldo. *Limites da Revisão Constitucional*. Porto Alegre: Sergio Antonio Fabris, 1993, p. 71, e STF, ADIn nº 2.883, Rel. Min. Gilmar Mendes, j. 30.8.2006, *DJU* 9.3.2007.

11 do ADCT. Por desfecho, a Constituição do Estado do Rio de Janeiro, promulgada pela respectiva Assembleia Legislativa, investida em poderes constituintes, é exemplo de produto do poder constituinte derivado decorrente institucionalizador estadual.

O **poder constituinte derivado decorrente de reforma estadual** designa o *poder de reforma da Constituição do Estado*, com esteio no art. 111 da CERJ e art. 35 do ADCT/RJ. Por dedução, as mais de 90 Emendas à Constituição do Estado do Rio de Janeiro, promulgadas pela mesa diretora da respectiva Assembleia Legislativa, em dois turnos em cada votação, por maioria de três quintos, são exemplos de produtos do poder constituinte derivado decorrente de reforma estadual.[24, 25, 26]

5.1 Poder constituinte originário

O poder de elaboração da Constituição da República é caracterizado como inicial, ilimitado e incondicionado.

---

24 Cabe assinalar, quanto à Lei Orgânica do Distrito Federal, que não existe poder constituinte derivado decorrente na órbita distrital, na medida em que o Distrito Federal é revestido da natureza jurídica de entidade federativa de posição intermediária entre os Estados e Municípios, sem embargo do cabimento da ação direta de inconstitucionalidade de lei ou ato normativo distrital em face da sua Lei Orgânica, com fundamento no art. 8º da Lei nº 8.185/91, com a redação atribuída pelo art. 30 da Lei nº 9.868/99. Na doutrina, Marcelo Novelino atenta que "no caso de violação da Lei Orgânica distrital por lei ou ato normativo do Distrito Federal, admite-se o controle de constitucionalidade abstrato pelo Tribunal de Justiça do Distrito Federal e Territórios". NOVELINO, Marcelo. *Direito Constitucional*. 3ª ed. São Paulo: Método, 2009, p. 577. Além disso, na jurisprudência, o Tribunal de Justiça do Distrito Federal e Territórios atesta que "o leito processual adequado para o exercício do controle de constitucionalidade concentrado de lei local em face da Lei Orgânica do Distrito Federal é a ação direta de inconstitucionalidade". TJDF, AI nº 1998.002.000307-0, Rel. Des. Vaz de Mello, j. 1.12.1998, *DJU* 18.8.1999.

25 Deve-se acrescentar, quanto às Leis Orgânicas dos Municípios, que não existe poder constituinte derivado decorrente na órbita municipal, uma vez que as Leis Orgânicas constituem produtos da elaboração legislativa das Câmaras dos Municípios. Na doutrina, Luiz Alberto David Araújo e Vidal Serrano Nunes Júnior aduzem que "o poder constituinte derivado decorrente, atribuído aos Estados-membros da Federação, não foi estendido aos Municípios. Enquanto aos Estados foi conferida organização por Constituições, aos Municípios cogitou-se de leis orgânicas, as quais, de sua vez, deveriam guardar fidelidade não só à Constituição da República, mas também à respectiva Constituição do Estado, revelando-se assim que o mais alto documento normativo municipal não adviria de um poder constituinte, mas de um mero órgão legislativo: a Câmara Municipal. Portanto, obedece a dois graus de imposição legislativa constitucional". ARAÚJO, Luiz Alberto David; NUNES JÚNIOR, Vidal Serrano. *Curso de Direito Constitucional*. São Paulo: Saraiva, 1998, p. 13-14 e 196. Além do mais, na jurisprudência, o Tribunal de Justiça de São Paulo adverte que "os Municípios não são investidos de poder constituinte decorrente". TJSP, ADIn nº 31.290-0, Rel. Des. Viseu Júnior, j. 18.9.1996. V., também, TJSP, ADIn nº 12.348-0, Rel. Des. Lair Loureiro, j. 11.9.1991; TJSP, ADIn nº 13.970-0, Rel. Des. Nei Almada, j. 3.8.1994, e TJSP, ADIn nº 20.894-0, Rel. Des. Luís de Macedo, j. 10.4.1995.

26 Deve-se advertir, quanto à classificação do poder constituinte na doutrina portuguesa, que há a distinção entre poder constituinte material e poder constituinte formal, de maneira que o primeiro consistiria no poder de elaboração das normas jurídicas sobre a estrutura fundamental do Estado e da sociedade, ao passo que o segundo corresponderia ao poder de seleção das normas materialmente constitucionais que devem figurar no texto da Constituição. SOUZA, Marcelo Rebelo de. *Direito Constitucional*. v. I. Lisboa: Faculdade de Direito, 1979, p. 61. V., também, SILVA, Maria Manuela Magalhães; ALVES, Dora Resende. *Noções de Direito Constitucional e Ciência Política*. Lisboa: Rei dos Livros, 2000, p. 85.

Por **inicialidade**, deve ser entendido que o poder constituinte originário inaugura um novo ordenamento jurídico, porquanto as normas constitucionais consistem em fundamento de validade, comum e direto, das normas legais, de sorte que a Constituição deflagra o processo de produção do Direito Positivo.

Por **ilimitação**, deve ser entendido que o poder constituinte originário não é submetido a restrições prescritas pelo Direito Positivo.

Por **incondicionamento**, deve ser entendido que o poder constituinte originário não é sujeito a formas e modos de exteriorização previstos pelo Direito Positivo.

5.1.1 *Inicialidade*

Com atenção à inicialidade,[27] há duas questões importantes, quais sejam: (i) a referente ao **efeito da expressão do poder constituinte originário sobre a Constituição anterior** e (ii) a relativa ao **efeito da expressão do poder constituinte originário sobre a Legislação anterior**.

5.1.1.1 Efeito do exercício do poder constituinte originário sobre a Constituição anterior

O exercício do poder constituinte originário implica a **revogação** de todas as normas jurídicas inseridas na Constituição anterior, ainda que algumas sejam materialmente compatíveis com as normas jurídicas insertadas na Constituição posterior, eis que esta regula inteiramente a matéria de que tratava aquela. Nessa ordem de ideias, **José de Oliveira Ascenção** ratifica que "a revogação operada por uma Constituição é uma revogação global. A pretensão de toda a Constituição é a de compendiar exaustivamente o Direito Constitucional do país, não podendo, portanto, admitir a concorrência de uma Constituição anterior".[28]

Isto posto, constatando a diferenciação entre as normas materialmente constitucionais e as normas formalmente constitucionais, porque as primeiras versam sobre matéria constitucional, ao passo que as segundas estão contidas no texto constitucional, com a finalidade de auferir maior estabilidade, a *teoria da desconstitucionalização*, acolhida pelo ordenamento português, porém não adotada no ordenamento brasileiro,[29] sustenta

---

27 Sobre a inicialidade, a doutrina acentua que o poder constituinte originário pode ser classificado como fundacional ou pós-fundacional, consoante estabeleça ou não a primeira Constituição do Estado, respectivamente. Em consequência, na história constitucional brasileira, a Constituição do Império, de 25.3.1824, é produto do poder constituinte originário fundacional, enquanto as Constituições da República, de 24.2.1891, 16.7.1934, 10.11.1937, 18.9.1946, 24.1.1967 e 5.10.1988, são provenientes do poder constituinte originário pós-fundacional. BONAVIDES, Paulo; ANDRADE, Paes de. *História Constitucional do Brasil*. 3ª ed. Rio de Janeiro: Paz e Terra, 1991, p. 17.

28 ASCENÇÃO, José de Oliveira. *O Direito: introdução e teoria geral*. Rio de Janeiro: Renovar, 1994, p. 243.

29 A tese da desconstitucionalização é objeto de controvérsia na ordem constitucional brasileira. No sentido do texto, entendendo que a teoria da desconstitucionalização é inaplicável ao ordenamento jurídico brasileiro, José Afonso da Silva frisa que "hoje, temos dúvidas sobre a validade e conveniência da doutrina da desconstitucionalização das normas jurídicas. Pois, se uma Constituição nova é elaborada pelo poder constituinte que não reproduz determinadas normas não essencialmente constitucionais insertas no texto da constituição apenas para lhes

que as normas constitucionais que não prescrevam a estrutura fundamental do Estado e sociedade, veiculadas pela Constituição antiga, conservam a sua vigência, ainda que posteriormente à edição da Constituição nova, na condição de normas legais. Assim, com o exercício do poder constituinte originário, e a consequente produção de uma nova Constituição, as normas materialmente constitucionais, introduzidas na Constituição anterior, seriam revogadas, enquanto as normas formalmente constitucionais continuariam em vigor perante a Constituição posterior, com possibilidade de serem revogadas pela legislação ordinária, *in sintesi*: "as Constituições escritas podem conter, e contêm, o mais das vezes, disposições que não são constitucionais, senão pela forma, e que absolutamente não são objeto delas. Foram inscritas no texto constitucional unicamente para lhes dar maior força e estabilidade. Pois bem, admite-se que disposições dessa natureza, que só pertenciam à Constituição revogada por um liame fático, sobrevivem a ela e absolutamente não caem com ela. Dá-se-lhes tratamento de leis ordinárias – no fundo é o que são – mas, ao mesmo tempo, são reconduzidas à qualidade destas. Desgarram-se da Constituição, em que estavam encaixadas, e é por isso que permanecem em vigor; mas, ao mesmo tempo, perdem a eficácia de normas constitucionais, e, daí por diante, podem, como outra lei qualquer, ser modificadas pelo legislador ordinário".[30]

5.1.1.2 Efeito do exercício do poder constituinte originário sobre a Legislação anterior

O exercício do poder constituinte originário pode importar na **recepção** das normas infraconstitucionais anteriores à vigência da nova Constituição, desde que sejam materialmente compatíveis com ela, mediante a alteração do fundamento imediato de validade. Nesse ponto da matéria, **Norberto Bobbio** reitera que "a recepção é um ato jurídico com o qual um ordenamento acolhe e torna suas as normas de outro ordenamento, onde tais normas permanecem materialmente iguais, mas não são mais as mesmas

---

dar maior estabilidade, significa isso que a nova ordem constitucional as quis desqualificar, não apenas como normas constitucionais, mas também como normas jurídicas vigentes. Isso quer dizer que ficam igualmente revogadas, tal como a Constituição que as acolhia". No sentido contrário, entendendo que a teoria da desconstitucionalização é aplicável ao ordenamento jurídico brasileiro, Francisco Cavalcanti Pontes de Miranda grifa que "as leis que continuam em vigor são todas as que existiam e não são incompatíveis com a Constituição nova. Inclusive as regras contidas na Constituição anterior, posto que como simples leis", analogamente ao art. 290, nº 1, da Constituição da República Portuguesa. A jurisprudência do Supremo Tribunal Federal é no sentido de que "a desconstitucionalização é o fenômeno pelo qual uma determinada área do Direito deixa de ter *status* constitucional, do qual até então gozava, para passar a ser disciplinada apenas pelo legislador ordinário". SILVA, José Afonso da. *Aplicabilidade das Normas Constitucionais*. 3ª ed. São Paulo: Malheiros, 1998, p. 222; MIRANDA, Francisco Cavalcanti Pontes de. *Comentários à Constituição da República dos Estados Unidos do Brasil de 1934*. v. II. Rio de Janeiro: José Olimpio, 1936, p. 560-561, e STF, ADIn nº 2.110, Rel. Min. Sydney Sanches, j. 16.3.2000, *DJU* 5.12.2003.

30 ESMEIN, Adhémar. *Éléments de Droit Constitutionnel Français et Comparé*. 6ª ed. Paris: Librairie de la Société du Recueil Sirey, 1914, p. 582. V., também: BURDEAU, Georges. *Traité de Science Politique*. 2ª ed. v. IV. Paris: Librairie Générale de Droit et de Jurisprudence, 1969, p. 625.

com respeito à forma, no sentido de que elas são válidas não mais com base na norma fundamental do velho ordenamento, mas com base na norma fundamental do novo".[31]

Isto visto, a recepção suscita três observações importantes.

A um: quanto à superveniência de norma constitucional alterando o procedimento, como também a competência, para a produção legislativa, há a configuração de duas hipóteses diferentes. Uma é referente à norma jurídica veiculada pela espécie normativa destinada ao tratamento da matéria no momento da elaboração legislativa, tendo sido modificado o procedimento estabelecido na Constituição anterior, em razão da Constituição posterior, como, por exemplo, no caso de lei ordinária que verse sobre certa matéria que passe a ser imanente à lei complementar, de forma que a norma jurídica é recepcionada, pelo novo ordenamento constitucional, com eficácia equiparada às normas jurídicas veiculadas por lei complementar, somente havendo a possibilidade de ser alterada por meio desta.[32] Outra é relativa à norma jurídica produzida pelo órgão competente para o tratamento da matéria no momento da elaboração legislativa, tendo sido mudada a competência estatuída na Constituição anterior, em virtude da Constituição posterior, como, por exemplo, no caso de norma regimental que verse sobre determinada matéria que passe a ser inerente à norma legal, de modo que a norma jurídica é recepcionada, pelo novo ordenamento constitucional, até que seja operada a ab-rogação ou derrogação pela legislação ulterior.[33] Portanto, em ambas as hipóteses, há a aplicação do *critério tempus regit actum*, de acordo com a jurisprudência do Supremo Tribunal Federal: "a recepção de lei ordinária como lei complementar pela Constituição posterior a ela só ocorre com relação aos seus dispositivos em vigor quando da promulgação desta"[34] e "tendo sido objeto de recepção os dispositivos de regimento interno de tribunal que, por causa da competência legislativa que lhe fora outorgada pela ordem constitucional anterior, dizem respeito a matéria processual, eles persistem com força de lei até serem revogados por legislação posterior".[35]

A dois: quanto ao efeito da não recepção, três correntes doutrinárias são divergentes sobre a incompatibilidade entre uma norma infraconstitucional e outra norma constitucional superveniente, estatuída por nova Constituição. A primeira, procedente das doutrinas alemã e espanhola, com espeque em **Luís Roberto Barroso**[36] e **Marcelo Neves**,[37] assevera que o efeito da incompatibilidade entre norma infraconstitucional e norma constitucional superveniente é a *revogação*, devendo o conflito ser resolvido no

---

31 BOBBIO, Norberto. *Teoria do Ordenamento Jurídico*. 5ª ed. Brasília: UnB, 1994, p. 177.

32 BASTOS, Celso Ribeiro. *Lei Complementar: teoria e comentários*. 2ª ed. São Paulo: Instituto Brasileiro de Direito Constitucional, 1999, p. 136-137.

33 BARROSO, Luís Roberto. *Interpretação e Aplicação da Constituição*. 3ª ed. São Paulo: Saraiva, 1999, p. 86.

34 STF, AI nº 235.800, Rel. Min. Moreira Alves, j. 25.5.1999, *DJU* 25.6.1999.

35 STF, ADIn nº 171, Rel. Min. Moreira Alves, j. 14.9.1994, *DJU* 15.12.1995. V., também: STJ, REsp nº 77.067, Rel. Min. Demócrito Reinaldo, j. 22.11.1995, *DJU* 18.12.1995, e STJ, REsp nº 182.060, Rel. Min. Ari Pargendler, j. 13.10.1998, *DJU* 16.11.1998.

36 BARROSO, Luís Roberto. *A Constituição e o Conflito de Normas no Tempo: Direito Constitucional Intertemporal* in *Revista da Faculdade de Direito da Universidade do Estado do Rio de Janeiro*, nº 3, 1995, p. 213.

37 NEVES, Marcelo. *Teoria da Inconstitucionalidade das Leis*. São Paulo: Saraiva, 1988, p. 96.

campo da vigência, posto que a contradição entre norma posterior e norma anterior em referência à mesma matéria implica a revogação desta, desde que aquela seja de superior ou igual hierarquia, de forma que não seria cabível nenhum instrumento de provocação da jurisdição constitucional concentrada, devendo ser utilizada a interposição de recurso extraordinário. A segunda, proveniente das doutrinas italiana e portuguesa, com esteio em **José de Carlos Nunes**[38] e **Wilson de Souza Campos Batalha**,[39] assinala que o efeito da incompatibilidade entre norma infraconstitucional e norma constitucional superveniente é a *inconstitucionalidade superveniente*, devendo a colisão ser resolvida no campo da validade, visto que a dissonância entre norma infraconstitucional e norma constitucional em relação à mesma matéria importa na inconstitucionalidade daquela, independentemente do momento em que se manifesta, de modo que seria cabível o emprego de qualquer instrumento de provocação da jurisdição constitucional concentrada. A terceira, com fundamento em **Carlos Alberto Lúcio Bittencourt**[40] e **José Joaquim Gomes Canotilho**,[41] salienta que o efeito da incompatibilidade entre norma infraconstitucional e norma constitucional superveniente é a *revogação por inconstitucionalidade*, já que há o concurso entre a revogação – pois há normas jurídicas que se sucedem no tempo – e a inconstitucionalidade – porque há normas jurídicas de níveis hierárquicos diferentes. Outrossim, a jurisprudência do Supremo Tribunal Federal, malgrado o art. 1º, parágrafo único, inc. I, *in fine*, da Lei nº 9.882/99 preceitue o cabimento da arguição de descumprimento de preceito fundamental contra lei ou ato normativo anterior à Constituição,[42] é fixada no sentido de que o efeito da não recepção é a revogação: "a lei ou é constitucional ou não é lei".[43] "Noutras palavras, ocorre revogação, pela Constituição nova, de normas infraconstitucionais com esta incompatíveis",[44] "dado que as normas anteriores à Constituição e com esta incompatíveis são consideradas não recebidas".[45] "Lei inconstitucional é uma contradição em si. A lei é constitucional quando fiel à Constituição; inconstitucional, na medida em que a desrespeita, dispondo sobre o que lhe era vedado. O vício da inconstitucionalidade é congênito à lei e há de ser apurado em face da Constituição vigente ao tempo de sua elaboração. Lei anterior não pode ser inconstitucional em relação à Constituição superveniente; nem o legislador poderia infringir Constituição futura. A Constituição sobrevinda não torna inconstitucionais leis anteriores com ela conflitantes: revoga-as. Pelo fato de ser superior, a Constituição não deixa de produzir efeitos revogatórios. Seria ilógico que a lei fundamental, por ser suprema, não revogasse, ao ser promulgada, leis ordinárias. A lei maior valeria menos

---

38 NUNES, José de Castro. *Teoria e Prática do Poder Judiciário*. Rio de Janeiro: Forense, 1943, p. 600-601.

39 BATALHA, Wilson de Souza Campos. *Direito Intertemporal*. Rio de Janeiro: Forense, 1980, p. 434.

40 BITTENCOURT, Carlos Alberto Lúcio. *O Controle Jurisdicional da Constitucionalidade das Leis*. 2ª ed. Rio de Janeiro: Forense, 1968, p. 131.

41 CANOTILHO, José Joaquim Gomes. *Direito Constitucional*. 6ª ed. Coimbra: Almedina, 1993, p. 1.108.

42 CARVALHO, Luis Gustavo Grandinetti Castanho de; GALVÃO, Mônica Cristina Mendes. *O STF e o Direito de Imprensa: análise e consequências do julgamento da ADPF nº 130*. Rio de Janeiro: Lumen Juris, 2011, p. 69-80.

43 STF, RE nº 387.271, Rel. Min. Marco Aurélio, j. 8.8.2007, *DJU* 1º.2.2008.

44 STF, RE nº 396.386, Rel. Min. Carlos Velloso, j. 29.6.2004, *DJU* 13.8.2004.

45 STF, RE nº 402.287, Rel. Min. Carlos Velloso, j. 9.3.2004, *DJU* 26.3.2004.

que a lei ordinária. Reafirmação da antiga jurisprudência do Supremo Tribunal Federal, mais que cinquentenária".[46]

A três: quanto aos conceitos afins, há a distinção entre recepção e três institutos assemelhados. O primeiro é a *repristinação*, quer dizer, retomada de vigência da norma revogada pela revogação da norma revogadora, em decorrência de disposição expressa em ato legislativo, com a identificação de três normas e duas revogações válidas, em conformidade com o art. 2º, § 3º, da LINDB.[47] O segundo é o *efeito repristinatório*, vale dizer, retomada de vigência da norma revogada pela declaração de inconstitucionalidade da norma revogadora, a despeito de disposição expressa em ato jurisdicional, com a individualização de duas normas e uma revogação inválida, em consonância com o art. 11, § 2º, da Lei nº 9.868/99.[48] O terceiro é a *filtragem constitucional*, consistente no processo de releitura da ordem jurídica, a partir da constatação de que a aplicação do Direito Objetivo imprescinde da passagem das normas infraconstitucionais pelo filtro axiológico da Constituição, com o desiderato de atualizá-las, sendo manifesto que o novo ordenamento jurídico, em regra, consubstancia valores e princípios diversos do anterior, *in suma*: "utiliza-se a expressão 'filtragem constitucional', em virtude de que ela denota a ideia de um processo em que toda a ordem jurídica, sob a perspectiva formal e material, e assim os seus princípios e valores, devem passar sempre e necessariamente pelo filtro axiológico da Constituição, impondo, a cada momento da aplicação do Direito Positivo, uma releitura e atualização de suas normas".[49]

---

46 STF, ADIn nº 2, Rel. Min. Paulo Brossard, j. 6.2.1992, *DJU* 21.11.1997. V., também: STJ, REsp nº 35.715, Rel. Min. Demócrito Reinaldo, j. 21.11.1994, *DJU* 5.12.1994; STJ, MS nº 8.058, Rel. Min. Fernando Gonçalves, j. 11.11.1997, *DJU* 1º.12.1997; STJ, REsp nº 547.346, Rel. Min. Teori Albino Zavascki, j. 3.5.2005, *DJU* 23.5.2005, e STJ, REsp nº 1.176.604, Rel. Min. Felix Fischer, j. 2.9.2010, *DJU* 4.10.2010.

47 PEREIRA, Caio Mário da Silva. *Instituições de Direito Civil.* 15ª ed. v. I. Rio de Janeiro: Forense, 1994, p. 85-86; LOPES, Miguel Maria de Serpa. *Curso de Direito Civil.* 3ª ed. v. I. Rio de Janeiro: Freitas Bastos, 1960, p. 97-98; GOMES, Orlando. *Introdução ao Direito Civil.* 13ª ed. Rio de Janeiro: Forense, 1998, p. 40-41, e OLIVEIRA, José Maria Leoni Lopes de. *Introdução ao Direito Civil.* v. I. Rio de Janeiro: Lumen Juris, 1998, p. 273-274.

48 CANOTILHO, José Joaquim Gomes; MOREIRA, Vital. *Constituição da República Portuguesa Anotada.* 3ª ed. Coimbra: Coimbra Editora, 1993, p. 1.040; MIRANDA, Jorge. *Manual de Direito Constitucional.* 2ª ed. v. II. Coimbra: Coimbra Editora, 1988, p. 386; SOUZA, Marcelo Rebelo de. *O Valor Jurídico do Acto Inconstitucional.* Lisboa: AAFDL, 1988, p. 257, e CANAS, Vitalino. *Introdução às Decisões de Provimento do Tribunal Constitucional.* 2ª ed. Lisboa: Cognitio, 1994, p. 53. Na doutrina alemã, v.: HESSE, Konrad. *Funktionelle Grenzen der Verfassungsgerichtsbarkeit* in *Festschrift für Hans Huber.* Bern: Stämpfli & Cie, 1981, p. 261; na doutrina espanhola, v.: GARCIA, Henrique Alonso. *Los Efectos Formales de la Declaractión de Inconstitucionalidad en el Sistema Constitucional Español* in *Revista Española de Derecho Constitucional*, nº 6, 1982, p. 209; Na doutrina francesa, v.: FAVOREU, Louis. *La Décision de Inconstitutionnalité* in *Revue Internationale de Droit Comparé*, nº 2, 1986, p. 611; na doutrina italiana, v.: DELITALA, Giacomo. *Gli Effetti della Dichiarazione di Illegittimità Costituzionale delle Leggi* in *Rivista Italiana per le Scienze Giuridiche*, nº 1, 1954, p. 17.

49 SCHIER, Paulo Ricardo. *Filtragem Constitucional: construindo uma nova dogmática jurídica.* Porto Alegre: Sergio Antonio Fabris, 1999, p. 104. V., também: CLÈVE, Clèmerson Merlin: *Direito Constitucional e Direito Alternativo: por uma dogmática constitucional emancipatória* in *Direito Alternativo.* Rio de Janeiro: COAD, 1994, p. 34-53.

5.1.2 Ilimitação

Com atinência à ilimitação,[50] há duas questões interessantes, quais sejam: (i) a referente à **colisão entre normas constitucionais** introduzidas pelo poder constituinte originário, sem possibilidade de caracterização de inconstitucionalidade das regras constitucionais procedentes dele, uma vez que o fenômeno é limitado às hipóteses em que esteja em jogo regra proveniente do poder constituinte derivado,[51] e (ii) a relativa à **colisão entre normas constitucionais e normas internacionais** inseridas em acordo ou tratado, com repercussão no tema da proteção internacional dos direitos humanos.

5.1.2.1 Conflito entre normas constitucionais

A antinomia entre normas produzidas pelo poder constituinte originário e a antinomia entre normas provenientes dos poderes constituintes originário e derivado são distintas, na medida em que a primeira é solvida no campo da hermenêutica constitucional, enquanto a segunda é solucionada no campo do controle de constitucionalidade,[52] razão pela qual esta última será posteriormente estudada.

A colisão entre normas constitucionais originárias, considerando que a antinomia entre normas jurídicas é qualificada como aparente ou real, consoante possa, ou não, ser removida pela aplicação dos critérios da especialização, hierárquico e cronológico,[53] é resolvida a partir do método silogístico.

Como premissa maior, as normas exteriorizadas pelo poder constituinte originário não apresentam hierarquia normativa entre si, eis que são oriundas da mesma fonte do direito constitucional, porém as normas extraídas do poder constituinte originário podem apresentar hierarquia axiológica entre si, já que são informadas por diferentes valores, no processo de densificação principiológica.[54]

---

50 Sobre a ilimitação, a doutrina adverte que o poder constituinte originário, apesar da inexistência de limitações jurídicas, é submetido a limitações extrajurídicas ou metajurídicas, distinguidas em ideológicas, institucionais e substanciais. As limitações ideológicas decorrem das exigências do bem-estar da coletividade. As limitações institucionais defluem de institutos sociologicamente enraizados. As limitações substanciais compreendem limites transcendentes (pertinentes à dignidade da pessoa humana), limites imanentes (referentes à identidade do Estado, que cada Constituição representa um momento do seu processo histórico) e limites heterônomos (relativos aos atos de Direito Internacional, a que cada Estado está sujeito nas suas relações externas), tendo Paulo Bonavides afirmado que o poder constituinte originário "pode tudo, em tese, mas quando é exercido traz já compromissos indeclináveis emanados de suas origens sociais, políticas e ideológicas. E esses compromissos evidentemente lhe estreitam o espaço de ação, sem todavia desfalcá-lo das qualidades de plenário insubstituível de uma vontade nacional em busca de consenso". BONAVIDES, Paulo. *Quem tem medo da Constituinte?* in *Folha de S. Paulo*, 26.7.1981, p. 5.

51 A inconstitucionalidade das normas constitucionais é analisada no Item 5.2.1 do presente capítulo, para o qual, por questão de método, remetemos o interessado.

52 BOSCHI, Fabio Bauab. *Conflito de Normas Constitucionais* in *Cadernos de Direito Constitucional e Ciência Política*, nº 4, 1993, p. 60.

53 FERRAZ JÚNIOR, Tércio Sampaio. *Introdução ao Estudo do Direito: Técnica, Decisão e Dominação*. 2ª ed. São Paulo: Atlas, 1994, p. 209-210.

54 MOREIRA NETO, Diogo de Figueiredo. *A Ordem Econômica na Constituição de 1988* in *Revista de Direito da Procuradoria-Geral do Estado do Rio de Janeiro*, nº 42, 1990, p. 59. V., também: MORAES, Humberto Peña de. *Arguição de Descumprimento de Preceito Fundamental: apontamentos para a compreensão do tema* in *Revista de Direito do Tribunal de Justiça do Estado do Rio de Janeiro*, nº 48, 2001, p. 34-35.

Como premissa menor, a Constituição demonstra ser um sistema internamente estático, posto que as normas jurídicas que a compõem são revestidas da natureza de princípios (normas com alto grau de abstração, consagradoras de valores, pelo que é necessária a mediação concretizadora) ou regras (normas com pouco grau de abstração, concretizadoras de princípios, pelo que é possível a aplicação coercitiva), sendo estabelecida uma relação de fundamentação a partir daqueles até estas, e externamente dinâmico, visto que consiste em fundamento de validade comum de todas as normas jurídicas que integram o mesmo ordenamento constitucional, em virtude da autoridade da qual é emanada (poder constituinte originário).[55]

A conclusão é a de que o confronto entre normas constitucionais originárias é resolvido por meio de três critérios interpretativos, com o escopo de possibilitar a harmonização entre elas,[56] com a máxima efetividade de ambas,[57] dentro dos limites do caso concreto.

Na hipótese de **colisão entre princípios**, não há a configuração de antinomia entre normas constitucionais em sentido técnico, de forma que o conflito é resolvido pela aplicação do *critério da ponderação* dos valores em jogo,[58] com o predomínio do princípio de maior peso, porquanto a colisão entre regras é solucionada na dimensão da validez, ao passo que o conflito entre princípios é solvido na dimensão do peso.[59] Exemplo de confronto entre princípios constitucionais é estabelecido entre os veiculados pelo art. 5º, inc. IX - princípio da liberdade de informação jornalística - e art. 5º, inc. X - princípio da inviolabilidade da intimidade -, ambos da CRFB, sobre o qual a jurisprudência do Tribunal de Justiça do Rio de Janeiro, com fundamento no critério da ponderação, é dirigida no sentido da restrição daquele em proveito deste, a menos que se trate de acontecimento de caráter público, isto é, de um evento que toda pessoa tem interesse de conhecer para formar a sua opinião como membro da coletividade: "na temática atinente aos direitos e garantias fundamentais, dois princípios constitucionais se confrontam e devem ser conciliados. De um lado, a livre expressão da atividade intelectual, artística, científica e de comunicação, independentemente de censura ou licença. De outro lado, a inviolabilidade da intimidade, da vida privada, da honra e da imagem das pessoas. Sempre que princípios constitucionais aparentam colidir, deve o intérprete procurar as recíprocas implicações existentes entre eles, até chegar a uma inteligência harmoniosa, porquanto, em face do princípio da unidade constitucional, a Constituição não pode estar em conflito consigo mesma, não obstante a diversidade de normas e princípios que contêm. Assim, se ao direito à livre expressão da atividade intelectual e de comunicação contrapõe-se o direito à inviolabilidade da intimidade, da

---

55 DINIZ, Maria Helena. *Norma Constitucional e seus Efeitos*. 2ª ed. São Paulo: Saraiva, 1992, p. 111. V., também: MELLO, Celso Antônio Bandeira de. *Atos Administrativos e Direito dos Administrados*. São Paulo: Revista dos Tribunais, 1981, p. 88.

56 ALMEIDA, Liliane do Espírito Santo Roriz de. *Conflito entre Normas Constitucionais*. Rio de Janeiro: América Jurídica, 2001, p. 39-40.

57 MORO, Sergio Fernando. *Desenvolvimento e Efetivação Judicial de Normas Constitucionais*. São Paulo: Max Limonad, 2001, p. 39 e 50.

58 ANDRADE, José Carlos Vieira de. *Os Direitos Fundamentais na Constituição Portuguesa de 1976*. Coimbra: Almedina, 1987, p. 222.

59 ALEXY, Robert. *Teoria dos Direitos Fundamentais*. São Paulo: Malheiros, 2008, p. 91-94.

vida privada, da honra e da imagem, segue-se como consequência lógica que este último condiciona o exercício do primeiro, atuando como limite estabelecido pela própria Lei Maior para impedir excessos e abusos".[60]

Na hipótese de **colisão entre princípios e regras**, há a configuração de antinomia aparente entre normas constitucionais, de maneira que o conflito deve ser resolvido pela aplicação do *critério hierárquico no sentido estático*, em consequência da diferença de natureza das normas constitucionais submetidas a controle judicial, com a prevalência do princípio sobre a regra. Exemplo de confronto entre princípios e regras constitucionais é estabelecido entre os veiculados pelo art. 100 da CRFB – princípio da igualdade entre os credores da Fazenda Pública, pelo que o pagamento dos respectivos créditos deve ser efetuado na ordem cronológica de apresentação dos precatórios – e art. 33 do ADCT – regra transitória, pela qual os créditos devidos pela Fazenda Pública, pendentes na data da promulgação da Constituição da República, poderiam ser pagos em moeda corrente, no prazo máximo de oito anos –, sobre o qual a jurisprudência do Tribunal de Justiça de São Paulo, com fulcro no critério hierárquico no sentido estático, é direcionada no sentido da inaplicabilidade da última: "determinado o pagamento dos créditos devidos pela Fazenda Pública na ordem cronológica de apresentação dos precatórios, procurou o constituinte para determinados casos, nas disposições transitórias, modificar aquele entendimento, para alterar o direito de receber, com um pagamento em oito longos anos. O art. 100 da CRFB deve prevalecer sobre o art. 33 do ADCT, sob pena de ser violado todo o sistema quanto à execução contra a Fazenda Pública".[61]

Na hipótese de **colisão entre regras**, há a configuração de antinomia real entre normas constitucionais, de sorte que o conflito não pode ser resolvido pela aplicação de *nenhum critério jurídico*, em decorrência da identidade hierárquica entre as normas constitucionais sujeitas a controle legislativo, com a necessidade de produção de terceira norma, que elimine uma e/ou outra ou substitua ambas as normas contrapostas. Exemplo de confronto entre regras constitucionais é estabelecido entre as veiculadas pelo art. 61, § 1º, inc. II, *d* – regra conforme a qual as normas de organização do Ministério Público da União, assim como as normas gerais para a organização dos Ministérios Públicos dos Estados, devem ser inseridas em lei ordinária, cujo projeto é de iniciativa reservada ao Presidente da República – e art. 128, § 5º – regra consoante a qual as normas de organização do Ministério Público da União, bem como dos Ministérios Públicos dos Estados, devem ser insertadas em lei complementar, cujo projeto é de iniciativa facultada aos respectivos Procuradores-Gerais –, ambos da CRFB, sobre o qual a jurisprudência do Supremo Tribunal Federal é consolidada no sentido de que a Lei Orgânica do Ministério Público da União (LOMPU), a Lei Orgânica Nacional do Ministério Público (LONMP) e as Leis Orgânicas dos Ministérios Públicos dos Estados (LOMPEs) devem ser inseridas em lei complementar nacional (Lei Complementar nº 75/93), lei ordinária nacional (Lei nº 8.625/93) e leis complementares estaduais (exemplo: Lei Complementar do Estado do Rio de Janeiro nº 106/03), cujos projetos são de iniciativa concorrente entre o Presidente da República e o Procurador-Geral da República, iniciativa exclusiva do Presidente da

---

60 TJRJ, Proc. nº 1996.001.00760, Rel. Des. Gualberto Miranda, j. 24.4.1996, *RDTJRJ* 28/221.

61 TJSP, AI nº 153.926-2, Rel. Des. Bourroul Ribeiro, j. 20.2.1990, *BAASP* 1.639/121.

República e iniciativa concorrente entre o Governador do Estado e o Procurador-Geral de Justiça, respectivamente.[62, 63]

5.1.2.2 Conflito entre normas constitucionais e internacionais

O *status* normativo das convenções e tratados de proteção internacional dos direitos humanos é objeto de debate, tanto que a doutrina não é uníssona quanto à incompatibilidade material entre regras de Direito Constitucional e de Direito Internacional, como, por exemplo, a estabelecida entre o art. 5º, inc. LXVII, da CRFB e o art. 7º, nº 7, da Convenção Americana sobre Direitos Humanos (Pacto de San José da Costa Rica).[64]

O *status legal* é reconhecido por **Maurício Andreiuolo Rodrigues** e **Laerte José Castro Sampaio**, para quem os atos internacionais não possuem a devida legitimidade para confrontar, tampouco para complementar ou especificar o disposto na Constituição, dado que "se o § 2º do art. 5º inaugurou uma nova era dos direitos fundamentais, admitindo o ingresso de atos internacionais a versar sobre direitos humanos, não se pode dizer, daí, que o restante do texto fundamental restará submisso aos tais acordos. De modo algum. Não cabe, vale repetir, contrapor tratado internacional - inclusive sobre direitos humanos - a uma regra de nível constitucional"[65] e "a Constituição

---

62 STF, MS nº 21.239, Rel. Min. Sepúlveda Pertence, j. 5.6.1991, *DJU* 23.4.1993.

63 A título de informação, contrariamente ao que defendemos em epígrafe, Luís Roberto Barroso e Ana Paula de Barcellos sustentam que a colisão entre regras pode ser resolvida pela aplicação do critério da ponderação. *Quid inde*, "a ponderação de valores, interesses, bens ou normas consiste em uma técnica de decisão jurídica utilizável nos casos difíceis, que envolvem a aplicação de princípios (ou, excepcionalmente, de regras) que se encontram em linha de colisão, apontando soluções diversas e contraditórias para a questão". BARROSO, Luís Roberto; BARCELLOS, Ana Paula de. *O Começo da História: a nova interpretação constitucional e o papel dos princípios no direito brasileiro* in *Revista Forense*, nº 371, 2004, p. 201.

64 Convenção Americana sobre Direitos Humanos (Pacto de San José da Costa Rica), art. 7º: "1 – Toda pessoa tem direito à liberdade e à segurança pessoais; 2 – Ninguém pode ser privado de sua liberdade física, salvo pelas causas e nas condições previamente fixadas pelas Constituições Políticas dos Estados-Partes ou pelas leis de acordo com elas promulgadas; 3 – Ninguém pode ser submetido a detenção ou encarceramento arbitrários; 4 – Toda pessoa detida ou retida deve ser informada das razões da sua detenção e notificada, sem demora, da acusação ou acusações formuladas contra ela; 5 – Toda pessoa detida ou retida deve ser conduzida, sem demora, à presença de um juiz ou de outra autoridade autorizada pela lei a exercer funções judiciais e tem direito a ser julgada dentro de um prazo razoável ou ser posta em liberdade, sem prejuízo de que prossiga o processo. Sua liberdade pode ser condicionada a garantias que assegurem o seu comparecimento em juízo; 6 – Toda pessoa privada da liberdade tem direito a recorrer a um juiz ou tribunal competente, a fim de que este decida, sem demora, sobre a legalidade de sua prisão ou detenção e ordene sua soltura se a prisão ou detenção forem ilegais. Nos Estados-Partes cujas leis preveem que toda pessoa que se vir ameaçada de ser privada de sua liberdade tem direito a recorrer a um juiz ou tribunal competente a fim de que este decida sobre a legalidade de tal ameaça, tal recurso não pode ser restringido nem abolido. O recurso pode ser interposto pela própria pessoa ou por outra pessoa; 7 – Ninguém deve ser detido por dívidas. Este princípio não limita os mandados de autoridade judiciária competente expedidos em virtude de inadimplemento de obrigação alimentar." PENTEADO FILHO, Nestor Sampaio. *Direitos Humanos*. 3ª ed. São Paulo: Método, 2009, p. 360-361.

65 RODRIGUES, Maurício Andreiuolo. *Os Tratados Internacionais de Proteção dos Direitos Humanos e a Constituição* in *Teoria dos Direitos Fundamentais*. Rio de Janeiro: Renovar, 1999, p. 188-189.

subordinou a eficácia interna dos tratados, convenções ou atos internacionais ao referendo do Congresso Nacional, não excepcionando as hipóteses eventualmente previstas no art. 5º, § 2º. Deve ser reconhecida, definida a posição da norma internacional na hierarquia do ordenamento jurídico, não poder ela se contrapor às normas constitucionais".[66]

O *status supralegal* é referido por **Gilmar Ferreira Mendes**, para quem a legislação infraconstitucional que contrarie as convenções e tratados internacionais de direitos humanos se torna inaplicável, seja ela anterior ou posterior ao ato de ratificação, já que "os tratados sobre direitos humanos são infraconstitucionais, porém, diante de seu caráter especial em relação aos demais atos internacionais, também são dotados de um atributo de supralegalidade. Portanto, a internalização dos tratados internacionais que cuidam da proteção dos direitos humanos na ordem jurídica tem o condão de paralisar a eficácia de toda e qualquer disciplina normativa infraconstitucional com ela".[67]

O *status constitucional* é respaldado por **Flávia Cristina Piovesan** e **Antônio Augusto Cançado Trindade**, para quem as eventuais antinomias entre o disposto internacional e constitucionalmente devem ser resolvidas pela aplicação da norma jurídica que se afigurar mais favorável à pessoa humana, posto que "a Carta de 1988 confere aos tratados de direitos humanos o *status* de norma constitucional, por força do art. 5º, § 2º. O regime jurídico diferenciado conferido aos tratados de direitos humanos não é, todavia, aplicável aos demais tratados, isto é, aos tratados tradicionais"[68] e "desde a promulgação da atual Constituição, os tratados de direitos humanos em que o Brasil é parte têm efetivamente nível constitucional. O propósito da regra do § 2º do art. 5º não é outro que o de assegurar a aplicabilidade direta pelo Poder Judiciário da normativa internacional de proteção, alçada a nível constitucional".[69]

O *status supraconstitucional* é retratado por **Celso de Albuquerque Mello**, para quem a primazia das convenções e tratados internacionais de direitos humanos pode ser justificada pela interação entre o Direito Interno e o Direito Internacional em benefício dos seres protegidos, visto que "a norma internacional prevalece sobre a norma constitucional, mesmo naquele caso em que uma norma constitucional posterior tente revogar uma norma internacional constitucionalizada".[70]

---

66 SAMPAIO, Laerte José Castro. *Interpretação Constitucional sobre Alienação Fiduciária e Prisão Civil* in *Os Dez Anos da Constituição Federal*. São Paulo: Atlas, 1999, p. 88.

67 MENDES, Gilmar Ferreira. *A Justiça Constitucional nos Contextos Supranacionais* in *Direito Público*, nº 8, 2005, p. 80.

68 PIOVESAN, Flávia Cristina. *A Constituição Brasileira de 1988 e os Tratados Internacionais de Proteção dos Direitos Humanos* in *Temas de Direitos Humanos*. 2ª ed. São Paulo: Max Limonad, 2003, p. 44.

69 TRINDADE, Antônio Augusto Cançado. *Memorial em prol de uma Nova Mentalidade quanto à Proteção dos Direitos Humanos nos Planos Internacional e Nacional* in *Arquivos de Direitos Humanos*. Rio de Janeiro: Renovar, 1999, p. 46-47.

70 MELLO, Celso de Albuquerque. *Antinomias no Direito Internacional dos Direitos Humanos* in *Arquivos de Direitos Humanos*, nº 3, 2001, p. 3-23.

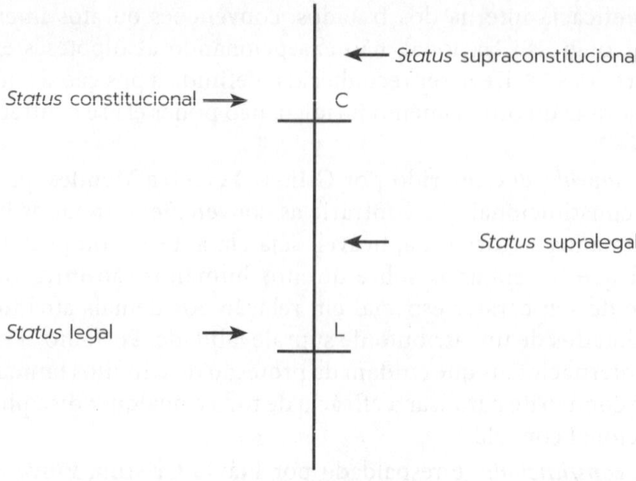

A nosso sentir, as normas de Direito Internacional geralmente reconhecidas e as convenções e tratados internacionais de direitos humanos devem prevalecer sobre a legislação interna, tendo por base que o processo legislativo de incorporação ao ordenamento jurídico nacional lhes asseguraria, no mínimo, o atributo da supralegalidade. A título de apresentação, a natureza supralegal dos acordos internacionais de proteção dos direitos humanos foi afirmada pela *Cour de Cassation*, ao interpretar o art. 55 da Constituição francesa,[71] no caso Société des Cafés Jacques Vabre v. Administration Française – "Os tratados ou acordos regularmente ratificados e aprovados têm uma autoridade superior à das leis, mesmo as posteriores. Devido a essa especificidade, a ordem jurídica que eles instituem é diretamente aplicável aos cidadãos dos Estados signatários e impõe-se a todos os seus órgãos jurisdicionais"[72] –, bem assim pela *Hoge Raad der Nederlanden*, ao interpretar o art. 94 da Constituição neerlandesa,[73] no caso Nordstern Allgemeine Versicherung AG v. Vereinigte Stinees Rheinreedereien – "O Reino não se obriga por tratados, nem tais tratados podem ser denunciados, sem a prévia aprovação dos Estados Gerais. Qualquer dispositivo de um tratado que conflite com a Constituição, ou que acarrete conflito com ela, deve ser aprovado pelas Câmaras dos Estados Gerais, por uma votação de dois terços de votos favoráveis".[74] Ulteriormente à Reforma do Poder Judiciário e das Funções Essenciais à Justiça de que trata a Emenda Constitucional nº 45/04, o Supremo Tribunal Federal decidiu que "as convenções e tratados internacionais de direitos humanos possuem *status* normativo supralegal, o que torna inaplicável a legislação

---

71 Constituição da França, art. 55: "Os tratados ou acordos regularmente ratificados e aprovados terão, desde a sua publicação, uma autoridade superior à das leis, sob reserva, para cada acordo ou tratado, de sua aplicação pela outra parte". Disponível em: <http://www.conseilconstitutionnel.fr>. Acesso em: 25.7.2010.

72 *BACC* nº 4, p. 6.

73 Constituição dos Países Baixos, art. 94: "As disposições legais em vigor no Reino deixarão de se aplicar quando colidirem com as disposições de tratados obrigatórios para todas as pessoas ou com as decisões de organizações internacionais". Disponível em: <http://www.rechtspraak.nl>. Acesso em: 25.7.2010.

74 *ILR* nº 74, p. 2.

infraconstitucional com eles conflitantes", motivo pelo qual, "desde a ratificação, pelo Brasil, sem qualquer reserva, da Convenção Americana sobre Direitos Humanos (Pacto de San José da Costa Rica),[75] que restringe a prisão civil ao inadimplemento voluntário e inescusável de obrigação alimentícia, não há mais base legal para a prisão por dívida do depositário infiel, qualquer que seja a modalidade do depósito".[76, 77]

5.1.3 Incondicionamento

Com pertinência ao incondicionamento,[78] há duas questões precípuas, quais sejam: (i) a referente às **formas de exteriorização** e (ii) a relativa aos **meios de exteriorização**

---

75 À guisa de curiosidade, a Sala Constitucional da Corte Suprema de Justiça da Costa Rica, no voto nº 3.435-92, deliberando sobre a igualdade entre os sexos na aquisição da nacionalidade derivada por força de matrimônio com costarriquenho(a) e residência no país durante dois anos, entendeu que a Convenção Americana sobre Direitos Humanos, firmada em San José, em 22 de novembro de 1969, durante a Conferência Interamericana de Direitos Humanos, tem *status* supraconstitucional. SUBIRÓS, Giselle Molina. *El Sistema Axiológico de la Convención sobre la Eliminación de Todas las Formas de Discriminación contra la Mujer como Parâmetro de Control Constitucional en la Formulación e Implementación de Leyes y Políticas Públicas* in *Revista del Instituto Interamericano de Derechos Humanos*, nº 35, 2002, p. 417-482.

76 STF, RE nº 466.343, Rel. Min. Gilmar Mendes, j. 12.3.2008, Inf. STF 498. V., também: STF, HC nº 90.172, Rel. Min. Gilmar Mendes, j. 5.6.2007, *DJU* 17.8.2007; STF, HC nº 95.170, Rel. Min. Carlos Britto, j. 27.6.2008, *DJU* 4.8.2008; STF, HC nº 93.435, Rel. Min. Cezar Peluso, j. 16.9.2008, *DJU* 7.11.2008; STF, HC nº 90.450, Rel. Min. Celso de Mello, j. 23.9.2008, *DJU* 6.2.2009; STF, HC nº 91.361, Rel. Min. Celso de Mello, j. 23.9.2008, *DJU* 6.2.2009; STF, HC nº 91.950, Rel. Min. Eros Grau, j. 7.10.2008, *DJU* 14.11.2008; STF, HC nº 96.582, Rel. Min. Marco Aurélio, j. 29.10.2008, *DJU* 7.11.2008; STF, HC nº 95.967, Rel. Min. Ellen Gracie, j. 11.11.2008, *DJU* 28.11.2008; STF, HC nº 96.687, Rel. Min. Celso de Mello, j. 13.11.2008, *DJU* 19.11.2008; STF, HC nº 87.585, Rel. Min. Marco Aurélio, j. 3.12.2008, *DJU* 26.6.2009; STF, HC nº 92.566, Rel. Min. Marco Aurélio, j. 3.12.2008, *DJU* 5.6.2009; STF, RE nº 349.703, Rel. Min. Gilmar Mendes, j. 3.12.2008, *DJU* 5.6.2009; STF, HC nº 94.307, Rel. Min. Cezar Peluso, j. 19.2.2009, *DJU* 8.5.2009; STF, HC nº 98.893, Rel. Min. Celso de Mello, j. 9.6.2009, *DJU* 15.6.2009, e STF, ADIn nº 5.240, Rel. Min. Luiz Fux, j. 20.8.2015, *DJU* 31.8.2015.

77 As convenções e tratados de proteção internacional dos direitos humanos que forem aprovados de acordo com o procedimento do art. 5º, § 3º, da CRFB, como, por exemplo, a Convenção Internacional acerca dos Direitos das Pessoas com Deficiência sobre a qual versa o Decreto Legislativo nº 186/08, são recobertos de *status* normativo constitucional. Deveras, o protagonismo da internalização das convenções e tratados de direitos humanos no Brasil é deslocado da Chefia do Poder Executivo para o Poder Legislativo, o que impede a denúncia do acordo internacional por ato da Presidência da República. Em cada Casa do Congresso Nacional, as convenções e tratados de proteção internacional de direitos humanos que forem aprovados, em dois turnos, por três quintos dos votos dos respectivos membros, pela equivalência – e não igualdade – às emendas constitucionais que ostentam, não são incorporados ao texto da Constituição da República nem têm numeração sequencial em continuidade à série iniciada em 1988. MAZZUOLI, Valerio de Oliveira. *O Novo § 3º do Art. 5º da Constituição e sua Eficácia* in *Revista Forense*, nº 378, 2005, p. 109.

78 Sobre o incondicionamento, a doutrina mais autorizada salienta que o poder constituinte é originário, ainda que tenha sido exercitado com a observância das normas constitucionais em vigor e sem alteração do título de legitimação do seu exercente. A nosso juízo, há manifestação do poder constituinte originário, caracterizado pelo incondicionamento, desde que tenha havido sucessão – e não necessariamente ruptura – da ordem constitucional, sendo irrelevante a observância das normas constitucionais em vigor (continuidade/descontinuidade formal do

do poder constituinte originário, reiteradas nos procedimentos de elaboração das normas constitucionais no Direito Comparado.

5.1.3.1 Formas de expressão

O poder constituinte originário, na fase constitutiva do procedimento de elaboração das normas constitucionais, pode ser desempenhado pela **revolução, assembleia ou convenção constituinte, plebiscito ou referendo**.

Na *revolução*, o poder constituinte originário é exprimido por comando revolucionário, havendo a edição, ou não, de ato provisório, com a diferenciação entre os conceitos jurídico e sociológico de revolução. Nesse contexto, o fenômeno revolucionário, pelo conceito sociológico de revolução, consiste em forma de contestação da ordem social, com a discriminação entre marginalidade, contestação em sentido estrito e revolução, posto que a primeira é desprovida da pretensão de conquista do poder político (*e. g.*: *hippies*), a segunda é provida da pretensão de conquista do poder político, com a utilização de meios desproporcionados (*v. g.*: máfia), e a terceira é provida da pretensão de conquista do poder político, com a utilização de meios proporcionados. O fenômeno revolucionário, pelo conceito jurídico de revolução, corresponde a movimento social com repercussão na ordem jurídica, com a divisão entre revolução e golpe de estado, que marcaram a história constitucional do Brasil, visto que a primeira é efetivada em conformidade com a ideia predominante na sociedade em relação ao exercício do poder político, com a configuração de consenso popular, na medida em que implica a ruptura da legalidade, e a segunda é efetuada em desconformidade com a ideia predominante na sociedade em relação ao exercício do poder político, com a configuração de assentimento popular, uma vez que importa na ruptura da legalidade, como também da legitimidade.[79]

Direito Constitucional) e a alteração do título de legitimação do seu exercente (continuidade/descontinuidade material do Direito Constitucional), razão pela qual a presente Constituição da República Federativa do Brasil, cuja Assembleia Nacional Constituinte foi convocada e disciplinada pela Emenda Constitucional nº 26/85, é produto do poder constituinte originário. No sentido do texto, entendendo que a Constituição de 1988 é obra do poder constituinte originário, pois houve a sucessão da ordem constitucional, com a continuidade formal e descontinuidade material do Direito Constitucional, v.: SILVA, José Afonso da. Poder *Constituinte e Poder Popular (Estudos sobre a Constituição)*, p. 79-80. No sentido contrário, entendendo que a Constituição de 1988 é obra do poder constituinte derivado reformador, porque não teria havido a ruptura da ordem constitucional, v.: FERREIRA FILHO, Manoel Gonçalves. *O Poder Constituinte*, p. 170-178. A jurisprudência do Supremo Tribunal Federal é preponderante no sentido de que "a Emenda Constitucional nº 26/85 inaugurou uma nova ordem constitucional, consubstanciando a ruptura da ordem constitucional que decaiu plenamente no advento da Constituição de 5 de outubro de 1988; consubstancia, nesse sentido, a revolução branca que a esta confere legitimidade". STF, ADPF nº 153, Rel. Min. Eros Grau, j. 29.4.2010, *DJU* 6.8.2010.

79 DALLARI, Dalmo de Abreu. *Constituição e Constituinte*. 3ª ed. São Paulo: Saraiva, 1986, p. 45; HORTA, Raul Machado. *Reflexões sobre o Poder Constituinte*. Belo Horizonte: Del Rey, 1995, p. 42; LIMA, Regina Marta Cereda. *Poder Constituinte e Poder Reformador*. São Paulo: Livraria de Direito, 1996, p. 27 e LOPES, Maurício Antônio Ribeiro. *Poder Constituinte Reformador*: limites e possibilidades da Revisão Constitucional Brasileira. São Paulo: Revista dos Tribunais, 1993, p. 64.

Na *assembleia ou convenção constitucional*, o poder constituinte originário é desincumbido por representantes eleitos, havendo o emprego, ou não, de projeto governamental, com a distinção entre os conceitos jurídicos de assembleia ou convenção constituinte pura e congressual. Nesse diapasão, na assembleia ou convenção constituinte pura, a representação popular é eleita para o exercício exclusivo da função constituinte originária, mediante procedimento específico, por tempo indeterminado, ao passo que, na assembleia ou convenção constituinte congressual, a representação popular é eleita para o exercício autônomo das funções constituinte originária e legislativa ordinária, mediante procedimento diferenciado, por tempo determinado. O "velho constitucionalismo europeu-continental" sobre o qual se debruça Marco Aparicio Wilhelmi tem história de exceção de assembleia ou convenção constituinte congressual, sob procedimento específico, por tempo indeterminado no Reino da Espanha e, igualmente, na França e Itália.[80]

No *plebiscito ou referendo*, a validade da norma constitucional é condicionada à consulta popular anterior ou posterior à sua elaboração. Nesse eito, os institutos da democracia semidireta são bipartidos pelo critério temporal, sob a argumentação de que a consulta do plebiscito é anterior, cumprindo ao povo aprovar ou denegar, enquanto a consulta do referendo é posterior à produção da norma constitucional pelo poder constituinte originário, cumprindo ao povo ratificar ou rejeitar o que lhe tenha sido submetido. O "novo constitucionalismo latino-americano" a que se refere Rubén Martínez Dalmau foi desenvolvido sobre a Constituição do Equador que, a exemplo da Constituição do Estado Pluranacional da Bolívia, Constituição da República de Cuba e Constituição da República Bolivariana da Venezuela, submeteu o texto constitucional que havia sido promulgado à consulta popular.[81]

As formas de manifestação do poder constituinte originário não são estanques, dado que a revolução, assembleia ou convenção constituinte, plebiscito ou referendo podem ser conjugados por novas tecnologias de informação e comunicação. A elaboração colaborativa de normas constitucionais foi desenhada na Islândia, que, por força de manifestações populares no ano de 2008, houve por bem instituir um conselho constitucional. Desde o mês de janeiro de 2011, o *Stjórnlagaráð* utilizou as redes sociais para divulgação do

---

80 WILHELMI, Marco Aparicio. *Nuevos Avances del Poder Constituyente Democrático: aprendiendo del sur* in *Por una Asamblea Constituyente. Una Solución Democrática a la Crisis*. Madrid: Sequitur, 2012, p. 97-129; *El Derecho de los Pueblos Indígenas a la Libre Determinación* in *Pueblos Indígenas y Derechos Humanos*. Bilbao: Universidad de Deusto, 2006, p. 399-421; *Los Pueblos Indígenas y sus Demandas: punto de partida del reconocimiento constitucional de los derechos de los pueblos indígenas* in *Derecho Constitucional para el Siglo XXI*. Madrid: Aranzadi, 2006, p. 4.939-4.948, e *Los Pueblos Indígenas y la Formación del Estado-Nación en América Latina* in *Caminos hacia el Reconocimiento. Pueblos Indígenas, Derechos y Pluralismo*. Girona: Universitat de Girona, 2005, p. 323-340.

81 DALMAU, Rubén Martinez. *El Nuevo Constitucionalismo Latinoamericano y el Proyecto de Constitución de Ecuador de 2008* in *Alter Justitia. Estudio sobre Teoría y Justicia Constitucional*, nº 1, 2008, p. 18-29; *El Proyecto de Constitución de Ecuador como Último Ejemplo del Nuevo Constitucionalismo Latinoamericano* in *Entre Vocês*, nº 15, 2008, p. 67-71; *Asembleas Constituíntes e Novo Constitucionalismo em América Latina* in *Tempo Exterior*, nº 17, 2008, p. 5-15, e *Cambio Político, Cambio Constitucional y la Nueva Configuración del Sistema de Partidos Políticos en Venezuela* in *Revista de Estudios Políticos*, nº 110, 2000, p. 139-174.

anteprojeto e recebimento de sugestões, tendo sido a constituição participativa, no dia 20 de outubro de 2012, referendada por 66,9% dos cidadãos islandeses.[82, 83]

5.1.3.2 Meios de expressão

O poder constituinte originário, na fase complementar do procedimento de elaboração das normas constitucionais, pode ser revelado pelo meio autocrático ou democrático.

No **meio autocrático**, o poder constituinte originário é exteriorizado sem a participação dos cidadãos, de maneira que a Constituição é estabelecida por *outorga*, isto é, declaração unilateral do agente do poder constituinte originário. Por dedução, são exemplos de Constituições outorgadas as brasileiras de 1824, 1937 e 1967.[84]

No **meio democrático**, o poder constituinte originário é externado com a participação dos cidadãos, de sorte que a Constituição é estatuída por *promulgação*, ou seja, deliberação majoritária dos agentes do poder constituinte originário. Por desfecho, são exemplos de Constituições promulgadas as brasileiras de 1891, 1934, 1946 e 1988.[85, 86]

5.2 Poder constituinte derivado reformador

O poder de reforma da Constituição da República é caracterizado pela **derivação, limitação** e **condicionamento.**

5.2.1 Derivação

A derivação denomina que o poder constituinte reformador encontra fundamento de validade na Constituição da República, eis que a reforma das normas constitucionais é preceituada no art. 60, *caput*, §§ 2º, 3º e 5º, da CRFB, assim como no art. 3º do ADCT, sob pena de inconstitucionalidade formal e/ou material.

Sobre o assunto, a doutrina é equívoca quanto à **admissibilidade das normas constitucionais inconstitucionais**, tendo havido a caracterização de quatro correntes doutrinárias fundamentais a respeito da matéria.

---

82 EVANS-PRITCHARD, Ambrose. *Angry Iceland defies the World* in *The Telegraph*, 6.1.2010, p. 6; FLOCK, Elizabeth. *Iceland crowdsources its Next Constitution* in *The Washington Post*, 10.6.2011, p. 11; JÓNSDÓTTIR, Birgitta. *Lessons from Iceland* in *The Guardian*, 15.11.2011, p. 10, e MORRIS, Harvey. *Crowdsourcing Iceland's Constitution* in *The New York Times*, 24.10.2012, p. 7.

83 Ademais, a doutrina salienta que a forma de expressão do poder constituinte originário mais consentânea com o regime democrático consiste na assembleia ou convenção pura, com a submissão das normas constitucionais que produza a aprovação em plebiscito. BASTOS, Celso Ribeiro. *Curso de Teoria do Estado e Ciência Política*. São Paulo: Saraiva, 1986, p. 40.

84 ABREU, Alzira Alves de. *Dicionário Histórico-Biográfico Brasileiro*. 2ª ed. v. II. Rio de Janeiro: FGV, 2001, p. 1.827.

85 BOBBIO, Norberto; MATTEUCCI, Nicola; PASQUINO, Gianfranco. *Dicionário de Política*. 5ª ed. v. II. Brasília: UnB, 2004, p. 353.

86 Aliás, a doutrina sustenta a disjunção entre Constituição e Carta Constitucional, porque a primeira designa as Constituições promulgadas, ao passo que a segunda denomina as Constituições outorgadas. BASTOS, Celso Ribeiro. *Curso de Direito Constitucional*. 21ª ed. São Paulo: Saraiva, 2000, p. 33.

Klaus Stern reconhece a *inadmissibilidade da inconstitucionalidade material das normas constitucionais*, a despeito da(s) espécie(s) de poder constituinte do(s) qual(is) provenha(m).[87]

Hans-Uwe Erichsen registra a *admissibilidade da inconstitucionalidade material das normas constitucionais, desde que produzidas pelo poder constituinte derivado, em razão da contradição com limitações ao poder de reforma à Constituição da República*, de arte que, na hipótese de contrariedade entre regra constitucional originária e regra constitucional derivada, tendo aquela prescrito limitações ao poder de reforma e sendo esta veiculada por emenda ou revisão da Constituição, haveria a inconstitucionalidade material da primeira norma constitucional.[88]

Herbert Krüger repisa a *admissibilidade da inconstitucionalidade material das normas constitucionais, ainda que produzidas pelo poder constituinte originário, pela transgressão de normas constitucionais de grau superior*, de jeito que, na hipótese de contrariedade entre regra materialmente constitucional e regra formalmente constitucional, tendo aquela versado sobre matéria e sendo esta contida no texto da Constituição, haveria a inconstitucionalidade material da segunda norma constitucional.[89]

Otto Bachof retrata a *admissibilidade da inconstitucionalidade material das normas constitucionais, ainda que produzidas pelo poder constituinte originário, pela violação de direito suprapositivo*, de molde que, na hipótese de contrariedade entre regra constitucional e regra constitucional transcendente, assim entendida a norma jurídica meramente declaratória de direito ante-estatal e pré-constitucional, vinculativa para o próprio constituinte, como, por exemplo, a afirmação da dignidade da pessoa humana, haveria a inconstitucionalidade material da norma de direito constitucional em face da norma de direito constitucional suprapositivo.[90]

O Tribunal Constitucional Federal da Alemanha afirmou a existência de direito suprapositivo, vinculativo para o próprio constituinte, ao declarar que "uma norma constitucional pode ser nula se ofender de um modo insuportável os postulados fundamentais da justiça subjacentes às decisões fundamentais da Constituição".[91]

O Tribunal Constitucional de Portugal negou a existência de normas constitucionais originárias inconstitucionais, ao decidir que "a proibição do *lock-out*, consagrada originariamente no art. 57, nº 2, da Constituição da República Portuguesa, não é inconstitucional".[92]

---

87 STERN, Klaus. *Das Staatsrecht der Bundesrepublik Deutschland*. 2ª ed. v. I. Muenchen: Allgemeine Lehren der Grundrechte, 1982, p. 292.

88 ERICHSEN, Hans-Uwe. *Staatsrecht und Verfassungsprozessrecht*. 3ª ed. v. II. Muenchen: Allgemeine Lehren der Grundrechte, 1982, p. 19.

89 KRÜGER, Herbert. *Archiv des öffentlichen Rechts*. v. LXXVII. Tübingen: Mohr Siebeck, 1951, p. 55.

90 BACHOF, Otto. *Verfassungswidrige Verfassungsnormen?* Tübingen: Verlag, 1951, p. 19.

91 LEIBHOLZ, Gerhard; RINCK, Hans-Justus; HESSELBERGER, Dieter. *Grundgesetz für die Bundesrepublik Deutschland, Kommentar na Hand der Rechtsprechung des Bundesverfassungsgerichts*. 6ª ed. Köln: O. Schmidt, 1978, p. 11.

92 RIBEIRO, Vinício. *Constituição da República Portuguesa*: anotações, legislação, pareceres do Conselho Consultivo da Procuradoria-Geral da República, jurisprudência, comunicação social e doutrina. Coimbra: Almedina, 1993, p. 97.

A doutrina nacional, bem como a jurisprudência do Supremo Tribunal Federal, relacionam a inconstitucionalidade das normas constitucionais à hipótese em que esteja em jogo regra proveniente do poder constituinte derivado reformador, consistente no caso das normas constitucionais, veiculadas por emenda ou revisão, que violem limitações ao poder de reforma, não havendo que se falar em exceção ao princípio da unidade hierárquico-normativa da Constituição da República,[93] *in extenso*: "a tese de que há hierarquia entre normas constitucionais originárias dando azo à declaração de inconstitucionalidade de umas em face de outras é incompossível com o sistema de Constituição rígida, já que na atual Carta Magna, compete ao Supremo Tribunal Federal, precipuamente, a guarda da Constituição, o que implica dizer que essa jurisdição lhe é atribuída para impedir que se desrespeite a Constituição como um todo, e não para, com relação a ela, exercer o papel de fiscal do poder constituinte originário, a fim de verificar se este teria, ou não, violado os princípios de direito suprapositivo que ele próprio havia incluído no texto da mesma Constituição".[94] Outrossim, a Excelsa Corte teve a oportunidade de declarar a inconstitucionalidade, liminar ou definitivamente, do art. 2º, § 2º, da EC nº 3/93, que possibilitava a cobrança do imposto sobre movimentação ou transmissão de valores e de créditos e direitos de natureza financeira no mesmo exercício em que havia sido instituído,[95] art. 2º da EC nº 10/96, que estendia a contribuição social sobre lucro líquido ao período de 1º de janeiro a 6 de junho de 1996,[96] art. 5º da EC nº 19/98, que dispensava a obrigatoriedade do regime jurídico único,[97] art. 1º da EC nº 21/99, que autorizou a União a emitir títulos da dívida pública interna, cujos recursos seriam destinados ao custeio da saúde e da previdência social, em montante equivalente ao produto da arrecadação da contribuição, prevista e não realizada em 1999,[98] art. 2º da EC nº 30/00, que introduziu o art. 78 no Ato das Disposições Constitucionais Transitórias,[99] art. 4º, parágrafo único, incs. I e II, da EC nº 41/03, que estabeleceu tratamento discriminatório entre servidores públicos inativos e pensionistas da União, de um lado, e servidores públicos inativos e pensionistas dos Estados, Distrito Federal e Municípios, de outro lado, para efeito de contribuição previdenciária,[100] art. 5º, § 1º, *in fine*, da EC nº 45/04, que permitiu a indicação e escolha intempestivas dos nomes dos membros do Conselho Nacional ao Ministério Público da União,[101] art. 2º da EC nº 52/06, que afastou a obrigatoriedade da verticalização das coligações partidárias na eleição que ocorreria a menos de um ano da data de sua vigência,[102] art. 3º, inc. I, da EC nº 58/09, que dispôs sobre a retroação de efeitos das novas regras de composição das Câmaras Municipais ao processo eleitoral, já

---

93 MENDES, Gilmar Ferreira. *Jurisdição Constitucional*. 3ª ed. São Paulo: Saraiva, 1999, p. 119-121. V., também: MAGALHÃES, José Luiz Quadros de. *Poder Municipal*. Belo Horizonte: Del Rey, 1997, p. 194-195.

94 STF, ADIn nº 815, Rel. Min. Moreira Alves, j. 1º.5.1996, *RTJ* 163/872.

95 STF, ADIn nº 939, Rel. Min. Sydney Sanches, j. 15.12.1993, *DJU* 18.3.1994.

96 STF, RE nº 587.008, Rel. Min. Dias Toffoli, j. 2.2.2011, *DJU* 17.2.2011.

97 STF, ADIn nº 2.135, Rel. Min. Ellen Gracie, j. 2.8.2007, *DJU* 7.3.2008.

98 STF, ADIn nº 2.031, Rel. Min. Ellen Gracie, j. 3.10.2002, *DJU* 17.10.2003.

99 STF, ADIn nº 2.356, Rel. Min. Carlos Britto, j. 25.11.2010, *DJU* 19.5.2011.

100 STF, ADIn nº 3.105, Rel. Min. Cezar Peluso, j. 18.8.2004, *DJU* 18.2.2005.

101 STF, ADIn nº 3.472, Rel. Min. Sepúlveda Pertence, j. 28.4.2005, *DJU* 10.5.2005.

102 STF, ADIn nº 3.685, Rel. Min. Ellen Gracie, j. 22.3.2006, *DJU* 10.8.2006.

aperfeiçoado, de 2008,[103] arts. 1º e 2º da EC nº 62/09, que instituíram o Regime Especial de Pagamento de Precatórios pelos Estados, Distrito Federal e Municípios,[104] e art. 2º da EC nº 88/15, que exigiu a reaprovação do Senado Federal como condição de permanência no cargo, para além dos 70 anos de idade, dos Ministros do Supremo Tribunal Federal, dos Tribunais Superiores e do Tribunal de Contas da União.[105]

5.2.2 Limitação

A limitação denota que o poder constituinte derivado reformador é submetido às restrições preceituadas no art. 60, §§ 1º e 4º, da CRFB, divididas em limitações temporais, circunstanciais e materiais.

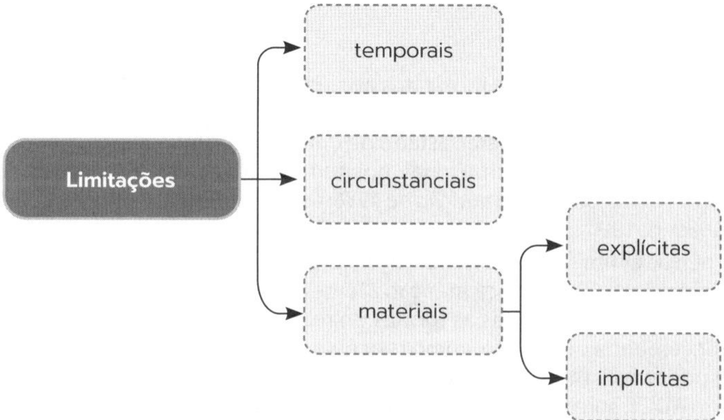

As limitações temporais impedem a reforma constitucional durante certo intervalo de tempo. Não preceitua a Constituição da República nenhuma limitação temporal, tendo, unicamente, a Constituição do Império, no art. 174, prescrito a inadmissibilidade de reforma constitucional durante os quatro anos seguintes à sua outorga.[106]

As limitações circunstanciais impossibilitam a reforma constitucional durante determinadas circunstâncias excepcionais. Prescreve o art. 60, § 1º, da CRFB algumas limitações circunstanciais, motivo pelo qual a reforma constitucional não pode ser promovida na vigência de intervenção federal, estado de sítio ou estado de defesa.[107]

---

103 STF, ADIn nº 4.307, Rel. Min. Cármen Lúcia, j. 11.11.2009, *DJU* 5.3.2010.

104 STF, ADIn nº 4.357, Rel. Min. Luiz Fux, j. 14.3.2013, *DJU* 2.4.2013.

105 STF, ADIn nº 5.316, Rel. Min. Luiz Fux, j. 21.5.2015, *DJU* 6.8.2015. V., também: STF, ADIn nº 829, Rel. Min. Moreira Alves, j. 14.4.1993, *DJU* 16.9.1994; STF, ADIn nº 997, Rel. Min. Moreira Alves, j. 28.3.1996, *DJU* 30.8.1996; STF, ADIn nº 4.097, Rel. Min. Cezar Peluso, j. 8.10.2008, *DJU* 7.11.2008, e STF, ADIn nº 4.425, Rel. Min. Luiz Fux, j. 14.3.2013, *DJU* 2.4.2013.

106 Com relação às limitações temporais, o art. 3º do ADCT não prevê nenhuma limitação ao poder de reforma constitucional. Por conseguinte, não houve impedimento à aprovação de emendas anteriormente aos cinco anos, contados da promulgação da Constituição da República em vigor, no decurso dos quais foram publicadas as Emendas Constitucionais nos 1 a 4, de 31.3.1992, 25.8.1992, 17.3.1993 e 14.9.1993. SILVA, José Afonso da. *Curso de Direito Constitucional Positivo*. 12ª ed. São Paulo: Malheiros, 1996, p. 68.

107 Com referência às limitações circunstanciais, os decretos executivos de intervenção federal, estado de defesa e estado de sítio produzem efeitos a partir da sua edição, submetidos à apre-

As limitações materiais, também denominadas de cláusulas pétreas, inibem a reforma constitucional sobre determinadas matérias, razão pela qual a emenda e revisão não podem recair sobre o "cerne imodificável da Constituição", compreendendo proibições explícitas e implícitas.[108] As limitações materiais explícitas estão expressas no art. 60, § 4º, da CRFB, de maneira que a emenda e revisão não podem tender a abolir a forma federativa de Estado, o voto direto, secreto, universal e periódico, a separação dos Poderes e os direitos e garantias individuais.[109, 110] As limitações materiais implícitas são extraídas do sistema constitucional, contendo a titularidade do poder constituinte, originário e derivado, e o procedimento de reforma constitucional, de sorte que, embora não haja norma expressa a esse respeito, a emenda e revisão não podem atingir as regras veiculadas pelos arts. 1º, parágrafo único,

---

ciação do Poder Legislativo, na forma dos arts. 36, § 1º, 49, inc. IV, 136, § 4º, e 137, parágrafo único. Por consequência, na hipótese de tramitação de proposta de emenda no momento da decretação da intervenção federal, estado de defesa ou estado de sítio, dar-se-á a suspensão do processo de reforma constitucional, nos termos do art. 60, § 1º, todos da CRFB. SLAIBI FILHO, Nagib. *Anotações à Constituição de 1988*: aspectos fundamentais. 2ª ed. Rio de Janeiro: Forense, 1989, p. 190.

108 Com pertinência às limitações materiais, a jurisprudência do Supremo Tribunal Federal salienta que, malgrado o art. 60, § 4º, faça menção à "emenda", e não também à "revisão", as limitações materiais compreendem ambas as formas de manifestação do poder constituinte derivado reformador: "emenda ou revisão, como processos de mudança na Constituição, são manifestações do poder constituinte instituído e, por sua natureza, limitado. Está a 'revisão', prevista no art. 3º do ADCT, sujeita aos limites estabelecidos no art. 60, § 4º, da CRFB". STF, ADIn nº 981, Rel. Min. Néri da Silveira, j. 17.12.1993, *DJU* 5.8.1994.

109 No que alude à profundidade da limitação material explícita, a elocução "tendente a abolir" indica que a reforma constitucional não pode alcançar a essência dos institutos enumerados taxativamente no art. 60, § 4º, da CRFB, de forma a descaracterizá-los. No sentido do texto, entendendo que há a possibilidade de a reforma constitucional alterar as normas referentes às matérias abrangidas pelas cláusulas pétreas explícitas, desde que a modificação seja de menor intensidade, v.: SLAIBI FILHO, Nagib. *Ação Declaratória de Constitucionalidade*. Rio de Janeiro: Forense, 1994, p. 39. No sentido contrário, entendendo que somente haveria a possibilidade de a reforma constitucional acrescentar normas relativas às matérias alcançadas pelas cláusulas pétreas expressas, v.: RAMOS, Saulo. *Assembleia Constituinte. Natureza, Extensão e Limitação dos seus Poderes*. Brasília: Alhombra, 1987, p. 24 e 26-27. A jurisprudência do Supremo Tribunal Federal é no sentido de que "as limitações materiais ao poder constituinte de reforma não significam a intangibilidade literal da respectiva disciplina na Constituição originária, mas apenas a proteção do núcleo essencial dos princípios e institutos cuja preservação nelas se protege". STF, MS nº 23.047, Rel. Min. Sepúlveda Pertence, j. 11.2.1998, *DJU* 14.11.2003.

110 No que atine à extensão da limitação material explícita, a expressão "direitos e garantias individuais" impede que a reforma constitucional restrinja desrazoavelmente os direitos fundamentais, sem prejuízo das garantias e remédios constitucionais que os tutelam. No sentido do texto, entendendo que as cláusulas pétreas explícitas não são reduzidas aos direitos individuais, computando os direitos coletivos, sociais, nacionalidade e políticos, v.: FERREIRA FILHO, Manoel Gonçalves. *Do Processo Legislativo*. 3ª ed. São Paulo: Saraiva, 1995, p. 286. No sentido contrário, entendendo que as cláusulas pétreas expressas são restritas aos direitos individuais, não compreendendo os direitos coletivos, sociais, nacionalidade e políticos, v.: BULOS, Uadi Lammêgo. *Elementos de Direito Constitucional*. Belo Horizonte: Nova Alvorada, 1996, p. 124. A jurisprudência do Supremo Tribunal Federal é prestigiada no sentido de que "a proposta de emenda tendenciosa a abolir a licença maternidade a que se refere o art. 7º, inc. XVIII, da CRFB – espécie de direito social – não será objeto de deliberação". STF, ADIn nº 1.946, Rel. Min. Sydney Sanches, j. 29.4.1999, *DJU* 14.9.2001.

e 60, *caput*, §§ 2º e 3º, da CRFB, respectivamente.[111] Somos do entendimento de que duas matérias são também atingidas pelas limitações implícitas, além da imodificabilidade da titularidade do poder constituinte, originário e derivado, e do procedimento de reforma constitucional: uma limitação material implícita corresponde à enumeração das cláusulas pétreas expressas, posto que não há a possibilidade de supressão de nenhuma limitação material explícita, com o escopo de impedir a aplicação da teoria da dupla reforma no ordenamento normativo brasileiro, à luz do art. 60, § 4º, da CRFB;[112] outra limitação material implícita consiste na forma de sistema e governo, visto que não há a possibilidade de substituição da república pela monarquia, nem de substituição do presidencialismo pelo parlamentarismo, após o resultado do plebiscito de 21 de abril de 1993, a teor dos arts. 1º, *caput*, e 76 da CRFB e art. 2º do ADCT.[113]

---

[111] SAMPAIO, Nelson de Souza. *O Poder de Reforma Constitucional*. 3ª ed. Belo Horizonte: Nova Alvorada, 1995, p. 97-108. V., também: MIRANDA, Francisco Cavalcanti Pontes de. *Comentários à Constituição dos Estados Unidos do Brasil de 1934*. v. II. Rio de Janeiro: Guanabara, 1937, p. 526.

[112] No que concerne à imodificabilidade da enumeração das cláusulas pétreas expressas, a aceitação da teoria da dupla reforma, também designada de técnica do duplo processo ou duplo grau de reforma, implementada na terceira revisão à Constituição da República Portuguesa, permitiria a eliminação das limitações materiais explícitas, mediante duas emendas ou revisões, de modo que a primeira revogaria o preceito constitucional que enumera as cláusulas pétreas expressas, ao passo que a segunda modificaria os preceptivos constitucionais relativos aos assuntos que anteriormente eram protegidos pelas limitações materiais explícitas. No sentido do texto, entendendo que não há a possibilidade de supressão de nenhuma limitação material explícita, em decorrência da inaplicabilidade da dupla reforma na ordem jurídica brasileira, v.: BULOS, Uadi Lammêgo. *Elaboração e Reforma das Constituições* in *Revista de Direito Administrativo*, nº 203, 1996, p. 101-102. No sentido contrário, entendendo que há a possibilidade de supressão de alguma limitação material explícita, desde que aplicada a dupla reforma na ordem jurídica brasileira, v.: FERREIRA FILHO, Manoel Gonçalves. *Significação e Alcance das "Cláusulas Pétreas"* in *Revista de Direito Administrativo*, nº 202, 1995, p. 17. A jurisprudência do Supremo Tribunal Federal é no sentido de que a dupla reforma não se coadunaria com o "princípio da imutabilidade das cláusulas pétreas". STF, RE nº 421.227, Rel. Min. Sepúlveda Pertence, j. 14.6.2005, *DJU* 29.6.2005.

[113] No que contorna à imodificabilidade da forma e sistema de governo, o acolhimento dos princípios republicano e presidencialista, no plebiscito de 21 de abril de 1993, impede a adoção dos princípios monárquico e parlamentarista por intermédio de reforma constitucional, porquanto teria havido a transferência, pelo constituinte originário, em favor do povo, da decisão soberana sobre o assunto, não sendo permitido ao constituinte derivado reformador dispor sobre matéria reservada ao eleitorado. No sentido do texto, entendendo que não há a possibilidade de substituição da república pela monarquia, assim como presidencialismo pelo parlamentarismo, em razão do resultado do plebiscito de 21 de abril de 1993, v.: COMPARATO, Fábio Konder. *Emenda e Revisão na Constituição de 1988* in *Simpósio sobre Revisão Constitucional e Plebiscito*. Brasília: Comissão de Estudos Constitucionais do Conselho Federal da Ordem dos Advogados do Brasil, 1992, p. 74. No sentido contrário, entendendo que há a possibilidade de substituição da república pela monarquia, bem como presidencialismo pelo parlamentarismo, mesmo que posteriormente ao resultado do plebiscito de 21 de abril de 1993, v.: SILVA, Gustavo Just da Costa e. *Os Limites da Reforma Constitucional*. Rio de Janeiro: Renovar, 2000, p. 140. A jurisprudência do Supremo Tribunal Federal é prevalecente no sentido de que "a revisão constitucional, prevista no art. 3º do ADCT, é sujeita aos limites, consignados no art. 60, § 4º, da CRFB, e aos resultados do plebiscito de 21 de abril de 1993. Em consequência, por força dos resultados do plebiscito, a que se refere o art. 2º do mesmo ADCT, os princípios republicano e

Sobre a matéria, doutrina e jurisprudência são unívocas quanto à **inadmissibilidade da alegação de direito adquirido em face de normas constitucionais originárias**,[114] com a consequente impossibilidade de invocação de direito adquirido perante nova Constituição, sob o fundamento de o poder constituinte originário não ser submetido a nenhuma limitação jurídica,[115] ressalvadas as exceções previstas no próprio texto constitucional.[116] Contudo, quanto à **admissibilidade da alegação de direito adquirido em face de normas constitucionais derivadas**, há a configuração de duas correntes doutrinárias fundamentais a respeito do assunto.

---

presidencialista tornaram-se definitivos na caracterização da forma e sistema de governo do Estado federal brasileiro". STF, ADIn nº 981, Rel. Min. Néri da Silveira, j. 17.12.1993, *RDA* 198/237.

114 No que tange ao conceito de direito adquirido, doutrina e jurisprudência ratificam que o direito adquirido consiste em situação jurídica consolidada no tempo. Na doutrina, Limongi França acentua que "são direitos adquiridos: i) o direito que o seu titular possa exercer, ii) o direito que alguém, como representante de seu titular, possa exercer, iii) o direito cujo começo de exercício tenha termo prefixo e iv) o direito cujo começo de exercício tenha condição preestabelecida inalterável a arbítrio de outrem". Na jurisprudência, Supremo Tribunal Federal, Superior Tribunal de Justiça e Tribunal de Justiça do Rio de Janeiro advertem que "o instituto civil do direito adquirido, pela doutrina moderna, é definido como sendo todo o direito que é consequência de um fato apto a produzi-lo, em virtude da lei do tempo em que o fato foi realizado", isto é, "considera-se adquirido o direito que o titular possa exercê-lo", sendo certo que "a proteção ao direito adquirido reveste-se de qualificação constitucional, consagrada que foi em norma de sobredireito que disciplina os conflitos das leis no tempo (CRFB, art. 5º, inc. XXXVI), enquanto a positivação do conceito normativo de direito adquirido, ainda que veiculável em sede constitucional, submete-se ao plano estrito da atividade legislativa comum (LINDB, art. 6º, § 2º)". FRANÇA, Limongi. *A Irretroatividade das Leis e o Direito Adquirido*. 3ª ed. São Paulo: Revista dos Tribunais, 1982, p. 204; STF, AI nº 135.632, Rel. Min. Celso de Mello, j. 10.10.1995, *DJU* 3.9.1999; STJ, MS nº 5.848, Rel. Min. Laurita Vaz, j. 9.10.2001, *DJU* 5.11.2001; e TJRJ, Proc. nº 2000.001.04058, Rel. Des. Luiz Fux, j. 11.7.2000, *DORJ* 22.9.2000.

115 No que toca à inadmissibilidade da arguição de direito adquirido em face de normas constitucionais originárias, doutrina e jurisprudência reiteram que o direito adquirido não pode ser invocado perante nova Constituição. Na doutrina, Geovany Cardoso Jeveaux assevera que "o poder constituinte originário, conforme a teoria tradicional, é ilimitado, podendo dispor de qualquer matéria, criar, modificar ou extinguir qualquer relação jurídica, contra a qual não se pode opor a tese de direitos adquiridos". Na jurisprudência, Supremo Tribunal Federal, Superior Tribunal de Justiça e Tribunal de Justiça do Rio de Janeiro assinalam que "doutrina e jurisprudência são assentes no sentido de que, contra o poder constituinte originário não se pode opor a alegação de direito adquirido", ou seja, "a supremacia jurídica das normas inscritas na Constituição não permite, ressalvadas as eventuais exceções proclamadas no próprio texto constitucional, que contra elas seja invocado o direito adquirido", sendo incabível "a alegação de direito adquirido frente ao ordenamento jurídico vigente pelo advento da nova ordem constitucional". JEVEAUX, Geovany Cardoso. *Direitos Adquiridos na Interpretação do Supremo Tribunal Federal*. Rio de Janeiro: GZ, 2010, p. 171; STF, ADIn nº 248, Rel. Min. Celso de Mello, j. 1º.3.1994, *DJU* 8.4.1994; STJ, MS nº 9.555, Rel. Min. Fernando Gonçalves, j. 19.6.2001, *DJU* 13.8.2001; e TJRJ, Proc. nº 2000.001.16566, Rel. Des. Wellington Jones Paiva, j. 27.3.2001, *DORJ* 6.7.2001.

116 Isto posto, quanto ao pressuposto de ordem formal, é mister salientar que "a ressalva do não respeito aos direitos adquiridos com fundamento na Constituição anterior terá que vir expressa, não podendo ser objeto de meras deduções interpretativas", como, por exemplo, a preceituada no art. 17 do ADCT. DANTAS, Ivo. *Direito Adquirido, Emendas Constitucionais e Controle da Constitucionalidade*. Rio de Janeiro: Lumen Juris, 1997, p. 59. V., também: SILVEIRA, José Néri da. *A Reforma Constitucional e o Controle de sua Constitucionalidade* in *Revista do Ministério Público do Estado do Rio Grande do Sul*, nº 35, 1995, p. 18.

Uma, com esteio em **Manoel Gonçalves Ferreira Filho**, **José Afonso da Silva**, **Carlos Mário da Silva Velloso**, **Celso Antônio Bandeira de Mello**, **Sérgio de Andréa Ferreira**, **Raul Machado Horta**, **Carlos Ayres Britto**, **Valmir Pontes Filho**, **Llewellyn Davies Medina**, **Luiz Alberto Gurgel de Faria**, **Carlos Antônio de Almeida Melo** e **Hugo Nigro Mazzilli**, firma a *possibilidade de invocação de direito adquirido perante emenda e revisão à Constituição*, na medida em que a garantia constitucional é destinada precipuamente ao legislador ordinário, bem assim ao constituinte derivado. É dizer: "na Constituição que garante o direito adquirido, o poder constituinte derivado é por ele limitado, não podendo eliminá-lo";[117] "a reforma constitucional não pode ofender direito adquirido, pois está sujeita a limitações materiais expressas, entre as quais está precisamente a de que não pode pretender abolir os direitos e garantias individuais, e dentre estas está o direito adquirido";[118] "um direito adquirido por força da Constituição, obra do poder constituinte originário, há de ser respeitado pela reforma constitucional, produto do poder constituinte instituído, ou de segundo grau, vez que este é limitado, explícita e implicitamente, pela Constituição";[119] "só uma nova Constituição poderia infirmar tal garantia, substanciada no direito adquirido. E poderia fazê-lo unicamente porque uma nova Constituição representa ruptura cabal com a ordem jurídica precedente, constituindo-se, por definição, na derrocada dela com a instauração de outra ordem, emergente, e sem vínculos com a anterior. Nenhuma outra regra de Direito, fosse qual fosse, poderia aspirar à derrubada de direitos adquiridos";[120] "foi a própria Constituição que, quando quis excepcionar, teve de fazê-lo expressamente, ao estatuir, no art. 17 do ADCT, que não se admitia, no caso nele previsto, invocação de direito adquirido. Se isso ocorresse, não haveria necessidade de ressalva. Mas essa exclusão, questionável mesmo em uma nova Constituição, é intolerável em se tratando de mera reforma constitucional";[121] "o poder constituinte originário poderá, em tese, suprimir o direito adquirido, incluindo nessa supressão a regra que veda a lei prejudicial de direito adquirido. No caso de poder constituinte de reforma, será questionável a emenda ou revisão que propuser a supressão do direito adquirido assegurado pelo constituinte originário. A reforma ficará exposta a arguição de inconstitucionalidade";[122] "há direito adquirido, sim, contra a reforma constitucional. O que não há é direito adquirido contra a Constituição, tal como originariamente posta, porque a Constituição originariamente posta é o começo lógico de toda a normatividade jurídico-positiva de um Estado soberano. Logo, não tem compromisso com a ordem jurídica anterior, justamente por ser inaugural de uma nova ordem cujo

---

117 FERREIRA FILHO, Manoel Gonçalves. *Poder Constituinte e Direito Adquirido* in *Revista de Direito Administrativo*, nº 210, 1997, p. 9.

118 SILVA, José Afonso da. *Reforma Constitucional e Direito Adquirido* in *Revista de Direito Administrativo*, nº 213, 1998, p. 131.

119 VELLOSO, Carlos Mário da Silva. *Funcionário Público. Aposentadoria. Direito Adquirido* in *Revista de Direito Público*, nº 21, 1990, p. 180.

120 MELLO, Celso Antônio Bandeira de. *O Direito Adquirido e o Direito Administrativo* in *Revista Trimestral de Direito Público*, nº 24, 1998, p. 60.

121 FERREIRA, Sérgio de Andréa. *O Princípio da Segurança Jurídica em face das Reformas Constitucionais* in *Revista Forense*, nº 334, 1996, p. 198.

122 HORTA, Raul Machado. *Constituição e Direito Adquirido* in *Revista Trimestral de Direito Público*, nº 1, 1993, p. 60.

primeiro efeito é sepultar a própria Constituição primitiva. Não é bem isto o que sucede com a reforma à Constituição, que já se encontra a meio caminho do Direito Positivo. Seu órgão de elaboração é destituído da característica de instância exclusivamente normante, exatamente porque já derivado da primária manifestação de vontade normativa daquele que elabora a Constituição";[123] "não é dado ao poder constituinte derivado, que decorre do poder constituinte originário e que surge depois de constituídos os direitos subjetivos, desconhecer estes, subvertendo a ordem inaugurada pelo poder constituinte originário. A conclusão é, pois, no sentido de que somente não há direito adquirido contra a Constituição que resulta da atuação do poder constituinte originário. Sempre que se tratar da atuação do poder constituinte derivado, forçoso é que este respeite e faça cumprir os direitos subjetivos que já integram o patrimônio de cada sujeito de direito – os direitos adquiridos";[124] "o poder constituinte não tem limites no âmbito do Direito Positivo. A Constituição pode alcançar situações pretensamente resguardadas pelo direito adquirido. Diferente é a regra no que se refere ao poder constituinte de reforma, pois o princípio do direito adquirido constitui uma garantia individual e, como tal, encontra-se protegido na condição de cláusula pétrea";[125] "não há direito adquirido contra a Constituição originária, pois sua inicialidade inaugura uma nova ideia de direito e um novo ordenamento jurídico. Entretanto, cabe direito adquirido contra emenda ou revisão que desborde os limites materiais do poder de reforma constitucional",[126] de forma que "é obrigatório ao legislador infraconstitucional (e nesta categoria se insere o poder constituinte derivado) o respeito ao direito adquirido, consagrado hoje no próprio texto constitucional, em seu cerne fixo".[127]

Outra, com espeque em **Celso Ribeiro Bastos**, **José Pinto Ferreira**, **José Celso de Mello Filho**, **Francisco Cavalcanti Pontes de Miranda**, **Paulo Modesto** e **Paulo Roberto Mendonça Silvério**, fixa a *impossibilidade de invocação de direito adquirido perante emenda e revisão à Constituição*, uma vez que a garantia constitucional é dirigida unicamente ao legislador ordinário. Vale dizer: "à emenda ou revisão, pela força de que está revestida de norma constitucional, cabe cassar os direitos adquiridos";[128] "a reforma constitucional pode revogar o direito adquirido, visto que tem eficácia revogatória completa";[129] "a incidência imediata das normas constitucionais, todas elas revestidas de eficácia revogatória das regras e dos atos dotados de positividade jurídica inferior,

---

123 BRITTO, Carlos Ayres; PONTES FILHO, Valmir. *Direito Adquirido contra as Emendas Constitucionais* in *Revista de Direito Administrativo*, nº 202, 1995, p. 75-76.

124 MEDINA, Llewellyn A. Davies. *A Constituição: poder constituinte originário, poder constituinte derivado, direitos subjetivos e direitos adquiridos* in *Revista de Informação Legislativa*, nº 131, 1996, p. 114.

125 FARIA, Luiz Alberto Gurgel de. *O Direito Adquirido e as Emendas Constitucionais* in *Revista Trimestral de Direito Público*, nº 22, 1998, p. 53-54.

126 MELO, Carlos Antônio de Almeida. *A Constituição Originária, a Constituição Derivada e o Direito Adquirido: considerações, limites e possibilidades* in *Revista de Informação Legislativa*, nº 143, 1999, p. 114.

127 MAZZILLI, Hugo Nigro. *A Reforma Constitucional e as Garantias da Magistratura* in *Revista de Direito do Ministério Público do Estado do Rio de Janeiro*, nº 7, 1998, p. 119.

128 BASTOS, Celso Ribeiro et al. *Comentários à Constituição do Brasil*. v. II. São Paulo: Saraiva, 1989, p. 191.

129 FERREIRA, José Pinto. *Comentários à Constituição Brasileira*. v. I. São Paulo: Saraiva, 1989, p. 148.

não permite que se invoque contra elas qualquer situação juridicamente consolidada. Assim, o direito adquirido, embora imune à ação legislativa ordinária, que não poderá afetá-lo, mostra-se irrelevante em face da inquestionável supremacia formal e material das regras constitucionais";[130] "as Constituições podem retirar direitos, pretensões e ações que, no momento da sua incidência, existam, mas, para que isso se dê, é preciso que a regra jurídica constitucional, de que resulte tal retroeficácia, colida com regra jurídica que no passado incidiu";[131] "a garantia da proteção ao direito adquirido cumpre uma função de bloqueio do legislador infraconstitucional. O texto constitucional é claríssimo a este respeito, ao prescrever que a lei não prejudicará o direito adquirido. Assim, o direito adquirido não é garantia dirigida ao poder constituinte, originário ou reformador. É garantia do cidadão frente ao legislador infraconstitucional, e utilizável apenas para conter a eficácia derrogatória da lei nova para situações jurídicas constituídas no passado por leis ordinárias ou leis complementares e garantidas a concreto e determinado grupo de indivíduos",[132] de modo que "não há direito adquirido contra preceito da Constituição, aplicando-se esse princípio tanto à redação original da Lei Maior, quanto às inovações derivadas de reforma posterior, pois uma e outra têm a mesma natureza e idêntica hierarquia".[133]

Sem embargo da opinião de alguns dos mais prestigiados doutrinadores, constatando que as garantias individuais são imodificáveis pela reforma constitucional, em consonância com o art. 60, § 4º, inc. IV, e também que o direito adquirido consiste em garantia individual, em conformidade com o art. 5º, inc. XXXVI, ambos da CRFB, temos o entendimento de que é admissível a alegação de direito adquirido em face de normas constitucionais derivadas, vez que a emenda e a revisão constitucionais não podem ofender os direitos adquiridos. Entretanto, na vigência da ordem constitucional anterior, a jurisprudência do Supremo Tribunal Federal era assentada no sentido contrário: "as normas constitucionais se aplicam de imediato, sem que se possa invocar contra elas a figura do direito adquirido. Mesmo nas Constituições que vedam ao legislador ordinário a edição de leis retroativas, declarando que a lei nova não prejudicará o direito adquirido, esse preceito se dirige apenas ao legislador ordinário, e não ao constituinte";[134] "o direito adquirido somente é oponível à lei. Contra a Constituição, não há direito adquirido";[135] "a garantia constitucional apenas impede que a lei prejudique o direito adquirido, mas não que a própria Constituição regule, como lhe parecer, inclusive mediante reforma";[136] "a emenda ou revisão veicula regra imperativa, que incide imediatamente, por força de

---

130 MELLO FILHO, José Celso de. *Constituição Federal Anotada*. 2ª ed. São Paulo: Saraiva, 1986, p. 431.

131 MIRANDA, Francisco Cavalcanti Pontes de. *Comentários à Constituição de 1967 com a Emenda nº 1 de 1969*. 3ª ed. v. IV. Rio de Janeiro: Forense, 1987, p. 394.

132 MODESTO, Paulo. *A Reforma Administrativa e o Direito Adquirido ao Regime da Função Pública* in *Revista Trimestral de Direito Público*, nº 14, 1996, p. 237.

133 SILVÉRIO, Paulo Roberto Mendonça. *O Instituto Jurídico dos Direitos Adquiridos e a "Cláusula Pétrea" dos Direitos e Garantias Individuais* in *Revista de Informação Legislativa*, nº 128, 1995, p. 77.

134 STF, Rp. nº 875, Rel. Min. Djaci Falcão, j. 25.10.1973, *RTJ* 68/9.

135 STF, Rp. nº 895, Rel. Min. Djaci Falcão, j. 13.6.1973, *RTJ* 67/327.

136 STF, AR nº 1.212, Rel. Min. Sydney Sanches, j. 3.9.1987, *RTJ* 123/10.

sua natureza constitucional";[137] "a lei ordinária não pode ferir o direito adquirido, mas a reforma constitucional pode fazê-lo";[138] "não há direito adquirido contra a Constituição. Esse princípio se aplica tanto às normas originárias da Constituição, quanto às decorrentes de reforma posterior, pois umas e outras têm a mesma natureza e a mesma hierarquia";[139] "não há direito adquirido contra texto constitucional, resulte ele do poder constituinte originário, ou do poder constituinte derivado",[140] e "aplicação imediata da reforma constitucional. A garantia do direito adquirido se dirige à lei ordinária, e não à Constituição".[141] Outrossim, no ordenamento constitucional em vigor, a jurisprudência do Superior Tribunal de Justiça continua ajustada à inadmissibilidade da alegação de direito adquirido em face de normas constitucionais derivadas: "não se há de invocar direito adquirido contra o que posto induvidosamente na nova ordem constitucional, em modificação não apenas do texto, mas do próprio sistema, até porque a garantia do direito adquirido se dirige à lei ordinária, e não à Constituição".[142]

5.2.3 *Condicionamento*

O condicionamento designa que o poder constituinte derivado reformador é submetido à exteriorização por meio de emenda ou revisão, em face da distinção entre processos formais e informais de mudança da Constituição.

Nos processos formais de mudança da Constituição, há a alteração do texto constitucional, segundo o procedimento adequado para revisão ou emenda, sob a denominação de reforma constitucional. A divisão entre a revisão e a emenda gira em torno da matéria e da forma. Materialmente, a revisão é mais extensa, porquanto pode alcançar o texto constitucional globalmente considerado, ressalvadas as limitações materiais, explícitas e implícitas, ao poder de reforma constitucional, ao contrário da emenda, que é menos extensa, porque deve recair sobre matérias pontilhadas. Formalmente, a revisão é procedida pelo voto da maioria absoluta dos membros do Congresso Nacional, em sessão unicameral, em contraposição à emenda, que é aprovada pelo voto de três quintos dos membros da Câmara dos Deputados e Senado Federal, em sessões isoladas, em dois turnos de discussão e votação, de acordo com o art. 60, § 2º, da CRFB e art. 3º do ADCT,[143] cabendo a advertência que, na história constitucional brasileira, a única norma jurídica que estabeleceu a distinção entre revisão e emenda foi veiculada pelo art. 178, *caput*, da Constituição da República, de 16 de julho de 1934.[144]

---

137 STF, MS nº 20.157, Rel. Min. Antônio Neder, j. 7.8.1980, *RTJ* 95/51.

138 STF, RE nº 55.600, Rel. Min. Pedro Chaves, j. 3.10.1966, *RTJ* 41/411.

139 STF, RE nº 93.290, Rel. Min. Cordeiro Guerra, j. 28.8.1981, *RTJ* 99/869.

140 STF, RE nº 94.414, Rel. Min. Moreira Alves, j. 13.2.1985, *RTJ* 114/237.

141 STF, RE nº 95.175, Rel. Min. Soares Muñoz, j. 20.4.1982, *RTJ* 103/795.

142 STJ, REsp nº 506, Rel. Min. Sálvio de Figueiredo, j. 25.9.1989, *DJU* 23.10.1989.

143 CASTRO, Araújo. *A Reforma Constitucional*. Rio de Janeiro: Leite Ribeiro, 1924, p. 7, e LESSA, Pedro. *Reforma Constitucional*. Rio de Janeiro: Lux, 1925, p. 13. V., também: FLORIAN, Henri Bousquet de. *Revisions des Constitutions*. Paris, 1891, p. 51, e GAMBINO, Silvio. *Revisione Costituzionale*. Milano: Giuffrè, 2007, p. 231.

144 Constituição da República dos Estados Unidos do Brasil, art. 178, *caput*: "A Constituição poderá ser emendada, quando as alterações propostas não modificarem a estrutura política do Estado (arts. 1º a 14, 17 a 21); a organização ou a competência dos poderes da soberania (Capítulos

Nos processos informais de mudança da Constituição, há a alteração do contexto, sem que o texto constitucional seja modificado, a partir da comprovação de que a norma da Constituição, conservando o mesmo texto, recebe uma significação diferente, em razão de nova percepção do Direito ou transformação da realidade de fato, sob a designação de mutação constitucional. Limitada pelas possibilidades semânticas do relato da norma e preservação dos princípios fundamentais que dão identidade à Constituição, a mutação constitucional é implementada pela interpretação administrativa ou judicial, bem assim pela atividade legislativa e costumes, com vistas à superação da clássica antinomia entre a normatividade e a facticidade, imposta pelo positivismo jurídico. A interpretação constitucional, como instrumento de mutação constitucional em que há a degeneração do sentido, alcance e conteúdo da norma, em contrariedade com entendimento preexistente,[145] não se confunde com a interpretação construtiva, na qual há a "ampliação da Constituição para o fim de criar uma nova hipótese de incidência não prevista originariamente", e a interpretação evolutiva, na qual há a "aplicação da Constituição a situações que não foram contempladas quando de sua elaboração, por não existirem nem terem sido antecipadas à época, mas que se enquadram nas possibilidades semânticas do texto".[146]

Sobre o tema, questão controversa é relativa à constitucionalidade de emenda que tenha por finalidade a convocação de nova revisão, tendo havido a identificação de duas correntes doutrinárias sobre a temática. **Carlos Ayres Britto**,[147] **Josaphat Marinho**,[148] **Frederico Augusto D'Avila Riani**[149] e **Eduardo Ribeiro Moreira**[150] atestam a *impossibilidade de nova revisão constitucional*, dado que a emenda convocatória violaria a limitação material implícita, consistente no procedimento de reforma constitucional, de forma que somente seria permitida a alteração por intermédio de emenda à Constituição. **Manoel Gonçalves Ferreira Filho**[151] apoia a *possibilidade de nova revisão constitucional*, eis que a emenda convocatória não estaria impedida por nenhuma limitação jurídica à

II, III e IV do Título I; o Capítulo V do Título I; o Título II; o Título III; e os arts. 175, 177, 181 e este mesmo art. 178); e revista, no caso contrário." DIAS, Floriano Aguiar. *Constituições do Brasil*. v. I. Rio de Janeiro: Liber Juris, 1975, p. 553.

145 FERRAZ, Anna Cândida da Cunha. *Processos Informais de Mudança da Constituição*. São Paulo: Max Limonad, 1986, p. 5-13, e BULOS, Uadi Lammêgo. *Mutação Constitucional*. São Paulo: Saraiva, 1997, p. 25. V., também: JELLINEK, Georg. *Verfassungseanderung und Verfassungswandlung*. Berlin: Hearing, 1906, p. 21, e DAU-LIN, Hsü. *Mutación de la Constitución*. Oñati: Instituto Vasco de Administración Pública, 1998, p. 9.

146 ACKERMAN, Bruce. *The Living Constitution* in *Yale Law Journal*, nº 120, 2007, p. 1.741. V., também: GRIFFIN, Stephen. *Constitutional Theory Transformed* in *Yale Law Journal*, nº 108, 1999, p. 2.115.

147 BRITTO, Carlos Ayres. *Revisão Constitucional: norma de eficácia esvaída* in *Revista Trimestral de Direito Público*, nº 6, 1994, p. 166-167.

148 MARINHO, Josaphat. *Limites do Poder de Revisão Constitucional* in *Revista Trimestral de Direito Público*, nº 24, 1998, p. 10-11.

149 RIANI, Frederico Augusto D'Avila. *Revisão Constitucional – Possibilidades Jurídicas* in *Revista do Curso de Direito da Universidade Federal de Uberlândia*, nº 27, 1998, p. 46-47.

150 MOREIRA, Eduardo Ribeiro. *Nova Revisão Constitucional: um atentado à Constituição Federal* in *Revista de Direito Constitucional e Internacional*, nº 56, 2006, p. 89.

151 FERREIRA FILHO, Manoel Gonçalves. *Aspectos Jurídicos referentes à Convocação de Nova Revisão Constitucional* (Palestra promovida pela Federação das Indústrias do Estado de São Paulo, realizada no Centro das Indústrias do Estado, São Paulo, 15.6.1997).

reforma constitucional, de modo que seria permitida a modificação pelo instrumento da emenda ou revisão à Constituição. A jurisprudência do Supremo Tribunal Federal, na esteira da melhor doutrina, alude à "revisão constitucional, a ser feita 'uma só vez'", tendo sido consignado que a inconstitucionalidade de emenda que tenha por finalidade a convocação de nova revisão constitucional "restou amplamente esclarecida na votação do destaque nº 59, relativo à emenda nº 1.763, que propunha se incluísse, no texto do art. 3º do ADCT, a elocução 'uma só vez', o que veio a ser considerado desnecessário".[152]

5.3 Poder constituinte derivado decorrente institucionalizador

O poder de elaboração da Constituição do Estado é caracterizado pela **derivação, limitação e condicionamento.**[153]

5.3.1 Derivação

A derivação denomina que a Constituição da República estabelece o modo de elaboração da Constituição do Estado, mediante a definição do órgão competente, procedimento adequado e declaração prescritiva a ser veiculada pelas normas constitucionais estaduais, não obstante o poder de instituição da entidade federativa seja revestido pelo atributo da principialidade, traduzido pela devolução da competência para a elaboração da primeira norma do ordenamento constitucional estadual ("poder constituinte quase originário"),[154] sob a égide do art. 25 da CRFB e art. 11 do ADCT. O órgão competente para a preparação da Constituição Estadual é a Assembleia Legislativa respectiva, cujos membros estejam no exercício do mandato eletivo no momento da atividade constituinte. O procedimento adequado para a produção da Constituição Estadual imprescinde de maioria absoluta dos membros do órgão constituinte, no prazo máximo de um ano. A declaração prescritiva própria da Constituição Estadual é delimitada pela instituição da entidade federativa, a partir da constatação de que a organização e o funcionamento do Estado devem ser inseridos em normas constitucionais estaduais, enquanto as demais matérias podem ser insertadas em normas ordinárias estaduais.

---

152 STF, ADIn nº 981, Rel. Min. Néri da Silveira, j. 17.12.1993, *RDA* 198/235.

153 O poder constituinte derivado decorrente é imanente à federação, na medida em que o Estado Federal é individualizado pela existência de uma entidade soberana, composta por duas ou mais entidades autônomas, por intermédio do vínculo federativo, de maneira que há unidade de soberania e pluralidade de autonomias. Nessa ordem de ideias, a autonomia é conceituada como capacidade de autodeterminação, inerente ao ente da federação, no círculo de competência traçado pela Constituição, exteriorizada pela tríplice capacidade: autoadministração (capacidade da unidade federada para aplicar o Direito Positivo, assim como prestar os serviços públicos que lhe sejam afetos, através de órgãos próprios), autogoverno (capacidade da unidade federada para escolher os agentes públicos que irão desempenhar as funções administrativa, legislativa e jurisdicional, no âmbito dos seus poderes) e auto-organização (capacidade da unidade federada para elaborar a sua Constituição, bem como instituir os órgãos supremos do Governo local). BARROSO, Luís Roberto. *Direito Constitucional Brasileiro: o problema da federação.* Rio de Janeiro: Forense, 1982. V., também, do mesmo autor: *A Proteção do Meio Ambiente na Constituição Brasileira* in *Revista Forense*, nº 317, 1993, p. 192.

154 FERRAZ JÚNIOR, Tercio Sampaio. *Interpretação e Estudos da Constituição de 1988.* São Paulo: Atlas, 1990, p. 83.

Sobre o assunto, a doutrina e jurisprudência acentuam a **admissibilidade da inconstitucionalidade material das normas constitucionais estaduais**, em razão da contradição com limitações ao poder de instituição do Estado. *Pelo exposto*, na hipótese de contrariedade entre norma nacional e norma estadual, tendo a primeira regra constitucional imposto limitações ao poder de instituição do Estado, há a configuração de inconstitucionalidade material da segunda regra constitucional, de acordo com o art. 25 da CRFB.

Na *doutrina*, **Oswaldo Trigueiro** frisa que "em teoria, e desde que respeitem certos princípios fundamentais que o direito federal prevê, os Estados definem a sua própria organização. A obrigação de respeitarem os princípios básicos do direito federal leva os Estados, forçosamente, a se organizar segundo o modelo da União. Isso quer dizer que os Estados estão submetidos à Constituição da República, porém não estão subordinados ao governo da União".[155]

Na *jurisprudência*, o Supremo Tribunal Federal ratifica que "malgrado a ausência de regra explícita na Constituição de 1988, impõe-se a observância do processo constituinte dos Estados-membros às linhas básicas do correspondente modelo federal, vez que configuram elas prisma relevante do perfil do regime positivo federal, ao qual se vinculam compulsoriamente os ordenamentos das unidades federadas".[156]

Por exemplo, a Corte Especial, liminar ou definitivamente, declarou a inconstitucionalidade de normas introduzidas pela Constituição do Estado do Rio de Janeiro, *verbi gratia*: o art. 13, inc. V, segundo o qual o sepultamento e os procedimentos a ele necessários, inclusive o fornecimento de esquife pelo concessionário de serviço funerário, seriam gratuitos para os que percebem até um salário mínimo, os desempregados e os reconhecidamente pobres;[157] o art. 69, parágrafo único, segundo o qual as ações com direito a voto das sociedades de economia mista poderiam ser alienadas, desde que mantido o controle acionário, representado por 51% das referidas ações;[158] o art. 77, inc. VII, segundo o qual aos candidatos aprovados em concurso público, dentro do número de vagas fixado no edital, seria assegurado o provimento no cargo no prazo máximo de 180 dias, contados da homologação do resultado;[159] o art. 77, inc. XVII, segundo o qual a licença especial e férias dos servidores públicos, civis ou militares, poderiam ser transformadas em pecúnia indenizatória;[160] o art. 82, § 3º, segundo o qual o pagamento dos servidores públicos, civis ou militares, seria efetuado até o décimo dia útil de cada mês;[161] o art. 89, § 6º, segundo o qual o valor incorporado a qualquer título pelo servidor ativo ou inativo, como direito pessoal, pelo exercício de função ou mandato, seria revisto na

---

155 TRIGUEIRO, Oswaldo. *Direito Constitucional Estadual.* Rio de Janeiro: Forense, 1980, p. 70-71.

156 STF, ADIn nº 872, Rel. Min. Sepúlveda Pertence, j. 3.6.1993, *DJU* 6.8.1993. V., também: STF, ADIn nº 276, Rel. Min. Celso de Mello, j. 30.5.1990, *DJU* 17.8.1990; STF, ADIn nº 766, Rel. Min. Celso de Mello, j. 3.9.1992, *DJU* 27.5.1994; STF, ADIn nº 822, Rel. Min. Sepúlveda Pertence, j. 5.2.1993, *DJU* 12.3.1993; STF, ADIn nº 1.060, Rel. Min. Carlos Velloso, j. 1º.8.1994, *DJU* 23.9.1994; STF, ADIn nº 6.453, Rel. Min. Rosa Weber, j. 14.2.2022, *DJU* 18.2.2022.

157 STF, ADIn nº 1.221, Rel. Min. Carlos Velloso, j. 27.4.1995, *DJU* 5.5.1995.

158 STF, ADIn nº 234, Rel. Min. Néri da Silveira, j. 22.6.1995, *DJU* 15.9.1995.

159 STF, ADIn nº 2.931, Rel. Min. Eros Grau, j. 24.2.2005, *DJU* 29.9.2006.

160 STF, ADIn nº 227, Rel. Min. Maurício Corrêa, j. 19.11.1997, *DJU* 18.5.2001.

161 STF, ADIn nº 247, Rel. Min. Ilmar Galvão, j. 27.2.1992, *DJU* 13.3.1992.

mesma proporção e na mesma data, sempre que se modificasse a remuneração do cargo que lhe desse causa;[162] o art. 90, § 3º, segundo o qual o aproveitamento de servidores públicos em disponibilidade remunerada teria o prazo máximo de um ano;[163] o art. 91, § 12, segundo o qual um pastor evangélico seria designado para as corporações da Polícia Militar e do Corpo de Bombeiros Militar para o desempenho da função de orientador religioso em quartéis, hospitais e presídios com direito a ingressar no oficialato capelão;[164] o art. 99, inc. IV, segundo o qual a Assembleia Legislativa seria competente para autorizar o Governador e Vice-Governador a se ausentarem do país;[165] o art. 99, inc. XIII, segundo o qual a Assembleia Legislativa seria competente para processar e julgar o Governador e o Vice-Governador nos crimes de responsabilidade e os Secretários de Estado nos crimes da mesma natureza conexos com aqueles;[166] o art. 99, inc. XIV, segundo o qual a Assembleia Legislativa seria competente para processar e julgar o Defensor Público-Geral do Estado nos crimes de responsabilidade;[167] o art. 99, incs. XX e XXXI, segundo o qual a Assembleia Legislativa seria competente para apreciar e aprovar convênios, acordos, convenções coletivas ou contratos celebrados pelo Poder Executivo com os Governos Federal, Estadual ou Municipal, entidades de direito público ou privado, ou particulares, de que resultem para o Estado quaisquer encargos não estabelecidos na lei orçamentária, e aprovar, por iniciativa de um terço e pelo voto de três quintos de seus membros, moção de desaprovação a atos dos Secretários de Estado, assegurando-lhes o direito de defesa em Plenário;[168] o art. 99, inc. XXXIII, segundo o qual a Assembleia Legislativa seria competente para autorizar a criação, fusão ou extinção de empresas públicas ou de sociedades de economia mista e o controle acionário de empresas particulares pelo Estado;[169] o art. 101, *caput*, segundo o qual a qualquer Deputado seria permitido formular requerimento de informação sobre atos do Poder Executivo e de suas entidades de Administração Pública indireta;[170] o art. 118, parágrafo único, inc. IX, segundo o qual cumpriria à lei complementar dispor sobre o Estatuto dos Servidores Públicos Militares;[171] o art. 143, § 1º, segundo o qual o Governador poderia ausentar-se do Território Nacional por qualquer prazo, mediante prévia autorização da Assembleia Legislativa;[172] o art. 147, *caput* e § 1º, inc. II, segundo o qual o Governador, admitida a acusação pelo voto de dois terços dos Deputados, seria submetido a julgamento perante a Assembleia Legislativa, nos crimes de responsabilidade, e suspenso de suas funções após a instauração do processo pelo Poder Legislativo;[173] o art. 147, §§ 3º e 4º, segundo o qual o Governador não poderia ser preso, enquanto não so-

---

162 STF, ADIn nº 3.848, Rel. Min. Marco Aurélio, j. 11.2.2015, *DJU* 6.3.2015.

163 STF, ADIn nº 239, Rel. Min. Dias Toffoli, j. 19.2.2014, *DJU* 30.10.2014.

164 STF, ADIn nº 3.478, Rel. Min. Edson Fachin, j. 20.12.2019, DJU 19.2.2020.

165 STF, ADIn nº 678, Rel. Min. Marco Aurélio, j. 26.2.1992, *DJU* 30.4.1993.

166 STF, ADIn nº 4.772, Rel. Min. Luiz Fux, j. 12.6.2017, *DJU* 14.6.2017.

167 STF, ADIn nº 558, Rel. Min. Cármen Lúcia, j. 19.4.2021, *DJU* 22.9.2021.

168 STF, ADIn nº 676, Rel. Min. Carlos Velloso, j. 1º.7.1996, *DJU* 29.11.1996.

169 STF, ADIn nº 234, Rel. Min. Néri da Silveira, j. 22.6.1995, *DJU* 15.9.1995.

170 STF, ADIn nº 4.700, Rel. Min. Gilmar Mendes, j. 13.12.2021, *DJU* 17.12.2021.

171 STF, ADIn nº 1.087, Rel. Min. Moreira Alves, j. 1º.2.1995, *DJU* 7.4.1995.

172 STF, ADIn nº 678, Rel. Min. Marco Aurélio, j. 26.2.1992, *DJU* 30.4.1993.

173 STF, ADIn nº 4.772, Rel. Min. Luiz Fux, j. 17.10.2017, *DJU* 27.11.2017.

breviesse sentença condenatória, nas infrações penais comuns, assim como responsabilizado, por atos estranhos ao exercício de suas funções, na vigência de seu mandato;[174] o art. 161, inc. IV, *d*, nos 2 e 3, segundo o qual o Tribunal de Justiça seria competente para processar e julgar originariamente, nos crimes comuns e de responsabilidade, os membros das Procuradorias-Gerais do Estado e da Assembleia Legislativa, Defensores Públicos, Delegados de Polícia, Vice-Prefeitos e Vereadores;[175] o art. 171, § 1º, segundo o qual o Ministério Público, pelo voto secreto e universal de seus membros, formaria lista tríplice, dentre integrantes da carreira, com mais de dois anos de atividade, para escolha do Procurador-Geral de Justiça;[176] o art. 179, § 3º, segundo o qual seria função institucional da Defensoria Pública o patrocínio da ação civil pública em favor das associações que incluam entre as suas finalidades estatutárias a proteção de quaisquer interesses difusos, bem como a promoção dos interesses do consumidor lesado, independentemente de hipossuficiência econômica;[177] o art. 181, inc. IV, *a*, segundo o qual a Defensoria Pública gozaria da prerrogativa de requisição de certidões, exames, perícias, vistorias, diligências, processos, documentos, informações, esclarecimentos e providências, necessários ao exercício de suas atribuições, a autoridades públicas e entidades particulares;[178] o art. 182, parágrafo único, segundo o qual a remuneração do Procurador-Geral de Justiça, Procurador-Geral do Estado e Defensor Público-Geral do Estado, excluído o adicional por tempo de serviço, não poderia ser inferior ao maior teto estabelecido no âmbito dos Poderes do Estado, garantindo-se aos cargos da classe mais elevada, a título de vencimento-base e representação, não menos de 95% da remuneração daqueles e, aos cargos das demais classes, somatório de vencimento-base e representação, com diferença não excedente a 10% de classe a classe, a partir da mais elevada;[179] o art. 183, inc. II, segundo o qual a segurança pública incluía a vigilância intramuros nos estabelecimentos penais, pela Polícia Penitenciária;[180] o art. 183, § 4º, *b* e *c*, segundo o qual os Delegados de Polícia, nas circunscrições policiais com sede nos Municípios, seriam escolhidos entre os delegados de carreira, por voto unitário residencial, no período de dois anos, dentre os componentes de lista tríplice apresentada pela Chefia da Polícia Civil, com a possibilidade de destituição, por força de decisão de maioria simples do Conselho Comunitário da Defesa Social do Município onde atuar;[181] o art. 188, § 1º, segundo o qual o cargo de Delegado de Polícia seria provido por ascensão, assegurada a metade das vagas da carreira a essa forma de provimento, com a possibilidade de serem aproveitadas para concurso público as vagas que não forem preenchidas;[182] o art. 189, § 3º, segundo o qual seria assegurada isonomia de vencimentos aos servidores públicos militares federais e estaduais;[183] o art. 196, inc. VI, *d*, segundo o qual os Estados e Mu-

---

[174] STF, ADIn nº 1.022, Rel. Min. Celso de Mello, j. 19.10.1995, *DJU* 17.11.1995.

[175] STF, ADIn nº 558, Rel. Min. Cármen Lúcia, j. 19.4.2021, *DJU* 22.9.2021.

[176] STF, ADIn nº 558, Rel. Min. Cármen Lúcia, j. 19.4.2021, *DJU* 22.9.2021.

[177] STF, ADIn nº 558, Rel. Min. Sepúlveda Pertence, j. 16.8.1991, *DJU* 26.3.1993.

[178] STF, ADIn nº 230, Rel. Min. Cármen Lúcia, j. 1º.2.2010, *DJU* 30.10.2014.

[179] STF, ADIn nº 138, Rel. Min. Ilmar Galvão, j. 26.5.1993, *DJU* 21.6.1996.

[180] STF, ADIn nº 236, Rel. Min. Octávio Gallotti, j. 7.5.1992, *DJU* 1º.6.2001.

[181] STF, ADIn nº 244, Rel. Min. Celso de Mello, j. 18.4.1990, *DJU* 25.5.1990.

[182] STF, ADIn nº 245, Rel. Min. Moreira Alves, j. 5.8.1992, *DJU* 13.11.1992.

[183] STF, ADIn nº 237, Rel. Min. Octávio Galloti, j. 1º.2.1993, *DJU* 1º.7.1993.

nicípios não poderiam instituir impostos sobre veículos de radiodifusão;[184] o art. 212, parágrafo único, segundo o qual os recursos para a despesa de pessoal, incluindo subsídios e representações, investidos nos órgãos do Poder Legislativo, Poder Judiciário e Ministério Público, ficariam ressalvados da entrega até o dia 20 de cada mês;[185] o art. 228, inc. I, segundo o qual seria assegurado às microempresas e empresas de pequeno porte a redução de tributos e obrigações acessórias municipais, com dispensa do pagamento de multas por infrações formais;[186] o art. 237, parágrafo único, segundo o qual os projetos, submetidos à concessão de licença e aprovados pelos Municípios, somente poderiam ser modificados com a concordância de todos os interessados ou por decisão judicial;[187] o art. 286, segundo o qual seria facultado ao servidor público que não tivesse cônjuge, companheiro ou dependente, legar a pensão por morte a beneficiários de sua indicação;[188] o art. 308, inc. XII, segundo o qual a comunidade escolar participaria das eleições para a direção das instituições de ensino;[189] o art. 309, § 1º, segundo o qual o poder público destinaria anualmente à Universidade do Estado do Rio de Janeiro (UERJ) dotação não inferior a 6% da receita tributária líquida, transferida em duodécimos, mensalmente;[190] o art. 314, *caput*, §§ 2º e 5º, segundo o qual o Estado aplicaria, anualmente, nunca menos de 35% da receita de impostos, compreendida a proveniente de transferências, na manutenção e desenvolvimento do ensino público, incluído o percentual mínimo de 10% para a educação especial, assim como os recursos federais transferidos ao Estado para aplicação no ensino fundamental seriam distribuídos entre o Estado e os Municípios na proporção do número de matrículas na rede oficial de cada um;[191] o art. 345, inc. IV e parágrafo único, segundo o qual o total da despesa do Poder Legislativo municipal, incluídos os subsídios dos Vereadores e excluídos os gastos com inativos, não poderia ultrapassar certos limites percentuais;[192] o art. 349, segundo o qual seriam aplicadas aos Vereadores determinadas garantias dos membros do Poder Legislativo estadual, como as imunidades parlamentares;[193] o art. 355, parágrafo único, segundo o qual o inadimplemento de dívida fundada não ensejaria a intervenção estadual quando a suspensão do pagamento estivesse vinculada à gestão anterior, conforme fosse apurado em auditoria, solicitada pelo Prefeito Municipal, dentro de 90 dias após sua investidura na Chefia do Poder Executivo municipal;[194] o art. 357, parágrafo único, segundo o qual a participação de qualquer Município em região metropolitana, aglomeração urbana ou microrregião dependeria de prévia aprovação pela respectiva Câmara Municipal,[195] e o art. 364, segundo o qual o Banco do Estado do Rio de Janeiro

---

[184] STF, ADIn nº 773, Rel. Min. Gilmar Mendes, j. 20.8.2014, *DJU* 30.10.2014.

[185] STF, ADIn nº 732, Rel. Min. Celso de Mello, j. 22.5.1992, *DJU* 21.8.1992.

[186] STF, ADIn nº 851, Rel. Min. Marco Aurélio, j. 1º.4.1993, *DJU* 7.5.1993.

[187] STF, ADIn nº 851, Rel. Min. Marco Aurélio, j. 1º.4.1993, *DJU* 7.5.1993.

[188] STF, ADIn nº 240, Rel. Min. Octávio Gallotti, j. 26.9.1996, *DJU* 13.10.2000.

[189] STF, ADIn nº 2.997, Rel. Min. Cezar Peluso, j. 12.8.2009, *DJU* 25.8.2009.

[190] STF, ADIn nº 780, Rel. Min. Carlos Velloso, j. 11.3.1993, *DJU* 16.4.1993.

[191] STF, ADIn nº 4.102, Rel. Min. Cármen Lúcia, j. 30.10.2014, *DJU* 17.11.2014.

[192] STF, ADIn nº 558, Rel. Min. Cármen Lúcia, j. 19.4.2021, *DJU* 22.9.2021.

[193] STF, ADIn nº 558, Rel. Min. Sepúlveda Pertence, j. 16.8.1991, *DJU* 26.3.1993.

[194] STF, ADIn nº 558, Rel. Min. Sepúlveda Pertence, j. 16.8.1991, *DJU* 26.3.1993.

[195] STF, ADIn nº 1.841, Rel. Min. Marco Aurélio, j. 18.6.1998, *DJU* 28.8.1998.

(BANERJ) seria considerado patrimônio do povo do Estado do Rio de Janeiro, não podendo suas ações ordinárias nominativas, representativas do controle acionário, ser alienadas, a qualquer título, a pessoas físicas ou jurídicas, de direito público ou privado, nem negociadas, expropriadas ou penhoradas.[196]

5.3.2 Limitação

A limitação denota que a Constituição da República estatui limitações ao poder de instituição estadual, divididas em princípios constitucionais sensíveis ou enumerados, estabelecidos ou organizatórios e extensíveis.

Os princípios sensíveis são expressos na Constituição da República, na medida em que constituem o fundamento da organização jurídica do Estado federal, com o escopo de assegurar o equilíbrio federativo, sob pena da decretação de intervenção, compreendendo: (i) forma republicana, sistema representativo e regime democrático, (ii) direitos humanos, (iii) autonomia municipal e (iv) prestação de contas da Administração Pública, direta e indireta, como exsurge do art. 34, inc. VII.

Os princípios estabelecidos são extraídos da Constituição da República, uma vez que contribuem para a limitação da auto-organização dos Estados federados, divididos em: (i) limitações expressas, (ii) limitações implícitas e (iii) limitações decorrentes. As primeiras são expungidas de normas definidas na Constituição da República, podendo ser recobertas de natureza mandatória ou vedatória, de forma que aquelas obrigam a absorção de certos princípios (exemplo: art. 37) pelas Constituições dos Estados, ao passo que estas proíbem aceitação de determinados atos (exemplo: art. 19) e procedimentos (exemplo: art. 35) pelos Estados federados. As segundas são expurgadas de normas esparsas na Constituição da República, podendo ser revestidas de natureza mandatória (exemplos: arts. 27 e 28) ou vedatória (exemplos: arts. 22 e 30). As terceiras são extirpadas do texto constitucional globalmente considerado (exemplos: dignidade da pessoa humana e igualdade constitucional dos entes federativos).

Os princípios extensíveis são normas de organização da União, sujeitas à aplicação obrigatória pelos Estados, como, por exemplo, o princípio conforme o qual o subsídio mensal dos Desembargadores dos Tribunais de Justiça não pode exceder a 95% da retribuição pecuniária dos Ministros dos Tribunais Superiores (art. 93, inc. V).[197]

Sobre a matéria, a doutrina e jurisprudência advertem que o exercício do poder de instituição estadual, limitado pelos princípios constitucionais sensíveis ou enumerados, estabelecidos ou organizatórios e extensíveis, importa na **admissibilidade da produção de normas de imitação ou reprodução** da Constituição da República, verificadas na Constituição do Estado.

Na *doutrina*, **Betina Treiger Grupenmacher** grifa que "não há que se confundir norma de reprodução com normas da imitação. As normas de reprodução resultam do caráter compulsório de disposição constitucional superior, enquanto as normas

[196] STF, ADIn nº 1.348, Rel. Min. Cármen Lúcia, j. 21.2.2008, *DJU* 7.3.2008.

[197] SILVA, José Afonso da. *O Estado-Membro na Constituição Federal* in *Revista de Direito Público*, nº 16, 1984, p. 15.

de imitação revelam a adesão voluntária do constituinte estadual a uma determinada disposição do texto da Constituição da República".[198]

Na *jurisprudência*, o Supremo Tribunal Federal reitera que "o perfil da federação brasileira, redefinido pela Constituição de 1988, embora aclamado por atribuir maior grau de autonomia aos Estados-membros, é visto com reserva por alguns doutrinadores, que consideram persistir no Brasil um federalismo ainda afetado por excessiva centralização espacial do poder em torno da União Federal. Se é certo que a nova Carta Política contempla um elenco menos abrangente de princípios sensíveis, a denotar, com isso, a expansão de poderes jurídicos na esfera das coletividades autônomas locais, o mesmo não se pode afirmar quanto aos princípios extensíveis e aos princípios estabelecidos, os quais, embora disseminados pelo texto constitucional, posto que não é tópica a sua localização, configuram acervo expressivo de limitações dessa autonomia local. A questão da compulsória – por intermédio das normas de reprodução – ou facultativa – por intervenção das normas de imitação –, observância, pelos Estados-membros, das normas constitucionais nacionais, provoca a discussão sobre o alcance do poder jurídico da União de impor, ou não, às demais pessoas estatais que integram a estrutura da federação, o respeito incondicional a padrões heterônomos por ela própria instituídos como fatores de necessária aplicação, ou não".[199]

Por exemplo, a Corte Maior decidiu que o art. 102, inc. I, *b* e *c*, da CRFB inscreve norma de reprodução obrigatória pelas Constituições dos Estados. Destarte, haveria a possibilidade de atribuição de foro especial por prerrogativa de função, desde que exista simetria entre as autoridades estaduais e as autoridades federais enumeradas na norma constitucional supramencionada, tendo sido a jurisprudência fixada no sentido da inconstitucionalidade da norma inserida no art. 161, inc. IV, *d*, nºs 2 e 3, da CERJ, pela qual compete originariamente ao Tribunal de Justiça do Rio de Janeiro processar e julgar os Vice-Prefeitos, Vereadores, Procuradores do Estado e da Assembleia Legislativa e Defensores Públicos, ressalvada a competência da Justiça Eleitoral.[200]

---

198 GRUPENMACHER, Betina Treiger. *Poder Constituinte Decorrente e Autonomia do Estado-Membro no Direito Constitucional Brasileiro* in *Cadernos de Direito Constitucional e Ciência Política*, nº 16, 1996, p. 282.

199 STF, ADIn nº 216, Rel. Min. Celso de Mello, j. 23.5.1990, *DJU* 7.5.1993. V., também: STF, ADIn nº 1.080, Rel. Min. Celso Mello, j. 29.6.1994, *DJU* 28.2.2003.

200 O Tribunal Excelso, que houvera decidido que "a Constituição da República – ao outorgar, sem reserva, ao Estado-membro, o poder de definir a competência dos seus tribunais (art. 125, § 1º) – situou positivamente no âmbito da organização judiciária estadual a outorga do foro especial por prerrogativa de função, com as únicas limitações que decorram explícita ou implicitamente da própria Lei Fundamental", mormente acerca da "competência constitucional do Tribunal do Júri para o julgamento de crimes dolosos contra a vida" (STF, HC nº 70.474, Rel. Min. Sepúlveda Pertence, j. 17.8.1993, *DJU* 24.9.1993), procedeu à alteração do seu entendimento, restando as jurisprudências do Supremo Tribunal Federal, Superior Tribunal de Justiça e Tribunal de Justiça do Rio de Janeiro uníssonas em torno da impossibilidade de normas constitucionais estaduais atribuírem prerrogativa de foro, não existindo simetria entre as autoridades estaduais e as autoridades federais enumeradas no art. 102, inc. I, *b* e *c*, *edicta magistri*: "ao dispor sobre os órgãos do Poder Judiciário, o art. 92 da CRFB previu como regra que a primeira e a segunda instâncias constituem juízo natural com cognição plena para a questão criminal. Apenas excepcionalmente a Constituição Federal conferiu prerrogativas de foro para as autoridades federais, estaduais e municipais. A interpretação que conferisse às Constituições Estaduais a

5.3.3 Condicionamento

O condicionamento designa que a Constituição do Estado pode ser promulgada pela Assembleia Legislativa respectiva, investida em poder constituinte derivado decorrente institucionalizador, no prazo de um ano, contado da promulgação da Constituição da República.

Sobre o tema, a doutrina adverte que a Constituição da República manteve a vigência de todas as Constituições dos Estados, segundo a qual, caso algum Estado não houvesse procedido à elaboração constitucional, no prazo de um ano, somente haveria a **admissibilidade da alteração da organização e funcionamento da unidade federativa pelo instrumento da reforma estadual**. Em outras palavras: "no momento da promulgação da Constituição brasileira de 1988, houve a *recepção de todas as Constituições estaduais*. Caso algum Estado-membro não houvesse promulgado a sua Constituição no prazo do art. 11 do ADCT, só poderia alterar a Constituição recepcionada por meio de emendas por ela mesma (Constituição estadual anterior) previstas".[201]

5.4 Poder constituinte derivado decorrente de reforma estadual

O poder de reforma da Constituição do Estado é caracterizado pela **derivação**, **limitação** e **condicionamento**.

5.4.1 Derivação

A derivação denomina que o poder constituinte de reforma estadual encontra fundamento de validade na Constituição do Estado, razão pela qual a emenda das normas constitucionais estaduais é prevista no art. 111 da CERJ e art. 35 do ADCT/RJ, sob pena de inconstitucionalidade formal e/ou material.

Sobre o assunto, *questão controvertida* é pertinente à **admissibilidade de controle de constitucionalidade de reforma estadual em face de Constituição do Estado**. A respeito, o Tribunal de Justiça do Rio de Janeiro, em consonância com parecer exarado

---

possibilidade de definir foro, considerando o princípio federativo e com esteio no art. 125, § 1º, da CRFB, permitiria aos Estados dispor, livremente, sobre essas prerrogativas, o que seria equivalente a assinar um cheque em branco" (STF, ADIn nº 2.553, Rel. Min. Alexandre de Moraes, j. 15.5.2019, Inf. STF 940); "não se evidencia nulidade do processo, a que responde autoridade estadual ou municipal, por inexistir a alegada inobservância do art. 125, § 1°, da CRFB, pois a referida norma não autoriza à Constituição de Estado, nem à Lei Orgânica de Município, o poder de legislar sobre a matéria de competência processual penal, a fim de conferir prerrogativa de foro a outras autoridades" (STJ, HC n° 11.939, Rel. Min. Edson Vidigal, j. 2.5.2000, Inf. STJ 56) e "o art. 161, inc. IV, *d*, nºs 2 e 3, da CERJ, ao estender aos Vice-Prefeitos e Vereadores, bem como aos Procuradores do Estado, Defensores Públicos e Delegados de Polícia, o foro por prerrogativa de função, é inconstitucional, na medida em que desatende aos princípios ínsitos nos arts. 22, inc. I, 25 e 125 da CRFB e art. 11 do ADCT, de maneira que é competente para o processo e julgamento de ação pública pelo crime eventualmente praticado o juízo de direito de primeira instância da comarca onde praticado o fato delituoso" (TJRJ, Proc. n° 1999.062.00003, Rel. Des. Manoel Rebêlo dos Santos, j. 15.4.1999, Bol. IBCCrim 90).

[201] IVO, Gabriel. *Constituição Estadual: competência para elaboração da Constituição do Estado-membro*. São Paulo: Max Limonad, 1997, p. 102-103, 108, 111 e 125.

pela Procuradoria-Geral do Estado,[202] fixou jurisprudência no sentido da inviabilidade do controle de constitucionalidade de emenda estadual em face de Constituição do Estado, em virtude da *incompetência do tribunal*, porquanto a jurisdição constitucional orgânica pode ser exercida pelo Supremo Tribunal Federal, sendo cabível o manejo da ação direta de inconstitucionalidade, ou da *impossibilidade jurídica do pedido*, porque as normas constitucionais estaduais são produtos do poder constituinte derivado decorrente, não havendo hierarquia normativa entre elas: "o Tribunal de Justiça é absolutamente incompetente para apreciar e decidir representação de inconstitucionalidade da própria Constituição Estadual, o que só pode ser discutido em sede de ação direta de inconstitucionalidade, perante o Supremo Tribunal Federal",[203] e "uma emenda constitucional se incorpora ao texto do respectivo repositório e não pode ser declarada inconstitucional, a não ser diante de texto que tenha supremacia, a Constituição da República. A questão é de impossibilidade jurídica do pedido, o da declaração de inconstitucionalidade de um dispositivo incorporado à Constituição do Estado, diante dela própria. Não se cogita propriamente de incompetência".[204, 205]

5.4.2 *Limitação*

A limitação denota que o poder constituinte de reforma estadual é submetido às restrições preceituadas na Constituição do Estado, à semelhança do art. 60, §§ 1º e 4º, da CRFB.

Sobre a matéria, a doutrina ratifica a **admissibilidade da sujeição do poder constituinte de reforma estadual às limitações prescritas na Constituição da República,**

---

202 A Procuradoria-Geral do Estado do Rio de Janeiro firmou entendimento que "exsurge inviável a aferição da constitucionalidade de emenda à Constituição do Estado em face da própria Carta Estadual, diante da inexistência de hierarquia jurídica entre tais dispositivos, ambos frutos do poder constituinte derivado; diferentemente do problema em nível federal, quando, em caso análogo, se estabelece o confronto entre normas oriundas do poder constituinte originário, e disposições normativas do poder constituinte derivado, com indiscutível primazia do primeiro, em face da característica ilimitada daquele poder que institui o Estado". CONTE, Francesco. *A Impossibilidade Jurídica da Declaração de Inconstitucionalidade de um Dispositivo incorporado à Constituição Estadual, diante dela própria* (Parecer exarado nos autos do Processo nº 1999.007.00038, Centro de Estudos Jurídicos da Procuradoria-Geral do Estado, Rio de Janeiro, 2001).

203 TJRJ, Proc. nº 1999.007.00024, Rel. Des. Sylvio Capanema de Souza, j. 16.8.1999, *DORJ* 28.9.1999.

204 TJRJ, Proc. nº 1999.007.00045, Rel. Des. Martinho Campos, j. 17.9.1999, *DORJ* 23.9.1999.

205 O Supremo Tribunal Federal deferiu medida liminar para suspender, até decisão de mérito, a eficácia das normas constantes do art. 1º da EC-RJ nº 2/91, que assegura o adicional de remuneração para atividades penosas, insalubres e perigosas aos servidores públicos militares, art. 5º da EC-RJ nº 4/91, que dispõe sobre o Conselho Estadual de Contas dos Municípios e Tribunal de Contas do Estado, arts. 1º e 2º da EC-RJ nº 11/99, que limitam a retribuição pecuniária dos Prefeitos e Vice-Prefeitos, art. 1º da EC-RJ nº 28/02, que regula a promoção por antiguidade de magistrados, art. 1º da EC-RJ nº 35/05, que institui o órgão responsável pelas perícias criminalística e médico-legal, e art. 1º da EC-RJ nº 40/09, que versa sobre o processo e sanção por infração administrativa de Conselheiro do Tribunal de Contas do Estado. STF, ADIn nº 858, Rel. Min. Marco Aurélio, j. 20.5.1993, *DJU* 18.6.1993; STF, ADIn nº 596, Rel. Min. Moreira Alves, j. 11.10.1991, *DJU* 22.11.1991; STF, ADIn nº 2.112, Rel. Min. Sepúlveda Pertence, j. 11.5.2000, *DJU* 18.5.2001; STF, ADIn nº 2.700, Rel. Min. Sydney Sanches, j. 17.10.2002, *DJU* 7.3.2003; STF, ADIn nº 3.644, Rel. Min. Gilmar Mendes, j. 4.3.2009, *DJU* 12.6.2009, e STF, ADIn nº 4.190, Rel. Min. Celso de Mello, j. 10.3.2010, *DJU* 11.6.2010.

ainda que não tenham sido previstas na Constituição do Estado, como, por exemplo, as limitações materiais, que não foram veiculadas pelo art. 111 da CERJ, pois "os limites, explícitos ou implícitos, impostos ao poder constituinte derivado reformador alcançam, também, por decorrência lógica, o poder constituinte de reforma estadual".[206]

5.4.3 Condicionamento

O condicionamento designa que o poder constituinte de reforma estadual é sujeito à exteriorização por meio de emenda, mediante o procedimento expresso na Constituição do Estado, à similitude do art. 60, *caput*, §§ 2º, 3º e 5º, da CRFB.

Sobre o tema, não se recusa a **admissibilidade da sujeição do poder constituinte de reforma estadual ao procedimento simétrico à Constituição da República**, *desde que tenha sido incorporado à Constituição do Estado*, como, por exemplo, o art. 53, *caput*, §§ 2º a 4º, da CEAC; art. 85, *caput*, §§ 2º a 4º, da CEAL e art. 2º do ADCT/AL; art. 32, *caput*, §§ 2º a 4º, da CEAM; art. 74, *caput*, §§ 2º a 4º, da CEBA e art. 65 do ADCT/BA; art. 59, *caput*, §§ 2º, 3º e 5º, da CECE e art. 34 do ADCT/CE; art. 62, *caput*, §§ 2º a 4º, da CEES e art. 25 do ADCT/ES; art. 19, *caput*, §§ 2º, 3º e 5º, da CEGO; art. 41, *caput*, §§ 2º a 4º, da CEMA; art. 64, *caput*, §§ 3º a 5º, da CEMG e art. 3º do ADCT/MG; art. 85, *caput*, §§ 2º, 3º e 5º, da CEMS e art. 2º do ADCT/MS; art. 38, *caput*, §§ 2º, 3º e 5º, da CEMT; art. 103, *caput*, §§ 2º, 3º e 5º, da CEPA; art. 85, *caput*, §§ 2º a 4º, da CEPB; art. 17, *caput*, §§ 1º a 3º, da CEPE e art. 63 do ADCT/PE; art. 74 da CEPI e art. 2º do ADCT/PI; art. 64, *caput*, §§ 2º a 5º, da CEPR e art. 2º do ADCT/PR; art. 111, *caput*, §§ 1º, 2º e 4º, da CERJ e art. 35 do ADCT/RJ; art. 45, *caput*, §§ 2º, 3º e 5º, da CERN; art. 38, *caput*, §§ 2º a § 4º, da CERO e art. 2º do ADCT/RO; art. 58, *caput*, §§ 2º a 4º, da CERS; art. 49, *caput*, §§ 2º, 3º e 5º, da CESC; art. 59, *caput*, §§ 2º a 5º, da CESE e art. 54 do ADCT/SE; art. 22, *caput*, §§ 2º a 4º, da CESP e art. 3º do ADCT/SP e art. 26, *caput*, §§ 2º a 4º, da CETO, pelos quais a Constituição estadual pode ser emendada mediante proposta do Governador do Estado, um terço dos membros da Assembleia Legislativa ou metade das Câmaras Municipais, de maneira que a proposta é discutida e votada em dois turnos, condicionada à aprovação pela maioria qualificada de três quintos dos votos em ambos, e a emenda é promulgada pela Mesa da Assembleia Legislativa, com o respectivo número de ordem, negada a possibilidade da proposta de emenda rejeitada ou havida por prejudicada ser objeto de nova proposição na mesma sessão legislativa. Todavia, "não está aberta a via da introdução, no cenário jurídico, do instituto da revisão à Constituição estadual".[207, 208]

---

[206] FERRAZ, Anna Cândida da Cunha. Ob. cit., p. 249, 251, 257 e 262.

[207] STF, ADIn nº 1.722, Rel. Min. Marco Aurélio, j. 10.12.1997, *DJU* 19.9.2003.

[208] Nos Estados Unidos da América, as Constituições estaduais podem ser reformadas pela iniciativa popular (*iniciative amendment*) ou legislativa (*legislative amendment*), de sorte que as propostas são aprovadas pela maioria absoluta dos membros dos Poderes Legislativos, com a necessidade de referendo para que a emenda ou revisão estadual adquira eficácia, com exceção do Estado do Delaware. WHEELER, John. *Salient Issues of Constitutional Revision*. New York: National Municipal League, 1961, p. 45. V, também: WHEARE, Kenneth. *Model State Constitution*. 6ª ed. New York: National Municipal League, 1963, p. 54.

6 CONCLUSÃO

Em conclusão, a doutrina mais moderna reconhece a existência do **poder constituinte supranacional**, como espécie autônoma a ladear as duas espécies tradicionais de poder constituinte - originário e derivado -, conceituado como *poder de reorganização dos Estados que aderem ao Direito Comunitário, por meio da celebração de tratados constitutivos de organizações supranacionais, com o fim de legitimar o processo de integração regionalizada*, tal como o da União Europeia.

Ipso facto, "há uma efetiva transcendência do poder constituinte tradicionalmente examinado para o poder constituinte supranacional". Nesse sentido, há a configuração do poder constituinte supranacional, posto que, "em primeiro lugar, cria uma ordem jurídica de cunho constitucional, na medida em que reorganiza a estrutura de cada um dos Estados que adere ao Direito Comunitário de viés supranacional por excelência, com capacidade, inclusive, para submeter as diversas Constituições nacionais ao seu poder supremo. Da mesma forma, e em segundo lugar, é supranacional, porque se distingue do ordenamento positivo interno, assim como do Direito Internacional". Não obstante, há a diferenciação entre poderes constituintes nacional e supranacional, visto que, "primeiramente, os Estados abrem mão do poder de ditar regras jurídicas a um ente que é a um só tempo estranho (autônomo) e comum a todos eles, a depender da ocasião analisada. Delegam, portanto, parte de sua soberania, exercendo uma atividade de 'dentro para fora'. Depois disso, secundariamente, submetem-se - voluntariamente - a uma normatividade alienígena, isto é, 'de fora para dentro', fruto do trabalho conjunto e unitário promovido por todos eles". Portanto, enquanto o poder constituinte tradicionalmente investigado está sob a titularidade do povo do Estado de cuja soberania é emanação, o poder constituinte supranacional está a serviço dos povos e dos Estados, com fundamento no conceito redimensionado de soberania.[209, 210]

---

209 RODRIGUES, Maurício Andreiuolo. *Poder Constituinte Supranacional – esse Novo Personagem*. Porto Alegre: Sergio Antonio Fabris, 2000, p. 68, 72, 79, 84 e 92-100.

210 *A fortiori*, o exercício do poder constituinte supranacional deverá ser baseado no "Tratado que estabelece uma Constituição para a Europa", reformado pelo "Tratado de Lisboa", subscrito pelos Chefes de Estado e Governo dos 27 Estados-membros (Alemanha, Áustria, Bélgica, Bulgária, Chipre, Dinamarca, Eslováquia, Eslovênia, Espanha, Estônia, Finlândia, França, Grécia, Hungria, Irlanda, Itália, Letônia, Lituânia, Luxemburgo, Malta, Países Baixos, Polônia, Portugal, Reino Unido, República Checa, Romênia e Suécia) em 13 de dezembro de 2007, que, pelo mecanismo da reestruturação e simplificação dos tratados da União Europeia, tendo em vista a finalidade de aproximar os cidadãos das instituições europeias, bem assim delimitar o espaço político europeu e delinear um fator de estabilização na nova ordem mundial, é dotado de seis características. A primeira é consagrada ao estabelecimento da União Europeia, inspirada na vontade dos cidadãos e dos Estados da Europa de construírem o seu futuro comum, à qual os Estados-membros atribuem competências para atingirem os seus objetivos, recoberta pela personalidade jurídica internacional. A segunda é dedicada à proteção dos direitos fundamentais no âmbito da União Europeia, lastreados nos valores comuns da dignidade da pessoa humana, como também da liberdade, igualdade e solidariedade, respeitadas a identidade nacional e as tradições constitucionais de cada Estado-membro. A terceira é deliberada à definição de competências da União Europeia e dos Estados-membros, de maneira que a titularidade das competências é dirigida pelo princípio da atribuição, em razão do qual aquela atua nos limites das competências que estes lhe tenham atribuído, ao passo que o exercício das competências é disciplinado pelos

Acesse o
MATERIAL SUPLEMENTAR

Entre no Ambiente de Aprendizagem através das instruções contidas na orelha deste livro e acesse os conteúdos exclusivos desta edição:
- Atualizações legislativas mensais.
- Questões de prova interativas.
- Esquemas.

---

princípios da subsidiariedade e da proporcionalidade, em virtude dos quais, nos domínios que não sejam da sua competência exclusiva, aquela intervém quando os objetivos da ação projetada não possam ser atingidos de forma suficiente por estes, não devendo o conteúdo e a forma da atuação da União exceder o necessário para atingir os seus fins. A quarta é destinada à proposição das instituições da União Europeia, traduzidas pelo Parlamento Europeu, Conselho Europeu, Conselho de Ministros, Comissão Europeia e Tribunal de Justiça, inclusive o Banco Central Europeu, Tribunal de Contas, Comitês das Regiões e Comitês Econômicos e Sociais, que mantêm entre si uma cooperação leal. A quinta é determinada à designação dos instrumentos jurídicos da União Europeia, simplificados nas regras da lei europeia, lei-quadro europeia, regulamento europeu, decisão europeia, recomendações e pareceres, de sorte a viabilizar a adoção de ações internas, como as políticas econômicas e monetárias, e de ações externas, como as políticas de comércio e segurança comuns. A sexta é devotada à enumeração das medidas de reforço da democracia, tendo sido enunciados os processos de adesão e de retirada da União Europeia, aproximando-a da Confederação de Estados. NUNES, Antônio José Avelãs. *A Constituição Europeia*. Coimbra: Coimbra Editora, 2007, p. 23.

Capítulo 3

TEORIA DA CONSTITUIÇÃO

Acesse e assista à aula explicativa sobre este assunto.

> https://uqr.to/14ug5

1 CONCEITO

A Constituição é conceituada como **sistema de normas jurídicas, produzidas no exercício do poder constituinte, dirigidas precipuamente ao estabelecimento da forma de Estado, da forma de governo, do modo de aquisição e exercício do poder, da instituição e organização de seus órgãos, dos limites de sua atuação, dos direitos fundamentais e respectivas garantias e remédios constitucionais e da ordem econômica e social.**[1]

---

[1] Sobre a matéria, na doutrina brasileira, José Afonso da Silva, Paulo Bonavides, Manoel Gonçalves Ferreira Filho e Alexandre de Moraes acentuam: "sistema de normas jurídicas, escritas ou costumeiras, que regula a forma do Estado, a forma de governo e aquisição do poder de governar, distribuição de competências, direitos, garantias e deveres dos cidadãos". Ademais, na doutrina alemã, Georg Jellinek adverte: "a Constituição designa o conjunto de normas jurídicas que definem os órgãos supremos do Estado, determinam a forma de sua criação, sua relação recíproca e seu âmbito de atuação, como também fixam a posição do indivíduo em relação ao poder do Estado"; na doutrina espanhola, Manuel García Pelayo afirma: "a Constituição é um complexo normativo estabelecido de uma só vez, na qual, de maneira total, exaustiva e sistemática, se estabelecem as funções fundamentais do Estado e se regulam os órgãos, o âmbito de suas competências e as relações entre eles"; na doutrina italiana, Alessandro Pizzorusso assevera: "a Constituição é o conjunto de princípios e regras incorporados por forças políticas e sociais que, em certo momento histórico, são prevalecentes no Estado e estabelece o regime jurídico vigente"; na doutrina norte-americana, Thomas Cooley assinala: "o termo Constituição pode ser definido como o conjunto de regras e preceitos de acordo com os quais os poderes da soberania são habitualmente exercidos" e, na doutrina portuguesa, José Joaquim Gomes Canotilho conclui que "a Constituição é o conjunto de normas que regulam as estruturas do Estado e da sociedade nos seus aspectos fundamentais". SILVA, José Afonso da. *Curso de Direito Constitucional Positivo*. 16ª ed. São Paulo: Malheiros, 1999, p. 39-40; BONAVIDES, Paulo. *Curso de Direito Constitucional*. 11ª ed. São Paulo: Malheiros, 2001, p. 63; FERREIRA FILHO, Manoel Gonçalves. *Curso de Direito Constitucional*. 23ª ed. São Paulo: Saraiva, 1996, p. 10; MORAES, Alexandre de. *Direito Constitucional*. 9ª ed. São Paulo: Atlas, 2001, p. 34; JELLINEK, Georg. *Allgemeine Staatslehre*. 3ª ed. Berlin: Windelband, 1914, p. 505; PELAYO, Manuel García. *Derecho Constitucional Comparado*. 4ª ed. Madrid: Manuales de la Revista de Ocidente, 1967,

Em síntese, considerando a diferenciação entre normas jurídicas e instrumentos que as introduzem no sistema de Direito Positivo, há a distinção entre *conceito formal* e *conceito material* de Constituição. A Constituição formal é o instrumento fundamental, elaborado ou reformado por processo diferenciado, por meio do qual são veiculadas as normas de maior hierarquia no ordenamento jurídico. A Constituição material é o complexo de normas jurídicas, cujo objeto é a prescrição da divisão territorial e funcional do exercício do poder político e a afirmação e asseguramento dos direitos fundamentais, incluindo os fins a serem alcançados na ordem econômica e social, as técnicas de aplicação e os meios de proteção das normas constitucionais.

2 HISTÓRICO

As *Constituições dos antigos,* medievais e modernos, de acordo com ensaio de **Maurizio Fioravanti**, formam uma série, historicamente delimitada, de doutrinas constitucionais que refletem as singularidades do ordenamento geral das relações sociais e políticas em cada época.

A *Constituição dos antigos*, idealizada por **Platão** (427 a. C. - 347 a. C.)[2] e **Aristóteles** (384 a. C. - 322 a. C.),[3] assim como **Políbio** (205 a. C. - 120 a. C.)[4] e **Cícero** (106 a. C. - 43 a. C.),[5] e inserida no campo da Moral e Política, seria uma ordem política ideal, na medida em que descreveria um projeto de conciliação e disciplina das relações sociais e políticas, por meio da superação da crise da democracia grega e república romana, com o fim de obter a forma de governo mais adequada à construção da unidade política, a partir de duas características. A Constituição não poderia ter origem unilateral e violenta, posto que não decorreria da imposição de um princípio vencedor, mas deveria ter origem consensual e pacífica, vez que defluiria da composição de princípios ao longo de algumas épocas. A Constituição deveria ser o modelo de duração, estabilidade e equilíbrio entre monarquia, oligarquia e democracia, de modo a evitar as degeneralizações da tirania, aristocracia e demagogia, respectivamente, para a formação da ordem política ideal, em detrimento do espírito de facção. Destarte, enquanto a *politeia* consistia em forma de união social entre os cidadãos da *polis* grega, o *status civitatis* correspondia à forma de união política entre os poderes da *res publica* romana, com a formulação da Constituição mista.

A *Constituição dos medievais*, inspirada em **Tomás de Aquino** (1225–1274)[6] e **Marcílio de Pádua** (1275–1343),[7] bem como **John Salisbury** (1115–1180)[8] e **Henry Bracton**

p. 34; PIZZORUSSO, Alessandro. *Lezioni di Diritto Costituzionale*. 3ª ed. v. II. Roma: Foro Italiano, 1984, p. 217; COOLEY, Thomas. *The General Principles of Constitutional Law*. 3ª ed. Boston: Little, Brown & Company, 1898, p. 22; e CANOTILHO, José Joaquim Gomes. *Direito Constitucional*. 6ª ed. Coimbra: Almedina, 1993, p. 67.

2 PLATÃO. *República*. VIII, 557a-558c.

3 ARISTÓTELES. *Política*. III 3, 1276b 1-16.

4 POLÍBIO. *Histórias*. VI, 4.

5 CÍCERO. *De res publica*. I, XXV.

6 AQUINO, Tomás de. *Summa theologica*. I IIae, q. 96, a. 5.

7 PÁDUA, Marcílio de. *Defensor pacis*. I, VIII, 1-4.

8 SALISBURY, John. *Policraticus*. IV, 2.

(1216–1268),[9] e insertada no campo do Direito, seria uma ordem jurídica dada, uma vez que delimitaria a capacidade de normatização dos poderes públicos sobre o conjunto de relações sociais e políticas na sociedade, não obstante a diversidade de formas de exercício e modos de legitimação daqueles existentes nesta, a partir de duas características. A Constituição seria dotada de limitação intrínseca dos poderes públicos, eis que a sua capacidade de normatização não alcançaria as relações substancialmente indisponíveis, que estariam adstritas à força normativa dos costumes. A Constituição seria dedicada à tutela da ordem jurídica dada, que preexistiria à vontade política do príncipe, cuja possível transformação em tirano seria prevenida pelo direito de resistência, em defesa contra o arbítrio. Deveras, enquanto a Constituição dos antigos é destinada à legitimação, a Constituição dos medievais é dirigida à limitação dos poderes públicos reconhecidos na sociedade, sendo certo que nesse momento histórico está a origem de um Direito Público, com base contratualista e territorial, porquanto a Constituição seria subscrita por um monarca, que representaria a comunidade política em sua unidade, sem pretensão totalizadora ou omnicompreensiva sobre as pessoas e coisas que se encontrassem no reino ou principado, feudo ou cidade, expressada por Pactos, Forais e Cartas de Franquia.

A *Constituição dos modernos* é formada pela sucessão das teorizações do poder político que antecederam o surgimento das Constituições democráticas do século XX. A teoria elaborada por **Thomas Hobbes** (1588–1679)[10] e **Jean Bodin** (1529–1596)[11] demonstra que o poder conferido ao monarca seria provido de natureza perpétua (originária) e absoluta (indivisível), de maneira que o núcleo do poder seria subtraído do contrato social, como também não seria submetido a controle por outro poder, compreendendo a nomeação de magistrados, a instituição e majoração de tributos, a produção e invalidação de normas jurídicas, a declaração de guerra e celebração de paz e a solução de conflitos de interesses entre os súditos em última instância. A teoria enunciada por **Jean-Jacques Rousseau** (1712–1778)[12] e **Maximilien de Robespierre** (1758–1794),[13] denota que o poder seria confiado ao povo, com a redefinição periódica do espaço das relações sociais e políticas, dentro da qual seriam equilibrados os poderes (limite) e tutelados os direitos (garantia), de sorte a conciliar a tradição constitucionalista e a soberania popular em torno do poder constituinte, traduzido como fonte de produção de normas constitucionais que, malgrado subjugue os poderes constituídos a limitações com apoio na vontade popular, não estaria subordinado a limites constitucionais. A teoria exteriorizada por **Georg Hegel** (1770–1831)[14] e **Joseph de Maistre** (1753–1821)[15] designa a revisão do conceito de Constituição, definida como ordem fundamental da convivência civil, cujo núcleo estável da experiência política estaria imune à soberania popular, com a redução dos sujeitos das relações sociais e políticas à dimensão institucional, própria dos Poderes do Estado. Face ao exposto, as Constituições democráticas do

---

9 BRACTON, Henry. *De legibus et consuetudinibus Angliae*. I, 2.

10 HOBBES, Thomas. *Leviathan*. Cap. 16.

11 BODIN, Jean. *Les six livres de la république*. I, Cap. 8.

12 ROUSSEAU, Jean-Jacques. *Du contrat social*. I, Cap. 7.

13 ROBESPIERRE, Maximilien de. *Le Défenseur de la Constitution*. Cap. 1.

14 HEGEL, Georg. *Die Verfassung Deutschlands*, p. 13.

15 MAISTRE, Joseph de. *Essai sur le principe générateur des constitutions politiques et des autres institutions humaines*, p. 25.

século XX, visualizadas por **Hans Kelsen** (1881-1973)[16] e **Carl Schmitt** (1888-1985),[17] são caracterizadas pela retomada da dimensão política, em virtude da aproximação entre a democracia e o constitucionalismo, visto que a Constituição expressa as decisões do poder constituinte, enunciando-as sob a forma de princípios constitucionais, sobretudo em matéria de direitos fundamentais.[18, 19]

3 NATUREZA JURÍDICA

A natureza jurídica da Constituição não é unívoca, já que pode ser analisada pelos prismas sociológico, político e estritamente jurídico.

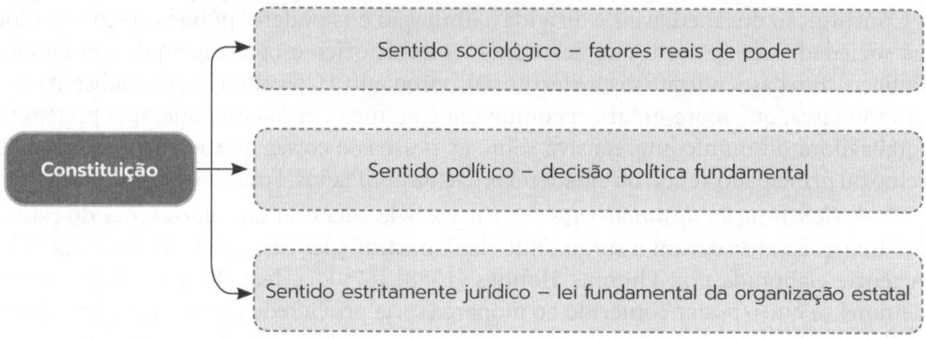

3.1 Constituição em sentido sociológico

Com referência à concepção sociológica, elaborada por **Ferdinand Lassalle**, a Constituição seria o complexo de *fatores reais de poder*, isto é, o conjunto de forças de índole política, econômica e religiosa que condicionam o ordenamento jurídico de uma determinada sociedade.

Ademais, haveria a diferenciação entre Constituição real ou efetiva e Constituição escrita. A Constituição real ou efetiva denominaria os fatores reais de poder que regulariam determinada sociedade, em certas condições de tempo e lugar. A Constituição escrita designaria os fatores jurídicos, consistentes na transposição, mediante determinado procedimento, de fatores reais de poder para a "folha de papel". Por conseguinte, a durabilidade da Constituição escrita é diretamente proporcional a sua compatibilidade

16 KELSEN, Hans. *La Garantie Juridictionnelle de la Constitution. La Justice Constitutionelle*, p. 197.

17 SCHMITT, Carl. *Der Hüter der Verfassung*, p. 71.

18 As Constituições democráticas do século XX, que dispõem acerca da sustação da eficácia das normas constitucionais em situações de crise, o estatuto constitucional de algumas instituições, como os partidos políticos, e a proteção dos direitos fundamentais da modernidade, são mais extensas do que as que lhe precederam. GRABER, Mark A. *A New Introduction to American Constitutionalism*. London: Oxford University Press, 2013, p. 38.

19 FIORAVANTI, Mauricio. *Costituzione*. Bologna: Mulino, 1999, p. 13. V., também: FRITZ, Kurt von. *The Theory of the Mixed Constitution in Antiquity*. New York: Arno Press, 1975, p. 21; CARLYLE, Alexander. *A History of Medieval Political Theory*. London: Blackwood, 1950, p. 33; KERN, Fritz. *Kingship and Law in the Middle Ages*. New Jersey: Lawbook Exchange, 2005, p. 200, e MCILWAIN, Charles. *Constitutionalism and the Changing World*. London: Cambridge University Press, 1939, p. 51.

com a Constituição real ou efetiva, pois, na hipótese de conflito entre elas, é mister a reforma constitucional ou alteração dos fatores reais de poder.[20]

3.2 Constituição em sentido político

Com relação à concepção política, formulada por **Carl Schmitt**, a Constituição seria o produto de uma *decisão política fundamental*, ou seja, a vontade manifestada pelo titular do poder constituinte.

Outrossim, haveria a distinção entre lei constitucional e Constituição. A lei constitucional poderia ser alterada, por intermédio de processo de reforma, estatuído na própria ordem constitucional. A Constituição não poderia ser modificada – porque a essência das decisões políticas fundamentais não seria suscetível de reforma. Por dedução, a Constituição poderia ser recoberta de sentido absoluto (situação de conjunto da unidade política e ordenação social), sentido relativo (preceitos jurídicos, dotados de sentido, alcance e conteúdo diferentes), sentido positivo (modo e forma de existência da unidade política) e sentido ideal (princípios políticos existentes em determinado Estado).[21]

3.3 Constituição em sentido estritamente jurídico

Com pertinência à concepção estritamente jurídica, **Hans Kelsen** postula que a Constituição seria a *lei fundamental da organização estatal*, dividida em Constituição em sentido lógico-jurídico e Constituição em sentido jurídico-positivo. A Constituição em sentido lógico-jurídico corresponderia à norma fundamental hipotética, quer dizer, pressuposto lógico de validade das normas constitucionais positivas. A Constituição em sentido jurídico-positivo consistiria na norma positiva suprema, vale dizer, pressuposto jurídico do processo de criação, modificação ou extinção do Direito Positivo, dado que todas as normas jurídicas integrantes do mesmo ordenamento constitucional encontram fundamento de validade comum na Constituição.[22]

Portanto, "a concepção jurídica encara a Constituição como normas básicas postas, revestidas de conteúdo eminentemente técnico, independentemente de se ela corresponde às aspirações sociais ou se ela é estabelecida por uma vontade política",[23] de modo que "a teoria de Kelsen teve o mérito de revelar a natureza de dever ser da norma jurídica, mas caiu no exagero do movimento que reduz o objeto da Ciência do Direito a pouco mais que uma lógica jurídica. Seu formalismo não se compadece com a experiência jurídica, especialmente no campo do Direito Constitucional, no qual se verifica tanta influência da realidade social e política".[24]

---

20 LASSALLE, Ferdinand. *Qué es una Constitución?* Buenos Aires: Siglo Veinte, 1946, p. 15.

21 SCHMITT, Carl. *Teoría de la Constitución*. Madrid: Alianza Universidad, 1996, p. 33.

22 KELSEN, Hans. *Teoría General del Derecho y del Estado*. México: Imprensa Universitaria, 1950, p. 12.

23 FERRAZ JÚNIOR, Tercio Sampaio. *Constituinte: assembleia, processo, poder*. 2ª ed. São Paulo: Revista dos Tribunais, 1986, p. 18.

24 SILVA, José Afonso da. *Aplicabilidade das Normas Constitucionais*. 3ª ed. São Paulo: Malheiros, 1998, p. 31.

3.4 Observação complementar

À guisa de complementação, na doutrina estrangeira, há a indicação de outras oito concepções a respeito da natureza jurídica da Constituição, decompostas em: (i) **concepção jusnaturalista**: a Constituição como complexo de princípios de Direito Natural, mormente em relação aos direitos fundamentais da pessoa humana; (ii) **concepção juspositivista**: a Constituição como conjunto de normas de Direito Positivo, sem apreciação de nenhum elemento axiológico; (iii) **concepção historicista**: a Constituição como efeito do processo histórico, com consideração de todas as relações econômicas, políticas e sociais; (iv) **concepção marxista**: a Constituição como expressão da supraestrutura ideológica, condicionada pela infraestrutura econômica em certo Estado; (v) **concepção institucionalista**: a Constituição como forma de manifestação de ideias duradouras existentes em determinada sociedade; (vi) **concepção culturalista**: a Constituição como fato social, desembocando na filosofia dos valores; (vii) **concepção estruturalista**: Constituição como resultado das estruturas sociais, equilibradora das relações políticas e da sua transformação, e (viii) **concepção dirigente**: a Constituição como programa de atuação dos poderes públicos, a ser implementado no futuro.[25]

4 FUNÇÕES

Firmada a premissa de que o texto constitucional é retratado por duas dimensões fundamentais nas sociedades pós-modernas, traduzidas pela "pretensão de estabilidade", segundo a qual a Constituição deve funcionar como estatuto jurídico do político, e "pretensão de dinamicidade", segundo a qual a Constituição deve fornecer aberturas para captar as mudanças da vida social,[26] a Constituição, com espeque em **Costantino Mortati**, é dotada das funções de unificação, garantia e identificação.

A *função de unificação* denomina que a Constituição é destinada a fundamentar a validade das normas legais que integram a ordem jurídica do Estado. Com efeito, a referida função é correlativa à unidade da Constituição, eis que as normas constitucionais atribuem caráter sistemático ao ordenamento jurídico, de maneira que o processo de produção do Direito Positivo é deflagrado a partir da Constituição.

A *função de garantia* denota que a Constituição é dirigida a assegurar a estabilidade das relações na sociedade. Demais disso, a presente função é correlacionada à rigidez da Constituição, já que as normas constitucionais somente podem ser alteradas por um processo qualificado de reforma, de sorte que o processo de reforma constitucional, em conformidade com o art. 60, é mais dificultoso do que o processo legislativo ordinário, em consonância com os arts. 61 a 69, todos da CRFB.

A *função de identificação* designa que as finalidades do Estado, perante as mudanças da sociedade, são garantidas pela Constituição. Em síntese: "a primeira função da Constituição é a de estabelecer a unidade de um ordenamento jurídico – isto é, reunir as diversas fontes de produção do Direito, para que estas apareçam como expressão de um mesmo pensamento, partes de um sistema único. A segunda função da Constituição

25 BULOS, Uadi Lammêgo. *Constituição Federal Anotada*. 3ª ed. São Paulo: Saraiva, 2001, p. 5.

26 CANOTILHO, José Joaquim Gomes. *Direito Constitucional e Teoria da Constituição*. 3ª ed. Coimbra: Almedina, 1999, p. 1.271. V., também, do mesmo autor: *Fundamentos da Constituição*. Coimbra: Coimbra Editora, 1991, p. 36.

é a de assegurar a estabilidade e a segurança das relações sociais, ou seja, preservar o desenvolvimento da vida estatal nas formas e modos considerados mais idôneos para a realização do princípio organizador do ordenamento normativo. A última função da Constituição é a de garantir a manutenção do fim essencial que serve para identificar um tipo de Estado frente às mudanças das instituições individuais ou orientações particulares".[27], [28]

5 OBJETO

O objeto da Constituição consiste na **estrutura fundamental do Estado e da sociedade**.

Destarte, quanto à *sistematização da Constituição*, o texto constitucional, antecedido pelo Preâmbulo, sucedido pelo Ato das Disposições Transitórias,[29] é composto por uma parte orgânica – imanente à "Teoria do Estado" – e outra parte dogmática – inerente à "Teoria dos Direitos Fundamentais" –,[30] sendo manifesto que o centro de estudos sobre

---

27 MORTATI, Costantino. *La Constitución en Sentido Material*. Madrid: Centro de Estudios Políticos y Constitucionales, 2000, p. 127, 143, 199-200 e 219.

28 Com pertinência às funções da Constituição, Hans-Peter Schneider identifica quatro funções (unidade, justificação, proteção e ordenação), ao passo que Klaus Stern individualiza oito funções (ordenação, estabilização, unidade, controle e limite do poder, garantia de liberdade e da autodeterminação e proteção jurídica do indivíduo, fixação da estrutura organizatória fundamental do Estado, determinação dos fins materiais do Estado e definidora da posição jurídica do cidadão e perante Ele). STERN, Klaus. *Das Staatsrecht der Bundesrepublik Deutschland*. 2ª ed. v. I. München: C. H. Beck, 1984, p. 78; e SCHNEIDER, Hans-Peter. *Die Funktion der Verfassung in Einführung in däs öffentliche Recht, Verfassung und Verwaltung*. Heidelberg: C. F. Müller, 1985, p. 1.

29 Com referência ao Ato das Disposições Transitórias, doutrina e jurisprudência frisam que ambos contêm determinado elemento do texto constitucional, pois veiculam normas jurídicas que regulam a aplicação da Constituição. Na doutrina, Alfredo Buzaid acentua que "uma regra consta do corpo da Constituição; a outra, do Ato das Disposições Constitucionais Transitórias. Aquela é de sua índole, permanente, traduz a vontade do povo em determinado momento histórico e se projeta no tempo sem qualquer limite; esta nasceu para atender determinados fatos jurídicos e tende a desaparecer quando estes se consumam. A primeira, que perdura com longevidade, obedece à evolução do Direito e guarda caracteres que podem mudar pela a conjuntura política, social e econômica. A segunda desempenha sua função transitória e momentânea e é imposta para ordenar relações existentes no momento em que é editada". Na jurisprudência, o Supremo Tribunal Federal adverte que "o Ato das Disposições Constitucionais Transitórias, promulgado em 1988, pelo legislador constituinte, qualifica-se, juridicamente, como um estatuto de índole constitucional. A estrutura normativa que nele se acha consubstanciada ostenta, em consequência, a rigidez peculiar às regras inscritas no Texto Básico da Lei Fundamental da República. Disso decorre o reconhecimento de que inexistem, entre as normas inscritas no ADCT e os preceitos constantes da Carta Política, quaisquer desníveis ou desigualdades quanto à intensidade da sua eficácia ou prevalência de sua autoridade. Situam-se, ambos, no mais elevado grau de positividade jurídica". BUZAID, Alfredo. *Ato das Disposições Constitucionais Transitórias* in *Revista dos Tribunais*, nº 669, 1984, p. 8, e STF, RE nº 152.103, Rel. Min. Celso de Mello, j. 11.10.1994, *DJU* 4.8.1995.

30 Com relação ao Bloco de Constitucionalidade, doutrina e jurisprudência grifam que a validade de lei ou ato normativo deve ser aferida à luz da ordem constitucional global. Na doutrina, Nadia de Araújo assevera que "a apreciação da conformidade de uma lei se dá não só a teor do texto da Constituição, como também ao seu preâmbulo, à declaração de direitos do homem e aos princípios fundamentais reconhecidos pelas leis da República, conjunto chamado de

a Constituição está em deslocamento daquela para esta, exteriorizado pela alteração da posição topográfica da afirmação e asseguramento dos direitos fundamentais, indicando a subordinação do Estado à sociedade.[31]

6 ELEMENTOS

A Constituição, com esteio em **José Horácio Meirelles Teixeira**, é formada por elementos orgânicos, limitativos, socioideológicos, formais de aplicabilidade e de estabilização constitucional.

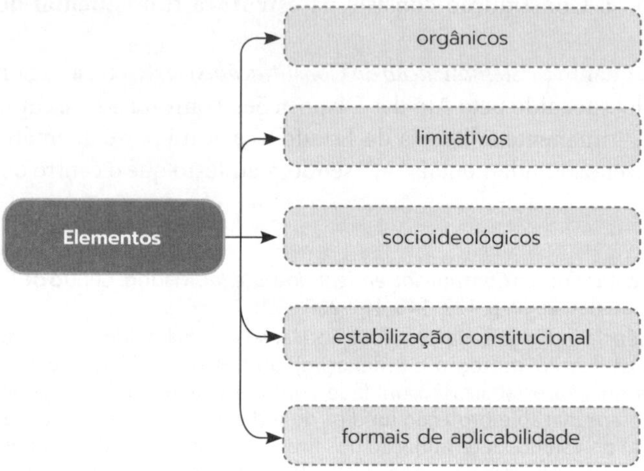

Os *elementos orgânicos* são expostos nas normas constitucionais que prescrevem a divisão territorial e funcional do exercício do poder político, como, por exemplo, as normas incluídas nos Títulos III ("Da Organização do Estado") e IV ("Da Organização dos Poderes"), Capítulos II ("Das Forças Armadas") e III ("Da Segurança Pública") do

---

Bloco de Constitucionalidade". Na jurisprudência, o Supremo Tribunal Federal assinala que "o Bloco de Constitucionalidade projeta-se para além da totalidade das regras constitucionais meramente escritas e dos princípios contemplados, explícita ou implicitamente, no corpo normativo da própria Constituição formal, chegando, até mesmo, a compreender normas de caráter infraconstitucional, desde que vocacionadas a desenvolver, em toda a sua plenitude, a eficácia dos postulados e dos preceitos inscritos na Lei Fundamental, viabilizando, desse modo, e em função de perspectivas conceituais mais amplas, a concretização da ideia de ordem constitucional global". ARAÚJO, Nadia. *O Direito Internacional Privado e a Proteção da Pessoa Humana: evolução do método conflitual e a observância dos direitos fundamentais* in *XXVIII Curso de Derecho Internacional organizado por el Comité Jurídico Interamericano y la Secretaría General de la Organización de los Estados Americanos*. Washington D.C.: OEA, 2002, p. 469, e STF, ADIn nº 595, Rel. Min. Celso de Mello, j. 18.2.2002, *DJU* 26.2.2002, Inf. STF 258.

31 Em consequência, considerando que a Constituição legitima o poder transferido pela sociedade ao Estado, assim como limita o poder do Estado perante a sociedade, a afirmação e asseguramento dos direitos fundamentais é condição de legitimação do Estado de Direito, a partir da constatação que "a Constituição, por uma parte, configura e ordena os poderes do Estado por ela construídos; por outra parte, estabelece os limites do exercício do poder e o âmbito dos direitos fundamentais, bem como os objetivos que o Estado deve cumprir em benefício da sociedade". ENTERRÍA, Eduardo García de. *Constituição como Norma* in *Revista de Direito Público*, nº 78, 1986, p. 10-11.

Título V ("Da Defesa do Estado e das Instituições Democráticas") e Título VI ("Da Tributação e do Orçamento") da CRFB.

Os *elementos limitativos* são expressos nas normas constitucionais que prescrevem a afirmação e asseguramento dos direitos fundamentais, como, por exemplo, as normas inscritas no Título II ("Dos Direitos e Garantias Fundamentais") da CRFB.

Os *elementos socioideológicos* exsurgem das normas constitucionais que prescrevem os fins públicos a serem alcançados na ordem econômica e social, como, por exemplo, as normas insculpidas nos Títulos VII ("Da Ordem Econômica e Financeira") e VIII ("Da Ordem Social") da CRFB.

Os *elementos de estabilização constitucional* são externados nas normas constitucionais que prescrevem os meios de proteção das próprias normas constitucionais, como, por exemplo, as normas insertadas nos arts. 102, inc. I, *a*, *initio* (ação direta de inconstitucionalidade), 102, inc. I, *a*, *in fine* (ação declaratória de constitucionalidade), 103, § 2º (ação direta de inconstitucionalidade por omissão), 36, inc. III, *initio* (ação direta de inconstitucionalidade interventiva), 102, § 1º (arguição de descumprimento de preceito fundamental), como também arts. 136 (estado de defesa) e 137 a 139 (estado de sítio) da CRFB.

Os *elementos formais de aplicabilidade* são exteriorizados nas normas constitucionais que prescrevem as técnicas de aplicação das próprias normas constitucionais, como, por exemplo, as normas inseridas no Ato das Disposições Constitucionais Transitórias.[32] Em tempo, a natureza jurídica do Preâmbulo é objeto de controvérsia: de um lado, **Luiz Pinto Ferreira**[33] e **Miguel Ángel Ekmekdjian**[34] confirmam que o pródromo é destituído de normatividade e cogência, enquanto, de outro lado, **Tupinambá Castro Nascimento**[35] e **Germán Bidart Campos**[36] consignam que o proêmio dispõe de valor normativo e força cogente, sem prejuízo de a Excelsa Corte ter decidido que "o Preâmbulo não se situa no âmbito do Direito, mas no domínio da Política, refletindo a posição ideológica do constituinte. Não é dotado, portanto, de relevância jurídica, contendo a proclamação ou exortação no sentido dos princípios inscritos na Carta Magna".[37]

7 TIPOLOGIA

A Constituição é sujeita a dez classificações diferentes.

7.1 Classificação quanto à forma da Constituição

A Constituição, quanto à **forma**, é classificada em *Constituição escrita* e *Constituição não escrita, costumeira ou consuetudinária.*[38]

---

32 MEIRELES, José Horácio Meirelles. *Curso de Direito Constitucional*. Rio de Janeiro: Forense Universitária, 1991, p. 183-189.

33 FERREIRA, Luiz Pinto. *Comentários à Constituição Brasileira*. v. I. São Paulo: Saraiva, 1989, p. 3.

34 EKMEKDJIAN, Miguel Angel. *Derecho Constitucional*. Buenos Aires: Depalma, 1993, p. 76.

35 NASCIMENTO, Tupinambá Castro. *Comentários à Constituição Federal*. Porto Alegre: Livraria do Advogado, 1997, p. 134.

36 CAMPOS, Germán Bidart. *Derecho Constitucional*. Buenos Aires: Ediar, 1968, p. 314.

37 STF, ADIn nº 2.076, Rel. Min. Carlos Velloso, j. 15.8.2002, *DJU* 8.8.2003. V., também: STF, MS nº 24.645, Rel. Min. Celso de Mello, j. 8.9.2003, *DJU* 15.9.2003.

38 A classificação da Constituição, sob o critério da forma, foi citada por Joseph Barthélemy. BARTHÉLEMY, Joseph. *Traité Élémentaire de Droit Constitutionnel*. Paris: Librairie Dalloz, 1926, p. 188.

A primeira é compendiada em documento único e solene, que sistematiza a estrutura fundamental do Estado e da sociedade, tal como a Constituição brasileira.

A segunda não é condensada em documento único e solene, compreendendo os precedentes judiciários (*case law*), textos esparsos (*statute law*), costumes, mormente os parlamentares (*parliamentary custom*), e convenções constitucionais (*constitutional convention*), tal como a Constituição inglesa.[39]

7.2 Classificação quanto ao objeto da Constituição

A Constituição, quanto ao **objeto**, é classificada em *Constituição liberal* e *Constituição social*.[40]

A primeira é a em que não estão inseridas normas específicas em referência à ordem econômica, na medida em que o Estado liberal é circunscrito às funções tradicionais de proteção e repressão, sem que houvesse a adoção de qualquer política de desenvolvimento social, tal como a Constituição norte-americana.

A segunda é a em que estão insertadas normas específicas em relação à ordem econômica, uma vez que o Estado social, malgrado afirme e assegure a propriedade privada e a liberdade de iniciativa, condiciona o uso dos bens e a atividade na economia ao bem-estar social, pelo mecanismo da intervenção na propriedade e no domínio econômico, com a finalidade de impedir que a utilização dos bens seja efetivada de maneira antissocial e a atuação das empresas seja efetuada com abuso de poder econômico, tal como a Constituição brasileira.[41]

---

39 No tocante à composição das Constituições não escritas, estas compreendem os precedentes judiciários, textos esparsos, costumes, especialmente os parlamentares, e convenções constitucionais, sendo exato que "a obrigação de recorrer às regras que foram estabelecidas pelos juízes (*stare decisis*), com a obrigação de respeitar os precedentes judiciários (*rule of precedent*), é consectário lógico de um sistema de direito jurisprudencial (*case law*). Uma fonte do direito inglês, ao lado da jurisprudência, é constituída por documentos esparsos (*statute law*). Ao lado dos direitos jurisprudencial e estatutário, fontes por excelência do direito inglês, outra fonte é constituída pelos costumes, principalmente os parlamentares (*parliamentary custom*). O direito constitucional inglês seria, no entanto, descrito de modo absurdo se nos limitássemos a considerar o direito estrito, sem ter em conta as convenções constitucionais (*constitutional convention*). Notar-se-á que, na Inglaterra, a Constituição é o conjunto de regras de origem parlamentar ou, na maioria das vezes, jurisprudencial, que garantem as liberdades fundamentais e que concorrem para limitar o arbítrio das autoridades". DAVID, René. *Os Grandes Sistemas de Direito Contemporâneo*. 3ª ed. São Paulo: Martins Fontes, 1998, p. 341, 345 e 348-349.

40 A classificação da Constituição, sob o critério do objeto, foi elaborada por Carl Schmitt. SCHMITT, Carl. *Teoría de la Constitución*. Madrid: Alianza, 1996, p. 62 e 138.

41 No tocante à ordem econômica nas Constituições liberais, estas veiculavam normas pertinentes à ordem econômica e social, pelo menos implicitamente, dado que "as Constituições liberais não necessitavam, no seu nível, dispor, explicitamente, normas que compusessem uma ordem econômica constitucional. A ordem econômica existente no mundo do ser não merecia reparos. Assim, bastava o que definido, constitucionalmente, em relação à propriedade privada e à liberdade contratual, ao quanto, não obstante, acrescentava-se umas poucas outras disposições veiculadas no nível infraconstitucional, conformadoras do capitalismo concorrencial, para que tivesse composta a normatividade da ordem econômica liberal. As Constituições liberais, de resto, ainda que de modo implícito, sufragavam uma determinada ordem econômica." GRAU, Eros Roberto. *A Ordem Econômica na Constituição de 1988*. 5ª ed. São Paulo: Malheiros, 2000, p. 56.

7.3 Classificação quanto à origem da Constituição

A Constituição, quanto à **origem**, é classificada em *Constituição outorgada, Constituição promulgada e Constituição bonapartista ou cesarista.*[42]

A primeira é externada sem a participação dos cidadãos, posto que as normas constitucionais são estabelecidas pela declaração unilateral do agente do poder constituinte, tal como a Constituição chinesa.

A segunda é exteriorizada com a participação dos cidadãos, visto que as normas constitucionais são estatuídas pela deliberação majoritária dos agentes do poder constituinte, tal como a Constituição brasileira.

A terceira é externalizada e, depois, subordinada a consulta pública, em ordem a fornecer-lhe um grau mínimo de legitimidade popular, tal como a Constituição venezuelana.[43]

7.4 Classificação quanto ao modo de elaboração da Constituição

A Constituição, quanto ao **modo de elaboração**, é classificada em *Constituição dogmática* e *Constituição histórica.*[44]

A primeira é produto de elaboração por órgão constituinte, que consubstancia os valores predominantes em determinado momento histórico, tal como a Constituição brasileira.

A segunda é proveniente de evolução dos fatos sociopolíticos, que demonstra a experiência de um povo no tempo, tal como a Constituição inglesa.[45]

7.5 Classificação quanto à dogmática da Constituição

A Constituição, quanto à **dogmática**, é classificada em *Constituição ortodoxa* e *Constituição eclética ou pluralista.*[46]

A primeira é formada por uma ideologia, tal como a Constituição cubana.

---

[42] A classificação da Constituição, sob o critério da origem, foi elaborada por Rudolf Smend. SMEND, Rudolf. *Die Politische Gewalt im Verfassungsstaat und das Problem der Staatsform.* Tübingen: J.C.B. Mohr, 1923, p. 25.

[43] No tocante ao método bonapartista ou cesarista, a validade da norma constitucional, em que pese a outorga, é condicionada a consulta popular anterior ou posterior à sua elaboração, mediante plebiscito ou referendo, sendo certo que "a participação popular, nesses casos, não é democrática, pois visa apenas ratificar a vontade do detentor do poder". SILVA, José Afonso da. *Poder Constituinte e Poder Popular* (*Estudos sobre a Constituição*). São Paulo: Malheiros, 2000, p. 51.

[44] A classificação da Constituição, sob o critério do modo, foi elaborada por Albert Veen Dicey. DICEY, Albert Veen. *The Law of the Constitution.* 9ª ed. London: MacMillan, 1960, p. 187.

[45] No tocante à conexão entre as classificações quanto à forma e modo de elaboração, a Constituição escrita é correlata à dogmática, como também a Constituição não escrita é correlativa à histórica. De fato, "há, inegavelmente, estreito elo de ligação entre a Constituição escrita e a dogmática, eis que o dogma traduz-se na positivação das ideias majoritárias. Da mesma forma, pode-se dizer que a Constituição não escrita guarda compatibilidade com a histórica, já que a história é fruto da tradição, tendo sido gerada por diversos valores". MARSHALL, Carla Izolda Fiúza Costa. *Direito Constitucional: doutrina e prática.* Rio de Janeiro: Lumen Juris, 1996, p. 9.

[46] A classificação da Constituição, sob o critério da dogmática, foi elaborada por Paulino Jacques. JACQUES, Paulino. *Curso de Direito Constitucional.* 2ª ed. Rio de Janeiro: Forense, 1958, p. 38.

A segunda é informada por ideologias conciliatórias, tendo a elaboração constitucional sido resultante do compromisso entre forças políticas diferentes, tal como a Constituição brasileira.[47]

7.6 Classificação quanto ao modelo da Constituição

A Constituição, quanto ao **modelo**, é classificada em *Constituição-garantia, Constituição-balanço* e *Constituição-dirigente.*[48]

A primeira é a que legitima o poder transferido pela sociedade ao Estado, assim como limita o poder do Estado perante a sociedade no presente, tal como a Constituição norte-americana.

A segunda é a que prescreve e registra os estágios da relação de poder, tal como a Constituição norte-coreana.

A terceira é a que legitima e limita o poder do Estado em face da sociedade, bem como define as finalidades do exercício do poder político para o futuro, mediante a instituição de normas constitucionais programáticas, tal como a Constituição brasileira.[49]

7.7 Classificação quanto ao sistema da Constituição

A Constituição, quanto ao **sistema**, é classificada em *Constituição principiológica* e *Constituição preceitual ou conceitual.*[50]

A primeira é a em que predominam os princípios, identificados como normas constitucionais providas de alto grau de abstração, consagradores de valores, pelo que é necessária a mediação concretizadora, tal como a Constituição brasileira.

---

47 No tocante à Constituição compromissória, esta é dotada de "texto dialético, sem predomínio absoluto de uma única tendência política. Em um mundo ainda marcadamente dividido em dois blocos ideológicos antagônicos, o texto buscou um equilíbrio entre os interesses do capital e do trabalho. Ao lado da livre iniciativa, alçada à condição de princípio fundamental da ordem institucional brasileira, consagraram-se regras de intervenção do Estado no domínio econômico, inclusive com a reserva de determinados setores econômicos à exploração por empresas estatais, alguns deles sob regime de monopólio. O texto contemplou, ademais, um amplo elenco de direitos sociais aos trabalhadores e impôs restrições ao capital estrangeiro". BARROSO, Luís Roberto. *Temas de Direito Constitucional*. Rio de Janeiro: Renovar, 2001, p. 11-12.

48 A classificação da Constituição, sob o critério do modelo, foi elaborada por José Joaquim Gomes Canotilho. CANOTILHO, José Joaquim Gomes. *Constituição Dirigente e Vinculação do Legislador*. Coimbra: Coimbra Editora, 1994, p. 11, 69 e 257.

49 No tocante à vinculação do legislador ordinário, a "Constituição dirigente exige a vinculação dos Poderes Públicos à sua realização. Tal vinculação só seria possível se se conferisse à omissão destes mesmos poderes um sentido juridicamente negativo. E este sentido juridicamente negativo identifica-se com a noção de inconstitucionalidade por omissão. Neste sentido, tem-se a criação dos instrumentos do mandado de injunção e da ação direta de inconstitucionalidade por omissão". PIOVESAN, Flávia Cristina. *Proteção Judicial contra Omissões Legislativas*. São Paulo: Revista dos Tribunais, 1995, p. 170.

50 A classificação da Constituição, sob o critério do sistema, foi elaborada por Diogo de Figueiredo Moreira Neto. MOREIRA NETO, Diogo de Figueiredo. *Mutações do Direito Administrativo*. Rio de Janeiro: Renovar, 2000, p. 81.

A segunda é a em que prevalecem as regras, individualizadas como normas constitucionais revestidas de pouco grau de abstração, concretizadoras de princípios, pelo que é possível a aplicação coercitiva, tal como a Constituição mexicana.[51]

7.8 Classificação quanto à extensão da Constituição

A Constituição, quanto à **extensão**, é classificada em *Constituição sintética* e *Constituição analítica*.[52]

A primeira é a que estabelece concisamente a estrutura fundamental do Estado e sociedade, pelo instrumento de normas materialmente constitucionais, tal como a Constituição norte-americana.

A segunda é a que estatui prolixamente a estrutura fundamental do Estado e sociedade, por intermédio de normas material e formalmente constitucionais, tal como a Constituição brasileira.[53]

7.9 Classificação quanto à estabilidade da Constituição

A Constituição, quanto à **estabilidade**, é classificada em *Constituição rígida, Constituição flexível, Constituição semirrígida e Constituição granítica, imutável ou permanente*.[54]

A primeira é a modificável por processo de reforma constitucional, em consequência do exercício do poder constituinte derivado reformador, de forma que os eventuais conflitos entre normas constitucionais e normas legais são solucionados pelo critério hierárquico (*lex superior derogat lex inferior*), tal como as Constituições brasileira e italiana em vigor.

A segunda é a mudável por processo legislativo ordinário, em decorrência do exercício do poder constituído, de modo que as eventuais colisões entre normas constitucionais e normas legais são solucionadas pelo critério cronológico (*lex posterior derogat priori*), tal como a Constituição italiana de 1848.

---

51 No tocante à Constituição aberta, o "sistema constitucional aberto é caracterizado pelas normas constitucionais que podem deixar aos seus destinatários a tarefa de determinação dos meios através dos quais serão efetivados os programas de atuação impostos aos poderes públicos, com o fim de não impedir a alteração da conformação da realidade política e social, em razão do elevado grau de abstração de que são providas". MORO, Sérgio Fernando. *Desenvolvimento e Efetivação Judicial das Normas Constitucionais*. São Paulo: Max Limonad, 2001, p. 19-20.

52 A classificação da Constituição, sob o critério da extensão, foi elaborada por Jorge Vanossi. VANOSSI, Jorge. *Teoría Constitucional*. 2ª ed. v. I. Buenos Aires: Depalma, 2000, p. 210.

53 No tocante à constitucionalização, a "positivação constitucional das regras e princípios é dividida em duas grandes frentes: a existencial e a operacional. Do ponto de vista existencial, a constitucionalização das regras pode ser capaz de protegê-las da restrição ou supressão através da técnica da cláusula pétrea, e até mesmo do poder constituinte derivado reformador, a possibilidade de tratar da matéria. Do ponto de vista operacional, a constitucionalização dos princípios atribui eficácia jurídica, e portanto alguma forma de sindicabilidade judicial, aos efeitos práticos que esses princípios, dotados de superioridade hierárquica, possam produzir". BARCELLOS, Ana Paula de. *A Eficácia Jurídica dos Princípios Constitucionais*. Rio de Janeiro: Renovar, 2002, p. 27-28.

54 A classificação da Constituição, sob critério da estabilidade, foi elaborada por James Bryce. BRYCE, James. *Flexible and Rigid Constitutions* in *Studies in History and Jurisprudence*. v. I. Oxford: Clarendon, 1901, p. 144-251.

A terceira possui uma parte rígida, modificável por processo de reforma constitucional, e outra parte flexível, mudável por processo legislativo ordinário, tal como a Constituição brasileira de 1824.

A quarta possui o texto inalterável, não se submetendo, pois, à reforma constitucional, tal como a Constituição finlandesa de 1919.[55]

7.10 Classificação quanto à análise ontológica da concordância entre as normas constitucionais e a realidade política

A Constituição, quanto à **análise ontológica da concordância entre as normas constitucionais e a realidade política**, é classificada em *Constituição normativa, Constituição semântica* e *Constituição nominal.*[56]

A primeira é a em que o processo político é configurado pela ordem constitucional, de maneira que há concordância entre as normas constitucionais e a realidade política, tal como pretende ser a Constituição de 1988.

A segunda é a em que o processo político não é conformado pela ordem constitucional, de sorte que não há consonância entre as normas constitucionais e a realidade política, tal como foram as Constituições de 1937 e 1967.

A terceira é a em que o processo político não é configurado pela ordem constitucional, porém a Constituição é dotada de aspecto educativo e prospectivo, tal como foram as Constituições de 1824, 1891, 1934 e 1946. Portanto, embora não haja concordância entre as normas constitucionais e a realidade política no presente, há a aspiração de que tal desiderato seja alcançado no futuro.[57]

Outras classificações são estabelecidas pela doutrina nacional. Em primeiro lugar, para José Cretella Júnior, a Constituição oral é a transmitida verbalmente pela autoridade que detém o poder político. Em segundo lugar, para Paulo Bonavides, a Constituição dualista ou pactuada é a estatuída a partir do compromisso entre realeza e parlamento,

---

[55] No tocante à hierarquia entre normas constitucionais e normas legais nas Constituições flexíveis, duas correntes doutrinárias são antagônicas. Elival da Silva Ramos postula a inexistência de relação de supremacia hierárquica entre as normas constitucionais flexíveis e as normas da legislação ordinária, sendo inviável o controle judiciário sobre os atos legislativos contestados sob o argumento de vício procedimental. Marcelo Neves pleiteia a existência de relação de supremacia hierárquica entre normas constitucionais e normas legais nas Constituições flexíveis, razão pela qual haveria a possibilidade de controle jurisdicional em relação aos atos legislativos, desde que limitado aos vícios formais, vale dizer: "quando, nos sistemas de Constituição flexível, a legislatura ordinária reforma as normas de conteúdo intrinsecamente constitucional, deve atuar de acordo com o procedimento por elas mesmas prescrito, sob pena de sanção por invalidade formal". RAMOS, Elival da Silva. *A Inconstitucionalidade das Leis: vício e sanção*. São Paulo: Saraiva, 1994, p. 56-59, e NEVES, Marcelo. *Teoria da Inconstitucionalidade das Leis*. São Paulo: Saraiva, 1988, p. 65.

[56] A classificação da Constituição, sob o critério da análise ontológica da concordância das normas constitucionais com a realidade política, foi elaborada por Karl Loewenstein. LOEWENSTEIN, Karl. *Teoría de la Constitución*. 2ª ed. Barcelona: Ariel, 1979, p. 217.

[57] No tocante à efetividade das regras jurídicas inseridas nas Constituições normativas, as mesmas são caracterizadas pela efetividade, a partir da identidade entre a conduta prescrita e o comportamento social. Em síntese: "a Constituição normativa não é apenas vigente, válida e eficaz, mas efetiva". BARROSO, Luís Roberto. *O Direito Constitucional e a Efetividade de suas Normas: limites e possibilidades da Constituição brasileira*. 4ª ed. São Paulo: Renovar, 2000, p. 65.

informada pelos princípios monárquico e democrático. Em terceiro lugar, para Raul Machado Horta, a Constituição plástica é a interpretada à luz dos princípios fundamentais, para a investigação da validade de atos legislativos, administrativos e jurisdicionais. Em quarto lugar, para Luiz Pinto Ferreira, a Constituição total é a síntese dos aspectos econômico, sociológico, jurídico e filosófico, com o desiderato de estabelecer o ordenamento jurídico do Estado e sociedade em perspectiva unitária. Em quinto lugar, para Nagib Slaibi Filho, a Constituição transitória é a elaborada no decurso de um processo político, sujeita à reforma, com o escopo de adequá-la à nova realidade econômica, política e social. Em sexto lugar, para Gisele Cittadino, a Constituição procedimental é a dirigida ao estabelecimento de regras de funcionamento do processo político, para que as decisões a respeito dos valores que haverão de orientar a atuação do Estado toquem ao legislador ordinário. Por último, para Maria Manuela Magalhães Silva e Dora Resende Alves, a Heteroconstituição é a produzida fora do Estado em cujo território vigora, como, por exemplo, as Constituições do Canadá, Austrália e Nova Zelândia, aprovadas pelo parlamento britânico.[58]

8 CONCLUSÃO

Isto posto, a **Constituição da República Federativa do Brasil**, de 5 de outubro de 1988, é classificada como: (i) *escrita*, (ii) *social*, (iii) *promulgada*, (iv) *dogmática*, (v)

---

58 Outras classificações são estabelecidas pela doutrina nacional. Em primeiro lugar, para José Cretella Júnior, a Constituição oral é a transmitida verbalmente pela autoridade que detém o poder político. Em segundo lugar, para Paulo Bonavides, a Constituição dualista ou pactuada é a estatuída a partir do compromisso entre realeza e parlamento, informada pelos princípios monárquico e democrático. Em terceiro lugar, para Raul Machado Horta, a Constituição plástica é a interpretada à luz dos princípios fundamentais, para a investigação da validade de atos legislativos, administrativos e jurisdicionais. Em quarto lugar, para Luiz Pinto Ferreira, a Constituição total é a síntese dos aspectos econômico, sociológico, jurídico e filosófico, com o desiderato de estabelecer o ordenamento jurídico do Estado e sociedade em perspectiva unitária. Em quinto lugar, para Nagib Slaibi Filho, a Constituição transitória é a elaborada no decurso de um processo político, sujeita à reforma, com o escopo de adequá-la à nova realidade econômica, política e social. Em sexto lugar, para Gisele Cittadino, a Constituição procedimental é a dirigida ao estabelecimento de regras de funcionamento do processo político, para que as decisões a respeito dos valores que haverão de orientar a atuação do Estado toquem ao legislador ordinário. Por último, para Maria Manuela Magalhães Silva e Dora Resende Alves, a Heteroconstituição é a produzida fora do Estado em cujo território vigora, como, por exemplo, as Constituições do Canadá, Austrália e Nova Zelândia, aprovadas pelo parlamento britânico. CRETELLA JÚNIOR, José. *Elementos de Direito Constitucional*. 4ª ed. São Paulo: Revista dos Tribunais, 2000, p. 25; BONAVIDES, Paulo. *Direito Constitucional*. 2ª ed. Rio de Janeiro: Forense, 1986, p. 68; HORTA, Raul Machado. *Estudos de Direito Constitucional*. Belo Horizonte: Del Rey, 1995, p. 239-240; FERREIRA, Luiz Pinto. *Princípios Gerais do Direito Constitucional Moderno*. 5ª ed. São Paulo: Revista dos Tribunais, 1971, v. I, p. 77-78; SLAIBI FILHO, Nagib. *Anotações à Constituição de 1988*: aspectos fundamentais. 2ª ed. Rio de Janeiro: Forense, 1989, p. 48; CITTADINO, Gisele. *Pluralismo, Direito e Justiça Distributiva*: elementos da filosofia constitucional contemporânea. Rio de Janeiro: Lumen Juris, 1998, p. 213; e SILVA, Maria Manuela Magalhães; ALVES, Dora Resende. *Noções de Direito Constitucional e Ciência Política*. Rio de Janeiro: Rei dos Livros, 2000, p. 99.

eclética, (vi) *dirigente*, (vii) *principiológica*, (viii) *analítica*, (ix) *rígida* e (x) pretende ser *normativa*.[59]

Acesse o
MATERIAL SUPLEMENTAR

Entre no Ambiente de Aprendizagem através das instruções contidas na orelha deste livro e acesse os conteúdos exclusivos desta edição:
- Atualizações legislativas mensais.
- Questões de prova interativas.
- Esquemas.

59 A crise do papel da Constituição, por força da dissolução da teoria constitucional nas teorias filosóficas da justiça e teorias sociológicas do direito, bem assim pelo advento da integração supranacional e a assunção de funções reservadas ao legislador pela Administração Pública, não é olvidada pela doutrina estrangeira. Nesse contexto, já se fala, hodiernamente, em "Direito Constitucional sem Constituição". Na doutrina alemã, v.: HABERMAS, Jürgen. *Faktizität und Geltung, Beiträge zur Diskurstheorie des Rechts und des demokratischen Rechsstaats*. Frankfurt: Suhrkamp, 1992, p. 10; na doutrina espanhola, v.: MENAUT, Antonio-Carlos Pereira. *Lecciones de Teoría Constitucional*. 3ª ed. Madrid: Colex, 1997, p. 51; na doutrina italiana, v.: ZAGREBELSKY, Gustavo. *Il Diritto Mitte. Logge Diritti Giustizia*. Torino: Giulio Einaudi, 1992, p. 12; na doutrina norte-americana, v.: GRIFFIN, Stephen. *American Constitutionalism*. New Jersey: Princeton University Press, 1998, p. 192, e, na doutrina portuguesa, v.: CANOTILHO, José Joaquim Gomes. *Direito Constitucional e Teoria da Constituição*. 3ª ed. Coimbra: Almedina, 1999, p 1.264.

Capítulo 4

NORMAS CONSTITUCIONAIS

Acesse e assista à aula explicativa sobre este assunto.

> *https://uqr.to/14ug6*

1 CONCEITO

As normas constitucionais são conceituadas como **significações extraídas de enunciados jurídicos, caracterizadas pela superioridade hierárquica, natureza da linguagem, conteúdo específico e caráter político, com diferentes tipologias**.

As normas constitucionais são reveladas em enunciados, de modo que há a *distinção entre norma jurídica (Rechtsnorm) e proposição jurídica (Rechtssatz)*. A norma jurídica é correlata ao Direito Positivo, exposta em linguagem prescritiva, na medida em que os enunciados prescritivos consistem em atos de vontade, manifestados de forma técnica, destinados a regular o comportamento das pessoas à luz da lógica deôntica, identificados como válidos ou inválidos, com a possibilidade de contradição entre eles. A proposição jurídica é correlativa à Ciência do Direito, exteriorizada em linguagem descritiva, uma vez que os enunciados descritivos correspondem a atos de conhecimento, manipulados de forma científica, dirigidos a estudar as normas jurídicas a teor da lógica apofântica, individualizados como verdadeiros ou falsos, sem a possibilidade de contradição entre eles.[1]

As normas constitucionais são revestidas de quatro *características*, traduzidas pela superioridade hierárquica, natureza da linguagem, conteúdo específico e caráter político. A superioridade hierárquica designa que as normas constitucionais configuram o fundamento de validade, imediato ou mediato, de todas as normas legais que integram o mesmo ordenamento jurídico, por causa da potência da qual são emanadas (poder constituinte originário), com efeito no controle de constitucionalidade (jurisdição constitucional orgânica). A natureza da linguagem denota a maior abertura e menor densidade das normas constitucionais, com a necessidade de uma operação de concretização, na qual é conferida

---

[1] Com referência ao assunto, na doutrina estrangeira, v.: KELSEN, Hans. *Teoria Geral do Direito e do Estado*. São Paulo: Martins Fontes, 1990, p. 48-49, e *Teoria Pura do Direito*. 2ª ed. São Paulo: Martins Fontes, 1987, p. 77. V., também, na doutrina nacional: COELHO, Fabio Ulhoa. *Para Entender Kelsen*. 4ª ed. São Paulo: Saraiva, 2001, p. 7-10, e *Kelsen e a Ciência do Direito* in *Revista da Pós-Graduação em Direito da Pontifícia Universidade Católica de São Paulo*, nº 1, 1995, p. 13.

ao intérprete a liberdade de conformação. O conteúdo específico denomina que as normas constitucionais prescrevem a divisão territorial e funcional do exercício do poder político, assim como a afirmação e asseguramento dos direitos fundamentais, incluindo os fins a serem alcançados na ordem econômica e social, as técnicas de aplicação e os meios de proteção das próprias normas constitucionais. O caráter político demonstra a legitimação e limitação do poder político, porquanto a Constituição legitima o poder transferido pela sociedade ao Estado, bem como limita o poder do Estado perante a sociedade.[2]

As normas constitucionais são submetidas a quatro *classificações*, que serão objeto de estudo nos itens seguintes.

2 CLASSIFICAÇÃO QUANTO AO CONTEÚDO DAS NORMAS CONSTITUCIONAIS

As normas constitucionais, quanto ao conteúdo, são classificadas em normas material e/ou formalmente constitucionais, sendo certo que o núcleo da matéria constitucional é formado pela divisão territorial e funcional do exercício do poder político e a afirmação e asseguramento dos direitos fundamentais, inclusive os fins a serem alcançados na ordem econômica e social, as técnicas de aplicação e os meios de proteção das próprias normas constitucionais.

As **normas materialmente constitucionais** são referentes ao *conteúdo* da Constituição, ainda que não tenham sido preceituadas sob a forma do texto constitucional, de molde que há a possibilidade de a Legislação veicular normas jurídicas com matéria constitucional, como, por exemplo, o art. 1º do CC, o art. 335 do CPC, o art. 150, §§ 3º a 5º, do CP, o art. 282 do CPP e o art. 9º do CTN, entre outras.

As **normas formalmente constitucionais** são relativas ao *continente* da Constituição, mesmo que não sejam pertinentes à matéria constitucional, de arte que há a possibilidade de a Constituição veicular normas jurídicas sem conteúdo constitucional, como, por exemplo, o art. 242, §§ 1º e 2º, entre outras.

As normas jurídicas que disponham sobre *matéria* constitucional, dispostas sob a *forma* da Constituição da República, são classificadas como **normas material e formalmente constitucionais**, tal como o art. 5º da CRFB.[3]

---

2 Com relação à matéria, na doutrina estrangeira, v.: CANOTILHO, José Joaquim Gomes. *Direito Constitucional*. 5ª ed. Coimbra: Almedina, 1991, p. 215, e *Direito Constitucional e Teoria da Constituição*. 3ª ed. Coimbra: Almedina, 1999, p. 84-85. V., também, na doutrina nacional: BARROSO, Luís Roberto. *Interpretação e Aplicação da Constituição*. 3ª ed. São Paulo: Saraiva, 1999, p. 107-111, e *Princípios Constitucionais Brasileiros* in *Revista da Faculdade de Direito da Universidade do Estado do Rio de Janeiro*, nº 1, 1993, p. 209.

3 Acerca da classificação quanto ao conteúdo das normas constitucionais, cabe a advertência de que a tipologia adquire relevância nas Constituições semirrígidas, em virtude da diversidade entre os processos de reforma constitucional e legislativo ordinário, como a Constituição brasileira de 1824, cujo art. 178 prescrevia que "é só constitucional o que diz respeito aos limites e atribuições respectivas dos poderes políticos, e aos direitos políticos e individuais dos cidadãos. Tudo, o que não é constitucional, pode ser alterado sem as formalidades referidas, pelas legislaturas ordinárias". BUENO, José Antônio Pimenta. *Direito Publico Brazileiro e Analyse da Constituição do Império*. Rio de Janeiro: Typographia de J. Villeneuve, 1857, p. 485-489. V. também: JACQUES, Paulino. *Curso de Direito Constitucional*. 2ª ed. Rio de Janeiro: Forense, 1958, p. 25; ACCIOLI, Wilson. *Instituições de Direito Constitucional*. 3ª ed. Rio de Janeiro: Forense, 1984, p. 2; BASTOS, Celso Ribeiro. *Curso de Direito Constitucional*. 18ª ed. São Paulo: Saraiva, 1997, p. 46; SILVA, José Afonso da. *Curso de Direito Constitucional Positivo*. 16ª ed. São Paulo: Malheiros, 1999, p. 45; TEMER, Michel. *Elementos*

3 CLASSIFICAÇÃO QUANTO À FINALIDADE DAS NORMAS CONSTITUCIONAIS

As normas constitucionais, quanto à finalidade, são classificadas em normas constitucionais de organização, definidoras de direitos ou programáticas.

As **normas constitucionais de organização** têm por objeto imediato a *organização do exercício do poder político*, correlatas à parte orgânica da Constituição, eis que são destinadas precipuamente à estruturação e funcionamento das entidades e órgãos públicos, sem embargo da repercussão na esfera jurídica de particulares, com o desiderato de legitimar o poder transferido pela sociedade ao Estado, tal como as normas inseridas nos arts. 44, 76 e 92, bem assim nos arts. 49, 84, 96 e 103, inc. III, todos da CRFB. Nesse ponto, as normas constitucionais de organização são subdivididas em normas constitucionais de estrutura, competência e técnicas, conforme objetivem a instituição e organização de entidades ou órgãos públicos, distribuição de atribuições entre eles e disciplina da produção e aplicação das demais normas constitucionais, respectivamente.

As **normas constitucionais definidoras de direitos** têm por objeto imediato a *definição de direitos fundamentais*, correlativas à parte dogmática da Constituição, já que são dirigidas primordialmente às relações entre entidades ou órgãos públicos e particulares, como também às relações entre particulares reciprocamente considerados, com o escopo de limitar o poder do Estado perante a sociedade, tal como as normas insertadas nos arts. 5º, 7º, 12 e 14, todos da CRFB. Nesse sentido, as normas constitucionais definidoras de direitos fundamentais, conceituados como direitos subjetivos, assentes no direito objetivo, com aplicação nas relações das pessoas com o Estado ou na sociedade, preceituados ou não na Constituição, investem os jurisdicionados em situações jurídicas imediatamente desfrutáveis, a serem exteriorizadas por prestações positivas ou negativas do Poder Executivo, por intermédio de ações condenatórias em obrigação de fazer ou não fazer, assim como situações jurídicas não imediatamente desfrutáveis, dependentes da produção de norma infraconstitucional regulamentadora, a serem implementadas por providências normativas do Poder Legislativo, pelo instrumento do mandado de injunção e ação direta de inconstitucionalidade por omissão.

As **normas constitucionais programáticas** são as cujo objeto imediato é o *estabelecimento de fins públicos a serem alcançados pelo Estado e sociedade*, sem a especificação dos meios para a obtenção das finalidades colimadas, tal como as normas inscritas nos arts. 170, incs. III e VII, 193, 215, 217, 218 e 226, todos da CRFB. Nesse viés, as normas constitucionais programáticas não possibilitam a exigibilidade de prestações positivas ou negativas do Poder Executivo, bem como providências normativas do Poder Legislativo, porém investem os jurisdicionados na faculdade de demandar das entidades e órgãos estatais que se abstenham de quaisquer atos que contrariem os programas traçados na Constituição da República.[4, 5]

---

de Direito Constitucional. 14ª ed. São Paulo: Malheiros, 1998, p. 20-22; FERREIRA FILHO, Manoel Gonçalves. *Curso de Direito Constitucional*. 23ª ed. São Paulo: Saraiva, 1996, p. 10-11, e SLAIBI FILHO, Nagib. *Anotações à Constituição de 1988*. 2ª ed. Rio de Janeiro: Forense, 1989, p. 40-42.

4 BARROSO, Luís Roberto. *Temas de Direito Constitucional*. Rio de Janeiro: Renovar, 2001, p. 80-81. V., também, do mesmo autor: *O Direito Constitucional e a Efetividade de suas Normas: limites e possibilidades da Constituição brasileira*. 4ª ed. Rio de Janeiro: Renovar, 2000, p. 93-120.

5 Acerca da classificação quanto à finalidade das normas constitucionais, Celso Antônio Bandeira de Mello, considerando a "posição jurídica em que os administrados se veem imediatamente

4 CLASSIFICAÇÃO QUANTO À EFICÁCIA E APLICABILIDADE DAS NORMAS CONSTITUCIONAIS

As normas constitucionais, quanto à eficácia e aplicabilidade, são sujeitas às classificações bipartida, tripartida e quadripartida, a partir da análise das normas jurídicas em três planos de investigação científica: vigência, validade e eficácia.[6]

A **vigência** consiste na existência jurídica da norma. Cabe asseverar que a vigência deflui da presença de todos os elementos constitutivos da norma, de forma que o defeito ou a inexistência de um dos pressupostos materiais da incidência normativa impede o seu vigor.[7] Cabe assinalar que a vigência é exteriorizada no momento da sanção ou da rejeição ao veto, se existente, quando o projeto é convertido em lei, com fundamento no art. 66, *caput* e § 7º, da CRFB.[8]

A **validade** consiste na qualidade da norma jurídica produzida em consonância com o ordenamento constitucional. Deve-se acrescentar que da validade resulta a qualidade jurídica da norma, de modo que unicamente aquelas produzidas pelo órgão competente, mediante o procedimento adequado, consubstanciando a declaração prescrita na norma jurídica imediatamente superior, encontram fundamento de validade na ordem constitucional.[9] Deve-se advertir que as elocuções "inconstitucionalidade" e "ilegalidade" designam duas hipóteses distintas de invalidade, consoante o paradigma corresponda à norma constitucional ou norma infraconstitucional, respectivamente.[10]

A **eficácia** consiste na aptidão formal para a produção dos efeitos próprios das normas jurídicas. É mister ponderar que a produção dos efeitos típicos das normas jurídicas decorre do fenômeno da subsunção, isto é, da incidência destas sobre o con-

---

investidos em decorrência das normas constitucionais", estabelece a diferenciação entre normas concessivas de direitos subjetivos, normas concessivas de poderes jurídicos e normas meramente indicadoras de uma finalidade a ser atingida, a partir da constatação de que o direito subjetivo é exercido em favor do sujeito ativo, ao passo que o poder jurídico é exercitado em proveito do sujeito passivo ou grupo social, como, por exemplo, o poder familiar (Direito Privado) e poder estatal (Direito Público). MELLO, Celso Antônio Bandeira de. *Curso de Direito Administrativo*. 11ª ed. São Paulo: Malheiros, 1999, p. 29-33. V., também do mesmo autor: *A Eficácia das Normas Constitucionais sobre Justiça Social* in *Revista de Direito Público*, nº 57-58, 1981, p. 233-256.

6 BOBBIO, Norberto. *Teoria do Ordenamento Jurídico*. 5ª ed. Brasília: UnB, 1994, p. 60. V., também: ASCENÇÃO, José de Oliveira. *O Direito: introdução e teoria geral*. Rio de Janeiro: Renovar, 1994, p. 229-230.

7 BARROSO, Luís Roberto. *Interpretação e Aplicação da Constituição*. 3ª ed. São Paulo: Saraiva, 1999, p. 219. V., também: SILVA, Celso Albuquerque. *Interpretação Constitucional Operativa*. Rio de Janeiro: Lumen Juris, 2001, p. 29-30.

8 SILVA, José Afonso da. *Princípios do Processo de Formação das Leis*. São Paulo: Revista dos Tribunais, 1964, p. 189. V., também: FERREIRA FILHO, Manoel Gonçalves. *Do Processo Legislativo*. 3ª ed. São Paulo: Saraiva, 1995, p. 209.

9 DINIZ, Maria Helena. *Lei de Introdução ao Código Civil Brasileiro Interpretada*. 2ª ed. São Paulo: Saraiva, 1996, p. 46-47. V., também: LOPES, Miguel Maria de Serpa. *Comentários à Lei de Introdução ao Código Civil*. t. I. Rio de Janeiro: Freitas Bastos, 1944, p. 33.

10 BITTENCOURT, Carlos Alberto Lúcio. *O Controle Jurisdicional da Constitucionalidade das Leis*. 2ª ed. Rio de Janeiro: Forense, 1968, p. 53. V., também: NEVES, Marcelo. *Teoria da Inconstitucionalidade das Leis*. São Paulo: Saraiva, 1988, p. 73-74.

ceito dos fatos nelas descritos, equivalendo à prescrição de determinada conduta.[11] É necessário ressaltar que há a discriminação entre eficácia imediata, eficácia diferida, eficácia suspensa, retroeficácia e ultraeficácia, posto que a eficácia imediata deflui da correspondência entre o termo inicial de vigência e o termo inicial de eficácia, sendo a norma apta a produzir efeitos jurídicos próprios desde o momento em que tenha sido criada; a eficácia diferida provém da ausência de correspondência entre o termo inicial de vigência e o termo inicial de eficácia, não sendo a norma apta a produzir efeitos jurídicos próprios desde o momento em que tenha sido criada, como, por exemplo, ocorre na *vacatio legis*; a eficácia suspensa resulta da existência de uma circunstância superveniente à criação da norma que, embora vigente, não é apta a produzir efeitos jurídicos próprios, como, por exemplo, ocorre na declaração de inconstitucionalidade; a retroeficácia é expressa no caso em que a norma jurídica atinge os efeitos de fatos ocorridos antes da sua vigência e a ultraeficácia é exteriorizada no caso em que a norma jurídica continua a produzir efeitos em relação a fatos ocorridos durante a sua vigência, ainda que não tenham sido tempestivamente apurados.[12] Em remate, no âmbito do Direito Privado, há, ainda, a divisão entre ineficácia absoluta e ineficácia relativa, visto que naquela, também chamada de inexequibilidade, o ato jurídico é inapto a produzir quaisquer efeitos jurídicos, enquanto nesta, também cognominada de inoponibilidade, o ato jurídico é inábil a produzir efeitos jurídicos em relação a determinada pessoa.[13]

Outrossim, a doutrina precisa os conceitos de aplicabilidade e efetividade.

A **aplicabilidade**, em conformidade com as lições de **José Afonso da Silva**, diferencia-se da eficácia, porquanto aquela é a qualidade da norma jurídica hábil a ser feita incidir sobre o conceito de um fato, ao passo que esta é a qualidade da norma jurídica hábil a produzir efeitos jurídicos. Por conseguinte, a aplicabilidade é referente à realizabilidade, enquanto a eficácia é relativa à potencialidade.[14]

A **efetividade**, em consonância com o magistério de **Luís Roberto Barroso**, distingue-se da eficácia, porque esta é a aptidão formal da regra jurídica para produzir efeitos próprios, ao passo que aquela é a aptidão da regra jurídica cumprida por grande parte da coletividade, com a identidade entre a conduta prescrita e o comportamento social. Por consequência, a eficácia é dotada de índole jurídica, enquanto a efetividade é provida de índole social.[15]

---

11 ATALIBA, Geraldo. *Hipótese de Incidência Tributária*. 6ª ed. São Paulo: Malheiros, 2000, p. 69. V., também: CARVALHO, Paulo de Barros. *Teoria da Norma Tributária*. 1ª ed. São Paulo: Lael, 1974, p. 10.

12 TORRES, Ricardo Lobo. *Curso de Direito Financeiro e Tributário*. 6ª ed. Rio de Janeiro: Renovar, 1999, p. 115-119. V., também: MACHADO, Hugo de Brito. *Curso de Direito Tributário*. 14ª ed. São Paulo: Malheiros, 1999, p. 70-73.

13 LACERDA, José Cândido Sampaio de. *Manual de Direito Falimentar*. 12ª ed. Rio de Janeiro: Freitas Bastos, 1985, p. 132-133. V., também: REQUIÃO, Rubens. *Curso de Direito Falimentar*. 16ª ed. t. I. São Paulo: Saraiva, 1995, p. 191.

14 SILVA, José Afonso da. *Aplicabilidade das Normas Constitucionais*. 3ª ed. São Paulo: Malheiros, 1998, p. 71.

15 BARROSO, Luís Roberto. *O Direito Constitucional e a Efetividade de suas Normas: limites e possibilidades da Constituição brasileira*, p. 78.

4.1 Classificação bipartida das normas constitucionais

A classificação bipartida, elaborada por **Thomas Cooley**[16] e **George Tucker**,[17] assim como **Ruy Barbosa**,[18] **Francisco Cavalcanti Pontes de Miranda**[19] e **Manoel Gonçalves Ferreira Filho**,[20] estabelece a diferenciação entre as normas constitucionais autoaplicáveis, também denominadas de bastantes em si (*self-executing, self acting or self enforcing provisions*), e não autoaplicáveis, também designadas de não bastantes em si (*not self-executing, not self acting or not self enforcing provisions*), a partir da exigibilidade, ou não, da interposição do legislador ordinário (*interpositio legislatoris*).

As **normas constitucionais autoaplicáveis** não carecem da interposição do legislador ordinário para tornarem-se aplicáveis, abrangendo as *normas preceptivas* (normas que exigem uma conduta positiva) e as *normas proibitivas* (normas que impõem uma conduta negativa).

As **normas constitucionais não autoaplicáveis** dependem da interposição do legislador ordinário para tornarem-se aplicáveis, alcançando as *normas interpretativas* (normas que indicam o sentido, alcance e conteúdo de outras), *normas declarativas ou explicativas* (normas que contêm definições de conceitos) e *normas permissivas ou facultativas* (normas que atribuem uma permissão, não impondo nenhuma conduta comissiva ou omissiva).

A classificação esposada é acolhida pela jurisprudência predominante da Suprema Corte norte-americana: "quando a disposição constitucional é de si mesma inteira, não é mister legislação ulterior, para levá-la a efeito. Toda vez, porém, que se limita a declarar certos princípios gerais, como quando estabelece bases para as leis, que têm de reger certas matérias, poderá ser necessário o auxílio de uma legislação, que lhe imprima exequibilidade. Por outras palavras: a disposição constitucional só é executável por si mesma, até onde seja, realmente, suscetível de execução, quanto constitui de si mesma um todo completo",[21] e "a questão, em cada espécie, vem a ser a linguagem do texto constitucional. Indicará ela que a disposição seja destinada a constituir uma norma posta desde logo em efeito, como já completa na sua plenitude cabal de lei definitiva? Ou denotará que aguarde, para se aplicar, a legislação posterior? É o que há de ser apurado, estudando-se-lhe, não só o contexto da redação, mas também a natureza intrínseca do conteúdo. Se a natureza e a extensão do direito conferido, ou do encargo imposto, se acham definidas tão inteiramente no próprio texto, que, para as averiguar, baste só o exame, a inteligência dos seus próprios termos, e se na linguagem deles não há indício

---

16 COOLEY, Thomas. *A Treatise on the Constitutional Limitations which rest upon the Legislative Power of the States of the American Union*. 3ª ed. Boston: Little, Brown & Company, 1874, p. 98.

17 TUCKER, George. *Constitutional Law* in *Encyclopaedia of Law and Procedure*. v. VIII. Boston: Little, Brown & Company, 1896, p. 753.

18 BARBOSA, Ruy. *Commentarios à Constituição Federal Brasileira*. v. II. São Paulo: Saraiva & Cia., 1933, p. 488.

19 MIRANDA, Francisco Cavalcanti Pontes de. *Comentários à Constituição de 1967 com a Emenda nº 1 de 1969*. 2ª ed. v. I. São Paulo: Revista dos Tribunais, 1970, p. 126.

20 FERREIRA FILHO, Manoel Gonçalves. *A Aplicabilidade das Normas Constitucionais* in *Direito Constitucional Econômico*. São Paulo: Saraiva, 1990, p. 132.

21 Davis v. Burke. 179 U. S. 403. 45 L. Ed. 231-2.

nenhum de que a matéria foi confiada à ação legislativa, então se deverá concluir que a disposição é executável por si mesma".[22, 23]

4.2 Classificação tripartida das normas constitucionais

A classificação tripartida, exposta por **José Afonso da Silva**, considerando que todas as normas constitucionais são providas de eficácia, embora possa haver diferenciação quanto à graduação desta, pois todas as normas constitucionais seriam dotadas de eficácia-meio, na medida em que a sua vigência revoga a legislação ordinária anterior com ela incompatível (efeito imediato) e dirige a fenomenologia da incidência – produção, interpretação e aplicação – das demais normas que constituem a ordem jurídica (efeito diferido), porém nem todas as normas constitucionais seriam dotadas de eficácia-fim, uma vez que a aplicabilidade não seria uma qualidade essencial às mesmas, estabelece a distinção entre normas constitucionais de eficácia plena, contida e limitada.

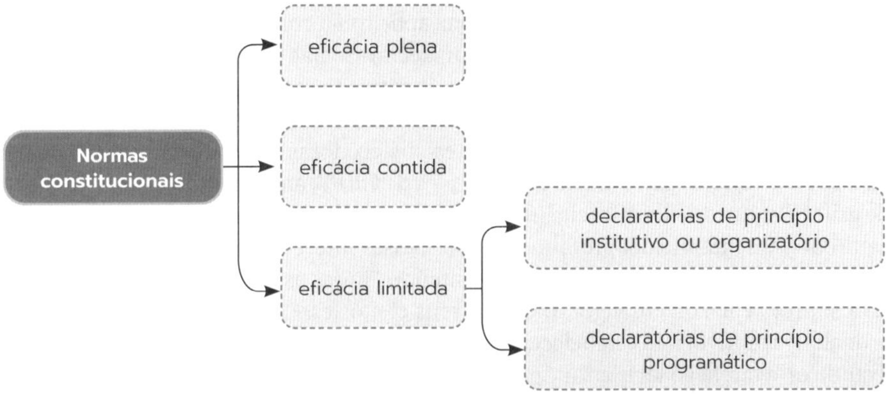

As **normas constitucionais de eficácia plena** dispõem de *aplicabilidade direta, imediata e integral*, eis que não carecem de regulamentação para tornarem-se aplicáveis (aplicabilidade direta), são suscetíveis de aplicação sem solução de continuidade (aplicabilidade imediata) e não podem ter o seu alcance contido pela legislação infraconstitucional (aplicabilidade integral), como, por exemplo, as veiculadas pelos arts. 1º e 2º da CRFB. Vale enfatizar: "as normas de eficácia plena são de aplicabilidade direta, imediata e integral sobre os interesses objeto de sua regulamentação jurídica", concentrando "as normas que, desde a entrada em vigor da constituição, produzem todos os seus efeitos essenciais (ou têm a possibilidade de produzi-los), todos os objetivos visados pelo cons-

22 Anderson v. Whatcom County. 16 L. R. A. 285. 33 L. R. 140.

23 Acerca da classificação bipartida das normas constitucionais, Gaetano Azzaritti estabelece a diferenciação entre normas constitucionais preceptivas e normas constitucionais diretivas, porquanto as primeiras são cláusulas de caráter essencial, cujo cumprimento é obrigatório e inescusável, enquanto as segundas são cláusulas de caráter regulamentar, havendo a possibilidade de o legislador ordinário dispor de modo diverso, sem que haja a configuração de inconstitucionalidade. AZZARITTI, Gaetano. *Problemi attuali di Diritto Costituzionale*. Milano: Giuffrè, 1951, p. 13.

tituinte, porque este criou, desde logo, uma normatividade para isto suficiente, incidindo direta e imediatamente sobre a matéria que lhes constitui o objeto".[24]

As **normas constitucionais de eficácia contida** *não* são dotadas de *aplicabilidade integral*, já que há a possibilidade de o alcance do preceito ser reduzido pela legislação ordinária, de forma que a norma infraconstitucional logra restringir os efeitos da norma constitucional regulamentada, como, por exemplo, as inscritas nos arts. 5º, inc. XIII, e 93, inc. IX, da CRFB. Vale frisar: "as normas de eficácia contida também são de aplicabilidade direta, imediata, mas não integral, porque sujeitas a restrições previstas ou dependentes de regulamentação que limite sua eficácia e aplicabilidade", congregando "as normas que incidem imediatamente e produzem (ou podem produzir) todos os efeitos queridos, mas preveem meios ou conceitos que permitem manter a sua eficácia contida em certos limites, dadas certas circunstâncias".[25]

As **normas constitucionais de eficácia limitada** *não* são providas de *aplicabilidade direta e imediata*, vez que carecem de regulamentação para tornarem-se aplicáveis, de modo que a norma infraconstitucional torna aplicável a constitucional no momento em que for produzida, sendo subdivididas em **declaratórias de princípio institutivo ou organizatório** (determinantes de criação e instituição de órgãos públicos, como, por exemplo, a inserida no art. 134 da CRFB, até o advento da Lei Complementar nº 80/94) e **declaratórias de princípio programático** (estabelecedoras de programa governamental, como, por exemplo, a insertada no art. 201, § 7º, da CRFB, até a edição da Lei nº 8.212/91). Vale grifar: "as normas de eficácia limitada têm aplicabilidade indireta, mediata e reduzida, porque somente incidem totalmente sobre esses interesses após uma normatividade ulterior que lhes desenvolva a eficácia", contendo "todas as normas que não produzem, com a simples entrada em vigor, todos os seus efeitos essenciais, porque o constituinte, por qualquer motivo, não estabeleceu, sobre a matéria normatividade para isso bastante, deixando essa tarefa ao legislador ordinário", subdivididas em "normas que não têm conteúdo ético-social, mas se inserem na parte organizativa da constituição," e "normas que tratam de matéria eminentemente ético-social, constituindo programas de ação social".[26]

A classificação exposta é adotada pela jurisprudência preponderante do Supremo Tribunal Federal: ao contrário das normas constitucionais de eficácia contida e das de eficácia limitada, as normas constitucionais de eficácia plena são "revestidas de aplicabilidade direta, imediata e integral. Esse preceito da Lei Fundamental qualifica-se como estrutura jurídica dotada de suficiente densidade normativa, a tornar prescindível qualquer mediação legislativa concretizadora do comando nele positivado. Essa norma constitucional - por não reclamar a *interpositio legislatoris* - opera, em plenitude, no

---

[24] SILVA, José Afonso da. *Curso de Direito Constitucional Positivo*. 12ª ed. São Paulo: Malheiros, 1996, p. 260.

[25] SILVA, José Afonso da. *Aplicabilidade das Normas Constitucionais*, p. 82-84.

[26] SILVA, José Afonso da. O Constitucionalismo Brasileiro. São Paulo: Malheiros, 2011, p. 34. V., também, do mesmo autor: Teoria do Conhecimento Constitucional. São Paulo: Malheiros, 2014, p. 443.

plano jurídico, todas as suas virtualidades eficaciais, revelando-se aplicável, em consequência, desde a data da promulgação da Constituição Federal".[27, 28]

4.3 Classificação quadripartida das normas constitucionais

A classificação quadripartida, sistematizada por **Maria Helena Diniz**, constatando que as normas constitucionais não são dotadas de idêntica intangibilidade ou emendabilidade, diversifica-as em normas constitucionais com eficácia absoluta, plena, relativa restringível e relativa complementável.

As **normas constitucionais com eficácia absoluta** consistem em normas intangíveis, contra as quais não há expressão do poder constituinte derivado reformador, como, por exemplo, as normas que prescrevem a federação (art. 1º), o voto direto, secreto, universal e periódico (art. 14), a separação de poderes (art. 2º) e os direitos fundamentais (art. 5º, dentre outros), todos da CRFB.

As **normas constitucionais com eficácia plena**, **normas constitucionais com eficácia relativa restringível** e **normas constitucionais com eficácia relativa complementável** correspondem às normas constitucionais de eficácia plena, contida e limitada sobre as quais versa a classificação tríplice, respectivamente.[29, 30]

---

27 STF, RE nº 159.694, Rel. Min. Celso de Mello, j. 28.9.1993, *DJU* 3.3.1995. V., também: STF, AgRg em RE nº 161.962, Rel. Min. Celso de Mello, j. 16.11.1993, *DJU* 6.5.1994; e STF, RE nº 1.008.166, Rel. Min. Luiz Fux, j. 22.9.2022, *DJU* 20.4.2023.

28 Acerca da classificação tripartida das normas constitucionais, Vezio Crisafulli estatui a distinção entre normas constitucionais imediatamente preceptivas, normas constitucionais diferidas e normas constitucionais programáticas, porque as primeiras são "as que regulam diretamente relações entre pessoas", as segundas são "as que trazem imediatamente definida e regulada a matéria que lhe serve de objeto, a qual depois será efetivada mediante atos legislativos de aplicação", e as terceiras são "as que o legislador, em vez de regular imediatamente um certo objeto, preestabelece a si mesmo um programa de ação, com respeito ao próprio objeto, obrigando-se a dele não se afastar sem um justificado motivo". CRISAFULLI, Vezio. *La Costituzione e le sue Disposizione di Principio*. Milano: Giuffrè, 1952, p. 24.

29 DINIZ, Maria Helena. *Constituição de 1988: legitimidade, vigência, eficácia e supremacia*. São Paulo: Atlas, 1989, p. 52-55. V., também, da mesma autora: *Norma Constitucional e seus Efeitos*. São Paulo: Saraiva, 1992, p. 97-104.

30 Acerca das demais classificações das normas constitucionais, exsurgem três correntes doutrinárias. Ingo Wolfgang Sarlet estabelece a distinção entre normas constitucionais de alta densidade normativa e normas constitucionais de baixa densidade normativa. José Horácio Meirelles Teixeira estatui a diferenciação entre normas constitucionais de eficácia plena e normas constitucionais de eficácia limitada ou restringível, subdivididas em normas programáticas e normas de legislação. Celso Ribeiro Bastos e Carlos Ayres Britto divisam as normas constitucionais quanto aos critérios relativos à produção de efeitos e modo de incidência, de sorte que o primeiro compreende as normas constitucionais de eficácia plena e normas constitucionais de eficácia parcial, ao passo que o segundo contém as normas constitucionais de aplicação, subdivididas em normas regulamentáveis e normas irregulamentáveis, e normas constitucionais de integração, subdivididas em normas restringíveis e normas complementáveis. SARLET, Ingo Wolfgang. *A Eficácia dos Direitos Fundamentais*. Porto Alegre: Livraria do Advogado, 2001, p. 230; TEIXEIRA, José Horácio Meirelles. *Curso de Direito Constitucional*. Rio de Janeiro: Forense Universitária, 1991, p. 317; BASTOS, Celso Ribeiro; BRITTO, Carlos Ayres. *Interpretação e Aplicabilidade das Normas Constitucionais*. São Paulo: Saraiva, 1982, p. 63.

4.4 Desenvolvimento e efetivação das normas constitucionais

A melhor doutrina adverte que a questão da sindicabilidade judicial deve ser deslocada da **classificação abstrata**, em razão da eficácia e aplicabilidade, para o **desenvolvimento e efetivação das normas constitucionais**, de sorte a possibilitar que todas as normas veiculadas pela Constituição da República sejam invocáveis perante o Poder Judiciário para a solução de casos concretos, incluindo as regras e princípios de conteúdo social, mesmo que dependentes da interposição da legislação ordinária.[31, 32]

De um lado, as normas constitucionais que pretendam conferir direitos subjetivos, exteriorizados em prestações materiais, são revestidas de *eficácia positiva*, na medida em que permitem que seus beneficiários ou destinatários exijam as prestações que constituem o objeto do direito subjetivo perante o Poder Judiciário, de maneira a assegurar o mínimo existencial – traduzido pelas condições elementares necessárias à existência humana –,[33] e atender à reserva do possível – simbolizada pela limitação dos recursos disponíveis para a consecução das necessidades a serem por eles supridas –,[34] tal como as normas inscritas no art. 196 e art. 201, § 2º,[35, 36] como também art. 37,

---

31 MORO, Sérgio Fernando. *Desenvolvimento e Efetivação Judicial das Normas Constitucionais*. São Paulo: Max Limonad, 2001, p. 14-16. V., também, do mesmo autor: *Por uma Revisão da Teoria da Aplicabilidade das Normas Constitucionais* in *Revista de Direito Constitucional e Internacional*, nº 37, 2001, p. 101-107.

32 STF, RE nº 436.996, Rel. Min. Celso de Mello, j. 26.10.2005, *DJU* 7.11.2005.

33 TORRES, Ricardo Lobo et al. *Teoria dos Direitos Fundamentais*. Rio de Janeiro: Renovar, 1999, p. 109. V., também: MENDES, Gilmar Ferreira et al. *Hermenêutica Constitucional e Direitos Fundamentais*. Brasília: Brasília Jurídica, 2000, p. 205.

34 BARCELOS, Ana Paula de. *A Eficácia Jurídica dos Princípios Constitucionais. O Princípio da Dignidade da Pessoa Humana*. Rio de Janeiro: Renovar, 2002, p. 192. V., também: NUNES, Rizzatto. *O Princípio Constitucional da Dignidade da Pessoa Humana: doutrina e jurisprudência*. São Paulo: Saraiva, 2002, p. 54-55.

35 No sentido consignado no texto: "o preceito do art. 196 assegura aos necessitados fornecimento, pelo Estado (gênero), dos medicamentos indispensáveis ao restabelecimento da saúde", constantes da lista do SUS, "especialmente quando em jogo doença contagiosa como é a síndrome da imunodeficiência adquirida, de forma a reconhecer a obrigação de o Estado fornecer a pessoas carentes e portadoras do vírus HIV a distribuição gratuita de medicamentos destinados ao tratamento da AIDS", afastada a "alegação no sentido de que esta norma constitucional depende de normatividade posterior". "A eficácia plena e a aplicabilidade imediata da vedação do benefício mensal de valor inferior ao salário mínimo – outorgada pelo art. 201, § 2º – foi reafirmada pela unanimidade do plenário do Supremo Tribunal Federal." STF, Ag. em AgRg nº 238.328, Rel. Min. Marco Aurélio, j. 16.11.1999, *RT* 777/207; STF, RE nº 271.286, Rel. Min. Celso de Mello, j. 12.9.2000, Inf. STF 202; STF, RE nº 242.859, Rel. Min. Ilmar Galvão, j. 29.6.1999, Inf. STF 155, e STF, AgRg em RE nº 165.843, Rel. Min. Sepúlveda Pertence, j. 28.9.1993, *DJU* 17.12.1993.

36 No que tange à exigibilidade da distribuição gratuita de medicamentos a hipossuficientes econômicos, a doutrina é equívoca sobre a norma inscrita no art. 196 da CRFB. Uma corrente, com fundamento em Celso Ribeiro Bastos e Uadi Lammêgo Bulos, acentua que a aplicabilidade da norma constitucional depende do advento de norma infraconstitucional regulamentadora. Outra corrente, com fulcro em Alexandre de Moraes e Osório Barbosa Sobrinho, adverte que a aplicabilidade da norma constitucional independe da edição de norma infraconstitucional regulamentadora. Nesse contexto, a jurisprudência é firmada no sentido de que a presente medida de efetivação do direito social relativo à saúde é de responsabilidade solidária de diferentes entidades federativas, não dependendo de regulamentação em norma infraconstitucional: "o Poder Público, qualquer que seja a esfera institucional de sua atuação no plano

inc. VII, e art. 192, § 3º, da CRFB, anteriormente à produção da Emenda Constitucional nº 40/03.[37]

De outro lado, as normas constitucionais que pretendam delimitar os fins a serem alcançados pelo Estado e sociedade, sem a especificação dos meios para a obtenção das finalidades colimadas, são revestidas de *eficácia negativa*, uma vez que não somente proíbem a implementação de políticas que contrariem as prescrições imanentes às normas constitucionais programáticas, que não tenham sido regulamentadas por normas infraconstitucionais, como também invalidam a revogação de normas infraconstitucionais, que regulamentavam normas constitucionais programáticas, sem a determinação de política substitutiva ou equivalente, pelos Poderes Executivo e Legislativo, com a

---

da organização federativa brasileira, não pode mostrar-se indiferente ao problema da saúde da população, sob pena de incidir, ainda que por omissão, em censurável comportamento inconstitucional. O direito público subjetivo à saúde traduz bem jurídico constitucionalmente tutelado, por cuja integridade deve velar, de maneira responsável, Poder Público (federal, estadual ou municipal), a quem incumbe formular – e implementar – políticas sociais e econômicas que visem garantir a plena consecução dos objetivos proclamados no art. 196 da CRFB", de modo que "são responsáveis, solidariamente, a União, o Estado e o Município pelo fornecimento gratuito de medicamentos – incorporados aos Protocolos Clínicos e Diretrizes Terapêuticas – para o tratamento destes doentes" e "fornecimento de medicamentos a doente portador de doença grave, não dispondo de recursos. Responsabilidade solidária do Estado e Município, que não se pode afastar". BASTOS, Celso Ribeiro et al. *Comentários à Constituição do Brasil*. v. VIII. São Paulo: Saraiva, 1998, p. 110-113; BULOS, Uadi Lammêgo. *Constituição Federal Anotada*. São Paulo: Saraiva, 2000, p. 1.170-1.171; MORAES, Alexandre de. *Constituição do Brasil Interpretada*. São Paulo: Atlas, 2002, p. 1.905-1.906; BARBOSA SOBRINHO, Osório. *A Constituição Federal vista pelo STF*. São Paulo: Juarez de Oliveira, 2001, p. 1.339-1.340; STF, RE nº 241.630, Rel. Min. Celso de Mello, j. 7.3.2001, *DJU* 3.4.2001; STJ, AgRg em AI nº 253.938, Rel. Min. José Delgado, j. 7.12.1999, *DJU* 28.2.2000, e TJRJ, Proc. nº 2000.002.05903, Rel. Des. Azevedo Pinto, j. 1º.3.2001, *DORJ* 22.3.2001.

[37] No sentido contrário ao texto: "o preceito constitucional que reconheceu o direito de greve ao servidor público civil constitui norma de eficácia limitada, desprovida, em consequência, de autoaplicabilidade, razão pela qual, para atuar plenamente, depende da edição da lei específica exigida pelo próprio texto da Constituição. A mera outorga constitucional do direito de greve ao servidor público civil não basta – ante a ausência de autoaplicabilidade da norma constante do art. 37, inc. VII – para justificar o seu imediato exercício. O exercício do direito público subjetivo de greve outorgado aos servidores públicos civis só se revelará possível depois da edição da lei específica reclamada pela Carta Política", de maneira que é admissível o desconto em folha de pagamento, a critério discricionário da Administração Pública, em razão de greve de servidores públicos, exercida anteriormente à regulamentação da norma constitucional, ressalvada a hipótese em que aquela e estes "formalizam acordo para viabilizar o movimento de paralisação, sem prejuízo dos serviços essenciais". "O Supremo Tribunal Federal entendeu, por expressiva maioria, que a norma inscrita no art. 192, § 3º não é de eficácia plena e está condicionada à edição de lei complementar que regulará o sistema financeiro nacional e, com ele, a disciplina dos juros", de sorte que "o tratamento global do sistema financeiro nacional, na futura lei complementar, com a observância de todas as normas do *caput*, parágrafos e incisos, é que permitirá a incidência da referida norma constitucional sobre juros reais e desde que estes também sejam conceituados em tal diploma". STF, MI nº 20, Rel. Min. Celso de Mello, j. 19.5.1994, *RTJ* 166/751; STF, RE nº 197.196, Rel. Min. Marco Aurélio, j. 26.2.1999, Inf. STF 139; STF, RE nº 208.658, Rel. Min. Ilmar Galvão, j. 22.4.1997, *DJU* 19.9.1997, e STF, ADIn nº 4, Rel. Min. Sydney Sanches, j. 7.3.1991, *DJU* 25.6.1993.

consequente vedação do retrocesso ou efeito *cliquet*,[38] tal como as normas inseridas nos arts. 215, 217 e 226 da CRFB.[39, 40]

Em síntese: "a discussão em torno da possibilidade de se reconhecer, diretamente com base na norma constitucional definidora de um direito fundamental social, e independentemente de qualquer interposição legislativa, um direito subjetivo a uma prestação concreta por parte do Estado diz respeito à possibilidade de se compelir judicialmente os órgãos estatais, na qualidade de destinatários de determinado direito fundamental, à prestação que constitui o seu objeto. Na verdade, verificar-se-á que mesmo a partir de algumas normas que, em princípio, reclamam uma *interpositio legislatoris*, é possível deduzir-se um direito subjetivo, ou seja, a possibilidade de exigir-se judicialmente do Estado uma prestação material. Outras normas de cunho eminentemente programático impõem ao Estado determinadas tarefas, gerando para este um dever *prima facie* no sentido de sua concretização, sem que a isto corresponda um direito subjetivo à prestação que constitui o objeto precípuo do direito fundamental, limitando-se a possibilitar

---

38 GUERRA FILHO, Willis Santiago. *Direitos Fundamentais: Teoria e Realidade Normativa* in *Revista dos Tribunais*, nº 713, 1995, p. 52. V., também: ROCHA, Cármen Lúcia Antunes. *Princípio da Dignidade da Pessoa Humana e a Exclusão Social* in *Revista Interesse Público*, nº 4, 1999, p. 41.

39 No tocante aos exemplos do texto, veja-se: "a obrigação de o Estado garantir a todos o pleno exercício de direitos culturais, incentivando a valorização e a difusão das manifestações, na linha do art. 215, não prescinde da observância da norma do art. 225, inc. VII, ambos da CRFB, no que veda prática que acabe por submeter os animais à crueldade. Procedimento discrepante da norma constitucional denominado 'farra do boi'". "A autonomia desportiva, consagrada no art. 217, faz com que independam de autorização de entidade governamental a criação de associações desportivas ou a modificação de seus estatutos" e "a união estável exige, nos termos do art. 226 da CRFB, o *intuitu familiae*, com o nítido propósito de constituir família, convivendo como se casados fossem". STF, RE nº 153.531, Rel. Min. Marco Aurélio, j. 10.6.1997, Inf. STF 102; STJ, MS nº 1.291, Rel. Min. Garcia Vieira, j. 23.6.1992, *RDA* 190/179, e TJRJ, Proc. nº 2006.036.00656, Rel. Des. Alexandre Câmara, j. 30.3.2011, *DORJ* 4.4.2011.

40 Perfilhamos o entendimento de que exemplo de retrocesso seria a admissibilidade de interrupção na prestação de serviço público essencial, concedido ou permitido, em razão de inadimplemento do usuário, após aviso prévio, permitida pela norma inserida no art. 6º, § 3º, inc. II, da Lei nº 8.987/95, uma vez que a norma inserta no art. 22 da Lei nº 8.078/90, ao regulamentar a norma veiculada pelo art. 5º, inc. XXXII, da CRFB, havia ampliado a proteção do consumidor, para assegurar a continuidade do mesmo. Dessa forma, na hipótese de inadimplemento, seria vedada a interrupção na prestação de serviço público essencial, de sorte a assegurar ao usuário o devido processo legal, vedada a autotutela pelo concessionário ou permissionário, sob pena de retrocesso. No sentido do texto, v.: MARTINS, Plínio Lacerda. *Corte de Energia Elétrica por Falta de Pagamento – Prática Abusiva – Código do Consumidor* in *Revista de Informação Legislativa*, nº 145, 2000, p. 144. No sentido contrário, v.: SOUTO, Marcos Juruena Villela. *Desestatização: Privatização, Concessões e Terceirizações*. 3ª ed. Rio de Janeiro: Lumen Juris, 2000, p. 120. O Supremo Tribunal Federal, Superior Tribunal de Justiça e Tribunal de Justiça do Rio de Janeiro decidiram que "o direito do cidadão de utilizar-se dos serviços públicos essenciais para a sua vida em sociedade deve ser interpretado com vistas a beneficiar a quem deles se utiliza". "É indevido o corte de serviços públicos essenciais nos casos em que se trata de cobrança de débitos antigos e consolidados", "tendo em vista que, por dispor a delegatária de meios para a percepção daquilo que lhe é devido, somente é permitida a interrupção do serviço quando se tratar de inadimplemento de conta regular e relativa ao mês de consumo". STF, RE nº 607.448, Rel. Min. Carlos Britto, j. 17.2.2010, *DJU* 9.3.2010; STJ, REsp nº 888.288, Rel. Min. Castro Meira, j. 17.4.2007, *DJU* 26.4.2007, e TJRJ, Proc. nº 2007.001.48854, Rel. Des. Benedicto Abicair, j. 31.10.2007, *DORJ* 14.1.2008.

ao indivíduo que exija do Estado que este se abstenha de atuar de forma contrária ao conteúdo da norma que consagra o direito fundamental. Ainda no que concerne à eficácia dos direitos a prestações de cunho programático, não se pode deixar de considerar a problemática dos direitos que já foram objeto de concretização pelo legislador, com a geração do que se denominou de uma proibição do retrocesso, isto é, de impedir o legislador de abolir posições jurídicas por ele próprio criadas".[41]

5 CLASSIFICAÇÃO QUANTO À ESTRUTURA DAS NORMAS CONSTITUCIONAIS

As **normas constitucionais**, quanto à estrutura, são divididas em **regras** (*rule* ou *regel*) e **princípios** (*principle* ou *prinzip*), com fundamento em cinco critérios.[42]

Em primeiro lugar, quanto ao *conteúdo*, os princípios contêm a previsão de um valor fundamental da ordem jurídica, ao passo que as regras contêm a descrição de uma situação de fato (antecedente) e a prescrição de uma conduta entre sujeitos, afetada por três modais deônticos, traduzidos em obrigação, permissão ou proibição (consequente). Por conseguinte, os princípios, em comparação às regras, são identificados pelo maior grau de abstração e generalidade, posto que as normas jurídicas são diferenciadas de acordo com a medida de concretização do Direito Constitucional.[43]

Em segundo lugar, quanto à *origem*, a validade dos princípios decorre do seu próprio conteúdo, ao passo que a validade das regras deflui de outras regras, em virtude da sua produção em conformidade com o ordenamento constitucional. Por conclusão,

---

41 SARLET, Ingo Wolfgang. *A Eficácia dos Direitos Fundamentais*, p. 274-277. V., também, do mesmo autor: *O Estado Social de Direito, a Proibição do Retrocesso e a Garantia Fundamental da Propriedade* in *Revista de Direito da Associação dos Procuradores do Novo Estado do Rio de Janeiro*, nº 5, 2000, p. 131-149.

42 Humberto Bergmann Ávila tem o entendimento de que postulados normativos, ou seja, metanormas ou normas de segundo grau que instituem critérios para a aplicação de outras normas, funcionam como um *tertius* em relação aos princípios e regras. ÁVILA, Humberto Bergmann. *Neoconstitucionalismo: entre a ciência do direito e o direito da ciência* in *Vinte Anos da Constituição Federal de 1988*. Rio de Janeiro: Lumen Juris, 2009, p. 123-125.

43 Sobre o conteúdo das normas constitucionais, Willis Santiago Guerra Filho acentua: "no contexto de superação dialética da antítese entre o positivismo e o jusnaturalismo, há a distinção entre normas que são regras, cuja estrutura lógico-deôntica é caracterizada pela descrição de uma hipótese fática e a previsão de uma consequência jurídica de sua ocorrência, daquelas que são princípios, por não trazerem semelhante descrição de situações jurídicas, mas a previsão de um valor, que, assim, adquire validade objetiva. As regras possuem a estrutura que tradicionalmente se atribui às normas do Direito, com a descrição (ou 'tipificação') de um fato, ao que se acrescenta sua qualificação prescritiva, amparada em uma sanção (ou na ausência dela, no caso da qualificação como 'fato permitido'). Os princípios, igualmente dotados de validade positiva e de modo geral estatuídos na Constituição, devem ser entendidos como indicadores de uma opção pelo favorecimento de determinado valor, a ser levada em conta na apreciação jurídica de uma infinidade de fatos e situações possíveis. Destarte, uma das características dos princípios jurídicos que melhor os distinguem de normas que são regras é sua maior abstração e generalidade, à medida que não se reportam, ainda que hipoteticamente, a nenhuma espécie de situação fática, que dê suporte à incidência da norma constitucional". GUERRA FILHO, Willis Santiago. *A Filosofia do Direito aplicada ao Direito Processual e à Teoria da Constituição*. São Paulo: Atlas, 2001, p. 72 e 90. V., também, do mesmo autor: *Processo Constitucional e Direitos Fundamentais*. São Paulo: Celso Bastos, 1999, p. 51-55.

os conflitos de princípios são solucionados na dimensão do peso, pelo instrumento do critério da ponderação, para que seja alcançada a máxima realização de cada princípio concorrente, dentro das possibilidades do caso concreto, com o desiderato de obter a harmonização entre eles, enquanto os conflitos entre regras são solvidos na dimensão da validez, por intermédio dos critérios cronológico (*lex posterior derogat priori*), hierárquico (*lex superior derogat lex inferior*) ou especialidade (*lex specialis derogat generali*), de sorte que uma exclui a possibilidade de aplicação de outra regra incompatível.[44]

Em terceiro lugar, quanto aos *efeitos*, a eficácia das regras é delimitada pelo enunciado, ao passo que a eficácia dos princípios é relativamente indeterminada na ordem jurídica. Portanto, os princípios, ao contrário das regras, são dotados de efeitos indeterminados a partir do núcleo essencial, como também, ainda que possam ser delimitados os efeitos pretendidos pela norma jurídica, os meios para alcançá-los são múltiplos.[45]

Em quarto lugar, quanto à *forma de aplicação*, as regras incidem sobre o conceito dos fatos descritos nos seus antecedentes normativos, ao passo que os princípios não comportam a subsunção. Por desfecho, há a possibilidade de aplicação coercitiva das regras a hipóteses determinadas, enquanto há a necessidade de mediação concretizadora, para os princípios tornarem-se aplicáveis a hipóteses determináveis.[46]

---

44 Sobre a origem das normas constitucionais, Edílson Pereira de Farias adverte: "uma diferença muito importante é a que os princípios possuem uma dimensão do peso ou da importância ausente nas regras. Essa característica revelar-se-ia claramente quando dois ou mais princípios entrassem em colisão entre si. Nessa hipótese, a colisão seria solucionada levando-se em conta o peso ou importância relativa de cada princípio, a fim de escolher qual(is) dele(s) no caso concreto prevalecerá ou sofrerá menos constrição do que o(s) outro(s). As regras jurídicas não possuiriam aquela dimensão. No caso de conflito entre duas regras apenas uma delas poderá ser válida, cumprindo ao intérprete-aplicador identificá-la. Para levar a cabo esta decisão o operador do direito será orientado por critérios fornecidos em geral pelo próprio ordenamento jurídico. Em outras palavras, critério cronológico (*lex posterior derogat priori*), critério hierárquico (*lex superior derogat lex inferior*) e critério da especialidade (*lex specialis derogat generali*), todos, inclusive, com assento em nosso sistema jurídico positivo". FARIAS, Edílson Pereira de. *Colisão de Direitos*. Porto Alegre: Sergio Antonio Fabris, 1996, p. 24-25. V., também: STEINMETZ, Wilson Antônio. *Colisão de Direitos Fundamentais*. Porto Alegre: Livraria do Advogado, 2001, p. 62-74.

45 Sobre os efeitos das normas constitucionais, Ana Paula de Barcellos afirma que "duas diferenças podem ser apontadas: a relativa indeterminação dos efeitos e a multiplicidade de meios para atingi-los. Os efeitos que um princípio pretende produzir irradiam-se a partir de um núcleo básico determinado, semelhante, nesse particular, às regras. A partir desse núcleo, todavia, esses efeitos vão tornando-se indeterminados. Além dessa indeterminação dos efeitos naquilo que transborda o núcleo essencial do princípio, muitas vezes, ainda que o efeito pretendido por uma norma seja determinado – note-se, portanto, que os dois critérios não são necessariamente cumulativos –, os meios para atingir tal efeito são múltiplos. Em síntese, os princípios não se confundem com as regras porque: (i) seus efeitos são indeterminados a partir de certo ponto, ao contrário das regras, e/ou (ii) os meios para atingir os efeitos pretendidos pelo princípio (mesmo que estes sejam definidos) são múltiplos". BARCELLOS, Ana Paula de. *A Eficácia Jurídica dos Princípios Constitucionais*. Rio de Janeiro: Renovar, 2002, p. 52-56. V., também, da mesma autora: *O Mínimo Existencial e Algumas Fundamentações* in *Legitimação dos Direitos Fundamentais*. Rio de Janeiro: Renovar, 2002, p. 11-46.

46 Sobre a forma de aplicação das normas constitucionais, Daniel de Moraes Sarmento assevera: "outra distinção entre os princípios e regras é de caráter lógico e diz respeito aos respectivos mecanismos de aplicação, que salienta o fato de que os princípios não se prestam à subsunção. Em outras palavras, presentes os seus pressupostos fáticos, ou a regra é aplicada ao caso a ela subsumido ou é considerada inválida para o mesmo. Já os princípios atuam de maneira

Em quinto lugar, quanto à *função no ordenamento jurídico*, os princípios são multifuncionais, ao passo que as regras são unifuncionais, porquanto aqueles são destinados especialmente às atividades produtiva, interpretativa e aplicativa destas, de forma a sistematizar o Direito Constitucional. Por dedução, os princípios dirigem toda a fenomenologia da incidência (produção – interpretação – aplicação) das regras que formam o sistema constitucional, visto que inspiram o exercício do poder constituinte e poderes constituídos, no estabelecimento ou reforma da Constituição e Legislação (função nomogenética), orientam a interpretação, na determinação do sentido, alcance e conteúdo da Constituição (função exegética), atuam supletivamente na integração, colmatando as lacunas da Constituição (função integrativa), e harmonizam os valores abrigados pela Constituição (função sistêmica).[47]

Finalmente, "as regras são normas que exigem um cumprimento pleno e, nessa medida, podem apenas ser cumpridas ou descumpridas. Se uma regra é válida, então é obrigatório fazer precisamente o que ela ordena, nem mais nem menos. As regras contêm, por isso, determinações no campo do que é fática e juridicamente possível. A forma característica de aplicação das regras é a subsunção. Os princípios, contudo, são normas que ordenam a realização de algo na maior medida possível, relativamente às possibilidades fáticas e jurídicas. Os princípios são, por conseguinte, mandados que se caracterizam por poder ser cumpridos em diversos graus. A forma característica de aplicação dos princípios é a ponderação".[48]

---

diversa, pois, presentes as condições de fato enunciadas como necessárias à sua incidência, daí não decorre necessariamente a sua aplicação ao caso concreto. Tal característica revela-se quando dois princípios diferentes incidem sobre determinado caso concreto, entrando em colisão, com o fim de se precisar em que medida cada um cederá espaço ao outro. Assim, é possível que um princípio seja válido e pertinente a determinado caso concreto, mas suas consequências jurídicas não sejam inteiramente deflagradas naquele caso, em razão da incidência de outros princípios também aplicáveis. Há uma ponderação entre os princípios e não a opção pela aplicação de um deles, em detrimento do outro". SARMENTO, Daniel de Moraes. *A Ponderação de Interesses na Constituição Federal*. Rio de Janeiro: Lumen Juris, 2000, p. 44-45. V., também: ALMEIDA, Liliane Roriz de. *Conflito entre Normas Constitucionais*. Rio de Janeiro, 2001, América Jurídica, 2001, p. 39-40.

47 Sobre a função das normas constitucionais, Diogo de Figueiredo Moreira Neto assinala: "a diferença prática mais evidente entre ambas as categorias normativas está na multifuncionalidade do princípio, em cotejo com a unifuncionalidade da regra. Por função nomogenética, os princípios emanam a orientação matricial para a criação das normas constitucionais e infraconstitucionais. Dirige-se ao legislador constituinte ou ordinário. Por função exegética, os princípios balizam a interpretação das regras. Dirige-se ao intérprete. Por função integrativa, os princípios preenchem as lacunas deixadas pelas regras, dando continuidade e consistência a toda a ordem jurídica. Dirige-se ao aplicador. Por função sistêmica, os princípios contribuem para dar uma identidade ético-política a cada Constituição. Dirige-se a todos indistintamente, de arte que essa função expressa, com maior ou menor clareza, a opção moral feita pelo legislador constituinte". MOREIRA NETO, Diogo de Figueiredo. *Sociedade, Estado e Administração Pública*. Rio de Janeiro: Topbooks, 1995, p. 136-137. V., também, do mesmo autor: *Mutações do Direito Administrativo*. Rio de Janeiro: Renovar, 2000, p. 80-81.

48 ALEXY, Robert. *Sistema Jurídico, Principios Jurídicos y Razón Práctica* in *Doxa*, nº 5, 1988, p. 143-147. V., também: ATIENZA, Manuel. *Sobre lo Razonable en el Derecho* in *Revista Española de Derecho Constitucional*, nº 27, 1989, p. 93-110.

5.1 Regras constitucionais

As regras constitucionais são extraídas de enunciados normativos, com reduzido grau de abstração e generalidade, que descrevem situações fáticas e prescrevem condutas intersubjetivas, com a fenomenologia de incidência dirigida pelos princípios, de modo que eventual conflito é resolvido na dimensão da validez, à luz dos critérios cronológico, hierárquico ou especialidade, com a exclusão de todas as regras incompatíveis com o sistema de Direito Constitucional.[49]

A propósito, as regras constitucionais são sujeitas a três **classificações**.

As regras constitucionais, sob o prisma da *realização do fato descrito no antecedente normativo*, são subclassificadas em abstratas e concretas. As regras constitucionais abstratas são as cujo antecedente descreve um fato de possível ocorrência no futuro, como, por exemplo, a inscrita no art. 15 da CRFB. As regras constitucionais concretas são as cujo antecedente descreve um fato já ocorrido no passado, como, por exemplo, a insculpida no art. 9º do ADCT.

As regras constitucionais, sob o prisma da *individualização do sujeito cuja conduta é regulada pelo consequente normativo*, são subclassificadas em gerais e individuais. As regras constitucionais gerais são as cujo consequente prescreve a conduta de pessoas indeterminadas, como, por exemplo, a inserida no art. 5º, inc. XIII, da CRFB. As regras constitucionais individuais são as cujo consequente prescreve a conduta de pessoas individualizadas, como, por exemplo, a inserida no art. 8º, § 3º, do ADCT.

As regras constitucionais, tendo em vista o *objeto imediato da regra jurídica*, são dirigidas à regulação da estrutura ou conduta. As regras constitucionais de estrutura são as cujo objeto imediato é a regulação do modo pelo qual outra regra jurídica é criada, modificada ou extinta, como, por exemplo, as instauradas pelos arts. 18, § 3º, e 69, ambos da CRFB. As regras constitucionais de conduta são as cujo objeto imediato é a regulação de comportamentos interpessoais, modalizados deonticamente como obrigatórios, proibidos ou permitidos, como, por exemplo, as instituídas pelos arts. 13, § 5º, e 14, § 3º, ambos do ADCT, sendo certo que predominam as regras de estrutura, abstratas ou gerais, em detrimento das regras de conduta, concretas ou individuais, no sistema constitucional brasileiro, pois "na hierarquia do direito posto, há forte tendência de que as regras de estrutura, abstratas ou gerais, se concentrem nos escalões mais altos, surgindo as regras de conduta, concretas ou individuais, à medida que o direito vai se positivando, com vistas à regulação efetiva das condutas interpessoais. E nessa sucessão de regras jurídicas, baixando incisivamente para o plano das condutas efetivas, que chamamos de 'positivação do direito'".[50]

---

[49] FERRAZ JÚNIOR, Tércio Sampaio. *Teoria da Norma Jurídica*. 4ª ed. Rio de Janeiro: Forense, 2000, p. 24. V., também, do mesmo autor: *Interpretação e Estudos da Constituição de 1988*. São Paulo: Atlas, 1990, p. 11-20.

[50] CARVALHO, Paulo de Barros. *Curso de Direito Tributário*. 10ª ed. São Paulo: Saraiva, 1998, p. 6-8, e *Direito Tributário: fundamentos jurídicos da incidência*. 2ª ed. São Paulo: Saraiva, 1999, p. 33-37. V., também: VILLANOVA, Lourival. *As Estruturas Lógicas e o Sistema de Direito Positivo*. São Paulo: Revista dos Tribunais, 1977, p. 42, e *Lógica Jurídica*. São Paulo: José Bushatsky, 1978, p. 51.

5.2 Princípios constitucionais

Os princípios constitucionais são extraídos de enunciados normativos, com elevado grau de abstração e generalidade,[51] que preveem os valores que influenciam a ordem jurídica,[52] com a finalidade de informar as atividades produtiva, interpretativa e aplicativa das regras,[53] de sorte que eventual colisão é removida na dimensão do peso, a teor do critério da ponderação, com a prevalência de algum princípio concorrente.[54]

A respeito, os princípios constitucionais ensejam três observações.

Os princípios constitucionais são recobertos de duas modalidades principais de **eficácia jurídica**, a saber: negativa e positiva.

Eficácia negativa, porquanto os princípios impossibilitam que sejam praticados atos ou produzidas normas contrárias aos seus propósitos.

Eficácia positiva, porquanto os princípios autorizam que sejam exigidas as prestações que compõem o seu conteúdo essencial perante o Poder Judiciário, com o escopo de assegurar a realização de tudo aquilo que a norma pretende no mundo do dever ser, que não tenha sido produzido no mundo do ser.[55, 56]

Os princípios constitucionais são revestidos de nove **características**, a saber: abertura, pluralidade, unidade, equilíbrio, hierarquia, polaridade, analogia, historicidade e interdisciplinaridade.

Abertura, porque os princípios conformam um sistema axiológico (*axiologischen System*), e não um sistema axiomático (*axiomatischen System*), dedicado a viabilizar a concretização dos valores a que se vinculam, por intermédio de diferentes mediações dos intérpretes e aplicadores do Direito Constitucional.

Pluralidade, porque os princípios estão dispersos pelo texto constitucional, pelo que são explicitados ou extraídos da Constituição.

Unidade, porque os princípios dispõem de estrutura sistêmica e coerência interna, sem embargo da possibilidade de concorrência, solucionada pelo método da ponderação, para que seja obtida a harmonização entre eles.

---

51 LARENZ, Karl. *Methodenlehre der Rechtswissenschaft*. 6ª ed. Berlin-Heidelberg: Springer & Verlag, 1991, p. 683.

52 CANARIS, Claus-Wilhelm. *Die Feststellung von Lücken in Gesetz*. Berlin: Duncker & Humblot, 1983, p. 128.

53 ESSER, Josef. *Grundsatz und Norm in der richterlichen Fortbildung des Privatrechts*. Heidelberg: J. C. B. Mohr, 1969, p. 137.

54 ALEXY, Robert. *Theorie der Grundrechte*. Tübingen: Suhrkamp-Verlag, 1986, p. 89.

55 ÁVILA, Humberto Bergmann. *A Distinção entre Princípios e Regras e a Redefinição do Dever de Proporcionalidade* in *Revista da Pós-Graduação da Faculdade de Direito da Universidade de São Paulo*, nº 1, 1999, p. 43.

56 Sobre a eficácia jurídica dos princípios constitucionais, na doutrina estrangeira, v.: CARRIÓ, Genaro. *Principios Jurídicos y Positivismo Jurídico*. Buenos Aires: Abeledo-Perrot, 1970, p. 13; VIGO, Rodolfo. *Los Principios Jurídicos*. Buenos Aires: Depalma, 2000, p. 24; GASSET, José Ortega y. *La Idea de Principio*. 2ª ed. v. I. Madrid: Revista de Occidente, 1967, p. 33; SANCHÍS, Luis Pietro. *Sobre Principios y Normas*. Madrid: Centro de Estudios Constitucionales, 1992, p. 42, e ALEXY, Robert. *Sistema Jurídico, Principios Jurídicos y Razón Práctica* in *Derecho y Razón Práctica*. México: Fontamara, 1993, p. 51.

Equilíbrio, porque os princípios são reciprocamente implicados, sem a preponderância de uns sobre outros.

Hierarquia, porque, malgrado não exista hierarquia normativa entre regras e princípios, eis que o gênero normas comporta as duas espécies, existe hierarquia axiológica entre elas, já que as primeiras são inspiradas por valores distintos, no processo de densificação dos segundos.

Polaridade, porque os princípios são revisitados a partir da sua própria contrariedade.

Analogia, porque os princípios são revelados por dedução, com espeque em valores, ou indução, com esteio em regras constitucionais.

Historicidade, porque os princípios são duradouros, sendo o contingente formado por proposições dirigidas ao estudo dos princípios constitucionais.

Interdisciplinaridade, porque os princípios não são objeto exclusivo da Ciência do Direito Constitucional.[57, 58]

Os princípios constitucionais, à luz do valor da dignidade da pessoa humana (*Grundsatz der Menschenwürde*),[59] que, em razão da "dupla dimensão constitutiva" que lhe é própria,[60] opera os efeitos impeditivo e impositivo[61] e, sobretudo, funciona como

---

57 PEREIRA, Jane Reis Gonçalves; SILVA, Fernanda Duarte Lopes da. *Estrutura Normativa das Normas Constitucionais: notas sobre a distinção entre princípios e regras* in *Os Princípios da Constituição de 1988*. Rio de Janeiro: Lumen Juris, 2001, p. 3-22.

58 Sobre as características dos princípios constitucionais, na doutrina estrangeira, v.: BACHOF, Otto. *Weze zum Rechtstaat*. Königstein: Althenäum, 1979, p. 27; BÖCKENFÖRDE, Ernst-Wolfgang. *Der Staat als sittlicher Staat*. Berlin: Duncker & Humblot, 1978, p. 12; CANARIS, Claus-Wilhelm. *Systemdenken und Systembegriff in der Jurisprudenz*. Berlin: Duncker & Humblot, 1983, p. 41; COING, Helmut. *Grundzüge der Rechtsphilosophie*. Berlin: Walter de Gruyter, 1969, p. 203; EHMKE, Horst. *Grenzen der Verfassungsänderung*. Berlin: Duncker & Humblot, 1953, p. 136; HABERMAS, Jürgen. *Theorie und Praxis*. Frankfurt: Suhrkamp, 1974, p. 92; HENKEL, Heinrich. *Einführung in die Rechtsphilosophie*. München: C. H. Beck, 1977, p. 391; MÜLLER, Friedrich. *Die Einheit der Verfassung*. Berlin: Duncker & Humblot, 1979, p. 192; NEUMARK, Fritz. *Grundsätze gerechter und ökonomisch rationaler Steuerpolitik*. Tübingen: J. C. B. Mohrs, 1970, p. 335, e HESSE, Konrad. *Die Normative Kraft der Verfassung in Verfassung*. Darmstad: Wissenschaftliche Buchgesellschaft, 1978, p. 88.

59 A dignidade da pessoa humana consiste no valor supremo da ordem jurídica, na medida em que confere unidade teleológica aos princípios e regras que compõem o ordenamento constitucional e infraconstitucional, de maneira que a pessoa humana deve ser tratada como um fim em si mesmo, e não um meio para o fim de outros. SARLET, Ingo Wolfgang. *Dignidade da Pessoa Humana e Direitos Fundamentais*. 4ª ed. Porto Alegre: Livraria do Advogado, 2006, p. 58. V., também, do mesmo autor: *Jurisdição e Direitos Fundamentais*. Porto Alegre: Livraria do Advogado, 2005, p. 9-12.

60 A dignidade da pessoa humana é bipartida em dimensão autonômica, correlata à dignidade como possibilidade de autodeterminação da pessoa humana, e dimensão protetiva, correlativa à necessidade de proteção da pessoa humana pelo Estado e sociedade. Em linha de princípio, a dimensão autonômica tem ascendência sobre a dimensão protetiva, a não ser na hipótese em que a autonomia da vontade se mostre fragilizada pela ignorância técnica, quando, então, a regra se inverte. LUÑO, Antonio-Enrique Pérez. *Derechos Humanos, Estado de Derecho y Constitución* 3ª ed. Madrid: Tecnos, 1990, p. 318-319. V., também do mesmo autor: *Derechos Humanos y Constitucionalismo en la Actualidad: continuidad o cambio de paradigma?* in *Derechos Humanos y Constitucionalismo ante el Tercer Milenio*. Madrid: Marcial Pons, 1996, p. 11-52.

61 A *dignitas hominis* produz dois efeitos. De uma perspectiva, o valor impede a prática de atos administrativos, legislativos e jurisdicionais que contravenham a dignidade da pessoa humana.

critério substantivo do método da ponderação,[62] são divididos em três **espécies**, a saber: (i) fundamentais, (ii) gerais e (iii) setoriais ou especiais.[63, 64]

5.2.1 Princípios constitucionais fundamentais

Os *princípios fundamentais* são sínteses das normas constitucionais, que a eles podem ser direta ou indiretamente reconduzidas, com o objetivo de organizar o Estado. É dizer, na clássica doutrina de **Afonso Arinos de Melo Franco**, "formam o trinômio de atributos essenciais do Estado brasileiro: a democracia, a república e a federação".[65]

O princípio democrático é pertinente aos regimes políticos, evidenciado pela titularidade do poder estatal pelos cidadãos (governo do povo), exercido por meio da representação política (governo pelo povo), com o fim de atender aos interesses populares (governo para o povo).[66]

O princípio republicano é referente às formas de governo, identificado pela igualdade perante a lei, bem assim a periodicidade dos mandados políticos, com a consequente responsabilidade dos mandatários.[67]

O princípio federativo é relativo às formas de estado, individualizado pela existência de duas espécies de ordens jurídicas, a federal, imanente ao poder central, e as federadas,

---

De outra perspectiva, o valor impõe a promoção das condições materiais indispensáveis à dignidade da pessoa humana. KOPPERNOCK, Martin. *Das Grundtecht auf bioethische Selbstbestimmung. Zur Rekonstruktion des allgemeinen Persönlichkeitsrechts*. Baden-Baden: Nomos, 1997, p. 19-20. V., também, do mesmo autor: *Niemiecki model partycypacji pracownicy we współzarządzaniu i jako właściciele* in *Dialog. Pismo dialogu społecznego*, nº 3, 2010, p. 5.

62 Para o estudo das colisões ou conflitos entre direitos fundamentais, v. Capítulo 6, Item 3.3.

63 BARROSO, Luís Roberto. *Fundamentos Teóricos e Filosóficos do Novo Direito Constitucional Brasileiro (Pós-Modernidade, Teoria Crítica e Pós-Positivismo)* in *Revista Forense*, 356, 2001, p. 7.

64 Sobre a classificação dos princípios constitucionais, na doutrina nacional, v.: MENDES, Gilmar Ferreira; COELHO, Inocêncio Mártires; BRANCO, Paulo Gustavo Gonet. *Hermenêutica Constitucional e Direitos Fundamentais*. Brasília: Jurídica, 2000, p. 47; ATALIBA, Geraldo. *Sistema Constitucional Tributário Brasileiro*. São Paulo: Revista dos Tribunais, 1966, p. 7; BARROSO, Luís Roberto. *Temas de Direito Constitucional*. Rio de Janeiro: Renovar, 2001, p. 65-69; ESPÍNDOLA, Ruy. *Conceito de Princípios Constitucionais*. São Paulo: Revista dos Tribunais, 1999, p. 142; GRAU, Eros Roberto. *A Ordem Econômica na Constituição de 1988*. 5ª ed. São Paulo: Malheiros, 2000, p. 80-90; ROTHENBURG, Walter Claudius. *Princípios Constitucionais*. Porto Alegre: Sergio Antonio Fabris, 1999, p. 67-71; TORRES, Ricardo Lobo. *Normas de Interpretação e Integração do Direito Tributário*. Rio de Janeiro: Forense, 1994, p. 36; GUERRA FILHO, Willis Santiago. *Introdução ao Direito Processual Constitucional*. Porto Alegre: Síntese, 1999, p. 37; MOREIRA NETO, Diogo de Figueiredo. *Ordem Econômica e Desenvolvimento na Constituição de 1988*. Rio de Janeiro: APEC, 1989, p. 96, e BAYLER, Maria Célia de Almeida. *Os Princípios Fundamentais e a Conformação do Estado Brasileiro* in *Revista de Direito Constitucional*, nº 33, 2000, p. 250.

65 FRANCO, Afonso Arinos de Melo. *Curso de Direito Constitucional Brasileiro*. v. I. Rio de Janeiro: Forense, 1958, p. 87.

66 KELSEN, Hans. *A Democracia*. São Paulo: Martins Fontes, 1993, p. 45. V., também: FERREIRA FILHO, Manoel Gonçalves. *A Democracia Possível*. 2ª ed. São Paulo: Saraiva, 1974, p. 79.

67 BOBBIO, Norberto. *A Teoria das Formas de Governo*. 6ª ed. Brasília: UnB, 1992, p. 12. V., também: ATALIBA, Geraldo. *República e Constituição*. 2ª ed. São Paulo: Malheiros, 1998, p. 37.

inerentes aos poderes regionais e locais, singularizadas pelos atributos da soberania e autonomia, respectivamente.[68]

5.2.2 Princípios constitucionais gerais

Os *princípios gerais* são desdobramentos dos princípios fundamentais, que são irradiados pelo ordenamento constitucional, com o objeto de limitar o poder imanente ao Estado. Vale dizer, na moderna doutrina de **Luís Roberto Barroso**, "figuram dentre os princípios gerais os que se seguem: a legalidade, a igualdade, a inafastabilidade do controle judicial e o devido processo legal".[69]

O princípio da legalidade, em conformidade com os arts. 5º, inc. II, e 37, *caput*, da CRFB, consiste na subordinação ou sujeição das pessoas, órgãos e entidades aos preceitos emanados do Poder Legislativo. Por um lado, o conteúdo do princípio da legalidade, no regime jurídico de Direito Privado, é influenciado pela "doutrina do comprometimento negativo" (*negative Binding*), isto é, a legalidade decorre da inexistência de proibição em regra jurídica, de forma que os administrados podem fazer tudo aquilo que não é proibido, posto que a relação entre regra jurídica e administrados não é de contradição.[70] Por outro lado, o conteúdo do princípio da legalidade, no regime jurídico do Direito Público, é informado pela "doutrina do comprometimento positivo" (*positive Binding*), ou seja, a legalidade deflui da existência de permissão em regra jurídica, de modo que a administração pode fazer tudo aquilo que é permitido, vez que a relação entre regra jurídica e administração também é de subsunção.[71] Nessa ordem de ideias, há a distinção entre o princípio da reserva legal e o princípio da preferência legal, porquanto naquele "só a lei pode criar direitos e obrigações", enquanto neste "o ato não pode dispor de modo diverso ou mais amplo que a lei".[72]

O princípio da igualdade, em concordância com os arts. 3º, inc. III, 5º, *caput* e incs. I e XIII, 7º, incs. XXX a XXXII, 14, *caput*, 37, incs. I e II, 226, § 5º, e 227, § 6º, da CRFB, corresponde à inadmissibilidade de diferenciações arbitrárias, exteriorizadas sob a forma de discriminação ou privilégio. Com efeito, há a divisão entre princípio da igualdade na lei e princípio da igualdade perante a lei, na medida em que aquela define que a produção das regras jurídicas não pode consubstanciar desequiparações não autorizadas pela ordem constitucional, destinada precipuamente aos órgãos legislativos, ao passo que esta determina que a aplicação das regras jurídicas deve ser realizada em consonância com o estatuído pelas mesmas, ainda que resulte em desigualdades, dirigida principalmente

---

[68] SCHWARTZ, Bernard. *O Federalismo Norte-Americano Atual*. Rio de Janeiro: Forense Universitária, 1984, p. 67. V., também: BARROSO, Luís Roberto. *Direito Constitucional Brasileiro: o problema da federação*. Rio de Janeiro: Forense, 1982, p. 17.

[69] BARROSO, Luís Roberto. *Princípios Constitucionais Brasileiros* in *Revista Trimestral de Direito Público*, nº 1, 1993, p. 175.

[70] GRAU, Eros Roberto. *Saque de Títulos de Crédito contra a Administração Pública Direta* in *Revista de Direito Público*, nº 68, 1984, p. 332-333.

[71] MELLO, Celso Antônio Bandeira de. *Discricionariedade e Controle Jurisdicional*. 2ª ed. São Paulo: Malheiros, 2000, p. 13.

[72] SOUTO, Marcos Juruena Villela. *Desestatização: privatização, concessões e terceirizações*. 3ª ed. Rio de Janeiro: Lumen Juris, 2000, p. 52.

aos órgãos judiciais, reunidas sob a elocução "iguais perante a lei".[73] Demais disso, há o divórcio entre princípio da igualdade formal, também denominada de igualdade perante a lei, civil ou jurídica, e princípio da igualdade material, também designada de igualdade na sociedade, real ou fática, uma vez que a primeira assegura a produção e aplicação igualitária das regras jurídicas, enquanto a segunda objetiva a igualdade efetiva perante os bens da vida, sendo uma condição da outra, visto que a atribuição de direitos em paridade antecede à alteração da estrutura social e econômica, mediante a remoção de obstáculos que impeçam a sua efetiva verificação.[74] Pelo fio do exposto, o princípio da igualdade é dotado de caráter relativo, eis que proíbe as diferenciações de tratamento arbitrárias, assim compreendidas as discriminações (situações de desvantagem) ou privilégios (situações de vantagem), sendo "legítima a desequiparação quando fundada e logicamente subordinada a um elemento discriminatório objetivamente aferível, que prestigie, com proporcionalidade, valores abrigados no texto constitucional".[75]

O princípio da inafastabilidade do controle judicial, com fundamento nos arts. 5º, inc. XXXV, e 217, § 1º, da CRFB, denomina a tutela jurisdicional adequada, efetiva e tempestiva das necessidades de Direito Material, por intermédio da preordenação das medidas necessárias à realização das pretensões deduzidas em juízo ou tribunal, como, por exemplo, a tutela de urgência.[76] *Em decorrência*, a ação, processo e jurisdição exercida pelo juiz, com intervenção do promotor natural, são corolários do princípio da inafastabilidade do controle judicial.[77] A ação é o direito subjetivo público, autônomo, abstrato, genérico e instrumental à prestação da tutela jurisdicional.[78] O processo é o conjunto orgânico e teleológico de atos jurídicos necessários ao julgamento ou atendimento prático da pretensão do demandante.[79] A jurisdição é a atividade pela qual o Estado resolve contenciosamente os litígios existentes na sociedade, substituindo-se aos titulares dos interesses em conflito, de forma definitiva e quando solicitado, seja afirmando a existência ou inexistência do direito material, seja o realizando praticamente, seja assegurando a efetividade de sua afirmação ou de sua realização prática.[80] O juiz natural encerra uma tríplice garantia, quer dizer, proibição do poder de comissão (impossibilidade de instituição de juízos e tribunais extraordinários, precipuamente transitórios e arbitrários), poder de evocação (impossibilidade de distribuição de competências posterior ao fato constitutivo do direito do demandante) e poder de atribuição (impossibilidade de instituição de juízos e tribunais especializados, primordialmente permanentes e orgânicos,

---

73 JACQUES, Paulino. *Da Igualdade Perante a Lei: fundamento, conceito e conteúdo.* 2ª ed. Rio de Janeiro: Forense, 1957, p. 48.

74 DANTAS, San Tiago. *A Igualdade Perante a Lei e o "Due Process of Law": contribuição ao estudo da limitação constitucional do Poder Legislativo* in *Problemas de Direito Positivo: estudos e pareceres.* Rio de Janeiro: Forense, 1953, p. 56.

75 BARROSO, Luís Roberto. *A Igualdade Perante a Lei: algumas reflexões* in *Temas Atuais do Direito Brasileiro.* 1ª série. Rio de Janeiro: UERJ, 1987, p. 91.

76 MARINONI, Luiz Guilherme. *A Antecipação da Tutela.* 5ª ed. São Paulo: Malheiros, 1999, p. 218.

77 WATANABE, Kazuo. *Cognição no Processo Civil.* São Paulo: Revista dos Tribunais, 1987, p. 21.

78 THEODORO JÚNIOR, Humberto. *Curso de Direito Processual Civil.* 22ª ed. v. I. Rio de Janeiro: Forense, 1997, p. 49-50.

79 JARDIM, Afranio Silva. *Direito Processual Penal.* 6ª ed. Rio de Janeiro: Forense, 1997, p. 27.

80 CÂMARA, Alexandre Freitas. *Escritos de Direito Processual.* Rio de Janeiro: Lumen Juris, 2001, p. 47.

ressalvados os constitucionalmente instituídos),[81] enquanto o promotor natural expressa a predeterminação em lei do órgão de atuação do Ministério Público para oficiar nos processos que reclamam a intervenção ministerial, inafastável por ato discricionário do Procurador-Geral.[82]

O princípio do devido processo legal (*law of the land* ou *due process of law*), com fulcro no art. 5º, inc. LIV, da CRFB, designa o critério de aferição da validade dos atos oriundos do Poder Público,[83] revestido de conteúdo dúplice, conforme seja investigado sob o ângulo processual ou substancial.[84] Sob um ângulo, o princípio do devido processo legal processual (*procedural due process*) é dotado de conteúdo formal, pois assegura a regularidade procedimental, cujos corolários são a demanda, defesa e igualdade entre as partes, de maneira que cada questão submetida à apreciação jurisdicional deve ser resolvida por meio de um encadeamento lógico de atos tendentes à consecução do provimento final (processo), próprio para o caso (devido) e previamente estipulado (legal), deflagrado pela ação exercida pelo demandante, contraposta à defesa oferecida pelo demandado, em igualdade de condições perante o órgão judicial competente.[85] Sob outro ângulo, o princípio do devido processo legal substancial (*substantive due process*) é provido de conteúdo material, porque assegura o exame do mérito de determinadas valorações administrativas e judiciais, cujo corolário é a proporcionalidade, subdividida em adequação, necessidade e proporcionalidade em sentido estrito, de sorte que cada medida restritiva de direitos fundamentais deve revelar-se adequada, necessária e proporcional *stricto sensu*, ou seja, deve corresponder ao meio adequado para a persecução dos fins visados pela lei (adequação), não havendo outro meio menos oneroso para que os fins visados pela lei pudessem ser obtidos (necessidade), sendo imprescindível a ponderação entre a medida restritiva de direitos fundamentais e os fins visados pela lei (proporcionalidade em sentido estrito).[86] Em síntese, a teor da jurisprudência predominante da Suprema Corte norte-americana, "o devido processo legal, em vez de meramente proteger o modo do procedimento, foi feito para alcançar o conteúdo substantivo da legislação".[87]

---

81 GRINOVER, Ada Pellegrini. *O Processo em sua Unidade.* v. II. Rio de Janeiro: Forense, 1984, p. 16-22.

82 CARNEIRO, Paulo Cezar Pinheiro. *Ministério Público no Processo Civil e Penal: promotor natural, atribuição e conflito.* 5ª ed. Rio de Janeiro: Forense, 1999, p. 50-100.

83 GUERRA FILHO, Willis Santiago. *Ensaios de Teoria Constitucional.* Fortaleza: UFC - Imprensa Universitária, 1989, p. 75.

84 GRINOVER, Ada Pellegrini. *As Garantias Constitucionais do Direito de Ação.* São Paulo: Revista dos Tribunais, 1973, p. 25.

85 GRINOVER, Ada Pellegrini. *O Processo Constitucional em Marcha.* São Paulo: Max Limonad, 1985, p. 6-24.

86 GRINOVER, Ada Pellegrini. *Novas Tendências do Direito Processual.* 2ª ed. Rio de Janeiro: Forense Universitária, 1990, p. 1-16.

87 Murray's Lessee v. Hoboken Land and Improvement Corporation, 18 How. 272 (1855); Pennoyer v. Neff, 95 U.S. 714 (1877); Hurtado v. California, 110 U.S. 516 (1884); Allgeyer v. Louisiana, 165 U.S. 578 (1897); Lochner v. New York, 198 U.S. 45 (1905); Adkins v. Children's Hospital, 261 U.S. 525 (1923); Brinkerhoff-Faris Trust and Savings Corporation v. Hill, 281 U.S. 673 (1930); Nebbia v. New York, 291 U.S. 502 (1934); Schechter Poultry Corporation v. United States, 295 U.S. 495 (1935); West Coast v. Parrish, 300 U.S. 379 (1937); Carolene Products v. United States, 304 U.S. 144 (1938); Brown v. Board of Education, 347 U.S. 873 (1954); Reynolds v. Sims, 377 U.S. 533

5.2.3 *Princípios constitucionais setoriais*

Os *princípios setoriais* informam um complexo de normas constitucionais afetas a um determinado ramo do Direito Positivo.

5.2.3.1 Princípios constitucionais especiais de Direito Administrativo

O Direito Administrativo, à vista do art. 37, *caput*, da CRFB, é informado por cinco princípios constitucionais setoriais ou especiais, quais sejam: (i) legalidade da administração pública (art. 84, incs. IV e VI), (ii) impessoalidade (arts. 22, inc. XXVII, 37, incs. II e XXI, e 173, § 1º, inc. III), (iii) moralidade (arts. 15, inc. V, e 37, § 4º), (iv) publicidade (art. 5º, incs. XXXIII, XXXIV e LXXII) e (v) eficiência da administração pública (art. 37, §§ 3º e 8º).

Princípio da legalidade da administração pública: a atividade administrativa é subordinada à vontade da lei, positivamente imposta no Estado de Direito, como objeto de estudo da Ciência Dogmática. A ordem jurídica é exteriorizada em três dimensões, consistentes em legalidade, legitimidade e licitude, na medida em que a primeira é a concordância entre a atividade administrativa e a vontade da lei, positivamente imposta no Estado de Direito, como objeto de estudo da Ciência Dogmática, a segunda é a conformidade entre a atividade administrativa e a vontade do povo, consensualmente manifestada no Estado Democrático, como objeto de estudo da Ciência Sociológica, e a terceira é a consonância entre a atividade administrativa e a vontade da moral, expressa no Estado de Justiça, como objeto de estudo da Ciência Axiológica. A atividade administrativa é sujeita à atividade legislativa, uma vez que é da atribuição da Administração Pública concretizar e individualizar as normas legais, caracterizadas pela abstração e generalidade, mediante a expedição de regulamentos de execução e organização. Não se nos afigura possível a edição de regulamentos delegados e autônomos, traduzidos em inovações do ordenamento jurídico em virtude de atividade normativa secundária decorrente de delegação ou atribuição ao Poder Executivo, ressalvadas a estruturação e funcionamento dos órgãos administrativos e a extinção de cargos e funções públicas, desde que não importe em aumento de despesa e tenha havido vacância.

Princípio da impessoalidade: a atividade administrativa deve evitar tratamento discriminatório entre os administrados que se encontrem nas mesmas situações jurídicas. A investidura em cargos ou empregos públicos, em consequência, depende de prévia aprovação em concurso público de provas ou provas e títulos, como também a contratação de obras, serviços, compras, eficiência, alienações, concessões e permissões exige licitação.

Princípio da moralidade: a atividade administrativa deve ser desempenhada em atenção às regras de conduta tiradas da disciplina interna da Administração Pública, de forma que a improbidade administrativa pode ensejar a suspensão dos direitos políticos, a perda da função pública, a indisponibilidade dos bens e o ressarcimento ao erário pelo agente público, por intermédio de ação por ato de improbidade, sem prejuízo de ação por crime contra a Administração Pública. A moralidade administrativa não se compraz com a prática de nepotismo, de modo que a nomeação de cônjuge, companheiro

---

(1964); Griswold v. Connecticut, 391 U.S. 479 (1965); Miranda v. Arizona, 384 U.S. 436 (1966); Roe v. Wade, 410 U.S. 113 (1973), e Parenthood v. Casey, 112 S.Ct. 2791 (1992).

ou parente em linha reta, colateral ou por afinidade, até o terceiro grau da autoridade nomeante ou servidor da mesma pessoa jurídica investido em cargo de direção, chefia ou assessoramento, para o exercício de cargo em comissão ou de confiança ou, ainda, função gratificada na Administração Pública direta e indireta em qualquer dos Poderes da União, Estados, Distrito Federal e Municípios, compreendido o ajuste mediante designações recíprocas, viola a Constituição Federal.

Princípio da publicidade: a atividade administrativa deve ser caracterizada pela transparência. A todos é assegurado o direito à obtenção de informações e certidões, para defesa de direitos e esclarecimentos de situações de interesse pessoal, assim como o remédio do *habeas data*, para conhecimento ou retificação de dados pessoais, bem como anotação, contestação ou explicação, nos assentamentos de registros ou banco de dados de entidades governamentais ou de caráter público.

Princípio da eficiência da administração pública: a atividade administrativa deve ser dirigida à consecução do máximo de proveito, com o mínimo de recursos humanos, materiais e financeiros com destinação pública. O princípio é recoberto de duplo papel, forte no argumento de que a eficiência é tanto o dever da Administração Pública de satisfação das finalidades públicas quanto o direito dos administrados ao recebimento da boa prestação administrativa, servindo como parâmetro de valoração da atuação do Poder Público. A eficiência pode ser obtida por acordos administrativos de natureza associativa, bipartidos em contrato de gestão - acordo administrativo referente a atividades tipicamente estatais, pelo instrumento da ampliação da autonomia gerencial, orçamentária e financeira dos órgãos e entidades da Administração Pública interessada - ou acordo de programa - acordo administrativo relativo a atividades sujeitas ao regime da livre iniciativa e com interesse para o desenvolvimento econômico planejado, por intermédio da definição de metas de desempenho e transferência de recursos humanos e materiais para as organizações sociais, com a finalidade de incrementar a competitividade da Administração Pública interessada. O Estado contemporâneo não pode deixar de recorrer à descentralização das decisões, horizontalização das estruturas, incentivos à criatividade e inovação, controle por resultados e orientação para o usuário, sob a perspectiva gerencial, tendo como objetivo a qualidade na prestação do serviço à coletividade.[88]

---

88 Sobre os princípios constitucionais especiais de Direito Administrativo, v.: MORAES, Alexandre de. *Direito Constitucional Administrativo*. São Paulo: Atlas, 2002, p. 98, e PAZZAGLINI FILHO, Marino. *Princípios Constitucionais Reguladores da Administração Pública*. São Paulo: Atlas, 2000, p. 13. V., também: ARAÚJO, Edmir Netto de. *Os Princípios Administrativos na Constituição de 1988* in *Revista da Procuradoria-Geral do Estado de São Paulo*, nº 32, 1990, p. 11; MARANHÃO, Jarbas. *Princípios Básicos da Administração Pública* in *Revista de Informação Legislativa*, nº 108, 1990, p. 189; AFFONSO, Sebastião Baptista. *Administração na Constituição* in *Revista de Informação Legislativa*, nº 108, 1990, p. 155; CLÉVE, Clémerson Merlin. *Administração Pública e Nova Constituição* in *Revista de Informação Legislativa*, nº 106, 1990, p. 81; MEIRA, José de Castro. *Administração Pública na Nova Constituição* in *Revista de Informação Legislativa*, nº 119, 1993, p. 193; OLIVEIRA, Fernando Andrade de. *A Administração Pública na Constituição de 1988* in *Revista de Direito Administrativo*, nº 206, 1996, p. 43; DALLARI, Adilson de Abreu. *Administração Pública no Estado de Direito* in *Revista Trimestral de Direito Público*, nº 5, 1994, p. 33, e MOREIRA NETO, Diogo de Figueiredo. *Administração Pública no Estado Contemporâneo* in *Revista de Informação Legislativa*, nº 117, 1993, p. 23.

5.2.3.2 Princípios constitucionais especiais de Direito Ambiental

O Direito Ambiental é informado por cinco princípios constitucionais setoriais, quais sejam: (i) compensação-compartilhamento (art. 225, § 1º, inc. III), (ii) prevenção (art. 225, *caput*), (iii) desenvolvimento sustentável (art. 170, inc. VI), (iv) precaução (art. 225, § 1º, incs. IV e V) e (v) poluidor-pagador (art. 225, § 3º).

Princípio da compensação-compartilhamento: os empreendedores que pretendam obter o licenciamento ambiental de obra ou atividade potencialmente causadora de significativa degradação do meio ambiente são obrigados a financiar a implantação e manutenção de unidades de conservação.

Princípio da prevenção: conhecido o risco de danos ao meio ambiente, os empreendedores que desempenhem atividades potencialmente lesivas devem adotar todas as providências necessárias para afastá-los.

Princípio do desenvolvimento sustentável: modelo econômico que, a partir da utilização racional dos recursos naturais, busca a satisfação das necessidades dos seres humanos sem comprometer a capacidade do planeta em abrigar e satisfazer as gerações futuras.

Princípio da precaução: desconhecido o risco de danos ao meio ambiente, a ausência de certeza científica absoluta não pode ser usada pelos empreendedores para postergar as medidas economicamente viáveis para impedir a degradação ambiental.

Princípio do poluidor-pagador: aos empreendedores que desenvolvam atividades lucrativas com a utilização, direta ou indireta, dos recursos naturais são imputáveis os ônus econômicos ou financeiros da poluição que causarem, tendo em vista o interesse social, reconduzindo, quando possível, o ecossistema degradado à realidade fática que existia anteriormente, e, quando impossível, reparando ou ressarcindo integralmente a coletividade pelo dano causado posteriormente à atuação antrópica.[89]

5.2.3.3 Princípios constitucionais especiais de Direito Civil

O Direito Civil é informado por seis princípios constitucionais setoriais, quais sejam: (i) realização da personalidade (arts. 1º, inc. III, e 227, § 7º), (ii) intervenção reguladora do Estado nos contratos (arts. 5º, inc. XXXII, 150, § 5º, 170, inc. V, e 175, parágrafo único, inc. II), (iii) objetivação da responsabilidade civil (arts. 7º, inc. XXVIII, 37, § 6º, e 225, § 3º), (iv) função social da propriedade (arts. 5º, inc. XXIII, 170, inc. III, 182, §§ 2º e 4º, e 184 a 186), (v) proteção da família (arts. 203, inc. I, e 226, *caput*) e (vi) sucessão hereditária (arts. 5º, inc. XXX, e 227, § 6º).

Princípio da realização da personalidade: a constitucionalização do Direito Civil importa na alteração do fundamento de validade de institutos tradicionais, por meio de imposição de deveres extrapatrimoniais em normas constitucionais, com o desiderato de possibilitar a realização da personalidade. O fundamento ideológico do Direito Civil, a toda evidência, está em deslocamento do patrimônio, expresso pela

---

89 Sobre os princípios constitucionais especiais de Direito Ambiental, v.: SILVA, José Afonso da. *Direito Ambiental Constitucional*. 5ª ed. São Paulo: Malheiros, 2004, p. 110, e CATALAN, Marcos. *Proteção Constitucional do Meio Ambiente e seus Mecanismos de Tutela*. São Paulo: Método, 2008, p. 65. V., também: BARROSO, Luís Roberto. *A Proteção do Meio Ambiente na Constituição Brasileira* in *Revista Forense*, nº 317, 1993, p. 192, e FIGUEIREDO, Marcelo. *A Constituição e o Meio Ambiente* in *Revista Trimestral de Direito Público*, nº 42, 2003, p. 40.

disciplina das relações jurídicas patrimoniais, com o fim de resguardar a circulação de riquezas contra ingerências do Poder Público ou particulares, para a pessoa, exteriorizada pela afirmação e asseguramento de direitos subjetivos, com a finalidade de tutelar valores imanentes à personalidade, com a valorização da pessoa enquanto ser, em detrimento da pessoa enquanto ter.

Princípio da intervenção reguladora do Estado nos contratos: a concepção tradicional do contrato é objeto de renovação, mediante a limitação da liberdade contratual, caracterizada, sob o ângulo quantitativo, pelo advento de novas categorias contratuais e, sob o ângulo qualitativo, pela ampliação do dirigismo contratual. Destarte, o elemento nuclear do contrato deixa de ser a autonomia da vontade e passa a ser o interesse social, com a valorização da boa-fé objetiva, porquanto, de um lado, a eficácia jurídica do contrato não é mais condicionada pelo acordo de vontades (consenso), mas pelos efeitos que o vínculo contratual produz na sociedade e pelas condições econômicas e sociais das pessoas nele envolvidas, ao passo que, de outro lado, desenvolve-se um intervencionismo estatal, reduzindo o campo de liberdade para que as partes autorregulem a relação jurídica privada, por meio de normas cogentes.

Princípio da objetivação da responsabilidade civil: o dever jurídico derivado ou secundário de ressarcir ou reparar o dano causado pela conduta culposa do agente a outrem prescinde da demonstração de culpa ou dolo, nas hipóteses de acidentes de trabalho e danos ambientais, como também atos imputáveis ao Estado. Entretanto, a doutrina acentua a diferenciação entre obrigação e responsabilidade, posto que aquela é identificada como dever jurídico originário ou primário, isto é, comportamento imposto coercitivamente pelo Direito por exigência do convívio social, enquanto esta é individualizada como dever jurídico derivado ou secundário, ou seja, comportamento imposto coercitivamente pelo Direito pela violação do primeiro.

Princípio da função social da propriedade: a propriedade privada consiste em meio de promoção do bem-estar social, legitimada pela sua finalidade, em decorrência da qual são impostas ao proprietário prestações positivas, cuja inobservância enseja a intervenção do Estado na propriedade. Entrementes, a doutrina adverte que a propriedade privada deve ser investigada sob os prismas da titularidade e do exercício, vez que, pelo primeiro aspecto, imanente ao Direito Privado, a propriedade constitui um direito absoluto, quer dizer, oponível *erga omnes*, podendo o proprietário opô-la à generalidade anônima dos indivíduos, enquanto, pelo segundo aspecto, inerente ao Direito Público, a propriedade corresponde a um direito limitado, vale dizer, condicionado ao bem-estar geral, devendo o proprietário exercê-lo em consonância com a sua função social.

Princípio da proteção da família: as entidades familiares, resultantes, por exemplo, do casamento, união estável e família monoparental, são destinatárias de idêntica proteção constitucional. Deveras, o objeto de tutela jurídica, no âmbito do Direito de Família, foi alterado pela Constituição da República, porque a família deixa de ser protegida para a conservação da paz doméstica, na medida em que a família fundada no casamento era tutelada como instituição em si mesma valorada, e passa a ser protegida para o desenvolvimento da personalidade de seus membros, uma vez que as entidades familiares são tuteladas como instrumentos de realização da pessoa humana.

Princípio da sucessão hereditária: a transmissão de direitos ativos e passivos, que uma pessoa falecida faz a uma outra que lhe sobrevive, é assegurada pelo texto constitucional, como corolário ao direito de propriedade, visto que o reafirma mesmo após a morte do titular dos bens, com a consequente transferência a seu(s) sucessor(es).[90]

5.2.3.4 Princípios constitucionais especiais de Direito Eleitoral

O Direito Eleitoral é informado por três princípios constitucionais setoriais, quais sejam: (i) moralidade eleitoral (art. 14, § 9º), (ii) anualidade eleitoral (art. 16) e (iii) fidelidade partidária (art. 17, § 1º).

Princípio da moralidade eleitoral: a vida pregressa dos candidatos deve ser considerada para efeito de investidura em mandato público eletivo, a fim de salvaguardar a probidade administrativa, a idoneidade moral para o desempenho do encargo, a normalidade e a legitimidade das eleições contra a influência do poder econômico ou abuso do exercício de cargo, emprego ou função na Administração Pública direta ou indireta.

Princípio da anualidade eleitoral: as emendas constitucionais e leis, e não também as resoluções decorrentes do poder normativo da Justiça Eleitoral, que alterem o processo eleitoral (alistamento, votação, apuração e diplomação) devem ser publicadas um ano antes da data da eleição, sob pena de não serem aplicáveis ao pleito do ano vindouro.

Princípio da fidelidade partidária: os filiados de um partido político não podem se opor às diretrizes legitimamente estabelecidas pelos órgãos de direção nem deixar o partido político sob cuja legenda foram eleitos. Outrossim, nas Casas Legislativas, por atitudes ou votos, os integrantes de bancada de um partido político devem subordinar a sua ação parlamentar aos princípios doutrinários e programáticos da agremiação, na forma do estatuto partidário. Pelo fio condutor do mandato partidário, no qual o mandato eletivo deixa de ser constituído somente por uma relação popular que engloba os eleitores e o eleito por eles (eleitores-eleito) e passa a ser construído também por uma relação partidária que envolve o eleito e o partido político que o elegeu (eleitores-partido político-eleito), aos mandatários que se opuserem, por atitudes ou votos, às diretrizes legitimamente estabelecidas pelos órgãos partidários, pode ser aplicada a sanção da perda do mandato eletivo, garantido, todavia, aos partidos políticos o direito de preservar as vagas obtidas pelo sistema eleitoral proporcional, se, não ocorrendo razão que o justifique, houver cancelamento da filiação partidária ou transferência para legenda diversa.[91]

---

90 Sobre os princípios constitucionais especiais de Direito Civil, v.: LOTUFO, Renan et al. *Direito Civil Constitucional*. São Paulo: Max Limonad, 1999, p. 7, e BITTAR, Carlos Alberto. *O Direito Civil na Constituição de 1988*. 2ª ed. São Paulo: Revista dos Tribunais, 1991, p. 13. V., também: TEPEDINO, Gustavo. *Premissas Metodológicas para a Constitucionalização do Direito Civil* in *Temas de Direito Civil*. Rio de Janeiro: Renovar, 1999, p. 1, e MORAES, Maria Celina Bodin de. *Constituição e Direito Civil: tendências* in *Revista dos Tribunais*, nº 779, 2000, p. 47.

91 Sobre os princípios constitucionais especiais de Direito Eleitoral, v.: MAIOR FILHO, Marcos Souto. *Direito Eleitoral. Contexto Constitucional e Aspectos Práticos*. Curitiba: Juruá, 2006, p. 56, e RIBEIRO, Fávila. *Pressupostos Constitucionais do Direito Eleitoral*. Porto Alegre: Sergio Antonio Fabris, 1990, p. 93. V., também: REIS, Palhares Moreira. *O Direito Eleitoral Positivo Brasileiro e a Constituição* in *Revista Trimestral de Jurisprudência dos Estados*, nº 69, 1989, p. 9, e MORAES, Guilherme Peña de. *(In)Fidelidade Partidária* in *Revista Científica Virtual da Escola Superior de Advocacia da OAB-SP*, nº 11, 2012, p. 27.

5.2.3.5 Princípios constitucionais especiais de Direito Empresarial

O Direito Empresarial é informado por quatro princípios constitucionais setoriais, quais sejam: (i) liberdade de iniciativa (arts. 1º, inc. IV, e 170, inc. IV), (ii) liberdade de associação de pessoas e capitais (art. 5º, incs. XVII a XX), (iii) liberdade de exercício da profissão empresarial (art. 5º, inc. XIII) e (iv) proteção da propriedade intelectual (art. 5º, incs. XXVII a XXIX).

Princípio da liberdade de iniciativa: a liberdade, no processo de produção, distribuição, circulação e consumo de riquezas, compreende a liberdade de empresa (livre escolha das atividades econômicas, bem assim dos meios adequados, para o atendimento dos fins colimados) e a liberdade de concorrência (livre disputa de clientela, na economia de mercado, desde que afastada a concorrência desleal).

Princípio da liberdade de associação de pessoas e capitais: a sociedade empresarial, concebida como entidade, formada pelo acordo de vontades entre uma ou mais pessoas, que se comprometem a reunir capitais e trabalhos, é dirigida à realização de operações com finalidade lucrativa, para a distribuição de lucros entre os sócios.

Princípio da liberdade de exercício da profissão empresarial: a empresa, conceituada como exercício de atividade produtiva, por intermédio da organização de pessoas, capitais e trabalhos, com a finalidade de produção e circulação de bens e serviços, é decorrente da organização de fatores de produção pelo empresário.

Princípio da proteção da propriedade intelectual: a tutela da propriedade industrial, assim como da propriedade literária, artística e científica, é implementada pela concessão de patentes de invenções e modelos de utilidade, registros de desenhos industriais e marcas e repressão às falsas indicações geográficas e concorrência desleal, bem como a utilização, fruição e disposição das obras audiovisuais e fotográficas, transmissíveis a terceiros, no prazo de proteção fixado na legislação de direitos autorais.[92]

5.2.3.6 Princípios constitucionais especiais de Direito Penal

O Direito Penal é informado por cinco princípios constitucionais setoriais, quais sejam: (i) reserva legal (art. 5º, inc. XXXIX), (ii) irretroatividade da regra penal (art. 5º, inc. XL), (iii) responsabilidade pessoal (arts. 5º, inc. XLV, 173, § 5º, e 225, § 3º), (iv) individualização da pena (art. 5º, inc. XLVI) e (v) presunção de inocência (art. 5º, inc. LVII).

Princípio da reserva legal: anterioridade e legalidade da regra penal incriminadora em relação ao fato incriminado, porquanto não há crime sem lei anterior que o defina, nem há pena sem prévia cominação legal. A reserva legal designa que, no que alude à anterioridade, a regra penal incriminadora deve ser revelada antes da conduta intersubjetiva, enquanto, no que atine à legalidade, a regra penal incriminadora deve ser veiculada mediante lei. A reserva legal não impede a ampliação temporal, espacial e pessoal da figura típica, como, por exemplo, nos institutos da omissão imprópria,

---

92 Sobre os princípios constitucionais especiais de Direito Empresarial, v.: COMPARATO, Fábio Konder. *Ensaios e Pareceres de Direito Empresarial*. Rio de Janeiro: Forense, 1978, p. 8, e BULGARELLI, Waldirio. *Questões Atuais de Direito Empresarial*. São Paulo: Malheiros, 1995, p. 31. V., também: HORTA, Raul Machado. *Constituição e Ordem Econômica* in *Estudos de Direito Constitucional*. Belo Horizonte: Del Rey, 1995, p. 285, e GRAU, Eros Roberto. *Disciplina Jurídica da Atividade Econômica* in *Cadernos de Direito Econômico*, nº 1, 1983, p. 7.

tentativa e participação punível. Em síntese, o princípio *nullum crimen, nulla poena sine lege* é dividido em quatro subprincípios, traduzidos em *nullum crimen, nulla poena sine lege previa, scripta, stricta* e *certa*, ao argumento de que a punibilidade não pode ser fundamentada ou agravada em razão de retroatividade, costume, analogia e incriminação genérica, respectivamente.

Princípio da irretroatividade da regra penal: extra-atividade da regra penal mais benéfica, salvo na hipótese de regras penais excepcionais ou temporárias, porque estas são aplicáveis aos casos concretos ocorridos durante a sua vigência, mesmo que mais severas. Em ilação, quanto à eficácia temporal da regra penal, no caso de regra penal posterior mais benéfica do que a anterior (*lex mitior*), aquela é provida de retroatividade, eis que é aplicável a fatos anteriores à sua vigência; no caso de regra penal posterior mais severa do que a anterior (*lex pejus*), esta é revestida de ultra-atividade, já que é aplicável a fatos posteriores à sua vigência; no caso de regra penal posterior que torna a conduta atípica (*abolitio criminis*), deve a autoridade judiciária declarar a extinção da punibilidade e, no caso de regra penal que contém uns preceitos mais benéficos e outros mais severos do que a anterior (*lex tertior*), pode a autoridade judiciária proceder à combinação dos preceitos mais benéficos das regras penais em sucessão.

Princípio da responsabilidade pessoal: a responsabilização penal é direta, em virtude de autoria ou participação, sendo inadmissível a responsabilidade penal social, subsidiária ou sucessiva. Com pertinência à responsabilidade social, parte da doutrina vislumbra a possibilidade de responsabilização penal de pessoas jurídicas no ordenamento jurídico brasileiro, no tocante às infrações contra ordem econômica e financeira, economia popular e meio ambiente. Com referência à responsabilidade subsidiária, não é admissível que a sanção penal ultrapasse a pessoa do responsável pelo fato, embora haja a possibilidade de a obrigação de reparar o dano ser estendida aos sucessores e contra eles executada, até o limite do valor do patrimônio transferido, mormente na hipótese de improbidade administrativa. Com relação à responsabilidade sucessiva, não é admissível que a sanção penal seja imposta a um dos responsáveis pelo fato, com a exclusão dos outros, na ordem de vocação penal.

Princípio da individualização da pena: adaptação da pena ao condenado, examinadas as características do agente e do delito. Em inferência, a individualização da pena é dirigida ao legislador e ao magistrado, na medida em que ao primeiro cabe, no plano legal, estabelecer quantidades mínimas e máximas de penas aos crimes e permitir agravamentos ou atenuações quando acompanhados de circunstâncias na sua prática, ao passo que ao segundo cumpre, no plano judicial, operar a reprimenda adequada, dentro dos limites previamente estabelecidos para cada crime, em face das agravantes e atenuantes genéricas ou especiais existentes.

Princípio da presunção de inocência: norma de prova e norma de tratamento, uma vez que o ônus de demonstrar a real ocorrência dos fatos constitutivos do direito de punir do Estado cabe integralmente à acusação, sob pena de absolvição, assim como o acusado não pode ser tratado como culpado, sendo manifesta a diferenciação entre indiciado (pessoa contra a qual foi instaurado inquérito policial), acusado (pessoa contra a qual foi deduzida pretensão punitiva em juízo ou tribunal), condenado (pessoa contra a qual foi proferida sentença penal condenatória recorrível) e culpado (pessoa contra a qual foi pronunciada sentença penal condenatória revestida pela coisa julgada material), respectivamente. A despeito do posicionamento adotado pela Suprema Corte no julgamento da ação declaratória de constitucionalidade nº 43, nas sessões de 17, 23 e 24 de outubro e 7 de novembro de 2019, em nosso sentir, o princípio não tem o condão de obstar a execução provisória de pena privativa de liberdade que houver sido aplicada por decisão proveniente de órgão colegiado e, depois, impugnada por recurso extraordinário ou recurso especial ainda não ultimado pelo Supremo Tribunal Federal ou Superior Tribunal de Justiça. *A fortiori*, a presunção de inocência encerra duas orientações: uma é correlativa aos ônus da prova, de forma que o ônus de demonstrar os fatos imputados na denúncia ou queixa é imposto ao Ministério Público ou querelante, enquanto a outra é correlata à prisão provisória, ou mesmo execução provisória de pena privativa de liberdade, de modo que a restrição da liberdade de locomoção do imputado, durante a persecução criminal, é medida excepcional.[93]

5.2.3.7 Princípios constitucionais especiais de Direito Previdenciário

O Direito Previdenciário é informado por cinco princípios constitucionais setoriais, após, inclusive, a reforma operada pela Emenda Constitucional nº 103/19, quais sejam: (i) universalidade de cobertura ou subjetiva (art. 194, parágrafo único, incs. I, *initio*, e VI), (ii) universalidade de atendimento ou objetiva (art. 194, parágrafo único, inc. I, *in fine*), (iii) igualdade protetiva (art. 194, parágrafo único, inc. II), (iv) unidade de organização (art. 194, inc. VII) e (v) solidariedade financeira (art. 195, *caput*).

Princípio da universalidade de cobertura ou subjetiva: os beneficiários das prestações da seguridade social não estão vinculados a uma relação preexistente de custeio do sistema, excepcionados os contribuintes da previdência social.

Princípio da universalidade de atendimento ou objetiva: as prestações da seguridade social, preventiva ou reparadoramente, são dotadas de caráter protetivo.

Princípio da igualdade protetiva: equivalência de benefícios e serviços, sob o fundamento de que as prestações da seguridade social são igualmente destinadas aos beneficiários que se encontrem na mesma situação fática.

Princípio da unidade de organização: a organização da seguridade social é de atribuição exclusiva do Estado, porém a sua gestão é descentralizada, mediante a participação dos empregadores, trabalhadores e aposentados nos órgãos colegiados.

Princípio da solidariedade financeira: a seguridade social é custeada, direta ou indiretamente, pela sociedade.[94]

---

93 Sobre os princípios constitucionais especiais de Direito Penal, v.: CERNICCHIARO, Luiz Vicente; COSTA JÚNIOR, Paulo José. *Direito Penal na Constituição*. 3ª ed. São Paulo: Revista dos Tribunais, 1995, p. 12, e LUISI, Luis. *Princípios Constitucionais Penais*. Porto Alegre: Sergio Antonio Fabris, 1991, p. 9. V., também: ARAÚJO JÚNIOR, João Marcelo. *Os Grandes Movimentos Atuais de Política Criminal* in *Fascículos de Ciências Penais*, nº 9, 1988, p. 13, e LOPES, Maurício Antônio Ribeiro. *Princípios Penais Constitucionais: o sistema das constantes constitucionais* in *Revista dos Tribunais*, nº 779, 2000, p. 417.

94 Sobre os princípios constitucionais especiais de Direito Previdenciário, v.: MARTINEZ, Wladimir Novaes. *A Seguridade Social na Constituição Federal*. 2ª ed. São Paulo: LTr, 1992, p. 9, e BALERA, Wagner. A *Seguridade Social na Constituição de 1988*. São Paulo: Revista dos Tribunais, 1989, p. 7. V., também: CÉSAR, Afonso. *A Previdência Social e as Constituições Republicanas* in *Revista de Informação Legislativa*, nº 12, 1966, p. 147, e MORAES, Alexandre de. *Previdência Social e os Direitos Adquiridos* in *Revista de Previdência Social*, nº 184, 1996, p. 7.

5.2.3.8 Princípios constitucionais especiais de Direito Processual

O Direito Processual é informado por cinco princípios constitucionais setoriais, quais sejam: (i) contraditório (art. 5º, inc. LV), (ii) proibição da prova ilícita (art. 5º, inc. LVI), (iii) publicidade dos atos processuais (art. 5º, inc. LX), (iv) motivação das decisões judiciais (art. 93, inc. IX) e (v) duplo grau de jurisdição (art. 105, inc. III).

Princípio do contraditório: a ampla defesa impõe que os atos instrutórios devam ser praticados na presença e com a participação do defensor e defendido. A ampla defesa, no que tange aos sujeitos processuais, compreende os direitos à defesa técnica e autodefesa, de maneira que a defesa técnica decorre da condição de representante em juízo, sendo qualificada como indisponível, ao passo que a autodefesa deflui da condição de parte do processo, sendo qualificada como disponível. A ampla defesa, no que toca aos atos processuais, contém os direitos de audiência e presença, de sorte que a audiência é exteriorizada pela possibilidade de o demandado influir sobre a formação do convencimento da autoridade judiciária competente, enquanto a presença é externada pela oportunidade de o demandado tomar posição perante as razões e as provas, pela intermediação com a autoridade judiciária competente. O contraditório, pois, é a expressão da ampla defesa, impondo a condução dialética do processo.

Princípio da proibição da prova ilícita: a ilicitude na obtenção da prova importa em ineficácia do ato processual, com a necessidade de desentranhamento dos autos, sob pena de nulidade dos provimentos jurisdicionais nelas fundados. Advirta-se que as provas obtidas por meios ilícitos podem ser admitidas no processo, desde que a infração produza prejuízo inferior ao benefício trazido à instrução do processo, a critério da autoridade judiciária competente para a ponderação entre os direitos fundamentais em jogo.

Princípio da publicidade dos atos processuais: possibilidade do exame dos autos por qualquer pessoa e presença do público nas audiências, ressalvados os casos em que o decoro ou o interesse social aconselhem que eles não sejam divulgados. Assevere-se que a publicidade dos atos processuais tem a função política de legitimação do exercício da função jurisdicional, na medida em que o Poder Judiciário, ao contrário dos Poderes Executivo e Legislativo, não é alcançado pela legitimidade proveniente de eleições populares.

Princípio da motivação das decisões judiciais: necessidade de exposição dos motivos dos provimentos jurisdicionais que afetem direitos fundamentais. Assinale-se que a motivação das decisões judiciais é dirigida precipuamente às partes do processo e ao órgão judiciário competente para o julgamento de eventual recurso, uma vez que possibilita a aferição do conteúdo impugnável do pronunciamento jurisdicional para efeito de revisão.

Princípio do duplo grau de jurisdição: sujeição dos provimentos jurisdicionais à revisão, por órgão situado em nível superior na hierarquia judiciária, mediante a interposição de recurso ou expediente análogo, como, por exemplo, o reexame necessário. O duplo grau não se confunde com o duplo exame, porquanto neste a revisão do provimento jurisdicional compete aos próprios juízos, tal como ocorre nas causas de alçada em matéria fiscal. O duplo grau não se confunde com a dupla instância, porque esse conceito é ligado à estrutura hierárquica dos órgãos judiciais, havendo a possibilidade de o primeiro grau de jurisdição ser exercido por órgão que não integra a primeira instância, tal como se dá nas hipóteses de competência originária do Supremo Tribunal Federal, assim como o segundo grau de jurisdição ser exercido por órgão que integra a primeira instância, tal como ocorre nas hipóteses de competência recursal das Turmas Recursais. Embora inexista regra constitucional que o assegure, o duplo grau de jurisdição é garantido implicitamente na Constituição, como corolário do princípio do devido processo legal.[95]

5.2.3.9 Princípios constitucionais especiais de Direito Trabalhista

O Direito Trabalhista é informado por quatro princípios constitucionais setoriais, quais sejam: (i) proteção do trabalhador (art. 5º, inc. XXXVI), (ii) irrenunciabilidade dos direitos trabalhistas (art. 7º, incs. VI, XIII e XIV), (iii) continuidade da relação de emprego (art. 7º, inc. I) e (iv) primazia da realidade (art. 7º, inc. XXXIV).

Princípio da proteção do trabalhador: a debilidade econômica do trabalhador é objeto de tutela constitucional, de maneira a afastar as desigualdades materiais entre os sujeitos da relação de trabalho subordinado, sendo expresso sob três formas distintas. O subprincípio *in dubio, pro operario* aponta que, na interpretação da regra jurídica trabalhista, havendo mais de um sentido possível, deve ser adotado o que melhor atender aos interesses do trabalhador. O subprincípio da norma mais favorável indica que, na aplicação da regra jurídica trabalhista, abstratamente considerada, havendo mais de uma aplicável à hipótese, deve ser acolhida a que for melhor para o trabalhador, ainda que hierarquicamente inferior. O subprincípio da condição mais benéfica indicia que, na aplicação da regra jurídica trabalhista, concretamente considerada, havendo mais de uma aplicável ao caso, deve ser escolhida a que for melhor para o trabalhador, em consagração de situações jurídicas vantajosas para ele, ajustadas no contrato individual de trabalho ou resultantes do regulamento da empresa. Dessa forma, enquanto a primeira é pertencente à interpretação, a segunda e a terceira são pertinentes à aplicação das regras de Direito do Trabalho, abstrata ou concretamente consideradas, respectivamente.

Princípio da irrenunciabilidade dos direitos trabalhistas: o trabalhador não pode dispor, por meio da renúncia, dos direitos oriundos da relação de trabalho subordinado, ainda que de caráter privado e patrimonial, em razão do conteúdo e da finalidade das regras jurídicas determinantes da intervenção do Estado no ordenamento trabalhista, de sorte que a renúncia de direitos oriundos da relação de emprego pode ser eivada de nulidade absoluta ou relativa, conforme a renúncia aos direitos trabalhistas envolva interesse de natureza predominantemente pública ou metaindividual, restrito à categoria profissional, ou interesse de natureza preponderantemente individual, respectivamente. As regras de proteção do trabalho, com referência ao conteúdo, são dotadas de natureza cogente, insuscetíveis de derrogação pela vontade dos sujeitos da relação jurídica, cuja contrariedade importa na nulidade da cláusula contratual, estatuindo as garantias mínimas. As regras de proteção do trabalho, com referência à finalidade, são enunciadas para a proteção social dos trabalhadores. A irrenunciabilidade é relativizada pela flexibilização

---

[95] Sobre os princípios constitucionais especiais de Direito Processual, v.: GUERRA FILHO, Willis Santiago. *Introdução ao Direito Processual Constitucional*. Porto Alegre: Síntese, 1999, p. 24, e CORREIA, Marcus Orione Gonçalves. *Direito Processual Constitucional*. São Paulo: Saraiva, 1999, p. 14. V., também: MIRANDA, Jorge. *Constituição e Processo Civil* in *Revista de Processo*, nº 98, 2000, p. 29, e FIGUEIREDO, Lúcia Valle. *Princípios Constitucionais do Processo* in *Revista Trimestral de Direito Público*, nº 1, 1993, p. 118.

do Direito do Trabalho, isto é, fenômeno de mitigação da rigidez da legislação do trabalho, decorrente da introdução de novas tecnologias no processo produtivo, objetivando preservar a saúde econômica da empresa e a continuidade do emprego, sendo implementada por desregulação ou regulação negociada.

Princípio da continuidade da relação de emprego: a relação empregatícia é revestida da mais ampla duração, com o escopo de satisfazer aos interesses do trabalhador. Desse modo, há a preferência pelos contratos de duração indefinida, em detrimento dos contratos de duração definida, com a separação entre contratação de trabalhadores temporários e contratação de empregados por prazo determinado, posto que, na primeira, o vínculo jurídico é estabelecido com a empresa de trabalho subordinado, e não com o tomador do serviço, não havendo a caracterização de relação de emprego, ao passo que, na segunda, o vínculo jurídico é estatuído com o tomador do serviço, havendo a configuração de relação de emprego, embora com redução de encargos.

Princípio da primazia da realidade: no caso de divergência entre as condições de celebração do contrato de emprego e as condições de sua execução, prevalece a realidade dos fatos, desde que beneficie o trabalhador, distinguindo-se do contrato-realidade, vale dizer, qualidade do contrato de trabalho subordinado, caracterizado pela potencialidade de apresentar, durante a execução contratual, efeitos diferentes dos previstos na sua celebração.[96]

5.2.3.10 Princípios constitucionais especiais de Direito Tributário

O Direito Tributário é informado por oito princípios constitucionais setoriais, quais sejam: (i) capacidade contributiva (arts. 145, § 1º, 153, §§ 2º, inc. I, 3º, inc. I e 4º, 155, inc. III e §§ 1º, inc. IV e 2º, inc. III, 156, incs. I e II e § 1º, e 182, § 4º, inc. II), (ii) tipicidade tributária (arts. 150, inc. I, e 153, § 1º), (iii) isonomia tributária (art. 150, inc. II), (iv) irretroatividade tributária (art. 150, inc. III, *a*), (v) anterioridade tributária (art. 150, inc. III, *b*), (vi) uniformidade tributária (art. 151, inc. I), (vii) vedação do confisco (art. 150, inc. IV) e (viii) vedação da limitação da circulação de pessoas ou bens por meio de tributos interestaduais ou intermunicipais (art. 150, inc. V).

Princípio da capacidade contributiva: os impostos devem ser graduados à luz das capacidades contributivas objetiva ou absoluta e subjetiva ou relativa. Por um lado, a capacidade contributiva objetiva ou absoluta denota uma limitação da discricionariedade legislativa, vez que o legislador deve escolher fatos que correspondam a signos de riqueza pessoal. Por outro lado, a capacidade contributiva subjetiva ou relativa designa uma distribuição da carga tributária, visto que a tributação deve resguardar o mínimo existencial do contribuinte. Outrossim, a capacidade contributiva é dividida em quatro subprincípios, traduzidos em proporcionalidade – manutenção da alíquota, ainda que tenha havido variação da base de cálculo –, progressividade – aumento de alíquota na medida em que a base de cálculo é aumentada –, seletividade – diminuição da alíquota

---

96 Sobre os princípios constitucionais especiais de Direito Trabalhista, v.: SÜSSEKIND, Arnaldo. *Direito Constitucional do Trabalho*. Rio de Janeiro: Renovar, 1999, p. 6, e RODRIGUEZ, Américo Plá. *Princípios de Direito do Trabalho*. 3ª ed. São Paulo: LTr, 2000, p. 17. V., também: DELGADO, Maurício. *Princípios do Direito do Trabalho* in *Revista de Legislação Trabalhista*, nº 59, 1994, p. 472, e COELHO, Anna Marta de Toledo. *Princípios Constitucionais Trabalhistas* in *Revista de Legislação Trabalhista*, nº 53, 1992, p. 439.

na medida em que a essencialidade do produto, mercadoria ou serviço é aumentada – e personalização – aumento da alíquota na medida em que o valor do bem que couber ao herdeiro, legatário ou donatário ou o grau de parentesco em relação ao autor da sucessão a título universal ou individual é aumentado.

Princípio da tipicidade tributária: os critérios do antecedente e consequente da regra impositiva tributária, veiculada por intermédio de lei, devem estar exauridos. Por conclusão, há a diferenciação entre tipicidade e legalidade tributárias, eis que o primeiro é referente à norma impositiva tributária, enquanto o segundo é relativo ao instrumento que a veicula no ordenamento jurídico, sendo o último excepcionado nas hipóteses de impostos sobre a importação de produtos estrangeiros, exportação de produtos nacionais ou nacionalizados, produtos industrializados e operações de crédito, câmbio e seguro, ou relativas a títulos ou valores mobiliários, cujas alíquotas podem ser majoradas por ato do Poder Executivo.

Princípio da isonomia tributária: inadmissibilidade de tratamento desigual entre contribuintes que se encontrem em situação equivalente, proibida qualquer distinção em razão de ocupação profissional ou função por eles exercida, independentemente da denominação jurídica dos rendimentos, títulos ou direitos. Por conseguinte, a imunidade, isenção e não incidência atendem à isonomia tributária, desde que tenha sido alcançado o valor consubstanciado pela norma impositiva tributária.

Princípio da irretroatividade tributária: inadmissibilidade de cobrança do tributo cujo fato gerador concreto haja ocorrido antes da publicação da norma impositiva tributária. Por dedução, o antecedente da norma jurídica que tenha instituído ou majorado o tributo deve descrever um fato de possível ocorrência no futuro, com projeção semântica voltada para o futuro.

Princípio da anterioridade tributária: inadmissibilidade de cobrança do tributo no exercício financeiro em que haja sido publicada a norma impositiva tributária, ressalvados os impostos, empréstimos compulsórios e contribuições sociais enumerados nos arts. 148, inc. II, 150, § 1º, e 195, § 6º, da CRFB. Por demonstração, há a diferenciação entre anterioridade tributária e anualidade tributária, já que este possibilita a cobrança do tributo no exercício financeiro sucessivo à publicação da norma impositiva tributária, mediante autorização na lei orçamentária anual.

Princípio da uniformidade tributária: inadmissibilidade de instituição de tributo federal que não seja uniforme em todo o território nacional ou implique discriminação ou privilégio em relação a Estado, Distrito Federal ou Município, malgrado seja admissível a concessão de incentivos fiscais destinados a promover o equilíbrio do desenvolvimento socioeconômico entre as diferentes regiões do país. Por ilação, a uniformidade tributária é dirigida a evitar guerras fiscais, bem assim a garantir o contribuinte contra exações regionais.

Princípio da vedação do confisco: inadmissibilidade de instituição de tributo com efeito confiscatório. Por inferência, quanto aos impostos, o confisco é externado na hipótese de supressão da riqueza pessoal que havia sido utilizada como critério de tributação.

Princípio da vedação da limitação da circulação de pessoas ou bens mediante tributos interestaduais ou intermunicipais: inadmissibilidade de o fato gerador abstrato corresponder à transposição de fronteira interestadual ou intermunicipal. Por último, a vedação da limitação da circulação de pessoas ou bens não impede a incidência de imposto sobre circulação interestadual ou intermunicipal de mercadorias ou serviços, como também a cobrança de tarifa ou preço público pelo uso especial remunerado de bem público.[97, 98]

---

97 Sobre os princípios constitucionais especiais de Direito Tributário, v.: MACHADO, Hugo de Brito. *Os Princípios Jurídicos da Tributação na Constituição de 1988.* 3ª ed. São Paulo: Revista dos Tribunais, 1994, p. 34, e MUNHÓZ, Francisco. *Os Princípios no Sistema Constitucional e no Sistema Tributário* in *Cadernos de Direito Constitucional e Ciência Política*, nº 26, 1999, p. 127. V., também: BALEEIRO, Aliomar. *Limitações Constitucionais ao Poder de Tributar.* 6ª ed. Rio de Janeiro: Forense, 1985, p. 74, e FALCÃO, Alcino. *Limitações Constitucionais do Direito Tributário* in *Revista de Informação Legislativa*, nº 72, 1981, p. 49.

98 Para o estudo dos princípios setoriais de interpretação constitucional, v.: Capítulo 5, Item 3.

Capítulo 5

INTERPRETAÇÃO CONSTITUCIONAL

Acesse e assista à aula explicativa sobre este assunto.

> *https://uqr.to/14ug7*

1 CONCEITO

A interpretação constitucional é conceituada como **atividade intelectual de revelação do sentido, alcance e conteúdo de determinada norma constitucional, por meio de regras e princípios de hermenêutica jurídica, com o fim de fazê-la incidir sobre o conceito de um fato, de acordo com a capacidade expressiva do texto da Constituição.**[1, 2]

Primeiramente, quanto aos *momentos da atividade de interpretação constitucional*, há a divisão do processo de interpretação da Constituição em: (i) determinação da norma constitucional, com a solução de eventuais conflitos de normas no espaço (Direito Constitucional Internacional) e no tempo (Direito Constitucional Intertemporal); (ii)

---

1 FERRARA, Francesco. *Interpretação e Aplicação das Leis*. 4ª ed. Coimbra: Arménio Amado, 1987, p. 128. V., também: HESSE, Konrad. *La Interpretación Constitucional* in *Escritos de Derecho Constitucional*. 2ª ed. Madrid: Centro de Estudios Constitucionales, 1992, p. 34.

2 Acerca do conceito de interpretação constitucional, na doutrina brasileira, v.: BARACHO, José Alfredo de Oliveira. *Hermenêutica Constitucional* in *Revista de Direito Público*, nº 60, 1981, p. 7; FIGUEIREDO, Fran. *Introdução à Teoria da Interpretação Constitucional* in *Revista de Informação Legislativa*, nº 87, 1985, p. 13; GUERRA FILHO, Willis Santiago. *Interpretação Especificamente Constitucional* in *Revista da Procuradoria-Geral do Estado do Ceará*, nº 10, 1993, p. 17, e GOMES, Luiz Roldão de Freitas. *Norma Jurídica. Interpretação e Aplicação. Aspectos Atuais* in *Revista Forense*, nº 316, 1991, p. 24. Ademais, na doutrina alemã, v.: DREIER, Ralf; SCHWEGMANN, Friedrich. *Probleme der Verfassungsinterpretation*. Baden-Baden: Nomos Verlagsgesellschaft, 1976, p. 8; na doutrina argentina, v.: QUINTANA, Segundo Linares. *Reglas para la Interpretación Constitucional*. Buenos Aires: Plus Ultra, 1987, p. 7; na doutrina espanhola, v.: GARCIA, Enrique Alonso. *La Interpretación de la Constitución*. Madrid: Centro de Estudios Constitucionales, 1984, p. 12; na doutrina italiana, v.: CHIERCHIA, Pietro Merola. *L'Interpretazione Sistematica della Costituzione*. Padova: Cedam, 1978, p. 9; na doutrina norte-americana, v.: MURPHY, Walter, FLEMING, James; HARRIS, William. *American Constitutional Interpretation*. New York: The Foundation Press, 1986, p. 18, e na doutrina portuguesa, v.: ANDRADE, Manuel Domingues de. *Ensaio sobre a Teoria da Interpretação das Leis*. 4ª ed. Coimbra: Arménio Amado, 1987, p. 11.

interpretação constitucional, vale dizer, ato de vontade e ato de conhecimento, consistente na atribuição de significado a um signo de linguagem na Constituição; e (iii) aplicação da norma constitucional, com a subsunção da norma ao fato.[3, 4]

Secundariamente, quanto à *possibilidade de expressão do texto constitucional*, há a distinção no processo de interpretação da Constituição entre: (i) interpretação constitucional, isto é, atividade precipuamente valorativa, implementada pelos métodos de hermenêutica, e (ii) complementação da norma constitucional, ou seja, atividade primordialmente lógica, instrumentalizada pela integração, na hipótese de lacuna, pelo instrumento da analogia, equidade e princípios gerais de direito, com o desiderato de alcançar a plenitude do ordenamento jurídico, e correção, na hipótese de antinomia, por intermédio do método da ponderação, no caso de colisão de princípios, e métodos da especialização, hierarquia e cronologia, nos casos de colisão de regras, com o escopo de atribuir coerência à ordem jurídica.[5, 6]

---

3 BARROSO, Luís Roberto. *Interpretação e Aplicação da Constituição*. 3ª ed. São Paulo: Saraiva, 1999, p. 6-7.

4 Com referência ao assunto, a doutrina é unívoca a respeito da implicação recíproca entre interpretação e aplicação, porquanto a norma jurídica é interpretada para a sua aplicação ao fato concreto, ressalvada a hipótese de controle de constitucionalidade concentrado pela via de ação direta. DINIZ, Márcio Augusto Vasconcelos. *Constituição e Hermenêutica Constitucional*. Melhoramentos, Belo Horizonte, 1998, p. 240.

5 TORRES, Ricardo Lobo. *Normas de Interpretação e Integração do Direito Tributário*. 3ª ed. Rio de Janeiro: Renovar, 2000, p. 37-38.

6 Com relação à matéria, a doutrina era equívoca a propósito do objeto da interpretação constitucional. A teoria subjetivista, à luz de Windscheid, Regelsberger, Enneccerus, Bierling, Heck, Beling, Stammler, Petraschek, Nawiasky, Giacometti, Luechinger e von Tiefenbacher, salientava que a interpretação seria destinada à identificação da vontade do legislador (*mens legislatoris*), mediante a análise dos trabalhos preparatórios do ato legislativo. A teoria objetivista, a teor de Engisch, Binding, Each, Kohler, Schreier, Bartholomeyczik, Pfeifer, Schneider, Ehhmke, Dahm, Sax e du Pasquier, sustentava que a interpretação seria dirigida à individualização da vontade da lei (*mens legis*), mediante a investigação da realidade econômica, política e social do momento em que foi produzida a norma jurídica. O debate encontra-se superado pela convergência da jurisprudência, mormente a Suprema Corte americana, o Tribunal Constitucional Federal alemão e o Supremo Tribunal Federal brasileiro, para a doutrina objetiva, *exempli gratia*: "a única finalidade da interpretação, quando se refere a disposições constitucionais, consiste em descobrir o seu significado", "fundamental para a interpretação de um preceito constitucional é a vontade objetiva do constituinte, manifestada através do próprio preceptivo. Não é, pelo contrário, fundamental a ideia subjetiva dos órgãos, ou determinados membros, que participam do processo constituinte, acerca do significado da disposição", e "não me parece deva conferir-se um valor subordinante, no processo de interpretação da Lei Fundamental, quer aos trabalhos parlamentares, quer à vontade e à intenção originárias do legislador constituinte, na exata medida em que os seus postulados não condicionam e nem vinculam o intérprete na definição e na fixação do alcance e sentido normativo das regras constitucionais. Os condicionamentos hermenêuticos impostos pela exacerbação da vontade do legislador constituinte, e da intenção que o animava em determinado momento histórico, reduziriam, de modo extremamente inconveniente, a interpretação constitucional a uma dimensão voluntarista, que se revela de todo incompatível com o verdadeiro significado da Constituição". VIEITO, Aurélio Agostinho Verdade. *Da Hermenêutica Constitucional*. Belo Horizonte: Del Rey, 2000, p. 35. Home Building and Loan Association v. Blaisdell, 290 U.S. 398 (1934); *BverfGE*, 1, 299 (312), e STF, ADIn nº 27, Rel. Min. Aldir Passarinho, j. 21.2.1990, *RTJ* 134/963.

Terciariamente, quanto ao *papel do intérprete da Constituição*, a doutrina predominante, assim como a jurisprudência prevalecente, salientam a objetividade necessária, na medida em que o intérprete é delimitado pelas possibilidades exegéticas do texto, regras e princípios de interpretação constitucional, bem como a neutralidade impossível, uma vez que o intérprete não é indiferente ao produto da interpretação da Constituição. Na doutrina, **Plauto Faraco de Azevedo** acentua que o "processo interpretativo pressupõe uma posição previamente assumida em relação ao direito e à vida, que nele vai refletir-se inelutavelmente".[7] Na jurisprudência, o Supremo Tribunal Federal adverte que "ao examinar a lide, o magistrado deve idealizar a solução mais justa, considerada a respectiva formação humanística. Somente após, cabe recorrer à dogmática para, encontrando o indispensável apoio, formalizá-la".[8] Isso posto, o presente estudo é informado pelo pressuposto filosófico-jurídico, correspondente à impossibilidade de neutralidade do intérprete constitucional, porque "é preciso saber onde está o coração".[9, 10]

2 PARTICULARIDADES NA INTERPRETAÇÃO CONSTITUCIONAL

A interpretação constitucional, como espécie do gênero interpretação jurídica, é dotada de quatro **particularidades**, traduzidas pela superioridade hierárquica, caráter político, conteúdo específico e natureza da linguagem.

A *superioridade hierárquica* demonstra que a interpretação constitucional é efetuada sobre normas jurídicas que configuram o fundamento de validade, imediato ou mediato, de todas as normas legais que integram o mesmo ordenamento jurídico, por causa da potência da qual são emanadas (poder constituinte originário), com efeito no controle de constitucionalidade (jurisdição constitucional orgânica).

O *caráter político* denomina que a interpretação constitucional é ultimada sobre normas jurídicas dirigidas à legitimação e limitação do poder político, pois a Constituição legitima o poder transferido pela sociedade ao Estado, assim como limita o poder do Estado perante a sociedade.

O *conteúdo específico* denota que a interpretação constitucional é operada sobre normas jurídicas que prescrevem a divisão territorial e funcional do exercício do poder político, bem como a afirmação e asseguramento dos direitos fundamentais, inclusive os fins a serem alcançados na ordem econômica e social, as técnicas de aplicação e os meios de proteção das próprias normas constitucionais.

---

7 AZEVEDO, Plauto Faraco de. *Crítica à Dogmática e Hermenêutica Jurídica*. Porto Alegre: Sergio Antonio Fabris, 1989, p. 12.

8 STF, RE nº 111.787, Rel. Min. Marco Aurélio, *DJU* 13.9.1991, *RTJ* 136/1292 e *RDA* 188/288.

9 BARROSO, Luís Roberto. *Temas de Direito Constitucional*. Rio de Janeiro: Renovar, 2001, p. 637.

10 Com pertinência ao tema, no sentido do texto, asseverando a impossibilidade de neutralidade do intérprete constitucional, v.: ELY, John Hart. *Foreword: on discovering fundamental values* in *Harvard Law Review*, nº 92, 1978, p. 32-33. No sentido contrário, assinalando a possibilidade de neutralidade do intérprete constitucional, v.: WECHSLER, Herbert. *Towards neutral principles of Constitutional Law* in *Harvard Law Review*, nº 73, 1959, p. 10-16. Isso visto, a jurisprudência da Suprema Corte norte-americana é firmada no sentido da inadmissibilidade da neutralidade do intérprete constitucional, *verbi gratia*: Brown v. Board of Education, 347 U.S. 483 (1954).

A *natureza da linguagem* designa que a interpretação constitucional é implementada sobre normas jurídicas providas de maior abertura e menor densidade, com a necessidade de uma operação de concretização, na qual é conferida ao intérprete a liberdade de conformação.[11] A causa da maior abertura deve ser remetida à estrutura principiológica das normas constitucionais, cujos conflitos devem ser solucionados pelo critério ou método da ponderação em decisões suscetíveis de controle da racionalidade do discurso pela argumentação jurídica.[12] O efeito da menor densidade pode ser retratado pela participação mais intensa do Poder Judiciário na concretização dos valores constitucionais ou, de outra forma, maior interferência do Judiciário no espaço de atuação dos outros Poderes, por conta do distanciamento do intérprete, pela via interpretativa, do texto constitucional, dentro do "quadro de valorização do papel do juiz",[13] "ascensão institucional do Poder Judiciário"[14] ou "protagonismo judicial-processual",[15] no qual os magistrados são trazidos para o primeiro plano da vida pública.

À evidência, a nova interpretação constitucional, que tem a ver com a normatividade dos princípios, ponderação de bens jurídicos, interesses ou valores e argumentação jurídica, em ordem a aproximar as normas constitucionais da realidade subjacente, não se coaduna com a metáfora de **Carlos Maximiliano Pereira dos Santos**, de que "entre o legislador e o juiz existe a mesma relação que entre o dramaturgo e o ator".[16]

3 PRINCÍPIOS DE INTERPRETAÇÃO CONSTITUCIONAL

A **hermenêutica constitucional** é a disciplina científica, cujo objeto precípuo é o estudo e a sistematização dos princípios de interpretação da Constituição, de sorte que esta consiste na aplicação daquela.[17, 18]

---

11 TAVARES, André Ramos. *A Constituição Aberta: elementos de uma hermenêutica constitucional* in *Retrospectiva dos Vinte Anos da Constituição Federal*. São Paulo: Saraiva, 2009, p. 1.

12 MOREIRA, Eduardo Ribeiro. *Neoconstitucionalismo e Teoria da Interpretação* in *Vinte Anos da Constituição Brasileira*. São Paulo: Saraiva, 2009, p. 261.

13 VIEIRA, José Ribas. *Leituras e Debates em torno da Interpretação no Direito Constitucional nos Anos 90* in *Impulso – Revista de Ciências Sociais e Humanas*, nº 20, 1996, p. 16.

14 BARROSO, Luís Roberto. *Neoconstitucionalismo e Constitucionalização do Direito (O Triunfo Tardio do Direito Constitucional no Brasil)* in *A Constitucionalização do Direito*. Rio de Janeiro: Lumen Juris, 2007, p. 243 e 249.

15 STRECK, Lenio Luiz. *Hermenêutica, Constituição e Processo, ou de "como a discricionariedade não combina com a democracia": o contraponto da resposta correta* in *Constituição e Processo: contribuição do processo ao constitucionalismo democrático brasileiro*. Belo Horizonte: Del Rey, 2009, p. 8, 10, 17 e 24.

16 SANTOS, Carlos Maximiliano Pereira dos. *Hermenêutica e Aplicação do Direito*. 11ª ed. Rio de Janeiro: Forense, 1990, p. 59.

17 A palavra "hermenêutica" veio de "Hermes", sacerdote do oráculo de Delfos encarregado de levar a mensagem dos deuses aos homens, que, tendo descoberto a linguagem e a escrita, possibilitara a compreensão do ininteligível e desconhecido ou oculto. HEIDEGGER, Martin. *In Cammino verso il Linguaggio*. Milano: Mursia, 1984, p. 104.

18 CARVALHO, Márcia Haydée Porto de. *Hermenêutica Constitucional: métodos e princípios específicos de interpretação*. Florianópolis: Obra Jurídica, 1997, p. 43-44.

Ante o exposto, a interpretação constitucional é informada por oito princípios, a saber: (i) *supremacia da Constituição*; (ii) *unidade da Constituição*; (iii) *correção funcional*; (iv) *interpretação conforme a Constituição*; (v) *presunção de constitucionalidade*; (vi) *eficácia integradora*; (vii) *máxima efetividade*; e (viii) *proporcionalidade*.[19, 20]

---

19 No que tangencia as regras de interpretação constitucional, na doutrina estrangeira, Henry Campbell Black apresenta a seguinte enumeração exemplificativa (i) "o texto constitucional deve ser interpretado de acordo com princípios técnicos, mas também liberalmente, conforme linhas gerais, estatuídas para efetivar os grandes princípios de governo"; (ii) "uma Constituição deve ser interpretada para tornar efetiva a intenção do povo que a adotou"; (iii) "a Constituição, em caso de ambiguidade, deve ser examinada na sua totalidade, objetivando a determinação do sentido de suas partes"; (iv) "uma Constituição deve ser interpretada de acordo com a legislação previamente existente no Estado, a qual deverá compatibilizar-se com as normas constitucionais"; (v) "a norma constitucional não deve ser interpretada com efeito retroativo, salvo disposição expressa na Constituição"; (vi) "os dispositivos de uma Constituição são quase que invariavelmente imperativos"; (vii) "tudo que for necessário para efetivar uma norma constitucional deve ser considerado implícito ou subentendido, seja uma proibição, restrição ou concessão de poder"; (viii) "o preâmbulo da Constituição e os títulos de seus vários artigos ou seções podem fornecer alguma prova de seu sentido ou intenção, embora os argumentos deduzidos aí tenham valor apenas relativos"; (ix) "não é permitido desobedecer ou interpretar um dispositivo de modo a negar-lhe aplicação somente porque possa ele parecer injusto, ou conduzir a consequências julgadas nocivas, ou a injustas discriminações"; (x) "havendo ambiguidade, que não possa ser esclarecida pelo exame da própria Constituição, deve-se recorrer a fatos e elementos extrínsecos, tais como a legislação anterior, o mal a ser remediado, as circunstâncias históricas contemporâneas e as discussões da Assembleia Constituinte"; (xi) "as disposições transitórias não podem revogar ou transgredir a parte permanente da Constituição"; (xii) "a interpretação judicial, após deliberadamente firmada, não deve ser abandonada sem graves razões"; (xiii) "os preceitos relativos à liberdade, ou que abrem exceção às normas gerais firmadas pela Constituição, devem interpretar-se de modo restrito"; (xiv) "quando a Constituição define as circunstâncias em que um direito pode ser exercido, esta especificação importa em proibir, implicitamente, que a lei ordinária venha a sujeitar o exercício do direito a condições novas", e (xv) "a interpretação poderá recorrer ao Direito Constitucional comparado, a preceitos de outras Constituições, de caráter semelhante". BLACK, Henry Campbell. *Handbook of Construction and Interpretation of Law*. Saint Paul: West Publishing Co., 1896, p. 12.

20 No que tergiversa os princípios de interpretação constitucional, na doutrina nacional, Ruy Barbosa destaca: "(i) não é lícito distinguir onde a lei não distingue. *Ubi Lex non distinguit, nec nos distinguere possumus*; (ii) a mesma norma que manda interpretar restritivamente as disposições restritivas do direito, estabelece que as dimensões a ele favoráveis se devem entender liberalmente. *Odiosa restringenda, favorabilia amplianda*, e (iii) em se oferecendo alguma dúvida, a lei se entende sempre a favor da liberdade. *Quotiens dubia interpretatio libertatis est, secundum libertatem respondendum erit*". BARBOSA, Ruy. *Commentarios à Constituição Federal Brasileira*. v. V. São Paulo: Saraiva & Cia., 1934, p. 507.

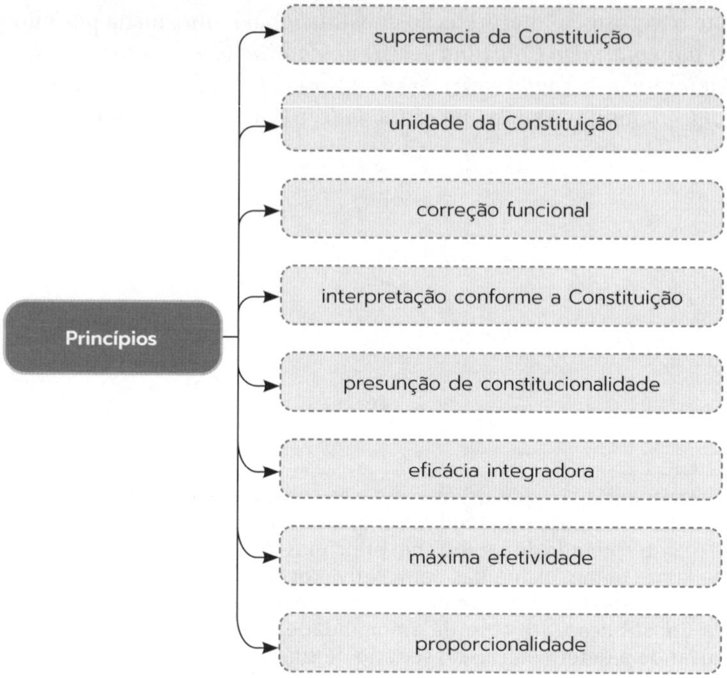

3.1 Princípio da supremacia da Constituição

O princípio da supremacia constitucional denota que a Constituição veicula as normas jurídicas de máxima hierarquia no sistema de Direito Positivo, figurando como fundamento de validade de todo ordenamento normativo.[21]

A supremacia, sob os aspectos de forma e de matéria, é decomposta em supremacia formal e supremacia material. De um lado, a supremacia formal induz a relação de hierarquia entre a Constituição e as demais espécies normativas, eis que a primeira é produzida pelo poder constituinte originário, ao passo que as segundas são produzidas pelos poderes constituídos, sendo aquele qualificado como anterior e superior em face destes. De outro lado, a supremacia material indica a maior importância das normas constitucionais, já que a estrutura fundamental do Estado é delineada na *Lex Legum*.[22]

A supremacia decorre de um antecedente e importa em um consequente. Por um lado, no que alude ao antecedente, a Constituição é suprema em relação às demais espécies normativas, vez que foi estabelecida em decorrência do exercício do poder constituinte originário, e não pelos poderes constituídos. Por outro lado, no que atine ao consequente, faz-se mister o desempenho da jurisdição constitucional, com a finalidade de assegurar a efetiva supremacia da Constituição em relação às outras espécies normativas.[23]

---

21 KELSEN, Hans. *Teoria Geral do Direito e do Estado*. São Paulo: Martins Fontes,1990, p. 120.

22 RAMOS, Elival da Silva. *A Inconstitucionalidade das Leis: vício e sanção*. São Paulo: Saraiva, 1994, p. 55.

23 NEVES, Marcelo. *Teoria da Inconstitucionalidade das Leis*. São Paulo: Saraiva, 1988, p. 146.

O princípio da supremacia não se confunde com o princípio da rigidez da Constituição, segundo o qual as normas jurídicas veiculadas pela Constituição somente podem ser alteradas por um processo qualificado de reforma, de maneira que o processo de reforma constitucional, nos termos do art. 60, é mais dificultoso do que o processo legislativo ordinário, na forma dos arts. 61 a 69, todos da CRFB.[24]

A rigidez é ligada aos processos formais, e não também aos processos informais de mudança da Constituição, de modo que, nos primeiros, há a alteração do texto constitucional, em atenção ao procedimento previsto, sob a denominação de reforma constitucional, ao passo que, nos segundos, sem que haja alteração do texto constitucional, há a modificação do sentido, alcance e conteúdo da regra da Constituição, sob a designação de mutação constitucional;[25] logo, na reforma constitucional, há alteração do texto da Constituição, enquanto, na mutação constitucional, há alteração do contexto, sem que o texto da Constituição seja modificado, a partir da constatação de que a norma constitucional, conservando o mesmo texto, recebe uma significação diferente.[26] Outrossim, malgrado a doutrina clássica não admita o exercício da jurisdição constitucional, sob o ângulo do controle de constitucionalidade, perante Constituição flexível, ao argumento de que, como o modo de alteração das normas constitucionais seria equivalente ao das normas infraconstitucionais, qualquer antinomia existente entre aquelas e estas seria solucionada pela máxima *lex posterior derogat priori*,[27] a doutrina moderna evidencia a possibilidade de exercício da jurisdição constitucional, sob o prisma do controle de constitucionalidade, perante Constituição flexível, embora restrito a aspectos formais, sob o fundamento de que, na hipótese em que a legislatura ordinária reforma as normas de conteúdo intrinsecamente constitucional, deve atuar de acordo com o procedimento por elas mesmas prescrito, sob pena de sanção por invalidade formal.[28] Portanto, a supremacia e a rigidez são princípios correlacionados, sendo certo que a supremacia, necessariamente, assegura a rigidez da Constituição, posto que as normas constitucionais somente funcionam como fundamento de validade das normas infraconstitucionais na medida em que haja um procedimento dificultado de reforma constitucional, porém a rigidez não necessariamente assegura a supremacia da Constituição, visto que há a possibilidade de controle de constitucionalidade em face de Constituição flexível, apesar de limitado a aspectos formais.[29]

A rigidez é suscetível de graduação, de forma que uns Estados podem deter grau maior de rigidez constitucional (*e.g.*: nos Estados Unidos, a emenda à Constituição, que pode ser proposta por dois terços dos membros do Senado e da Câmara dos Representantes ou dois terços das Casas Legislativas estaduais, deve ser ratificada por três quartos

---

24 MELLO, Oswaldo Aranha Bandeira de. *A Teoria das Constituições Rígidas*. 2ª ed. São Paulo: José Bushatsky, 1980, p. 35-48.

25 FERRAZ, Anna Cândida da Cunha. *Processos Informais de Mudança da Constituição*. São Paulo: Max Limonad, 1986, p. 5-13.

26 MENAULT, Antonio-Carlos. *Lecciones de Teoría Constitucional*. 3ª ed. Madrid: Colex, 1997, p. 87.

27 CAVALCANTI, Themístocles Brandão. *Do Controle da Constitucionalidade*. Rio de Janeiro: Forense, 1966, p. 25.

28 SILVA, Paulo Napoleão Nogueira da. *A Evolução do Controle da Constitucionalidade e a Competência do Senado Federal*. São Paulo: Revista dos Tribunais, 1992, p. 16-17.

29 CLÈVE, Clèmerson Merlin. *A Fiscalização Abstrata da Constitucionalidade no Direito Brasileiro*. 2ª ed. São Paulo: Revista dos Tribunais, 2000, p. 32.

dos Estados),[30] quando em comparação com outros Estados, que podem dispor, *a fortiori*, de grau menor de rigidez constitucional (*v. g.*: no Brasil, a emenda à Constituição, que pode ser proposta pelo Presidente da República, um terço dos membros da Câmara dos Deputados e do Senado Federal ou mais de metade das Assembleias Legislativas, deve ser aprovada, em dois turnos de votação em cada Casa do Congresso Nacional, pelo voto de três quintos dos Deputados Federais e dos Senadores da República).[31]

3.2 Princípio da unidade da Constituição

O princípio da unidade designa que a Constituição atribui caráter sistemático ao ordenamento jurídico,[32] uma vez que as normas constitucionais, revestidas da natureza de princípios (normas com alto grau de abstração, consagradores de valores, pelo que é necessária a mediação concretizadora) ou regras (normas com pouco grau de abstração, concretizadoras de princípios, pelo que é possível a aplicação coercitiva), com relação de fundamentação a partir daqueles até estas, consistem em fundamento de validade comum de todas as normas jurídicas que integram a mesma ordem constitucional, de sorte que não há hierarquia normativa, pois são oriundas da mesma fonte de direito, sem embargo da possibilidade de existência de hierarquia axiológica, porque são informadas por valores diferentes, no processo de densificação principiológica, entre as normas constitucionais.[33]

Destarte, as antinomias existentes entre as normas jurídicas são meramente aparentes, devendo ser solucionadas em conformidade com duas ordens de critérios diferentes. Os primeiros são referentes à aparente colisão em que as normas jurídicas potencialmente aplicáveis à hipótese proveem do mesmo sistema de Direito Positivo, porquanto seriam vigentes no mesmo espaço e tempo, de forma que os conflitos entre princípios são solucionados na dimensão do peso, pela aplicação do critério da ponderação dos valores em jogo, ao passo que os conflitos entre regras são solucionados na dimensão da validez, pela aplicação do critério hierárquico (*lex superior derogat inferiori*), no caso de diversidade hierárquica entre as regras contrapostas, predominando a de grau superior, em detrimento da de grau inferior, em razão da existência de relação de subordinação, como também critério cronológico (*lex posterior derogat priori*) e critério de especialidade (*lex specialis derogat generali*), no caso de identidade hierárquica entre as regras cotejadas, prevalecendo a posterior ou especial, em detrimento da anterior ou geral, em virtude da existência de relação de coordenação.[34] Os segundos são relativos à aparente colisão em que as normas jurídicas potencialmente aplicáveis ao caso promanam de diferentes sistemas de Direito Positivo, conquanto seriam vigentes em espaço ou tempo distintos, sendo resolvidos pelos critérios de sobredireito, de modo que, na hipótese de coexistência de normas jurídicas do ordenamento jurídico nacional e de ordenamento jurídico estrangeiro, o conflito no espaço é solvido pelo Direito Internacional Privado,

---

30 FINE, Toni. *Introdução ao Sistema Jurídico Anglo americano*. São Paulo: Martins Fontes, 2011, p. 53.

31 MOREIRA, Eduardo Ribeiro. *Teoria da Reforma Constitucional*. São Paulo: Saraiva, 2012, p. 65-68.

32 KELSEN, Hans. *General Theory of Law and State*. New York: Russel & Russel, 1961, p. 116.

33 MORAES, Humberto Peña de. *Arguição de Descumprimento de Preceito Fundamental. Apontamentos para a Compreensão do Tema*. Rio de Janeiro: COAD, 2001, p. 13.

34 BOBBIO, Norberto. *Teoria Dell'Ordinamento Giuridico*. Torino: G. Giappichelli, 1960, p. 81.

cujos princípios básicos são o da territorialidade e o do reconhecimento das situações jurídicas constituídas sob a égide da legislação alienígena, enquanto que, na hipótese de sucessão de normas jurídicas no ordenamento jurídico nacional, o conflito no tempo é equalizado pelo Direito Intertemporal, cujos princípios basilares são o da não irretroatividade e o do respeito às situações jurídicas preexistentes.[35]

3.3 Princípio da correção funcional

O princípio da correção funcional exige que o juízo ou tribunal, ao proceder à interpretação, não desvirtue as competências que hajam sido atribuídas a cada um dos órgãos constitucionais, de tal molde que o equilíbrio entre os Poderes do Estado desenhado pela Constituição, como pressuposto do respeito aos direitos fundamentais, se encontre plenamente garantido.[36]

Por ilação, a justiça constitucional, no exercício da competência que lhe é inerente, deve conter-se frente a organizações de mesma hierarquia. Evidenciar-se-ia, do contrário, uma supremacia inconstitucional do órgão de interpretação em relação aos outros organismos do Estado igualmente constitucionais.[37]

3.4 Princípio da interpretação conforme a Constituição

O princípio da interpretação conforme a Constituição expressa que a dúvida em relação à constitucionalidade de uma norma jurídica plurissignificativa é resolvida em favor de sua conservação.[38]

A interpretação conforme a Constituição comporta dois subprincípios. Um, com espeque na doutrina norte-americana, funciona como critério de interpretação, pelo qual a norma jurídica somente pode ser declarada inconstitucional quando a invalidade seja manifesta e inequívoca.[39] Outro, com esteio na doutrina alemã, funciona como técnica de decisão, pelo qual uma norma jurídica não deve ser declarada inconstitucional quando possa ser interpretada em consonância com a Constituição, de maneira que o órgão judicial elimina as possibilidades de interpretação incompatíveis com o ordenamento constitucional, com redução do conteúdo normativo, sem afetar a expressão literal da norma subjugada a controle de constitucionalidade.[40] Hodiernamente, quanto aos momentos do processo hermenêutico, há a discriminação entre interpretação conforme a Constituição e declaração parcial de inconstitucionalidade sem redução de texto, na

---

35 MORAES, Guilherme Peña de. *Homologação de Sentença Estrangeira à luz da Jurisprudência do Supremo Tribunal Federal*. Rio de Janeiro: Lumen Juris, 2002, p. 4.

36 ROYO, Javier Pérez. *Curso de Derecho Constitucional*. 10ª ed. Madrid: Marcial Pons, 2005, p. 144.

37 RODRÍGUEZ-PATRÓN, Patricia. *La Liberdad del Tribunal Constitucional Federal Alemán en la Configuración de su Derecho Procesal* in *Revista Española de Derecho Constitucional*, nº 62, 2001, p. 145.

38 MENDES, Gilmar Ferreira. *Controle de Constitucionalidade na Alemanha: a declaração de nulidade da lei inconstitucional, a interpretação conforme a Constituição e a declaração de constitucionalidade da Lei na jurisprudência da Corte Constitucional alemã* in *Revista de Direito Administrativo*, nº 193, 1993, p. 22-27.

39 COHEN, William; VARAT, Jonathan. *Constitutional Law*. 11ª ed. New York: Foundation Press, 2001, p. 747.

40 MÜLLER, Friedrich. *Juristiche Methodik*. 2ª ed. Berlin: Duncker & Humblot, 1976, p. 85.

medida em que aquela é imanente à interpretação, eis que consiste na exclusão de possibilidades de interpretação, enquanto que esta é inerente à aplicação, já que consiste na exclusão de hipóteses de aplicação, da norma submetida ao controle de constitucionalidade, sendo manifesto que ambas importam na redução do conteúdo ou programa normativo, vez que o texto da lei ou ato normativo não é alcançado, pela declaração de constitucionalidade (interpretação conforme a Constituição) ou inconstitucionalidade (declaração parcial de inconstitucionalidade sem redução de texto).[41]

3.5 Princípio da presunção de constitucionalidade

O princípio da presunção de constitucionalidade das leis e atos normativos exprime que as normas jurídicas são dotadas da presunção relativa de validade, que pode ser elidida ou convertida em presunção absoluta de validade, em razão da declaração de inconstitucionalidade ou constitucionalidade, respectivamente, no exercício do controle difuso e concentrado.[42]

No âmbito do controle de constitucionalidade difuso, do princípio da presunção de constitucionalidade deflui a reserva de plenário, segundo a qual somente pelo voto da maioria absoluta dos membros do plenário ou órgão especial do tribunal exercente do controle incidental a inconstitucionalidade de lei ou ato normativo pode ser declarada, ainda que arguida por membro do próprio colegiado,[43] na forma do art. 97 da CRFB, assim como arts. 948 a 950 do CPC.

No âmbito do controle de constitucionalidade concentrado, do princípio da presunção de constitucionalidade derivam a atuação do Advogado-Geral da União, na condição de curador da presunção de constitucionalidade (*defensor legis*), com o desiderato de assegurar o atendimento ao princípio do contraditório,[44] e a concessão de medida liminar, com o escopo de suspender a eficácia da lei ou ato normativo impugnado até a decisão de mérito, pelo tribunal exercente do controle abstrato,[45] nos termos dos arts. 102, inc. I, *p*, e 103, § 3º, da CRFB, bem como arts. 8º e 10 a 12 da Lei nº 9.868/99.

Não é infirmado o princípio da presunção de constitucionalidade pela possibilidade de a Chefia do Poder Executivo deixar de aplicar lei ou ato normativo que se lhe afigure inconstitucional, sem instauração de controle de constitucionalidade, com possibilidade de eventual responsabilização pelos danos causados a terceiros, em decorrência do dever-poder de defesa da Constituição a que se encontra submetida.[46]

---

41 MENDES, Gilmar Ferreira. *A Declaração de Inconstitucionalidade sem Pronúncia de Nulidade da Lei na Jurisprudência da Corte Constitucional Federal Alemã* in *Revista de Informação Legislativa*, nº 118, 1993, p. 61.

42 MENDES, Gilmar Ferreira. *Jurisdição Constitucional*. 3ª ed. São Paulo: Saraiva, 1999, p. 251.

43 SLAIBI FILHO, Nagib. *A Arguição de Inconstitucionalidade nos Tribunais: notas sobre a nova redação que a Lei nº 9.756/98 deu ao art. 481 do CPC* in *Revista de Direito do Tribunal de Justiça do Estado do Rio de Janeiro*, nº 42, 2001, p. 7.

44 CASTILHO NETO, Arthur de. *Reflexões Críticas sobre a Ação Direta de Inconstitucionalidade no Supremo Tribunal Federal* in *Revista de Direito da Procuradoria-Geral da República*, nº 2, 1993, p. 39.

45 ZAVASCKI, Teori Albino. *Eficácia das Liminares nas Ações de Controle Concentrado de Constitucionalidade* in *Revista de Processo*, nº 98, 2000, p. 285, 289 e 294.

46 BARROSO, Luís Roberto. *Poder Executivo – Lei Inconstitucional – Descumprimento* in *Revista de Direito Administrativo*, nº 181, 1990, p. 387.

3.6 Princípio da eficácia integradora

O princípio da eficácia integradora exterioriza que a Constituição deve ser um instrumento de agregação, e não de desagregação política.[47]

Por dedução, o produto da interpretação constitucional somente pode ser considerado como válido na medida em que contribua para integrar, pacificar e ordenar as relações dos poderes públicos entre si e destes com a sociedade.[48]

3.7 Princípio da máxima efetividade

O princípio da máxima efetividade impõe que à norma constitucional, sujeita à atividade hermenêutica, deva ser atribuído o sentido que maior eficácia lhe conceda,[49] sendo vedada a interpretação que lhe suprima ou diminua a finalidade.[50]

Deveras, todas as normas constitucionais são providas de eficácia, embora possa haver diferenciação quanto à graduação desta, pelo motivo de que as normas constitucionais que pretendam conferir direitos subjetivos, expostos por prestações materiais, são revestidas de eficácia positiva, pois permitem que seus beneficiários ou destinatários exijam as prestações que constituem o objeto do direito subjetivo perante o Poder Judiciário, com o propósito de assegurar o mínimo existencial e atender à reserva do possível, ao passo que as normas constitucionais que pretendam delimitar os fins a serem alcançados pelo Estado e sociedade, sem a especificação dos meios para a obtenção das finalidades colimadas, são revestidas de eficácia negativa, porque não somente proíbem a implementação de políticas que contrariem as prescrições imanentes às normas constitucionais programáticas, como também invalidam a revogação de normas infraconstitucionais, que regulamentavam normas constitucionais programáticas, sem a determinação de política substitutiva ou equivalente, pelos Poderes Executivo e Legislativo, respectivamente, com a vedação do retrocesso.[51]

3.8 Princípio da proporcionalidade

O princípio da proporcionalidade indica que a validade dos atos emanados do Poder Público é aferida à luz de três máximas: a adequação ou idoneidade, a necessidade ou exigibilidade e a proporcionalidade em sentido estrito.

---

47 MORA-DONATTO, Cecília. *El Valor de la Constitución Normativa*. Mexico: Instituto de Investigaciones Jurídicas, 2002, p. 68.

48 ARROYO, César Rodrigo Landa. *Autonomía Procesal del Tribunal Constitucional: la experiencia del Peru* in *Anuario de Derecho Constitucional Latinoamericano*, nº 15, 2009, p. 281.

49 CANOTILHO, José Joaquim Gomes. *Direito Constitucional*. 6ª ed. Coimbra: Almedina, 1993, p. 227.

50 MIRANDA, Jorge. *Manual de Direito Constitucional*. 2ª ed. v. II. Coimbra: Coimbra Editora, 1988, p. 229.

51 GOMES, Sérgio Alves. *Hermenêutica Jurídica e Constituição no Estado de Direito Democrático*. Rio de Janeiro: Forense, 2001, p. 47.

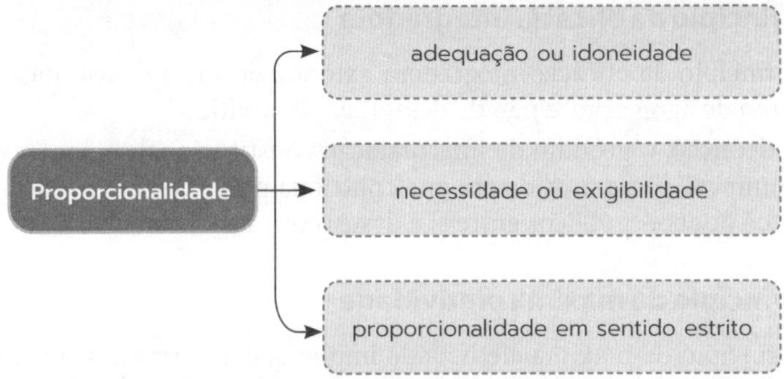

Nesse diapasão, não há confusão entre os princípios da proporcionalidade, concordância prática, proibição do excesso e razoabilidade.[52]

A concordância prática, em comparação ao princípio da proporcionalidade, não importa em sopesamento de bens ou valores.

A proibição de excesso, em contraposição ao princípio da proporcionalidade, não se refere a omissão ou ação insuficiente dos poderes estatais.

A razoabilidade, em cotejo com o princípio da proporcionalidade, tem origem e estrutura diferentes. A origem da razoabilidade (*reasonableness*) remonta ao direito anglo-saxônico, a partir do caso *Wednesbury Corporation*, na Inglaterra,[53] e do caso *Lochner*, nos Estados Unidos da América,[54] quando a Suprema Corte aludiu à razoabilidade interna (*internal reasonableness*), isto é, compatibilidade entre meio e fim, e razoabilidade externa (*external reasonableness*), ou seja, legitimidade dos fins, como critérios de aferição dos atos legislativos.[55] A origem da proporcionalidade (*Verhältnismässigkeit*) retrocede ao direito germânico, a partir do caso *Erdölbevorratung*, quando o Tribunal Constitucional articulou a adequação ou idoneidade, necessidade ou exigibilidade e proporcionalidade em sentido estrito como parâmetros de valoração dos atos administrativos.[56] A adequação ou idoneidade (*Geeignetheit*) designa a correlação lógica entre meios e fins, de maneira que, tendo em vista determinados motivos, devem ser providos meios, para a consecução de certos fins (*e. g.*: em face do crescimento estatístico de doença

---

52 A natureza da proporcionalidade não é imune à controvérsia. Gilmar Ferreira Mendes e Heinrich Scholler defendem que a proporcionalidade seria um princípio, enquanto que Humberto Bergmann Ávila e Virgílio Afonso da Silva pretendem demonstrar que a proporcionalidade seria uma regra ou postulado normativo aplicativo. MENDES, Gilmar Ferreira. *O Princípio da Proporcionalidade na Jurisprudência do Supremo Tribunal Federal: novas leituras* in *Repertório IOB de Jurisprudência: tributário, constitucional e administrativo*, nº 14, 2000, p. 361; SCHOLLER, Heinrich. *O Princípio da Proporcionalidade no Direito Constitucional e Administrativo da Alemanha* in *Interesse Público*, nº 2, 1999, p. 93; ÁVILA, Humberto Bergmann. *A Distinção entre Princípios e Regras: a redefinição do dever de proporcionalidade* in *Revista de Direito Administrativo*, nº 215, 1999, p. 151, e SILVA, Virgílio Afonso da. *O Proporcional e o Razoável* in *Revista dos Tribunais*, nº 798, 2002, p. 23.

53 Associated Provincial Picture Houses Ltd. v. Wednesbury Corporation, 1 UK 223.

54 Lochner v. New York, 198 US 45.

55 KENNEDY, Rick. *The History of Reasonableness*. Rochester: University of Rochester Press, 2004, p. 13. V., também: BONGIOVANNI, Giorgio; SARTOR, Giovanni; VALENTINI, Chiara. *Reasonableness and Law*. New York: Springer, 2009, p. 5.

56 *BVerfGE* 30, 292-316.

sexualmente transmissível, o Poder Público proíbe o consumo de bebidas alcoólicas durante o carnaval, para impedir a contaminação. A medida será desproporcional, visto que não há relação direta entre o consumo de álcool e a contaminação). A necessidade ou exigibilidade (*Erforderlichkeit*) denota a inexistência de meios menos gravosos para a obtenção dos fins pretendidos (p. e.: a determinação do Poder Público que importe na interdição de estabelecimento industrial, havendo a possibilidade de instalação de filtro, para a contenção de dano ambiental. A providência será desproporcional, com fundamento no postulado do meio mais benigno). A proporcionalidade em sentido estrito (*Verhältnismässigkeit i. e. S.*) denomina a ponderação entre o encargo imposto e o benefício trazido (*v. g.*: frente à sujidade imposta a monumentos públicos, o Poder Público eletrifica-os, para que, no momento em que forem conspurcados, haja uma descarga elétrica que incapacite o transgressor. A medida será desproporcional, posto que não há proporcionalidade entre o bem jurídico protegido e o bem jurídico sacrificado).[57]

A proporcionalidade, ou qualquer outra nomenclatura que se lhe atribua, tem sido estendida tanto do campo material para o processual quanto do campo cível para o penal. No Direito Processual, a razoável duração do processo (*angemessenen Verfahrensdauer*) é assegurada pelos meios que garantam a celeridade de sua tramitação no âmbito judicial e administrativo. No Direito Penal, a vedação da proteção deficiente (*Unter massverbot*) é associada ao garantismo positivo, de forma que "o Estado, para o cumprimento do seu dever de proteção, é obrigado a empregar as medidas suficientes para a proteção adequada, e como tal, efetiva dos bens jurídicos penalmente relevantes".[58]

A jurisprudência do Supremo Tribunal Federal, que não raramente identifica a proporcionalidade com os princípios da concordância prática, proibição do excesso e razoabilidade, evoluiu da teoria do desvio legislativo para a utilização do princípio da proporcionalidade como critério de aferição ou parâmetro de valoração dos atos emanados do Poder Público. A primeira etapa é identificada no recurso extraordinário nº 18.331, como é retratado pelo seguinte acórdão: "o poder de taxar não pode chegar à desmedida do poder de destruir, uma vez que aquele somente pode ser exercido dentro dos limites que o tornem compatível com a liberdade de trabalho, comércio e da indústria e com o direito de propriedade. É um poder, cujo exercício não deve ir até o abuso, o excesso, o desvio, sendo aplicável, ainda aqui, a doutrina fecunda do *détournement de pouvoir*. Não há que estranhar a invocação dessa teoria ao propósito da inconstitucionalidade, quando os julgados têm proclamado que o conflito entre a norma comum e o preceito da Lei Maior pode se acender não somente considerando a letra do texto, como também, e principalmente, o espírito do dispositivo invocado".[59] O segundo estágio é indigitado no recurso extraordinário nº 76.163, como é revelado pelo subsecutivo acórdão: "a doutrina dos motivos determinantes estabelece que os atos do Governo, se a lei só os legitima mediante certos motivos, ou quando o próprio Governo, podendo praticá-los

---

57 *BVerfGE* 88, 203.

58 POLLAK, Christiana. *Verhältnismässigkeitsprinzip und Grundrechtsschutz in der Judikatur des Europäischen Gerichtshofs und des Österreichischen Verfassungsgerichtshofs*. Baden-Baden: Nomos Verlagsgesellschaft, 1991, p. 51. V., também: SURHONE, Lambert; TIMPLEDON, Miriam; MARSEKEN, Susan. *Abwägungsausfall: Verwaltungsrecht, Planungsrecht, Bundesverwaltungsgericht, Verhältnismässigkeitsprinzip, Bauplanungsrecht, Felix Weyreuther, Ermessensfehlerlehre*. Beau Bassin: Betascript Publishing, 2010, p. 42.

59 STF, RE nº 18.331, Rel. Min. Orozimbo Nonato, j. 21.9.1951, *RF* 145/164.

sem motivo declarado, declara, entretanto, o motivo, não poderão continuar a subsistir desde que o motivo, que, de acordo com a lei, é necessário para legitimá-los, ou o motivo invocado ou declarado pelo Governo não convém à realidade ou se verifica improcedente por não coincidir com a situação de fato em que consistia o seu pressuposto".[60] O terceiro estádio é individualizado na ação direta de inconstitucionalidade nº 855, como é reverberado pelo subsequente acórdão: "eis aí outro fundamento igualmente suficiente para conduzir à invalidade da lei por ofensa ao princípio da proporcionalidade ou razoabilidade. Eles servem não só para lastrear o questionamento da proporcionalidade ou razoabilidade da disciplina legal impugnada, mas também para indicar a conveniência de sustar - ao menos provisoriamente - as inovações por ela impostas, as quais, onerosas e de duvidosos efeitos úteis, acarretariam danos de incerta reparação para a economia do setor, na hipótese - que não é de afastar - de que venha ao final a declarar a inconstitucionalidade da lei".[61] A Excelsa Corte - que, inclusive, já se reportou à "banalização da proporcionalidade" em sede da ação direta de inconstitucionalidade nº 3.826[62] - delineou o princípio nos enunciados ou verbetes nos 70 ("é inadmissível a interdição de estabelecimento como meio coercitivo para cobrança de tributo"), 323 ("é inadmissível a apreensão de mercadorias como meio coercitivo para pagamento de tributos") e 547 ("não é lícito à autoridade proibir que o contribuinte em débito adquira estampilhas, despache mercadorias nas alfândegas e exerça suas atividades profissionais") da Súmula da sua Jurisprudência Predominante.[63, 64]

4 MÉTODOS DE INTERPRETAÇÃO CONSTITUCIONAL

A interpretação constitucional é dirigida por métodos clássicos e modernos, conforme sejam, ou não, empregadas normas tradicionais de hermenêutica jurídica, dotadas de origem romanista e civilista, respectivamente.[65]

---

60 STF, RE nº 76.163, Rel. Min. Bilac Pinto, j. 17.12.1974, *DJU* 11.4.1975.

61 STF, ADIn nº 855, Rel. Min. Sepúlveda Pertence, j. 1º.7.1993, *DJU* 1º.10.1993.

62 STF, ADIn nº 3.826, Rel. Min. Eros Grau, j. 12.5.2010, *DJU* 20.8.2010. V., também, sobre o tema: STF, ADIn nº 1.753, Rel. Min. Sepúlveda Pertence, j. 16.4.1998, *DJU* 12.6.1998; STF, HC nº 82.969, Rel. Min. Gilmar Mendes, j. 30.9.2003, *DJU* 17.10.2003, e STF, ADIn nº 2.667, Rel. Min. Celso de Mello, j. 19.6.2002, *DJU* 12.3.2004.

63 BARROS, Suzana de Toledo. *O Princípio da Proporcionalidade e o Controle de Constitucionalidade das Leis Restritivas de Direitos Fundamentais*. Brasília: Brasília Jurídica, 1996, p. 166. V., também: GÓES, Gisele Santos Fernandes. *Princípio da Proporcionalidade no Processo Civil*. São Paulo: Saraiva, 2004, p. 55; SANTOS, Gustavo Ferreira. *O Princípio da Proporcionalidade na Jurisprudência do Supremo Tribunal Federal*. Rio de Janeiro: Lumen Juris, 2004, p. 223, e D'URSO, Flávia. *Princípio da Proporcionalidade no Processo Penal*. São Paulo: Atlas, 2007, p. 63.

64 O princípio de interpretação constitucional foi positivado na norma veiculada pelo art. 2º, *caput*, da Lei nº 9.784/99, que regula o processo administrativo no âmbito da Administração Pública federal, segundo a qual "a Administração Pública obedecerá, dentre outros, aos princípios da legalidade, finalidade, motivação, razoabilidade, proporcionalidade, moralidade, ampla defesa, contraditório, segurança jurídica, interesse público e eficiência". CARVALHO FILHO, José dos Santos. *Processo Administrativo Federal*. Rio de Janeiro: Lumen Juris, 2001, p. 52-53.

65 Sobre a insuficiência dos métodos clássicos de interpretação constitucional, em virtude das particularidades das normas veiculadas pela Constituição da República, a doutrina contemporânea tem salientado que "é clara a incapacidade dos métodos interpretativos tradicionais para o desenvolvimento da hermenêutica constitucional. Tradicionalmente, a interpretação

4.1 Métodos clássicos de interpretação constitucional

Os métodos clássicos de interpretação constitucional são classificados quanto à origem, meio e finalidade.[66]

4.1.1 Interpretação legislativa, administrativa, judicial e doutrinária

Com pertinência à **origem**, a interpretação constitucional é subclassificada em legislativa, administrativa, judicial e doutrinária.

A *interpretação legislativa* é efetuada pelo Poder Legislativo, como, por exemplo, no processo legislativo, quando o órgão legislativo aplica o procedimento adequado para a elaboração de normas jurídicas ou aprecia o veto por inconstitucionalidade.

A *interpretação judicial* é efetivada pelo Poder Judiciário, como, por exemplo, na jurisdição constitucional, quando o órgão judicial procede ao controle de constitucionalidade ou processa os remédios constitucionais.

A *interpretação administrativa* é exteriorizada pelo Poder Executivo, como, por exemplo, na inaplicação por inconstitucionalidade, quando o órgão administrativo deixa de aplicar as normas jurídicas que considerar inconstitucionais.

A *interpretação doutrinária* é exercitada pelos escritores jurídicos em geral, como, por exemplo, as obras literárias em matéria jurídica.[67]

4.1.2 Interpretação gramatical, histórica, sistemática, lógica e teleológica

Com referência ao **meio**, a interpretação constitucional é subclassificada em gramatical, histórica, sistemática, lógica e teleológica.

A *interpretação gramatical*, também denominada filológica, literal, semântica, textual ou verbal, leva em cômputo os enunciados linguísticos do texto constitucional,

---

perseguia a revelação da vontade inscrita na norma, ou a vontade subjetiva do legislador, através da análise do texto, de seu processo de criação, de suas conexões sistemáticas e de seus antecedentes e de seu sentido e finalidade. Esta teoria tradicional da interpretação não se mostrou livre de problemas. Tal tese, que tem por fundamento a vontade, encobria a verdadeira situação encontrada pelo operador do direito, eis que a Constituição não contém vontades inequívocas e fixas. Identificar como objeto da interpretação o descobrimento de uma prévia vontade da norma constitucional ou do constituinte, para lhe dar execução, equivaleria a pretender dar cumprimento a algo inexistente e, portanto, tratar-se-ia de um equívoco, desde o ponto de vista inaugural, que fundamenta tal raciocínio". CASTRO, Flávia Viveiros de. *Interpretação Constitucional e Prestação Jurisdicional*. Rio de Janeiro: Lumen Juris, 2000, p. 57.

66 BULOS, Uadi Lammêgo. *Manual de Interpretação Constitucional*. São Paulo: Saraiva, 1997, p. 22.

67 Sobre o assunto, Peter Häberle propugna a adoção de uma hermenêutica constitucional adequada à sociedade pluralista, com a ampliação do círculo de participantes do processo de interpretação da Constituição. Em consequência, todas as pessoas que vivem no contexto regulado por uma norma constitucional podem, direta ou indiretamente, interpretá-las, razão pela qual os intérpretes da constituição são os participantes formais do processo constitucional, vinculados a corporações, imanentes à sociedade fechada, como também os participantes materiais do processo social, traduzidos pelos órgãos estatais, cidadãos e grupos, sistema e opinião pública, inerentes à sociedade aberta dos intérpretes da constituição. HÄBERLE, Peter. *Hermenêutica Constitucional. A Sociedade Aberta dos Intérpretes da Constituição: contribuição para a interpretação pluralista e procedimental da Constituição*. Porto Alegre: Sergio Antonio Fabris, 2002, p. 33.

por meio da análise da pontuação, etimologia e colocação das palavras, a fim de revelar o sentido possível delas.

A *interpretação histórica* leva em consideração os antecedentes históricos da norma constitucional, por meio da investigação dos precedentes legislativos, trabalhos preparatórios e condições culturais e psicológicas que resultaram na elaboração ou reforma normativa.

A *interpretação sistemática* leva em consulta o caráter sistemático intrínseco à ordem constitucional, por meio do posicionamento na norma a ser interpretada no sistema da qual exsurge, com o estabelecimento de relações de coordenação ou subordinação no ordenamento jurídico.

A *interpretação lógica* leva em conta a compatibilidade ou concordância entre normas constitucionais, por meio de raciocínios lógicos.

A *interpretação teleológica* leva em contemplação a finalidade da norma constitucional, por meio da apuração dos valores tutelados por ela.[68]

4.1.3 Interpretação declarativa, restritiva e extensiva

Com relação à **finalidade**, a interpretação constitucional é subclassificada em declarativa, restritiva e extensiva.

A *interpretação declarativa* é implementada na hipótese em que há concordância entre o signo de linguagem e o significado a ele atribuído (*cum in verbis nulla ambiguitas est, non debet admitti voluntatis quaestio*), porquanto nenhuma norma constitucional prescinde de interpretação, não mais vigorando o brocardo *in claris cessat interpretatio*.

A *interpretação restritiva* é instaurada na hipótese em que não há conformidade entre o signo de linguagem e o significado a ele atribuído, de maneira que cabe ao intérprete reduzir o sentido do enunciado normativo (*lex plus scripsit, minus voluit*).

A *interpretação extensiva* é instituída na hipótese em que não há consonância entre o signo de linguagem e o significado a ele atribuído, de sorte que cumpre ao intérprete elastecer o sentido do enunciado normativo (*lex minus scripsit quam voluit*).[69]

4.2 Métodos modernos de interpretação constitucional

Os métodos modernos de interpretação constitucional são divididos em científico-espiritual, tópico-problemático, normativo-estruturante e hermenêutico-concretizador.

---

68 Sobre a matéria, Raúl Canosa Usera salienta que o intérprete da constituição, malgrado não exista hierarquia entre os métodos de interpretação constitucional, deve proceder à sua ordenação a partir do método gramatical, eis que o sentido possível do texto normativo consiste no limite da atividade hermenêutica, com preferência dos métodos sistemático, lógico e teleológico, em detrimento do método histórico, já que aqueles correspondem a critérios objetivos. USERA, Raúl Canosa. *Interpretación Constitucional y Fórmula Política*. Madrid: Centro de Estudios Constitucionales, 1988, p. 135.

69 Sobre o tema, Castan Tobeñas sublinha a diferenciação entre interpretação extensiva e analogia, vez que a primeira amplia a palavra da lei, ao passo que a segunda amplia o pensamento do legislador. TOBEÑAS, Castan. *Los Derechos del Hombre*. 2ª ed. Madrid: Reus, 1975, p. 37.

4.2.1 Método científico-espiritual

O método científico-espiritual, preparado por **Rudolf Smend**, é desenvolvido a partir da crítica à interpretação jurídica, por intermédio da apreciação global do texto constitucional, em seus aspectos teleológicos e materiais, com a finalidade de tornar a Constituição mais política do que jurídica.[70]

Por conclusão, o presente método moderno de interpretação constitucional é sistêmico e espiritualista, dado que a Constituição deveria ser interpretada como um todo, com captação de sentido ou percepção do global, assim como a Constituição seria elemento integrador da realidade estatal, com consideração do sistema de valores políticos, econômicos, sociais e culturais subjacentes ao texto constitucional, na medida em que o sentido e a realidade da Constituição funcionariam como critério hermenêutico, com a vinculação da interpretação constitucional à realidade da vida ou concretude da existência: "a Constituição, por ser a ordenação jurídica integradora do Estado, não pode ser interpretada de forma isolada. A interpretação precisa levar em conta a realidade concreta da vida, porque, enquanto direito positivo, a Constituição é norma, mas também realidade. O intérprete deve prender-se sempre à realidade da vida, à concretude da existência, compreendida esta sobretudo pelo que tem de espiritual, enquanto processo unitário e renovador da própria realidade, submetida à lei de sua integração".[71]

4.2.2 Método tópico-problemático

O método tópico-problemático, proposto por **Theodor Viehweg**, é deduzido a partir do caráter prático da interpretação constitucional, visto que procura resolver os problemas concretos, e do caráter aberto, fragmentário ou indeterminado das normas constitucionais, posto que necessitam de uma operação de concretização, na qual é conferida ao intérprete a liberdade de conformação, para a obtenção da solução particularmente mais adequada para o caso concreto.[72]

Por conseguinte, a interpretação constitucional reconduzir-se-ia à discussão do problema entre os intérpretes da Constituição, à luz de diferentes pontos de vista, dirigida a revelar a interpretação mais conveniente para o problema, em face de possibilidades extraídas da polissemia de sentido do texto constitucional: "o pensamento tópico abandona qualquer vinculação a estatuto normativo, concebendo a interpretação constitucional sob o império da vontade suprema do intérprete, que faria a interpretação por meio de *topoi* (pontos de vista), sempre, é claro, partindo do caso concreto, para moldar uma norma que atendesse à situação fática".[73]

---

70 SMEND, Rudolf. *Verfassung und Verfassungsrecht* in *Staatsrechtliche Abhandlungen und andere Aufsätze*. 3ª ed. Berlin: Duncker & Humblot, 1955, p. 98.

71 SILVA, Celso de Albuquerque. *Interpretação Constitucional Operativa*. Rio de Janeiro: Lumen Juris, 2001, p. 132-133.

72 VIEHWEG, Theodor. *Topik und Jurisprudenz*. 2ª ed. München: C. H. Beck, 1963, p. 47.

73 PEIXINHO, Manoel Messias. *A Interpretação da Constituição e os Princípios Fundamentais*. 2ª ed. Rio de Janeiro: Lumen Juris, 2000, p. 80.

4.2.3 Método normativo-estruturante

O método normativo-estruturante, produzido por **Friedrich Müller**, é extraído a partir da diferenciação entre texto e norma constitucional, porque "o texto de um preceito jurídico positivo é apenas a parte descoberta do *iceberg* normativo".[74]

Por consequência, a interpretação constitucional reduzir-se-ia à análise do programa normativo, simbolizado pelo enunciado prescritivo, e domínio normativo, traduzido pela parcela da realidade social consubstanciada pelo programa normativo, destinada à revelação da norma de decisão, vale dizer, norma imediata e concretamente aplicável ao caso concreto: "o primeiro momento - existência e averiguação semântica do texto e interpretação do texto com a respectiva atribuição de sentidos - resulta no chamado programa normativo; o segundo momento - existência e averiguação da componente fática, real, empírica (o problema posto a resolver) e interpretação dessa realidade fática - resulta no chamado domínio normativo e, por fim, da contextualização do programa normativo e domínio normativo obtém-se a norma. A norma, aqui, seria, portanto, não o ponto de partida da interpretação e, sim, o produto final desta atividade".[75]

4.2.4 Método hermenêutico-concretizador

O método hermenêutico-concretizador, preparado por **Konrad Hesse**, é elaborado a partir da submissão da atividade hermenêutica a pressupostos subjetivo e objetivo, pois leva em consideração a pré-compreensão do intérprete, bem como a realidade enquanto problema concreto, sendo notório que a "teoria da Constituição converte-se em condição tanto da compreensão da norma, como do problema".[76]

Por último, a interpretação constitucional restringir-se-ia a dois elementos, consistentes na pré-compreensão, isto é, formação de um juízo, abstrato e antecipado, sobre a norma constitucional que figura como objeto da interpretação, e problema concreto, ou seja, situação de fato em relação à qual a norma constitucional, uma vez interpretada, é aplicada. Em síntese: sob um ângulo, no método concretizador e no método clássico, o produto da atividade hermenêutica é a norma constitucional, porém este restringe-se a um momento daquele, representado pelo programa normativo; sob outro ângulo, no método concretizador e no método tópico, a atividade hermenêutica é metodologicamente orientada para a valorização do caso concreto, embora este seja assentado no primado do problema perante a norma, enquanto que aquele seja baseado na primazia da norma sobre o problema: "o método em questão objetiva conciliar o dinamismo e a plasticidade da interpretação constitucional, presentes na tópica, com a segurança e o respeito ao texto normativo, postulados pela corrente hermenêutica mais tradicional. Problema e sistema

---

74 MÜLLER, Friedrich. *Rechtsstaatliche Form, Demokratische Politik-Beitrage zu Öffentlichem Recht, Methodik, Rechts - und Staatstheorie.* Berlin: Duncker & Humblot, 1977, p. 146.

75 SCHIER, Paulo Ricardo. *Filtragem Constitucional: construindo uma nova dogmática jurídica.* Porto Alegre: Sergio Antonio Fabris, 1999, p. 119-120.

76 HESSE, Konrad. *Grundzüge des Verfassungsrechts der Bundesrepublik Deutschland.* 13ª ed. Heidelberg: C. F. Müller, 1986, p. 63.

são compreendidos não como autoexcludentes, mas como realidades reciprocamente implicadas e complementares no processo de concretização dos ditames constitucionais".[77,78]

Acesse o
MATERIAL SUPLEMENTAR

Entre no Ambiente de Aprendizagem através das instruções contidas na orelha deste livro e acesse os conteúdos exclusivos desta edição:
- Atualizações legislativas mensais.
- Questões de prova interativas.
- Esquemas.

---

77 SARMENTO, Daniel de Moraes. *A Ponderação de Interesses na Constituição Federal*. Rio de Janeiro: Lumen Juris, 2000, p. 135.

78 Virgílio Afonso da Silva, ao discorrer sobre o "sincretismo metodológico", refuta os métodos modernos de interpretação constitucional, que, segundo o Professor Titular da Faculdade de Direito da Universidade de São Paulo, "não são necessariamente complementares e, ao contrário, costumam ser conflitantes". Nesse viés, "domina uma discussão meramente teórica, sem qualquer preocupação com a aplicabilidade prática deles". SILVA, Virgílio Afonso da. *Interpretação Constitucional e Sincretismo Metodológico* in *Interpretação Constitucional*. São Paulo: Malheiros, 2007, p. 140 e 142. V., também, do mesmo autor: *Princípios e Regras: mitos e equívocos acerca de uma distinção* in *Revista Latino-Americana de Estudos Constitucionais*, nº 1, 2003, p. 625.

Capítulo 6

TEORIA DOS DIREITOS FUNDAMENTAIS

Acesse e assista à aula explicativa sobre este assunto.

> *https://uqr.to/14ug8*

1 CONCEITO

Os direitos fundamentais são conceituados como **direitos subjetivos, assentes no direito objetivo, positivados no texto constitucional, ou não, com aplicação nas relações das pessoas com o Estado ou na sociedade.**[1, 2]

1.1 Natureza

Primeiramente, os direitos fundamentais são, a um só tempo, categoria especial de direitos subjetivos e elementos constitutivos do direito objetivo.[3]

---

1 MORAES, Guilherme Peña de. *Direitos Fundamentais: conflitos e soluções*. São Paulo: Frater et Labor, 2000, p. 11.

2 Sobre o conceito de direitos fundamentais, na doutrina alemã, v.: ALEXY, Robert. *Theorie der Grundrechte*. 2ª ed. Frankfurt: Suhrkamp, 1986, p. 56; na doutrina argentina, v.: GHERSI, Carlos. *Derechos Fundamentales*. Buenos Aires: La Ley, 2004, p. 35; na doutrina espanhola, v.: LUÑO, Antonio-Enrique. *Derechos Fundamentales*. 6ª ed. Madrid: Tecnos, 1995, p. 12; na doutrina francesa, v.: ALLIX, Dominique. *Droits Fondamentaux*. 2ª ed. Paris: Montchrestien, 2002, p. 71; na doutrina italiana, v.: FERRAJOLI, Luigi. *Diritti Fondamentali*. Roma: Laterza, 2001, p. 25; na doutrina mexicana, v.: CARBONELL, Miguel. *Derechos Fundamentales*. México: Porrua, 2005, p. 19; na doutrina norte-americana, v.: BAUGHAN, Brian. *Fundamental Rights*. Philadelphia: Mason Crest, 2006, p. 26, e, na doutrina portuguesa, v.: ANDRADE, José Carlos de. *Direitos Fundamentais*. Coimbra: Almedina, 1987, p. 81. V., também, na doutrina brasileira: GUERRA, Marcelo. *Direitos Fundamentais*. São Paulo: Revista dos Tribunais, 2003, p. 56; LINHARES, Paulo. *Direitos Fundamentais*. São Paulo: Iglu, 2002, p. 81; LIPPMANN, Ernesto. *Direitos Fundamentais*. São Paulo: LTr, 1999, p. 35; LOPES, Ana Maria. *Direitos Fundamentais*. Porto Alegre: Sergio Antonio Fabris, 2001, p. 26; PARDO, David. *Direitos Fundamentais*. Rio de Janeiro: Lumen Juris, 2003, p. 12; SAMPAIO, José. *Direitos Fundamentais*. Belo Horizonte: Del Rey, 2004, p. 19; SOARES, Mário. *Direitos Fundamentais*. Belo Horizonte: Del Rey, 2000, p. 71, e THEODORO, Marcelo Antonio. *Direitos Fundamentais*. 2ª ed. Curitiba: Juruá, 2003, p. 25.

3 GRIMM, Dieter. *Die Zukunft der Verfasung*. 2ª ed. Frankfurt: Suhrkamp, 1994, p. 221.

Na *perspectiva subjetiva*, os direitos fundamentais conferem aos titulares a pretensão a que se adote um determinado comportamento, positivo ou negativo, em respeito à dignidade da pessoa humana.

Na *perspectiva objetiva*, os direitos fundamentais compõem a base da ordem jurídica, sendo certo que a afirmação e asseguramento dos direitos fundamentais é condição de legitimação do Estado de Direito, razão pela qual "neles unem-se, em relação de complemento e fortalecimento recíproco, várias camadas de sentido. Ao significado dos direitos fundamentais como direitos subjetivos básicos do homem corresponde o seu significado como elementos do direito objetivo da comunidade humana, distintamente acentuados".[4]

1.2 Positivação

Secundariamente, considerando a norma veiculada pelo art. 5º, § 2º, a enumeração dos direitos fundamentais na Constituição da República não é taxativa, uma vez que não se excluem outros, decorrentes ou implícitos, que defluam dos princípios informativos do sistema de Direito Positivo, à vista da "cláusula de abertura" sob exame.[5]

Em consequência, são qualificados como fundamentais os direitos que, malgrado não tenham sido enumerados no texto constitucional, sejam equiparáveis, pelo seu objeto e importância, aos direitos fundamentais de natureza constitucional, a partir da distinção entre os conceitos de *direitos fundamentais*, de origem teutônica, no qual os direitos são restritos aos positivados em nível interno, e *direitos humanos*, de origem latina, no qual os direitos são revelados em proclamações em nível externo, sob a forma de acordos, tratados e convenções internacionais, tendo em vista que estes consistem em categoria prévia, legitimadora e informadora daqueles.[6]

1.3 Titularidade

Terciariamente, os direitos fundamentais podem ser titularizados por pessoas enquanto tais, brasileiras, estrangeiras ou apátridas, naturais ou jurídicas, que disponham de capacidade de fato ou de exercício, ou não. Os animais, inclusive os reconhecidos como seres sencientes, como bens de uso comum do povo ou bens semoventes passíveis de direitos reais, não são sujeitos de direitos fundamentais.[7]

Com efeito, a titularidade dos direitos fundamentais não é reduzida aos *brasileiros*, natos ou naturalizados, e portugueses com residência permanente no País, na medida em que os demais *estrangeiros* e os *apátridas* em trânsito pelo território nacional são detentores de direitos fundamentais, com exceção das hipóteses prescritas na Constituição, como, por exemplo, a prevista no art. 222, *caput* e §§ 1º e 2º, com a redação decorrente da Emenda Constitucional nº 36/02.

---

4 HESSE, Konrad. *Grundzüge des Verfassungsrechts der Bundesrepublik Deutschland*. 20ª ed. Heidelberg: C. F. Müller, 1995, p. 118.

5 CANARIS, Claus-Wilhelm. *Grundrechte und Privatrecht*. Berlin: Walter de Gruyter, 2005, p. 13.

6 STERN, Klaus. *Das Staatsrechts der Bundesrepublik Deutschland*. München: C. H. Beck, 1988, p. 42.

7 PIEROTH, Bodo; SCHLINK, Bernhard. *Grundrechte Staatsrecht*. 21ª ed. Heidelberg: Müller Verlag, 2005, p. 39.

Demais disso, o exercício dos direitos fundamentais não é restringido às *pessoas naturais*, uma vez que *pessoas jurídicas* de direito privado ou direito público podem desfrutar de direitos fundamentais, com exclusão dos que pressupõem uma referência humana, como, por exemplo, a liberdade de consciência, religião e crença, nos termos dos arts. 5º, inc. VI, 19, inc. I, e 210, § 1º, da CRFB e do art. 33 da Lei nº 9.394/96, com a redação derivada da Lei nº 9.475/97.

Em face do exposto, a distinção entre a *capacidade de direito ou de gozo* e a *capacidade de fato ou de exercício* carece de relevância no Direito Constitucional, porquanto não é admissível, em tese, a disjunção entre a titularidade e o exercício, quando a fruição não depende da aptidão intelectual do titular do direito fundamental, *ex vi* dos arts. 3º e 4º do CC, com a redação determinada pela Lei nº 13.146/15.[8]

1.4 Eficácia

Por último, quanto à *eficácia dos direitos fundamentais nas relações privadas*, tradicionalmente, os direitos fundamentais são aplicáveis no âmbito do Direito Público, no tocante à legislação, dado que a atividade legislativa deve estar em conformidade com todos os direitos fundamentais, assim como não pode deixar de produzir as normas indispensáveis à regulamentação de alguns deles, à administração, eis que a atividade administrativa pode ser invalidada pela violação de direitos fundamentais, bem como não deve resultar na aplicação de lei ou ato normativo que se afigure inválido, e à jurisdição, já que a atividade jurisdicional é predisposta à concretização dos valores subjacentes aos direitos fundamentais.[9] Hodiernamente, os direitos fundamentais são também aplicáveis no âmbito do Direito Privado, não restando a eficácia vinculante imune à controvérsia doutrinária e jurisprudencial.

A doutrina da ação governamental (*state action*), referida por **Winfried Brugger**, é traduzida pela vinculação dos órgãos do Poder Público aos direitos fundamentais, ressalvadas as entidades privadas que desenvolvam atividades de natureza pública, de maneira a salvaguardar a liberdade individual e a autonomia dos Estados, que disporiam de competência exclusiva para disciplinar as relações privadas,[10] tendo sido acolhida pela jurisprudência predominante da Suprema Corte estadunidense, no caso Logan Valley Plaza,[11] *in expressis*: "o Estado não pode delegar o seu poder, com o uso de leis de transgressão, de forma a excluir o acesso de membros do público a áreas privadas que funcionem como centros de negócios",[12] posto que "a conduta supostamente causadora da privação de um direito fundamental deve ser razoavelmente atribuível ao Estado".[13]

A doutrina da eficácia horizontal indireta ou mediata (*mittelbare Drittwirkung*), suscitada por **Günter Dürig**, afasta a aplicação privada dos direitos fundamentais, in-

---

8 FEHNEMANN, Ursula. *Die Innehabung Und Wahrnehmung Von Grundrechten Im Kindesalter*. Berlin: Duncker & Humblot, 1983, p. 45.

9 DIETLEIN, Johannes von. *Die Lehre von den Grundrechtlichen Schutzpflichten*. Berlin: Duncker & Humblot, 1991, p. 17.

10 BRUGGER, Winfried. *Grundrechte und Verfassungsgerichtsbarkeit in den Vereinigten Staaten von Amerika*. Tübingen: Möhr, 1987, p. 30.

11 CLAPHAM, Andrew. *Human Rigths in the Private Sphere*. Oxford: Claredon Press, 1993, p. 150.

12 Amalgamated Food Employees Union v. Logan Valley Plaza, 391 US 308 (1968).

13 Lugar v. Edmondson Oil Company, 457 US 922 (1982).

dependentemente de mediação dos órgãos legislativos, com a finalidade de preservar a autonomia da vontade, a harmonia entre os Poderes e a identidade do Direito Privado, que ficaria absorvido pelo Direito Constitucional,[14] tendo sido adotada pela jurisprudência preponderante do Tribunal Constitucional germânico, no caso Lüth-Urteil,[15] *in textus*: "o procedimento instaurado nas Cortes inferiores era uma ação civil, que tinha de ser decidida pelas normas de Direito Privado. Entretanto, o ordenamento objetivo de valores estabelecido pela Lei Fundamental na seção dos direitos fundamentais influencia a exegese destas normas, desde que elas possam ser interpretadas a teor das normas constitucionais",[16] visto que "toda disposição de Direito Privado deve ser interpretada sob o prisma dos direitos fundamentais".[17]

A doutrina da eficácia horizontal direta ou imediata (*unmittelbare Drittwirkung*), sustentada por **Hans Nipperdey**, afirma a aplicação privada dos direitos fundamentais, invocáveis perante os órgãos jurisdicionais, de sorte a tutelar a pretensão deduzida, diante dos perigos oferecidos pelas entidades privadas que, nas sociedades de massa, são revestidas de poder social e econômico, em todos os âmbitos da atuação humana,[18] tendo sido advogada pela jurisprudência prevalecente da Corte Constitucional itálica, na Sentença nº 202/1991, e do Tribunal Constitucional ibérico, na Sentença nº 18/1984, *in verbis*: "o reconhecimento do direito como fundamental é plenamente operativo também nas relações de Direito Privado",[19, 20] "não se devendo interpretar a Constituição no sentido de que as pessoas detêm direitos fundamentais somente nas relações com os Poderes Públicos, pois que, no Estado contemporâneo, elas dispõem, de igual modo, de tais direitos na vida social".[21, 22]

O Supremo Tribunal Federal, "mesmo sem entrar na discussão das teses a respeito da forma de vinculação dos particulares, vem aplicando diretamente os direitos fundamentais consagrados na Constituição na resolução de litígios privados",[23] como exsurge do cotejo entre os seguintes pronunciamentos jurisdicionais: "submissão das operárias de indústria de vestuário a revista íntima, sob ameaça de dispensa. Sentença condenatória de primeiro grau fundada na garantia constitucional da intimidade e acórdão absolutório do Tribunal de Justiça, porque o constrangimento questionado à intimidade das trabalhadoras, embora existente, fora admitido por sua adesão ao contrato de trabalho. Questão que já não pode ser solvida neste processo, dada a prescrição superveniente, contada desde a sentença de primeira instância e jamais interrompida,

---

14 DÜRIG, Günter. *Grundrechte und Zivilrechtsprechung*. München: Isar-Verlag, 1956, p. 27.

15 CAPITANT, David. *Les Effets Juridiques des Droits Fondamentaux en Allemagne*. Paris: Librairie Générale de Droit et Jurisprudence, 2001, p. 249.

16 *BverfGE* 25, 256-269.

17 *BverfGE* 7, 198-205.

18 NIPPERDEY, Hans. *Grundrechte und Privatrecht*. München: C.H. Beck, 1962, p. 13.

19 PACE, Alessandro. *Problematica delle Libertà Costituzionali*. 2ª ed. Padova: Cedam, 1990, p. 20.

20 *GU* 15.5.1991, nº 202.

21 UBILOS, Juan Maria Bilbao. *La Eficacia de los Derechos Fundamentales frente a Particulares*. Madrid: Centro de Estudios Constitucionales, 1997, p. 272.

22 *BOE* 7.2.1984, 18.

23 SARMENTO, Daniel de Moraes. *Direitos Fundamentais e Relações Privadas*. Rio de Janeiro: Lumen Juris, 2004, p. 297.

desde então",[24] "no caso de exclusão de associado decorrente de conduta contrária aos estatutos, impõe-se a observância ao devido processo legal, viabilizado o exercício da defesa. Simples desafio do associado à assembleia geral, no que toca à exclusão, não é de molde a atrair adoção de processo sumário. Observância obrigatória do próprio estatuto da cooperativa",[25] "questão da eficácia horizontal dos direitos fundamentais. Necessária submissão das relações privadas ao estatuto jurídico das garantias constitucionais",[26] "por não ser francês, não obstante trabalhar para a empresa francesa, no Brasil, ao recorrente não foi aplicado o Estatuto do Pessoal da Empresa, que concede vantagens aos empregados, cuja aplicabilidade seria restrita ao empregado de nacionalidade francesa. Ofensa ao princípio da igualdade. Fatores que autorizariam a desigualização não ocorrentes no caso concreto"[27] e "o caráter público ou geral da atividade desempenhada pela entidade associativa, integrante do Escritório Central de Arrecadação e Distribuição, que exerce uma atividade essencial na cobrança de direitos autorais, parece decisivo para legitimar a aplicação direta ou imediata dos direitos fundamentais concernentes ao devido processo legal, ao contraditório e à ampla defesa ao processo de exclusão de sócio de entidade privada".[28]

2 FUNDAMENTAÇÃO

A fundamentação, justificação ou legitimação dos direitos humanos é objeto de divergência entre três correntes doutrinárias.[29]

2.1 Teoria realista

A **teoria realista**, elaborada por **Norberto Bobbio**, defende que a justificação racional dos direitos humanos consiste em questão secundária ou resolvida, a partir da proclamação da Declaração Universal dos Direitos do Homem pela Assembleia Geral da Organização das Nações Unidas em 10 de dezembro de 1948. É dizer: "o problema fundamental em relação aos direitos da pessoa humana, hoje, não é tanto o de justificá-los, mas o de protegê-los. Trata-se de uma questão não filosófica, mas política. Mas, quando digo que o problema mais urgente que temos de enfrentar não é o da legitimação, mas o das garantias, quero dizer que consideramos a justificação não como inexistente, mas como – em certo sentido – resolvida, depois da Declaração Universal dos Direitos do Homem, que representa um consenso geral sobre determinados valores".[30]

---

24 STF, RE nº 160.222, Rel. Min. Sepúlveda Pertence, j. 11.4.1995, *DJU* 1º.9.1995.

25 STF, RE nº 158.215, Rel. Min. Marco Aurélio, j. 30.4.1996, *DJU* 7.6.1996.

26 STF, RE nº 683.751, Rel. Min. Celso de Mello, j. 24.6.2015, *DJU* 1º.7.2015.

27 STF, RE nº 161.243, Rel. Min. Carlos Velloso, j. 29.10.1996, *DJU* 19.12.1997.

28 STF, RE nº 201.819, Rel. Min. Gilmar Mendes, j. 11.10.2005, *DJU* 27.10.2006.

29 Os direitos fundamentais, na tipologia de Ernst-Wolfgang Böckenförde, são esboçados pelas teorias liberal, institucional, axiológica, democrática e do Estado Social. BÖCKENFÖRDE. Ernst-Wolfgang. *Grundrechtstheorie und Grundrechtsinterpretation* in *Neue Juristische Wochenschrift*, nº 1, 1974, p. 1.529.

30 BOBBIO, Norberto. *A Era dos Direitos*. Rio de Janeiro: Campus, 1992, p. 24.

2.2 Teorias juspositivistas

As **teorias juspositivistas**, engendradas por **Hans Kelsen** e **Herbert Hart**, são firmadas no sentido da impossibilidade de justificação racional dos direitos humanos, a partir da consideração de que a positivação seria recoberta de natureza constitutiva.

Hans Kelsen delimita a validade das regras descritivas de direitos humanos à produção legislativa em conformidade com a norma superior imediata, desprovidos os princípios morais de valor jurídico. Em outras palavras, na teoria juspositivista *normativa*: "uma norma somente é válida na medida em que tenha sido produzida da maneira determinada por outra norma. A unidade da ordem jurídica é produto da relação de dependência que resulta do fato de a validade de uma norma, que foi produzida em consonância com outra norma, se apoiar sobre a que lhe é imediatamente superior, e assim por diante".[31]

Herbert Hart demonstra a validade das regras prescritivas de direitos humanos pelos critérios de pertinência ao sistema estabelecidos pela regra de reconhecimento, que funciona como ponto de partida do ordenamento jurídico. Em outros termos, na teoria *juspositivista analítica*: "dizer que uma dada regra é válida é reconhecê-la como tendo passado por todos os testes facultados pela regra de reconhecimento. Na maior parte dos casos concretos, a regra de reconhecimento não é enunciada, mas a sua existência manifesta-se no modo como as demais regras são identificadas, tanto pelos agentes públicos, como pelos particulares".[32]

2.3 Teorias jusnaturalistas

As **teorias jusnaturalistas**, enunciadas por **Max Scheler** e **Nicolai Hartmann**, sem embargo de **Ronald Dworkin**, **John Rawls**, **Jürgen Habermas** e **Agnes Heller**, são fixadas no sentido da possibilidade de justificação racional dos direitos humanos, a partir da constatação de que a positivação seria revestida de natureza declaratória.

Max Scheler e Nicolai Hartmann descrevem uma ordem de valores, princípios e regras que possuem validez universal, objetiva e absoluta, a despeito da experiência dos indivíduos e de sua consciência valorativa. Em sinopse, na teoria jusnaturalista *objetiva*: "um valor é tanto mais alto quanto mais duradouro é, quanto menos participa da extensão e da divisibilidade, quanto mais profunda é a satisfação ligada à intuição dele, quanto menos fundamentado se acha por outros valores e quanto menos relativa seja sua percepção sentimental à posição de seu depositário",[33] tendo em conta que "não é o valor, senão a consciência valorativa, o que varia".[34]

Ronald Dworkin e John Rawls designam a autoconsciência racional da dignidade, com vistas à efetividade do direito básico de igualdade de consideração ou respeito, no contexto da justiça distributiva. Em síntese, na teoria jusnaturalista *subjetiva*: "a justiça enquanto equidade tem por base o pressuposto de um direito natural de todas as pessoas à igualdade de consideração ou respeito, que possuem enquanto seres humanos

---

31 KELSEN, Hans. *Teoria Pura do Direito*. São Paulo: Martins Fontes, 1990, p. 240.

32 HART, Herbert. *O Conceito do Direito*. 3ª ed. Lisboa: Calouste Gulbenkian, 2001, p. 113.

33 SCHELER, Max. *Da Reviravolta dos Valores*. Petrópolis: Vozes, 1994, p. 15.

34 HARTMANN, Nicolai. *O Pensamento Filosófico e sua História*. Lisboa: C. Garcia, 1944, p. 97.

capazes de elaborar projetos e fazer justiça",[35] tendo em exame "os termos equitativos da cooperação entre cidadãos de uma democracia constitucional que consideram a si mesmos e aos demais como pessoas livres e iguais".[36]

Jürgen Habermas e Agnes Heller destacam valores intrinsecamente comunicáveis, que exteriorizam necessidades histórica e socialmente compartilhadas. Em suma, na teoria jusnaturalista *intersubjetiva*, "os direitos humanos institucionalizam as condições de comunicação para a formação da vontade política racional, vale dizer, são concebidos como uma resposta consequente à pergunta sobre como institucionalizar as condições de comunicação do procedimento democrático",[37] tendo em vista que "a natureza da pessoa humana não é nem radicalmente má, nem radicalmente boa, mas ao contrário maleável, ajustável às necessidades sociais, ou a sua falta".[38]

3 CARACTERÍSTICAS

Os direitos fundamentais, abstraídas quaisquer conotações jusnaturalistas, são dotados de três características: inalienabilidade, historicidade e relatividade.[39]

3.1 Inalienabilidade

A **inalienabilidade** informa que os direitos fundamentais não são subordinados à disposição jurídica, pelos institutos da alienação e renúncia, ou disposição material, pelos instrumentos do abandono e destruição da coisa, de maneira que são nulos, por ilicitude do objeto, os negócios jurídicos que importem transmissão, a qualquer título, dos direitos que visem resguardar a vida biológica, assim como a integridade moral e física.[40]

Não obstante seja vedada a disposição da titularidade de direitos fundamentais, como, por exemplo, a retirada, gratuita ou onerosa, de tecidos, órgãos e partes do corpo, com diminuição permanente da integridade física, ressalvada a hipótese de transplante, há a possibilidade de o sujeito ativo deixar de exercê-lo, sem que a exigibilidade do direito fundamental seja prejudicada pela inércia do titular, à luz do art. 13 do CC, bem como do art. 9º da Lei nº 9.434/97.[41]

3.2 Historicidade

Informa a **historicidade** que os direitos fundamentais são objeto de transformações ao longo da história, retratadas pelas três gerações ou gestações que foram engendradas por **Karel Vasak** na aula inaugural do Curso do Instituto Internacional dos Direitos

---

35 DWORKIN, Ronald. *Levando os Direitos a Sério*. São Paulo: Martins Fontes, 2002, p. 281.

36 RAWLS, John. *Justiça e Democracia*. São Paulo: Martins Fontes, 2000, p. 196.

37 HABERMAS, Jürgen. *A Inclusão do Outro*. São Paulo: Loyola, 2002, p. 280.

38 HELLER, Agnes. *Além da Justiça*. Rio de Janeiro: Civilização Brasileira, 1998, p. 118.

39 Os direitos fundamentais, na sistemática de Grainne de Búrca, são informados por cinco características: inalienabilidade, irrenunciabilidade, imprescritibilidade, historicidade e relatividade. BÚRCA, Grainne de. *Fundamental Rights and the Reach of European Constitutional Law* in *Oxford Journal of Legal Studies*, nº 13, 1993, p. 283.

40 MALUF, Carlos Alberto. *Da Cláusula de Inalienabilidade*. 3ª ed. São Paulo: Saraiva, 1986, p. 34.

41 DINIZ, Maria Helena. *O Estado Atual do Biodireito: transplantes de tecidos, órgãos e partes do corpo*. São Paulo: Saraiva, 2001, p. 242.

do Homem de 1979, em Strasbourg, de acordo com os valores da Revolução Francesa, conquanto não se desconheça a nova trilogia democrática da "segurança, diversidade e solidariedade ao invés da liberdade, igualdade e fraternidade".[42]

A primeira geração é indicada pelo estabelecimento de um dever de omissão, de forma que os direitos de liberdade são satisfeitos por uma abstenção, em atenção à esfera de ação pessoal própria, inibidora da atuação do Estado Liberal.

A segunda gestação é identificada pelo estreitamento de um dever de ação, de modo que os direitos de igualdade são solucionados por uma prestação, em atendimento às necessidades sociais, econômicas ou culturais para a realização da vida em todas as suas potencialidades, por parte do Estado Social.

A terceira geração é individualizada pela fraternidade, sobretudo os direitos à comunicação, desenvolvimento, meio ambiente equilibrado e sadio, paz mundial e proteção do patrimônio artístico e cultural, que refogem à dicotomia entre público e privado.[43]

A despeito da jurisprudência do Supremo Tribunal Federal, que contempla a tríade gestacional, de forma que "os direitos de primeira geração acentuam o princípio da liberdade, os direitos de segunda geração incorporam o princípio da igualdade e os direitos de terceira geração, que constituem um momento importante no processo de desenvolvimento, expansão e reconhecimento dos direitos fundamentais, realçam o princípio da fraternidade",[44] a existência da quarta, quinta ou, até mesmo, sexta gestação dos direitos fundamentais não é unívoca.

A quarta geração é respeitante à manipulação do patrimônio genético, diversidade em geral, globalização da economia e graduação da imposição tributária. **Eliana Calmon** tem que a quarta geração seria afeta à manipulação do patrimônio genético, inseminação artificial, fecundação em vidro e intervenção cirúrgica modificativa de sexo, porquanto "o avanço tecnológico praticamente coloca o mundo em perplexidade com os valores sociais e éticos das três gestações de direitos fundamentais até aqui delineados. A biodiversidade, como variedade de modelos de vida existentes no planeta, está provocando debates, haja vista que se tornou possível alterar não somente a constituição do ser vivo, mas também o equilíbrio ecológico. A transformação do código genético das plantas, animais ou micro-organismos pelo meio da engenharia genética já é uma realidade".[45] **Ricardo Lorenzetti** teoriza que a quarta geração seria alusiva à diversidade em geral, homossexualidade, troca de sexo e recusa a tratamentos médicos que levem à morte, pois que "a diferenciação de um indivíduo em relação ao outro supõe um comportamento distinto do comportamento dos demais indivíduos, podendo, por isso, ser englobado sob o rótulo de direito fundamental a ser diferente".[46]

---

42 Denninger, Erhard. *Segurança, Diversidade e Solidariedade ao invés de Liberdade, Igualdade e Fraternidade in Revista Brasileira de Estudos Políticos*, nº 88, 2003, p. 21-45.

43 VASAK, Karel. *As Dimensões Internacionais dos Direitos do Homem*. Lisboa: Editora Portuguesa de Livros Técnicos e Científicos, 1983, p. 42.

44 STF, MS nº 22.164, Rel. Min. Celso de Mello, j. 30.10.1995, *DJU* 17.11.1995. V., também: STF, RE nº 134.297, Rel. Min. Celso de Mello, j. 13.6.1995, *DJU* 22.9.1995; STF, ADIn nº 3.540, Rel. Min. Celso de Mello, j. 1º.9.2005, *DJU* 3.2.2006; STF, RE nº 569.223, Rel. Min. Dias Toffoli, j. 14.9.2010, *DJU* 17.11.2010, e STF, ADIn nº 1.856, Rel. Min. Celso de Mello, j. 26.5.2011, Inf. STF 628.

45 CALMON, Eliana. *Dimensões do Direito Contemporâneo*. São Paulo: IOB, 2001, p. 79.

46 LORENZETTI, Ricardo. *Fundamentos do Direito Privado*. São Paulo: Revista dos Tribunais, 1998, p. 154.

Paulo Bonavides tem que a quarta geração seria aparelhada à globalização da economia, democracia, informação e pluralismo, porque "a globalização política na esfera da normatividade jurídica introduz os direitos fundamentais de quarta gestação. Deles depende a concretização da sociedade aberta do futuro, em sua dimensão de máxima universalidade, para o qual parece o mundo inclinar-se no plano de todas as relações de convivência".[47] **Alberto Nogueira** testemunha que a quarta geração seria atinente à graduação da imposição tributária e justa tributação, pois que "o tributo integra-se, como um direito fundamental, no Estado Democrático de Direito. Completa-se o ciclo histórico iniciado com a Declaração dos Direitos do Homem e do Cidadão, que se deflagrou com os postulados libertários de 1789".[48]

A quinta geração gira em torno da cibernética e paz. **José de Oliveira Júnior** salienta que à quinta geração seria adicionado o direito à cibernética, tendo em função que "os novos direitos compreendem o grande desenvolvimento da cibernética na atualidade, implicando o rompimento de fronteiras, estabelecendo conflitos entre países com realidades distintas, pela via da *Internet*".[49] **Janusz Symonides** sustenta que a quinta geração não seria alheia ao direito à paz, tendo em mente que "as guerras, conflitos armados e violências são incompatíveis com o direito à paz, que deve ser garantido, respeitado e implementado por todos os Estados e demais membros da comunidade internacional".[50]

A sexta geração tem a ver com o acesso à água potável à que se reporta **Zulmar Fachin** como "a água conveniente para o consumo humano, que conserva seu potencial de consumo, de modo a não causar prejuízo ao organismo. Potável é a qualidade da água que pode ser consumida por pessoa humana sem risco de adquirir doença por poluição hídrica".[51]

As teorias dos novos direitos fundamentais sob as perspectivas da engenharia genética, *Internet* e poluição hídrica não se revelam compatíveis com a teoria do fim dos direitos, que defende "a perda do fim utópico dos direitos fundamentais quando eles deixaram de ser o discurso e prática da resistência contra as opressões e dominações públicas e privadas e passaram a ser um instrumento de política externa das grandes potências do momento".[52]

3.3 Relatividade

A **relatividade** informa a fenomenologia da colisão de direitos fundamentais, que deve ser solucionada na dimensão do peso, pelo mecanismo da ponderação, com a finalidade de obter a harmonização entre os direitos em conflito.[53]

---

47 BONAVIDES, Paulo. *Teoria Constitucional da Democracia Participativa*. São Paulo: Malheiros, 2001, p. 222.

48 NOGUEIRA, Alberto. *A Reconstrução dos Direitos Humanos da Tributação*. Rio de Janeiro: Renovar, 1997, p. 193.

49 OLIVEIRA JÚNIOR, José de. *Teoria Jurídica e Novos Direitos*. Rio de Janeiro: Lumen Juris, 2000, p. 86.

50 SYMONIDES, Janusz. *Direitos Humanos*. Brasília: UNESCO Brasil, 2003, p. 32.

51 FACHIN, Zulmar. *Acesso à Água Potável*. São Paulo: Millennium, 2010, p. 74.

52 DOUZINAS, Costas. *O Fim dos Direitos Humanos* in *Revista Ética e Filosofia Política*, nº 14, 2011, p. 183-185.

53 FARIAS, Edilsom Pereira de. *Colisão de Direitos*. Porto Alegre: Sergio Antonio Fabris, 1996, p. 93.

Sob o ângulo do antecedente, a *colisão de direitos fundamentais* é bifurcada em colisão de direitos fundamentais em sentido estrito, hipótese em que o exercício de um direito fundamental conflita com o de outro, idêntico ou não, por parte de titular diverso, como, por exemplo, a liberdade artística, intelectual, científica ou de comunicação – art. 5º, inc. IX – pode confrontar-se à vida privada, honra ou imagem – art. 5º, inc. X –, e colisão entre direitos fundamentais e outros valores constitucionais, hipótese em que o exercitamento de um direito fundamental conflita com a necessidade de preservação de bens jurídicos protegidos constitucionalmente, como, por exemplo, a propriedade – art. 5º, inc. XXII – pode contrastar-se ao patrimônio cultural – art. 216, § 1º, da CRFB, no caso de tombamento de coisas.[54]

Sob o ângulo do consequente, a *restrição de direitos fundamentais* é bipartida em restrição "por lei", procedida pelo legislador, em face da existência de reserva legal explícita, e restrição "com base em uma lei", promovida pelos intérpretes do texto constitucional, frente à inexistência de reserva legal expressa.[55] As restrições não se confundem com a limitação, dado que aquelas são referentes ao exercício das faculdades inerentes ao conteúdo, ao passo que esta já integra o conteúdo do direito fundamental, seja para dizer até onde vai o direito fundamental (*positive Beschränkung*), seja para dizer até onde vêm ou podem vir as incursões dos outros (*negative Beschränkung*).[56]

A restrição dos direitos fundamentais "por lei" é decomposta em dois modelos. A reserva legal simples (*einfacher Gesetzesvobehalt*), na qual a norma constitucional reduz-se a facultar a interposição legislativa, tal como se dá no art. 5º, inc. VI ("na forma da lei") e inc. XV ("nos termos da lei"), explicita que a norma de restrição é direcionada pela garantia do núcleo essencial, que funciona como "limite dos limites" (*Schranken-Schranken*), eis que "limita a possibilidade de restringir, estabelecendo um limite além do qual não é possível a atividade restritiva dos direitos fundamentais",[57] como preceitua o art. 19, nºs 1 e 2, da Constituição alemã,[58] assim como o art. 53, nº 1, da Constituição espanhola.[59, 60] A reserva legal qualificada (*qualifizierter Gesetzesvobehalt*), na qual a

---

54 CALDAS, Pedro Frederico. *Vida Privada, Liberdade de Imprensa e Dano Moral*. São Paulo: Saraiva, 1997, p. 99.

55 CARVALHO, Luis Gustavo Grandinetti Castanho de. *Direito de Informação e Liberdade de Expressão*. Rio de Janeiro: Renovar, 1999, p. 32.

56 MIRANDA, Francisco Cavalcanti Pontes de. *Comentários à Constituição de 1967 com a Emenda nº 1 de 1969*. 2ª ed. v. V. São Paulo: Revista dos Tribunais, 1974, p. 393.

57 BARROS, Suzana de Toledo. *O Princípio da Proporcionalidade e o Controle de Constitucionalidade das Leis Restritivas de Direitos Fundamentais*. Brasília: Brasília Jurídica, 1996, p. 166.

58 Lei Fundamental da República Federal da Alemanha, art. 19, nºs 1 e 2: "Quando um direito fundamental puder ser restringido por lei ou com base numa lei, essa lei deverá ter caráter geral e não ser limitada a um caso particular. Além disso, a lei terá de citar o direito fundamental, indicando o artigo correspondente. Em caso algum pode um direito fundamental ser afetado no seu conteúdo essencial." Disponível em: <http://www.bundesverfassungsgericht.de>. Acesso em: 20.1.2006.

59 Constituição Espanhola, art. 53, nº 1: "Os direitos e liberdades reconhecidos no Capítulo segundo do presente Título vinculam todos os Poderes Públicos. Somente por lei, que em todo caso deverá respeitar seu conteúdo essencial, poderá regular-se o exercício de direitos e liberdades, que deverão ser tutelados de acordo com o previsto no art. 161, nº 1, *a*". Disponível em: <http://www.tribunalconstitucional.es>. Acesso em: 20.1.2006.

60 Por exemplo, as normas restritivas de direitos fundamentais não podem ter conteúdo casuístico ou discriminatório, quer dizer, as restrições de direitos fundamentais devem ser estatuídas por

norma constitucional não se resume a franquear a intervenção legislativa, com vistas à persecução de alguma finalidade, tal como ocorre no art. 5º, inc. XII ("nas hipóteses e na forma que a lei estabelecer para fins de investigação criminal ou instrução processual penal") e inc. XIII ("atendidas as qualificações profissionais que a lei estabelecer"), expressa que a norma de restrição é dirigida pelos limites exteriorizados na Constituição da República, como prescreve o art. 24, nºs 1 e 2, da Constituição norte-americana,[61] bem como o art. 18, nº 2, da Constituição portuguesa.[62, 63]

A restrição dos direitos fundamentais "com base em uma lei" deve ser desenvolvida em três momentos. A determinação do âmbito de proteção (*Tatbestand*) comporta as situações de fato cuja tutela é dispensada pelas normas constitucionais, com o desiderato de aferir a existência, ou não, de colisão de direitos fundamentais.[64] A ponderação (*Verhältnismässigkeit*) compreende o balanceamento ou sopesamento dos bens jurídicos, com o desígnio de resolver o conflito de direitos fundamentais com o sacrifício mínimo dos valores constitucionais em jogo, devendo o intérprete, para tanto, fazer uso dos princípios da concordância prática, da unidade da Constituição e da proporcionalidade, já que o primeiro equaliza um consectário lógico do segundo, da mesma forma que o terceiro equivale a uma aplicação da concordância prática aos casos concretos.[65] A dignidade da pessoa humana (*Grundsatz der Menschenwürde*) consiste no valor supremo da ordem jurídica, na medida em que atribui unidade teleológica aos princípios e regras que compõem o ordenamento constitucional e infraconstitucional. Eis que a pessoa deve ser tratada como um fim em si mesma, e não como um meio para o fim de outros.[66] Funciona como critério substantivo do método de ponderação, uma vez que garante que a solução de confrontos de direitos fundamentais prestigie a dignidade da pessoa humana, "último elemento de proteção dos direitos fundamentais contra medidas restritivas".[67]

A jurisprudência do Supremo Tribunal Federal é iluminada por pronunciamentos sobre a restrição de direitos fundamentais: (i) ponderação entre os direitos à intimidade

---

normas que atendam aos requisitos da generalidade e da abstração. STARCK, Christian. *La Jurisprudence de la Cour Constitutionelles federale concernant les Droits Fondamentaux* in *Revue du Droit Public et de la Science Politique en France et a l'Etranger*, nº 5, 1988, p. 1.263.

61 Constituição dos Estados Unidos da América, art. 24, nºs 1 e 2: "Não pode ser negado ou cerceado pelos Estados Unidos ou qualquer dos Estados os direitos dos cidadãos, em razão de não haver pago qualquer imposto eleitoral, ou algum outro imposto. O Congresso terá competência para, mediante legislação adequada, executar este artigo". Disponível em: <http:// www. supremecourtus.gov>. Acesso em: 20.1.2006.

62 Constituição da República Portuguesa, art. 18, nº 2: "A lei só pode restringir os direitos, liberdades e garantias nos casos expressamente previstos na Constituição, devendo as restrições limitar-se ao necessário para salvaguardar outros direitos ou interesses constitucionalmente protegidos." Disponível em: <http://www.tribunalconstitucional.pt>. Acesso em: 20.1.2006.

63 CASTRO, Carlos Roberto de Siqueira. *O Devido Processo Legal e a Razoabilidade das Leis na Nova Constituição do Brasil*. 2ª ed. Rio de Janeiro: Forense, 1989, p. 213.

64 LEWANDOWSKI, Enrique Ricardo. *Proteção dos Direitos Fundamentais*. Rio de Janeiro: Forense, 1984, p. 21.

65 BARCELLOS, Ana Paula de. *Ponderação, Racionalidade e Atividade Jurisdicional*. Rio de Janeiro: Renovar, 2005, p. 23.

66 Para o estudo da dignidade da pessoa humana, v.: Capítulo 4, Item 5.2.

67 SARLET, Ingo Wolfgang. *Dignidade da Pessoa Humana e Direitos Fundamentais na Constituição Federal de 1988*. 4ª ed. Porto Alegre: Livraria do Advogado, 2006, p. 123.

de extraditanda e à honra e imagem de agentes policiais e da Polícia Federal, de arte a permitir a coleta de placenta, após o parto, para a realização de exame de DNA (ácido desoxirribonucleico), com a finalidade de instruir autos de inquérito policial deflagrado para a investigação dos fatos correlacionados com a origem da gravidez, que teve início quando a extraditanda encontrava-se recolhida na Polícia Federal;[68] (ii) ponderação entre os direitos à intimidade de investigado e à identidade de investigante, de forma a proibir a condução coercitiva de réu, em ação de investigação de paternidade, para a colheita de material indispensável à feitura do exame hematológico, não obstante a recusa possa constituir elemento de convicção que se lhe afigure desfavorável;[69] (iii) ponderação entre os direitos à intimidade de testemunha e à publicidade de inquérito, com a possibilidade de uso de meios de gravação ou transmissão de sons e imagens, durante sessões de Comissões Parlamentares de Inquérito;[70] (iv) ponderação entre os direitos à saúde e à publicidade de produtos fumígenos, com a necessidade de inserção de advertências sanitárias em suas embalagens;[71] (v) ponderação entre os direitos à intimidade de acusado e à defesa em juízo, de modo a permitir a valoração de provas ilícitas ou ilegítimas, como, por exemplo, no caso em que o demandado utiliza, em sede de processo penal, gravação clandestina de conversa, telefônica ou ambiental, na qual tenha figurado como interlocutor, para alcançar sua absolvição criminal;[72] e (vi) ponderação entre os direitos à intimidade e à informação, sob qualquer forma, processo ou veículo de comunicação, de sorte a proibir a divulgação não autorizada de acontecimentos que não sejam revestidos de caráter público,[73] o qual toda pessoa tem interesse de conhecer para formar a sua opinião como membro da coletividade,[74] sem prejuízo da configuração do delito de racismo na hipótese de edição, divulgação e comercialização de livros, com prática de discriminação contra a comunidade judaica.[75, 76]

4 TIPOLOGIA

A tipologia dos direitos fundamentais gira em torno dos critérios formal e material, à luz da sistemática do Título II da CRFB.[77]

4.1 Critério formal

O **critério formal** é adstrito à origem da qual promana os direitos fundamentais, decompostos em direitos fundamentais enumerados na Constituição da República, di-

---

68 STF, Recl. nº 2.040, Rel. Min. Néri da Silveira, j. 21.2.2002, *DJU* 27.6.2003.

69 STF, HC nº 71.373, Rel. Min. Marco Aurélio, j. 10.11.1994, *DJU* 22.11.1996.

70 STF, MS nº 24.832, Rel. Min. Cezar Peluso, j. 18.3.2004, *DJU* 26.3.2004.

71 STF, ADIn nº 3.311, Rel. Rosa Weber, j. 14.9.2022, *DJU* 29.9.2022.

72 STF, AI nº 503.617, Rel. Min. Carlos Velloso, j. 1º.2.2005, *DJU* 4.3.2005.

73 STF, RE nº 1.010.606, Rel. Dias Toffoli, j. 11.2.2021, *DJU* 20.5.2021.

74 STF, Pet. nº 2.702, Rel. Min. Sepúlveda Pertence, j. 18.9.2002, *DJU* 19.9.2003.

75 STF, HC nº 82.424, Rel. Min. Maurício Corrêa, j. 17.9.2003, *DJU* 19.3.2004.

76 STF, Recl. nº 2.600, Rel. Min. Cezar Peluso, j. 29.11.2004, *DJU* 3.12.2004.

77 Os direitos fundamentais, na teoria de Alessandro Pace, são indivisíveis, razão pela qual não se lhe apresenta conveniente e oportuna a tipologia dos direitos sociais, culturais e econômicos. PACE, Alessandro. *La Garanzia dei Diritti Fondamentali nell'Ordinamento Costituzionale Italiano* in *Rivista Trimestrale di Diritto e Procedura Civile*, nº 43, 1989, p. 685.

reitos fundamentais decorrentes do regime e dos princípios por ela adotados e direitos fundamentais derivados dos acordos, tratados e convenções internacionais dos quais o Brasil seja parte,[78] sendo certo que estes são recobertos de natureza materialmente constitucional, debalde seja requerida a aprovação, por três quintos dos votos dos membros do Congresso Nacional, em dois turnos em cada Casa Legislativa, para que as normas internacionais obtenham assento formal na ordem constitucional, equivalentes às emendas à Constituição, a fim de impedir a denúncia pelo Executivo, a teor do art. 5º, §§ 2º e 3º, da CRFB.[79]

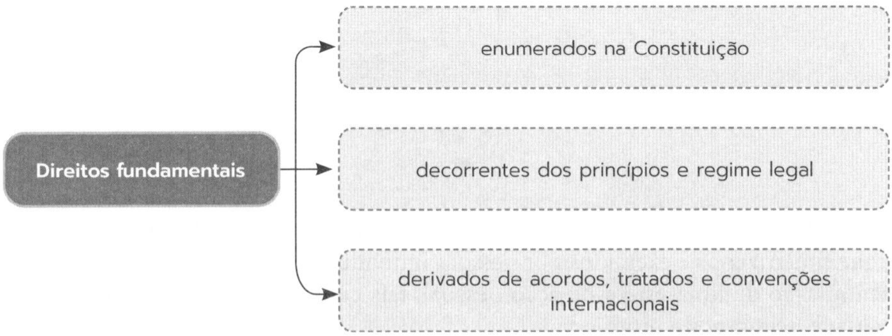

Destarte, os *direitos enumerados na Constituição da República* não excluem outros *direitos decorrentes do regime e dos princípios por ela adotados*, como, por exemplo, o inserido no art. 150, inc. III, *b*, da CRFB,[80] e *direitos derivados dos acordos, tratados e convenções internacionais dos quais o Brasil seja parte*, como, por exemplo, os insertados no Pacto Internacional sobre Direitos Civis e Políticos e Pacto Internacional sobre Direitos Econômicos, Sociais e Culturais, celebrados por ocasião da XXI Sessão da Assembleia Geral da Organização das Nações Unidas de 1966,[81] e na Convenção Americana sobre Direitos Humanos ou Pacto de San José da Costa Rica, celebrado por ocasião da Conferência Interamericana de Direitos Humanos de 1969,[82] ratificados pelos Decretos Legislativos nºs 226/91 e 27/92, respectivamente.[83]

4.2 Critério material

O **critério material** é atrelado ao objeto de tutela dos direitos fundamentais, desmembrados em direitos individuais, coletivos, sociais, políticos e à nacionalidade, à vista dos arts. 5º a 14 da CRFB.[84]

---

78 PIOVESAN, Flávia Cristina. *Temas de Direitos Humanos*. 2ª ed. São Paulo: Max Limonad, 2003, p. 44.

79 MORAES, Alexandre de. *Direitos Fundamentais*. 3ª ed. São Paulo: Atlas, 2000, p. 303.

80 STF, ADIn nº 939, Rel. Min. Sydney Sanches, j. 15.12.1993, *DJU* 18.3.1994.

81 STF, HC nº 81.172, Rel. Min. Ellen Gracie, j. 11.6.2002, *DJU* 7.3.2003.

82 STF, HC nº 81.319, Rel. Min. Celso de Mello, j. 24.4.2002, *DJU* 19.8.2005.

83 STF, HC nº 83.669, Rel. Min. Nelson Jobim, j. 2.12.2003, *DJU* 19.3.2004.

84 FERREIRA FILHO, Manoel Gonçalves. *Direitos Fundamentais*. 2ª ed. São Paulo: Saraiva, 1998, p. 102.

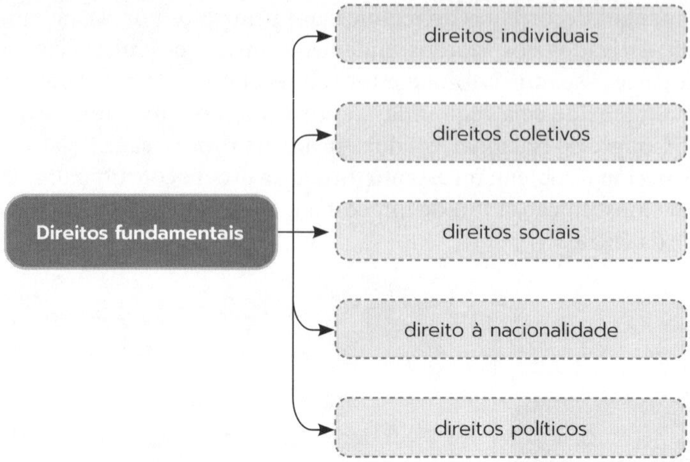

Os *direitos individuais* são direitos fundamentais próprios do homem-indivíduo, porque titularizados e exercidos por pessoas individualmente consideradas em si, com a delimitação de uma esfera de ação pessoal, tais como os direitos à vida, liberdade, igualdade, segurança e propriedade.[85]

Os *direitos coletivos* são direitos fundamentais próprios do homem-membro de uma categoria, classe ou grupo, porque titularizados e exercidos por pessoas coletivamente consideradas entre si, com determinabilidade de seus membros, ou não, tais como as liberdades de reunião e de associação.[86]

Os *direitos sociais* são direitos fundamentais próprios do homem-social, porque dizem respeito a um complexo de relações sociais, econômicas ou culturais que o indivíduo desenvolve para a realização da vida em todas as suas potencialidades, sem as quais o seu titular não poderia alcançar e fruir dos bens de que necessita, tais como os direitos sociais em sentido estrito, econômicos e culturais.[87]

O *direito à nacionalidade* é direito fundamental próprio do homem-nacional, porque titularizado e exercido por pessoas que mantêm um vínculo jurídico-político com determinado Estado, para considerá-las como integrantes da população deste, tal como a nacionalidade originária ou derivada, ordinária ou extraordinária.[88]

Os *direitos políticos* são direitos fundamentais próprios do homem-cidadão, porque titularizados e exercidos por pessoas que participam da vida política e da organização governamental e administrativa do Estado democrático, tais como os direitos de votar, de ser votado, ao cargo e no cargo eletivo,[89] sem olvidar que "um certo direito fundamental não alcança a eficácia plena sem a realização simultânea de alguns ou de todos os outros direitos fundamentais, independentemente de sua classificação".[90]

---

85 STF, RE nº 285.571, Rel. Min. Sepúlveda Pertence, j. 13.2.2001, *DJU* 6.4.2001.

86 STF, RE nº 163.231, Rel. Min. Maurício Corrêa, j. 26.2.1997, *DJU* 29.6.2001.

87 STF, RE nº 226.853, Rel. Min. Sepúlveda Pertence, j. 14.12.1998, *DJU* 19.3.1999.

88 STF, RE nº 415.957, Rel. Min. Sepúlveda Pertence, j. 23.8.2005, *DJU* 16.9.2005.

89 STF, RE nº 418.876, Rel. Min. Sepúlveda Pertence, j. 30.3.2004, *DJU* 4.6.2004.

90 BREGA FILHO, Vladimir. *Direitos Fundamentais*. São Paulo: Juarez de Oliveira, 2002, p. 63.

5 PROTEÇÃO

O **sistema de proteção dos direitos fundamentais** é integralizado por um complexo de mecanismos, dotados de natureza normativa, institucional ou processual, tendentes a assegurar sua plena realização.[91]

5.1 Proteção normativa

O mecanismo normativo de proteção dos direitos fundamentais é singularizado pela *cláusula pétrea ou limitação material explícita ao poder constituinte derivado reformador*, traduzida pela impossibilidade de reforma sobre o "cerne imodificável da Constituição", em razão da norma introduzida no art. 60, § 4º, inc. IV, da CRFB,[92] que enseja duas questões controvertidas.

Uma, quanto à profundidade da limitação material expressa ao poder de reforma, é alusiva à elocução "tendente a abolir". De um lado, **Nagib Slaibi Filho** acentua que há a possibilidade de a reforma constitucional alterar as normas referentes às matérias alcançadas pela cláusula pétrea, desde que a modificação seja de menor intensidade.[93] De outro lado, **Saulo Ramos** adverte que somente haveria a possibilidade de a reforma constitucional acrescentar normas relativas às matérias atingidas pela cláusula pétrea.[94] Em posição que perfilhamos, o Supremo Tribunal Federal firmou jurisprudência no sentido de que a reforma constitucional não pode alcançar a essência dos institutos enumerados taxativamente no art. 60, § 4º, da CRFB, de forma a descaracterizá-los, posto que "as limitações materiais ao poder constituinte de reforma não significam a intangibilidade literal da disciplina na Constituição originária, mas apenas a proteção do núcleo essencial dos princípios e institutos cuja preservação nelas se protege".[95]

Outra, quanto à extensão da limitação material expressa ao poder de reforma, é atinente ao enunciado "direitos e garantias individuais". Por um lado, **Manoel Gonçalves Ferreira Filho** assegura que as cláusulas pétreas não são reduzidas aos direitos individuais, computando os direitos coletivos, sociais, políticos e à nacionalidade.[96] Por outro lado, **Uadi Bulos** assevera que as cláusulas pétreas são restritas aos direitos individuais, não compreendendo as demais espécies de direitos fundamentais.[97] Posto isto, a jurisprudência do Supremo Tribunal Federal é fixada no sentido da melhor doutrina, que assinala a impossibilidade de a reforma constitucional restringir desrazoavelmente os direitos fundamentais, visto que "a proposta de emenda tendente a abolir a licença-maternidade a que se refere o art. 7º, inc. XVIII – modalidade de direito social – não

---

91 COELHO, Rosa Júlia Plá. *Mecanismos de Proteção dos Direitos Fundamentais*. Brasília: Ordem dos Advogados do Brasil, 2005, p. 34.

92 SAMPAIO, Nelson de Souza. *O Poder de Reforma Constitucional*. 3ª ed. Belo Horizonte: Nova Alvorada, 1995, p. 97.

93 SLAIBI FILHO, Nagib. *Ação Declaratória de Constitucionalidade*. Rio de Janeiro: Forense, 1994, p. 39.

94 RAMOS, Saulo. *Assembleia Constituinte. Natureza, Extensão e Limitação dos seus Poderes*. Brasília: Alhombra, 1987, p. 24.

95 STF, MS nº 23.047, Rel. Min. Sepúlveda Pertence, j. 11.2.1998, *DJU* 14.11.2003.

96 FERREIRA FILHO, Manoel Gonçalves. *Do Processo Legislativo*. 3ª ed. São Paulo: Saraiva, 1995, p. 286.

97 BULOS, Uadi. *Elementos de Direito Constitucional*. Belo Horizonte: Nova Alvorada, 1996, p. 124.

será objeto de deliberação, por contrariar princípios imutáveis ou as chamadas cláusulas pétreas da Constituição originária (art. 60, § 4º)".[98]

5.2 Proteção institucional

Os mecanismos institucionais de proteção dos direitos fundamentais são sintetizados pela organização e funcionamento do Poder Judiciário, Funções Essenciais à Justiça e Tribunais de Contas.

Poder Judiciário, porque dedicado ao exercício da jurisdição constitucional, não somente a jurisdição orgânica, desempenhada no controle de constitucionalidade, na qual compete aos órgãos do Poder Judiciário negar a eficácia de leis e atos normativos que impliquem violação dos direitos fundamentais objetivamente considerados, mas também a jurisdição das liberdades, desencadeada pelos remédios constitucionais, na qual compete aos organismos do Poder Judiciário anular os atos administrativos que importem violentação dos direitos fundamentais subjetivamente considerados. Não se desconhece que, no campo da tutela jurisdicional dos direitos fundamentais, a "explosão da litigação" é indiciada pelo aumento exponencial da procura judiciária, a motivar as ações coletivas, defesa individual de causas de menor complexidade e atividade criadora do juiz no momento da aplicação da norma jurídica ao caso concreto, devendo perquirir os fins sociais e as exigências do bem comum.[99]

Funções Essenciais à Justiça, porque deliberadas à provedoria da justiça, pelas instituições da Advocacia Pública, Defensoria Pública e Ministério Público, de sorte a viabilizar a proteção de interesses públicos cometidos a cada entidade estatal, interesses, individuais e metaindividuais, dos necessitados econômicos e jurídicos ou interesses difusos, coletivos, individuais homogêneos e individuais indisponíveis. A "magistratura de partido" detém atribuição para a representação, judicial e extrajudicial, das unidades da federação, consultoria e assessoramento jurídico da Chefia da Poder Executivo.[100] A "magistratura instrumental" dispõe de atribuição para a assistência jurídica, integral e gratuita, dos necessitados econômicos e jurídicos, sintetizada como representação judicial, prática de atos jurídicos extrajudiciais e consultoria jurídica, tripartida em aconselhamento, informação e orientação.[101] A "magistratura de pé" é dotada de atribuição para a defesa do ordenamento jurídico, regime democrático e interesses sociais e individuais indisponíveis.[102]

Tribunais de Contas, porque destinados ao controle da execução orçamentária, com destaque para a apreciação das contas preparadas pelo Chefe do Poder Executivo, sem embargo do julgamento das contas prestadas pelos administradores e demais responsáveis por dinheiros, bens e valores públicos, como também daqueles que derem causa a perda, extravio ou outra irregularidade de que resulte prejuízo ao erário público, a análise da legalidade dos atos de admissão de pessoal e concessão de aposentadoria, reformas e

---

98 STF, ADIn nº 1.946, Rel. Min. Sydney Sanches, j. 29.4.1999, *DJU* 14.9.2001.

99 SANTOS, Boaventura de Souza. *Os Tribunais nas Sociedades Contemporâneas*. O Porto: Afrontamento, 1996, p. 25.

100 SOUTO, João Carlos. *Advocacia Pública*. Brasília: Iadc, 2003, p. 31.

101 MORAES, Guilherme Peña de. *Defensoria Pública*. São Paulo: Malheiros, 1999, p. 178.

102 MAZZILLI, Hugo Nigro. *Ministério Público*. 5ª ed. São Paulo: Saraiva, 2005, p. 60.

pensões, para fins de efetivação do registro, a realização de inspeções e auditorias de natureza contábil, financeira, orçamentária, operacional e patrimonial no âmbito das unidades administrativas dos Poderes Legislativo, Executivo e Judiciário, a fiscalização da aplicação de recursos transferidos por acordos administrativos e a aplicação de sanções, em caso de ilegalidade de despesa ou irregularidade de contas. Outrossim, na hipótese de ameaça ou lesão a direito fundamental sob fiscalização, a efetividade das decisões finais do Tribunal de Contas é garantida pela possibilidade de expedição de medidas cautelares.[103, 104]

5.3 Proteção processual

Os mecanismos processuais de proteção dos direitos fundamentais são sistematizados pelos *remédios constitucionais* disponibilizados na ordem jurídica, que não se confundem com os direitos fundamentais e as garantias constitucionais.

Debruçando-se sobre o tema, os três institutos encontram-se correlacionados, tendo como ponto de confluência o princípio da inafastabilidade do controle judicial, sendo exato que a todo direito corresponde uma garantia constitucional que o assegura, bem como a toda garantia constitucional corresponde um remédio que a torna eficaz, em atenção ao art. 5º, inc. XXXV, da CRFB.[105]

5.3.1 Garantias constitucionais

A expressão "garantias constitucionais" é recoberta de duplo significado.

Numa significação, as garantias constitucionais funcionam como instrumentos, próprios do Estado de Direito, de limitação do poder político, em proveito das pessoas. Far-se-á melhor designá-las como "garantismo constitucional".[106]

Noutra significação, as garantias constitucionais figuram como formalidades que asseguram o exercício dos direitos fundamentais, pelo mecanismo da coerção, das condutas contra eles direcionadas, a permanecerem nos limites da ordem jurídica, com a finalidade de proteger os seus titulares contra violações de qualquer natureza. Far-se-á melhor denominá-las "garantias constitucionais em sentido estrito".[107]

Nessa ordem de ideias, entre direitos fundamentais e garantias constitucionais, há cinco diferenças. Em primeiro lugar, quanto à natureza da regra de positivação, as regras de direitos fundamentais são qualificadas como dispositivos declaratórios, dado que reconhecem direitos e a eles concedem existência normativa, ao passo que as regras de garantias constitucionais são reputadas como disposições assecuratórias, eis que estabelecem limitações ao poder em defesa de direitos. Em segundo lugar, quanto à limitação espacial, os direitos fundamentais, mormente os direitos de fraternidade, não são providos de limitação espacial, enquanto as garantias constitucionais somente

---

103 GUALAZZI, Eduardo Lobo. *Tribunal de Contas*. São Paulo: Revista dos Tribunais, 1992, p. 167.

104 STF, MS nº 24.510, Rel. Min. Ellen Gracie, j. 19.11.2003, *DJU* 19.3.2004.

105 RIBEIRO JÚNIOR, João. *Direitos Fundamentais, Garantias e Remédios Constitucionais*. Bauru: Edipro, 1999, p. 34.

106 FARIAS, Cristiano Chaves. *Garantismo Constitucional*. Rio de Janeiro: Lumen Juris, 2006, p. 54.

107 GRINOVER, Ada Pellegrini. *Garantias Constitucionais*. São Paulo: Revista dos Tribunais, 1973, p. 36.

existem dentro do Estado. Em terceiro lugar, quanto à atribuição de prerrogativas, as normas de direitos fundamentais atribuem, a seus destinatários, uma faculdade de agir ou de exigir em proveito próprio ou do grupo social a que pertencem, ao passo que as normas de garantias constitucionais não atribuem nenhuma faculdade jurídica, limitando-se a um sentido organizatório objetivo. Em quarto lugar, quanto à função, os direitos fundamentais desempenham uma função principal, porquanto constituem um fim em si mesmo, enquanto as garantias constitucionais desenvolvem uma função instrumental, conquanto sejam instrumentos para o asseguramento daqueles. Por fim, quanto ao conteúdo, as regras de direitos fundamentais podem ter conteúdo positivo ou negativo, posto que concernentes a um *facere* ou *non facere*, ao passo que as regras de garantias constitucionais têm sempre conteúdo positivo, visto que determinam a atuação do Estado ou dos próprios indivíduos.[108]

5.3.2 *Remédios constitucionais*

Os remédios constitucionais são definidos como ações de natureza constitucional que objetivam tornar efetivas as garantias constitucionais dos direitos fundamentais.[109]

A proteção dos direitos fundamentais, em nível de Direito Comparado, pode ser franqueada por mecanismos processuais de caráter genérico ou específico, dependendo da pretensão deduzível em juízo ou tribunal.

5.3.2.1 Tutela dos direitos fundamentais em gênero

Os instrumentos de proteção processual *in genere* são predispostos ao amparo de todos, ou praticamente todos, os direitos fundamentais na ordem jurídica da qual promanam, como, por exemplo, o *Verfassungsbeschwerde*,[110] decorrente de lesão, pelo Poder Público, dos direitos sobre os quais versa o art. 93, § 1º, nº 4, *a*, da Constituição germânica,[111] e o *recurso de amparo*,[112] derivado de violação dos direitos referidos no art. 161, nº 1, *b*, da Constituição hispânica.[113]

---

108 A distinção entre direitos fundamentais e garantias constitucionais, na Constituição da República, é dificultada pelos enunciados constantes do art. 5º, pois, não raro, os direitos fundamentais são disciplinados em "regras de garantia", indicadas por elocuções como "é assegurado" (art. 5º, inc. V), "é inviolável" (art. 5º, inc. XII) e "é garantido" (art. 5º, inc. XXII), que seriam mais apropriadas para as garantias constitucionais. BELAUNDE, Domingo Garcia. *Notas sobre las Garantías Constitucionales* in *Revista del Instituto Interamericano de Derechos Humanos*, nº 10, 1989, p. 13.

109 RAMOS, Dircêo Torrecillas. *Remédios Constitucionais*. São Paulo: WVC, 1998, p. 9.

110 ZUCK, Rüdiger. *Das Recht des Verfassungsbeschwerde*. 3ª ed. München: C.H. Beck, 2006, p. 220.

111 Lei Fundamental da República Federal da Alemanha, art. 93, § 1º, nº 4, *a*: "Compete ao Tribunal Constitucional Federal apreciar as queixas constitucionais que podem ser interpostas por toda a gente com a alegação de ter sido lesado, pelo Poder Público, num dos seus direitos fundamentais ou num dos seus direitos consagrados no nº 4 do art. 20, sem prejuízo dos arts. 33, 38, 101, 103 e 104". Disponível em: <http://www.bundesverfassungsgericht.de>. Acesso em: 30.8.2010.

112 MORÓN, Miguel. *El Recurso de Amparo Constitucional*. Madrid: Centro de Estudios Constitucionales, 1987, p. 216.

113 Constituição Espanhola, art. 161, nº 1, *b*: "O Tribunal Constitucional tem jurisdição em todo o território espanhol e é competente para conhecer do recurso de amparo por violação dos direitos fundamentais referidos no art. 53, nº 2, desta Constituição e nos casos e formas que a lei estabelecer". Disponível em: <http://www.tribunalconstitucional.es>. Acesso em: 30.8.2010.

No Brasil, os direitos, individuais e metaindividuais, líquidos e certos, ameaçados ou lesados por atos imputados a autoridades públicas ou agentes delegados, eivados de ilegalidades ou abusos de poder são alcançados pelo mandado de segurança, à luz do art. 5º, incs. LXIX e LXX,[114] bem assim os direitos subjetivos cujo exercício esteja impossibilitado pela ausência da norma regulamentadora são acobertados pelo mandado de injunção, a teor do art. 5º, inc. LXXI, ambos da CRFB.[115]

5.3.2.2 Tutela dos direitos fundamentais em espécie

Os instrumentos de proteção processual *in specie* são preordenados à tutela de alguns direitos fundamentais no ordenamento jurídico do qual provenham, como, por exemplo, o *writ of mandamus* – dedicado a ordenar que um tribunal inferior cumpra um mandado –, o *writ of prohibition* – deflagrado para a emissão de uma ordem que proíba um tribunal inferior de realizar uma ação que possa causar dano de difícil ou impossível reparação ao demandante –, o *writ of quo warranto* – demandado para a cassação de concessão, permissão ou autorização de serviço público ou demissão de agente público funcionalmente vinculado ao demandado – e o *writ of certiorari* – destinado a ordenar que um tribunal inferior certifique a existência de uma causa e remeta os autos do processo à Suprema Corte –,[116] sob a égide do art. 1º, seção 9, nº 2, da Constituição estadunidense,[117] que se relacionam com o dispositivo de processo das liberdades[118] de que trata o art. 39 da Constituição lusitana.[119]

No Brasil, a tutela da liberdade de locomoção, ameaçada ou lesada, em decorrência de violência ou coação, dotada de ilegalidade ou abuso de poder, e o conhecimento, retificação, anotação, contestação ou explicação de dados pessoais constantes nos assentamentos de registros ou banco de dados de entes governamentais ou de caráter público podem ser objetivados pelo *habeas corpus* e *habeas data*,[120] de acordo com o art. 5º, incs. LXVIII e LXXII,[121] como também a invalidação de atos, contratos ou acordos administrativos ilegais, ilegítimos ou ilícitos e lesivos ao domínio público, meio ambiente, patrimônio histórico e cultural e outros interesses difusos, coletivos e individuais

---

114 MEIRELLES, Hely Lopes. *Mandado de Segurança*. 28ª ed. São Paulo: Malheiros, 2005, p. 21.

115 STRECK, Lenio Luiz. *Mandado de Injunção*. Rio de Janeiro: Edições Trabalhistas, 1991, p. 32.

116 WOOD, Horace. *A Treatise on the Legal Remedies of Mandamus and Prohibition, Habeas Corpus, Certiorari and Quo Warranto*. 3ª ed. Albany: W.C. Little & Co., Law Booksellers, 1896, p. 7.

117 Constituição dos Estados Unidos da América, art. 1º, seção 9, nº 2: "O *habeas corpus* não poderá ser suspenso, exceto em caso de rebelião ou invasão, quando a segurança pública possa exigi-lo". Disponível em: <http://www.supremecourtus.gov>. Acesso em: 30.8.2010.

118 MENDES, António Alfredo. *O "Habeas Corpus"*. Lisboa: Universidade Autônoma de Lisboa, 2005, p. 34.

119 Constituição da República Portuguesa, art. 31: "Haverá *habeas corpus* contra o abuso de poder, por virtude de prisão ou detenção ilegal, a requerer perante o tribunal competente. A providência de *habeas corpus* pode ser requerida pelo próprio ou por qualquer cidadão no gozo dos seus direitos políticos. O juiz decidirá no prazo de oito dias o pedido de *habeas corpus* em audiência contraditória". Disponível em: <http://www.tribunalconstitucional.pt>. Acesso em: 30.8.2010.

120 TUCCI, Rogério Lauria. *"Habeas Corpus"*. São Paulo: Saraiva, 1978, p. 70.

121 ALVIM, José Eduardo Carreira. *"Habeas Data"*. Rio de Janeiro: Forense, 2001, p. 7.

homogêneos pode ser obtida pela ação civil pública e ação popular,[122] em atenção aos arts. 5º, inc. LXXIII, e 129, inc. III, todos da CRFB.[123]

---

122 ALENCAR, Rosmar Cavalcanti de. *Ação Popular*. 2ª ed. Porto Alegre: Nuria Fabris, 2008, p. 31.

123 MANCUSO, Rodolfo de Camargo. *Ação Civil Pública*. 2ª ed. São Paulo: Revista dos Tribunais, 1992, p. 17.

Capítulo 7
DIREITOS INDIVIDUAIS

Acesse e assista à aula explicativa sobre este assunto.

> *https://uqr.to/14ug9*

1 CONCEITO

Os direitos individuais são **direitos fundamentais próprios do homem-indivíduo, porque titularizados e exercidos por pessoas individualmente consideradas em si, com a delimitação de uma esfera de ação pessoal.**[1]

A respeito, considerando o art. 5º, *caput*, *in fine*, da CRFB, o objeto imediato dos direitos individuais, e das garantias constitucionais respectivas, pode envolver a *vida, liberdade, igualdade, propriedade ou segurança.*[2]

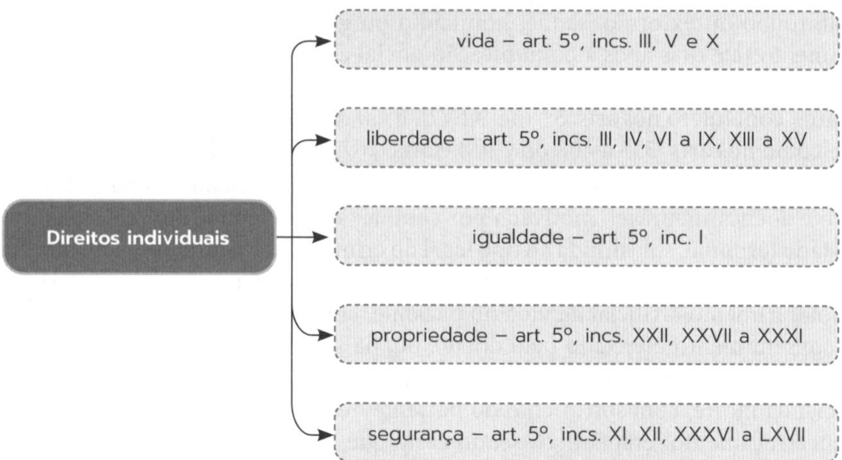

---

1 TUCCI, Rogério Lauria. *Direitos Individuais*. 2ª ed. São Paulo: Revista dos Tribunais, 2004, p. 21.

2 STF, RE nº 285.571, Rel. Min. Sepúlveda Pertence, j. 13.2.2001, *DJU* 6.4.2001.

2 VIDA

Os **direitos individuais cujo objeto imediato é a vida** comportam: (i) o direito à vida, à luz do art. 5º, *caput*, (ii) os direitos à integridade física, englobando o direito ao próprio corpo e direito às partes separadas do corpo, a teor do art. 5º, inc. III, e (iii) os direitos à integridade moral, encerrando o direito à intimidade, direito à privacidade, direito à honra e direito à imagem, à vista do art. 5º, incs. V e X, da CRFB.

2.1 Direito à vida

A *vida humana* é defendida como complexo de propriedades e qualidades graças às quais as pessoas naturais se mantêm em contínua atividade funcional, que se desenvolve entre o nascimento e a morte, embora a ordem jurídica brasileira ponha a salvo os direitos do nascituro desde a concepção, como também possibilita a reclamação de perdas e danos por ameaça ou lesão a direitos após o falecimento, sem prejuízo de outras sanções previstas em lei.[3]

A pena de morte é objeto de cláusula pétrea ou limitação material explícita ao poder constituinte derivado reformador, de forma que proposta de emenda que a comine não pode ser deliberada em tempos de paz. Entretanto, declarada a guerra externa, a pena de morte pode ser imposta em hipótese de crime de traição, favor ao inimigo, tentativa contra a soberania, informação ou auxílio ao inimigo, coação a comandante, aliciação de militar, ato prejudicial à eficiência da tropa, fuga em presença do inimigo, covardia, espionagem, motim, revolta ou conspiração, incitamento, rendição ou capitulação, falta de cumprimento de ordem, separação reprovável, dano em bens de interesse militar, abandono de comboio, envenenamento, corrupção ou epidemia, recusa de obediência, oposição, violência contra superior ou militar de serviço, deserção em presença do inimigo, abandono de posto, libertação, evasão ou amotinamento de prisioneiro, violência carnal, roubo ou extorsão, saque, homicídio ou genocídio e deve ser executada por fuzilamento sete dias após a comunicação oficial ao Presidente da República, salvo se imposta em zona de operações de guerra e o exigir o interesse da ordem e da disciplina militares, com fulcro nos arts. 5º, inc. XLVII, *a*, 60, § 4º, inc. IV, e 84, inc. XIX, da CRFB, assim como nos arts. 355 a 408 do CPM e arts. 707 e 708 do CPPM.[4]

A eutanásia é resumida como morte provocada em paciente vítima de forte sofrimento e doença incurável, motivada por compaixão ou piedade em relação ao doente em estado terminal, subsumida ao tipo legal do crime de homicídio privilegiado. Não há confusão entre a eutanásia, ortotanásia e distanásia, eis que, na ortotanásia, há omissão no prolongamento artificial da vida do paciente, cuja antijuridicidade pode ser elidida pelo consentimento oferecido pelo doente ou, na sua impossibilidade, de ascendente, descendente, cônjuge ou irmão, ao passo que, na distanásia, há ação para a procrastinação artificial da morte, com sofrimento do paciente, resultado da "obstinação terapêutica" ou "encarniçamento terapêutico", sendo certo que, "tendo em vista a evolução da tecnologia médica, que ultrapassa todos os limites até então conhecidos, a indicação sobre os limites do dever de tratamento não pode mais depender da eficiência dos aparelhos,

---

3 SICHES, Luis Recaséns. *Vida Humana*. 3ª ed. México: Porrúa, 1952, p. 254.

4 HOFFBAUER, Nélson Hungria. *A Pena de Morte no Brasil* in *Comunicações da Faculdade de Direito da Universidade de Coimbra*, nº 2, 1967, p. 173.

sendo isso um problema a ser resolvido por meio de uma decisão do caso concreto, no qual o prolongamento ou procrastinação da agonia do doente deva ter algum sentido para ele, orientada pelo respeito à vida e à dignidade da pessoa humana", com fundamento no art. 5º, inc. XXXVIII, *d*, da CRFB, bem como no art. 121, § 1º, do CP e arts. 406 a 497 do CPP.[5]

O aborto é revelado pela interrupção da gravidez, com a destruição do feto, excluída a ilicitude da conduta nas hipóteses de aborto terapêutico ou necessário, quando não houver outro meio que possa ser empregado para salvar a vida da gestante, e de aborto sentimental ou humanitário, quando a gravidez resultar de estupro e a interrupção da gestação seja consentida e desejada pela gestante ou de seu representante legal. Sem embargo de posicionamento contrário,[6] a doutrina[7] que se refletiu na jurisprudência do Supremo Tribunal Federal[8] é firmada no sentido da possibilidade de interrupção da gravidez na hipótese de inviabilidade de vida extrauterina em razão de anomalia diagnosticada por laudo médico, de sorte a viabilizar a antecipação do parto de feto anencefálico: "demonstrados por laudos médico e psicológico a anencefalia do feto, sua incompatibilidade com a vida extrauterina, o avançado quadro depressivo da gestante por carregar em seu ventre um ser anormal e sua consciência das possíveis sequelas que podem decorrer de um aborto malsucedido, impõe-se a interpretação das normas vigentes segundo os fins a que se destinam e das exigências do bem comum, para a finalidade de autorizar a interrupção da gestação",[9] "viável e oportuna uma interpretação extensiva da Lei Penal, admitindo o aborto em razão de má-formação congênita do feto (anencefalia), evitando-se, dessa forma, a amargura e o sofrimento físico e psicológico, considerando que os pais já sabem que o filho não tem qualquer possibilidade de vida extrauterina",[10] "observada a presença de diversas anomalias, incompatíveis com a vida extrauterina, tornando a gestação frequentemente complicada em virtude de polidramnia, que acarreta graves consequências à saúde da gestante, a intervenção cirúrgica se faz necessária",[11] "malgrado não incluída a antecipação de parto de fetos anencefálicos nos dispositivos legais que excluem a antijuridicidade, o embasamento pela possibilidade esteia-se em causa supralegal autônoma de exclusão da culpabilidade por ser inexigível outra conduta. Reunidos todos os elementos fornecidos pela ciência, tendo em mente que a norma penal em vigor protege a 'vida', e não a 'falsa vida', legítima é a pretensão de antecipação do parto",[12] "diante da solicitação de autorização para realização de aborto, instruída com laudos médico e psicológico favoráveis, deliberada com plena conscientização da gestante e de seu companheiro, e evidenciado o risco à saúde desta, mormente a psicológica, resultante do drama emocional a que estará submetida caso leve a termo

---

5 ROXIN, Claus. *A Apreciação Jurídico-Penal da Eutanásia* in *Revista Brasileira de Ciências Criminais*, nº 32, 2000, p. 22.

6 MARTINS, Ives Gandra da Silva. *O Supremo e o Homicídio Uterino* in *Igreja e Bioética*, nº 2, 2004, p. 2.

7 FRANCO, Geraldo Francisco Pinheiro. *Impossível a Sobrevida do Feto, deve ser Autorizado o Aborto* in *Boletim do Instituto Brasileiro de Ciências Criminais*, nº 11, 1999, p. 3.

8 STF, ADPF nº 54, Rel. Min. Marco Aurélio, j. 12.4.2012, *DJU* 24.4.2012.

9 TJAP, Proc. nº 1.242/00, Rel. Des. Mário Gurtyev, j. 5.9.2000, *DOAP* 5.10.2000.

10 TJMG, Proc. nº 1.0191.05.007719-4/001, Rel. Des. Eduardo Mariné, j. 15.9.2005, *DOMG* 13.12.2005.

11 TJRJ, Proc. nº 2004.059.06681, Rel. Des. Suely Magalhães, j. 27.1.2005, *DORJ* 15.2.2005.

12 TJRS, Proc. nº 70011918026, Rel. Des. Elba Nicolli, j. 9.6.2005, *DORS* 1º.7.2005.

a gestação, pois comprovado cientificamente que o feto é portador de anencefalia e de outras anomalias incompatíveis com a sobrevida extrauterina, outra solução não resta senão autorizar a requerente a interromper a gravidez",[13] e "tratando-se de solicitação de aborto em situação de anencefalia fetal, é admissível a autorização judicial para interrupção da gravidez, como forma de evitar a amargura e o sofrimento psicológico da mãe que, de antemão, sabe que o filho não terá qualquer possibilidade de sobrevida".[14, 15]

2.2 Direitos à integridade física

A *integridade física* é definida como incolumidade corpórea da pessoa humana, comportando o direito ao próprio corpo, bem assim o direito às partes separadas dele.

2.2.1 Direito ao próprio corpo

O direito ao próprio corpo é pertencente à integridade física do organismo, assegurado pela proibição de tratamento que contrarie a dignidade da pessoa humana, inclusive dos presos provisórios e definitivos em estabelecimentos penais.[16]

A tortura é sintetizada como inflição de mal desnecessário e fora do comum, com o propósito de causar dor, angústia e grave sofrimento físico ou moral à vítima, decomposta em três espécies primordiais. A tortura probatória é deflagrada para a obtenção de informação, declaração ou confissão da vítima ou de terceira pessoa. A tortura discriminatória é desencadeada em razão de motivação racial ou religiosa. A tortura punitiva é devotada à aplicação de castigo ou medida de natureza preventiva contra pessoa que se encontre submetida à guarda, poder ou autoridade do autor, cuja execução da pena privativa de liberdade deve ser iniciada em regime fechado, sendo exato que o crime de tortura é inafiançável e insuscetível de graça ou anistia, de acordo com o art. 5º, incs. III, XLIII e XLIX, da CRFB e art. 1º da Lei nº 9.455/97.[17]

A transexualidade é sistematizada como distúrbio na identidade do próprio gênero, no qual a pessoa exterioriza o desejo compulsivo de reversão sexual, em razão da inadequação entre o sexo biológico e o psíquico. Em suma: "são conceitos diferentes a homossexualidade e transexualidade. Os homossexuais convivem com o próprio sexo, e estão certos de pertencer a ele, dado que os costumes e vestuários próprios do sexo somático não os agridem psicologicamente. Os transexuais, ao reverso, sentem-se como indivíduos fora do grupo desde o início, não participando com espontaneidade e inte-

---

13 TJSC, Proc. nº 98.003566-0, Rel. Des. Jorge Mussi, j. 5.5.1998, *DOSC* 15.5.1998.

14 TJSP, Proc. nº 309.340-3/5, Rel. Des. Adriano Marrey, j. 22.5.2000, *DOSP* 1º.6.2000.

15 Na doutrina, Luís Roberto Barroso afirma a possibilidade de "interpretação conforme a Constituição dos arts. 124, 126 e 128, incs. I e II, todos do CP, para excluir a interpretação de tais dispositivos como impeditivos da antecipação terapêutica do parto em hipóteses de gravidez de feto anencefálico, diagnosticada por médico habilitado, reconhecendo-se o direito subjetivo da gestante de se submeter a tal procedimento sem a necessidade de apresentação prévia de autorização judicial ou qualquer outra forma de permissão específica do Estado". BARROSO, Luís Roberto. *Anencefalia, Inviabilidade do Feto e Antecipação Terapêutica do Parto*. Disponível em: <http://www.planalto.gov.br>. Acesso em: 20.2.2006.

16 CHAVES, Antônio. *Direito ao Próprio Corpo*. 2ª ed. São Paulo: Revista dos Tribunais, 1994, p. 86.

17 JORGE, William Wanderley. *Contribuição a Noção do Crime de Tortura* in *Revista dos Tribunais*, nº 665, 1991, p. 391.

gração do ambiente por eles frequentado", não se afigurando juridicamente impossível o pedido de retificação de registro civil, no tocante ao gênero e nome, de pessoa que tenha sofrido, ou não, procedimento cirúrgico de transgenização, em que pese o art. 22, inc. XXV, da CRFB e arts. 57, 109 e 110 da Lei nº 6.015/73.[18, 19]

2.2.2 Direito às partes separadas do corpo

O direito às partes separadas do corpo é pertinente à integridade física dos órgãos, asseverado pela possibilidade de coleta, processamento e transfusão de sangue, componentes e derivados, com o desiderato de terapia ou pesquisa, e de remoção de órgãos, tecidos e substâncias humanas, com o desígnio de transplante e tratamento.[20]

A captação, triagem clínica, laboratorial, sorológica, imuno-hematológica e demais exames laboratoriais do doador e do receptor, coleta, identificação, processamento, estocagem, distribuição, orientação e transfusão de sangue, componentes e derivados, são traduzidos como atividades hemoterápicas, que devem utilizar tecidos obtidos em doações voluntárias, não remuneradas, competindo ao Poder Público fomentá-las como atos de solidariedade humana e compromisso social. Destarte, é proibida a compra, venda ou qualquer outro tipo de comercialização do sangue, componentes e derivados, excluída a remuneração dos custos dos insumos, reagentes, materiais descartáveis e mão de obra especializada, da mesma forma que os honorários por serviços médicos prestados na assistência à saúde das pessoas dos pacientes, doadores e receptores, em atenção à Lei nº 10.205/01, regulamentada pelo Decreto nº 3.990/01.[21]

A remoção de órgãos, tecidos e partes do corpo humano para transplante, enxerto ou outra finalidade terapêutica pode ser efetivada por equipe especializada e em estabelecimento de saúde, público ou privado, prévia e expressamente autorizado. Na hipótese de disposição em vida, qualquer pessoa capaz, nos termos da lei civil, pode dispor de tecidos, órgãos e partes do corpo humano para serem retirados *in vitae*, quando se tratar de órgãos duplos ou parcelas de órgãos, tecidos ou partes do corpo, cuja retirada não cause ao doador comprometimento de suas funções vitais e aptidões físicas ou mentais e nem lhe provoque deformação, provada a necessidade terapêutica, improrrogável e indispensável, do receptor. Na hipótese de disposição após a morte, a retirada de tecidos, órgãos e partes do corpo humano pode ser efetuada *post mortem*, independentemente de consentimento expresso da família, se, em vida, o falecido a isso não tiver manifestado sua objeção nas Carteiras de Identidade Civil e de Habilitação, uma vez diagnosticada a morte encefálica, constatada e registrada por dois médicos não participantes da equi-

---

18 FRAGOSO, Heleno Cláudio. *Transexualismo: cirurgia e lesão corporal* in *Revista de Direito Penal*, nº 25, 1979, p. 28.

19 Na jurisprudência, o Supremo Tribunal Federal reconhece aos "transgêneros, independentemente da cirurgia de transgenitalização, ou realização de tratamentos hormonais ou patologizantes, o direito à alteração de gênero e nome diretamente no registro civil". STF, ADIn nº 4.275, Rel. Min. Edson Fachin, j. 1º.3.2018, *DJU* 8.3.2018. Disponível em: <http://www.stf.gov.br>. Acesso em: 15.10.2018.

20 SÁ, Maria de Fátima. *Direito às Partes Separadas do Corpo*. 2ª ed. Belo Horizonte: Del Rey, 2003, p. 23.

21 MURIEL, Christine Santini. *Aspectos Jurídicos das Transfusões de Sangue* in *Revista dos Tribunais*, nº 706, 1994, p. 30.

pe de remoção e transplante, mediante a utilização de critérios clínicos e tecnológicos determinados em resolução do Conselho Federal de Medicina, em atendimento à Lei nº 9.434/97, regulamentada pelo Decreto nº 9.175/17.[22, 23]

2.3 Direitos à integridade moral

A *integridade moral* é delineada como valor social e moral da pessoa humana, compreendendo os direitos à intimidade, privacidade, honra e imagem.

2.3.1 Direito à intimidade

O direito à intimidade é referente ao modo de ser da pessoa, que consiste na exclusão do conhecimento, de outros, de tudo a que ele se refira.[24]

Tradicionalmente, a primeira referência bibliográfica ao direito à intimidade corresponde ao trabalho subscrito por **Samuel Dennis Warren** e **Louis Dembitz Brandies**, no qual foi destacada a necessidade de se resguardar a esfera íntima das pessoas em face dos excessos da "imprensa amarela",[25] tendo sido a dissertação acolhida pela Corte de New York no caso Roberson v. Rochester Folding Box Company.[26]

Recentemente, a diferenciação entre intimidade exterior e intimidade interior é objeto de investigação pela mais atualizada doutrina, tendo em conta que aquela é recoberta de natureza psicológica, sendo inerente ao homem dentro da coletividade, posto que "mesmo imerso no tumulto coletivo, o indivíduo se isola, decretando-se alheio e impenetrável às solicitações dos que o rodeiam",[27] ao passo que esta é revestida de natureza física e mental, sendo ínsita ao homem fora da coletividade, visto que o "indivíduo afasta-se da multidão, recolhendo-se ao seu refúgio".[28]

Pelo fio do exposto, o sigilo representa uma projeção do direito à intimidade, cuja quebra é condicionada à decisão fundamentada de autoridade judicial competente, sem embargo da possibilidade de requisição de Comissão Parlamentar de Inquérito,[29] porquanto "a quebra de sigilo bancário, fiscal ou telefônico, atividade que se reveste de

---

22 CHAVES, Antonio. *Retirada de Órgãos do Corpo Humano para Transplantes* in *Revista de Direito Civil, Imobiliário, Agrário e Empresarial*, nº 26, 1983, p. 7.

23 Na legislação, a Lei nº 10.205, de 21 de março de 2001, implementa o Sistema Nacional de Sangue, Componentes e Derivados, que detém atribuição para "garantir a autossuficiência do País nesse setor e harmonizar as ações do Poder Público em todos os níveis de governo", enquanto a Lei nº 9.434, de 4 de fevereiro de 1997, institui o Sistema Nacional de Transplante, que dispõe de atribuição para "desenvolver o processo de captação e distribuição de tecidos, órgãos e partes retirados do corpo humano para finalidades terapêuticas". Disponível em: <http://www.senado.gov.br>. Acesso em: 20.2.2006.

24 FERNANDES, Milton. *Direito à Intimidade*. São Paulo: Saraiva, 1977, p. 99.

25 WARREN, Samuel Dennis; BRANDIES, Louis Dembitz. *The Right of Privacy* in *Harvard Law Review*, nº 4, 1890, p. 193.

26 Roberson v. Rochester Folding Box Company, 171 N.Y. 538.

27 COSTA JÚNIOR, Paulo José da. *O Direito de Estar Só: tutela da intimidade* in *Revista dos Tribunais*, nº 713, 1995, p. 87.

28 STF, RE nº 215.301, Rel. Min. Carlos Velloso, j. 13.4.1999, *DJU* 28.5.1999.

29 VASCONCELOS, Antonio Ramos de. *Proteção Constitucional do Sigilo Bancário, Fiscal e Telefônico* in *Jurisprudência do Supremo Tribunal Federal*, nº 214, 1996, p. 5.

extrema gravidade jurídica e cuja prática pressupõe, necessariamente, a competência do órgão judiciário ou legislativo que a determina, só deve ser decretada, e sempre em caráter de excepcionalidade, quando existentes fundados elementos de suspeita que se apoiem em indícios idôneos, reveladores de possível autoria de prática delituosa por parte daquele que sofre a investigação penal, competência realizada pelo Estado. A relevância da garantia do sigilo, que traduz uma das projeções realizadoras do direito à intimidade, impõe, por isso mesmo, cautela e prudência na determinação da ruptura da esfera de intimidade que o ordenamento jurídico, em norma de salvaguarda, pretendeu subordinar à cláusula de reserva constitucional", com fundamento no art. 3º, incs. I e II, da Lei nº 9.296/96, art. 1º, § 4º, da Lei Complementar nº 105/01 e art. 198, § 1º, do CTN.[30]

2.3.2 Direito à privacidade

O direito à privacidade é relativo à convivência entre as pessoas, delimitada por três esferas concêntricas e sobrepostas.

Na esfera social, as pessoas humanas procuram satisfazer os seus interesses enquanto membros da sociedade, comportando os fatos que são suscetíveis de conhecimento por todos.

Na esfera privada, as pessoas humanas procuram satisfazer os seus interesses enquanto membros de uma comunidade, compreendendo os fatos que podem ser compartilhados com um número restrito de pessoas.

Na esfera individual ou íntima, as pessoas humanas procuram satisfazer os seus interesses isoladas do grupo social, resguardadas as suas particularidades, contemplando os fatos que estão subtraídos do conhecimento de todas as outras,[31] de maneira que a intimidade simboliza a parte mais recôndita do direito à privacidade, na medida em que "a intimidade é o âmbito do exclusivo que alguém reserva para si, sem nenhuma repercussão social, nem mesmo ao alcance de sua vida privada que, por mais isolada que seja, é sempre um viver entre os outros. Já a vida privada envolve a proteção de formas exclusivas de convivência. Trata-se de situações em que a comunicação é inevitável, das quais, em princípio, são excluídos terceiros".[32]

O cenário da sociedade da informação, na qual a tecnologia é usada para a coleta, produção, processamento, transmissão e armazenamento de informações, resultou nas definições de "privacidade informacional" ou poder de controle e proteção, na conjuntura da *Internet*, ao tratamento automatizado de dados pessoais e de "privacidade decisional" ou poder de autodeterminação no tocante a exposição, no contexto dos *reality shows*, à divulgação de fatos da vida privada.[33, 34]

---

30 STF, Recl. nº 511, Rel. Min. Celso de Mello, j. 9.2.1995, *DJU* 15.9.1995.

31 JENNINGS, Charles. *Direito à Privacidade*. São Paulo: Futura, 2000, p. 51.

32 FERRAZ JÚNIOR, Tercio Sampaio. *Sigilo de Dados: o direito à privacidade e os limites à função fiscalizadora do Estado* in *Cadernos de Direito Constitucional e Ciência Política*, nº 1, 1992, p. 79.

33 AESANI, Liliana Minardi; BAPTISTA, Ezio Carlos. *A Privacidade na Sociedade da Informação: breves reflexões* in *Revista do Curso de Direito do Centro Universitário das Faculdades Metropolitanas Unidas*, nº 28, 2006, p. 13-24.

34 No sentido do texto, afirmando a distinção entre intimidade e privacidade, v.: DOTTI, René Ariel. *Proteção da Vida Privada e Liberdade de Informação*. São Paulo: Revista dos Tribunais, 1980, p. 68. No sentido contrário, afastando a distinção entre intimidade e privacidade, v.: CERNICCHIARO, Luiz

2.3.3 *Direito à honra*

O direito à honra é respeitante aos atributos ou predicados da pessoa, que a fazem merecedora de apreço no convívio social.

Nessa ordem de ideias, a honra pode ser qualificada como subjetiva ou interna, pertencente ao decoro ou estima própria da pessoa natural, isto é, juízo que cada um tem de si, e objetiva ou externa, pertinente à reputação ou consideração social da pessoa natural ou jurídica, ou seja, juízo que os demais formam de nossa personalidade, e por meio do qual a valoram,[35] cuja tutela pode ser deflagrada por ações civil e penal, de modo a possibilitar a responsabilização patrimonial por dano material ou moral, sem exclusão da responsabilização criminal por delito de calúnia, difamação ou injúria, com fulcro no art. 21 do CC e arts. 138 a 140 do CP.[36]

2.3.4 *Direito à imagem*

O direito à imagem é restrito ao "vínculo que une determinada pessoa à sua expressão externa, vale dizer, aos traços e caracteres que a distinguem e individualizam. Dessarte, consiste no direito individual que tem a pessoa de impedir que outrem a utilize, sem autorização, de sorte que a captação e a posterior utilização econômica da imagem dependem da sua anuência".[37, 38]

3 LIBERDADE

Os **direitos individuais cujo objeto imediato é a liberdade** compreendem: (i) o direito à liberdade, com assento no art. 5º, *caput*, (ii) o direito à liberdade de ação, com base no art. 5º, inc. II, (iii) o direito à liberdade de locomoção, com colocação no art. 5º, inc. XV, (iv) o direito à liberdade profissional, com descrição no art. 5º, inc. XIII, e (v) os direitos à liberdade de pensamento, fragmentados em direito à liberdade de consciência e crença e direito à liberdade de expressão ou manifestação, com esteio no art. 5º, incs. IV, VI a IX e XIV, da CRFB.

3.1 Direito à liberdade

A *liberdade* é derivada do princípio autonomístico da determinação individual, não somente a "liberdade de querer", exteriorizada pelo poder de escolher entre várias possibilidades, mas também a "liberdade de atuar", externada pelo poder de fazer tudo o que se quer, removidas quaisquer coações ilegais, ilegítimas ou ilícitas.[39] Na feliz síntese de **Marilena de Souza Chaui**, "a liberdade é a consciência simultânea das circunstâncias existentes e das ações que, suscitadas por tais circunstâncias, nos permitem ultrapassá-las".[40]

Vicente. *Direito Penal na Constituição*. 2ª ed. São Paulo: Revista dos Tribunais, 1991, p. 199-200. A jurisprudência do Supremo Tribunal Federal tem afirmado a distinção entre intimidade e privacidade, "que não se dá a público". STF, RE nº 461.366, Rel. Min. Marco Aurélio, j. 3.8.2007, *DJU* 5.10.2007.

35 CARVALHO, Márcia Haydée Porto de. *Direito à Honra*. Florianópolis: Obra Jurídica, 2002, p. 11.

36 STF, Inq. nº 2.036, Rel. Min. Carlos Britto, j. 23.6.2004, *DJU* 22.10.2004.

37 BITTAR, Carlos Alberto. *Direito à Imagem*. 3ª ed. Rio de Janeiro: Forense Universitária, 2001, p. 185.

38 STF, Recl. nº 2.040, Rel. Min. Néri da Silveira, j. 21.2.2002, *DJU* 27.6.2003.

39 LASKI, Harold Joseph. *Liberdade*. Salvador: Progresso, 1957, p. 43.

40 CHAUI, Marilena de Souza. *Liberdade* in *Convite à Filosofia*. São Paulo: Ática, 1999, p. 357.

3.2 Direito à liberdade de ação

A *liberdade de ação* é descrita como possibilidade de restrição do direito em jogo por preceitos emanados do Poder Legislativo, sendo certo que ninguém pode ser obrigado a fazer ou deixar de fazer alguma coisa senão em virtude de lei.[41]

A imunidade contra a autoincriminação é traduzida como garantia constitucional, segundo a qual toda indagação por autoridade pública de cuja resposta possa advir a imputação ao declarante da prática de infração penal pode deixar de ser respondida, proibida, inclusive, a condução coercitiva para interrogatório.[42] Em outras palavras: "qualquer indivíduo que funcione como objeto de procedimentos administrativos investigatórios ou que ostente, em juízo, a condição jurídica de imputado, dispõe, entre as várias prerrogativas que lhe são constitucionalmente asseguradas, do direito de permanecer calado. *Nemo tenetur detegere propriam turpitudinem*".[43]

3.3 Direito à liberdade de locomoção

A *liberdade de locomoção* é desenhada como possibilidade de, em tempo de paz, ingresso, circulação interna e saída do território nacional, ressalvada a obrigação de permanência em localidade determinada, quando houver a decretação de estado de sítio com fundamentação em comoção grave de repercussão nacional ou ocorrência de fatos que comprovem a ineficácia de medidas tomadas durante o estado de defesa.[44]

O visto pode ser exigido para o ingresso de estrangeiros no território nacional, submetidos os que houverem entrado ou permanecido irregularmente no Brasil à deportação para o Estado da nacionalidade ou de procedência dos deportandos, ou para outro que consinta em recebê-los, sem prejuízo da possibilidade de expulsão, na hipótese de indícios sérios de periculosidade ou indesejabilidade dos estrangeiros, em decorrência dos arts. 50 a 53 da Lei nº 13.445/17.[45]

O tráfego de aeronaves no espaço aéreo pode ser dependente de autorização, assim como de tarifas de uso das comunicações e dos auxílios à navegação em rota, sujeitas as hostis ou suspeitas de tráfego de substâncias entorpecentes e drogas afins às medidas de averiguação, intervenção e persuasão, bem como à medida de destruição, após o cumprimento de todos os procedimentos que previnam a perda de vidas inocentes, no ar ou em terra, por pilotos e controladores do Comando de Defesa Aeroespacial, em consequência dos arts. 3º a 6º do Decreto nº 5.144/04.[46, 47]

---

41 LEYSER, Maria Fátima. *Direito à Liberdade de Ação*. São Paulo: Juarez de Oliveira, 1999, p. 14.

42 GRINOVER, Ada Pellegrini. *Interrogatório do Réu e Direito ao Silêncio* in *Ciência Penal*, nº 1, 1976, p. 15.

43 STF, HC nº 68.929, Rel. Min. Celso de Mello, j. 22.10.1991, *DJU* 28.8.1992.

44 PASSOS, Paulo Roberto. *Direito à Liberdade de Locomoção*. Bauru: Edipro, 2000, p. 43.

45 PEREIRA, Luis Cezar. *A Deportação do Estrangeiro e seu Processo no Brasil* in *Revista dos Tribunais*, nº 717, 1995, p. 351.

46 MOTA, Octanny Silveira. *Código Brasileiro de Aeronáutica: espaço aéreo brasileiro e sua utilização* in *Revista dos Tribunais*, nº 660, 1990, p. 40.

47 STF, ADIn nº 132, Rel. Min. Sepúlveda Pertence, j. 30.4.2003, *DJU* 30.5.2003.

3.4 Direito à liberdade profissional

A *liberdade profissional* é deslindada como possibilidade de escolha e exercício de trabalho, ofício ou profissão, atendidas as qualificações profissionais que apresentem nexo lógico com as funções a serem exercidas.[48]

As profissões regulamentadas são suscetíveis de fiscalização por Conselhos, dotados de personalidade jurídica própria, enfeixadas as atribuições de representação, defesa, seleção e disciplina dos profissionais e, por conseguinte, a cobrança de multas, preços de serviços e contribuições de seus inscritos.[49]

Os cargos e empregos públicos são reservados aos brasileiros, natos ou não, bem assim aos estrangeiros, obedecidos os requisitos enumerados em lei ou resolução. Nesse diapasão, a aprovação em concurso público consiste em pressuposto de investidura, bipartido em aferição da capacidade intelectual, física e psíquica e escolha dos melhores candidatos ao provimento dos cargos ou empregos públicos.[50]

A regulamentação profissional pode ser qualificada como genérica ou específica. A primeira é composta por normas gerais, que são aplicáveis a todos os trabalhadores, como, por exemplo, o art. 408 da CLT. A segunda é constituída por normas especiais, que são aplicáveis a alguns trabalhadores, como, por exemplo, a Lei nº 8.906/94, referente aos profissionais da advocacia privada, e a Lei Complementar nº 76/93, relativa aos profissionais da advocacia pública.[51, 52]

3.5 Direitos à liberdade de pensamento

A *liberdade de pensamento* é destacada como liberdade de consciência e crença e liberdade de expressão ou manifestação.

3.5.1 Direito à liberdade de consciência e crença

O direito à liberdade de consciência e crença transcende à possibilidade de professar a fé, devendo o Estado respeito ao ateísmo e agnosticismo. Nesse contexto, o direito pode ser examinado sob três perspectivas: a liberdade de reconhecer a existência de Deus, garantido o ateísmo; reconhecida a existência de Deus, a liberdade de escolher e, se for o caso, mudar de religião, garantido o agnosticismo, e, escolhida a religião, a liberdade de participar da liturgia e exercer o culto.[53]

A objeção de consciência é alusiva às obrigações legais a todos impostas, que podem ser eximidas por motivo de crença religiosa ou convicção filosófica ou política, sem que os direitos fundamentais de quem a opõe sejam perdidos ou suspensos, ressalvado o

---

48 SILVA, Laura Belluzzo. *Direito à Liberdade Profissional*. São Paulo: Unimarco, 1996, p. 52.

49 VALENTE, Manoel. *Natureza Jurídica dos Conselhos de Fiscalização de Profissões Regulamentadas* in *Revista de Informação Legislativa*, nº 153, 2002, p. 151.

50 HULLEN, Renita. *Regime dos Servidores e Princípio da Acessibilidade aos Cargos e Empregos Públicos* in *Revista de Direito Público*, nº 84, 1987, p. 172.

51 GIOLO JÚNIOR, Cildo. *Considerações sobre a Advocacia Privada e Pública* in *Revista Jurídica*, nº 2, 1999, p. 70.

52 STF, AI nº 134.449, Rel. Min. Sepúlveda Pertence, j. 4.9.1990, *DJU* 21.9.1990.

53 SCAMBINI, José. *Direito à Liberdade de Consciência e Crença*. Petrópolis: Vozes, 1978, p. 102.

descumprimento de prestação alternativa, tal como o serviço civil alternativo sobre o qual versam os arts. 5º, inc. VIII, 15, inc. IV, e 143, §§ 1º e 2º.[54]

A separação entre Estado e Igreja é atinente às liturgias e cultos religiosos, que não podem manter relações de dependência ou aliança entre seus representantes, salvo a colaboração de interesse público, tal como a destinação de recursos públicos às escolas confessionais que comprovem fins não lucrativos, apliquem seus excedentes financeiros em educação e assegurem a destinação de seus patrimônios a outras escolas confessionais ou Poder Público, não se devendo estabelecer a confusão entre o Estado laicista, que revela hostilidade à religião, e o Estado laico, que respeita o postulado da neutralidade ou imparcialidade e, consequentemente, acomoda a pluralidade do fenômeno religioso, não se comprometendo com uma religião, ainda que majoritária na população.[55] A despeito da neutralidade confessional, as entidades religiosas e os templos de qualquer culto, inclusive suas organizações assistenciais e beneficentes, são beneficiários de imunidade tributária, o ensino religioso, de matrícula facultativa, constitui disciplina dos horários normais das escolas públicas de ensino fundamental e o casamento religioso, desde que não contrarie a ordem pública ou bons costumes, produz os efeitos civis referidos nos arts. 19, inc. I, 150, inc. VI, *b*, 210, § 1º, 213 e 226, § 2º, da CRFB.[56]

3.5.2 Direito à liberdade de expressão ou manifestação

O direito à liberdade de expressão ou manifestação transpõe a possibilidade de exteriorização da atividade intelectual, artística, científica e de comunicação social, não somente pela obrigação de ressarcimento ou reparação de danos materiais e morais, em razão de ofensa a direito, individual ou metaindividual, de pessoa natural ou jurídica, sem prejuízo do direito de réplica ou resposta, proporcional ao agravo, mas também pela proibição do anonimato e da censura de natureza política, ideológica e artística.[57]

A informação, conceituada como "direito que todo indivíduo tem de saber aquilo que é preciso que ele saiba, para que possa formar a sua opinião e se conduzir como membro da coletividade", é delimitada pelo direito à intimidade de cada pessoa humana, tendo o Congresso de Juristas dos Países Nórdicos sobre o Direito à Vida Privada, realizado em 1967, estabelecido a distinção entre "interesse social de ser informado", que se relaciona com a informação do público, e "interesse comercial de informar", que tem a ver com a informação para o público, de sorte que o "primeiro se limita àquilo que o indivíduo tem interesse em saber como membro da sociedade", ao passo que "o segundo vai muito além, compreende, também, a indiscrição que se 'vende' cada vez mais".[58, 59] Na doutrina, **Carlos**

---

54 GASPARINI, Diógenes. *Objeção de Consciência e Serviço Militar* in *Revista Trimestral de Direito Público*, nº 2, 1999, p. 70.

55 LOAEZA, Soledad. *As Relações entre Estado e Igreja* in *Foro Internacional*, nº 36, 1996, p. 107.

56 STF, RE nº 325.822, Rel. Min. Ilmar Galvão, j. 18.12.2002, *DJU* 14.5.2004.

57 FARIAS, Edilsom Pereira de. *Direito à Liberdade de Expressão ou Manifestação*. São Paulo: Revista dos Tribunais, 2004, p. 45.

58 RIBEIRO FILHO, Basileu. *O Juiz e o Respeito do Direito à Vida Privada* in *Revista da OAB/RJ*, nº 1, 1975, p. 146.

59 A Conferência Nórdica deixou consignado que "o exercício destas liberdades – direito de informação – obviamente é de interesse público e se torna inevitável, em alguns casos, o conflito entre o interesse da sociedade no seu exercício e o interesse do indivíduo em viver sua vida

David Santos Aarão Reis certifica que "para se resolver possíveis conflitos entre o direito à informação e o direito à intimidade, necessário se faz estabelecer critério orientador e este só pode ser um: a preeminência deste sobre aquele, salvo tratando-se de evento público, o qual o indivíduo tenha interesse em conhecer. A não ser esta exceção, o direito à intimidade se sobrepõe ao direito à informação".[60] Na jurisprudência, os acórdãos do Tribunal de Justiça do Rio de Janeiro, bem assim do Tribunal de Justiça de São Paulo, concluem que "se ao direito à livre expressão da atividade intelectual, artística, científica e de comunicação social contrapõe-se o direito à inviolabilidade da intimidade, vida privada, honra e imagem, segue-se como consequência lógica que este condiciona o exercitamento daquele, atuando como limitação estabelecida pela própria Constituição da República para impedir excessos e abusos",[61] de maneira que "os fatos depressivos da vida privada da pessoa humana não devem ser propalados, ainda que verdadeiros, justamente porque, faltando interesse público, não serviriam a outro propósito que o escândalo ou desdouro. Já os da ação pública são do interesse público e não subtraíveis do conhecimento geral".[62]

4 IGUALDADE

Os **direitos individuais cujo objeto imediato é a igualdade** conciliam: (i) o direito à igualdade formal ou jurídica e (ii) o direito à igualdade material ou real, em atenção ao art. 5º, *caput* e inc. I, da CRFB.

4.1 Direito à igualdade formal ou jurídica

A *igualdade formal*, também denominada igualdade civil ou jurídica, expressa a produção, interpretação e aplicação igualitária das normas jurídicas, com vistas a impossibilitar diferenciações de tratamento que se revelem arbitrárias, sob a forma de discriminações (vantagens) ou privilégios (desvantagens).[63]

A propósito, considerando o significado formal, civil ou jurídico da igualdade, há a diferenciação entre igualdade na lei, pela qual a produção das regras jurídicas não pode consubstanciar desequiparações não autorizadas pela ordem constitucional, destinada precipuamente aos órgãos legislativos, e igualdade perante a lei, pela qual a aplicação das regras jurídicas deve ser realizada em consonância com o que houver sido prescrito pelas mesmas, ainda que resulte em desigualdades, dirigida principalmente aos órgãos judiciários, reunidas sob a elocução "iguais perante a lei".[64]

---

privada sem ser molestado. A linha de demarcação entre esses interesses é muito difícil de ser traçada. Certamente, não pode ser reduzida em termos simples ao axioma segundo o qual cessa a vida privada onde começa a vida pública. À vida privada das personalidades mais em vista deve assegurar-se toda reserva, a menos que se possa provar que ela está ligada intimamente a acontecimentos de caráter público". STRÖMHOLM, Stig. *Right of Privacy and Rights of Personality*. Stockholm: P. A. Norstedt & Söner, 1967, p. 240-241.

60 REIS, Carlos David Santos Aarão. *O Juiz, os Meios de Comunicação e a Sociedade de Massas* in *Revista de Direito do TJRJ*, nº 13, 1992, p. 47.

61 TJRJ, Proc. nº 1996.001.00760, Rel. Des. Gualberto de Miranda, j. 24.4.1996, *DORJ* 6.5.1996.

62 TJSP, Proc. nº 178.976-1, Rel. Des. Walter Moraes, j. 24.4.1993, *DOSP* 11.5.1993.

63 VERUCCI, Florisa. *Igualdade Formal*. Brasília: Instituto Teotônio Vilela, 1998, p. 3.

64 JACQUES, Paulino Ignácio. *Da Igualdade Perante a Lei: fundamento, conceito e conteúdo*. 2ª ed. Rio de Janeiro: Forense, 1957, p. 48.

4.2 Direito à igualdade material ou real

A *igualdade material*, também designada de igualdade real ou fática, exterioriza a igualdade efetiva perante os bens da vida humana, sendo certo que os ordenamentos constitucionais dispõem de três principais meios de implementação dela, revestidos de natureza liberal, social e democrática.[65]

Os primeiros, imanentes aos ordenamentos jurídicos franco-germânicos,[66] são consagrados em normas que proíbem a prática de discriminações baseadas em critérios de origem, raça, sexo, cor e idade, como, por exemplo, as preceituadas no Preâmbulo da Constituição francesa[67] e no art. 3º, nº 3, da Constituição alemã.[68]

Os segundos, inerentes aos ordenamentos jurídicos nórdico-escandinavos,[69] são consignados em normas que obrigam à prestação de benefícios e serviços que atendam às necessidades básicas da pessoa humana, a fim de protegê-la de determinados riscos a que se encontra exposta, como, por exemplo, as prescritas nos Princípios Básicos da Constituição sueca[70] e no art. 110 da Constituição norueguesa.[71]

Os terceiros, intrínsecos ao ordenamento jurídico norte-americano,[72] são consubstanciados em normas que permitem a realização de ações afirmativas, como, por exemplo, as previstas no Executive Order nº 10.925/63.[73]

---

65 SILVA JÚNIOR, Hédio. *Igualdade Material*. São Paulo: Juarez de Oliveira, 2002, p. 13.

66 LENAERTS, Koen et al. *Constitutional Law of the European Union*. v. I. London: Sweet & Maxwell, 1999, p. 111-121. V., também, sobre o mesmo assunto: BEAUMONT, Paul; LYONS, Carole et al. *Convergence and Divergence* in *European Public Law*. London: Hart Publishing, 2002, p. 151-175.

67 Constituição da França, Preâmbulo: "O povo francês proclama solenemente sua adesão aos Direitos Humanos e aos princípios da soberania nacional tais como foram definidos pela Declaração de 1789", pela qual "os homens nascem e são livres e iguais em direitos. As distinções só podem fundamentar-se na utilidade comum". Disponível em: <http://www.conseil-constitutionnel.fr>. Acesso em: 25.3.2006.

68 Lei Fundamental da República Federal da Alemanha, art. 3º, nº 3: "Ninguém pode ser prejudicado ou privilegiado por causa de sexo, ascendência, raça, língua, pátria e terra de origem, crença, convicções religiosas ou políticas." Disponível em: <http://www.bundesverfassungsgericht.de>. Acesso em: 25.3.2006.

69 CHRISTENSEN, Anna et al. *Swedish Law in the New Millennium*. v. I. Stockholm: Norstedts Juridik, 2000, p. 134-153. V., também, sobre a mesma matéria: DAHL, Borge; MELCHIOR, Torben et al. *Danish Law in a European Perspective*. 2ª ed. Copenhagen: Forlaget Thomson, 2002, p. 299-318.

70 Constituição da Suécia, Princípios Básicos: "O poder será exercido segundo o Instrumento de Governo", pelo qual "a democracia sueca deve envidar esforços para a realização da igualdade entre as pessoas". Disponível em: <http://www.hogstadomstolen.se>. Acesso em: 25.3.2006.

71 Lei Fundamental do Reino da Noruega, art. 110: "Incumbe às autoridades do Estado norueguês a responsabilidade de criar as condições necessárias para que as pessoas possam prover seu sustento." Disponível em: <http://www.hoyesterett.no>. Acesso em: 25.3.2006.

72 TRIBE, Laurence et al. *American Constitutional Law*. 2ª ed. New York: The Foundation Press, 1988, p. 1.437-1.521. V., também, sobre a mesma temática: GRAGLIA, Lino; RAKOVE, Jack et al. *How the Constitution Disappeared*. Boston: Northeastern University Press, 1994, p. 52-78.

73 Executive Order nº 10.925/63: "Nos contratos celebrados com o governo federal, o contratante não pode discriminar nenhum funcionário ou candidato a emprego devido à raça, credo, cor ou nacionalidade. O contratante deve adotar ações afirmativas para assegurar que os candidatos sejam empregados, como também tratados durante o emprego, sem consideração de sua raça, credo, cor ou nacionalidade. Essas ações incluem, sem limitação, o emprego, promoção, rebaixamento ou transferência, recrutamento ou anúncio de recrutamento, dispensa ou término, índice de pagamento ou outras formas de remuneração e seleção para treino, inclusive aprendizado." Disponível em: <http://supremecourtus.gov>. Acesso em: 25.3.2006.

As *affirmative actions*, por cujas origem, meios e fins perpassaremos sinteticamente, são definidas como políticas ou programas, públicos ou privados, que objetivam conceder algum tipo de benefício a minorias ou grupos sociais que se encontrem em condições desvantajosas em determinado contexto social, em razão de discriminações, existentes ou passadas, tais como as pessoas portadoras de necessidades especiais, idosos, índios, mulheres e negros.

As ações afirmativas remontam à Lei do Serviço de Libertos (*Freedman's Bureau Act*), que instituiu um serviço no Departamento de Guerra dos Estados Unidos para dispensar cuidados e proteção aos escravos libertos e realizar a supervisão de terras abandonadas em 1865.

As ações afirmativas são efetivadas pelo sistema de cotas ou sistema de pontuação, assim como pela oferta de treinamentos profissionais e reformulação de políticas de contratação e promoção de empregados.

As ações afirmativas são efetuadas para o estabelecimento de relações de emprego, bem como para a delegação de serviços de comunicação social, contratação e dispêndio de recursos públicos e admissão em instituições de ensino superior, com diferentes fundamentações filosófica e jurídica.

Por um lado, quanto à fundamentação filosófica das políticas em epígrafe, duas teorias são antagônicas sobre a matéria.

A teoria da justiça compensatória, acolhida por **Michel Rosenfeld** e **Jules Coleman**, acentua que as ações afirmativas configurariam a reparação ou ressarcimento dos danos causados pelas discriminações ocorridas no passado, ou melhor: "como as desvantagens competitivas são um produto de causas sociais e não naturais, o princípio da igualdade de oportunidades exige a sua eliminação. As ações afirmativas parecem ser particularmente adequadas para reconduzir as perspectivas de cada um ao ponto onde elas provavelmente estariam caso não houvesse a discriminação. Sempre que alguma deficiência de meios (educacionais ou não) for atribuível a uma violação de direitos, as ações afirmativas concebidas para eliminar a redução de perspectivas de sucesso correspondente a essa deficiência de meios são por natureza compensatórias",[74] de maneira que a realização da justiça compensatória é uma questão de princípio, "não porque se promova justiça na distribuição dos bens, mas porque se remediam injustiças no ponto de partida inicial da distribuição de benefícios".[75]

A teoria da justiça distributiva, adotada por **Richard Wasserstrom** e **Mary Segers**, adverte que as ações afirmativas conformariam a redistribuição dos ônus e bônus entre os membros da sociedade, para viabilizar o acesso de minorias ou grupos sociais a determinadas posições no futuro, ou seja: "as ações afirmativas alteram diretamente a composição de instituições. Isto é desejável em si mesmo, por configurar uma redistribuição de posições, com o escopo de criar uma nova realidade social, na qual, em grau substancialmente superior ao observado no presente, as posições de relevância serão

---

[74] ROSENFELD, Michel. *Affirmative Action and Justice: a philosophical and constitutional inquiry*. New Haven: Yale University Press, 1991, p. 288.

[75] COLEMAN, Jules. *Moral Theories of Torts: their scope and limits*. New York: Law and Philosophy, 1983, p. 13.

ocupadas por minorias ou grupos sociais",[76] de sorte que "a adoção de oportunidades especiais para extirpar certas desvantagens oriundas de injustiça pode-se justificar como um meio de se construir uma sociedade na qual todos os indivíduos tenham parcelas mais equitativas dos bens da vida".[77]

À vista do exposto, a doutrina estadunidense prestigia a teoria da justiça distributiva, "tendo sido desenvolvida a convicção de que as ações afirmativas são necessárias não como uma compensação de minorias ou grupos sociais por discriminações contra eles, mas como uma contribuição para que a distribuição das posições de influência beneficie a sociedade como um todo".[78]

Por outro lado, quanto à fundamentação jurídica dos programas em exame, as ações afirmativas foram desenvolvidas nos Estados Unidos ao longo do tempo, sem prejuízo da experiência do Brasil. A partir da consideração de que as ações afirmativas são classificadas em políticas ou programas resultantes da iniciativa privada ou particular (*Voluntary Affirmative Action Plans*), assim como do Poder Executivo (*Federal Affirmative Action Plans*) e Poder Judiciário (*Court-ordered Affirmative Action Plans*), como exsurge do caso United Steelworkers of America v. Weber,[79] bem como do caso Fullilove v. Klutnick[80] e caso United States v. Paradise,[81] as medidas de implementação do princípio da igualdade de oportunidades na admissão de grupos sociais em instituições de ensino superior foram delineadas pelo *Bakke case*, referente ao sistema de cotas da Faculdade de Medicina da Universidade da Califórnia, em Davis, segundo o qual 16% das vagas do curso de ensino superior seriam destinadas a estudantes pertencentes a minorias, e pelo *Bollinger* et al. *case*, relativo ao sistema de pontuação da Faculdade de Direito da Universidade de Michigan, em Ann Arbor, segundo o qual 20 pontos seriam conferidos a determinadas minorias, até o limite de 150 pontos.

Demais disso, a partir da constatação de que a *Supreme Court of the United States*, quanto aos litígios que envolvem direitos de minorias em geral, recorre a *tests*, prévia e discricionariamente formulados pelo órgão para cada tipo de matéria submetida à apreciação judicial, a controvérsia, em ambos os *leadings cases*, dizia respeito ao *standart* a ser empregado no julgamento da lide, principalmente as técnicas jurisdicionais designadas como *rational basis test* – que impele um legítimo interesse governamental, racionalmente relacionado à política – *intermediate scrutiny* –, que impõe um significativo interesse governamental, substancialmente relacionado ao projeto – e *strict scrutiny test* – que imprescinde um imperativo interesse governamental (*compelling governmental interest*), explicado por uma finalidade social, que deflui do imperativo de redução das desigualdades sociais, e outra finalidade educacional, que decorre da importância da diversidade racial no corpo discente, e um programa estritamente desenhado para a satisfação do interesse em jogo (*narrowly tailored*), explicitado pela limitação do pro-

---

76 WASSERSTROM, Richard. *Philosophy and Social Issues: five studies*. Notre Dame: University of Notre Dame Press, 1980, p. 54.

77 SEGERS, Mary. *Elusive Equality: liberalism, affirmative action and social change in America*. New York: Schochen Books, 1983, p. 31.

78 DWORKIN, Ronald. *Sovereign Virtue*. Massachusetts: Harvard University Press, 2000, p. 121.

79 United Steelworkers of America v. Weber, 443 U.S. 193 (1979).

80 Fullilove v. Klutnick, 448 U.S. 448 (1980).

81 United States v. Paradise, 480 U.S. 149 (1987).

jeto de integração social de setor desfavorecido a certo propósito e intervalo de tempo, evitada a sua utilização indiscriminada, tendo sido demonstrada a impossibilidade de consecução daquele sem a implantação deste (*minorities must not be able to pursue that goal adequately without them*) –, de maneira a exteriorizar o nexo de causalidade entre a desigualdade social e o programa de integração da minoria destinatária das ações afirmativas.

O caso *Regents of the University of California* v. *Bakke*[82] possibilitou que a Suprema Corte estadunidense firmasse jurisprudência no sentido da submissão dos programas ou políticas que envolvam direitos das minorias ao *strict scrutiny test*, sendo manifesto que o Tribunal havia utilizado o critério de escrutínio estrito para reconhecer a validade de norma jurídica que envolvesse direito de minorias em duas oportunidades, como demonstram o caso *Hirabayashi* v. *United States*,[83] no qual foi declarada a constitucionalidade do programa de restrição da liberdade de locomoção de nipo-americanos, e o caso *Korematsu* v. *United States*,[84] no qual foi declarada a constitucionalidade do programa de relocação de americanos de descendência japonesa durante a Segunda Grande Guerra Mundial.[85]

O caso *Jennifer Gratz et al.* v. *Lee Bollinger et al.*[86] permitiu que a Suprema Corte norte-americana fixasse jurisprudência no sentido da possibilidade de utilização do critério racial na admissão em instituições de ensino superior, ao lado de outros fatores de diferenciação de tratamento, desde que sejam levadas em consideração as circunstâncias individuais de cada postulante, sob pena de violação da XIV Emenda à Constituição dos Estados Unidos (*equal protection clause*), sendo notório que o Tribunal tem adotado posição restritiva em relação às ações afirmativas, como denotam o caso *City of Richmond v. J. A. Croson Company*,[87] no qual foi declarada a inconstitucionalidade de programa do Município de Richmond, que impunha aos contratantes com o Poder Público a obrigação de repassar, nas subcontratações, 30% das verbas destinadas para projetos financiados pelo Governo Federal, às *Minority Business Enterprises*, e o caso *Hopwood v. Texas*,[88] no qual foi declarada a inconstitucionalidade do programa da Universidade do Texas, em Austin, que instituía o *Law School's Affirmative Action Plan*.[89]

A jurisprudência, que havia sido reproduzida no caso *Fisher v. University of Texas*,[90] foi revertida nos casos *Students for Fair Admissions v. Harvard College*[91] e *Students for Fair Admissions v. University of North Carolina*,[92] ocasiões nas quais a Suprema Corte entendeu que os programas ou políticas de ações afirmativas baseados em fatores raciais

---

82 Regents of the University of California *v.* Bakke, 438 U.S. 265 (1978).

83 Hirabayashi *v.* United States, 320 U.S. 81 (1943).

84 Korematsu *v.* United States, 323 U.S. 214 (1944).

85 DWORKIN, Ronald. *The Bakke Decision* in *The New York Review*, 17.8.1978, p. 8.

86 Jennifer Gratz et al. v. Lee Bollinger et al., 539 U.S. 234 (2003).

87 City of Richmond v. J. A. Croson Company, 488 U.S. 469 (1989).

88 Hopwood v. Texas, 116 S.Ct. 2.581 (1996).

89 DWORKIN, Ronald. *Race and the Uses of Law* in *The New York Times*, 13.4.2001, p. A-17.

90 Fisher v. University of Texas, 570 U.S. 297 (2013).

91 Students for Fair Admissions v. Harvard College, 600 U.S. (2023).

92 Students for Fair Admissions v. University of North Carolina, 600 U.S. (2023).

nos processos de admissão em faculdades e universidades, públicas e privadas, violam a cláusula de proteção igualitária da XIV Emenda à Constituição dos Estados Unidos.[93]

No Brasil, as ações afirmativas estão lastreadas em algumas normas veiculadas pela Constituição da República, como também pela legislação ordinária.

A fundamentação constitucional das ações afirmativas emerge do art. 3º, incs. I, III e IV, segundo o qual a construção de uma sociedade livre, justa e solidária, a erradicação da pobreza e marginalização, a redução das desigualdades sociais e regionais e a promoção do bem de todos, sem preconceitos de origem, raça, sexo, cor, idade e quaisquer outras formas de discriminação, seriam objetivos fundamentais da Federação, art. 4º, inc. VIII, segundo o qual o repúdio ao terrorismo e ao racismo seria princípio informativo das relações internacionais, art. 5º, inc. XLII, segundo o qual a prática de racismo seria crime inafiançável e imprescritível, sujeito à pena de reclusão, art. 7º, incs. XX e XXXI, segundo o qual a proteção do mercado de trabalho da mulher, mediante incentivos específicos, e a proibição de qualquer discriminação no tocante a salário e critérios de admissão do trabalhador portador de deficiência seriam direitos dos trabalhadores urbanos e rurais, art. 23, incs. II e X, segundo o qual a prestação de saúde e assistência pública, a proteção e garantia das pessoas portadoras de deficiência e o combate das causas da pobreza e dos fatores de marginalização, com a integração social dos setores desfavorecidos, seriam de competência comum entre os entes federativos, art. 24, inc. XIV, segundo o qual a proteção e integração social das pessoas portadoras de deficiência seriam de competência concorrente entre as entidades federativas, art. 37, inc. VIII, segundo o qual o percentual dos cargos e empregos públicos para as pessoas portadoras de deficiência e os critérios de admissão seriam definidos em legislação ordinária federal, art. 170, inc. VII, segundo o qual a redução das desigualdades regionais e sociais seria princípio informativo da economia, art. 203, incs. IV e V, segundo o qual a habilitação e reabilitação, a promoção de integração à vida comunitária e a garantia de um salário mínimo de benefício mensal aos idosos e pessoas portadoras de deficiência que comprovem não possuir meios de prover a própria manutenção ou tê-la provida por sua família são objetivos da assistência social, art. 206, inc. I, segundo o qual a igualdade de condições para o acesso e permanência na escola seria princípio informativo da educação, art. 208, inc. III, segundo o qual o atendimento educacional especializado, preferencialmente na rede regular de ensino, seria garantia das pessoas portadoras de deficiência, e art. 227, § 1º, inc. II, segundo o qual a criação de programas de prevenção e atendimento especializado e a integração social, mediante o treinamento para o trabalho e convivência e a facilitação do acesso aos bens e serviços coletivos, seriam diretrizes dos programas de assistência integral à saúde das crianças e adolescentes portadores de deficiência física, sensorial ou mental, entre outros.[94]

A fundamentação legal das ações afirmativas exsurge de atos legislativos, mormente da União, a exemplo da Lei nº 11.096/05, que instituiu o Programa Universidade para todos – PROUNI –, com a concessão de bolsas de estudos em universidades privadas a alunos que cursaram o ensino médio completo em escolas públicas ou em particulares,

---

93 CHAMBERLAIN, Samuel. *Supreme Court outlaws Affirmative Action in College Admissions in Landmark Decision in The New York Post*, 29.6.2023, p. 3.

94 MENEZES, Paulo Lucena de. *A Ação Afirmativa no Direito Norte-Americano*. São Paulo: Revista dos Tribunais, 2001, p. 88.

como bolsistas integrais, cuja renda familiar fosse de pequena monta, com cotas para negros, pardos, indígenas e àqueles com necessidades especiais.[95] Igualmente, várias ações afirmativas para o dispêndio de recursos financeiros e admissão em instituições de ensino superior de minorias ou grupos sociais têm sido consagradas em atos administrativos, a exemplo do Plano de Metas para a Integração Social, Étnica e Racial, de 6 de junho de 2003, da Universidade de Brasília - UnB -, da mesma forma que o Edital do 2º Vestibular, de 20 de abril de 2009, do Centro de Promoção de Eventos da Universidade de Brasília - CESPE -, e a Resolução nº 38, de 18 de junho de 2003, do Conselho de Ensino, Pesquisa e Extensão da Universidade de Brasília - CEPE -, os quais instituíram sistema de reserva de 20% das vagas no processo de seleção para ingresso de estudantes, com base em critério étnico-racial, cuja constitucionalidade, em ambos os casos, foi declarada pelo Supremo Tribunal Federal durante os julgamentos da ação direta de inconstitucionalidade nº 3.330, sob a relatoria do Ministro **Carlos Ayres Britto**,[96] e da arguição de descumprimento de preceito fundamental nº 186, sob a relatoria do Ministro **Enrique Ricardo Lewandowski**, nas sessões de 26 de abril e de 3 de maio de 2012, respectivamente.[97, 98]

5 PROPRIEDADE

Os **direitos individuais cujo objeto imediato é a propriedade** contemplam: (i) o direito de propriedade, à luz do art. 5º, *caput* e inc. XXII, (ii) o direito de propriedade hereditária, a teor do art. 5º, incs. XXX e XXXI, e (iii) os direitos de propriedade intelectual, envolvendo o direito de propriedade autoral e direito de propriedade industrial, à vista do art. 5º, incs. XXVII a XXIX, da CRFB.

5.1 Direito de propriedade

A *propriedade* é defendida como direito de usar, fruir e dispor de bem corpóreo, móvel ou imóvel, e reivindicá-lo de quem injustamente o possua ou detenha.[99]

Os aspectos são desdobrados em econômico ou interno e jurídico ou externo. O aspecto econômico ou interno compreende o direito de utilizar a coisa segundo a sua destinação econômica (uso), de obter dela os seus frutos (fruição) e de alienar, transformar ou destruir a mesma (disposição). O aspecto jurídico ou externo comporta o direito de afastar outra pessoa da esfera de assenhoramento do proprietário (exclusão) e de perseguir a coisa onde quer que ela se encontre, podendo reavê-la das mãos de quem injustamente a possua ou detenha (sequela).[100]

---

95 GOMES, Joaquim Benedito Barbosa. *Ação Afirmativa e Princípio Constitucional da Igualdade. O Direito como Instrumento de Transformação Social. A Experiência dos Estados Unidos da América.* Rio de Janeiro: Renovar, 2001, p. 58.

96 STF, ADIn nº 3.330, Rel. Min. Carlos Britto, j. 26.4.2012, Inf. STF 663.

97 STF, ADPF nº 186, Rel. Min. Ricardo Lewandowski, j. 3.5.2012, Inf. STF 764.

98 Para o estudo das teorias a respeito dos fundamentos filosófico-jurídicos das ações afirmativas, v.: MORAES, Guilherme Peña de. *As Ações Afirmativas no Direito Constitucional Comparado* in *Revista da Escola da Magistratura do Estado do Rio de Janeiro*, nº 23, 2003, p. 298.

99 ARIMATÉA, José Rodrigues. *Propriedade.* São Paulo: Lemos e Cruz, 2003, p. 18.

100 PEREIRA, Caio Mário da Silva. *O Direito de Propriedade e sua Evolução Histórica* in *Revista Forense*, nº 152, 1951, p. 7.

As características são desmembradas em perpetuidade, exclusividade e plenitude. A perpetuidade congrega a imprescritibilidade, hereditariedade e inviolabilidade, com extração da propriedade resolúvel. A exclusividade confirma que a propriedade é exclusiva e, por conseguinte, excludente, com exceção do condomínio. A plenitude conclui que a propriedade investe o seu titular na totalidade de direitos a ela inerentes, com exame da propriedade restrita, na qual o conteúdo do direito pode ser objeto de compressão (remembramento) ou distensão (desmembramento) da propriedade, de acordo com o princípio da elasticidade.[101]

A função social denota que a propriedade é legitimada pela sua finalidade, motivo pelo qual são impostas ao proprietário prestações de natureza positiva, cuja inobservância enseja a intervenção do Estado na propriedade. Em consequência, a propriedade é investigada sob o ângulo da titularidade, imanente ao Direito Privado, no qual a propriedade constitui um direito absoluto, isto é, oponível *erga omnes*, podendo o proprietário opô-lo à generalidade anônima dos indivíduos, e do exercício, inerente ao Direito Público, no qual a propriedade corresponde a um direito limitado, ou seja, condicionado à promoção do bem-estar social, devendo o proprietário exercê-lo, sob pena de intervenção do Estado, em atenção à sua função social.[102, 103]

5.2 Direito de propriedade hereditária

A *propriedade hereditária* é definida como direito de recolher os bens da herança, enquanto patrimônio deixado pelo autor da sucessão, formado por bens e encargos. À guisa de complementação, a sucessão é estremada em legítima ou testamentária.[104]

A sucessão legítima deflui da inexistência de disposição de última vontade, sendo deferida a sucessão aos descendentes, ascendentes, cônjuge e colaterais, na ordem de vocação hereditária prescrita em lei.[105]

---

101 TEPEDINO, Gustavo. *A Nova Propriedade: o seu conteúdo, entre o Código Civil e a Constituição* in *Revista Forense*, nº 306, 1989, p. 73.

102 MELLO, Celso Antonio Bandeira de. *Função Social da Propriedade* in *Revista de Direito Público*, nº 84, 1987, p. 39.

103 A função social da propriedade urbana é adstrita ao atendimento das exigências fundamentais de ordenação da cidade expressas no plano diretor, sob pena de parcelamento ou edificação compulsórios, imposto sobre a propriedade predial e territorial urbana progressivo no tempo e desapropriação para fins de urbanização, em relação ao proprietário do solo urbano não edificado, subutilizado ou não utilizado que, inobstante a exigência do Poder Público, não tenha promovido o seu adequado aproveitamento, ao passo que a função social da propriedade rural é atrelada aos fatores de aproveitamento racional e adequado do solo, utilização adequada dos recursos naturais disponíveis e preservação do meio ambiente, observância das disposições que regulam as relações de trabalho e exploração que favoreça o bem-estar dos proprietários e dos trabalhadores, sob pena de desapropriação para fins de reforma agrária, salvo na hipótese em que a propriedade rural, conforme definição em lei, seja pequena ou média e o proprietário não tenha outra ou no caso de propriedade produtiva, em atendimento ao art. 182, §§ 2º e 4º, assim como arts. 184 a 186 da CRFB. ROCHA, Sílvio Luis Ferreira da. *Função Social da Propriedade*. São Paulo: Malheiros, 2005, p. 48.

104 OLIVEIRA, Euclides de. *Direito de Propriedade Hereditária*. São Paulo: Saraiva, 2005, p. 18.

105 MADALENO, Rolf. *Sucessão Legítima* in *Revista dos Tribunais*, nº 753, 1998, p. 741.

A sucessão testamentária deriva da existência de disposição válida da totalidade do patrimônio deixado pelo autor da sucessão, ou de parte dele, para depois de sua morte, sendo exato que o único título de vocação hereditária corresponde ao testamento.[106]

A sucessão, legítima ou testamentária, de bens de estrangeiros situados no país deve ser regulada pela lei brasileira em benefício do cônjuge ou dos filhos brasileiros, sempre que não lhes seja mais favorável a lei pessoal do *de cujus*.[107] A respeito, "o preceito constitucional que favorece filhos brasileiros, abrange netos brasileiros, desde que herdeiros, pois o que se visou foi proteger os descendentes brasileiros, convocados a herança".[108]

5.3 Direitos de propriedade intelectual

A *propriedade intelectual* é delimitada como direitos resultantes da inteligência humana, contendo o direito de propriedade autoral, bem como o direito de propriedade industrial.

5.3.1 Direito de propriedade autoral

O direito de propriedade autoral é verificado pela utilização, publicação e reprodução de obras de natureza literária, artística ou científica, sobre as quais dispõe o autor de direitos morais e patrimoniais.[109]

Os direitos morais do autor comportam o de reivindicar, a qualquer tempo, a autoria da obra, o de ter seu nome, pseudônimo ou sinal indicado ou anunciado, como sendo o do autor, na utilização de sua obra, o de conservar a obra inédita, o de assegurar a integridade da obra, opondo-se a quaisquer modificações ou à prática de atos que, de qualquer forma, possam prejudicá-la ou atingi-la, como pessoa, em sua reputação ou honra, o de modificar a obra, antes ou depois de utilizada, o de retirar de circulação a obra ou de suspender qualquer modo de utilização, quando a circulação ou utilização implicarem afronta à sua reputação e imagem, e o de ter acesso a exemplar único e raro da obra, quando se encontre legitimamente em poder de outrem, para preservar sua memória.

Os direitos patrimoniais do autor compreendem o de exigir autorização para a reprodução parcial ou integral, a edição, a adaptação, arranjo musical e quaisquer outras transformações, a tradução para idioma diferente, a inclusão em fonograma ou produção audiovisual, a distribuição, quando não intrínseca ao contrato firmado pelo autor com terceiros para uso ou exploração da obra, a distribuição para oferta de obras ou produções mediante sistema que importe pagamento ou permita ao usuário realizar a seleção para percebê-la em um tempo e lugar previamente determinados, a inclusão em base de dados, o armazenamento em computador e microfilmagem e todas as demais modalidades de utilização, direta ou indireta, das obras intelectuais, nos termos dos arts. 7º, 22, 24 e 29 da Lei nº 9.610/98.[110]

---

106 FRANÇA, Rubens Limongi. *Sucessão Testamentária* in *Revista dos Tribunais*, nº 784, 2001, p. 759.

107 REICHSTEINER, Beat Walter. *Questões Relacionadas à Sucessão com Conexão Internacional* in *Revista de Direito Constitucional e Internacional*, nº 37, 2001, p. 27.

108 STF, RE nº 31.064, Rel. Min. Luis Gallotti, j. 24.10.1960, *DJU* 24.7.1961.

109 ASCENÇÃO, José Oliveira. *Direito de Propriedade Autoral*. Rio de Janeiro: Forense, 1980, p. 11.

110 STF, ADIn nº 2.054, Rel. Min. Ilmar Galvão, j. 2.4.2003, *DJU* 17.10.2003.

5.3.2 *Direito de propriedade industrial*

O direito de propriedade intelectual é vislumbrado pela proteção das produções do domínio industrial, como também pela lealdade da concorrência comercial.[111]

A tutela da propriedade industrial é efetuada pela concessão de patentes de invenções ou modelos de utilidade e de registros de desenhos industriais e marcas, sem embargo da prevenção e repressão às falsas indicações de procedência, expressões ou sinais de propaganda e concorrência desleal no mercado de consumo, na redação dos arts. 2º, 6º, 94, 122, 176 e 191 da Lei nº 9.279/96.[112]

6 SEGURANÇA

Os **direitos individuais cujo objeto imediato é a segurança** correspondem: (i) ao direito à segurança, com assento no art. 5º, *caput*, (ii) ao direito à segurança das relações jurídicas, com base no art. 5º, inc. XXXVI, (iii) ao direito à segurança do domicílio, com colocação no art. 5º, inc. XI, (iv) ao direito à segurança dos dados pessoais, com descrição no art. 5º, inc. LXXIX, (v) ao direito à segurança das comunicações pessoais, com esteio no art. 5º, inc. XII, *initio*, (vi) ao direito à segurança em matéria penal, com fundamento no art. 5º, incs. XXXVII a LXVII, e (vii) ao direito à segurança em matéria tributária, com garantia no art. 150, incs. I a VI, da CRFB.

6.1 Direito à segurança

A *segurança jurídica* é derivada da estabilidade nas relações interpessoais,[113] em face da previsibilidade da atuação dos poderes públicos suscetíveis de repercutirem na esfera jurídica dos particulares.[114]

À evidência, a segurança jurídica é composta por dois prismas. Sob a perspectiva objetiva, a segurança jurídica implica a publicidade e transparência do processo de elaboração normativa, bem assim a clareza e densidade das regras jurídicas. Sob a perspectiva subjetiva, a segurança jurídica importa a proteção da confiança e legítimas expectativas das pessoas na continuidade da ordem jurídica, de arte a preservar atos normativos ou, pelo menos, efeitos já produzidos por atos administrativos ou legislativos, invalidados por ilegais ou inconstitucionais.[115]

---

111 CERQUEIRA, José Gama. *Direito de Propriedade Industrial*. Rio de Janeiro: Forense, 1946, p. 34.

112 STF, ADIn nº 2.380, Rel. Min. Moreira Alves, j. 20.6.2001, *DJU* 24.5.2002.

113 LUÑO, Antonio-Enrique. *Segurança Jurídica*. 2ª ed. Barcelona: Ariel, 1994, p. 24.

114 ALTERINI, Atílio Aníbal. *Insegurança Jurídica*. Buenos Aires: Abeledo-Perrot, 1993, p. 19.

115 Na legislação, a Lei nº 9.784, de 29 de janeiro de 1999, que possibilita o aperfeiçoamento, convalidação ou sanatória dos atos administrativos que apresentem defeitos sanáveis e a decadência do direito da Administração Pública de anular os atos de que decorram efeitos favoráveis para os destinatários no prazo de cinco anos, contados da data em que foram praticados, salvo comprovada má-fé, a Lei nº 13.655, de 25 de abril de 2018, que obriga as autoridades públicas a atuarem para aumentar a segurança jurídica na aplicação das normas, inclusive por meio de regulamentos, súmulas administrativas e respostas a consultas, a Lei nº 9.868, de 10 de novembro de 1999, a Lei nº 9.882, de 3 de dezembro de 1999, e a Lei nº 11.417, de 19 de dezembro de 2006, que possibilitam ao Supremo Tribunal Federal, por maioria de dois terços de seus membros, restringir os efeitos de declaração de inconstitucionalidade e de súmula vinculante ou decidir que elas só tenham eficácia a partir de outro momento a

6.2 Direito à segurança das relações jurídicas

A segurança das relações jurídicas é descrita como intangibilidade do direito adquirido, ato jurídico perfeito e coisa julgada.[116]

O direito adquirido é concebido como "direito que o seu titular, ou alguém por ele, possa exercer, como também direito cujo começo do exercício tenha termo prefixado, ou condição preestabelecida inalterável, a arbítrio de outrem".[117] Em sinopse: "o direito adquirido é delimitado como sendo todo o direito que é consequência de um fato apto a produzi-lo, em virtude da lei do tempo em que o fato foi realizado".[118]

O ato jurídico perfeito é conceituado como "ato jurídico já consumado segundo a lei vigente ao tempo em que se efetuou".[119] Em síntese: "o ato jurídico perfeito é delineado como sendo todo o ato jurídico que, embora tenha se aperfeiçoado no passado, irradia efeitos jurídicos para o futuro".[120]

A coisa julgada é concernente à "decisão judicial de que já não caiba recurso".[121] Em suma: "o instituto da coisa julgada em sentido material impossibilita a renovação do litígio que foi objeto de definitiva resolução em processo civil, penal ou trabalhista".[122]

6.3 Direito à segurança do domicílio

A segurança do domicílio é desencadeada como respeito ao espaço, delimitado e autônomo, reservado à vida íntima ou atividade profissional da pessoa, coincidente, ou não, com a habitação civil.[123]

A busca domiciliar é resumida como entrada e permanência em domicílio alheio, nos casos de desastre, consentimento do morador, flagrante delito, prestação de socorro e, durante o período diurno, com mandado judicial. O desastre abrange eventos de natureza catastrófica. O consentimento do morador alcança os dependentes e subordinados do proprietário, na ausência do morador. O flagrante delito apreende todas as espécies de flagrância, e não somente o flagrante real ou propriamente dito. A prestação de socorro atinge as hipóteses de estado de necessidade, legítima defesa, exercício regular de direito e estrito cumprimento de dever legal. O mandado judicial é legitimado por fundadas razões para a apreensão de coisas achadas ou obtidas por meios criminosos, instrumentos e objetos de falsificação ou contrafação, armas e munições utilizadas na prática de crime ou destinadas a fim delituoso, cartas, abertas ou não, destinadas ao acusado ou em seu poder, quando haja suspeita de que o conhecimento do seu conteúdo possa ser útil à

---

ser fixado, tendo em vista razões de segurança jurídica ou de excepcional interesse social, materializam a "proteção da confiança legítima". Disponível em: <http://www.camara.gov.br>. Acesso em: 20.2.2006.

116 ROCHA, Cármen Lúcia Antunes. *Direito à Segurança das Relações Jurídicas*. São Paulo: Perspectiva, 2004, p. 56.

117 FRIEDE, Roy Reis. *Direito Adquirido* in *Revista de Direito do TJRJ*, nº 40, 1999, p. 25.

118 STF, AI nº 135.632, Rel. Min. Celso de Mello, j. 10.10.1995, *DJU* 3.9.1999.

119 BARBIERO, Louri Geraldo. *Ato Jurídico Perfeito* in *Revista de Direito do TJSP*, nº 153, 1995, p. 6.

120 STF, AI nº 422.268, Rel. Min. Eros Grau, j. 31.5.2005, *DJU* 24.6.2005.

121 PIETRO, Maria Sylvia Zanella di. *Coisa Julgada* in *Revista Jurídica do TCU*, nº 70, 1996, p. 23.

122 STF, RE nº 251.666, Rel. Min. Celso de Mello, j. 16.10.2001, *DJU* 22.2.2002.

123 BERTOLO, Rubens Geraldi. *Direito à Segurança do Domicílio*. São Paulo: Método, 2003, p. 23.

elucidação do fato, e pessoas vítimas de crimes, a descoberta de objetos necessários à prova da infração ou defesa do réu ou a prisão de acusados de delitos. A entrada forçada em domicílio sem mandado judicial só é lícita, mesmo em período noturno, quando amparada em fundadas razões, devidamente justificadas *a posteriori*, que indiquem que dentro da casa ocorre situação de flagrante delito, sob pena de responsabilidade disciplinar, civil e penal do agente público e de nulidade dos atos praticados, sendo evidente que as conceituações de "dia" e "noite" podem ser determinadas pelo critério sociológico, no qual a noite compreende o período de repouso noturno, critério astronômico, no qual a noite consiste no período entre a aurora e crepúsculo, e critério legal, no qual a noite contempla o período das dezoito às seis horas, e o dia, ao contrário, das seis às dezoito horas, como exsurge do art. 240, § 1º, do CPP.[124, 125]

6.4 Direito à segurança dos dados pessoais

A *segurança dos dados pessoais* é desenhada como organização e fiscalização da proteção e tratamento de elementos de informação, ou representações de fato, em formato apropriado para armazenamento, processamento ou transmissão por meios automáticos.[126]

A Lei nº 13.709/18, que consubstancia a Lei Geral de Proteção de Dados Pessoais, estabelece a distinção entre os dados pessoais – informações relacionadas à pessoa natural identificada ou identificável, que, inclusive, podem ser natureza sensível, como os dados referentes a origem racial ou étnica, convicção religiosa, opinião política, filiação a sindicato ou organização de caráter religioso, filosófico ou político, saúde ou vida sexual e, bem assim, os dados genéticos ou biométricos – e os dados anonimizados – informações relativas a titular que não possa ser identificado, considerando a utilização de meios técnicos razoáveis e disponíveis na ocasião de seu tratamento.[127]

6.5 Direito à segurança das comunicações pessoais

A segurança das comunicações pessoais é deslindada como tutela do processo de transmissão de mensagens entre interlocutores, emissores e receptores, por intermédio de qualquer meio técnico.[128]

---

124 BARROS, Antonio Milton. *Considerações sobre a Busca Domiciliar em face da Constituição Federal* in *Revista de Estudos Jurídicos*, nº 9, 2000, p. 165.

125 Na jurisprudência, o Supremo Tribunal Federal afirma que "o poder fiscalizador da administração tributária perdeu, em favor do respeito ao direito à segurança do domicílio, a prerrogativa da autoexecutoriedade, condicionado, por conseguinte, o ingresso dos agentes fiscais em dependência domiciliar do contribuinte, sempre que necessário vencer a oposição do morador, passou a depender de autorização judicial prévia". STF, RE nº 331.303, Rel. Min. Sepúlveda Pertence, j. 10.2.2004, *DJU* 12.3.2004. Disponível em: <http://www.stf.gov.br>. Acesso em: 20.2.2006.

126 GONÇALVES, Victor Hugo. *Direito à Segurança dos Dados Pessoais*. Rio de Janeiro: Forense, 2022, p. 14.

127 STF, ADIn nº 6.649, Rel. Min. Gilmar Mendes, j. 15.9.2022, *DJU* 19.6.2023.

128 BITELLI, Marco Alberto de. *Direito à Segurança das Comunicações Pessoais*. São Paulo: Revista dos Tribunais, 2004, p. 67.

As comunicações epistolares, telegráficas e de dados não são sujeitas a interceptação, não excluído o devassamento do conteúdo de correspondência fechada, dirigida a preso, por ato administrativo fundamentado de diretor de estabelecimento penitenciário,[129] na medida em que "a administração penitenciária, por razões de segurança pública, disciplina prisional ou preservação da ordem jurídica, pode, sempre excepcionalmente, e desde que respeitada a norma inscrita no art. 41, parágrafo único, da Lei nº 7.210/84, proceder à suspensão ou restrição do direito do preso de contato com o mundo exterior, porquanto a cláusula tutelar da inviolabilidade do sigilo epistolar não pode constituir instrumento de salvaguarda de práticas ilícitas".[130]

As comunicações telefônicas são suscetíveis de interceptação, por ordem judicial, para a finalidade de prova em investigação criminal ou instrução processual penal, não obstante a diferenciação entre a interceptação telefônica, na qual há o registro do conteúdo do diálogo estabelecido pela via telefônica, sem o conhecimento de ambos os sujeitos da relação dialógica, a gravação clandestina de conversação telefônica, na qual há o registro de conversação com terceiros, por meio de reprodução magnética, sem o conhecimento de um dos sujeitos da relação dialógica, e a quebra do sigilo sobre registro de dados telefônicos, na qual há a prova documental das chamadas telefônicas,[131] uma vez que a "interceptação telefônica para fins de inquérito policial ou ação penal, nas hipóteses e na forma estatuída pelo art. 3º, incs. I e II, da Lei nº 9.296/96",[132] não se confunde com a "gravação realizada por um dos interlocutores da conversação, sem conhecimento do outro",[133] nem com a "quebra do sigilo das chamadas telefônicas".[134]

6.6 Direito à segurança em matéria penal

A *segurança em matéria penal* é destacada como proteção do indiciado, acusado, condenado e culpado durante a persecução criminal.[135]

A Ciência Penal é informada pela reserva legal, que resguarda a anterioridade e legalidade da norma penal incriminadora em relação ao fato incriminado, dado que não há crime sem lei anterior que o defina, nem há pena sem prévia cominação legal, pela irretroatividade da regra penal, que respalda a extra-atividade da norma penal mais benéfica, excluída a hipótese de regras penais excepcionais ou temporárias, já que estas são aplicáveis aos casos concretos ocorridos durante a sua vigência, ainda que mais severas, pela responsabilidade pessoal, restrita ao autor e partícipe, sendo inadmissível a responsabilização de natureza social, subsidiária ou sucessiva, pela individualização da pena, que resulta da adequação da pena ao condenado, posto que as características do agente e delito devem ser levadas em consideração, e pela presunção de inocência, que revela uma norma de prova e de tratamento, visto que o ônus de demonstrar a real

---

129 ALMEIDA, Felipe Lima de. *Interceptação das Correspondências dos Presos* in *Boletim do IBCCrim*, nº 145, 2004, p. 112.

130 STF, HC nº 70.814, Rel. Min. Celso de Mello, j. 1º.3.1994, *DJU* 26.6.1994.

131 JESUS, Damásio Evangelista de. *Interceptação de Comunicações Telefônicas* in *Revista dos Tribunais*, nº 35, 1997, p. 458.

132 STF, HC nº 69.912, Rel. Min. Sepúlveda Pertence, j. 16.12.1996, *DJU* 25.3.1997.

133 STF, AI nº 602.724, Rel. Min. Teori Zavascki, j. 6.8.2013, *DJU* 22.8.2013.

134 STF, MS nº 23.452, Rel. Min. Celso de Mello, j. 16.9.1999, *DJU* 12.5.2000.

135 ZACARIAS, André. *Direito à Segurança em Matéria Penal*. São Paulo: CL Edijur, 2003, p. 45.

ocorrência dos fatos constitutivos do direito de punir do Estado cumpre integralmente à acusação, sob pena de absolvição do réu, que não pode ser tratado como culpado.[136, 137]

6.7 Direito à segurança em matéria tributária

A segurança em matéria tributária é desvendada como proteção do contribuinte,[138] em função da tipicidade, isonomia, irretroatividade e anterioridade tributárias, bem como da vedação do confisco e da limitação da circulação de pessoas ou bens,[139] sendo oportuna a remissão ao Capítulo 4, Item 5.2.3.10.

Acesse o
MATERIAL SUPLEMENTAR

Entre no Ambiente de Aprendizagem através das instruções contidas na orelha deste livro e acesse os conteúdos exclusivos desta edição:
- Atualizações legislativas mensais.
- Questões de prova interativas.
- Esquemas.

---

[136] STF, AI nº 539.291, Rel. Min. Carlos Velloso, j. 4.10.2005, *DJU* 11.11.2005.

[137] Na doutrina, Luiz Guilherme Marinoni nega que o duplo grau de jurisdição tenha assento constitucional, "porque, se fosse a intenção do constituinte originário – ao prever os recursos aos tribunais superiores – garantir o direito à apelação, não teria ele aberto a possibilidade de interposição de recurso extraordinário contra decisão de primeiro grau de jurisdição. Na realidade, quando a Constituição da República garantiu o recurso extraordinário contra decisão de primeiro grau, ela afirmou que o duplo grau de jurisdição não é imprescindível ao devido processo legal". MARINONI, Luiz Guilherme. *Observações a partir de uma Visão da Ideologia no Processo Civil*. Disponível em: <http://www.planalto.gov.br>. Acesso em: 20.2.2006.

[138] MACHADO, Hugo. *Direito à Segurança em Matéria Tributária*. 5ª ed. São Paulo: Dialética, 2003, p. 23.

[139] No sentido do texto, afastando o direito à anualidade tributária, v.: MARTINS, Ives Gandra da Silva. *Comentários à Constituição do Brasil*. v. VI. São Paulo: Saraiva, p. 159. No sentido contrário, afirmando o direito à anterioridade tributária, v.: NOVELLI, Flávio. *Estudos sobre a Constituição do Brasil*. v. I. Rio de Janeiro: FGV, 1977, p. 67. A jurisprudência do Supremo Tribunal Federal tem afastado o direito à anualidade tributária, razão pela qual "a autorização orçamentária para arrecadação de tributos não mais tem vigência". STF, RE nº 414.249, Rel. Min. Joaquim Barbosa, j. 31.8.2010, *DJU* 16.11.2010.

Capítulo 8

DIREITOS COLETIVOS

Acesse e assista à aula explicativa sobre este assunto.

> *https://uqr.to/14uga*

1 CONCEITO

Os direitos coletivos são **direitos fundamentais próprios do homem-membro de uma categoria, classe ou grupo, porque titularizados e exercidos por pessoas coletivamente consideradas entre si, com determinabilidade de seus membros, ou não.**[1, 2]

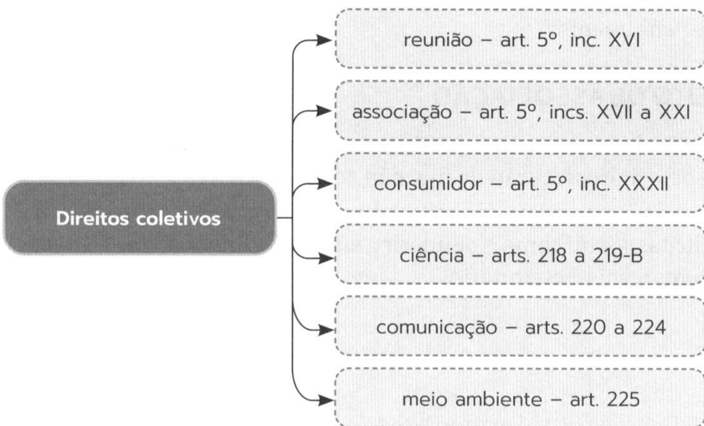

---

1 FIGUEIREDO, Lúcia Valle. *Direitos Coletivos*. São Paulo: Revista dos Tribunais, 1989, p. 9.

2 Os direitos metaindividuais, considerando o art. 81, parágrafo único, incs. I, II e III, da Lei nº 8.078/90, são fragmentados em três espécies. Os direitos difusos são referentes a pessoas indeterminadas ou de difícil determinação, sendo a extensão do dano qualificada como indivisível, original de uma mesma situação de fato. Os direitos coletivos são relativos a pessoas determináveis, reunidas em uma categoria, classe ou grupo, sendo a extensão do dano qualificada como indivisível, originária de uma mesma relação jurídica básica. Os direitos individuais homogêneos são respeitantes a pessoas determináveis ou determinadas, sendo a extensão do dano qualificada como divisível, oriunda de uma mesma situação de fato. LEITE, Carlos Henrique Bezerra. *Direitos Metaindividuais*. São Paulo: LTr, 2005, p. 34-45.

2 DIREITO DE REUNIÃO

O **direito de reunião** é pertencente ao agrupamento temporário de pessoas, ordenado para o intercâmbio de ideias ou tomada de posição.[3]

Os elementos da reunião são decompostos em pluralidade de participantes, dado que a reunião é concebida como um modo de ação coletiva (elemento pessoal), duração limitada, eis que a reunião deve ser recoberta de natureza episódica (elemento temporal), organização e direção, embora precárias (elemento formal), finalidade pacífica, posto que a reunião é predisposta a um escopo determinado (elemento intencional), e local aberto ao público, visto que a reunião pode ser realizada nas dependências de bem público ou particular, independentemente de autorização, bastando a participação à autoridade competente, em ordem a não frustrar outra reunião anteriormente convocada para o mesmo local (elemento espacial).[4]

O estado de defesa pode implicar a restrição coercitiva do direito de reunião, ainda que exercida no seio das associações, como também o estado de sítio decretado com fundamento na comoção grave de repercussão nacional ou ocorrência de fatos que comprovem a ineficácia de medida tomada durante a vigência do estado de defesa pode importar na suspensão temporária do direito de reunião, à luz dos arts. 5º, inc. XVI, 136, § 1º, inc. I, *a*, e 139, inc. IV, da CRFB, não tendo sido recepcionada a Lei nº 1.207/50, em tudo quanto contrariar o texto constitucional.[5]

A reunião e a liberdade de expressão ou manifestação podem ter uma relação de instrumentalidade entre si, forte na premissa de que o regular exercício daquela (direito-meio) é suscetível de proporcionar esta (direito-fim), como dar-se-ia em eventos de minorias de pensamento.[6, 7]

3 DIREITO DE ASSOCIAÇÃO

O **direito de associação** é pertinente ao agrupamento permanente de pessoas, organizado para a prossecução de fins não econômicos.[8]

De um lado, a associação explicita o direito de constituir entidades associativas para finalidades lícitas, assim como o de aderir a entidades associativas existentes, verificados os pressupostos legais e estatutários.

---

3 ALMEIDA, Fernanda Dias Menezes. *Direito de Reunião*. São Paulo: Max Limonad, 2001, p. 34.

4 STF, ADPF nº 187, Rel. Min. Celso de Mello, j. 15.6.2011, *DJU* 27.6.2011.

5 STF, RE nº 97.278, Rel. Min. Cordeiro Guerra, j. 10.12.1982, *DJU* 11.3.1983.

6 STF, ADIn nº 4.274, Rel. Min. Carlos Britto, j. 23.11.2011, *DJU* 2.5.2012.

7 A *Internet*, considerada como uma nova ferramenta de informação e, bem assim, um instrumento para organização social, pode desencadear a reunião de pessoas. Nesse diapasão, as manifestações populares na "sociedade em rede" à qual se reporta Manuel Castells Oliván giram em torno de valores culturais, de molde que a reunião pode servir de meio de expressão do descontentamento dos usuários da comunidade virtual, a fim de tomar as mentes, e não o poder do Estado. As manifestações populares na era da *Internet* são caracterizadas pela diluição da liderança, origem nas localidades e pluralidade de reivindicação e, *a fortiori*, têm o desiderato da "reconciliação de sociedade e política". OLIVÁN, Manuel Castells. *Redes de Indignação e Esperança*. Rio de Janeiro: Zahar, 2013, p. 157 e 182.

8 GIRARDELLI, Adriana Carvalho. *Direito de Associação*. São Paulo: Lex, 2005, p. 56.

De outro lado, a associação exprime o direito de não ser coagido a ingressar ou permanecer em entidades associativas, bem como o de resolver sobre a extinção das entidades associativas a que pertencer, sendo certo que a dissolução compulsória e suspensão das atividades estão condicionadas a pronunciamento jurisdicional.

Em consequência, as associações podem representar judicialmente seus filiados, tendo em vista a distinção entre ação associativa, na qual há representação judicial, porquanto o autor defende, em nome alheio, os direitos individuais dos representados, havendo a necessidade de autorização dos associados, a teor do art. 5º, inc. XXI,[9] e mandado de segurança coletivo, no qual há substituição processual, porque o impetrante defende, em nome próprio, os direitos metaindividuais dos substituídos, não havendo a necessidade de autorização da associação, à vista do art. 5º, inc. LXX, *b*, da CRFB.[10, 11]

4 DIREITO DO CONSUMIDOR

O **direito do consumidor** é exteriorização do reequilíbrio da relação de consumo, não somente pela limitação ou eliminação de determinadas práticas no mercado, mas também pelo fortalecimento do consumidor em detrimento do fornecedor.[12]

A limitação ou eliminação de determinadas práticas no mercado é instaurada pela nulidade das cláusulas abusivas, como, *por exemplo*, as que atenuem, exonerem ou impossibilitem a responsabilidade do fornecedor por vícios de qualquer natureza e as que estabeleçam obrigações iníquas, que coloquem o consumidor em desvantagem exagerada, ou sejam incompatíveis com a boa-fé.

O fortalecimento do consumidor em detrimento do fornecedor é instituído pelos direitos do consumidor, tal como a educação e divulgação acerca do consumo, asseguradas a liberdade de escolha e igualdade nas contratações de interesse social, e também a informação adequada e clara sobre os diferentes produtos e serviços, com a especificação de quantidade, características, composição, qualidade e preço, diante da constatação de que "a necessidade de proteção do consumidor é efeito do reconhecimento de que existe uma massa vulnerável que não está em condições de, por si mesma, conseguir qualidade e preço nas relações consumeristas".[13, 14]

---

9 STF, MS nº 21.514, Rel. Min. Marco Aurélio, j. 1º.6.1993, *DJU* 17.6.1993.

10 STF, RE nº 193.382, Rel. Min. Carlos Velloso, j. 28.6.1996, *DJU* 20.9.1996.

11 À semelhança dos partidos políticos, aos quais é proibida a utilização de organizações paramilitares, é vedada a associação de pessoas sob hierarquia e disciplina, como, por exemplo, as milícias urbanas ou rurais. SOUZA NETO, Cláudio Pereira de. *A Segurança Pública na Constituição Federal de 1988* in *Revista Diálogo Jurídico*, nº 17, 2007, p. 18.

12 GAMA, Hélio Zaghetto. *Direito do Consumidor*. 4ª ed. Rio de Janeiro: Forense, 1999, p. 7.

13 STF, RE nº 946.422, Rel. Min. Cármen Lúcia, j. 9.11.2016, DJU 22.11.2016.

14 A renovação da concepção tradicional do contrato é instrumentalizada pela limitação da liberdade contratual, tanto pelo advento de novas categorias contratuais, quanto pela ampliação do dirigismo contratual. Destarte, o elemento nuclear do contrato deixa de ser a autonomia da vontade e passa a ser o interesse social, com a valorização da boa-fé objetiva. MARQUES, Claudia Lima. *As Novas Regras sobre a Proteção do Consumidor nas Relações Contratuais* in *Revista de Direito do Consumidor*, nº 1, 1992, p. 27.

5 DIREITO À CIÊNCIA

O **direito à ciência** é externação do conhecimento aplicado à inovação tecnológica no ambiente produtivo.[15]

A pesquisa científica ou básica, de natureza teórica, para a difusão do conhecimento humano, não se confunde com a pesquisa tecnológica ou aplicada, de natureza prática, para a solução de problemas técnicos.[16]

Outrossim, a inovação é entendida como a introdução de novidade ou aperfeiçoamento no ambiente produtivo que resulte em novos produtos, serviços ou processos e, da mesma forma, agregação de novas funcionalidades ou características a produtos, serviços ou processos já existentes que possa resultar em efetivo ganho de qualidade ou desempenho.[17, 18]

6 DIREITO DE COMUNICAÇÃO

O **direito de comunicação** é traduzido pela expressão ou manifestação do pensamento, por intermédio dos meios de comunicação de massa.[19]

A propaganda comercial de produtos e serviços nocivos à saúde e ao meio ambiente é submetida a restrições legais, que podem conter, quando se afigurarem necessárias, advertências sobre os malefícios do uso de bebidas alcoólicas, defensivos agrícolas que contenham substâncias de efeito tóxico, mediato ou imediato, para o ser humano, produtos fumígeros, medicamentos anódinos e terapias de qualquer tipo ou espécie, em concordância com o art. 220, § 4º, da CRFB, regulamentado pela Lei nº 9.294/96.

A propriedade das empresas jornalísticas e de radiodifusão de sons e imagens é típica de empresas constituídas sob as leis brasileiras e que tenham sede no País, sendo exato que 70%, no mínimo, do capital social com direito de voto e a responsabilidade pelo conteúdo dos programas ou programações de rádio e televisão devem pertencer a brasileiros natos ou brasileiros naturalizados há mais de dez anos, razão pela qual são nulos quaisquer acordos entre os sócios, acionistas ou cotistas, que objetivem atribuir o controle das sociedades empresárias ao capital estrangeiro, em conformidade com o art. 222, § 1º, da CRFB, regulamentado pela Lei nº 10.610/02.[20, 21]

---

15 TELES, *Vanali. Direito à Ciência*. Brasília: *Thesaurus*, 2013, p. 21.

16 STF, ADIn nº 550, Rel. Min. Ilmar Galvão, j. 29.8.2002, *DJU* 18.10.2002.

17 STF, ADIn nº 3.510, Rel. Min. Carlos Britto, j. 29.5.2008, DJU 28.5.2010.

18 Aos Estados é facultado vincular parcela de sua receita orçamentária a entidades públicas de fomento à pesquisa de ciência, tecnologia e inovação. CALDAS, Ruy de Araújo. *A Construção de um Modelo de Arcabouço Legal para Ciência, Tecnologia e Inovação* in *Revista Parcerias Estratégicas*, nº 11, 2001, p. 5.

19 PESSOA, Eduardo. *Direito de Comunicação*. Rio de Janeiro: Esplanada, 2005, p. 45.

20 STF, ADIn nº 1.755, Rel. Min. Nelson Jobim, j. 15.10.1998, *DJU* 18.5.2001.

21 Não há identidade entre o direito de comunicação e o direito de antena, isto é, o acesso gratuito ao rádio e à televisão. Aos partidos políticos que tenham registrado seus estatutos no Tribunal Superior Eleitoral são disponibilizados tempos de antena no serviço público de rádio e de televisão para propaganda partidária, dirigida à transmissão do programa da legenda, e propaganda eleitoral, direcionada à captação dos votos dos eleitores. DOMENACH, Jean-Marie. *Propaganda Política*. 2ª ed. São Paulo: Difusão Europeia do Livro, 1963, p. 39.

7 DIREITO AO MEIO AMBIENTE

O **direito ao meio ambiente** é transcrito pelos elementos culturais, naturais e artificiais, cuja interação proporciona a vida em todas as suas formas.[22]

Nesse quadro, o meio ambiente pode ser investigado sob três ângulos: (i) o do meio ambiente cultural, composto pelo patrimônio arqueológico, artístico, histórico, paisagístico e turístico; (ii) o do meio ambiente natural, conformado pela atmosfera, águas interiores, superficiais e subterrâneas, estuários, mar territorial, solo e subsolo, e (iii) o do meio ambiente artificial, constituído pelo espaço urbano resultante de construções, disperso pelas edificações e equipamentos, não excluído o meio ambiente do trabalho, de sorte que "o direito ao meio ambiente ecologicamente equilibrado constitui uma prerrogativa jurídica de titularidade coletiva, refletindo, dentro do procedimento de afirmação dos direitos fundamentais, a expressão significativa de um poder atribuído, não ao indivíduo identificado em sua singularidade, mas, num sentido mais abrangente, à própria coletividade social".[23] "Incumbe, ao Estado e à coletividade como um todo, a obrigação de defender e preservar, em benefício das presentes e futuras gerações, esse direito de natureza transindividual, sob os prismas cultural, natural e artificial", tendo em conta o art. 225 da CRFB, bem assim o art. 3º da Lei nº 6.938/81.[24, 25]

Acesse o
MATERIAL SUPLEMENTAR

Entre no Ambiente de Aprendizagem através das instruções contidas na orelha deste livro e acesse os conteúdos exclusivos desta edição:
- Atualizações legislativas mensais.
- Questões de prova interativas.
- Esquemas.

---

22 MACHADO, Paulo Affonso Leme. *Direito ao Meio Ambiente*. 10ª ed. São Paulo: Malheiros, 2002, p. 13.

23 STF, MS nº 22.164, Rel. Min. Celso de Mello, j. 30.10.1995, *DJU* 17.11.1995.

24 STF, ADIn nº 3.540, Rel. Min. Celso de Mello, j. 1º.9.2005, *DJU* 3.2.2006.

25 A possibilidade de responsabilização penal de pessoas jurídicas no ordenamento jurídico brasileiro, no tocante às infrações contra a ordem econômica e financeira, economia popular e o meio ambiente, não é uníssona. Lídia Maria Rodrigues Ribas reconhece a possibilidade de responsabilização penal das pessoas jurídicas, na medida em que "não é simplesmente pelo fato de a pessoa jurídica não poder sofrer a pena privativa de liberdade que ela é penalmente irresponsável. O legislador deve prever penas compatíveis com a natureza da pessoa jurídica e graduá-las conforme suas características e em função do delito praticado". René Ariel Dotti refuta a possibilidade de responsabilização penal das pessoas jurídicas, uma vez que "as contravenções penais e crimes ou delitos podem ser praticados, exclusivamente, por pessoas naturais. O art. 225, § 3º, da CRFB, em sua interpretação literal, poderia ensejar o entendimento de que é admissível a responsabilidade penal de entes coletivos. Porém, a melhor compreensão da norma nos leva à conclusão de que tanto a pessoa natural como a jurídica pode responder nas ordens civil, administrativa e tributária pelos atos que lhe são imputados; mas a responsabilidade penal continua sendo de natureza humana". O Supremo Tribunal Federal reiterou a possibilidade de "condenação de pessoa jurídica pela prática de crime ambiental, ainda que absolvidas as pessoas naturais ocupantes de cargo de presidência ou direção do órgão responsável pela prática criminosa". RIBAS, Lídia Maria Rodrigues. *Responsabilidade Penal da Pessoa Jurídica* in *Revista de Direito Ambiental*, nº 25, 2002, p. 96; DOTTI, René Ariel. *Responsabilidade Penal da Pessoa Jurídica*. 2ª ed. São Paulo: Revista dos Tribunais, 2010, p. 161; STF, RE nº 548.181, Rel. Min. Rosa Weber, j. 6.8.2013, Inf. STF 714.

Capítulo 9

DIREITOS SOCIAIS

Acesse e assista à aula explicativa sobre este assunto.

> *https://uqr.to/14ugb*

1 CONCEITO

Os direitos sociais são **direitos fundamentais próprios do homem-social, porque dizem respeito a um complexo de relações sociais, econômicas ou culturais que o indivíduo desenvolve para realização da vida em todas as suas potencialidades, sem as quais o seu titular não poderia alcançar e fruir dos bens de que necessita.**[1]

A propósito, considerando que "os direitos sociais não são direitos contra o Estado, mas sim direitos através do Estado",[2] o objeto imediato dos direitos fundamentais, e das garantias constitucionais respectivas, pode envolver bens providos de natureza *social em sentido estrito ou restrito, econômica ou cultural*.[3]

---

1 TORRES, Marcelo Nóbrega da Câmara. *Direitos Sociais*. Brasília: Senado Federal, 1987, p. 13.

2 KRELL, Andreas Joachim. *Direitos Sociais e Controle Jurisdicional no Brasil e na Alemanha*. Porto Alegre: Sergio Antonio Fabris, 2002, p. 19.

3 A fundamentalidade dos direitos sociais é objeto de controvérsia na doutrina e jurisprudência. Ernst-Wolfgang Böckenförde, com o aplauso de Ricardo Lobo Torres, assegura que "os direitos sociais estremam-se dos direitos fundamentais. Outro raciocínio levaria à banalização dos direitos fundamentais e à confusão com os princípios de justiça social", sendo certo que "a tentativa de constitucionalizar o mais largo espectro possível de direitos sociais teria como consequência que as diretivas particulares se debilitariam ou neutralizariam". Peter Häberle, com o apoio de Ingo Wolfgang Sarlet, assevera que "os direitos sociais são autênticos direitos fundamentais. O desiderato dos direitos sociais consiste em realizar e garantir os pressupostos materiais para uma efetiva fruição das liberdades", sendo exato que "todas as diferenças são de grau, de arte que todos os direitos sociais são direitos fundamentais em sentido amplo". O Tribunal Constitucional Federal alemão, como também o Supremo Tribunal Federal brasileiro, assinalam que "o Estado deve assegurar pelo menos as condições mínimas para uma existência digna", de molde que "não se revela lícito ao Poder Público criar obstáculo artificial que mostre o ilegítimo, arbitrário e censurável propósito de fraudar, frustrar e inviabilizar o estabelecimento e preservação, em favor da pessoa humana, de condições materiais mínimas de existência". BÖCKENFÖRDE, Ernst-Wolfgang. *Staat, Verfassung, Demokratie*. Frankfurt: Suhrkamp, 1992, p. 158; TORRES, Ricardo Lobo. *Os Direitos Humanos e a Tributação*. Rio de Janeiro: Renovar, 1995, p. 13; HÄBERLE, Peter. *Die*

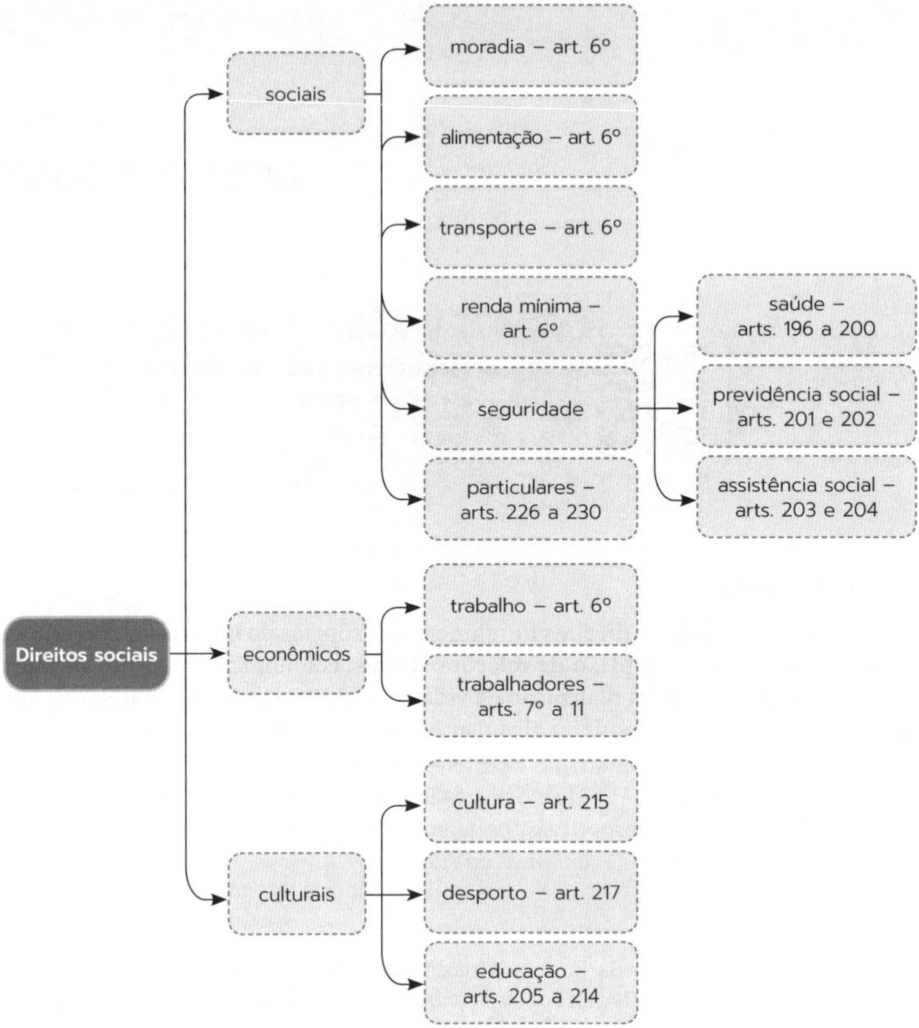

2 DIREITOS SOCIAIS EM SENTIDO ESTRITO OU RESTRITO

Os **direitos sociais em sentido estrito ou restrito** comportam: (i) o direito à moradia, com assento nos arts. 6º, 21, inc. XX, 23, inc. IX, e 187, inc. VIII, (ii) o direito à alimentação, com base no art. 227, *caput*, (iii) o direito ao transporte, com colocação nos arts. 21, inc. XII, *d* e *e*, 22, incs. IX e XI, 30, inc. V, 177, inc. IV, §§ 3º e 4º, inc. II, *a* e *c*, 178 e 187, *caput*, (iv) o direito à renda mínima, com descrição no art. 203, inc. VI, (v) os direitos à seguridade social, alcançando o direito à saúde, direito à previdência social e direito à assistência social, com esteio nos arts. 194 a 204, e (vi) os direitos par-

---

Verfassung des Pluralismus. Königstein: Athenäum, 1980, p. 181; SARLET, Ingo Wolfgang. *A Eficácia dos Direitos Fundamentais*. Porto Alegre: Livraria do Advogado, 2001, p. 262; *BverfGE* 40, 121-133, e STF, ADPF nº 45, Rel. Min. Celso de Mello, j. 29.4.2004, *DJU* 4.5.2004.

ticulares de instituições da sociedade ou categorias de pessoas, englobando os direitos da família, direitos das crianças, direitos dos adolescentes, direitos dos idosos e direitos dos portadores de deficiência, com força nos arts. 226 a 230 da CRFB.

2.1 Direito à moradia

O *direito à moradia* é delineado como habitação de dimensão adequada, em condições de higiene e conforto, que promova o bem-estar de seus ocupantes.[4]

Debruçando-se sobre o tema, o direito de propriedade de bem imóvel não se confunde com o direito à moradia, que pode ser implantado por normas jurídicas que estimulem a oferta de bens imóveis para a finalidade de locação habitacional, pelo mecanismo do reforço das garantias contratuais do locador, como, por exemplo, a penhorabilidade do bem de família pertencente ao fiador de contrato de locação, descrito no art. 3º, inc. VII, da Lei nº 8.009/90, que não contraria o direito à moradia, desenhado pelo art. 6º, *initio*, da CRFB, com a redação atribuída pela Emenda Constitucional nº 26/00.[5] Sobre a diferenciação entre propriedade e moradia, da Lei nº 10.257/01 emana a usucapião especial de bem particular, em favor daquele que possua como sua área ou edificação urbana de até 250 m², por cinco anos, ininterruptamente e sem oposição, utilizando-a para sua moradia ou de sua família, desde que não seja proprietário de outro imóvel urbano ou rural, enquanto da Medida Provisória nº 2.220/01 emerge a concessão de uso especial de bem público, em favor daquele que possui como seu imóvel situado em área urbana de até 250 m², por cinco anos, ininterruptamente e sem oposição, utilizando-o para sua moradia ou de sua família, desde que não seja proprietário ou concessionário de outro imóvel urbano ou rural.[6]

2.2 Direito à alimentação

O *direito à alimentação* é examinado pelo acesso estável e permanente a alimentos saudáveis, seguros e sadios, culturalmente aceitos, produzidos de forma sustentável.[7]

A garantia da pessoa humana ao acesso à alimentação todos os dias, em quantidade suficiente e com a qualidade necessária, é entendida como segurança alimentar e nutricional, que pode ser obtida por pessoas em situação de extrema pobreza, por intermédio de programas governamentais de transferência de renda,[8] sobretudo o Programa

---

4 AINA, Eliane Maria Barreiros. *Direito à Moradia*. 2ª ed. Rio de Janeiro: Lumen Juris, 2004, p. 88.

5 STF, RE nº 407.688, Rel. Min. Cezar Peluso, j. 8.2.2006, *DJU* 3.3.2006.

6 Na doutrina, Ingo Wolfgang Sarlet afirma que "muito embora a propriedade possa servir também de moradia ao seu titular e que, para além disso, a moradia assuma, em determinadas circunstâncias, a condição de pressuposto para a aquisição da propriedade, como no caso da usucapião especial, atuando, ainda, como elemento indicativo da aplicação da função social do bem móvel ou imóvel, a moradia é direito fundamental de natureza autônoma, com âmbito de proteção e objeto próprios". SARLET, Ingo Wolfgang. *Direito Fundamental à Moradia na Constituição de 1988: algumas anotações a respeito de seu contexto, conteúdo e possível eficácia*. Disponível em: <http://www.planalto.gov.br>. Acesso em: 5.7.2006.

7 VALENTE, Flávio Luiz. *Direito à Alimentação*. São Paulo: Cortez, 2002, p. 37.

8 ROCHA, Sonia. *Transferência de Renda*. Rio de Janeiro: Campus, 2013, p. 54.

Nacional de Acesso à Alimentação e Programa Alimenta Brasil de que tratam as Leis nºs 10.689/03 e 14.284/21, respectivamente.[9]

2.3 Direito ao transporte

O *direito ao transporte* é exarado no deslocamento de passageiros e cargas pelos modais aeroviário, dutoviário, ferroviário, hidroviário e/ou rodoviário, constitucionalizado pela EC nº 90/15.[10]

O transporte é considerado como um "direito mãe" ou "*cluster right*",[11] do qual derivam outros, a exemplo do transporte individual ou coletivo – serviço prestado em veículos particulares ou, de outro modo, com itinerários e preços fixados pelo poder público – e, bem assim, transporte privado ou público – serviço prestado aos usuários em geral, ou não.

O direito ao transporte tem a ver com as condições de mobilidade e acessibilidade. A mobilidade é respeitante à condição em que se realizam os deslocamentos de passageiros e cargas no espaço urbano ou rural. A acessibilidade é pertinente à condição, ou mesmo possibilidade de alcance para utilização, com segurança e autonomia, dos deslocamentos de natureza local, intermunicipal, interestadual ou internacional.

2.4 Direito à renda mínima

O direito à renda mínima é suscetível de exercício por toda pessoa, brasileira ou não, em situação de vulnerabilidade socioeconômica, a quem é garantido pelo poder público um benefício em programa permanente de transferência de renda, como previsto pelo art. 6º, parágrafo único, da CRFB, incluído pela EC nº 114/21.[12]

Dentro dessa perspectiva, embora o direito social, no texto constitucional, seja relacionado à "renda básica familiar", não há confusão entre a renda mínima e a renda básica. Os benefícios de renda mínima são direcionados às pessoas em situação de extrema pobreza, por meio da transferência de renda, como o Programa Auxílio Brasil. Os benefícios de renda básica, ao contrário, são dirigidos a todas as pessoas, sem que se possam estabelecer restrições quanto à condição socioeconômica dos beneficiários, com o fim de atender às suas despesas, a exemplo do Programa de Renda Básica de Cidadania sobre o qual versa a Lei nº 10.835/04.[13]

2.5 Direitos à seguridade social

Os *direitos à seguridade social* são excepcionados por conjunto integrado de ações, de iniciativa dos Poderes Públicos e sociedade civil, no sentido de prover a saúde, previdência social e assistência social.

---

9 WEISSHEIMER, Marco Aurélio. *Bolsa Família*. São Paulo: Fundação Perseu Abramo, 2010, p. 72.

10 BASTOS, Nuno Manuel. *Direito ao Transporte*. Coimbra: Almedina, 2004, p. 17.

11 THOMSON, Judith j. *The Real of Rights*. Cambridge: Harvard University Press, 1990, p. 55.

12 HACK, Neiva Silvana. *Direito à Renda Mínima*. Curitiba: InterSaberes, 2021, p. 18.

13 STF, RE nº 587.970, Rel. Min. Marco Aurélio, j. 20.4.2017, *DJU* 22.9.2017.

2.5.1 Direito à saúde

O direito à saúde é implementado por políticas sociais e econômicas que visem à redução do risco de doenças e de outros agravos e acesso universal e igualitário às ações e serviços para a sua promoção, proteção e recuperação, de acordo com a Lei nº 8.080/90, como também a Lei nº 9.313/96.[14]

A saúde particular é transmitida por profissionais liberais, legalmente habilitados, e pessoas jurídicas de direito privado, sendo certo que a participação complementar dos serviços privados de assistência à saúde pode ser formalizada por contrato ou convênio, quando as disponibilidades do Sistema Único de Saúde forem insuficientes para garantir a cobertura assistencial à população de uma determinada área.[15]

A saúde pública é transplantada por órgãos ou entes da Administração Pública, com vistas ao atendimento integral, descentralização administrativa, gratuidade, participação da comunidade e universalidade de acesso aos serviços de saúde, inclusive a distribuição gratuita de medicamentos a hipossuficientes econômicos,[16] dado que "o Poder Público, qualquer que seja a esfera institucional de sua atuação no plano da organização federativa brasileira, não pode mostrar-se indiferente ao problema da saúde da população, sob pena de incidir, ainda que por omissão, em censurável comportamento inconstitucional. O direito público subjetivo à saúde traduz bem jurídico constitucionalmente tutelado, por cuja integridade deve velar, de modo responsável, o Poder Público federal, estadual ou municipal, a quem incumbe formular – e implementar – políticas sociais e econômicas que visem garantir a plena consecução dos objetivos proclamados no art. 196".[17]

A saúde, da mesma forma que a educação, é financiada pelos percentuais mínimos de aplicação de recursos públicos sobre os quais versam os arts. 198, § 2º, e 212, *caput*, e pode ser considerada como serviço público, e não atividade econômica,[18] sujeito a prestação independente de concessão e permissão à iniciativa privada, de harmonia com os arts. 175, 199 e 209 da CRFB.[19]

2.5.2 Direito à previdência social

O direito à previdência social é incrementado por contribuição à seguridade social, com o fim de cobrir os riscos sociais do desemprego involuntário, encargos de família, idade avançada, incapacidade, morte, reclusão e tempo de contribuição, em atenção à Lei nº 8.213/91, regulada pelo Decreto nº 3.048/99.[20]

Os regimes de previdência privada são subsidiados por entidades particulares, qualificadas como fechadas ou abertas. As entidades fechadas são acessíveis aos servidores públicos da União, Estados, Distrito Federal e Municípios, empregados de empresa ou

---

14 SCHWARTZ, Germano. *Direito à Saúde*. Porto Alegre: Livraria do Advogado, 2001, p. 34.

15 RAMOS, Saulo. *Serviços de Saúde Prestados pela Iniciativa Privada e o Contrato de Seguro-Saúde* in *Cadernos de Direito Constitucional e Ciência Política*, nº 12, 1995, p. 280.

16 GOUVÊA, Marcos Maselli. *O Direito ao Fornecimento Estatal de Medicamentos* in *Revista Forense*, nº 370, 1999, p. 104.

17 STF, RE nº 241.630, Rel. Min. Celso de Mello, j. 7.3.2001, *DJU* 3.4.2001.

18 STF, RE nº 580.264, Rel. Min. Carlos Britto, j. 16.12.2010, *DJU* 6.10.2011.

19 STF, ADPF nº 46, Rel. Min. Eros Grau, j. 5.8.2009, *DJU* 26.2.2010.

20 MARTINEZ, Wladimir Novaes. *Direito à Previdência Social*. São Paulo: LTr, 2000, p. 56.

grupo de empresas e associados ou membros de pessoas jurídicas de caráter profissional, classista ou setorial. As entidades abertas de previdência privada são atingíveis por quaisquer pessoas naturais.[21]

Os regimes de previdência social são subvencionados por entidades públicas, quantificados como próprios ou geral. Os regimes próprios são alusivos aos servidores públicos da União, Estados, Distrito Federal e Municípios providos em cargos efetivos. O regime geral é atinente aos empregados públicos, contratados e trabalhadores, sem embargo dos detentores, exclusivamente, de cargos em comissão declarados em lei de livre nomeação e exoneração,[22] tendo sido declarada a inconstitucionalidade da "contribuição à seguridade social sobre a retribuição pecuniária dos exercentes de mandato eletivo federal, estadual, distrital ou municipal, desde que não vinculados ao regime próprio de previdência social, com esteio nos arts. 154, inc. I, e 195, inc. II e § 4º, ambos da CRFB".[23]

2.5.3 *Direito à assistência social*

O direito à assistência social é indiciado por serviços e benefícios assistenciais, de sorte a tutelar a família, maternidade, infância, adolescência, velhice e deficiência, em atendimento à Lei nº 8.742/93, regulamentada pelo Decreto nº 6.214/07.[24]

Os serviços são representados por atividades de melhoria de vida da população, proporcionadas pelos aportes orçamentários financiados pelas contribuições sociais, e pelo Fundo Nacional de Assistência Social.[25]

Os benefícios são restritos a prestações de natureza continuada ou eventual, providenciado um salário mínimo mensal às pessoas portadoras de deficiência e aos idosos com 65 anos ou mais e que comprovem não possuir meios de prover a própria manutenção e nem de tê-la provida por sua família, sem prejuízo de outro auxílio por natalidade ou por morte às famílias cuja renda mensal seja inferior a um quarto do salário mínimo, com espeque nos arts. 195, 203 e 204, todos da CRFB.[26, 27]

2.6 Direitos particulares

Os *direitos particulares* são exclusivos de determinadas instituições da sociedade, como, por exemplo, a família, ou de categorias de pessoas, tais como os índios, crianças, adolescentes, idosos e pessoas portadoras de deficiência.

---

21 WEINTRAUB, Arthur Bragança. *Os Regimes de Previdência Privada* in *Revista de Previdência Social*, nº 250, 2001, p. 642.

22 GARCIA, Maria. *A Previdência Social dos Servidores Públicos* in *Boletim de Direito Administrativo*, nº 10, 2003, p. 793.

23 STF, RE nº 334.794, Rel. Min. Carlos Velloso, j. 10.2.2004, *DJU* 5.3.2004.

24 COUTO, Berenice Rojas. *Direito à Assistência Social*. São Paulo: Cortez, 2005, p. 17.

25 SANTOS, Marisa dos. *Assistência Social: serviços* in *Revista de Direito Social*, nº 2, 2001, p. 11.

26 TEIXEIRA, Francisco Dias. *Benefícios de Assistência Social* in *Boletim dos Procuradores da República*, nº 6, 1998, p. 15.

27 Na jurisprudência, o Supremo Tribunal Federal nega que a "imunidade em favor das instituições de assistência social ultrapasse o imposto de importação e o imposto sobre produtos industrializados, que incidem sobre bens a serem utilizados na prestação de seus serviços específicos, em face do art. 150, inc. VI, *c*, *in fine*, da CRFB". STF, RE nº 243.807, Rel. Min. Ilmar Galvão, j. 15.2.2000, *DJU* 28.4.2000. Disponível em: <http://www.stf.gov.br>. Acesso em: 5.7.2006.

2.6.1 Direitos da família

Os direitos da família são instituídos à "célula essencial da sociedade", resultante, *ad exemplus,* do casamento, união estável ou comunidade formada pelos pais ou qualquer deles e seus descendentes.[28]

O casamento é singularizado como comunhão plena de vida entre os cônjuges, com fundamentação da entidade familiar na igualdade de direitos e deveres referentes à sociedade conjugal. A celebração do casamento deve ser gratuita, de modo que o casamento religioso, que atenda a todos os requisitos exigidos para o casamento civil, equipara-se a este, desde que inscrito no registro próprio, produzindo efeitos a partir da solenidade da família. O vínculo do casamento pode ser dissolvido pela morte de um dos cônjuges, nulidade ou anulação do casamento, divórcio, judicial ou cartorário, e procedimento de ausência patrimonial, declarada a abertura da sucessão definitiva do ausente, caso não divorciado anteriormente.[29]

A união estável é sintetizada como convivência pública, contínua e duradoura, de pessoas de sexos diferentes, ou não, estabelecida com o objetivo de constituição de família, devendo a lei facilitar sua conversão em casamento. Não se trata de entidade familiar que requer a diversidade sexual (união estável heteroafetiva), mas, ao contrário, a união estável pode ser feita entre pessoas do mesmo sexo (união estável homoafetiva).[30]

A comunidade formada pelos pais é chamada de biparental, e aquela composta por qualquer deles e seus descendentes é sistematizada como "família monoparental",[31] sendo exato que a "ordem constitucional dispensou à instituição especial proteção do Estado, seja biparental ou monoparental".[32] Destarte, "constitui entidade familiar a comunidade formada por qualquer dos genitores que resida com seus filhos".[33]

2.6.2 Direitos dos índios

Os direitos dos índios são inerentes à categoria de pessoas de origem e ascendência pré-colombiana que se identificam e são identificadas como pertencentes a um grupo étnico cujas características culturais o distinguem da sociedade nacional.[34]

Os índios são considerados isolados, quando vivem em grupos desconhecidos ou de que se possuem poucos e vagos informes por meio de contatos eventuais com elementos da comunhão nacional, em vias de integração, quando, em contato intermitente ou permanente com grupos estranhos, conservam menor ou maior parte das condições de sua vida nativa, mas aceitam algumas práticas e modos de existência comuns às demais pessoas, das quais vão necessitando cada vez mais para o próprio sustento, e integrados,

---

[28] PEREIRA, Lafayette Rodrigues. *Direitos da Família*. Rio de Janeiro: B. L. Garnier, 1869, p. 13.

[29] RODRIGUES, Silvio. *Casamento* in *Revista Brasileira de Direito Comparado*, nº 11, 1991, p. 48.

[30] DIAS, Maria Berenice. *União Estável* in *Revista do Instituto de Pesquisa e Estudos*, nº 27, 2000, p. 57.

[31] MUÑOZ, Lourdes Martinez. *Família Monoparental* in *Revista de Educação*, nº 325, 2001, p. 93.

[32] TJSC, Proc. nº 96.012014-9, Rel. Des. Pedro Abreu, j. 22.2.2001, *DOSC* 1º.3.2001.

[33] TJMG, Proc. nº 1.0000.00.315403-6/000, Rel. Des. Caetano Lopes, j. 12.6.2003, *DOMG* 5.9.2003. V., também: TJRJ, Proc. nº 2003.001.21471, Rel. Des. Odete Knaack, j. 20.4.2004, *DORJ* 1º.5.2004, e TJSP, Proc. nº 156.307-4/0, Rel. Des. Evaristo dos Santos, j. 24.4.2006, *DOSP* 30.4.2006.

[34] BARBIERI, Samia Roges. *Direitos dos Índios*. Coimbra: Almedina, 2009, p. 24.

quando incorporados à comunhão nacional, ainda que conservem usos, costumes e tradições característicos da sua cultura.[35, 36]

2.6.3 Direitos das crianças, adolescentes, idosos e pessoas portadoras de deficiência

Os direitos das crianças, adolescentes, idosos e pessoas portadoras de deficiência são intrínsecos à categoria de pessoas com idade inferior ou igual a 18 anos,[37] ou idade igual ou superior a 70 anos,[38] mesmo que não apresentem deficiência física, sensorial ou mental.[39]

A infância e juventude são traçadas como desenvolvimento sadio e harmonioso, sendo correto que o "direito à proteção integral tem como fundamento a concepção de que as crianças e adolescentes são pessoas em processo de desenvolvimento físico, mental, moral, espiritual e social".[40]

A velhice é tracejada como envelhecimento saudável em condições de dignidade, sendo evidente que "o direito ao envelhecimento simboliza a ideia de que os direitos não são adstritos a determinadas fases da vida, cujo exercício deve ser garantido até quando a natureza biológica indicar".[41]

A deficiência é traduzida como perda ou anormalidade de função psicológica, fisiológica ou anatômica que gere incapacidade para o desempenho de atividades, dentro do padrão considerado normal para o ser humano, permanente ou transitória, sob a égide dos arts. 227, §§ 1º, inc. II e 2º, e 244 da CRFB.[42, 43, 44]

3 DIREITOS SOCIAIS DE NATUREZA ECONÔMICA

Os **direitos sociais de natureza econômica** conciliam: (i) o direito ao trabalho e (ii) os direitos dos trabalhadores, em atenção aos arts. 6º a 11 da CRFB.

---

35 DALLARI, Dalmo de Abreu. *Reconhecimento e Proteção dos Direitos dos Índios* in *Revista de Informação Legislativa*, nº 111, 1991, p. 315.

36 TJDF, EMD nº 2011.011.132404-0, Rel. Des. Sérgio Rocha, j. 26.6.2013, *DJU* 28.6.2013. V., também: TJRJ, Proc. nº 2016.011.48282, Rel. Des. Reinaldo Alberto Filho, j. 16.11.2016, *DORJ* 18.11.2016, e TJSP, Proc. nº 904.409-9/5, Rel. Des. Sérgio Gomes, j. 29.1.2008, *DOSP* 2.3.2008.

37 ELIAS, Roberto João. *Direitos das Crianças e Adolescentes*. São Paulo: Saraiva, 2005, p. 31.

38 LIMA, Dilson Machado de. *Direitos dos Idosos*. Porto Alegre: Líder, 2006, p. 34.

39 ARAÚJO, Luiz Alberto David. *Direitos das Pessoas Portadoras de Deficiência*. São Paulo: Revista dos Tribunais, 2006, p. 23.

40 CURY, Munir. *Estatuto da Criança e Adolescente*. 3ª ed. São Paulo: Revista dos Tribunais, 2002, p. 21.

41 PINHEIRO, Naide Maria. *Estatuto do Idoso*. Campinas: LNZ, 2006, p. 47.

42 ASSIS, Olney Queiroz. *Legislação sobre a Pessoa Portadora de Deficiência*. São Paulo: Damásio de Jesus, 2005, p. 45.

43 TJRS, Proc. nº 70015211162, Rel. Des. Luiz Felipe Brasil Santos, j. 12.7.2006, *DORS* 19.7.2006. V., também: TJRJ, Proc. nº 2005.005.00127, Rel. Des. Nagib Filho, j. 7.6.2005, *DORJ* 1º.7.2005, e TJSP, Proc. nº 66.206-0/3, Rel. Des. José Osório, J. 10.5.2005, *DOSP* 15.5.2005.

44 Na legislação, a Lei nº 13.146, de 6 de julho de 2015, dispõe sobre a Lei Brasileira de Inclusão da Pessoa com Deficiência, que encerra o conjunto de orientações normativas predispostas a assegurar o pleno exercício dos direitos dos deficientes físicos, sensoriais ou mentais. Disponível em: <http://www.senado.gov.br>. Acesso em: 10.2.2017.

3.1 Direito ao trabalho

O *direito ao trabalho* é exposto pela proteção da relação de emprego contra a despedida arbitrária ou sem justa causa, sob pena de indenização compensatória, que se afigura proibida nas hipóteses do empregado eleito para o cargo de direção de entidades sindicais e comissões internas de prevenção de acidentes, desde o registro de sua candidatura até um ano após o final de seu mandato, e da empregada gestante, desde a confirmação da gravidez até cinco meses após o parto.[45]

A estabilidade do segurado da previdência social que sofreu acidente do trabalho, pelo prazo mínimo de 12 meses, após a cessação do auxílio-doença acidentário, independentemente de percepção de auxílio-acidente, delimitada pelo art. 118 da Lei nº 8.213/91 n/f art. 8º da Lei nº 9.032/95, não contraria a reserva de lei complementar, delineada pelos arts. 7º, inc. I, e 8º, inc. VIII, da CRFB c/c art. 10, incs. I e II, do ADCT, eis que "as normas constitucionais não cuidam da estabilidade *pro tempore*, mas, sim, da estabilidade em caráter contínuo (o que exigiria a disciplina por lei complementar)".[46, 47]

3.2 Direitos dos trabalhadores

Os *direitos dos trabalhadores* são expressos pela proteção contra o desemprego, salário, participação nos lucros ou resultados da empresa, duração do trabalho e férias, como também proteção à maternidade e paternidade, segurança e medicina do trabalho, acordos e convenções coletivas, automação, prescrição, indiscriminação no trabalho, organização sindical, greve e representação paritária e do pessoal.[48]

A proteção contra o desemprego involuntário é resultado do *layoff*, seguro-desemprego, fundo de garantia por tempo de serviço e aviso prévio proporcional ao tempo de serviço.[49] O *layoff* é consequência da redução temporária de jornada de trabalho e de salários ou suspensão de contratos de trabalho para requalificação de mão de obra. O seguro-desemprego é consignado aos trabalhadores dispensados sem justa causa que não disponham de renda própria suficiente à sua manutenção e de sua família, nem estejam em gozo de qualquer benefício previdenciário de prestação continuada.[50] O fundo de garantia por tempo de serviço é consolidado por saldos de contas vinculadas em nome dos trabalhadores e outros recursos a ele incorporados, tais como multas, correções

---

45 MARTINEZ, Pedro Romano. *Direito ao Trabalho*. Coimbra: Almedina, 2002, p. 29.

46 STF, ADIn nº 639, Rel. Min. Joaquim Barbosa, j. 2.6.2005, *DJU* 21.10.2005.

47 A estabilidade *pro tempore* é disponibilizada aos membros do Conselho Nacional de Previdência Social que representem os trabalhadores em atividade, da nomeação até um ano após o término do mandato (Lei nº 8.213/91, art. 3º), membros de Comissão de Conciliação Prévia que representem os empregados, da nomeação até um ano após o término do mandato, salvo motivo de falta grave (Lei nº 9.958/00, art. 1º), e mulheres em situação de violência doméstica e familiar, da medida protetiva de urgência à ofendida até seis meses, quando necessário o afastamento do local de trabalho (Lei nº 11.340/06, art. 9º, § 2º, inc. II). ROMITA, Arion Sayão. *Proteção da Relação de Emprego contra Despedida Arbitrária ou sem Justa Causa* in *Revista LTr: legislação do trabalho e previdência social*, nº 53, 1989, p. 400.

48 CAUPERS, João. *Direitos dos Trabalhadores*. Coimbra: Almedina, 1985, p. 73.

49 CHAHAD, José Paulo. *Proteção contra o Desemprego Involuntário* in *Revista de Direito do Trabalho*, nº 98, 2000, p. 60.

50 STF, ACO nº 580, Rel. Min. Maurício Corrêa, j. 15.8.2002, *DJU* 25.10.2002.

monetárias, juros moratórios devidos e dotações orçamentárias específicas.[51] O aviso prévio proporcional ao tempo de serviço é devido pela parte que, sem motivo, pretender rescindir o contrato de trabalho, com a antecedência mínima de 30 dias, quando não houver prazo estipulado (art. 7º, incs. II, III e XXI).[52]

O salário é traduzido como retribuição pecuniária disponibilizada pelo empregador, como contraprestação do serviço prestado, a partir de um valor mínimo, fixado em lei, nacionalmente unificado, que atenda às necessidades vitais básicas do empregado e às de sua família com alimentação, educação, higiene, lazer, moradia, previdência, saúde, transporte e vestuário, com reajustes periódicos que lhe preservem o poder aquisitivo, sendo proibido o emprego do salário mínimo como fator de indexação de obrigação de pagamento em relação jurídica de trato sucessivo.[53] Não há confusão entre o salário mínimo e piso salarial, proporcional à extensão e à complexidade do trabalho, que se aplica a algumas categorias profissionais, em razão de sentença normativa, laudo arbitral ou convenção e acordo coletivo (art. 7º, incs. IV, V, VI, VII, VIII, IX e X).[54]

A participação dos trabalhadores nos lucros ou resultados da empresa é objeto de negociação entre patronato e proletariado, por meio de comissão escolhida pelas partes, convenção ou acordo coletivo, mediação de impasse e arbitragem de ofertas finais, que levem em consideração os índices de produtividade, qualidade ou lucratividade e programas de metas, resultados e prazos, com o fim de incentivar a produtividade.[55] A integração entre o capital e trabalho não substitui ou complementa a remuneração devida aos empregados, nem constitui base de incidência de encargos trabalhistas, não se lhe aplicando o princípio da habitualidade, em que pese a possibilidade de a participação nos lucros ou resultados ser deduzida como despesa operacional da empresa, dentro do exercício de sua constituição (art. 7º, inc. XI).[56]

A duração normal do trabalho, para os empregados em qualquer atividade privada, não deve exceder o limite de 8 horas diárias e 44 horas semanais, às quais podem ser acrescidas horas extras, respeitados os períodos de descanso.[57] A concessão de um intervalo intrajornada para repouso ou alimentação é obrigatória em qualquer trabalho de natureza contínua, cuja duração exceda do limite de 6 horas, assim como de outro intervalo interjornadas para descanso dos trabalhadores,[58] sem embargo de alguns feriados civis e religiosos, declarados em lei municipal, conforme a tradição local, bem como de todos os repousos semanais remunerados, os quais devem, salvo motivo de conveniência pública ou necessidade do serviço, coincidir com o domingo, no todo ou em parte (art. 7º, incs. XIII, XIV, XV e XVI).[59]

---

51 STF, RE nº 226.855, Rel. Min. Moreira Alves, j. 31.8.2000, *DJU* 13.10.2000.

52 STF, RE nº 197.911, Rel. Min. Octavio Gallotti, j. 24.9.1996, *DJU* 7.11.1997.

53 MALHADAS, Júlio Assumpção. *Salário* in *LTr: suplemento trabalhista*, nº 97, 1987, p. 437.

54 STF, RE nº 407.272, Rel. Min. Carlos Britto, j. 4.5.2004, *DJU* 17.9.2004.

55 MARTINS, Ives Gandra. *Participação dos Trabalhadores nos Lucros ou Resultados da Empresa* in *Revista do Tribunal Superior do Trabalho*, nº 65, 1999, p. 201.

56 STF, ADIn nº 2.296, Rel. Min. Sepúlveda Pertence, j. 16.11.2000, *DJU* 23.2.2001.

57 MARTINS, Nei Frederico. *Duração do Trabalho* in *Revista de Direito do Trabalho*, nº 74, 1988, p. 33.

58 STF, RE nº 325.550, Rel. Min. Sepúlveda Pertence, j. 26.2.2002, *DJU* 5.4.2002.

59 STF, ADIn nº 1.675, Rel. Min. Sepúlveda Pertence, j. 24.9.1997, *DJU* 19.9.2003.

As férias são adquiridas após 12 meses de vigência do contrato de trabalho, na proporção de 12 a 30 dias corridos, quando o empregado houver tido de cinco a 32 faltas, na época que melhor consulte o interesse do empregador, sendo certo que a retribuição pecuniária, sob a denominação de "gratificação de férias", é majorada de, pelo menos, um terço do salário normal, não excluída a possibilidade de o trabalhador converter um terço do período de férias a que tenha direito em abono, no valor da remuneração que lhe seria devida nos dias de trabalho correspondentes.[60] A todos os empregados de um setor, estabelecimento ou empresa podem ser atribuídos dois períodos anuais de férias coletivas, devendo os empregadores noticiá-los ao Ministério da Economia e aos sindicatos representativos das categorias profissionais, com a antecedência mínima de 15 dias (art. 7º, inc. XVII).[61]

A proteção à maternidade é fomentada pela licença da empregada gestante, incluindo o pagamento de salário-maternidade à segurada da previdência social, durante 28 dias antes e 91 dias depois da data da parturição, como também pelo atendimento dos filhos e dependentes da empregada parturiente, a partir do nascimento até seis anos de idade, em creches e pré-escolas gratuitas.[62] Demais disso, a licença-paternidade é garantida durante o prazo de cinco dias, em caso de nascimento de filho (art. 7º, incs. XVIII, XIX e XXV).[63]

A segurança e medicina são desenvolvidas para a conservação da saúde,[64] com vistas à neutralização, redução ou eliminação dos riscos de acidentes do trabalho, adstritos ao exercício do trabalho a serviço da empresa, provocando lesão corporal ou perturbação funcional que cause morte, perda ou redução, permanente ou temporária, da capacidade laborativa,[65] e de doenças do trabalho, adquiridas ou desencadeadas em função de condições especiais em que o trabalho é realizado, como, por exemplo, nas atividades ou operações insalubres, penosas e perigosas.[66] Os empregadores, sem exclusão do ressarcimento ou reparação por danos morais e patrimoniais, têm a obrigação de custear o seguro contra os acidentes e doenças de trabalho (art. 7º, incs. XXII, XXIII e XXVIII).[67]

Os acordos e as convenções coletivas de trabalho são negócios jurídicos bilaterais, pelo instrumento dos quais os sindicatos das categorias profissionais, como uma parte, e os sindicatos das categorias econômicas ou empresas, como outra parte dos ajustes, estipulam condições de trabalho no âmbito das categorias ou empresas respectivas, que passam a integrar o conteúdo ou objeto dos contratos individuais de emprego.[68] Não são sinônimos os acordos e convenções, recobertas de natureza intersindical, e as avenças ou contratos coletivos de trabalho, revestidos de natureza interprofissional (art. 7º, inc. XXVI).[69]

---

60 COSTA, José Ribamar da. *Férias* in *LTr: suplemento trabalhista*, nº 103, 1988, p. 491.

61 STF, ADIn nº 2.579, Rel. Min. Carlos Velloso, j. 21.8.2003, *DJU* 26.9.2003.

62 ORNELAS, Waldeck Vieira. *Proteção à Maternidade e Paternidade* in *Revista de Previdência Social*, nº 223, 1999, p. 569.

63 STF, RE nº 287.905, Rel. Min. Joaquim Barbosa, j. 28.6.2005, *DJU* 30.6.2006.

64 FERNANDES, Annibal. *Segurança e Medicina do Trabalho* in *Revista de Direito do Trabalho*, nº 67, 1987, p. 18.

65 STF, RE nº 213.015, Rel. Min. Néri da Silveira, j. 8.4.2002, *DJU* 24.5.2002.

66 STF, RE nº 169.173, Rel. Min. Moreira Alves, j. 10.5.1996, *DJU* 16.5.1997.

67 STF, RE nº 343.446, Rel. Min. Carlos Velloso, j. 20.3.2003, *DJU* 4.4.2003.

68 MANNRICH, Nelson. *Acordos e Convenções Coletivas* in *LTr: suplemento trabalhista*, nº 59, 1995, p. 134.

69 STF, ADIn nº 559, Rel. Min. Eros Grau, j. 15.2.2006, *DJU* 5.5.2006.

A proteção contra a automação dos processos de produção de bens e serviços não se restringe à distribuição dos ganhos de produtividade em favor dos empregados, tendo em conta o equilíbrio entre a capacitação tecnológica e o nível de emprego.[70] As empresas de desenvolvimento de bens e serviços de informática e automação que destinarem investimentos a atividades de pesquisa em tecnologia da informação são beneficiárias de incentivos fiscais (art. 7º, inc. XXVII).[71]

A prescrição dos créditos resultantes das relações de trabalho está sujeita ao prazo de cinco anos da violação dos direitos dos trabalhadores rurais e urbanos, até o limite de dois anos após a extinção do contrato individual de emprego.[72] A igualdade entre os trabalhadores rurais e urbanos foi garantida pela Emenda Constitucional nº 28/00, que uniformizou os prazos prescricionais das reclamações campesinas e citadinas (art. 7º, inc. XXIX).[73]

A indiscriminação no emprego é retratada pela proibição de discriminação, no tocante ao critério de admissão, exercício de funções e retribuição pecuniária, em virtude de sexo, origem, raça, cor, estado civil, situação familiar ou idade.[74] Por conseguinte, quaisquer práticas discriminatórias contra os empregados, em tese, subordinam os empregadores a cominações civis, penais e trabalhistas (art. 7º, incs. XXX, XXXI e XXXII).[75]

Os sindicatos são conceituados como organizações de pessoas naturais ou pessoas jurídicas que figuram como sujeitos nas relações coletivas de trabalho, à vista do princípio do monismo ou unicidade sindical.[76] As federações sindicais são constituídas por, no mínimo, cinco sindicatos de atividade profissional ou econômica idêntica, similar ou conexa, desde que representem a maioria absoluta dos sindicatos, de âmbito estadual.[77] As confederações sindicais são construídas por, no mínimo, três federações do mesmo ramo econômico ou profissional, de âmbito nacional.[78] As centrais sindicais são responsáveis pela coordenação das entidades sindicais, tais como os sindicatos, federações e confederações (art. 8º).[79]

A greve é resumida como suspensão coletiva, temporária e pacífica, total ou parcial, da prestação pessoal de serviço ao empregador, uma vez assegurados aos empregados, dentre outros direitos, a arrecadação de fundos e a livre divulgação do movimento.[80] Durante a greve, os empregadores, empregados e entidades sindicais ficam obrigados, de comum acordo, a garantir o atendimento das necessidades inadiáveis da sociedade e as atividades ou serviços públicos essenciais, como, por exemplo, a assistência médica, a captação e tratamento de esgoto e lixo, a produção e distribuição de energia elétrica, gás e combustível e o tratamento e abastecimento de água (art. 9º).[81]

---

70 ZANGRANDO, Carlos Henrique. *Automação* in *Revista de Legislação do Trabalho*, nº 64, 2000, p. 153.

71 STF, ADIn nº 2.348, Rel. Min. Marco Aurélio, j. 7.12.2000, *DJU* 7.11.2003.

72 REZENDE, Alaor Satuf. *Prescrição* in *Revista de Direito do Trabalho*, nº 75, 1988, p. 4.

73 STF, AI nº 139.004, Rel. Min. Moreira Alves, j. 4.8.1995, *DJU* 2.2.1996.

74 FAVA, Marcos Neves. *Indiscriminação no Trabalho* in *LTr: suplemento trabalhista*, nº 121, 2004, p. 537.

75 STF, RE nº 141.357, Rel. Min. Sepúlveda Pertence, j. 14.9.2004, *DJU* 8.10.2004.

76 ROMITA, Arion Sayão. *Organização Sindical* in *Revista da Academia Nacional de Direito do Trabalho*, nº 6, 1998, p. 19.

77 STF, ADIn nº 1.795, Rel. Min. Moreira Alves, j. 19.3.1998, *DJU* 30.4.1998.

78 STF, ADIn nº 1.121, Rel. Min. Celso de Mello, j. 6.9.1995, *DJU* 6.10.1995.

79 STF, ADIn nº 1.442, Rel. Min. Celso de Mello, j. 3.11.2004, *DJU* 29.4.2005.

80 ZAINAGHI, Domingos Sávio. *Greve* in *Revista de Direito do Trabalho*, nº 113, 2004, p. 120.

81 STF, RE nº 184.083, Rel. Min. Marco Aurélio, j. 7.11.2000, *DJU* 18.5.2001.

A participação dos empregados e empregadores nos organismos colegiados da Administração Pública, direta ou indireta, federal, estadual, distrital ou municipal, em que seus interesses profissionais ou previdenciários sejam objeto de discussão,[82] como também a seleção de um representante do pessoal, eleito pelos empregados, com a finalidade exclusiva de promover o entendimento direto com os empregadores, dentro das empresas com mais de 200 empregos, são direitos dos trabalhadores (arts. 10 e 11).[83, 84]

4 DIREITOS SOCIAIS DE NATUREZA CULTURAL

Os **direitos sociais de natureza cultural** contemplam: (i) o direito à cultura, à luz do art. 215, (ii) o direito ao desporto, a teor do art. 217, e (iii) o direito à educação, à vista dos arts. 205 a 214 da CRFB.

4.1 Direito à cultura

O *direito à cultura* é exteriorizado pelos "bens de natureza material ou imaterial, tomados individualmente ou em conjunto, portadores de referência à identidade, à ação, à memória dos diferentes grupos formadores da sociedade brasileira, nos quais se incluem: as formas de expressão, os modos de criar, fazer e viver, as criações científicas, artísticas e tecnológicas, as obras, objetos, documentos, edificações e demais espaços destinados às manifestações artístico-culturais e os conjuntos urbanos e sítios de valor histórico, paisagístico, artístico, arqueológico, paleontológico, ecológico e científico".[85]

Não se desconhece que a norma veiculada pelo art. 216, § 6º, da CRFB, com a redação atrelada à Emenda Constitucional nº 42/03, permite aos Estados e ao Distrito Federal vincular a fundo estadual ou distrital de fomento à cultura até 0,5% de sua receita tributária líquida para o financiamento de programas e projetos culturais, sendo proibida a aplicação dos recursos no pagamento de despesas com pessoal, encargos sociais, serviços da dívida e qualquer outra despesa corrente.[86] Outrossim, a norma ventilada pelo art. 215, § 3º, da CRFB, com a redação atribuída pela Emenda Constitucional nº 48/05, obriga a União a estabelecer o Plano Nacional de Cultura, de duração plurianual, com

---

82 SCHAARSCHMIDT, Helmut Anton. *Representação Paritária e do Pessoal* in *LTr: suplemento trabalhista*, nº 65, 1994, p. 371.

83 STF, ADIn nº 2.296, Rel. Min. Sepúlveda Pertence, j. 16.11.2000, *DJU* 23.2.2001.

84 Os empregados domésticos eram titulares dos direitos ao salário mínimo, irredutibilidade do salário, décimo terceiro salário, repouso semanal remunerado, férias anuais remuneradas, licença à gestante, licença-paternidade, aviso-prévio e aposentaria, em conformidade com o art. 7º, parágrafo único, *initio*, da CRFB, anteriormente à EC nº 72/13, da mesma forma que dos servidores públicos federais, estaduais, distritais e municipais são tutelados os direitos ao salário mínimo, inclusive para os que percebem remuneração variável, décimo terceiro salário, adicional noturno, salário-família, jornada de trabalho, repouso semanal remunerado, horas extras, férias anuais remuneradas, licença à gestante, licença-paternidade, proteção ao trabalho da mulher, saúde, higiene e segurança do trabalho e não discriminação no trabalho, em consonância com o art. 39, § 3º, da CRFB, posteriormente à EC nº 19/98. MELLO, Rubens Camargo de. *Empregados Domésticos* in *Revista dos Tribunais*, nº 626, 1987, p. 626 e MOREIRA NETO, Diogo de Figueiredo. *Servidores Públicos* in *Revista Forense*, nº 302, 1988, p. 57.

85 CHAUI, Marilena de Souza. *Direito à Cultura*. São Paulo: Fundação Perseu Abramo, 2006, p. 48.

86 STF, ADIn nº 2.544, Rel. Min. Sepúlveda Pertence, j. 12.6.2002, *DJU* 8.11.2002.

vistas ao desenvolvimento cultural do País e à integração das atividades do poder público que conduzam à democratização do acesso às fontes de cultura e à defesa e valorização do patrimônio cultural brasileiro.[87]

4.2 Direito ao desporto

O *direito ao desporto* é externado por práticas desportivas não formais e formais, eis que aquelas são contempladas pelo princípio da liberdade lúdica dos praticantes, ao passo que estas são consubstanciadas pelas regras, nacionais e internacionais, de cada modalidade de desporto de educação, participação ou rendimento.[88]

O primeiro é dedicado ao desenvolvimento integral da personalidade humana, assim como à formação para o exercício da cidadania e a prática do lazer.

O segundo é destinado à integração dos praticantes na plenitude da vida social, bem como à promoção da saúde e educação e à preservação do meio ambiente.

O terceiro é devotado à obtenção de resultados, de modo amador ou profissional, sendo a competência para processamento e julgamento das transgressões relativas à disciplina e competições de desportos outorgada às instâncias da Justiça Desportiva, em que pese a admissibilidade de interposição de recurso ao Poder Judiciário, tendo sido observados os pressupostos processuais do art. 217, §§ 1º e 2º, da CRFB,[89] como também dos arts. 50, *caput*, e 52, §§ 1º e 2º, da Lei nº 9.615/98,[90] razão pela qual "versando o conflito de interesses acerca da disciplina e competições de desportos, o interessado deve provocar a Justiça Desportiva antes de adentrar o Poder Judiciário".[91]

4.3 Direito à educação

O *direito à educação* é fomentado por instituições públicas e privadas de ensino, dividido em básico e superior, excluída a possibilidade de ensino domiciliar (*homeschooling*).[92] O ensino básico é formado pela educação infantil, para o desenvolvimento integral das crianças de até seis anos,[93] educação fundamental, para o desenvolvimento da capacidade de aprendizagem, com interstício de nove anos,[94] e educação média, para o desenvolvimento da capacidade de inserção no trabalho, com intervalo de três anos.[95, 96] O ensino superior é fornecido pela educação de graduação,[97] bem assim pela educação de pós-graduação, para o desenvolvimento da capacidade de pesquisa científica e tecnológica,

---

87 STF, RE nº 153.531, Rel. Min. Francisco Rezek, j. 3.6.1997, *DJU* 13.3.1998.

88 MELO FILHO, Álvaro. *Direito ao Desporto*. São Paulo: Malheiros, 2005, p. 131.

89 STF, ADIn nº 1.750, Rel. Min. Nelson Jobim, j. 18.6.1998, *DJU* 14.6.2002.

90 STF, ADIn nº 1.950, Rel. Min. Eros Grau, j. 2.11.2005, *DJU* 2.6.2006.

91 STF, AI nº 280.242, Rel. Min. Marco Aurélio, j. 7.12.2000, *DJU* 26.3.2001.

92 LIBERATI, Wilson Donizeti. *Direito à Educação*. São Paulo: Malheiros, 2004, p. 236.

93 BASSEDAS, Eulália. *Educação Infantil*. Porto Alegre: Artmed, 1999, p. 13.

94 VASCONCELLOS, José de. *Educação Fundamental*. São Paulo: Dom Bosco, 1983, p. 7.

95 AMADO, Gildásio. *Educação Média*. Rio de Janeiro: José Olympio, 1973, p. 17.

96 AQUIRRE, Antônio. *Ensino Básico*. Belo Horizonte: Cedeplar, 1995, p. 10.

97 SILVA, Elvio da. *Educação de Graduação*. Bauru: Edusc, 2006, p. 21.

com intitulação de bacharelado, mestrado e doutorado, à luz dos princípios da liberdade, igualdade e solidariedade humana.[98, 99, 100]

A questão polêmica é relativa à justiciabilidade, não somente do direito à educação, mas também dos outros direitos sociais de natureza prestacional, uma vez que ao reconhecimento de uma pretensão jurídica de condenação em obrigação de fazer dedutível do enunciado prescritivo de normas constitucionais de direitos fundamentais, traduzida pela obtenção de prestações materiais do Estado, há obstáculos normativo, político e financeiro.[101]

Sob o ângulo normativo, conquanto a doutrina tradicional deixe consignado que as normas constitucionais fazem uso de conceitos jurídicos indeterminados, desprovidas da qualidade da aplicabilidade direta, imediata e integral,[102] a indeterminação do conteúdo dos direitos sociais não tem o condão de tolher a sindicabilidade de prestações estatais.

A possibilidade material e processual de implementação jurisdicional dos direitos sociais encontra resposta no princípio da máxima efetividade, segundo o qual à norma constitucional, sujeita à atividade hermenêutica, deve ser atribuído o sentido que maior eficácia lhe conceda, sendo vedada a interpretação que lhe suprima ou diminua a finalidade, de arte a possibilitar que as normas veiculadas pela Constituição sejam invocáveis perante o Poder Judiciário para a solução de casos concretos, inclusive as regras e princípios de conteúdo social,[103] tendo em conta que os órgãos judiciais devem realizar uma ação de "inclusão dos excluídos", com o desiderato de "eliminar as perversas divisões que caracterizam a sociedade brasileira".[104]

Sob o ângulo político, embora a doutrina refutada enfatize que os organismos judiciários não dispõem de competência para decidir sobre a alocação de recursos financeiros, de acordo com um juízo político (de conveniência e oportunidade) que não lhes é próprio,[105] a teoria da separação de poderes não se nos afigura como objeção ao controle judicial das omissões administrativas.

---

98 OLIVEIRA, Fátima de. *Educação de Pós-Graduação*. Campinas: Papirus, 1995, p. 33.

99 MARQUES, Heitor. *Ensino Superior*. Campo Grande: Ucdb, 1999, p. 27.

100 STF, RE nº 888.815, Rel. Min. Alexandre de Moraes, j. 12.9.2018, *DJU* 25.9.2018.

101 CUNHA JÚNIOR, Dirley da. *Controle Judicial das Omissões do Poder Público*. São Paulo: Saraiva, 2004, p. 281.

102 Ernst-Wolfgang Böckenförde acentua que "a pretensão constitucional neles contida é tão geral que não podem deduzir-se pretensões jurídicas concretas por via de interpretação. Em primeiro lugar, compete ao legislador legitimado democraticamente de modo direto e, num segundo momento, à Administração Pública, integrar o comando constitucional". BÖCKENFÖRDE, Ernst-Wolfgang. *Grundrechtstheorie und Grundrechtsinterpretation* in *Neue Juristische Wochenschrift*, nº 1, 1974, p. 1.529.

103 MORO, Sérgio Fernando. *Por uma Revisão da Teoria da Aplicabilidade das Normas Constitucionais* in *Revista de Direito Constitucional e Internacional*, nº 37, 2001, p. 101-107.

104 CITTADINO, Gisele Guimarães. *Pluralismo, Direito e Justiça Distributiva. Elementos da Filosofia Constitucional Contemporânea*. 2ª ed. Rio de Janeiro: Lumen Juris, 2000, p. 11, 32, 65 e 73.

105 Karl Loewenstein adverte que "a intervenção dos tribunais pode conduzir à quebra das fronteiras entre justiça e política. Os detentores do poder, politicamente responsáveis, estão expostos à tentação de levar aos tribunais um conflito político. Os juízes, por sua parte, estão obrigados a substituir as decisões dos responsáveis pelo poder por seus juízos políticos, camuflados de sentença judicial. Instalar um órgão jurisdicional como árbitro supremo do processo de poder – e este é o núcleo da judicialização da política – transformaria o sistema governamental em

A "redefinição do sistema de freios e contrapesos" é indicada pelo redimensionamento das funções do Estado.[106] Em si, as funções estatais são reformuladas pela adoção de um novo modelo de consensualidade e subsidiariedade do Estado, no qual a organização política é convertida em instrumento a ser conduzido e controlado pela sociedade, no sentido de reequilibrar a relação entre esta e aquele, com a consequente reestruturação da legislação, pela atribuição legal de poder normativo a agências reguladoras para o estabelecimento de diretrizes, em atenção ao marco regulatório previamente definido em lei ordinária, da administração, pela transferência da execução de atividades públicas a entidades privadas, por via da qual se dá a redução do tamanho do Estado a dimensões adequadas para desempenhar as funções que lhe comete a sociedade, e da jurisdição, pelo uso de precedentes judiciais de aplicação obrigatória, tal como os enunciados ou verbetes da súmula da jurisprudência predominante com eficácia vinculante.[107] Entre si, as funções estatais são reformuladas pelo advento de um novo modelo de controle interorgânico, no qual há a sobreposição das atividades do Estado, com o consequente regime de colaboração de poderes, tal como o controle do processo legislativo pelo Poder Executivo, controle da organização judiciária pelo Poder Legislativo e controle das omissões administrativas pelo Poder Judiciário, de maneira que os magistrados devem funcionar como agentes de mudanças sociais, na qualidade de corresponsáveis pela atividade providencial do Estado, sendo-lhes imposta a execução, e não a formulação, de políticas públicas.[108]

A "crise da discricionariedade administrativa" é indiciada pela vinculação à juridicidade, dado que o espaço decisório infenso ao controle judicial transforma-se em espaço carecedor de legitimação, no qual os atos e políticas públicas devem ser objeto de fundamentação, a teor dos parâmetros jurídicos estabelecidos pela Constituição, leis ou atos normativos dos próprios órgãos ou entidades da Administração Pública.[109] Em consequência, a teoria da vinculação direta dos atos administrativos aos princípios constitucionais, legais ou regulamentares permite a identificação de graus de vinculação dos atos administrativos à juridicidade, não havendo que se falar em diferença de natureza entre os atos vinculados e atos discricionários, de sorte que quanto maior for o grau de vinculação da atividade administrativa, mais intenso deve ser o grau de controlabilidade judicial, como ocorre nas hipóteses de restrição de direitos fundamentais.[110]

---

um domínio dos juízes, isto é, uma judiocracia". LOEWENSTEIN, Karl. *Verfassungslehre*. 3ª ed. Tübingen: J.C.B. Mohr, 1975, p. 324.

106 MOREIRA NETO, Diogo de Figueiredo. *Mutações do Direito Público*. Rio de Janeiro: Renovar, 2006, p. 223.

107 TUCCI, José Rogério Cruz e. *Precedente Judicial como Fonte do Direito*. São Paulo: Revista dos Tribunais, 2004, p. 147.

108 GOUVÊA, Marcos Maselli. *O Controle Judicial das Omissões Administrativas*. Rio de Janeiro: Forense, 2003, p. 27.

109 KRELL, Andreas Joachim. *Discricionariedade Administrativa e Proteção Ambiental: o controle dos conceitos jurídicos indeterminados e a competência dos órgãos ambientais*. Porto Alegre: Livraria do Advogado, 2004, p. 45.

110 BINENBOJM, Gustavo. *Uma Teoria do Direito Administrativo: direitos fundamentais, democracia e constitucionalização*. Rio de Janeiro: Renovar, 2006, p. 39-40, 206 e 224.

A organização e funcionamento do Estado contemporâneo, de todo o exposto, carecem da remodelação funcional dos Poderes, de molde a garantir a efetividade do sistema de freios e contrapesos, bem como o espaço da discricionariedade, para que a "separação dos poderes não se interponha como um véu ideológico que dissimule e inverta a natureza eminentemente política do Direito".[111]

Sob o ângulo financeiro, malgrado os doutrinadores concluam que a implementação dos direitos sociais está condicionada às dotações de receitas públicas, sob pena de transfiguração da legalidade orçamentária, e, ainda que o Estado dispusesse de todos os recursos para a consecução das necessidades materiais, seria impossível a extensão das prestações a outras pessoas, sob pena de transgressão da igualdade,[112] o limite da reserva do possível não é parâmetro definidor de sindicabilidade das prestações materiais do Estado previstas em normas constitucionais definidoras de direitos sociais.

A um, porque os direitos, liberdades e garantias podem exigir a alocação de recursos públicos, como, por exemplo, a segurança física, da mesma forma que os direitos sociais, econômicos e culturais podem dispensar os aportes orçamentários financiados pela receita de tributos, como, por exemplo, os referentes às prestações materiais do Estado condicionadas ao pagamento de tarifas ou preços públicos, de modo que a diferença entre os direitos individuais e sociais, no que toca ao custo, é uma questão de grau, e não de natureza.[113]

A dois, porque não se pode transferir ao próprio agente estatal responsável pela obrigação a exclusiva e unilateral competência de definir o que é possível, ou não, em termos de efetivação dos direitos sociais.[114]

A três, porque a norma veiculada pelo art. 100, *caput*, §§ 1º, 3º e 5º, da CRFB é alusiva à execução por quantia certa, não atingindo a execução de obrigação de fazer contra a Fazenda Pública e, portanto, não significando uma limitação do poder jurisdicional na imposição de medidas de coerção ou sub-rogação tendentes à satisfação da obrigação exequenda.[115]

A quatro, porque a recepção do limite da reserva do possível, do sistema jurídico germânico pelo ordenamento normativo brasileiro, não foi objeto de aclimatações, negativas ou positivas, que possibilitariam a adequação do modelo jurídico ao quadro sociopolítico nacional.[116]

---

111 GOMEZ, José Maria. *Surpresas de uma Crítica: a propósito de juristas repensando as relações entre o Direito e o Estado* in *Crítica do Direito e do Estado*. Rio de Janeiro: Graal, 1984, p. 107.

112 Jörg Paul Müller afirma que "falta aos Juízes a capacidade funcional necessária para, situando-se fora do processo político propriamente dito, garantir a efetivação das prestações que constituem o objeto dos direitos sociais, na medida em que estas se encontram na dependência, muitas vezes, de condições de natureza macroeconômica, não dispondo de critérios suficientemente seguros e claros para aferir a questão no âmbito da argumentação jurídica". MÜLLER, Jörg Paul. *Soziale Grundrechte in der Verfassung?* 2ª ed. Basel: Helbing & Lichtenhahn, 1981, p. 5.

113 GALDINO, Flávio. *Introdução à Teoria dos Custos dos Direitos*. Rio de Janeiro: Lumen Juris, 2005, p. 147.

114 LEAL, Rogério Gesta. *Jurisdição e Direitos Fundamentais*. v. I. Porto Alegre: Livraria do Advogado, 2005, p. 157.

115 CARVALHO, Eduardo Santos de. *Ministério Público e Efetividade do Direito*. v. II. Rio de Janeiro: Fundação Escola Superior do Ministério Público do Estado, 2006, p. 84.

116 TAVARES, Ana Lucia de Lyra. *O Mandado de Injunção como Exemplo de Recepção de Direito* in *1988-1998: uma década de Constituição*. Rio de Janeiro: Renovar, 1999, p. 266-267.

À guisa de epílogo, firmada a premissa da justiciabilidade dos direitos sociais, a qualificação e quantificação das prestações demandadas do Estado não são imunes à controvérsia doutrinária e jurisprudencial, em torno do conceito de mínimo existencial.[117]

José Carlos Vieira de Andrade, assim como **Ricardo Lobo Torres**, salientam que o objeto da prestação estatal está posicionado dentro do limite do mínimo existencial, dotado da eficácia própria dos direitos individuais. "Ao impor tarefas, os preceitos acerca dos direitos sociais fornecem critérios para a determinação do conteúdo mínimo das pretensões individuais, que constituem posições jurídicas subjetivas. Porém, estas incumbências não estão suficientemente determinadas pela Constituição para vincularem imediatamente os poderes públicos para além desse mínimo – nem podem ser determinadas pelos juízes quanto aos destinatários, pressupostos e extensão do conteúdo dos direitos",[118] isto é, "o mínimo existencial, como direito às condições de liberdade, exibe o *status positivus libertatis*".[119]

José Joaquim Gomes Canotilho, bem como **Ingo Wolfgang Sarlet**, sustentam que o objeto da prestação estatal pode estar posicionado fora do limite do mínimo existencial, malgrado os bens da vida que transcendam às condições elementares necessárias à existência humana não se afigurem suscetíveis de imposição judicial. "Se a pessoa tem direito a prestações existenciais mínimas entendidas como dimensão indeclinável do direito à vida, não se afirma que ele tenha um direito de ação perante o Poder Público. Uma coisa é afirmar a existência de um direito, outra coisa é determinar quais são os modos ou formas de proteção desse direito. O fato de se reconhecer um direito à vida como direito positivo a prestações existenciais mínimas, tendo como destinatário o poder público, não significa impor como o Estado deve densificar esse direito social",[120] ou seja, "poder-se-á sustentar que, na esfera de um padrão mínimo de existência humana, haverá como reconhecer um direito subjetivo definitivo a prestações, admitindo-se, onde tal mínimo é ultrapassado, tão somente um direito subjetivo *prima facie*".[121]

Levando-se em consideração que a vinculação entre o direito ao exercício da atividade jurisdicional e o direito a um mínimo de existência humana condigna, a toda evidência, não se coaduna com a natureza abstrata e autônoma da ação judicial, cuja iniciativa não depende da titularidade do direito afirmado em Juízo ou Tribunal, no âmbito do Direito Processual, sem olvidar que o limite do mínimo existencial não se compraz com as funções desempenhadas pelo Estado contemporâneo, cuja organização e funcionamento são dispostos à consecução, com a máxima eficiência, de todas as demandas da sociedade de massa, no ambiente do Direito Material, a deflagração da jurisdição, por

---

117 Günter Dürig e Theodor Maunz atestam que "sem o mínimo existencial a pessoa humana não vive, vegeta". DÜRIG, Günter; MAUNZ, Theodor. *Grundgesetz Kommentar*. München: C.H. Beck, 1987, p. 43.

118 ANDRADE, José Carlos Vieira de. *Os Direitos Fundamentais na Constituição Portuguesa*. Coimbra: Almedina, 1987, p. 206-207.

119 TORRES, Ricardo Lobo. *O Conceito de Mínimo Existencial e os Direitos Fundamentais* in *Revista de Direito Administrativo*, nº 177, 1989, p. 29-49.

120 CANOTILHO, José Joaquim Gomes. *Estudos sobre Direitos Fundamentais*. Coimbra: Coimbra Editora, 2004, p. 57-58.

121 SARLET, Ingo Wolfgang. *Os Direitos Fundamentais Sociais na Ordem Constitucional. Em busca dos Direitos Perdidos: uma discussão à luz do Estado Democrático de Direito* in *Revista do Instituto de Hermenêutica Jurídica*, nº 1, 2003, p. 47-97.

meio do exercício de ação de condenação em obrigação de fazer, com o fim de possibilitar a obtenção de prestações materiais do Estado que não se encontrem nos estreitos limites das necessidades existenciais e, por consequência, a satisfação da personalidade humana, nos parece admissível.[122] Entretanto, o posicionamento que se consolida nos ordenamentos anglo-saxônicos,[123] como também nos romano-germânicos,[124] tem subordinado o regular exercício do direito de ação, por meio do qual as relações sociais, econômicas ou culturais que o autor desenvolve para realização da vida em todas as suas potencialidades são levadas à cognição judicial, ao limite do mínimo existencial.[125, 126]

Acesse o
MATERIAL SUPLEMENTAR

Entre no Ambiente de Aprendizagem através das instruções contidas na orelha deste livro e acesse os conteúdos exclusivos desta edição:
- Atualizações legislativas mensais.
- Questões de prova interativas.
- Esquemas.

---

[122] A desvinculação entre a justiciabilidade dos direitos sociais e a limitação do mínimo existencial é comungada por Américo Bedê Freire Júnior, segundo o qual "prefere-se acreditar que não será a solução para os diversos problemas de efetividade vincularmos aprioristicamente a responsabilidade do administrador ao mínimo, mas deve-se cobrar e procurar efetivar ao máximo as normas constitucionais". FREIRE JÚNIOR, Américo Bedê. *O Controle Judicial de Políticas Públicas*. São Paulo: Revista dos Tribunais, 2005, p. 75.

[123] A Suprema Corte americana decidiu que "os direitos econômicos e sociais que transcendam o mínimo tocado pelos interesses fundamentais, como os direitos à moradia ou à educação, não são providos de natureza constitucional". Disponível em: <http://www.supremecourt.us>. Acesso em: 13.6.2006.

[124] O Tribunal Constitucional português e Tribunal Constitucional espanhol declinaram sobre o "direito a um mínimo de existência humana condigna", "revelando-se incompatível com a dignidade da pessoa humana que a efetividade dos direitos patrimoniais seja levada ao extremo de se sacrificar o mínimo vital, privando-a dos meios indispensáveis para a realização de suas finalidades". Disponível em: <http://www.tribunalconstitucional.pt> e <http://www.tribunalconstitucional.es>. Acesso em: 13.6.2006.

[125] O Supremo Tribunal Federal, Superior Tribunal de Justiça e Tribunal de Justiça do Rio de Janeiro deliberaram sobre a "teoria da reserva do possível conjugada com o mínimo existencial". Em outros termos: "o mínimo existencial é capaz de conviver produtivamente com a reserva do possível", sendo certo que a "realização dos direitos sociais de natureza prestacional está subordinada às possibilidades do orçamento", motivo pelo qual, como entendido no Recurso Extraordinário nº 684.612, "a intervenção do Poder Judiciário em políticas públicas voltadas à realização de direitos fundamentais, em caso de ausência ou deficiência grave do serviço, não viola o princípio da separação dos Poderes. A decisão judicial, como regra, em lugar de determinar medidas pontuais, deve apontar as finalidades a serem alcançadas e determinar à Administração Pública que apresente um plano e/ou os meios adequados para alcançar o resultado". Disponível em: <http://www.stf.jus.br>, <http://www.stj.jus.br> e <http://www.tj.rj.jus.br>. Acesso em: 13.9.2023.

[126] Para o estudo dos limites da reserva do possível e do mínimo existencial, v.: Capítulo 4, Item 4.4.

A sucessão testamentária deriva da existência de disposição válida da totalidade do patrimônio deixado pelo autor da sucessão, ou de parte dele, para depois de sua morte, sendo exato que o único título de vocação hereditária corresponde ao testamento.

A sucessão legítima ou testamentária de bens de estrangeiros situados no país deve ser regulada pela lei brasileira em benefício do cônjuge ou dos filhos brasileiros, sempre que não lhes seja mais favorável a lei pessoal do *de cujus*. A respeito, o preceito constitucional que favorece filhos brasileiros abrange netos brasileiros, desde que herdeiros, pois o que se visou foi proteger os descendentes brasileiros convocados à herança.

5.3 Direitos de propriedade intelectual

A *propriedade intelectual* é delimitada como direitos resultantes da inteligência humana, contendo o direito de propriedade autoral, bem como o direito de propriedade industrial.

5.3.1 *Direito de propriedade autoral*

O direito de propriedade autoral é verificado pela utilização, publicação e reprodução de obras de natureza literária, artística ou científica, sobre as quais dispõe a série de direitos morais e patrimoniais.

Os direitos morais do autor [illegible]

Capítulo 10

DIREITO À NACIONALIDADE

Acesse e assista à aula explicativa sobre este assunto.

> *https://uqr.to/14ugc*

1 CONCEITO

O direito à nacionalidade é **direito fundamental próprio do homem-nacional, porque titularizado e exercido por pessoas que mantêm um vínculo jurídico-político com determinado Estado, para considerá-las como integrantes da população deste.**[1, 2]

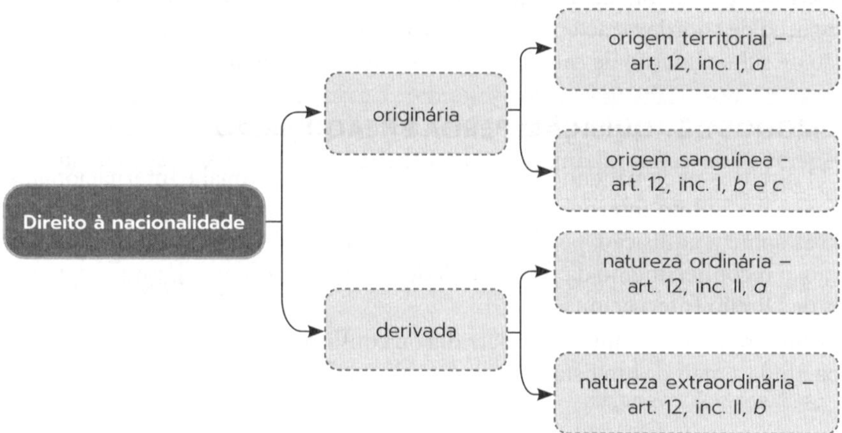

---

1 GUIMARÃES, Francisco Xavier da Silva. *Direito à Nacionalidade*. Rio de Janeiro: Forense, 1995, p. 9.

2 A nacionalidade denota um vínculo jurídico, porquanto é da qualidade de nacional que decorrem direitos subjetivos e deveres jurídicos para os indivíduos, tais como a entrada no território do Estado da nacionalidade e o serviço militar obrigatório, com espeque nos arts. 5º, inc. XV, 22, inc. XV, e 143, *caput*. Entrementes, a nacionalidade designa um vínculo político, conquanto dela, em regra, derivam os direitos e deveres políticos, tais como os direitos de votar, de ser votado e de acesso a cargos exclusivos de nacionais, com esteio nos arts. 12, § 3º, e 14, §§ 2º, *initio* e 3º, inc. I, todos da CRFB. MORAES, Guilherme Peña de. *Nacionalidade: lineamentos da nacionalidade derivada e da naturalização extraordinária*. Rio de Janeiro: Lumen Juris, 2000, p. 3.

2 NATUREZA JURÍDICA

O fundamento da nacionalidade não é unívoco na doutrina, nacional e estrangeira, tendo havido a identificação de três correntes.

A **corrente clássica**, elaborada por **Henry Bonfils**, assim como **Ilmar Marinho**, deforma a nacionalidade como resultado do *voto de fidelidade do súdito ao soberano*, que se confundiria com a aligeância.[3] Em suma: "todos os súditos pertenceriam ao Estado no sentido mais pleno da palavra. O Estado poderia deles dispor do modo mais completo, física e moralmente".[4]

A **corrente privatista**, elevada por **André Weiss**, bem como **Henrique Kalthoff**, define a nacionalidade como resultado do *contrato, bilateral e sinalagmático*, celebrado entre o Estado e as pessoas que formam a população dele.[5] Em sumário: "a nacionalidade é uma relação jurídica contratual entre o Estado e os seus nacionais, que impõe obrigações recíprocas às suas partes".[6]

A **corrente publicista**, elucidada por **Jean Niboyet**, como também **Vasco Ferreira**, defende a nacionalidade como resultado da *organização do poder político*, que não é recoberta de natureza contratual.[7] Em súmula: "a vontade particular só intervém nos problemas da nacionalidade no caso excepcional da naturalização. Mesmo nesta contingência, a vontade privada não colabora com a do Estado para a constituição da nacionalidade. A vontade privativa é o elemento desencadeador da vontade estatal, à qual compete unicamente estabelecer o vínculo da nacionalidade".[8]

A despeito da controvérsia em torno da fundamentação do direito *supra*, há consentimento de que a nacionalidade é formada por uma dimensão horizontal, exteriorizada pela relação de coordenação entre as pessoas, e outra dimensão vertical, externada pela relação de subordinação de cada pessoa ao Estado de origem.[9]

3 MODOS DE AQUISIÇÃO, PERDA E REAQUISIÇÃO

O direito à nacionalidade é revestido de eficácia nacional e internacional, sendo certo que, no âmbito interno, cada país dispõe de liberdade para produzir as normas jurídicas sobre a aquisição, perda e reaquisição da nacionalidade. Todavia, no âmbito externo, o reconhecimento da nacionalidade é influenciado por algumas regras e princípios de Direito Internacional.[10]

Primeiramente, quanto à polipatrídia ou conflito positivo de nacionalidades, toda pessoa unida a mais de um Estado, pelo vínculo jurídico-político da nacionalidade, será

---

3 BONFILS, Henry. *Manuel de Droit International Public*. 5ª ed. Paris: Arthur Rousseau, 1908, p. 243.

4 MARINHO, Ilmar. *Tratado sobre a Nacionalidade*. Rio de Janeiro: Imprensa Nacional, 1956, p. 75.

5 WEISS, André. *Manuel de Droit International* Privé. 5ª ed. Paris: Librairie de la Société du Recueil General des Lois et des Arrets et du Journal du Palais, 1905, p. 311.

6 KALTHOFF, Henrique. *Da Nacionalidade no Direito Internacional Privado e na Legislação Comparada*. São Paulo: Saraiva, 1935, p. 29.

7 NIBOYET, Jean. *Traité de Droit International*. 2ª ed. Paris: Recueil Sirey, 1947, p. 107.

8 FERREIRA, Vasco. *A Nacionalidade: aspectos fundamentais*. Lisboa: Jornal do Foro, 1950, p. 145.

9 MIRANDA, Francisco Cavalcanti Pontes de. *Nacionalidade de Origem e Naturalização no Direito Brasileiro*. Rio de Janeiro: A. Coelho Branco Filho, 1938, p. 117.

10 FERRANTE, Miguel. *Nacionalidade: brasileiros natos e naturalizados*. 2ª ed. São Paulo: Saraiva, 1984, p. 9.

considerada, por cada Estado a que se encontre reunida, como seu nacional, e, perante terceiro Estado, como nacional do país que, segundo as circunstâncias fáticas, pareça estar mais vinculada, à luz dos arts. 3º e 5º da Convenção concernente às Questões relativas aos Conflitos de Leis sobre Nacionalidade.[11]

Secundariamente, quanto à apatrídia ou conflito negativo de nacionalidades, toda pessoa é provida de nacionalidade, não podendo dela ser arbitrariamente privada, de maneira que as hipóteses de perda devem estar previstas, expressa e claramente, na ordem jurídica, a teor do art. 15 da Declaração Universal dos Direitos do Homem[12] e art. 19 da Declaração Americana dos Direitos e Deveres do Homem.[13]

Terciariamente, quanto à aquisição, perda e reaquisição da nacionalidade, são proibidas quaisquer discriminações, em razão de sexo, idade, cor ou estado civil, à vista do art. 9º do Tratado Internacional sobre a Eliminação de todas as Formas de Discriminação contra as Mulheres[14] e art. 1º, nº 3, do Tratado Internacional sobre a Eliminação

---

11 Convenção concernente às Questões relativas aos Conflitos de Leis sobre Nacionalidade, arts. 3º e 5º: "Sob reserva das disposições da presente Convenção, um indivíduo que tenha duas ou mais nacionalidades poderá ser considerado, por cada um dos Estados cuja nacionalidade possua, como seu nacional" e "Em um terceiro Estado, o indivíduo que possua várias nacionalidades deverá ser tratado como se não tivesse senão uma. Sem prejuízo das regras de direito aplicadas no terceiro Estado em matéria de estatuto pessoal e sob reserva das Convenções em vigor, esse Estado poderá, em seu território, reconhecer exclusivamente, entre as nacionalidades que tal indivíduo possua, tanto a nacionalidade do país no qual ele tenha sua residência habitual e principal, quanto a nacionalidade do país, ao qual, segundo as circunstâncias, ele, de fato, pareça mais ligado", firmada em Haia, em 12 de abril de 1930, durante a Conferência para a Codificação do Direito Internacional Privado. Disponível em: <http://www.mre.gov.br>. Acesso em: 30.10.2006.

12 Declaração Universal dos Direitos do Homem, art. 15: "Todo o indivíduo tem direito a uma nacionalidade. Ninguém pode ser arbitrariamente privado da sua nacionalidade, nem do direito de mudar de nacionalidade", firmada em Paris, em 10 de dezembro de 1948, durante a Assembleia Geral da Organização das Nações Unidas. Disponível em: <http://www.oas.org>. Acesso em: 30.10.2006.

13 Declaração Americana dos Direitos e Deveres do Homem, art. 19: "Toda pessoa tem direito à nacionalidade que legalmente lhe corresponda, podendo mudá-la, se assim o desejar, pela de qualquer outro país que estiver disposto a concedê-la", firmada em Bogotá, em 30 de abril de 1948, durante a Conferência Americana. Disponível em: <http://www.oas.org>. Acesso em: 30.10.2006.

14 Tratado Internacional sobre a Eliminação de todas as Formas de Discriminação contra as Mulheres, art. 9º: "Os Estados-Partes outorgarão às mulheres direitos iguais aos dos homens para adquirir, mudar ou conservar sua nacionalidade. Garantirão, em particular, que nem o casamento com um estrangeiro, nem a mudança de nacionalidade do marido durante o casamento, modifiquem automaticamente a nacionalidade da esposa, convertam-na em apátrida ou a obriguem a adotar a nacionalidade do cônjuge. Os Estados-Partes outorgarão à mulher os mesmos direitos do homem no que diz respeito à nacionalidade dos filhos", firmado em New York, em 18 de dezembro de 1979, durante a Assembleia Geral da Organização das Nações Unidas. Disponível em: <http://www.un.org>. Acesso em: 30.10.2006.

de todas as Formas de Discriminação Racial,[15] sem embargo do art. 1º, nº 1, do Tratado Internacional sobre a Luta contra a Discriminação no Campo do Ensino.[16, 17]

3.1 Aquisição da nacionalidade

No tocante ao momento de **aquisição**, a nacionalidade é dividida em originária, também denominada nacionalidade primária, natural ou de origem, e derivada, também designada nacionalidade secundária, voluntária ou de eleição.[18]

A *nacionalidade originária* é adquirida por fato natural, isto é, pelo nascimento. A propósito, a nacionalidade primária, natural ou de origem é informada pelos critérios *ius soli* - aquisição da nacionalidade do país em cujo território tenha havido o nascimento, imanente dos Estados de imigração - e *ius sanguinis* - aquisição da nacionalidade dos pais à época do nascimento, inerente dos Estados de emigração.[19]

A *nacionalidade derivada* é atribuída por fato voluntário, posterior ao nascimento, ou seja, pela naturalização. A respeito, a nacionalidade secundária, voluntária ou de eleição é inspirada pelos critérios *ius domicilii* - aquisição da nacionalidade do país em cujo território tenha sido fixado domicílio - e *ius laboris* - aquisição da nacionalidade do país em favor do qual foram prestados serviços relevantes.[20]

A toda evidência, considerando os arts. 5º, inc. LI, 12, §§ 3º e 4º, inc. I, 89, inc. VII, e 222, há diferenciações de tratamento entre natos e naturalizados na Constituição do

---

15 Tratado Internacional sobre a Eliminação de todas as Formas de Discriminação Racial, art. 1º, nº 3: "Nenhuma disposição do presente Tratado poderá ser interpretada como atentando, sob qualquer forma, contra as disposições legais dos Estados-Partes relativas à nacionalidade, cidadania e naturalização, desde que não sejam discriminatórias contra qualquer nacionalidade em particular", firmado em New York, em 21 de dezembro de 1965, durante a Assembleia Geral da Organização das Nações Unidas. Disponível em: <http://www.un.org>. Acesso em: 30.10.2006.

16 Tratado Internacional sobre a Luta contra a Discriminação no Campo do Ensino, art. 1º, nº 1: "Entende-se por discriminação toda a distinção, exclusão, limitação ou preferência que, com fundamento na raça, cor, sexo, língua, religião, opinião política ou qualquer outra opinião, origem nacional ou social, condição econômica ou de nascimento, tenha a finalidade ou efeito de destruir ou alterar a igualdade de tratamento no domínio de educação e, em especial: excluir qualquer pessoa ou um grupo de pessoas do acesso a diversos tipos e graus de ensino; limitar a um nível inferior a educação de uma pessoa ou de um grupo, instituir ou manter sistemas ou estabelecimentos de ensino separados para as pessoas ou grupos; ou colocar uma pessoa ou grupo numa situação incompatível com a dignidade humana", firmado em Paris, em 14 de dezembro de 1960, durante a Conferência da Organização das Nações Unidas para a Educação, Ciência e Cultura. Disponível em: <http://www.un.org>. Acesso em: 30.10.2006.

17 Oswaldo Aranha Bandeira de Mello aduz que "a cada Estado cumpre dizer quais são os seus nacionais e tão somente ele. Não lhe compete, em consequência, declarar que os seus nacionais não são de outro Estado, a fim de impedir o polipátrida, como também não lhe cabe reconhecer certa nacionalidade estrangeira a quem esse Estado não considera como tal, a fim de evitar o apátrida". MELLO, Oswaldo Aranha Bandeira de. *A Nacionalidade no Direito Constitucional Brasileiro* in *Revista de Direito Administrativo*, nº 15, 1949, p. 6-7.

18 BERNARDES, Wilba Lúcia Maia. *Da Nacionalidade: brasileiros natos e naturalizados*. Belo Horizonte: Del Rey, 1996, p. 91.

19 GOUVÊA, José Roberto. *Nota sobre a Transcrição do Termo de Nascimento de Filhos de Pais Brasileiros, Nascidos no Exterior* in *Revista dos Tribunais*, nº 685, 1992, p. 252.

20 SILVA, Ricardo Perlingeiro da. *A Eficácia "Ex Nunc" da Naturalização e a Extradição de Brasileiros* in *Revista Forense*, nº 339, 1997, p. 169.

Brasil. Com efeito, a extradição de brasileiros natos é proibida, ressalvada a de naturalizados, na hipótese de crime comum, praticado antes da extradição, e de tráfico ilícito de drogas, tendo sido comprovado o envolvimento do sujeito passivo do procedimento extradicional, franqueada a perda da nacionalidade brasileira pelo cancelamento da naturalização, por pronunciamento judicial, em decorrência de fraude relacionada ao processo de naturalização ou atentado contra a ordem constitucional e o Estado Democrático. Demais disso, o provimento dos cargos de Presidente e Vice-Presidente da República, Presidentes da Câmara dos Deputados e do Senado Federal, Ministro de Estado da Defesa, Ministro do Supremo Tribunal Federal, oficial das Forças Armadas e carreira diplomática, sem prejuízo das funções do Conselho da República, é exclusivo de brasileiros natos. Em que pese o direito de comunicação social, a orientação intelectual e administrativa e a propriedade das empresas jornalísticas e de radiodifusão sonora e de sons e imagens são privativas de brasileiros natos e naturalizados há mais de dez anos.[21]

3.1.1 Nacionalidade originária

A aquisição da nacionalidade originária brasileira é restrita a três hipóteses, de acordo com o art. 12, inc. I.[22]

Os nascidos na República Federativa do Brasil, ainda que de pais estrangeiros, desde que qualquer deles não esteja a serviço de seu país, são brasileiros natos, em atenção ao critério da origem territorial. A elocução "República Federativa do Brasil" deve ser interpretada como território nacional, compreendendo a superfície terrestre, o espaço aéreo e o mar territorial, bem assim as aeronaves e embarcações brasileiras, de natureza privada ou mercantes, no espaço aéreo internacional ou alto-mar, e as aeronaves e embarcações brasileiras, de natureza pública ou a serviço do governo, onde quer que se encontrem.[23] Os filhos de estrangeiros que, por conta própria ou a serviço de um terceiro país, que não o seu próprio, estejam no território nacional, são titulares de nacionalidade originária brasileira.[24, 25]

Os nascidos no estrangeiro, de pai brasileiro ou mãe brasileira, desde que qualquer deles esteja a serviço da República Federativa do Brasil, são brasileiros natos, em

---

21 SOUSA, Nuno de. *Nacionalidade das Empresas Jornalísticas e de Radiodifusão Sonora e de Sons e Imagens* in *Boletim da Faculdade de Direito da Universidade de Coimbra. Estudos em Homenagem a Afonso Queiroz*, nº 1, 1984, p. 259.

22 Palhares Moreira Reis adverte que o momento da aquisição da nacionalidade originária é o nascimento, e não a concepção. REIS, Palhares Moreira. *A Nacionalidade Brasileira e a Constituição de 1988* in *Revista Trimestral de Jurisprudência dos Estados*, nº 78, 1990, p. 20.

23 STF, HC nº 83.113, Rel. Min. Celso de Mello, j. 21.5.2003, *DJU* 27.5.2003.

24 STF, HC nº 86.758, Rel. Min. Sepúlveda Pertence, j. 2.5.2006, *DJU* 1º.9.2006.

25 No sentido do texto, Walber de Moura Agra recapitula que "há exceção ao critério do *ius soli*, desde que qualquer um dos pais esteja a serviço do seu país de origem. Ressalve-se, entretanto, que, para a pessoa nascida no Brasil ser considerada estrangeira, não será preciso que ambos os pais estejam a serviço de governo estrangeiro, porque, se qualquer um exercer tal função, o filho não será considerado brasileiro". No sentido contrário, Manoel Jorge e Silva Neto rechaça que "para evitar a incidência do critério do *ius soli*, devem ambos os ascendentes diretos estar a serviço de governo estrangeiro". AGRA, Walber de Moura. *Curso de Direito Constitucional*. Rio de Janeiro: Forense, 2006, p. 252-253, e SILVA NETO, Manoel Jorge e. *Curso de Direito Constitucional*. Rio de Janeiro: Lumen Juris, 2006, p. 571-572.

atendimento ao critério da origem sanguínea, condicionado ao exercício funcional. A expressão "República Federativa do Brasil" pode ser integrada por órgãos e entidades, no âmbito da Administração Pública, direta ou indireta, e sociedades empresárias que tenham sido contratadas por parte da União, Estados, Distrito Federal ou Municípios.[26] A despeito de a norma constitucional se subsumir ao nascimento de filhos no exterior, entendemos que a adoção implica a aquisição da nacionalidade do adotante brasileiro, forte no argumento de que os adotados têm os mesmos direitos dos filhos havidos das entidades familiares em que um dos cônjuges ou companheiros está a serviço do país.[27] Os descendentes de pais brasileiros, quando os ascendentes estão a serviço do país, tendo o nascimento ocorrido no estrangeiro, são conceituados como brasileiros de origem, mesmo que a nacionalidade do pai ou mãe tenha sido adquirida por naturalização, não se afigurando necessária a correspondência entre o brasileiro e o ascendente que se encontra a serviço no exterior, razão pela qual ao descendente de pai ou mãe brasileira, estando a mãe estrangeira ou pai estrangeiro a serviço do Governo, federal, estadual, distrital ou municipal, é atribuída a nacionalidade originária brasileira.[28, 29]

Os nascidos no estrangeiro, de pai brasileiro ou mãe brasileira, desde que sejam registrados em consulado ou embaixada brasileira ou venham a residir na República Federativa do Brasil e optem pela nacionalidade brasileira, em qualquer tempo, são brasileiros natos, em atinência ao critério da origem sanguínea, condicionado ao registro civil ou residência no território nacional e opção pela nacionalidade brasileira. Os assentos de nascimento de brasileiros no exterior devem ser transladados no Ofício de Registro Civil de Pessoas Naturais do domicílio do registrado quando tiverem de produzir efeitos no país.[30] A manifestação de vontade não está submetida a prazo de prescrição ou decadência, porquanto a opção pela nacionalidade brasileira pode ser realizada em qualquer tempo, após a aquisição da capacidade plena, já que "a opção, por decorrer da vontade, tem caráter personalíssimo. Exige-se, então, que o optante tenha capacidade plena para manifestar a sua vontade, capacidade que se adquire com a maioridade civil".[31] A opção pela nacionalidade brasileira é sujeita a processo de jurisdição voluntária, perante a Justiça Federal Comum, dado que "a opção, embora se revele potestativa, não é livre. Há de fazer-se no Juízo Federal do local de residência do optante, em procedimento de jurisdição voluntária, que finda com a sentença que homologa a opção e lhe determina a transcrição, acertados os requisitos objetivos e

---

26 STF, RE nº 103.419, Rel. Min. Moreira Alves, j. 3.9.1992, *DJU* 25.9.1992.

27 STF, RE nº 248.869, Rel. Min. Maurício Corrêa, j. 7.8.2003, *DJU* 12.3.2004.

28 STF, RE nº 415.957, Rel. Min. Sepúlveda Pertence, j. 23.8.2005, *DJU* 16.9.2005.

29 No sentido do texto, Manoel Gonçalves Ferreira Filho reforça que "além do critério do *ius sanguinis*, importa o fato de que o afastamento do território brasileiro se deu, não por livre e espontânea vontade, mas sim no cumprimento de uma missão oficial. A serviço da República Federativa do Brasil significa a serviço do Poder Público, o que, neste caso, compreende o Poder federal, estadual, distrital e municipal e, inclusive, as entidades da Administração indireta". No sentido contrário, Celso Ribeiro Bastos refuta que "os enviados pelos Estados, Distrito Federal ou Municípios estão excluídos do critério do *ius sanguinis*. Perante a ordem internacional, o que existe como realidade é a República Federativa do Brasil, atuando pelos órgãos da União. As demais pessoas jurídicas de direito público com capacidade política têm uma existência puramente interna". FERREIRA FILHO, Manoel Gonçalves. *Curso de Direito Constitucional*. 32ª ed. São Paulo: Saraiva, 2006, p. 111-112, e BASTOS, Celso Ribeiro. *Curso de Direito Constitucional*. São Paulo: Celso Bastos, 2002, p. 450-451.

30 STF, RE nº 86.264, Rel. Min. Décio Miranda, j. 21.10.1981, *DJU* 2.4.1982.

31 STF, RE nº 418.096, Rel. Min. Carlos Velloso, j. 22.3.2005, *DJU* 22.4.2005.

subjetivos".[32] A nacionalidade brasileira, entre a maioridade civil e a implementação da opção, fica subordinada a uma condição inicial ou suspensiva, que opera efeitos retroativos, a partir da fixação da residência no território nacional, eis que "não há como considerar, antes que se complete o procedimento de opção, o optante como brasileiro nato", diante do art. 12, inc. I, *c*, da CRFB, com redação da Emenda Constitucional nº 54/07.[33, 34]

3.1.2 Nacionalidade derivada

A aquisição da nacionalidade derivada brasileira é resultante da naturalização, sintetizada como ato de soberania pelo qual o Estado concede a sua nacionalidade ao estrangeiro ou apátrida que, na forma da legislação, a requeira.[35] Em outros termos: "a naturalização é modo de aquisição de nacionalidade que se opera após o nascimento, pressupondo uma nacionalidade diversa ou a condição de apátrida".[36]

A naturalização ordinária pode ser concedida aos estrangeiros ou apátridas que demonstrem a capacidade de fato ou exercício, segundo a legislação brasileira, a residência contínua no território nacional, pelo prazo mínimo de quatro anos, imediatamente anteriores à formalização do pedido, a leitura e escrita da língua portuguesa, não olvidadas as condições do requerente, e a inexistência de condenação ou reabilitação penal, exigidas aos originários de países de língua portuguesa, como, por exemplo, Portugal, Angola, Moçambique, Guiné-Bissau, Açores, Cabo Verde, São Tomé e Príncipe, Goa, Damão, Diu, Macau e Timor-Leste, apenas a residência por um ano ininterrupto e a idoneidade moral do naturalizando, em face do art. 12, inc. II, *a*, da CRFB, regulamentado pelo art. 65 da Lei nº 13.445/17.[37] Ademais, os arts. 115, § 2º, incs. I e II, e 116, ambos do Estatuto do Estrangeiro, respeitantes à aquisição da nacionalidade derivada brasileira pela radicação precoce, segundo os quais os estrangeiros admitidos no Brasil até a idade de cinco anos, radicados definitivamente no território nacional, poderiam requerer a naturalização comum até dois anos após atingir a maioridade, e pela conclusão de curso superior, e, ainda, que estrangeiros que tenham vindo residir no Brasil antes de atingida a maioridade e hajam feito

---

32 STF, Ext. nº 778, Rel. Min. Néri da Silveira, j. 31.8.2000, *DJU* 20.4.2001.

33 STF, AC nº 70, Rel. Min. Sepúlveda Pertence, j. 25.9.2003, *DJU* 12.3.2004.

34 No sentido do texto, Rodrigo Octávio repete que os nascidos no estrangeiro, de pai brasileiro ou mãe brasileira, ainda não são considerados como brasileiros natos antes da conclusão do procedimento de jurisdição voluntária, pois que "a aquisição da nacionalidade deve datar do momento em que a declaração de vontade se manifestou, de forma inequívoca e solene". No sentido contrário, Francisco Cavalcanti Pontes de Miranda replica que os nascidos no estrangeiro, de pai brasileiro ou mãe brasileira, já seriam considerados como brasileiros natos depois da fixação da residência no território nacional, vez que "o brasileiro de que se cogita, tem de declarar que deseja conservar a nacionalidade brasileira, de modo que ele já a tem, desde o momento em que nasceu, é brasileiro nato". OCTÁVIO, Rodrigo. *Direito Internacional Privado*. Rio de Janeiro: F. Briguiet, 1933, p. 232-233, e MIRANDA, Francisco Cavalcanti Pontes de. *Direito Internacional Privado*. Rio de Janeiro: José Olympio, 1935, p. 425-426.

35 Luis Ivani de Amorim Araújo afirma que o casamento não é motivo de aquisição da nacionalidade derivada, de sorte que a celebração ou dissolução do matrimônio, como também a mudança da nacionalidade de um na constância da sociedade conjugal, não produzem efeitos sobre a nacionalidade do outro consorte. ARAÚJO, Luis Ivani de Amorim. *A Nacionalidade* in *Revista da Faculdade de Direito Cândido Mendes*, nº 8, 2003, p. 11.

36 BASTOS, José Tavares. *Naturalização*. São Paulo: Saraiva, 1926, p. 113.

37 STF, Ext. nº 975, Rel. Min. Marco Aurélio, j. 30.6.2006, *DJU* 13.10.2006.

curso superior em estabelecimento nacional de ensino poderiam requerer a naturalização simples até um ano depois da formatura, foram recepcionados pela ordem constitucional em vigor e, ulteriormente, derrogados pela Lei de Migração.[38, 39]

A naturalização extraordinária pode ser conferida aos estrangeiros ou apátridas que residam na República Federativa do Brasil há mais de 15 anos ininterruptos e não possuam condenação penal, desde que requeiram a nacionalidade brasileira.[40] Assim, malgrado a portaria da naturalização ordinária seja recoberta da natureza de ato administrativo discricionário, o Ministério da Justiça não é revestido do juízo de conveniência e oportunidade sobre o deferimento da naturalização extraordinária,[41] de sorte que o requerente é titular do direito à aquisição da nacionalidade brasileira, uma vez preenchidos todos os requisitos enumerados no art. 12, inc. II, *b*, da CRFB, cuja aplicabilidade direta, imediata e integral não carece de interposição legislativa.[42, 43]

A naturalização tácita não é disponibilizada pelo ordenamento jurídico brasileiro,[44] como, por exemplo, a de que tratava o Decreto nº 58-A, de 14 de dezembro de 1889,[45] bem assim o art. 69, inc. IV, da Constituição da República, de 24 de fevereiro de 1891,[46] sendo evidente que a declaração de vontade não opera efeitos em relação ao cônjuge, companheiro e parentes por consanguinidade – ou afinidade do naturalizando.[47, 48]

---

38 STF, HC nº 87.219, Rel. Min. Cezar Peluso, j. 14.6.2006, *DJU* 4.8.2006.

39 No sentido do texto, Alexandre de Moraes ressalta que "as hipóteses de radicação precoce e conclusão de curso superior deixaram de constar no texto constitucional em virtude da desnecessidade de especificar hipóteses casuísticas, que devem ficar a cargo do Legislador Ordinário. O fato de deixarem de figurar no Texto Maior, porém, não impede que continuem a existir, sendo certo que os arts. 115, § 2º, incs. I e II, e 116 da Lei nº 6.815/80 foram recepcionados pelo art. 12, inc. II, *a*". No sentido contrário, Jacob Dolinger responde que "as disposições contidas nos arts. 115, § 2º, incs. I e II, e 116 da Lei nº 6.815/80, que tratam do processo de naturalização das pessoas que, nascidas no estrangeiro, tivessem sido admitidas no Brasil durante os primeiros cinco anos de vida, estabelecidos definitivamente no país, e das pessoas que, nascidas no estrangeiro, tivessem vindo residir no Brasil antes de atingida a maioridade, aqui tendo feito curso superior, devem ser consideradas como letra morta, tendo em conta que não dispõem sobre o direito à naturalização, mas apenas regem a processualística da mesma, baseados na Constituição anterior que lhes garantia o direito à naturalização". MORAES, Alexandre de. *Comentários à Constituição*. São Paulo: Atlas, 2002, p. 520-521, e DOLINGER, Jacob. *Comentários à Constituição*. Rio de Janeiro: Freitas Bastos, 1991, p. 146-147.

40 STF, RE nº 264.848, Rel. Min. Carlos Britto, j. 29.6.2005, *DJU* 14.10.2005.

41 STF, Ext. nº 961, Rel. Min. Joaquim Barbosa, j. 5.10.2005, *DJU* 7.4.2006.

42 STF, HC nº 85.381, Rel. Min. Carlos Britto, j. 1º.3.2006, *DJU* 5.5.2006.

43 No sentido do texto, José Afonso da Silva retempera que "a naturalização extraordinária é uma prerrogativa à qual o interessado tem direito subjetivo, preenchidos os requisitos do art. 12, inc. II, *b*, da CRFB". No sentido contrário, Felipe Vieira retorque que "a naturalização é uma expressão de soberania do Estado, para o qual não há subordinação face ao mero preenchimento de requisitos por parte do interessado. Destarte, é possível indeferir-se o pedido de naturalização, mesmo nos termos do art. 12, inc. II, *b*, da CRFB". SILVA, José Afonso da. *Comentários à Constituição*. 2ª ed. São Paulo: Malheiros, 2006, p. 207-208, e VIEIRA, Felipe. *Comentários à Constituição*. 2ª ed. Rio de Janeiro: Ferreira, 2005, p. 213-214.

44 STF, RE nº 19.360, Rel. Min. Afrânio Costa, j. 16.11.1951, *DJU* 3.1.1952.

45 STF, RE nº 26.256, Rel. Min. Antonio Villas Boas, j. 5.11.1957, *DJU* 31.12.1957.

46 STF, RE nº 51.444, Rel. Min. Hermes Lima, j. 4.9.1964, *DJU* 8.10.1964.

47 STF, Ext. nº 733, Rel. Min. Celso de Mello, j. 27.7.1998, *DJU* 6.8.1998.

48 No sentido do texto, Oscar Tenório retrata que a naturalização tácita foi permitida pelo Decreto nº 58-A, de 14 de dezembro de 1889, e art. 69, inc. IV, da Constituição da República, de 24 de

3.2 Perda da nacionalidade

No tocante ao momento de **perda**, a nacionalidade é suscetível de "perda-punição", referida no art. 12, § 4º, inc. I, e de "perda-mudança", relacionada no art. 12, § 4º, inc. II, não tendo sido reproduzida a "perda-incompatibilidade" pela aceitação de comissão, emprego ou pensão de governo estrangeiro, sem licença do Presidente da República, como tal considerada a prestação voluntária de serviço militar em outro país.[49]

A "*perda-punição*" é ocasionada pelo cancelamento da sentença de naturalização, em virtude de fraude à lei sobre aquisição da nacionalidade brasileira ou atentado contra a ordem constitucional e o Estado Democrático. O cancelamento da naturalização dispõe de eficácia prospectiva desde o trânsito em julgado da sentença do Juízo Federal do domicílio do naturalizado, em atenção ao art. 75 da Lei nº 13.445/17.

A "*perda-mudança*" é originada pelo pedido expresso de perda da nacionalidade perante autoridade brasileira competente, ressalvadas as situações que acarretem apatridia. A aquisição voluntária de outra nacionalidade não importa em renúncia automática à nacionalidade brasileira, sobretudo nas hipóteses de reconhecimento da nacionalidade originária pela legislação estrangeira,[50] como também de imposição de naturalização ao brasileiro residente em outro Estado, pela legislação estrangeira, para a permanência em seu território ou para o exercício de direitos fundamentais, tendo em vista que a dupla e múltipla nacionalidade de brasileiro são ultimadas pelo art. 12, § 4º, inc. II, da CRFB.[51]

3.3 Reaquisição da nacionalidade

No tocante ao momento de **reaquisição**, a nacionalidade pode ser recobrada por *ação rescisória*, caso a nacionalidade haja sido perdida pelo cancelamento da naturalização, em decorrência de fraude relacionada ao processo de naturalização ou atentado

---

fevereiro de 1891, posto que "o pedido de naturalização é um ato voluntário individual, sendo indispensável, em regra, que o estrangeiro declare o seu propósito. Respeitam-se, apenas, nos casos de naturalização tácita, as condições das normas em epígrafe: achar-se no Brasil na data da proclamação da República e não manifestar a vontade de conservar a nacionalidade de origem dentro do prazo estipulado. A omissão do declarante de continuar estrangeiro resultava em aquisição da nacionalidade brasileira". No sentido contrário, Celso Duvivier de Albuquerque Mello retruca que a naturalização compulsória teria sido obrigada pelo Decreto nº 58-A, de 14 de dezembro de 1889, e art. 69, inc. IV, da Constituição da República, de 24 de fevereiro de 1891, visto que "a aquisição de nacionalidade pela vontade da lei é aquela em que os indivíduos a que a lei se dirige passam a ter a nacionalidade que lhes é dada independentemente de qualquer manifestação de vontade de sua parte. As normas em exame impuseram que todos os estrangeiros que estivessem no Brasil na data em que República foi proclamada, seriam brasileiros, a não ser que no prazo de seis meses após a vigência da Carta Magna declarassem, expressamente, que queriam ficar com a nacionalidade que já possuíam". TENÓRIO, Oscar. *Direito Internacional Público*. 10ª ed. Rio de Janeiro: Freitas Bastos, 1970, p. 210-211, e MELLO, Celso Duvivier de Albuquerque. *Direito Internacional Público*. 14ª ed. Rio de Janeiro: Renovar, 2002, p. 958-959.

49 Nádia de Araújo alude que "a 'perda-incompatibilidade' é consagrada no Direito Internacional como meio lícito de desnacionalização. Foi adotada no Brasil desde a Constituição de 1824". ARAÚJO, Nádia de. *Perda e Reaquisição da Nacionalidade Brasileira* in *A Nova Constituição e o Direito Internacional*. Rio de Janeiro: Freitas Bastos, 1987, p. 55.

50 FRAGA, Mirto. *A Dupla Nacionalidade no Direito Brasileiro de acordo com a Emenda de Revisão nº 3/94* in *Arquivos do Ministério da Justiça*, nº 184, 1994, p. 179.

51 STF, MS nº 33.864, Rel. Min. Roberto Barroso, j. 19.4.2016, *DJU* 19.9.2016.

contra a ordem constitucional e o Estado Democrático, ou *decreto executivo*, caso a nacionalidade haja sido perdida pelo pedido expresso de perda da nacionalidade brasileira perante autoridade brasileira competente, de acordo com o art. 76 da Lei nº 13.445/17 e arts. 966 a 975 do CPC.[52]

A condição jurídica do brasileiro que, por qualquer hipótese do art. 12, § 4º, da CRFB, tenha perdido a nacionalidade originária era objeto de controvérsia. **Ari de Queiroz,**[53] **José Afonso da Silva,**[54] **José Meirelles Teixeira**[55] e **Ricardo Cunha Chimenti**[56] eram dirigidos no sentido da reaquisição da nacionalidade primária, natural ou de origem, na medida em que "acolhida a pretensão ou expedido o decreto, começa, desde logo, o indivíduo a gozar de todos os direitos que exclusivamente pertencem aos brasileiros".[57] **Alexandre de Moraes,**[58] **Kildare Gonçalves Carvalho,**[59] **Luiz Pinto Ferreira**[60] e **Walber de Moura Agra**[61] eram direcionados no sentido da reaquisição da nacionalidade secundária, voluntária ou de eleição, uma vez que "para os que foram brasileiros natos, há naturalização, e, para os que perderam a nacionalidade adquirida, há renaturalização".[62] O Plenário do Supremo Tribunal Federal, nos autos do processo de extradição nº 441, mesmo antes do advento da Emenda Constitucional nº 131/23, decidiu que a "reaquisição da nacionalidade, por parte de brasileiro nato, implica manter esse *status*, e não o de naturalizado".[63]

4 CONDIÇÃO JURÍDICA DO ESTRANGEIRO NO BRASIL

A condição jurídica é revelada na entrada, permanência e saída compulsória, tutelados os direitos dos estrangeiros no Brasil.[64, 65]

---

52 Gianfranco Silva Caruso aquiesce que o brasileiro que houver perdido a nacionalidade pela aceitação de pensão, emprego ou comissão remunerados de governo estrangeiro, durante a vigência de Constituições anteriores, pode readquiri-la por pedido ao Presidente da República, não lhe sendo exigida a renúncia do benefício. CARUSO, Gianfranco Silva. *Nacionalidade no Direito Brasileiro: princípios sobre aquisição, perda e reaquisição deste direito* in *Direito e Paz*, nº 6, 2002, p. 89.

53 QUEIROZ, Ari de. *Direito Constitucional*. 7ª ed. Goiânia: IEPC, 1996, p. 160.

54 SILVA, José Afonso da. *Curso de Direito Constitucional Positivo*. 24ª ed. São Paulo: Malheiros, 2005, p. 334.

55 TEIXEIRA, José Meirelles. *Curso de Direito Constitucional*. Rio de Janeiro: Forense, 1991, p. 563.

56 CHIMENTI, Ricardo Cunha. *Apontamentos de Direito Constitucional*. 4ª ed. São Paulo: EDJ, 2005, p. 316.

57 SANTOS, Carlos Maximiliano Pereira dos. *Commentarios à Constituição Brasileira de 1891*. v. I. Rio de Janeiro: Jacintho Ribeiro dos Santos, 1918, p. 683.

58 MORAES, Alexandre de. *Direito Constitucional*. 17ª ed. São Paulo: Atlas, 2005, p. 205.

59 CARVALHO, Kildare Gonçalves. *Direito Constitucional Didático*. 6ª ed. Belo Horizonte: Del Rey, 1999, p. 241.

60 FERREIRA, Luiz Pinto. *Curso de Direito Constitucional*. 12ª ed. São Paulo: Saraiva, 2002, p. 165.

61 AGRA, Walber de Moura. *Manual de Direito Constitucional*. São Paulo: Revista dos Tribunais, 2002, p. 258.

62 MIRANDA, Francisco Cavalcanti Pontes de. *Comentários à Constituição de 1967 com a Emenda nº 1 de 1969*. 3ª ed. v. IV. Rio de Janeiro: Forense, 1987, p. 541.

63 STF, Ext. nº 441, Rel. Min. Néri da Silveira, j. 18.6.1986, *DJU* 10.6.1988.

64 OLIVEIRA, Rui de. *Condição Jurídica do Estrangeiro no Brasil*. Rio de Janeiro: A. Coelho Branco, 1938, p. 9.

65 Cândido Rangel Dinamarco assevera que estrangeiro é todo aquele que não adquiriu a nacionalidade brasileira, residente ou não residente no território nacional. DINAMARCO, Cândido Rangel. *Sobre a Tutela ao Estrangeiro* in *Revista Forense*, nº 357, 2001, p. 167.

A **entrada** dos estrangeiros no território nacional é livre em tempo de paz, condicionada à dispensa, prorrogação ou concessão do *visto* de cortesia, trânsito ou turista, assim como do diplomático, oficial ou temporário pela autoridade consular. Os estrangeiros são sujeitos à fiscalização, nos locais de entrada no território nacional, dos órgãos relacionados ao Ministério da Justiça, pelo Departamento de Polícia Federal, Ministério da Economia, pela Secretaria de Receita Federal, e Ministério da Saúde, pela Divisão Nacional de Vigilância Sanitária dos Portos, Aeroportos e Fronteiras, à luz dos arts. 5º, inc. XV, e 22, inc. XV, da CRFB.[66]

A **permanência** é resumida como estada dos estrangeiros no território nacional, sem limitação de tempo, devendo ser providenciada a efetivação do *registro*, bem como o fornecimento da *cédula ou documento de identidade*. Os estrangeiros podem solicitar o refúgio devido a grave e generalizada violação de direitos humanos, sem prejuízo do asilo territorial, concedido pelo Ministério da Justiça, por perseguição política ou ideológica dos asilados, e do asilo diplomático, concedido por representação diplomática, onde se circunscreve a presença dos asilados. Os estrangeiros são titulares dos mesmos direitos dos brasileiros, natos ou naturalizados, excepcionada a sucessão dos bens de propriedade de estrangeiros situados no país, que deve ser regulada pela legislação brasileira em benefício do cônjuge ou filhos, sempre que não lhes seja mais favorável a lei pessoal do *de cujus*, a ação popular, que pode ser manipulada por brasileiros durante o pleno exercício dos direitos políticos, o alistamento eleitoral, que não pode ser proporcionado aos estrangeiros, os cargos, empregos e funções públicas, que devem ser providos por brasileiros e estrangeiros que preencham todos os requisitos enumerados na legislação, a iniciativa popular, que pode ser exercitada pela apresentação de projeto de lei subscrito por, no mínimo, 1% dos brasileiros alistados como eleitores, distribuídos por cinco Estados, com 0,3% dos eleitores de cada um deles, à Câmara dos Deputados, as aplicações de capitais estrangeiros e remessas de valores financeiros para o exterior, que não podem ser realizadas em contrariedade ao interesse nacional, a pesquisa e lavra de recursos minerais e aproveitamento dos potenciais de energia hidráulica, que devem ser efetuados por brasileiros ou empresas que não hajam sido constituídas segundo as leis estrangeiras e tenham sua sede e administração no país, a aquisição e arrendamento de propriedade de bem imóvel rural por pessoa física ou jurídica brasileira, que podem ser realizados sem autorização do Congresso Nacional, as universidades e instituições de pesquisa científica e tecnológica, que não podem deixar de ser acessíveis a professores, técnicos e cientistas estrangeiros, e a adoção, não somente por brasileiros, mas também por estrangeiros, sob as condições estabelecidas pelo Poder Público, a teor dos arts. 4º, inc. X, 5º, incs. XXXI e LXXIII, 14, § 2º, 37, inc. I, 61, § 2º, 172, 176, § 1º, 190, 207, § 1º, e 227, § 5º, da CRFB.[67]

A **saída** dos estrangeiros do território nacional pode ser ultimada pela repatriação de pessoas em situação de impedimento ao país de procedência ou de nacionalidade, além da deportação, expulsão ou extradição. A *deportação* é conceituada como exclusão de estrangeiros, por iniciativa das autoridades locais, no caso de entrada ou permanência irregular, isto é, "a medida compulsória é destinada à hipótese de entrada ou permanência irregular, se os estrangeiros não se retirarem do território nacional, voluntariamente, no prazo fixado". A *expulsão* é definida como exclusão de estrangeiros, por iniciativa das autoridades locais, no caso de condenação penal definitiva ou inconveniência aos interesses nacionais,

---

66 CAHALI, Yussef Said. *Estatuto do Estrangeiro*. São Paulo: Saraiva, 1983, p. 133.

67 FRAGA, Mirto. *Estatuto do Estrangeiro*. Rio de Janeiro: Forense, 1985, p. 243.

ou seja, "a medida compulsória é dedicada à hipótese de atentado contra a segurança, a ordem política e social, a tranquilidade e moralidade pública ou a economia popular, revelando-se os estrangeiros nocivos ou indesejáveis ao convívio social". A *extradição* é a entrega, por um Estado, a pedido de outro, de estrangeiros ou brasileiros naturalizados, no caso de crime comum, praticado antes da extradição, ou de tráfico ilícito de drogas, tendo sido comprovado o envolvimento dos extraditandos, que em seu território devam responder a processo penal ou cumprir pena, de modo que "a medida compulsória é a forma processual admitida, de colaboração internacional, para fazer com que infratores da lei penal, localizados em um país, se apresentem ao juízo competente de outro país onde o crime foi cometido". Em síntese: "deportação, expulsão e extradição, entre si, são institutos distintos e inconfundíveis, embora o objetivo imediato e comum seja o de retirar, à força, os estrangeiros do território nacional", à vista dos arts. 5º, incs. XLVII, *d*, LI e LII, 22, inc. XV, e 102, inc. I, *g*, da CRFB, regulamentados pelos arts. 46 a 62 da Lei nº 13.445/17.[68, 69, 70]

Acesse o
MATERIAL SUPLEMENTAR

Entre no Ambiente de Aprendizagem através das instruções contidas na orelha deste livro e acesse os conteúdos exclusivos desta edição:
- Atualizações legislativas mensais.
- Questões de prova interativas.
- Esquemas.

---

68 CASTILHO, Ricardo dos Santos. *Estatuto do Estrangeiro*. São Paulo: Iglu, 2006, p. 54.

69 GUIMARÃES, Francisco Xavier da Silva. *Medidas Compulsórias: deportação, expulsão e extradição*. 2ª ed. Rio de Janeiro: Forense, 2002, p. 2, 5, 22 e 59.

70 Ronaldo Rebello de Brito Poletti assinala que "os três institutos – deportação, expulsão e extradição – diferem na substância, na forma, nos motivos de sua existência, nas causas e efeitos de sua aplicação. Para a deportação, basta a entrada ou permanência irregulares no território brasileiro; para a expulsão, a lei indica uma série de atos perpetrados pelos estrangeiros, justificadores da medida, e, genericamente, seu comportamento nocivo ou perigoso à conveniência e aos interesses nacionais. Na deportação, é suficiente verificar a irregularidade da presença dos estrangeiros no território brasileiro; na expulsão, exige-se inquérito policial. A deportação afasta os estrangeiros do país, mas não lhes impede o regresso a ele de forma regular, inclusive em caráter permanente; a expulsão também afasta do país os estrangeiros, impedindo-lhes a volta, salvo a revogação do ato. Se não for exequível a deportação, se os estrangeiros revelarem-se nocivos ou perigosos, proceder-se-á à expulsão, mas a recíproca não é correta, porque se o caso for de expulsão, não se transforma em deportação, não se olvidando que a extradição é o mais tradicional instrumento de cooperação judiciária em matéria criminal, intrínseco ao Direito Internacional, diferente dos outros dois, inerentes ao Direito Interno de cada país", tendo sido proibido o banimento, "que consistia em restrição à liberdade dos brasileiros, impondo aos banidos a exclusão do território nacional e, por conseguinte, a residência no exterior e a proibição de voltar ao país, enquanto durasse a pena, que poderia ter caráter permanente". POLETTI, Ronaldo Rebello de Brito. *Diferenças entre Deportação, Expulsão e Extradição* in *Revista dos Tribunais*, nº 498, 1977, p. 266. V., também, do mesmo autor: *O Banimento e os seus Efeitos* in *Revista Forense*, nº 255, 1976, p. 105.

Capítulo 11

DIREITOS POLÍTICOS

Acesse e assista à aula explicativa sobre este assunto.

> *https://uqr.to/14ugd*

1 CONCEITO

Os direitos políticos são **direitos fundamentais próprios do homem-cidadão, porque titularizados e exercidos por pessoas que participam da vida política e da organização governamental e administrativa do Estado democrático.**[1]

A respeito, considerando os arts. 5º, inc. LXXI, 12, § 1º, 14, §§ 1º, inc. II, *c*, 2º e 3º, inc. I, 15, 22, inc. XIII, e 68, § 1º, inc. II, todos da CRFB, há a diferenciação entre cidadania e nacionalidade, eis que aquela é conceituada como qualificação política desta, de forma que os cidadãos são nacionais, de origem ou eleição, no pleno exercício do *direito de votar* ou *ius sufragii* e *direito de ser votado* ou *ius honorum*, bem assim do *direito ao cargo* ou *ius ad officium* e *direito no cargo* ou *ius in officium.*[2] Sob um ângulo, há a possibilidade de nacionalidade sem cidadania, como, por exemplo, na hipótese dos brasileiros, natos ou naturalizados, menores de 16 anos de idade, ou da perda e suspensão de direitos políticos, enquanto durarem os seus efeitos. Sob outro ângulo, há a possibilidade de cidadania sem nacionalidade, como, por exemplo, na hipótese dos portugueses com residência permanente no país, aos quais são atribuídos os direitos fundamentais dos brasileiros, natos ou naturalizados, tendo em vista que o exercitamento dos direitos políticos por eles é objeto do art. 17 do Tratado de Amizade, Cooperação e Consulta entre a República Portuguesa e a República Federativa do Brasil.[3] O Supremo

---

1 CUNHA, André Luiz Nogueira da. *Direitos Políticos*. São Paulo: Juarez de Oliveira, 2004, p. 21.

2 CARVALHO, Alcírio Dardeau de. *Nacionalidade e Cidadania*. Rio de Janeiro: Freitas Bastos, 1956, p. 13.

3 Tratado de Amizade, Cooperação e Consulta entre a República Portuguesa e a República Federativa do Brasil, art. 17: "O gozo de direitos políticos por portugueses no Brasil e por brasileiros em Portugal será reconhecido aos que tiverem três anos de residência habitual e depende de requerimento à autoridade competente. A igualdade quanto aos direitos políticos não abrange as pessoas que, no Estado da nacionalidade, houverem sido privadas de direitos equivalentes. O gozo de direitos políticos no Estado de residência importa na suspensão do exercício dos mesmos direitos no Estado da nacionalidade", firmado em Porto Seguro, em 22

Tribunal Federal fixou a jurisprudência que "os portugueses no Brasil e os brasileiros em Portugal não gozam automaticamente da igualdade de direitos e deveres",[4] uma vez que "a hipótese da quase nacionalidade, além de supor o pronunciamento aquiescente do Estado brasileiro, fundado em sua própria soberania, depende, ainda, de requerimento do súdito português interessado, a quem se impõe, para tal efeito, a obrigação de preencher os requisitos do estatuto de igualdade".[5, 6]

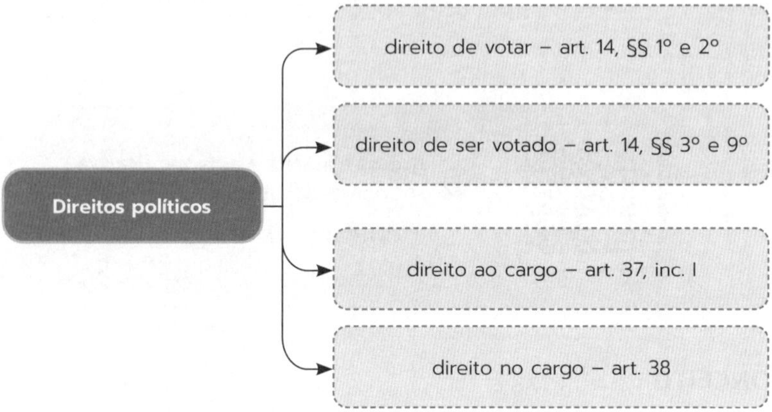

2 DIREITO DE VOTAR

A **alistabilidade**, também denominada cidadania ativa ou capacidade eleitoral ativa, é reconhecida como aptidão para aquisição e exercício do direito de votar ou *ius sufragii*, em decorrência de procedimento administrativo de qualificação e inscrição dos eleitores, com a atribuição do título eleitoral.[7]

O *alistamento obrigatório* é referente aos maiores de 18 anos de idade, no prazo de um ano da obtenção da nacionalidade brasileira ou maioridade eleitoral, à luz do art. 14, § 1º, inc. I, da CRFB, assim como dos arts. 4º e 8º, *caput*, do CE.

---

de abril de 2000, durante as Comemorações pelos Quinhentos Anos do Descobrimento do Brasil. Disponível em: <http://www.presidenciarepublica.pt>. Acesso em: 25.12.2006.

4 STF, Ext. nº 674, Rel. Min. Francisco Rezek, j. 12.12.1996, *DJU* 16.5.1997.

5 STF, Ext. nº 890, Rel. Min. Celso de Mello, j. 5.8.2004, *DJU* 28.10.2004.

6 Na doutrina, Joel José Cândido afirma que o sufrágio é correlativo ao direito político, universal ou restrito, enquanto o voto é correlato ao instrumento ou modo de exercício do direito político, secreto e obrigatório, na democracia indireta ou representativa, sem embargo do plebiscito, referendo e iniciativa popular na democracia semidireta ou participativa, com fulcro nos arts. 14, incs. I a III, e 60, § 4º, inc. II, da CRFB e art. 82 do CE. "Sufrágio e voto, portanto, não são sinônimos. O sufrágio é universal, isto é, todos os cidadãos, sem intermediários, têm o direito de escolher os titulares dos cargos eletivos. O voto é secreto e obrigatório, ou seja, cada cidadão dispõe do conhecimento da manifestação de vontade em que consiste seu conteúdo, sob pena de cancelamento da inscrição eleitoral. O voto é o exercício do direito ao sufrágio." CÂNDIDO, Joel José. *Os Direitos Políticos no âmbito do Direito Eleitoral: perspectivas atuais e futuras*. Disponível em: <http://www.planalto.gov.br>. Acesso em: 25.12.2006.

7 FARABULINI JUNIOR, Anselmo. *Direito de Votar*. Brasília: Câmara dos Deputados, 1985, p. 7.

O *alistamento facultativo* é relativo aos maiores de 16 e menores de 18, maiores de 70 anos de idade e analfabetos, destituídos da capacidade de ler e escrever, que não se comunicam por meio da linguagem escrita, a teor do art. 14, § 1º, inc. II, da CRFB, bem como do art. 6º, inc. I, *b*, do CE.

O *alistamento proibido* é respeitante aos menores de 16 anos de idade, conscritos, durante o período do serviço militar obrigatório em tempo de paz, estrangeiros, fora os portugueses equiparados aos brasileiros pelo regime de igualdade, e privados, definitiva ou temporariamente, dos direitos políticos, à vista dos arts. 14, § 2º, e 15 da CRFB, como também dos arts. 5º, inc. III, e 6º, inc. I, *a*, do CE.

A *perda ou suspensão de direitos políticos* é resumida como privação da cidadania, sendo vedada a cassação de direitos políticos por iniciativa do Presidente da República, sem contraditório e ampla defesa, de que tratavam os arts. 4º, *caput*, e 5º, *caput* e § 1º, do Ato Institucional nº 5, de 13 de dezembro de 1968.[8] Não são imunes à controvérsia as hipóteses de perda e suspensão de direitos políticos na Constituição da República: **Delosmar Mendonça Júnior**,[9] **Edson de Resende Castro**,[10] **José Joel Cândido**,[11] **Marcos Ramayana de Moraes**[12] e **Thales Tácito Pontes de Pádua Cerqueira**[13] acentuam que a perda estaria inscrita no art. 15, inc. I, à medida que no art. 15, incs. II, III, IV e V, estaria insculpida a suspensão de direitos políticos, enquanto **Alexandre de Moraes**,[14] **André Ramos Tavares**,[15] **Celso Ribeiro Bastos**,[16] **José Afonso da Silva**[17] e **Manoel Gonçalves Ferreira Filho**[18] advertem que a perda está inserida no art. 15, incs. I e IV, ao passo que no art. 15, incs. II, III e V, está insertada a suspensão de direitos políticos, a quem emprestamos adesão.

---

8 Ato Institucional nº 5, de 13 de dezembro de 1968, arts. 4º, *caput*, e 5º, *caput* e § 1º: "No interesse de preservar a Revolução, o Presidente da República, ouvido o Conselho de Segurança Nacional, e sem as limitações previstas na Constituição, poderá suspender os direitos políticos de quaisquer cidadãos pelo prazo de dez anos e cassar mandatos eletivos federais, estaduais e municipais. A suspensão dos direitos políticos, importa, simultaneamente, em cessação de privilégio de foro por prerrogativa de função; suspensão do direito de votar e de ser votado nas eleições sindicais; proibição de atividades ou manifestação sobre assuntos de natureza política e aplicação, quando necessária, das medidas de segurança de liberdade vigiada, proibição de frequentar certos lugares e domicílio determinado. O ato que decretar a suspensão dos direitos políticos poderá fixar restrições ou proibições relativamente ao exercício de quaisquer outros direitos públicos ou privados". Disponível em: <http://www.senado.gov.br>. Acesso em: 31.12.2006.

9 MENDONÇA JÚNIOR, Delosmar. *Manual de Direito Eleitoral*. Salvador: JusPodivm, 2006, p. 44.

10 CASTRO, Edson de Resende. *Direito Eleitoral*. 3ª ed. Belo Horizonte: Melhoramentos, 2006, p. 100.

11 CÂNDIDO, Joel José. *Direito Eleitoral Brasileiro*. 11ª ed. Bauru: Edipro, 2004, p. 94.

12 MORAES, Marcos Ramayana de. *Direito Eleitoral*. 6ª ed. Niterói: Impetus, 2006, p. 196.

13 CERQUEIRA, Thales Tácito Pontes de Pádua. *Preleções de Direito Eleitoral*. Rio de Janeiro: Lumen Juris, 2006, p. 218.

14 MORAES, Alexandre de. *Direito Constitucional*. 17ª ed. São Paulo: Atlas, 2005, p. 234.

15 TAVARES, André Ramos. *Curso de Direito Constitucional*. São Paulo: Saraiva, 2002, p. 544.

16 BASTOS, Celso Ribeiro. *Curso de Direito Constitucional*. São Paulo: Celso Bastos, 2002, p. 480.

17 SILVA, José Afonso da. *Curso de Direito Constitucional Positivo*. 24ª ed. São Paulo: Malheiros, 2005, p. 383.

18 FERREIRA FILHO, Manoel Gonçalves. *Curso de Direito Constitucional*. 32ª ed. São Paulo: Saraiva, 2006, p. 115.

A perda é sintetizada como privação definitiva ou permanente de direitos políticos, que podem ser readquiridos com provocação, em razão da perda da nacionalidade, nos casos de cancelamento da naturalização por sentença transitada em julgado e de aquisição de outra nacionalidade por ato voluntário, e da objeção de consciência, desde que o cidadão tenha descumprido uma prestação alternativa a obrigação legal a todos imposta da qual se eximiu por crença religiosa ou convicção filosófica ou política. Outrora, a atribuição ou competência para a decretação da perda de direitos políticos, na hipótese de oposição da objeção de consciência, não era uníssona na doutrina: **Antônio Carlos Mendes** afirmava a competência ao Poder Judiciário para a decisão acerca da perda de direitos políticos, pois "com base em informações prestadas pela autoridade administrativa, atestando os pressupostos de fato, a Justiça Eleitoral tinha o dever de excluir o opoente do rol de eleitores",[19] à medida que **Fávila Ribeiro** aludia à atribuição do Poder Executivo para a deliberação sobre a objeção de consciência, posto que "o constituinte originário, deixando de estabelecer, cedeu à legislação federal a possibilidade de regular o procedimento",[20] de maneira que "a regularização da situação do cidadão que se recusou a cumprir obrigação a todos imposta e prestação alternativa pode ser deferida após promovida a quitação das obrigações eleitorais e requerida a reaquisição dos direitos políticos ao Ministério da Justiça".[21]

A suspensão é traduzida como privação temporária ou provisória de direitos políticos, que podem ser readquiridos sem provocação, em virtude da cessação dos seus motivos, nos casos de interdição, com a consequente incapacidade civil absoluta superveniente, e de condenação definitiva por ato de improbidade administrativa ou infração penal, contravenção penal ou crime, até a extinção da punibilidade ou execução da pena, mesmo que não tenha havido a privação da liberdade do cidadão, sendo evidente que o culpado por crime contra a economia popular, fé pública, administração pública, patrimônio público, mercado financeiro, tráfico de drogas e crimes eleitorais é inelegível, pelo prazo de três anos, após a execução da pena, para qualquer cargo. Outrossim, a perda ou suspensão de direitos políticos implica a extinção de mandato eletivo, excepcionada a hipótese da condenação criminal em decisão transitada em julgado por delito cuja conduta não seja incompatível com os deveres inerentes ao cargo público, *in abstracto*, ou pena privativa de liberdade não seja superior a 4 anos, *in concreto*, de Senador da República, Deputado Federal, Deputado Estadual ou Deputado Distrital, dependente do juízo de conveniência e oportunidade da Casa Legislativa respectiva, conquanto a extinção de mandato eletivo de Vereador não seja unívoca na doutrina: **Pedro Henrique Távora Niess** aquiesce que a extinção de mandato eletivo de Vereador deve ser deliberada pela Câmara Municipal, vez que "o Senador da República ou Deputado Federal que for processado e condenado, por decisão criminal imutável, não perde, de imediato, o mandato em que estiver investido, submetendo-se à deliberação dos membros do Senado Federal ou Câmara dos Deputados. Assim também se dá com o Deputado Estadual, Deputado Distrital e Vereador",[22] ao passo que **Joel José Cândido** assegura que a garantia constitucional dos arts. 27, § 1º, 32, § 3º, e 55, inc. VI e § 2º, não pode ser estendida ao

---

19 MENDES, Antônio Carlos. *Introdução à Teoria das Inelegibilidades*. São Paulo: Malheiros, 1994, p. 89.

20 RIBEIRO, Fávila. *Pressupostos Constitucionais do Direito Eleitoral*. Porto Alegre: Sergio Antonio Fabris, 1990, p. 93.

21 TSE, AC nº 14.012, Rel. Min. Garcia Vieira, j. 1º.10.2001, *DJU* 10.10.2001.

22 NIESS, Pedro Henrique Távora. *Direitos Políticos: condições de elegibilidades e inelegibilidades*. São Paulo: Saraiva, 1994, p. 21.

membro da Câmara Municipal, visto que "a situação do Vereador é diversa do Senador da República, Deputado Federal, Deputado Estadual ou Deputado Distrital",[23] de sorte que "o Vereador, condenado criminalmente em decisão transitada em julgado, perde o seu mandato eletivo, independentemente de deliberação do Poder Legislativo, como consequência da suspensão dos seus direitos políticos. Não há possibilidade alguma de se estender ao Vereador o tratamento dos parlamentares federais, estaduais e distritais. A extinção de mandato eletivo de Vereador não depende de juízo político".[24, 25]

3 DIREITO DE SER VOTADO

A **elegibilidade**, também designada de cidadania passiva ou capacidade eleitoral passiva, é relatada como aptidão para aquisição e exercício do direito de ser votado ou *ius honorum*, subordinada a condições positivas e negativas.[26]

As *condições de elegibilidade* são descritas pela nacionalidade brasileira, pleno exercício dos direitos políticos, alistamento eleitoral, domicílio eleitoral na circunscrição, filiação partidária e idade mínima na data da posse. A nacionalidade brasileira, originária ou derivada, é requisito de investidura do Senador da República, Governador e Vice-Governador de Estado e do Distrito Federal, Deputado Federal, Deputado Estadual, Deputado Distrital, Prefeito e Vice-Prefeito de Município e Vereador, sendo privativos de brasileiros natos os cargos eletivos de Presidente e Vice-Presidente da República. O pleno exercício dos direitos políticos não é afetado por inquéritos e ações de natureza penal ou cível, sem decisão condenatória transitada em julgado, que tramitem contra o candidato cuja vida pregressa possa não se afigurar idônea para o desempenho de função pública. O alistamento eleitoral deve ser providenciado até 100 dias antes da data da eleição. O domicílio eleitoral é o lugar onde o cidadão tem vínculo patrimonial, social ou laborativo, na circunscrição do País, nas eleições presidenciais, de Estado ou do Distrito Federal, nas eleições federais, estaduais ou distritais, ou de Município, nas eleições municipais. A filiação partidária não é exigível ao militar da ativa que pretenda concorrer a cargo eletivo, bastando o pedido de registro de candidatura após a escolha em convenção partidária. A idade mínima estabelecida como condição de elegibilidade no art. 14, § 3º, da CRFB é verificada na data da posse, "e não na data do registro de candidatura do requerente. Se o candidato ainda não tiver completado a idade mínima, no momento do requerimento, mas atingir essa idade antes da posse, o registro deve ser deferido".[27]

As *causas de inelegibilidade* são desdobradas em absolutas ou amplas e relativas ou restritas, em atenção à "probidade administrativa, moralidade para exercício de mandato

---

23 CÂNDIDO, José Joel. *Inelegibilidades no Direito Brasileiro*. 2ª ed. Bauru: Edipro, 2003, p. 67.

24 STF, RE nº 225.019, Rel. Min. Nelson Jobim, j. 8.9.1999, *DJU* 26.11.1999.

25 A perda ou suspensão de direitos políticos é ultimada pelo cancelamento da inscrição eleitoral, isto é, medida de depuração do cadastro eleitoral por vício no alistamento, pluralidade de inscrições, falecimento do eleitor, ausência sem justificativa a três eleições consecutivas ou privação da cidadania, sob a égide do art. 71, incs. I a V, do CE, regulamentado pela Resolução TSE nº 21.538/03. MICHELS, Vera Maria Nunes. *Direito Eleitoral*. 5ª ed. Porto Alegre: Livraria do Advogado, 2006, p. 19.

26 CASASANTA, Marie. *Direito de Ser Votado*. Belo Horizonte: Os Amigos do Livro, 1937, p. 151.

27 ALMEIDA, José Antônio Figueiredo de. *Eleições 98. Comentários à Lei nº 9.504/97*. Brasília: Brasília Jurídica, 1998, p. 45.

eletivo, normalidade e legitimidade das eleições contra a influência do poder econômico ou abuso no desempenho de cargo, emprego ou função na Administração Pública".[28]

As inelegibilidades absolutas ou amplas são dimanadas por todos os cargos eletivos, por características da pessoa, enumeradas exaustivamente no art. 14, § 4º, da CRFB. Em conformidade, são inelegíveis para qualquer cargo eletivo os inalistáveis e analfabetos, nada impedindo que o juiz eleitoral, havendo dúvida quanto à alfabetização do candidato, promova, ele próprio, a aferição.[29]

As inelegibilidades relativas ou restritas são dimensionadas por alguns cargos eletivos, por circunstâncias da eleição, enunciadas exemplificativamente no art. 14, §§ 5º a 8º, da CRFB. Em consonância, são inelegíveis para os cargos no exercício dos quais hajam sido reeleitos o Presidente da República, Governador de Estado ou do Distrito Federal e Prefeito de Município e quem os houver sucedido durante os mandatos, cujos cônjuges, companheiros ou parentes por consanguinidade ou afinidade podem concorrer aos mesmos cargos, desde que os titulares tenham sido eleitos para os primeiros mandatos e renunciado até seis meses antes dos pleitos, da mesma forma que os militares são inelegíveis, enquanto em serviço na ativa, do qual devem ser afastados definitivamente, caso os militares detenham menos de dez anos, ou agregados pelas autoridades superiores, caso os militares disponham de mais de dez anos de serviço público, no período entre o registro de candidatura e o regresso às Forças Armadas, Polícias Militares ou Corpos de Bombeiros Militares ou diplomação dos eleitos, quando são transferidos para a reserva remunerada.[30]

Os *sistemas eleitorais* são desenhados como "técnicas e procedimentos pelos quais os eleitores expressam em votos sua preferência por um candidato ou partido político, a qual será traduzida em mandatos".[31]

O sistema eleitoral majoritário é direcionado para cargos de Prefeito de Município, Governador de Estado ou do Distrito Federal, Presidente e Senador da República, nos quais a representação popular é conferida ao(s) candidato(s) mais votado(s), uma vez obtida a maioria relativa ou simples dos votos válidos, nas eleições de que tratam os arts. 29, inc. II, *initio*, e 46, *caput*, ou maioria absoluta ou qualificada dos votos válidos, em primeiro ou segundo turno, se houver, nas eleições sobre os quais versam os arts. 28, *caput*, 29, inc. II, *in fine*, 32, § 2º, e 77, § 2º, da CRFB.[32]

O sistema eleitoral proporcional é dirigido para cargos de Deputado Federal, Deputado Estadual, Deputado Distrital e Vereador, nos quais a representação popular é distribuída em razão da força eleitoral dos partidos políticos, quantificada pela divisão do número de votos válidos pelo de lugares a preencher em cada circunscrição eleitoral (quociente eleitoral), prosseguida pela divisão número de votos válidos dados sob a mesma legenda partidária pelo quociente eleitoral (quociente partidário), de modo que eleitos são, entre os candidatos registrados por um partido político que tenham obtido votos em número igual ou superior a 10% (dez por cento) do quociente eleitoral (cláusula de desempenho individual), tantos quantos indicar o quociente partidário, na ordem da

---

28 DECOMAIN, Pedro Roberto. *Elegibilidade e Inelegibilidades*. Florianópolis: Obra Jurídica, 2000, p. 139.

29 TSE, AC nº 22.842, Rel. Min. Luiz Carlos Madeira, j. 19.9.2004, *DJU* 1º.10.2004.

30 TSE, AC nº 22.941, Rel. Min. Humberto Gomes de Barros, j. 23.9.2004, *DJU* 1º.10.2004.

31 SILVA, Virgílio Afonso da. *Sistemas Eleitorais: tipos, efeitos jurídico-políticos e aplicação ao caso brasileiro*. São Paulo: Malheiros, 1999, p. 36.

32 TSE, AC nº 19.576, Rel. Min. Nilson Vital Naves, j. 30.5.1996, *DJU* 1º.7.1996.

votação nominal que cada um tenha recebido nas eleições reguladas nos arts. 27, § 1º, 29, inc. I, 32, § 3º, e 45, *caput,* da CRFB.[33]

O sistema eleitoral misto é dirimido pelo art. 38, nº 3, da Constituição alemã, regulamentada pela *Bundeswahlgesetz* (8.10.1990),[34] e art. 52 da Constituição mexicana, regulamentada pelo *Código de Instituciones y Procedimientos Electorales* (15.8.1990),[35] nos quais há a combinação entre a representação majoritária e a representação proporcional, sem olvidar que o art. 148, parágrafo único, da Constituição da República Federativa do Brasil, com a redação que lhe foi atribuída pela Emenda Constitucional nº 22/82, prescrevia que "os Deputados Federais, Deputados Estaduais, Deputados Distritais seriam eleitos pelo sistema distrital misto, majoritário e proporcional, nos termos que a lei estabelecesse".[36]

Os *partidos políticos* são destacados como formas de agremiação de grupos sociais que, em torno de objetivos comuns e organização estável, se propõem à atividade política. À guisa de conclusão, os partidos políticos são entidades situadas entre o povo e o Estado.[37]

A criação do partido político é disciplinada pelo art. 17, §§ 2º e 3º, da CRFB, que subordina a aquisição da personalidade jurídica de Direito Privado à inscrição dos atos constitutivos no Ofício de Registro Civil de Pessoas Jurídicas do Distrito Federal, conquanto a distribuição dos recursos do Fundo Especial de Assistência Financeira aos Partidos Políticos e exclusividade sobre a denominação, sigla e símbolos das agremiações, bem assim o acesso gratuito ao rádio e à televisão e participação no processo eleitoral, advenham do registro do estatuto do partido político no Tribunal Superior Eleitoral.[38]

A estrutura interna, organização e funcionamento são discriminados pelo estatuto, que deve veicular normas sobre a composição e atribuições dos órgãos de deliberação (*e. g.*: Convenções), órgãos de direção (*e. g.*: Diretórios), órgãos de ação parlamentar (*e. g.*: Bancadas), órgãos de execução (*e. g.*: Comissões Executivas), órgãos de apoio (*e. g.*: Conselhos Consultivos, Conselhos de Ética e Disciplina e Conselhos Fiscais) e órgãos de promoção doutrinária (*e. g.*: Institutos de Pesquisas) nos níveis nacional, estadual, distrital e municipal, sendo certo que, por decisão dos seus organismos, dois ou mais partidos políticos podem fundir-se num só, incorporar-se um ao outro ou reunir-se em federação, a qual, após o registro perante o Tribunal Superior Eleitoral, atuará como se fosse uma única agremiação partidária.[39]

---

33 TSE, AC nº 25.094, Rel. Min. Carlos Eduardo Bastos, j. 16.6.2005, *DJU* 7.10.2005.

34 Lei Fundamental da República Federal da Alemanha, art. 38, nº 3: "Os Deputados do Parlamento Federal Alemão são eleitos pelo sufrágio universal, direto, livre, igual e secreto. São representantes de todo o povo, independentes de mandatos e instruções e sujeitos unicamente à sua consciência. Tem direito de sufrágio quem tiver mais de dezoito anos; é elegível quem tiver atingido a idade estabelecida para a maioridade. A regulação da matéria será feita por lei federal". Disponível em: <http://www.bundesverfassungsgericht.de>. Acesso em: 10.1.2007.

35 Constituição Política dos Estados Unidos Mexicanos, art. 52: "A Câmara dos Deputados será integrada por trezentos Deputados eleitos segundo o princípio da representação majoritária, mediante o sistema de distritos eleitorais uninominais, e duzentos Deputados eleitos segundo o princípio da representação proporcional, mediante o sistema de listas regionais, votadas em circunscrições eleitorais plurinominais." Disponível em: <http://www.scjn.gob.mx>. Acesso em: 10.1.2007.

36 TSE, AC nº 14.428, Rel. Min. Cid Flaquer Scartezzini, j. 6.9.1994, *DJU* 20.4.1995.

37 FRANCO, Afonso Arinos de Melo. *História e Teoria do Partido Político no Direito Constitucional Brasileiro.* Rio de Janeiro: Revista Forense, 1948, p. 126.

38 TSE, AC nº 22.263, Rel. Min. Carlos Eduardo Bastos, j. 29.6.2006, *DJU* 22.8.2006.

39 TSE, AC nº 15.384, Rel. Min. Edson Vidigal, j. 4.9.1998, *DJU* 10.9.1998.

A extinção do partido político é discutida pelo órgão de deliberação no nível nacional, sem prejuízo do cancelamento do registro civil de pessoas jurídicas e do estatuto do partido político contra o qual reste provada a falta de prestação de contas à Justiça Eleitoral, a obtenção, sob qualquer forma ou pretexto, de recursos financeiros procedentes do exterior, a manutenção de organização paramilitar ou a subordinação a entidade ou governo estrangeiro denunciada por eleitor, representante de partido político ou Procurador-Geral Eleitoral, transitada em julgado a decisão do processo de competência do Tribunal Superior Eleitoral.[40]

Os *sistemas partidários* são divididos em unipartidarismo, bipartidarismo e pluripartidarismo. O primeiro é explicitado pelo monopartidarismo simples, no qual há um partido político (*v. g.*: Partido Comunista, de Cuba), e básico, no qual há um partido político predominante (*v. g.*: Partido Ação Nacional, do México). O segundo é exprimido pelo bipartidarismo simples, no qual há dois partidos políticos (*v. g.*: Partido Branco e Partido Colorado, do Uruguai), e básico (*v. g.*: Partido Democrata e Partido Republicano, dos Estados Unidos da América). O terceiro é exteriorizado por vários partidos políticos em funcionamento parlamentar (*v. g.*: Movimento Democrático Brasileiro, Partido Trabalhista Brasileiro, Partido Democrático Trabalhista, Partido dos Trabalhadores, Partido Comunista do Brasil, Partido Socialista Brasileiro, Partido da Social Democracia Brasileira, Agir, Partido da Mobilização Nacional, Cidadania, Partido Verde, Avante, Progressistas, Partido Socialista dos Trabalhadores Unificado, Partido Comunista Brasileiro, Partido Renovador Trabalhista Brasileiro, Democracia Cristã, Partido da Causa Operária, Podemos, Republicanos, Partido Socialismo e Liberdade, Partido Liberal, Partido Social Democrático, Patriota, Solidariedade, Partido Novo, Rede Sustentabilidade, Partido da Mulher Brasileira, União Brasil e Unidade Popular, do Brasil).[41, 42]

4 DIREITO AO CARGO

A **acessibilidade aos cargos públicos** é retratada pelo *ius ad officium*, na medida em que todos os cidadãos têm o direito de acesso, em condições de igualdade, aos cargos públicos, de natureza eletiva ou não.[43]

O acesso aos cargos públicos é sujeito aos requisitos de provimento originário enumerados em lei ordinária ou resolução da Câmara dos Deputados ou Senado Federal, tais como a nacionalidade brasileira, pleno gozo dos direitos políticos, quitação com as

---

40 TSE, AC nº 21.377, Rel. Min. Luiz Carlos Madeira, j. 8.4.2003, *DJU* 16.5.2003.

41 TSE, AC nº 21.977, Rel. Min. Gilmar Mendes, j. 3.2.2005, *DJU* 18.4.2005.

42 Na jurisprudência, o Supremo Tribunal Federal nega que "a regra do art. 13 da Lei nº 9.096/95, que exclui do funcionamento parlamentar, nas Casas Legislativas para as quais tenha elegido candidato, o partido político que, em cada eleição para a Câmara dos Deputados, não obtenha o apoiamento de, no mínimo, cinco por cento dos votos válidos, distribuídos em, pelo menos, um terço dos Estados, com um mínimo de dois por cento do total de cada um deles, atenda ao princípio do multipartidarismo. A nenhuma maioria é dado subtrair ou restringir os direitos fundamentais da minoria, como, por exemplo, a liberdade de se expressar, de se organizar, de denunciar, de discordar e de se fazer representar nas decisões que influam nos destinos da sociedade como um todo, enfim, de participar plenamente da vida pública". STF, ADIn nº 1.354, Rel. Min. Marco Aurélio, j. 7.12.2006, *DJU* 30.3.2007. Disponível em: <http://www.stf.gov.br>. Acesso em: 15.8.2008.

43 CAMMAROSANO, Márcio. *Direito ao Cargo*. São Paulo: Revista dos Tribunais, 1984, p. 23.

obrigações militares e eleitorais, nível de escolaridade exigido para a função pública, idade mínima de 18 anos e aptidão física e mental.

O acesso aos cargos públicos, que decorre do exercício do direito político consagrado nos arts. 37, inc. I, 51, inc. IV, 52, inc. XIII, 61, § 1º, inc. II, *c*, 96, inc. I, *b*, 127, § 2º, e 207, § 1º, não se confunde com o acesso às funções públicas, que deflui do exercitamento do direito individual consignado no art. 5º, inc. XIII, da CRFB.[44]

5 DIREITO NO CARGO

A **inacumulabilidade dos cargos públicos** é revelada pelo *ius in officium*, uma vez que nenhum cidadão pode ser privilegiado ou discriminado profissionalmente, em virtude do exercício de cargos públicos ou de qualquer outro direito político.[45]

Em consequência, "os agentes políticos podem reaver as funções exercidas à data da posse nos cargos públicos, que devem ser providos a título interino enquanto durarem os mandatos eletivos",[46] sendo evidente que "as normas constitucionais não impõem a obrigação de renúncia ao posto de trabalho como condição de elegibilidade",[47] de acordo com o art. 50, nº 2, *initio*, da Constituição portuguesa, regulamentada pela *Lei Constitucional nº 1* (30.9.1982),[48] como também o art. 51, nº 3, *in fine*, da Constituição italiana, regulamentada pela *Legge Costituzionale nº 1* (30.5.2003).[49, 50]

---

44 O reconhecimento do acesso aos cargos públicos como direito de participação política é comungado por João Manuel Pereira da Silva, segundo o qual "direito político não é somente a faculdade de ser eleito e de eleger, é também a faculdade de ser chamado para os cargos públicos, ou seja, membros de um dos Poderes criados pela Constituição". SILVA, João Manuel Pereira da. *Obras Literárias e Políticas*. v. II. Rio de Janeiro: Baptiste Louis Garnier, 1862, p. 263.

45 CAVALCANTI, Pedro. *Direito no Cargo*. Brasília: Senado Federal, 1965, p. 8.

46 CANOTILHO, José Joaquim Gomes; MOREIRA, Vital. *Constituição da República Portuguesa Anotada*. 3ª ed. Coimbra: Coimbra Editora, 1993, p. 273.

47 PERLINGIERI, Pietro; ROMANO, Geremia. *Commento alla Costituzione Italiana*. 2ª ed. Napoli: Edizioni Scientifiche Italiane, 2001, p. 351.

48 Constituição da República Portuguesa, art. 50, nº 2: "Ninguém pode ser prejudicado na sua colocação, no seu emprego, na sua carreira profissional ou nos benefícios sociais a que tenha direito, em virtude do exercício de direitos políticos ou desempenho de cargos públicos." Disponível em: <http://www.parlamento.pt>. Acesso em: 15.1.2007.

49 Constituição da República Italiana, art. 51, nº 3: "Quem for chamado para o exercício de funções públicas terá o direito de dispor do tempo necessário ao exercitamento delas e conservar o seu posto de trabalho." Disponível em: <http://www.parlamento.it>. Acesso em: 15.1.2007.

50 Na legislação, a Lei nº 8.112, de 11 de dezembro de 1990, dispõe sobre o Regime Jurídico dos Servidores Públicos Civis da União, Autarquias e Fundações Públicas Federais, que devem se afastar dos cargos públicos de provimento efetivo para o exercício de mandatos eletivos federais, estaduais e distritais. "Investidos em mandato eletivo de Prefeito, os servidores públicos federais serão afastados dos cargos, sendo-lhes facultado optar pelas suas retribuições pecuniárias. Investidos em mandato eletivo de Vereador, os servidores públicos federais, havendo compatibilidade de horário, perceberão as vantagens dos seus cargos, sem prejuízo das remunerações dos cargos eletivos, ao passo que, não havendo compatibilidade de horário, serão afastados dos cargos, sendo-lhes facultado optar pelas

suas retribuições pecuniárias." Disponível em: <http://www.camara.gov.br>. Acesso em: 15.1.2007.

Capítulo 12
GARANTIAS CONSTITUCIONAIS

Acesse e assista à aula explicativa sobre este assunto.

> *https://uqr.to/14uge*

1 CONCEITO

As garantias constitucionais em sentido estrito são definidas como **formalidades que asseguram o exercício dos direitos fundamentais, pelo mecanismo da coerção, das condutas contra eles direcionadas, a permanecerem nos limites da ordem jurídica, com a finalidade de proteger os seus titulares contra violações de qualquer natureza.**[1]

A partir do trinômio direitos fundamentais – garantias – remédios constitucionais, a todo direito corresponde uma garantia constitucional que o assegura de violentações, bem assim a toda garantia constitucional corresponde um remédio que a torna eficaz.[2]

2 TIPOLOGIA

As garantias constitucionais são submetidas a quatro classificações diferentes, que serão objeto de estudo nos itens seguintes.

---

1 GRINOVER, Ada Pellegrini. *Garantias Constitucionais*. São Paulo: Revista dos Tribunais, 1973, p. 36.

2 Acerca do conceito de garantias constitucionais, na doutrina brasileira, v.: CHOUKR, Fauzi Hassan. *Garantias Constitucionais*. 3ª ed. Rio de Janeiro: Lumen Juris, 2006, p. 7. Ademais, na doutrina alemã, v.: KLEIN, Friedrich. *Konstitutionell Garantien und Rechtsinstitutsgarantien*. Breslau: M. u. H. Marcus, 1934, p. 13; na doutrina argentina, v.: ALCORTA, Amancio: *Las Garantías Constitucionales*. 2ª ed. Buenos Aires: Félix Lajouane, 1897, p. 10; na doutrina espanhola, v.: FREIRE, Antonio Peña. *Las Garantías Constitucionales en el Estado Constitucional de Derecho*. Madrid: Trotta, 1997, p. 15; na doutrina francesa, v.: DAUNOU, Pierre-Claude. *Essai sur les Garanties Constitucionnelles que reclame l'État actuel de la Société*. Paris: Foulon, 1819, p. 21; na doutrina italiana, v.: TERESI, Francesco. *Lezioni sulle Garanzie Costituzionali*. Padova: Cedam, 1999, p. 18; na doutrina norte-americana, v.: HOADLY, George. *The Constitutional Guarantees*. New York: Michael Burnham & Co., 1889, p. 3, e, na doutrina portuguesa, v.: QUEIRÓ, Afonso Rodrigues. *Sobre Algumas Garantias Constitucionais*. Coimbra: Revista de Direito e Estudos Sociais, 1975, p. 33.

2.1 Classificação bipartida das garantias constitucionais

A classificação bipartida das garantias constitucionais, elaborada por **José Alves**, com o aplauso de **José Afonso da Silva**, elucida a diferenciação entre as *garantias gerais*, tracejadas pela divisão do poder político, de maneira a assegurar o respeito à pessoa em todas as dimensões, como, por exemplo, a organização do Estado e separação dos Poderes, e *garantias especiais*, traduzidas pelas formalidades asseguratórias da inviolabilidade dos direitos fundamentais, de sorte a limitar a atividade dos organismos públicos e particulares, como, por exemplo, a afiançabilidade do delito e comunicabilidade da prisão.

Em sinopse: "as garantias constitucionais são divididas em gerais e especiais".[3] "As garantias gerais são instituições que se inserem no mecanismo de freios e contrapesos e, assim, visam impedir o arbítrio; nisso é que se revela o princípio da separação de poderes como matriz de todas as outras garantias dos direitos fundamentais. As garantias especiais são prescrições que, limitando a atuação dos órgãos públicos e particulares, conferem, aos titulares dos direitos fundamentais, instrumentos, meios, procedimentos ou técnicas para imporem o respeito e a exigibilidade desses direitos de forma especial."[4, 5]

2.2 Classificação tripartida das garantias constitucionais

A classificação tripartida das garantias constitucionais, engendrada por **Luiz Bispo**, com o apoio de **Marcello Caetano**, enuncia a distinção entre as *garantias contra a legislação*, simbolizada como atividade de elaboração de regras jurídicas, com a descrição de um fato e a prescrição de uma conduta entre sujeitos, afetada pela obrigação, permissão ou proibição, *garantias contra a administração*, sinalizada como atividade preponderantemente executória, desempenhada por entidades políticas, administrativas ou delegatárias, por meio da gestão de recursos financeiros, com o fim de salvaguardar o interesse legalmente cometido ao Estado, e *garantias contra a jurisdição*, sistematizada como atividade de resolução contenciosa das lides existentes na sociedade, pela qual o Estado substitui os titulares dos interesses em jogo, de modo definitivo e quando solicitado.

Em síntese: "a ordem constitucional estabelece garantias dos direitos fundamentais, por imposição direcionada ao Poder Legislativo, Poder Executivo ou Poder Judiciário".[6] "Pelo que respeita à função legislativa, a garantia está no recurso aos juízos e tribunais para a invalidação de leis ou atos normativos. Pelo que respeita à função administrativa, a garantia está na organização hierárquica dos agentes vinculados à Administração Pública, com a possibilidade de interposição de recurso administrativo. As garantias oferecidas

---

3 ALVES, José. *Direito Constitucional Brasileiro*. 2ª ed. São Paulo: José Bushatsky, 1973, p. 347.

4 SILVA, José Afonso da. *Curso de Direito Constitucional Positivo*. 24ª ed. São Paulo: Malheiros, 2005, p. 413.

5 Sobre a classificação bipartida das garantias constitucionais, Paulo Bonavides elabora a diferenciação entre as garantias qualificadas ou de primeiro grau e garantias simples ou de segundo grau, pois aquelas reservam os direitos fundamentais da reforma constitucional, ao passo que estas resguardam os direitos fundamentais da legislação ordinária, e não também da emenda e revisão da Constituição, que podem ser tendenciosas a aboli-los. BONAVIDES, Paulo. *Direitos Fundamentais, Globalização e Neoconstitucionalismo* in *Revista Latino-Americana de Estudos Constitucionais*, nº 2, 2003, p. 351-361.

6 BISPO, Luiz. *Direito Constitucional Brasileiro*. São Paulo: Saraiva, 1981, p. 389.

pela função jurisdicional estão na hierarquia dos órgãos judiciários, na pluralidade de instâncias, na possibilidade de recurso e na independência e inamovibilidade dos juízes."[7, 8]

2.3 Classificação quadripartida das garantias constitucionais

A classificação quadripartida das garantias constitucionais, exposta por **Paulino Jacques**, com a aprovação de **Rosah Russomano**, exterioriza a divisão entre as *garantias criminais*, recobertas de natureza preventiva, como, por exemplo, a inadmissibilidade de foro privilegiado, ou natureza repressiva, como, por exemplo, a inexistência de extradição de estrangeiros por crime político ou de opinião, *garantias cíveis*, representadas pela assistência jurídica, integral e gratuita, aos hipossuficientes econômicos e expropriação por necessidade ou utilidade pública ou interesse social, *garantias tributárias*, retratadas pela reserva legal dos impostos, taxas, contribuições de melhoria, contribuições sociais e empréstimos compulsórios, e *garantias processuais*, reveladas pela proibição das provas obtidas por meios ilícitos, sem embargo da publicidade dos atos processuais e motivação das decisões judiciais.

Em sintonia: "as garantias constitucionais protegem os direitos fundamentais do arbítrio. Compreendem elas as garantias criminais preventivas, que abrangem a inadmissibilidade de foro privilegiado e de tribunais de exceção; as garantias criminais repressivas, que alcançam a inexistência de extradição de brasileiros e de estrangeiros por crime político ou de opinião; as garantias cíveis, que apreendem a assistência jurídica gratuita; as garantias tributárias, que atingem a legalidade do tributo e de sua cobrança",[9] bem assim as garantias processuais, "que são a ciência dos despachos e informações e controle judicial de constitucionalidade de leis e atos normativos do Poder Público".[10, 11]

---

7 CAETANO, Marcello. *Direito Constitucional.* 2ª ed. Rio de Janeiro: Forense, 1987, p. 390.

8 Sobre a classificação tripartida das garantias constitucionais, Manoel Gonçalves Ferreira Filho engendra a distinção entre as garantias-limite, garantias-institucionais e garantias instrumentais, porquanto umas são simplificadas como proibições que objetivam prevenir a violação dos direitos fundamentais em especial, tal como a impossibilidade de prisão civil por dívida, outras são singularizadas como meios organizados de proteção dos direitos fundamentais em geral, tal como a jurisdição das liberdades, e as últimas são situadas como nexo entre as garantias-limite e garantias-institucionais, ao permitirem a tutela de um direito fundamental mediante a provocação de outro meio de proteção vocacionado para tanto. FERREIRA FILHO, Manoel Gonçalves. *Os Direitos Fundamentais: problemas jurídicos, particularmente em face da Constituição Brasileira de 1988* in *Revista de Direito Administrativo*, nº 203, 1996, p. 1-10.

9 JACQUES, Paulino. *Curso de Direito Constitucional.* 2ª ed. Rio de Janeiro: Revista Forense, 1958, p. 363.

10 RUSSOMANO, Rosah. *Curso de Direito Constitucional.* 5ª ed. Rio de Janeiro: Freitas Bastos, 1995, p. 247.

11 Sobre a classificação quadripartida das garantias constitucionais, Jairo Gilberto Schäfer expõe a divisão entre a garantia de rigidez constitucional dos direitos fundamentais e garantia da superioridade da Constituição da República, sem prejuízo da garantia de eficácia plena dos direitos fundamentais e garantia da divisão dos Poderes do Estado, porque a primeira é talhada pela limitação material ao poder de reforma constitucional sobre os direitos fundamentais, a segunda é tecida pelo controle judicial de constitucionalidade de leis e atos normativos, a terceira é timbrada pela aplicação imediata das normas de positivação dos direitos fundamentais e a quarta é tocada pela autonomia e independência do Poder Judiciário, tudo nos arts. 2º, 5º, § 1º, 52, inc. X, 60, § 4º, inc. IV, 93, inc. I, 95, incs. I a III, 97, 99, 102, inc. I, *a*, §§ 1º e 2º, e 103 da CRFB. SCHÄFER, Jairo Gilberto. *As Garantias dos Direitos Fundamentais* in *Revista de Informação Legislativa*, nº 142, 1999, p. 207-219.

2.4 Classificação quinquipartida das garantias constitucionais

A título de conclusão, sobre a classificação quinquipartida das garantias constitucionais, os direitos individuais, direitos coletivos, direitos sociais, direito à nacionalidade e direitos políticos são amparados por cinco "instrumentos de proteção dos direitos fundamentais".[12]

2.4.1 Garantias constitucionais dos direitos individuais

As *garantias constitucionais dos direitos individuais* são compendiadas pela legalidade, inafastabilidade do controle judicial, devido processo legal, ampla defesa, contraditório, razoável duração do processo, petição e certidão, à luz dos arts. 5º, incs. II, XXXIII, XXXIV, XXXV, LIV, LV e LXXVIII, 37, *caput*, 84, incs. IV e VI e 217, § 1º, da CRFB.

A legalidade é conceituada como subordinação ou sujeição das pessoas, órgãos e entidades aos preceitos emanados do Poder Legislativo, tendo em vista a dicotomia entre reserva legal e preferência legal, uma vez que naquela "só a lei pode criar direitos e obrigações", à medida que nesta "o ato não pode dispor de modo diverso ou mais amplo que a lei". A atividade normativa do Poder Executivo, sob a forma de regulamento delegado ou autônomo, não é permitida na ordem jurídica brasileira, excetuadas as atribuições e estruturação dos órgãos da Administração Pública, como também a extinção de cargos e funções públicas, desde que não importe aumento de despesa e tenha havido vacância.[13]

A inafastabilidade do controle judicial é conhecida como tutela jurisdicional adequada, efetiva e tempestiva das necessidades de Direito Material, por intermédio da preordenação dos mecanismos que se afigurarem necessários à realização das pretensões deduzidas em juízo. Ademais, a ação, processo e jurisdição são corolários da inafastabilidade do controle judicial, a ser exercida pelo juiz, com intervenção do promotor natural para oficiar nos processos que reclamem a intervenção ministerial, inafastável por ato discricionário do Procurador-Geral.[14]

O devido processo legal é consagrado como processual ou formal e substancial ou material. A regularidade procedimental é preservada pelo devido processo legal processual ou formal, dado que cada questão submetida à apreciação jurisdicional deve ser resolvida por meio de um encadeamento lógico de atos tendentes à consecução do provimento final (processo), próprio para a hipótese (devido) e previamente estipulado (legal). O exame do mérito das valorações legislativas, administrativas e judiciais é protegido pelo devido processo legal substancial ou material, eis que cada medida restritiva de direitos fundamentais deve revelar-se adequada, necessária e proporcional.[15]

A ampla defesa é consequência da prática dos atos instrutórios na presença e com a participação do defensor e defendido. Pelo ângulo dos sujeitos processuais, a ampla defesa engloba a defesa técnica, que decorre da condição de representante em juízo, e autodefesa, que deflui da condição de parte do processo. Pelo ângulo dos atos processuais, a ampla defesa encerra a audiência, que denota a conveniência de o demandado influir

---

12 BARBOSA, Ruy. *Commentarios à Constituição Federal Brasileira*. v. V. São Paulo: Saraiva & Cia., 1934, p. 176-185.

13 STF, ADIn nº 1.296, Rel. Min. Celso de Mello, j. 14.6.1995, *DJU* 10.8.1995.

14 STF, ADIn nº 1.772, Rel. Min. Carlos Velloso, j. 15.4.1998, *DJU* 8.9.2000.

15 STF, AC nº 1.409, Rel. Min. Cármen Lúcia, j. 28.11.2006, *DJU* 19.12.2006.

sobre a formação do convencimento da autoridade judiciária competente, e presença, que designa a oportunidade de o demandado tomar posição perante as razões e as provas, pela intermediação com a autoridade jurisdicional competente. Pelo fio do exposto, o contraditório é a expressão da ampla defesa, impondo a condução dialética do processo.[16]

A razoável duração do processo é considerada como eficiente realização do processo pelo qual se leva o pedido à cognição judicial ou administrativa. A permissão de responsabilização civil do Estado pela demora na prestação jurisdicional é indicada pela razoável duração do processo, em razão da transgressão do dever jurídico originário ou primário de celeridade processual. A obrigação de aceleração dos atos processuais é indiciada pela razoável duração do processo, em virtude da reorganização judiciária, mudança do perfil do operador do Direito, alteração no regime de custas processuais e investimentos tecnológicos e materiais no Poder Judiciário (técnicas extraprocessuais), autotutela, autocomposição, heterocomposição e arbitragem (técnicas extrajudiciais) e diferenciação da tutela jurisdicional, desformalização do processo, sumarização procedimental, tutela judicial coletiva, julgamento antecipado da lide, abreviação do procedimento recursal, limitação de acesso aos tribunais e sanções processuais ao protelador (técnicas judiciais).[17]

A petição é contemplada como possibilidade de invocar a atenção do Poder Público, por meio de reclamação ou representação de pessoa, natural ou jurídica, individual ou coletiva, direcionada ao Poder Legislativo, Poder Executivo, Poder Judiciário ou Ministério Público, com vistas à defesa de direito individual ou denúncia de ilegalidade ou abuso de poder. Outrossim, a petição é dotada de caráter bifronte, já que a garantia constitucional pode ser dirigida à proteção de interesse particular ou pessoal, como também de interesse coletivo ou geral, quando não se afigura exigível a demonstração de ameaça ou lesão a interesse do peticionário, resguardando-lhe o direito ao pronunciamento do órgão peticionado sobre a questão.[18]

A certidão é convencionada como obtenção de informações em repartições públicas, para a tutela de direito individual ou esclarecimento de situação de interesse particular ou pessoal, sob pena de responsabilidade civil, penal e político-administrativa. Excetuadas as informações cujo sigilo seja imprescindível à segurança da sociedade e do Estado, a Administração Pública, direta ou indireta, não pode se recusar a expedir a certidão, no prazo legal de 15 dias, contado do registro do pedido no órgão expedidor, independentemente do pagamento de taxas, desde que os fatos tenham sido especificados pelo requerente.[19]

---

16 STF, AI nº 582.414, Rel. Min. Gilmar Mendes, j. 17.10.2006, *DJU* 1º.12.2006.

17 STF, HC nº 87.721, Rel. Min. Cármen Lúcia, j. 15.8.2006, *DJU* 7.12.2006.

18 STF, ADIn nº 2.212, Rel. Min. Ellen Gracie, j. 2.10.2003, *DJU* 14.11.2003.

19 STF, MS nº 25.382, Rel. Min. Sepúlveda Pertence, j. 15.2.2006, *DJU* 31.3.2006. V., também, sobre o assunto: STF, MS nº 21.647, Rel. Min. Paulo Brossard, j. 26.5.1994, *DJU* 1º.7.1994; STF, ADIn nº 1.368, Rel. Min. Néri da Silveira, j. 19.12.1995, *DJU* 19.12.1996; STF, HC nº 80.801, Rel. Min. Marco Aurélio, j. 29.5.2001, *DJU* 29.8.2003, e STF, ADIn nº 2.150, Rel. Min. Ilmar Galvão, j. 11.9.2002, *DJU* 29.11.2002.

2.4.2 *Garantias constitucionais dos direitos coletivos*

As *garantias constitucionais dos direitos coletivos* são dedicadas à associação, cuja instituição não depende de autorização governamental, desautorizada a intervenção estatal. Em outras palavras: "o direito de associação não exclui o controle e fiscalização do Estado. Mas esta fiscalização é devotada apenas a evitar que a associação se desvie de seus fins, não importa em intervenção na composição de seus órgãos e nas suas relações sociais", de acordo com o art. 5º, incs. XVII a XXI, da CRFB.[20]

2.4.3 *Garantias constitucionais dos direitos sociais*

As *garantias constitucionais dos direitos sociais* são evidenciadas pelo serviço público, resumido como atividade material ou substancial executada direta ou indiretamente pelo Estado, por interposição de entidades políticas, administrativas ou delegatárias, sob regime jurídico próprio, para o atendimento de necessidade de interesse coletivo ou geral, a teor dos princípios da continuidade, cortesia, eficiência, generalidade, modicidade e universalização.

Continuidade, porque o serviço público não pode sofrer solução de continuidade.[21]

Cortesia, porque o serviço público deve resultar em bom relacionamento com o público.[22]

Eficiência, porque o serviço público objetiva a consecução do máximo de proveito, com o mínimo de recursos humanos, materiais e financeiros com destinação pública.[23]

Generalidade, porque o serviço público deve beneficiar o maior número de pessoas, sem discriminação quanto aos usuários, desde que atendidas as condições técnicas para tanto.[24]

Modicidade, porque o serviço público não pode ser custeado por valores excessivos, tendo em conta que a obtenção do lucro não é a finalidade precípua da Administração Pública, mas pode decorrer da boa gestão administrativa.[25]

Universalização, porque o serviço público é objeto de programas que, ao longo do tempo, são empregados para permitir a inclusão de parcela da sociedade com hipossuficiência econômica no acesso e fruição destas utilidades públicas.[26]

2.4.4 *Garantias constitucionais do direito à nacionalidade*

As *garantias constitucionais do direito à nacionalidade* são delimitadas à atribuição estatal, já que a produção de normas, constitucionais e legais, sobre aquisição, perda e

---

20 CAVALCANTI, Themístocles Brandão. *A Constituição Federal Comentada*. 2ª ed. v. III. Rio de Janeiro: José Konfino, 1952, p. 114-121.

21 STF, IF nº 164, Rel. Min. Gilmar Mendes, j. 13.12.2003, *DJU* 14.11.2003.

22 STF, AC nº 669, Rel. Min. Carlos Britto, j. 6.10.2005, *DJU* 26.5.2006.

23 STF, AC nº 200, Rel. Min. Carlos Britto, j. 12.5.2004, *DJU* 4.6.2004.

24 STF, RE nº 264.621, Rel. Min. Joaquim Barbosa, j. 1º.2.2005, *DJU* 8.4.2005.

25 STF, ADIn nº 2.095, Rel. Min. Octavio Gallotti, j. 22.3.2000, *DJU* 19.9.2003.

26 STF, RE nº 638.256, Rel. Min. Cármen Lúcia, j. 21.4.2011, *DJU* 6.5.2011. V., também, sobre a matéria: STF, IF nº 2.127, Rel. Min. Gilmar Mendes, j. 8.5.2003, *DJU* 22.8.2003; STF, IF nº 2.737, Rel. Min. Gilmar Mendes, j. 8.5.2003, *DJU* 22.8.2003; STF, IF nº 2.805, Rel. Min. Gilmar Mendes, j. 8.5.2003, *DJU* 22.8.2003, e STF, IF nº 2.909, Rel. Min. Gilmar Mendes, j. 8.5.2003, *DJU* 22.8.2003.

reaquisição da nacionalidade é reservada aos Estados, inconstrangibilidade, posto que nenhuma pessoa, mesmo que apátrida, pode ser constrangida a adquirir uma nacionalidade, e optabilidade, visto que todas as pessoas devem ser livres para mudar ou conservar suas nacionalidades. Em outros termos: "os Estados podem dizer quais são os seus nacionais. Só eles o podem fazer, e não podem dizer que os seus nacionais não o são de outros Estados. É-lhes lícito estatuir que se perca a nacionalidade de outro Estado antes de se adquirir a sua, porém não que a aquisição da sua implique a perda da nacionalidade de outro Estado", garantido o direito de "optar a pessoa por uma das nacionalidades que adquiriu, ou por uma nacionalidade que tem, se outra se lhe oferece", "não podendo os apátridas ser obrigados a ter nacionalidade", em face do art. 12 da CRFB.[27]

2.4.5 Garantias constitucionais dos direitos políticos

As *garantias constitucionais dos direitos políticos* são compostas pela anualidade, gratuidade dos atos jurídicos necessários ao exercício da cidadania e impugnações eleitorais, à vista dos arts. 5º, inc. LXXVII, 14, §§ 9º a 11, e 16 da CRFB.

A anualidade é concernente à alteração do processo eleitoral, razão pela qual as normas que modifiquem o alistamento, votação, apuração e diplomação não podem ser aplicadas às eleições que ocorram até um ano da vigência da lei ordinária ou emenda à Constituição, sem embargo da aquisição da eficácia na data da publicação da espécie normativa.[28]

A gratuidade dos atos jurídicos necessários ao exercício da cidadania é conferida aos pedidos ou requerimentos de informações ao Poder Público, em todos os seus âmbitos, não somente para a defesa de interesses particulares ou pessoais e coletivos ou gerais, mas também para a denúncia de irregularidades administrativas na órbita pública.[29]

As impugnações eleitorais são contrapostas ao abuso de poder econômico ou político em favor de candidato, partido político ou coligação, resguardada a normalidade da eleição, sob pena de declaração de inelegibilidade e cancelamento do registro de candidatura, tendo em conta a prescrição na Lei Complementar nº 64/90, com as alterações da Lei Complementar nº 135/10, e à captação ilegal de sufrágio entre candidato e eleitor, respeitada a vontade do eleitorado, sob pena de multa e cancelamento do registro de candidatura ou declaração de nulidade da diplomação do eleito, tendo em vista a previsão na Lei nº 9.840/99, que inseriu o art. 41-A na Lei nº 9.504/97, como, por exemplo, a investigação judicial eleitoral por iniciativa de qualquer candidato, partido político, coligação ou Ministério Público realizada pela Corregedoria-Geral Eleitoral, Corregedorias Regionais Eleitorais ou Juízos Eleitorais.[30]

---

27 MIRANDA, Francisco Cavalcanti Pontes de. *Comentários à Constituição de 1967 com a Emenda nº 1 de 1969*. 3ª ed. v. IV. Rio de Janeiro: Forense, 1987, p. 368-373.

28 STF, ADI nº 3.685, Rel. Min. Ellen Gracie, j. 22.3.2006, *DJU* 10.8.2006.

29 STF, ADIn nº 1.800, Rel. Min. Nelson Jobim, j. 6.4.1998, *DJU* 3.10.2003.

30 STF, ADIn nº 3.592, Rel. Min. Gilmar Mendes, j. 26.10.2006, *DJU* 2.2.2007. V., também, sobre o tema: STF, RE nº 129.392, Rel. Min. Sepúlveda Pertence, j. 17.6.1992, *DJU* 16.4.1993; STF, ADIn nº 718, Rel. Min. Sepúlveda Pertence, j. 5.11.1998, *DJU* 18.12.1998; STF, MS nº 25.500, Rel. Min. Ellen Gracie, j. 11.10.2005, *DJU* 18.11.2005, e STF, ADIn nº 3.741, Rel. Min. Ricardo Lewandowski, j. 6.9.2006, Inf. STF 439.

Acesse o
MATERIAL SUPLEMENTAR

Entre no Ambiente de Aprendizagem através das instruções contidas na orelha deste livro e acesse os conteúdos exclusivos desta edição:
- Atualizações legislativas mensais.
- Questões de prova interativas.
- Esquemas.

Capítulo 13
HABEAS CORPUS

Acesse e assista à aula explicativa sobre este assunto.

> https://uqr.to/14ugf

1 CONCEITO

O *habeas corpus*,[1] *ad instar* arts. 5º, inc. LXVIII, e 142, § 2º, da CRFB, bem assim arts. 647 a 667 do CPP, é conceituado como **remédio constitucional, sob procedimento especial, colocado à disposição de qualquer pessoa para a tutela da liberdade de locomoção, ameaçada ou lesada, em decorrência de violência ou coação, eivada de ilegalidade ou abuso de poder**.[2]

Com efeito, o *habeas corpus* é dotado de origens remotas e próximas.

A origem remota do *habeas corpus* está no *interdictum de libero homine exhibendo*, do Direito Romano, no qual todo cidadão podia reclamar a exibição de homem livre detido ilegalmente.[3]

As origens próximas do *habeas corpus* estão, no Direito Comparado, na *Magna Charta Libertatum*, de 15 de junho de 1215, que estabeleceu a concórdia entre João Sem Terra e os barões para a outorga das liberdades da Igreja e do Rei da Inglaterra, e no *Habeas Corpus Act*, de 27 de maio de 1679, e *Habeas Corpus Act*, de 1º de julho de 1816, que estendeu a ação penal não condenatória a pessoas que não fossem acusadas de crimes.[4] No Direito brasileiro, antes da previsão na Constituição de 1891, o *habeas*

---

1 *Habeas corpus* eram as palavras iniciais da fórmula no mandado que o tribunal deferia, endereçado a quantos tivessem em seu poder ou guarda o corpo do detido. A ordem era do teor seguinte: "tomai o corpo desse detido e vinde submeter ao tribunal o homem e o caso". MIRANDA, Francisco Cavalcanti Pontes de. *Tratado das Ações*. v. VI. São Paulo: Revista dos Tribunais, 1976, p. 36.

2 MOSSIN, Heráclito Antônio. *"Habeas Corpus"*. 4ª ed. São Paulo: Atlas, 1999, p. 82.

3 ALVES, José Carlos Moreira. *Direito Romano*. 7ª ed. v. I. Rio de Janeiro, Forense, 1991, p. 222.

4 DAVID, René. *Direito Inglês*. São Paulo: Martins Fontes, 2000, p. 77.

corpus foi consagrado no Decreto de 23 de maio de 1821,[5, 6] e no art. 340 do Código do Processo Criminal, de 29 de novembro de 1832,[7] art. 18 da Lei nº 2.033, de 20 de setembro de 1871,[8] e art. 45 do Decreto nº 848, de 11 de outubro de 1890.[9, 10]

Demais disso, a violência não se confunde com a coação, da mesma forma que a ilegalidade não se embaralha com o abuso de poder.

A elocução "violência" denota a violência física (*vis corporalis*), isto é, emprego de força física, à medida que a "coação" denuncia a violência moral (*vis compulsiva*), ou seja, emprego de grave ameaça.[11]

A expressão "ilegalidade" designa a conduta em contrariedade ao ordenamento jurídico, ao passo que o "abuso de poder" desvela a conduta que, empreendida em nome do ordenamento jurídico, não é prevista ou autorizada por ele.[12]

Em face de todo o exposto, o *habeas corpus* é passível de duas classificações. Quanto ao objeto, o *habeas corpus* pode ser catalogado como *habeas corpus preventivo*, cabível na hipótese em que a liberdade de locomoção do paciente esteja ameaçada em razão de violência ou coação, por ilegalidade ou abuso de poder e, nesse caso, deferida a ordem de *habeas corpus*, compete ao juízo ou tribunal expedir salvo-conduto, na dicção do art. 660, § 4º, ou *habeas corpus liberatório*, cabível na hipótese em que a liberdade de locomoção do paciente seja lesada em virtude de coação ou violência, por ilegalidade ou abuso de poder e, nesse caso, deferida a ordem de *habeas corpus*, compete ao juízo ou tribunal expedir alvará de soltura, nos termos do art. 660, § 1º. Quanto à função, o *habeas corpus* pode ser categorizado como *habeas corpus constitucional*, recoberto da função de ação autônoma de impugnação, independendo da deflagração de processo criminal, como, por exemplo, o *habeas corpus* contra ato administrativo que, mediante violência ou coação, com ilegalidade ou abuso de poder, ameace ou lese a liberdade de locomoção do paciente, à luz do art. 648, inc. III, ou *habeas corpus processual*, revestido da função de recurso penal, dependendo do cometimento de ilegalidade ou abuso de

---

5 Decreto do Príncipe Regente de 23 de maio de 1821: "Todo cidadão que entender que ele, ou outro, sofre uma prisão ou constrangimento ilegal em sua liberdade, tem direito de pedir uma ordem de *habeas corpus* a seu favor". Disponível em: <http://www.presidencia.pt>. Acesso em: 10.7.2011.

6 PRAÇA, José Joaquim Lopes. *Direito Constitucional Portuguez*. v. I. Coimbra: Imprensa Litteraria, 1878, p. 48.

7 Código do Processo Criminal do Império do Brasil, art. 340: "Todo o cidadão que entender, que ele ou outrem sofre uma prisão ou constrangimento ilegal, em sua liberdade, tem direito de pedir uma ordem de *habeas corpus* em seu favor". Disponível em: <http://www.planalto.gov.br>. Acesso em: 10.7.2011.

8 Lei nº 2.033/1871, art. 18: "Tem lugar o pedido e concessão da ordem de *habeas corpus* ainda quando o impetrante não tenha chegado a sofrer o constrangimento corporal, mas se veja dele ameaçado". Disponível em: <http://www.planalto.gov.br>. Acesso em: 10.7.2011.

9 Decreto nº 848/1890, art. 45: "O cidadão ou estrangeiro que entender que ele ou outrem sofre prisão ou constrangimento ilegal em sua liberdade, ou se acha ameaçado de sofrer um ou outro, tem direito de solicitar uma ordem de *habeas corpus* em seu favor ou no de outrem". Disponível em: <http://www.planalto.gov.br>. Acesso em: 10.7.2011.

10 CALMON, Pedro. *Direito Constitucional Brasileiro*. Rio de Janeiro: Freitas Bastos, 1947, p. 320.

11 SOUZA, José Barcelos de. *Doutrina e Prática do "Habeas Corpus"*. Belo Horizonte: Sigla, 1998, p. 15.

12 TUCCI, Rogério Lauria. *Teoria e Prática do "Habeas Corpus"*. Belém: CEJUP, 1986, p. 34.

poder, por meio de coação ou violência, na instrução de processo criminal, em prejuízo ao acusado, como, por exemplo, o *habeas corpus* contra ato processual que, sem justa causa, receba a denúncia ou queixa, à vista do art. 648, inc. I, do CPP. A questão da "tutela penal dos interesses difusos, coletivos e individuais homogêneos" pode ser resolvida no sentido da impetrabilidade do *habeas corpus coletivo*,[13] uma vez que "o *habeas corpus* deve lograr uma interpretação extensiva, para assegurar ao máximo o direito à liberdade de locomoção. Não existe na Constituição do Brasil nenhum óbice a esta construção; pelo contrário, o art. 5º, §§ 1º e 2º, incentiva o intérprete a fazê-lo. Deste modo, se várias pessoas, mesmo que indeterminadas, ou de difícil determinação, estiverem ameaçadas ou lesadas no seu direito comum de liberdade de locomoção, é perfeitamente admissível a utilização do *habeas corpus* coletivo".[14, 15]

2 NATUREZA JURÍDICA

O *habeas corpus* pode ser investigado sob o ângulo constitucional ou processual, tendo em conta a **natureza dúplice** do mecanismo processual de proteção do direito em jogo.

Sob o aspecto constitucional, o *habeas corpus* é recoberto da natureza jurídica de *remédio constitucional* para a tutela da liberdade de locomoção, ameaçada ou lesada, em decorrência de violência ou coação, eivada de ilegalidade ou abuso de poder.[16]

A teoria brasileira do *habeas corpus* foi consubstanciada pelo Supremo Tribunal Federal, de acordo com o art. 72, § 22, da Constituição da República, de 24 de fevereiro de 1891,[17] enquanto não reformado pela Emenda Constitucional nº 1, de 3 de setembro de 1926,[18] segundo a qual o *habeas corpus* seria franqueado para a proteção de outros direitos que tivessem a liberdade de locomoção como condição de exercício, razão pela qual "em qualquer caso de abuso de poder, sofrendo o paciente coação ou violência à liberdade de ir, vir e ficar, estaria indicado constitucionalmente o uso do *habeas corpus*. Não decorrendo de abuso de poder, e sim de ato ilegal, que em tanto não orce, mas que,

---

13 SMANIO, Gianpaolo Poggio. *Tutela Penal dos Interesses Metaindividuais*. São Paulo: Atlas, 2000, p. 117.

14 LIMA, Francisco Gérson de. *Fundamentos Constitucionais para a Impetrabilidade de "Habeas Corpus" Coletivo* in *Filosofia e Constituição – Estudos em Homenagem ao Prof. Raimundo Bezerra Falcão*. Rio de Janeiro: Letra Legal, 2004, p. 129-142.

15 O *habeas corpus* coletivo pode ser fundamentado no disposto no art. 580 do CPP, que permite que a ordem concedida em determinado processo seja estendida para todos os que se encontrem na mesma situação de fato. STF, HC nº 143.641, Rel. Min. Ricardo Lewandowski, j. 20.2.2018, *DJU* 9.10.2018; STJ, HC nº 454.686, Rel. Min. Reynaldo da Fonseca, j. 4.10.2018, *DJU* 15.10.2018; e TJRJ, Proc. nº 2017.059.22024, Rel. Des. João Batista Damasceno, j. 25.8.2017, *DORJ* 1º.9.2017.

16 ALVEZ, Maria Cristina. *Remédio Constitucional*. São Paulo: FTD, 1999, p. 43.

17 Constituição da República dos Estados Unidos do Brasil, art. 72, § 22: "Dar-se-á o *habeas corpus*, sempre que o indivíduo sofrer, ou se achar em iminente perigo de sofrer violência, ou coação, por ilegalidade, ou abuso de poder." Disponível em: <http://www.senado.gov.br>. Acesso em: 28.2.2007.

18 Emenda Constitucional nº 1: "Substitua-se o art. 72 da Constituição da República dos Estados Unidos do Brasil. § 22. Dar-se-á o *habeas corpus*, sempre que alguém sofrer violência por meio de prisão ou constrangimento ilegal em sua liberdade de locomoção." Disponível em: <http://www.camara.gov.br>. Acesso em: 28.2.2007.

praticado, motive a violência ou coação, também seria dada a ordem de *habeas corpus*. Os direitos para cujo exercício se fizesse mister o ir, vir e ficar, ou mover-se de cá para lá, ameaçados ou violados pelo coator, porque ameaçado ou violado aquele direito-condição, não poderiam ser privados do *habeas corpus*".[19, 20]

Sob o aspecto processual, o *habeas corpus* é revestido da natureza jurídica de *ação penal não condenatória*, em virtude da pretensão de liberdade do paciente, e não da pretensão de condenação do acusado por crime ou contravenção penal, deduzida em juízo ou tribunal.[21]

A cognição é definida como complexo de atividades intelectuais efetuadas pela autoridade judiciária competente, cuja extensão e profundidade podem ser limitadas, em atenção às características da tutela ou necessidade de celeridade do procedimento. Destarte, considerando que a extensão da cognição é bifurcada em plena e parcial, bem assim que a profundidade da cognição é bipartida em exauriente e sumária, a atividade cognitiva no *habeas corpus* pode ser qualificada como plena e sumária, porquanto, "se o juízo ou tribunal pode conceder de ofício a ordem de *habeas corpus*, não está impedido de apreciar matérias não suscitadas pelos interessados. Todavia, o exame do mérito é condicionado à demonstração da ilegalidade da coação ou ameaça. Sem a prova pré-constituída dos fatos alegados, que deve acompanhar a petição inicial, ou pode resultar de outros elementos de convicção trazidos aos autos do processo, o juízo ou tribunal se verá na contingência de denegar a ordem de *habeas corpus*, pela não comprovação do direito de liberdade de locomoção".[22, 23]

3 CONDIÇÕES DA AÇÃO

A ação penal consiste no direito subjetivo público, autônomo e abstrato, de invocar a prestação jurisdicional, mediante a dedução de uma pretensão jurídica, cujo

---

19 MIRANDA, Francisco Cavalcanti Pontes de. *História e Prática do "Habeas Corpus"*. 4ª ed. Rio de Janeiro: Borsoi, 1961, p. 182.

20 A tutela jurisdicional dos direitos líquidos e certos que não tocassem à liberdade de ir, vir e ficar, ou de mover-se, entre 3 de setembro de 1926, data de publicação da Emenda Constitucional nº 1, e 16 de julho de 1934, data de promulgação da Constituição da República dos Estados Unidos do Brasil, cujo art. 113, nº 33, prescrevia que "dar-se-á o mandado de segurança para defesa do direito, certo e incontestável, ameaçado ou violado por ato manifestamente inconstitucional ou ilegal de qualquer autoridade. O processo será o mesmo do *habeas corpus*, devendo ser ouvida a pessoa jurídica de direito público interessada. O mandado de segurança não prejudica as ações petitórias competentes", ficou a cargo dos interditos possessórios. RÁO, Vicente. *Posse dos Direitos Pessoais*. São Paulo: Saraiva & Cia., 1929, p. 139-140.

21 COSTA, Paula Martins da. *Ação Penal Não Condenatória*. 2ª ed. São Paulo: Saraiva, 1998, p. 21.

22 FERNANDES, Antonio Scarance. *Recursos no Processo Penal*. São Paulo: Revista dos Tribunais, 1996, p. 378.

23 O *habeas corpus* de ofício é delineado como exceção ao princípio da demanda no processo acusatório, já que a prestação jurisdicional não depende da iniciativa da parte da relação jurídica processual, em atendimento ao art. 654, § 2º, do CPP. Deveras, as autoridades judiciárias têm competência para "expedir de ofício ordem de *habeas corpus*, quando no curso do processo verificarem que alguém sofre ou está na iminência de sofrer coação ilegal". GOMES NETO, Francisco Antônio. *"Habeas Corpus" de Ofício*. Rio de Janeiro: Instituto do Açúcar e do Álcool, 1974, p. 1-5.

julgamento de mérito ou atendimento prático requer a aplicação de normas de Direito Penal ou Direito Processual Penal.

O regular exercício do *habeas corpus* é, pois, submetido a condições de ordem genérica e específica.[24]

3.1 Condições genéricas da ação

O regular exercício do *habeas corpus* é genericamente condicionado: (i) à possibilidade jurídica do pedido, (ii) ao interesse de agir, (iii) à legitimidade *ad causam* e (iv) à justa causa para a deflagração da ação penal.

3.1.1 Possibilidade jurídica do pedido

A **possibilidade jurídica do pedido** delata que o pronunciamento jurisdicional deve ser abstratamente possível, em face da ausência de impedimentos, explícitos e implícitos, no ordenamento normativo. Em consequência, o pedido é juridicamente impossível em relação a punições disciplinares militares, frente aos princípios da disciplina e hierarquia, inerentes às Forças Armadas, de que trata o art. 142, § 2º, da CRFB.[25]

A *vedação do habeas corpus contra a prisão administrativa*, atual ou iminente, dos responsáveis por dinheiro ou valor da Fazenda Nacional, alcançados os omissos em fazer o recolhimento no prazo legal, não foi recepcionada pelo art. 5º, inc. LXI, da CRFB, como também a suspensão do *habeas corpus* é defesa na vigência do estado de sítio sobre o qual versa o art. 139 da CRFB.[26]

A *vedação do habeas corpus contra a punição disciplinar militar* não é absoluta, motivo pelo qual os aspectos extrínsecos do ato administrativo punitivo, como, por exemplo, a atribuição do agente público, oportunidade de ampla defesa e razões em que se apoiou a autoridade militar para exercer a discricionariedade, não são imunes ao controle judicial: "não há que se falar em violação ao art. 142, § 2º, da CRFB, se a concessão do *habeas corpus*, impetrado contra punição disciplinar militar, volta-se tão somente para os pressupostos de sua legalidade, excluindo a apreciação de questões referentes ao mérito";[27] "a proibição inserta no art. 142, § 2º, da CRFB, relativa ao incabimento de *habeas corpus* contra punições disciplinares militares, é limitada ao exame de mérito, não alcançando o exame formal do ato administrativo punitivo"[28] e "não é cabível *habeas corpus* em relação a punições disciplinares militares, sendo passível apenas o exame sobre a legitimidade da autoridade para aplicação da sanção disciplinar, da mesma forma que a legitimidade do paciente para suportá-la, excluindo-se a apreciação de questões referentes ao mérito. Inteligência do art. 142, § 2º, da CRFB".[29]

---

[24] GRINOVER, Ada Pellegrini. *As Condições da Ação Penal*. São Paulo: José Bushatsky, 1977, p. 31.

[25] Na sistemática do CPC, especialmente o art. 485, inc. VI, a possibilidade jurídica do pedido não é diagnosticada como condição genérica ao regular exercício da ação civil. DIDIER JÚNIOR, Fredie. *Curso de Direito Processual Civil*. 17ª ed. v. I. Salvador: JusPodivm, 2015, p. 306.

[26] ROSA, Paulo Rodrigues. *Cabimento de "Habeas Corpus" contra Punições Disciplinares Militares* in *IOB: repertório de jurisprudência civil, processual, penal e comercial*, nº 6, 2001, p. 126.

[27] STF, RE nº 338.840, Rel. Min. Ellen Gracie, j. 19.8.2003, *DJU* 12.9.2003.

[28] STJ, HC nº 8.846, Rel. Min. Hamilton Carvalhido, j. 14.12.2000, *DJU* 24.9.2001.

[29] TJRJ, Proc. nº 2006.051.00396, Rel. Des. Gilmar Teixeira, j. 3.10.2006, *DORJ* 16.10.2006.

3.1.2 *Interesse de agir*

O **interesse de agir** demonstra que o pronunciamento jurisdicional deve ser adequado e necessário para a obtenção do bem da vida pretendido.

A *adequação* é explicada pela correlação lógica entre a situação de fato e o provimento judicial concretamente solicitado, de arte que a tutela de outro direito indica a falta de interesse de agir preexistente, como prescrito no art. 647 do CPP. Em outras palavras: "deve ser negado o interesse de agir, por falta de adequação, sempre que se pedir o *habeas corpus* para remediar situações de ilegalidade contra outro direito, mesmo que a liberdade de locomoção seja condição de seu exercício, tal como o direito de frequentar templo religioso e de ingressar em determinados locais. Para tais hipóteses, adequado, em tese, o mandado de segurança, previsto justamente para a proteção de direito líquido e certo, não amparado por *habeas corpus*".[30]

A *necessidade* é explicitada pela impossibilidade de satisfação do direito afirmado sem a intercessão dos órgãos judiciários, de molde que a cessação da violência ou coação importa falta de interesse de agir superveniente, como transcrito no art. 659 do CPP. Em outros termos: "se o paciente já houver cumprido a pena imposta na condenação, não cabe *habeas corpus* por lhe faltar o objetivo específico de sua tutela jurisdicional";[31] "desaparecendo a situação de fato que originou a impetração do *habeas corpus*, em face da sentença penal absolutória, prejudicado resta o pedido, por perda de objeto",[32] e "se o juízo ou tribunal verificar que já cessou a violência ou coação ilegal, julgará prejudicado o pedido".[33]

3.1.3 *Legitimidade* ad causam

A **legitimidade *ad causam*** denota a pertinência subjetiva da lide, qualificada como ordinária ou extraordinária, conforme haja, ou não, correspondência entre os sujeitos da relação jurídica processual e da relação jurídica material, respectivamente.[34]

Dessa forma, consoante a regra inserida no art. 654, *caput*, *initio*, do CPP, que excepciona as regras inscritas no art. 6º, inc. VI, da Lei Complementar nº 75/93, arts. 25 e 59 da Lei nº 8.625/93 e arts. 1º, 3º e 8º da Lei nº 8.906/94, o *habeas corpus* pode ser impetrado por *qualquer pessoa*, em seu favor ou de outrem, "não sendo exigível linguagem técnico-jurídica";[35] "a petição inicial de *habeas corpus*, ainda que carente de clareza, todavia, sendo possível depreender o pedido formulado, merece ser admitida. Notadamente quando se evidenciar a carência econômica do paciente desprovido de *habilitação legal*",[36] em virtude da "técnica redacional utilizada no fazimento da petição de impetração do *habeas corpus*".[37]

---

[30] GRINOVER, Ada Pellegrini. *"Habeas Corpus" e Mandado de Segurança impetrados em Segunda Instância por Promotor de Justiça* in *Justitia*, nº 60, 1999, p. 934.

[31] STF, HC nº 68.715, Rel. Min. Paulo Brossard, j. 10.12.1991, *DJU* 14.2.1992.

[32] STJ, HC nº 4.469, Rel. Min. Cid Fláquer Scartezzini, j. 20.5.1996, *DJU* 27.5.1996.

[33] TJRJ, Proc. nº 2005.059.03339, Rel. Des. Hélio de Farias, j. 19.7.2005, *DORJ* 1º.8.2005.

[34] VIANA, Jorge Candido. *"Habeas Corpus": impetrante ou capacidade postulatória* in *Revista do Mercosul*, nº 6, 2000, p. 145.

[35] STF, HC nº 80.744, Rel. Min. Nelson Jobim, j. 27.3.2001, *DJU* 28.6.2002.

[36] STJ, HC nº 6.963, Rel. Min. Luiz Vicente Cernicchiaro, j. 17.3.1998, *DJU* 20.4.1998.

[37] TJRJ, Proc. nº 2006.059.06061, Rel. Des. Maurílio Braga, j. 7.11.2006, *DORJ* 7.12.2006.

3.1.4 *Justa causa*

A **justa causa** exterioriza o suporte probatório mínimo que lastreia o pedido formulado na ação penal.

A liberdade de locomoção é caracterizada como *direito líquido e certo*, na medida em que o *ius manendi, ambulandi, eundi ultro citroque* deve ser manifesto na sua existência, delimitado na sua extensão e apto a ser exercitado na impetração, de maneira que o fato constitutivo do direito afirmado pelo impetrante é demonstrável por meio de prova documental produzida no momento do oferecimento da petição inicial, independentemente da complexidade das questões jurídicas subjacentes à pretensão de liberdade deduzida em juízo ou tribunal.[38]

A violência ou coação deve ser demonstrada por *prova pré-constituída*, uma vez que o impetrante é sujeito ao ônus de provar a ilegalidade ou abuso de poder com os documentos que se afigurarem necessários à instrução da petição inicial, de sorte que não há dilação de provas no procedimento especial do *habeas corpus*, tendo em vista que "o processo do *habeas corpus* pressupõe a prova pré-constituída";[39] "o *habeas corpus* é ação de procedimento especial. Não enseja investigação probatória. Os fatos devem ser apresentados de modo definitivo"[40] e "em ação de *habeas corpus*, a prova do alegado tem de ser pré-constituída, sendo incabível a dilação probatória".[41]

3.2 Condições específicas da ação

O regular exercício do *habeas corpus* é especificamente condicionado: (i) à violência ou coação e (ii) à ilegalidade ou abuso de poder.

3.2.1 *Violência ou coação*

Por um lado, quanto à **violência ou coação** contra o impetrante, o *cabimento do habeas corpus para impugnação de ato de particular* é objeto de divergência, como, por exemplo, nas hipóteses de diretor de clínica que coarcta a liberdade de locomoção do paciente enquanto não efetuado o pagamento das despesas médicas, de síndico de condomínio edilício que coarcta a liberdade de locomoção do condômino enquanto não implementadas as cotas condominiais e de proprietário rural que coarcta a liberdade do colono enquanto não prestado determinado serviço.[42]

---

38 SILVA, Luis Renato Ferreira da. *A Justa Causa como Condição para o Exercício da Ação Penal* in Revista dos Tribunais, nº 655, 1990, p. 403.

39 STF, HC nº 89.609, Rel. Min. Ricardo Lewandowski, j. 18.12.2006, *DJU* 16.2.2007.

40 STJ, HC nº 7.100, Rel. Min. Luiz Vicente Cernicchiaro, j. 5.2.1998, *DJU* 20.4.1998.

41 TJRJ, Proc. nº 2006.059.05100, Rel. Des. Nildson da Cruz, j. 30.11.2006, *DORJ* 29.1.2007.

42 Nas hipóteses de agente de fato e usurpador de função pública, tendo o particular cometido a violência ou coação no desempenho de atividade de natureza estatal, não estando regularmente investido em cargo, emprego ou função pública, é indiscutível o cabimento do *habeas corpus*. MOREIRA NETO, Diogo de Figueiredo. *Curso de Direito Administrativo*. 11ª ed. Rio de Janeiro: Forense, 1999, p. 202-203.

Bento de Faria,[43] **Hélio Bastos Tornaghi**[44] e **Sergio Demoro Hamilton**[45] advertem que o *habeas corpus* não seria cabível para impugnação de ato de particular, porquanto as normas inseridas nos arts. 649, 650, § 1º, 653, 655, 660, §§ 3º e 5º, 662 e 665, *caput* do CPP fariam referência à "autoridade" indicada como coatora, assim como a violência ou coação desempenhada por particular configuraria o delito de constrangimento ilegal, ameaça ou cárcere privado, na forma dos arts. 146 a 148 do CP, ensejando a lavratura de termo circunstanciado ou instauração de inquérito policial e, se for o caso, a decretação de prisão provisória.

Vicente Greco Filho,[46] **Paulo Lúcio Nogueira,**[47] **Julio Fabrini Mirabete,**[48] **Eduardo Espíndola Filho,**[49] **Edgard de Magalhães Noronha**[50] e **Dante Busana**[51] advogam que o *habeas corpus* é cabível para impugnação de ato de particular, porque o art. 5º, inc. LXVIII, não se reporta à autoridade indigitada como coatora, sendo certo que a norma constitucional deve ser interpretada do modo mais liberal possível, refutada a exegese que estabelece diferenciação onde o constituinte não distingue. Ao contrário, no mandado de segurança, a norma introduzida no art. 5º, inc. LXIX, da CRFB é respeitante à "autoridade pública ou agente de pessoa jurídica no exercício de atribuições do Poder Público", bem como a violência ou coação desenvolvida por autoridade pública também configura o delito de abuso de autoridade, prevaricação ou violência arbitrária, nos termos dos arts. 319 e 322 do CP e arts. 9º e 12, parágrafo único, inc. IV, da Lei nº 13.869/19, cuja ilegalidade ou abuso de poder é suscetível do remédio constitucional.

A jurisprudência predominante, na esteira da mais autorizada doutrina, é firmada no sentido do cabimento do *habeas corpus* para impugnação de ato de particular: "o *habeas corpus* é ação mandamental voltada à proteção da liberdade de locomoção".[52] "Do teor da cláusula constitucional pertinente - art. 5º, inc. LXVIII, da CRFB - exsurge o entendimento no sentido de admitir-se o uso da garantia, inclusive na hipótese em que a ilegalidade provenha de ato de particular, não se exigindo que o constrangimento seja exercido por agente do Poder Público",[53] "pouco importando que a impetração tenha sido dirigida contra particular, posto que a Carta Política não fez qualquer distinção".[54]

---

43 FARIA, Bento de. *Código de Processo Penal*. v. II. Rio de Janeiro: Record, 1960, p. 376.

44 TORNAGHI, Hélio Bastos. *Curso de Processo Penal*. 7ª ed. v. II. São Paulo: Saraiva, 1990, p. 396.

45 HAMILTON, Sergio Demoro. *"Habeas Corpus" contra Ato de Particular* in *Revista da Escola da Magistratura do Estado do Rio de Janeiro*, nº 32, 2005, p. 99.

46 GRECO FILHO, Vicente. *Manual de Processo Penal*. São Paulo: Saraiva, 1991, p. 393.

47 NOGUEIRA, Paulo Lúcio. *Curso Completo de Processo Penal*. 4ª ed. São Paulo: Saraiva, 1990, p. 373.

48 MIRABETE, Julio Fabbrini. *Processo Penal*. 8ª ed. São Paulo: Atlas, 1997, p. 712.

49 ESPÍNDOLA FILHO, Eduardo. *Código de Processo Penal Brasileiro Anotado*. v. IV. Rio de Janeiro: Rio, 1980, p. 65.

50 NORONHA, Edgard de Magalhães. *Curso de Direito Processual Penal*. 21ª ed. São Paulo: Saraiva, 1992, p. 409.

51 BUSANA, Dante. *"Habeas Corpus"* in *Revista da Escola Paulista da Magistratura*, nº 1, 1993, p. 105.

52 STF, HC nº 84.404, Rel. Min. Carlos Britto, j. 29.3.2005, *DJU* 16.12.2005.

53 STJ, HC nº 4.120, Rel. Min. Vicente Leal, j. 29.4.1996, *DJU* 17.6.1996.

54 TJRJ, Proc. nº 2000.051.00073, Rel. Des. Luiz Peçanha, j. 8.8.2000, *DORJ* 28.8.2000.

3.2.2 Ilegalidade ou abuso de poder

Por outro lado, quanto à **ilegalidade ou abuso de poder** do impetrado, a violência ou coação é retratada pela *falta de justa causa para a demanda da ação penal, excesso de prazo, incompetência da autoridade coatora, cessação do motivo da constrição, inadmissibilidade da fiança, nulidade do processo manifesta ou extinção da punibilidade*, na sistemática do art. 648 do CPP.

3.2.2.1 Falta de justa causa

A justa causa é definida como embasamento constitucional e/ou legal do motivo determinante da violência ou coação, razão pela qual a privação provisória da liberdade de locomoção, mediante clausura, atual ou iminente, que não decorra de prisão em flagrante (CPP, art. 302), prisão preventiva (CPP, art. 312) ou prisão temporária (Lei nº 7.960/89, art. 1º), é traduzida como violência ou coação sem justa causa.

Não há confusão entre o relaxamento de prisão, delimitado pelo art. 5º, inc. LXV, e *habeas corpus*, delineado no art. 5º, inc. LXVIII, da CRFB, na medida em que a prisão em flagrante deve ser imediatamente comunicada às autoridades judiciárias, competindo-lhes relaxar a prisão ilegal. Caso a prisão em flagrante, ainda que legal, não tenha sido imediatamente comunicada à autoridade judiciária, é cabível *habeas corpus*, contra ato do delegado, perante o juiz. Caso a prisão em flagrante, desde que ilegal, não tenha sido relaxada pela autoridade judiciária competente, é cabível *habeas corpus*, contra ato do juiz, perante o tribunal.[55]

3.2.2.2 Excesso de prazo

O excesso de prazo é demarcado pela prisão por tempo superior ao previsto em lei, a partir da constatação de que "o Supremo Tribunal Federal firmou o entendimento segundo o qual o excesso de prazo na instrução criminal afigura-se razoável quando o processo é complexo e envolve vários réus",[56] uma vez que "o excesso de prazo para o encerramento da instrução criminal deve ser aferido dentro dos limites da razoabilidade, considerando circunstâncias excepcionais que venham a retardar a instrução criminal e não se restringindo à simples soma aritmética de prazos processuais",[57] de sorte que "não há excesso de prazo a ser sanado pelo *habeas corpus* se a instrução já se encontra encerrada e a prestação jurisdicional está prestes a ser entregue".[58]

3.2.2.3 Incompetência do coator

O limite ou medida da função jurisdicional é denominado como competência. Entrementes, o *habeas corpus* pode ser direcionado à impugnação de prisão decretada por autoridade policial (CPP, art. 648, inc. I), como também por autoridade jurisdicional

---

55 JESUS, Damásio Evangelista de. *Proibição de Liberdade Provisória e Relaxamento de Prisão Processual* in *Revista Síntese de Direito Penal e Processual Penal*, nº 29, 2005, p. 5.

56 STF, HC nº 89.863, Rel. Min. Eros Grau, j. 18.12.2006, *DJU* 16.2.2007.

57 STJ, HC nº 68.217, Rel. Min. Arnaldo Esteves Lima, j. 15.2.2007, *DJU* 12.3.2007.

58 TJRJ, Proc. nº 2006.059.06839, Rel. Des. Ricardo Bustamante, j. 16.1.2007, *DORJ* 12.2.2007.

absolutamente incompetente, *ratione materiae* ou *ratione personae* (CPP, art. 648, inc. VI), ou relativamente incompetente, *ratione loci* (CPP, art. 648, inc. III).[59]

3.2.2.4 Cessação do motivo

Desaparecido o motivo da constrição ao direito à liberdade de locomoção, a restrição é transmutada em violação.

Na hipótese de prisão por tempo superior ao fixado na sentença penal condenatória,[60] o Estado é subordinado ao dever jurídico derivado ou secundário de reparar ou ressarcir os danos morais e danos patrimoniais que houver sofrido o condenado pelo ato jurisdicional,[61] sem prejuízo do cabimento do *habeas corpus* para fazer cessar o constrangimento ilegal, ipsis litteris: "consubstancia constrangimento ilegal, remediável pela via do *habeas corpus*, a manutenção da prisão por tempo superior ao fixado na sentença penal condenatória (CRFB, art. 5º, inc. LXXV, *in fine*)".[62]

3.2.2.5 Inadmissão da fiança

A fiança é determinada pela autoridade policial ou autoridade judiciária, tendo o indiciado, acusado ou condenado sido preso provisoriamente, sendo evidente a adequação do *habeas corpus* para a impugnação de provimentos que, malgrado a lei a autorize, não admitam a concessão de liberdade provisória com fiança, desde que o abuso de poder ou ilegalidade possa ser comprovado de plano.[63]

3.2.2.6 Nulidade do processo

O *habeas corpus* é devotado à "manifesta nulidade do processo penal".[64] "Manifesta é a nulidade processual verificável *prima facie*, induvidosa, clara e ineludível. Se a nulidade processual não for dessa natureza, terá cabimento a revisão criminal."[65]

Por exemplo, "o *habeas corpus* para a invalidação de processo conspurcado por manifesta nulidade da citação, no qual o paciente tenha sido condenado a revelia, é juridicamente possível (CPP, art. 564, inc. III, *e*)".[66]

3.2.2.7 Extinção da punibilidade

A punibilidade é extinta pela morte do agente, anistia, graça ou indulto, retroatividade da norma penal que não mais considera o fato como criminoso, prescrição,

---

59 MARCATO, Antônio Carlos. *Breves Considerações sobre Jurisdição e Competência* in Revista de Processo, nº 66, 1992, p. 25.

60 STF, HC nº 70.766, Rel. Min. Moreira Alves, j. 9.11.1993, *DJU* 11.3.1994.

61 STJ, HC nº 4.108, Rel. Min. Vicente Leal, j. 21.5.1996, *DJU* 24.6.1996.

62 TJRJ, Proc. nº 1999.001.10235, Rel. Des. Alexandre Varella, j. 26.10.1999, *DORJ* 1º.11.1999.

63 FERNANDES, Antonio Scarance. *A Fiança Criminal e a Constituição Federal* in *Justitia*, nº 155, 1991, p. 28.

64 STF, HC nº 61.433, Rel. Min. Néri da Silveira, j. 25.11.1983, *DJU* 1º.6.1984.

65 STJ, HC nº 41.111, Rel. Min. Paulo Medina, j. 14.6.2005, *DJU* 26.2.2007.

66 TJRJ, Proc. nº 2001.059.00602, Rel. Des. Nildson da Cruz, j. 24.4.2001, *DORJ* 31.5.2001.

decadência ou perempção, renúncia do direito de queixa, nos crimes de ação privada, retratação do agente e perdão judicial, nos casos previstos em lei (CP, art. 107).

Outrossim, o *habeas corpus* pode ser impetrado para prevenir ou reprimir a violência ou coação, eivada de ilegalidade ou abuso de poder, que decorra do cumprimento do acordo de leniência nos crimes contra a ordem econômica (Lei nº 12.529/11, art. 87, parágrafo único), término do período de prova da suspensão condicional do processo, sem motivo para revogação do benefício, nas infrações penais cuja pena mínima cominada seja igual ou inferior a um ano (Lei nº 9.099/95, art. 89, § 5º), pagamento do tributo ou contribuição social, inclusive acessórios, antes do recebimento da denúncia, nos crimes contra a ordem tributária, relações de consumo e sonegação fiscal (Lei nº 9.249/95, art. 34), sentença ou acórdão absolutório prolatado no estrangeiro, morte da vítima no induzimento a erro essencial e ocultação de impedimento, reparação do dano no peculato culposo e declaração espontânea, confissão ou pagamento das contribuições, importâncias ou valores, sem embargo da prestação das informações devidas à previdência social, antes do início da ação fiscal, na apropriação indébita previdenciária e sonegação de contribuição previdenciária (CP, arts. 7º, § 2º, *d*, *initio*, 168-A, § 2º, 236, parágrafo único, 312, § 3º, *initio*, e 337-A, § 1º).[67, 68]

4 OBJETO

O *habeas corpus* pode resultar na concessão de **ordem impeditiva**, quando a liberdade de locomoção do paciente esteja ameaçada por violência ou coação, tendo o abuso de poder ou ilegalidade sido objetado por *habeas corpus preventivo*, ou **ordem corretiva**, quando a liberdade de locomoção do paciente seja lesada por violência ou coação, tendo o abuso de poder ou ilegalidade sido objetada por *habeas corpus liberatório*, por força do art. 660, §§ 1º e 4º, do CPP.[69]

---

67 DELMANTO, Roberto. *A Extinção da Punibilidade nos Crimes Fiscais* in *Revista dos Tribunais*, nº 677, 1992, p. 459.

68 Na hipótese de deflagração da persecução criminal por infração penal cuja punibilidade tenha sido extinta, a procedência do pedido formulado no *habeas corpus* importa o "trancamento do inquérito policial ou ação penal", *exempli gratia*: "o inquérito policial ou ação penal somente são passíveis de trancamento quando evidenciadas a atipicidade da conduta, ausência de autoria ou extinção da punibilidade"; "o trancamento do inquérito policial ou ação penal, pela via do *habeas corpus*, somente é possível quando, pela mera exposição dos fatos investigados, constata-se que há imputação de fato penalmente atípico, inexistência de qualquer elemento indiciário demonstrativo da autoria do delito ou extinta a punibilidade" e, "apesar de se tratar de medida excepcional, é possível o trancamento do inquérito policial ou da própria ação penal quando desponta a inocência do acusado, atipicidade da conduta ou extinção da punibilidade". BATISTA, Weber Martins. *Trancamento do Inquérito Policial ou Ação Penal* in *Revista Forense*, nº 328, 1994, p. 101; STF, HC nº 86.534, Rel. Min. Eros Grau, j. 25.10.2005, *DJU* 25.11.2005; STJ, HC nº 44.339, Rel. Min. Paulo Medina, j. 6.10.2005, *DJU* 21.11.2005, e TJRJ, Proc. nº 2006.059.01630, Rel. Des. Marcus Basílio, j. 9.5.2006, *DORJ* 22.5.2006.

69 FERREIRA, Luís Pinto. *Teoria e Prática do "Habeas Corpus"*. São Paulo: Saraiva, 1979, p. 55.

5 COMPETÊNCIA

Em regra, a competência para processo e julgamento do *habeas corpus* é atribuída ao órgão judiciário a que couber a apreciação da ação penal contra a autoridade coatora.[70]

O **Supremo Tribunal Federal** é originariamente competente para o *habeas corpus*, sendo *pacientes* o Presidente e Vice-Presidente da República, Ministros de Estado, Comandantes da Marinha, do Exército e da Aeronáutica, Senadores da República, Deputados Federais, Ministros do Supremo Tribunal Federal, dos Tribunais Superiores e do Tribunal de Contas da União, Procurador-Geral da República e chefes de missão diplomática de caráter permanente, *coatores* os Tribunais Superiores e *pacientes* ou *coatores* os agentes públicos cujos atos estejam submetidos diretamente à jurisdição do Supremo Tribunal Federal, ou se trate de crimes sujeitos à mesma jurisdição em única instância, à luz do art. 102, inc. I, *d* e *i*, da CRFB. O *habeas corpus* contra os atos singulares dos Ministros do Supremo Tribunal Federal é direcionado à própria Corte Excelsa,[71] em que pese a incognoscibilidade do *habeas corpus* contra os atos colegiados dos órgãos fracionários do Supremo Tribunal Federal,[72] forte na argumentação de que "a Turma, quando decide matéria de sua competência, representa a Suprema Corte".[73] O *habeas corpus* contra os atos singulares dos Ministros dos Tribunais Superiores,[74] à semelhança dos atos colegiados dos órgãos fracionários dos Tribunais Superiores,[75] também é dirigido ao Supremo Tribunal Federal, "englobando os Tribunais Superiores, na organização judiciária, o Superior Tribunal de Justiça, Tribunal Superior do Trabalho, Tribunal Superior Eleitoral e Superior Tribunal Militar".[76]

O **Superior Tribunal de Justiça** é originariamente competente para o *habeas corpus*, sendo *pacientes* ou *coatores* os Governadores dos Estados e do Distrito Federal, Desembargadores dos Tribunais de Justiça dos Estados e do Distrito Federal, Juízes dos Tribunais Regionais Federais, dos Tribunais Regionais do Trabalho e dos Tribunais Regionais Eleitorais, Conselheiros dos Tribunais de Contas dos Estados, do Distrito Federal e dos Municípios e membros do Ministério Público da União que oficiem perante tribunais e *coatores* os Ministros de Estado, Comandantes da Marinha, do Exército e da Aeronáutica e tribunais subordinados à jurisdição do Superior Tribunal de Justiça, ressalvada a competência da Justiça Eleitoral, com espeque no art. 105, inc. I, *c*, da CRFB. A partir da Emenda Constitucional nº 22/99, o Supremo Tribunal Federal detém competência para o *habeas corpus* contra os atos, colegiados ou singulares, dos Tribunais Superiores, ao passo que o Superior Tribunal de Justiça dispõe de competência para o *habeas corpus* contra os atos, colegiados ou singulares, dos demais tribunais, como, por exemplo, o *habeas corpus* contra os atos colegiados dos órgãos fracionários[77] e atos singulares dos

---

70 MELLO, Marco Aurélio Mendes de Farias. *O "Habeas Corpus" e a Competência Originária do STF* in *Revista Brasileira de Ciências Criminais*, nº 9, 1995, p. 140.

71 STF, HC nº 79.459, Rel. Min. Sepúlveda Pertence, j. 20.10.1999, *DJU* 26.11.1999.

72 STF, HC nº 74.507, Rel. Min. Celso de Mello, j. 1º.10.1996, *DJU* 14.10.1996.

73 STF, HC nº 69.171, Rel. Min. Ilmar Galvão, j. 10.3.1992, *DJU* 3.4.1992.

74 STF, HC nº 79.592, Rel. Min. Ilmar Galvão, j. 25.10.1999, *DJU* 12.11.1999.

75 STF, HC nº 78.749, Rel. Min. Sepúlveda Pertence, j. 25.5.1999, *DJU* 25.6.1999.

76 STF, HC nº 85.838, Rel. Min. Celso de Mello, j. 31.5.2005, *DJU* 23.9.2005.

77 STJ, HC nº 8.868, Rel. Min. Felix Fischer, j. 1º.6.1999, *DJU* 1º.7.1999.

Desembargadores dos Tribunais de Justiça dos Estados e do Distrito Federal,[78] bem assim o *habeas corpus* contra os atos colegiados dos órgãos fracionários[79] e atos singulares dos Juízes dos Tribunais Regionais Federais.[80]

Os **Tribunais Regionais Federais** são originariamente competentes para o *habeas corpus*, sendo *coatores* os Juízes Federais, em atenção aos arts. 108, inc. I, *d*, e 114, inc. IV, da CRFB. Deveras, na hipótese de ameaça ou lesão ao direito à liberdade de locomoção por ato singular de Juiz do Trabalho, a competência para processo e julgamento do *habeas corpus* não é afeta aos Tribunais Regionais Federais,[81] tendo em vista que o ato questionado envolve matéria sujeita à jurisdição dos Tribunais Regionais do Trabalho.[82]

Os **Tribunais de Justiça** são originariamente competentes para o *habeas corpus*, sendo *pacientes* ou *coatores* os agentes públicos cujos atos estejam submetidos diretamente à jurisdição dos Tribunais de Justiça, ou se trate de crimes cuja ação penal seja de sua competência em única ou última instância, com esteio no art. 161, inc. IV, *f*, da CERJ. A questão dos atos singulares dos Juízes de Direito e dos Promotores de Justiça é resolvida no sentido da competência dos Tribunais de Justiça para o *habeas corpus* contra a atividade das autoridades judiciárias e ministeriais.[83]

Os **Juízos Federais** e **Juízos de Direito** são competentes para o *habeas corpus* não contemplado nas hipóteses anteriormente referidas, a teor do art. 649 do CPP. O *habeas corpus* contra os atos singulares das autoridades administrativas federais, estaduais, distritais e municipais é encaminhado aos Juízos Federais e Juízos de Direito. O *habeas corpus* contra os atos de particulares é endereçado aos órgãos monocráticos, dentro dos limites da sua jurisdição.

O *habeas corpus* contra os atos dos **Juizados Especiais Criminais** e das **Turmas Recursais Criminais** não é imune a controvérsia doutrinária e jurisprudencial. Na doutrina, quanto à competência para processo e julgamento do *habeas corpus* contra os atos singulares dos Juízes dos Juizados Especiais Criminais, **Ada Pellegrini Grinover**, **Antônio Magalhães Gomes Filho**, **Antônio Scarance Fernandes** e **Luiz Flávio Gomes**,[84] assim como **Alexandre de Moraes**, **Gianpaolo Poggio Smanio**, **Luiz Fernando Vaggione** e **Marino Pazzaglini Filho**,[85] pleiteiam a competência originária dos Tribunais de Justiça ou dos Tribunais Regionais Federais, enquanto **Weber Martins Batista**, **Luiz Fux**,[86] **Luis Gustavo Grandinetti Castanho de Carvalho** e **Geraldo Luiz Mascarenhas**

---

78 STJ, HC nº 11.650, Rel. Min. Antônio de Pádua Ribeiro, j. 20.12.1999, *DJU* 2.2.2000.

79 STJ, HC nº 8.839, Rel. Min. Felix Fischer, j. 20.5.1999, *DJU* 1º.7.1999.

80 STJ, HC nº 11.683, Rel. Min. Antônio de Pádua Ribeiro, j. 22.12.1999, *DJU* 3.2.2000.

81 TRF – 2ª Região, Proc. nº 2005.02.01.002566-7, Rel. Juiz André Fontes, j. 21.6.2005, *DJU* 8.8.2005.

82 TRF – 2ª Região, Proc. nº 2005.02.01.003945-9, Rel. Juiz Abel Gomes, j. 30.5.2005, *DJU* 7.6.2005.

83 TJRJ, Proc. nº 2005.059.05927, Rel. Des. Orlando Secco, j. 24.11.2005, *DORJ* 3.5.2006.

84 GRINOVER, Ada Pellegrini; GOMES FILHO, Antônio Magalhães; FERNANDES, Antônio Scarance; GOMES, Luiz Flávio. *Juizados Especiais Criminais: comentários à Lei nº 9.099/99*. São Paulo: Revista dos Tribunais, 1996, p. 160.

85 MORAES, Alexandre de; SMANIO, Gianpaolo Poggio; VAGGIONE, Luiz Fernando; PAZZAGLINI FILHO, Marino. *Juizados Especiais Criminais: aspectos práticos da Lei nº 9.099/95*. São Paulo: Atlas, 1996, p. 78.

86 BATISTA, Weber Martins; FUX, Luiz. *Juizados Especiais Cíveis e Criminais e Suspensão Condicional do Processo Penal*. Rio de Janeiro: Forense, 1999, p. 345.

Prado,[87] bem como **Marcellus Polastri Lima,**[88] **Damásio Evangelista de Jesus,**[89] **Cezar Roberto Bitencourt**[90] e **Agapito Machado,**[91] a quem emprestamos adesão, postulam a competência originária das Turmas Recursais Criminais. Na jurisprudência, quanto à competência para processo e julgamento do *habeas corpus* contra os atos colegiados dos Juízes das Turmas Recursais Criminais, o Supremo Tribunal Federal, e também o Superior Tribunal de Justiça, Tribunal Regional Federal da 2ª Região e Tribunal de Justiça do Rio de Janeiro, têm reconhecido que "a competência originária é firmada pelos envolvidos - paciente e impetrante. Estando os integrantes das Turmas Recursais Criminais subordinados, nos crimes comuns e de responsabilidade, à jurisdição dos Tribunais de Justiça ou dos Tribunais Regionais Federais, conforme o caso, incumbe a cada qual julgar o *habeas corpus* contra os atos que tenham praticado".[92, 93]

6 PARTES

O *habeas corpus* é colocado à disposição de qualquer pessoa, natural ou jurídica, e do Ministério Público, como se infere do art. 654, *caput*, do CPP, art. 6º, inc. VI, da Lei Complementar nº 75/93 e art. 32, inc. I, da Lei nº 8.625/93.[94]

As **pessoas naturais** podem manejar o *habeas corpus*, em seu favor ou de outrem. A toda evidência, "o *habeas corpus* não alcança os animais, uma vez que os mesmos não se apresentam no mundo jurídico como sujeitos de direito".[95]

---

87 CARVALHO, Luis Gustavo Grandinetti Castanho de; PRADO, Geraldo Luiz Mascarenhas. *Lei dos Juizados Especiais Criminais Comentada e Anotada*. 4ª ed. Rio de Janeiro: Lumen Juris, 2006, p. 155.

88 LIMA, Marcellus Polastri. *Juizados Especiais Criminais na forma das Leis* nºs *10.259/01, 10.455/02 e 10.741/03*. Rio de Janeiro: Lumen Juris, 2005, p. 148.

89 JESUS, Damásio Evangelista de. *Lei dos Juizados Especiais Criminais Anotada*. 10ª ed. São Paulo: Saraiva, 2007, p. 92.

90 BITENCOURT, Cezar Roberto. *Juizados Especiais Criminais na Justiça Federal: análise comparativa das Leis nos 9.099/95 e 10.259/01*. 2ª ed. São Paulo: Saraiva, 2005, p. 36.

91 MACHADO, Agapito. *Juizados Especiais Criminais na Justiça Federal*. 2ª ed. São Paulo: Saraiva, 2003, p. 83.

92 STF, HC nº 86.834, Rel. Min. Marco Aurélio, j. 23.8.2006, *DJU* 9.3.2007. V., também: STJ, HC nº 61.084, Rel. Min. Gilson Dipp, j. 7.11.2006, *DJU* 18.12.2006; TRF - 2ª Região, Proc. nº 2006.02.01.002492-8, Rel. Juiz Abel Gomes, j. 26.7.2006, *DJU* 14.8.2006, e TJRJ, Proc. nº 2006.059.06052, Rel. Des. Marcus Basílio, j. 28.11.2006, *DORJ* 9.2.2007.

93 A competência recursal é fixada pelos arts. 102, inc. II, *a*, e 105, inc. II, *a*, da CRFB e art. 581, inc. X, do CPP, de modo que o Supremo Tribunal Federal é competente para o julgamento do recurso ordinário interposto contra a decisão denegatória do *habeas corpus* proferida por Tribunal Superior; o Superior Tribunal de Justiça é competente para o julgamento do recurso ordinário interposto contra a decisão denegatória do *habeas corpus* prolatada em única ou última instância por Tribunal Regional Federal ou Tribunal de Justiça e, por último, os Tribunais Regionais Federais e Tribunais de Justiça são competentes para o julgamento do recurso em sentido estrito interposto contra a decisão concessiva ou denegatória do *habeas corpus* pronunciada por Juízo Federal ou Juízo de Direito. MOSSIN, Heráclito Antônio. *Recursos em Matéria Criminal*. São Paulo: Manole, 2005, p. 214.

94 PACHECO, José Ernani de Carvalho. *"Habeas Corpus"*. 6ª ed. Curitiba: Juruá, 1994, p. 39.

95 STF, HC nº 50.343, Rel. Min. Djaci Falcão, j. 3.10.1972, *DJU* 10.11.1972.

As **pessoas jurídicas** podem manipular o *habeas corpus*, em proveito de seus sócios. Ao contrário, "o *habeas corpus* não se presta para atender reclamos de pessoas jurídicas, na qualidade de pacientes, na medida em que o instituto é restrito à liberdade individual".[96]

Os órgãos de execução do **Ministério Público** podem manobrar o *habeas corpus* para a tutela do direito à liberdade de locomoção do indiciado, acusado ou condenado, de arte que "não está legitimado o Ministério Público para, em sede de *habeas corpus*, defender interesse próprio da *acusação*".[97, 98]

7 DECISÃO

A **decisão de procedência**, conforme a pretensão deduzida em juízo ou tribunal, é retratada pela *natureza meramente declaratória ou constitutiva*.[99]

Verbi gratia: "a sentença ou acórdão de procedência do pedido formulado em *habeas corpus* impetrado para o reconhecimento judicial da prescrição é revestido de natureza meramente declaratória, enquanto a sentença ou acórdão de procedência do pedido formalizado em *habeas corpus* impetrado para a anulação do processo penal por vício de citação do paciente é recoberto de natureza constitutiva negativa".[100]

Acesse o
MATERIAL SUPLEMENTAR

Entre no Ambiente de Aprendizagem através das instruções contidas na orelha deste livro e acesse os conteúdos exclusivos desta edição:
- Atualizações legislativas mensais.
- Questões de prova interativas.
- Esquemas.

96 STJ, HC nº 6.109, Rel. Min. Edson Vidigal, j. 4.8.1998, *DJU* 8.9.1998.

97 TJRJ, Proc. nº 1999.059.00676, Rel. Des. Flávio Magalhães, j. 6.5.1999, *DORJ* 15.6.1999.

98 Os Procuradores da República e Promotores de Justiça, dentro de suas esferas de atribuições, podem impetrar *habeas corpus*, inclusive perante os Tribunais Regionais Federais e Tribunais de Justiça. "O que não podem fazer é sustentá-los oralmente, tomar ciência dos acórdãos e deles recorrer – estas sim atribuições privativas de membros do Ministério Público junto aos tribunais." MAZZILLI, Hugo Nigro. *Regime Jurídico do Ministério Público*. 5ª ed. São Paulo: Saraiva, 2005, p. 317.

99 JARDIM, Afranio Silva. *Reflexão Teórica sobre o Processo Penal* in *Justitia*, nº 127, 1984, p. 91.

100 A coisa julgada é restrita às provas que foram objeto de conhecimento pelo órgão jurisdicional, porque a atividade cognitiva no *habeas corpus* é qualificada como plena e sumária. Em consequência, na hipótese de denegação do pedido elaborado com fundamento em determinado suporte probatório, há a possibilidade de repetição do pedido, entre as mesmas partes, desde que com novas provas, de sorte a viabilizar cognição diversa da matéria anteriormente apreciada pelo Poder Judiciário. STF, HC nº 88.759, Rel. Min. Ricardo Lewandowski, j. 5.12.2006, *DJU* 23.2.2007; STJ, HC nº 42.346, Rel. Min. Arnaldo Esteves Lima, j. 14.3.2006, *DJU* 10.4.2006, e TJRJ, Proc. nº 2007.059.00060, Rel. Des. Elizabeth Gregory, j. 30.1.2007, *DORJ* 16.2.2007.

Capítulo 14
MANDADO DE SEGURANÇA

Acesse e assista à aula explicativa sobre este assunto.

> https://uqr.to/14ugg

1 CONCEITO

O mandado de segurança, *ex autoritate* art. 5º, incs. LXIX e LXX, da CRFB, da mesma forma que a Lei nº 12.016/09, é conceituado como **remédio constitucional, sob procedimento especial, dirigido à tutela de direito, individual ou metaindividual, líquido e certo, não amparável por *habeas corpus* ou *habeas data*, ameaçado ou lesado por ato de autoridade pública ou agente delegado, eivado de ilegalidade ou abuso de poder.**[1]

Quanto às modalidades, a ação constitucional é bifurcada em *mandado de segurança preventivo*, no caso de ameaça, e *mandado de segurança repressivo*, no caso de lesão a direito, individual ou metaindividual, líquido e certo, não amparável por *habeas corpus* ou *habeas data*.[2] A propósito, mandado de segurança preventivo e mandado de segurança contra lei em tese não se confundem, dado que no primeiro já houve a incidência da norma jurídica sobre o conceito do fato, sendo certo que o direito é ameaçado por ato coator iminente, à medida que no último ainda não houve a incidência da norma jurídica sobre o conceito do fato,[3] "razão pela qual não é cabível o mandado de segurança contra lei em tese, nem como sucedâneo de ação direta de inconstitucionalidade",[4] de maneira que "a mera expectativa de violação não pode ser elevada à categoria de liquidez e certeza para fins de mandado de segurança".[5] "Se a lesão ao direito do impetrante é iminente, não se pode falar em lei em tese."[6]

Quanto às espécies, a ação constitucional é bipartida em *mandado de segurança individual*, na hipótese de direito individual, e *mandado de segurança coletivo*, na hipótese de direito metaindividual ameaçado ou lesado por ato de autoridade pública ou agente

---

1 MORAES, Guilherme Peña de. *Mandado de Segurança*. Rio de Janeiro: CEPAD, 2001, p. 7.

2 DIDIER JÚNIOR, Fredie et al. *Ações Constitucionais*. Salvador: JusPodivm, 2006, p. 93.

3 MACHADO, Hugo de Brito. *Mandado de Segurança*. 2ª ed. São Paulo: Revista dos Tribunais, 1995, p. 269.

4 STF, MS nº 25.456, Rel. Min. Cezar Peluso, j. 17.11.2005, *DJU* 9.12.2005.

5 STJ, MS nº 4.242, Rel. Min. José Delgado, j. 26.6.1996, *DJU* 19.12.1997.

6 TJRJ, Proc. nº 2006.001.46322, Rel. Des. Letícia Sardas, j. 21.11.2006, *DORJ* 8.1.2007.

delegado, eivado de ilegalidade ou abuso de poder.[7] A respeito, mandado de segurança plúrimo e mandado de segurança coletivo são diferentes, eis que no primeiro o impetrante defende, em nome alheio, direitos individuais dos representados, tendo em vista a formação de litisconsórcio de natureza ativa, inicial, facultativa e unitária, com fulcro no art. 5º, inc. XXI, ao passo que no ulterior o impetrante defende, em nome próprio, direitos metaindividuais dos substituídos, com fundamento no art. 5º, inc. LXX, da CRFB,[8] "segundo o qual a legitimidade *ad causam* dos partidos políticos com representação no Congresso Nacional, organizações sindicais, entidades de classe e associações legalmente constituídas e em funcionamento há pelo menos um ano é extraordinária",[9] de sorte que "não se exige a autorização dos filiados ao impetrante do mandado de segurança coletivo".[10] "Descabimento do mandado de segurança coletivo para a defesa de direitos individuais dos membros de entidades associativas de categorias ou grupos de pessoas, destinando-se ele à proteção de direitos transindividuais."[11]

2 MANDADO DE SEGURANÇA INDIVIDUAL

O mandado de segurança individual é direcionado à tutela do direito individual sobre o qual versa o art. 5º, inc. LXIX, da CRFB.[12]

2.1 Natureza jurídica

O mandado de segurança individual é recoberto de **natureza dúplice**, conforme seja investigado sob o ângulo constitucional ou processual.

Sob o aspecto constitucional, o mandado de segurança é sintetizado como *remédio constitucional* para a tutela de direito individual, líquido e certo, não amparável por *habeas corpus* ou *habeas data*, ameaçado ou lesado por ato de autoridade pública ou agente delegado, eivado de ilegalidade ou abuso de poder.[13]

O cabimento do mandado de segurança é qualificado como remanescente ou residual, não sendo adequado o *writ of mandamus* para a proteção processual de direito fundamental salvaguardado por outro remédio constitucional, como, por exemplo, o *habeas corpus*.[14] Destarte: "não se pode estender o *habeas corpus* a direitos que têm na

---

[7] CRUZ, Alexandre et al. *Ações Constitucionais*. Campinas: Millennium, 2007, p. 155.

[8] CAVALCANTI, Themístocles Brandão. *Mandado de Segurança*. 4ª ed. Rio de Janeiro: Freitas Bastos, 1957, p. 27.

[9] STF, MS nº 22.132, Rel. Min. Carlos Velloso, j. 21.8.1996, *DJU* 18.11.1996.

[10] STJ, MS nº 19.278, Rel. Min. Felix Fischer, j. 6.3.2007, *DJU* 16.4.2007.

[11] TJRJ, Proc. nº 2004.001.07072, Rel. Des. Fabrício Bandeira Filho, j. 28.4.2004, *DORJ* 7.5.2004.

[12] REMÉDIO, José Antonio. *Mandado de Segurança Individual e Coletivo*. São Paulo: Saraiva, 2006, p. 34.

[13] NISHIYAMA, Adolfo Mamoru. *Remédio Constitucional*. São Paulo: Manole, 2003, p. 34.

[14] No sentido do texto, Sérgio Ferraz recapitula que "não se admite a fungibilidade na atuação dos remédios constitucionais". No sentido contrário, Francisco Cavalcanti Pontes de Miranda rechaça que "nada obsta que, em vez de propor ação constitutiva, negativa, proponha a pessoa ação mandamental, visto que os dois direitos e as duas pretensões se podem cumular: então, a sentença, no mandado de segurança, terá força mandamental e, em forte dose, a eficácia constitutiva negativa. É dizer: propõe-se a ação constitutiva negativa, com o pedido de mandamento, que envolverá, como força sentencial, a eficácia da sentença". FERRAZ, Sérgio. *Mandado de Segurança (Individual e Coletivo). Aspectos Polêmicos*. 3ª ed. São Paulo: Malheiros,

liberdade física apenas a sua condição de exercício, objeto, não imediato, mas mediato, do pedido, não estando, assim, afetada imediatamente, mas apenas de modo oblíquo, a liberdade de locomoção",[15] pois que "o *habeas corpus* se afigura inadequado para tal finalidade".[16] "Torna-se, por isso, impossível a aplicação do princípio da fungibilidade na tentativa de aproveitamento de um remédio constitucional por outro."[17]

Sob o aspecto processual, o mandado de segurança é sistematizado como *ação cível*, pela qual pretensão individual, singular ou plúrima, pode ser deduzida em juízo ou tribunal, submetida a procedimento especial de jurisdição contenciosa.[18]

A demanda do mandado de segurança resulta na instauração de processo civil, ainda que o *writ of mandamus* tenha sido impetrado contra ato praticado no processo penal, de arte que o prazo para a interposição de recursos é fixado no Código de Processo Civil, e não no Código de Processo Penal, e também a sentença, uma vez transitada em julgado, pode ser impugnada pela manipulação da ação rescisória, e não da revisão criminal.[19] Deveras, "o mandado de segurança é ação cível, inclusive quando impetrado contra ato praticado no processo penal",[20] de molde que "o mandado de segurança não perde a natureza de ação cível, mesmo que impetrado no âmbito do processo penal".[21] "Não obstante ser cabível a utilização da ação cível do mandado de segurança na esfera criminal, deve ser observada a presença de seus requisitos constitucionais autorizadores."[22]

2.2 Condições específicas da ação

O regular exercício do mandado de segurança é sujeito a duas condições específicas, quais sejam: (i) direito líquido e certo, não amparável por *habeas corpus* ou *habeas data*, ameaçado ou lesado, e (ii) ato coator imputado à autoridade pública ou agente delegado, eivado de ilegalidade ou abuso de poder.

2.2.1 Direito líquido e certo

O **direito líquido e certo** é resumido como direito cuja afirmação de existência é demonstrável por prova documental produzida no momento do oferecimento da petição

---

1996, p. 16, e MIRANDA, Francisco Cavalcanti Pontes de. *História e Prática do "Habeas Corpus"*. 4ª ed. Rio de Janeiro: Borsoi, 1961, p. 375.

15 STF, HC nº 81.837, Rel. Min. Moreira Alves, j. 8.5.2002, *DJU* 21.6.2002.

16 STJ, HC nº 30.233, Rel. Min. Franciulli Netto, j. 21.8.2003, *DJU* 28.8.2003.

17 TJRJ, Proc. nº 2003.050.00223, Rel. Des. Silvio Teixeira, j. 28.9.2004, *DORJ* 6.5.2005.

18 VIEIRA, José Marcos Rodrigues. *Ação Cível*. Belo Horizonte: Del Rey, 2002, p. 54.

19 No sentido do texto, Daniela Ferro Afonso reforça que "não existe arrazoado que consiga extirpar do mandado de segurança a qualidade de genuína ação, sempre de caráter cível, embora possa ser lançado contra ato praticado no processo penal". No sentido contrário, Heráclito Antônio Mossin refuta que "desde que o mandado de segurança verse sobre matéria penal, terá ele o caráter de ação penal, aplicando-se relativamente a ele as normas gerais sobre a ação penal. *Ad finiendum*, o tipo de ação que envolve o mandado de segurança terá a sua configuração em conformidade com a matéria que versar o pedido nele contido". AFFONSO, Daniela Ferro. *Do Mandado de Segurança e a Questão da Execução Provisória*. Rio de Janeiro: Lumen Juris, 1998, p. 13, e MOSSIN, Heráclito Antônio. *Mandado de Segurança em Matéria Penal*. 2ª ed. São Paulo: Atlas, 1996, p. 37.

20 STF, RE nº 85.278, Rel. Min. Xavier de Albuquerque, j. 23.8.1977, *DJU* 12.9.1977.

21 STJ, RE nº 299.684, Rel. Min. Felix Fischer, j. 16.10.2001, *DJU* 19.11.2001.

22 TJRJ, Proc. nº 2007.078.00159, Rel. Des. Maria Helena Salcedo, j. 14.3.2007, *DORJ* 20.3.2007.

inicial, a despeito da complexidade das questões subjacentes à pretensão ofertada em juízo ou tribunal.[23]

Considerando o teor dos arts. 4º, *caput*, 6º, § 1º, e 7º, inc. I, da Lei nº 12.016/09, bem assim do art. 1º da Lei nº 9.800/99, art. 2º da Lei nº 11.280/06 e art. 20 da Lei nº 11.419/06, a liquidez e certeza do direito é traduzida pela *inadmissibilidade de dilação probatória no mandado de segurança*, sendo evidente que a prova documental deve ser pré-constituída, ressalvadas as hipóteses de impetração, em caso de urgência, por telegrama, radiograma, sistema de transmissão de dados e imagens tipo fac-símile ou qualquer outro meio eletrônico, de documentos em poder de agente, órgão ou entidade pública e de provas pela autoridade coatora no momento da prestação das informações sobre os fatos que lhe são imputados, *quod abundant non nocet*: "o mandado de segurança é verdadeiro processo documental",[24] posto que "a regra geral é a de que, em mandado de segurança, a petição inicial venha instruída com os documentos indispensáveis à propositura da ação, não cabendo dilação probatória".[25] "A concessão da ordem no mandado de segurança pressupõe a prova pré-constituída, demonstrando-se o direito líquido e certo, que se apresenta manifesto na sua existência, delimitado na sua extensão e apto a ser exercitado no momento de sua impetração. A prova pré-constituída é condição essencial para aferição da ilegalidade do ato impugnado, salvo quando o impetrante não dispõe do documento ou lhe seja negado o fornecimento."[26]

2.2.2 Ato coator

O **ato coator** é representado como ato administrativo, legislativo ou jurisdicional, imputado a autoridade pública ou agente delegado, eivado de ilegalidade ou abuso de poder.[27]

---

23 No sentido do texto, Cassio Scarpinella Bueno relembra que "o direito líquido e certo não deve ser entendido como mérito do mandado de segurança, isto é, como sinônimo do conflito de interesses retratado pelo impetrante em sua petição inicial e levado para a solução definitiva do Estado-Juiz. A liquidez e certeza do direito é apenas uma condição da ação do mandado de segurança", de forma que "à sua falta, segue decisão de carência acionária, facultada a repropositura da mesma ação, desde que superados os óbices que levaram à extinção do processo sem julgamento de mérito". No sentido contrário, José Henrique Mouta Araújo reluta que "não se está no universo das condições da ação, mas sim discutindo o próprio fundo do direito impugnado via mandado de segurança", de modo que "nos casos de inexistência de violação a direito líquido e certo, estar-se-á diante de decisão de mérito, sendo inclusive acobertada pela coisa julgada material". BUENO, Cassio Scarpinella. *Mandado de Segurança*. 3ª ed. São Paulo: Saraiva, 2007, p. 17, e ARAÚJO, José Henrique Mouta. *Mandado de Segurança: questões controvertidas*. Salvador: JusPodivm, 2007, p. 30.

24 STF, MS nº 23.329, Rel. Min. Celso de Mello, j. 29.1.1999, *DJU* 9.2.1999.

25 STJ, MS nº 3.150, Rel. Min. Demócrito Reinaldo, j. 2.5.1994, *DJU* 23.5.1994.

26 TJRJ, Proc. nº 2006.001.47411, Rel. Des. Roberto de Abreu e Silva, j. 2.4.2007, *DORJ* 18.4.2007.

27 No sentido do texto, Celso Agrícola Barbi repete que "a ilegalidade ou abuso de poder no ato impugnado não constitui condição da liquidez e certeza do direito, e sim de sua proteção pela via processual ora em estudo". No sentido contrário, Arlete Inês Aurelli replica que "não há como dissociar a ilegalidade ou abuso de poder do mérito, pelo que não pode esse requisito ser encartado na categoria das condições da ação, mas sim de mérito". BARBI, Celso Agrícola. *Do Mandado de Segurança*. 8ª ed. Rio de Janeiro: Forense, 1998, p. 62, e AURELLI, Arlete Inês. *O Juízo de Admissibilidade na Ação de Mandado de Segurança*. São Paulo: Malheiros, 2006, p. 225.

2.2.2.1 Natureza do ato impugnado

Em regra, o ato coator dispõe de natureza administrativa. Contudo, excepcionalmente, o ato coator pode ser dotado de natureza legislativa ou jurisdicional.[28]

2.2.2.1.1 Ato administrativo

O *cabimento do mandado de segurança contra ato administrativo* suscetível de recurso administrativo com efeito suspensivo, independentemente do pagamento de caução, de que trata o art. 5º, inc. I, da Lei nº 12.016/09, não é unívoco na doutrina.

De um lado, **Hely Lopes Meirelles** afirma a validade da norma insculpida no art. 5º, inc. I, da Lei nº 12.016/09 em face da norma inscrita no art. 5º, inc. XXXV, da CRFB, na medida em que o cabimento do mandado de segurança seria condicionado à exequibilidade do ato administrativo, de maneira que, tendo havido a interposição de recurso administrativo, ter-se-ia que aguardar o julgamento ou renunciar à interposição para o manejo do *writ*. Em outras palavras: "o que não se admite é a concomitância do recurso administrativo provido de efeito suspensivo com o mandado de segurança, porquanto, se os efeitos do ato já estão sobrestados pelo recurso hierárquico, nenhuma lesão produzirá enquanto não se tornar exequível e operante. Só então poderá o prejudicado pedir o amparo judicial contra a ameaça ou lesão a seu direito".[29]

De outro lado, **Sérgio Ferraz** nega a validade da norma insertada no art. 5º, inc. I, da Lei nº 12.016/09 em face da norma inserida no art. 5º, inc. XXXV, da CRFB, uma vez que o cabimento do mandado de segurança não seria condicionado à prévia exaustão da via administrativa, de sorte que, tendo havido a impetração do *mandamus* com objeto idêntico ao pedido sobre o qual versa o processo administrativo, não se daria a renúncia ao direito de recorrer ou desistência do recurso interposto na esfera administrativa. Em outros termos: "perfeitamente cabível se revela a utilização simultânea ou sucessiva de ambas as vias, porque, se bem que a decisão judicial afete o procedimento administrativo, a recíproca não é verdadeira. Ao titular do direito ameaçado ou lesado deve ser aberta a utilização de todos os meios de defesa aptos à produção do afastamento, definitivo e total, da ameaça ou lesão ao direito em jogo".[30]

Em contrariedade ao princípio constitucional da inafastabilidade do controle judicial, o Supremo Tribunal Federal, Superior Tribunal de Justiça e Tribunal de Justiça do Rio de Janeiro têm decidido que "pendente de julgamento o recurso administrativo com efeito suspensivo, mostra-se inadequada a impetração do mandado de segurança",[31] "não se pode, pois, impetrar o mandado de segurança antes do julgamento do recurso administrativo com efeito suspensivo, tendo em conta a ausência de ameaça ou lesão a direito líquido e certo".[32] "Inadmissível o *writ of mandamus* quando há recurso administrativo com efeito suspensivo."[33, 34]

---

28 MATIELO, Fabrício Zamprogna. *Mandado de Segurança*. 2ª ed. Porto Alegre: Sagra Luzzatto, 2001, p. 50.

29 MEIRELLES, Hely Lopes. *Mandado de Segurança*. 28ª ed. São Paulo: Malheiros, 2005, p. 43.

30 FERRAZ, Sérgio. *Mandado de Segurança*. São Paulo: Malheiros, 2006, p. 160.

31 STF, MS nº 24.511, Rel. Min. Marco Aurélio, j. 30.10.2003, *DJU* 2.4.2004.

32 STJ, MS nº 12.307, Rel. Min. Felix Fischer, j. 23.4.2002, *DJU* 13.5.2002.

33 TJRJ, Proc. nº 1999.004.00065, Rel. Des. José Carlos Watzl, j. 13.12.1999, *DORJ* 2.2.2000.

34 O cabimento do mandado de segurança contra ato administrativo punitivo não é objeto de controvérsia, sendo exato que "a ação deve ser admitida, de forma ampla, contra ato discipli-

2.2.2.1.2 Ato legislativo

O *cabimento do mandado de segurança contra ato legislativo* é reduzido a duas hipóteses. Uma é referente ao processo legislativo, de arte que os membros do Congresso Nacional podem impetrar mandado de segurança contra proposta de emenda ou projeto de lei que viole limitação ao poder de reforma constitucional, em atenção ao art. 60, § 4º, da CRFB.[35] Outra é relativa às espécies normativas, de molde que os titulares de direito líquido e certo ameaçado ou lesado por ato legislativo que veicule norma jurídica individual e concreta podem impetrar mandado de segurança contra lei apenas formal, em atendimento ao enunciado ou verbete nº 266 da Súmula da Jurisprudência Predominante da Excelsa Corte.[36]

Nessa perspectiva, o mandado de segurança não é cabível para a impugnação de questões *interna corporis*, dado que as deliberações respeitantes, direta e exclusivamente, às atribuições e prerrogativas das Casas Legislativas estão imunes ao controle jurisdicional, não sendo admitida, por exemplo, a impetração do mandado de segurança com o objetivo de discutir os atos de escolha dos órgãos dirigentes e utilização das prerrogativas institucionais, bem assim a impugnação de ato legislativo que ventile norma jurídica abstrata e geral, eis que os enunciados normativos que descrevem fatos de possível ocorrência no futuro e prescrevem condutas dirigidas a pessoas indeterminadas estão submetidos a instrumentos de provocação da jurisdição constitucional concentrada, não sendo admitida, por exemplo, a impetração do mandado de segurança com o objetivo de aferir a constitucionalidade, em tese, de lei ou ato normativo.[37]

2.2.2.1.3 Ato jurisdicional

O *cabimento do mandado de segurança contra ato jurisdicional* não recoberto pela autoridade da coisa julgada material é sujeito a controvérsia doutrinária e jurisprudencial, tendo havido a identificação de cinco correntes de pensamento.

---

nar. Entender de outro modo é aplicar maus-tratos na Constituição da República, que não faz ressalva nenhuma no particular", razão pela qual "a impugnação jurisdicional de ato disciplinar, mediante utilização do mandado de segurança, legitima-se em decorrência da incompetência da autoridade, da inobservância das formalidades essenciais e da ilegalidade da sanção disciplinar", "sendo legítima, portanto, a impetração do mandado de segurança contra ato disciplinar tanto quando praticado por autoridade incompetente como com inobservância de formalidade essencial, e ainda para coibi-lo quando abusivo e objetivamente teratológico". "O cabimento do mandado de segurança, quando se tratar de ato disciplinar, é suscetível de ser examinado não somente sob a ótica de sua prática por autoridade competente e com observância das formalidades essenciais." VELLOSO, Carlos Mário da Silva. *Curso de Mandado de Segurança*. São Paulo: Revista dos Tribunais, 1986, p. 85; STF, MS nº 20.999, Rel. Min. Celso de Mello, j. 21.3.1990, *DJU* 21.3.1990; STJ, AI nº 212.427, Rel. Min. Edson Vidigal, j. 11.4.2000, *DJU* 15.5.2000, e TJRJ, Proc. nº 1990.004.00777, Rel. Des. Nelson Pecegueiro do Amaral, j. 21.3.1991, *DORJ* 26.6.1991.

35 MORAES, Germana Oliveira. *O Controle Jurisdicional da Constitucionalidade do Processo Legislativo*. São Paulo: Dialética, 1998, p. 78.

36 WALD, Arnoldo. *Do Mandado de Segurança na Prática Judiciária*. 3ª ed. Rio de Janeiro: Forense, 1968, p. 140.

37 DIREITO, Carlos Alberto Menezes. *Mandado de Segurança contra Ato Legislativo* in *Revista de Direito Administrativo*, nº 193, 1993, p. 79-81.

Luiz Eulálio de Bueno Vidigal acentua o incabimento do mandado de segurança, já que a ação constitucional seria admissível para a impugnação de atos judiciários, e não também de atos jurisdicionais.[38]

Miguel Seabra Fagundes advoga o cabimento do mandado de segurança, quando os pronunciamentos jurisdicionais não sejam suscetíveis de impugnação por meio de recurso ou pedido de correição parcial.[39]

Celso Ribeiro Bastos alvitra o cabimento do mandado de segurança, quando o recurso seja desprovido de efeito suspensivo, posto que o deferimento da medida liminar no mandado de segurança conferiria efeito suspensivo ao recurso.[40]

Lúcia Valle Figueiredo assinala o cabimento do mandado de segurança, quando houver a possibilidade de ocorrência de dano de difícil ou impossível reparação, a despeito dos mecanismos processuais colocados à disposição do impetrante para suspender a eficácia do provimento jurisdicional contra o qual é admissível a interposição de recurso.[41]

Sérgio Ferraz atesta o cabimento do mandado de segurança contra todos os atos jurisdicionais que resultem em ameaça ou lesão a direito líquido e certo, visto que a irreparabilidade do dano, inexistência de recurso com efeito suspensivo e teratologia ensejada pelo ato coator são critérios para a concessão da medida liminar, e não critérios para a admissibilidade de ação constitucional.[42]

A jurisprudência é firmada no sentido do cabimento do mandado de segurança, desde que o recurso predisposto à impugnação do ato jurisdicional não seja hábil a suspender o cumprimento da decisão que possa resultar lesão grave e de difícil reparação, *exempli gratia*: "os Tribunais têm admitido o mandado de segurança quando, do ato jurisdicional impugnado, puder resultar dano de difícil ou impossível reparação",[43] de sorte que "desde a Lei nº 9.139/95, a impetração de mandado de segurança, para imprimir efeito suspensivo à decisão judicial, somente é admissível após o impetrante formular e ver indeferido o pedido" a que se referem os arts. 1.012, § 4º, e 1.026, § 1º, do CPC.[44] "O mandado de segurança, como remédio constitucional destinado a proteger direito líquido e certo malferido por ilegalidade ou abuso de poder, tem apresentado vigorosa evolução no que concerne aos atos jurisdicionais. Um dos mais importantes sinais tem sido admitir-se o mandado de segurança quando haja possibilidade de dano irreparável, sem outro meio eficaz para evitar este dano. A Lei nº 9.139/95 deu novo perfil ao recurso, por tornar inviável a impetração de mandado de segurança – sem requerimento do recorrente – para conceder efeito suspensivo à decisão judicial."[45, 46]

---

38 VIDIGAL, Luiz Eulálio de Bueno. *Da Imutabilidade dos Julgados que concedem Mandado de Segurança*. São Paulo: Faculdade de Direito da Universidade de São Paulo, 1953, p. 118.

39 FAGUNDES, Miguel Seabra. *O Controle dos Atos Administrativos pelo Poder Judiciário*. 3ª ed. Rio de Janeiro: Forense, 1957, p. 321.

40 BASTOS, Celso Ribeiro. *Do Mandado de Segurança*. São Paulo: Saraiva, 1978, p. 50.

41 FIGUEIREDO, Lúcia Valle. *Mandado de Segurança*. 2ª ed. São Paulo: Malheiros, 1997, p. 62.

42 FERRAZ, Sérgio. *Mandado de Segurança (Individual e Coletivo). Aspectos Polêmicos*, p. 101-102.

43 STF, MS nº 22.623, Rel. Min. Sydney Sanches, j. 9.12.1996, *DJU* 7.3.1997.

44 STJ, MS nº 7.246, Rel. Min. Humberto Gomes de Barros, j. 5.9.1996, *DJU* 21.10.1996.

45 TJRJ, Proc. nº 2005.004.00009, Rel. Des. Letícia Sardas, j. 10.4.2006, *DORJ* 28.4.2006.

46 O cabimento do mandado de segurança contra ato jurisdicional revestido pela autoridade da coisa julgada material era equívoco na doutrina brasileira até o advento do art. 5º, inc. III, da Lei

2.2.2.2 Autoridade coatora

A *autoridade coatora*, para efeito da ação de mandado de segurança, é definida como autoridade pública ou agente delegado subordinado ao dever jurídico de responder pelo ato coator, na medida em que ordena ou omite a prática do ato impugnado, ainda que não disponha de atribuição para desconstituir a ilegalidade ou abuso de poder. Em consequência, há a diferenciação entre o executor de ordem e autoridade coatora, que deve ser investida de poder de decisão, de maneira que o agente público que recomenda a ilegalidade ou abuso de poder, bem assim o agente público que estabelece normas abstratas e gerais para a execução do ato impugnado, não são considerados como autoridades coatoras para fins do mandado de segurança.[47, 48]

A doutrina não é uniforme acerca da identificação da autoridade coatora nas hipóteses de ato complexo, ato composto e procedimento administrativo, sendo certo que o ato complexo é externado como um ato, praticado por mais de um órgão, singular ou colegiado, por intermédio de declarações de vontade homogêneas, o ato composto é exteriorizado como dois atos, principal e acessório, praticados por mais de um órgão, singular ou colegiado, por intervenção de declarações de vontade autônomas, e o procedimento administrativo é evidenciado como três ou mais atos, ordenados de maneira teleológica ou sistemática, devidamente formalizados, necessários para a prática do ato final. **Hely Lopes Meirelles** ressalta que o agente público que houver manifestado a última vontade no ato complexo, o agente público que tiver praticado o ato principal no ato composto e

---

nº 12.016/09. Kazuo Watanabe alegava que a coisa julgada seria invalidável por mandado de segurança, de forma a admitir a impetração contra decisões transitadas em julgado, excetuada a hipótese em que o vício do ato jurisdicional impugnado tivesse sido sanado pela eficácia preclusiva da coisa julgada material. José Joaquim Calmon de Passos assegurava que a coisa julgada não seria invalidável por mandado de segurança, de modo a não admitir a impetração contra decisões transitadas em julgado, suscetíveis de ação rescisória, tendo a jurisprudência sido fixada no mesmo sentido, *verbi gratia*: "o mandado de segurança não pode ser utilizado como sucedâneo de ação rescisória ou de qualquer outro recurso contra decisão judicial"; "não se aplica a ação de mandado de segurança com a finalidade de desconstituir decisão judicial que já se encontra ao abrigo da coisa julgada, objetivo que desafia a via processual adequada", e "mandado de segurança não serve de substituto à ação rescisória. Enunciado ou verbete nº 268 da Súmula da Jurisprudência Predominante da Suprema Corte". WATANABE, Kazuo. *Controle Jurisdicional e Mandado de Segurança contra Atos Judiciais*. São Paulo: Revista dos Tribunais, 1980, p. 35; PASSOS, José Joaquim Calmon de. *O Mandado de Segurança contra Atos Jurisdicionais* in *Revista de Processo*, nº 33, 1984, p. 97-98; STF, MS nº 26.193, Rel. Min. Eros Grau, j. 29.11.2006, *DJU* 2.2.2007; STJ, MS nº 8.712, Rel. Min. Gilson Dipp, j. 5.10.1999, *DJU* 25.10.1999, e TJRJ, Proc. nº 2000.004.00890, Rel. Des. Célia Pessoa, j. 30.11.2000, *DORJ* 13.2.2001.

47 CAMPOS, Antônio Macedo de. *Ação de Mandado de Segurança*. São Paulo: Saraiva, 1985, p. 12.

48 Sobre o mandado de segurança contra ato de entidades delegatárias, a ação constitucional pode ser direcionada à impugnação de ato decorrente da delegação, e não de ato no interesse interno do concessionário ou permissionário, uma vez que "os atos praticados pelas entidades delegatárias de serviços públicos, mediante o poder de império, podem ser objeto de mandado de segurança. Os atos de mera gestão de qualquer pessoa jurídica no exercício de atribuições do Poder Público não são passíveis de controle jurisdicional pela via do mandado de segurança". OLIVEIRA, Hugo Sarubbi Cysneiros de. *Da Aplicabilidade do Mandado de Segurança: extensão às autoridades de empresas estatais em casos de procedimentos licitatórios decorrentes do exercício da concessão de serviços públicos* in *Revista de Informação Legislativa*, nº 158, 2003, p. 319-325.

o agente público que presidir o procedimento administrativo são autoridades coatoras.[49] **Sérgio Ferraz** releva que os agentes públicos que houverem manifestado as vontades no ato complexo, os agentes públicos que tiverem praticado os atos acessório e principal no ato composto e o organismo público que realizar o procedimento administrativo são autoridades coatoras,[50] em contraste com a jurisprudência do Supremo Tribunal Federal: "é inconciliável com a noção de autoridade coatora a figura em si de um colegiado. Tratando-se de mandado de segurança que ataque ato, comissivo ou omissivo, de órgão colegiado, a impetração deve ser dirigida contra aquele que presenta-o".[51]

A doutrina não é uníssona sobre o cabimento do mandado de segurança contra ato de empresa pública ou sociedade de economia mista de intervenção no domínio econômico, tendo em vista que a exploração direta de atividade econômica pelo Estado é condicionada aos imperativos da segurança nacional ou relevante interesse coletivo. **Alfredo Buzaid**[52] e **José da Silva Pacheco**[53] sustentam o incabimento do mandado de segurança contra ato de empresa estatal de intervenção no domínio econômico, a partir da consideração de que não haveria o exercitamento de atribuições do Poder Público. **Carlos Ari Sundfeld**[54] e **Marcos Juruena Villela Souto**[55] sugerem o cabimento do mandado de segurança contra ato de empresa estatal de intervenção no domínio econômico, a partir da constatação de que os atos administrativos poderiam ser impugnados pela via do mandado de segurança, em consonância com a jurisprudência do Superior Tribunal de Justiça: "os dirigentes de empresas públicas ou sociedades de economia mista, ainda quando sejam elas meramente exploradoras de atividade econômica, também podem ser enquadrados como autoridades"[56] "no que concerne aos atos expedidos para o cumprimento das normas de Direito Público a que tais entidades estejam obrigadas".[57]

A questão da indicação errônea da autoridade pública ou agente delegado gira em torno dos efeitos da identificação da autoridade coatora pelo impetrante. **Arnoldo Wald**,[58] **Carlos Alberto Menezes Direito**[59] e **Gelson Amaro de Souza**[60] testemunham que a indicação errônea da autoridade coatora provoca a extinção do processo sem julgamento de mérito, dada ao impetrante a oportunidade de emenda da petição inicial.

---

49 MEIRELLES, Hely Lopes. *Mandado de Segurança*, p. 65.

50 FERRAZ, Sérgio. *Mandado de Segurança*, p. 105.

51 STF, MS nº 21.560, Rel. Min. Marco Aurélio, j. 24.11.1992, *DJU* 18.12.1992.

52 BUZAID, Alfredo. *Do Mandado de Segurança*. São Paulo: Saraiva, 1989, p. 177.

53 PACHECO, José da Silva. *O Mandado de Segurança e Outras Ações Constitucionais Típicas*. São Paulo: Revista dos Tribunais, 1990, p. 126.

54 SUNDFELD, Carlos Ari. *Licitação e Contrato Administrativo*. São Paulo: Malheiros, 1994, p. 39.

55 SOUTO, Marcos Juruena Villela. *Licitações e Contratos Administrativos*. 3ª ed. Rio de Janeiro: Esplanada, 1998, p. 389.

56 STJ, REsp nº 533.613, Rel. Min. Franciulli Netto, j. 4.9.2003, *DJU* 3.11.2003.

57 STJ, REsp nº 639.239, Rel. Min. Luiz Fux, j. 16.11.2004, *DJU* 6.12.2004.

58 WALD, Arnaldo. *Do Mandado de Segurança na Prática Judiciária*, p. 234.

59 DIREITO, Carlos Alberto Menezes. *Manual do Mandado de Segurança*. 2ª ed. Rio de Janeiro: Renovar, 1994, p. 92.

60 SOUZA, Gelson Amaro de. *Mandado de Segurança e Indicação Errônea da Autoridade Coatora* in *Revista dos Tribunais*, nº 106, 2002, p. 102-112.

Celso Agrícola Barbi,[61] **Francisco Antonio de Oliveira**[62] e **Adhemar Ferreira Maciel**[63] teorizam que a indicação errônea da autoridade coatora não proporciona a extinção do processo, desde que não resulte em modificação da competência de juízo e prejuízo à Fazenda Pública. **Cassio Scarpinella Bueno**,[64] **Eduardo Pellegrini Arruda Alvim**[65] e **Antonio César Bochenek**[66] temperam que a indicação errônea da autoridade coatora não produz a extinção do processo, de forma que os autos devem ser remetidos ao organismo judiciário competente na hipótese em que houver modificação da competência de juízo, enquanto ao órgão jurisdicional compete determinar a notificação da autoridade pública ou agente delegado que se lhe afigurar correta na hipótese em que não houver modificação da competência de juízo, conquanto a jurisprudência do Tribunal de Justiça do Rio de Janeiro não seja unívoca: "havendo erro na indicação da autoridade coatora, deve o juízo ou tribunal extinguir o processo sem julgamento do mérito, sendo vedada a substituição do polo passivo";[67] "a indicação errônea da autoridade coatora pode ser suprida quando não acarretar alteração da competência para o julgamento do mandado de segurança, eis que a complexa estrutura dos órgãos administrativos nem sempre possibilita ao impetrante precisar a autoridade coatora",[68] e "a essência constitucional do mandado de segurança possibilita que o juízo ou tribunal, em que pese a indicação errônea da autoridade coatora, proceda a correções de ofício, a fim de que a ação cumpra efetivamente seu escopo social".[69, 70]

2.2.2.3 Ilegalidade ou abuso de poder

A *ilegalidade* é delimitada como contraste entre o ato cuja invalidação é pretendida no mandado de segurança e a norma jurídica com fundamento na qual deveria ter sido praticado, à medida que o *abuso de poder* é delineado como extravasamento do poder discricionário.[71]

---

61 BARBI, Celso Agrícola. *Do Mandado de Segurança*, p. 154.

62 OLIVEIRA, Francisco Antonio de. *Mandado de Segurança e Controle Jurisdicional: mandado de segurança coletivo, enfoques trabalhistas e jurisprudência*. São Paulo: Revista dos Tribunais, 1992, p. 69.

63 MACIEL, Adhemar Ferreira. *Observações sobre Autoridade Coatora no Mandado de Segurança* in *Revista dos Tribunais*, nº 618, 1987, p. 12-29.

64 BUENO, Cassio Scarpinella. *Mandado de Segurança*, p. 45.

65 ALVIM, Eduardo Pellegrini Arruda. *Mandado de Segurança no Direito Tributário*. São Paulo: Faculdade de Direito da Pontifícia Universidade Católica de São Paulo, 1996, p. 84.

66 BOCHENEK, Antonio César. *A Autoridade Coatora e o Ato Coator no âmbito do Mandado de Segurança Individual* in *Aspectos Polêmicos e Atuais do Mandado de Segurança*. São Paulo: Revista dos Tribunais, 2002, p. 74.

67 TJRJ, Proc. nº 2006.001.56495, Rel. Des. Maldonado de Carvalho, j. 23.1.2007, *DORJ* 9.3.2007.

68 TJRJ, Proc. nº 2006.002.14982, Rel. Des. Benedicto Abicair, j. 2.10.2006, *DORJ* 25.10.2006.

69 TJRJ, Proc. nº 2007.001.03342, Rel. Des. Mônica di Piero, j. 15.2.2007, *DORJ* 26.2.2007.

70 Sobre a teoria da encampação, "nos casos em que a autoridade hierarquicamente superior, apesar de indicada erroneamente, ultrapassa as questões processuais, adentra no mérito e assume a defesa do ato impugnado, não deve ser extinto o processo de mandado de segurança". ARAÚJO, José Henrique Mouta. *A Teoria da Encampação no Mandado de Segurança: ponderações necessárias* in *Revista Dialética de Direito Processual*, nº 78, 2009, p. 30.

71 CRETELLA JÚNIOR, José. *Anulação do Ato Administrativo por Desvio de Poder*. Rio de Janeiro: Forense, 1978, p. 9.

A elocução "ilegalidade" alcança os vícios da ilegalidade e da inconstitucionalidade, porquanto o mandado de segurança é hábil para suscitar o controle de constitucionalidade difuso, instrumentalizado pela via de exceção.[72]

A expressão "abuso de poder" atinge os vícios do desvio de poder e do excesso de poder, porque aquele é distinguido pelo abuso qualitativo, correlativo aos atos administrativos,[73] ao passo que este é divisado pelo abuso quantitativo, correlato aos fatos administrativos.[74, 75]

2.3 Objeto

O mandado de segurança é predisposto à concessão de **ordem impeditiva**, quando o direito, líquido e certo, não amparável por *habeas corpus* ou *habeas data*, esteja ameaçado por ato de autoridade pública ou agente delegado, tendo a ilegalidade ou abuso de poder sido objetada por *mandado de segurança preventivo*, ou **ordem corretiva**, quando o direito, líquido e certo, não amparável por *habeas corpus* ou *habeas data*, seja lesado por ato de autoridade pública ou agente delegado, tendo a ilegalidade ou abuso de poder sido objetada por *mandado de segurança repressivo*.[76]

2.4 Competência

A competência para processo e julgamento do mandado de segurança individual é firmada pela hierarquia funcional do agente público a quem é imputado o ato coator, e não pela natureza da pretensão deduzida em juízo ou tribunal.[77]

O **Supremo Tribunal Federal** é originariamente competente para o mandado de segurança contra atos do Presidente da República, das Mesas da Câmara dos Deputados e do Senado Federal, do Tribunal de Contas da União, do Procurador-Geral da República e do próprio Supremo Tribunal Federal, à luz do art. 102, inc. I, *d*, da CRFB.[78]

O **Superior Tribunal de Justiça** é originariamente competente para o mandado de segurança contra atos dos Ministros de Estado, incluído o Advogado-Geral da União, dos Comandantes da Marinha, do Exército e da Aeronáutica e do próprio Superior Tribunal de Justiça, com espeque no art. 105, inc. I, *b*, da CRFB.[79]

Os **Tribunais Regionais Federais** são originariamente competentes para o mandado de segurança contra atos dos Juízes Federais, excetuados os Juízes do Trabalho,

---

72 STF, MS nº 24.875, Rel. Min. Sepúlveda Pertence, j. 11.5.2006, *DJU* 6.10.2006.

73 STJ, MS nº 7.330, Rel. Min. Hélio Quaglia Barbosa, j. 9.11.2005, *DJU* 6.3.2006.

74 TJRJ, Proc. nº 2003.004.00546, Rel. Des. Henrique Magalhães de Almeida, j. 21.10.2003, *DORJ* 9.1.2004.

75 O regular exercício do mandado de segurança é condicionado ao desempenho arbitrário do poder (abuso de poder) ou qualquer outro vício em decorrência de contrariedade à norma constitucional ou legal (ilegalidade). FAGUNDES, Miguel Seabra. *O Controle dos Atos Administrativos pelo Poder Judiciário*, p. 308.

76 SIDOU, José Maria Othon. *Mandado de Segurança.* 2ª ed. Rio de Janeiro: Freitas Bastos, 1959, p. 90.

77 DIAS, Sergio Novais. *A Competência para Processo e Julgamento do Mandado de Segurança Individual* in *Revista da Ordem dos Advogados do Brasil*, nº 5, 1992, p. 223-231.

78 STF, MS nº 24.274, Rel. Min. Celso de Mello, j. 25.6.2002, *DJU* 11.5.2007.

79 STJ, MS nº 9.337, Rel. Min. Hélio Quaglia Barbosa, j. 27.4.2005, *DJU* 9.5.2005.

e dos próprios Tribunais Regionais Federais, em atenção aos arts. 108, inc. I, *c*, e 114, inc. IV, da CRFB.[80]

Os **Tribunais de Justiça** são originariamente competentes para o mandado de segurança contra atos do Governador e dos Secretários do Estado, inclusive o Prefeito da Capital e dos Municípios com mais de 200 mil eleitores, da Mesa Diretora e do Presidente da Assembleia Legislativa, do Tribunal de Contas do Estado, do Procurador-Geral de Justiça, do Procurador-Geral e do Defensor Público-Geral do Estado e dos próprios Tribunais de Justiça, com esteio no art. 161, inc. IV, *e*, da CERJ.[81]

Os **Juízos Federais** e **Juízos de Direito** são competentes para o mandado de segurança contra atos de autoridade pública ou agente de pessoa jurídica de direito privado no desempenho de atribuições do Poder Público federal, estadual, distrital ou municipal não contemplado nas hipóteses anteriormente referidas, a teor do art. 109, inc. VIII, da CRFB, sem embargo do art. 44, inc. II, da LODJERJ.

O mandado de segurança contra atos dos **Juizados Especiais Cíveis**, como também o mandado de segurança contra atos das **Turmas Recursais Cíveis**, devem ser endereçados às próprias Turmas Recursais Cíveis Federais ou Estaduais: "a competência para processar e julgar a ação mandamental impetrada contra atos dos Juizados Especiais é das Turmas Recursais Cíveis"[82] e "a competência para conhecer do mandado de segurança contra atos das Turmas Recursais dos Juizados Especiais é dela mesma".[83] "Pacificou-se na jurisprudência o entendimento de que cabe às Turmas Recursais Cíveis apreciar e julgar o mandado de segurança impetrado contra seus atos"[84] e "falece competência aos tribunais para processar e julgar os atos de juízes no exercício dos Juizados Especiais. A competência pertence às Turmas Recursais".[85, 86]

2.5 Partes

A pertinência subjetiva da lide, no âmbito do processo do mandado de segurança, pode ser analisada sob o prisma ativo e passivo.[87]

---

80 TRF – 2ª Região, Proc. nº 1999.02.01.059114-2, Rel. Juiz Antônio Netto, j. 27.9.2000, *DJU* 9.11.2000.

81 TJRJ, Proc. nº 2002.004.00564, Rel. Des. Nagib Slaibi Filho, j. 11.6.2002, *DORJ* 28.6.2002.

82 STF, MS nº 24.691, Rel. Min. Sepúlveda Pertence, j. 4.12.2003, *DJU* 24.6.2005.

83 STJ, CJ nº 40.319, Rel. Min. José Arnaldo da Fonseca, j. 10.3.2004, *DJU* 5.4.2004.

84 TRF – 2ª Região, Proc. nº 2005.01.00.019961-0, Rel. Juiz João Batista Moreira, j. 23.1.2007, *DJU* 16.2.2007.

85 TJRJ, Proc. nº 2002.004.00586, Rel. Des. Maria Raimunda Azevedo, j. 26.6.2002, *DORJ* 7.11.2002.

86 A competência recursal é fixada pelos arts. 102, inc. II, *a*, e 105, inc. II, *b*, da CRFB e arts. 10, § 1º, 14 e 18 da Lei nº 12.016/09, de modo que o Supremo Tribunal Federal é competente para o julgamento do recurso ordinário interposto contra a decisão denegatória do mandado de segurança proferida por Tribunal Superior; o Superior Tribunal de Justiça é competente para o julgamento do recurso ordinário interposto contra a decisão denegatória do mandado de segurança prolatada em única instância por Tribunal Regional Federal ou Tribunal de Justiça e, por último, os Tribunais Regionais Federais e Tribunais de Justiça são competentes para o julgamento da apelação interposta contra a sentença terminativa ou definitiva, concessiva ou denegatória, do mandado de segurança, pronunciada por Juízo Federal ou Juízo de Direito, em que pese a sujeição da decisão concessiva a reexame necessário. TEIXEIRA, Patrícia Trunfo. *Recursos em Matéria Civil*. Porto Alegre: Verbo Jurídico, 2005, p. 54.

87 CRETELLA JÚNIOR, José. *Mandado de Segurança*. São Paulo: José Bushatsky, 1974, p. 73.

A **legitimidade ativa** é reconhecida a qualquer pessoa natural, formal ou jurídica, nacional ou estrangeira, pública ou privada, bem assim órgão independente e agente político, sobre a qual cinco observações podem ser trazidas à colação.

Os *estrangeiros não residentes no Brasil* podem impetrar o mandado de segurança, dado que a ação é colocada à disposição de todas as pessoas, nacionais ou estrangeiras, que se encontrem subordinadas à autoridade do ordenamento jurídico brasileiro.

O mandado de segurança pode ser deflagrado por todas as *pessoas formais*, tais como o condomínio especial e massa falida, eis que a capacidade de ser parte não está condicionada à personalidade jurídica do impetrante da ação constitucional, dotado de personalidade judiciária.

Os *órgãos independentes*, em decorrência do exercício da atividade funcional ou proteção judicial das atribuições institucionais, da mesma forma que os *agentes políticos*, em defesa dos direitos, garantias, prerrogativas e vantagens dos membros dos Poderes, Funções Essenciais à Justiça, Tribunais de Contas e missões diplomáticas e consulares, podem impetrar o mandado de segurança.

O mandado de segurança pode ser demandado por órgão do *Ministério Público*, quando o interesse individual indisponível não seja passível de tutela jurisdicional por outra ação constitucional de iniciativa do *Parquet*, em razão do art. 129, inc. IX, *initio*, da CRFB, sem prejuízo da intervenção do Ministério Público, quando o mandado de segurança não seja impetrado por organismo do *Parquet*, em respeito ao art. 12 da Lei nº 12.016/09, posto que o interesse público é evidenciado pela natureza da lide.

As *pessoas jurídicas de direito público* podem impetrar o mandado de segurança, visto que os direitos titularizados pelas pessoas jurídicas de direito público interno – União, Estados, Distrito Federal e Municípios e suas respectivas autarquias e fundações públicas – e pessoas jurídicas de direito público externo – Estados estrangeiros e todas as entidades reguladas pelo Direito Internacional Público –, são salvaguardados pela ação em epígrafe, de acordo com o enunciado ou verbete nº 511 da Súmula da Jurisprudência Preponderante do Supremo Tribunal Federal.[88]

A **legitimidade passiva** é retratada em três posicionamentos.

Carlos Alberto Menezes Direito, com o aplauso de **Hely Lopes Meirelles**, salienta que o agente público indicado como *autoridade coatora* seria o legitimado passivo para o mandado de segurança, tendo em conta que "o impetrado é a autoridade coatora, que não se confunde com a entidade a que pertence. Isto é de fundamental importância, pois somente a autoridade coatora tem legitimação passiva, devendo prestar e assinar as informações requisitadas pelo juízo ou tribunal e cumprir o determinado na liminar

[88] Themístocles Brandão Cavalcanti vislumbra que "o impetrante pode ser pessoa de direito público. Nada impede que uma pessoa jurídica ingresse em juízo contra outra pessoa jurídica também de direito público". Contrariamente, José Maria Othon Sidou visualiza que "pessoa jurídica de direito público não detém nenhuma das armas predispostas pela Lei Maior para fruição dos indivíduos. Seus petrechos devem ser buscados noutro arsenal. Ter a entidade de direito público como detentora, paralelamente ao ente privado, da garantia de votar interditos pessoais, seria incidir no ilogismo de fazer o Estado pedir auxílio a si mesmo, usando um remédio constitucional que foi arma posta em mãos dos indivíduos contra ele, Estado". CAVALCANTI, Themístocles Brandão. *Mandado de Segurança*, p. 160-161, e SIDOU, José Maria Othon. *Mandado de Segurança*, p. 252-253.

ou sentença".[89] "O impetrado é a autoridade coatora, e não a pessoa jurídica a quem o agente público representa em razão do ofício. A autoridade coatora será sempre parte na causa, e, como tal, deverá prestar e subscrever as informações, atender às requisições do juízo ou tribunal e cumprir o determinado, com caráter mandamental, na liminar ou sentença."[90]

Lúcia Valle Figueiredo, com o apoio de **José de Aguiar Dias**, sinaliza que a *autoridade coatora e pessoa jurídica de direito público* a que o agente público é vinculado, em litisconsórcio necessário, seriam os legitimados passivos para o mandado de segurança, tendo em mira que "a autoridade coatora é impetrada na ação de mandado de segurança, mas sujeito passivo, compondo a lide, também é a pessoa jurídica de direito público".[91] "A autoridade coatora age materialmente no exercício de suas atribuições, com a correspondente parcela de autonomia, daí decorrendo sua responsabilidade pessoal pelos atos que pratica, submetidos a censura pela ação de mandado de segurança. Essa responsabilidade não exclui a responsabilidade da pessoa jurídica de direito público, decorrente dos atos de seus agentes. Como resultante dessa responsabilidade solidária, afirma-se a legitimidade passiva do coator, ao lado da legitimidade passiva da pessoa jurídica de direito público."[92]

Celso Agrícola Barbi, com a aprovação de **Ariovaldo Perrone da Silva**, sustenta que a *pessoa jurídica de direito público* a que o agente público indicado como autoridade coatora é vinculado seria a legitimada passiva para o mandado de segurança, tendo em vista que "a nosso ver, a parte passiva no mandado de segurança é a pessoa jurídica de direito público a cujos quadros pertence a autoridade indicada como coatora. Como já vimos anteriormente, o ato do agente público é ato da entidade da Administração Pública a que ele se subordina".[93] "A dedução é a de que a parte passiva do mandado de segurança é a entidade pública a que serve a autoridade indicada como coatora. O fato de participar da edição do ato impugnado, não em nome próprio, mas em nome da Administração Pública, retira da autoridade coatora qualquer possibilidade de integrar como parte passiva a relação processual mandamental. A autoridade pública ou agente delegado age por conta da entidade pública a que serve, consolidando a integração desta, e não pessoal daquele, na relação administrativa conflitada, ensejadora da relação processual constituída."[94]

A teor do exposto, somos do entendimento de que o mandado de segurança é impetrado em face da pessoa jurídica de direito público, e não da autoridade coatora, porquanto a entidade pública manifesta a vontade administrativa por meio dos órgãos, integrados por agentes, de arte que o ato praticado pela autoridade coatora é imputado à pessoa jurídica de direito público a que é vinculada, assim como não há a possibilidade de o litisconsórcio

---

89 DIREITO, Carlos Alberto Menezes. *Manual do Mandado de Segurança*, p. 87.

90 MEIRELLES, Hely Lopes. *Problemas do Mandado de Segurança* in *Revista de Direito Administrativo*, nº 73, 1963, p. 46.

91 FIGUEIREDO, Lúcia Valle. *Autoridade Coatora e Sujeito Passivo* in *Cinquenta Anos de Mandado de Segurança*. Porto Alegre: Sergio Antonio Fabris, 1986, p. 26.

92 DIAS, José de Aguiar. *O Sujeito Passivo no Mandado de Segurança* in *Revista de Direito do Tribunal de Justiça do Estado do Rio de Janeiro*, nº 3, 1990, p. 21.

93 BARBI, Celso Agrícola. *Do Mandado de Segurança*, p. 154.

94 SILVA, Ariovaldo Perrone da. *A Posição da Pessoa Jurídica de Direito Público na Ação de Mandado de Segurança* in *Justitia*, nº 156, 1991, p. 263.

necessário ser integrado por quem não é sujeito passivo da relação processual. Nesse sentido, a autoridade coatora é revestida da natureza jurídica de parte em sentido formal, de molde que a prestação de informações não funciona como oferecimento de defesa e, por via de consequência, a sua ausência não induz os efeitos material e processual da revelia. Sem embargo da notificação da autoridade pública ou agente delegado indicado como coator, a pessoa jurídica de direito público a que é vinculada a autoridade coatora deve ser citada, na pessoa do seu representante judicial.[95] A jurisprudência do Supremo Tribunal Federal, bem como a do Superior Tribunal de Justiça e do Tribunal de Justiça do Rio de Janeiro, são consentâneas a respeito da legitimidade passiva da pessoa jurídica de direito público a que a autoridade coatora é vinculada para a ação de mandado de segurança: "a pessoa jurídica de direito público a que pertence a autoridade tida como coatora é o sujeito passivo do mandado de segurança",[96] porque "o processo de mandado de segurança tem como partes, de um lado, o impetrante e, de outro, a pessoa jurídica de direito público".[97] "No mandado de segurança, parte passiva é a pessoa jurídica a cujos quadros pertence a autoridade apontada como coatora, não esta própria que, portanto, em sede mandamental, não pode ostentar, em caso algum, a qualidade de parte legítima ou ilegítima."[98]

2.6 Decisão

A decisão do mandado de segurança individual pode ser estudada sob o ângulo da tutela de urgência, à luz dos arts. 7º, inc. III, e 16, e sob o aspecto da tutela de mérito, à vista do art. 14 da Lei nº 12.016/09, com a redação que lhe foi conferida pela Lei nº 13.676/18.

Sobre a **tutela de urgência**, a medida liminar pode ser concedida por juízo ou tribunal, desde que o fundamento da impetração do mandado de segurança seja relevante e do ato impugnado possa resultar a ineficácia da ordem judicial, se concedida ao final do processo, em torno da qual há cinco pontos controvertidos.[99]

Primeiro: quanto à *natureza jurídica da medida liminar*, **José Henrique Mouta Araújo** acentua que a medida liminar é concedida no exercício da tutela antecipada, com fulcro nos arts. 303 e 304, dado que o pronunciamento judicial redundaria na antecipação dos efeitos práticos da eventual decisão de procedência,[100] ao passo que **Francisco**

---

95 No sentido do texto, Sérgio Ferraz ressalta que "a parte, no mandado de segurança, é a pessoa jurídica de direito público a quem é vinculada a autoridade coatora. E essa pessoa jurídica só atua por meio da Advocacia-Geral da União, Procuradoria-Geral da Fazenda Nacional e Procuradorias-Gerais dos Estados, do Distrito Federal ou dos Municípios, o que torna obrigatória sua citação, independentemente da notificação da autoridade coatora, para prestar informações". No sentido contrário, Cassio Scarpinella Bueno responde que "a parte do mandado de segurança é citada para formar a relação jurídica processual pela notificação da autoridade indicada como coatora, despicienda que sua citação se dê pelo encaminhamento do mandado de citação à pessoa jurídica de direito público a cujos quadros pertence o agente público". FERRAZ, Sérgio. *Mandado de Segurança (Individual e Coletivo). Aspectos Polêmicos*, p. 55, e BUENO, Cassio Scarpinella. *Mandado de Segurança*, p. 77.

96 STF, RE nº 412.430, Rel. Min. Ellen Gracie, j. 13.12.2005, *DJU* 17.3.2006.

97 STJ, REsp nº 385.214, Rel. Min. Humberto Gomes de Barros, j. 13.8.2002, *DJU* 31.3.2003.

98 TJRJ, Proc. nº 2001.004.01227, Rel. Des. Paulo Sérgio Fabião, j. 13.9.2004, *DORJ* 5.10.2004.

99 THEODORO JÚNIOR, Humberto. *Tutela de Urgência*. 2ª ed. Rio de Janeiro: América Jurídica, 2001, p. 131.

100 ARAÚJO, José Henrique Mouta. *Mandado de Segurança: questões controvertidas*, p. 83.

Antonio de Oliveira acredita que a medida liminar é concedida no desempenho da tutela cautelar, com fundamento nos arts. 305 a 310 do CPC, eis que o provimento jurisdicional resguardaria os meios e fins do mandado de segurança.[101] O Supremo Tribunal Federal, no agravo regimental na suspensão de segurança nº 1.149, decidiu que a medida liminar no mandado de segurança é "modalidade criada por lei de tutela cautelar do direito provável - mas ainda não definitivamente acertado - do impetrante".[102]

Segundo: quanto às *restrições à concessão da medida liminar* preceituadas no art. 1º, *caput* da Lei nº 8.076/90 (matérias reguladas pelas disposições das Leis nºs 8.012/90, 8.014/90, 8.021/90, 8.023/90, 8.024/90, 8.029/90, 8.030/90, 8.032/90, 8.033/90, 8.034/90, 8.036/90 e 8.039/90, no período entre 23 de agosto de 1990 e 15 de setembro de 1992), art. 1º, *caput* e § 3º da Lei nº 8.437/92 (esgotamento, no todo ou em parte, do objeto da ação mandamental) e art. 7º, § 2º, da Lei nº 12.016/09 (compensação de créditos tributários, liberação de bens, mercadorias ou coisas procedentes do estrangeiro, reclassificação ou equiparação de servidores públicos, concessão de aumentos ou extensão de vantagens e pagamento de qualquer natureza), **Teori Albino Zavascki** aduz que "pode a lei proibir simplesmente as medidas liminares. Desde que não vedado o direito à ação principal, o que ofenderia a Constituição da República, nada impede coíba o legislador, por interesse público, a concessão de medidas liminares",[103] enquanto **Luiz Guilherme Marinoni** adverte que "o impetrante do mandado de segurança tem o direito constitucional à adequada tutela jurisdicional (incluídas as medidas liminares), como decorrência do princípio da inafastabilidade do controle judicial. É de se concluir, pois, que suprimir o direito constitucional às medidas liminares é o mesmo que legitimar a autotutela".[104] O Superior Tribunal de Justiça, nos recursos especiais nºs 548.441, 1.352.935, 1.645.713, 1.836.074 e 1.932.307, deduziu que a concessão da medida liminar no mandado de segurança não pode ser restringida, por força das regras dos arts. 5º, inc. XXXV, e 217, § 1º, da CRFB.[105]

Terceiro: quanto à *concessão da medida liminar ex officio*, **Hamilton de Moraes e Barros** afasta a possibilidade de tutela jurisdicional de ofício, sendo evidente que o impetrante deve formular o pedido da medida emergencial, respondendo pelo dano que tenha sido causado, caso a liminar seja posteriormente cassada,[106] ao passo que **Cassio Scarpinella Bueno** afirma a possibilidade de concessão de medida emergencial que não

---

101 OLIVEIRA, Francisco Antonio de. *Mandado de Segurança e Controle Jurisdicional: mandado de segurança coletivo, enfoques trabalhistas e jurisprudência*, p. 280.

102 STF, SS-AgRg nº 1.149, Rel. Min. Sepúlveda Pertence, j. 3.4.1997, *DJU* 9.5.1997. V., também, sobre o assunto: STF, SS-AgRg nº 846, Rel. Min. Sepúlveda Pertence, j. 29.5.1996, *DJU* 8.11.1996; STF, SS-AgRg nº 984, Rel. Min. Sepúlveda Pertence, j. 24.4.1997, *DJU* 23.5.1997; STF, SS-AgRg nº 1.015, Rel. Min. Sepúlveda Pertence, j. 3.6.1996, *DJU* 24.9.1999, e STF, SS-AgRg nº 1.073, Rel. Min. Sepúlveda Pertence, j. 3.4.1997, *DJU* 20.6.1997.

103 ZAVASCKI, Teori Albino. *Restrições à Concessão de Liminares* in *Revista dos Tribunais*, nº 718, 1994, p. 61.

104 MARINONI, Luiz Guilherme. *Proibição da Concessão de Liminares: inconstitucionalidade* in *Revista de Processo*, nº 60, 1994, p. 148.

105 STJ, REsp nº 548.441, Rel. Min. Mauro Campbell, j. 18.9.2014, *DJU* 24.9.2014; STJ, REsp nº 1.352.935, Rel. Min. Herman Benjamin, j. 7.8.2014, *DJU* 25.9.2014; STJ, REsp nº 1.645.713, Rel. Min. Og Fernandes, j. 12.6.2018, *DJU* 18.6.2018; STJ, REsp nº 1.836.074, Rel. Min. Og Fernandes, j. 3.10.2019, *DJU* 9.10.2019, e STJ, REsp nº 1.932.307, Rel. Min. Og Fernandes, j. 27.9.2021, *DJU* 30.9.2021.

106 BARROS, Hamilton de Moraes e. *As Liminares do Mandado de Segurança*. Rio de Janeiro: Forense, 1963, p. 65.

tenha sido requerida, tendo em exame a natureza cogente da norma veiculada pelo art. 7º, inc. III, da Lei nº 12.016/09, que vincula o juízo ou tribunal a conceder a liminar, uma vez presentes os seus requisitos.[107] O Tribunal de Justiça do Rio de Janeiro, nos autos dos embargos infringentes nº 19/1996, definiu que "o juiz não pode conceder medidas liminares não requeridas pelas partes".[108]

Quarto: quanto à *restrição à eficácia temporal da medida liminar* prescrita no art. 51 da Lei nº 4.862/65 (eficácia pelo prazo legal de 60 dias a contar da data da petição inicial ou da determinação da sua suspensão por Tribunal imediatamente superior, quando houver o mandado de segurança sido impetrado contra ato da Fazenda Nacional), **Celso Agrícola Barbi** assevera que "a previsão é justificada pelo fato de ser frequente encontrarmos uma liminar vigorando durante largo tempo, que por vezes vai a mais de um ano, o que é incompatível com o caráter provisório da medida",[109] enquanto **José Manoel de Arruda Alvim Netto** assinala que "em nosso modo de ver, essa lei é inconstitucional, porquanto o mandado de segurança encontra-se no texto constitucional, e aquilo que fica cabendo, estritamente, à legislação infraconstitucional, é o regulamentar as previsões constitucionais, e não amputar ou diminuir uma garantia que tem dimensão maior e constitucional".[110] O Superior Tribunal de Justiça, nos recursos especiais nºs 413.343, 463.521, 507.589, 572.603 e 800.600, destacou que a limitação da eficácia temporal da medida liminar não mais prevalece, forte no poder de cautela de que são investidos os magistrados em geral.[111]

Quinto: quanto à *eficácia temporal da medida liminar, tendo sido proferida decisão denegatória*, **Alfredo Buzaid** atenta que a eficácia da medida liminar no mandado de segurança é suspensa pela decisão denegatória, ainda que a tutela de urgência não tenha sido revogada;[112] **Hely Lopes Meirelles** atesta que a eficácia da medida liminar do mandado de segurança é suspensa pela decisão denegatória, desde que a tutela de urgência tenha sido revogada,[113] ao passo que **Sérgio Ferraz** atrela a eficácia da medida liminar no mandado de segurança ao intervalo de tempo em que for cogitável a concessão da ordem pelo juízo ou tribunal.[114] O Supremo Tribunal Federal, no recurso ordinário em mandado de segurança nº 23.147, determinou que "eventual subsistência dos efeitos de decisão liminar em relação à decisão de mérito da ação principal deve ser analisada de

---

107 BUENO, Cassio Scarpinella. *Liminar em Mandado de Segurança*. 2ª ed. São Paulo: Revista dos Tribunais, 1999, p. 235.

108 TJRJ, Proc. nº 1996.005.00019, Rel. Des. Wilson Marques, j. 5.2.1997, *DORJ* 4.4.1997. V., também, sobre a matéria: TJRJ, Proc. nº 1996.004.00348, Rel. Des. Wilson Marques, j. 20.8.1996, *DORJ* 30.8.1996; TJRJ, Proc. nº 1999.002.08789, Rel. Des. Ademir Pimentel, j. 22.2.2000, *DORJ* 10.3.2000; TJRJ, Proc. nº 2002.002.05199, Rel. Des. Jair de Almeida, j. 1º.10.2002, *DORJ* 29.10.2002, e TJRJ, Proc. nº 2006.001.02292, Rel. Des. Cristina Gaulia, j. 15.3.2006, *DORJ* 20.3.2006.

109 BARBI, Celso Agrícola. *Mandado de Segurança na Constituição de 1988* in *Revista dos Tribunais*, nº 635, 1988, p. 19.

110 ALVIM NETTO, José Manoel de Arruda. *Anotações sobre a Medida Liminar em sede de Mandado de Segurança* in *Revista de Processo*, nº 39, 1985, p. 16.

111 STJ, REsp nº 413.343, Rel. Min. Humberto Martins, j. 29.9.2006, *DJU* 11.10.2006; STJ, REsp nº 463.521, Rel. Min. Luiz Fux, j. 6.5.2003, *DJU* 19.5.2003; STJ, REsp nº 507.589, Rel. Min. Francisco Falcão, j. 4.9.2003, *DJU* 20.10.2003; STJ, REsp nº 572.603, Rel. Min. José Delgado, j. 6.5.2004, *DJU* 5.8.2004, e STJ, REsp nº 800.600, Rel. Min. Francisco Falcão, j. 5.12.2006, *DJU* 1º.2.2007.

112 BUZAID, Alfredo. *Do Mandado de Segurança*, p. 221.

113 MEIRELLES, Hely Lopes. *Mandado de Segurança*, p. 59.

114 FERRAZ, Sérgio. *Mandado de Segurança*, p. 268.

acordo com o caso concreto. Não há falar que a medida liminar sempre subsiste até o trânsito em julgado da sentença ou acórdão, porque ao juízo ou tribunal cabe conceder ou negar, manter ou revogar a medida liminar, segundo as peculiaridades do caso ajuizado".[115]

Sobre a **tutela de mérito**, a natureza jurídica da sentença concessiva não é uníssona, tendo havido a individualização de cinco posições.

A *natureza sui generis* da decisão de procedência é reconhecida por **Milton Flaks**, para quem "o mandado de segurança é o único procedimento que comporta fases cautelar, cognitiva e executória, sem necessidade de processos autônomos", de arte que "toda vez que se pretende enquadrar o mandado de segurança dentro do clássico quadro geral das ações, resta uma nuance para impedir o perfeito ajustamento".[116]

A *natureza constitutiva* da decisão de procedência é redobrada por **Sebastião de Souza**, para quem "a sentença ou acórdão proferido em mandado de segurança é constitutivo. Define uma situação, estabelece um estado. Limita-se a anular ou declarar a nulidade do ato ameaçador ou violador de direito líquido e certo. O não cumprimento da ordem judicial dará lugar à responsabilidade civil ou criminal dos infratores".[117]

A *natureza executiva lato sensu* da decisão de procedência é referida por **Castro Nunes**, para quem "a ação de mandado de segurança é sempre executória. Por isso mesmo, manda a lei que se expeça como título executório em favor de quem o impetrou e obteve, determinando o juízo ou tribunal as providências contempladas na sentença ou acórdão", de maneira que "a eficácia da decisão é assegurada pelo seu cumprimento compulsório".[118]

A *natureza mandamental* da decisão de procedência é respaldada por **Pontes de Miranda**, para quem "o conteúdo da ação de mandamento é obter mandado do juízo ou tribunal, que não se confunde com o efeito executivo da sentença ou acórdão de condenação, tanto que, em vez de condenar para que seja ulterior a execução, condena direcionando-se, desde já, ao órgão de execução (*e. g.*: *habeas corpus* e mandado de segurança)".[119]

A *natureza meramente declaratória, constitutiva ou condenatória* da decisão de procedência é retratada por **Luiz Eulálio de Bueno Vidigal**, para quem "o pronunciamento concessivo pode ser meramente declaratório, constitutivo ou condenatório", de sorte que "a ação em que se pede mandado de segurança não difere, quanto ao seu escopo, de qualquer outra ação: obter provimento jurisdicional a respeito de um conflito de interesses".[120]

A nosso sentir, conforme a natureza da pretensão deduzida em juízo ou tribunal, a sentença ou acórdão de procedência do pedido formulado em mandado de segurança pode

---

115 STF, MS nº 23.147, Rel. Min. Gilmar Mendes, j. 25.2.2003, *DJU* 22.8.2003. V., também, sobre o tema: STF, SS-AgRg nº 984, Rel. Min. Sepúlveda Pertence, j. 24.4.1997, *DJU* 23.5.1997; STF, AC-AgRg nº 280, Rel. Min. Carlos Velloso, j. 3.8.2004, *DJU* 20.8.2004; STF, AC-MC-AgRg nº 882, Rel. Min. Gilmar Mendes, j. 13.9.2005, *DJU* 14.10.2005, e STF, AI-AgRg nº 482.284, Rel. Min. Cármen Lúcia, j. 13.12.2006, *DJU* 16.2.2007.

116 FLAKS, Milton. *Mandado de Segurança: pressupostos da impetração*. Rio de Janeiro: Forense, 1980, p. 28-32.

117 SOUZA, Sebastião de. *Dos Processos Especiais*. v. I. Rio de Janeiro: Forense, 1957, p. 52.

118 NUNES, Castro. *Do Mandado de Segurança e de Outros Meios de Defesa contra os Atos do Poder Público*. 8ª ed. Rio de Janeiro: Forense, 1980, p. 41-42.

119 MIRANDA, Pontes de. *Comentários ao Código de Processo Civil*. v. I. Rio de Janeiro: Forense, 1973, p. 148.

120 VIDIGAL, Luiz Eulálio de Bueno. *Do Mandado de Segurança*. São Paulo: Saraiva, 1953, p. 130-131.

ser qualificado como meramente declaratório (*v. g.*: declaração de nulidade do ato impugnado pelo demandante),[121] constitutivo (*v. g.*: anulação do ato imputado ao demandado)[122] e/ou condenatório (*v. g.*: abstenção ou prática do ato incitado pela demanda).[123]

Sobre a **coisa julgada**, a *sentença concessiva* é alcançada pela coisa julgada material. Ao inverso, a *sentença denegatória*, na hipótese de inexistência de liquidez e certeza do direito, não é aparelhada pela coisa julgada material, com a possibilidade de renovação do pedido, pelo instituto do mandado de segurança,[124] enquanto, na hipótese de inexistência do direito subjacente à pretensão deduzida em juízo ou tribunal, é atingida pela coisa julgada material,[125] sem a possibilidade de reprodução do pedido,[126] pelo instrumento da ação ordinária.[127]

3 MANDADO DE SEGURANÇA COLETIVO

O mandado de segurança coletivo é dirigido à tutela do direito metaindividual de que trata o art. 5º, inc. LXX, da CRFB.[128]

3.1 Natureza jurídica

O mandado de segurança coletivo é revestido de **natureza dúplice**, consoante seja investigado sob o ângulo constitucional ou processual.

Sob o aspecto constitucional, o mandado de segurança é substanciado como *remédio constitucional* para a tutela de direito metaindividual, líquido e certo, não amparável por *habeas corpus* ou *habeas data*, ameaçado ou lesado por ato de autoridade pública ou agente delegado, eivado de ilegalidade ou abuso de poder.[129]

O mandado de segurança individual e mandado de segurança coletivo não se confundem, dado que naquele há tutela de interesses individuais, com espeque no art. 5º, inc. LXIX, à medida que neste há tutela de interesses metaindividuais, com esteio no art. 5º, inc. LXX.[130] Destarte: "considerando que a litispendência pressupõe o aforamento de uma mesma lide, sem que tenha transitado em julgado decisão terminativa ou definitiva. Necessária, pois, a identidade dos feitos quanto às partes, à causa de pedir e ao pedido, mediato e imediato",[131] "não há litispendência entre o mandado de segurança coletivo

---

121 STF, MS nº 16.786, Rel. Min. Edgard Costa, j. 23.12.1955, *DJU* 3.11.1969.

122 STJ, MS nº 256, Rel. Min. Waldemar Zveiter, j. 22.5.1990, *DJU* 4.6.1990.

123 TJRJ, Proc. nº 2000.004.00592, Rel. Des. Murta Ribeiro, j. 11.12.2000, *DORJ* 9.2.2001.

124 No sentido do texto, Hely Lopes Meirelles retempera que "o interessado poderá renovar o pedido em outro mandado de segurança, enquanto o juízo ou tribunal não o denegar pelo mérito". No sentido contrário, Luiz Eulálio de Bueno Vidigal retorque que "sendo o pronunciamento denegatório – por inexistência de liquidez e certeza do direito ou inexistência do direito subjacente à pretensão deduzida em juízo ou tribunal – nada impede que se obtenha provimento declaratório da legalidade da pretensão". MEIRELLES, Hely Lopes. *Mandado de Segurança*, p. 114, e VIDIGAL, Luiz Eulálio de Bueno. *Do Mandado de Segurança*, p. 203.

125 STF, RE nº 112.869, Rel. Min. Célio Borja, j. 4.12.1987, *DJU* 19.2.1988.

126 STJ, REsp nº 259.827, Rel. Min. Jorge Scartezzini, j. 17.10.2002, *DJU* 17.2.2003.

127 TJRJ, Proc. nº 2009.001.17613, Rel. Des. Camilo Ribeiro Ruliere, j. 29.7.2009, *DORJ* 15.1.2010.

128 LEYSER, Maria Fátima. *Mandado de Segurança Individual e Coletivo*. São Paulo: Wvc, 2002, p. 43.

129 ALVEZ, Maria Cristina. *Remédio Constitucional*. São Paulo: FTD, 1999, p. 43.

130 CRETELLA JÚNIOR, José. *Mandado de Segurança Coletivo*. 3ª ed. Rio de Janeiro: Forense, 1999, p. 13.

131 STF, MS nº 24.789, Rel. Min. Eros Grau, j. 26.10.2004, *DJU* 26.11.2004.

e o mandado de segurança impetrado pelo titular do interesse individual, que busca a proteção a direito líquido e certo".[132] "O ajuizamento de mandado de segurança coletivo não inibe o exercício do direito de postular, pela via individual, o resguardo de direito líquido e certo, lesado ou ameaçado, não ocorrendo, na hipótese, litispendência,"[133] mas os efeitos da coisa julgada não beneficiam o impetrante a título individual se não requerer a desistência de seu mandado de segurança no prazo de 30 dias da ciência da impetração da ação coletiva.

Sob o aspecto processual, o mandado de segurança é sumariado como *ação cível*, pela qual pretensão metaindividual, coletiva ou individual homogênea, pode ser deduzida em juízo ou tribunal, subordinada a procedimento especial de jurisdição contenciosa.[134]

O mandado de segurança coletivo e ação associativa são diferentes, eis que num há substituição processual, porque o impetrante defende, em nome próprio, os direitos metaindividuais dos substituídos, sem a necessidade de autorização da associação, com fundamento no art. 5º, inc. LXX, *b*, ao passo que noutro há representação judicial, porquanto o autor defende, em nome alheio, os direitos individuais dos representados, com a necessidade de autorização dos associados, com fulcro no art. 5º, inc. XXI, da CRFB.[135] Deveras: "a legitimação das organizações sindicais, entidades de classe ou associações, para o mandado de segurança coletivo, é extraordinária, ocorrendo, em tal hipótese, substituição processual",[136] "que não depende de autorização de quaisquer interessados, aos quais não se defere a intromissão no processo para postular em sentido contrário a atuação do substituto, pois ele age em nome próprio, em defesa de direitos de terceiros".[137] "A Constituição da República ao atribuir às organizações sindicais, entidades de classe e associações legitimidade para impetrar o mandado de segurança coletivo, outorgou-lhe legitimação extraordinária para defender em nome próprio direitos alheios. Não se trata, portanto, do fenômeno da representação judicial, mas sim o da substituição processual, onde prescindível a autorização expressa."[138]

3.2 Condições específicas da ação

O regular exercício do mandado de segurança coletivo, tal como do individual, é sujeito a duas **condições específicas**, quais sejam: (i) *direito líquido e certo*, não amparável por *habeas corpus* ou *habeas data*, ameaçado ou lesado, e (ii) *ato coator* imputado à autoridade pública ou agente delegado, eivado de ilegalidade ou abuso de poder.[139]

Nessa ordem de ideias, "as noções básicas, fundamentais, clássicas, a respeito do mandado de segurança individual prevalecem para o mandado de segurança coletivo. Continua a ser verdade que o mandado de segurança coletivo exige direito líquido e certo,

---

132 STJ, REsp nº 237.026, Rel. Min. Felix Fischer, j. 1º.3.2001, *DJU* 19.3.2001.

133 TJRJ, Proc. nº 2002.001.12559, Rel. Des. Carlos Ferrari, j. 11.2.2003, *DORJ* 12.5.2003.

134 MIRANDA, José Apolinário. *Ação Cível*. São Paulo: Cautela, 1999, p. 45.

135 BULOS, Uadi Lammêgo. *Mandado de Segurança Coletivo*. São Paulo: Revista dos Tribunais, 1996, p. 91.

136 STF, RE nº 193.382, Rel. Min. Carlos Velloso, j. 28.6.1996, *DJU* 20.9.1996.

137 STJ, MS nº 5.466, Rel. Min. Demócrito Reinaldo, j. 4.10.1995, *DJU* 29.9.1997.

138 TJRJ, Proc. nº 2005.001.24616, Rel. Des. José Figueiredo, j. 22.3.2006, *DORJ* 26.4.2006.

139 BUZAID, Alfredo. *Considerações sobre o Mandado de Segurança Coletivo*. São Paulo: Saraiva, 1992, p. 44.

no sentido de que os fatos só podem ser provados mediante documento pré-constituído; continua a ser verdade que se deve estar diante de um ato imputado a agente público, que seja acoimado de ilegal ou de conter abuso de poder".[140]

3.3 Objeto

A questão controversa era atinente à **natureza dos interesses tutelados pelo mandado de segurança coletivo.**

Athos Gusmão Carneiro,[141] **Ernani Fidélis dos Santos,**[142] **José Joaquim Calmon de Passos,**[143] **Nelson Nascimento Diz**[144] e **Teori Albino Zavascki**[145] concluíam que o mandado de segurança coletivo era destinado somente ao resguardo de *interesses individuais*. Por conseguinte, mandado de segurança coletivo e ações coletivas, especialmente a ação popular e ação civil pública, seriam diferenciados pelos interesses em jogo, de forma que o mandado de segurança coletivo seria emprestado para a tutela de interesse individual, em proveito dos membros das entidades associativas, à medida que as ações coletivas seriam empregadas para a tutela de interesse público ou metaindividual, em proteção do Estado ou sociedade.

Antônio Gidi,[146] **Carlos Alberto Pimentel Uggere,**[147] **Lucília Isabel Candini Bastos,**[148] **Marcello Dantas**[149] e **Rodolfo de Camargo Mancuso,**[150] bem assim **Ada**

---

140 MOREIRA, José Carlos Barbosa. *Ações Coletivas na Constituição Federal de 1988* in *Revista de Processo*, nº 61, 1991, p. 187.

141 CARNEIRO, Athos Gusmão. *Anotações sobre o Mandado de Segurança Coletivo* in *Revista de Direito da Procuradoria-Geral do Estado do Rio de Janeiro*, nº 45, 1992, p. 5.

142 SANTOS, Ernani Fidélis dos. *Mandado de Segurança Individual e Coletivo: legitimação e interesse* in *Revista da Associação dos Juízes do Rio Grande do Sul*, nº 54, 1989, p. 53.

143 PASSOS, José Joaquim Calmon de. *Mandado de Segurança Coletivo, Mandado de Injunção e "Habeas Data": Constituição e processo*. Rio de Janeiro: Forense, 1989, p. 8.

144 DIZ, Nelson Nascimento. *Apontamentos sobre a Legitimação das Entidades Associativas para a propositura de Ações Coletivas para a Defesa de Direitos Individuais Homogêneos de Consumidores* in *Revista de Direito da Associação dos Procuradores do Novo Estado do Rio de Janeiro*, nº 5, 2000, p. 76.

145 ZAVASCKI, Teori Albino. *Defesa de Direitos Coletivos e Defesa Coletiva de Direitos* in *Revista Jurídica*, nº 212, 1995, p. 16.

146 GIDI, Antônio. *Coisa Julgada e Litispendência em Ações Coletivas. Mandado de Segurança Coletivo, Ação Coletiva de Consumo, Ação Coletiva Ambiental, Ação Civil Pública e Ação Popular*. São Paulo: Saraiva, 1995, p. 112.

147 UGGERE, Carlos Alberto Pimentel. *Mandado de Segurança Coletivo como Instrumento para Defesa dos Interesses Difusos, Coletivos e Individuais Homogêneos*. Curitiba: Juruá, 1999, p. 86.

148 BASTOS, Lucília Isabel Candini. *Mandado de Segurança Coletivo: legitimidade ativa e objeto*. Curitiba: Juruá, 2007, p. 89.

149 DANTAS, Marcelo. *Mandado de Segurança Coletivo: legitimação ativa*. São Paulo: Saraiva, 2000, p. 104.

150 MANCUSO, Rodolfo de Camargo. *Interesses Difusos: conceito e legitimação para agir*. 5ª ed. São Paulo: Revista dos Tribunais, 2001, p. 61.

Pellegrini Grinover,[151] **Ivan de Carvalho,** [152] **Lourival de Oliveira,**[153] **Luiz Alberto de Faria**[154] e **Nelson Nery Júnior,**[155] concordavam que o mandado de segurança coletivo era devotado também à salvaguarda de *interesses coletivos e individuais homogêneos*. Por consequência, mandado de segurança coletivo e ações coletivas, especificamente a ação popular e ação civil pública, seriam distinguidos pela legitimidade *ad causam*, de modo que as ações coletivas seriam propostas por qualquer cidadão, União, Estados, Distrito Federal, Municípios, entidades autárquicas, fundações públicas, empresas públicas, sociedades de economia mista, Ministério Público, Defensoria Pública e associações que estivessem constituídas há pelo menos um ano nos termos da lei civil e incluíssem a tutela do meio ambiente, consumidor, ordem econômica, livre concorrência e patrimônio artístico, estético, histórico, turístico ou paisagístico entre suas finalidades institucionais, ao passo que o mandado de segurança coletivo seria promovido por partidos políticos com representação no Congresso Nacional e organizações sindicais, entidades de classe ou associações legalmente constituídas e em funcionamento há pelo menos um ano, para a tutela dos interesses de seus membros ou associados.

O Supremo Tribunal Federal, enquanto não advindo o art. 21, parágrafo único, incs. I e II, da Lei nº 12.016/09, deixou consignado que "o pressuposto da legitimação ativa das entidades associativas é que estejam em jogo os direitos - individuais - de associados seus. Não se cuida o mandado de segurança coletivo de uma nova garantia constitucional. Estamos diante do velho mandado de segurança, ampliado em termos de legitimação para sua propositura. A toda evidência, o art. 5º, inc. LXX, se preocupa com apontar os sujeitos autorizados a impetrar a segurança coletiva, sem definir o que seja o mandado de segurança coletivo, nem lhe indicar os pressupostos em termos diversos dos que foram prescritos, no inc. LXIX, para o mandado de segurança individual, na Constituição da República".[156] Pelo contrário, o Superior Tribunal de Justiça e Tribunal de Justiça do Rio de Janeiro deliberaram que "o mandado de segurança individual visa à proteção da pessoa, física ou jurídica, contra ato de autoridade que cause lesão, individualizadamente, a direitos subjetivos. Interesses metaindividuais são protegidos pelo mandado de segurança coletivo",[157] de sorte que "o objeto do mandado de segurança coletivo, exatamente porque coletivo, é a tutela judicial de direitos coletivos e individuais

---

151 GRINOVER, Ada Pellegrini. *Mandado de Segurança Coletivo: legitimação e interesse* in *Revista de Processo*, nº 57, 1990, p. 96.

152 CARVALHO, Ivan de. *O Mandado de Segurança Coletivo e os Partidos Políticos* in *Revista de Processo*, nº 72, 1993, p. 73.

153 OLIVEIRA, Lourival de. *Interesse Processual e Mandado de Segurança Coletivo* in *Revista de Processo*, nº 56, 1989, p. 75.

154 FARIA, Luiz Alberto de. *Mandado de Segurança Coletivo: legitimidade e interesse* in *Revista dos Tribunais*, nº 687, 1993, p. 34.

155 NERY JÚNIOR, Nelson. *Mandado de Segurança Coletivo* in *Revista de Processo*, nº 57, 1990, p. 152.

156 STF, MS nº 20.936, Rel. Min. Sepúlveda Pertence, j. 8.11.1989, *DJU* 11.9.1992. V., também, sobre o assunto: STF, RE nº 196.184, Rel. Min. Ellen Gracie, j. 27.10.2004, *DJU* 18.2.2005; STF, MS nº 21.291, Rel. Min. Celso de Mello, j. 12.4.1991, *DJU* 27.10.1995; STF, RE nº 219.531, Rel. Min. Marco Aurélio, j. 28.11.2000, *DJU* 11.10.2001, e STF, MS nº 21.514, Rel. Min. Marco Aurélio, j. 27.4.1993, *DJU* 18.6.1993.

157 STJ, MS nº 266, Rel. Min. Carlos Velloso, j. 13.2.1990, *DJU* 19.2.1990. V., também, sobre a matéria: STJ, MS nº 197, Rel. Min. Garcia Vieira, j. 11.9.1990, *DJU* 15.10.1990; STJ, MS nº 10.900, Rel. Min.

homogêneos, não a de interesses individuais, singulares ou plúrimos, dos membros da entidade e, *a fortiori*, os daqueles que dela não fazem parte".[158]

3.4 Competência

A competência para processo e julgamento do mandado de segurança coletivo, a exemplo do individual, é fixada pela **hierarquia funcional da autoridade coatora**, e não pela natureza da pretensão deduzida em juízo ou tribunal.[159]

Pelo fio do exposto, o órgão cuja jurisdição tenha suficiente abrangência para alcançar todos os substituídos,[160] domiciliados na comarca ou seção judiciária, ou não,[161] detém competência para o mandado de segurança coletivo.[162]

3.5 Partes

O mandado de segurança coletivo pode ser impetrado por partidos políticos com representação no Congresso Nacional, organizações sindicais, entidades de classe e associações legalmente constituídas e em funcionamento há pelo menos um ano.[163]

À luz do art. 5º, inc. LXX, *a*, a legitimação para o mandado de segurança coletivo é dispensada aos **partidos políticos com representação no Congresso Nacional**, tendo o objeto da ação mandamental sido contemplado no estatuto partidário.

Os partidos políticos que não possuam, no mínimo, um Deputado Federal ou Senador da República são legitimados ativos para o mandado de segurança coletivo, na qualidade de associações, em razão da personalidade jurídica de direito privado das agremiações de grupos sociais que, em torno de objetivos comuns e organização estável, se propõem à atividade política.[164]

A *extensão dos interesses tutelados pelo mandado de segurança coletivo impetrado por partido político com representação no Congresso Nacional* não era inequívoca: **Lúcia Valle Figueiredo** acentuava que a legitimação ativa para o mandado de segurança coletivo seria encaminhada aos partidos políticos com representação no Congresso Nacional

---

José Delgado, j. 16.3.2000, *DJU* 2.5.2000; STJ, MS nº 15.264, Rel. Min. Paulo Medina, j. 15.9.2005, *DJU* 3.10.2005, e STJ, MS nº 19.548, Rel. Min. Felix Fischer, j. 5.5.2005, *DJU* 1º.7.2005.

158 TJRJ, Proc. nº 2000.004.00880, Rel. Des. Wilson Marques, j. 24.6.2002, *DORJ* 12.8.2002. V., também, sobre o tema: TJRJ, Proc. nº 2000.004.00674, Rel. Des. Gama Malcher, j. 16.9.2002, *DORJ* 22.10.2002; TJRJ, Proc. nº 2004.001.07072, Rel. Des. Fabrício Bandeira Filho, j. 28.4.2004, *DORJ* 7.5.2004; TJRJ, Proc. nº 2006.001.04849, Rel. Des. Milton de Souza, j. 20.6.2006, *DORJ* 26.6.2006, e TJRJ, Proc. nº 2006.004.00536, Rel. Des. Joaquim Alves de Brito, j. 8.5.2007, *DORJ* 23.5.2007.

159 ZANETI JÚNIOR, Hermes. *Mandado de Segurança Coletivo: aspectos processuais controversos*. Porto Alegre: Sergio Antonio Fabris, 2001, p. 131.

160 STF, RE nº 266.689, Rel. Min. Ellen Gracie, j. 17.8.2004, *DJU* 3.9.2004.

161 STJ, CJ nº 3.039, Rel. Min. Peçanha Martins, j. 23.3.1993, *DJU* 24.5.1993.

162 TJRJ, Proc. nº 2003.001.30924, Rel. Des. Jessé Torres, j. 30.8.2006, *DORJ* 30.10.2006.

163 BUENO, Cassio Scarpinella. *A Legitimidade Ativa no Mandado de Segurança Coletivo* in *Revista de Processo*, nº 88, 1997, p. 185.

164 NOBRE JÚNIOR, Edilson Pereira. *Mandado de Segurança Coletivo e sua Impetração por Partido Político* in *Revista dos Tribunais*, nº 847, 2006, p. 40.

para a tutela dos direitos fundamentais de qualquer cidadão,[165] à medida que **Carlos Mário da Silva Velloso** advertia que a legitimação ativa para o mandado de segurança coletivo seria endereçada aos partidos políticos com representação no Congresso Nacional para a proteção dos direitos políticos dos filiados às entidades partidárias.[166] O Supremo Tribunal Federal tinha reconhecido que "se o constituinte originário dividiu os legitimados para a impetração do mandado de segurança coletivo em duas alíneas, e empregou somente com relação às organizações sindicais, entidades de classe e associações legalmente constituídas a expressão 'em defesa dos interesses de seus membros ou associados' é porque não quis criar esta limitação aos partidos políticos. Isso significa dizer que está reconhecido na Constituição o dever do partido político de zelar pelos interesses coletivos e difusos, independente de estarem relacionados a seus filiados".[167, 168]

A teor do art. 5º, inc. LXX, *b*, a legitimação para o mandado de segurança coletivo é disponibilizada às **organizações sindicais e entidades de classe**, sem exclusão das **associações legalmente constituídas e em funcionamento há pelo menos um ano**, com vistas à defesa dos interesses de seus membros ou associados.

A legitimação ativa dos sindicatos, entidades de classe e associações legalmente constituídas para o mandado de segurança coletivo não se resume à Justiça do Trabalho, sendo certo que as entidades representativas das categorias econômicas ou profissionais dispõem de iniciativa processual na Justiça Estadual ou Federal, Comum ou Especial.[169]

A *extensão dos interesses tutelados pelo mandado de segurança coletivo impetrado por sindicato, entidade de classe ou associação legalmente constituída* não era iniludível: **Ada Pellegrini Grinover** assegurava que a legitimação ativa para o mandado de segurança coletivo seria enfeixada pelos sindicatos, entidades de classe ou associações legalmente constituídas para a proteção dos direitos que fossem titularizados pelos seus membros ou associados, em virtude das atividades desenvolvidas por eles,[170] ao passo que **Nelson Nery Júnior** atestava que a legitimação ativa para o mandado de segurança coletivo seria englobada pelos sindicatos, entidades de classe ou associações legalmente constituídas para a tutela dos direitos que tivessem pertinência temática com as finalidades insti-

---

165 FIGUEIREDO, Lúcia Valle. *Mandado de Segurança Coletivo* in *Revista Trimestral de Direito Público*, nº 3, 1993, p. 148.

166 VELLOSO, Carlos Mário da Silva. *As Novas Garantias Constitucionais: o mandado de segurança coletivo, o "habeas data", o mandado de injunção e a ação popular para a defesa da moralidade administrativa* in *Revista dos Tribunais*, nº 644, 1989, p. 11.

167 STF, RE nº 196.184, Rel. Min. Ellen Gracie, j. 27.10.2004, *DJU* 18.2.2005.

168 O art. 21, *caput, initio,* da Lei nº 12.016/09 reduz a legitimidade ativa dos partidos políticos com representação no Congresso Nacional à "defesa de seus interesses legítimos relativos a seus integrantes ou à finalidade partidária", tendo José Miguel Garcia Medina e Fábio Caldas de Araújo salientado que "a redação nasce desatualizada, em face da interpretação do alcance da legitimação conferido pela nossa Corte Constitucional. Não há que se restringir a atuação dos partidos políticos apenas aos direitos de seus integrantes, ou à finalidade partidária". MEDINA, José Miguel Garcia; ARAÚJO, Fábio Caldas de. *Mandado de Segurança Individual e Coletivo: comentários à Lei nº 12.016, de 07 de agosto de 2009.* São Paulo: Revista dos Tribunais, 2009, p. 214.

169 GONÇALVES NETO, Francisco. *O Mandado de Segurança Coletivo e os Sindicatos* in *Revista LTr: legislação do trabalho e previdência social*, nº 53, 1989, p. 117.

170 GRINOVER, Ada Pellegrini. *Ações Coletivas: novas questões sobre a legitimação e a coisa julgada* in *Revista Forense*, nº 361, 2002, p. 3.

tucionais das entidades representativas das categorias econômicas ou profissionais.[171] O Superior Tribunal de Justiça tinha redigido que "o objeto do mandado de segurança coletivo é um direito dos membros, independentemente de guardar vínculo com os fins próprios da entidade impetrante do *writ*, exigindo-se, entretanto, que o direito esteja compreendido na titularidade dos associados e que exista ele em virtude das atividades exercidas pelos membros ou associados, mas não se exigindo que o direito seja peculiar da categoria econômica ou profissional".[172, 173]

À vista dos arts. 5º, inc. LXX, 17, *caput*, 127, *caput*, e 129, inc. IX, todos da CRFB, malgrado **Sebastião de Oliveira Lima** advogue que "a enumeração dos legitimados ativos para o mandado de segurança coletivo é exaustiva",[174] perfilhamo-nos à doutrina de **Lúcia Valle Figueiredo**, segundo a qual "ao Ministério Público também cabe a impetração de mandado de segurança coletivo para a defesa de direitos indisponíveis, porque tanto a ele como aos partidos políticos a Constituição reservou a proteção dos direitos da cidadania, das liberdades e das garantias individuais".[175] O Tribunal de Justiça do Rio de Janeiro uniformizou jurisprudência no sentido de "ao atribuir ao Ministério Público a função de zelar pela ordem e o respeito dos serviços públicos aos direitos constitucionalmente assegurados, o ordenamento jurídico fornece instrumentos para a tutela desses interesses. Contudo, também ao regular a legitimidade para a sua impetração, o ordenamento jurídico exclui o mandado de segurança coletivo como instrumento para o Ministério Público perseguir a tutela desses interesses".[176]

3.6 Decisão

O direito metaindividual a que se refere o mandado de segurança coletivo é suscetível de tutelas de urgência e mérito.[177]

---

171 NERY JÚNIOR, Nélson. *Processo do Trabalho: um estudo sobre a ação civil pública trabalhista* in *LTr: revista legislação do trabalho*, nº 64, 2000, p. 151.

172 STJ, MS nº 14.849, Rel. Min. Jorge Scartezzini, j. 17.6.2003, *DJU* 4.8.2003.

173 O art. 21, *caput, in fine,* da Lei nº 12.016/09 restringe a legitimidade ativa das organizações sindicais, entidades de classe e associações legalmente constituídas e em funcionamento há pelo menos um ano à "defesa de direitos líquidos e certos da totalidade, ou da parte, dos seus membros ou associados, na forma dos seus estatutos e desde que pertinentes às suas finalidades", tendo Eurico Ferraresi e André Ramos Tavares sustentado que "prevalece o entendimento de que as organizações sindicais, entidades de classe e associações só teriam legitimação para utilizar o mandado de segurança coletivo se o interesse defendido fosse inerente à classe representada". "Trata-se de redução legislativa em relação à anterior orientação pretoriana, que era mais ampla e consentânea com a posição constitucional do instituto." FERRARESI, Eurico. *Do Mandado de Segurança: comentários à Lei nº 12.016, de 07 de agosto de 2009.* Rio de Janeiro: Forense, 2010, p. 109, e TAVARES, André Ramos. *Manual do Novo Mandado de Segurança: Lei nº 2.016, de 07 de agosto de 2009.* Rio de Janeiro: Forense, 2009, p. 176.

174 LIMA, Sebastião de Oliveira. *O Mandado de Segurança Coletivo e os seus Principais Problemas* in *Revista Trimestral de Direito Público*, nº 3, 1993, p. 137.

175 FIGUEIREDO, Lúcia Valle. *Partidos Políticos e Mandado de Segurança Coletivo* in *Revista de Direito Público*, nº 95, 1990, p. 37.

176 TJRJ, Proc. nº 2006.001.04849, Rel. Des. Milton Fernandes de Souza, j. 20.6.2006, *DORJ* 26.6.2006.

177 ALMEIDA, Gregório Assagra de. *Direito Processual Coletivo Brasileiro: um novo ramo do Direito Processual (princípios, regras interpretativas e a problemática da sua interpretação)*. São Paulo: Saraiva, 2003, p. 287.

Em caso de inocorrência de risco de perecimento do direito metaindividual,[178] o deferimento de **medida liminar** é possível,[179] no mandado de segurança coletivo,[180] após a audiência do representante judicial da Fazenda Pública no prazo de 72 horas.[181]

Ao final do processo, a **decisão de procedência** opera efeitos jurídicos em relação aos substituídos, traduzidos como associados, filiados ou membros do partido político com representação no Congresso Nacional, sindicato, entidade de classe ou associação legalmente constituída na data do trânsito em julgado do pronunciamento jurisdicional. A *coisa julgada* no mandado de segurança coletivo, à semelhança do individual, é qualificada como *secundum eventum litis*, razão pela qual a sentença denegatória por inexistência de liquidez e certeza do direito não é aparelhada pela coisa julgada material, enquanto a sentença concessiva, da mesma forma que a sentença denegatória por inexistência do direito subjacente à pretensão trazida à cognição de juízo ou tribunal, são atingidas pela coisa julgada material.[182]

Acesse o
MATERIAL SUPLEMENTAR

Entre no Ambiente de Aprendizagem através das instruções contidas na orelha deste livro e acesse os conteúdos exclusivos desta edição:
- Atualizações legislativas mensais.
- Questões de prova interativas.
- Esquemas.

---

[178] No sentido do texto, Cassio Scarpinella Bueno retrata que "o Poder Público só deverá ser intimado a se pronunciar sobre o pedido de liminar se essa providência não comprometer a salvaguarda do direito do impetrante". No sentido contrário, Pedro Roberto Decomain retruca que "no processo de mandado de segurança coletivo, a concessão de medida liminar somente pode ocorrer 72 horas após a intimação do Poder Público". BUENO, Cassio Scarpinella. *A Nova Lei do Mandado de Segurança*. São Paulo: Saraiva, 2009, p. 140, e DECOMAIN, Pedro Roberto. *Mandado de Segurança*. São Paulo: Dialética, 2009, p. 295.

[179] STF, AgRg na Pet. nº 2.066, Rel. Min. Marco Aurélio, j. 19.10.2000, *DJU* 28.2.2003.

[180] STJ, REsp nº 693.110, Rel. Min. Eliana Calmon, j. 6.4.2006, *DJU* 22.5.2006.

[181] TJRJ, Proc. nº 2009.002.64169, Rel. Des. Ricardo Rodrigues Cardozo, j. 31.8.2010, *DORJ* 1º.9.2010.

[182] No sentido do texto, Milton Flaks revela que "a extensão subjetiva dos efeitos jurídicos da sentença ou acórdão compreende todos os associados, filiados ou membros da impetrante do mandado de segurança coletivo na data do trânsito em julgado". No sentido contrário, Athos Gusmão Carneiro revida que "a sentença ou acórdão opera efeitos jurídicos em favor dos substituídos, e não podem ser considerados como substituídos aqueles que, ao tempo da prolatação, não eram associados, filiados ou membros da impetrante do mandado de segurança coletivo. Não nos parece, entretanto, possa a decisão beneficiar aos que se hajam vinculado após o provimento judicial". FLAKS, Milton. *Instrumentos Processuais de Defesa Coletiva* in *Boletim de Direito Administrativo*, nº 9, 1993, p. 8, e CARNEIRO, Athos Gusmão. *O Mandado de Segurança Coletivo e suas Características Básicas* in *Revista Forense*, nº 316, 1991, p. 35.

Capítulo 15

MANDADO DE INJUNÇÃO

Acesse e assista à aula explicativa sobre este assunto.

> https://uqr.to/14ugh

1 CONCEITO

O mandado de injunção, *ad literam* arts. 5º, inc. LXXI, 102, incs. I, *q* e II, *a*, 105, inc. I, *h*, e 121, § 4º, inc. V, da CRFB e Lei nº 13.300/16, é conceituado como **remédio constitucional, sob procedimento especial, colocado à disposição dos titulares de direitos subjetivos constitucionais cujo exercício esteja inviabilizado pela ausência de norma regulamentadora.**[1]

O mandado de injunção é deduzido de *normas constitucionais de eficácia limitada* cuja aplicabilidade não tenha sido implementada pela legislação ordinária.[2] A propósito, as normas constitucionais de eficácia limitada são desprovidas de aplicabilidade direta e imediata, na medida em que carecem de regulamentação legal para tornarem-se aplicáveis.[3]

O mandado de injunção é empregado para suprimir *omissões inconstitucionais*, em razão de conduta omissiva do Estado no campo do processo legislativo.[4] A respeito, as omissões inconstitucionais são evidenciadas pela inércia de qualquer Poder do Estado, durante intervalo de tempo razoável, em contrariedade ao dever constitucional de legislar.[5]

À guisa de conclusão, "o mandado de injunção tem como finalidade suprir as omissões na edição de normas infraconstitucionais, reguladoras de normas constitucionais

---

1 SANTOS, Aricê Moacyr Amaral. *O Mandado de Injunção*. São Paulo: Revista dos Tribunais, 1989, p. 25.

2 SILVA, José Afonso da. *Aplicabilidade das Normas Constitucionais*. 3ª ed. São Paulo: Malheiros, 1998, p. 165.

3 OLIVEIRA, Carlos Alberto de. *O Pressuposto do Mandado de Injunção* in *Estudos Jurídicos*, nº 57, 1990, p. 63.

4 ROTHENBURG, Walter Claudius. *Inconstitucionalidade por Omissão*. São Paulo: Revista dos Tribunais, 2005, p. 17.

5 GAMA, Guilherme Calmon da. *A Finalidade do Mandado de Injunção* in *Revista do Instituto de Pesquisas e Estudos*, nº 18, 1997, p. 127.

de eficácia limitada, viabilizando, dessa maneira, o exercício de direitos assegurados por Constituição dirigente".[6] "Consectariamente, tem como pressuposto a existência de normas constitucionais de eficácia limitada, ou seja, aquelas que dependem de regulamentação legal, para que produzam seus efeitos",[7] sendo certo que "o mandado de injunção destina-se a suprir a omissão legislativa no tocante às normas constitucionais de eficácia limitada".[8]

2 NATUREZA JURÍDICA

O mandado de injunção pode ser investigado sob o ângulo constitucional ou processual, à luz da **natureza dúplice** do mecanismo processual de proteção dos direitos em jogo.

Sob o aspecto constitucional, o mandado de injunção é recoberto da natureza jurídica de *remédio constitucional* para a tutela de direitos subjetivos constitucionais cujo exercício esteja inviabilizado pela ausência da norma regulamentadora.[9]

A aplicabilidade da norma veiculada pelo art. 5º, inc. LXXI, não era unissonante. **Manoel Gonçalves Ferreira Filho** assegurava a inaplicabilidade do art. 5º, inc. LXXI, da CRFB, de sorte que o controle judicial das omissões normativas, por meio do mandado de injunção, somente poderia ser efetuado após a produção da norma infraconstitucional que tornasse aplicável a constitucional.[10] **Roque Antonio Carrazza** asseverava a aplicabilidade do art. 5º, inc. LXXI, da CRFB, uma vez que a norma constitucional cuja finalidade é elidir a ausência de norma regulamentadora que torne inviável o exercício de direitos subjetivos constitucionais não poderia depender de regulamentação legal,[11] em consonância com a jurisprudência do Supremo Tribunal Federal, do Superior Tribunal de Justiça e do Tribunal de Justiça do Rio de Janeiro: "o mandado de injunção é autoexecutável, visto que, para ser utilizado, não depende de norma jurídica que o regulamente, inclusive quanto ao procedimento, aplicável que lhe é analogicamente o rito do mandado de segurança, no que couber".[12]

Sob o aspecto processual, o mandado de injunção é revestido da natureza jurídica de *ação cível*, pela qual pretensão individual, singular ou plúrima, pode ser deduzida em juízo ou tribunal, submetida a procedimento especial de jurisdição contenciosa.[13]

A tutela de direitos metaindividuais pelo mandado de injunção coletivo não era uníssona. **Rodrigo Reis Mazzei** atentava para a possibilidade de utilização do mandado de

---

6 STF, MI nº 308, Rel. Min. Ilmar Galvão, j. 16.8.1995, *DJU* 22.8.1995.

7 STJ, MI nº 202, Rel. Min. Luiz Fux, j. 8.3.2007, *DJU* 16.3.2007.

8 TJRJ, Proc. nº 2005.046.00002, Rel. Des. Silvio Teixeira, j. 20.3.2006, *DORJ* 30.5.2006.

9 ALVEZ, Maria Cristina. *Remédio Constitucional*. São Paulo: FTD, 1999, p. 43.

10 FERREIRA FILHO, Manoel Gonçalves. *Notas sobre o Mandado de Injunção* in *Repertório IOB de Jurisprudência*, nº 1, 1988, p. 297.

11 CARRAZZA, Roque Antonio. *Ação Direta de Inconstitucionalidade por Omissão e Mandado de Injunção* in *Justitia*, nº 55, 1993, p. 163.

12 STF, MI nº 107, Rel. Min. Moreira Alves, j. 23.11.1989, *DJU* 21.9.1990; STJ, MI nº 4, Rel. Min. Antônio Ribeiro, j. 1º.8.1989, *DJU* 21.8.1989, e TJRJ, Proc. nº 2001.001.22204, Rel. Des. José Figueiredo, j. 20.2.2002, *DORJ* 11.4.2002.

13 MIRANDA, José Apolinário. *Ação Cível*. São Paulo: Cautela, 1999, p. 45.

injunção coletivo, pela aplicação analógica do art. 5º, inc. LXX, da CRFB.[14] **José Joaquim Calmon de Passos** atestava a impossibilidade de utilização do mandado de injunção coletivo, pelo silêncio eloquente, que não se confundiria com a lacuna de legislação,[15] em contraste com a jurisprudência do Supremo Tribunal Federal, do Superior Tribunal de Justiça e do Tribunal de Justiça do Rio de Janeiro: o Ministério Público, a Defensoria Pública, os partidos políticos com representação no Congresso Nacional e as organizações sindicais, entidades de classe e associações legalmente constituídas e em funcionamento há pelo menos um ano dispõem de "legitimidade para a impetração do mandado de injunção coletivo, que constitui instrumento de atuação processual destinado a viabilizar, em favor dos integrantes das categorias que essas instituições representam, o exercício das liberdades, prerrogativas e direitos assegurados pela ordem constitucional" sobre os quais versam os arts. 12 e 13 da Lei nº 13.300/16.[16, 17]

3 CONDIÇÕES ESPECÍFICAS DA AÇÃO

O regular exercício do mandado de injunção é especificamente condicionado: (i) à existência de direito subjetivo definido em norma constitucional de eficácia limitada, (ii) à inexistência de regra regulamentadora e (iii) ao nexo de causalidade ou etimológico, entre a ausência da norma infraconstitucional e a eficácia limitada da regra constitucional, com a consequente inviabilização do exercício do direito subjetivo delineado na Constituição.

3.1 Direito subjetivo constitucional

Quanto ao **direito subjetivo definido em norma constitucional de eficácia limitada**, a *extensão dos direitos suscetíveis de tutela pelo mandado de injunção* é objeto de controvérsia, a teor da elocução "dos direitos e liberdades constitucionais e das prerrogativas inerentes à nacionalidade, à soberania e à cidadania".

A corrente restritiva de **Manoel Gonçalves Ferreira Filho** e **Derly Barreto e Silva Filho** salienta que os direitos subjetivos delimitados nos Capítulos I, III e IV do Título II

---

[14] MAZZEI, Rodrigo Reis. *Mandado de Injunção coletivo: viabilidade frente aos (falsos) dogmas* in *Revista de Direitos Difusos*, nº 36, 2006, p. 119.

[15] PASSOS, José Joaquim Calmon de. *A Crise do Poder Judiciário e as Reformas Instrumentais: avanços e retrocessos* in *Revista Síntese de Direito Civil e Processual Civil*, nº 15, 2002, p. 7.

[16] STF, MI nº 472, Rel. Min. Celso de Mello, j. 6.9.1995, *DJU* 2.3.2001; STJ, MS nº 9.617, Rel. Min. Hamilton Carvalhido, j. 31.3.2004, *DJU* 14.4.2004, e TJRJ, Proc. nº 1993.046.00001, Rel. Des. Décio Góes, j. 17.6.1996, *DORJ* 2.10.1996.

[17] Ao mandado de injunção, enquanto não fosse produzida a norma regulamentadora do art. 5º, inc. LXXI, da CRFB, deviam ser aplicadas, no que coubesse, as regras procedimentais do mandado de segurança individual e coletivo, a despeito de o mandado de injunção consistir em *writ* – ação proposta, em caráter extraordinário, que objetiva resguardar determinado direito lesado ou ameaçado de lesão – e o mandado de segurança constituir um *mandamus* – ordem no sentido de compelir agente, órgão ou entidade pública, no exercício das suas atribuições, a efetuar determinado ato. Nesse contexto, o art. 24, parágrafo único, da Lei nº 8.038/90 prescrevia que no mandado de injunção seriam observadas "as normas do mandado de segurança, enquanto não editada legislação específica". COELHO, Inocêncio Mártires. *Sobre a Aplicabilidade da Norma Constitucional que instituiu o Mandado de Injunção* in *Revista de Informação Legislativa*, nº 104, 1989, p. 43.

da CRFB seriam protegidos pelo mandado de injunção, tendo em conta que "o mandado de injunção possui um campo restrito. Cabe quando a falta de norma regulamentadora torne inviável o exercício dos direitos e liberdades constitucionais e das prerrogativas inerentes à nacionalidade, à soberania e à cidadania. Disso resulta que, como é óbvio, não alcança outros direitos".[18] "O âmbito do mandado de injunção circunscreve-se à tutela de direito individual ou coletivo", bem assim do direito à nacionalidade ou político.[19]

A corrente intermediária de **Celso Ribeiro Bastos** e **Manoel Antônio Teixeira Filho** segura que os direitos subjetivos delineados no Título II da CRFB seriam protegidos pelo mandado de injunção, tendo em exame que "a tutela jurisdicional do mandado de injunção alcança os direitos subsumidos debaixo do Título II, aí incluídos, obviamente, os direitos políticos e os relativos à nacionalidade e à soberania popular".[20] "Afaste-se, pois, em definitivo, a suposição de que a tutela injuntiva não pode ser solicitada para assegurar o exercício dos direitos amparados no art. 7º, emoldurados pelo Título II, que se relaciona aos direitos e garantias fundamentais."[21]

A corrente ampliativa de **José Afonso da Silva** e **Celso Agrícola Barbi** sopesa que todos os direitos subjetivos constitucionais são protegidos pelo mandado de injunção, tendo em mira que "o mandado de injunção é destinado a assegurar o exercício de qualquer direito constitucional (individual, coletivo, social, nacionalidade ou político) não regulamentado".[22] "De qualquer maneira, deve-se entender que a menção às prerrogativas inerentes à nacionalidade, à soberania e à cidadania é meramente exemplificativa, não se devendo considerar excluído do campo de proteção do mandado de injunção nenhum direito constitucionalmente garantido e que dependa de norma regulamentadora para sua efetivação."[23]

A corrente superampliativa de **José Carlos Barbosa Moreira** e **Sérgio Bermudes** sustenta que as prerrogativas demarcadas em normas infraconstitucionais seriam protegidas pelo mandado de injunção, desde que inerentes à nacionalidade, à soberania ou à cidadania, tendo em vista que "a primeira parte do texto refere-se aos direitos e liberdades constitucionais, sem qualquer limitação; portanto, a todos os direitos e liberdades que tenham fundamento direto na Constituição Federal. Acrescenta-se a referência às prerrogativas intrínsecas à nacionalidade, à soberania e à cidadania, ainda que não diretamente contempladas no texto constitucional, e sim em alguma norma de nível hierárquico inferior ao da Constituição da República".[24] "O mandado de injunção é admissível, sempre na inexistência da norma regulamentadora, não apenas para assegurar o exercício de direitos e liberdades constitucionais, como também para dar efetividade às prerrogativas inerentes à nacionalidade, à soberania e à cidadania, mesmo quando essas

---

18 FERREIRA FILHO, Manoel Gonçalves. *Curso de Direito Constitucional*. 32ª ed. São Paulo: Saraiva, 2006, p. 276.

19 SILVA FILHO, Derly Barreto e. *Destinação e Utilidade do Mandado de Injunção* in *Revista dos Tribunais*, nº 673, 1991, p. 43.

20 BASTOS, Celso Ribeiro. *Curso de Direito Constitucional*. São Paulo: Celso Bastos, 2002, p. 242.

21 TEIXEIRA FILHO, Manoel Antônio. *Mandado de Injunção e Direitos Sociais* in *Revista LTr*, nº 53, 1989, p. 322.

22 SILVA, José Afonso da. *Curso de Direito Constitucional Positivo*. 24ª ed. São Paulo: Malheiros, 2005, p. 448.

23 BARBI, Celso Agrícola. *Mandado de Injunção* in *Revista dos Tribunais*, nº 637, 1988, p. 8.

24 MOREIRA, José Carlos Barbosa. *Direito Aplicado*. 2ª ed. v. I. Rio de Janeiro: Forense, 2001, p. 355.

prerrogativas não emanem, diretamente, da Constituição Federal, mas sejam asseguradas em outras normas de menor hierarquia."[25]

A jurisprudência predominante, na esteira da doutrina ou teoria ampliativa, é firmada no sentido do condicionamento do regular exercício do mandado de injunção à "existência, no caso concreto, de direito subjetivo constitucional de exercício obstado pela omissão legislativa denunciada",[26] de modo que "a inexistência de norma autorizadora do exercício de direito subjetivo constitucional legitima o ajuizamento do mandado de injunção".[27] "O mandado de injunção não existe, apenas, para proteção das prerrogativas inerentes à nacionalidade, à soberania e à cidadania, incluindo antes, da forma mais ampla possível, todos e quaisquer direitos pela Carta Magna assegurados."[28]

3.2 Norma regulamentadora

Quanto à **norma regulamentadora, legal ou regulamentar, material ou formal**, o cabimento da ação injuncional requer a existência de *lacuna técnica ou omissão inconstitucional*,[29] em torno da qual há sete precedentes jurisprudenciais: (i) o mandado de injunção não é cabível na hipótese em que a norma regulamentadora houver sido recepcionada pelo novo ordenamento constitucional ("não há interesse processual necessário à impetração do mandado de injunção, se o exercício do direito afirmado pelo requerente não estiver inviabilizado pela ausência da norma infraconstitucional, dada a recepção de direito ordinário anterior");[30] (ii) o mandado de injunção não é cabível para a disciplina das relações jurídicas decorrentes de medida provisória não convertida em lei no prazo de 60 dias, em virtude de recusa ou omissão do Congresso Nacional, não tendo havido reedição pelo Presidente da República ("medida provisória que não veio a ser convertida em lei. Pretensão de que sejam regulados os efeitos consumados da medida provisória. Não é idôneo, para esse desiderato, o mandado de injunção, por demandar-se a regulamentação de situações decorrentes da aplicação de norma ordinária");[31] (iii) o mandado de injunção não é cabível na hipótese em que a norma regulamentadora houver sido produzida, não se revelando juridicamente possível, em sede de mandado de injunção, a suspensão da eficácia da norma regulamentadora ("no âmbito do mandado de injunção não é admissível pedido de suspensão, por motivo de inconstitucionalidade, de lei ou ato normativo, por não ser ele o meio processual próprio

---

25 BERMUDES, Sergio. *O Mandado de Injunção* in *ADV Advocacia Dinâmica: boletim informativo semanal*, nº 42, 1990, p. 410.

26 STF, MI nº 283, Rel. Min. Sepúlveda Pertence, j. 20.3.1991, *DJU* 14.11.1991.

27 STJ, REsp nº 934.432, Rel. Min. Hamilton Carvalhido, j. 16.5.2007, *DJU* 23.5.2007.

28 TJRJ, Proc. nº 1988.046.00002, Rel. Des. Áurea Pimentel Pereira, j. 7.6.1990, *DORJ* 5.6.1991.

29 MACIEL, Marcela Albuquerque. *Omissão Inconstitucional: a tarefa realizadora da Constituição e o mandado de injunção* in *Revista de Direitos Difusos*, nº 37, 2006, p. 73.

30 STF, MI nº 144, Rel. Min. Sepúlveda Pertence, j. 3.8.1992, *DJU* 28.5.1993; STJ, MI nº 114, Rel. Min. Garcia Vieira, j. 20.11.1996, *DJU* 09.12.1996, e TJRJ, Proc. nº 1990.001.00212, Rel. Des. Helvio Perorazio, j. 27.3.1990, *DORJ* 6.4.1990.

31 STF, MI nº 415, Rel. Min. Octavio Gallotti, j. 11.3.1993, *DJU* 7.5.1993; STJ, MI nº 181, Rel. Min. Francisco Martins, j. 25.2.2004, *DJU* 2.3.2004, e TJRJ, Proc. nº 2002.046.00016, Rel. Des. Laerson Mauro, j. 26.5.2003, *DORJ* 16.6.2003.

para a declaração de inconstitucionalidade, em abstrato, de normas jurídicas");[32] (iv) a impetração do mandado de injunção é prejudicada pela "superveniência de revogação do dispositivo constitucional que se pretende regulamentar" e pela "superveniência de norma que regulamente o dispositivo constitucional a que se refere o mandado de injunção", na linha do art. 11, parágrafo único, da Lei nº 13.300/16;[33] (v) o mandado de injunção não é cabível para a anulação de ato administrativo ou judicial, como substitutivo do mandado de segurança ("não é admissível o mandado de injunção, como sucedâneo do mandado de segurança, em ordem à anulação de ato administrativo ou judicial que respeite direito subjetivo constitucional cujo exercício penda de regulamentação");[34] (vi) o mandado de injunção não é cabível na hipótese de inexistência de norma constitucional que consubstancie determinado direito subjetivo ("o mandado de injunção não é o veículo processual adequado para induzir à edição de normas constitucionais, mas apenas e tão somente à de normas infraconstitucionais regulamentadoras de preceito constitucional"),[35] e (vii) o mandado de injunção não é cabível para a implementação de isonomia ou paridade, obtenção de aumento ou extensão de vantagens pecuniárias aos servidores públicos ("o mandado de injunção não é a via adequada para reivindicar isonomia de vencimentos, que são fixados em lei. Não cabe discutir o conteúdo ocupacional dos cargos em confronto, nem o mandado de injunção é meio adequado para obter aumento de vencimentos mediante a alteração de lei já em vigor").[36]

3.3 Nexo de causalidade

Quanto ao **nexo de causalidade**, o exercício do direito subjetivo definido em norma constitucional de eficácia limitada deve ser obstado pela inexistência de normatização, legal ou regulamentar, material ou formal.[37]

A *correlação entre o mandado de injunção de que trata o art. 5º, inc. LXXI, e a aplicabilidade imediata das normas constitucionais definidoras de direitos fundamentais sobre a qual versa o art. 5º, § 1º, da CRFB* é demonstrada em dois casos. Quando a norma constitucional não for recoberta de suficiente teor de normatividade para a sua aplicação imediata, em decorrência da inexistência de norma regulamentadora, a impetração do mandado de injunção é imprescindível para a defesa do direito fundamental. Quando

---

[32] STF, MI nº 73, Rel. Min. Moreira Alves, j. 7.10.1994, *DJU* 19.12.1994; STJ, MI nº 161, Rel. Min. Fernando Gonçalves, j. 27.4.1999, *DJU* 4.5.1999, e TJRJ, Proc. nº 2004.046.00001, Rel. Des. José Marques, j. 11.4.2005, *DORJ* 3.5.2005.

[33] STF, MI nº 1.011, Rel. Min. Ricardo Lewandowski, j. 10.5.2012, *DJU* 30.5.2012; STJ, MI nº 36, Rel. Min. José de Jesus Filho, j. 10.5.1990, *DJU* 1º.10.1990, e TJRJ, Proc. nº 2002.046.00016, Rel. Des. Laerson Mauro, j. 26.5.2003, *DORJ* 16.6.2003.

[34] STF, MI nº 438, Rel. Min. Néri da Silveira, j. 11.11.1994, *DJU* 16.6.1995; STJ, MI nº 190, Rel. Min. Franciulli Netto, j. 30.3.2005, *DJU* 7.4.2005, e TJRJ, Proc. nº 2005.046.00002, Rel. Des. Silvio Teixeira, j. 20.3.2006, *DORJ* 30.5.2006.

[35] STF, MI nº 613, Rel. Min. Maurício Corrêa, j. 1º.9.1999, *DJU* 15.9.1999; STJ, MI nº 164, Rel. Min. Edson Vidigal, j. 22.4.1999, *DJU* 4.5.1999, e TJRJ, Proc. nº 1991.046.00002, Rel. Des. Geraldo Batista, j. 2.12.1992, *DORJ* 1º.3.1993.

[36] STF, MI nº 347, Rel. Min. Néri da Silveira, j. 5.7.1993, *DJU* 8.4.1994; STJ, MI nº 171, Rel. Min. Waldemar Zveiter, j. 21.8.2000, *DJU* 29.8.2000, e TJRJ, Proc. nº 2002.046.00003, Rel. Des. Amaury de Souza, j. 30.9.2002, *DORJ* 1º.11.2002.

[37] STRENGER, Irineu. *Mandado de Injunção*. Rio de Janeiro: Forense, 1988, p. 38.

a norma constitucional for revestida de suficiente teor de normatividade para a sua aplicação imediata, a despeito da inexistência de norma regulamentadora do direito fundamental, a impetração do mandado de injunção é prescindível para o deslinde da questão de fato.[38]

4 OBJETO

O **objeto** do mandado de injunção não é imune à discussão.

Para **Manoel Gonçalves Ferreira Filho**, o objeto do mandado de injunção seria a *constituição do órgão remisso em mora*, com a declaração da omissão inconstitucional e a cientificação do organismo competente para a adoção das providências necessárias, e, em se tratando de atribuições de natureza administrativa, para fazê-lo em 30 dias,[39] dado que "as soluções, consistentes em editar norma regulamentadora faltante (caráter geral) ou para o caso concreto (caráter individual), parecem fora de cogitação, sendo manifesto que, nessas hipóteses, o juízo assumiria o papel de legislador, o que não se compadece com a sua função de julgador".[40, 41]

Para **Ulderico Pires dos Santos**, o objeto do mandado de injunção seria a *fixação de prazo ao Poder Legislativo para a produção da norma regulamentadora, competindo ao Poder Judiciário, ao término do prazo, fixar as condições necessárias ao exercício do direito subjetivo constitucional*,[42] eis que "se o Poder Judiciário se convencer de que o ato omissivo está realmente lhe causando lesão, marcará prazo para o responsável pela violação fazer o regulamento. Esgotado o prazo para a autoridade executiva ou legislativa tomar a providência que lhe compete, sem que o faça, deverá ser expedido o mandado de injunção assegurando o impetrante o direito que se reclama".[43, 44]

---

38 BACHA, Sergio Reginaldo. *Mandado de Injunção* in *Cadernos de Direito Constitucional e Ciência Política*, nº 11, 1995, p. 226.

39 FERREIRA FILHO, Manoel Gonçalves. *O Valor do Ato Inconstitucional em face do Direito Positivo Brasileiro* in *Revista de Direito Administrativo*, nº 230, 2002, p. 224.

40 NOGUEIRA, Paulo Lúcio. *Instrumentos de Tutela e Direitos Constitucionais*. São Paulo: Saraiva, 1994, p. 88.

41 A teoria da subsidiariedade ou não concretista foi reconhecida pelo Ministro José Carlos Moreira Alves, nos autos do mandado de injunção nº 323, segundo o qual "em face dos textos da Constituição Federal relativos ao mandado de injunção, é ele ação outorgada ao titular de direito, garantia ou prerrogativa a que alude o art. 5º, inc. LXXI, dos quais o exercício está inviabilizado pela falta de norma regulamentadora, e ação que visa obter do Poder Judiciário a declaração de inconstitucionalidade dessa omissão se estiver caracterizada a mora em regulamentar por parte do Poder, órgão, entidade ou autoridade de que ela dependa, com a finalidade de que se lhe dê ciência da decisão, para que adote as providências necessárias, à semelhança da ação direta de inconstitucionalidade por omissão". Disponível em: <http://www. stf.gov.br>. Acesso em: 1º.8.2007.

42 SANTOS, Ulderico Pires dos. *Mandado de Injunção: estudos e considerações*. São Paulo: Paumape, 1988, p. 60.

43 MACHADO, Carlos Augusto Alcântara. *Pressupostos do Mandado de Injunção* in *Consulex*, nº 43, 2000, p. 13.

44 A teoria da independência jurisdicional ou concretista individual indireta foi respaldada pelo Ministro José Néri da Silveira, nos autos do mandado de injunção nº 232, segundo o qual "partilho do entendimento de que o Congresso Nacional é que deve elaborar a lei, mas também tenho presente que a Constituição Federal, por via do mandado de injunção, quer assegurar

Para **José Joaquim Calmon de Passos**, o objeto do mandado de injunção seria a *produção da norma regulamentadora*, que, no entanto, deveria ser aplicada em outro processo, já que "no mandado de injunção não há a certificação do direito subjetivo constitucional. Nem há condenação no mandado de injunção, que se limita a editar a norma regulamentadora, para aplicação no caso concreto. Temos, portanto, uma sentença de natureza positiva, que constitui uma situação jurídica, inobtenível sem a decisão judicial: condição para o exercício, em outro processo, do direito já certificado".[45]

Para **José Carlos Barbosa Moreira**, o objeto do mandado de injunção seria a *remoção do obstáculo ao exercício do direito subjetivo constitucional no caso concreto*,[46] posto que "a finalidade do mandado de injunção é investir o impetrante em seu direito subjetivo, impondo ao impetrado o cumprimento de norma constitucional, segundo um mandamento judicial, que empresta eficácia e concreção à norma constitucional dependente de regulamentação. A decisão proferida no mandado de injunção, nesta ótica, permite remover, na situação fática, a omissão inconstitucional em matéria de direitos subjetivos constitucionais. Em outras palavras, compete ao Poder Judiciário criar a norma para o caso concreto".[47, 48]

Para **Vicente Greco Filho**, o objeto do mandado de injunção seria a *regulação provisória do direito subjetivo constitucional*, traduzida como abstrata e geral,[49] visto que "dentre as alternativas - a norma regulamentadora abranger somente o caso concreto submetido ao tribunal, ou alcançar todos os casos constituídos pelos mesmos elementos objetivos, embora entre sujeitos diferentes - é de se optar pela última, sendo notório que a atividade normativa é dominada pelo princípio da isonomia, que exclui a possibili-

---

aos cidadãos o exercício de direitos e liberdades dependentes de regulamentação. Entendo que se deva, em primeiro lugar, comunicar ao Congresso Nacional a omissão normativa, para que ele, exercitando sua competência, faça a lei indispensável ao exercício do direito constitucional assegurado aos cidadãos. Compreendo, entretanto, que se o Congresso Nacional não fizer a lei, em certo prazo que se estabelece na decisão, o Supremo Tribunal Federal pode tomar conhecimento da reclamação da parte, quanto ao prosseguimento da omissão normativa, e, a seguir, dispor a respeito do direito *in concreto*". Disponível em: <http://www.stf.gov.br>. Acesso em: 1º.8.2007.

45 PASSOS, José Joaquim Calmon de. *Mandado de Segurança Coletivo, Mandado de Injunção e "Habeas Data": Constituição e processo*. Rio de Janeiro: Forense, 1989, p. 124.

46 MOREIRA, José Carlos Barbosa. *S.O.S. para o Mandado de Injunção* in *Jornal do Brasil*, 11.9.1990, p. 9.

47 PIOVESAN, Flávia Cristina. *Proteção Judicial contra Omissões Legislativas: ação direta de inconstitucionalidade por omissão e mandado de injunção*. São Paulo: Revista dos Tribunais, 1995, p. 138.

48 A teoria da resolutividade ou concretista individual direta foi retratada pelo Ministro Carlos Mário da Silva Velloso, nos autos do mandado de injunção nº 231, segundo o qual "o art. 5º, inc. LXXI, parece-me claro quando estabelece que a concessão do mandado de injunção importa viabilizar o exercício de direito e liberdade constitucional ou de prerrogativa inerente à nacionalidade, à soberania e à cidadania. Faço o que, segundo penso, a Constituição Federal quer que eu faça: para o caso concreto elaboro a norma regulamentadora a ser observada. Ou se entende assim, ou se esvazia o novo remédio constitucional". Disponível em: <http://www.stf.gov.br>. Acesso em: 1º.8.2007.

49 GRECO FILHO, Vicente. *Tutela Constitucional das Liberdades*. São Paulo: Saraiva, 1989, p. 184.

dade de se criarem tantas normas regulamentadoras diferentes quantos sejam os casos concretos subordinados ao mesmo preceito constitucional".[50, 51]

Para a análise da jurisprudência prevalecente do Supremo Tribunal Federal, três pronunciamentos afiguram-se-nos relevantes.

O primeiro foi exarado em 23 de novembro de 1989, no mandado de injunção nº 107, quando a Corte Suprema fincou a natureza meramente declaratória da decisão de procedência, porquanto "a finalidade a ser alcançada pela via do mandado de injunção resumir-se-ia, tão somente, à declaração, pelo Poder Judiciário, da ocorrência de omissão inconstitucional, que seria comunicada ao órgão legislativo inadimplente para que este viesse a promover a integração normativa do dispositivo constitucional tornado ineficaz pela inércia estatal".[52]

O segundo foi exposto em 20 de março de 1991, no mandado de injunção nº 283, quando o Excelso Tribunal firmou a natureza condenatória da decisão de procedência, "com estabelecimento de prazo para a purgação da mora e, caso subsista a omissão normativa, facultando o titular do direito subjetivo constitucional inviabilizado a obter, em juízo ou tribunal, pela via processual adequada, sentença ou acórdão líquido de condenação a reparação devida, pelas perdas e danos que se arbitrem".[53]

O terceiro foi exteriorizado em 25 de outubro de 2007, no mandado de injunção nº 708, e, após, irradiado para a temática penal, relacionada à criminalização da homofobia, em 13 de junho de 2019, no mandado de injunção nº 4.733, quando o Pretório Augusto fixou a natureza constitutiva da decisão de procedência, porque "o Supremo Tribunal Federal afastando-se da orientação inicialmente perfilhada no que diz respeito ao mandado de injunção e, sem assumir compromisso com o exercício de uma típica função

---

50 MESQUITA, José Ignácio Botelho de. *Anteprojeto de Lei sobre o Mandado de Injunção* in *O Estado de S. Paulo*, 26.8.1989, p. 34.

51 A teoria da resolutividade ou concretista geral foi revelada pelo Ministro Eros Roberto Grau, nos autos do mandado de injunção nº 712, segundo o qual "o Poder Judiciário está vinculado pelo dever-poder de, no mandado de injunção, formular supletivamente a norma regulamentadora do direito subjetivo constitucional, dando os parâmetros do seu exercício. Esses parâmetros hão de ser definidos pelo Supremo Tribunal Federal de modo abstrato e geral, para regular todos os casos análogos, tendo em vista que a norma jurídica é o preceito, abstrato e geral, tendente a regular o comportamento social dos sujeitos de direito, que se integra na ordem jurídica e não se dá norma para um só". Disponível em: <http://www.stf.gov.br>. Acesso em: 1º.8.2007.

52 STF, MI nº 107, Rel. Min. Moreira Alves, j. 23.11.1989, *DJU* 21.9.1990. V., também: STF, MI nº 219, Rel. Min. Octavio Gallotti, j. 22.8.1990, *DJU* 19.5.1995; STF, MI nº 308, Rel. Min. Ilmar Galvão, j. 16.8.1995, *DJU* 22.8.1995; STF, MI nº 330, Rel. Min. Moreira Alves, j. 8.4.1994, *DJU* 9.12.1994; STF, MI nº 342, Rel. Min. Moreira Alves, j. 8.4.1994, *DJU* 9.12.1994; STF, MI nº 360, Rel. Min. Francisco Rezek, j. 5.8.1994, *DJU* 24.5.1996; STF, MI nº 362, Rel. Min. Francisco Rezek, j. 1º.8.1994, *DJU* 3.5.1996; STF, MI nº 379, Rel. Min. Ilmar Galvão, j. 1º.8.1994, *DJU* 4.11.1994; STF, MI nº 501, Rel. Min. Moreira Alves, j. 7.3.1996, *DJU* 15.3.1996; STF, MI nº 502, Rel. Min. Maurício Corrêa, j. 7.3.1996, *DJU* 19.4.1996, e STF, MI nº 535, Rel. Min. Ilmar Galvão, j. 1º.8.1997, *DJU* 26.9.1997.

53 STF, MI nº 283, Rel. Min. Sepúlveda Pertence, j. 20.3.1991, *DJU* 14.11.1991. V., também: STF, MI nº 284, Rel. Min. Celso de Mello, j. 22.11.1992, *DJU* 26.6.1992; STF, MI nº 287, Rel. Min. Néri da Silveira, j. 5.8.1994, *DJU* 13.12.1996; STF, MI nº 355, Rel. Min. Celso de Mello, j. 7.10.1994, *DJU* 18.11.1994; STF, MI nº 543, Rel. Min. Octávio Gallotti, j. 26.10.2000, *DJU* 24.5.2002, e STF, MI nº 562, Rel. Min. Ellen Gracie, j. 20.2.2003, *DJU* 20.6.2003.

legislativa, passou a aceitar uma solução normativa para a decisão judicial, admitindo a possibilidade de regulação provisória pelo Poder Judiciário".[54, 55]

5 COMPETÊNCIA

A competência para processo e julgamento do mandado de injunção é definida pela autoridade, órgão ou entidade a que caiba a edição da norma regulamentadora.

O **Supremo Tribunal Federal** é originariamente competente para o mandado de injunção, quando a elaboração da norma regulamentadora for atribuição do Presidente da República, do Congresso Nacional, da Câmara dos Deputados, do Senado Federal, das Mesas de uma dessas Casas Legislativas, do Tribunal de Contas da União, de um dos Tribunais Superiores ou do próprio Supremo Tribunal Federal, à luz do art. 102, inc. I, *q*, da CRFB.[56]

O **Superior Tribunal de Justiça** é originariamente competente para o mandado de injunção, quando a elaboração da norma regulamentadora for atribuição dos Ministros de Estado ou dos Comandantes da Marinha, do Exército e da Aeronáutica, a teor do art. 105, inc. I, *h*, da CRFB.[57]

Os **Tribunais Regionais Federais** e **Juízos Federais** são competentes para o mandado de injunção, quando a elaboração da norma regulamentadora for atribuição das demais autoridades, órgãos e entidades federais, à vista do art. 109, inc. I, da CRFB.[58]

Os **Tribunais de Justiça** e **Juízos de Direito** são competentes para o mandado de injunção, quando a elaboração da norma regulamentadora for atribuição de quaisquer autoridades, órgãos e entidades estaduais e municipais, da Administração Pública, direta ou indireta. No Estado do Rio de Janeiro, o Tribunal de Justiça detém competência para o mandado de injunção contra omissões de autoridades, órgãos e entidades estaduais, restando aos Juízos de Direito o processo e julgamento da ação injuncional, quando a elaboração da norma regulamentadora for atribuição de autoridades, órgãos e entidades municipais, da Administração Pública, direta ou indireta,[59] com espeque no art. 161,

---

54 STF, MI nº 708, Rel. Min. Gilmar Mendes, j. 25.10.2007, Inf. STF 485. V., também: STF, MI nº 670, Rel. Min. Gilmar Mendes, j. 25.10.2007, *DJU* 31.10.2008; STF, MI nº 795, Rel. Min. Cármen Lúcia, j. 15.4.2009, *DJU* 22.5.2009; STF, MI nº 1.967, Rel. Min. Celso de Mello, j. 24.5.2011, *DJU* 27.5.2011; STF, MI nº 4.733, Rel. Min. Edson Fachin, j. 13.6.2019, *DJU* 1º.7.2019, e STF, MI nº 6.326, Rel. Min. Luiz Fux, j. 19.8.2015, *DJU* 17.9.2015.

55 A despeito da controvérsia doutrinária e da evolução jurisprudencial sobre o mandado de injunção, a extinção da ação injuncional é fomentada por Luís Roberto Barroso, segundo o qual competiria ao juiz natural, independentemente do emprego do mandado de injunção, solucionar a pretensão deduzida pelo impetrante, ou dar-lhe atendimento prático, utilizando-se da analogia, dos costumes e dos princípios gerais de direito, nos termos do art. 4º da LINDB. BARROSO, Luís Roberto. *Mandado de Injunção: o que foi sem nunca ter sido. Uma proposta de reformulação* in *Revista de Processo*, nº 89, 1998, p. 57. V., também, do mesmo autor: *Mandado de Injunção: perfil doutrinário jurisprudencial* in *Revista de Direito Administrativo*, nº 191, 1993, p. 1.

56 STF, MI nº 176, Rel. Min. Célio Borja, j. 9.4.1992, *DJU* 14.8.1992.

57 STJ, MI nº 193, Rel. Min. Carlos Alberto Direito, j. 22.5.2006, *DJU* 14.8.2006.

58 TRF – 2ª Região, Proc. nº 1990.02.12019-2, Rel. Juiz Paulo Barata, j. 6.9.1995, *DJU* 3.10.1995.

59 TJRJ, Proc. nº 1993.001.04321, Rel. Des. Roberto Maron, j. 18.10.1994, *DORJ* 24.3.1995.

inc. IV, *g*, da CERJ,[60] ao passo que, no Estado de São Paulo, o Tribunal de Justiça dispõe de competência para o mandado de injunção contra omissões de autoridades, órgãos e entidades estaduais e municipais,[61] com esteio no art. 74, inc. V, da CESP.[62, 63]

6 PARTES

O mandado de injunção é colocado à disposição dos titulares de direitos subjetivos constitucionais cujo exercício esteja inviabilizado pela ausência de norma regulamentadora. O *ius postulandi* não é conferido aos titulares dos direitos subjetivos constitucionais em jogo, de sorte que a petição inicial deve ser firmada por advogado regularmente habilitado, pelo instrumento de procuração com outorga de poderes especiais.

Ao contrário, quanto à legitimidade passiva para o mandado de injunção, unívocas não são doutrina e jurisprudência.

Aricê Moacyr Amaral Santos, assim como **Luiz Flávio Gomes**, salientam que a *autoridade, órgão ou entidade submetida ao dever constitucional de legislar que incorreu em omissão normativa* seria a legitimada passiva para o mandado de injunção: "entendemos que o mandado de injunção somente pode ser impetrado contra a autoridade, órgão ou entidade de Direito Público",[64] razão pela qual "no polo passivo da relação processual, deve figurar a autoridade, órgão ou entidade a qual competia emitir a norma regulamentadora, ainda inexistente, mesmo porque o impetrante, ao se valer da ação de mandado de injunção, está reconhecendo a falta de norma regulamentadora e, desse modo, está concordando com a fundamentação do ato de resistência que tornou inviável o exercício do seu direito".[65]

---

60 Constituição do Estado do Rio de Janeiro, art. 161, inc. IV, *g*: "Compete ao Tribunal de Justiça processar e julgar originariamente o mandado de injunção, quando a elaboração da norma regulamentadora for atribuição de órgão, entidade ou autoridade estadual, da Administração Pública direta ou indireta." ROCHA, Roberto Paraíso. *Constituição do Estado do Rio de Janeiro Anotada*. 2ª ed. Rio de Janeiro: Lumen Juris, 2001, p. 83.

61 TJSP, Proc. nº 235.873.1/6-00, Rel. Des. Ivan Sartori, j. 5.10.1995, *DOSP* 22.11.1995.

62 Constituição do Estado de São Paulo, art. 74, inc. V: "Compete ao Tribunal de Justiça, além das atribuições previstas nesta Constituição, processar e julgar originariamente os mandados de injunção, quando a inexistência de norma regulamentadora estadual ou municipal, de qualquer dos Poderes, inclusive da Administração Pública indireta, torne inviável o exercício de direitos e liberdades asseguradas nesta Constituição." LOUREIRO FILHO, Lair da Silva. *Constituição do Estado de São Paulo Anotada*. São Paulo: Juarez de Oliveira, 1999, p. 75.

63 A competência recursal é fixada pelos arts. 102, inc. II, *a*, e 105, inc. III, da CRFB e arts. 10, § 1º, 14 e 18 da Lei nº 12.016/09, por analogia, de modo que o Supremo Tribunal Federal é competente para o julgamento do recurso ordinário interposto contra a decisão denegatória do mandado de injunção proferida por Tribunal Superior; o Superior Tribunal de Justiça é competente para o julgamento do recurso especial interposto contra a decisão concessiva ou denegatória do mandado de injunção prolatada em única instância por Tribunal Regional Federal ou Tribunal de Justiça e, por último, os Tribunais Regionais Federais e Tribunais de Justiça são competentes para o julgamento da apelação interposta contra a sentença terminativa ou definitiva, concessiva ou denegatória, do mandado de injunção pronunciada por Juízo Federal ou Juízo de Direito. MONTENEGRO FILHO, Misael. *Recursos Cíveis*. São Paulo: Atlas, 2007, p. 75.

64 SANTOS, Aricê Moacyr Amaral. *O Mandado de Injunção*, p. 27.

65 GOMES, Luiz Flávio. *Anotações sobre o Mandado de Injunção* in *Revista dos Tribunais*, nº 647, 1989, p. 41.

Flávia Cristina Piovesan, bem como **Sérgio Bermudes**, sentenciam que a *pessoa, natural ou jurídica, pública ou privada, devedora da obrigação prevista na norma constitucional de eficácia limitada e que inviabiliza o exercício do direito subjetivo*, ao argumento de que não existe norma regulamentadora, vindo a suportar os encargos de eventual decisão de procedência, seria a legitimada passiva para o mandado de injunção: "parece-nos que na ação de mandado de injunção a legitimidade passiva recai sobre a pessoa, natural ou jurídica, pública ou privada, que viria a suportar os efeitos da decisão de procedência".[66] "Não faria sentido chamar-se ao processo a autoridade, órgão ou entidade a cuja inércia se imputa a omissão normativa, deixando de fora a parte contra a qual a pretensão é dedutível, nem há motivo por que se haverá de trazer a autoridade, órgão ou entidade ao processo, quando a sentença ou acórdão concessivo da injunção limitará seus efeitos ao impetrante."[67]

Carlos Augusto Alcântara Machado, como também **Carlos Mário da Silva Velloso**, sustentam que a *autoridade, órgão ou entidade responsável pela omissão normativa e a pessoa, natural ou jurídica, pública ou privada, que impede o exercício do direito subjetivo constitucional em razão da inexistência da norma regulamentadora, em litisconsórcio passivo e necessário*, seriam os legitimados passivos para o mandado de injunção: "sustentamos a tese de que está legitimado passivamente para a ação do mandado de injunção a pessoa física ou jurídica, pública ou privada, que deva suportar os efeitos da sentença. Ademais, o órgão omisso – o Congresso Nacional, por exemplo – que deve efetivar a regulamentação, que deve emitir a norma regulamentadora, deve participar como litisconsorte necessário",[68] tendo em conta que "o mandado de injunção deve ser requerido contra a pessoa, natural ou jurídica, pública ou privada, que deva suportar os efeitos da decisão, que atuará em litisconsórcio com a autoridade, órgão ou entidade incumbida da elaboração da norma regulamentadora, fixando esta a competência do órgão julgador".[69]

A jurisprudência do Supremo Tribunal Federal, do Superior Tribunal de Justiça e do Tribunal de Justiça do Rio de Janeiro, de acordo com o art. 3º, *in fine*, da Lei nº 13.300/16,[70] tem consignado que "o mandado de injunção se dirige às autoridades, órgãos ou entidades que se pretendem omissos quanto à regulamentação que viabilize o exercício dos direitos subjetivos constitucionais, não se configurando, assim, hipótese de cabimento de litisconsórcio passivo entre organismos públicos que deverão, se for o caso, elaborar a regulamentação, e particulares que, em favor do impetrante do mandado de injunção, vierem a ser obrigados ao cumprimento da norma regulamentadora, quando vier esta, em decorrência de sua elaboração, a entrar em vigor",[71] de maneira que "a

---

66 PIOVESAN, Flávia Cristina. *Proteção Judicial contra Omissões Legislativas: ação direta de inconstitucionalidade por omissão e mandado de injunção*, p. 127.

67 BERMUDES, Sérgio. *O Mandado de Injunção* in *Revista dos Tribunais*, nº 642, 1989, p. 24.

68 MACHADO, Carlos Augusto Alcântara. *Pressupostos do Mandado de Injunção*, p. 13.

69 VELLOSO, Carlos Mário da Silva. *As Novas Garantias Constitucionais: o mandado de segurança coletivo, o "habeas data", o mandado de injunção e a ação popular para defesa da moralidade administrativa* in *Revista dos Tribunais*, nº 644, 1989, p. 14.

70 FONSECA, João Francisco Naves da. *O Processo do Mandado de Injunção*. São Paulo: Saraiva, 2016, p. 32.

71 STF, MI nº 95, Rel. Min. Carlos Velloso, j. 7.10.1992, *DJU* 18.6.1993; STF, MI nº 153, Rel. Min. Paulo Brossard, j. 14.3.1990, *DJU* 30.3.1990; STF, MI nº 204, Rel. Min. Sydney Sanches, j. 16.5.1991, *DJU*

ilegitimidade passiva *ad causam* da autoridade impetrada é manifesta se não lhe cabe a iniciativa da lei necessária à efetivação do direito reclamado no mandado de injunção".[72] "Se a providência requerida no mandado de injunção não se insere nas atribuições do impetrado, impende julgar o impetrante carecedor da ação intentada, em face da ilegitimidade passiva. Extinção do processo sem julgamento de mérito."[73]

7 DECISÃO

Os pronunciamentos jurisdicionais, interlocutórios ou finais, terminativos ou definitivos, são reunidos sob a epígrafe "tutela de urgência" ou "tutela de mérito".[74]

Sobre a **tutela de urgência**, não é admissível *medida cautelar no mandado de injunção*, da mesma forma que o ajuizamento de *ação cautelar incidental ao mandado de injunção*, pela impropriedade do provimento liminar em ação injuncional.[75]

Sobre a **tutela de mérito**, a decisão de procedência pode ser *meramente declaratória*, caso a sentença ou acórdão resulte na constituição do órgão remisso em mora, *condenatória*, caso a sentença ou acórdão regule as condições de exercício do direito subjetivo constitucional, ao término do prazo judicial para a elaboração da norma regulamentadora, ou *constitutiva*, caso a sentença ou acórdão redunde na produção da norma jurídica aplicável ao caso concreto, geral e abstrata ou individual e concreta.[76]

7.6.1991; STF, MI nº 284, Rel. Min. Marco Aurélio, j. 22.11.1992, *DJU* 26.6.1992; STF, MI nº 288, Rel. Min. Celso de Mello, j. 25.4.1995, *DJU* 3.5.1995; STF, MI nº 323, Rel. Min. Moreira Alves, j. 31.10.1991, *DJU* 14.2.1992; STF, MI nº 335, Rel. Min. Celso de Mello, j. 9.8.1991, *DJU* 17.6.1994; STF, MI nº 352, Rel. Min. Néri da Silveira, j. 4.9.1991, *DJU* 12.12.1997; STF, MI nº 507, Rel. Min. Néri da Silveira, j. 26.5.1997, *DJU* 6.4.2001, e STF, MI nº 685, Rel. Min. Joaquim Barbosa, j. 13.10.2004, *DJU* 19.8.2005.

72 STJ, MI nº 15, Rel. Min. Costa Leite, j. 30.6.1989, *DJU* 28.8.1989; STJ, MI nº 44, Rel. Min. José de Carvalho Filho, j. 13.9.1990, *DJU* 9.10.1990; STJ, MI nº 48, Rel. Min. Jesus Costa Lima, j. 25.10.1990, *DJU* 12.11.1990; STJ, MI nº 57, Rel. Min. Francisco de Assis Toledo, j. 14.3.1991, *DJU* 1º.4.1991; STJ, MI nº 64, Rel. Min. Antonio de Pádua Ribeiro, j. 8.8.1991, *DJU* 26.8.1991; STJ, MI nº 71, Rel. Min. Américo Luz, j. 10.10.1991, *DJU* 4.11.1991; STJ, MI nº 92, Rel. Min. Dias Trindade, j. 12.8.1993, *DJU* 6.9.1993; STJ, MI nº 100, Rel. Min. Antônio Torreão Braz, j. 8.9.1994, *DJU* 17.10.1994; STJ, MI nº 135, Rel. Min. Francisco Peçanha Martins, j. 2.2.2000, *DJU* 22.5.2000, e STJ, MI nº 146, Rel. Min. Humberto Gomes de Barros, j. 6.5.1998, *DJU* 8.6.1998.

73 TJRJ, Proc. nº 1991.046.00002, Rel. Des. Geraldo Batista de Siqueira, j. 2.12.1992, *DORJ* 1º.3.1993; TJRJ, Proc. nº 1993.046., Rel. Des. Décio Meirelles Góes, j. 17.6.1996, *DORJ* 2.10.1996TJRJ, Proc. nº 1994.001.07546, Rel. Des. Pedro Ligeiro, j. 9.5.1996, *DORJ* 26.5.1996; TJRJ, Proc. nº 1995.046.00003, Rel. Des. Pestana de Aguiar, j. 1º.7.1996, *DORJ* 9.8.1996; TJRJ, Proc. nº 2002.046.00003, Rel. Des. Amaury Arruda de Souza, j. 30.9.2002, *DORJ* 1º.11.2002; TJRJ, Proc. nº 2002.001.14583, Rel. Des. Cláudio de Melo, j. 6.11.2002, *DORJ* 18.11.2002; TJRJ, Proc. nº 2003.001.06363, Rel. Des. Cláudio de Melo, j. 14.5.2003, *DORJ* 30.5.2003; TJRJ, Proc. nº 2004.001.03212, Rel. Des. Cláudio de Melo, j. 19.5.2004, *DORJ* 2.6.2004; TJRJ, Proc. nº 2004.001.13742, Rel. Des. Marco Ibrahim, j. 15.2.2005, *DORJ* 11.3.2005, e TJRJ, Proc. nº 2006.001.19911, Rel. Des. Camilo Ribeiro Ruliere, j. 16.8.2006, *DORJ* 31.8.2006.

74 YARSHELL, Flávio Luiz. *Tutela Jurisdicional*. 2ª ed. São Paulo: DPJ, 2006, p. 75.

75 QUARESMA, Regina. *Mandado de Injunção: possibilidade do cidadão não sofrer omissão constitucional* in *Boletim de Doutrina da ADCOAS*, nº 4, 1999, p. 92.

76 QUEIROZ, Luis César Souza de. *Mandado de Injunção. Aspectos polêmicos. Doutrina e Jurisprudência* in *Revista da Faculdade de Direito da UERJ*, nº 2, 1994, p. 297.

Acesse o
MATERIAL SUPLEMENTAR

Entre no Ambiente de Aprendizagem através das instruções contidas na orelha deste livro e acesse os conteúdos exclusivos desta edição:
- Atualizações legislativas mensais.
- Questões de prova interativas.
- Esquemas.

Capítulo 16
HABEAS DATA

Acesse e assista à aula explicativa sobre este assunto.

> https://uqr.to/14ugi

1 CONCEITO

O *habeas data*,[1] *ad numun* art. 5º, inc. LXXII, da CRFB, bem assim Lei nº 9.507/97, é conceituado como **remédio constitucional, sob procedimento especial, dirigido ao conhecimento ou retificação, como também a anotação, contestação ou explicação, de dados pessoais constantes nos assentamentos de registros ou banco de dados de entidades governamentais ou de caráter público.**[2]

Por um lado, quanto ao *Direito Constitucional comparado*, há três modelos de controle, administrativo e/ou judicial, da obtenção, armazenamento e manipulação de dados pessoais pelos sistemas de informática. No modelo britânico, instituído pelo *Data Surveillance Bill* de 1969, não há controle administrativo ou judicial, de arte que aos titulares e depositários compete a autorregulação das condições de coleta e difusão dos dados pessoais.[3] No modelo germânico, introduzido pela *Bundesdatenschutzgesetz* – BDSG – de 1970, há controle administrativo, de maneira que os novos bancos de dados pessoais são condicionados a autorização prévia.[4] No modelo norte-americano, instrumentalizado pelo *Freedom of Information Act* de 1974, reformado pelo *Freedom of Information Reform Act* de 1978, há controle judicial, de sorte que ao titular é conferido o direito subjetivo de acesso aos dados pessoais, cuja efetividade é assegurada pela manipulação de ação civil em face dos depositários, para conhecê-los, retificá-los ou

---

1 *Habeas data* pode se limitar a "tomai os dados que estão em seu poder e vinde entregá-los ao interessado" ou, de outro modo, "fornece ao interessado, mediante certidão, todos os dados ou documentos que se encontram em seu poder para que ele possa defender os direitos que lhe são próprios em juízo ou tribunal". CRETELLA JÚNIOR, José. *Comentários à Constituição Brasileira de 1988*. v. II. Rio de Janeiro: Forense Universitária, 1989, p. 766.

2 BARACHO, Tereza Cristina. *"Habeas Data"*. Belo Horizonte: Del Rey, 1997, p. 16.

3 BURKERT, Herbert. *Privacy – Data Protection* in *International Review of Administrative Sciences*, nº 62, 1996, p. 557.

4 DRUEY, Jean Nicolas. *Privatrecht als Recht der Kommunikation* in *Schweizer Juristen Zeitschrift*, nº 1, 1983, p. 185.

complementá-los,[5] a exemplo do art. 5º, inc. LXXII, da CRFB, da mesma forma que o art. 105 da Constituição espanhola[6] e art. 35 da Constituição portuguesa,[7] circundados pelos art. 43 da Constituição argentina,[8] art. 15 da Constituição colombiana,[9] art. 135 da Constituição paraguaia[10] e art. 200, inc. III, da Constituição peruana.[11]

Por outro lado, quanto ao *Direito Constitucional brasileiro*, o remédio do *habeas data* sobre o qual versa o art. 5º, inc. LXXII, da CRFB, regulamentado pela Lei nº 9.507/97, não se confunde com a garantia da certidão de que trata o art. 5º, incs. XXXIII e XXXIV, *b*, da CRFB, uniformizado pelas Leis nºs 9.051/95 e 12.527/11, na medida em que o primeiro é relativo às informações sobre a pessoa do impetrante, sendo inescusável a recusa ao acesso aos dados pessoais,[12] ao passo que a última é respeitante às informações sobre a atividade administrativa, sendo escusável a recusa ao acesso aos dados imprescindíveis à segurança do Estado,[13] tendo em conta que "a via apropriada para compelir os órgãos e entidades da Administração Pública a expedir certidão é o mandado de segurança".[14]

---

5 MILLER, Arthur. *Computer and Privacy* in *Michigan Law Review*, nº 67, 1969, p. 1.162.

6 Constituição Espanhola, art. 105: "A lei regulará o acesso dos cidadãos aos arquivos e registros administrativos, salvo os que afetarem a segurança e a defesa do Estado, a investigação dos crimes e a intimidade das pessoas." Disponível em: <http://www.tribunalconstitucional.es>. Acesso em: 15.8.2007.

7 Constituição da República Portuguesa, art. 35: "Todos os cidadãos têm o direito de acesso aos dados informatizados que lhes digam respeito, podendo exigir a sua retificação e atualização, e o direito de conhecer a finalidade a que se destinam. A lei definirá o conceito de dados pessoais, assim como as condições aplicáveis ao seu tratamento automatizado, conexão, transmissão e utilização, e garante a sua proteção, designadamente através de entidade independente. Os dados pessoais constantes de ficheiros manuais gozam de proteção idêntica à prevista nos números anteriores, nos termos da lei." Disponível em: <http://www.tribunalconstitucional.pt>. Acesso em: 15.8.2007.

8 Constituição da Nação Argentina, art. 43: "Toda pessoa pode propor ação para tomar conhecimento dos dados a ela referentes e de sua finalidade, que constem em registros ou bancos de dados públicos, ou dos privados destinados a prover informações, e, em caso de falsidade ou discriminação, para exigir a supressão, retificação, confidencialidade ou atualização daqueles." Disponível em: <http://www.pjn.gov.ar>. Acesso em: 15.8.2007.

9 Constituição Política da Colômbia, art. 15: "Todas as pessoas têm o direito a sua intimidade pessoal e familiar e a seu bom nome, devendo o Estado respeitá-los e fazê-los respeitar. Igualmente, todas as pessoas têm o direito a conhecer, atualizar e retificar as informações que lhes digam respeito nos bancos de dados e nos arquivos de entidades públicas e privadas." Disponível em: <http://judicial.fij.gov.co>. Acesso em: 15.8.2007.

10 Constituição Nacional do Paraguai, art. 135: "Toda pessoa pode acessar as informações e os dados sobre si mesma ou sobre seus bens constantes nos registros oficiais ou privados de caráter público, bem como conhecer o uso deles. Poderá solicitar ao magistrado competente a atualização, retificação ou destruição dos dados que sejam errôneos ou afetem ilegitimamente seus direitos." Disponível em: <http://www.pj.gov.py>. Acesso em: 15.8.2007.

11 Constituição Política do Peru, art. 200, inc. III: "São garantias constitucionais: a ação de *habeas data*, contra ação ou omissão por parte de qualquer autoridade, funcionário ou pessoa, que vulnera ou ameaça dos direitos a que se refere o art. 2º, incs. V e VI, desta Constituição." Disponível em: <http://www.tc.gov.pe>. Acesso em: 15.8.2007.

12 STF, HD nº 22, Rel. Min. Celso de Mello, j. 19.9.1991, *DJU* 1º.9.1995.

13 STJ, HD nº 56, Rel. Min. Felix Fischer, j. 10.5.2000, *DJU* 29.5.2000.

14 TJRJ, Proc. nº 2005.001.46444, Rel. Des. Letícia Sardas, j. 16.5.2006, *DORJ* 29.5.2006.

2 NATUREZA JURÍDICA

O *habeas data* é revestido de **natureza dúplice**, conforme seja investigado sob o ângulo constitucional ou processual.

Sob o aspecto constitucional, o *habeas data* é sintetizado como *remédio constitucional* para a tutela do direito de acesso aos dados pessoais constantes nos assentamentos de registros ou banco de dados de entidades governamentais ou de caráter público.[15]

O *habeas mentem*, correlativo ao direito de intimidade, e o *habeas scriptum*, correlato ao direito ao controle da circulação dos dados pessoais pelos sistemas de informática, não foram enunciados no ordenamento constitucional brasileiro.[16]

Sob o aspecto processual, o *habeas data* é sistematizado como *ação cível*, pela qual pretensão individual, singular ou plúrima, pode ser deduzida em juízo ou tribunal, submetida a procedimento especial de jurisdição contenciosa.[17]

O *habeas data* de consumo é regulamentado pelo art. 43 da Lei nº 8.078/90, segundo o qual o consumidor deve ter acesso às informações existentes em cadastros, fichas, registros e dados pessoais arquivados sobre ele e às fontes das mesmas. Também, o consumidor, sempre que encontrar inexatidão nos seus dados e cadastros, pode exigir sua imediata correção, devendo o arquivista, no prazo de cinco dias úteis, comunicar a alteração aos eventuais destinatários das informações incorretas.[18]

3 CONDIÇÃO ESPECÍFICA DA AÇÃO

O regular exercício do *habeas data* é subordinado a uma condição específica, representada pela **tentativa extrajudicial**, uma vez que a petição inicial deve ser instruída com a demonstração inequívoca da recusa da entidade governamental ou de caráter público em fornecer o dado pessoal ou decurso do prazo de 10 dias, na hipótese de conhecimento, ou prazo de 15 dias, nas hipóteses de anotação, contestação, explicação e retificação, sem decisão sobre o requerimento administrativo formulado ao depositário do dado pessoal, sob pena de despacho liminar de conteúdo negativo.

A propósito, a validade das normas dos arts. 2º, 3º, 4º, 8º, parágrafo único, e 10, *caput*, *in fine*, da Lei nº 9.507/97 é sujeita à controvérsia doutrinária e jurisprudencial, tendo havido a identificação de três correntes de pensamento.

José Joaquim Calmon de Passos, assim como **Carlos Mário da Silva Velloso**, salientam a *constitucionalidade do procedimento da tentativa extrajudicial*, pois que a recusa, expressa ou tácita, implicaria violação do direito subjetivo de acesso aos dados pessoais: "a prova da recusa, expressa ou tácita - omissão no responder ao pedido de informações ou retardamento no fazê-lo –, impõe-se, para que se configure o interesse processual no *habeas data*. Deve, portanto, preceder o ajuizamento a solicitação, devida-

---

15 NISHIYAMA, Adolfo Mamoru. *Remédio Constitucional*. São Paulo: Manole, 2003, p. 34.

16 PRATS, Fermín Morales. *La Tutela Penal de la Intimidad: "privacy" e informática*. Barcelona: Destino, 1984, p. 43.

17 VIEIRA, José Marcos Rodrigues. *Ação Cível*. Belo Horizonte: Del Rey, 2002, p. 54.

18 EKMEKDJIAN, Miguel Ángel. *"Habeas Data". El Derecho a la Intimidad Frente a la Revolución Informática*. Buenos Aires: Depalma, 1996, p. 80.

mente formalizada e comprovada, da prestação das informações pessoais desejadas",[19] e "o *habeas data* pressupõe que o pedido de informações relativas à pessoa do impetrante haja sido indeferido administrativamente. Inexistente o ato administrativo, não há o que corrigir, pelo quê inexiste o interesse processual legitimador da ação".[20]

José Eduardo Nobre Matta e **José Miguel Garcia Medina**, bem como **Antonio Janyr Dall'Agnol Júnior** e **Carlos Ari Sundfeld**, sintetizam que o *procedimento da tentativa extrajudicial não seria exigível nos casos concretos em que os titulares dos dados pessoais possam inferir, em decorrência de outras manifestações das entidades governamentais ou de caráter público, que as informações serão denegadas*: "pensamos que a melhor solução não é a imputação de inconstitucionalidade aos dispositivos de regramento do procedimento administrativo prévio, mas, se for o caso, mitigar sua aplicação considerando as especificidades dos casos concretos",[21] e "o *habeas data* é admissível quando, apesar de não ter havido prévio requerimento administrativo, for possível deduzir, em decorrência de outras manifestações exaradas pelo organismo ou entidade depositária do registro ou banco de dados, que este negará seu fornecimento".[22] "A alegação de que a informação, ou a retificação, tenha sido negada administrativamente, é suficiente para a impetração do *habeas data*, dispensada a exigência de comprovação formal",[23] e "quando existe uma norma administrativa através da qual a Administração Pública afirma que, nas situações tais ou quais, jamais concederá o direito de o indivíduo examinar os bancos de dados, não há sentido em exigir que o indivíduo esgote as vias administrativas. Quando, ao contrário, inexiste manifestação, abstrata ou concreta, da Administração Pública a respeito do assunto, pode-se exigir o esgotamento da via administrativa, porque, se o indivíduo for a juízo diretamente, não conseguirá demonstrar o seu interesse na medida judicial, que, ao menos em tese, poderia ser obtida administrativamente".[24]

Antonio Carlos Segatto, **Diva Prestes Malerbi**, **José Maria Othon Sidou** e **Vicente Greco Filho**, como também **Artur Marques da Silva Filho**, **Ernesto Lippmann**, **Joaquim Portes Cerqueira César** e **Mílton Fernandes**, sustentam a *inconstitucionalidade do procedimento de tentativa extrajudicial*, posto que a necessidade de exaurimento da via administrativa importaria violentação do princípio constitucional geral da inafastabilidade do controle judicial: "por ser o *habeas data* uma ação civil de índole constitucional, consagrada no art. 5º, inc. LXXII, não poderia, jamais, estar condicionada à exigência da prova da recusa das informações por parte da entidade governamental ou de caráter público. Diante da nova ordem constitucional instituída a partir de 1988, por força do preceito contido no art. 5º, inc. XXXV, o acesso à justiça não pode ser condicionado, pelo que todo e qualquer expediente destinado a dificultar, ou mesmo impedir, o direito de

---

19 PASSOS, José Joaquim Calmon de. *Mandado de Segurança Coletivo, Mandado de Injunção e "Habeas Data": Constituição e processo*. Rio de Janeiro: Forense, 1989, p. 146.

20 VELLOSO, Carlos Mário da Silva. *As Novas Garantias Constitucionais: o mandado de segurança coletivo, o "habeas data", o mandado de injunção e a ação popular para defesa da moralidade administrativa* in *Revista dos Tribunais*, nº 644, 1989, p. 15.

21 MATTA, José Eduardo Nobre. *"Habeas Data"*. Rio de Janeiro: Lumen Juris, 2005, p. 219.

22 MEDINA, José Miguel Garcia. *"Habeas Data"*. São Paulo: Revista dos Tribunais, 1998, p. 155.

23 DALL'AGNOL JÚNIOR, Antonio Janyr. *Cadastros de Consumidores* in *Revista da Associação dos Juízes do Rio Grande do Sul*, nº 51, 1991, p. 195.

24 SUNDFELD, Carlos Ari. *"Habeas Data" e Mandado de Segurança Coletivo* in *Revista de Direito Público*, nº 95, 1990, p. 195.

ação deve ser rechaçado";[25] "o *habeas data* não se submete à demonstração da recusa em fornecer os dados pessoais, bastando deduzir a causa de pedir";[26] "nenhum dos remédios constitucionais depende de prévia postulação fora do Poder Judiciário. Embora não se configure na estrutura do *habeas data* uma lesão de direito com a intensidade que leva ao apelo pelos outros remédios constitucionais, há um interesse do jurisdicionado que, no grau em que tem seu atendimento retardado, pode ocasionar lesão",[27] e "no *habeas data*, a providência prévia administrativa é facultativa, de modo que, aplicando-se a regra geral para as demais ações, basta que o órgão ou entidade pública conteste para que fique demonstrado o interesse processual para a medida judicial. Se o órgão ou entidade pública não deseja resistir à medida judicial, que apresente as informações requeridas assim que notificado para tal".[28] "Não há qualquer condição ao exercício do direito de ação, sobretudo em tema de alta relevância, que concerne à defesa do direito à intimidade, em sede de *habeas data*";[29] "o procedimento do *habeas data* é caracterizado pela desnecessidade de recorrer à via administrativa para a obtenção das informações pretendidas";[30] "por qualquer prisma que se analise a questão, indemonstrável o cabimento da restrição apontada para o ingresso na sede Judiciária, e, nem poderia ser diferente, tendo em mente que o raciocínio neste sentir levaria, fatalmente, ao enfraquecimento do *habeas data*, com prejuízos incalculáveis às garantias constitucionais. A disposição constitucional sob exame, em sua exegese, não admite interpretação restritiva, vez que os remédios constitucionais insculpidos no texto maior devem ser manejados a partir da interpretação literal, sem acomodações outras que procrastinem ou dificultem o seu uso",[31] e "a manipulação do *habeas data* independe de exaustão ou mesmo de uso da via administrativa. A autonomia do procedimento judicial parece-nos desautorizar a opinião contrária".[32]

Entendemos que os arts. 2º, 3º, 4º, 8º, parágrafo único, e 10, *caput*, *in fine*, da Lei nº 9.507/97 não se coadunam com os arts. 5º, inc. XXXV, e 217, § 1º, da CRFB, visto que a legislação ordinária não dispõe da possibilidade de impor condições ao exercício dos remédios prescritos pela Constituição da República – "quando o Estatuto Fundamental define as circunstâncias em que um direito pode ser exercido, esta especificação importa proibir qualquer interferência legislativa para submeter o

---

25 SEGATTO, Antonio Carlos. *O Instituto do "Habeas Data"*. Leme: LED, 1999, p. 131.

26 MALERBI, Diva Prestes. *Perfil do "Habeas Data"*. São Paulo: Revista dos Tribunais, 1989, p. 34.

27 SIDOU, José Maria Othon. *"Habeas Corpus", Mandado de Segurança, Mandado de Injunção, "Habeas Data", Ação Popular. As Garantias Ativas dos Direitos Coletivos*. 4ª ed. Rio de Janeiro: Forense, 1992, p. 440.

28 GRECO FILHO, Vicente. *Tutela Constitucional das Liberdades*. São Paulo: Saraiva, 1989, p. 177.

29 SILVA FILHO, Artur Marques da. *"Habeas Data": remédio heroico ou inócuo* in *Revista dos Tribunais*, nº 649, 1989, p. 224.

30 LIPPMANN, Ernesto. *O "Habeas Data" visto pela Doutrina e interpretado pelos Tribunais* in *Revista dos Tribunais*, nº 723, 1996, p. 122.

31 CÉSAR, Joaquim Portes Cerqueira. *A Garantia Constitucional do "Habeas Data"* in *Revista de Processo*, nº 61, 1991, p. 87.

32 FERNANDES, Milton. *O "Habeas Data" como Defesa à Ameaça Tecnológica* in *Revista dos Tribunais*, nº 704, 1994, p. 69.

direito a condições novas"[33] –, sob pena de inefetividade do direito fundamental sujeito à tutela da jurisdição condicionada – "a consubstanciação de qualquer espécie de instância administrativa de curso forçado não se mostra juridicamente possível à obra do legislador ordinário".[34] Todavia, o Supremo Tribunal Federal, Superior Tribunal de Justiça e Tribunal de Justiça do Rio de Janeiro têm decidido que "o acesso ao *habeas data* pressupõe a existência do interesse de agir. A prova do anterior indeferimento do pedido de informação, ou da omissão em atendê-lo, constitui requisito indispensável para que se concretize o interesse de agir no *habeas data*",[35] "sendo certo que a prova da recusa da entidade, órgão ou autoridade coatora em fornecer as informações ou proceder à retificação solicitada não revela mero rigorismo, mas, antes, requisito indispensável à caracterização do interesse de agir na ação de *habeas data*".[36] "Destinada a garantir o conhecimento de informações constantes de registros ou bancos de dados de entidades governamentais ou de caráter público, a impetração do *habeas data*, entretanto, depende da prova de recusa, por parte de depositários dos dados pessoais, do fornecimento da informação requerida. A falta do requisito de admissibilidade da medida resulta na extinção do processo sem exame de mérito".[37]

4 OBJETO

O *habeas data* é predisposto ao conhecimento, retificação e complementação de dados pessoais constantes nos assentamentos de registros ou bancos de dados de entidades governamentais ou de caráter público.

Conhecimento, retificação e complementação são resumidos como ciência, modificação e acréscimo de dados pessoais, verossímeis ou não. Com efeito, a pretensão pode ser dirigida à anotação nos assentamentos de registros do interessado, de contestação ou explicação sobre dados verdadeiros mas justificáveis e que estejam sob pendência judicial ou amigável, sem embargo do conhecimento e retificação de informações, não se revelando inconstitucional a norma prescrita no art. 7º, inc. III, da Lei nº 9.507/97, que ampliou o objeto do *habeas data*.[38]

Dados pessoais são sintetizados como elementos de informação, ou representações de fato, em formato apropriado para armazenamento, processamento ou transmissão por meios automáticos que digam respeito à pessoa do interessado, cuja

---

33 SANTOS, Carlos Maximiliano Pereira dos. *Hermenêutica e Aplicação do Direito.* 11ª ed. Rio de Janeiro: Freitas Bastos, 1990, p. 387.

34 MORAES, Humberto Peña de. *Lei Veda Acesso do Reclamante à Justiça* in *AFAT Notícias*, nº 41, 2000, p. 5.

35 STF, HD nº 22, Rel. Min. Celso de Mello, j. 19.9.1991, *DJU* 1º.9.1995.

36 STJ, HD nº 116, Rel. Min. Luiz Fux, j. 28.9.2005, *DJU* 10.10.2005.

37 TJRJ, Proc. nº 2004.047.00001, Rel. Des. Maldonado de Carvalho, j. 5.10.2004, *DORJ* 24.11.2004.

38 Na doutrina, José Carlos Barbosa Moreira afirma que "a ampliação do objeto do *habeas data* não merece censura do ponto de vista constitucional: o que a lei ordinária não poderia fazer é estreitar, diminuir, restringir o campo de atuação do *habeas data*, definido na Carta Política. De resto, apesar da diferença ontológica, se o remédio se presta à consecução de providência mais intensa (retificação de dados), é razoável admitir, *a fortiori*, que se preste à providência menos intensa (simples anotação de explicitações fornecidas pelo requerente)". MOREIRA, José Carlos Barbosa. *O "Habeas Data" Brasileiro e a sua Lei Regulamentadora.* Disponível em: <http://www.planalto.gov.br>. Acesso em: 30.8.2007.

proteção, inclusive, é disciplinada pelo art. 5º, inc. LXXIX, da CRFB, com a redação dada pela Emenda Constitucional nº 115/22, e pela Lei nº 13.709/18, alterada pela Lei nº 13.853/19. Demais disso, a pretensão não pode ser direcionada à obtenção de informações referentes a terceiros, sendo evidente que o direito de acesso aos dados pessoais é personalíssimo.[39]

Bancos de dados são traduzidos como sistemas de coordenação de registros dos dados pessoais que pretendam ser conhecidos, retificados ou complementados. Em face do exposto, ao credor é defeso inscrever o nome do devedor nos bancos de dados, cadastros, fichas e registros de entidades prestadoras de serviço de proteção ao crédito, enquanto pendente a ação judicial que verse sobre o objeto do contrato de consumo, sob pena de configuração de prática abusiva.[40]

Entidades governamentais são delimitadas como pessoas jurídicas de direito público, integrantes da Administração Pública, direta ou indireta, ao passo que as **entidades de caráter público** são delineadas como pessoas jurídicas de direito privado que prestam serviço público ou de interesse público, bem assim as que prestam serviço ao público, caracterizadas pela possibilidade de transmissão de dados pessoais a terceiros. *Vexata quaestio* é atinente à *supressão e decretação de sigilo de dados sensíveis*, como, por exemplo, "os de ordem racial, opinião política, filosófica, religiosa, filiação partidária e sindical, orientação sexual, dentre outros",[41] de forma que **Clèmerson Merlin Clève** demarca que "o constituinte brasileiro, não prevendo expressamente a possibilidade de supressão ou decretação de sigilo de determinados dados, como medidas tendentes a proteger certas esferas da pessoa, ou a censurar a coleta de dados com propósitos discriminatórios, deixou um campo de direitos fundamentais fora do alcance da ação de *habeas data*",[42] enquanto **Maria Garcia** demonstra que "o mandamento constitucional envolve a vedação a quaisquer apontamentos de ordem pessoal, concernentes à pessoa, como tal e, nessa conformidade, encontra-se a possibilidade de fazer retirar dos registros anotações que venham implicar com a intimidade, a vida privada, a honra e a imagem das pessoas".[43, 44]

---

39 Na jurisprudência, o Supremo Tribunal Federal nega que "o *habeas data* seja meio processual idôneo para a obtenção de dados de terceiros. Trata-se, na verdade, de remédio jurídico-processual que visa garantir ao interessado o direito de acesso às informações constantes de registros ou bancos de dados de entidades governamentais ou de caráter público, e de retificação ou complementação dos dados, quando não prefira fazê-lo por processo sigiloso, judicial ou administrativo". STF, HD nº 52, Rel. Min. Maurício Corrêa, j. 22.10.2002, *DJU* 30.10.2002. Disponível em: <http://www.stf.gov.br>. Acesso em: 30.8.2007.

40 Na legislação, a Lei nº 8.078, de 11 de setembro de 1990, dispõe sobre os serviços de proteção ao crédito, bancos de dados, cadastros, fichas e registros de consumidores. Disponível em: <http://www.senado.gov.br>. Acesso em: 30.8.2007.

41 SILVA, José Afonso da. *Mandado de Injunção e "Habeas Data"*. São Paulo: Revista dos Tribunais, 1989, p. 53.

42 CLÈVE, Clèmerson Merlin. *"Habeas Data": algumas notas de leitura* in *"Habeas Data"*. São Paulo: Revista dos Tribunais, 1998, p. 81.

43 GARCIA, Maria. *"Habeas Data". O direito à informação. O direito fundamental à intimidade, à vida privada, à honra e à imagem das pessoas. Um perfil constitucional* in *Revista de Direito Constitucional e Internacional*, nº 36, 2001, p. 122.

44 STF, HD nº 67, Rel. Min. Celso de Mello, j. 11.11.2004, *DJU* 18.11.2004; STJ, REsp nº 781.969, Rel. Min. Luiz Fux, j. 8.5.2007, *DJU* 31.5.2007, e TJRJ, Proc. nº 2003.001.14126, Rel. Des. Fernando Cabral, j. 4.11.2003, *DJU* 14.11.2003.

5 COMPETÊNCIA

A competência para processo e julgamento do *habeas data* é firmada pela hierarquia funcional do agente público a quem é imputado o ato coator, e não pela natureza da pretensão deduzida em juízo ou tribunal.[45]

O **Supremo Tribunal Federal** é originariamente competente para o *habeas data* contra atos do Presidente da República, das Mesas da Câmara dos Deputados e do Senado Federal, do Tribunal de Contas da União, do Procurador-Geral da República e do próprio Supremo Tribunal Federal, à luz do art. 102, inc. I, *d*, da CRFB.[46]

O **Superior Tribunal de Justiça** é originariamente competente para o *habeas data* contra atos dos Ministros de Estado, incluído o Advogado-Geral da União, dos Comandantes da Marinha, do Exército e da Aeronáutica e do próprio Superior Tribunal de Justiça, com espeque no art. 105, inc. I, *b*, da CRFB.[47]

Os **Tribunais Regionais Federais** são originariamente competentes para o *habeas data* contra atos dos Juízes Federais, excetuados os Juízes do Trabalho, e dos próprios Tribunais Regionais Federais, em atenção aos arts. 108, inc. I, *c*, e 114, inc. IV, da CRFB.[48]

Os **Tribunais de Justiça** são originariamente competentes para o *habeas data* contra atos do Governador e dos Secretários do Estado, inclusive o Prefeito da Capital e dos Municípios com mais de 200 mil eleitores, da Mesa Diretora e do Presidente da Assembleia Legislativa, do Tribunal de Contas do Estado, do Procurador-Geral de Justiça, do Procurador-Geral e do Defensor Público-Geral do Estado e dos próprios Tribunais de Justiça, com esteio no art. 161, inc. IV, *e*, da CERJ.[49]

Os **Juízos Federais** e **Juízos de Direito** são competentes para o *habeas data* contra atos de autoridade pública federal, estadual, distrital ou municipal não contemplado nas hipóteses anteriormente referidas, a teor do art. 109, inc. VIII, da CRFB, sem prejuízo dos arts. 3º, inc. I, *e*, 6º, inc. I, *a* e *b*, 7º, inc. I, *g*, 8º, inc. I, *h*, e 22, inc. II, do RITJRJ.

Nessa ordem de ideias, a competência para processo e julgamento do *habeas data* contra atos do Serviço Nacional de Informações, a cujo titular são devidas as honras e prerrogativas de Ministro de Estado, é afetada ao Superior Tribunal de Justiça,[50] ao passo que a competência para processo e julgamento do *habeas data* contra atos do Diretor-Geral da Polícia Federal[51] e do Comandante-Geral da Polícia Militar[52] é atribuída aos Juízos Federais e Juízos de Direito, respectivamente.[53, 54]

---

45 MARTINS, Sérgio Pinto. *Competência para analisar "Habeas Data"* in *LTr: revista legislação do trabalho*, nº 69, 2005, p. 8.

46 STF, HD nº 1, Rel. Min. Néri da Silveira, j. 13.10.1988, *DJU* 21.10.1988.

47 STJ, HD nº 36, Rel. Min. Humberto Gomes de Barros, j. 28.5.1997, *DJU* 8.9.1997.

48 TRF – 2ª Região, Proc. nº 2000.51.01.032296-4, Rel. Juiz Sergio Schwaitzer, j. 11.7.2006, *DJU* 21.7.2006.

49 TJRJ, Proc. nº 2005.001.48118, Rel. Des. Bernardo Garcez Neto, j. 4.1.2006, *DORJ* 23.1.2006.

50 STF, HD nº 18, Rel. Min. Aldir Passarinho, j. 27.4.1989, *DJU* 9.6.1989.

51 STJ, HD nº 7, Rel. Min. Carlos Velloso, j. 19.9.1989, *DJU* 16.10.1989.

52 TRF – 2ª Região, Proc. nº 1999.02.09102-4, Rel. Juiz André Fontes, j. 5.6.2002, *DJU* 20.9.2002.

53 TJRJ, Proc. nº 2000.047.00001, Rel. Des. Nilton Mondego, j. 30.11.2000, *DORJ* 10.1.2001.

54 A competência recursal é fixada pelos arts. 102, incs. II, *a* e III, e 105, inc. III, da CRFB e arts. 10, parágrafo único, 15, *caput*, e 20, incs. II e III, da Lei nº 9.507/97, de modo que o Supremo Tribunal Federal é competente para o julgamento do recurso ordinário interposto contra a

6 PARTES

A pertinência subjetiva da lide, no âmbito do processo do *habeas data*, pode ser analisada sob a perspectiva ativa e passiva.

A **legitimidade ativa** é concedida a qualquer pessoa natural, formal ou jurídica, nacional ou estrangeira, que seja titular de dados pessoais.[55] A *substituição e sucessão* não são admissíveis no processo instaurado em decorrência do exercício do *habeas data*, ressalvada a "legitimidade ativa dos herdeiros legítimos e cônjuge supérstite para a impetração, quando se tratar de causas relativas a transmissão de direitos *mortis causa*".[56]

A **legitimidade passiva** é conferida a entidade governamental ou de caráter público em cujo banco de dados as informações tenham sido armazenadas e catalogadas.[57] A *Internet*, definida como rede mundial de computadores integrados, pelo emprego da telefonia ou radiofonia, que fornece aos seus usuários os serviços de correio eletrônico, grupos de discussão, execução de programas a distância e transferência deles, "consiste no melhor (e maior) exemplo do que seja um banco de dados de caráter público, de sorte que é viável a correção de um dado pessoal que conste de um endereço virtual na *Internet*, mediante *habeas data*, a ser requerido em face do provedor nacional".[58]

7 DECISÃO

A **natureza jurídica da decisão de procedência** não é imune à divergência.

A *natureza mandamental* da sentença concessiva é reconhecida por **Carreira Alvim**, para quem "a sentença de *habeas data* deve conter um requisito especial, qual seja, a marcação de dia e hora para que a autoridade coatora cumpra a ordem ou preceito, constante do dispositivo, e que consubstancia uma típica obrigação de fazer, quer dizer: apresente ao impetrante as informações a seu respeito, constantes do registro ou banco de dados, ou a prova da retificação ou anotação feita nos assentamentos do impetrante".[59]

A *natureza constitutiva* da sentença concessiva é referida por **Rogério Tucci**, para quem "o *habeas data* assume, a toda evidência, o caráter de ação constitutiva, dado consubstanciar-se a objetivada prestação jurisdicional numa sentença que, contendo,

---

decisão denegatória do *habeas data* proferida em única instância por Tribunal Superior, como também do recurso extraordinário, nos casos previstos na Constituição da República; o Superior Tribunal de Justiça é competente para o julgamento do recurso especial interposto contra a decisão concessiva ou denegatória do *habeas data* prolatada em única ou última instância por Tribunal Regional Federal ou Tribunal de Justiça e, por último, os Tribunais Regionais Federais e Tribunais de Justiça são competentes para o julgamento da apelação interposta contra a sentença terminativa ou definitiva, concessiva ou denegatória, do *habeas data*, pronunciada por Juízo Federal ou Juízo de Direito. TEIXEIRA, Patrícia Trunfo. *Recursos em Matéria Civil*. Porto Alegre: Verbo Jurídico, 2005, p. 54.

55 MALCHER, Maurício Gama. *O "Habeas Data"* in *Consulex*, nº 20, 1998, p. 52.

56 BUENO, Cassio Scarpinella. *"Habeas Data": comentários à Lei nº 9.507, de 12 de novembro de 1997* in *Manual dos Procedimentos Especiais na Legislação Extravagante*. São Paulo: Saraiva, 2003, p. 19.

57 LIMA NETO, José Henrique Barbosa Moreira. *A Inconstitucionalidade da Lei de Comunicações Telefônicas* in *Internet World*, nº 15, 1996, p. 76.

58 ALMEIDA, Guilherme Beltrão de. *"Habeas Data" – Questões a Enfrentar* in *"Habeas Data"*. São Paulo: Revista dos Tribunais, 1998, p. 119.

59 ALVIM, Carreira. *"Habeas Data"*. Rio de Janeiro: Forense, 2001, p. 163.

como as outras, uma declaração de certeza sobre determinada relação jurídica submetida à apreciação de órgão judicial, se vê acrescida de algo a mais: um *quid*, atinente à criação, ou à modificação ou extinção, da relação processual".[60]

A *natureza mandamental*, no caso de *habeas data* cognitivo, e *natureza constitutiva*, no caso de *habeas data* retificatório ou completivo, é respaldada por **Vicente Greco Filho**, para quem "na primeira hipótese, o que se pleiteia é uma ordem do Poder Judiciário, para conhecimento das informações, com a cominação de desobediência. Na segunda hipótese, o que se postula é a retificação de dados pessoais, ou seja, a modificação do mundo jurídico, daí a natureza constitutiva do provimento judicial".[61, 62]

Acesse o
MATERIAL SUPLEMENTAR

Entre no Ambiente de Aprendizagem através das instruções contidas na orelha deste livro e acesse os conteúdos exclusivos desta edição:
- Atualizações legislativas mensais.
- Questões de prova interativas.
- Esquemas.

---

60 TUCCI, Rogério. *Processo e Procedimento da Ação de "Habeas Data"* in *"Habeas Data"*. São Paulo: Revista dos Tribunais, 1998, p. 330.

61 GRECO FILHO, Vicente. *Tutela Constitucional das Liberdades* in *BDA: Boletim de Direito Administrativo*, nº 11, 1995, p. 315.

62 A título de conclusão, "a medida liminar não faz muito sentido no *habeas data*, em razão da extrema celeridade prevista no seu procedimento. Ainda assim, em hipóteses excepcionais, se forem relevantes os seus fundamentos, a falta de previsão na lei não deve impedir a parte de requerer uma medida liminar. Imaginamos uma situação na qual a parte queira impedir que as informações inexatas sobre a sua pessoa sejam transmitidas a terceiros na pendência do pedido de retificação, ou a menos que delas conste referência ao ajuizamento da ação". WALD, Arnoldo; FONSECA, Rodrigo Garcia. *O "Habeas Data" na Lei nº 9.507, de 12 de novembro de 1997*. Disponível em: <http://www.saraivajur.com.br>. Acesso em: 7.9.2007.

Capítulo 17
AÇÃO POPULAR

Acesse e assista à aula explicativa sobre este assunto.

> https://uqr.to/14ugj

1 CONCEITO

A ação popular, *ex vi* art. 5º, inc. LXXIII, da CRFB, da mesma forma que a Lei nº 4.717/65, é conceituada como **remédio constitucional, sob procedimento especial, colocado à disposição de qualquer cidadão para obter a invalidação de atos, contratos ou acordos administrativos ilegais, ilegítimos ou ilícitos e lesivos ao domínio público, meio ambiente e patrimônio histórico e cultural.**[1]

Destarte, a ação popular consiste em *meio de controle judicial da atividade administrativa*,[2] com vistas à legalidade, à legitimidade e à licitude, de que dispõem os cidadãos, para demandar a anulação ou declaração de nulidade de atos que ameacem ou lesem valores constitucionalmente protegidos.[3]

2 NATUREZA JURÍDICA

A ação popular pode ser investigada sob o ângulo constitucional ou processual, à luz da **natureza dúplice** do mecanismo processual de proteção dos direitos em jogo.

Sob o aspecto constitucional, a ação popular é recoberta da natureza jurídica de *remédio constitucional* para a tutela de determinados interesses públicos e difusos, ameaçados ou lesados por atos do Poder Público.[4]

A ação popular não se confunde com o mandado de segurança, individual ou coletivo, a partir da constatação de que este é direcionado à tutela de interesse individual ou metaindividual, líquido e certo, ao passo que aquela é dirigida à tutela de interesse

---

1 SILVA, José Afonso da. *Ação Popular*. São Paulo: Revista dos Tribunais, 1968, p. 78.

2 MOREIRA NETO, Diogo de Figueiredo. *Direito da Participação Política: legislativa, administrativa e judicial*. Rio de Janeiro: Renovar, 1992, p. 149.

3 MARQUES NETO, Floriano de Azevedo. *Os Grandes Desafios do Controle da Administração Pública* in *Fórum de Contratação e Gestão Pública*, nº 100, 2010, p. 23-24.

4 ALVEZ, Maria Cristina. *Remédio Constitucional*. São Paulo: FTD, 1999, p. 43.

público ou difuso sobre o patrimônio público ou de entidade de que o Estado participe, moralidade administrativa, meio ambiente e patrimônio histórico e cultural.[5] Em síntese: "o mandado de segurança não substitui a ação popular",[6] sendo certo que "o primeiro realça o interesse particular. A segunda, o interesse público ou difuso".[7] "Inidoneidade do mandado de segurança, para através dele veicular uma ação popular."[8]

Sob o aspecto processual, a ação popular é revestida da natureza jurídica de *ação cível*, pela qual pretensão jurídica, pública ou difusa, pode ser deduzida em juízo ou tribunal, subjugada a procedimento especial de jurisdição contenciosa.[9]

A *actio popularis* é dividida em ação popular preventiva e ação popular repressiva, conforme a lesão ao bem jurídico seja potencial ou efetiva, respectivamente.[10] Em suma: "a ação popular tem índole preventiva ou repressiva",[11] tendo em vista que "a existência de dano efetivo ou potencial, adequadamente delineado, é pré-requisito da ação popular".[12] "Preventiva ou repressiva, a ação popular é assegurada ao cidadão brasileiro para invalidar ato da Administração Pública, lesivo ao patrimônio público ou de entidade de que o Estado participe, moralidade administrativa, meio ambiente e patrimônio histórico e cultural."[13]

3 CONDIÇÕES ESPECÍFICAS DA AÇÃO

O regular exercício da ação popular é especificamente condicionado: (i) à ilegalidade, ilegitimidade ou ilicitude e (ii) à lesividade do ato impugnado.

3.1 Ilegalidade, ilegitimidade ou ilicitude

No tocante à **ilegalidade, ilegitimidade ou ilicitude do ato indigitado**, o cabimento da ação popular é submetido às *três dimensões éticas do ordenamento jurídico*, adstritas à Ciência do Direito, Ciência Política e Ciência da Moral.

A ilegalidade é resumida como contrariedade entre o ato, contrato ou acordo administrativo cuja invalidação é pleiteada na ação popular e a vontade da lei, correlata ao Estado de Direito.

A ilegitimidade é sintetizada como contraste entre o ato, contrato ou acordo administrativo cuja invalidação é postulada na ação popular e a vontade do povo, correlativa ao Estado Democrático.

---

5 RAMOS, Elival da Silva. *Ação Popular como Instrumento de Participação Política*. São Paulo: Revista dos Tribunais, 1991, p. 141.

6 STF, MS nº 25.609, Rel. Min. Sepúlveda Pertence, j. 30.8.2006, *DJU* 22.9.2006.

7 STJ, MS nº 267, Rel. Min. Luiz Vicente Cernicchiaro, j. 12.12.1989, *DJU* 5.2.1990.

8 TJRJ, Proc. nº 2002.001.10096, Rel. Des. Maria Helena Salcedo, j. 13.11.2002, *DORJ* 4.12.2002.

9 MIRANDA, José Apolinário. *Ação Cível*. São Paulo: Cautela, 1999, p. 45.

10 FURTADO, Luísa Elisabeth. *Ação Popular: mecanismo de controle dos atos da administração pelo cidadão*. São Paulo: LTr, 1997, p. 47.

11 STF, ACO nº 506, Rel. Min. Sydney Sanches, j. 6.5.1998, *DJU* 4.12.1998.

12 STJ, AI nº 684.976, Rel. Min. Teori Albino Zavascki, j. 30.6.2005, *DJU* 3.8.2005.

13 TJRJ, Proc. nº 1994.001.01907, Rel. Des. Geraldo Batista, j. 6.6.1995, *DORJ* 30.6.1995.

A ilicitude é traduzida como contraposição entre o ato, contrato ou acordo administrativo cuja invalidação é pretendida na ação popular e a vontade da moral, correspondente ao Estado de Justiça.[14]

3.2 Lesividade

No tocante à **lesividade do ato indigitado** pela ação popular, o autor é subordinado ao ônus de provar a lesão ao patrimônio material ou imaterial da sociedade, nas hipóteses de *lesividade efetiva*, caso o ônus de provar a lesão ao domínio público, meio ambiente e patrimônio histórico e cultural não tenha sido legalmente invertido, nas hipóteses de *lesividade presumida* de que trata o art. 4º da Lei nº 4.717/65.[15]

A respeito, o binômio ilegalidade, ilegitimidade ou ilicitude – lesividade do ato impugnado pela *ação popular* é sujeito a controvérsia doutrinária e jurisprudencial, tendo havido a identificação de duas correntes de pensamento.

Mário Bento Martins Soares, **Péricles Prade** e **Roberto Átila Amaral Vieira** bosquejam que a ação popular é condicionada à lesividade, dispensada a ilegalidade, ilegitimidade ou ilicitude do ato impugnado, na medida em que "a Constituição Federal, eliminando os termos anulação e declaração de nulidade, literalmente sugere, isto sim, a dispensa de outras causas de invalidação além da própria lesividade do ato".[16] "É suficiente a prova da lesividade, independentemente dos casos de nulidade ou anulabilidade, para a prosperidade da ação popular",[17] de maneira que "basta a existência de lesividade, pois ela, por si somente, implica em vício".[18]

Alfredo Buzaid, **José Frederico Marques** e **Moacyr Amaral Santos** concordam que a ação popular é dependente da ilegalidade, ilegitimidade ou ilicitude, exigida a lesividade do ato impugnado, uma vez que "sem que concorram os dois requisitos, a ação popular não procederá, porquanto não basta que o ato seja nulo para que os cidadãos, sub-rogando-se função que é própria do Poder Público, lhe demande a nulidade, nem basta, igualmente, que o ato seja lesivo para que, nas mesmas condições, lhe reclame a nulidade".[19] "O controle judiciário, na ação popular contra atos lesivos, apenas pode ser exercido se esse ato for também nulo ou anulável",[20] de sorte que "as condições da

---

14 MOREIRA NETO, Diogo de Figueiredo. *Mutações do Direito Administrativo*. Rio de Janeiro: Renovar, 2000, p. 109.

15 MARINONI, Luiz Guilherme. *Novas Linhas do Processo Civil*. 4ª ed. São Paulo: Malheiros, 2000, p. 86.

16 SOARES, Mário Bento Martins. *Ação Popular. Singularidades e Controvérsias do Instituto* in *Revista de Direito Público*, nº 53, 1980, p. 187.

17 PRADE, Péricles. *Lesividade e Ilegalidade como Pressupostos da Ação Popular* in *Revista de Processo*, nº 42, 1986, p. 269.

18 VIEIRA, Roberto Átila Amaral. *Ação Popular* in *Revista de Direito Público*, nº 89, 1989, p. 458.

19 BUZAID, Alfredo. *Bem Público de Uso Comum. Alteração de Destino. Ação Popular. Bem público de uso comum pode sofrer modificação em sua qualificação jurídica e tornar-se alienável. Ação popular pressupõe a nulidade do ato jurídico e a lesão ao patrimônio público* in *Revista de Direito Administrativo*, nº 84, 1966, p. 331.

20 MARQUES, José Frederico. *Ação Popular. Ato lesivo ao patrimônio do Estado, sem ser, todavia, nulo ou anulável. Impossibilidade jurídica do pedido* in *Revista dos Tribunais*, nº 181, 1949, p. 843.

ação popular, sem as quais inatendível é a pretensão jurídica, são a lesividade do ato a invalidar, contaminado do vício ou defeito de nulidade ou anulabilidade".[21]

O Supremo Tribunal Federal, Superior Tribunal de Justiça e Tribunal de Justiça do Rio de Janeiro têm decidido que "para o cabimento da ação popular, basta a ilegalidade do ato impugnado, dispensável a demonstração de prejuízo material".[22] "A ação popular visa proteger, entres outros, o patrimônio público material, e, para ser proposta, há de ser demonstrado o binômio ilegalidade – lesividade. Todavia, a falta de um ou outro desses requisitos não tem o condão de levar, por si só, à improcedência da ação popular. Pode ocorrer de a lesividade ser presumida em decorrência da ilegalidade do ato ou ser inexistente, tais como nas hipóteses em que apenas tenha ocorrido ferimento à moral administrativa",[23] razão pela qual "observando-se a ausência de prova de ilegalidade e/ou de lesividade ao patrimônio público ou de entidade de que o Estado participe, moralidade administrativa, meio ambiente e patrimônio histórico e cultural, no ato impugnado, correta a decisão que dá pela improcedência do pedido da ação popular".[24]

4 OBJETO

A ação popular pode resultar na concessão de **ordem impeditiva**, quando o domínio público, meio ambiente ou patrimônio histórico ou cultural esteja ameaçado por ato, contrato ou acordo administrativo, tendo a ilegalidade, ilegitimidade ou ilicitude e lesividade sido objetadas por *ação popular preventiva*, ou **ordem corretiva**, quando o domínio público, meio ambiente ou patrimônio histórico ou cultural seja lesado por ato, contrato ou acordo administrativo, tendo a ilegalidade, ilegitimidade ou ilicitude e lesividade sido objetadas por *ação popular repressiva*.

Outrossim, quanto aos atos sindicáveis pela ação popular, a doutrina não se revela pacífica. **Themístocles Brandão Cavalcanti**,[25] assim como **Paulo Barbosa de Campos Filho**,[26] salientam o cabimento da ação popular contra os atos administrativos, legislativos e jurisdicionais, demonstradas as condições, genéricas e específicas, para o regular exercício da ação. **Manoel Gonçalves Ferreira Filho**,[27] bem como **Rodolfo de Camargo Mancuso**,[28] sustentam o cabimento da ação popular contra os atos administrativos, unilaterais ou multilaterais, e não também contra os atos legislativos e jurisdicionais, sob pena de funcionar a *actio popularis* como sucedâneo da ação direta de inconstitu-

---

21 SANTOS, Moacyr Amaral. *Ação Popular. Requisitos. Não é meio processual idôneo para impugnar a criação de Municípios, se inexiste lesão ao patrimônio público. Simples perda de área por parte de Município desmembrado não constitui, por si, essa lesão, que deve ser verificada concretamente* in *Revista Trimestral de Jurisprudência*, nº 54, 1969, p. 98.

22 STF, RE nº 170.768, Rel. Min. Ilmar Galvão, j. 26.3.1999, *DJU* 13.8.1999.

23 STJ, REsp nº 680.177, Rel. Min. João Otávio de Noronha, j. 7.8.2007, *DJU* 21.8.2007.

24 TJRJ, Proc. nº 2005.009.00458, Rel. Des. Jair Pontes de Almeida, j. 27.9.2005, *DORJ* 14.10.2005.

25 CAVALCANTI, Themístocles Brandão. *Constituição Federal Comentada*. 2ª ed. v. III. Rio de Janeiro: Konfino, 1952, p. 266.

26 CAMPOS FILHO, Paulo Barbosa. *Da Ação Popular Constitucional*. São Paulo: Saraiva, 1968, p. 105.

27 FERREIRA FILHO, Manoel Gonçalves. *Comentários à Constituição Brasileira de 1988*. v. I. São Paulo: Saraiva, 1990, p. 84.

28 MANCUSO, Rodolfo de Camargo. *Ação Popular*. São Paulo: Revista dos Tribunais, 1993, p. 100.

cionalidade, com referência às leis e atos normativos, e dos recursos ou ação rescisória, com relação às sentenças e decisões interlocutórias. A jurisprudência, na esteira da melhor doutrina, é firmada no sentido da insindicabilidade dos atos legislativos e jurisdicionais por intermédio da ação popular: "ajuizamento de ação popular contra atos de conteúdo jurisdicional. Inadmissibilidade. Ação popular que não se conhece. Os atos de conteúdo jurisdicional – precisamente por não se revestirem de caráter administrativo – estão excluídos do âmbito de incidência da ação popular, porque se acham sujeitos a um sistema específico de contestação, quer por via recursal, quer mediante utilização de ação rescisória".[29]

5 COMPETÊNCIA

A competência para processo e julgamento da ação popular é atribuída ao juízo a que, de acordo com a organização judiciária local, couber a apreciação das causas de interesse da União, Estados, Distrito Federal ou Municípios, em atenção ao art. 5º, *caput* e § 1º, da Lei nº 4.717/65.[30] Deveras, os **Juízos Federais** são competentes para a ação popular contra atos de entidades, políticas ou administrativas, federais, enquanto os **Juízos de Direito** são competentes para a ação popular contra atos de entidades, políticas ou administrativas, estaduais ou municipais, nos limites da seção judiciária ou comarca em que houver sido praticado o ato administrativo, unilateral ou plurilateral, não havendo que se falar em "competência originária dos tribunais para processo e julgamento da ação popular contra atos de quaisquer órgãos ou agentes públicos, inclusive daqueles cujos atos estejam sujeitos à jurisdição do Supremo Tribunal Federal".[31]

Na hipótese de *ação popular contra atos, contratos ou acordos administrativos afetos a mais de uma entidade, política ou administrativa*, a competência de juízo é deslocada em favor do interesse do ente público de maior proeminência, nos termos do art. 5º, § 2º, da Lei nº 4.717/65. Entretanto, "se o ato é do Governador ou do Prefeito, acusado de má aplicação de dinheiro, a competência é da Justiça Comum, embora a verba seja proveniente do Governo Federal, posto que já incorporada ao patrimônio da Governadoria ou da Prefeitura".[32]

Na hipótese de *conexão ou continência entre duas ou mais ações populares*, a competência de juízo é deslocada em favor do órgão judiciário que despachar o processo em primeiro lugar ou determinar a citação válida, nos moldes do art. 5º, § 3º, da Lei nº 4.717/65. Em face da identidade de pedido, partes e/ou causa de pedir, "sendo conexas ou continentes as ações, devem ter as mesmas um só julgamento, uma só decisão. Ocorrendo a conexão ou continência, os processos devem todos ser colocados no mesmo ponto do *iter* processual".[33]

---

29 STF, ACO nº 672, Rel. Min. Celso de Mello, j. 9.3.2000, *DJU* 16.3.2000; STJ, AI nº 804.745, Rel. Min. Denise Arruda, j. 1º.2.2007, *DJU* 13.2.2007, e TJRJ, Proc. nº 1989.001.04457, Rel. Des. Cláudio Lima, j. 13.3.1990, *DORJ* 2.4.1990.

30 NEIVA, José Antônio Lisboa. *A Competência na Ação Popular* in *Justitia*, nº 171, 1995, p. 38.

31 STF, Pet. nº 1.026, Rel. Min. Celso de Mello, j. 26.5.1995, *DJU* 31.5.1995.

32 STJ, AP nº 2.273, Rel. Min. Hélio Mosimann, j. 29.10.1991, *DJU* 25.11.1991.

33 TJRJ, Proc. nº 1997.002.04155, Rel. Des. Walter D'Agostino, j. 15.12.1998, *DORJ* 26.2.1999.

6 PARTES

A ação popular é colocada à disposição dos cidadãos, ou seja, pessoas naturais, em regra nacionais, no pleno exercício dos direitos políticos, a teor do art. 1º da Lei nº 4.717/65.[34] Nessa linha, as pessoas jurídicas, como, por exemplo, os partidos políticos, não detêm legitimidade para promover a ação popular.[35] Sem prejuízo do estatuto de igualdade, à petição inicial de ação popular proposta por portugueses com residência permanente no país devem ser anexados o título de eleitor e a publicação oficial da portaria do Ministério da Justiça que atribuiu-lhes o pleno exercício de direitos políticos no Brasil,[36] em torno do qual há cinco pontos controvertidos.

Quanto à *natureza jurídica da legitimidade ativa*, **José Afonso da Silva** acentua que a legitimidade ativa seria ordinária, dado que o autor pleitearia, em nome próprio, direito próprio, com vistas à fiscalização sobre a gestão do patrimônio público e de outros valores constitucionalmente tutelados,[37] ao passo que **Ada Pellegrini Grinover** acredita que a legitimidade ativa seria extraordinária, eis que o autor postularia, em nome próprio, direito alheio, da coletividade ou pessoa jurídica cujo patrimônio teria sido ameaçado ou lesado.[38] O Supremo Tribunal Federal, na reclamação nº 424, decidiu que a ação popular é "um caso singular de substituição processual, pois se é certo que o cidadão exerce um direito político seu e, por isso, age em nome próprio, não menos certo é que o faz não para perseguir interesse de que seja titular, mas, sim, em defesa do patrimônio público, vale dizer, de direito alheio, isto é, do Estado".[39]

Quanto à *translatividade do sujeito passivo da relação jurídica processual*, que dispõe da possibilidade de "atuar ao lado do autor", em vez de responder à demanda, ou abster-se de oferecer contestação ou exceção, na forma do art. 6º, § 3º, da Lei nº 4.717/65, **Paulo Barbosa de Campos Filho** aduz que as pessoas jurídicas de direito público ou direito privado poderiam atuar em proveito do autor popular, pelo mecanismo da confissão do ato impugnado,[40] enquanto **José Carlos Barbosa Moreira** adverte que as pessoas jurídicas de direito público ou direito privado poderiam mudar de posição na relação jurídica processual e, por conseguinte, assumir a de litisconsorte ativo, com a finalidade de viabilizar a interposição de recurso contra sentença que julgue improcedente a demanda ou declare o autor carecedor da ação popular.[41] O Superior Tribunal de Justiça, no recurso especial

---

34 FAGUNDES, Miguel Seabra. *Da Ação Popular* in *Revista de Direito Administrativo*, nº 6, 1946, p. 17.

35 CARNEIRO, Nélson. *Das Ações Populares Civis no Direito Brasileiro* in *Revista Forense*, nº 136, 1967, p. 46.

36 BERNARDI, Ovídio. *Ação de Enriquecimento Ilícito e Ação Popular* in *Revista dos Tribunais*, nº 314, 1967, p. 31.

37 SILVA, José Afonso da. *Ministério Público nos Processos Oriundos do Exercício da Ação Popular* in *Justitia*, nº 60, 1999, p. 289.

38 GRINOVER, Ada Pellegrini. *Uma Nova Modalidade de Legitimação à Ação Popular. Possibilidade de Conexão, Continência e Litispendência* in *Cadernos de Direito Constitucional e Ciência Política*, nº 19, 1997, p. 53.

39 STF, Recl. nº 424, Rel. Sepúlveda Pertence, j. 5.5.1994, *DJU* 6.9.1996.

40 CAMPOS FILHO, Paulo Barbosa de. *A Ação Popular Constitucional* in *Revista de Direito Administrativo*, nº 38, 1954, p. 1.

41 MOREIRA, José Carlos Barbosa. *Problemas da Ação Popular* in *Revista de Direito Administrativo*, nº 85, 1966, p. 397.

nº 791.042, deduziu que "as ações de defesa dos interesses metaindividuais apresentam regras diversas acerca da legitimação para causa, que as distingue da polarização das ações *uti singuli*, onde é possível evitar a 'confusão jurídica', identificando-se o autor e réu e dando-lhes a alteração das posições na relação processual. Essas singularidades no âmbito da legitimidade ativa, além de conjurar as soluções ortodoxas, facultam ao Poder Público atuar ao lado do autor, desde que isso se afigure útil ao interesse público, ou manter-se no polo passivo da relação jurídica processual".[42]

Quanto à *suspensão ou perda dos direitos políticos do autor popular*, a privação, temporária ou provisória e definitiva ou permanente, dos direitos de participação na vida política e na organização governamental e administrativa do Estado democrático pode ser decretada na pendência da ação ou recurso, em caso de impugnação da sentença. Pendendo a ação, "a perda ou suspensão dos direitos políticos do autor popular lhe subtrai o direito de continuar figurando como parte no processo, não sendo possível a aplicação analógica da regra da *perpetuatio jurisdictionis*, que se filia ao princípio da economia processual, sendo exato que, na ação popular, o aproveitamento da atividade processual anteriormente desenvolvida é assegurado pelo prosseguimento do processo por outras pessoas".[43] Pendendo o recurso, "a perda ou suspensão dos direitos políticos do autor popular não é caso de habilitação incidente, vigorando o princípio da *perpetuatio jurisdictionis*, tendo em conta a inalterabilidade da competência nas transformações posteriores à propositura da ação e relativas à cidadania das partes. Ainda que a disposição seja específica para a competência do juízo, o princípio tem a mesma extensão na hipótese versada, porquanto não é infenso à analogia".[44]

Quanto à *necessidade de assistência dos eleitores maiores de 16 e menores de 18 anos de idade*, **Mário Bento Martins Soares** assevera a desnecessidade de suprimento da incapacidade relativa dos autores populares, pelo instituto da assistência, eis que o direito em jogo seria revestido de natureza cívico-política, tal como o direito de votar,[45] ao passo que **Rodolfo de Camargo Mancuso** assinala a necessidade de supressão da incapacidade relativa dos autores populares, pelo instrumento da assistência, dado que a capacidade eleitoral confere-lhes a capacidade para ser parte, e não também a capacidade para estar em juízo.[46] O Superior Tribunal de Justiça, no agravo regimental no recurso especial nº 266.219, destacou que "a capacidade processual ou capacidade de estar em juízo está intimamente ligada ao conceito de capacidade civil. As pessoas físicas têm essa capacidade quando se acham no pleno exercício de seus direitos. Trata-se dos maiores de dezoito anos de idade que não se encontram em nenhuma das situações nas quais a lei civil os dá por incapazes para os atos da vida civil".[47]

---

42 STJ, REsp nº 791.042, Rel. Min. Luiz Fux, j. 19.10.2006, *DJU* 9.11.2006.

43 FERRAZ, Antonio Celso de Camargo. *Ação Popular. Agravo de instrumento contra decisão que excluiu o autor da relação por ter ele perdido a qualidade para agir. Inocorrência da "perpetuatio jurisdictionis"* in *Justitia*, nº 100, 1978, p. 343.

44 TJSP, Proc. nº 177.053, Rel. Des. Toledo Piza, j. 4.7.1969, *RT* 416/131.

45 SOARES, Mário Bento Martins. *Ação Popular. Singularidades e Controvérsias do Instituto* in *Revista de Direito Público*, nº 53, 1980, p. 187.

46 MANCUSO, Rodolfo de Camargo. *Análise Comparativa entre os Objetos e as Legitimações Ativas das Ações Vocacionadas a Tutela dos Interesses Metaindividuais* in *Justitia*, nº 160, 1992, p. 181.

47 STJ, AgRg no REsp nº 266.219, Rel. Min. Luiz Fux, j. 27.4.2004, *DJU* 31.5.2004.

Quanto à *atuação processual do Ministério Público*, que recebeu, inclusive, a atribuição para promover o prosseguimento da ação popular se o autor der motivo à extinção do processo sem julgamento de mérito, obedecido o procedimento do art. 9º da Lei nº 4.717/65, **José Carlos Barbosa Moreira** atenta que o Ministério Público exerceria livre apreciação das matérias preliminares, não podendo, no mérito, opinar pela improcedência do pedido,[48] enquanto **Victor Correia de Oliveira** atesta que o Ministério Público poderia manifestar-se, ao final do processo, pela procedência ou improcedência do pedido formulado na ação popular.[49] O Supremo Tribunal Federal, no recurso extraordinário nº 70.679, determinou que "o *Parquet*, na ação popular, está obrigado a atuar em todos os seus termos. A atuação do Ministério Público, sobretudo, visa promover a responsabilidade civil ou criminal dos responsáveis pelos atos lesivos", observado o princípio da independência funcional.[50]

Ao reverso, considerando os arts. 6º, *caput*, e 11, *in fine*, da Lei nº 4.717/65, a ação popular deve ser proposta em face de pessoa jurídica de direito público ou direito privado, autores, partícipes e beneficiários de ato lesivo aos bens e interesses públicos e a valores ambientais, históricos e culturais, em litisconsórcio inicial, passivo, necessário e simples.[51] Litisconsórcio inicial, porque a situação jurídica caracterizada pela pluralidade, no processo, de sujeitos é constituída desde a propositura da ação popular.[52] Litisconsórcio passivo, porque o autor popular demanda em face de vários réus.[53] Litisconsórcio necessário, porque a coexistência de duas ou mais pessoas em um dos polos da relação jurídica processual decorre da natureza incindível da relação jurídica material traduzida pela ação popular, sob pena de extinção do processo sem julgamento de mérito.[54] Litisconsórcio unitário, porque o pronunciamento jurisdicional não é uniforme para todos os litisconsortes, visto que a decisão de procedência, além de declarar a nulidade ou anular o ato indigitado, condena os responsáveis pela ameaça ou lesão ao bem jurídico tutelado na ação popular ao ressarcimento dos danos suportados pela pessoa jurídica de direito público ou direito privado.[55]

7 DECISÃO

A decisão da ação popular pode ser estudada sob o ângulo da tutela de urgência, à luz dos arts. 2º e 4º da Lei nº 8.437/92, e sob o aspecto da tutela de mérito, à vista do art. 11 da Lei nº 4.717/65 e art. 1º, inc. I, *h*, da Lei Complementar nº 64/90.[56]

---

48 MOREIRA, José Carlos Barbosa. *A Administração Pública e a Ação Popular* in *Revista de Direito do Ministério Público do Estado da Guanabara*, nº 2, 1967, p. 69 e 72.

49 OLIVEIRA, Victor Correia de. *A Intervenção do Ministério Público na Ação Popular* in *Revista de Direito do Ministério Público do Estado do Rio Grande do Sul*, nº 36, 1986, p. 267.

50 STF, RE nº 70.679, Rel. Min. Aliomar Baleeiro, j. 11.12.1970, *DJU* 14.4.1971.

51 THEODORO JÚNIOR, Humberto. *Litisconsórcio e Intervenção de Terceiros no Processo Civil Brasileiro* in *Revista Forense*, nº 334, 1996, p. 57.

52 STF, AI nº 35.680, Rel. Min. Carlos Medeiros, j. 27.4.1966, *DJU* 17.8.1966.

53 STJ, REsp nº 258.122, Rel. Min. João Otavio de Noronha, j. 27.2.2007, *DJU* 5.6.2007.

54 TRF – 2ª Região, Proc. nº 1998.51.01.026731-2, Rel. Juiz Theophilo Miguel, j. 20.9.2006, *DJU* 29.9.2006.

55 TJRJ, Proc. nº 2003.002.13731, Rel. Des. Renato Simoni, j. 6.4.2004, *DORJ* 14.5.2004.

56 GOMES JÚNIOR, Luiz Manoel. *Ação Popular: aspectos polêmicos*. 2ª ed. Rio de Janeiro: Forense, 2004, p. 135.

Sobre a **tutela de urgência**, a medida liminar pode ser concedida por juízo ou tribunal, desde que os pressupostos do *fumus boni iuris*, isto é, atividade cognitiva sumária, e *periculum in mora*, ou seja, possibilidade de ocorrência de dano de difícil ou impossível reparação antes do término do processo principal, sejam evidenciados pelo autor popular.[57] A concessão de medida liminar, na ação popular, somente é possível após a audiência do representante judicial da Fazenda Pública, no prazo de 72 horas, sendo competente o Presidente do Tribunal para o qual seria interponível eventual recurso para a suspensão da eficácia da medida liminar que tenha sido concedida na ação popular.[58]

Sobre a **tutela de mérito**, a decisão de procedência é recoberta de natureza dúplice. A *natureza meramente declaratória ou constitutiva negativa* da sentença concessiva é retratada pela declaração de nulidade ou anulação do ato lesivo ao bem jurídico tutelado na ação popular. A *natureza condenatória* da sentença concessiva é revelada pela condenação dos autores, partícipes e beneficiários de ato lesivo aos bens e interesses públicos e a valores ambientais, históricos e culturais ao pagamento de indenização por perdas e danos.[59] Os detentores de cargo na Administração Pública, direta ou indireta, que beneficiarem a si ou a terceiros, pelo abuso do poder econômico ou político apurado em ação popular, são inelegíveis para as eleições que se realizarem nos oito anos seguintes ao término do seu mandato ou do período de sua permanência no cargo.[60]

Sobre a **coisa julgada material**, a decisão de mérito, uma vez transitada em julgado, pode ser revestida de *coisa julgada material secundum eventum litis*.[61] Em outro livro, deixamos consignado que "no tocante à extensão subjetiva da coisa julgada material, há três hipóteses, a saber: (i) o pedido formulado pelo autor popular é julgado procedente, (ii) o pedido formulado pelo autor popular é julgado improcedente, por infundado e (iii) o pedido formulado pelo autor popular é julgado improcedente, por deficiência de provas. Naquelas, a decisão definitiva adquire a eficácia de coisa julgada, sendo oponível *erga omnes*, não havendo a possibilidade de propositura de outra ação popular, com o mesmo pedido e causa de pedir, ainda que por outro autor popular. Nesta, a decisão terminativa não adquire a eficácia de coisa julgada, não sendo oponível *erga omnes*, havendo a possibilidade de propositura de outra ação popular, com o mesmo pedido e causa de pedir, ainda que pelo mesmo autor popular, desde que instruída com novas provas".[62]

---

57 STF, RE nº 95.597, Rel. Min. Sydney Sanches, j. 18.9.1984, *DJU* 19.10.1984.

58 NUNES, Castro. *Fazenda Pública em Juízo*. Rio de Janeiro: Freitas Bastos, 1950, p. 229.

59 STJ, REsp nº 72.065, Rel. Min. Castro Meira, j. 3.8.2004, *DJU* 6.9.2004.

60 CÂNDIDO, José Joel. *Inelegibilidades no Direito Brasileiro*. 2ª ed. Bauru: Edipro, 2003, p. 67.

61 TJRJ, Proc. nº 1999.001.09882, Rel. Min. Sérgio Cavalieri Filho, j. 4.11.1999, *DORJ* 2.2.2000.

62 MORAES, Guilherme Peña de. *Mandado de Injunção, "Habeas Data" e Ação Popular*. Rio de Janeiro: CEPAD, 2001, p. 86-87.

Acesse o
MATERIAL SUPLEMENTAR

Entre no Ambiente de Aprendizagem através das instruções contidas na orelha deste livro e acesse os conteúdos exclusivos desta edição:
- Atualizações legislativas mensais.
- Questões de prova interativas.
- Esquemas.

Capítulo 18

AÇÃO CIVIL PÚBLICA

Acesse e assista à aula explicativa sobre este assunto.

> https://uqr.to/14ugk

1 CONCEITO

A ação civil pública, *ad vicem* art. 129, inc. III, da CRFB e Lei nº 7.347/85, é conceituada como **remédio constitucional, sob procedimento ordinário, dirigido à tutela de interesses difusos e coletivos, sem prejuízo de interesses individuais homogêneos, quando revestidos de suficiente abrangência ou expressão social**.[1]

Com efeito, quanto à *nomenclatura*, a ação de iniciativa do Ministério Público é definida como "ação civil pública", à medida que a ação de iniciativa da Defensoria Pública, e também da União, Estados, Distrito Federal, Municípios, autarquias, fundações públicas, empresas públicas, sociedades de economia mista e associações que, concomitantemente, estejam constituídas há pelo menos um ano e incluam, entre suas finalidades institucionais, a tutela jurisdicional do consumidor, livre concorrência, meio ambiente, ordem econômica ou patrimônio artístico, estético, histórico, turístico e paisagístico, é delineada como "ação coletiva", em atenção ao critério subjetivo de que tratam o art. 6º, inc. VII, da Lei Complementar nº 75/93 e art. 25, inc. IV, da Lei nº 8.625/93, sendo certo que "se a ação que verse a defesa de interesses difusos, coletivos ou individuais homogêneos estiver sendo promovida pelo Ministério Público, o mais correto, sob o enfoque puramente doutrinário, será chamada de 'ação civil pública'. Mas se tiver sido proposta por outro colegitimado, mais correto chamá-la de 'ação coletiva'".[2] De outra forma, a ação de interesse difuso ou coletivo é denominada "ação civil pública", ao passo que a ação de interesse individual homogêneo é designada de "ação coletiva", em atendimento ao critério objetivo sobre o qual versam os arts. 91 a 100 da Lei nº 8.078/90, tendo em conta que "nos dias atuais, deve-se utilizar a ação civil pública para a proteção dos direitos difuso e coletivo, e a ação coletiva para a defesa do direito individual homogêneo.

---

1 LENZA, Pedro. *Ação Civil Pública*. São Paulo: Revista dos Tribunais, 2003, p. 153.

2 MAZZILLI, Hugo Nigro. *A Defesa dos Interesses Difusos em Juízo*. 12ª ed. São Paulo: Saraiva, 2000, p. 59.

Destarte, é necessário assentar que a ação coletiva é, tecnicamente, aquela utilizada para a defesa de um direito individual homogêneo".[3, 4]

Demais disso, quanto aos *interesses* suscetíveis de tutela pela ação civil pública, os interesses são tipificados como públicos, individuais e metaindividuais ou transindividuais, subdivididos em interesses difusos, referentes a pessoas indeterminadas ou de difícil determinação, de arte que dano de natureza indivisível pode ser causado por uma mesma situação de fato; interesses coletivos, relativos a pessoas determináveis, reunidas em categoria, classe ou grupo, de maneira que dano de natureza indivisível pode ser imputado a uma mesma relação jurídica básica, e interesses individuais homogêneos, respeitantes a pessoas determináveis ou determinadas, de sorte que dano de natureza divisível pode ser causado por uma mesma situação de fato.[5] Em atenção aos arts. 81, parágrafo único, incs. I, II e III, e 82, inc. I, da Lei nº 8.078/90, o Ministério Público tem atribuição para a promoção da ação civil pública ou ação coletiva, com vistas à tutela dos interesses difusos e coletivos, bem assim dos individuais homogêneos, desde que os interesses sejam recobertos de suficiente abrangência e/ou expressão social, forte no argumento de que "a legitimação ativa do Ministério Público para a defesa de interesses individuais homogêneos há de ser vista dentro da destinação da Instituição, que sempre deve agir em defesa de interesses indisponíveis ou de outros interesses que, pela sua natureza ou abrangência, atinjam a sociedade como um todo".[6, 7]

---

3 PINHO, Humberto Dalla Bernardina de. *A Natureza Jurídica do Direito Individual Homogêneo e sua Tutela pelo Ministério Público como Forma de Acesso à Justiça*. Rio de Janeiro: Forense, 2002, p. 47.

4 No sentido do texto, Rodolfo de Camargo Mancuso recapitula que a nomenclatura "ação civil pública" é justificada não somente "porque o Ministério Público pode promovê-la, a par de outros colegitimados, mas também porque ela apresenta um largo espectro social de atuação, permitindo o acesso à justiça de certos interesses metaindividuais". No sentido contrário, Caio Márcio Loureiro rechaça que "a ação civil pública não passa de uma ação coletiva, que tem por objeto a tutela jurisdicional de interesses coletivos *lato sensu*. No fundo, todas elas têm a mesma estrutura, não interessa se consideradas em face da Lei nº 7.347/85 (Lei de Ação Civil Pública), ou se levadas em face da Lei nº 8.078/90 (Código de Defesa do Consumidor), não havendo qualquer utilidade prática na diferenciação". A jurisprudência é predominante no sentido da distinção entre a "ação civil pública" e a "ação coletiva". MANCUSO, Rodolfo de Camargo. *Ação Civil Pública*. 2ª ed. São Paulo: Revista dos Tribunais, 1992, p. 20; LOUREIRO, Caio Márcio. *Ação Civil Pública e o Acesso à Justiça*. São Paulo: Método, 2004, p. 108, e STF, RE nº 504.104, Rel. Min. Carlos Britto, j. 22.5.2007, *DJU* 3.8.2007.

5 CASTILHO, Ricardo dos Santos. *Interesses Difusos, Coletivos e Individuais Homogêneos*. Campinas: LZN, 2003, p. 131.

6 FILOMENO, José Geraldo Brito. *Funções Institucionais do Ministério Público*. São Paulo: Saraiva, 2001, p. 259.

7 No sentido do texto, Teori Albino Zavascki reforça que "a defesa coletiva de direitos individuais homogêneos somente é legítima quando isso representar também a tutela de relevante interesse social. É indispensável, pois, que haja conformação entre o objeto da demanda e os valores jurídicos previstos no art. 127 da CRFB, que atribui ao Ministério Público a incumbência de promover a defesa dos interesses sociais". No sentido contrário, Ives Gandra da Silva Martins refuta que "entre as funções institucionais do Ministério Público, encontra-se, no art. 129, inc. III, a de promover o inquérito civil e ação civil pública, para a proteção do patrimônio público e social, do meio ambiente e de outros interesses difusos e coletivos. O art. 129, § 1º, não inibe que terceiros sejam legitimados para essa espécie de ação, limitados, todavia, às mesmas hipóteses em que se legitima o Ministério Público, o que vale dizer, outros legitimados

Em retrospectiva, o processo coletivo é informado pelos *princípios* da acessibilidade, operosidade, utilidade e proporcionalidade. A acessibilidade denomina a existência de pessoas com capacidade para estar em juízo, sem óbices de natureza financeira, manejando adequadamente os instrumentos legais, processuais e extraprocessuais, de forma a possibilitar a efetivação dos seus direitos fundamentais. A operosidade denota a atuação ética de todas as pessoas que participam, direta ou indiretamente, da atividade judicial e extrajudicial, de modo a obter a melhor produtividade possível na utilização dos instrumentos processuais. A utilidade denuncia a efetividade e instrumentalidade, assegurada por meios que garantam a celeridade do processo e o bem da vida pretendido, tal como a medida liminar, a execução específica de obrigação de fazer ou de não fazer e o tratamento adequado da coisa julgada material e das nulidades dos atos processuais. A proporcionalidade designa a ponderação entre os demais princípios de conteúdo material, exteriorizada pelo art. 5º, § 4º, da Lei nº 7.347/85.[8, 9]

2 NATUREZA JURÍDICA

A ação civil pública é revestida de **natureza dúplice**, conforme seja investigada sob o ângulo constitucional ou processual.

Sob o aspecto constitucional, a ação civil pública é sintetizada como *remédio constitucional* para a tutela de interesses difusos e coletivos, sem prejuízo de interesses individuais homogêneos, quando recobertos de suficiente abrangência ou expressão social.[10]

---

apenas podem propor ações civis públicas referentes a interesses difusos e coletivos a serem defendidos. Por fim, no art. 129, inc. IX, da CRFB, há referência ao alargamento das funções do Ministério Público, por lei ordinária, desde que compatível com suas finalidades. Pela junção dos três dispositivos, conclui-se que: cabe ao Ministério Público promover a ação civil pública para proteger quaisquer interesses difusos e coletivos; lei ordinária pode ampliar o elenco de funções a serem exercidas pelo Ministério Público; os direitos individuais não podem ser objeto de ação civil pública proposta pelo Ministério Público ou por terceiros e os direitos individuais indisponíveis podem ser objeto de tutela por outro veículo processual". A jurisprudência é prevalecente no sentido de que "o Ministério Público tem legitimidade ativa para a defesa, em juízo ou tribunal, de direitos individuais homogêneos, quando impregnados de relevante natureza social". ZAVASCKI, Teori Albino. *Processo Coletivo: tutela de direitos coletivos e tutela coletiva de direitos*. 2ª ed. São Paulo: Revista dos Tribunais, 2007, p. 179; MARTINS, Ives Gandra da Silva. *Aspectos Polêmicos da Ação Civil Pública*. 2ª ed. São Paulo: Saraiva, 2007, p. 209, e STF, RE nº 472.489, Rel. Min. Celso de Mello, j. 29.4.2008, *DJU* 29.8.2008.

8 VITORELLI, Edilson. *O Devido Processo Legal Coletivo*. 2ª ed. São Paulo: Revista dos Tribunais, 2019, p. 73.

9 Elton Venturi advoga que a tutela coletiva é influenciada pelos princípios da inafastabilidade da prestação jurisdicional coletiva, tutela coletiva diferenciada, devido processo social, absoluta instrumentalidade da tutela coletiva e interpretação pragmática, enquanto Gregório Assagra de Almeida afirma que a tutela coletiva é informada pelos princípios do interesse jurisdicional no conhecimento de mérito, máxima prioridade jurisdicional, disponibilidade motivada, presunção de legitimidade *ad causam*, não taxatividade, máximo benefício, máxima efetividade, máxima amplitude e obrigatoriedade da execução coletiva pelo Ministério Público. VENTURI, Elton. *Processo Civil Coletivo: a tutela jurisdicional dos direitos difusos, coletivos e individuais homogêneos no Brasil*. São Paulo: Malheiros, 2007, p. 133-161, e ALMEIDA, Gregório Assagra de. *Direito Processual Coletivo Brasileiro: um novo ramo do Direito Processual (princípios, regras interpretativas e a problemática da sua interpretação)*. São Paulo: Saraiva, 2003, p. 570-579.

10 NISHIYAMA, Adolfo Mamoru. *Remédio Constitucional*. São Paulo: Manole, 2003, p. 34.

A natureza jurídica da ação civil pública é objeto de contenda doutrinária e jurisprudencial. **Maria Sylvia Zanella Di Pietro** afastava a natureza de remédio constitucional da ação civil pública, ao assegurar que "são remédios constitucionais o *habeas corpus*, mandado de segurança, mandado de injunção, *habeas data*, ação popular e direito de petição; ressalvado este último, todos os demais são meios de provocar o controle jurisdicional de atos da Administração Pública. Eventualmente, a ação civil pública, embora não prevista no art. 5º da CRFB, serve à mesma finalidade, quando o ato lesivo seja praticado pela Administração Pública".[11] **Nagib Slaibi Filho**, com a nossa adesão, afirma a natureza de remédio constitucional da ação civil pública, ao asseverar que "além dos remédios jurídicos processuais expressamente previstos no art. 5º da CRFB, como o *habeas corpus*, mandado de segurança, mandado de injunção, *habeas data* e ação popular, outros remédios constitucionais existem para possibilitar o exercício de pretensões. A ação civil pública é referida no art. 129, inc. III, legitimando ativamente o Ministério Público e terceiros, conforme previsão constitucional ou legal".[12] O Tribunal de Justiça do Rio de Janeiro, na apelação nº 38.933/2006, decidiu que "a ação civil pública constitui remédio constitucional competente para proteger judicialmente o patrimônio público e social, meio ambiente e outros interesses difusos, coletivos e individuais homogêneos".[13]

Sob o aspecto processual, a ação civil pública é sistematizada como *ação cível*, pela qual pretensão metaindividual ou transindividual pode ser deduzida em juízo ou tribunal, submetida a procedimento ordinário.[14]

O cabimento da ação civil pública para a persecução de atos de improbidade administrativa também não é imune à controvérsia doutrinária e jurisprudencial. **Rogério Pacheco Alves** assegurava o cabimento da ação civil pública, na medida em que a demanda veicularia pretensão de tutela do patrimônio público e social, com fulcro no art. 129, inc. III, *in fine*, da CRFB.[15] **Pedro da Silva Dinamarco**, com o nosso apoio, assevera o incabimento da ação civil pública, uma vez que o ressarcimento de danos ao erário deve ser perseguido por meio de ação de procedimento comum de que trata o Código de Processo Civil, em linha com o art. 17, *caput*, da Lei nº 8.429/92, com a redação que lhe foi dada pela Lei nº 14.230/21.[16] O Superior Tribunal de Justiça, no recurso especial nº 199.478, deliberou que "o Ministério Público tem legitimidade para o exercício da ação civil pública sobre a qual versa a Lei nº 7.347/85, visando reparação de danos ao erário causados por atos de improbidade administrativa tipificados na Lei nº 8.429/92".[17]

Tendo em vista que o mandado de segurança coletivo, ação popular e ação civil pública são direcionados à salvaguarda de interesses difusos, como, por exemplo, meio ambiente e patrimônio histórico e cultural, a distinção entre os remédios constitucionais de natureza cível gira em torno da legitimação ativa e passiva, competência de foro e pronunciamento jurisdicional.

---

11 PIETRO, Maria Sylvia Zanella di. *Direito Administrativo*. 11ª ed. São Paulo: Atlas, 1999, p. 601.

12 SLAIBI FILHO, Nagib. *Direito Constitucional*. Rio de Janeiro: Forense, 2004, p. 445 e 483.

13 TJRJ, Proc. nº 2006.001.38933, Rel. Des. Ferdinaldo Nascimento, j. 28.3.2007, *DORJ* 12.4.2007.

14 VIEIRA, José Marcos Rodrigues. *Ação Cível*. Belo Horizonte: Del Rey, 2002, p. 54.

15 ALVES, Rogério Pacheco. *Improbidade Administrativa*. Rio de Janeiro: Lumen Juris, 2002, p. 523.

16 DINAMARCO, Pedro da Silva. *Ação Civil Pública*. São Paulo: Saraiva, 2001, p. 284.

17 STJ, REsp nº 199.478, Rel. Min. Humberto Gomes de Barros, j. 21.3.2000, *DJU* 8.5.2000.

Legitimação ativa, porque o mandado de segurança coletivo deve ser deduzido por partidos políticos com representação no Congresso Nacional, organizações sindicais, entidades de classe ou associações legalmente constituídas e em funcionamento há um ano, a ação popular pode ser deflagrada por cidadãos e a ação civil pública deve ser demandada pelo Ministério Público, Defensoria Pública, União, Estados, Distrito Federal, Municípios, autarquias, fundações públicas, empresas públicas, sociedades de economia mista ou associações que, concomitantemente, estejam constituídas há um ano e incluam, entre suas finalidades institucionais, a tutela jurisdicional do consumidor, livre concorrência, meio ambiente, ordem econômica ou patrimônio artístico, estético, histórico, turístico e paisagístico.[18, 19]

Legitimação passiva, porque o mandado de segurança coletivo pode ser exercido em face de pessoas jurídicas de direito público a que os agentes públicos indicados como autoridades coatoras sejam vinculados, a ação popular deve ser exercitada em face de pessoas jurídicas de direito público ou direito privado, autores, partícipes e beneficiários de atos lesivos aos bens e interesses públicos e a valores ambientais, históricos e culturais e a ação civil pública pode ser exteriorizada em face de quaisquer pessoas, naturais ou jurídicas, públicas ou privadas.[20, 21]

Competência de foro, porque o mandado de segurança coletivo deve ser processado e julgado pelo juízo ou tribunal cuja jurisdição tenha suficiente abrangência para alcançar todos os substituídos, domiciliados na comarca ou seção judiciária, ou não, o foro competente para a ação popular é fixado em razão do local de origem do ato impugnado e a ação civil pública deve ser processada e julgada no local onde ocorrer o dano.[22, 23]

Pronunciamento jurisdicional, porque a decisão de procedência da ação popular, e não também do mandado de segurança coletivo e da ação civil pública, pode condenar os autores, partícipes e beneficiários de atos lesivos ao domínio público, meio ambiente e patrimônio histórico e cultural ao pagamento de indenização por perdas e danos.[24, 25]

3 CONDIÇÃO ESPECÍFICA DA AÇÃO

No tocante à condição específica para o regular exercício da ação civil pública, afigura-se-nos conveniente e oportuna a pesquisa sobre o **inquérito civil**.

3.1 Definição

O inquérito civil, na esteira dos arts. 8º, § 1º, *initio*, e 9º da Lei nº 7.347/85, é definido como *procedimento administrativo investigatório da autoria e materialidade de ameaça ou lesão a interesse metaindividual, conduzido diretamente pelo Ministério Público, com*

---

18 VIGLIAR, José Marcelo Menezes. *Tutela Coletiva*. 2ª ed. São Paulo: Atlas, 1999, p. 32.

19 STF, RE nº 262.134, Rel. Min. Celso de Mello, j. 12.12.2006, *DJU* 2.2.2007.

20 SHIMURA, Sérgio. *Tutela Coletiva*. São Paulo: Método, 2006, p. 34.

21 STF, AI nº 402.196, Rel. Min. Nelson Jobim, j. 29.10.2002, *DJU* 29.11.2002.

22 LUCON, Paulo Henrique dos Santos. *Tutela Coletiva*. São Paulo: Atlas, 2006, p. 74.

23 STF, RE nº 228.955, Rel. Min. Ilmar Galvão, j. 10.2.2000, *DJU* 24.3.2001.

24 CÉSAR, João Batista Martins. *Tutela Coletiva*. São Paulo: LTr, 2006, p. 54.

25 STF, ACO nº 188, Rel. Min. Carlos Velloso, j. 29.9.1993, *DJU* 29.10.1993.

o escopo de colher elementos de convicção que habilitem o titular da ação civil pública a deduzi-la em juízo ou tribunal.[26]

3.2 Características

O inquérito civil é recoberto da natureza jurídica de *procedimento administrativo*, traduzido como complexo de atos administrativos ordinatórios, devidamente formalizados, sistematizados para a consecução de determinada finalidade, especializado pelo caráter inquisitório, unidirecional, público e formal.

O caráter inquisitório sintetiza que o procedimento administrativo investigatório, em regra, não é qualificado como contraditório, porquanto não há a formulação de acusação, nem a aplicação de sanções aos agentes públicos, limitando-se a apurar a autoria e materialidade de ameaça ou lesão a interesse metaindividual, de maneira a fornecer o substrato probatório mínimo para a propositura da ação civil pública.

O caráter unidirecional singulariza que o procedimento administrativo investigatório é presidido pelo membro do Ministério Público, incumbindo-lhe a expedição de notificações para colher depoimentos ou esclarecimentos, realização de inspeções e diligências investigatórias e requisição de informações, exames, perícias e documentos para instruir o inquérito civil.

O caráter público sinaliza que o procedimento administrativo investigatório, excepcionalmente, é reservado, devendo o membro do Ministério Público com atribuição para oficiar nos autos do inquérito civil assegurar o sigilo das diligências investigatórias, quando necessário à elucidação do fato ou exigido pelo interesse da sociedade.

O caráter formal é resultado da solenidade do procedimento administrativo investigatório, de sorte a viabilizar que, na hipótese de afastamento, cumulação de atribuições, falta ocasional, impedimento ou suspeição do titular do órgão ministerial, a atuação funcional tenha continuidade, a exemplo da polícia judiciária. Todavia, inquérito policial e inquérito civil não se confundem, dado que aquele é direcionado à apuração de infrações penais persequíveis pela ação penal, pública ou privada, sob a presidência da autoridade policial, cujo arquivamento é submetido ao organismo judiciário, por iniciativa do órgão ministerial, podendo sujeitá-lo ao controle do Procurador-Geral relacionado no art. 28 do CPP, à medida que este é dirigido à apuração de ameaças ou lesões a interesses metaindividuais tutelados judicialmente pela ação civil pública, sob a presidência do membro do Ministério Público, cujo arquivamento é determinado pelo órgão ministerial, devendo subordiná-lo ao controle da Câmara de Coordenação e Revisão do Ministério Público Federal ou Conselho Superior de Ministério Público de Estado relatado no art. 9º da Lei nº 7.347/85.[27, 28]

---

26 MAZZILLI, Hugo Nigro. *O Inquérito Civil*. São Paulo: Saraiva, 1999, p. 46.

27 FERRAZ, Antonio Augusto Mello de Camargo. *Apontamentos sobre o Inquérito Civil* in *Justitia*, nº 157, 1992, p. 33.

28 STF, ADIn nº 1.285, Rel. Min. Moreira Alves, j. 25.10.1995, *DJU* 23.3.2001.

3.3 Fases

As fases do inquérito civil são divididas em *instauração, instrução e encerramento*, em atenção à Resolução MPF nº 87, de 3 de agosto de 2006, e Resolução MPRJ nº 2.227, de 12 de julho de 2018, que disciplinam o inquérito civil no âmbito do Ministério Público Federal e Ministério Público do Estado do Rio de Janeiro, respectivamente.

3.3.1 Instauração

O inquérito civil é instaurado por portaria do órgão de execução de tutela coletiva, de ofício, por despacho em representação formalizada de qualquer pessoa ou por determinação da Câmara de Coordenação e Revisão do Ministério Público Federal ou de Conselho Superior de Ministério Público de Estado, nos casos em que tenha sido recusado o arquivamento de procedimento preparatório de inquérito civil ou de peças de informação, que deve conter a descrição do fato objeto da investigação, nome e qualificação da pessoa a quem o fato é atribuído, sempre que conhecidos, e do autor da representação, se for a hipótese, e determinação das diligências investigatórias.[29, 30]

3.3.2 Instrução

O inquérito civil é instruído com as peças imprescindíveis à apuração da autoria e materialidade da ameaça ou lesão a interesse metaindividual tutelado pela ação civil pública, dispondo o órgão de execução com atribuição para presidir a investigação ministerial da possibilidade de firmar o compromisso de ajustamento de conduta.

O ajustamento de conduta é revestido da natureza jurídica de reconhecimento, pelo qual o compromissário admite a prática da conduta potencial ou efetivamente lesiva aos interesses metaindividuais protegidos na ação civil pública e assume a obrigação de restabelecê-los, sujeitando-se à fiscalização do compromitente.

O ajustamento de conduta pode ser firmado extrajudicial ou judicialmente, limitando-se a exigir do compromissário o cumprimento das obrigações necessárias à prevenção ou reparação do dano. No primeiro caso, o termo é celebrado no inquérito civil, sem homologação judicial, de forma que o título executivo extrajudicial pode fundamentar a execução por quantia certa contra devedor solvente dos valores estipulados como cominação. No segundo caso, o termo é celebrado na ação civil pública, com homologação judicial, de modo que o título executivo judicial pode fundamentar a execução da obrigação de fazer ou não fazer que o compromissário tenha assumido.

O ajustamento de conduta é diferente do acordo de leniência, que pode ser celebrado entre os órgãos e entidades públicas e pessoas jurídicas responsáveis pela prática de atos contra a administração pública, nacional ou estrangeira, que colaborem efetivamente com as investigações e o processo administrativo, do ajustamento de gestão, que pode ser concluído pelo Tribunal de Contas para regularizar atos e procedimentos dos órgãos e entidades públicas por ele controlados, e do acordo de não persecução civil, que pode ser celebrado entre o Ministério Público e pessoas físicas ou jurídicas, investigadas pela

---

29 MARTINS, Neide Câmara. *Considerações sobre o Inquérito Civil* in *Revista do Ministério Público do Rio Grande do Sul*, nº 27, 1992, p. 229.

30 STJ, SS nº 1.045, Rel. Min. Edson Vidigal, j. 4.8.2004, *DJU* 30.8.2004.

prática de improbidade administrativa, devidamente assistidas por advogado privado ou defensor público.

Os órgãos públicos legitimados ativamente para a ação civil pública, excluídas as associações que, concomitantemente, estejam constituídas há pelo menos um ano e incluam, entre suas finalidades institucionais, a tutela jurisdicional do consumidor, livre concorrência, meio ambiente, ordem econômica ou patrimônio artístico, estético, histórico, turístico e paisagístico, podem celebrar o compromisso de ajustamento de conduta, devendo o órgão ministerial com atribuição para a defesa coletiva do interesse em jogo intervir nos autos do processo administrativo ou judicial, na hipótese em que o termo de compromisso de ajustamento de conduta não tenha sido firmado pelo Ministério Público, sob pena de ineficácia da avença.[31, 32]

3.3.3 *Encerramento*

O inquérito civil é encerrado após a conclusão das diligências investigatórias, mediante relatório, com despacho no sentido do arquivamento do procedimento administrativo ou propositura da ação civil pública, instruída ou não com os autos daquele.

A propósito, não se convencendo o órgão de execução do Ministério Público da existência de substrato probatório mínimo para a propositura de ação civil pública, deve promover, por meio de promoção fundamentada, o arquivamento do inquérito civil, encaminhando-o à Câmara de Coordenação e Revisão do Ministério Público Federal ou Conselho Superior de Ministério Público de Estado, que pode tomar as seguintes providências: homologar a promoção de arquivamento, ressalvada a possibilidade de desarquivamento, se novas provas surgirem sobre o fato apreciado; converter o julgamento em diligência para a realização de atos imprescindíveis à deliberação do organismo colegiado, especificando-as, ou rejeitar a promoção de arquivamento, com a designação de outro membro do *Parquet* para o prosseguimento do inquérito civil.[33]

---

31 ALEXANDRIDIS, Georgios José Ilias. *Questionamentos sobre o Inquérito Civil* in *Revista de Direitos Difusos*, nº 36, 2006, p. 55.

32 TJRJ, Proc. nº 1999.002.10957, Rel. Des. Leila Mariano, j. 4.4.2000, *DORJ* 18.5.2000.

33 A doutrina não é uníssona sobre a qualificação do inquérito civil como condição de procedibilidade. Wilney Magno postula que o inquérito civil seria condição específica para o regular exercício da ação civil pública, visto que o procedimento administrativo coligiria um suporte probatório mínimo, conferindo-lhe justa causa: "pelo que se depreende das normas contidas nos arts. 6º a 8º da Lei nº 7.347/85, cumpre reconhecer que a legítima propositura da ação civil de iniciativa pública exigiria a presença de um suporte probatório mínimo – uma justa causa específica – que, por isso, assumiria o *status* de condição de procedibilidade da ação coletiva". José dos Santos Carvalho Filho vislumbra que o inquérito civil não é condição específica para o regular exercício da ação civil pública, posto que o inquérito civil é dispensável para a promoção da ação civil pública, bem assim a legitimação ativa não é atribuída exclusivamente ao Ministério Público: "em nenhum momento, a lei condiciona a propositura da ação civil pública à realização do procedimento administrativo, o que significa que se admitiu a permissividade ainda que com sua ausência. O inquérito civil é mecanismo próprio do Ministério Público, e, como há outras pessoas legitimadas, há que se entender que estas podem propor a ação sem qualquer procedimento administrativo. Por último, vale a pena lembrar que, também na esfera penal, nada impede que o órgão ministerial proponha a ação penal de iniciativa pública sem prévio inquérito policial". O art. 1º, parágrafo único, da Resolução MPF nº 87/06, como também o art. 1º, parágrafo único, da Resolução MPRJ nº 2.227/18, prescrevem que "o

4 OBJETO

A ação civil pública, considerando a **natureza do provimento jurisdicional**, pode resultar em processo de conhecimento, execução ou cautelar.[34]

Com respeito ao *processo de conhecimento*, a decisão de procedência do pedido formulado na ação civil pública pode ser dotada de natureza meramente declaratória, constitutiva ou condenatória, como, por exemplo, nas hipóteses de declaração de nulidade, anulação de ato lesivo e reparação ou ressarcimento de dano a interesse metaindividual, à luz do art. 3º da Lei nº 7.347/85.[35]

Com relação ao *processo de execução*, o Ministério Público é titular de legitimação ativa para a ação executiva, com fundamento no título executivo judicial obtido em sede de ação civil pública, desde que o autor coletivo não tenha promovido a execução ou tenha desistido da execução promovida, facultada a iniciativa aos demais legitimados ativos, a teor do art. 15 da Lei nº 7.347/85.[36]

Com referência ao *processo cautelar*, as medidas cautelares podem ser concedidas no bojo da ação civil pública, ainda que liminarmente, desde que não esgotem, no todo ou em parte, o objeto da ação ou não haja vedação legal para a concessão de igual medida por meio de mandado de segurança, à vista do art. 4º da Lei nº 7.347/85 e art. 1º, *caput* e § 3º, da Lei nº 8.437/92.[37]

5 COMPETÊNCIA

A competência para processo e julgamento da ação civil pública é firmada pelo **local onde ocorreu ou deva ocorrer o dano**, excetuada a competência da **Capital do Estado**, para os danos de âmbito regional, e do **Distrito Federal**, para os danos de âmbito nacional, de acordo com o art. 2º, *caput*, da Lei nº 7.347/85 e art. 93, incs. I e II, da Lei nº 8.078/90.[38]

Sobre a *competência para processo e julgamento de ação civil pública de interesse da União, entidade autárquica ou empresa pública federal, na condição de autora, ré, assistente ou opoente, tendo o dano ocorrido em local desprovido de Vara Federal*, unanimidade não

---

inquérito civil não é condição de procedibilidade para o ajuizamento das ações titularizadas pelo Ministério Público", tendo em vista que "a ação civil pública pode ser instruída com os elementos pertinentes dos autos do inquérito civil, procedimento preparatório, procedimento administrativo ou notícia de fato". MAGNO, Wilney. *Ação Civil Pública e Controle Jurisdicional dos Atos Administrativos*. Rio de Janeiro: Aldebarã, 1996, p. 77-78, e CARVALHO FILHO, José dos Santos. *Ação Civil Pública*. 4ª ed. Rio de Janeiro: Lumen Juris, 2004, p. 283-284.

34 CAMPOS, Ronaldo Cunha. *Ação Civil Pública*. Rio de Janeiro: Aide, 1995, p. 41.

35 MARINONI, Luiz Guilherme. *Processo de Conhecimento*. 2ª ed. São Paulo: Revista dos Tribunais, 2003, p. 80.

36 ORIONE NETO, Luiz. *Processo Cautelar*. São Paulo: Saraiva, 2006, p. 131.

37 THEODORO JÚNIOR, Humberto. *Processo de Execução*. 9ª ed. São Paulo: Revista dos Tribunais, 1989, p. 284.

38 A jurisprudência é fixada no sentido da competência concorrente entre as Capitais dos Estados e Distrito Federal para processo e julgamento de ação civil pública sobre dano de âmbito nacional, *exempli gratia*: "tratando-se de dano de âmbito nacional, competente é o foro de qualquer das Capitais dos Estados ou do Distrito Federal, aplicando-se as regras comuns de prevenção". TJRJ, Proc. nº 2000.001.21462, Rel. Des. Sylvio Capanema de Souza, j. 2.4.2002, *DORJ* 15.4.2002.

existe na doutrina e jurisprudência. **José dos Santos Carvalho Filho**, com apoio da jurisprudência do Superior Tribunal de Justiça, defende que o Juízo de Direito do local do dano seria competente para processo e julgamento,[39] eis que "a ação civil pública deve ser ajuizada no foro do local onde ocorreu o dano a que se refere o art. 2º da Lei nº 7.347/85. Se se trata de Comarca em que não há Juízo Federal, será competente o Juízo de Direito, cabendo a interposição de recurso para o Tribunal Regional Federal".[40] **Hugo Nigro Mazzilli**, com aplauso da jurisprudência do Supremo Tribunal Federal, entende que o Juízo Federal da circunscrição judiciária em que tenha ou deveria ter ocorrido o dano seria competente para processo e julgamento da ação civil pública,[41] dado que "como o Juízo Federal também tem competência territorial e funcional sobre o local de qualquer dano, impõe-se a conclusão de que o afastamento da jurisdição federal, no caso, somente poderia dar-se por meio de referência expressa à Justiça Estadual, como o fez o art. 109, § 3º, da CRFB em relação às causas de natureza previdenciária, o que na hipótese não ocorreu".[42]

6 PARTES

A pertinência subjetiva da lide, no âmbito do processo da ação civil pública, pode ser analisada sob a perspectiva ativa e passiva.

A **legitimidade ativa** é concedida ao Ministério Público, União, Estados, Distrito Federal, Municípios, autarquias, fundações públicas, empresas públicas, sociedades de economia mista e associações que, concomitantemente, estejam constituídas há pelo menos um ano e incluam, entre suas finalidades institucionais, a tutela jurisdicional do consumidor, livre concorrência, meio ambiente, ordem econômica ou patrimônio artístico, estético, histórico, turístico e paisagístico.

Nessa ordem de ideias, as normas veiculadas pelo art. 5º, inc. II, da Lei nº 7.347/85 e art. 4º, inc. VII, da Lei Complementar nº 80/94, com as redações que lhes foram atribuídas pela Lei nº 11.448/07 e Lei Complementar nº 132/09, estenderam à *Defensoria Pública* a legitimação ativa para a ação civil pública. Outrossim, quanto à amplitude da legitimidade *ad causam*, **Teori Albino Zavascki**, **Luiz Rodrigues Wambier**, **Teresa Arruda Wambier** e **José Garcia Medina** salientam que "as ações civis públicas suscetíveis de serem propostas pela Defensoria Pública restringem-se àquelas em que os bens a ser tutelados digam respeito aos interesses das pessoas carentes de recursos financeiros",[43] uma vez que "o ajuizamento de ações civis públicas por parte da Defensoria Pública, assim, deve amoldar-se aos arts. 5º, inc. LXXIV, e 134 da CRFB. Interpretação extensiva poderia ensejar o desvirtuamento da Defensoria Pública, permitindo que a Instituição se desviasse de sua missão constitucional, movendo ações que não tenham a ver com

---

39 CARVALHO FILHO, José dos Santos. *Ação Civil Pública*. 4ª ed. Rio de Janeiro: Lumen Juris, 2004, p. 41.

40 STJ, CJ nº 15.411, Rel. Min. Demócrito Reinaldo, j. 5.12.1995, *DJU* 26.2.1996.

41 MAZZILLI, Hugo Nigro. *A Defesa dos Interesses Difusos em Juízo*. 12ª ed. São Paulo: Saraiva, 2000, p. 183.

42 STF, RE nº 228.955, Rel. Min. Ilmar Galvão, j. 10.2.2000, *DJU* 24.3.2000.

43 ZAVASCKI, Teori Albino. *Processo Coletivo: tutela de direitos coletivos e tutela coletiva de direitos*. 2ª ed. São Paulo: Revista dos Tribunais, 2007, p. 77.

os interesses dos necessitados",[44] à medida que **Ariosvaldo de Góis Costa Homem** e **Aluísio Iunes Monti Ruggeri Ré** sustentam que "dentro de um processo coletivo, pode haver algum beneficiado pela ação civil pública que não seja hipossuficiente econômico. É uma função atípica da Defensoria Pública".[45] "A pertinência temática, como espécie de limitação à tutela coletiva, deve ter uma verificação flexível e ampla, sob pena de sacrificarmos o direito fundamental de acesso à justiça".[46] Pela interpretação jurisprudencial, conquanto houvesse sido decidido que "diante das funções institucionais da Defensoria Pública, haveria, sob o aspecto subjetivo, limitador constitucional ao exercício de sua finalidade específica – a defesa dos necessitados –, de maneira que a legitimação deveria ser restrita às pessoas notadamente carentes",[47] formou-se o entendimento de que "a ação civil pública é capaz de garantir a efetividade de direitos fundamentais de pobres e ricos a partir de iniciativa processual da Defensoria Pública".[48]

A **legitimidade passiva** é conferida a qualquer pessoa, natural ou jurídica, pública ou privada.

Sem embargo da legitimidade *ad causam* que dispõem as categorias, classes e grupos, a *ação coletiva passiva* é traduzida como "ação promovida não pelo, mas contra uma coletividade organizada. A pedra de toque para o cabimento dessa ação é a representatividade adequada dos legitimados passivos, acompanhada do interesse social. A ação coletiva passiva pode ser admitida para a tutela de interesses difusos ou coletivos, pois esse é o caso que desponta na *defendant class action* do sistema norte-americano".[49]

7 DECISÃO

A **decisão de procedência**, conforme a pretensão deduzida em juízo ou tribunal, é retratada pela *natureza meramente declaratória ou constitutiva* (*v. g.*: declaração de nulidade ou anulação de ato lesivo a interesse metaindividual), sem prejuízo da *natureza condenatória* (*v. g.*: reparação ou ressarcimento de dano imaterial ou material a interesse transindividual), tendo a coisa julgada material sido dividida em três hipóteses.[50]

A primeira é referente à ação civil pública para a defesa de interesses difusos, de arte que, nas hipóteses de procedência e improcedência por inexistência de fundamento, a coisa julgada é produzida, *erga omnes*, para todos os membros da coletividade, ao passo que, na hipótese de improcedência do pedido por deficiência de prova, a coisa

---

44 WAMBIER, Luiz Rodrigues; WAMBIER, Teresa Arruda; MEDINA, José Garcia. *Legitimidade da Defensoria Pública para o Ajuizamento de Ação Civil Pública* in *Breves Comentários à Nova Sistemática Processual Civil*. v. III. São Paulo: Revista dos Tribunais, 2007, p. 312.

45 HOMEM, Ariosvaldo de Góis Costa. *Defensoria Pública. Legitimidade para propor Ação Civil Pública* in *Mural: Direito em movimento*, nº 45, 2007, p. 4.

46 RÉ, Aluísio Iunes Monti Ruggeri. *A Defensoria Pública como Instrumento de Acesso à Justiça Coletiva: legitimidade ativa e pertinência temática* in *Revista de Processo*, nº 167, 2009, p. 247-248.

47 STJ, REsp nº 1.192.577, Rel. Min. Luis Felipe Salomão, j. 15.5.2014, *DJU* 15.8.2014.

48 STF, ADIn nº 3.943, Rel. Min. Cármen Lúcia, j. 7.5.2015, Inf. STF 784.

49 GRINOVER, Ada Pellegrini. *Efeitos da Sentença Coletiva* (Palestra proferida na "7ª Reunião do Fórum Permanente de Direito Constitucional", promovida pela Escola da Magistratura do Estado, Rio de Janeiro, 28.9.2007).

50 MANCUSO, Rodolfo de Camargo. *Jurisdição Coletiva e Coisa Julgada. Teoria Geral das Ações Coletivas*. São Paulo: Revista dos Tribunais, 2006, p. 74.

julgada não é promovida, havendo a possibilidade de propositura de outra ação civil pública com novas provas.[51]

A segunda é relativa à ação civil pública para a defesa de interesses coletivos, de molde que, nas hipóteses de procedência e improcedência por inexistência de fundamento, a coisa julgada é produzida, *ultra partes*, para todos os membros da categoria, classe ou grupo, enquanto na hipótese de improcedência do pedido por deficiência de prova, a coisa julgada não é promovida, havendo a possibilidade de propositura de outra ação civil pública com novas provas.[52]

A terceira é respeitante à ação civil pública para a defesa de interesses individuais homogêneos, de sorte que, na hipótese de procedência, a coisa julgada é produzida, *erga victimae*, para todas as vítimas e seus sucessores, havendo a necessidade de cada um, mediante habilitação em execução, provar o dano e relação de causalidade, ao passo que, na hipótese de improcedência do pedido por inexistência de fundamento ou deficiência de prova, a coisa julgada não é promovida, havendo a possibilidade de propositura de ação individual, com vistas ao ressarcimento ou reparação de todas as vítimas e seus sucessores que não tiverem intervindo no processo coletivo como litisconsortes, de acordo com a redação original do art. 16 da Lei nº 7.347/85, como também os arts. 103 e 104 da Lei nº 8.078/90.[53, 54]

Acesse o
MATERIAL SUPLEMENTAR

Entre no Ambiente de Aprendizagem através das instruções contidas na orelha deste livro e acesse os conteúdos exclusivos desta edição:
- Atualizações legislativas mensais.
- Questões de prova interativas.
- Esquemas.

---

51 STF, Recl. nº 600, Rel. Min. Néri da Silveira, j. 3.9.1997, *DJU* 5.12.2003.

52 STJ, REsp nº 574.410, Rel. Min. Luiz Fux, j. 1º.6.2004, *DJU* 5.8.2004.

53 TJRJ, Proc. nº 2007.001.01976, Rel. Des. Carlos Santos de Oliveira, j. 5.6.2007, *DORJ* 18.6.2007.

54 A legislação sobre a ação civil pública foi compilada no Anteprojeto de Código Brasileiro de Processos Coletivos, elaborado pelo Instituto Brasileiro de Direito Processual – IBDP, que disciplina "os processos coletivos relativos às ações coletivas ativas, à ação coletiva passiva, ao mandado de segurança coletivo, à ação popular constitucional e à ação de improbidade administrativa". Disponível em: <http://www.direitoprocessual.org.br>. Acesso em: 15.11.2007.

Capítulo 19

TEORIA DO ESTADO

Acesse e assista à aula explicativa sobre este assunto.

> *https://uqr.to/14ugl*

1 CONCEITO

O conceito de Estado não é unívoco, visto que pode ser examinado sob os ângulos filosófico, político e estritamente jurídico.[1]

O **conceito filosófico**, delineado por **Georg Hegel**, evidencia que o Estado deduziria a *realidade da ideia ética*, consistente na síntese do espírito absoluto, a partir da dialética entre a família (tese ou espírito subjetivo) e a sociedade (antítese ou espírito objetivo), de arte que "o Estado seria uma realidade da vida ética, da vontade substancial, em que a consciência mesma do indivíduo se eleva à comunidade e, portanto, ao racional em si e para si".[2]

O **conceito sociológico**, desenhado por **Max Weber**, expressa que o Estado detectaria o *monopólio da força física legítima*, consubstanciado na institucionalização da violência pelo aparato estatal, de maneira que "o Estado seria um agrupamento de dominação que apresenta caráter institucional e que procurou, com êxito, monopolizar, nos limites de um território, a força física legítima como instrumento de domínio e que, tendo esse objetivo, reuniu nas mãos dos dirigentes os meios materiais de gestão".[3]

O **conceito estritamente jurídico**, desenvolvido por **Georg Jellinek**, exprime que o Estado deteria o *poder político, constituído sobre determinado território e dirigido a certa população*, de sorte que "o Estado seria um fenômeno histórico no qual certa população, assentada em determinado território, é dotada de um poder originário de mando".[4] À guisa de complementação, o conceito estritamente jurídico é dividido em

---

1 A palavra "Estado" remonta a Niccolò Machiavelli (Florença, 3 de maio de 1469 – Florença, 21 de junho de 1527), segundo o qual "todos os Estados, todos os domínios que tiveram e têm império sobre os homens, são repúblicas ou principados". ADOMEIT, Klaus. *Rechts und Staatsphilosophie*. v. II. Heidelberg: Decker's Verlag, 1995, p. 21.

2 HEGEL, Georg. *Grundlinien der Philosophie des Rechts*. 3ª ed. Stuttgart: Frommans, 1967, p. 328.

3 WEBER, Max. *Wirtschaft und Gesellschaft*. 5ª ed. Tübingen: J. Winckelmann, 1922, p. 830.

4 JELLINEK, Georg. *Allgemeine Staatslehre*. 3ª ed. Berlin: Windelband, 1914, p. 180.

três etapas: (i) a retrospectiva, pertinente à origem e ao desenvolvimento do Estado no passado, (ii) a perspectiva, referente aos elementos constitutivos do Estado no presente, e (iii) a prospectiva, relativa às modificações e às tendências para o Estado no futuro.[5]

2 RETROSPECTIVA DO ESTADO

A origem do Estado e o fundamento do poder político são motivos de divergência entre sete correntes doutrinárias.

A **teoria da origem patriarcal**, elaborada por **Robert Filmer**, defende a *sociedade política como resultado da ampliação ou desenvolvimento da sociedade humana*. É dizer: "não somente Adão, mas também os patriarcas sucessivos tinham por seu direito de paternidade uma autoridade real sobre os filhos. Este domínio sobre o mundo inteiro, que Adão exercia por obediência e do qual os patriarcas desfrutavam como se o tivessem recebido dele por transmissão legítima, se igualava, por suas dimensões e por sua amplitude, à soberania absoluta de todos os monarcas que existiram desde a criação".[6]

A **teoria da origem patrimonial**, elucidada por **Friedrich Engels**, define a *sociedade política como resultado da garantia da propriedade na sociedade humana*. Em outras palavras: "a riqueza passa a ser valorizada e respeitada como bem supremo. Faltava apenas uma coisa, qual seja, uma instituição que não unicamente consagrasse a propriedade privada, antes tão pouco estimada, e proclamasse esta consagração o objetivo supremo de toda comunidade humana, mas que também imprimisse sobre as formas novas sucessivamente desenvolvidas de aquisição da propriedade o selo da legalização para a sociedade em geral; uma instituição que não apenas perpetuasse a nascente divisão da sociedade em classes, mas também o direito de a classe possuidora explorar aquela que não possui nada, e o predomínio daquela sobre esta".[7]

A **teoria da origem violenta**, engendrada por **Franz Oppenheimer**, delimita a *sociedade política como resultado da dominação de grupos na sociedade humana*. Em síntese: "o Estado é, inteiramente quanto à sua origem, e quase inteiramente quanto à sua

---

5 Sobre o conceito de Estado, na doutrina alemã, v.: HELLER, Hermann. *Staatslehre*. Leyden: A. W. Sijthoff's Uitgeversmaatschappij, 1934, p. 7; na doutrina argentina, v.: LASTRA, Arturo. *Teoría del Estado*. Buenos Aires: Abeledo-Perrot, 1998, p. 13; na doutrina espanhola, v.: CASANOVA, González. *Teoría del Estado*. Barcelona: Bosch, 1980, p. 10; na doutrina francesa, v.: BURDEAU, Georges. *Théorie de l'Etat*. Paris: Seuil, 1970, p. 15; na doutrina italiana, v.: PALLIERI, Balladore. *Dottrina dello Stato*. Padova: Cedam, 1964, p. 21; na doutrina mexicana, v.: CAMACHO, Miguel. *Teoría del Estado*. México: Editores Mexicanos Unidos, 1969, p. 18; na doutrina norte-americana, v.: BLOCK, Fred. *State Theory*. Philadelphia: Templo Press, 1988, p. 3, e, na doutrina portuguesa, v.: SÁ, Luís. *Teoria do Estado*. Lisboa: Caminho, 1986, p. 33. V., também, na doutrina brasileira: AFONSO, Carlos. *Teoria do Estado*. Petrópolis: Vozes, 1988, p. 33; BONAVIDES, Paulo. *Teoria do Estado*. 4ª ed. São Paulo: Malheiros, 2003, p. 7; CAVALCANTI, Themístocles. *Teoria do Estado*. 2ª ed. São Paulo: Borsoi, 1969, p. 3; DANTAS, Ivo. *Teoria do Estado*. Belo Horizonte: Del Rey, 1989, p. 13; LEAL, Rogério. *Teoria do Estado*. Porto Alegre: Livraria do Advogado, 1997, p. 18; LIMA, Eusébio. *Teoria do Estado*. 8ª ed. Rio de Janeiro: Record, 1957, p. 10; MARIOTTI, Alexandre. *Teoria do Estado*. Porto Alegre: Síntese, 1999, p. 21, e PAUPÉRIO, Machado. *Teoria do Estado*. Rio de Janeiro: Freitas Bastos, 1985, p. 15.

6 FILMER, Robert. *Patriarcha, or the Natural Power of Kings*. London: Cambridge University Press, 1999, p. 12.

7 ENGELS, Friedrich. *L'Origine de la Famille, de la Propriété Privé et de l'État*. 3ª ed. Paris: Éditions Sociales, 1971, p. 101.

natureza durante os primeiros estágios de sua existência, uma organização social imposta por um grupo vencedor a um grupo vencido, organização da qual o único objetivo é regulamentar a dominação do primeiro sobre o segundo, defendendo sua autoridade contra as revoltas interiores, e os ataques exteriores. E esta dominação não tem outro objetivo que a exploração econômica do vencido pelo vencedor".[8]

A **teoria da formação natural**, enunciada por **Maurice Hauriou**, demarca a *sociedade política como resultado da fixação no território da sociedade humana*, com a constituição de relações orgânicas entre os elementos do Estado. Vale dizer: "houve sucessivamente duas variedades humanas – a humanidade nômade e a humanidade sedentária. É com a humanidade sedentária que começam a civilização e a História, bem assim a maior parte das instituições que nos são conhecidas, por exemplo, do ponto de vista político, o regime do Estado, do ponto de vista social, a propriedade privada e o comércio jurídico individualista".[9]

A **teoria da formação histórica**, esboçada por **Johann Bluntschli**, descreve a *sociedade política como resultado de condições diferentes na sociedade humana*, com a distinção entre os modos de formação do Estado. Em outros termos: "três são os modos pelos quais historicamente se formam os Estados, ou seja, modos originários, em que a formação é inteiramente nova, nasce diretamente da população e do país, sem derivar de outro Estado preexistente; modos secundários, quando vários Estados se unem para formar um novo Estado, ou quando um se fraciona para formar outros, e modos derivados, quando a formação se produz por influências exteriores de outros Estados".[10]

A **teoria da formação jurídica**, esclarecida por **Carré de Malberg**, designa a *sociedade política como resultado da organização normativa da sociedade humana*, com o estabelecimento da Constituição do Estado. Em suma: "o Estado deve, antes de tudo, sua existência ao fato de que ele possui uma Constituição. Se a organização da comunidade nacional é o fato primordial em virtude do qual ela se acha erigida em um Estado, é preciso daí deduzir que o surgimento do Estado coincide com a elaboração de sua primeira Constituição, escrita ou não, isto é, com o aparecimento do estatuto que, pela primeira vez, deu à coletividade órgãos assegurando a unidade de sua vontade e fazendo dela uma pessoa estatal".[11]

As **teorias contratualistas**, expostas por **Thomas Hobbes**, **John Locke** e **Jean-Jacques Rousseau**, determinam a *sociedade política como resultado do acordo de vontades, tácito ou expresso, entre os membros da sociedade humana*, que assinalaria o fim do estado natural e o início do estado social. Por fim, malgrado existam diferenças entre as correntes absolutista, liberal e democrática, o contratualismo pode ser dividido em três níveis explicativos comuns: o plano antropológico, correlativo ao estado de natureza, é destinado à análise do problema da origem do homem civilizado, isto é, das necessidades que impelem os indivíduos a viverem em sociedade; o plano jurídico, correlato ao contrato, é devotado à apreciação do problema da legitimação racional do poder político,

---

8 OPPENHEIMER, Franz. *The State, Its History and Development Viewed Sociologicaly*. New York: Bobbs-Merrill, 1914, p. 6.

9 HAURIOU, Maurice. *Précis de Droit Constitutionel*. 2ª ed. Paris: Recueil Sirey, 1929, p. 41.

10 BLUNTSCHLI, Johann. *The Theory of the State*. 3ª ed. New York: Clarendon Press, 1921, p. 226.

11 MALBERG, Carré. *Contribution à la Théorie Générale de l'État*. Paris: Recueil Sirey, 1920, p. 64.

ou seja, do monopólio da força baseado no consenso, não obstante a questão do contrato como instrumento de ação política, hábil a impor limites a quem detém o poder.

A corrente absolutista, idealizada por Thomas Hobbes, a partir da natureza agressiva do homem natural, concebido como indivíduo isolado, portador de características eternas e imutáveis e mobilizado pelas paixões, define o estado de natureza à luz do estado de guerra de todos contra todos, de forma que o acordo de vontades é justificado pela necessidade de sobrevivência da humanidade. O contrato é precipuamente social, dado que o acordo de vontades, celebrado pelos indivíduos isolados (súditos), com estipulação em favor de um terceiro ou de uma assembleia (soberano), no qual aqueles renunciam a seus direitos naturais em favor deste, com o desiderato de garantir a segurança pessoal, implica a fundação da sociedade, sendo certo que, no estado de natureza, o homem seria associável, embora potencialmente racional. O poder político é delimitado pela soberania do monarca, titular de poder político absoluto, indivisível e irrevogável: "o poder soberano é o maior que é possível imaginar que os homens possam criar. Toda a força e poder são conferidos a um homem, ou a uma assembleia de homens, que possa reduzir suas diversas vontades, por pluralidade de votos, a uma só vontade. Não pode haver quebra do pacto da parte do soberano, portanto nenhum dos súditos pode se libertar da sujeição, sob qualquer pretexto da infração".[12]

A corrente liberal, inventariada por John Locke, a partir da natureza social do homem natural, conceituado como indivíduo associado, provido de direitos naturais e movido pela razão, demarca o estado de natureza a teor do estado de paz, ainda que precária, de modo que o acordo de vontades é justificado pelas inconveniências do estado de natureza. O contrato é primordialmente político, eis que o acordo de vontades, celebrado pelos indivíduos associados, pelo qual as pessoas não renunciam a seus direitos naturais, mas transferem à sociedade os seus poderes naturais, com o escopo de garantir a liberdade e a propriedade, importa a fundação do Estado, tendo em conta que, no estado de natureza, o homem estaria associado e movido pela razão. O poder político é descrito como soberania do parlamento, titular do poder supremo da sociedade política, embora limitado pela preservação dos direitos naturais: "em uma sociedade política organizada, que se apresenta como um conjunto independente e que age segundo sua própria natureza, ou seja, que age para a preservação da comunidade, só pode existir um poder supremo, que é o legislativo, ao qual todos os outros estão e devem estar subordinados. Em todo caso, enquanto o governo subsistir, o legislativo é o poder supremo, pois aquele que pode legislar para um outro lhe é forçosamente superior".[13]

A corrente democrática, investigada por Jean-Jacques Rousseau, a partir da concepção do homem natural à semelhança do animal selvagem, dotado de força, habilidade e saúde, como também de liberdade, posto que possui a capacidade de concordar ou resistir às regras que lhe são prescritas, e perfectibilidade, uma vez que possui a capacidade de desenvolver as suas potencialidades, em relação de equilíbrio com o meio, designa o estado de natureza como um estado de felicidade, de molde que o autor não pretende legitimar a sociedade política decorrente do pacto, mas procura demonstrar a ilegitimidade da sociedade política derivada do mesmo. O contrato é legitimado pela

---

12 HOBBES, Thomas. *Leviathan or Matter, Form and Power of Commenweath Ecclesiastical and Civil.* New York: Macmillan Publishing, 1978, p. 95.

13 LOCKE, John. *Deux Traités du Gouvernement.* Paris: Presses Universitaires de France, 1995, p. 91.

vontade geral, elaborada como substrato comum das vontades particulares, cujo exercício permanente é denominado como soberania, no contexto da democracia. O poder político é engendrado como soberania das massas, com a opção pelo regime político da democracia direta, inspirada na antiguidade greco-romana, já que a sociedade política será tanto mais soberana quanto mais a vontade geral for consultada, por meio da participação dos cidadãos nas deliberações coletivas, a exemplo dos pequenos Estados: "a soberania não pode ser representada pela mesma razão que não pode ser alienada; consiste essencialmente na vontade geral, e a vontade não se representa – ou é a mesma, ou é outra – não existe meio-termo. O povo inglês pensa ser livre, mas está redondamente enganado, pois só o é durante a eleição dos membros do Parlamento; assim que estes são eleitos, ele é escravo, não é nada. Nos breves momentos de sua liberdade, pelo uso que dela faz, bem merece perdê-la".[14, 15]

3 PERSPECTIVA DO ESTADO

No tocante à perspectiva, o Estado é composto pelos elementos humano, territorial e formal, simbolizados pela população, território e poder político, respectivamente.[16]

Debruçando-se sobre o tema, os mais autorizados doutrinadores, nacionais e estrangeiros, infirmam a tripartição dos elementos constitutivos da estrutura estadual. Na doutrina brasileira, **Francisco Rezek** advoga a possibilidade de subtração dos elementos territorial e formal, uma vez que, "em circunstâncias excepcionais e transitórias, pode faltar ao Estado o poder político – tal como se dá nos períodos anárquicos – e pode faltar-lhe até mesmo a disponibilidade efetiva de seu território – tal como se dá durante a ocupação territorial. O elemento humano é, em verdade, o único que se supõe imune a qualquer eclipse e cuja existência ininterrupta responde pelo princípio da continuidade do Estado".[17] Na doutrina italiana, **Alexandre Groppalli** sustenta a possibilidade de adição do elemento teleológico, retratado pela finalidade, visto que "não seria concebível que uma pluralidade de pessoas se organizem, subordinando-se à vontade de um poder supremo, a não ser para a realização de um fim comum a ser perseguido pelo Estado",[18] o que nos parece redundante, tendo em vista que a obtenção de um escopo comum está implícito no contexto da sociedade, sem a qual não é possível a existência do Estado.[19]

3.1 Elemento humano

O Estado é constituído pela **população**, não havendo confusão entre as definições de geografia humana, ciência política e sociologia jurídica.

---

14 ROUSSEAU, Jean-Jacques. *Social Contract*. London: Oxford University Press, 1999, p. 13.

15 O neocontratualismo é respaldado por John Rawls, para quem o indivíduo racional e livre, sob o véu da ignorância, poderia selecionar os princípios de justiça da futura sociedade política na "posição original". RAWLS, John. *A Theory of Justice*. London: Oxford University Press, 1972, p. 12.

16 ACCIOLI, Wilson. *Teoria Geral do Estado*. Rio de Janeiro: Forense, 1985, p. 62-63.

17 REZEK, José Francisco. *Direito Internacional Público*. 6ª ed. São Paulo: Saraiva, 1996, p. 163.

18 GROPPALLI, Alexandre. *Doutrina do Estado*. 2ª ed. Rio de Janeiro: Saraiva, 1968, p. 110.

19 SILVEIRA NETO, Honório. *Teoria do Estado*. 7ª ed. Rio de Janeiro: Forense, 1985, p. 34.

O *conceito demográfico* de "população" designa o conjunto de pessoas que se encontram sobre o território nacional, mesmo que estrangeiras. Em outras palavras: população é a expressão numérica da totalidade de pessoas que vivem no território ou permanecem nele temporariamente.[20]

O *conceito político* de "povo" denota o composto de pessoas que participam intensamente, enquanto membros da sociedade civil, nos processos decisórios dos órgãos públicos, providas de capacidade eleitoral e capacidade eletiva. Em outros termos: o povo é adstrito à cidadania, e não também à nacionalidade, de arte que há a possibilidade de um nacional não ser cidadão, tal como ocorre nos casos de perda dos direitos políticos, assim como há a possibilidade de estrangeiros exercerem direitos políticos no Brasil, independentemente de naturalização, tal como ocorre no caso dos portugueses, sendo assegurada a reciprocidade em favor dos brasileiros.[21]

O *conceito sociológico* de "nação" denomina o complexo de pessoas que têm origem, tradições e costumes comuns, falam geralmente a mesma língua, professam a mesma religião e podem estar, ou não, estabelecidas no território do mesmo Estado. Em resumo: a nação é caracterizada pela homogeneidade do grupo social, externada pela consciência coletiva, solidariedade psíquica e identidade de interesses entre os seus membros, de acordo com o princípio das nacionalidades, segundo o qual a cada nação, em regra, deve corresponder um Estado, de forma que, na hipótese de identidade entre aquela e esta, "a nação nada mais seria do que um aspecto do Estado – o Estado encarado sob o aspecto pessoal", não excluída a possibilidade de existência de uma nação sem território e sem poder político, como a formada pelos hebreus, anteriormente à constituição do Estado de Israel, bem como da existência de uma só nação dispersada por vários Estados ou várias nações reunidas em um só Estado, como a(s) fundada(s) pelos alemães ou coreanos e canadenses ou suíços.[22]

3.2 Elemento territorial

O Estado é constituído pelo **território**, demarcado como "base física do Estado" ou "porção delimitada do globo terrestre na qual o poder político é exercido sobre a população",[23] a ensejar cinco observações pertinentes.

A um: sobre a *natureza jurídica*, a doutrina não é uníssona a propósito da relação entre o Estado e o seu próprio território.[24] Na teoria do território-patrimônio, aludida por **Donato Donati**, o território é bem sob direito real de natureza privada, com a concentração do *imperium* e do *dominium* na pessoa do príncipe.[25] Na teoria do território-objeto, alvitrada por **Paul Laband**, o Estado é titular de direito real de natureza pública, com a decomposição entre o direito real exercido sobre o território e o direito pessoal exercitado sobre os súditos, pois que aquele é referente ao domínio patrimonial e ao

---

20 FIGUEIREDO, Marcelo. *Teoria Geral do Estado*. 2ª ed. São Paulo: Malheiros, 2001, p. 38.

21 REALE, Miguel. *Teoria do Direito e do Estado*. 5ª ed. São Paulo: Saraiva, 2000, p. 173.

22 AMERICANO, Alberto. *Ensaio sobre o Conceito de Nação*. São Paulo: USP, 1945, p. 19.

23 BOSON, Gerson de Brito Mello. *Curso de Direito Internacional Público*. 2ª ed. Belo Horizonte: Del Rey, 1994, p. 112.

24 VIANA, Henrique de Brito. *Teoria Jurídica do Território*. São Paulo: Saraiva, 1957, p. 82.

25 DONATI, Donato. *Stato e Territorio*. Padova: Cedam, 1940, p. 113.

domínio eminente, ao passo que este é relativo ao exercício das funções estaduais.[26] Na teoria do território-espaço, articulada por **Fricker von Staatsgebiet**, o território é considerado como qualidade do aparato estatal, quer dizer, extensão espacial da soberania do Estado.[27] Na teoria do território-limite, arvorada por **León Duguit**, o Estado é submetido ao limite de validade dos atos emanados por ele, representado pelo território que o constitui, posto que a esfera de poder público deve coincidir com o espaço sobre o qual se estendem os seus meios de dominação.[28] Na teoria do território-competência, aviada por **Hans Kelsen**, o território, a princípio, circunscreve "o espaço de validade da ordem jurídica", sendo exato que "as medidas coercitivas estabelecidas pelo Estado têm de ser instituídas apenas para o seu território e executadas somente dentro dele", razão pela qual o princípio da territorialidade indica que, em regra, a norma jurídica é apta a produzir efeitos jurídicos dentro do território do Estado cuja ordem jurídica integra, conquanto haja a excepcional possibilidade de a norma jurídica nacional ser dotada de eficácia no exterior, tal como na hipótese de extraterritorialidade da norma penal, e a possibilidade de a norma jurídica estrangeira ser provida de eficácia no território nacional, tal como na hipótese em que a regra de conexão indica-a como aplicável ao caso concreto.[29]

A dois: sobre os *modos de aquisição*, o território pode ser adquirido, e consequentemente perdido, em virtude de ocupação, cessão ou decisão política de organismo internacional.[30] Na ocupação, há a aquisição de território que não se encontrava sob a autoridade de qualquer Estado, seja pela descoberta (*terra nullius*), seja pelo abandono do Estado que anteriormente constituía (*terra derelicta*), alcançando a pretensão ocupacionista a parcela do território não abrangida por pretensão congênere. Na cessão, há a transmissão do território de um Estado para outro, a título oneroso ou gratuito. Na decisão política, certa organização internacional decide pela atribuição do território a determinado Estado.[31]

A três: sobre a *delimitação espacial*, o território pode ser restringido pela superfície terrestre, espaço aéreo, mar territorial e plataforma continental.[32] Na superfície terrestre, o território abarca o solo, inclusive o subsolo, até as fronteiras naturais, nas quais há faixas territoriais estratégicas, compreendendo as zonas ou áreas, e os limites artificiais, nos quais há demarcações lineares, correspondendo às linhas divisórias. No espaço aéreo, o território atinge a porção da atmosfera situada acima da sua base geográfica. No mar territorial e plataforma continental, o território atravessa a faixa de água, como também o solo e subsolo subjacentes ao mar, de 12 milhas marítimas, embora os direitos

---

26 LABAND, Paul. *Le Droit Public de l'Empire Allemand*. Paris: Francesa, 1900, p. 228.

27 STAATSGEBIET, Fricker von. *Gebiet und Gebietshoheit*. Tübingen: J. C. B. Mohrs, 1901, p. 107.

28 DUGUIT, León. *Traité de Droit Constitutionnel*. 3ª ed. v. II. Paris: Fontémoing, 1930, p. 51.

29 KELSEN, Hans. *Teoria Geral do Direito e do Estado*. São Paulo: Martins Fontes, 1990, p. 208.

30 ARAÚJO, Luis Ivani de Amorim. *Curso de Direito Internacional Público*. 8ª ed. Rio de Janeiro: Forense, 1995, p. 110.

31 SANTOS, José Nicolau dos. *Fundamentos Jurídicos da Transformação dos Estados*. Curitiba: Guaíra, 1943, p. 33.

32 MATTOS, Adherbal Meira. *Curso de Direito Internacional Público*. Rio de Janeiro: Renovar, 1996, p. 66.

de exploração e aproveitamento econômico sejam assegurados no limite de 200 milhas marítimas da costa litorânea.[33]

A quatro: sobre a *classificação do território*, há três critérios de tipificação.[34] No que alude ao critério político, o território é secionado em território político e território comercial, na medida em que aquele é o em que o Estado desempenha a soberania de que é investido em toda a sua plenitude, ao passo que este é o em que o Estado desenvolve apenas algumas faculdades limitadas, com finalidades mercantis. No que atenta ao critério geográfico, o território é segmentado em território íntegro, território desmembrado e território encravado, uma vez que o primeiro é o constituído por uma única porção, o segundo é o formado por partes diversas e o terceiro é o integralmente cercado pelo território de outro Estado. No que atine ao critério físico, o território é separado em território terrestre, território fluvial, território lacustre, território marítimo e território aéreo, consoante abranjam o solo e subsolo, os rios e demais cursos d'água, os lagos e lagoas, as águas territoriais ou o espaço aéreo.[35]

A cinco, sobre o *condomínio internacional*, o território pode ser administrado de forma compartilhada por dois ou mais Estados, como, por exemplo, a Ilha dos Faisões, administrada em condomínio entre a França e a Espanha. A cada seis meses, o controle da ilha localizada no Rio Bidassoa é alternado entre a cidade espanhola de Irun e a comuna francesa de Hendave, tendo o compartilhamento do território sido objeto do Tratado dos Pireneus, de 1659.[36]

3.3 Elemento formal

O Estado é constituído pelo **poder político**, definido como modalidade de poder, superior em relação às demais formas de manifestação da capacidade de imposição de vontade,[37] revelado na ordem jurídica, com força de constranger à obediência, pela coerção máxima.[38]

O poder político, na feliz síntese de **Celso Ribeiro Bastos**, "não é outro senão aquele exercido no Estado e pelo Estado",[39] singularizando-se por sua *amplitude*, eis que incide sobre todas as pessoas e bens em determinado território,[40] por sua *função*, dado

---

33 RANGEL, Vicente Marotta. *Natureza Jurídica e Delimitação do Mar Territorial*. São Paulo: Saraiva, 1965, p. 71.

34 MELLO, Celso de Albuquerque. *Direito Constitucional Internacional*. Rio de Janeiro: Renovar, 1994, p. 133.

35 FRUTZIN, Arnold. *Cooperação Internacional no Espaço*. Rio de Janeiro: Record, 1966, p. 13.

36 CAPDEVILA, Joan. *La Delimitación de la Frontera Hispanofrancesa*. Barcelona: Universitat de Barcelona, 2012, p. 16.

37 Em sentido amplo, o poder denota a capacidade de imposição de vontade que se revela por quatro formas: o poder político, o poder econômico, o poder psicossocial e o poder militar. MEIRELLES, Hely Lopes. *Estudos e Pareceres de Direito Público*. v. IV. São Paulo: Revista dos Tribunais, 1981, p. 209-210.

38 SILVA, José Afonso da. *Curso de Direito Constitucional Positivo*. 12ª ed. São Paulo: Malheiros, 1996, p. 108.

39 BASTOS, Celso Ribeiro. *Curso de Direito Constitucional*. 18ª ed. São Paulo: Saraiva, 1997, p. 14.

40 FERREIRA FILHO, Manoel Gonçalves. *Curso de Direito Constitucional*. 23ª ed. São Paulo: Saraiva, 1996, p. 116.

que subordina os interesses dos indivíduos ao interesse da sociedade,[41] e pelos *meios* de que se pode valer, tal como a coação.[42]

3.3.1 *Características do poder político*

O poder político é dotado das **características** da unidade, indivisibilidade, inalienabilidade e imprescritibilidade.

Unidade, porque não há a possibilidade de exercício de mais de um poder político, ao mesmo tempo, sob o mesmo território.

Indivisibilidade, porque o poder político não admite fracionamento, de molde a assegurá-lo como incoercível e incontrastável, sendo a divisão do poder político relativa ao seu exercício, e não a sua essência.

Inalienabilidade, porque a titularidade do poder político é insuscetível de ser transferida, a qualquer título.

Imprescritibilidade, porque não há prazo para o exercício do poder político, sendo qualificado como contínuo e permanente.[43]

3.3.2 *Formas do poder político*

O poder político é suscetível de exteriorização por quatro **formas**, inerentes aos principais ramos do Direito Público.

O *poder de polícia* é a atividade de condicionamento e limitação dos direitos individuais em benefício do convívio social. Acentue-se que o poder de polícia comporta as etapas de ordem, consentimento, fiscalização e sanção.[44]

O *poder financeiro* é a atividade de obtenção, gestão e aplicação dos recursos financeiros. Advirta-se que o poder financeiro compreende a obtenção de receita pública e realização de despesa pública, dirigidas pelo orçamento.[45]

O *poder punitivo* é a atividade necessária para a aplicação e execução da sanção ao culpado pela prática de infração penal. Assevere-se que o poder punitivo congrega a apuração da autoria e da materialidade do fato criminoso (inquérito policial), apreciação da pretensão punitiva deduzida em juízo (ação penal) e implementação da sanção aplicada (execução penal).[46]

---

41 DÓRIA, Sampaio. *Curso de Direito Constitucional*. 2ª ed. São Paulo: Companhia Nacional, 1946, p. 55.

42 O poder e a influência são diferentes entre si, a partir da constatação de que "a influência pode ser o significado da aptidão para obter de uma pessoa, pelo uso de técnicas de persuasão, decisão de interesse de outra". MACHADO, Hugo de Brito. *A Importância dos Conceitos na Teoria Geral do Direito* (Palestra proferida no "Fórum Brasileiro de Direito Público e Privado", promovido pelo Instituto Bresa, Fortaleza, 19.10.2012).

43 DALLARI, Dalmo de Abreu. *Elementos de Teoria Geral do Estado*. 12ª ed. São Paulo: Saraiva, 1986, p. 69.

44 MOREIRA NETO, Diogo de Figueiredo. *Curso de Direito Administrativo*. 11ª ed. Rio de Janeiro: Forense, 1999, p. 299-300.

45 TORRES, Ricardo Lobo. *Curso de Direito Financeiro e Tributário*. 6ª ed. Rio de Janeiro: Renovar, 1999, p. 3-6.

46 TOURINHO FILHO, Fernando da Costa. *Processo Penal*. 19ª ed. v. I. São Paulo: Saraiva, 1997, p. 12-18.

O *poder de domínio eminente* é a atividade de regulamentação que o Estado exerce sobre todos os bens que se encontram em seu território. Assinale-se que o poder de domínio eminente contém os bens públicos, bens particulares de interesse público e bens inapropriáveis individualmente e sujeitos à fruição da coletividade (*res nullius*).[47]

3.3.3 Tipos do poder político

Os **tipos** de poder político podem ser considerados como legal ou ilegal, legítimo ou ilegítimo e lícito ou ilícito.[48]

A *legalidade* é correlata ao Estado de Direito, denominando a equiparação com o Direito Positivo. Dessa maneira, o poder político é qualificado como legal ou ilegal conforme esteja, ou não, em consonância com a vontade da lei.

A *legitimidade* é correlativa ao Estado Democrático, denotando a equipolência com a concepção de justo em relação à política. Desse modo, o poder político é qualificado como legítimo ou ilegítimo conforme esteja, ou não, em consonância com a vontade do povo.

A *licitude* é conexa ao Estado de Justiça, designando a eufonia com a moralidade administrativa. Dessa forma, o poder político é qualificado como lícito ou ilícito conforme esteja, ou não, em consonância com a vontade da moral.[49]

À luz do exposto, o poder político dispõe de três dimensões éticas autônomas, representadas pela legalidade, legitimidade e licitude, adstritas à Ciência do Direito, Ciência Política e Ciência da Moral.[50]

3.3.4 Divisão do poder político

A **essência** e o **exercício** do poder político são conceitos inconfundíveis entre si.

Nessa ordem de ideias, considerando que a divisão do poder é pertinente ao exercício, e não também à essência do poder político, já que o "poder é uno e indivisível",[51] a repartição do desempenho do poder político é instituída entre entidades ou órgãos, tendo em vista os critérios de *descentralização territorial e funcional*.[52]

---

47 PEREIRA, Caio Mário da Silva. *Instituições de Direito Civil*. 15ª ed. v. I. Rio de Janeiro: Forense, 1994, p. 279.

48 SILVA, José Afonso da. *Poder Constituinte e Poder Popular*. São Paulo: Malheiros, 2000, p. 122.

49 FERREIRA FILHO, Manoel Gonçalves. *O Poder Constituinte*. 3ª ed. São Paulo: Saraiva, 1999, p. 47.

50 MOREIRA NETO, Diogo de Figueiredo. *Mutações do Direito Administrativo*. Rio de Janeiro: Renovar, 2000, p. 74-75. V., também, do mesmo autor: *A Lei de Responsabilidade Fiscal e os Princípios de Direito Público* (Palestra proferida no Seminário *A Lei de Responsabilidade na Gestão Fiscal*, promovido pelo Centro de Estudos Jurídicos da Procuradoria-Geral do Estado e Escola da Magistratura do Estado, Rio de Janeiro, 3.7.2000).

51 TEMER, Michel. *Elementos de Direito Constitucional*. 14ª ed. São Paulo: Malheiros, 1998, p. 118.

52 A descentralização é sintetizada como técnica de especialização territorial e funcional de atividades, identificada pela repartição do exercício do poder político entre entidades e órgãos de fundamentação constitucional e legal. Na descentralização no plano territorial ou vertical, há a circunscrição de atividades estatais a determinadas áreas geográficas, sendo subdividida em descentralização política e descentralização administrativa, posto que aquela é referente às pessoas políticas, tais como os Estados, o Distrito Federal e os Municípios, ao passo que esta é relativa às pessoas administrativas, tais como os Territórios. Na descentralização no plano

3.3.4.1 Divisão territorial

A divisão territorial do poder político é alicerçada na descentralização no plano vertical, por instrumento da repartição do exercício do poder político entre entidades estatais distintas, sendo correlata às formas de Estado.

Por conseguinte, há a discrepância entre Estado unitário e Estado federal. Naquele, em razão da descentralização administrativa, há um ente estatal, de maneira que a relação entre o poder central e os poderes locais é influenciada pela subordinação hierárquica de um centro de governo ao outro. Neste, em virtude da descentralização política, há mais de um ente estatal, de sorte que a relação entre o poder central e os poderes locais é informada pela coordenação entre os centros de governo.[53]

3.3.4.2 Divisão funcional

A divisão funcional do poder político é assentada na descentralização no plano horizontal, por intermédio da repartição do exercício do poder político entre complexos de órgãos públicos diferentes, sendo correlativa às funções do Estado.

Por consequência, há a distinção entre o Poder Legislativo, Poder Executivo e Poder Judiciário, sendo-lhes atribuído o exercício precípuo da função legislativa (produção do Direito Positivo), função administrativa (aplicação de ofício do Direito Positivo) e função jurisdicional (aplicação contenciosa do Direito Positivo), sem prejuízo da possibilidade de exercício atípico da função estatal por Poder do Estado que nominalmente não lhe corresponde.[54]

3.3.5 Atributos do poder político

Dentre os atributos do poder político, exsurge a **soberania**, que não se confunde com a **autonomia**.[55]

---

funcional ou horizontal, há a transferência do exercício de atividades estatais para órgãos ou entidades públicas ou privadas, sendo subdividida em descentralização hierárquica ou desconcentração, descentralização institucional ou outorga, descentralização por delegação ou delegação e descentralização social ou reconhecimento, visto que, na primeira, não há a criação de nova pessoa jurídica de direito público, estabelecendo-se relações de subordinação entre órgãos públicos, dotados de autonomia técnica, sujeitando-os a controle hierárquico; na segunda, há a criação de nova pessoa jurídica de direito público, estabelecendo-se relações de coordenação entre entidades públicas, providas de autonomia administrativa, financeira e gerencial, sujeitando-as a controle finalístico; na terceira, há a transferência da execução de atividades estatais para entidades privadas, através de atos administrativos unilaterais (permissão) ou bilaterais (concessão); na quarta, há o reconhecimento da eficácia de atividades de interesse público, executadas por unidades sociais, personificadas ou não, como, por exemplo, as agremiações desportivas, associações profissionais e organizações comunitárias. CAETANO, Marcello. *Manual de Direito Administrativo*. 10ª ed. t. I. Coimbra: Almedina, 1991, p. 248-254.

53 HAMILTON, Alexander; MADISON, James; JAY, John. *O Federalista*. Brasília: UnB, 1984, p. 575.

54 MONTESQUIEU. *Do Espírito das Leis*. São Paulo: Difusão Europeia do Livro, 1962, p. 180.

55 A autonomia é definida como capacidade de autodeterminação, inerente à entidade federativa, no círculo de competência traçado pela Constituição, simbolizada pela tríplice capacidade: auto-organização, autogoverno e autoadministração. A auto-organização reúne a capacidade da unidade da federação para elaborar a Constituição própria, bem assim instituir os órgãos supremos do Governo local. O autogoverno retrata a capacidade da unidade da federação

3.3.5.1 Conceito

O termo "soberania" é revestido de três acepções.

A soberania denomina a *qualidade do poder político*, isto é, a capacidade de o Estado organizar-se e dirigir-se de acordo com a sua vontade incoercível e incontrastável, reconhecida pelo Direito e sancionada pela força.

A soberania denota a *titularidade do poder político*, ou seja, a soberania nacional, na qual o poder político é totalmente conferido à nação, e a soberania popular, na qual o poder político é parcialmente concedido a cada membro do povo.

A soberania designa as *competências do Estado*, traduzidas pela nomeação de magistrados, instituição e majoração de tributos, produção de invalidação de normas jurídicas, declaração de guerra e celebração de paz e solução de conflitos de interesses entre os súditos, em última instância.[56]

3.3.5.2 Titularidade

A Ciência Política aponta a existência de três principais teorias sobre a titularidade da soberania.

As *teorias teocráticas* acentuam que o poder político emana de Deus, compreendendo as teorias da soberania divina, sobrenatural e providencial, assim como a da natureza divina dos governantes.

A teoria da soberania divina sobrenatural, defendida por **Jacques-Bénigne Bossuet**, elucida que o agente é investido diretamente por intervenção divina, designado pelo próprio titular do poder político, dado que "Deus investe os reis como seus ministros, e reina através deles sobre os povos. Os príncipes agem, pois, como ministros de Deus e seus representantes na Terra".[57]

A teoria da soberania divina providencial, delineada por **Tomás de Aquino**, ensina que o agente é investido indiretamente por intervenção divina, escolhido em virtude dos acontecimentos conduzidos pelo titular do poder político, eis que, "na natureza, há de ser encontrada uma forma universal e uma forma particular de governo. A forma universal é aquela pela qual todas as coisas encontram seu lugar sob a direção de Deus que, por Sua Providência, governa o universo".[58]

A teoria da natureza divina dos governantes, delimitada por **Candin Le Bret**, enuncia que o agente é a personificação do titular do poder político, objeto de culto e veneração, já que "os reis não existem apenas pela vontade de Deus, senão que eles

---

para escolher os agentes públicos que irão desempenhar as funções administrativa, legislativa e jurisdicional, no âmbito dos seus poderes. A autoadministração resulta na capacidade da unidade da federação para aplicar o Direito Positivo, como também prestar os serviços públicos que lhe sejam afetos, através de órgãos próprios. HORTA, Raul Machado. *A Autonomia do Estado-Membro no Direito Constitucional Brasileiro*. Belo Horizonte: Estabelecimentos Gráficos Santa Maria, 1964, p. 27.

56 BODIN, Jean. *Les Six Livres de la République*. Paris: Librairie Générale Française, 1993, p. 7.

57 BOSSUET, Jacques-Bénigne. *Politique tirée des propres Paroles de l'Écriture Sainte*. Paris: A. Colin, 1966, p. 13.

58 AQUINO, Tomás de. *Summa Theologica*. Madrid: Biblioteca de Autores Cristianos, 1990, p. 6.

mesmos são Deus: ninguém poderá negar ou tergiversar essa evidência sem incorrer em blasfêmia ou cometer sacrilégio".[59]

As *teorias democráticas* advertem que o poder político emana da nação ou povo, congregando as teorias da soberania nacional, alienável ou inalienável, bem como a da soberania popular.

A teoria da soberania nacional, desencadeada por **Emmanuel Joseph Sieyès**, explicita que a soberania é atribuída à nação, conceituada como entidade abstrata, havida como dessemelhante das pessoas que a constituem. Outrossim, há a distinção entre soberania nacional alienável e soberania nacional inalienável, conforme os contratos políticos celebrados entre titular e agente importassem a transferência da titularidade ou exercício do poder político, respectivamente, posto que "a soberania pertence à nação. Nenhuma seção do povo, nem indivíduo algum, pode atribuir-se o exercício dela".[60]

A teoria da soberania popular, desenhada por **Jean-Jacques Rousseau**, exprime que a soberania é atribuída aos cidadãos, considerados como complexo de pessoas que participam da vida política do Estado. Portanto, na soberania nacional, o poder político é totalmente conferido à nação (*uti universi*),[61] enquanto, na soberania popular, o poder político é parcialmente concedido a cada membro do povo (*uti singuli*), visto que "o soberano é formado somente pelos particulares que o compõem. Suponhamos que o Estado seja composto por dez mil cidadãos, cada membro do Estado só tem, por sua parte, a décima-milésima parte da autoridade soberana".

A *teoria jurídica*, desenvolvida por **Hans Kelsen**, advoga que a soberania é ínsita ao Estado, recoberto de independência e personalidade próprias. "Em suma, pode-se dizer que a soberania do Estado significa que a ordem jurídica estatal é suprema, compreendendo a todas as restantes ordens como ordens parciais, determinando o âmbito de validade de todas elas, sem ser, por sua vez, determinada por nenhuma ordem superior: é uma ordem unitária e única, desde o momento em que exclui as restantes ordens."[62, 63]

3.3.5.3 Espécies

A capacidade de autodeterminação estatal alcança a *supremacia na ordem interna* (soberania interna) e a *independência na ordem internacional* (soberania externa), com lastro nos princípios da subordinação e da coordenação.

Numa, o poder político não está restringido por nenhum outro na ordem interna, porquanto há a possibilidade de configuração de relações verticais entre o Estado e quaisquer outros sujeitos de Direito Interno. Far-se-á melhor denominá-la "poder supremo".

Noutra, o poder político não está subordinado ao dos Estados estrangeiros, todos juridicamente iguais, na ordem internacional, porque há a possibilidade de conformação de relações horizontais entre os Estados soberanos, pelo instrumento das convenções e

---

59 LE BRET, Candin. *De la Souveraineté du Roi*. Paris: J. Quesnel, 1932, p. 14.

60 SIEYÈS, Emmanuel Joseph. *Qu'est-ce que lê Tiers État?* Genève: Droz, 1970, p. 10.

61 KELSEN, Hans. *Théorie Pure du Droit*. Paris: Dalloz, 1962, p. 230.

62 ROUSSEAU, Jean-Jacques. *Discours sur L'origine et les Fondemente de L'inégalité*. Paris: Garnier, 1954, p. 274.

63 GOYARD-FABRE, Simone. *Les Principes Philosophiques du Droit Politique Moderne*. Paris: Presses Universitaires de France, 1997, p. 170.

tratados, e de conflitos envolvendo sujeitos de Direito Internacional, por intermédio da guerra. Far-se-á melhor designá-la "poder independente".[64]

3.3.5.4 Relativização

O poder supremo e independente é suscetível de relativização sob o prisma quantitativo, e não também sob o prisma qualitativo, uma vez que as faculdades em que se traduz a capacidade de autodeterminação estatal podem ser reduzidas, sem que a essência da soberania seja atingida,[65] tendo em conta que "ser soberano é ter a capacidade de utilizar a sua independência para tomar as decisões que mais interessam ao seu corpo social, se necessário com limitações de independência".[66, 67]

4 PROSPECTIVA DO ESTADO

No tocante à prospectiva, há a dessemelhança entre Estado do futuro e futuro do Estado, consoante as transformações das organizações políticas sejam investigadas sob o ângulo da nação ou soberania.

O **Estado do futuro** deverá ser antecedido pela evolução interpretativa da teoria da separação de poderes, em razão da sobreposição das atividades estatais e, por conseguinte, do surgimento de meios recíprocos de controle interorgânico.[68]

O **futuro do Estado** poderá ser antevisto por três prognósticos que, a partir das tendências que exsurgem no presente, anunciam as transmutações que se desenham para o futuro. O Mundo de um Estado, engendrado pela unidade do Estado mundial ou planetário, poderá decorrer da ordenação da sociedade política ao redor de um

---

64 DELBEZ, Louis. *Les Principes Généraux de Droit International Public.* 3ª ed. Paris: Librairie Générale de Droit et de Jurisprudence, 1964, p. 79-80.

65 ZAGREBELSKY, Gustavo. *Il Diritto Mitte. Logge Diritti Giustizia.* Torino: Einaudi, 1992, p. 10-12.

66 COSTA, Cardoso da. *As Comunidades Europeias e a Sociedade Contemporânea* in *Notas Econômicas*, nº 1, 1993, p. 78, e CANOTILHO, José Joaquim Gomes. *O Direito Constitucional entre o Moderno e o Pós-Moderno* in *Revista Brasileira de Direito Comparado*, nº 9, 1990, p. 81.

67 Sobre a perspectiva do Estado, na doutrina alemã, v.: ZIPPELIUS, Reinhold. *Staatslehre.* 11ª ed. München: C. H. Beck, 2001, p. 101; na doutrina argentina, v.: SONTHEIMER, Kurt. *Teoría del Estado.* Buenos Aires: Eudeba, 1971, p. 56; na doutrina espanhola, v.: SUANZES-CARPEGNA, Joaquim. *Teoría del Estado.* Madrid: Tecnos, 1983, p. 48; na doutrina francesa, v.: VILLENEUVE, Marcel. *Traité de l'État.* Paris: Recueil Sirey, 1929, p. 86; na doutrina italiana, v.: BATTAGLIA, Felice. *Teoria dello Stato.* Milano: Giuffrè, 1955, p. 43; na doutrina mexicana, v.: CUEVA, Mario. *Teoría del Estado.* México: Fondo de Cultura Económica, 1996, p. 14; na doutrina norte-americana, v.: BARROW, Clyde. *Theory of the State.* Milwaukee: University of Wiscousin, 1993, p. 23, e, na doutrina portuguesa, v.: NOVAIS, Jorge. *Teoria do Estado.* Coimbra: Coimbra Editora, 1987, p. 67. V., também, na doutrina brasileira: AZAMBUJA, Darcy. *Teoria do Estado.* Porto Alegre: Globo, 1962, p. 76; BRANCO, Elcir. *Teoria do Estado.* São Paulo: Saraiva, 1988, p. 101; CARNOY, Martin. *Teoria do Estado.* Campinas: Papirus, 1986, p. 32; FERREIRA, Pinto. *Teoria do Estado.* Rio de Janeiro: José Konfino, 1957, p. 65; MENEZES, Aderson. *Teoria do Estado.* Rio de Janeiro: Forense, 1960, p. 41; SOUZA, José. *Teoria do Estado.* São Paulo: José Bushatsky, 1967, p. 84; TOJAL, Sebastião. *Teoria do Estado.* Rio de Janeiro: Forense, 1997, p. 34, e VILLANOVA, Lourival. *Teoria do Estado.* Recife: Edição do Autor, 1953, p. 68.

68 MYRDAL, Gunar. *O Estado do Futuro.* Rio de Janeiro: Zahar, 1962, p. 33. V., também, sobre o assunto: SALDANHA, Nelson. *O Estado do Futuro* in *Revista da Escola da Magistratura do Estado de Pernambuco*, nº 7, 1998, p. 533.

núcleo decisório, com a universalização de determinadas instituições, especialmente a democracia e os direitos fundamentais. O Mundo de poucos Estados, especificado pela pluralidade dos Estados regionais, poderá defluir da evolução dos organismos de cooperação ou integração, nos quais as organizações políticas não somente coordenam ou compartilham as suas soberanias, pelo mecanismo do exercício em comum de algumas atribuições ou competências, mas também reúnem ou renunciam às suas soberanias, com o desiderato de constituir um novo sujeito de Direito Internacional Público. O Mundo sem Estados, evidenciado pelo fim do Estado nacional, poderá derivar da extinção do Estado e formulação de outros modelos de ordenamento do poder político, tendo em vista que o Estado não seria imprescindível à continuidade da sociedade.[69]

Por último, considerando que o "*Estado não deve e não pode desaparecer*",[70] somos que a estrutura e o funcionamento do Estado contemporâneo devem ser readequados às normas constitucionais que disciplinam as relações sociais, econômicas e políticas na sociedade cosmopolita, com vistas à conciliação entre o processo de cooperação, integração ou unificação dos organismos políticos (regionalização) e o processo de afirmação das identidades locais (regionalismo).[71] Nesse sentido, os Estados tenderão a associar-se em organizações internacionais de sorte a maximilizar os benefícios e minimizar os custos da mundialização das relações de produção e forças produtivas, em torno das civilizações ocidental (anglo-saxônica, latina e bizantina) e oriental (islâmica, budista e confucionista). Não obstante, no domínio de cada organismo internacional, emerge a tendência ao revigoramento dos particularismos, o que obrigará os Estados a atribuir maiores autonomias em favor de regiões e minorias, a teor do desfecho de **Arthur Machado Paupério**: "que se edifique o Direito do futuro voltado para os supremos interesses da Humanidade sem nos esquecermos, contudo, das competências particulares, mas nem por isso menos respeitáveis, dos grupos que integram a comunidade internacional".[72, 73, 74]

---

69 CASSIRER, Ernst. *O Futuro do Estado*. Lisboa: Publicações Europa-América, 1961, p. 71. V., também, sobre a matéria: FERREIRA FILHO, Manoel Gonçalves. *O Futuro do Estado* in *Revista da Escola Paulista da Magistratura*, nº 4, 1999, p. 91.

70 CALERA, Nicolás María López. *Eu, o Estado*. Madrid: Trotta, 1992, p. 15.

71 MORAES, Guilherme Peña de. *Readequação Constitucional do Estado Moderno: transformações do conceito de Estado no Direito Constitucional do limiar do século XXI*. Rio de Janeiro: Lumen Juris, 2006, p. 91.

72 PAUPÉRIO, Arthur Machado. *O Conceito Polêmico de Soberania e sua Revisão Contemporânea*. Rio de Janeiro: Irmãos Pongetti, 1949, p. 186.

73 Manoel Gonçalves Ferreira Filho vislumbra que "os Estados existentes não desaparecerão, mas terão de associar-se (ou integrar-se) em entes políticos maiores, quer dizer, em 'Comunidades de Estados'. Estas tenderão a coincidir com as grandes culturas que dividem o mundo. Haverá, portanto, uma pluralidade de 'Comunidades de Estados', não um 'Estado Universal'. Exatamente a persistência das grandes culturas consiste num óbice, atualmente impossível de superar, para essa unificação. Paradoxalmente, ocorrerá, no seio das 'Comunidades de Estados', uma revivescência e um fortalecimento dos particularismos. Os Estados associados às Comunidades terão, por isso, de aceitar uma autonomia em favor de regiões ou de minorias". Contrariamente, Celso Ribeiro Bastos visualiza "o surgimento de uma espécie de governo mundial, com o inevitável enfraquecimento dos poderes soberanos dos Estados, a quem caberá fazer a aplicação das diretrizes e normas estatuídas pelo governo mundial. Países federalistas, como o Brasil, deverão assistir também a um relativo enfraquecimento dos seus Estados-membros e Municípios, vez que haverá políticas que terão uma abrangência mundial e, consequentemente, esses

---

entes menores deverão fazer, o mais das vezes, a aplicação dessas normas". FERREIRA FILHO, Manoel Gonçalves. *O Futuro do Estado e o Estado do Futuro* in *Aspectos do Direito Constitucional Contemporâneo*. São Paulo: Saraiva, 2003, p. 151, e BASTOS, Celso Ribeiro. *Da Reconfiguração do Estado* in *As Tendências do Direito Público no Limiar de um Novo Milênio*. São Paulo: Saraiva, 2000, p. 237. V., também, sobre o tema: FERREIRA FILHO, Manoel Gonçalves. *As Tendências do Direito Constitucional Contemporâneo* in *Lições de Direito Constitucional em Homenagem ao Jurista Celso Ribeiro Bastos*. São Paulo: Saraiva, 2005, p. 937-939.

[74] Sobre a prospectiva do Estado, na doutrina alemã, v.: FORSTHOFF, Ernst. *Modernstaat im Wandel*. Stuttgart: Kohlhammer, 1964, p. 65; na doutrina argentina, v.: BONETTO, María. *Las Transformaciones del Estado*. 2ª ed. Córdoba: Advocatus, 2003, p. 24; na doutrina espanhola, v.: PELAYO, Manuel. *Las Transformaciones del Estado Contemporáneo*. Madrid: Alianza, 1977, p. 29; na doutrina francesa, v.: ROSANVALLON, Pierre. *La Crise de l'Etat Moderne*. Paris: Seuil, 1981, p. 76; na doutrina italiana, v.: ROMANO, Santi. *Lo Stato Moderno e la sua Crisi*. Milano: Giuffrè, 1969, p. 21; na doutrina mexicana, v.: REVUELTAS, Andrea. *Las Transformaciones del Estado*. México: Universidad Autónoma Metropolitana, 1996, p. 15; na doutrina norte-americana, v.: POGGI, Gianfranco. *The Crise of the Modern State*. Palo Alto: Standford University Press, 1978, p. 98, e, na doutrina portuguesa, v.: MURTEIRA, Mário. *A Crise do Estado*. Lisboa: Economia e Socialismo, 1985, p. 3. V., também, na doutrina brasileira: CASSESE, Sabino. *A Crise do Estado*. Campinas: Saberes, 2010, p. 145; GARCÍA, Manuel. *As Transformações do Estado*. Porto Alegre: Dom Quixote, 2007, p. 9; GUERRA, Sérgio. *As Transformações do Estado*. Rio de Janeiro: FGV, 2009, p. 13; NOVAES, Adauto. *A Crise do Estado*. Rio de Janeiro: Civilização Brasileira, 2003, p. 14; PEREIRA, Luiz. *A Crise do Estado*. São Paulo: Nobel, 1997, p. 34; PEREZ, Augusto. *As Transformações do Estado*. Franca: UNESP, 1998, p. 4; SILVA, Jairo. *As Transformações do Estado*. João Pessoa: Ideia, 2005, p. 54, e VELLOSO, João. *A Crise do Estado*. São Paulo: José Olympio, 1992, p. 7.

Capítulo 20

FORMAS DE ESTADO

Acesse e assista à aula explicativa sobre este assunto.

> *https://uqr.to/14ugm*

1 CONCEITO

O Estado, à luz da divisão territorial do poder político, é classificado em Estado unitário e Estado composto.

O **Estado unitário** é formado por uma entidade estatal, em razão da inexistência de descentralização política, de maneira que há a possibilidade de que a relação entre o poder central e os poderes regionais e locais seja influenciada pela subordinação de um nível de poder ao outro. A propósito, o Estado unitário é fracionado em *Estado unitário centralizado* e *Estado unitário descentralizado*, na medida em que naquele não há descentralização administrativa, sendo identificado pela existência da Administração Pública central, inocorrendo exemplo no Direito Comparado, enquanto neste há descentralização administrativa, sendo individualizado pela existência de Administrações Públicas regionais e locais, como, por exemplo, a França.[1]

O **Estado composto** é fundado por mais de uma entidade estatal, em virtude da existência de descentralização política, de sorte que a relação entre o poder central e os poderes regionais e locais é informada pela coordenação entre os níveis de poder. A respeito, o Estado composto é fragmentado em *confederação* e *federação*, uma vez que numa há pluralidade de soberanias, cujo fundamento de validade consiste em Tratado internacional, tal como a Confederação Germânica, entre 1815 e 1866, e os Emirados Árabes Unidos, desde 1971, ao passo que noutra há unidade de soberania e pluralidade

---

1 DELCAMP, Alain. *La Décentralisation dix ans après*. Paris: Librairie Générale de Droit et Jurisprudence, 1996, p. 18. V., também, do mesmo autor: *Evolution du Fédéralisme, du Regionalisme et de la Decentralisation* in *La Diversification des Formes et des Structures Étatiques en Europe*. Tokyo: IV Congrès Mondial de Droit Constitutionnel, 1995, p. 6.

de autonomias, cujo fundamento de validade corresponde à Constituição nacional, tal como os Estados Unidos da América[2] e o Brasil.[3]

Outrossim, a mais autorizada doutrina tem admitido a existência de outras duas formas de organização territorial, representadas pelo Estado Regional (exemplo: Itália) e Estado Autonômico (exemplo: Espanha). Por um lado, quanto ao grau de descentralização, os Estados Regional e Autonômico são aproximados, porquanto, em ambos, o poder central, malgrado disponha de competência legislativa constitucional, atribui competência administrativa, bem assim competência legislativa ordinária, aos poderes regionais e locais, para que elaborem os seus estatutos político-administrativos, de arte que não há a configuração de poder constituinte derivado.[4] Por outro lado, quanto ao modo de organização, os Estados Regional e Autonômico estão afastados, porque no primeiro a iniciativa para o estabelecimento das regiões autônomas cabe ao poder central, pelo instrumento da lei nacional, que autoriza a elaboração de estatutos político-administrativos pelos poderes regionais e locais, à proporção que no segundo a iniciativa para o estabelecimento das regiões autônomas cumpre aos poderes regionais e locais, por intermédio dos estatutos político-administrativos, que incorpora a competência legislativa ordinária atribuída pelo poder central, submetidos à aprovação pelo parlamento nacional.[5, 6]

2 ESTADO FEDERAL

A federação é conceituada como forma de estado, singularizada pela existência de duas espécies de **ordens jurídicas**, a **federal**, imanente ao *poder central*, e as **federadas**, inerentes aos *poderes regionais e locais*, recobertos pelos atributos da soberania e autonomia.[7]

---

[2] ELAZAR, Daniel. *Exploring Federalism*. Tuscaloosa: University of Alabama Press, 1987, p. 8. V., também, do mesmo autor: *Federal Systems of the World* in *Handbook of Federal, Confederal and Autonomy Arragements*, nº 1, 1994, p. 21.

[3] BARACHO, José Alfredo de Oliveira. *Teoria Geral do Federalismo*. Rio de Janeiro: Forense, 1986, p. 24. V., também, do mesmo autor: *Novos Rumos do Federalismo* in *Revista de Direito Público*, nº 65, 1983, p. 98.

[4] D'AMICO, Renato. *L'Apparato Amministrativo della Regione*. Bologna: Mulino, 1978, p. 19. V., também, do mesmo autor: *La Potesta Legislativa delle Regione* in *Rivista Mensali di Studi Politici*, nº 9, 1972, p. 59.

[5] BADIA, Juan Ferrando. *El Estado Unitario, el Estado Federal y el Estado Autonómico*. Madrid: Tecnos, 1986, p. 9. V., também, do mesmo autor: *Del Estado Unitario al Estado Autonómico: su processo* in *Revista del Departamiento de Derecho Político*, nº 5, 1986, p. 77.

[6] MAGALHÃES, José Luiz Quadros de. *Direito Constitucional*. v. II. Belo Horizonte: Mandamentos, 2002, p. 70-76; *Teoria do Estado, Democracia e Poder Local*. 2ª ed. Rio de Janeiro: Lumen Juris, 2002, p. 31-36; *Pacto Federativo*. Belo Horizonte: Mandamentos, 2000, p. 13-21, e *Debates da Teoria do Estado*. Belo Horizonte: UFMG, 1995, p. 3-7.

[7] BARROSO, Luís Roberto. *Temas de Direito Constitucional*. v. I. Rio de Janeiro: Renovar, 2001, p. 142; *Temas de Direito Constitucional*. v. II. Rio de Janeiro: Renovar, 2003, p. 119; *Direito Constitucional e a Efetividade de suas Normas: limites e possibilidades da Constituição brasileira*. 2ª ed. Rio de Janeiro: Renovar, 1993, p. 257, e *Direito Constitucional Brasileiro: o problema da federação*. Rio de Janeiro: Forense, 1982, p. 17.

2.1 Histórico

A origem da federação é bipartida em direta e indireta.

Mediatamente, o Estado federal, como pode se depreender da mitologia grega, é originário da federação Ática que Teseu, ao suceder Egeu no trono do Reino de Atenas, teria fundado no Pritaneo (*Πρυτανεῖον*). Filho de Egeu, rei de Atenas, e de Etra, filha de Piteu, rei de Trezena, na Argólida, o grande herói ateniense teria unido a península limitada pelos golfos de Pétalion e Sarónico, em virtude da instauração do Senado, do uso da moeda e das festas Panateneias e jogos Ístmicos (*Ἴσθμια*).[8]

Imediatamente, o Estado federal é oriundo da federação estadunidense. Com efeito, a federação norte-americana foi engendrada durante a Convenção Constitucional realizada na cidade da Philadelphia, entre os dias 25 de maio e 17 de setembro de 1787, com a participação de delegados da Carolina do Norte, Carolina do Sul, Connecticut, Delaware, Maryland, Massachusetts, New Hampshire, New Jersey, New York, Pennsylvania, Virginia e Georgia. No decurso dos trabalhos, o Plano Virginia, redigido por Edmund Randolf, e o Plano New Jersey, relatado por William Paterson, foram deliberados na Convenção, que, ao final, houve por bem aprovar o Compromisso de Connecticut ou Grande Compromisso, resumido por Roger Sherman, segundo o qual "a proporção de sufrágio, na primeira câmara, deverá corresponder ao número de habitantes e, na segunda câmara legislativa, cada Estado deverá ter um voto e nada mais". Em 21 de junho de 1788, a Constituição estadunidense, que havia sido subscrita por 39 dos 55 delegados da Convenção Constitucional, foi ratificada, sob o influxo de 85 artigos publicados pelo *The Independent Journal* e *The New York Pocket*,[9] de Alexander Hamilton, James Madison e John Jay,[10] reunidos sob o título bibliográfico de "*The Federalist Papers*",[11] sendo certo que, atualmente, há 23 federações ao redor do mundo (Alemanha, Argentina, Austrália, Áustria, Bélgica, Bósnia e Herzegovina, Brasil, Canadá, Comores, Estados Unidos da América, Etiópia, Índia, Iraque, Malásia, México, Micronésia, Nepal, Nigéria, Paquistão, Rússia, Sudão, Suíça e Venezuela).[12]

2.2 Tipologia

O Estado federal é sujeito às mais diversas classificações.

Federalismo simétrico e federalismo assimétrico, dado que a simetria é traduzida pela "uniformidade nas relações dos Estados-membros com o sistema como um todo, com a autoridade federal e com os outros Estados-membros".[13]

---

8 GRAVES, Robert. *The Greek Myths: the definitive retelling*. 2ª ed. v. I. London: Penguin Books, 2011, p. 349-352.

9 EPSTEIN, David. *The Political Theory of the Federalist*. Chicago: University of Chicago Press, 1984, p. 62.

10 MEYERSON, Michael. *Liberty's Blueprint: how Hamilton, Madison and Jay wrote the Federalist Papers, defined the Constitution and made democracy safe for the world*. New York: Basic Books, 2008, p. 72.

11 JACKSON, Kenneth. *The Encyclopedia of New York City: the New York Historical Society*. New Haven: Yale University Press, 1995, p. 194.

12 KAREKLAS, Iacovos. *Constitutional Law and Federations*. Blue Ridge Summit: Lexington, 2021, p. 22.

13 RAMOS, Dircêo Torrecillas. *O Federalismo Assimétrico*. 2ª ed. Rio de Janeiro: Forense, 2000, p. 62.

Federalismo centrífugo e federalismo centrípeto, já que aquele é distanciado do centro de governo, originado da segregação de Estado unitário, ao passo que este é dirigido ao centro de governo, oriundo da agregação em Estado composto.[14]

Federalismo de primeira geração, influenciado pelo modelo norte-americano do século XIX, federalismo de segunda geração, inspirado pelo modelo europeu-continental do início do século XX, e federalismo de terceira geração, no qual Estados unitários transformaram-se em Estados federais durante o final do século XX, como, por exemplo, se sucedeu no Reino da Bélgica.[15]

Federalismo de dois níveis e federalismo de quatro níveis, posto que um é o em que a autonomia política é evidenciada, unicamente, na União e nos Estados, enquanto o outro é o em que a autonomia política é estendida, também, ao Distrito Federal e aos Municípios.[16]

Federalismo dualista, federalismo cooperativo e federalismo de integração, visto que o primeiro é delineado pela repartição de competências em plano horizontal, de forma que as entidades federativas são estanques, o segundo é desenhado pela repartição de competências em plano vertical, de modo que as entidades federativas são coordenadas, e o terceiro é distinguido pela predominância da União sobre as demais unidades da federação.[17]

Em face do exposto, o federalismo brasileiro na atualidade pretende ser simétrico e centrífugo, como também de quatro níveis e cooperativo.[18]

2.3 Características

A constituição da federação requer: (i) a união de entidades políticas autônomas, simbolizada pelo vínculo indissolúvel entre os entes federativos, revestidos de auto-

---

14 MELLO, José Luiz de Anhaia. *O Estado Federal e suas Novas Perspectivas*. São Paulo: Max Limonad, 1960, p. 92.

15 O Reino da Bélgica, na sistemática da Constituição ab-rogada, de 7 de fevereiro de 1831, era qualificado como Estado unitário. Atualmente, o art. 1º da Constituição belga, de 17 de fevereiro de 1994, preceitua que o "Reino da Bélgica é um Estado federal que se compõe de comunidades e de regiões" (Região da Valônia, Região Flamenga e Região de Bruxelas - Capital). SOUSA, Marcelo Rebelo de. *As Formas de Organização do Estado – Unitário, Federal, Regional – e as suas Implicações ao Nível da Organização do Controlo Financeiro. A Estrutura do Estado* in *Jornadas da Organização Europeia de Entidades Fiscalizadoras Superiores*. Funchal: Eurosai, 2001, p. 40.

16 MORBIDELLI, Janice Helena Ferreri. *Um Novo Pacto Federativo para o Brasil*. São Paulo: Celso Bastos, 1999, p. 210.

17 BASTOS, Celso Ribeiro. *Por uma Nova Federação*. São Paulo: Revista dos Tribunais, 1995, p. 96.

18 O federalismo é detentor de outros títulos, como, por exemplo, as práticas interativas do "federalismo polifônico", de Robert Schapiro, a governança corporativa sobre o qual versa o "federalismo corporativo", de Christopher M. Bruner, os colégios eleitorais do "federalismo magro", de Paul Boudreaux, e a mudança climática a que se refere o "federalismo diagonal", de Hari M. Osofsky. SCHAPIRO, Robert. *Polyphonic Federalism: state constitutions in the federal courts* in *California Law Review*, nº 87, 1999, p. 1409; BRUNER, Christopher M. *Managing Corporate Federalism: the least-bad approach to the shareholder bylaw debate* in *Delaware Journal of Corporate Law*, nº 36, 2011, p. 1 e 26; BOUDREAUX, Paul. *The Electoral College and its Meager Federalism* in *Marquette Law Review*, nº 88, 2004, p. 195, e OSOFSKY, Hari M. *Diagonal Federalism and Climate Change Implications for the Obama Administration* in *Alabama Law Review*, nº 62, 2011, p. 237-238.

-organização, autogoverno e autoadministração; (ii) o bicameralismo, de maneira a possibilitar a participação da vontade parcial (regional) na formação da vontade geral (nacional), e (iii) a repartição constitucional de competências.[19] Ademais, a conservação da federação requer: (iv) a existência de órgão competente para a promoção do controle de constitucionalidade de leis e atos normativos; (v) as limitações ao poder constituinte decorrente e (vi) a intervenção federal,[20] tendo o Supremo Tribunal Federal deixado consignado que "ao conceito de federação correspondem algumas características específicas de identificação, tais quais a discriminação constitucional das esferas de competência da ordem central e das ordens descentralizadas; a inclusão na última da autonomia constitucional dos Estados-membros; a rigidez da Constituição Federal e a garantia de sua efetividade por um mecanismo eficaz dedicado ao controle de constitucionalidade, perante ela, das normas do ordenamento central e dos ordenamentos descentralizados, além, geralmente, da participação dos Estados federados – quase sempre por sua igual representação no Senado – no processo de formação do direito federal".[21]

2.3.1 União de entidades políticas autônomas, simbolizada pelo vínculo indissolúvel entre os entes federativos, revestidos de auto-organização, autogoverno e autoadministração

A federação é constituída pela existência de um Estado soberano, integrado por dois ou mais Estados autônomos, por meio do vínculo federativo.[22]

Nessa ordem de ideias, a **autonomia** é definida como capacidade de autodeterminação, própria do ente da federação, no círculo de competência traçado pela Constituição, exteriorizada pela tríplice capacidade: autoadministração, autogoverno e auto-organização. A *autoadministração* exprime a capacidade da unidade federada para aplicar o Direito Positivo, assim como prestar os serviços públicos que lhe sejam afetos. O *autogoverno* expressa a capacidade da unidade federada para escolher os agentes públicos que irão desempenhar as funções administrativa, legislativa e jurisdicional. A *auto-organização* explicita a capacidade da unidade federada para elaborar a sua Constituição, bem como instituir os órgãos supremos do Governo local.[23]

---

[19] TEMER, Michel. *Elementos de Direito Constitucional*. 14ª ed. São Paulo: Malheiros, 1998, p. 65.

[20] TEIXEIRA, José Horácio Meirelles. *Curso de Direito Constitucional*. Rio de Janeiro: Forense Universitária, 1991, p. 622.

[21] STF, ADIn nº 2.024, Rel. Min. Sepúlveda Pertence, j. 27.10.1999, *DJU* 27.10.1999.

[22] HORTA, Raul Machado. *A Autonomia do Estado-Membro no Direito Constitucional Brasileiro*. Belo Horizonte: Estabelecimentos Gráficos Santa Maria, 1964, p. 27.

[23] O vínculo federativo é indissolúvel, eis que a federação não aceita a secessão. Em consequência, a "União" é descrita como entidade federativa autônoma, enquanto a "união" é destacada como vínculo federativo indissolúvel, sob pena de intervenção federal em caso de movimento que atente contra a integridade nacional, na forma dos arts. 1º e 18 da CRFB. FERREIRA FILHO, Manoel Gonçalves. *O Estado Federal Brasileiro* in *Revista da Faculdade de Direito da Universidade de São Paulo*, nº 77, 1982, p. 121.

2.3.2 *Bicameralismo, de maneira a possibilitar a participação da vontade parcial (regional) na formação da vontade geral (nacional)*

A federação é construída pela participação da vontade parcial (regional) na formação da vontade geral (nacional), no âmbito do Congresso Nacional, mediante a produção de leis.

Com referência ao **Congresso Nacional**, há a dicotomia entre o bicameralismo aristocrático, no qual um dos órgãos legislativos representa uma classe social, como, por exemplo, o inglês; o bicameralismo federativo, no qual um dos órgãos legislativos representa as entidades federativas, tal como o brasileiro; o bicameralismo sistemático, no qual um dos órgãos legislativos modera os excessos da representação política, como, por exemplo, o francês, e o bicameralismo técnico, no qual um dos órgãos legislativos presta assessoria técnica, tal como o austríaco. Por conseguinte, no bicameralismo brasileiro, o Poder Legislativo federal é composto por *Câmara dos Deputados* ou órgão legislativo popular, motivo pelo qual os representantes do povo, eleitos pelo sistema de escrutínio proporcional, estão dispersos em número desigual entre os Estados e Distrito Federal, e *Senado Federal* ou órgão legislativo federativo, razão pela qual os representantes das entidades políticas, eleitos pelo sistema de escrutínio majoritário, estão dispostos em número igual entre os Estados e o Distrito Federal.[24]

Com relação às **leis**, há a diferenciação entre lei nacional, que exibe a vontade precípua da Federação, alcançando a totalidade dos habitantes do território nacional, e lei federal, que expõe a vontade prevalecente da União, atingindo os seus jurisdicionados. Por consequente, à guisa de exemplificação, as leis civis, comerciais, penais, processuais, eleitorais, agrárias, marítimas, aeronáuticas, espaciais e trabalhistas consistem em *leis nacionais*, ao passo que as leis pertinentes ao regime jurídico dos servidores públicos, civis ou militares, da União correspondem a *leis federais*.[25]

Destarte, considerando a paridade de representação, é da atribuição do Senado Federal moderar a atividade legislativa da Câmara dos Deputados, com o escopo de manter o equilíbrio federativo.[26]

2.3.3 *Repartição constitucional de competências*

A federação é consubstanciada pela repartição constitucional de competências, isto é, a medida do poder político do Estado federal,[27] de sorte que as matérias de prevalecente interesse nacional, regional e local tocam à União, Estados e Municípios, respectivamente, a teor do princípio da predominância do interesse entre as entidades federativas.[28]

---

24 FERREIRA FILHO, Manoel Gonçalves. *Do Processo Legislativo*. 3ª ed. São Paulo: Saraiva, 1995, p. 61.

25 SILVA, José Afonso da. *Princípios do Processo de Formação das Leis no Direito Constitucional*. São Paulo: Revista dos Tribunais, 1964, p. 57-60.

26 O Senado Federal, em regra, funciona como casa revisora no processo legislativo, nos termos dos arts. 61, § 2º, e 64, *caput*, da CRFB. FRONTINI, Paulo Salvador. *Processo Legislativo: visão atual da competência dos Poderes Executivo e Legislativo em tema de elaboração legislativa* in *Justitia*, nº 105, 1979, p. 31.

27 AGUIAR, Joaquim Castro. *Competência e Autonomia dos Municípios na Nova Constituição*. Rio de Janeiro: Forense, 1993, p. 3.

28 ALMEIDA, Fernanda Dias Menezes de. *Competências na Constituição de 1988*. São Paulo: Atlas, 1991, p. 32.

A **repartição de competências no Direito Constitucional comparado** é decomposta em três paradigmas.

A *Índia*, em atenção aos arts. 246, nºs 1 e 2, e 248, nº 1, da Constituição hindu, demonstra uma enumeração exaustiva das competências da totalidade das entidades federativas:[29] "o Parlamento nacional e as Legislaturas estaduais detêm a possibilidade de elaboração das normas legais acerca das matérias expressas nas Listas I e II do Adendo XVII. A União dispõe de competência legislativa sobre as matérias que não tenham sido externadas na Lista dos Estados".[30]

O *Canadá*, em concordância com o art. 91 da Constituição inuita, desencadeia uma enumeração das competências dos Estados, reservadas as competências remanescentes à União:[31] "compete à Coroa, sob consulta e com a chancela do Senado e da Câmara dos Comuns, editar normas em prol da paz, da ordem e da estabilidade governamental do Canadá, concernentes a todos os assuntos que não advindos da classe de matérias que, por força deste Ato, são outorgadas, de forma exclusiva, aos Legislativos das Províncias".[32]

Os *Estados Unidos da América*, em congruência com o art. 1º, seção 8, nº 18, da Constituição estadunidense, assim como a X Emenda norte-americana, desenvolvem uma enumeração das competências da União, reservadas as competências remanescentes aos Estados:[33] "o Congresso terá competência para elaborar todas as leis necessárias e adequadas ao exercício dos poderes citados e de todos os outros poderes conferidos por esta Constituição ao Governo dos Estados Unidos, ou qualquer de seus departamentos ou funcionários", bem como "os poderes não delegados pela Constituição aos Estados Unidos, nem por ela proibidos aos Estados, são reservados aos Estados respectivos ou ao povo",[34] tendo a Suprema Corte formulado a teoria dos poderes implícitos, de molde que, "além dos poderes expressamente enunciados, seriam também indispensáveis à União os poderes implícitos, quer dizer, aqueles que fossem instrumentais ao atingimento das finalidades expressamente enunciadas".[35]

A **repartição de competências no Direito Constitucional brasileiro**, cuja origem encontrar-se-ia no art. 10 da Constituição da República, de 16 de julho de 1934,[36] é desmembrada em dois planos espaciais.

---

29 DORÉ, Francis. *Les Regimes Politiques en Asie*. Paris: Presses Universitaires de France, 1973, p. 465.

30 KHAN, Rahmatullah. *Le Fédéralisme et le Développement des Ordres Juridiques*. Bruxelles: Emile Bruylant, 1971, p. 103.

31 STEVENSON, Garth. *Canadian Federalism*. Toronto: McClelland & Stewart, 1989, p. 39.

32 WALLER, Harold. *Canadian Federalism. From Crisis to Constitution*. Lanham, M.D.: University Press of America, 1984, p. 51.

33 ELAZAR, Daniel. *American Federalism*. 3ª ed. New York: Harper and Row, 1984, p. 23.

34 SCHWARTZ, Bernard. *American Federalism. A Contemporary View*. New York: Oxford University Press, 1984, p. 74.

35 McCulloch v. Maryland, 4 Wheat. 316 (1819).

36 Constituição da República dos Estados Unidos do Brasil, art. 10: "Compete concorrentemente à União e aos Estados velar na guarda da Constituição e das leis; cuidar da saúde e assistência públicas; proteger as belezas naturais e os monumentos de valor histórico ou artístico, podendo impedir a evasão de obras de arte; promover a colonização; fiscalizar a aplicação das leis sociais; difundir a instrução pública em todos os seus graus; criar outros impostos, além dos que lhes são atribuídos privativamente. A arrecadação dos impostos será feita pelos Estados,

A *repartição de competências em plano horizontal* implica a compartimentação do poder político no Estado federal, pela disseminação de matérias distintas entre as entidades federativas, encerrando as competências exclusiva e privativa de cada unidade da federação. Em outras palavras: a competência exclusiva é indelegável, enquanto a competência privativa é delegável a outro ente estatal, uma vez satisfeitas todas as condições ao deslocamento da competência federativa do delegante para o delegatário.

A *repartição de competências em plano vertical* importa o compartilhamento do poder político no Estado federal, pela distribuição de matérias idênticas entre as entidades federativas, englobando as competências comum e concorrente entre todas as unidades da federação. Em outros termos: a competência comum é cumulativa, pois as atividades dos poderes nacional, regional e local não são excludentes, ou seja, a atuação de um ente federado pode ser adicionada à de outro, enquanto a competência concorrente não é cumulativa entre as entidades políticas, ou melhor, a atividade de um ente federativo deve ser subtraída pela de outro, porque a atuação do poder nacional exclui a atividade supletiva dos poderes regional e local na elaboração de normas gerais – princípios que incidem uniformemente no território nacional cabendo aos Estados, Distrito Federal e Municípios complementá-las, mediante a elaboração de normas específicas – regras que objetivam adaptar os princípios às necessidades e particularidades regionais e locais.[37]

Em resumo, o art. 21 enumera a competência exclusiva da União, ao passo que o art. 22 expressa a competência privativa da União, como também o art. 23 firma a competência comum da União, Estados, Distrito Federal e Municípios, à proporção que o art. 24 fixa a competência concorrente entre a União, Estados e Distrito Federal.[38] A doutrina que se nos afigura mais recomendada tem salientado que os Municípios são providos de competência concorrente, cumprindo-lhes a edição complementar de normas específicas e, na hipótese de inexistência de normas gerais, a produção normativa de caráter supletivo, para o atendimento das necessidades e peculiaridades locais, com espeque no art. 30, inc. II,[39] tanto mais quando a própria Constituição da República em algumas oportunidades, como, por exemplo, as dos arts. 219-B, §§ 1º e 2º, e 241, defere a todas as entidades federativas (União, Estados, Distrito Federal e Municípios) competência para legislarem concorrentemente sobre as matérias de que trata.[40] A jurispru-

---

que entregarão, dentro do primeiro trimestre do exercício seguinte, 30% à União e 20% aos Municípios de onde tenham provindo. Se o Estado faltar ao pagamento das cotas devidas à União ou aos Municípios, o lançamento e a arrecadação passarão a ser feitos pelo Governo federal, que atribuirá, nesse caso, 30% ao Estado e 20% aos Municípios". Disponível em: <http://www.planalto.gov.br>. Acesso em: 15.9.2012.

37 VELLOSO, Carlos Mário da Silva. *Estado Federal e Estados Federados na Constituição Brasileira. O Equilíbrio Federativo* in *Temas de Direito Público*. Belo Horizonte: Del Rey, 1994, p. 368-369.

38 MOREIRA NETO, Diogo de Figueiredo. *Competência Concorrente Limitada. O Problema da Conciliação das Normas Gerais* in *Revista de Informação Legislativa*, nº 100, 1988, p. 127, e BORGES, Alice Gonzalez. *Normas Gerais nas Licitações e Contratos Administrativos* in *Revista Trimestral de Direito Público*, nº 16, 1996, p. 81.

39 BASTOS, Celso Ribeiro. *O Município: sua evolução histórica e suas atuais competências* in *Cadernos de Direito Constitucional e Ciência Política*, nº 1, 1992, p. 61, e MELLO, Celso Antônio Bandeira de. *Discriminação Constitucional de Competências Legislativas: a competência municipal* in *Estudos em Homenagem a Geraldo Ataliba*, nº 2, 1997, p. 276.

40 MARQUES NETO, Floriano de Azevedo. *Os Consórcios Públicos* in *Revista de Direito do Estado*, nº 2, 2006, p. 301, 304, 319 e 322, e BORGES, Alice Gonzalez. *Os Consórcios Públicos na sua Legislação Reguladora* in *Interesse Público*, nº 32, 2005, p. 227-248.

dência tem orientação no sentido de "nos casos em que a dúvida sobre a competência legislativa recai sobre norma que abrange mais de um tema, deve o intérprete acolher interpretação que não tolha a competência que detêm os entes menores para dispor sobre determinada matéria (*presumption against preemption*)", resguardada a possibilidade de se afastar a presunção constitucional "se a lei federal ou estadual claramente indicar, de forma necessária, adequada e razoável, que os efeitos de sua aplicação excluem o poder de complementação que detêm os entes menores (*clear statement rule*)".[41, 42, 43]

2.3.4 Existência de órgão competente para a promoção do controle de constitucionalidade de leis e atos normativos em face da Constituição

A federação é conservada pela existência de órgão incumbido do exercício da jurisdição constitucional, na medida em que enseja a invalidação das regras infraconstitucionais, provenientes das unidades federativas em desconformidade vertical, sob o(s) aspecto(s) formal e/ou material, com as regras constitucionais que veiculam o princípio federativo, independentemente da natureza do órgão e momento do exercício do controle de constitucionalidade.[44]

Pelo ângulo da **natureza do órgão**, há a distinção entre *controle político*, praticado por órgão excluído do Poder Judiciário, e *controle judicial*, processado por órgão incluído no Poder Judiciário.[45]

Pelo ângulo do **momento do exercício**, há a divisão entre *controle preventivo*, realizado sobre proposta de emenda ou projeto de lei, não tendo a norma adquirido vigência, e *controle repressivo*, reclamado sobre Emenda ou Lei, tendo a norma adquirido vigência, com o desiderato de elidir a presunção relativa de validade ou confirmá-la em presunção absoluta de validade.[46]

Por fim, a tipologia do controle de constitucionalidade judicial e repressivo é alicerçada no critério do número de órgãos, em conformidade com o qual a validade das normas originárias dos entes da federação é submetida ao controle difuso, promovido perante todos os juízos e tribunais, e controle concentrado, provocado perante um órgão judicial, bem assim no critério do modo de exercício, em consonância com o qual a validade das normas oriundas das entidades da federação é sujeita ao controle incidental, requerido como via de exceção, no qual a questão constitucional é suscitada como causa de pedir, devendo a inconstitucionalidade ser declarada na fundamentação da decisão, não fazendo, por conseguinte, coisa julgada material, cuja finalidade é subtrair certo

---

41 STF, ADIn nº 6.204, Rel. Min. Edson Fachin, j. 21.2.2020, *DJU* 27.3.2020, e STF, ADIn nº 2.902, Rel. Min. Edson Fachin, j. 4.5.2020, *DJU* 12.6.2020.

42 A repartição constitucional de competências é objeto de outras classificações, como a que reputa a medida do poder político do Estado federal como administrativa, legislativa ou tributária, de acordo com o critério da matéria a ser tratada pela entidade federativa. FERRARI, Regina Maria Macedo Nery. *A Repartição de Competências na Federação Brasileira* in *Revista dos Tribunais*, nº 762, 1999, p. 121.

43 Para o estudo das competências de cada unidade da federação, v.: Capítulos 21, 22, 23 e 24.

44 NEVES, Marcelo. *Teoria da Inconstitucionalidade das Leis*. São Paulo: Saraiva, 1988, p. 74.

45 MENDES, Gilmar Ferreira. *Controle de Constitucionalidade: aspectos jurídicos e políticos*. São Paulo: Saraiva, 1990, p. 6.

46 CLÈVE, Clèmerson Merlin. *A Fiscalização Abstrata da Constitucionalidade no Direito Brasileiro*. 2ª ed. São Paulo: Revista dos Tribunais, 2000, p. 34.

caso concreto da incidência da norma reputada de inconstitucional, e controle principal, requestado como via de ação direta, no qual a questão constitucional é suscitada como pedido, devendo a inconstitucionalidade ser declarada no dispositivo da decisão, fazendo, por consequência, coisa julgada material, cuja finalidade é aferir, em tese, a constitucionalidade da norma cuja constitucionalidade é controvertida.[47]

2.3.5 *Limitações ao poder constituinte derivado*

A federação é continuada pelos limites do poder de instituição estadual, divididos em princípios constitucionais sensíveis ou enumerados, estabelecidos ou organizatórios e extensíveis.[48]

Os **princípios sensíveis** são expressos na Constituição da República, posto que constituem o *fundamento da organização jurídica do Estado federal*, com o escopo de assegurar o equilíbrio federativo, sob pena da decretação de intervenção, compreendendo a forma republicana, sistema representativo, regime democrático, direitos humanos, autonomia municipal e prestação de contas da Administração Pública, direta e indireta.

Os **princípios estabelecidos** são extraídos da Constituição da República, visto que contribuem para a *limitação da auto-organização dos Estados federados*, de modo expresso, implícito ou decorrente. As limitações expressas são expungidas de normas definidas na Carta Magna, podendo ser recobertas de natureza mandatória ou vedatórias, tendo em mira que aquelas obrigam a absorção de certos princípios pelas Constituições dos Estados, ao passo que estas proíbem a aceitação de determinados atos e procedimentos pelos Estados federados. As limitações implícitas são expurgadas de normas esparsas na Lei Fundamental. As limitações decorrentes são extirpadas do texto constitucional globalmente considerado, como, por exemplo, a dignidade da pessoa humana e igualdade constitucional dos entes federativos.

Os **princípios extensíveis** são *normas de organização da União, suscetíveis de aplicação obrigatória pelos Estados*, tal como o princípio pelo qual o subsídio mensal dos Desembargadores dos Tribunais de Justiça não pode exceder a 90, 25% da retribuição pecuniária dos Ministros do Supremo Tribunal Federal.[49, 50]

---

47 O sistema brasileiro de controle de constitucionalidade é dual ou paralelo, ao argumento de que coexistem todas as espécies e modalidades admitidas em Direito Comparado. BARROSO, Luís Roberto. *Conceitos Fundamentais sobre o Controle de Constitucionalidade e a Jurisprudência do Supremo Tribunal Federal* in *O Controle de Constitucionalidade e a Lei nº 9.868/99*. Rio de Janeiro: Lumen Juris, 2001, p. 245-246.

48 NUNES, José de Castro. *As Constituições Estaduais do Brasil*. v. I. Rio de Janeiro: Leite Ribeiro, 1922, p. 70.

49 TRIGUEIRO, Oswaldo. *Direito Constitucional Estadual*. Rio de Janeiro: Forense, 1980, p. 13.

50 O desempenho do poder de instituição estadual, limitado pelos princípios constitucionais sensíveis ou enumerados, estabelecidos ou organizatórios e extensíveis, importa na elaboração de normas de imitação ou reprodução da Constituição da República, formalizadas pela Constituição do Estado, porquanto "as normas de reprodução resultam do caráter compulsório de disposição constitucional superior, quando as normas de imitação revelam a adesão voluntária do constituinte estadual a uma determinada disposição do texto da Constituição da Federação". GRUPENMACHER, Betina Treiger. *Poder Constituinte Decorrente e Autonomia do Estado-Membro no Direito Constitucional Brasileiro* in *Cadernos de Direito Constitucional e Ciência Política*, nº 16, 1996, p. 282.

2.3.6 *Intervenção federal*

A federação é contraposta à intervenção federal, ou seja, **procedimento político-administrativo de afastamento, temporário e excepcional, da autonomia política de determinada entidade federativa, com fundamento em hipóteses de cabimento enumeradas taxativamente na Constituição da República, instaurado de ofício pelo Chefe do Executivo, assim como a requerimento ou requisição de qualquer Poder do Estado.**[51] "A intervenção federal é um elemento fundamental, tanto na construção da doutrina do federalismo quanto na práxis do sistema federativo, a partir da consideração de que representa a própria negação da autonomia institucional reconhecida aos Estados-membros pela Carta Magna. O instituto mostra-se impregnado de múltiplas funções de ordem político-jurídica, destinadas (i) a tornar efetiva a intangibilidade do vínculo da federação, (ii) a fazer respeitar a integridade territorial das unidades federadas, (iii) a promover a unidade do Estado Federal e (iv) a preservar a incolumidade dos princípios fundamentais proclamados pela Lei Fundamental."[52]

2.3.6.1 Natureza jurídica

A intervenção federal é dotada da natureza jurídica de *procedimento político-administrativo*, deflagrado por ato praticado no exercício do poder, vinculado ou discricionário, em que se encontra investida a Chefia do Poder Executivo da entidade interveniente, sob a forma de decreto.[53]

Debruçando-se sobre o tema, não é cabível a interposição de recursos excepcionais contra os pronunciamentos jurisdicionais oriundos da intervenção federal, em razão da natureza político-administrativa do procedimento. Em tempo: "não cabe recurso extraordinário contra acórdãos prolatados em sede de procedimento de intervenção federal, dado que, em tal situação, a atividade desenvolvida pela Corte Judiciária não é de caráter jurisdicional, afastando, por isso mesmo, a possibilidade de reconhecimento da necessária existência de uma causa",[54] bem como "o *decisum* que determina a intervenção federal possui a natureza político-administrativa, não se expondo à impugnação por meio de recurso especial".[55]

Não se confunde a intervenção federal com o emprego das Forças Armadas no território nacional para os objetivos do art. 142 da CRFB. Nesta, há a atribuição de ação tópica à força federal sobre fatos perturbadores da lei e da ordem. Naquela, há a assunção do controle político-administrativo do Estado ou do Distrito Federal pela União.[56]

2.3.6.2 Características

As características da intervenção federal são sintetizadas pela *excepcionalidade* e *temporariedade*.

---

[51] GONÇALVES, Amílcar. *Quais os Limites da Intervenção nos Estados?* São Paulo: USP, 1922, p. 4.

[52] STF, IF nº 655, Rel. Min. Celso de Mello, j. 23.2.1999, *DJU* 11.3.1999.

[53] LEME, Ernesto. *A Intervenção Federal*. São Paulo: Revista dos Tribunais, 1930, p. 25.

[54] STF, AgRg nº 269.046, Rel. Min. Celso de Mello, j. 18.4.2000, *DJU* 8.6.2000.

[55] STJ, AgRg nº 241.393, Rel. Min. José Delgado, j. 9.11.1999, *DJU* 28.2.2000.

[56] STF, MS nº 23.766, Rel. Min. Nelson Jobim, j. 16.9.2000, *DJU* 21.9.2000.

O caráter excepcional denota que a intervenção federal é subordinada a pressupostos materiais e requisitos formais esboçados no texto constitucional, eis que o procedimento interventivo corresponde à exceção ao princípio da não intervenção de uma unidade da federação em outra.

O caráter temporário designa que a intervenção federal é sujeita ao intervalo de tempo necessário para afastar as causas que possam perturbar o equilíbrio federativo, já que o procedimento interventivo cessa assim que os seus motivos determinantes tenham desaparecido,[57] diante da constatação de que "a intervenção federal, na realidade, configura expressivo elemento de estabilização da ordem normativa plasmada na Constituição da República. É-lhe inerente a condição de instrumento de defesa dos postulados sobre os quais se estrutura, em nossos dias, a ordem republicano-federativa. Cabe destacar, neste ponto, o magistério doutrinário que, fundado na necessidade de respeito ao princípio federativo, adverte sobre a excepcionalidade da intervenção federal, em face do caráter extremamente perturbador que assume qualquer interferência do Governo Federal nos assuntos regionais e na esfera de autonomia dos Estados. Não se pode perder de perspectiva a circunstância de que a intervenção federal representa, ainda que transitoriamente, a própria negação da autonomia institucional reconhecida aos Estados".[58]

2.3.6.3 Extensão

A intervenção federal pode alcançar todos os *órgãos administrativos, legislativos e judiciais, no âmbito dos Estados, Distrito Federal e Municípios localizados em Território Federal*, uma vez satisfeitos os pressupostos materiais e os requisitos formais da sua decretação.

Sob o prisma da organização dos Poderes, é permitida a decretação de intervenção federal em órgãos do Poder Judiciário, ressalvada a atividade jurisdicional desempenhada por Juízos e Tribunais, encerrando o Presidente da República "a competência para decretar a intervenção, quer no Poder Executivo, quer no Poder Legislativo. Caberia, também, a decretação de intervenção federal no Poder Judiciário, devendo, o ato interventivo, restringir-se, quanto ao seu alcance, à atividade administrativa dos órgãos judiciais".[59]

Sob o prisma da organização do Estado, é proibida a decretação de intervenção federal em órgãos dos Municípios situados em Estados, excluída a Municipalidade da "possibilidade constitucional de sofrer intervenção decretada pela União Federal, pois que, relativamente a esses entes municipais, a única pessoa política ativamente legitimada a neles intervir é o Estado Federado. Por isso mesmo, no sistema constitucional brasileiro, falece legitimidade ativa à União para intervir em quaisquer Municípios, salvo, unicamente, os localizados em Território Federal",[60] com esteio nos arts. 34 e 35 da CRFB.[61]

---

57 LEWANDOWSKY, Enrique Ricardo. *Pressupostos Materiais e Formas da Intervenção Federal no Brasil*. São Paulo: Revista dos Tribunais, 1994, p. 122.

58 STF, IF nº 588, Rel. Min. Celso de Mello, j. 26.5.1999, *DJU* 14.6.1999.

59 STF, IF nº 578, Rel. Min. Celso de Mello, j. 22.3.1999, *DJU* 7.4.1999.

60 STF, IF nº 590, Rel. Min. Celso de Mello, j. 17.8.1998, *DJU* 9.10.1998.

61 PELEGRINI, Márcia. *Intervenção Estadual nos Municípios. Cumprimento de Ordem ou Decisão Judicial*. São Paulo: Max Limonad, 2000, p. 13.

2.3.6.4 Pressupostos materiais

Os pressupostos materiais da intervenção federal estão expostos, *numerus clausus*, no art. 34 da CRFB, sendo exato que "o tratamento restritivo, constitucionalmente dispensado ao mecanismo da intervenção federal, impõe que não se ampliem as hipóteses de sua incidência, cabendo ao intérprete identificar, no rol exaustivo da Carta Política, os casos únicos que legitimam, em nosso sistema jurídico, a decretação da intervenção federal nos Estados-membros".[62]

2.3.6.4.1 Integridade nacional

A *manutenção da integridade nacional* decorre da indissolubilidade do vínculo federativo entre a União, os Estados, o Distrito Federal e os Municípios, tendo em vista que a federação não admite a secessão. Por exemplo, o Estado que, sem autorização legal, permita o trânsito e a permanência de tropas estrangeiras ou promova um movimento separatista em seu território é suscetível de intervenção federal, não obstante a possibilidade de acréscimo territorial.[63]

2.3.6.4.2 Invasão estrangeira ou de uma unidade da federação em outra

A *repulsa à invasão estrangeira ou de uma unidade da federação em outra* consiste em um meio de defesa de que pode dispor a União para pôr cobro a agressões externas ou internas.

A intervenção federal, na conjuntura de invasão estrangeira, é necessária para impedir ou reprimir a ocupação externa, sem prejuízo da decretação do estado de sítio pelo Presidente da República, consentida pelo Congresso Nacional, com fulcro nos arts. 84, inc. XIX, e 137, inc. II.[64]

A intervenção federal, na contingência de invasão de uma unidade da federação em outra, é possível sobre as entidades federativas invasora e invadida, o que, no entanto, é diverso da solução de litígios territoriais entre Estados Federados, por parte do Supremo Tribunal Federal, com fundamento no art. 102, inc. I, *f*, da CRFB.[65]

2.3.6.4.3 Grave comprometimento da ordem pública

A *resolução de grave comprometimento da ordem pública* contém os fatos, naturais e humanos, que as unidades da federação não disponham de condições para prevenir ou reprimir, em decorrência de calamidade pública ou comoção social.[66]

---

62 STF, IF nº 591, Rel. Min. Celso de Mello, j. 1º.9.1998, *DJU* 16.9.1998.

63 MELLO, Humberto de Souza. *A Intervenção Federal nos Negócios Peculiares aos Estados-Membros* in *Revista de Informação Legislativa*, nº 6, 1965, p. 89.

64 REIS, Palhares Moreira. *Sobre a Guerra* in *Revista de Informação Legislativa*, nº 144, 1999, p. 101.

65 STF, MS nº 21.041, Rel. Min. Celso de Mello, j. 12.6.1991, *DJU* 13.3.1992.

66 HARADA, Kiyoshi. *Intervenção Federal nos Estados para pôr termo a Grave Comprometimento da Ordem Pública* in *Revista do Instituto dos Advogados de São Paulo*, nº 10, 2002, p. 94.

A calamidade pública encerra os acontecimentos naturais extraordinários que possam ocasionar danos ou comprometer a segurança de pessoas e bens.[67]

A comoção social engloba as ações humanas de efeitos jurídicos voluntários, tal como os abusos no exercício do direito de greve por agentes das Polícias Civis e Militares,[68] dado que "o serviço público tem atribuições próprias e prestações inadiáveis e está comprometido com as necessidades da coletividade, a qual o Estado tem o dever de prestar assistência".[69]

2.3.6.4.4 Livre exercício dos poderes na unidade da federação

A *garantia do livre exercício dos Poderes na unidade da federação* deflui da independência e harmonia dos Poderes do Estado, eis que a primeira é correlata à independência orgânica, de forma que o exercício do poder político é distribuído entre mais de um centro subjetivo de poder, ao passo que a segunda é correlativa à especialização funcional, de modo que o exercitamento do poder político é dividido entre mais de uma função considerada em termos objetivos.

Sem embargo do posicionamento de **Francisco Bilac Moreira Pinto Filho**, pelo qual "as pressões exercidas contra membros do Ministério Público devem tomar o caminho usual que é o recurso ao Poder Judiciário, por não ser ele um poder independente na organização de nosso Estado",[70] temos o entendimento de que os constrangimentos à atuação do Ministério Público – e até dos Tribunais de Contas, diante do elevado *status* constitucional de que se revestem – podem ensejar a intervenção federal, em atenção ao livre exercício das funções institucionais, como exsurge do cotejo entre os arts. 34, inc. IV, e 85, inc. II, da CRFB.

2.3.6.4.5 Reorganização das finanças da unidade da federação

A *reorganização das finanças da unidade da federação* corresponde ao saneamento das contas públicas da entidade federativa que tenha suspendido o pagamento de dívida fundada por mais de dois anos consecutivos, ressalvado motivo de força maior, ou deixado de entregar aos Municípios receitas tributárias, dentro dos prazos estabelecidos para tanto.

A dívida pública consolidada ou fundada é retratada como montante total, apurado sem duplicidade, das obrigações financeiras do ente da federação, assumidas em virtude de leis, contratos, convênios ou tratados e da realização de operações de crédito, para amortização em prazo superior a 12 meses,[71] como preceitua o art. 29, inc. I, da Lei Complementar nº 101/01.

A repartição constitucional de receitas tributárias é revelada pela entrega do produto da arrecadação dos impostos do Estado sobre a propriedade de veículos automotores

---

67 STF, RE nº 111.954, Rel. Min. Oscar Dias Corrêa, j. 1º.6.1988, *DJU* 24.6.1988.

68 STF, RE nº 654.432, Rel. Min. Alexandre de Moraes, j. 5.4.2017, Inf. STF 860.

69 STF, MI nº 485, Rel. Min. Mauricio Corrêa, j. 25.2.2002, *DJU* 23.8.2002.

70 PINTO FILHO, Francisco Bilac Moreira. *A Intervenção Federal e o Federalismo Brasileiro*. Rio de Janeiro: Forense, 2002, p. 338.

71 PEREIRA JÚNIOR, Jessé Torres. *Aspectos Constitucionais da Lei de Responsabilidade Fiscal* in *Revista da Escola da Magistratura do Estado do Rio de Janeiro*, nº 15, 2001, p. 63-78.

licenciados em seus territórios e as operações relativas à circulação de mercadorias e sobre prestações de serviços de transporte interestadual e intermunicipal e de comunicação aos Municípios, quantificadas em 50% e 25%, respectivamente, com a possibilidade de retenção de recursos municipais, de sorte a viabilizar o pagamento de créditos do Estado e o ressarcimento pelo pagamento de débitos do Município, tendo aquele oferecido garantia em contrato de operação de crédito interno ou externo firmado por este, bem assim o cumprimento dos limites constitucionais relativos à saúde,[72] uma vez que "não é permitido ao Estado impor condições para entrega aos Municípios das parcelas que lhes compete na repartição das receitas tributárias, salvo como condição ao recebimento de seus créditos ou ao cumprimento dos limites de aplicação de recursos em serviços de saúde",[73] como prescreve o art. 160 da CRFB.

2.3.6.4.6 Execução de lei federal, ordem ou decisão judicial

A *execução de lei federal, ordem ou decisão judicial* corrobora dois enfoques, sob os ângulos doutrinário e jurisprudencial.

A doutrina, quanto à execução de lei federal, é equívoca sobre a possibilidade de o Chefe do Poder Executivo estadual deixar de aplicar lei ou ato normativo federal que considere inconstitucional, antes do pronunciamento do Poder Judiciário.

Uma corrente doutrinária, engendrada por **Manoel Antonio Teixeira Filho** e **Alfredo Buzaid**, é firmada no sentido da inadmissibilidade, posto que o Governador do Estado detém a atribuição para instaurar o controle preventivo, por instrumento do veto por inconstitucionalidade, como também o controle repressivo, por intermédio da ação direta de inconstitucionalidade, de lei ou ato normativo federal, sob pena de configuração de crime de responsabilidade do Chefe do Poder Executivo. É dizer: "Governador do Estado não pode se recusar a cumprir lei ou ato normativo que entenda inconstitucional. Caso ele repute inconstitucional determinada lei ou ato normativo, deverá exercer o direito de veto, que evidencia um exemplo de controle de constitucionalidade. Acrescente-se que são classificados como crime de responsabilidade os seus atos que atentarem contra a Constituição Federal e, especialmente, contra o cumprimento das leis. Nem se ignore o argumento nuclear, o instituto da ação direta de inconstitucionalidade, que subtrai do Poder Executivo a faculdade de recusar-se ao cumprimento de norma legal que a tenha considerado infringente da letra ou espírito da Carta Política",[74] e "o poder de decretar a inconstitucionalidade de leis e atos normativos compete privativamente ao Poder Judiciário. Não o pode exercer o Poder Executivo, pois isso o tornaria superior ao Congresso Nacional".[75]

Outra corrente doutrinária, esboçada por **Carlos Alberto Lúcio Bittencourt**, **Ronaldo Rebello de Britto Poletti**, **Luís Roberto Barroso** e **Nagib Slaibi Filho**, é fixada no

---

72 OLIVEIRA, Márcia Cristina Reimann de. *A Lei de Responsabilidade Fiscal e o Município* in *Revista Jurídica da Universidade de Franca*, nº 6, 2001, p. 123-127.

73 STF, ADIn nº 1.106, Rel. Min. Maurício Corrêa, j. 5.9.2002, *DJU* 13.12.2002.

74 TEIXEIRA FILHO, Manoel Antonio. *O Controle Jurisdicional da Constitucionalidade das Leis e dos Atos Normativos do Poder Público*. São Paulo: LTr, 1985, p. 67.

75 BUZAID, Alfredo. *Da Ação Direta de Declaração de Inconstitucionalidade no Direito Brasileiro*. São Paulo: Saraiva, 1958, p. 41.

sentido da admissibilidade, visto que o Governador do Estado dispõe do poder-dever de defesa do ordenamento constitucional, respondendo a unidade da federação pelos danos, materiais e/ou imateriais, que a recusa do Poder Executivo houver causado a terceiros. Vale dizer: "não acolhemos o entendimento de que o julgamento da inconstitucionalidade é privativo do Poder Judiciário",[76] "o Governador do Estado, também interessado no cumprimento da Constituição, goza da faculdade de não executá-la, submetendo-se aos riscos daí decorrentes",[77] "o Poder Executivo é dotado do direito-dever de não ser cúmplice da violação da Constituição, reconhecendo-lhe, assim, a possibilidade de recusar aplicação a disposições que contrariem a Lei Maior"[78] e "aguardando-se as ações e medidas de quem tiver interesse no cumprimento delas",[79] tendo o Tribunal de Justiça do Rio de Janeiro acolhido a melhor doutrina, com a advertência de que, "embora possa o Chefe do Poder Executivo deixar de cumprir, assumindo os riscos daí decorrentes, lei que se lhe afigure inconstitucional, não pode, entretanto, atribuir efeito retrospectivo ao ato administrativo. Se a própria decisão judicial, mesmo nos casos de arguição direta de inconstitucionalidade, pode não ter efeito *ex tunc*, em respeito à segurança jurídica e à boa-fé dos destinatários da norma, segundo os reclamos da justiça e de razoabilidade do caso, por mais forte razão mero ato administrativo negatório de aplicação de lei, praticado de surpresa e sem o crivo do contraditório".[80]

A jurisprudência, quanto à execução de ordem ou decisão judicial, é formada por alguns pronunciamentos jurisdicionais, na medida em que o "dever de cumprir as decisões emanadas do Poder Judiciário, notadamente nos casos em que a condenação judicial tem por destinatário o próprio Poder Público, muito mais do que a simples incumbência de ordem processual, representa uma incontornável obrigação institucional a que não se pode subtrair o aparelho de Estado, sob pena de grave comprometimento dos princípios consagrados no texto da Constituição da República. A desobediência à ordem ou decisão judicial pode gerar, em nosso sistema jurídico, gravíssimas consequências, quer no plano penal, quer no domínio político-administrativo (possibilidade de *impeachment*), quer, ainda, na esfera institucional (decretabilidade de intervenção federal nos Estados)".[81]

Primeiramente, o desatendimento de precatório judicial possibilita a decretação de intervenção federal, excluída a hipótese de insuficiência de recursos financeiros para o pagamento dos débitos da Fazenda Pública estadual, porquanto não haveria a "configuração de atuação dolosa e deliberada do Estado, com a finalidade de não pagamento. Estados federados sujeitos a quadro de múltiplas obrigações de idêntica hierarquia. Necessidade de garantir eficácia a outras normas constitucionais, como, por exemplo, a continuidade de prestação de serviços públicos. A intervenção, como medida extrema,

---

76 BITTENCOURT, Carlos Alberto Lúcio. *O Controle Jurisdicional da Constitucionalidade das Leis*. 2ª ed. Rio de Janeiro: Forense, 1968, p. 91.

77 POLETTI, Ronaldo Rebello de Britto. *Controle da Constitucionalidade das Leis*. 2ª ed. Rio de Janeiro: Forense, 1995, p. 135.

78 BARROSO, Luís Roberto. *O Direito Constitucional e a Efetividade de suas Normas: limites e possibilidades da Constituição brasileira*. 2ª ed. Rio de Janeiro: Renovar, 1993, p. 335.

79 SLAIBI FILHO, Nagib. *Anotações à Constituição de 1988: aspectos fundamentais*. 2ª ed. Rio de Janeiro: Forense, 1989. p. 100.

80 TJRJ, Proc. nº 1999.004.01117, Rel. Des. Sergio Cavalieri Filho, j. 25.9.2000, *DORJ* 19.12.2000.

81 STF, IF nº 560, Rel. Min. Celso de Mello, j. 17.9.1998, Inf. STF 123.

deve atender à máxima da proporcionalidade. Adoção da chamada relação de precedência condicionada entre princípios concorrentes".[82]

Secundariamente, o preterimento do direito de precedência dos credores da Fazenda Pública estadual, em virtude do pagamento dos precatórios judiciais em descumprimento da ordem cronológica de apresentação das requisições judiciárias, potencializa o sequestro da quantia necessária à satisfação do débito exequendo, não sendo autorizada a decretação de intervenção federal. "Não cabe substituir por pedido de intervenção federal o que caberia discutir em pedido de sequestro. Sendo o credor eventualmente preterido, em seu direito de precedência, o que pode pleitear é o sequestro da quantia necessária à satisfação do débito, a que se refere o art. 100, § 6º, e não, desde logo, a intervenção federal, por desobediência de decisão jurisdicional, a que se reporta o art. 34, inc. VI, ambos da CRFB."[83]

Terciariamente, a não inclusão no orçamento de verba necessária ao pagamento do débito constante de precatório judicial regularmente apresentado até 2 de abril do exercício financeiro anterior, assim como a implementação de pagamento inidôneo, a menor, sem a devida atualização ou fora do prazo legal, propicia a decretação de intervenção federal, sendo mister ressaltar que "a equiparação da não inclusão no orçamento das verbas referentes ao precatórios, ao preterimento do direito de precedência, cria, na verdade, nova modalidade de sequestro, além da única prevista na Constituição. Na ocorrência da hipótese, a ordem constitucional prevê intervenção federal no Estado. O mesmo ocorre com o pagamento inidôneo, a menor, sem a devida atualização ou fora do prazo legal, na forma do art. 34, inc. VI, da CRFB".[84]

Quaternariamente, a liquidação dos precatórios judiciais pendentes na data de promulgação da Emenda Constitucional nº 30/00, bem como os que decorram de ações ajuizadas até 31 de dezembro de 1999, pelo seu valor real, em moeda corrente, acrescidos de juros legais, em prestações anuais, iguais e sucessivas, no prazo máximo de 10 anos, não proporciona a decretação de intervenção federal, "porque, parcelada a satisfação dos créditos decorrentes de sentenças judiciárias em dez prestações anuais, iguais e sucessivas, acrescidas de juros legais, cada uma delas terá o tratamento constitucional do precatório. Deveras, o montante necessário à sua satisfação há de ser obrigatoriamente incluído no orçamento do exercício financeiro respectivo, juntamente com o relativo aos precatórios não abrangidos pela moratória decenal, nos termos do art. 78 do ADCT".[85]

---

82 STF, IF nº 298, Rel. Min. Gilmar Mendes, j. 3.2.2003, *DJU* 27.2.2004. V., também: STF, IF nº 301, Rel. Min. Gilmar Mendes, j. 3.2.2003, *DJU* 5.3.2004; STF, IF nº 334, Rel. Min. Gilmar Mendes, j. 3.2.2003, *DJU* 27.2.2004; STF, IF nº 374, Rel. Min. Gilmar Mendes, j. 3.2.2003, *DJU* 27.2.2004; STF, IF nº 402, Rel. Min. Gilmar Mendes, j. 3.2.2003, *DJU* 27.2.2004; STF, IF nº 470, Rel. Min. Gilmar Mendes, j. 26.2.2003, *DJU* 20.6.2003. STF, IF nº 1.207, Rel. Min. Gilmar Mendes, j. 19.3.2003, *DJU* 30.5.2003; STF, IF nº 2.180, Rel. Min. Gilmar Mendes, j. 26.3.2003, *DJU* 22.8.2003; STF, IF nº 2.915, Rel. Min Gilmar Mendes, j. 3.2.2003, *DJU* 28.11.2003; STF, IF nº 2.953, Rel. Min. Gilmar Mendes, j. 3.2.2003, *DJU* 5.12.2003; STF, IF nº 5.101, Rel. Min. Cezar Peluso, j. 28.3.2012, *DJU* 6.9.2012; STF, IF nº 5.105, Rel. Min. Cezar Peluso, j. 28.3.2012, *DJU* 6.9.2012; STF, IF nº 5.106, Rel. Min. Cezar Peluso, j. 28.3.2012, *DJU* 6.9.2012, e STF, IF nº 5.101, Rel. Min. Cezar Peluso, j. 28.3.2012, Inf. STF 660.

83 STF, IF nº 120, Rel. Min. Sydney Sanches, j. 10.2.1993, *DJU* 5.3.1993.

84 STF, ADIn nº 1.662, Rel. Min. Maurício Corrêa, j. 11.9.1997, *DJU* 20.3.1998.

85 STF, ADIn nº 2.535, Rel. Min. Sepúlveda Pertence, j. 19.12.2003, *DJU* 21.11.2003.

Por último, a ordem ou decisão judicial cuja violação pode justificar a decretação de intervenção federal deve ser impregnada da autoridade da coisa julgada material. "Esta Corte firmou orientação no sentido de que constitui pressuposto indispensável ao acolhimento de intervenção federal a atuação estatal com objetivo de descumprir ordem ou decisão judicial transitada em julgado".[86, 87]

2.3.6.4.7 Observância dos princípios constitucionais sensíveis

A *observância dos princípios constitucionais sensíveis* denota a salvaguarda da forma republicana, sistema representativo e regime democrático; direitos da pessoa humana; autonomia municipal; prestação de contas da Administração Pública, direta e indireta, e aplicação do mínimo exigido da receita resultante de impostos estaduais, inclusive a proveniente de transferências, na manutenção e desenvolvimento do ensino e nas ações e serviços de saúde, em face de atos, comissivos ou omissivos, abstratos ou concretos, oriundos dos Estados ou Distrito Federal.[88]

Em suma, os atos dos poderes estaduais ou distritais que prescrevam a hereditariedade como critério de acesso aos cargos, empregos e funções públicas e a irresponsabilidade penal do Chefe do Poder Executivo, reduzam a participação dos cidadãos no processo eleitoral e o sistema pluripartidário ou restrinjam a soberania e representação populares e o objetivo finalístico de tutela dos direitos fundamentais; demonstrem que a entidade federativa não dispõe de condições para responder à gravidade de infração penal tentada ou consumada no seu território; elimine a possibilidade de a unidade da federação administrar os bens e eleger os governantes municipais; exibam irregularidades na prestação de contas, apuradas em parecer prévio do Tribunal de Contas estadual ou distrital, ou deixem de aplicar parcela da receita pública nas áreas de educação e saúde públicas, motivam a decretação de intervenção federal a que se reportam os arts. 167, inc. IV, 198, § 2º, e 212 da CRFB e art. 77 do ADCT. Ademais, na esteira da jurisprudência preponderante do Supremo Tribunal Federal, a prática de infração penal, revestida de extrema gravidade, a indicar que a entidade federativa não dispõe de condições mínimas para assegurar os direitos da pessoa humana, tendo sido deflagrada a persecução criminal, não enseja a decretação de intervenção federal, já que, "embora a extrema gravidade dos fatos e o repúdio que sempre merecem os atos de violência e crueldade, não se trata, porém, de situação concreta que, por si só, possa configurar causa bastante

---

86 STF, IF nº 4.640, Rel. Min. Cezar Peluso, j. 29.3.2012, *DJU* 25.4.2012. V., também: STF, IF nº 1.917, Rel. Min. Maurício Corrêa, j. 17.3.2004, *DJU* 3.8.2007, e STF, IF nº 5.050, Rel. Min. Ellen Gracie, j. 6.3.2008, DJU 25.4.2008.

87 O descumprimento de requisição judicial de força policial, consubstanciada em provimento, interlocutório ou final, exorta a decretação da intervenção federal, devendo o procedimento político-administrativo ser extinto em caso de observância intercorrente da ordem judiciária. Em síntese: "se, embora tardiamente, a decisão jurisdicional veio a ser cumprida, os autos da intervenção federal devem ser arquivados". PEREIRA, Milton. *Intervenção Federal: requisição judicial* in *Revista dos Tribunais*, nº 795, 2002, p. 77, e STF, IF nº 103, Rel. Min. Néri da Silveira, j. 1º.12.1997, *DJU* 5.12.1997.

88 VELLOSO, Carlos Mario da Silva. *Intervenção da União nos Estados: autonomia dos entes federados* in *Boletim de Direito Administrativo*, nº 13, 1997, p. 309.

a decretar-se intervenção federal no Estado, em consideração às providências adotadas pelas autoridades locais para a apuração do ilícito".[89]

2.3.6.5 Requisitos formais

Os requisitos formais da intervenção federal estão expressos, *numerus apertus*, no art. 36 da CRFB, tomando em conta que "a intervenção da União nos Estados e Distrito Federal pode ser espontânea ou provocada".[90]

A *intervenção federal espontânea* é manejada pelo Presidente da República, pela exaração de decreto interventivo, em decorrência de fatos que revelem a necessidade de manutenção da integridade nacional, a repulsa à invasão estrangeira ou de uma unidade da federação em outra, a resolução de grave comprometimento da ordem pública ou a reorganização das finanças do Estado ou Distrito Federal, à luz do art. 34, incs. I, II, III e V.

A *intervenção federal provocada* é manipulada pelo Presidente da República, pela expedição de decreto interventivo, em razão de solicitação do Poder Legislativo ou Executivo estadual ou distrital, como também de requisição do Poder Judiciário nacional, no âmbito da ação direta de inconstitucionalidade interventiva, bem assim da ação de executoriedade de lei federal, ou não, a teor dos arts. 34, incs. IV, VI e VII, e 36, incs. I, II e III.

A solicitação da Assembleia Legislativa, Câmara Legislativa, Governadoria do Estado ou Distrito Federal é motivada por coação empregada contra o Poder Legislativo ou Executivo estadual ou distrital, podendo ser assegurado que o "Presidente da República, ao lançar mão da extraordinária prerrogativa que lhe defere a ordem constitucional, age mediante estrita avaliação discricionária da situação que se lhe apresenta, que se submete ao seu exclusivo juízo político".[91]

A requisição do Supremo Tribunal Federal, Superior Tribunal de Justiça ou Tribunal Superior Eleitoral é movimentada por coação exercida contra o Poder Judiciário nacional, devendo ser assinalado que "a competência é definida pela matéria, cumprindo ao Supremo Tribunal Federal o julgamento quando o ato inobservado lastreia-se na Constituição Federal, ao Superior Tribunal de Justiça quando envolvida matéria legal e ao Tribunal Superior Eleitoral em se tratando de tema de índole eleitoral".[92]

A ação direta de inconstitucionalidade interventiva e a ação de executoriedade de lei federal, reunidas sob o gênero "intervenção normativa", ostentam duas finalidades: a de natureza jurídica, consistente na invalidação de ato dos poderes estaduais ou distritais que tenha violado princípio constitucional sensível ou recusado a execução de lei federal, e a de natureza política, correspondente à decretação da intervenção federal, pelo Presidente da República, na medida em que aquela é antecedente lógico desta. Outrossim, uma vez requisitada a decretação de intervenção federal pelo Supremo Tribunal

---

89 STF, IF nº 114, Rel. Min. Néri da Silveira, j. 13.3.1991, *DJU* 27.9.1996.

90 MORAES, Humberto Peña de. *Do Processo Interventivo, em tema de Estado Federal. Considerações em torno de Aspectos Estruturais dos Institutos da Intervenção Federal, nos Estados e Distrito Federal, e da Ação Direta de Inconstitucionalidade Interventiva* in *Acesso à Justiça*. v. II. Rio de Janeiro: Lumen Juris, 2004, p. 188.

91 STF, MS nº 21.041, Rel. Min. Celso de Mello, j. 12.6.1991, *DJU* 13.3.1992.

92 STF, IF nº 2.792, Rel. Min. Marco Aurélio, j. 4.6.2003, *DJU* 1º.8.2003.

Federal, há a identificação de duas situações: a em que a suspensão da eficácia do ato impugnado é suficiente para o restabelecimento da normalidade, na qual é dispensada a apreciação do decreto pelo Congresso Nacional, posto que não há intervenção federal, e a em que a suspensão da eficácia do ato inquinado não é suficiente para a restauração da normalidade, pelo fato de o Estado ou Distrito Federal não ter procedido à suspensão ou revogação do ato que atenta contra princípio constitucional sensível ou execução de lei federal, na qual é da atribuição do Presidente da República decretar a intervenção federal, pelo mecanismo de novo decreto, antecedida pelas consultas aos Conselhos da República e Defesa Nacional e sucedida pelos controles do Congresso Nacional e Supremo Tribunal Federal, visto que a especificação da amplitude, prazo e condições de execução e, se couber, a nomeação do interventor pelo Chefe do Poder Executivo são passíveis de exame pelas Casas dos Poderes Legislativo e Judiciário, de acordo com os arts. 36, §§ 1º e 3º, 84, inc. X, 90, inc. I, e 91, § 1º, inc. II, da CRFB.[93]

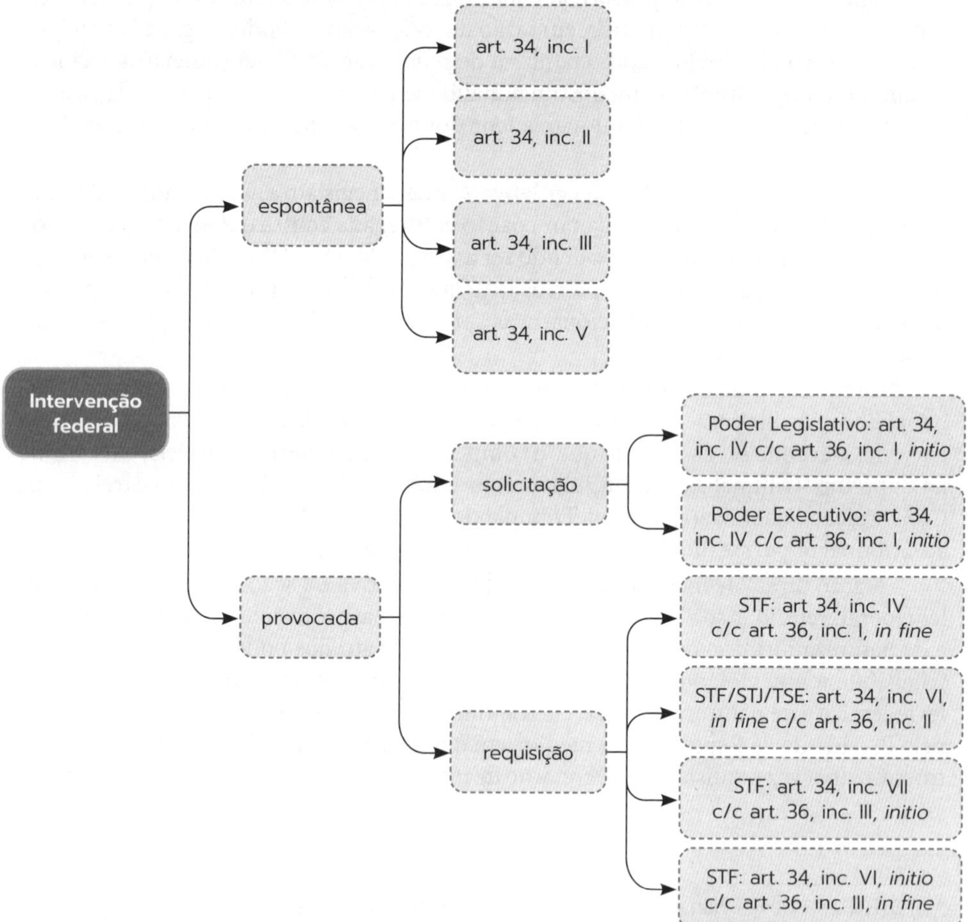

[93] STF, IF nº 114, Rel. Min. Néri da Silveira, j. 13.3.1991, *DJU* 27.9.1996.

2.3.6.6 Observações complementares

A intervenção federal é objeto de três observações.

Quanto ao *controle político*, o decreto de intervenção federal é subordinado, no prazo de 24 horas, à aferição do Congresso Nacional que, se não estiver em funcionamento, será convocado extraordinariamente para aprovar o ato interventivo por decreto legislativo ou, então, rejeitá-lo, com a suspensão da execução da medida, sob pena de configuração de crime de responsabilidade do Presidente da República, com espeque nos arts. 49, inc. IV, e 85, inc. II. Isto posto, a doutrina não é uníssona sobre a necessidade de controle político do decreto de intervenção federal provocada por requisição do Supremo Tribunal Federal, Superior Tribunal de Justiça ou Tribunal Superior Eleitoral: **Manoel Gonçalves Ferreira Filho** acentua que "o decreto pelo qual é instaurada a intervenção federal deverá ser submetido ao Congresso Nacional. E isso qualquer que seja a natureza do ato presidencial, mesmo que se trate de mero ato vinculado, como é o decreto de intervenção em virtude de requisição do Poder Judiciário",[94] ao passo que **Nagib Slaibi Filho**, assim como **André Ramos Tavares**, advertem que "somente em caso de intervenção decretada *ex officio* ou decorrente de solicitação é que se aplica o controle congressual ou legislativo. Quando a intervenção é requisitada, não cabe controle político, porquanto aí os dois Poderes já atuaram na manifestação de vontade que o formou",[95] de forma que "só não há controle político na hipótese de requisição feita pelo Supremo Tribunal Federal, Superior Tribunal de Justiça ou Tribunal Superior Eleitoral, por desobediência a ordem ou decisão judicial".[96]

Quanto ao *controle judicial*, os atos praticados durante o procedimento de intervenção federal são submetidos à apreciação do Poder Judiciário, com vistas a prevenir ou reprimir ameaça ou lesão a direito subjetivo, com esteio nos arts. 5º, inc. XXXV, e 217, § 1º. Isto visto, a doutrina não é unívoca sobre a possibilidade de controle judicial do decreto de intervenção federal: **José Afonso da Silva** assevera que "não há controle judicial sobre o ato de intervenção, nem sobre esta, porque se trata de ato de natureza político-administrativa",[97] enquanto **José Celso de Mello Filho**, bem como **Carlos Mário da Silva Velloso**, assinalam que "a intervenção federal constitui medida de caráter excepcional, sujeita a exigências legais que, se inobservadas, justificam o acesso ao Poder Judiciário",[98] de modo que, "no caso de violação de direito subjetivo, poderá ser requerida a tutela do Poder Judiciário".[99]

Quanto à *responsabilidade civil*, a União responde pelos danos que os atos do interventor houverem causado a terceiros, sem prejuízo da responsabilização do Estado ou Distrito Federal pelos danos causados por atos praticados no desempenho das atribuições ordinárias da Administração Pública estadual ou distrital aos administrados, *in verbis*: "pelas perdas e danos resultantes de atos ilegais ou inconstitucionais praticados

---

94 FERREIRA FILHO, Manoel Gonçalves. *Comentários à Constituição Brasileira de 1988*. 2ª ed. v. I. São Paulo: Saraiva, 1997, p. 299.

95 SLAIBI FILHO, Nagib. *Direito Constitucional*. Rio de Janeiro: Forense, 2004, p. 839.

96 TAVARES, André Ramos. *Curso de Direito Constitucional*. São Paulo: Saraiva, 2002, p. 763.

97 SILVA, José Afonso. *Curso de Direito Constitucional Positivo*. 20ª ed. São Paulo: Malheiros, 2002, p. 486.

98 MELLO FILHO, José Celso de. *Constituição Federal Anotada*. São Paulo: Saraiva, 1984, p. 64.

99 VELLOSO, Carlos Mário da Silva. *Temas de Direito Público*. Belo Horizonte: Del Rey, 1994, p. 392.

pelo interventor, responde a União, e não o Estado-membro. A ação para a decretação de anulação ou nulidade de atos administrativos de caráter ordinário é exercida contra o Estado-membro, e não contra a União",[100] com fundamento no art. 37, § 6º, todos da CRFB.[101, 102]

[100] MIRANDA, Francisco Cavalcanti Pontes de. *Comentários à Constituição de 1967 com a Emenda nº 1 de 1969*. 3ª ed. v. II. Rio de Janeiro: Forense, 1967, p. 270. V., também, sobre o tema: ESPÍNDOLA, Eduardo. *Constituição dos Estados Unidos do Brasil*. v. I. Rio de Janeiro: Freitas Bastos, 1952, p. 159.

[101] A intervenção federal e a intervenção na concessão de serviço público delegado pela União não se confundem. Dispõem os arts. 29, inc. III, 32 a 34 da Lei nº 8.987/95 que a União pode intervir na prestação indireta de serviço público, por meio de decreto do poder concedente, que deve conter a designação do interventor, prazo da intervenção, objetivos e limites da medida, com o fim de assegurar o cumprimento das normas contratuais, regulamentares e legais pertinentes. OLIVEIRA, Rafael Carvalho Rezende. *Administração Pública, Concessões e Terceiro Setor*. Rio de Janeiro: Lumen Juris, 2009, p. 212.

[102] Para o estudo da ação direta de inconstitucionalidade interventiva, v.: Capítulo 37.

Capítulo 21
UNIÃO

Acesse e assista à aula explicativa sobre este assunto.

> https://uqr.to/14ugn

1 CONCEITO

A União ostenta a natureza de **pessoa jurídica de direito público**, com autonomia política, na medida em que a unidade da federação é dotada de autodeterminação no círculo de competência traçado pela Constituição da República, exteriorizada pela capacidade para escolher os agentes públicos que irão desempenhar as funções administrativa, legislativa e jurisdicional (autogoverno) e capacidade para aplicar o Direito Positivo, assim como prestar os serviços públicos que lhe sejam afetos (autoadministração), não obstante a incapacidade para elaborar o seu texto constitucional, bem como instituir os órgãos supremos do Governo federal (auto-organização).[1]

Pelo fio do exposto, não há confusão entre as definições de *Federação* e *União*, uma vez que esta consiste em pessoa jurídica de direito público interno, regida pelo Direito Constitucional, simbolizada pela entidade federativa contida na organização político-administrativa da República Federativa do Brasil, ao passo que aquela corresponde à pessoa jurídica de direito público externo, regulada pelo Direito Internacional Público, sintetizada como associação da União, Estados, Distrito Federal e Municípios, titular de soberania, e não de autonomia política, de sorte que a primeira dispõe de atuação em nome próprio no âmbito interno, como também de atuação em nome alheio no âmbito externo, nas hipóteses em que a segunda mantém relações com Estados estrangeiros, participa de organizações internacionais, declara a guerra, celebra a paz, assegura a defesa nacional e permite que forças armadas estrangeiras transitem pelo território nacional ou nele permaneçam temporariamente.[2]

---

1 BASTOS, Celso Ribeiro. *A Federação nas Constituições Brasileiras* in *Revista da Procuradoria-Geral do Estado de São Paulo*, nº 29, 1988, p. 45.

2 CLÈVE, Clèmerson Merlin; PEIXOTO, Marcela Moraes. *O Estado Brasileiro: algumas linhas sobre a divisão de poderes na federação brasileira à luz da Constituição de 1988* in *Revista de Informação Legislativa*, nº 104, 1989, p. 21.

2 HISTÓRICO

O federalismo no Brasil, conquanto tenha se inspirado na experiência norte-americana, é diferente dos Estados Unidos da América.[3]

Centrípeta, a federação estadunidense foi originada do processo histórico de agregação de 13 colônias - Connecticut, Delaware, Georgia, Maryland, Massachusetts, New Hampshire, New Jersey, New York, North Carolina, Pennsylvania, Rhode Island, South Carolina e Virginia - em Estado federal, desde 1787, em busca da centralização.[4]

Centrífuga, a federação brasileira foi oriunda do processo histórico de segregação de Estado unitário em 20 províncias - Alagoas, Amazonas, Bahia, Ceará, Espírito Santo, Goiás, Maranhão, Mato Grosso, Minas Gerais, Pará, Paraíba, Paraná, Pernambuco, Piauí, Rio de Janeiro, Rio Grande do Norte, Rio Grande do Sul, Santa Catarina, São Paulo e Sergipe –, desde 1889, em busca da descentralização do poder político.[5]

Dentro dessa perspectiva, a **origem** da *federação nacional* reside na *União Federal*, o que, de certa forma, explica o maior volume de bens e competências administrativas, legislativas e tributárias que lhe foram atribuídas pelo pacto federativo de 1988.[6]

3 BENS

O **domínio patrimonial**, em atenção ao art. 20, incs. I a XI, da CRFB, compreende as terras devolutas indispensáveis à defesa das fronteiras, das fortificações e construções militares, das vias federais de comunicação e à preservação ambiental; os lagos, rios e quaisquer correntes de água em terrenos de seu domínio, ou que banhem mais de um Estado, sirvam de limites com outros países, ou se estendam a território estrangeiro ou dele provenham, terrenos marginais e praias fluviais; as ilhas fluviais e lacustres nas zonas limítrofes com outros países; as praias marítimas; as ilhas oceânicas e as costeiras, excluídas não somente as áreas que contenham a sede de Municípios, quando não afetadas ao serviço público ou à unidade ambiental federal, mas também as áreas de propriedade de outro membro da federação ou terceiros; os recursos naturais da plataforma continental e da zona econômica exclusiva; o mar territorial; os terrenos de marinha e seus acrescidos; os potenciais de energia hidráulica; os recursos minerais, inclusive os do subsolo; as cavidades naturais subterrâneas e sítios arqueológicos e pré-históricos e as terras tradicionalmente ocupadas pelas populações indígenas, excepcionados os terrenos situados em aldeamentos destruídos, ainda que ocupados por índios em passado remoto, sem embargo dos bens de uso comum do povo, uso especial e dominiais que

---

3 REQUEJO, Ferran; NAGEL, Klaus-Jürgen. *Federalism beyond Federations: asymmetry and processes of resymmetrisation*. Abingdon: Ashgate Publishing, 2011, p. 249-267, e RAMOS, Dircêo Torrecillas. *O Federalismo Assimétrico*. 2ª ed. Rio de Janeiro: Forense, 2000, p. 62.

4 KATZ, Ellis. *American Federalism, Past, Present and Future* in *United States Information Agency Journal*, nº 4, 1997, p. 1.

5 MAZZILLI, Hugo Nigro; FARIA, Cássio Juvenal. *Algumas Considerações sobre o Princípio Federativo* in *Justitia*, nº 146, 1989, p. 25-28.

6 Em discurso sobre a "organização das finanças republicanas", Ruy Barbosa concluiu que "não somos uma federação de povos até ontem separados e reunidos de ontem para hoje. Pelo contrário, é da União que partimos. Na União nascemos. Na União se geraram e fecharam os olhos nossos pais. Na União ainda não cessamos de estar". BARBOSA, Ruy. *Obras Completas de Ruy Barbosa*. v. XVII. t. I. Rio de Janeiro: Ministério da Educação e Saúde, 1890, p. 146.

pertenciam à União no momento da promulgação da Constituição da República, bem assim os que futuramente lhe sejam atribuídos.[7]

A Excelsa Corte, considerando a equiparação entre a *Empresa Brasileira de Correios e Telégrafos* e a Fazenda Pública, para efeitos substanciais e processuais, deixou consignado que os bens afetados ao serviço postal e correio aéreo nacional são providos de característica do regime jurídico dos bens públicos federais. Em outras palavras: "à Empresa Brasileira de Correios e Telégrafos, pessoa jurídica equiparada à Fazenda Pública, é aplicável a prerrogativa da impenhorabilidade de seus bens, rendas e serviços. Recepção do art. 12 do Decreto-lei nº 509/69, pelo qual a empresa pública goza de isenção de direitos de importação de materiais e equipamentos destinados aos seus serviços e privilégios concedidos à Fazenda Pública, quer em referência à imunidade tributária, direta ou indireta, impenhorabilidade de seus bens, rendas e serviços, quer em relação a foro, prazos e custas processuais, e não incidência da restrição contida no art. 173, § 1º, da CRFB, que submete todas as empresas públicas de intervenção no domínio econômico ao regime próprio das empresas privadas, incluindo as obrigações trabalhistas e tributárias".[8]

4 COMPETÊNCIAS

À luz do critério da matéria a ser tratada pela entidade federativa, as competências da União podem ser qualificadas como administrativas, legislativas e tributárias.[9]

4.1 Competências administrativas

As **competências administrativas** são enumeradas no art. 21 da CRFB, envidando as atividades materiais da União.[10]

Manutenção de relações com Estados estrangeiros e participação em organizações internacionais, a partir da celebração de tratados, convenções e atos internacionais pelo Presidente da República, submetidos a referendo do Congresso Nacional (arts. 4º, 49, inc. I, e 84, incs. VII e VIII).[11]

Declaração de guerra e celebração da paz, sendo certo que as operações de guerra autorizam a execução da pena de morte, assim como a instituição de requisições civis e militares, impostos extraordinários e empréstimos compulsórios, com a possibilidade

---

7 PACHECO, José da Silva. *Regime Jurídico dos Bens Imóveis da União* in *Revista Brasileira de Direito Aeronáutico*, nº 71, 1997, p. 26.

8 STF, RE nº 225.011, Rel. Min. Maurício Corrêa, j. 16.11.2000, *DJU* 19.12.2002. V., também: STF, RE nº 100.433, Rel. Min. Sydney Sanches, j. 17.12.1984, *DJU* 8.3.1985; STF, RE nº 220.906, Rel. Min. Maurício Corrêa, j. 16.11.2000, *DJU* 14.11.2002; STF, RE nº 220.907, Rel. Min. Carlos Velloso, j. 12.6.2001, *DJU* 31.8.2001; STF, RE nº 229.696, Rel. Min. Maurício Corrêa, j. 16.11.2000, *DJU* 19.12.2002; STF, RE nº 230.051, Rel. Min. Maurício Corrêa, j. 11.6.2003, *DJU* 8.8.2003; STF, RE nº 230.072, Rel. Min. Maurício Corrêa, j. 16.11.2000, *DJU* 24.11.2000, e STF, AI nº 276.349, Rel. Min. Marco Aurélio, j. 30.6.2000, *DJU* 17.8.2000.

9 CARVALHO, Kildare Gonçalves. *Repartição de Competências na Constituição de 1988* in *Revista da Faculdade de Direito Milton Campos*, nº 1, 1994, p. 123.

10 MARTINS, Ives Gandra. *As Competências Exclusivas de atribuição da União* in *Revista Dialética de Direito Tributário*, nº 7, 1996, p. 75.

11 STF, ADIn nº 1.480, Rel. Min. Celso de Mello, j. 4.9.1997, *DJU* 18.5.2001.

de abertura de créditos extraordinários para o atendimento de despesas imprevisíveis e urgentes (arts. 5º, inc. XLVII, 22, inc. III, 49, inc. II, 84, incs. XIX e XX, 91, § 1º, inc. I, 148, inc. I, 154, inc. II, e 167, § 3º).[12]

Asseguração da defesa nacional, especialmente pelas Forças Armadas, delineadas como instituições nacionais permanentes e regulares, organizadas, preparadas e empregadas com base na hierarquia e na disciplina, sob o comando do Chefe do Poder Executivo, com vistas à defesa dos poderes constitucionais e, por iniciativa de qualquer destes, da lei e da ordem (arts. 84, inc. XIII, e 142).[13]

Permissão de permanência ou trânsito de forças estrangeiras no território nacional, para a execução de programas de adestramento ou aperfeiçoamento, missão militar de transporte, pessoal, carga ou apoio logístico, visita, oficial ou não, programada pelos órgãos governamentais, atendimento técnico de navios ou aeronaves estrangeiras e missão de busca e salvamento, sem prejuízo de outras hipóteses que tenham sido autorizadas pelo Poder Legislativo, consultado o Conselho de Defesa Nacional (arts. 49, inc. II, e 84, inc. XXII).[14]

Decretação do estado de defesa, estado de sítio e intervenção federal, predispostos à defesa da intangibilidade do ordenamento constitucional, bem como da integralidade do vínculo federativo (arts. 49, inc. IV, 84, incs. IX e X, 90, inc. I, 91, § 1º, inc. II, 136 a 141).[15]

Autorização e fiscalização da produção e comercialização de material bélico, inclusive o porte funcional e as atividades econômicas de pesquisa, desenvolvimento e fabrico de arma, munição, acessório e equipamento, mesmo que não se destinem à guerra externa (art. 170, parágrafo único).[16]

Emissão de moeda, pelo instrumento do Banco Central do Brasil, sendo-lhe franqueada a compra e venda de títulos expedidos pelo Tesouro Nacional, com o objetivo de regular a oferta de moeda ou taxa de juros, e não também a concessão, direta ou indireta, de empréstimos a órgão ou entidade que não seja instituição financeira (arts. 48, inc. XIV, e 164).[17]

Administração das reservas cambiais e fiscalização das operações de natureza financeira, mormente as de crédito, câmbio e capitalização, como também as de seguro e previdência privada (arts. 48, inc. II, e 74, inc. III).[18]

Elaboração e execução de planos nacionais de ordenação do território e de desenvolvimento social e econômico, por meio das regiões administrativas, com a finalidade de reduzir as desigualdades socioeconômicas e inter-regionais (art. 43, § 1º, inc. II).[19]

Mantenimento do serviço postal, traduzido como recebimento, expedição, transporte e entrega de objetos de correspondência, valores e encomendas, suplementado pelas atividades correlatas de venda de selos, peças filatélicas, cupões-resposta internacionais,

---

12 STF, RE nº 200.329, Rel. Min. Ilmar Galvão, j. 29.4.1997, *DJU* 12.9.1997.

13 STF, AI nº 400.975, Rel. Min. Moreira Alves, j. 25.3.2003, *DJU* 25.4.2003.

14 STF, HC nº 71.289, Rel. Min. Ilmar Galvão, j. 9.8.1994, *DJU* 6.9.1996.

15 STF, IF nº 655, Rel. Min. Celso de Mello, j. 23.2.1999, *DJU* 11.3.1999.

16 STF, ADIn nº 2.035, Rel. Min. Octavio Gallotti, j. 9.9.1999, *DJU* 4.8.2000.

17 STF, RE nº 315.550, Rel. Min. Maurício Corrêa, j. 30.4.2002, *DJU* 21.6.2002.

18 STF, ADIn nº 1.357, Rel. Min. Moreira Alves, j. 19.12.1995, *DJU* 19.4.1996.

19 STF, AgRg nº 148.917, Rel. Min. Ilmar Galvão, j. 1º.12.1994, *DJU* 9.12.1994.

impressos e papéis para correspondência e publicidade comercial em cartas, cartões-postais, cecogramas e pequenas encomendas (art. 22, inc. V).[20]

Exploração, direta ou indireta, dos serviços de telecomunicações, com o disciplinamento e fiscalização da execução, comercialização e uso dos serviços e da implantação e funcionamento de redes de telecomunicações, bem assim da utilização dos recursos de órbita e espectro de radiofrequências, englobando a telefonia fixa e móvel e o acesso à *Internet* (art. 48, inc. XII).[21]

Execução de outros serviços públicos, sob a forma de concessão ou permissão, tais como os de radiodifusão sonora e de sons e imagens, energia elétrica e aproveitamento energético dos cursos de água, navegação aérea, aeroespacial e infraestrutura aeroportuária, transporte ferroviário, aquaviário e rodoviário interestadual e internacional de passageiros, reservada à União a definição da política tarifária (art. 175).[22]

Organização do Poder Judiciário e Ministério Público do Distrito Federal e Territórios e da Defensoria Pública dos Territórios, incumbidos da atuação nos procedimentos administrativos, causas e recursos de competência dos Juízos de Direito e Tribunal de Justiça do Distrito Federal e Territórios (arts. 92, inc. VII, 128, inc. I, *d*, e 134, § 1º).[23]

Ordenamento da Polícia Civil, Polícia Penal, Polícia Militar e Corpo de Bombeiros Militar do Distrito Federal, malgrado os órgãos de segurança pública estejam subordinados ao Governo distrital (arts. 32, § 4º, e 144, § 6º).[24]

Operacionalização das atividades de estatística, geografia, geologia e cartografia, de maneira a possibilitar as informações e estudos necessários ao conhecimento da realidade física, econômica e social do País (art. 22, inc. XVIII).[25]

Exercício da classificação, para efeito indicativo, de diversões e espetáculos públicos e programas de rádio e televisão, cabendo ao Poder Público divulgar a natureza deles, faixas etárias a que não se recomendem, locais e horários em que sua apresentação se mostre inadequada e estabelecer os meios legais de tutela dos valores éticos e sociais da pessoa e da família (arts. 220, § 3º, e 221).[26]

Concessão de anistia, ressalvados os crimes hediondos, equiparados aos delitos de terrorismo, tortura e tráfico ilícito de substâncias entorpecentes e drogas afins (arts. 5º, inc. XLIII, e 48, inc. VIII).[27]

Planejamento e promoção de defesa permanente contra as calamidades públicas, principalmente as secas e inundações, que motivam a intervenção na propriedade, garantida ao proprietário indenização ulterior, se houver dano (art. 22, inc. XXV).[28]

Instituição do sistema nacional de gerenciamento de recursos hídricos, assegurada a participação no resultado da exploração das águas para fins de geração de energia elétrica

---

20 STF, ADPF nº 46, Rel. Eros Grau, j. 5.8.2009, *DJU* 26.2.2010.

21 STF, ADIn nº 2.615, Rel. Min. Nelson Jobim, j. 22.5.2002, *DJU* 6.12.2002.

22 STF, ADIn nº 3.343, Rel. Min. Luiz Fux, j. 1º.9.2011, *DJU* 22.11.2011.

23 STF, ADIn nº 262.178, Rel. Min. Sepúlveda Pertence, j. 3.10.2000, *DJU* 24.11.2000.

24 STF, SS nº 1.154, Rel. Min. Sepúlveda Pertence, j. 30.4.1997, *DJU* 6.6.1997.

25 STF, MS nº 24.063, Rel. Min. Nelson Jobim, j. 4.4.2002, *DJU* 7.6.2002.

26 STF, ADIn nº 1.062, Rel. Min. Sydney Sanches, j. 25.5.1994, *DJU* 1º.7.1994.

27 STF, HC nº 77.528, Rel. Min. Sydney Sanches, j. 18.2.1999, *DJU* 22.10.1999.

28 STF, RE nº 112.396, Rel. Min. Carlos Madeira, j. 17.6.1988, *DJU* 12.8.1988.

ou compensação financeira em favor da União, Estados, Distrito Federal e Municípios (art. 20, § 1º).[29]

Implementação de diretrizes para o desenvolvimento urbano, sem exclusão da habitação, saneamento básico e transporte urbano, tendo em vista as funções sociais da cidade e o bem-estar de seus habitantes (art. 182, *caput*).[30]

Estabelecimento do plano nacional de viação, de sorte a viabilizar a construção da infraestrutura de um sistema viário integrado e as bases para planejamentos globais de transporte que atendam, pelo menor custo, às necessidades nacionais, sob o múltiplo aspecto econômico-social-político-militar (art. 22, inc. IX).[31]

Polícia marítima, aeroportuária e de fronteiras, executada pela Polícia Federal, a despeito da investigação da autoria e materialidade dos ilícitos penais praticados em detrimento de bens, serviços e interesses da União ou de suas entidades autárquicas e empresas públicas e de outras infrações cuja prática tenha repercussão interestadual ou internacional e exija repressão uniforme (art. 144, § 1º).[32]

Exclusividade sobre as atividades nucleares de qualquer natureza, decompostas em pesquisa, lavra, enriquecimento, reprocessamento, industrialização e comércio de minérios e minerais nucleares e seus derivados (art. 177, inc. V).[33]

Ordenação da inspeção do trabalho, que compreende ações fiscalizatórias de atividades profissionais regulamentadas (arts. 5º, inc. XIII, e 170, parágrafo único).[34]

Especificação das áreas e condições para o exercício da atividade de garimpagem, em formas de associativismo, levando em conta a promoção econômico-social dos garimpeiros e a proteção do meio ambiente (art. 174, §§ 3º e 4º).[35]

Organização e fiscalização da proteção e tratamento de dados pessoais, entendidos como elementos de informação, ou representações de fato, em formato apropriado para armazenamento, processamento ou transmissão por meios automáticos (art. 5º, inc. LXXIX).[36]

Ademais, a União detém a competência comum para: (i) zelar pela guarda da Constituição, das leis e das instituições democráticas e conservar o patrimônio público; (ii) cuidar da saúde e assistência pública, da proteção e garantia das pessoas portadoras de deficiência; (iii) proteger os documentos, as obras e outros bens de valor histórico, artístico e cultural, os monumentos, as paisagens naturais notáveis e os sítios arqueológicos; (iv) impedir a evasão, a destruição e a descaracterização de obras de arte e de outros bens de valor histórico, artístico ou cultural; (v) proporcionar os meios de acesso à cultura, à educação, à ciência, à tecnologia, à pesquisa e à inovação; (vi) proteger o meio ambiente e combater a poluição em qualquer de suas formas; (vii) preservar as florestas, a fauna e a flora; (viii) fomentar a produção agropecuária e organizar o abastecimento

---

29 STF, Rp. nº 1.007, Rel. Min. Cordeiro Guerra, j. 22.8.1979, *DJU* 10.9.1979.

30 STF, RE nº 95.243, Rel. Min. Cordeiro Guerra, j. 20.10.1981, *DJU* 20.11.1981.

31 STF, RE nº 87.220, Rel. Min. Moreira Alves, j. 05.8.1977, *DJU* 1º.9.1977.

32 STF, ADIn nº 1.489, Rel. Min. Octavio Gallotti, j. 19.3.1997, *DJU* 7.12.2000.

33 STF, ADIn nº 329, Rel. Min. Sepúlveda Pertence, j. 8.8.1990, *DJU* 31.8.1990.

34 STF, ADIn nº 1.717, Rel. Min. Sydney Sanches, j. 7.11.2002, *DJU* 28.3.2003.

35 STF, MS nº 21.401, Rel. Min. Néri da Silveira, j. 4.6.1992, *DJU* 22.4.1994.

36 STF, ADIn nº 6.387, Rel. Min. Rosa Weber, j. 7.5.2020, *DJU* 12.11.2020.

alimentar; (ix) promover programas de construção de moradias e a melhoria das condições habitacionais e de saneamento básico; (x) combater as causas da pobreza e os fatores de marginalização, promovendo a integração social dos setores desfavorecidos; (xi) registrar, acompanhar e fiscalizar as concessões de direitos de pesquisa e exploração de recursos hídricos e minerais em seus territórios, e (xii) estabelecer e implantar política de educação para a segurança do trânsito, na forma do art. 23 da CRFB.

4.2 Competências legislativas

As **competências legislativas** são enunciadas no art. 22 da CRFB, envolvendo as atividades normativas da União.[37]

Direito civil, comercial, penal, processual, eleitoral, agrário, marítimo, aeronáutico, espacial e do trabalho, tendo firmado o Supremo Tribunal Federal jurisprudência no sentido da competência da União para legislar sobre crime de responsabilidade, não obstante a diferenciação entre a responsabilização cível (ação de improbidade administrativa), criminal (ação por crime comum) e política-administrativa (ação por crime de responsabilidade) dos agentes públicos (art. 85, parágrafo único).[38]

Desapropriação, por necessidade, utilidade pública ou interesse social e urbanização ou reforma agrária, com prévia e justa indenização em dinheiro ou títulos da dívida pública, preservado o seu valor real, resgatáveis no prazo de até dez ou vinte anos (arts. 5º, inc. XXIV, 182, § 4º, inc. III, e 184, *caput*).[39]

Requisições civis e militares, em caso de iminente perigo público e em tempo de guerra, e ocupação e uso temporário de bens e serviços públicos, na hipótese de calamidade pública, respondendo a União pelos prejuízos causados (arts. 5º, inc. XXV, 136, § 1º, inc. II, e 139, inc. VII).[40]

Águas, energia, informática, radiodifusão e telecomunicações, subsumida à legislação ordinária a organização dos serviços, a criação de um órgão regulador e outros aspectos institucionais (arts. 21, inc. XI, e 48, inc. XII).[41]

Serviço postal, assegurado o sigilo epistolar, excepcionada a possibilidade de interceptação de correspondência de presos pela administração penitenciária, por razões de disciplina prisional (art. 5º, inc. XII).[42]

Sistema monetário e de medidas, títulos e garantias dos metais, que compreende a fixação do índice de correção e padrão de valor monetário, dotado de curso legal em todo o território nacional (art. 48, inc. XIV).[43]

---

37 RAMOS, Elival Silva. *Competência Legislativa da União* in *Revista de Direito Público*, nº 77, 1986, p. 126.

38 STF, ADIn nº 2.592, Rel. Min. Sydney Sanches, j. 23.4.2003, *DJU* 23.5.2003.

39 STF, ADIn nº 969, Rel. Min. Moreira Alves, j. 2.12.1993, *DJU* 25.2.1994.

40 STF, RE nº 84.986, Rel. Min. Thompson Flores, j. 10.8.1976, *DJU* 24.9.1976.

41 STF, RE nº 158.676, Rel. Min. Octavio Gallotti, j. 23.3.1999, *DJU* 1º.4.1999.

42 STF, HC nº 70.814, Rel. Min. Celso de Mello, j. 1º.3.1994, *DJU* 24.6.1994.

43 STF, RE nº 183.907, Rel. Min. Ilmar Galvão, j. 29.3.2000, DJU 16.4.2004.

Política de transferência de valores, crédito, câmbio e seguros, destacadamente os planos privados de assistência à saúde, com vistas à garantia de cobertura financeira de riscos de assistência médica, hospitalar e odontológica (art. 199, *caput*).[44]

Comércio interestadual e exterior, de maneira a promover o aumento da qualidade dos bens produzidos no País e o crescimento da economia nacional, assim como a inserção competitiva do Brasil na economia internacional (art. 237).[45]

Diretrizes da política nacional de transportes aéreo, aquático e terrestre, observados os acordos sobre a ordenação do transporte internacional, à vista do princípio da reciprocidade (art. 178, *caput*).[46]

Regime de portos e navegação aérea, aeroespacial, fluvial, lacustre e marítima, com a possibilidade de o transporte de mercadorias na cabotagem, bem como a navegação interior, serem disponibilizados por embarcações estrangeiras (art. 178, parágrafo único).[47]

Trânsito e transporte, que abrange o serviço de transporte privado de passageiro por motorista cadastrado em aplicativo, sem prejuízo da competência comum da União, Estados, Distrito Federal e Municípios para estabelecer e implantar política de educação para a segurança do trânsito (art. 23, inc. XII).[48]

Metalurgia e recursos minerais, incluindo os do subsolo, considerados como propriedade distinta da do solo, para efeito de exploração ou aproveitamento, sujeitando o delegatário a recuperar o meio ambiente degradado, de acordo com a solução técnica exigida pelo órgão competente (arts. 176, *caput*, e 225, § 2º).[49]

Cidadania, nacionalidade e naturalização, proibidas as discriminações entre brasileiros natos e naturalizados, salvo nos casos previstos no texto constitucional (art. 12, § 2º).[50]

Populações indígenas, reconhecidas a sua organização social, costumes, línguas, crenças e tradições, além de resguardados os direitos originários sobre as terras tradicionalmente ocupadas pelos índios (arts. 231 e 232).[51]

Emigração e imigração, entrada, expulsão e extradição de estrangeiro e brasileiro naturalizado, na hipótese de crime comum, praticado antes da naturalização, ou de comprovado envolvimento em tráfico ilícito de substâncias entorpecentes e drogas afins (arts. 5º, incs. LI e LII, e 102, inc. I, *g*).[52]

Emprego, tendo em conta a liberdade de trabalho, ofício ou profissão, atendidas as qualificações profissionais exigidas para tanto (art. 5º, inc. XIII).[53]

---

44 STF, ADIn nº 6.493, Rel. Min. Gilmar Mendes, j. 11.6.2021, *DJU* 28.6.2021.

45 STF, ADIn nº 280, Rel. Min. Francisco Rezek, j. 13.4.1994, *DJU* 17.6.1994.

46 STF, ADIn nº 476, Rel. Min. Celso de Mello, j. 12.4.1991, *DJU* 28.6.1991.

47 STF, AgRg nº 198.380, Rel. Min. Marco Aurélio, j. 1º.6.1998, *DJU* 12.6.1998.

48 STF, ADPF nº 449, Rel. Min. Luiz Fux, j. 9.5.2019, *DJU* 2.9.2019.

49 STF, ADIn nº 2.656, Rel. Min. Maurício Corrêa, j. 8.5.2003, *DJU* 1º.8.2003.

50 STF, Ext. nº 441, Rel. Min. Néri da Silveira, j. 18.6.1986, *DJU* 10.6.1988.

51 STF, ADIn nº 1.499, Rel. Min. Néri da Silveira, j. 5.9.1996, *DJU* 22.10.1999.

52 STF, Ext. nº 194, Rel. Min. Barros Barreto, j. 2.1.1957, *DJU* 26.8.1957.

53 STF, AI nº 134.449, Rel. Min. Sepúlveda Pertence, j. 3.9.1990, *DJU* 21.9.1990.

Poder Judiciário e Ministério Público do Distrito Federal e Territórios e Defensoria Pública dos Territórios, como também a organização administrativa destes (arts. 61, § 1º, inc. II, *d*, 128, § 5º, e 134, § 1º).[54]

Estatística, geografia, geologia e cartografia, de sorte a viabilizar o planejamento econômico e a segurança nacional (art. 21, inc. XV).[55]

Poupança popular, captação, garantia e rendimento, calculado sobre o saldo da conta de depósito de poupança (art. 62, § 1º, inc. II).[56]

Consórcios e sorteios, inclusive bingos e loterias, fundos mútuos e outras formas associativas assemelhadas, que objetivem a aquisição de bens de qualquer natureza (art. 21, inc. XVI).[57]

Organização, efetivos, material bélico, garantias, convocação e mobilização das polícias militares e corpos de bombeiros militares, para o desempenho das atividades de polícia preventiva e defesa civil (art. 144, § 5º).[58]

Atribuições da polícia federal e polícias rodoviária e ferroviária federais, no exercício das funções de polícia judiciária da União e patrulhamento ostensivo das rodovias e ferrovias federais, entre outras (art. 144, §§ 1º a 3º).[59]

Seguridade social, que compreende um conjunto integrado de ações de iniciativa dos Poderes Públicos e da sociedade civil, destinadas a assegurar os direitos relativos à saúde, previdência e assistência social (art. 194).[60]

Diretrizes e bases da educação nacional, inspirada nos princípios de liberdade e nos ideais de solidariedade humana, para o pleno desenvolvimento do educando, seu preparo para o exercício da cidadania e sua qualificação para o trabalho (art. 6º).[61]

Registros públicos, dirigidos à garantia da publicidade, autenticidade, segurança e eficácia dos atos jurídicos (art. 236).[62]

Atividades nucleares de qualquer natureza, admitidas para fins pacíficos e autorizadas as utilizações de radioisótopos para a pesquisa e usos medicinais, agrícolas e industriais, mediante aprovação do Congresso Nacional, sob responsabilidade civil objetiva (art. 21, inc. XXIII).[63]

Licitações e contratos administrativos de obras, serviços, fornecimentos, eficiência, alienações, concessões e permissões de serviços públicos, no âmbito da Administração Pública e demais entidades controladas direta ou indiretamente pelo Poder Público (arts. 37, inc. XXI, e 175, *caput*).[64]

---

54 STF, ADIn nº 1.477, Rel. Min. Octavio Gallotti, j. 2.9.1999, *DJU* 5.11.1999.

55 STF, MS nº 22.752, Rel. Min. Néri da Silveira, j. 22.4.2002, *DJU* 21.6.2002.

56 STF, AI nº 456.985, Rel. Min. Sepúlveda Pertence, j. 2.12.2003, *DJU* 6.2.2004.

57 STF, CJ nº 6.655, Rel. Min. Célio Borja, j. 17.6.1987, *DJU* 25.9.1987.

58 STF, ADIn nº 1.359, Rel. Min. Marco Aurélio, j. 22.2.1996, *DJU* 26.4.1996.

59 STF, ADIn nº 1.413, Rel. Min. Marco Aurélio, j. 23.5.1996, *DJU* 1º.6.1996.

60 STF, ADIn nº 1.002, Rel. Min. Sydney Sanches, j. 15.6.1994, *DJU* 30.9.1994.

61 STF, ADIn nº 2.806, Rel. Min. Ilmar Galvão, j. 23.4.2003, *DJU* 27.6.2003.

62 STF, ADIn nº 2.254, Rel. Min. Sepúlveda Pertence, j. 8.2.2001, *DJU* 26.9.2003.

63 STF, ADIn nº 329, Rel. Min. Ellen Gracie, j. 1º.4.2004, *DJU* 28.5.2004.

64 STF, RE nº 99.239, Rel. Min. Néri da Silveira, j. 15.2.1997, *DJU* 27.2.1997.

Defesa territorial, aeroespacial e marítima e mobilização nacional, com a regulamentação da utilização dos bens fundamentais para a defesa nacional (art. 20, § 2º).[65]

Propaganda comercial, subordinada a restrições legais em caso de tabaco, bebidas alcoólicas, agrotóxicos, medicamentos e terapias, traduzidas pela advertência sobre os malefícios decorrentes de seu uso (art. 220, § 5º).[66]

Proteção e tratamento de dados pessoais no contexto da sociedade da informação, na qual a tecnologia é usada para a coleta, produção, processamento, transmissão e armazenamento de informações (art. 5º, inc. LXXIX).[67]

Outrossim, a União dispõe da competência concorrente para legislar sobre: (i) direito tributário, financeiro, penitenciário, econômico e urbanístico; (ii) orçamento; (iii) juntas comerciais; (iv) custas dos serviços forenses; (v) produção e consumo; (vi) florestas, caça, pesca, fauna, conservação da natureza, defesa do solo e dos recursos naturais, proteção do meio ambiente e controle da poluição; (vii) proteção ao patrimônio histórico, cultural, artístico, turístico e paisagístico; (viii) responsabilidade por dano ao meio ambiente, ao consumidor, a bens e direitos de valor artístico, estético, histórico, turístico e paisagístico; (ix) educação, cultura, ensino, desporto, ciência, tecnologia, pesquisa, desenvolvimento e inovação; (x) criação, funcionamento e processo dos juizados especiais cíveis e criminais; (xi) procedimentos em matéria processual; (xii) previdência social, proteção e defesa da saúde; (xiii) assistência jurídica e Defensoria Pública; (xiv) proteção e integração social das pessoas portadoras de deficiência; (xv) proteção à infância e à juventude, e (xvi) organização, garantias, direitos e deveres das polícias civis, nos termos do art. 24 da CRFB.

4.3 Competências tributárias

As **competências tributárias** são exteriorizadas nos arts. 145 a 154, todos da CRFB.[68]

Impostos sobre importação de produtos estrangeiros, exportação, para o exterior, de produtos nacionais ou nacionalizados, renda e proventos de qualquer natureza, produtos industrializados, operações de crédito e câmbio, ou relativas a títulos ou valores mobiliários, propriedade territorial rural, grandes fortunas e produção, extração, comercialização ou importação de bens e serviços prejudiciais à saúde ou meio ambiente, bem assim os impostos extraordinários, compreendidos ou não em sua competência tributária, na iminência ou caso de guerra externa, os quais serão suprimidos, gradativamente, cessadas as causas de sua criação, e os impostos residuais, desde que não sejam cumulativos e tenham fato gerador ou base de cálculo distintos dos enumerados na Constituição da República (arts. 145, inc. I, 153 e 154).[69]

---

65 STF, AC nº 481, Rel. Min. Marco Aurélio, j. 8.2.2001, *DJU* 23.2.2001.

66 STF, ADIn nº 2.815, Rel. Min. Sepúlveda Pertence, j. 8.10.2003, *DJU* 7.11.2003.

67 STF, ADIn nº 4.829, Rel. Min. Rosa Weber, j. 22.3.2021, *DJU* 12.4.2021.

68 LOCATELI, Douglas Vitoriano. *Limites à Competência da União para editar Normas Gerais em Matéria Tributária* in *Revista Tributária e de Finanças Públicas*, nº 43, 2002, p. 9.

69 STF, RE nº 233.332, Rel. Min. Ilmar Galvão, j. 10.3.1999, *DJU* 14.5.1999.

Taxas, em decorrência do exercício do poder de polícia ou utilização, efetiva ou potencial, de serviços públicos específicos e divisíveis, prestados ao contribuinte ou postos a sua disposição (art. 145, inc. II).[70]

Contribuições de melhoria, em razão do acréscimo do valor de imóvel localizado em áreas beneficiadas direta ou indiretamente por obras públicas (art. 145, inc. III).[71]

Contribuições sociais, em virtude da intervenção no domínio econômico, interesse das categorias profissionais ou econômicas e custeio da seguridade social (arts. 149 e 195).[72]

Empréstimos compulsórios, para atender a despesas extraordinárias, resultantes de calamidade pública, guerra externa ou sua iminência, ou a investimento público de caráter urgente e relevante interesse nacional (art. 148),[73] tendo em vista que "os tributos, nas suas diversas espécies, compõem o sistema constitucional tributário, que a Constituição inscreve nos arts. 145 a 154. As diversas espécies tributárias, determinadas pela hipótese de incidência ou fato gerador da respectiva obrigação, são as seguintes: impostos (arts. 145, inc. I, 153 e 154), taxas (art. 145, inc. II), contribuições de melhoria (art. 145, inc. III) e contribuições sociais, que podem ser de intervenção no domínio econômico, seguridade social ou corporativas (arts. 149 e 195). Constituem, ainda, espécie tributária os empréstimos compulsórios (art. 148)".[74]

70 STF, ADIn nº 1.378, Rel. Min. Celso de Mello, j. 30.11.1995, *DJU* 30.5.1997.

71 STF, RE nº 116.147, Rel. Min. Célio Borja, j. 29.10.1991, *DJU* 8.5.1992.

72 STF, RE nº 150.755, Rel. Min. Carlos Velloso, j. 18.11.1992, *DJU* 20.8.1993.

73 STF, RE nº 148.956, Rel. Min. Celso de Mello, j. 24.4.1995, *DJU* 8.5.1995.

74 STF, RE nº 138.284, Rel. Min. Carlos Velloso, j. 1º.7.1992, *RDA* 190/82.

Capítulo 22
ESTADO

Acesse e assista à aula explicativa sobre este assunto.

> https://uqr.to/14ugo

1 CONCEITO

O Estado é recoberto pela natureza de **pessoa jurídica de direito público**, com autonomia política, dado que a unidade da federação detém a autoadministração, exposta pela capacidade de exercício de suas competências administrativas, legislativas e tributárias (arts. 18, § 4º, 23, 24, 25, §§ 1º a 3º, 145, incs. I a III, 155 e 158, incs. III e IV), autogoverno, exteriorizado pela capacidade de organização dos seus Poderes Legislativo, Executivo e Judiciário (arts. 27, 28 e 125), e auto-organização, externada pela capacidade de elaboração da sua Constituição (art. 25, *caput*).[1]

A fortiori, o Estado dispõe de *poder constituinte derivado decorrente institucionalizador*, caracterizado pela derivação, pois que a Constituição do Estado é submetida ao modo de elaboração prescrito por normas constitucionais federais, decomposto em órgão competente, procedimento e matéria a ser veiculada pelas normas constitucionais estaduais, limitação, posto que a Constituição do Estado é sujeita a restrições, desmembradas em princípios constitucionais sensíveis ou enumerados, estabelecidos ou organizatórios e extensíveis, e condicionamento, uma vez que a Constituição do Estado pôde ser promulgada pela Assembleia Legislativa respectiva, investida em poder de instituição estadual, no prazo de um ano, a partir da promulgação da Constituição da República.[2]

2 HISTÓRICO

A **origem** dos Estados Federados remonta as províncias do Império, que, por seu turno, sucederam as capitanias hereditárias do Brasil Colônia.

---

1 VELLOSO, Carlos Mário da Silva. *Estado Federal e Estados Federados na Constituição Brasileira de 1988* in *Revista Brasileira de Estudos Políticos*, nº 74, 1992, p. 41.

2 HORTA, Raul Machado. *Natureza do Poder Constituinte do Estado-Membro* in *Revista de Direito Público*, nº 85, 1988, p. 63.

Em 15 de março de 1534, por meio de cartas de doação e forais, o território da Colônia do Brasil começou a ser dividido em faixas de terra, no sentido leste-oeste, entre o Oceano Atlântico e o meridiano formalizado pelo Tratado de Tordesilhas.[3] Os donatários e seus herdeiros deveriam repartir as terras das *capitanias* em sesmarias a quaisquer pessoas, desde que professassem a fé cristã. As sesmarias poderiam ser doadas com isenção de foro, tributo e outros encargos, à exceção do dízimo para a Ordem de Cristo.[4]

Em 28 de fevereiro de 1821, às vésperas da independência brasileira, as capitanias receberam o título de *províncias*.[5] Durante o período imperial, o Brasil era considerado um Estado unitário descentralizado administrativamente, em ordem a permitir o controle do governo central sobre as províncias e, por via de consequência, impedir o desmembramento territorial.[6]

As Entidades Federadas nasceram da proclamação da República, quando as antigas províncias do Império do Brasil deram origem aos *Estados*, que, reunidos pelo laço da federação, constituíram os Estados Unidos do Brasil, sob a égide do art. 2º do Decreto nº 1, de 15 de novembro de 1889,[7] e art. 2º, *initio*, da Constituição da República, de 24 de fevereiro de 1891.[8, 9]

3 BENS

O **domínio patrimonial**, à vista do art. 26 da CRFB, é composto pelas águas superficiais ou subterrâneas, fluentes, emergentes e em depósito, que não resultem de obras da

---

3 CHORÃO, Maria José Mexia Bigote. *Doações e Forais das Capitanias do Brasil – 1534-1536*. Lisboa: Arquivo Nacional da Torre do Tombo, 1999, p. 53-54.

4 A doação de capitanias foi um dos expedientes de que a Coroa Portuguesa se utilizou para recompensar quem a tinha bem servido. Manuel Álvares Pegas, ao defender os direitos do Conde de Vimioso à Capitania de Pernambuco, firmou que "é regalia do príncipe, própria da natureza do rei, de premiar os vassalos que o servem e remunerar os serviços que se fazem". PEGAS, Manuel Álvares. *Commentaria ad Ordinationes Regni Portvgalliae*. Ulyssipone Occidentali: Ex Tipographia Ferreyriana, 1671, § 11.

5 SILVA, José Justino de Andrade e. *Collecção Chronologica da Legislação Portugueza Compilada e Annotada*. Lisboa: Imprensa Nacional, 1859, p. 169-170.

6 O território nacional, na esteira do art. 2º da Constituição Política do Império do Brasil, de 25 de março de 1824, era dividido em províncias, as quais poderiam ser subdivididas. José Antônio Pimenta Bueno, ao comentar o dispositivo em epígrafe, fixou que "importa certamente muito que os centros administrativos não tenham raios tão extensos, que amorteçam a ação governamental; é de mister que esses centros tenham pelo contrário facilidade de inspecionar de pronto os diversos serviços públicos, e especialmente a educação, costumes, caráter e linguagem, para que as províncias e as suas subdivisões não componham povos diversos, ciosos ou rivais, mas um só povo brasileiro". BUENO, José Antônio Pimenta. *Direito Publico Brazileiro e Analyse da Constituição do Império*. Rio de Janeiro: Typographia de J. Villeneuve, 1857, p. 22.

7 Decreto nº 1/1889, art. 2º: "As Províncias do Brasil, reunidas pelo laço da federação, ficam constituindo os Estados Unidos do Brasil". Disponível em: <http://camara.gov.br>. Acesso em: 20.6.2011.

8 Constituição da República dos Estados Unidos do Brasil, art. 2º, *initio*: "Cada uma das antigas Províncias formará um Estado". Disponível em: <http://senado.gov.br>. Acesso em: 20.6.2011.

9 O Governo Provisório da República dos Estados Unidos do Brasil entre 15 de novembro de 1891, data da proclamação da República, e 24 de fevereiro de 1891, data da promulgação da Constituição dos Estados Unidos do Brasil, expediu 1.430 decretos sobre os temas de agricultura, fazenda, guerra, interior, justiça e marinha. Disponível em: <http://www.planalto.gov.br>. Acesso em: 20.6.2011.

União; as áreas, nas ilhas oceânicas e costeiras, que estiverem no seu domínio, excluídas aquelas sob domínio da União, Municípios ou terceiros; as ilhas fluviais e lacustres não pertencentes à União e as terras devolutas não compreendidas entre as da União e os bens que tiver adquirido por qualquer título legítimo.[10]

Questão que se impõe diz respeito ao *serviço público de distribuição de água e tratamento de esgoto*, tendo em conta que os recursos hídricos são captados em bem público estadual. Por um lado, **Celso Antônio Bandeira de Mello** declara que "os serviços de abastecimento de água no interior de cada Município não são de titularidade e atribuição nem dos Estados nem da União, mas exclusivamente do Município onde devem ser prestados".[11] Por outro lado, **Diogo de Figueiredo Moreira Neto** defende que "o poder concedente para os serviços de fornecimento de água em todo seu ciclo será o Estado, sempre que predominar o interesse comum, isto é, quando este tenha sido formalmente declarado como metropolitano, de aglomeração urbana ou de microrregião".[12] Por oportuno, o Tribunal de Justiça do Rio de Janeiro deixa evidente a "competência do Município, de legislar e de agir, em face dos interesses locais. Interesse público municipal inconteste quanto à distribuição de água e tratamento de esgoto. Inteligência do art. 30, inc. V, da CRFB".[13]

4 COMPETÊNCIAS

A teor do critério da matéria a ser tratada pela entidade federativa, as competências dos Estados podem ser qualificadas como administrativas, legislativas e tributárias.[14]

4.1 Competências administrativas

As **competências administrativas** são remanescentes ou reservadas e, anomalamente, enumeradas ou expressas.[15]

As *competências remanescentes ou reservadas* denominam as que não hajam sido conferidas, implícita ou explicitamente, à União e Municípios, nem conflitem com as proibições à atuação das unidades da federação (art. 25, § 1º).[16]

As *competências enumeradas ou expressas* denotam a criação, incorporação, fusão e desmembramento de Municípios (art. 18, § 4º)[17] e exploração, direta ou indireta, dos serviços locais de gás canalizado (art. 25, § 2º),[18] como também a instituição de regiões

---

10 CRUZ, Edvaldo Novais. *Bens Públicos Estaduais* in *Revista da Procuradoria-Geral do Estado da Bahia*, nº 13, 1990, p. 225.

11 MELLO, Celso Antônio Bandeira de. *Abastecimento de Água. Serviço Público. Regime Jurídico. Tarifas* in *Revista de Direito Público*, nº 55, 1988, p. 99.

12 MOREIRA NETO, Diogo de Figueiredo. *Poder Concedente para o Abastecimento de Água* in *Revista de Direito Administrativo*, nº 213, 1998, p. 23.

13 TJRJ, Proc. nº 1997.004.00444, Rel. Des. Galdino Siqueira Netto, j. 28.2.2000, *DORJ* 18.2.2002.

14 FERREIRA FILHO, Manoel Gonçalves. *A Auto-organização dos Estados-Membros e seus Limites. A Repartição de Competência* in *Revista da Indústria*, nº 1, 1992, p. 84.

15 FIGUEIREDO, Lúcia Valle. *Competências Administrativas dos Estados* in *Revista de Direito Administrativo*, nº 207, 1997, p. 13.

16 STF, ADIn nº 2.587, Rel. Min. Maurício Corrêa, j. 15.5.2002, *DJU* 6.9.2002.

17 STF, ADIn nº 2.632, Rel. Min. Sepúlveda Pertence, j. 7.11.2002, *DJU* 29.8.2003.

18 STF, ADIn nº 855, Rel. Min. Sepúlveda Pertence, j. 1º.7.1993, *DJU* 1º.10.1993.

metropolitanas, aglomerações urbanas e microrregiões, constituídas por agrupamentos de Municipalidades limítrofes, para integrar a organização, planejamento e execução de funções públicas de interesse comum (art. 25, § 3º).[19]

Além disso, os Estados são destinatários da competência comum para: (i) zelar pela guarda da Constituição, das leis e das instituições democráticas e conservar o patrimônio público; (ii) cuidar da saúde e assistência pública, da proteção e garantia das pessoas portadoras de deficiência; (iii) proteger os documentos, as obras e outros bens de valor histórico, artístico e cultural, os monumentos, as paisagens naturais notáveis e os sítios arqueológicos; (iv) impedir a evasão, a destruição e a descaracterização de obras de arte e de outros bens de valor histórico, artístico ou cultural; (v) proporcionar os meios de acesso à cultura, à educação, à ciência, à tecnologia, à pesquisa e à inovação; (vi) proteger o meio ambiente e combater a poluição em qualquer de suas formas; (vii) preservar as florestas, a fauna e a flora; (viii) fomentar a produção agropecuária e organizar o abastecimento alimentar; (ix) promover programas de construção de moradias e a melhoria das condições habitacionais e de saneamento básico; (x) combater as causas da pobreza e os fatores de marginalização, promovendo a integração social dos setores desfavorecidos; (xi) registrar, acompanhar e fiscalizar as concessões de direitos de pesquisa e exploração de recursos hídricos e minerais em seus territórios, e (xii) estabelecer e implantar política de educação para a segurança do trânsito (art. 23).

4.2 Competências legislativas

As **competências legislativas** são restringidas aos temas que não tenham sido vedados pela Constituição da República.[20]

Aos Estados é deferida a competência para legislar sobre a *organização administrativa*, assim como as *receitas tributárias* que lhes são afetas, especialmente a organização dos Poderes Legislativo, Executivo e Judiciário dos Estados (arts. 27, 28 e 125),[21] bem como a repartição das receitas pertencentes aos Municípios (art. 158, incs. III e IV).[22]

Demais disso, os Estados são dotados da competência concorrente para legislar sobre: (i) direito tributário, financeiro, penitenciário, econômico e urbanístico; (ii) orçamento; (iii) juntas comerciais; (iv) custas dos serviços forenses; (v) produção e consumo; (vi) florestas, caça, pesca, fauna, conservação da natureza, defesa do solo e dos recursos naturais, proteção do meio ambiente e controle da poluição; (vii) proteção ao patrimônio histórico, cultural, artístico, turístico e paisagístico; (viii) responsabilidade por dano ao meio ambiente, ao consumidor, a bens e direitos de valor artístico, estético, histórico, turístico e paisagístico; (ix) educação, cultura, ensino, desporto, ciência, tecnologia, pesquisa, desenvolvimento e inovação; (x) criação, funcionamento e processo dos juizados especiais cíveis e criminais; (xi) procedimentos em matéria processual; (xii) previdência social, proteção e defesa da saúde; (xiii) assistência jurídica e Defensoria Pública; (xiv) proteção e integração social das pessoas portadoras de deficiência; (xv)

---

19 STF, ADIn nº 1.841, Rel. Min. Carlos Velloso, j. 1º.8.2002, *DJU* 20.9.2002.

20 LOBO, Paulo Luiz Neto. *Competência Legislativa dos Estados na Nova Constituição de 1988* in *Revista Forense*, nº 304, 1988, p. 175.

21 STF, ADIn nº 366, Rel. Min. Octavio Gallotti, j. 24.10.1996, *DJU* 7.2.1997.

22 STF, ADIn nº 1.423, Rel. Min. Moreira Alves, j. 20.6.1996, *DJU* 22.11.1996.

proteção à infância e à juventude, e (xvi) organização, garantias, direitos e deveres das polícias civis (art. 24).

4.3 Competências tributárias

As **competências tributárias** são prescritas nos arts. 145 a 152 e 155, todos da CRFB.[23]

Impostos sobre transmissão *causa mortis* e doação, de quaisquer bens ou direitos, operações relativas à circulação de mercadorias e sobre prestações de serviços de transporte interestadual e intermunicipal e de comunicação, ainda que as operações e prestações se iniciem no exterior – até o advento do termo final a que se refere o art. 129, *initio*, do ADCT, incluído pela EC nº 132/23, e propriedade de veículos automotores (arts. 145, inc. I, e 155).[24]

Taxas, recolhidas pelo exercício do poder de polícia ou utilização, efetiva ou potencial, de serviços públicos específicos e divisíveis, prestados ao contribuinte ou postos à sua disposição (art. 145, inc. II).[25]

Contribuições de melhoria, recebidas pelo acréscimo do valor de imóvel localizado em áreas beneficiadas direta ou indiretamente por obras públicas (art. 145, inc. III).[26]

Acesse o
MATERIAL SUPLEMENTAR

Entre no Ambiente de Aprendizagem através das instruções contidas na orelha deste livro e acesse os conteúdos exclusivos desta edição:
- Atualizações legislativas mensais.
- Questões de prova interativas.
- Esquemas.

---

23 SILVA, Fonseca da. *Competências Tributárias Estaduais* in *Revista de Informação Legislativa*, nº 117, 1993, p. 251.

24 STF, RE nº 240.186, Rel. Min. Ilmar Galvão, j. 28.6.2000, *DJU* 28.2.2003.

25 STF, ADIn nº 2.040, Rel. Min. Maurício Corrêa, j. 15.12.1999, *DJU* 25.2.2000.

26 STF, RE nº 116.418, Rel. Min. Octavio Gallotti, j. 15.5.1993, *DJU* 21.5.1993.

Capítulo 23

MUNICÍPIO

Acesse e assista à aula explicativa sobre este assunto.

> *https://uqr.to/14ugp*

1 CONCEITO

O Município é resguardado pela natureza de **pessoa jurídica de direito público**, com autonomia política, eis que a unidade da federação detém a autoadministração, exposta pela capacidade de exercício de suas competências administrativas, legislativas e tributárias (arts. 23, 24, 30, 144, § 8º, 145, incs. I a III, e 156), autogoverno, exteriorizado pela capacidade de organização dos seus Poderes Legislativo e Executivo (art. 29, inc. I), e auto-organização, externada pela capacidade de elaboração da sua Lei Orgânica (art. 29, *caput*).[1]

A propósito, o Município dispõe de *poderes constituídos*, e não também de poder constituinte derivado decorrente institucionalizador, tendo em vista que a Lei Orgânica constitui produto da elaboração legislativa da Câmara Municipal.[2] É dizer: "os Municípios brasileiros regem-se por Leis Orgânicas próprias, votadas pelas Câmaras respectivas, desde que atendidos os princípios estabelecidos pela Constituição da República, além daqueles adotados pela Constituição do Estado".[3]

2 HISTÓRICO

Os Municípios têm **origem** nas Câmaras Municipais Ultramarinas,[4] que, "pelo menos nos dois primeiros séculos da colonização, foram os órgãos fundamentais no

1 HORTA, Raul Machado. *A Posição do Município no Direito Constitucional Federal Brasileiro* in *Revista Brasileira de Estudos Políticos*, nº 55, 1982, p. 187.

2 FANCKIN, Reginaldo. *O Perfil Constitucional da Lei Orgânica dos Municípios* in *Revista dos Tribunais*, nº 23, 1990, p. 113.

3 STF, ADIn nº 307, Rel. Min. Célio Borja, j. 29.6.1990, *DJU* 28.9.1990.

4 CAMARGO, Paulo Teixeira de. *O Município na Fase de Colonização das Américas* in *Revista Brasileira dos Municípios*, nº 22, 1953, p. 121-127.

gerenciamento de boa parcela senão do comércio, ao menos da defesa e rendas – tributos e donativos – impostos pela metrópole".[5]

Com a independência do Brasil, em todas as cidades e vilas de então, foram nomeadas *Câmaras*,[6] sob a presidência do Alcaide ou Vereador que houvesse obtido o maior número de votos, às quais competia o governo municipal.[7]

Depois da proclamação da República e Revolução de 1930,[8] tal como se sucedia com as "intendências municipais" que haviam sido instauradas em 1905, às *Prefeituras* foi conferido definitivamente o exercício da função administrativa no âmbito dos Municípios.[9]

Elevada à qualidade de entidade federativa pela Constituição de 1988,[10] os Municípios passaram a deter autonomia política com a redemocratização do Brasil.[11] Foi-lhes dada, inclusive, a garantia da possibilidade de instituição de consórcios públicos e convênios intermunicipais no tocante à gestão associada de serviços públicos, à luz dos arts. 18, *caput*, e 241, *initio*, da CRFB.[12, 13]

3 BENS

O **domínio patrimonial** é formado pelos bens públicos de uso comum, tais como os rios, mares, estradas, ruas e praças, como também os de uso especial, tais como os edifícios e terrenos destinados a serviço ou estabelecimento da Administração Pública,

---

5 BICALHO, Maria Fernanda. *As Câmaras Municipais no Império Português* in *Revista Brasileira de História*, nº 36, 1998, p. 254.

6 DINALLI, Aparecida. *As Câmaras Municipais e sua Função Política no Brasil* in *Cadernos de Direito Constitucional e Ciência Política*, nº 8, 1994, p. 5-10.

7 COSTA, Nelson. *A História do Município no Brasil* in *Revista Forense*, nº 347, 1999, p. 217.

8 ALMEIDA, Maria Herminia de. *Revolução de 1930 e Questão Sindical* in *Coleção Temas Brasileiros*, nº 54, 1982, p. 337-351.

9 FERREIRA, Luiz Tarcisio. *Prefeito Municipal* in *Revista de Direito Público*, nº 81, 1987, p. 206.

10 As normas instituídas pelos arts. 14, *caput*, e 15 do Ato das Disposições Constitucionais Transitórias resultaram na extinção dos Territórios Federais de Roraima, Amapá e Fernando de Noronha, sendo a área do arquipélago reincorporada ao Estado de Pernambuco. Logo, "Fernando de Noronha integra o Estado de Pernambuco sem se constituir território de Município". MARQUES NETO, Floriano de Azevedo. *Os Consórcios Públicos* in *Revista de Direito do Estado*, nº 2, 2006, p. 294.

11 REALE JÚNIOR, Miguel. *O Caminho da Redemocratização* in *Revista da Universidade de São Paulo*, nº 65, 2005, p. 22-31.

12 AZEVEDO, Damião Alves de. *A Natureza Jurídica das Associações de Municípios e dos Convênios Intermunicipais* in *Revista de Direito Administrativo*, nº 238, 2004, p. 375.

13 As regiões metropolitanas e os consórcios públicos não se confundem, dado que as primeiras são implementadas por manifestação de vontade dos Estados, não implicando modificação de competências de Municípios limítrofes, enquanto os segundos são instituídos por acordo de vontades entre entidades políticas, importando no exercício em conjunto das competências dos consorciados, com fundamento nos arts. 25, § 3º, e 241, *initio*, da CRFB. As regiões metropolitanas servem para instituir padrões de coordenação ou cooperação entre Municípios lindeiros, ao inverso dos consórcios públicos, que são instrumentos disponíveis para a implementação das pautas de cada região metropolitana. PIRES, Maria Coeli Simões. *A Institucionalização das Regiões Metropolitanas e o Novo Modelo de Federalismo Brasileiro* in Revista de Direito Público, nº 84, 1987, p. 187.

direta ou indireta, e os dominicais pertencentes ao Município, tais como as suas terras devolutas, com espeque no art. 3º da Lei nº 640/1852, as terras dos extintos aldeamentos de índios, em que estejam fundadas vilas ou povoações, com esteio no art. 8º da Lei nº 2.672/1875, e os bens que tiver adquirido por qualquer título legítimo, de acordo com o art. 12 do Decreto nº 2.800/1898 c/c art. 99 do CC/02.[14]

A *herança jacente*, tendo sido a sucessão aberta anteriormente e a vacância declarada posteriormente ao advento da Lei nº 8.049/90, que derrogou a norma veiculada pelo art. 1.594 do CC/16, é objeto de divergência na doutrina. **João Guilherme Sauer** acentua que os bens foram incorporados ao domínio estadual, pois que haveria direito de *saisine* em favor de pessoa jurídica de direito público.[15] **Orlando Gomes** adverte que os bens foram integrados ao domínio municipal, posto que haveria a transmissão dos bens da herança jacente para o patrimônio público no momento da declaração de vacância.[16] O Superior Tribunal de Justiça deixou consignado que "a jurisprudência acolhe entendimento no sentido de que o Município tem legitimidade para a sucessão de bem jacente, cuja declaração de vacância deu-se na vigência da lei que alterou dispositivo que, retirando o Estado, substituiu-o na ordem hereditária".[17] "Ao ente público não se aplica o princípio da *saisine*, porquanto a declaração de vacância é o momento em que o domínio dos bens jacentes se transfere ao patrimônio público. Ocorrida a declaração de vacância após a vigência da Lei nº 8.049/90, legitimidade cabe ao Município para recolher os bens jacentes."[18]

4 COMPETÊNCIAS

À vista do critério da matéria a ser tratada pela entidade federativa, as competências dos Municípios podem ser qualificadas como administrativas, legislativas e tributárias.[19]

4.1 Competências administrativas

As **competências administrativas** são caracterizadas como *exclusivas*,[20] designando a obtenção, gestão e aplicação dos tributos municipais, criação, organização e supressão dos distritos, organização e prestação, direta ou indireta, dos serviços públicos de interesse local, incluído o de transporte coletivo, e promoção do adequado ordenamento territorial, mediante planejamento e controle do uso, parcelamento e ocupação

---

14 STROPPA, Yara Martinez de Carvalho e Silva. *Município: aquisição de bens móveis e imóveis* in *Boletim de Direito Administrativo*, nº 9, 1992, p. 521.

15 SAUER, João Guilherme. *Sucessão* "causa mortis". *Lei federal nº 8.049/90, que alterou a redação do art. 1.594 do Código Civil brasileiro. Herança vacante. Momento em que a pessoa jurídica de direito público interno sucede ao* "de cujus". *Direitos do Estado do Rio de Janeiro* in *Procuradoria-Geral do Estado do Rio de Janeiro: legislação básica e pareceres normativos*. v. I. Rio de Janeiro: Lumen Juris, 2000, p. 129.

16 GOMES, Orlando. *Herança Vacante* in *Sucessões*. 7ª ed. Rio de Janeiro: Forense, 1998, p. 74.

17 STJ, REsp nº 71.551, Rel. Min. Waldemar Zveiter, j. 11.3.1998, *DJU* 9.11.1998.

18 STJ, REsp nº 161.196, Rel. Min. Barros Monteiro, j. 3.9.1998, *DJU* 4.10.1999.

19 PIRES, Maria Coeli Simões. *Autonomia Municipal no Estado Brasileiro* in *Revista de Informação Legislativa*, nº 142, 1999, p. 143.

20 MOREIRA NETO, Diogo de Figueiredo. *As Competências Executivas do Município* in *Revista de Informação Legislativa*, nº 111, 1991, p. 123.

do solo urbano (art. 30, incs. III, IV, V e VIII),[21] assim como a constituição das guardas municipais destinadas à proteção de seus bens, serviços e instalações (art. 144, § 8º).[22]

Ademais, os Municípios são favorecidos pela competência comum para: (i) zelar pela guarda da Constituição, das leis e das instituições democráticas e conservar o patrimônio público; (ii) cuidar da saúde e assistência pública, da proteção e garantia das pessoas portadoras de deficiência; (iii) proteger os documentos, as obras e outros bens de valor histórico, artístico e cultural, os monumentos, as paisagens naturais notáveis e os sítios arqueológicos; (iv) impedir a evasão, a destruição e a descaracterização de obras de arte e de outros bens de valor histórico, artístico ou cultural; (v) proporcionar os meios de acesso à cultura, à educação, à ciência, à tecnologia, à pesquisa e à inovação; (vi) proteger o meio ambiente e combater a poluição em qualquer de suas formas; (vii) preservar as florestas, a fauna e a flora; (viii) fomentar a produção agropecuária e organizar o abastecimento alimentar; (ix) promover programas de construção de moradias e a melhoria das condições habitacionais e de saneamento básico; (x) combater as causas da pobreza e os fatores de marginalização, promovendo a integração social dos setores desfavorecidos; (xi) registrar, acompanhar e fiscalizar as concessões de direitos de pesquisa e exploração de recursos hídricos e minerais em seus territórios, e (xii) estabelecer e implantar política de educação para a segurança do trânsito (art. 23), bem como (xiii) manter programas de educação pré-escolar e ensino fundamental, além de prestar serviços de atendimento à saúde da população, com a cooperação técnica e financeira da União e do Estado, e (xiv) promover a proteção do patrimônio histórico-cultural local, observadas a legislação e a ação fiscalizadora federal e estadual (art. 30, incs. VI, VII e IX).

4.2 Competências legislativas

As **competências legislativas** são circunscritas aos assuntos de interesse predominantemente local,[23] sem prejuízo de a produção normativa municipal *suplementar* a legislação federal e a estadual no que couber (art. 30, incs. I e II).[24]

Outrossim, os Municípios são fortalecidos pela competência concorrente para legislar sobre: (i) direito tributário, financeiro, penitenciário, econômico e urbanístico; (ii) orçamento; (iii) juntas comerciais; (iv) custas dos serviços forenses; (v) produção e consumo; (vi) florestas, caça, pesca, fauna, conservação da natureza, defesa do solo e dos recursos naturais, proteção do meio ambiente e controle da poluição; (vii) proteção ao patrimônio histórico, cultural, artístico, turístico e paisagístico; (viii) responsabilidade por dano ao meio ambiente, ao consumidor, a bens e direitos de valor artístico, estético, histórico, turístico e paisagístico; (ix) educação, cultura, ensino, desporto, ciência, tecnologia, pesquisa, desenvolvimento e inovação; (x) criação, funcionamento e processo dos juizados especiais cíveis e criminais; (xi) procedimentos em matéria processual; (xii) previdência social, proteção e defesa da saúde; (xiii) assistência jurídica e Defensoria

---

21 STF, ADIn nº 1.221, Rel. Min. Carlos Velloso, j. 9.10.2003, *DJU* 31.10.2003.

22 STF, Pet. nº 2.961, Rel. Min. Celso de Mello, j. 17.6.2003, *DJU* 1º.8.2003.

23 FERRARI, Regina Maria Macedo Nery. *Competência Legislativa do Município* in *Cadernos de Direito Constitucional e Ciência Política*, nº 1, 1992, p. 258.

24 STF, ADIn nº 2.327, Rel. Min. Gilmar Mendes, j. 8.5.2003, *DJU* 22.8.2003.

Pública; (xiv) proteção e integração social das pessoas portadoras de deficiência; (xv) proteção à infância e à juventude; e (xvi) organização, garantias, direitos e deveres das polícias civis (art. 24).

4.3 Competências tributárias

As **competências tributárias** são previstas nos arts. 145 a 152 e 156, todos da CRFB.[25]

Impostos sobre propriedade predial e territorial urbana, transmissão *inter vivos*, a qualquer título, por ato oneroso, de bens imóveis, por natureza ou acessão física, e de direitos reais sobre imóveis, exceto os de garantia, bem assim cessão de direitos a sua aquisição, e serviços de qualquer natureza – até o advento do termo final sobre o qual versa o art. 129, *in fine*, do ADCT, incluído pela EC nº 132/23, ressalvados os de transporte interestadual e intermunicipal e de comunicação (arts. 145, inc. I, e 156).[26]

Taxas, recolhidas pelo exercício do poder de polícia ou utilização, efetiva ou potencial, de serviços públicos específicos e divisíveis, prestados ao contribuinte ou postos a sua disposição (art. 145, inc. II).[27]

Contribuições de melhoria, recebidas pelo acréscimo do valor de imóvel localizado em áreas beneficiadas direta ou indiretamente por obras públicas (art. 145, inc. III).[28]

Acesse o
MATERIAL SUPLEMENTAR

Entre no Ambiente de Aprendizagem através das instruções contidas na orelha deste livro e acesse os conteúdos exclusivos desta edição:
- Atualizações legislativas mensais.
- Questões de prova interativas.
- Esquemas.

25 PRADE, Péricles. *Competência Tributária do Município* in *Revista Dialética de Direito Tributário*, nº 96, 2003, p. 64.

26 STF, RE nº 144.795, Rel. Min. Ilmar Galvão, j. 19.10.1993, *DJU* 12.11.1993.

27 STF, ADIn nº 2.178, Rel. Min. Ilmar Galvão, j. 29.3.2000, *DJU* 12.5.2000.

28 STF, RE nº 115.863, Rel. Min. Célio Borja, j. 29.10.1991, *DJU* 8.5.1992.

Capítulo 24

DISTRITO FEDERAL

Acesse e assista à aula explicativa sobre este assunto.

> https://uqr.to/14ugq

1 CONCEITO

O Distrito Federal é revestido pela natureza de **pessoa jurídica de direito público**, com autonomia política, já que a unidade da federação detém a autoadministração, exposta pela capacidade de exercício de suas competências administrativas, legislativas e tributárias (arts. 32, § 1º, e 147), autogoverno, exteriorizado pela capacidade de organização dos seus Poderes Legislativo e Executivo (art. 32, § 2º), e auto-organização, externada pela capacidade de elaboração da sua Lei Orgânica (art. 32, *caput*).[1]

A respeito, o Distrito Federal dispõe de *poderes constituídos*, e não também de poder constituinte derivado decorrente institucionalizador, sem embargo do cabimento da ação direta de inconstitucionalidade de lei ou ato normativo distrital em face da sua Lei Orgânica, com fundamento no art. 8º, inc. I, "n", da Lei nº 11.697/08.[2] Vale dizer: "a Lei Orgânica do Distrito Federal constitui instrumento normativo primário destinado a regular, de modo subordinante – e com inegável primazia sobre o ordenamento distrital –, a vida jurídico-administrativa e político-institucional dessa entidade integrante da Federação brasileira. Esse ato representa, dentro do sistema de direito positivo, o momento inaugural da ordem jurídica vigente no âmbito do Distrito Federal. A Lei Orgânica distrital equivale, em força, autoridade e eficácia jurídicas, a um verdadeiro estatuto constitucional, equiparável às Constituições promulgadas pelos Estados-membros".[3]

2 HISTÓRICO

A primeira norma constitucional sobre a **Capital Federal** do Brasil foi veiculada pelos arts. 2º e 3º da Constituição da República, de 24 de fevereiro de 1891, que não

---

1 LAUBÉ, Vitor Rolf. *Distrito Federal: natureza jurídica decorrente da Constituição de 1988* in *Revista de Direito Público*, nº 97, 1991, p. 206.

2 ARAÚJO, Anildo Fábio de. *O Controle de Constitucionalidade no Distrito Federal* in *Revista de Informação Legislativa*, nº 144, 1999, p. 81.

3 STF, ADIn nº 980, Rel. Min. Celso de Mello, j. 3.3.1994, *DJU* 13.5.1994.

somente procedeu à conversão do Município Neutro referido pelo Ato Adicional, de 12 de agosto de 1834, em Distrito Federal, mas também vislumbrou a aquisição de uma zona de 14.400 Km², no planalto central, para a instalação da Capital da União.[4]

Posteriormente, a Capital brasileira foi objeto das normas do art. 4º, *caput*, do Ato das Disposições Constitucionais Transitórias, de 16 de julho de 1934,[5] e art. 4º das Disposições Transitórias da Constituição dos Estados Unidos do Brasil, de 18 de setembro de 1946,[6] tendo a mudança da Capital do Rio de Janeiro para *Brasília* sido positivada pelas Leis nºs 1.803, de 5 de janeiro de 1953, que autorizava "o Poder Executivo a realizar estudos definitivos sobre a localização da nova Capital da República", 2.874, de 19 de setembro de 1956, que estabelecia "a mudança da Capital Federal", e 3.751, de 13 de abril de 1960, que instituía "a organização administrativa do Distrito Federal".[7]

3 BENS

O **domínio patrimonial** é formado pelos *bens públicos* de uso co- mum, tais como os rios, mares, estradas, ruas e praças,[8] como também os de uso especial, tais como os edifícios e terrenos destinados a serviço ou estabelecimento da Administração Pública, direta ou indireta, e os dominicais pertencentes ao Distrito Federal, tais como os bens que tiver adquirido por qualquer título legítimo, sob a égide do art. 46 da sua Lei Orgânica.[9]

---

4 Constituição da República dos Estados Unidos do Brasil, arts. 2º e 3º: "Cada uma das antigas Províncias formará um Estado e o antigo Município Neutro constituirá o Distrito Federal, continuando a ser a Capital da União, enquanto não se der execução ao disposto seguinte. Fica pertencendo à União, no planalto central da República, uma zona de 14.400 km², que será oportunamente demarcada para nela estabelecer-se a futura Capital Federal. Efetuada a mudança da Capital, o atual Distrito Federal passará a constituir um Estado". Disponível em: <http://camara.gov.br>. Acesso em: 20.6.2011.

5 Disposições Transitórias da Constituição da República dos Estados Unidos do Brasil, art. 4º, *caput*: "Será transferida a Capital da União para um ponto central do Brasil. O Presidente da República, logo que esta Constituição entrar em vigor, nomeará uma Comissão, que, sob instruções do Governo, procederá a estudos de várias localidades adequadas à instalação da Capital. Concluídos tais estudos, serão presentes à Câmara dos Deputados, que escolherá o local e tomará sem perda de tempo as providências necessárias à mudança. Efetuada esta, o atual Distrito Federal passará a constituir um Estado". Disponível em: <http://senado.gov.br>. Acesso em: 20.6.2011.

6 Ato das Disposições Transitórias da Constituição dos Estados Unidos do Brasil, art. 4º: "A Capital da União será transferida para o planalto central do País. Promulgado este Ato, o Presidente da República, dentro em 60 dias, nomeará uma Comissão de técnicos de reconhecido valor para proceder ao estudo da localização da nova Capital. O estudo será encaminhado ao Congresso Nacional, que deliberará a respeito, em lei especial, e estabelecerá o prazo para o início da delimitação da área a ser incorporada ao domínio da União. Findos os trabalhos demarcatórios, o Congresso Nacional resolverá sobre a data da mudança da Capital. Efetuada a transferência, o atual Distrito Federal passará a constituir o Estado da Guanabara". Disponível em: <http://www.planalto.gov.br>. Acesso em: 20.6.2011.

7 JACQUES, Paulino. *A Formação Territorial e Jurídica do Estado da Guanabara. O Município Neutro. O Distrito Federal* in *Revista de Direito da Procuradoria-Geral do Estado do Rio de Janeiro. Edição Comemorativa dos 50 Anos*, nº 2, 2006, p. 354-371.

8 SILVA, José Afonso da. *A Cidade-Capital: função do Estado Moderno* in *Revista Trimestral de Jurisprudência dos Estados*, nº 43, 1987, p. 5.

9 A compensação financeira sobre a qual versa o art. 20, § 1º, da CRFB, regulamentada pela Lei nº 7.990/89, tem a natureza jurídica de indenização pela extração de recursos minerais situa-

4 COMPETÊNCIAS

O Distrito Federal, como entidade federativa de posição intermediária entre os Estados e Municípios,[10] é destinatário das **competências** estaduais e municipais (arts. 32, § 1º, e 147),[11] ressalvada a *legislação, organização e manutenção do Poder Judiciário e Ministério Público, bem assim da Polícia Civil, Polícia Penal, Polícia Militar e Corpo de Bombeiros Militar do Distrito Federal* (arts. 21, incs. XIII e XIV, 22, inc. XVII, e 48, inc. IX), malgrado os órgãos de segurança pública estejam subordinados ao Governo distrital (arts. 32, § 4º, e 144, § 6º).[12]

Acesse o
MATERIAL SUPLEMENTAR

Entre no Ambiente de Aprendizagem através das instruções contidas na orelha deste livro e acesse os conteúdos exclusivos desta edição:
- Atualizações legislativas mensais.
- Questões de prova interativas.
- Esquemas.

---

dos nos territórios de Estados, Municípios e, se for o caso, Distrito Federal ou contraprestação pelas despesas causadas pelas empresas de exploração de petróleo, gás natural e recursos hídricos para fins de geração de energia elétrica aos poderes públicos. VIANA, Camila Rocha. *A Evolução do Monopólio do Petróleo e o Novo Marco Regulatório do Pré-Sal* in *Revista Brasileira de Direito do Petróleo, Gás e Energia*, nº 3, 2013, p. 165.

10 SZKLAROWSKY, Leon Frejda. *Distrito Federal: Município ou Estado?* in *Revista Tributária e de Finanças Públicas*, nº 38, 2001, p. 180.

11 LYRIO, Emmanuel Francisco Mendes. *Distrito Federal: pessoa política e o exercício de suas funções administrativa, legislativa e judiciária* in *Revista de Informação Legislativa*, nº 77, 1983, p. 259.

12 STF, ADIn nº 1.832, Rel. Min. Ilmar Galvão, j. 27.5.1998, *DJU* 7.8.1998. V., também: STF, ADIn nº 209, Rel. Min. Sydney Sanches, j. 20.5.1998, *DJU* 11.9.1998; STF, ADIn nº 1.587, Rel. Min. Octavio Gallotti, j. 19.6.1997, *DJU* 15.8.1997; STF, ADIn nº 1.812, Rel. Min. Ilmar Galvão, j. 17.6.1998, *DJU* 4.9.1998, e STF, ADIn nº 3.756, Rel. Min. Carlos Britto, j. 21.6.2007, *DJU* 19.10.2007.

Capítulo 25

FUNÇÕES DO ESTADO

Acesse e assista à aula explicativa sobre este assunto.

> https://uqr.to/14ugr

1 CONCEITO

O Estado, a teor da divisão funcional do poder político,[1] é caracterizado pela independência orgânica e especialização funcional.

A **independência orgânica** significa que todas as funções estatais são exercidas por órgãos independentes, devidamente coordenados, não havendo o reconhecimento de subordinação hierárquica entre eles.[2]

A **especialização funcional** designa que cada função estatal é exercitada precipuamente por um Poder do Estado, sem embargo da possibilidade de exercício atípico da função por Poder diferente do para o qual tenha sido atribuída predominantemente.[3]

À vista do exposto, a independência dos Poderes é correlata à independência orgânica, de arte que o desempenho do poder político é repartido entre mais de um centro subjetivo, ao passo que a harmonia entre os Poderes é correlativa à especialização funcional, de modo que o desempenho do poder político é retalhado entre mais de uma atividade objetiva, sendo evidente que as funções do Estado podem ser investigadas pelos ângulos objetivo e subjetivo, tomando por fundamento o art. 2º da CRFB.[4]

---

1 Hans Kelsen tem preferência pela elocução "divisão", em detrimento de "separação", uma vez que "o poder é único e não é segmentado em parcelas absolutamente separadas. Os diferentes órgãos que se dividem cada um em poderes que devem ser distintos, a fim de que o país evite a ditadura; eles devem agir em conjunto, unidos, para o cumprimento de suas funções, a fim de que o país evite violências revolucionárias, que retardam sempre a busca da liberdade". KELSEN, Hans. *La Garantie Jurisdictionnelle de la Constitution. La Justice Constitutionnelle* in *Revue du Droit Public et de la Science Politique en France et à l'Étranger*, 1928, p. 197-247.

2 FERREIRA FILHO, Manoel Gonçalves. *Do Processo Legislativo*. 3ª ed. São Paulo: Saraiva, 1995, p. 113.

3 FAGUNDES, Miguel Seabra. *O Controle dos Atos Administrativos pelo Poder Judiciário*. 3ª ed. Rio de Janeiro: Forense, 1957, p. 17.

4 Aos critérios objetivo e subjetivo pode ser adicionado o critério formal, a partir da consideração de que "a realidade é a mixagem dos sentidos subjetivo, objetivo e formal das funções esta-

1.1 Critério objetivo

Todas as funções do Estado são divididas em *legislação, administração e jurisdição.*

De um lado, há a distinção entre a função legislativa, em virtude da preparação de normas jurídicas abstratas e gerais, de forma hipotética, e as funções administrativa e jurisdicional, em razão da produção de normas jurídicas concretas e individuais, de modo casuístico. Em suma: a administração e a jurisdição são traduzidas como atividades de concretização e individualização da legislação.

De outro lado, há a diferenciação entre as funções administrativa e jurisdicional, em decorrência do caráter substitutivo, pretensão, contraditório, inércia e natureza definitiva, tendo em foco que esta, ao contrário daquela, é singularizada pela condução dialética do processo, por agentes públicos imparciais, em busca da satisfação dos interesses das partes, com a imutabilidade da coisa julgada material, desde que provocada pela ação. Em síntese: a jurisdição, em contraposição à administração, é simbolizada pela aplicação contenciosa, imparcial, satisfativa, imutável e passiva da norma jurídica a casos concretos.[5]

Não se desconhece que uma função do Estado (*a. e.*: jurisdição), por força de norma legal, pode se converter em outra (*a. e.*: administração). Exemplo, no sistema jurídico brasileiro, reside no art. 733, *caput* e § 1º, do CPC, que permite a realização de divórcio, separação judicial e dissolução de união estável, quando consensuais, não havendo nascituro ou filhos incapazes, por escritura pública, a qual constitui título hábil para qualquer ato de registro e levantamento de importância depositada em instituições financeiras.[6, 7]

1.2 Critério subjetivo

Cada função do Estado é atribuída, precípua ou primordialmente, ao Poder estatal que lhe corresponda nominalmente, motivo pelo qual há a desassociação entre *exercício típico e atípico.*

Sob uma perspectiva, o exercício típico é denotado pela: (i) função legislativa pelo Poder Legislativo (*e. g.*: art. 48); (ii) função administrativa pelo Poder Executivo (*e. g.*: art. 84, inc. II), e (iii) função jurisdicional pelo Poder Judiciário (*e. g.*: art. 5º, inc. LXIX).

Sob outra perspectiva, o exercício atípico é demonstrado pela: (i) função administrativa pelo Poder Legislativo, na hipótese de organização dos serviços internos (*v. g.*: arts. 51, inc. IV, e 52, inc. XIII); (ii) função jurisdicional pelo Poder Legislativo, na hipótese

---

tais. É cediço asseverar-se que órgão público de determinada natureza, ou seja, criado para o precípuo exercício de uma função, exercita uma, ou mais, das outras, o que leva à dissonância entre os sentidos subjetivo e objetivo. Por outro prisma, é comum assinalar-se que a função objetivamente de certa índole pode veicular-se, formalmente, por procedimento típico de outro". FERREIRA, Sérgio de Andréa. *A Especificidade do Controle dos Poderes Públicos no Contexto da Função Jurisdicional* in *Estudos em Homenagem a Geraldo Ataliba*. v. II. São Paulo: Malheiros, 1997, p. 554-555.

5 BOBBIO, Norberto. *Teoria do Ordenamento Jurídico*. 5ª ed. Brasília: UnB, 1994, p. 23.

6 CARVALHO, Luiz Paulo Vieira de. *Direito das Sucessões*. 2ª ed. São Paulo: Atlas, 2015, p. 887.

7 Às funções legislativa, administrativa e jurisdicional pode ser aditada uma "quarta função estatal", forte no diagnóstico de que aos Conselhos Nacionais incumbe o "controle preventivo, profilático e corretivo" da Justiça e do Ministério Público. STF, ADIn nº 4.638, Rel. Min. Marco Aurélio, j. 8.2.2012, Inf. STF 654.

de processo e julgamento do Presidente e Vice-Presidente da República, Ministros do Supremo Tribunal Federal, Procurador-Geral da República, Advogado-Geral da União e membros dos Conselhos Nacionais de Justiça e do Ministério Público, nos crimes de responsabilidade (*v. g.*: art. 52, incs. I e II); (iii) função administrativa pelo Poder Judiciário, na hipótese de organização dos serviços internos (*v. g.*: art. 96, inc. I, *b*); (iv) função legislativa pelo Poder Judiciário, na hipótese de elaboração dos regimentos internos dos tribunais (*v. g.*: art. 96, inc. I, *a*); e (v) função legislativa pelo Poder Executivo, na hipótese de edição de medida provisória (*v. g.*: art. 62). Em consequência, não há exercício atípico da função jurisdicional pelo Poder Executivo, já que a decisão final no sistema de contencioso administrativo, mesmo que tenha sido alcançada pela preclusão interna, não é atingida pela coisa julgada material, comportando revisão judicial, nos termos do art. 5º, inc. XXXV, da CRFB.[8, 9]

2 FUNÇÃO LEGISLATIVA

A legislação é definida como **elaboração de regras jurídicas, com a descrição de uma situação de fato (antecedente) e a prescrição de uma conduta entre sujeitos, afetada por três modais deônticos, evidenciados pela obrigação, permissão ou proibição (consequente).**[10]

2.1 Características

A legislação é recoberta de *abstração* (descrição de fato de possível ocorrência no futuro), *generalidade* (prescrição de conduta dirigida a pessoas indeterminadas) e *autonomia* (aptidão para produzir efeitos jurídicos próprios, independentemente de

---

8 ASCENSÃO, José de Oliveira. *O Direito: introdução e teoria geral.* Rio de Janeiro: Renovar, 1994, p. 429-432.

9 No sentido do texto, entendendo que a Administração Judicante pratica atos administrativos, porém quase judiciais, v.: MEIRELLES, Hely Lopes. *Estudos e Pareceres de Direito Público.* v. IV. São Paulo: Revista dos Tribunais, 1981, p. 128; CAMPOS, Francisco. *Pareceres.* Rio de Janeiro: José Olimpio, 1934, p. 225; CAVALCANTI, Themistocles Brandão. *Princípios Gerais de Direito Administrativo.* Rio de Janeiro: Freitas Bastos, 1945, p. 495, e LEAL, Victor Nunes. *Problemas de Direito Público.* Rio de Janeiro: Forense, 1960, p. 246. No sentido contrário, entendendo que a Administração Judicante pratica atos jurisdicionais, embora não definitivos, v.: MORAES, Alexandre de. *Direito Constitucional.* 8ª ed. São Paulo: Atlas, 2000, p. 406; RUSSOMANO, Rosah. *Curso de Direito Constitucional.* 5ª ed. Rio de Janeiro: Freitas Bastos, 1997, p. 142; ARAUJO, Luiz Alberto David. *Curso de Direito Constitucional.* São Paulo: Saraiva, 1998, p. 214, e FRIEDE, Reis. *Curso Analítico de Direito Constitucional e de Teoria Geral do Estado.* Rio de Janeiro: Forense, 1999, p. 209. A jurisprudência do Superior Tribunal de Justiça é no sentido de que os atos produzidos pela Administração Judicante têm natureza parajudicial. STJ, REsp nº 769.811, Rel. Min. Luiz Fux, j. 19.6.2008, *DJU* 6.10.2008; STJ, REsp nº 974.366, Rel. Min. Laurita Vaz, j. 4.12.2008, *DJU* 3.2.2009; STJ, REsp nº 1.188.794, Rel. Min. Hamilton Carvalhido, j. 2.8.2010, *DJU* 4.8.2010, e STJ, REsp nº 1.337.572, Rel. Min. Benedito Gonçalves, j. 17.9.2010, *DJU* 24.9.2010.

10 FERRAZ JÚNIOR, Tercio Sampaio. *Teoria da Norma Jurídica.* 4ª ed. Rio de Janeiro: Forense, 2000, p. 54. V., também, sobre o assunto: VILLANOVA, Lourival. *As Estruturas Lógicas e o Sistema de Direito Positivo.* São Paulo: Revista dos Tribunais, 1977, p. 81.

combinação com outras normas jurídicas), veiculadas por instrumentos primários, formais (lei) ou materialmente (ato normativo) legislativos.[11]

2.2 Princípios

A atividade legislativa é submetida ao princípio da *tipicidade dos atos legislativos*, referente ao aspecto formal, que indica a enumeração taxativa das espécies normativas no art. 59,[12] como também ao princípio da *indelegabilidade da função legislativa*, relativo ao aspecto material, que indica a inadmissibilidade de transmissão da legislação ordinária a outro Poder do Estado, ressalvada a possibilidade de delegação receptícia, na qual há a atribuição da atividade normativa ao Executivo, para a preparação de normas infraconstitucionais, à luz do art. 68, que não se confunde com a delegação remissiva (regulamentação), na qual há a atribuição da atividade normativa ao Executivo, para a produção de normas infralegais, a teor dos arts. 84, inc. IV, e 87, parágrafo único, inc. I, nem com a deslegalização (regulação), na qual há a transferência da atividade normativa, sobre matéria determinada, da sede legislativa estatal a outra sede normativa, de acordo com os arts. 21, inc. XI, e 177, § 2º, inc. III, todos da CRFB.[13]

2.3 Tipologia

A função legislativa é tipificada como *legislação imperativa, permissiva ou proibitiva*, a partir da constatação de que "as normas legais estão voltadas para a conduta das pessoas, nas relações de intersubjetividade. Os comportamentos interpessoais são tolhidos pelas modalidades deônticas (obrigatório, permitido e proibido), concretizando-se no plano factual em termos de cumprimento da orientação normativa (condutas lícitas) ou em forma de descumprimento do comando (condutas ilícitas)".[14]

3 FUNÇÃO ADMINISTRATIVA

A administração é delimitada como **atividade preponderantemente executória, desempenhada por entidades políticas, administrativas ou delegatárias, por meio da gestão de recursos total ou parcialmente públicos, com o fim de salvaguardar o interesse legalmente cometido ao Estado.**[15]

A propósito, a função administrativa é composta por quatro elementos. Primariamente, quanto à atividade, a administração é preponderantemente executória, dado que, em regra, há a possibilidade jurídica do emprego de meios de sub-rogação para a satisfação de obrigações unilateralmente constituídas. Secundariamente, quanto às

---

[11] MENDES, Gilmar Ferreira. *Controle de Constitucionalidade: aspectos jurídicos e políticos*. São Paulo: Saraiva, 1990, p. 132-133.

[12] CLÈVE, Clèmerson Merlin. *Atividade Legislativa do Poder Executivo no Estado Contemporâneo e na Constituição de 1988*. 2ª ed. São Paulo: Revista dos Tribunais, 2000, p. 73-74.

[13] BENJÓ, Isaac. *Fundamentos da Economia da Regulação*. Rio de Janeiro: Thex, 1999, p. 44.

[14] CARVALHO, Paulo de Barros. *Comentários sobre as Regras Gerais de Interpretação da Legislação Tributária* in *Revista Dialética de Direito Tributário*, nº 12, 1999, p. 51.

[15] MOTTA, Fernando. *Teoria Geral da Administração*. 22ª ed. São Paulo: Pioneira, 1998, p. 24. V., também, sobre a matéria: CHIAVENATO, Idalberto. *Administração, Teoria, Prática e Processo*. São Paulo: Makron Books, 1989, p. 52.

pessoas, a administração é desencadeada por entidades políticas ou administrativas, por instrumento da descentralização hierárquica ou institucional, assim como entidades delegatárias, por intermédio da descentralização por delegação, sem prejuízo do reconhecimento da eficácia das atividades de interesse público desenvolvidas por unidades sociais. Terciariamente, quanto aos recursos, a administração é exercida com a gestão de recursos humanos, materiais e financeiros afetados a alguma destinação pública. Quaternariamente, quanto ao interesse, a administração é direcionada à implantação do interesse público originário ou primário, e não também do interesse público derivado ou secundário, tendo em vista que aquele é imanente à sociedade, ao passo que este é inerente à entidade pública.[16]

3.1 Características

A administração detém as características da presunção de legalidade e legitimidade, imperatividade, exigibilidade e autoexecutoriedade.

Presunção de legalidade e legitimidade: os atos administrativos são revestidos da presunção relativa de compatibilidade com a norma jurídica e o interesse público, de modo que o controle judicial é qualificado como repressivo, bem como o ônus da prova da ilegalidade e/ou ilegitimidade é de quem a(s) alega(m).

Imperatividade: os atos administrativos são cogentes, a despeito do consentimento dos titulares dos interesses em jogo.

Exigibilidade: os atos administrativos devem ser cumpridos pelos administrados, independentemente de ordem judicial.

Autoexecutoriedade: os atos administrativos podem ser executados pela Administração, isenta de autorização judicial.[17]

3.2 Princípios

A atividade administrativa é influenciada pelos princípios da legalidade, impessoalidade, moralidade, publicidade e eficiência.

Legalidade: a atuação administrativa deve ser subordinada aos preceitos emanados do Poder Legislativo.

Impessoalidade: a atuação administrativa não pode ensejar tratamento discriminatório aos administrados que se encontrem nas mesmas situações jurídicas.

Moralidade: a atuação administrativa deve ser desempenhada em atenção às regras de conduta tiradas da disciplina interna da Administração Pública.

Publicidade: a atuação administrativa não pode deixar de ser transparente, assegurado o direito à obtenção de informações que digam respeito às pessoas dos administrados ou atuação da Administração Pública.

---

[16] MADEIRA, José Maria Pinheiro. *Administração Pública Centralizada e Descentralizada*. 2ª ed. Rio de Janeiro: América Jurídica, 2003, p. 137-140.

[17] FRANCO SOBRINHO, Manoel de Oliveira. *Atos Administrativos*. São Paulo: Saraiva, 1980, p. 13.

Eficiência: a atuação administrativa deve ser dirigida à implementação do máximo de proveito, com o mínimo de recursos humanos, materiais e financeiros com destinação pública.[18]

3.3 Tipologia

A função administrativa, quanto ao interesse a ser tutelado pela administração, é catalogada como administração interna e externa.

Administração interna: atuação instrumental, dedicada aos agentes públicos, para o efeito de preservar o interesse público derivado ou secundário.

Administração externa: atuação finalística, destinada à sociedade em geral, com o desígnio de proteger o interesse público originário ou primário, exteriorizada pelo poder de polícia, é dizer, condicionamento e limitação dos direitos individuais em benefício do convívio social; serviço público, quer dizer, atendimento das necessidades sociais, e intervenção na ordem econômica e social, vale dizer, disciplina não somente do processo de produção, circulação e consumo de riquezas, mas também da seguridade social, educação, trabalho e outras atividades, pelo qual o Estado supre as deficiências e corrige as deformações da iniciativa privada.[19]

4 FUNÇÃO JURISDICIONAL

A jurisdição é delineada como **atividade pela qual o Estado resolve contenciosamente os litígios existentes na sociedade, substituindo-se aos titulares dos interesses em conflito, de forma definitiva e quando solicitado, seja afirmando a existência ou inexistência do direito material, seja o realizando praticamente, seja assegurando a efetividade de sua afirmação ou de sua realização prática.**[20]

A respeito, a função jurisdicional é considerada como polo metodológico do Direito Processual, uma vez que a jurisdição é deflagrada pelo exercício da ação, dando enchança à instauração do processo,[21] a fim de viabilizar a consecução de três ordens de escopos. Os desideratos sociais compreendem a pacificação social com justiça e educação, porquanto o Estado pretende resolver os litígios existentes na sociedade, por meio de pronunciamentos jurisdicionais adequados às finalidades sociais da ordem jurídica, bem assim conscientizar os membros da sociedade para os seus direitos e deveres.[22] O desiderato jurídico consiste na atuação da vontade concreta do Direito Objetivo, porque o Estado propõe a manutenção do ordenamento normativo, mediante a aplicação das

---

18 ROCHA, Cármen Lúcia Antunes. *Princípios Constitucionais da Administração Pública*. Belo Horizonte: Del Rey, 1994, p. 31.

19 SOUTO, Marcos Juruena Villela. *Ordem Econômica na Constituição* in *Revista Tributária e de Finanças Públicas*, nº 32, 2000, p. 151.

20 LIEBMAN, Enrico Tullio. *Manuale di Diritto Processuale Civile*. 5ª ed. v. I. Milano: Giuffrè, 1992, p. 3. V., também, sobre o tema: CARNELUTTI, Francesco. *Diritto e Processo*. Napoli: Morano, 1958, p. 6; CHIOVENDA, Giuseppe. *Principii di Diritto Processuale Civile*. Napoli: Jovene, 1933, p. 13, e CALAMANDREI, Piero. *Istituzioni di Diritto Processuale Civile secundo il nuovo Codice*. Padova: Cedam, 1943, p. 23.

21 PODETTI, Javier Ramiro. *Teoría y Técnica del Proceso Civil y Trilogía Estructural de la Ciencia del Proceso Civil*. Buenos Aires: Ediar, 1963, p. 334.

22 GUASP, Jaime. *Derecho Procesal Civil*. Madrid: Instituto de Estudios Políticos, 1968, p. 103.

normas jurídicas aos casos concretos submetidos à apreciação judicial pelos titulares de direitos subjetivos ameaçados ou lesados.[23] Os desideratos políticos correspondem à afirmação do poder estatal, assim como o culto às liberdades públicas e a participação democrática, posto que o Estado revela a sua soberania, bem como resguarda a efetividade dos direitos fundamentais e a participação dos jurisdicionados, pelos institutos do mandado de segurança coletivo, ação popular e ação civil pública, entre outros.[24, 25]

4.1 Características

A jurisdição dispõe das características de substitutividade, pretensão, declaratoriedade, inércia e definitividade.

Substitutividade: os atos jurisdicionais substituem a atividade das partes, cumprindo-lhes a tutela dos interesses afirmados em juízo. O caráter substitutivo não é verificado nos meios alternativos de resolução de controvérsias ou equivalentes jurisdicionais, nos quais a solvência dos conflitos existentes na sociedade não toca ao Estado, compreendendo a autotutela, autocomposição, heterocomposição e arbitragem.

Pretensão: o ato jurisdicional é consequência do acolhimento, total ou parcial, ou rejeição de pretensão deduzida em juízo ou tribunal. A lide é categoria acidental, enquanto a pretensão é categoria essencial do processo, vez que o demandado pode opor ou não resistência a última.

Declaratoriedade: os atos jurisdicionais não constituem direitos subjetivos, mas unicamente reconhecem os preexistentes. A tutela jurisdicional é separada em cognitiva, executiva ou cautelar, conforme afirme a existência ou inexistência, realize praticamente ou assegure a efetividade da afirmação ou realização prática do direito material.

Inércia: o ato jurisdicional não é produzido espontaneamente, sendo imprescindível o oferecimento da demanda. A inação não é vista em hipóteses excepcionais, como, no Direito Processual Civil, a declaração judicial de falência, no Direito Processual do Trabalho, a execução trabalhista, e no Direito Processual Penal, o *habeas corpus* de ofício e a execução penal.

Definitividade: os atos jurisdicionais, quando providos da coisa julgada material, são imutáveis. O caráter definitivo não é visualizado na tutela de urgência, de forma que a plausibilidade da existência do direito alegado pelo requerente e o perigo de dano de difícil ou impossível reparação autorizam provimentos temporários, que operam efeitos até serem substituídos por pronunciamentos definitivos.[26]

---

23 ALCALÁ-ZAMORA, Niceto y Castillo; HEVENE HIJO, Ricardo. *Derecho Procesal Penal*. Buenos Aires: Guilhermo Kraft, 1945, p. 13.

24 URBINA, Alberto Trueba. *Derecho Procesal del Trabajo*. v. I. México: Laguna, 1941, p. 54.

25 DINAMARCO, Cândido Rangel. *A Instrumentalidade do Processo*. 7ª ed. São Paulo: Malheiros, 1999, p. 149-223. V., também, do mesmo autor: *Escopos Políticos do Processo* in *Participação e Processo*. São Paulo: Revista dos Tribunais, 1988, p. 114-127.

26 GRINOVER, Ada Pellegrini. *Novas Tendências do Direito Processual de acordo com a Constituição de 1988*. 2ª ed. Rio de Janeiro: Forense Universitária, 1990, p. 265.

4.2 Princípios

A atividade jurisdicional é informada pelos princípios da aderência ao território, duplo grau, improrrogabilidade, inafastabilidade, indeclinabilidade e inevitabilidade.

Aderência ao território: a atuação jurisdicional é restringida ao território do Estado de cuja soberania é expressão, dado que os atos decisórios são eficazes nos limites territoriais em que foram prolatados, ressalvada a aquisição de eficácia pela decisão proferida no exterior, condicionada a ato formal de órgão nacional, em face da necessidade de cooperação judiciária internacional.

Duplo grau: a atuação jurisdicional é subordinada à revisão de órgão situado em nível superior na hierarquia judiciária, eis que aos jurisdicionados é garantida a interposição de recurso ou expediente análogo.

Improrrogabilidade: a atuação jurisdicional não é suscetível de transferência, já que os limites da jurisdição são fixados na Constituição da República, excepcionados os casos de modificação de competência.

Inafastabilidade: a atuação jurisdicional deve tutelar adequada, efetiva e tempestivamente as necessidades de Direito Material, pois que o controle judicial é deflagrado pela ação, a ser julgada pelo juiz, com intervenção do promotor natural.

Indeclinabilidade: a atuação jurisdicional não pode ser negada, desde que corretamente provocada, na medida em que a autoridade judiciária não se exime de decidir invocando lacuna ou obscuridade do texto legal.

Inevitabilidade: a atuação jurisdicional a todos sujeita, independentemente da vontade das partes, tendo em vista que os sujeitos da relação jurídica processual estão em posição de sujeição perante o Estado.[27]

4.3 Tipologia

A função jurisdicional, para fins exclusivamente didáticos, é classificada pelo grau, órgãos, submissão ao Direito Objetivo, objeto da atividade judicial e natureza da pretensão deduzida em juízo ou tribunal.

Grau: a jurisdição é decomposta em inferior, desempenhada em primeiro grau, por órgão judicial inspirado por competência originária, e superior, desenvolvida em segundo grau, por órgão judiciário investido de competência recursal.

Órgãos: a jurisdição é dissecada em especial, exercida por órgãos judiciais dispostos de competência sobre matéria determinada, integrantes das Justiças do Trabalho, Eleitoral e Militar, e comum, exercitada por órgãos judiciais dotados de competência sobre as matérias que não tenham sido expressamente reservadas àquelas, incorporadas à Justiça Comum, Estadual ou Federal.

Submissão ao Direito Objetivo: a jurisdição é distribuída entre direito, fulcrada no sistema de regras e princípios, cujo escopo é a disciplina coercitiva da conduta das pessoas, consideradas individual ou metaindividualmente, e equidade, fundada na consideração harmônica das circunstâncias do caso concreto, da qual pode resultar o ajuste da norma jurídica à especificidade da situação de fato.

---

27 NERY JÚNIOR, Nelson. *Princípios de Direito Processual na Constituição da República*. São Paulo: Revista dos Tribunais, 1995, p. 152.

Objeto da atividade judicial: a jurisdição é dividida em contenciosa, empenhada para afirmar a existência ou inexistência, realizar praticamente ou assegurar a efetividade da afirmação ou realização prática do direito material, e voluntária, empregada para integrar um negócio jurídico de Direito Privado, com vistas à produção de efeitos jurídicos.

Natureza da pretensão deduzida em juízo ou tribunal: a jurisdição é divisada em penal, deflagrada por pretensões relativas às práticas de infrações penais, trabalhista, desafiada por pretensões referentes às relações de trabalho subordinado, e civil, desencadeada por pretensões respeitantes às matérias não penais e não trabalhistas, em virtude da aplicação de normas de Direito Processual Penal, Trabalhista e Civil, respectivamente.[28]

5 OBSERVAÇÕES COMPLEMENTARES

À guisa de complementação, a divisão funcional do poder político é tema de **relativização**, sendo certo que a evolução interpretativa da teoria da separação de poderes é alicerçada na cooperação ou colaboração entre os órgãos estatais, que resulta na sobreposição, e não partilha, das funções do Estado.

José Afonso da Silva aquiesce que "a expansão das atividades do Estado contemporâneo impôs nova visão da teoria da distinção de poderes e novas formas das relações entre os Poderes Legislativo e Executivo e destes com o Judiciário. Fala-se em regime de colaboração de poderes, que se caracteriza por três ideias essenciais: na base, supõe uma diferenciação das funções do Estado, que são confiadas a órgãos distintos; mas esses órgãos não são rigorosamente especializados nas suas funções, de maneira que há domínios de ação comum; enfim, longe de serem rigorosamente isolados uns dos outros, os órgãos estaduais dispõem de meios de ação recíprocos".[29]

Nuno Piçarra argumenta que "o evanescimento progressivo das fronteiras entre as diversas funções do Estado e a fluidez e relatividade dos critérios de caracterização material e de discernimento entre elas tem levado a doutrina a desinteressar-se progressivamente da elaboração de uma teoria geral das funções estatais. Ver-se-á, finalmente, que no âmbito do princípio da separação de poderes ganha cada vez maior relevância a variedade de meios recíprocos de controle interorgânico".[30]

Quanto ao assunto, a *interdependência orgânica* evidencia que a "divisão funcional do poder político, além de derivar da necessidade de conter os excessos dos órgãos que compõem o aparelho do Estado, representa o princípio conservador das liberdades da

28 BARACHO, José Alfredo de Oliveira. *Processo Constitucional*. Rio de Janeiro: Forense, 1984, p. 61.

29 SILVA, José Afonso da. *Princípios do Processo de Formação das Leis no Direito Constitucional*. São Paulo: Revista dos Tribunais, 1964, p. 34-35. V., também, na doutrina brasileira: SOUZA JÚNIOR, Cezar Saldanha. *O Tribunal Constitucional como Poder. Uma Nova Teoria da Divisão dos Poderes*. São Paulo: Memória Jurídica, 2002, p. 51.

30 PIÇARRA, Nuno. *A Separação dos Poderes como Doutrina e Princípio Constitucional. Um Contributo para o Estudo das suas Origens e Evolução*. Coimbra: Coimbra Editora, 1989, p. 27 e 264. V., também, na doutrina estrangeira: SUORDEM, Fernando Paulo Silva. *O Princípio da Separação de Poderes e os Novos Movimentos Sociais. A Administração Pública no Estado Moderno entre as Exigências de Liberdade e Organização*. Coimbra: Almedina, 1995, p. 134.

pessoa e constitui o meio mais adequado para tornar efetivos e reais os direitos e garantias proclamados pela Constituição da República”.[31]

Acesse o
MATERIAL SUPLEMENTAR

Entre no Ambiente de Aprendizagem através das instruções contidas na orelha deste livro e acesse os conteúdos exclusivos desta edição:
- Atualizações legislativas mensais.
- Questões de prova interativas.
- Esquemas.

[31] STF, MS nº 23.452, Rel. Min. Celso de Mello, j. 16.9.1999, *DJU* 12.5.2000. V., também, na jurisprudência do Supremo Tribunal Federal: STF, ADIn nº 1.296, Rel. Min. Celso de Mello, j. 27.6.1995, *DJU* 10.8.1995.

Capítulo 26
PODER LEGISLATIVO

Acesse e assista à aula explicativa sobre este assunto.

> *https://uqr.to/14ugs*

1 CONCEITO

O Poder Legislativo federal, exercitado pelo **Congresso Nacional**, é definido como complexo de órgãos dedicados ao exercício predominante da função legislativa, que se compõe da Câmara dos Deputados e Senado Federal.[1]

A *Câmara dos Deputados* é engendrada como órgão legislativo popular, na medida em que é formada por representantes do povo, eleitos pelo sistema de escrutínio proporcional, em número não inferior a 8 e superior a 70 membros por Estado ou Distrito Federal, totalizando 513 Deputados Federais, para o mandato de quatro anos, cabendo-lhe as atribuições enumeradas no art. 51.

O *Senado Federal* é entendido como órgão legislativo federativo, uma vez que é formado por representantes de entidades da federação, eleitos pelo sistema de escrutínio majoritário, em número de 3 membros por Estado ou Distrito Federal, assegurada a renovação da representação de quatro em quatro anos, alternadamente, por um e dois terços, totalizando 81 Senadores da República, para o mandato de oito anos, cumprindo-lhe as atribuições enunciadas no art. 52, ambos da CRFB.[2, 3, 4]

---

1 FRAGA, Alberico. *Do Poder Legislativo*. Salvador: Imprensa Oficial, 1928, p. 13.

2 Com efeito, quanto ao Direito Constitucional comparado, o bicameralismo é classificado como aristocrático, no qual um dos órgãos legislativos representa uma classe social, tal como o inglês; federativo, no qual um dos órgãos legislativos representa as entidades federativas, tal como o brasileiro; sistemático, no qual um dos órgãos legislativos modera os excessos da representação política, tal como o francês, e técnico, no qual um dos órgãos legislativos presta assessoria técnica, tal como o austríaco. FERREIRA FILHO, Manoel Gonçalves. *Curso de Direito Constitucional*. 29ª ed. São Paulo: Saraiva, 2002, p. 147.

3 Demais disso, quanto ao Direito Constitucional brasileiro, o bicameralismo é destacado pela primazia da Câmara dos Deputados sobre o Senado Federal, eis que a iniciativa legislativa, na hipótese em que o proponente seja o Presidente da República (art. 61, § 1º), o Supremo Tribunal Federal, Tribunais Superiores e Tribunal de Contas da União (art. 96, inc. II c/c art. 73), o Ministério Público (art. 127, § 2º) e os cidadãos (art. 61, § 2º), é desempenhada perante a Câmara dos Deputados, à luz do art. 64, *caput*, da CRFB. SILVA, José Afonso da. *Curso de Direito Constitucional Positivo*. 24ª ed. São Paulo: Malheiros, 2005, p. 510.

4 Em desfecho, a atividade legislativa é exercida em legislatura, sessão legislativa ordinária ou extraordinária e sessão ordinária ou extraordinária. A primeira designa o tempo de quatro anos,

Câmara dos Deputados	Senado Federal
1 = Representação popular	1 = Representação federativa
2 = Sistema eleitoral proporcional	2 = Sistema eleitoral majoritário
3 = 513 membros / mandato de 4 anos / possibilidade de renovação total	3 = 81 membros / mandato de 8 anos / necessidade de renovação parcial

2 ESTRUTURA

A estrutura dos órgãos legislativos, porque revestidos da natureza jurídica de organismos compostos, é integrada por Mesas, Comissões, Serviços Administrativos e Guardas Legislativas.[5]

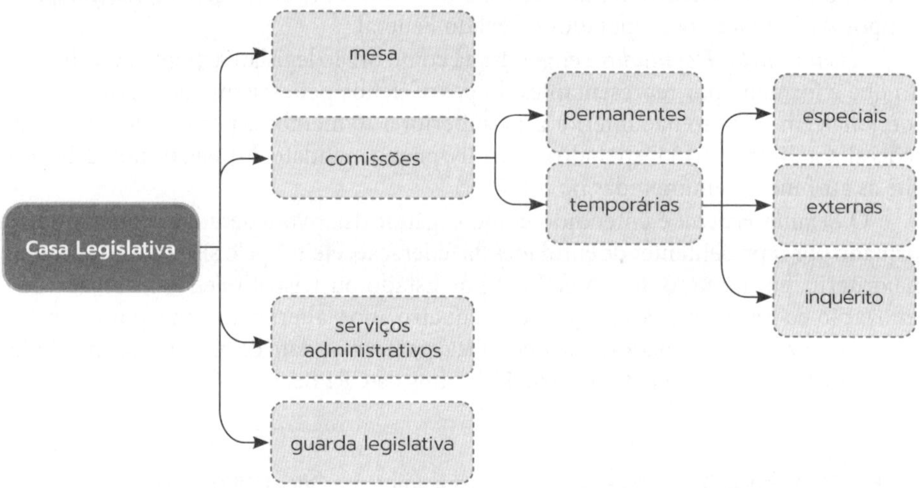

correspondente ao mandato dos Deputados Federais. A segunda denota o tempo de um ano, circunscrito em dois períodos legislativos, um de 2 de fevereiro a 17 de julho, outro de 1º de agosto a 22 de dezembro, excetuada a convocação para a avaliação da decretação de estado de defesa ou intervenção federal, pedido de autorização para a decretação de estado de sítio e compromisso e posse do Presidente e Vice-Presidente da República, assim como de urgência e interesse público relevante. A terceira denomina o tempo de um dia, cingido à deliberação acerca das proposições legislativas nos horários preestabelecidos, excepcionada a convocação para a apreciação de tema determinado, bem como para a conclusão da análise da matéria cuja discussão tenha sido iniciada, a teor dos arts. 44, parágrafo único, e 57, *caput* e § 6º, todos da CRFB. BASTOS, Celso Ribeiro. *Curso de Direito Constitucional*. 18ª ed. São Paulo: Saraiva, 1997, p. 350-351.

5 FERRAZ JÚNIOR, Tercio Sampaio et al. *Poder Legislativo* in *Revista de Direito Público*, nº 95, 1990, p. 219.

2.1 Mesas

As **Mesas** são compreendidas como órgãos de direção da atividade legislativa desenvolvida pela Câmara dos Deputados, Senado Federal e Congresso Nacional, reunido em sessão conjunta, tendo em conta que a sua composição deve exteriorizar a representação proporcional dos partidos ou blocos parlamentares que participam do Poder Legislativo.

2.1.1 Mesa do Congresso Nacional

A *Mesa do Congresso Nacional*, que dispõe de atribuição para o direcionamento da sessão comum, é presidida pelo Presidente do Senado Federal, ocupados os demais cargos, alternadamente, pelos titulares de cargos equivalentes na Câmara dos Deputados e Senado Federal.

Em consequência, forte no disposto no art. 57, § 5º, da CRFB e art. 1º, *caput*, *initio*, do RCCN,[6] na Mesa do Congresso Nacional são investidos o Presidente, 2º Vice-Presidente, 2º Secretário e 4º Secretário do Senado Federal e o 1º Vice-Presidente, 1º Secretário e 3º Secretário da Câmara dos Deputados, de modo que ao 1º Vice-Presidente da Câmara dos Deputados, e não ao 1º Vice-Presidente do Senado Federal, que sequer é integrante da Mesa Diretora, tocam a convocação e presidência da sessão conjunta nas hipóteses de ausência eventual ou afastamento por licença do Presidente do Congresso Nacional.[7]

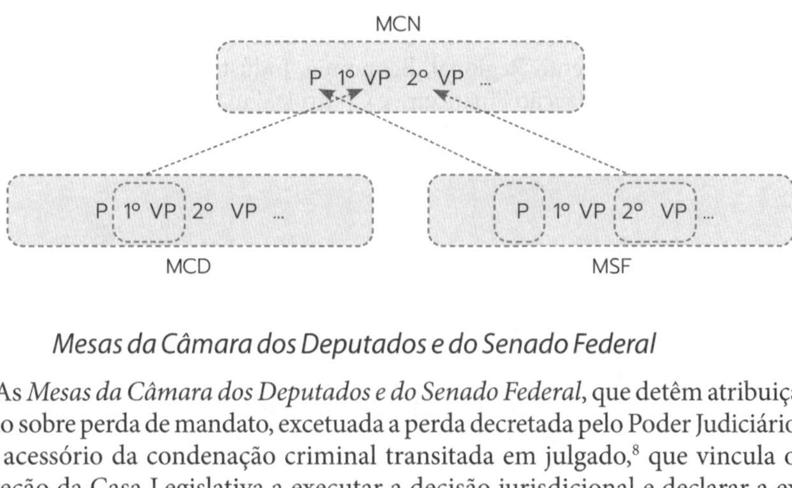

2.1.2 Mesas da Câmara dos Deputados e do Senado Federal

As *Mesas da Câmara dos Deputados e do Senado Federal*, que detêm atribuição para decisão sobre perda de mandato, excetuada a perda decretada pelo Poder Judiciário, como efeito acessório da condenação criminal transitada em julgado,[8] que vincula o órgão de direção da Casa Legislativa a executar a decisão jurisdicional e declarar a extinção do mandato parlamentar,[9] deflagração dos mecanismos de provocação da jurisdição constitucional e encaminhamento dos pedidos escritos de informações a Ministros de Estado, quaisquer titulares de órgãos diretamente subordinados à Presidência da República ou Presidente do Comitê Gestor do Imposto sobre Bens e Serviços, são eleitas

---

6 Regimento Comum do Congresso Nacional, art. 1º, *caput*, *initio*: "A Câmara dos Deputados e o Senado Federal, sob a direção da Mesa deste, reunir-se-ão em sessão conjunta". Disponível em: <http://camara.gov.br> e <http://senado.gov.br>. Acesso em: 30.6.2011.

7 STF, MS nº 24.041, Rel. Min. Nelson Jobim, j. 29.8.2001, *DJU* 11.4.2003.

8 STF, AP nº 396, Rel. Min. Cármen Lúcia, j. 26.6.2013, *DJU* 4.10.2013.

9 STF, AP nº 470, Rel. Min. Joaquim Barbosa, j. 17.12.2012, *DJU* 22.4.2013.

pelos Deputados Federais e Senadores da República, para o período de dois anos, vedada a recondução para o mesmo cargo na eleição seguinte, dentro da mesma legislatura.

Dessa forma, com esteio nos arts. 50, § 2º, 55, §§ 2º e 3º, 57, § 4º, *in fine*, e 103, incs. II e III, e § 4º, da CRFB, art. 5º, *caput*, *in fine*, § 1º, do RICD[10] e art. 59, *caput*, do RISF,[11] o membro da Câmara dos Deputados ou Senado Federal que tenha participado do órgão de direção, no biênio anterior, pode concorrer a outro cargo na Mesa da Casa Legislativa, no biênio posterior.[12, 13]

2.2 Comissões

As **Comissões** são concebidas como órgãos técnicos de estudo e investigação, distribuídas na estrutura interna da Câmara dos Deputados, Senado Federal e Congresso Nacional, e divididas em permanentes e temporárias.

As comissões mistas são criadas por determinação constitucional, temporária (*e. g.*: arts. 58, § 3º, e 62, § 9º) ou permanentemente (*v. g.*: arts. 72, *caput*, e 166, § 1º), regulamentada pelo art. 10, *caput*, *in fine*, do RCCN.[14]

2.2.1 Comissões permanentes

As *Comissões Permanentes* subsistem por meio das legislaturas, desmembradas em Agricultura e Política Rural, Ciência e Tecnologia, Comunicação e Informática, Constituição, Justiça e Redação, Defesa do Consumidor, Meio Ambiente e Minorias, Amazônia e Desenvolvimento Regional, Economia, Indústria e Comércio, Educação, Cultura e Desporto, Fiscalização Financeira e Controle, Finanças e Tributação, Minas e Energia, Relações Exteriores e Defesa Nacional, Seguridade Social e Família.

---

10 Regimento Interno da Câmara dos Deputados, art. 5º, *caput, in fine*, § 1º: "O Presidente, os demais membros da Mesa e os Suplentes dos Secretários serão eleitos para mandato de dois anos, vedada a recondução para o mesmo cargo na eleição imediatamente subsequente. Não se considera recondução a eleição para o mesmo cargo em legislaturas diferentes, ainda que sucessivas". Disponível em: <http://camara.gov.br>. Acesso em: 30.6.2011.

11 Regimento Interno do Senado Federal, art. 59, *caput*: "Os membros da Mesa serão eleitos para mandato de dois anos, vedada a reeleição para o período imediatamente subsequente". Disponível em: <http://senado.gov.br>. Acesso em: 30.6.2011.

12 STF, ADIn nº 792, Rel. Min. Moreira Alves, j. 26.5.1997, *DJU* 20.4.2001.

13 A doutrina não é uníssona sobre a possibilidade de o membro do Congresso Nacional concorrer a outro cargo na Mesa da Câmara dos Deputados ou Senado Federal. De um lado, Kildare Gonçalves Carvalho aduz que "não é inelegível para Presidente da Casa o Deputado ou Senador que ocupava no período anterior o cargo, por exemplo, de Vice-Presidente", posto que a vedação é destinada ao cargo. De outro lado, Michel Temer adverte que "o Deputado ou Senador que tenha participado de uma Mesa não pode pleitear recondução à Mesa imediatamente subsequente", visto que a proibição seria dirigida ao órgão. CARVALHO, Kildare Gonçalves. *Direito Constitucional Didático*. 6ª ed. Belo Horizonte: Del Rey, 1999, p. 324-325, e TEMER, Michel. *Elementos de Direito Constitucional*. 14ª ed. São Paulo: Malheiros, 1998, p. 117-119.

14 Regimento Comum do Congresso Nacional, art. 10, *caput, in fine*: "As comissões mistas compor-se-ão de 11 Senadores e 11 Deputados, obedecido o critério da proporcionalidade partidária, incluindo-se sempre um representante da minoria, se a proporcionalidade não lhe der representação". Disponível em: <http://camara.gov.br> e <http://senado.gov.br>. Acesso em: 15.11.2013.

As comissões temáticas são compostas para discutir e votar projeto de lei que dispensar, pelo regimento, a competência do Plenário, salvo se houver recurso de um décimo dos membros da Casa Legislativa; realizar audiências públicas com entidades da sociedade civil; convocar Ministros de Estado para prestar informações sobre assuntos inerentes a suas atribuições; receber petições, reclamações, representações ou queixas de qualquer pessoa contra atos ou omissões das autoridades ou entidades públicas; solicitar depoimento de qualquer autoridade ou cidadão e apreciar programas de obras, planos nacionais, regionais e setoriais de desenvolvimento econômico, de acordo com o art. 58, § 2º, da CRFB, art. 24, incs. I a VIII, do RICD[15] e art. 90, incs. I a VI, do RISF.[16, 17]

2.2.2 *Comissões temporárias*

As *Comissões Temporárias* sobrevivem até o término da legislatura ou, antes dela, quando alcançado o fim a que se destinam ou expirado seu prazo de declaração, repartidas em especiais, externas e de inquérito.

As comissões especiais, externas e de inquérito são dirigidas a emitir parecer sobre propostas de emenda à Constituição e proposições legislativas relativas a matéria de atribuição de mais de três Comissões permanentes; cumprir missão temporária autorizada no Brasil ou no exterior e apurar fatos determinados que deram origem à

---

15 Regimento Interno da Câmara dos Deputados, art. 24, incs. I a VIII: "Às Comissões Permanentes, em razão da matéria de sua competência, e às demais Comissões, no que lhes for aplicável, cabe discutir e votar as proposições sujeitas à deliberação do Plenário que lhes forem distribuídas; discutir e votar projetos de lei, dispensada a competência do Plenário; realizar audiências públicas com entidades da sociedade civil; convocar Ministro de Estado para prestar, pessoalmente, informações sobre assunto previamente determinado, ou conceder-lhe audiência para expor assunto de relevância de seu Ministério; encaminhar, através da Mesa, pedidos escritos de informação a Ministro de Estado; receber petições, reclamações ou representações de qualquer pessoa contra atos ou omissões das autoridades ou entidades públicas; solicitar depoimento de qualquer autoridade ou cidadão e acompanhar e apreciar programas de obras, planos nacionais, regionais e setoriais de desenvolvimento e sobre eles emitir parecer". Disponível em: <http://camara.gov.br>. Acesso em: 30.6.2011.

16 Regimento Interno do Senado Federal, art. 90, § 3º, incs. I a VI: "Às comissões compete discutir e votar projeto de lei; realizar audiências públicas com entidades da sociedade civil; convocar Ministros de Estado ou quaisquer titulares de órgãos diretamente subordinados à Presidência da República para prestarem informações sobre assuntos inerentes a suas atribuições e ouvir os Ministros; receber petições, reclamações, representações ou queixas de qualquer pessoa contra atos ou omissões das autoridades ou entidades públicas; solicitar depoimento de qualquer autoridade ou cidadão e apreciar programas de obras, planos nacionais, regionais e setoriais de desenvolvimento e sobre eles emitir parecer". Disponível em: <http://senado.gov.br>. Acesso em: 30.6.2011.

17 STF, MS nº 23.388, Rel. Min. Néri da Silveira, j. 25.11.1999, *DJU* 20.4.2001.

sua formação, respectivamente, em atenção ao art. 58, § 3º, da CRFB, arts. 34, incs. I e II, 35, *caput*, e 38, *caput*, do RICD[18] e art. 74, incs. I a III, do RISF.[19, 20, 21]

2.3 Serviços administrativos e guardas legislativas

Os *serviços administrativos e guardas legislativas* consistem em órgãos auxiliares, encarregados das funções de preparação técnica e vigilância setorial ou local dos prédios da Câmara dos Deputados e do Senado Federal, inclusive das residências oficiais dos parlamentares.[22]

3 FUNCIONAMENTO

O funcionamento dos órgãos legislativos é baseado no exercício de atribuições de natureza representativa, investigatória e legislativa.[23]

3.1 Atribuição representativa

O Congresso Nacional é titular de **atribuição representativa**, na medida em que os órgãos legislativos referendam os tratados e convenções internacionais celebrados pelo Presidente da República, introduzindo-os na ordem jurídica brasileira, pelo instrumento do decreto legislativo, em concordância com os arts. 49, inc. I, e 84, inc. VIII, da CRFB.[24]

---

[18] Regimento Interno da Câmara dos Deputados, arts. 34, incs. I e II, 35, *caput*, e 38, *caput*: "As Comissões Especiais serão constituídas para dar parecer sobre proposta de emenda à Constituição e projeto de código e proposições que versarem matéria de competência de mais de três Comissões que devam pronunciar-se quanto ao mérito. A Câmara dos Deputados, a requerimento de um terço de seus membros, instituirá Comissão Parlamentar de Inquérito para apuração de fato determinado e por prazo certo, a qual terá poderes de investigação próprios das autoridades judiciais, além de outros previstos em lei e no Regimento. As Comissões Externas poderão ser instituídas para cumprir missão temporária autorizada". Disponível em: <http://camara.gov.br>. Acesso em: 30.6.2011.

[19] Regimento Interno do Senado Federal, art. 74, incs. I a III: "As comissões temporárias serão internas – as previstas no Regimento para finalidade específica –; externas – destinadas a representar o Senado Federal em congressos, solenidades e outros atos públicos – e parlamentares de inquérito – criadas nos termos do art. 58, § 3º, da CRFB". Disponível em: <http://senado.gov.br>. Acesso em: 30.6.2011.

[20] STF, HC nº 71.231, Rel. Min. Carlos Velloso, j. 5.5.1994, *DJU* 31.10.1996.

[21] A jurisprudência prevalecente do Supremo Tribunal Federal assinala a possibilidade de limitação do número de Comissões temporárias em funcionamento simultâneo, *in textus*: "a restrição estabelecida no art. 35, § 4º, do Regimento Interno da Câmara dos Deputados, que limita em cinco o número de Comissões Parlamentares de Inquérito em funcionamento simultâneo – não há norma similar no Regimento Interno do Senado Federal –, está em consonância com o art. 51, incs. III e IV, da CRFB, que confere a essa Casa Legislativa a prerrogativa de elaborar o seu regimento interno e dispor sobre a sua organização. Tais competências são um poder-dever que permite regular o exercício de suas atividades constitucionais". STF, ADIn nº 1.635, Rel. Min. Maurício Corrêa, j. 15.3.2002, *DJU* 5.3.2004.

[22] STF, HC nº 71.261, Rel. Min. Sepúlveda Pertence, j. 11.5.1994, *DJU* 24.6.1994.

[23] TAVARES, Iris Eliete Teixeira Neves et al. *Poder Legislativo* in *Revista Brasileira de Estudos Políticos*, nº 83, 1996, p. 107.

[24] MAZZUOLI, Valerio de Oliveira. *A Incorporação dos Tratados Internacionais de Proteção dos Direitos Humanos no Ordenamento Brasileiro* in *Revista de Informação Legislativa*, nº 147, 2000, p. 179.

A propósito, a *incorporação dos tratados e convenções internacionais ao ordenamento normativo brasileiro* é resultado "de um ato subjetivamente complexo, a partir da conjugação de duas vontades homogêneas: a do Congresso Nacional, que resolve, definitivamente, por meio de decreto legislativo, sobre tratados, acordos ou atos internacionais (art. 49, inc. I) e a do Presidente da República, que, além de poder celebrar esses atos de Direito Internacional (art. 84, inc. VIII), também dispõe, enquanto Chefe de Estado que é, da competência para promulgá-los, mediante decreto executivo. Vê-se, portanto, que a aprovação congressual e a promulgação executiva atuam, nessa condição, como pressupostos indispensáveis da aplicabilidade, no plano normativo interno, dos tratados e convenções internacionais celebrados pelo Brasil".[25]

3.2 Atribuição investigatória

O Congresso Nacional é titular de **atribuição investigatória**, uma vez que os órgãos legislativos reúnem as investigações financeiro-orçamentária, com o auxílio do Tribunal de Contas da União,[26] e político-administrativa, por intermédio de Comissão Parlamentar de Inquérito,[27] em conformidade com os arts. 58, § 3º, e 71, *caput*, da CRFB.

3.2.1 Investigação financeiro-orçamentária

A *investigação financeiro-orçamentária* é demarcada pelo "controle externo da execução orçamentária, no interesse da preservação dos objetivos pretendidos pelo Poder Legislativo, quando autorizou despesas e receitas".[28]

O Tribunal de Contas da União é dotado de atribuição para: (i) apreciação das contas prestadas anualmente pelo Presidente da República, tendo em vista que não há confusão entre o parecer prévio do Tribunal de Contas, recoberto de natureza técnica, e o julgamento das contas do Chefe do Poder Executivo, revestido de natureza política, não estando este vinculado àquele;[29] (ii) julgamento das contas dos administradores e demais responsáveis por dinheiros, bens e valores públicos, assim como daqueles que derem causa a perda, extravio ou outra irregularidade de que redunde prejuízo ao erário, dispensados os administradores de empresas públicas e sociedades de economia mista;[30] (iii) análise da legalidade dos atos de admissão de pessoal, excetuadas as nomeações para cargo em comissão, e de concessão de aposentadoria, reformas e pensões, excepcionadas as melhorias posteriores que não alterem o fundamento legal do ato concessório, na qual não se asseguram o contraditório e a ampla defesa, para fins de efetivação do registro;[31] (iv) realização de inspeções e auditorias de natureza contábil, financeira, orçamentária,

---

25 STF, ADIn nº 1.480, Rel. Min. Celso de Mello, j. 17.7.1996, *DJU* 2.8.1996.

26 BRITTO, Carlos Ayres. *O Regime Constitucional dos Tribunais de Contas* in *Cadernos de Soluções Constitucionais*, nº 1, 2003, p. 20.

27 VELLOSO, Carlos Mario da Silva. *Comissões Parlamentares de Inquérito* in *Cadernos de Direito Constitucional e Ciência Política*, nº 26, 1999, p. 36.

28 BALEEIRO, Aliomar. *O Tribunal de Contas e o Controle Externo da Execução Orçamentária* in *Revista de Direito Administrativo*, nº 31, 1953, p. 10.

29 STF, MS nº 21.466, Rel. Min. Celso de Mello, j. 19.5.1993, *DJU* 6.5.1994.

30 STF, MS nº 23.627, Rel. Min. Ilmar Galvão, j. 7.3.2002, *DJU* 3.6.2003.

31 STF, MS nº 22.658, Rel. Min. Sepúlveda Pertence, j. 10.9.1997, *DJU* 27.3.1998.

operacional e patrimonial nas unidades administrativas dos Poderes Legislativo, Executivo e Judiciário, por iniciativa própria, Câmara dos Deputados ou Senado Federal, a partir de notícias de irregularidades;[32] (v) fiscalização das contas nacionais das empresas supranacionais de cujo capital social a União participe, de forma direta ou indireta, nos termos do tratado constitutivo, bem como da aplicação de recursos financeiros repassados pela União a Estado, Distrito Federal ou Município, por mecanismo de acordo administrativo;[33] (vi) prestação de informações sobre a fiscalização contábil, financeira, orçamentária, operacional e patrimonial e os resultados das auditorias e inspeções realizadas, quando solicitadas por qualquer das Casas do Congresso Nacional;[34] (vii) aplicação de sanções, em caso de ilegalidade de despesa ou irregularidade de contas, tais como a multa proporcional ao dano causado ao erário e a inabilitação, por cinco a oito anos, para o desempenho de cargo em comissão ou função de confiança no âmbito da Administração Pública federal, sendo evidente que as deliberações de que resulte imputação de débito têm eficácia de título executivo, devendo a ação ser proposta pela entidade pública beneficiária da condenação;[35] (viii) fixação de prazo, na hipótese de ilegalidade de ato ou contrato administrativo, para a adoção das providências necessárias ao exato cumprimento da lei, sob pena de sustação da execução do ato impugnado, garantida a eficácia das decisões finais pela possibilidade de expedição de medida cautelar;[36] e (ix) representação ao poder competente sobre irregularidades ou abusos apurados, com a indicação do ato inquinado e definição das responsabilidades, incluindo as de Ministro de Estado ou autoridade de nível hierárquico equivalente,[37] sendo certo que o Tribunal de Contas "pode editar atos normativos, desde que observados os limites do controle externo e a precedência das disposições legais, com o objetivo de regulamentar procedimentalmente o exercício de suas competências constitucionais",[38] e, de outro giro, pode apreciar a constitucionalidade das leis e dos atos do Poder Público", em atendimento ao enunciado nº 347 da Súmula da Jurisprudência do Supremo Tribunal Federal.[39, 40]

---

32 STF, RE nº 96.644, Rel. Min. Néri da Silveira, j. 18.12.1984, *DJU* 2.8.1985.

33 STF, ADIn nº 1.934, Rel. Min. Moreira Alves, j. 1º.9.1999, *DJU* 22.10.1999.

34 STF, ADIn nº 445, Rel. Min. Néri da Silveira, j. 2.6.1993, *DJU* 25.3.1994.

35 STF, RE nº 223.037, Rel. Min. Maurício Corrêa, j. 2.5.2002, *DJU* 2.8.2002.

36 STF, MS nº 24.510, Rel. Min. Ellen Gracie, j. 19.11.2003, *DJU* 19.3.2004.

37 STF, ADIn nº 614, Rel. Min. Ilmar Galvão, j. 14.10.1992, *DJU* 18.5.2001.

38 STF, ADIn nº 4.872, Rel. Gilmar Mendes, j. 15.2.2023, *DJU* 28.4.2023.

39 STF, MS nº 8.372, Rel. Min. Pedro Chaves, j. 11.12.1961, *DJU* 25.4.1962.

40 A legislação orgânica do Tribunal de Contas da União atribui ao Congresso Nacional a possibilidade de sustação de contrato impugnado, ao mesmo tempo que lhe impõe a obrigação de encaminhar ao Poder Legislativo federal, trimestral e anualmente, relatório de suas atividades. Nesse sentido, ao Congresso Nacional não incumbe a sustação de licitação em curso e dispensa ou inexigibilidade de procedimento licitatório, conquanto ao Poder Legislativo federal seja disponibilizada a atribuição para a fiscalização contábil, financeira, orçamentária, operacional e patrimonial do Tribunal de Contas da União, em ordem a analisar a evolução dos custos de controle e de sua eficiência, eficácia e economicidade, na forma dos arts. 45, § 2º, e 90, ambos da Lei nº 8.443/92. FERNANDES, Bernardo Gonçalves. *Curso de Direito Constitucional*. Rio de Janeiro: Lumen Juris, 2010, p. 662; STF, ADIn nº 687, Rel. Min. Celso de Mello, j. 2.2.1995, *DJU* 10.2.2006; STF, ADIn nº 3.715, Rel. Min. Gilmar Mendes, j. 24.5.2006, *DJU* 25.8.2006, e STF, MS nº 35.038, Rel. Min. Rosa Weber, j. 12.11.2019, *DJU* 21.11.2019.

3.2.2 *Investigação político-administrativa*

A *investigação político-administrativa* é delimitada por "fatos relacionados com a vida do país",[41] constantes os pressupostos materiais e requisitos formais, bem assim os limites impostos aos meios investigatórios.

3.2.2.1 Pressupostos materiais

A atividade das Comissões Parlamentares de Inquérito é submetida a dois pressupostos materiais, representados pelo prazo certo e fato determinado.

O prazo certo demonstra o intervalo de tempo necessário para a conclusão das apurações, tendo a jurisprudência prevalecente da Suprema Corte admitido prorrogações sucessivas na mesma legislatura. Em outras palavras: "o termo final da legislatura em que constituída é o limite intransponível de duração, ao qual, com ou sem prorrogação do prazo inicialmente fixado, se há de restringir a investigação legislativa".[42]

O fato determinado denota a individualização do acontecimento de relevante interesse para a vida pública e a ordem constitucional, legal, econômica e social do País, tendo a jurisprudência predominante do Excelso Tribunal assentido com a averiguação de fatos ligados ao que motivou a instituição do órgão legislativo. Em outros termos: "a investigação parlamentar deve apurar fato determinado, malgrado não esteja impedida de averiguar fatos que se ligam, intimamente, com o fato principal".[43, 44]

3.2.2.2 Requisitos formais

A atuação das Comissões Parlamentares de Inquérito é subordinada a três requisitos formais, traduzidos pelo requerimento de constituição e inquérito parlamentar, cujo relatório final é destinado ao Ministério Público.[45]

O requerimento de constituição deve ser formulado por um terço dos membros da Casa Legislativa, com o esclarecimento da composição numérica do órgão parlamentar, independentemente de deliberação plenária,[46] para garantir o direito das minorias legislativas à investigação.[47]

O inquérito parlamentar pode ser formado pelas diligências necessárias para a elucidação do fato investigado, com a aplicação, no que lhe for suscetível, das normas de processo penal.[48]

---

41 CRETELLA JÚNIOR, José. *Comissão Parlamentar de Inquérito* in *Revista dos Tribunais*, nº 770, 1999, p. 434.

42 STF, HC nº 71.193, Rel. Min. Sepúlveda Pertence, j. 7.4.1994, *DJU* 15.6.1994.

43 STF, HC nº 71.231, Rel. Min. Carlos Velloso, j. 1º.10.1996, *DJU* 31.10.1996.

44 RIANI, Frederico Augusto D'Avila. *Comissão Parlamentar de Inquérito: pressupostos para criação, objeto e poderes* in *Revista de Direito Constitucional e Internacional*, nº 36, 2001, p. 184.

45 PIÇARRA, Nuno. *O Inquérito Parlamentar e os seus Modelos Constitucionais*. Coimbra: Almedina, 2004, p. 19.

46 STF, MS nº 24.831, Rel. Min. Celso de Mello, j. 22.6.2005, *DJU* 4.8.2006.

47 STF, MS nº 37.760, Rel. Min. Roberto Barroso, j. 14.4.2021, *DJU* 9.8.2021.

48 STF, MS nº 23.652, Rel. Min. Celso de Mello, j. 22.11.2000, *DJU* 16.2.2001.

O relatório final, e a resolução que o aprovar, são encaminhados ao *Parquet*, de maneira a possibilitar a responsabilização civil e/ou criminal dos infratores,[49] "não cabendo ao Poder Legislativo indiciar criminosos ou proceder contra pessoas que tenham cometido infrações penais apuradas nos inquéritos, em respeito ao princípio da não intervenção na Justiça e no Ministério Público".[50]

3.2.2.3 Limites de atuação

Os "poderes de investigação próprios das autoridades judiciais" enunciam a possibilidade de atribuição do caráter de imperatividade aos atos do inquérito, sem prejuízo do auxílio aos meios de coerção.[51]

Nessa ordem de ideias, considerando a teoria do corolário, de acordo com a qual as Comissões de Investigação exercem uma função auxiliar do Congresso Nacional, não possuindo qualquer poder especial que não esteja compreendido dentro das atribuições do Poder Legislativo,[52] as Comissões Parlamentares de Inquérito são limitadas pela competência, conteúdo e matéria da investigação político-administrativa,[53] motivo pelo qual as suas atribuições são restringidas à indagação probatória,[54] não lhe competindo o processo e julgamento de indiciados e testemunhas,[55] em homenagem ao princípio da reserva constitucional de jurisdição.[56]

3.2.2.3.1 Competência

O poder de investigação é delimitado pela medida da função do órgão legislativo em cujo âmbito a Comissão Parlamentar de Inquérito tenha sido instalada, posto que a natureza jurídica desta é a de projeção orgânica daquele.[57]

A Comissão Parlamentar de Inquérito, "como órgão fracionário do Parlamento, há de se comportar nas estritas atribuições do Legislativo. O conteúdo da Comissão Temporária não pode ser maior do que o continente da Casa Legislativa".[58]

3.2.2.3.2 Conteúdo

O poder de investigação é demarcado pelo interesse público, uma vez que não é admissível a instituição de Comissão Parlamentar de Inquérito para a apuração de fatos

---

49 STF, MS nº 23.852, Rel. Min. Celso de Mello, j. 28.6.2001, *DJU* 24.8.2001.

50 OLIVEIRA FILHO, João de. *Inquérito Parlamentar* in *Revista de Informação Legislativa*, nº 2, 1964, p. 68.

51 BARROSO, Luís Roberto. *Comissões Parlamentares de Inquérito. Limite de sua competência. Sentido da expressão constitucional "poderes de investigação próprios das autoridades judiciais"* in *Revista Forense*, nº 335, 1996, p. 165.

52 VANOSSI, Jorge Reinaldo. *El Poder de Investigación del Congreso Nacional* in *Boletín Mexicano de Derecho Comparado*, nº 27, 1976, p. 407.

53 STF, HC nº 71.421, Rel. Min. Celso de Mello, j. 25.4.1994, *DJU* 3.5.1994.

54 STF, MS nº 23.452, Rel. Min. Celso de Mello, j. 1º.6.1999, *DJU* 8.6.1999.

55 STF, MS nº 71.454, Rel. Min. Marco Aurélio, j. 29.5.1999, *DJU* 7.6.1999.

56 STF, MS nº 71.466, Rel. Min. Sepúlveda Pertence, j. 25.6.1999, *DJU* 1º.7.1999.

57 DIREITO, Carlos Alberto Menezes. *Comissão Parlamentar de Inquérito: limites* in *Revista da Faculdade de Direito da Universidade do Estado do Rio de Janeiro*, nº 2, 1994, p. 151.

58 STF, HC nº 75.287, Rel. Min. Maurício Corrêa, j. 23.4.1997, *DJU* 30.4.1997.

da vida privada, como, por exemplo, os negócios internos de pessoas jurídicas de direito privado em relação às quais o Poder Legislativo não exerça fiscalização ou controle.[59]

A inquirição de "associação civil caracteriza interferência estatal vedada pelo art. 5º, incs. XVIII e XXVIII, *b*, da CRFB",[60] uma vez que as investigações levadas a efeito pelas "Comissões Parlamentares de Inquérito se estendem a todas as atividades estatais".[61]

3.2.2.3.3 Matéria

O poder de investigação não encerra as matérias reservadas aos órgãos judiciários, de sorte que as Comissões Parlamentares de Inquérito não detêm atribuição para a restrição de direitos fundamentais *ex auctoritate própria*:[62] "a partir do momento em que elementos indispensáveis no inquérito parlamentar dependam da prática de atos que impliquem efetivo constrangimento, atingindo a privacidade de pessoas de direito privado, há de atentar-se para a necessária atuação do Estado-juiz. Fazendo-se presente invasão da vida privada, há que se observar o crivo equidistante do Poder Judiciário. Todo e qualquer ato de constrição extravasa os poderes de investigação, exigindo, por isso mesmo, a análise e definição por órgão investido da função jurisdicional. A esse compete decidir, diante das peculiaridades do caso, a oportunidade, ou não, de implementá-lo, fixando-lhe os parâmetros".[63]

3.2.2.4 Meios de investigação

As Comissões Parlamentares de Inquérito podem dispor, na condução do procedimento investigatório, de todos os meios necessários à colimação de seus fins, em relação de pertinência.[64]

Podem as Comissões Parlamentares de Inquérito: (i) ouvir indiciados e testemunhas, (ii) quebrar sigilo bancário, fiscal e telefônico e (iii) requisitar informações e documentos.

Não podem as Comissões Parlamentares de Inquérito, desprovidas de autorização judicial: (iv) conceder medida cautelar, (v) proibir ou restringir assistência jurídica e (vi) decretar prisão provisória, excluída a em flagrante delito.[65]

3.2.2.4.1 Oitiva de indiciados e testemunhas

Os depoentes podem ser ouvidos na qualidade de indiciados ou testemunhas, conforme tenha havido, ou não, medida de constrição pessoal ou patrimonial, sujeitos ao tríplice dever de comparecer, responder às indagações e dizer a verdade.[66]

---

59 COMPARATO, Fábio Konder. *Comissões Parlamentares de Inquérito: limites* in *Revista Trimestral de Direito Público*, nº 5, 1994, p. 68.

60 STF, SS nº 618, Rel. Min. Octavio Gallotti, j. 10.3.1994, *DJU* 15.3.1994.

61 STF, SS nº 773, Rel. Min. Sepúlveda Pertence, j. 27.7.1995, *DJU* 4.8.1995.

62 HORTA, Raul Machado. *Limitações Constitucionais dos Poderes de Investigação* in *Revista de Direito Público*, nº 5, 1969, p. 36.

63 STF, MS nº 23.454, Rel. Min. Marco Aurélio, j. 29.5.1999, *DJU* 7.6.1999.

64 CAMPOS, Francisco. *Comissão Parlamentar de Inquérito: poderes do Congresso* in *Revista Forense*, nº 195, 1964, p. 83.

65 STF, HC nº 71.039, Rel. Min. Paulo Brossard, j. 7.4.1994, *DJU* 1º.7.1994.

66 BROSSARD, Paulo. *Da Obrigação de Depor perante Comissões Parlamentares de Inquérito* in *Revista de Informação Legislativa*, nº 69, 1981, p. 15.

O dever de comparecer expressa que a intimação de indiciado, bem assim a convocação de testemunha, podem ser decididas no inquérito parlamentar, em consonância com a legislação processual penal.[67] O órgão de investigação político-administrativa, contudo, não pode determinar a convocação de Chefe do Poder Executivo, embora seja permitido ao órgão parlamentar convidar a autoridade estatal para comparecer, voluntariamente, a reunião da Comissão Parlamentar de Inquérito, a ser agendada de comum acordo, por força do princípio da separação dos poderes,[68] nem tampouco a condução coercitiva de testemunha que se recuse injustificadamente a depor: "incompatibilidade com a Constituição Federal da condução coercitiva de depoente para interrogatório, tendo em vista que o investigado não é legalmente obrigado a participar do ato".[69]

O dever de responder às indagações exterioriza a possibilidade de o depoente que tenha comparecido perante a Comissão Parlamentar de Inquérito não responder a determinadas perguntas, em razão da garantia contra autoincriminação ou sigilo profissional, na forma do art. 448, inc. I, do CPC e art. 207 do CPP:[70] "o direito ao silêncio se estende a qualquer indagação por autoridade pública de cuja resposta possa advir à imputação ao investigado da prática de infração penal. Da garantia contra autoincriminação não decorre o direito de recusar-se de logo depor, mas sim o de não responder às perguntas cujas respostas entenda possam vir a incriminá-lo. Do sigilo profissional deriva o direito de recusar-se a responder a perguntas sobre fato por ele coberto, mas não o de rejeitar o depoimento sobre tudo o mais".[71]

O dever de dizer a verdade externa a impossibilidade de o depoente que tenha respondido às indagações da Comissão Parlamentar de Inquérito fazer afirmação falsa. O investigado, entretanto, pode cometer o delito de falso testemunho, ao negar ou calar a verdade,[72] sendo-lhe, todavia, resguardado o direito de não produzir prova contra si mesmo: "não configura o crime de falso testemunho, quando a pessoa, depondo como testemunha, ainda que compromissada, deixa de revelar fatos que possam incriminá-la".[73]

3.2.2.4.2 Quebra de sigilo bancário, fiscal e telefônico

As Comissões Parlamentares de Inquérito dispõem de atribuição para a quebra de sigilo bancário, fiscal e telefônico, por intermédio de decisão fundamentada, com fundamento no art. 3º da Lei nº 9.296/96, art. 1º, § 4º, da Lei Complementar nº 105/01 e art. 198, § 1º, do CTN.[74]

O sigilo bancário comporta as operações que impliquem aplicação, negociação, ocultação ou transferência de ativos financeiros ou valores mobiliários.

---

67 STF, HC nº 80.021, Rel. Min. Nelson Jobim, j. 1º.3.2000, *DJU* 15.3.2000.

68 STF, ADPF nº 848, Rel. Min. Rosa Weber, j. 25.6.2021, *DJU* 28.6.2021.

69 STF, ADPF nº 444, Rel. Min. Gilmar Mendes, j. 14.6.2018, *DJU* 22.5.2019.

70 STF, HC nº 71.421, Rel. Min. Celso de Mello, j. 25.4.1994, *DJU* 3.5.1994.

71 STF, HC nº 79.244, Rel. Min. Sepúlveda Pertence, j. 27.4.1999, *DJU* 6.5.1999.

72 STF, HC nº 71.039, Rel. Min. Paulo Brossard, j. 7.4.1994, *DJU* 6.12.1996.

73 STF, HC nº 73.035, Rel. Min. Carlos Velloso, j. 13.11.1996, *DJU* 19.12.1996.

74 TÁCITO, Caio. *Comissão Parlamentar de Inquérito: sigilos bancário, fiscal e telefônico* in *Revista de Direito Administrativo*, nº 208, 1997, p. 399.

O sigilo fiscal compreende as informações sobre natureza, estado dos negócios ou atividades e situação econômica ou financeira de contribuintes ou responsáveis por obrigações tributárias.

O sigilo telefônico contempla os registros das chamadas telefônicas, devendo ser repisado que "a quebra do sigilo bancário, fiscal e telefônico de qualquer pessoa sujeita à investigação legislativa pode ser legitimamente decretada pela Comissão Parlamentar de Inquérito, desde que esse órgão estatal o faça mediante deliberação adequadamente fundamentada e na qual indique a necessidade objetiva da adoção dessa medida extraordinária".[75]

3.2.2.4.3 Requisição de informações e documentos

As informações e documentos que se afigurarem necessários podem ser requisitadas pelo órgão de investigação político-administrativa.[76]

As informações alcançam os dados de autoridades, órgãos ou entidades da Administração Pública, para a instrução do inquérito parlamentar.[77]

Os documentos não atingem a escrituração de sociedade empresária, dado que a investigação legislativa é delineada pelo interesse público, que não resta evidenciado em negócios internos de pessoas jurídicas de direito privado sem vínculo, legal ou contratual, com o Poder Público, como também a exibição, total ou parcial, de livros e papéis mercantis pode ser determinada por autoridade judiciária, "quando necessária para a solução de questões relativas à sucessão, comunhão ou sociedade, administração ou gestão à conta de outrem, ou em caso de falência".[78] As Comissões Parlamentares de Inquérito, outrossim, não detêm acesso a documentos referentes a acordo de delação premiada enquanto a denúncia não for recebida, "como forma de garantir o êxito das investigações", em atendimento ao art. 7º, §§ 2º e 3º, da Lei nº 12.850/13.[79]

3.2.2.4.4 Concessão de medida cautelar

As Comissões Parlamentares de Inquérito não são recobertas de poder geral de cautela, sendo-lhes defeso o consentimento de medida cautelar, típica ou atípica.[80] De outra forma: "as Comissões Parlamentares de Inquérito têm poderes de investigação vinculados à produção de elementos probatórios para apurar fatos certos e, portanto, não podem decretar medidas assecuratórias para garantir a eficácia de eventual sentença condenatória, como, por exemplo, a busca e apreensão domiciliar e a indisponibilidade de bens, já que o poder geral de cautela só pode ser exercido por juízes".[81]

---

75 STF, MS nº 23.639, Rel. Min. Celso de Mello, j. 16.11.2000, *DJU* 16.2.2001.

76 HOFFBAUER, Nélson Hungria. *O Segredo em torno da Escrituração Mercantil* in *Revista Brasileira de Criminologia e Direito Penal*, nº 10, 1965, p. 141.

77 JESUS, Damásio Evangelista de. *Estágio Atual da Delação Premiada no Direito Penal Brasileiro* in *Revista Bonijuris*, nº 506, 2006, p. 9.

78 STF, MS nº 23.455, Rel. Min. Néri da Silveira, j. 24.11.1999, *DJU* 7.12.2000.

79 STF, MS nº 33.278, Rel. Min. Roberto Barroso, j. 18.11.2014, *DJU* 20.11.2014.

80 SANTOS, Cláudio. *Poder Geral de Cautela* in *Revista de Direito da Universidade Federal de Uberlândia*, nº 21, 1992, p. 157.

81 STF, MS nº 23.446, Rel. Min. Ilmar Galvão, j. 18.8.1999, *DJU* 1º.9.1999.

3.2.2.4.5 Proibição ou restrição de assistência jurídica

O depoente, na condição de indiciado ou testemunha, é titular do direito à assistência jurídica, garantido ao advogado privado ou defensor público o comparecimento a todas as reuniões da Comissão Parlamentar de Inquérito, nelas podendo reclamar, verbalmente ou por escrito, contra a inobservância de preceito legal ou regulamentar, com fulcro no art. 7º, incs. VI, *d* e XI, do Estatuto da Ordem dos Advogados do Brasil.[82] De outro modo: "o direito de fazer-se assistir, tecnicamente, por advogado privado ou defensor público, a quem incumbe comparecer às reuniões do órgão de investigação parlamentar, nelas podendo, entre outras prerrogativas de ordem profissional, comunicar-se, pessoal e diretamente, com o seu cliente, para adverti-lo de que tem o direito de permanecer em silêncio, sendo-lhe lícito, ainda assim, reclamar, verbalmente ou por escrito, contra a inobservância de preceitos legais ou regimentais, é assegurado ao depoente, indiciado ou testemunha, que constituiu esse profissional do Direito".[83]

3.2.2.4.6 Decretação de prisão provisória

Às Comissões Parlamentares de Inquérito é proibida a determinação de prisão provisória de indiciados e testemunhas, extraída a em flagrante delito, em face da reserva constitucional de jurisdição dos arts. 5º, inc. LXI, e 136, § 3º, inc. I.[84] Em suma: "o órgão de investigação político-administrativa não possui competência para determinar a prisão provisória de qualquer pessoa, posto que os casos de privação da liberdade individual somente podem derivar de situação de flagrância ou de ordem emanada de autoridade judiciária competente, salvo a hipótese de prisão por crime contra o Estado, durante a vigência de estado de defesa decretado pelo Presidente da República. Disso decorre que a cláusula judiciária de tutela da liberdade inibe a Comissão Parlamentar de Inquérito de afetar, por deliberação própria, o *ius libertatis* de qualquer pessoa, reservada aos órgãos que, posicionados na estrutura institucional do Poder Judiciário, acham-se investidos de função jurisdicional, e retirada a situação de flagrância penal".[85]

3.3 Atribuição legislativa

O Congresso Nacional é titular de **atribuição legislativa**, visto que os órgãos legislativos são responsáveis pela produção de normas legais,[86] que encerra o processo de criação, modificação e revogação das espécies normativas,[87] em consonância com os arts. 59 a 69 da CRFB.

82 PUGLIESE, Roberto. *Assistência Jurídica* in *Revista de Direito Civil, Imobiliário, Agrário e Empresarial*, nº 74, 1995, p. 56.

83 STF, MS nº 23.576, Rel. Min. Celso de Mello, j. 14.12.999, *DJU* 3.2.2000.

84 TOURINHO NETO, Fernando da Costa. *Prisão Provisória* in *Revista de Informação Legislativa*, nº 122, 1994, p. 87.

85 STF, HC nº 71.279, Rel. Min. Celso de Mello, j. 17.3.1994, *DJU* 1º.4.1994.

86 CARVALHO, Kildare Gonçalves. *Processo Legislativo* in *Revista de Julgados do Tribunal de Alçada do Estado de Minas Gerais*, nº 38, 1989, p. 95.

87 MAULAZ, Ralph Batista de. *Espécies Normativas* in *Revista Jurídica da Universidade de Franca*, nº 4, 2000, p. 137.

3.3.1 *Processo legislativo*

O *processo legislativo* é definido como complexo de atos jurídicos, dispostos orgânica e teleologicamente, necessários à concretização da função legislativa.

A respeito, a elaboração normativa é configurada por alguns princípios, dentre os quais os da unidade da legislatura, separação da discussão e votação, exame prévio por comissões parlamentares e deliberação suficiente.[88]

O princípio da unidade da legislatura indica que, a cada quadriênio, são dissolvidos todos os vínculos com a legislatura antecedente, tanto que, ultrapassado o período a que se reporta o art. 44, parágrafo único, da CRFB, devem ser arquivadas todas as proposições legislativas que no seu decurso tenham sido submetidas à Casa Legislativa e ainda se encontrem em tramitação, à exceção dos projetos de lei e propostas de emenda enumerados taxativamente nas normas regimentais. O princípio não se reveste de efeito preclusivo, em tema de cassação de mandato parlamentar, de sorte que a unidade da legislatura não impede a instauração de procedimentos de perda de cargos eletivos por atos cometidos na legislatura anterior.

O princípio da separação entre a discussão e a votação impede que o escrutínio se inicie antes do término da deliberação sobre a propositura legislativa. Ao final da deliberação, não se pode mais discutir a matéria durante a votação.[89]

O princípio do exame prévio por comissões parlamentares indicia que, no genérico, os projetos de lei e propostas de emenda são subordinados às comissões de que trata o art. 58, § 2º, da CRFB. As proposições legislativas, em linha de princípio, devem ser analisadas por comissões parlamentares, de maneira a franquear-lhes o exame da sua constitucionalidade, juridicidade e técnica legislativa, sua adequação financeira, orçamentária e administrativa e seu mérito.

O princípio da deliberação suficiente impõe que a inconstitucionalidade das leis que, em sua formação, haja uma absoluta ausência de debate legislativo seja declarada em controle jurisdicional. O princípio tem incidência, especialmente, nas ocasiões em que houver a competência do Plenário para discutir e votar projeto de lei sido dispensada, na forma do regimento.[90]

À luz dos princípios em epígrafe, a dinâmica do processo legislativo é compartimentada em três fases: a introdutória (iniciativa), a constitutiva (discussão, votação e sanção ou veto) e a complementar (promulgação e publicação), sendo exato que a vigência é patenteada no momento da sanção ou, se ocorrer, da rejeição ao veto, quando o projeto é convertido em lei.

---

[88] CARNEIRO, André Corrêa de Sá. *Princípios do Processo Legislativo* in *Jornal da Secretaria de Recursos Humanos do Senado Federal*, nº 115, 2010, p. 3.

[89] STF, MS nº 24.458, Rel. Min. Celso de Mello, j. 18.2.2003, *DJU* 21.2.2003.

[90] TELES, Carlos André Coutinho. As Decisões Monocráticas do Supremo Tribunal Federal e a Necessária Deliberação Suficiente in *Direito Público*, nº 94, 2020, p. 75.

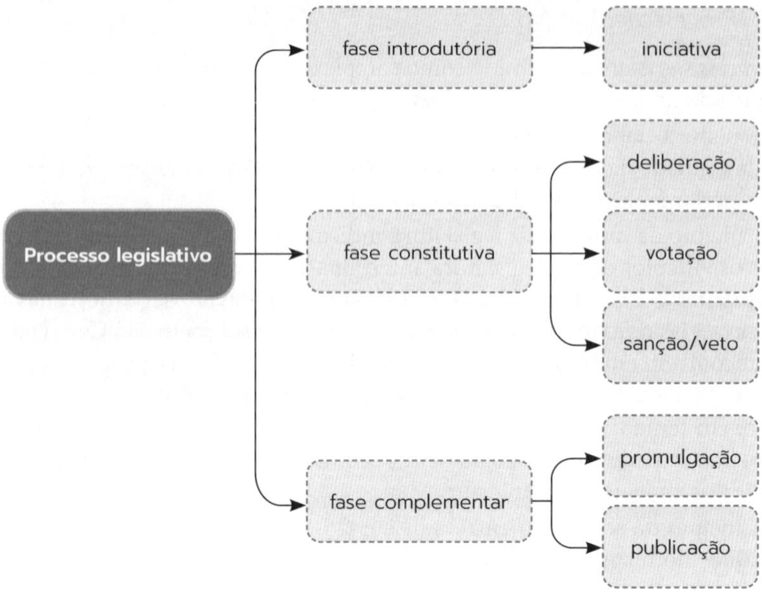

3.3.1.1 Iniciativa

A iniciativa é delimitada como ato de inauguração do processo legislativo, por intermédio da apresentação de projeto de lei ou proposta de emenda, qualificada como geral ou reservada.

A iniciativa geral é atribuída ao Presidente da República, Membro ou Comissão da Câmara dos Deputados, Senado Federal ou Congresso Nacional e cidadãos, com referência a matéria indeterminada (art. 61, *caput*). Ademais, quanto à iniciativa popular, o projeto de lei deve ser oferecido por, no mínimo, 1% do eleitorado nacional, distribuído pelo menos por cinco Estados, com não menos de 0,3% dos eleitores de cada um deles (art. 61, § 2º).

A iniciativa reservada é autorizada ao Presidente da República (arts. 40, § 15, 61, § 1º, e 165, incs. I a III), Câmara dos Deputados (art. 51, inc. IV), Senado Federal (art. 52, inc. XIII), Tribunal de Contas da União (art. 73, *caput*), Supremo Tribunal Federal (art. 93), Tribunais Superiores (art. 96, inc. II), Ministério Público (art. 127, § 2º) e Defensoria Pública (art. 134, § 4º), com relação a matéria determinada. Aliás, quanto à reforma constitucional, a proposta de emenda deve ser ofertada, em todas as circunstâncias, pelo Presidente da República, um terço dos membros da Câmara dos Deputados ou Senado Federal e mais da metade das Assembleias Legislativas, manifestando-se, cada uma delas, pela maioria relativa de seus membros (art. 60, incs. I a III).[91]

A proposição de iniciativa reservada, sob a égide do art. 63, inc. I, da CRFB, pode ser objeto de emenda aglutinativa, aditiva, modificativa, supressiva ou substitutiva, tendo em conta que "a reserva de iniciativa a outro Poder não implica vedação de emenda de origem parlamentar desde que, pertinente à matéria da propositura, não acarrete aumento de despesa".[92]

---

[91] COMPARATO, Fabio Konder. *Iniciativa do Processo Legislativo* in *Justitia*, nº 178, 1997, p. 67.

[92] STF, ADIn nº 1.835, Rel. Min. Sepúlveda Pertence, j. 13.8.1998, *DJU* 4.2.2000.

3.3.1.2 Discussão

A discussão compreende o exame do projeto de lei ou proposta de emenda, por parte do Plenário ou Comissão que detenha atribuição para o estudo da matéria, quando o Regimento Interno da Casa Legislativa dispensar a atuação daquele, ressalvada a interposição de recurso por um décimo dos membros desta.

A tramitação de propositura por sistema de deliberação remota não importa em violação ao devido processo legislativo. Isso porque a utilização de meios de comunicação, em tempo real, não afasta a participação e o acompanhamento da atividade legislativa.

Debruçando-se sobre o tema, **José Wilson Ferreira Sobrinho** acentua que "o *quorum* equivale ao número de pessoas necessário para o funcionamento inicial do órgão colegiado",[93] porquanto a sessão é instalada com a presença do número imediatamente superior à metade da soma dos membros do organismo legislativo, a teor dos arts. 47, *in fine*, e 58, § 2º, inc. I, da CRFB.[94]

3.3.1.3 Votação

A votação é descrita como escrutínio secreto ou ostensivo, simbólico ou nominal, sendo exigida a deliberação majoritária para a aprovação do projeto de lei ou proposta de emenda.[95]

A maioria simples, relativa, ocasional ou eventual é alicerçada no número de parlamentares presentes ao ato de votação da proposição legislativa, com supedâneo no art. 47, *initio*.

A maioria qualificada é apoiada no número de parlamentares pertencentes à Casa Legislativa, decomposta em absoluta, na hipótese de projeto de lei complementar, três quintos, na hipótese de proposta de emenda à Constituição, e dois terços, na hipótese de suspensão das imunidades de Deputados ou Senadores durante o estado de sítio, em decorrência de atos praticados fora do recinto do Congresso Nacional, que sejam incompatíveis com a execução da medida, com suporte nos arts. 53, § 8º, 60, § 2º, e 69 da CRFB.[96]

Não se afigura necessário o retorno da propositura legislativa à Casa de origem para nova votação quanto à parte alterada se a modificação da Casa revisora não alterar substancialmente o sentido do texto aprovado na Casa iniciadora.

3.3.1.4 Sanção ou veto

A sanção consiste na aquiescência, pelo Presidente da República, de projeto aprovado pelo Congresso Nacional, convertendo-o em lei. Anote-se que a sanção é dissecada em expressa e tácita, conforme tenha havido, ou não, a manifestação de vontade do Chefe

---

93 FERREIRA SOBRINHO, José Wilson. *Teoria do "Quorum"* in *Revista Trimestral de Direito Público*, nº 6, 1994, p. 192.

94 STF, RE nº 66.751, Rel. Min. Eloy da Rocha, j. 12.8.1971, *DJU* 16.8.1971.

95 CUSTÓDIO FILHO, Ubirajara. *Voto Aberto e Processo Legislativo* in *Revista da Academia Brasileira de Direito Constitucional*, nº 1, 2001, p. 85.

96 STF, RE nº 68.419, Rel. Min. Luiz Gallotti, j. 26.11.1969, *DJU* 15.5.1970.

do Poder Executivo no prazo de 15 dias, a contar da data de recebimento da propositura aprovada pelo Poder Legislativo, em atenção ao art. 66, *caput* e § 3º.

O veto contém a recusa, pelo Presidente da República, de projeto aprovado pelo Congresso Nacional, por motivação jurídica (inconstitucionalidade) ou política (inconveniência), obstando a imediata conversão em lei, uma vez que os seus motivos devem ser comunicados ao Presidente do Senado Federal, no prazo de 48 horas, de sorte a viabilizar a apreciação e, pelo voto da maioria absoluta dos Deputados e Senadores, a rejeição do ato em sessão conjunta, dentro de 30 dias, sob pena de colocação na ordem do dia da sessão imediata, suspensas as demais proposições, até a votação final. Aponte-se que o veto é dividido em parcial ou total, consoante tenha havido, ou não, a repulsa à fração do projeto de lei, restrito a texto integral de artigo, parágrafo, inciso ou alínea, em atendimento ao art. 66, §§ 1º, 2º, 4º e 6º, da CRFB.

Em que pese a jurisprudência prevalente do Supremo Tribunal Federal,[97] cremos, a toda evidência, que razão assiste a **Gustavo Binenbojm**, para quem o veto por inconstitucionalidade é suscetível de controle judicial. "A tese esposada é a seguinte: a maioria parlamentar que aprovou o projeto de lei e que entenda que o veto por inconstitucionalidade não é fundado tem o direito de instaurar a controvérsia perante o Poder Judiciário e de obter um pronunciamento que anule aquele veto. Se o Chefe do Poder Executivo veta um projeto de lei por considerá-lo inconstitucional e apresenta as razões por que o faz, este não é um ato estritamente político. Trata-se, ao revés, de um veto jurídico, motivado pela desconformidade entre o projeto de lei e a Constituição Federal, vinculando o Presidente da República o seu ato a determinada motivação, verdadeira e consistente."[98]

3.3.1.5 Promulgação

A promulgação é desenhada como constatação da existência da norma legal, atribuindo-lhe certeza quanto à sua autenticidade.[99]

O Presidente da República, mesmo que o veto tenha sido rejeitado,[100] é sujeito ao dever de promulgar a lei no prazo de 48 horas, findo o qual a atribuição é deslocada para o Presidente do Senado Federal, e, se este não o fizer em igual prazo, caberá ao Vice-Presidente do Senado Federal fazê-lo. Excepcionalmente, a promulgação das emendas à Constituição cabe às Mesas da Câmara dos Deputados e do Senado Federal, bem assim a promulgação dos decretos legislativos e resoluções cumpre à Presidência do Congresso Nacional e das Casas Legislativas que o compõem, de acordo com os arts. 60, § 3º, e 66, § 7º, da CRFB.

---

97 STF, ADPF nº 1, Rel. Min. Néri da Silveira, j. 3.2.2000, *DJU* 7.11.2003.

98 BINENBOJM, Gustavo. *Aspectos Processuais do Controle Abstrato da Constitucionalidade no Brasil* in *Revista de Direito Administrativo*, nº 218, 2001, p. 151.

99 NOGUEIRA, Rubem. *Da Responsabilidade do Presidente da República pela não Promulgação das Leis* in *Revista de Informação Legislativa*, nº 62, 1979, p. 101.

100 STF, Rp. nº 1.076, Rel. Min. Cunha Peixoto, j. 13.8.1981, *DJU* 11.9.1981.

3.3.1.6 Publicação

A publicação encerra o procedimento legislativo, conferindo obrigatoriedade à norma jurídica produzida no exercício da atribuição legislativa.[101]

A doutrina não é uníssona quanto à existência de prazo para a publicação. Por um lado, **José Afonso da Silva** assevera que "a lei há de ser publicada dentro do prazo de promulgação. Realmente, se acharmos que a publicação integra a promulgação, se esta se completa e se efetiva por meio da publicidade, temos que admitir que a efetivação desta há de verificar-se no mesmo prazo estabelecido na Constituição da República para que seja a lei publicada".[102] Por outro lado, **Manoel Gonçalves Ferreira Filho**, a quem emprestamos adesão, assinala que "não há prazo para a publicação dos atos promulgados. Promulgação e publicação são atos juridicamente distintos. Aquela atesta, autentica a existência de um ato normativo válido, executável e obrigatório. Esta comunica essa existência aos sujeitos a que esse ato normativo se dirige. Mais ainda, a publicação pressupõe a promulgação, a que deve se seguir. Daí decorre que, embora quem promulgue tenha o dever de publicar, o prazo de promulgação não pode compreender o da publicação, já que do contrário o prazo constitucional de promulgação seria logicamente reduzido pela necessidade de, durante ele, ocorrer a publicação que forçosamente lhe é posterior".[103]

3.3.2 Espécies normativas

As *espécies normativas* são fracionadas em emendas à Constituição, leis complementares, leis ordinárias, leis delegadas, decretos legislativos, resoluções e medidas provisórias, realçadas por três critérios identificadores, quais sejam: órgão competente, procedimento legislativo e declaração prescritiva.

A despeito do entendimento de **Lenio Luiz Streck, Ingo Wolfgang Sarlet, Clèmerson Merlin Clève,**[104] **Regina Linden Ruaro, Alexandre Schubert Curvelo**[105] e **Emerson Garcia,**[106] a Corte Suprema reconheceu o "poder normativo primário" dos Conselhos Nacionais de Justiça e do Ministério Público. A causa pode ser remetida aos arts. 103-B, § 4º, e 130-A, § 2º, segundo os quais os Conselhos Nacionais dispõem de atribuição para o controle da atividade administrativa e financeira da Justiça e do Ministério Público e do cumprimento dos deveres funcionais de seus membros. O efeito é retratado pelo posicionamento hierárquico das resoluções dos Conselhos Nacionais de Justiça e do Ministério Público, que devem encontrar fundamento de validade, direto ou imediato,

---

101 STF, HC nº 77.734, Rel. Min. Néri da Silveira, j. 4.11.1998, *DJU* 10.8.2000.

102 SILVA, José Afonso da. *Princípios do Processo de Formação das Leis no Direito Constitucional*. São Paulo: Revista dos Tribunais, 1964, p. 229.

103 FERREIRA FILHO, Manoel Gonçalves. *Do Processo Legislativo*. 3ª ed. São Paulo: Saraiva, 1995, p. 243.

104 STRECK, Lenio Luiz; SARLET, Ingo Wolfgang; CLÈVE, Clèmerson Merlin. *Os Limites Constitucionais das Resoluções do Conselho Nacional de Justiça e Conselho Nacional do Ministério Público* in *Revista de Doutrina*, nº 9, 2005, p. 1.

105 RUARO, Regina Linden; CURVELO, Alexandre Schubert. *O Poder Regulamentar e os Conselhos Nacionais de Justiça e do Ministério Público: algumas anotações sobre o poder regulamentar autônomo no Brasil* in *Revista dos Tribunais*, nº 858, 2007, p. 103.

106 GARCIA, Emerson. *Poder Normativo Primário dos Conselhos Nacionais de Justiça e do Ministério Público: a gênese de um equívoco* in *BDA: Boletim de Direito Administrativo*, nº 6, 2006, p. 674.

em normas constitucionais, à semelhança das espécies normativas de que trata o art. 59, parágrafo único, da CRFB.[107]

3.3.2.1 Emenda à Constituição

A emenda é sintetizada como processo formal de mudança da Constituição, na qual há alteração pontilhada do texto constitucional.[108]

Os órgãos competentes são a Câmara dos Deputados e o Senado Federal, investidos em poder constituinte derivado reformador.

O procedimento legislativo é iniciado pela apresentação de proposta de emenda, por parte de titular de iniciativa reservada, subordinada à discussão e votação em cada Casa do Congresso Nacional, em dois turnos, considerando-se aprovada se obtiver, em ambos, a maioria qualificada dos votos nominais, e sucedida pela promulgação pelas Mesas da Câmara dos Deputados e do Senado Federal.

A declaração prescritiva é alusiva a todas as matérias constitucionais, salvaguardadas as limitações explícitas e implícitas ao poder de reforma da Constituição Federal. As limitações materiais explícitas estão expressas no art. 60, § 4º, de maneira que a emenda não pode tender a abolir a forma federativa de Estado, o voto direto, secreto, universal e periódico, a separação dos Poderes e os direitos e garantias individuais. As limitações materiais implícitas são extraídas do sistema constitucional, representadas pela titularidade do poder constituinte, originário e derivado, e procedimento de reforma constitucional, assim como pela enumeração das cláusulas pétreas e forma e sistema de governo, de sorte que a emenda não pode atingir as normas veiculadas pelos arts. 1º, 60, *caput,* §§ 2º, 3º e 4º, e 76 da CRFB, bem como pelo art. 2º do ADCT.[109]

3.3.2.2 Lei complementar

A lei complementar é caracterizada pela natureza ontológico-formal, dado que o aspecto formal indica a submissão do projeto de lei complementar a procedimento legislativo especial, como também o aspecto ontológico informa a sujeição da lei complementar às matérias reservadas na Constituição da República.[110]

Os órgãos competentes são a Câmara dos Deputados e o Senado Federal, com a interferência da Presidência da República.

O procedimento legislativo é deflagrado pela apresentação de projeto de lei, por parte de titular de iniciativa geral ou reservada, à discussão e votação da Câmara dos Deputados, caso a proposição não tenha sido oferecida por Membro ou Comissão do Senado Federal, devendo a Casa Iniciadora proceder à remessa do texto aprovado por maioria absoluta à Casa Revisora, para rejeição ou aprovação. Rejeitado, o projeto de lei deve ser arquivado, na forma regimental. Aprovado sem emendas parlamentares, o projeto de lei deve ser enviado à sanção ou veto, enquanto se for aprovado com emenda

---

107 STF, ADC nº 12, Rel. Min. Carlos Britto, j. 20.8.2008, *DJU* 12.9.2008.

108 GALVÃO, Paulo Braga. *Emenda à Constituição* in *Revista da Faculdade de Direito da Universidade do Estado do Rio de Janeiro*, nº 1, 1993, p. 252.

109 STF, ADIn nº 981, Rel. Min. Néri da Silveira, j. 17.12.1993, *DJU* 1º.3.1994.

110 RODRIGUES, Marilene Talarico Martins. *Lei Complementar* in *Revista dos Tribunais*, nº 668, 1991, p. 58.

aglutinativa, aditiva, modificativa, supressiva ou substitutiva, que não ostenta a qualidade de projeto de lei autônomo, deve retornar àquela, de modo a possibilitar a revisão desta.

A declaração prescritiva é demarcada por certas matérias, como, por exemplo, as referidas nos arts. 7º, inc. I (despedida arbitrária e sem justa causa do trabalhador), 14, § 9º (inelegibilidade), 18, §§ 2º (criação de territórios, transformação em Estados ou reintegração a Estado de origem), 3º (incorporação, subdivisão, desmembramento e formação de Estados) e 4º (criação, incorporação, fusão e desmembramento de Municípios), 21, inc. IV (trânsito e permanência de forças estrangeiras no território nacional), 22, parágrafo único (atividade legislativa dos Estados sobre matérias de competência privativa da União), 23, parágrafo único (cooperação entre entidades federativas para o equilíbrio do desenvolvimento nacional), 37, inc. XIX (áreas de atuação das autarquias, fundações públicas, empresas públicas e sociedades de economia mista) e § 17 (administrações tributárias), 40, § 4º (servidores portadores de deficiência, que exerçam atividades de risco ou cujas atividades sejam exercidas exclusivamente sob condições especiais que prejudiquem a saúde ou integridade física), 41, § 1º, inc. III (procedimento de avaliação periódica de desempenho), 43, § 1º, incs. I (condições para integração de regiões em desenvolvimento) e II (composição de organismos regionais para a execução de planos de desenvolvimento econômico e social), 45, § 1º (número de deputados federais), 49, inc. II c/c 84, inc. XXII (permissão de trânsito de forças estrangeiras pelo território nacional), 59, parágrafo único (elaboração, redação, alteração e consolidação das leis), 79, parágrafo único (atribuições do Vice-Presidente da República), 93 (estatuto da magistratura), 121 (organização e competência dos juízos, juntas e tribunais eleitorais), 128, §§ 4º e 5º (organização do Ministério Público, inclusive destituição do Procurador-Geral de Justiça dos Estados e do Distrito Federal e Territórios), 131, *caput* (organização da Advocacia-Geral da União), 134, § 1º (organização da Defensoria Pública), 142, § 1º (organização, preparo e emprego das Forças Armadas), 146 (matérias tributárias em geral), 146-A (critérios especiais de tributação), 148 (empréstimo compulsório), 149-C, § 1º (operações contratadas pela Administração Pública, direta e indireta), 153, incs. VII (imposto sobre grandes fortunas) e VIII (imposto sobre produção, extração, comercialização ou importação de bens e serviços prejudiciais à saúde ou meio ambiente), 154, inc. I (imposto suplementar), 155, §§ 1º, incs. III e VII (imposto de transmissão *causa mortis*), e 2º, inc. XII (imposto sobre a circulação de mercadorias e serviços de qualquer natureza), 156, § 3º (alíquotas máximas e imunidade em relação ao imposto sobre serviços de qualquer natureza), 156-A (imposto de competência compartilhada entre entes federativos), 156-B (Comitê Gestor do Imposto sobre Bens e Serviços), 161 (repartição de receitas tributárias), 163 (finanças públicas), 165, § 9º (orçamento público), 169 (limites da despesa com pessoal ativo e inativo), 184, § 3º (procedimento contraditório especial, de rito sumário, para o processo judicial de desapropriação), 192 (sistema financeiro nacional), 195, inc. V (contribuição social sobre bens e serviços) e § 11 (montante do débito máximo para a concessão de remissão ou anistia de contribuição social), 198, § 3º (vinculação de recursos mínimos às ações e serviços de saúde), 201, § 1º (atividades exercidas sob condições especiais que prejudiquem a saúde ou integridade física), 202, *caput* (regulamento da previdência privada) e § 4º (relações da Administração Pública, direta e indireta, incluindo concessionárias e permissionárias de serviço público, com entidades fechadas de previdência privada), e 225, § 1º, inc. VIII (regime fiscal favorecido para os biocombustíveis e hidrogênio de baixa emissão de carbono), devendo ser consignado que, em matéria orçamentária, a norma do art. 195, § 4º, contraposta à do art. 154, inc. I, e, em matéria tributária, as normas dos arts. 150, inc. VI, *c*, e 153, § 4º, contrastadas à do art. 146, inc. II, podem ser reguladas por lei complementar, e não por lei ordinária.[111]

3.3.2.3 Lei ordinária

A lei ordinária é dotada de caráter residual, eis que as matérias que não foram reservadas à lei complementar, decreto legislativo ou resolução são subsumidas à legislação ordinária.[112]

Os órgãos competentes são a Câmara dos Deputados e o Senado Federal, com a intervenção da Presidência da República.

O procedimento legislativo deve ser, nas hipóteses de tramitação urgente, concluído no prazo de 90 dias, contado do recebimento de projeto de iniciativa do Presidente da República ou ato de outorga ou renovação de concessão, permissão ou autorização para serviço de radiodifusão sonora e de sons e imagens, sobrestadas todas as deliberações legislativas, até que se ultime a votação.

A declaração prescritiva pode ser, nas hipóteses de lei específica, reduzida a determinadas matérias, tal como as relacionadas nos arts. 37, incs. VII (direito de greve dos servidores públicos), X (fixação ou alteração de retribuição pecuniária) e XIX (instituição de autarquia, fundação pública, empresa pública e sociedade de economia mista), 42, § 2º (regimes próprios de previdência social dos servidores militares), 150, § 6º (subsídio ou isenção, redução de base de cálculo, concessão de crédito presumido, anistia ou remissão, relativas a impostos, taxas ou contribuições), 156-A, § 1º, inc. V (fixação de alíquota própria do imposto sobre bens e serviços de competência compartilhada entre entidades federativas), 182, § 4º (utilização dos instrumentos de política urbana), 222, § 3º (produção dos meios de comunicação social eletrônica) e 239, § 2º (critérios de retirada nos Programas de Integração Social e de Formação do Patrimônio do Servidor Público).[113]

3.3.2.4 Lei delegada

A lei delegada é resultado de delegação da atribuição legislativa, de sorte a viabilizar o exercício da atividade normativa primária pelo Poder Executivo.[114]

O órgão competente é a Presidência da República, tendo em vista a elaboração de delegação legislativa pelo Congresso Nacional.

O procedimento legislativo é instalado por resolução, que deve especificar o conteúdo e os termos de exercício da delegação ao Chefe do Poder Executivo (delegação típica ou própria) e pode determinar a apreciação do projeto pelas Casas do Poder Legislativo, em votação única, vedada qualquer emenda (delegação atípica ou imprópria).

---

111 STF, RE nº 180.745, Rel. Min. Sepúlveda Pertence, j. 24.3.1998, *DJU* 8.5.1998.

112 FREITAS, José Ferreira de. *Lei Ordinária* in *Cadernos de Direito Constitucional e Ciência Política*, nº 10, 1995, p. 46.

113 STF, ADIn nº 155, Rel. Min. Octávio Gallotti, j. 3.8.1998, *DJU* 8.9.2000.

114 TOLEDO, Gastão Alves de. *Lei Delegada* in *Revista de Informação Legislativa*, nº 113, 1992, p. 269.

A declaração prescritiva é atinente às matérias que não sejam de alçada do Congresso Nacional, Câmara dos Deputados ou Senado Federal, bem assim as que não sejam reservadas à lei complementar ou restritas à organização do Poder Judiciário e Ministério Público, carreira e garantia de seus membros, nacionalidade, cidadania, direitos individuais, políticos e eleitorais ou planos plurianuais, diretrizes orçamentárias e orçamentos, por força do art. 68, § 1º, da CRFB.[115]

3.3.2.5 Decreto legislativo

O decreto legislativo é destinado a regular as matérias de exclusiva atribuição do Poder Legislativo.[116]

O órgão competente é o Congresso Nacional, independentemente de sanção do Presidente da República.

O procedimento legislativo é instaurado por projeto de decreto legislativo, apresentado por qualquer Membro ou Comissão do Poder Legislativo, quando não sejam de iniciativa privativa da Mesa ou de outro colegiado específico, com vistas à promulgação e publicação pela Presidência do Senado Federal.

A declaração prescritiva é referente à aprovação do estado de defesa e intervenção federal, à autorização do estado de sítio, celebração da paz, declaração de guerra e trânsito ou permanência temporária de forças estrangeiras no território nacional, ao julgamento das contas prestadas anualmente e à ratificação dos tratados e convenções internacionais celebrados pelo Presidente da República, assim como à sustação dos atos normativos do Poder Executivo que exorbitem dos limites do poder regulamentar ou da delegação legislativa, sem embargo de outros temas enumerados nos arts. 49 e 62, § 3º, *in fine*, da CRFB.[117]

3.3.2.6 Resolução

A resolução é circunscrita às questões de interesse interno, político ou administrativo, das Casas Legislativas.[118]

Os órgãos competentes são a Câmara dos Deputados e o Senado Federal, em conjunto ou separadamente.

O procedimento legislativo é exaurido no âmbito dos órgãos do Poder Legislativo, excetuada a delegação legislativa pelo Congresso Nacional.

A declaração prescritiva é relativa ao processo e julgamento do Presidente e do Vice-Presidente da República, nos crimes de responsabilidade, bem como dos Ministros de Estado e dos Comandantes da Marinha, Exército e Aeronáutica, nos crimes da mesma natureza conexos com aqueles, à organização, funcionamento, polícia, criação, transformação ou extinção dos cargos, empregos e funções dos órgãos legislativos e à

---

115 STF, MS nº 11.109, Rel. Min. Ribeiro da Costa, j. 15.9.1963, *DJU* 3.10.1963.

116 DUARTE, Leonardo Avelino. *Decreto Legislativo* in *Revista de Direito Constitucional e Internacional*, nº 41, 2002, p. 69.

117 STF, ADIn nº 1.480, Rel. Min. Celso de Mello, j. 17.7.1996, *DJU* 2.8.1996.

118 ROCHA, Luis Alberto. *Resolução* in *Revista Trimestral de Direito Público*, nº 26, 1999, p. 233.

elaboração dos regimentos internos, sem prejuízo de outras temáticas enunciadas nos arts. 51, 52 e 68, § 2º, da CRFB.[119]

3.3.2.7 Medida provisória

A medida provisória é simbolizada como ato normativo primário, expedido pelo Presidente da República, no caso de relevância e urgência, e exposto à deliberação do Congresso Nacional, perdendo a sua eficácia se não for convertida em lei no prazo de 60 dias, cumprindo a este disciplinar as relações jurídicas originadas daquela, à luz do art. 62 da CRFB.[120]

No contexto da recepção de direitos, a medida provisória é oriunda do sistema de governo parlamentar, tomando em consideração que "a edição do ato normativo importa a responsabilidade do Governo. A recusa em converter em lei a medida provisória tem a grave consequência de provocar a queda do Gabinete. Isto foi colocado de lado no Brasil, mercê do regime presidencialista afinal adotado",[121] a teor do art. 77 da Constituição italiana[122] e do art. 66 da Constituição espanhola.[123]

3.3.2.7.1 Natureza jurídica

A natureza jurídica da medida provisória é objeto de divergência entre cinco correntes doutrinárias.

Marco Aurélio Greco acentua que a medida provisória seria um ato administrativo, dado que "a competência em que ele se apoia não é legislativa em sentido técnico. Se fosse uma competência para legislar, isto negaria a separação de Poderes, confundiria suas funções e não explicaria o desfazimento integral da medida provisória caso não convertida em sessenta dias".[124] Contudo, o fenômeno da legislação de emergência é produto da relativização da separação das funções estatais, à proporção que a conversão da medida provisória em lei é, tão somente, o instrumento adequado para a convolação de um ato materialmente legislativo, favorecido por eficácia provisória, em um ato formalmente legislativo, munido de eficácia definitiva.

Sérgio de Andréa Ferreira advoga que a medida provisória seria um ato político, "no sentido de ato governamental de Direito Constitucional, de órgão do Poder Político, da Chefia do Poder Executivo".[125] Entretanto, a natureza da medida provisória não

---

119 STF, ADIn nº 1.116, Rel. Min. Maurício Corrêa, j. 5.10.1995, *DJU* 17.11.1995.

120 TÁCITO, Caio. *As Medidas Provisórias na Constituição de 1988* in *Revista Forense*, nº 305, 1989, p. 13.

121 FERREIRA FILHO, Manoel Gonçalves. *As Medidas Provisórias no Sistema Constitucional Brasileiro* in *Cadernos de Direito Tributário e Finanças Públicas*, nº 8, 1994, p. 183.

122 PIZZORUSSO, Alessandro. *Ripensando i Controlli sui Decretti Legge alla luce Dell'esperienza Italiana* in *Politica del Diritto*, nº 3, 1995, p. 367.

123 HUARTE-MENDICOA, Ignacio. *Teoría y Práctica del Decreto-Ley en el Ordenamiento Español* in *Revista de Administración Pública*, nº 106, 1985, p. 97.

124 GRECO, Marco Aurélio. *A Reedição de Medidas Provisórias e o Abuso do Poder de Legislar* in *Revista Dialética de Direito Tributário*, nº 66, 2001, p. 130.

125 FERREIRA, Sérgio Andréa. *Medida Provisória: natureza jurídica* in *Revista Trimestral de Direito Público*, nº 1, 1993, p. 153.

deixa de ser legislativa, eis que produzida no desempenho de função típica do Poder Legislativo, malgrado as normas jurídicas por ela veiculadas tenham eficácia delimitada temporalmente.

Saulo Ramos afirma que a medida provisória seria um "projeto com força cautelar de lei", a exigir o *fumus boni iuris* e o *periculum in mora*.[126] Porém, anteriormente à conversão em lei, o projeto não é apto a produzir nenhum efeito jurídico próprio, como também a medida provisória estaria mais próxima à tutela antecipada, e não à tutela cautelar, já que é qualificada como satisfativa, e não meramente assegurativa, na linha de comparação com o Direito Processual.

José Afonso da Silva assevera que a medida provisória seria um ato legislativo submetido a condição resolutiva, posto que sujeito "a perder a sua qualificação legal no período de sessenta dias, por uma das duas situações: sua conversão em lei naquele prazo ou, não se verificando esta, a perda da sua eficácia".[127] Todavia, se nos afigura inadequado o recurso, sem maiores adaptações, a institutos de Direito Obrigacional, informado pelo princípio da autonomia privada.

Manoel Gonçalves Ferreira Filho, com o aplauso do Supremo Tribunal Federal, assinala que a medida provisória seria um ato normativo primário, visto que as normas jurídicas inseridas por medida provisória são derivadas do exercício da atividade normativa do Poder Executivo, bem assim as normas jurídicas introduzidas por medida provisória buscam fundamento de validade na Constituição da República, devendo ser elaboradas em conformidade com estas, sob pena de inconstitucionalidade,[128] *in extenso*: "as medidas provisórias configuram, no Direito Constitucional brasileiro, uma categoria especial de atos normativos primários emanados do Poder Executivo, que se revestem de força, eficácia e valor de lei".[129]

3.3.2.7.2 Pressupostos materiais

Os pressupostos materiais da medida provisória condicionam a validade do ato normativo primário aos conceitos jurídicos indeterminados de relevância e urgência,[130] a partir da constatação de que "os conceitos jurídicos indeterminados integram a descrição do fato, ao passo que a discricionariedade se situa toda no campo dos efeitos. Daí resulta que, no tratamento daqueles, a liberdade do aplicador se exaure na fixação da premissa segundo a qual, uma vez estabelecida a coincidência, ou não, entre o acontecimento real e o modelo normativo, a solução estará, por assim dizer, predeterminada. Sucede

---

126 RAMOS, Saulo. *A Medida Provisória* in *A Nova Ordem Constitucional: aspectos polêmicos*. Rio de Janeiro: Forense, 1990, p. 530.

127 SILVA, José Afonso. *Medida Provisória: limites da função legislativa* in *Revista de Direito Administrativo*, nº 220, 2000, p. 339.

128 FERREIRA FILHO, Manoel Gonçalves. *A Medida Provisória como Fonte de Insegurança Jurídica* in *Revista de Direito Mackenzie*, nº 2, 2001, p. 9.

129 STF, ADIn nº 293, Rel. Min. Celso de Mello, j. 6.6.1990, *DJU* 16.4.1993.

130 PERRUD, Rogério José. *Medida Provisória: pressupostos para sua edição* in *LTr: suplemento trabalhista*, nº 33, 1998, p. 11.

o inverso, bem se compreende, quando a própria escolha da consequência é que fica entregue à decisão do aplicador".[131]

A relevância é alusiva à matéria, sendo certo que o pressuposto material da medida provisória é verificado na hipótese em que a matéria seja de interesse público, em atenção à situação de estado de necessidade legislativo. Anote-se que a espécie normativa pressupõe a caracterização de uma situação excepcional, no contexto da legalidade ordinária, de maneira que a Presidência da República detém o estado de defesa e estado de sítio para a implementação do sistema de legalidade extraordinário.[132]

A urgência é atinente ao provimento, tendo em conta que o pressuposto material da medida provisória é vislumbrado na hipótese em que o provimento não possa ser atingido por meio do procedimento legislativo sumário ou abreviado, com o fim de possibilitar a vigência da norma jurídica anteriormente ao prazo de 90 dias que dispõe o Congresso Nacional para a apreciação de proposições em regime de urgência, em respeito à emergência da atividade normativa primária. Aufere-se que a espécie normativa pressupõe a eficácia imediata da norma jurídica, de sorte que não é admissível a edição de medida provisória com eficácia diferida.[133]

A título de complementação, o Supremo Tribunal Federal deixou consignado que "a ocorrência dos pressupostos de relevância e urgência para a edição de medidas provisórias não estão de todo imunes ao controle jurisdicional, restrito, porém, aos casos de abuso manifesto".[134]

3.3.2.7.3 Requisitos formais

Os requisitos formais da medida provisória consistem na edição pelo Presidente da República, assim como na submissão imediata ao Congresso Nacional, demonstrados os motivos que legitimaram a sua expedição.[135]

A edição pelo Presidente da República implica a atribuição, a cada nova medida provisória, de um número em ordem sequencial.[136]

A submissão imediata ao Congresso Nacional importa a admissibilidade de o Poder Legislativo aferir a constitucionalidade material da medida provisória, bem como apurar a ocorrência dos pressupostos materiais do ato normativo primário,[137] devendo, para tanto, comissão mista de Deputados Federais e Senadores da República emitir parecer, antes da apreciação, em sessão separada, pelo plenário de cada uma das Casas do Congresso

---

131 MOREIRA, José Carlos Barbosa. *Aspectos Processuais Civis na Nova Constituição* in *Revista da Defensoria Pública do Estado do Rio de Janeiro*, nº 4, 1990, p. 93.

132 GRAU, Eros Roberto. *Medidas Provisórias na Constituição de 1988* in *Revista dos Tribunais*, nº 658, 1990, p. 240.

133 MELLO FILHO, José Celso de. *Considerações sobre as Medidas Provisórias* in *Revista da Procuradoria-Geral do Estado de São Paulo*, nº 33, 1990, p. 203.

134 STF, ADIn nº 525, Rel. Min. Sepúlveda Pertence, j. 12.6.1991, *DJU* 2.4.2004.

135 ALVES JÚNIOR, Luis. *A Fundamentação da Medida Provisória: requisito de legitimidade constitucional* in *Revista do Centro Acadêmico Afonso Pena*, nº 3, 1997, p. 243.

136 HARGER, Marcelo. *Desvio de Poder na Edição de Medidas Provisórias pelo Presidente da República* in *Boletim de Direito Administrativo*, nº 18, 2002, p. 977.

137 SILVA, Carlos Walter Marques. *O Congresso Nacional e a Medida Provisória* in *Revista Jurídica da Faculdade de Direito da Alta Paulista*, nº 2, 1999, p. 99.

Nacional,[138] a ensejar cinco observações complementares. A primeira, quanto à possibilidade de o Chefe do Poder Executivo suprimir o controle legislativo sobre a medida provisória, é a de que "não é permitida ao Presidente da República a simples retirada de uma medida provisória já submetida, desde a sua publicação, à apreciação do Congresso Nacional, sendo possível, no entanto, a sua ab-rogação".[139] A segunda, quanto à conversão intempestiva, é a de que "a lei de conversão só produzirá, validamente, os efeitos jurídicos que lhe são peculiares se a medida provisória que lhe deu origem houver sido transformada em ato legislativo no prazo constitucional. A inobservância, pelo Congresso Nacional, do prazo de sessenta dias gera uma consequência de ordem radical, qual seja, a perda *ex tunc* de eficácia da medida provisória não convertida em lei".[140] A terceira, quanto à emenda parlamentar, é a de que "a inclusão de conteúdos normativos sem vínculo de pertinência temática com os temas objeto da medida provisória submetida à conversão em lei configura a prática de contrabando legislativo".[141] A quarta, quanto à possibilidade de o Poder Legislativo aprovar a medida provisória com alterações, é a de que "é obrigatória remessa do projeto de lei de conversão, para efeito de sanção ou veto, no caso de alteração da medida provisória pelo Congresso Nacional, com supressão ou acréscimo de dispositivos, de modo a prevalecer a comunhão de vontade dos Poderes Executivo e Legislativo".[142] A última, a despeito da inexistência de previsão constitucional, em cinco oportunidades, o Presidente do Congresso Nacional promoveu a rejeição sumária e devolução das Medidas Provisórias nºs 33/89, 446/08, 669/15, 979/20 e 1.068/21 ao Presidente da República, sem ao menos apreciar os pronunciamentos legislativos, sob a alegação de que o art. 137, § 1º, inc. II, *b* e *c*, do RICD[143] e o art. 48, inc. XI, do RISF[144] conferem a ele o poder-dever de impugnar as proposições contrárias à Constituição, às leis ou aos regimentos internos das Casas Legislativas.

Editada pelo Presidente da República e, depois, submetida ao Congresso Nacional, coloca-se a questão em torno da necessidade de motivação da espécie normativa. A prescindibilidade da motivação é ressaltada por **Humberto Bergmann Ávila**, sob a argumentação de que "o fato de se considerar a medida provisória como ato normativo, e não administrativo, exclui o dever do Poder Executivo de fundamentar o ato de sua instituição. Consistindo-se em ato normativo com força de lei, não precisa de ser ela, como a lei, motivada, bastando para sua edição a obediência aos requisitos formais e materiais que condicionam o exercício da atividade normativa primária".[145] A imprescindibilidade da motivação é revelada por **Carlos David Santos Aarão Reis**, sob o argumento de que

---

138 STF, ADIn nº 4.029, Rel. Min. Luiz Fux, j. 8.3.2012, *DJU* 16.3.2012.

139 STF, ADIn nº 1.313, Rel. Min. Celso de Mello, j. 7.7.1995, *DJU* 1º.8.1995.

140 STF, RE nº 167.687, Rel. Min. Celso de Mello, j. 17.5.1994, *DJU* 27.10.1994.

141 STF, ADIn nº 4.829, Rel. Min. Rosa Weber, j. 22.3.2021, *DJU* 14.4.2021.

142 STF, RE nº 217.194, Rel. Min. Maurício Corrêa, j. 17.4.2001, *DJU* 1º.6.2001.

143 Regimento Interno da Câmara dos Deputados, art. 137, § 1º, inc. II, *b* e *c*: "A Presidência devolverá ao Autor qualquer proposição que versar sobre matéria evidentemente inconstitucional ou antirregimental". Disponível em: <http://camara.gov.br>. Acesso em: 20.12.2021.

144 Regimento Interno do Senado Federal, art. 48, inc. XI: "Ao Presidente compete impugnar as proposições que lhe pareçam contrárias à Constituição, às leis, ou a este Regimento". Disponível em: <http://senado.gov.br>. Acesso em: 20.12.2021.

145 ÁVILA, Humberto Bergmann. *As Novas Regras relativas à Edição de Medidas Provisórias* (Palestra promovida para o Grupo de Estudos da Procuradoria-Geral do Estado do Rio Grande do Sul, Porto Alegre, 1º.8.2001).

"não basta ao Presidente da República simplesmente alegar a relevância ou urgência, vale dizer, é necessário demonstrar como estão preenchidos os pressupostos. E isto deve fazê-lo, de maneira cabal, na exposição de motivos pela qual encaminha a medida provisória à apreciação do Congresso Nacional. Nela devem constar os motivos pelos quais reputa a matéria urgente ou relevante. Somente assim, o Legislativo, e eventualmente o Judiciário, poderão verificar se realmente ocorrem os pressupostos constitucionais".[146] Somos que a expedição da medida provisória deve ser suficientemente motivada, em razão do controle da validade pelo Poder Legislativo e, eventualmente, pelo Poder Judiciário, e da restrição da atividade legislativa do Poder Executivo.

3.3.2.7.4 Limitações materiais

As medidas provisórias são restringidas por duas ordens de limitações materiais, qualificadas como implícitas e explícitas.[147]

As limitações implícitas decorrem de interpretação constitucional sistemática, contemplando cinco matérias: as de atribuição exclusiva ou privativa do Congresso Nacional, Câmara dos Deputados ou Senado Federal (arts. 49, 51 e 52), as dispostas em lei cujo projeto é de iniciativa reservada dos Poderes Legislativo e Judiciário, Ministério Público e Tribunal de Contas (arts. 51, inc. IV, 52, inc. XIII, 73, *caput*, 93, 96, inc. II, e 127, § 2º), as insuscetíveis de reversão ao estado anterior, no caso de recusa pelo Congresso Nacional (art. 62, § 3º), as próprias de codificação, (art. 64, § 4º, *in fine*) e as que, na mesma sessão legislativa, tenham sido rejeitadas pelo Congresso Nacional (art. 67). Em síntese: "o Presidente da República não pode se valer de medida provisória para disciplinar matéria que já tenha sido objeto de projeto de lei anteriormente rejeitado na mesma sessão legislativa".[148]

As limitações explícitas derivam de texto constitucional expresso, contendo cinco matérias: as relacionadas à nacionalidade, cidadania, direitos políticos, partidos políticos, direito eleitoral, penal, processual penal e civil, à organização do Poder Judiciário e do Ministério Público, carreira e garantia de seus membros e aos planos plurianuais, diretrizes orçamentárias, orçamento e créditos, como também as relativas à lei complementar, à detenção ou sequestro de bens, poupança popular ou outro ativo financeiro e aos projetos de lei aprovados pelo Congresso Nacional e pendentes de sanção ou veto do Presidente da República (art. 62, § 1º) e as transcritas em regras constitucionais cuja redação tenha sido alterada por emenda promulgada entre 1º de janeiro de 1995 e 11 de setembro de 2001 (art. 246), sem prejuízo das reservadas ao Fundo Especial de Emergência (ADCT, art. 73), à exploração, direta ou indireta, mediante concessão, permissão ou autorização, dos serviços de telecomunicações (EC nº 9/95, art. 2º) e à atividade econômica de manipulação de petróleo, gás natural e outros hidrocarbonetos fluidos (EC nº 9/95, art. 3º), restando possível a instituição ou majoração de impostos por medida provisória. Em suma: "já se acha assentado no Supremo Tribunal Federal o

---

[146] REIS, Carlos David Santos Aarão. *Medida Provisória: controle jurisdicional de seus pressupostos* in *Revista Trimestral de Direito Público*, nº 8, 1994, p. 121.

[147] GAVETTI, Érica. *Limitações ao Uso de Medidas Provisórias* in *Jurisprudência Brasileira: cível e comércio*, nº 191, 2002, p. 19.

[148] STF, ADIn nº 2.010, Rel. Min. Celso de Mello, j. 30.9.1999, *DJU* 12.4.2002.

entendimento de ser legítima a disciplina de matéria de natureza tributária por meio de medida provisória, instrumento a que a Constituição confere força de lei".[149]

3.3.2.7.5 Eficácia

A eficácia da medida provisória, com força de lei, tem a ver com a diferenciação entre "força de lei" (*forza di legge*) e "valor de lei" (*valore di legge*). Uma indica a potencialidade da medida provisória de inovar a ordem legislativa preexistente, instituindo direitos subjetivos ou deveres jurídicos. Outra indicia a aplicabilidade do regime jurídico da lei à medida provisória, ressalvadas as peculiaridades que lhe são próprias, inclusive quanto à sujeição ao controle jurisdicional de constitucionalidade.[150] "No Direito brasileiro, não há motivo para distinguir, como pretende a doutrina italiana, força de lei de valor de lei",[151] sendo certo que a medida provisória é quinhoada com dois efeitos.

O efeito positivo, recoberto de natureza normativa, é a inovação da ordem jurídica, de maneira que a doutrina não é uniforme quanto à eficácia da medida provisória que discipline em contrariedade à lei ordinária. **Hugo de Brito Machado** pleiteia a revogação subordinada à condição resolutiva, porquanto a revogação da lei ordinária é submetida à conversão da medida provisória, isto é, "editada a medida provisória, as normas com ela incompatíveis ficam revogadas condicionalmente. A revogação opera-se sob condição resolutória, consistente na convolação em lei ordinária. Não ocorrida a condição, a revogação deixa de existir, tal como se uma nova lei ordinária houvesse revogado a medida provisória".[152] **Caio Tácito** postula a suspensão de eficácia, porque, tendo havido a conversão da medida provisória, as normas inscritas na lei ordinária são revogadas, enquanto se não tiver havido a convolação da medida provisória, as normas insculpidas na lei ordinária deixam de ter a sua eficácia suspensa, ou seja, "a publicação da medida provisória, e, consequentemente, sua vigência temporária, tem como efeito a suspensão da eficácia dos atos legislativos que com ela não se conformem".[153]

O efeito negativo, revestido de natureza procedimental, é a impossibilidade de alteração das normas jurídicas, senão por meio de ato normativo de igual natureza, de sorte que a jurisprudência é uníssona quanto à eficácia da medida provisória que disponha em contrário a outra ainda sujeita à apreciação, não obstante os efeitos das normas revogadas permaneçam suspensos, até o pronunciamento sobre as normas revogadoras. Por inferência, "o Supremo Tribunal Federal firmou entendimento no sentido de que, quando medida provisória ainda pendente de apreciação pelo Congresso Nacional é revogada por outra, fica suspensa a eficácia da que foi objeto de revogação até que haja o provimento do Poder Legislativo sobre a medida provisória revogadora, a qual, se

---

149 STF, AI nº 717.625, Rel. Min. Dias Toffoli, j. 19.10.2010, *DJU* 2.12.2010.

150 SANDULLI, Aldo. *Legge, Forza di Legge,Valore di Legge* in *Scritti Giuridici in Memoria di Piero Calamandrei*. v. V. Padova: Cedam, 1958, p. 301.

151 CLÈVE, Clèmerson Merlin. *Medidas Provisórias. Limitações em face do Texto Constitucional e da Hierarquia das Leis. Separação dos Poderes. Violação* in *Jurisprudência Brasileira: cível e comércio*, nº 159, 1990, p. 17.

152 MACHADO, Hugo de Brito. *Efeitos de Medida Provisória Rejeitada* in *Revista dos Tribunais*, nº 700, 1994, p. 46.

153 TÁCITO, Caio. *Medidas Provisórias na Constituição de 1988* in *Revista de Direito Público*, nº 90, 1990, p. 54.

convertida em lei, tornará definitiva a revogação; se não o for, retomará os seus efeitos a medida provisória revogada pelo período que ainda lhe restava para vigorar",[154] pois que "a revogação por outra de uma medida provisória, no curso do prazo de sua conversão em lei, dada a provisoriedade da vigência da que a revogar, só terá eficácia definitiva, se e quando for convertida em lei a medida ab-rogatória".[155]

3.3.2.7.6 Reedição

Em contrariedade à mais autorizada doutrina, segundo a qual a reedição, na hipótese de *inercia deliberandi* do Poder Legislativo no prazo constitucional, não tendo havido a renovação dos pressupostos materiais que autorizaram a edição, importaria usurpação de faculdade jurídica do Congresso Nacional, que disporia da possibilidade de rejeitar a medida provisória por conduta omissiva,[156] a norma do art. 62, §§ 6º e 7º, da CRFB, com a redação dada pela Emenda Constitucional nº 32/01, prescreve que a medida provisória que não tiver a sua votação encerrada na Câmara dos Deputados e Senado Federal em 60 dias é prorrogável uma única vez por igual período, entrando em regime de urgência, desde que não tenha havido deliberação sobre a matéria legislativa em 45 dias, contados do revigoramento da norma jurídica.[157]

Antes do decurso do prazo de 60 dias da edição, pode o Chefe do Poder Executivo proceder à reedição de medida provisória que não tenha sido apreciada pelo Poder Legislativo, razão pela qual "o Supremo Tribunal Federal não admite reedição de medida provisória, quando já rejeitada pelo Congresso Nacional. Tem, contudo, admitido como válidas e eficazes as reedições de medidas provisórias, ainda não votadas pelo Congresso Nacional, quando tais reedições hajam ocorrido dentro do prazo de sua existência".[158] "A rejeição explícita da medida provisória inibe o Presidente da República de editar outra de conteúdo idêntico ou assimilável",[159] embora "não perca eficácia a medida provisória, com força de lei, não apreciada pelo Congresso Nacional, mas reeditada, por meio de outro provimento da mesma espécie, dentro do prazo de sua vigência".[160]

Após o decurso do prazo de 45 dias da reedição, deve o Poder Legislativo promover o sobrestamento das deliberações da Casa do Congresso Nacional em que estiver tramitando sobre as "proposições normativas que veiculem matérias suscetíveis de regulação por medida provisória".[161]

3.3.2.7.7 Disciplina das relações jurídicas

A disciplina das relações jurídicas decorrentes da medida provisória não convertida em lei no prazo de 60 dias, em virtude de recusa ou omissão do Congresso Nacional,

---

154 STF, ADIn nº 1.665, Rel. Min. Moreira Alves, j. 27.11.1997, *DJU* 8.5.1998.

155 STF, ADIn nº 1.315, Rel. Min. Ilmar Galvão, j. 10.8.1995, *DJU* 25.8.1995.

156 CARVALHO, Paulo de Barros. *Medidas Provisórias* in *Revista de Direito Público*, nº 97, 1991, p. 37.

157 HORTA, Raul Machado. *Medidas Provisórias* in *Revista de Informação Legislativa*, nº 107, 1990, p. 13.

158 STF, ADIn nº 1.610, Rel. Min. Sydney Sanches, j. 21.11.1997, *DJU* 5.12.1997.

159 STF, ADIn nº 1.313, Rel. Min. Celso de Mello, j. 7.7.1995, *DJU* 1º.8.1995.

160 STF, ADIn nº 1.617, Rel. Min. Octavio Galloti, j. 11.6.1997, *DJU* 15.8.1997.

161 STF, MS nº 27.931, Rel. Min. Celso de Mello, j. 27.3.2009, *DJU* 31.3.2009.

não tendo havido reedição pelo Presidente da República, deve ser instrumentalizada por decreto legislativo, à vista do art. 62, § 3º, *in fine*, da CRFB, regulamentado pelo art. 6º da Resolução CN nº 1/89.[162]

No tocante à convalidação das medidas provisórias não convertidas em lei, parece-nos que as cláusulas de restabelecimento da validade dos atos jurídicos praticados com fundamento em medida provisória rejeitada ou não apreciada pelo Congresso Nacional no prazo de 60 dias são eivadas de inconstitucionalidade, diante da "perda de eficácia *ab initio* das medidas provisórias não convertidas em lei. A impropriedade absoluta da convalidação resulta da inexistência de seu objeto. Não há como convalidar o inexistente. Na verdade, o legislador do provimento provisório, com a cláusula de convalidação, pretende manter operantes os efeitos, agora ineficazes, da anterior medida provisória, o que representa, a toda evidência, manifesta contrariedade ao texto constitucional".[163, 164]

3.4 Garantias dos membros do Poder Legislativo

O exercício das atribuições de natureza representativa, investigatória e legislativa é assegurado pelas **garantias** dos membros do Poder Legislativo, traduzidas pela *identidade de retribuição pecuniária*, *isenção do serviço militar*, *limitação ao dever de testemunhar* e *prerrogativa de foro especial*, sem embargo das *imunidades congressuais ou parlamentares*.

As garantias dos Deputados Federais e Senadores da República não se estendem aos suplentes. Na realidade, os direitos inerentes à suplência englobam o direito de substituição, em caso de impedimento, e o direito de sucessão, em caso de vacância do cargo eletivo.

3.4.1 Identidade de retribuição pecuniária

Os membros do Congresso Nacional são destinatários de retribuição pecuniária, fixada em parcela única, vedado o acréscimo de qualquer espécie remuneratória, garantida a isonomia entre os Deputados Federais e os Senadores da República, em homenagem aos arts. 37, inc. XI, 39, § 4º, e 49, inc. VII, todos da CRFB.

3.4.2 Isenção do serviço militar

A incorporação dos membros do Congresso Nacional às Forças Armadas é sujeita a prévia licença, mesmo que o Deputado Federal ou Senador da República seja militar em atividade e tenha havido a declaração de guerra externa, de acordo com os arts. 53, § 7º, e 143 da CRFB.

---

162 MACHADO, Hugo de Brito. *Regulamentação das Relações Jurídicas decorrentes de Medidas Provisórias: a questão da não conversão em lei* in *Boletim de Direito Administrativo*, nº 13, 1997, p. 403.

163 VALENTE, Manoel Adam Lacayo. *Cláusula de Convalidação em Medidas Provisórias* in *Revista de Informação Legislativa*, nº 130, 1996, p. 39.

164 STF, RE nº 178.372, Rel. Min. Marco Aurélio, j. 30.6.1994, *DJU* 2.3.1995.

3.4.3 Limitação do dever de testemunhar

Os membros do Congresso Nacional não são obrigados a testemunhar sobre informações recebidas ou prestadas em decorrência do exercício do mandato, nem sobre as pessoas que lhes confiaram ou deles receberam informações, com fundamento no art. 53, § 6º, da CRFB.

3.4.4 Prerrogativa de foro especial

Os julgamentos dos membros do Congresso Nacional, pelos crimes cometidos durante o exercício do cargo e relacionados às funções desempenhadas, são realizados no foro especial por prerrogativa de função, em atendimento aos arts. 53, § 1º, e 102, inc. I, *b*, da CRFB.[165]

Com efeito, a iniciativa do procedimento investigatório deve ser confiada ao Ministério Público em atuação perante o Supremo Tribunal Federal, contando com a supervisão judicial durante toda a tramitação da investigação, desde a abertura do procedimento investigatório até o oferecimento, ou não, de denúncia pelo *dominus litis*.[166]

Demais disso, a competência penal originária do Supremo Tribunal Federal para processo e julgamento de parlamentares alcança os congressistas federais no desempenho de mandato em casa parlamentar diversa daquela em que tentada ou consumada a infração penal, desde que não haja solução de continuidade.[167] Na esteira da jurisprudência preponderante do Supremo Tribunal Federal, declarada a inconstitucionalidade da norma inserida no art. 84, § 1º, do CPP, com a redação atribuída pela Lei nº 10.628/02,[168] o foro especial por prerrogativa de função em relação às infrações penais praticadas durante o exercício funcional, havida a cessação superveniente da investidura do indiciado ou acusado no cargo até o final da instrução,[169] com a publicação do despacho de intimação para apresentação de alegações finais,[170] não mais subsiste,[171] tendo em vista que o princípio da contemporaneidade do crime comum com o exercício do mandato não é aplicável à hipótese,[172] devendo os autos ser remetidos ao juízo de direito[173] ou juízo federal competente,[174] ou seja: "a prerrogativa de foro perde a sua razão de ser, deixando de incidir e de prevalecer se aquele contra quem foi instaurada a persecução penal não mais detém o ofício público cujo exercício representava o único fator de legitimação constitucional da competência penal originária da Corte Suprema, ainda que a prática delituosa tenha ocorrido durante o período de atividade funcional".[175] "A tese

---

165 MAZZILLI, Hugo Nigro. *Foro por Prerrogativa de Função e Lei nº 10.628/02* in *Revista Jurídica*, nº 304, 2003, p. 54.

166 STF, Inq. nº 2.411, Rel. Min. Gilmar Mendes, j. 10.10.2007, *DJU* 25.4.2008.

167 STF, Inq. nº 4.342, Rel. Min. Edson Fachin, j. 1º.4.2022, *DJU* 13.6.2022.

168 STF, ADIn nº 2.797, Rel. Min. Sepúlveda Pertence, j. 15.9.2005, Inf. STF 401.

169 STF, AP nº 606, Rel. Min. Roberto Barroso, j. 12.7.2014, *DJU* 18.9.2014.

170 STF, AP nº 937, Rel. Min. Roberto Barroso, j. 3.5.2018, DJU 11.5.2018.

171 STF, AP nº 634, Rel. Min. Roberto Barroso, j. 6.2.2014, *DJU* 30.10.2014.

172 STF, AgRg no Inq. nº 2.415, Rel. Min. Gilmar Mendes, j. 25.6.2009, *DJU* 21.8.2009.

173 STF, Inq. nº 4.624, Rel. Min. Marco Aurélio, j. 8.10.2019, *DJU* 17.10.2019.

174 STF, AP nº 536, Rel. Min. Roberto Barroso, j. 27.3.2014, *DJU* 12.8.2014.

175 STF, Inq. nº 1.554, Rel. Min. Celso de Mello, j. 24.9.1999, *DJU* 14.10.1999.

consubstanciada na Súmula nº 394 não se refletiu na Constituição de 1988, ao menos às expressas, pois o art. 102, inc. I, *b*, estabeleceu competência originária do Supremo Tribunal Federal, para processar e julgar 'os membros do Congresso Nacional', nos crimes comuns. A Carta Magna não é explícita em contemplar, com a prerrogativa de foro perante a Excelsa Corte, as autoridades e mandatários, que, por qualquer razão, deixaram o exercício do cargo ou do mandato".[176]

3.4.5 Imunidades parlamentares

As imunidades parlamentares são garantias dos membros do Poder Legislativo, revestidas de natureza material ou formal, de arte a pôr os congressistas a salvo de quaisquer ingerências indevidas no exercício das atividades legislativas.

As garantias dos Deputados Federais e Senadores da República são fracionadas em duas espécies: imunidade parlamentar penal ou material (*freedom of speech*) e imunidade parlamentar processual ou formal (*freedom from arrest*).[177]

3.4.5.1 Imunidade parlamentar material

A imunidade parlamentar material, correlata ao Direito Penal, implica a inviolabilidade dos membros do Poder Legislativo por suas opiniões, palavras e votos, na medida em que exclui a caracterização da infração penal, não havendo a instalação de inquérito e processo criminal, *ad instar* art. 53, *caput*, da CRFB.

A natureza jurídica da imunidade parlamentar penal é a de causa de exclusão da tipicidade, de maneira que não há crime,[178] a despeito de "a imunidade material alcançar a responsabilidade civil decorrente dos atos praticados por parlamentares no exercício de suas funções",[179] "em ordem a impedir que o membro do Congresso Nacional pudesse ser condenado ao pagamento de indenização pecuniária, por críticas resultantes da prática do ofício legislativo".[180, 181]

---

176 STF, Inq. nº 881, Rel. Min. Sydney Sanches, j. 25.8.1999, *DJU* 31.10.2001.

177 ALEIXO, Pedro. *Imunidades Parlamentares* in *Revista Brasileira de Estudos Políticos*, nº 1, 1961, p. 89.

178 MORAES, Alexandre de. *Imunidades Parlamentares* in *Revista Brasileira de Ciências Criminais*, nº 21, 1998, p. 45.

179 STF, RE nº 210.917, Rel. Min. Sepúlveda Pertence, j. 12.8.1998, *DJU* 18.6.2001.

180 STF, AI nº 401.600, Rel. Min. Celso de Mello, j. 8.10.2009, *DJU* 26.10.2009.

181 No sentido do texto, entendendo que a imunidade material é causa de exclusão da tipicidade, Luiz Vicente Cernicchiaro e Luiz Flávio Gomes acenam que "a inviolabilidade acarreta a atipicidade da conduta. Fora desse limite, a lei penal incide como faz com qualquer outra pessoa". "Na verdade, é uma causa de atipicidade". No sentido contrário, entendendo que a imunidade penal é causa de exclusão da punibilidade, Damásio Evangelista de Jesus e Juarez Cirino dos Santos acentuam que "a prerrogativa constitui motivo de exclusão ou isenção de pena. Indica que os Deputados Federais e Senadores da República, no exercício de suas funções, são invioláveis no tocante aos delitos de opinião ou de palavra". "A lei penal prevê como fundamento ou circunstância de isenção de pena a imunidade parlamentar". A jurisprudência do Supremo Tribunal Federal é no sentido de que "os Deputados e Senadores são invioláveis por quaisquer de suas opiniões, palavras e votos. Torna-se imperioso, portanto, o reconhecimento da manifesta ausência de tipicidade das condutas imputadas a eles". CERNICCHIARO, Luiz Vicente. *Questões Penais*. Belo Horizonte: Del Rey, 1998, p. 204; GOMES, Luiz Flávio. *Direito Penal – Parte Geral*. São

3.4.5.2 Imunidade parlamentar formal

A imunidade parlamentar formal, correlativa ao Direito Processual Penal, pode importar a improcessabilidade dos membros do Poder Legislativo, uma vez que não exclui a configuração da infração penal, embora limite a efetuação da prisão ao flagrante de crime inafiançável, havendo a instauração de inquérito e processo criminal, entretanto, o andamento da ação pode ser suspenso por iniciativa de partido político com representação na Câmara dos Deputados e/ou Senado Federal, *ad literam* art. 53, §§ 2º, 3º, 4º, 5º e 8º, da CRFB.

A natureza jurídica da imunidade parlamentar processual pode ser a de causa suspensiva do processo, de sorte que há crime, malgrado exista a possibilidade de não haver persecução criminal,[182] a encerrar duas prerrogativas funcionais. A referente à prisão provisória, sendo certo que, no caso de flagrante por crime inafiançável, a prisão do congressista é efetuada, imediata e independentemente de licença congressional, e os autos são remetidos, no prazo de 24 horas, à Casa Legislativa, para que resolva sobre a prisão em flagrante, mantendo-a ou relaxando-a, providência que se impõe também na hipótese de aplicação de medida cautelar diversa da prisão que dificulte ou impeça, direta ou indiretamente, o regular exercício do mandato eleitoral, *in textus*: "o Poder Judiciário dispõe de competência para impor aos parlamentares, por autoridade própria, medidas cautelares, seja em substituição de prisão em flagrante por crime inafiançável, por constituírem medidas individuais e específicas menos gravosas, seja autonomamente, em circunstâncias de excepcional gravidade. A decisão judicial de imposição de medidas cautelares que impossibilitem, direta ou indiretamente, o pleno e regular exercício do mandato parlamentar e de suas funções legislativas, deve ser remetida dentro de 24 horas a Casa respectiva, para que resolva sobre a medida cautelar".[183] A relativa ao processamento da ação penal pública, sendo exato que, no caso de sustação do processo, o prazo prescricional é suspenso, com a obrigatória separação da persecução criminal, *in verbis*: "a causa suspensiva da prescrição reveste-se de natureza personalíssima, dado que é somente aplicável ao membro do Poder Legislativo que figure como réu nas ações penais originárias ajuizadas perante o Supremo Tribunal Federal. Os litisconsortes passivos, que não ostentem a condição político-jurídica de parlamentar, submetem-se ao regime ordinário da prescrição, de tal modo que não se lhes aplica a causa de suspensão prevista no art. 53, § 5º, da CRFB. A sujeição dos codenunciados, que não possuem mandato eletivo, ao regime ordinário da prescrição penal justifica, com fundamento no art. 80 do CPP, a separação da *persecutio criminis*, a fim de que a ação venha a prosseguir, perante órgão judiciário competente de primeira instância, contra aqueles que não dispõem do benefício da imunidade parlamentar".[184, 185]

Paulo: Revista dos Tribunais, 2003, p. 251; JESUS, Damásio Evangelista de. *Questões Criminais*. 3ª ed. São Paulo: Saraiva, 1984, p. 288; SANTOS, Juarez Cirino dos. *Direito Penal – Parte Geral*. Rio de Janeiro: Lumen Juris, 2006, p. 345, e STF, Inq. nº 2.674, Rel. Min. Carlos Britto, j. 26.11.2009, *DJU* 26.2.2010.

182 HORTA, Raul Machado. *Imunidades Parlamentares* in *Revista de Direito Público*, nº 3, 1978, p. 31.

183 STF, ADIn nº 5.526, Rel. Min. Alexandre de Moraes, j. 11.10.2017, *DJU* 7.8.2018.

184 STF, Inq. nº 242, Rel. Min. Celso de Mello, j. 26.8.1993, *DJU* 27.10.1994.

185 No sentido do texto, entendendo que a imunidade formal é pessoal, Alexandre Araripe Marinho e André Guilherme Tavares de Freitas acrescem que "a imunidade processual não aproveita

3.4.5.3 Extensão espacial, funcional e temporal

A imunidade parlamentar é delimitada espacial, funcional e temporalmente.[186]

A extensão espacial demarca que a imunidade parlamentar não é limitada ao recinto da Câmara dos Deputados e do Senado Federal, alcançando as opiniões, palavras e votos expressados no interior, ainda que reproduzidos pela imprensa ou redes sociais, ou no exterior da Casa Legislativa. É dizer: "sendo a publicação reprodução de discurso parlamentar, na Tribuna da Câmara dos Deputados ou do Senado Federal, não há que se falar em crime contra a honra, eis que acobertado pelo manto da imunidade material",[187] assim como "a imunidade penal compreende o desempenho das funções de representante do Poder Legislativo, qualquer que seja o âmbito, parlamentar ou extraparlamentar, dessa atuação".[188]

A extensão funcional demonstra que a imunidade parlamentar é condicionada à existência do nexo de causalidade entre a manifestação de vontade e a qualidade de congressista, atingindo as declarações proferidas no exercício, ou em razão do exercício, da atividade legislativa. Quer dizer: "as manifestações dos parlamentares, mesmo que feitas fora do exercício estrito do mandato, mas em consequência deste, estão abrangidas pela imunidade material",[189] bem como "a imunidade penal contém as manifestações do parlamentar enquanto no desempenho do mandato e aquelas que, embora não caracterizarem a exteriorização da função, dela são conclusões inarredáveis".[190]

A extensão temporal denota que a imunidade parlamentar material ou penal, e não também a imunidade parlamentar processual ou formal, é insuscetível de restrição temporal, porém o Deputado Federal ou Senador da República investido na função de Ministro ou Secretário de Estado não goza da prerrogativa funcional, tendo sido cancelado o enunciado nº 4 da Súmula do Supremo Tribunal Federal. Vale dizer: "o membro do Congresso Nacional, licenciado do exercício do mandato legislativo, não

---

os concorrentes da infração penal que não sejam parlamentares, pelo que, ainda que a Casa Legislativa tenha deliberado pela sustação do andamento da ação penal em referência ao réu parlamentar, em relação aos demais réus que estejam sendo processados no mesmo feito, o processo deve prosseguir". No sentido contrário, entendendo que a imunidade processual pode não ser pessoal, Eugenio Raúl Zaffaroni e José Henrique Pierangeli acrescentam que "ficam excluídas da responsabilização penal as ações dos coautores e partícipes, o que é correto, pois, de outro modo, se estreitaria, em demasia, a garantia, e seriam responsáveis os colaboradores do legislador, que cooperam nas simples tarefas materiais, e os organismos partidários, que lhe aconselham o discurso e a opinião". A jurisprudência do Supremo Tribunal Federal é no sentido de que "a imunidade formal de um dos corréus não se estende ao outro, que não goze dessa prerrogativa, devendo contra ele prosseguir a ação penal". MARINHO, Alexandre Araripe; FREITAS, André Guilherme Tavares de. *Direito Penal – Introdução e Aplicação da Lei Penal*. Rio de Janeiro: Lumen Juris, 2005, p. 172; ZAFFARONI, Eugenio Raúl; PIERANGELI, José Henrique. *Manual de Direito Penal Brasileiro – Parte Geral*. 2ª ed. São Paulo: Revista dos Tribunais, 1999, p. 235, e STF, AI nº 27.890, Rel. Min. Victor Nunes, j. 2.4.1963, *DJU* 14.6.1963.s, j. 2.4.1963, *DJU* 14.6.1963.

186 MÉDICI, Sérgio de Oliveira. *Imunidades Parlamentares na Nova Constituição* in *Revista dos Tribunais*, nº 666, 1993, p. 403.

187 STF, Inq. nº 1.201, Rel. Min. Sydney Sanches, j. 6.9.1996, *DJU* 11.9.1996.

188 STF, Inq. nº 510, Rel. Min. Celso de Mello, j. 1º.2.1991, *DJU* 19.4.1991.

189 STF, Inq. nº 874, Rel. Min. Carlos Velloso, j. 22.3.1995, *DJU* 26.5.1995.

190 STF, Inq. nº 756, Rel. Min. Sepúlveda Pertence, j. 26.6.1999, *DJU* 2.8.1999.

pode invocar a prerrogativa da imunidade parlamentar, já que essa garantia de índole constitucional destina-se unicamente a proteger o legislador que se encontra efetivamente desempenhando o ofício congressual",[191] levando-nos à conclusão de que, "não se achando o congressista protegido pela imunidade parlamentar, no momento do fato delituoso, a posterior reassunção das funções legislativas não o torna protegido pela mencionada imunidade".[192, 193]

---

[191] STF, Pet. nº 1.113, Rel. Min. Celso de Mello, j. 16.2.1996, *DJU* 26.2.1996.

[192] STF, Pet. nº 948, Rel. Min. Francisco Rezek, j. 26.9.1994, *DJU* 30.9.1994.

[193] O abuso de qualquer das prerrogativas asseguradas aos membros do Congresso Nacional subordina os Deputados Federais e Senadores da República à perda do mandato eletivo por quebra de decoro parlamentar que, no ensinamento de Miguel Reale, "é falta de decência no comportamento pessoal, capaz de desmerecer a Casa, e falta de respeito à dignidade do Poder Legislativo, capaz de expô-lo a críticas infundadas, injustas e irremediáveis" –, tornando-os inelegíveis para as eleições que se realizarem durante o período remanescente para o qual foram eleitos e nos oito anos subsequentes ao término da legislatura, de acordo com o art. 55, inc. II e § 1º, da CRFB, regulado pelo art. 1º, inc. I, *b*, da Lei Complementar nº 64/90. A título de ilustração, na história política brasileira, 189 Deputados Federais, desde a cassação de Edmundo Barreto Pinto (PTB-DF), por 204 votos favoráveis, com 46 contrários e 2 abstenções, em 27 de maio de 1949, e 3 Senadores da República, até a cassação de Delcídio do Amaral Gómez (PT-MS), por 74 votos favoráveis, com nenhum contrário e 1 abstenção, em 10 de maio de 2016, sofreram a perda do mandato eletivo por quebra do decoro parlamentar. MESQUITA FILHO, Julio de. *Cassado o Mandato de Barreto Pinto* in *O Estado de S. Paulo*, 28.5.1949, p. 3; REALE, Miguel. *Decoro Parlamentar e Cassação de Mandado Eletivo* in *Revista de Direito Público*, nº 10, 1969, p. 89, e KRAKOVICS, Fernanda. *Fim de Jogo para Demóstenes Torres* in *O Globo*, 11.7.2012, p. 3. V., também: STF, MS nº 25.647, Rel. Min. Cezar Peluso, j. 30.11.2005, *DJU* 15.12.2006; STF, MS nº 26.900, Rel. Min. Ricardo Lewandowski, j. 12.9.2007, *DJU* 4.4.2008, e STF, MS nº 31.386, Rel. Min. Celso de Mello, j. 29.6.2012, *DJU* 1º.8.2012.

Capítulo 27
PODER EXECUTIVO

Acesse e assista à aula explicativa sobre este assunto.

> https://uqr.to/14ugt

1 CONCEITO

O Poder Executivo federal, exercitado pelo **Presidente da República**, é delineado como complexo de órgãos destinados ao exercício preponderante da função administrativa, que congrega a Chefia de Estado e Chefia de Governo.[1]

Ao *Chefe de Estado* incumbe a representação nas relações internas e externas, na medida em que o agente político participa da composição de outros organismos e corporifica a unidade do Estado (*e. g.*: nomeação de Ministros dos Tribunais Superiores, Procurador-Geral da República e Advogado-Geral da União, bem assim a celebração de tratados, convenções e atos internacionais).

Ao *Chefe de Governo* interessa a determinação das políticas nacionais, uma vez que o agente público participa do procedimento legislativo e predispõe os meios para a consecução dos fins do Estado (*v. g.*: iniciativa de projetos, sanção, promulgação e publicação de leis, como também a direção superior da Administração Pública federal).[2, 3]

---

1 FREIRE, Annibal. *Do Poder Executivo*. Brasília: UnB, 1981, p. 21.

2 Nesse sentido, quanto às formas de governo, as técnicas de atribuição do poder do Estado na sociedade são decompostas em república e monarquia. Esta é demonstrada pela vitaliciedade na atribuição do poder, dado que a hereditariedade e a irresponsabilidade evidenciam que a Chefia do Poder Executivo não é sujeita a períodos de vacância e responsabilização por ilícitos penais ou político-administrativos. Aquela é denotada pela temporariedade na atribuição do poder, eis que a eletividade e a responsabilidade expressam que a Chefia do Poder Executivo é legitimada pelas eleições e responde pelas infrações, penais ou não, que houver praticado no exercício do mandato. ALIGHIERI. *Monarquia*. Rio de Janeiro: Tecnoprint, 1988, p. 34, e PLATÃO. *República*. Rio de Janeiro: Ediouro, 1992, p. 11.

3 Não obstante, quanto aos sistemas de governo, as técnicas de disciplina das relações recíprocas dos Poderes do Estado, mormente a estabelecida entre o Executivo e Legislativo, são desmembradas em presidencialismo e parlamentarismo. Um é particularizado pela unidade do Poder Executivo, posto que a separação de poderes e a irresponsabilidade política são viabilizadas pela independência dos órgãos estaduais, não havendo a possibilidade de destituição da Chefia de Estado por motivação política. Outro é patenteado pela dualidade do Poder Executivo,

2 ESTRUTURA

A estrutura dos órgãos executivos é dirigida pela Presidência da República, com o auxílio da Vice-Presidência, Ministérios de Estado, Conselho da República e Conselho de Defesa Nacional.[4]

2.1 Presidência da República

A **Presidência da República** é desempenhada pelo Chefe do Poder Executivo, sujeito à aquisição, duração e perda do mandato presidencial.[5]

2.1.1 *Aquisição do mandato presidencial*

A *aquisição do mandato presidencial* é resultado do sufrágio universal e voto direto, igual, obrigatório e secreto, pelo sistema eleitoral de maioria absoluta, com vistas à eleição de candidato que observe as condições de elegibilidade.[6]

De um ângulo, há a desigualdade entre o sufrágio, ou melhor, direito político à participação no governo, desmembrado em universal ou restrito, e o voto, ou seja, modo de exercício do direito político na democracia indireta ou representativa, des-

---

visto que a colaboração entre os poderes e a responsabilidade política são vislumbradas pela interdependência entre os órgãos estatais, havendo a possibilidade de destituição da Chefia de Governo por motivos políticos, tendo em conta que a estabilidade governamental depende da confiança parlamentar. FERREIRA FILHO, Manoel Gonçalves. *Parlamentarismo*. São Paulo: Saraiva, 1993, p. 54, e MORAES, Alexandre de. *Presidencialismo*. São Paulo: Atlas, 2004, p. 86.

4 SILVA, Maria de Lourdes et al. *Poder Executivo* in *Cadernos de Direito Constitucional e Ciência Política*, nº 18, 1997, p. 154.

5 TAVARES, Iris Neves de Pinto. *Presidência da República* in *Revista Brasileira de Estudos Políticos*, nº 84, 1997, p. 7.

6 MIRANDA, Jorge. *Eleição do Presidente da República* in *Revista de Direito Constitucional e Internacional*, nº 30, 2000, p. 37.

montado em direto ou indireto, igual ou desigual, obrigatório ou facultativo e secreto ou público, sem embargo do plebiscito, referendo e iniciativa popular na democracia semidireta ou participativa. Destarte, há a possibilidade de a eleição presidencial ser realizada pelo Congresso Nacional, na hipótese de vacância dos cargos de Presidente e Vice-Presidente da República nos últimos dois anos do mandato, devendo os eleitos completar o período de seus antecessores, com espeque nos arts. 14, *caput*, 60, § 4º, inc. II, e 81, §§ 1º e 2º.[7]

De outro ângulo, há a dessemelhança entre o sistema eleitoral majoritário, no qual a representação popular é conferida ao(s) candidato(s) que obtiver(em) a maioria simples ou absoluta dos votos válidos, e o sistema eleitoral proporcional, no qual a representação popular é distribuída na proporção da força eleitoral dos partidos políticos, apurada pelo quociente eleitoral, quer dizer, divisão do número de votos válidos apurados pelo de lugares a preencher em cada circunscrição eleitoral, e pelo quociente partidário, vale dizer, divisão do número de votos válidos dados sob a mesma legenda por aquele, elegendo o partido político tantos candidatos que satisfaçam a cláusula de desempenho individual quantas as vezes em que houver alcançado este. Deveras, há a necessidade de a eleição presidencial ser realizada entre os dois candidatos mais votados, na hipótese de nenhum concorrente alcançar maioria absoluta dos votos válidos no primeiro turno, podendo a morte, desistência ou impedimento legal de postulante(s) importar a convocação do(s) remanescente(s) de maior votação antes de rematado o segundo turno, com esteio nos arts. 27, § 1º, 28, *caput*, *in fine*, 29, incs. I e II, *in fine*, 32, §§ 2º e 3º, *initio*, 45, *caput*, 46, *caput*, e 77, §§ 2º, 3º e 4º.[8]

Em função dos arts. 12, § 3º, inc. I, e 14, §§ 3º, 5º, 7º e 9º, da CRFB, a elegibilidade do Presidente da República é condicionada à nacionalidade brasileira primária ou originária, pleno exercício dos direitos políticos, alistamento eleitoral, domicílio eleitoral no território nacional, filiação partidária e idade mínima de 35 anos,[9] ao passo que a inelegibilidade do Presidente da República pode decorrer da reeleição ou vínculo de casamento, parentesco ou afinidade, em que pese outros casos de inelegibilidade sobre os quais versa a Lei Complementar nº 64/90, com a redação que lhe foi atribuída pela Lei Complementar nº 135/10.[10, 11]

---

7 STF, ADIn nº 1.057, Rel. Min. Celso de Mello, j. 20.4.1994, *DJU* 6.4.2001.

8 STF, MS nº 23.234, Rel. Min. Sepúlveda Pertence, j. 2.10.1998, *DJU* 20.11.1998.

9 STF, ADIn nº 1.063, Rel. Min. Celso de Mello, j. 18.5.1994, *DJU* 27.4.2001.

10 STF, RE nº 129.392, Rel. Min. Sepúlveda Pertence, j. 17.6.1992, *DJU* 16.4.1993.

11 A doutrina tem consignado que "ao exigir a Constituição Federal o mínimo de trinta e cinco anos para alguém ser Presidente da República, automaticamente exigiu a mesma idade para a Presidência da Câmara dos Deputados. A não ser assim, poderia ocorrer, eventualmente, que um Deputado Federal assumisse a Presidência da República com apenas vinte e um anos, de maneira que há que se ter presente que uma é a idade mínima para a Deputação Federal e outra, diversa, é para a Presidência das Casas Legislativas respectivas". CÂNDIDO, Joel José. *Direito Eleitoral Brasileiro*. 8ª ed. Bauru: Edipro, 2000, p. 123. V., também, do mesmo autor: *Inelegibilidades no Direito Brasileiro*. 2ª ed. Bauru: Edipro, 2003, p. 96-97.

2.1.2 Duração do mandato presidencial

A *duração do mandato presidencial* é de quatro anos e tem início em 1º de janeiro do ano seguinte ao da eleição.[12]

A reeleição, sintetizada como direito político à participação na eleição subsequente, é restrita a um período, não se afigurando obrigatória a descompatibilização do Presidente da República ou de quem o houver sucedido ou substituído no curso do mandato, pelo mecanismo da renúncia até seis meses antes do pleito, com a finalidade de concorrer ao mesmo cargo eletivo, de acordo com os arts. 14, § 5º, e 82 da CRFB.[13, 14]

2.1.3 Perda do mandato presidencial

A *perda do mandato presidencial* é provocada pela extinção ou cassação, a partir da diferenciação entre a vacância, com a sucessão definitiva do Presidente pelo Vice-Presidente da República, em conformidade com o art. 79, *caput, in fine*, e o impedimento, com a substituição transitória do Presidente pelo Vice-Presidente da República, bem como Presidentes da Câmara dos Deputados, Senado Federal e Supremo Tribunal Federal, em consonância com os arts. 79, *caput, initio,* e 80 da CRFB.[15]

2.1.3.1 Extinção do mandato presidencial

O mandato presidencial é extinto pela morte, renúncia, suspensão ou perda dos direitos políticos, não comparecimento para a investidura no cargo eletivo, salvo motivo de força maior, no prazo de dez dias ou ausência do País, sem licença do Congresso Nacional, por período superior a 15 dias, em decorrência dos arts. 15, 78, parágrafo único, e 83 da CRFB.[16]

2.1.3.2 Cassação do mandato presidencial

O mandato presidencial é cassado pela condenação por crime comum, por decisão irrecorrível do Supremo Tribunal Federal, ou crime de responsabilidade, por deliberação majoritária do Senado Federal, tendo a acusação sido admitida por dois terços dos membros da Câmara dos Deputados, em derivação dos arts. 52, inc. I e parágrafo único, 86 e 102, inc. I, *b*, da CRFB.[17]

---

12 CUNHA, Sérgio Sérvulo da. *Reeleição do Presidente da República* in *Revista de Informação Legislativa*, nº 130, 1996, p. 49.

13 STF, ADIn nº 1.805, Rel. Min. Néri da Silveira, j. 26.3.1998, *DJU* 14.11.2003.

14 A jurisprudência do Tribunal Superior Eleitoral é consubstanciada no sentido de que "o titular de mandato executivo que renuncia, se eleito para o mesmo cargo, vindo, assim, a exercê-lo no período imediatamente subsequente, não pode, ao término desse novo mandato, pleitear reeleição, porquanto, do contrário, seria admitir-se, contra o art. 14, § 5º, da CRFB, o exercício do cargo em três períodos consecutivos", assim como "o titular de cargo do Poder Executivo que se reelegeu em um segundo mandato subsequente não pode se candidatar a vice, mesmo tendo se desincompatibilizado, por renúncia, nos seis meses anteriores à eleição a que pretende concorrer, porque isso poderia resultar no exercício de um terceiro mandato sucessivo, o que é expressamente vedado pelo art. 14, § 5º, da CRFB". TSE, Cta. nº 366, Rel. Min. Néri da Silveira, j. 10.3.1998, *DJU* 3.6.1998. V., também, sobre o tema: TSE, Cta. nº 710, Rel. Min. Fernando Neves da Silva, j. 12.3.2002, *DJU* 21.6.2002.

15 PRAZERES, Otto. *Responsabilidade do Presidente da República* in *Arquivo Judiciário*, nº 80, 1946, p. 7.

16 STF, MS nº 21.689, Rel. Min. Carlos Velloso, j. 16.12.1993, *DJU* 7.4.1995.

17 STF, MS nº 21.623, Rel. Min. Carlos Velloso, j. 17.12.1992, *DJU* 28.5.1993.

A despeito da posição que se consolida no Supremo Tribunal Federal, segundo a qual "os agentes políticos, com exceção do Presidente da República, sujeitam-se à responsabilização por atos de improbidade administrativa",[18] temos que o Presidente da República pode ser responsabilizado por enriquecimento ilícito, prejuízo ao erário e atentado contra os princípios da administração pública, uma vez que a ação de improbidade administrativa, sob o procedimento comum de que trata o Código de Processo Civil, na forma do art. 17, *caput*, da Lei nº 8.429/92, com a redação que lhe foi dada pela Lei nº 14.230/21,[19] não se confunde com a ação por crime comum, recoberto de natureza penal, nos moldes dos arts. 312 a 326 do Decreto-lei nº 2.848/40, nem com a ação por crime de responsabilidade, revestido de natureza político-administrativa, nos termos dos arts. 5º a 12 da Lei nº 1.079/50.[20, 21]

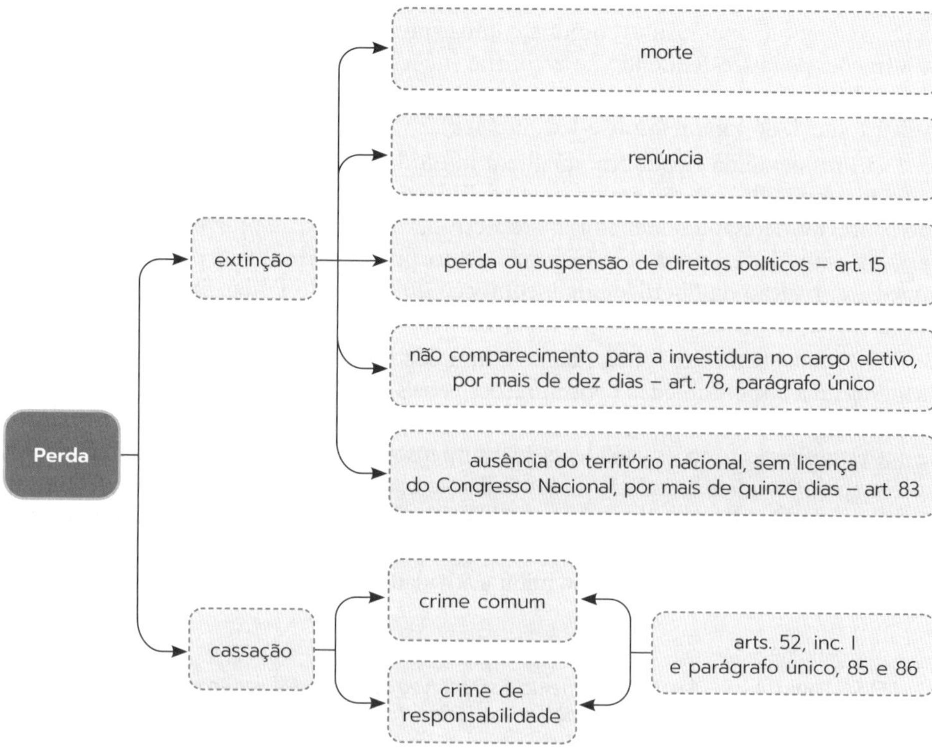

[18] STF, Pet. nº 3.240, Rel. Min. Roberto Barroso, j. 10.5.2018, *DJU* 22.8.2018. V., também: STF, RE nº 976.566, Rel. Min. Alexandre de Moraes, j. 13.9.2019, DJU 26.9.2019, e STF, ADIn nº 4.295, Rel. Min. Gilmar Mendes, j. 22.8.2023, e *DJU* 1º.9.2023.

[19] COMPARATO, Fábio Konder. *Ação de Improbidade* in *Boletim dos Procuradores da República*, nº 9, 1999, p. 13.

[20] FRONTINI, Paulo Salvador. *Ação por Crime de Responsabilidade* in *Justitia*, nº 100, 1987, p. 137.

[21] MARTINS, Ives Gandra da Silva. *Aspectos Procedimentais do Instituto Jurídico do "Impeachment" e Conformação da Figura da Improbidade Administrativa* in *Cadernos de Direito Constitucional e Ciência Política*, nº 2, 1993, p. 194.

2.1.3.2.1 Responsabilidade penal

O Presidente da República responde pelos crimes comuns que houver praticado no exercício do mandato (*in officio*) ou a pretexto de exercê-lo (*propter officium*), salvaguardada a prisão após o trânsito em julgado de decisão condenatória proferida pelo Supremo Tribunal Federal, tendo em vista que o Chefe do Poder Executivo federal é destinatário de três prerrogativas de natureza processual penal.[22]

O Presidente da República, quanto ao foro especial por prerrogativa de função, deve ser processado e julgado pelo Supremo Tribunal Federal,[23] entre a diplomação e o término do mandato presidencial,[24] por todas as modalidades de ilícitos penais,[25] inclusive as contravenções penais, crimes dolosos contra a vida e delitos eleitorais,[26] in litteris: "a jurisprudência do Supremo Tribunal Federal firmou-se no sentido de definir a locução constitucional 'crimes comuns' como expressão abrangente de todas as espécies de infrações penais, estendendo-se às contravenções penais e alcançando, até mesmo, os crimes dolosos contra a vida e delitos eleitorais imputados ao Chefe do Poder Executivo (arts. 51, inc. I, 86, *caput*, *initio*, e 102, inc. I, *b*)."[27]

O Presidente da República, quanto à imunidade temporária à prisão provisória, não está submetido à prisão em flagrante delito,[28] preventiva ou temporária,[29] enquanto não sobrevier decisão condenatória irrecorrível,[30] *in textus*: "a prerrogativa extraordinária da imunidade à prisão em flagrante delito, prisão preventiva e prisão temporária impede a privação da liberdade de locomoção do Chefe do Poder Executivo antes de sua condenação penal definitiva (art. 86, § 3º)".[31]

O Presidente da República, quanto à imunidade temporária à persecução criminal, não é sujeito à responsabilidade por infrações penais anteriores à expedição do diploma,[32] como também pelas posteriores à investidura no cargo de Chefe do Poder Executivo,[33] desde que estranhas às funções presidenciais,[34] suspenso o decurso do prazo prescricional até a extinção do mandato,[35] que não se comunica ao coautor ou partícipe do fato,[36] *in verbis*: "a prerrogativa de ordem político-funcional exclui o Presidente da República, durante a vigência de seu mandato, da possibilidade de ser ele submetido a qualquer ação persecutória do Estado. A cláusula de exclusão, ao inibir a atividade do Poder Público, em sede judicial,

---

22 LESSA, Paulo Inácio Dias. *O Recebimento da Denúncia ou da Queixa nas Ações Penais da Competência Originária do Supremo Tribunal Federal* in *Revista Trimestral de Jurisprudência dos Estados*, nº 116, 1993, p. 9.

23 STF, Inq. nº 4.483, Rel. Min. Edson Fachin, j. 21.9.2017, *DJU* 25.9.2017.

24 STF, Inq. nº 159, Rel. Min. Sydney Sanches, j. 12.11.1986, *DJU* 5.12.1986.

25 STF, HC nº 69.344, Rel. Min. Néri da Silveira, j. 22.9.1992, *DJU* 18.6.1993.

26 STF, Pet. nº 673, Rel. Min. Celso de Mello, j. 1º.7.1993, *DJU* 17.9.1993.

27 STF, Recl. nº 511, Rel. Min. Celso de Mello, j. 9.2.1995, *DJU* 15.9.1995.

28 STF, RE nº 225.019, Rel. Min. Nelson Jobim, j. 8.8.1999, *DJU* 22.11.1999.

29 STF, ADIn nº 1.020, Rel. Min. Celso de Mello, j. 19.10.1995, *DJU* 17.11.1995.

30 STF, ADIn nº 1.634, Rel. Min. Néri da Silveira, j. 17.9.1997, *DJU* 8.9.2000.

31 STF, ADIn nº 1.024, Rel. Min. Celso de Mello, j. 19.10.1995, *DJU* 17.11.1995.

32 STF, Inq. nº 571, Rel. Min. Sepúlveda Pertence, j. 26.2.1992, *DJU* 5.3.1993.

33 STF, Inq. nº 1.418, Rel. Min. Celso de Mello, j. 31.1.2001, *DJU* 8.11.2001.

34 STF, Inq. nº 516, Rel. Min. Celso de Mello, j. 1º.8.1991, *DJU* 6.9.1991.

35 STF, Inq. nº 212, Rel. Min. Ilmar Galvão, j. 16.6.1994, *DJU* 26.8.1994.

36 STF, Inq. nº 567, Rel. Min. Sepúlveda Pertence, j. 20.8.1992, *DJU* 9.10.1992.

alcança não somente as infrações penais praticadas em momento anterior ao da investidura no cargo de Chefe do Poder Executivo, mas também aquelas praticadas na vigência do mandato, desde que estranhas ao ofício presidencial",[37] "da impossibilidade de que, enquanto dure o mandato, tenha curso ou se instaure processo penal contra o Presidente da República por crimes não funcionais, decorre a suspensão do curso da prescrição, até a extinção do mandato presidencial",[38] sendo certo que "a prerrogativa de natureza processual penal do Presidente da República não se comunica ao coautor ou partícipe do fato"[39] e "o Presidente da República não dispõe de imunidade, quer em face de ações judiciais que visem a definir-lhe a responsabilidade civil, quer em função de processos instaurados por suposta prática de infrações político-administrativas, quer, ainda, em virtude de procedimentos destinados a apurar, para efeitos fiscais, a sua responsabilidade tributária (art. 86, § 4º)".[40]

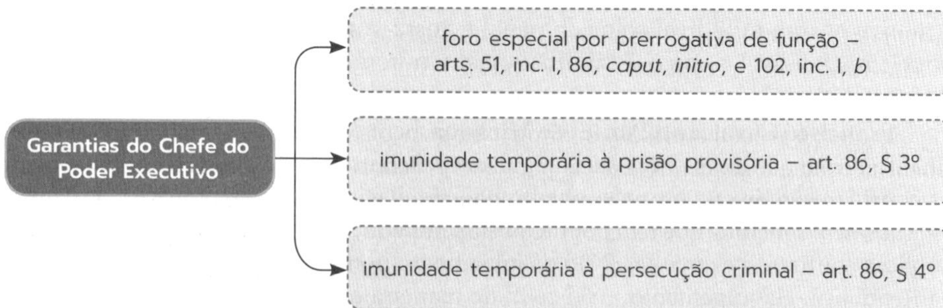

2.1.3.2.2 Responsabilidade político-administrativa

O *impeachment*, traduzido como "proibir que se ponha de pé",[41] é singularizado como mecanismo processual de responsabilização dos agentes políticos no sistema de governo presidencialista, sob a égide dos arts. 50, § 2º, 51, inc. I, 52, incs. I e II e parágrafo único, 85, 86, *caput*, *in fine*, §§ 1º, inc. II e 2º, 102, inc. I, *c*, e 167, § 1º, da CRFB.[42, 43, 44]

---

37 STF, AP nº 305, Rel. Min. Celso de Mello, j. 30.9.1992, *DJU* 18.12.1992.

38 STF, HC nº 83.154, Rel. Min. Sepúlveda Pertence, j. 11.9.2003, *DJU* 21.11.2003.

39 STF, Inq. nº 567, Rel. Min. Sepúlveda Pertence, j. 20.8.1992, *DJU* 9.10.1992.

40 STF, Inq. nº 672, Rel. Min. Celso de Mello, j. 16.9.1992, *DJU* 16.4.1993.

41 MARTINS, Ives Gandra da Silva. *O "Impeachment" na Constituição de 1988*. Belém: Cejup, 1992, p. 7.

42 O processo dirigido à investigação e julgamento dos crimes de responsabilidade do Presidente e Vice-Presidente da República, Ministros de Estado, Comandantes da Marinha, Exército e Aeronáutica, Ministros do Supremo Tribunal Federal, Procurador-Geral da República, Advogado-Geral da União, Membros dos Tribunais Superiores, Tribunal de Contas da União, Conselho Nacional de Justiça e Conselho Nacional do Ministério Público e Chefes de Missão Diplomática de caráter permanente é disciplinado pela Lei nº 1.079/50, recepcionada parcialmente em face da Constituição da República, que enumera os bens jurídicos tutelados nas infrações político-administrativas, remanescendo para a legislação ordinária a descrição das condutas típicas. RICCITELLI, Antonio. *"Impeachment" à Brasileira: instrumento de controle parlamentar?* São Paulo: Manole, 2006, p. 144.

43 BRITTO, Carlos Ayres. O "Impeachment" na Constituição de 1988 in *Revista de Direito Civil, Imobiliário, Agrário e Empresarial*, nº 58, 1991, p. 132.

44 O *impeachment* foi examinado pelo *Federalist Paper*, nº 65, que foi publicado sob o título "The Powers of the Senate" pelo New York Packet, de 7 de março de 1788, ocasião na qual Alexander Hamilton reconheceu que "num governo inteiramente eletivo, não é menos difícil que

2.1.3.2.2.1 Natureza jurídica

A natureza do processo por crime de responsabilidade do Presidente da República não é uníssona na doutrina brasileira.

Carlos Maximiliano Pereira dos Santos, assim como **Paulo Brossard de Souza Pinto**, salientam que o *impeachment* seria revestido pela natureza de processo político, a partir da constatação de que o procedimento não seria provocado por causas penais: "o *impeachment* tem por fim impedir que o indivíduo continue no exercício do cargo, no qual está prejudicando o país. Justifica-se o processo político, para impedir que o mau administrador volte a prejudicar o país quando lhe aprouver",[45] de forma que "o *impeachment* tem feição política, não se origina senão de causas políticas e é instaurado sob argumentos de ordem política. Isto ocorre mesmo quando o fato que o motive possua iniludível colorido penal e possa, a seu tempo, sujeitar a autoridade por ele responsável a sanções criminais, estas, porém, aplicáveis exclusivamente pelo Poder Judiciário".[46]

Francisco Cavalcanti Pontes de Miranda, bem como **Humberto Ribeiro Soares**, sinalizam que o *impeachment* seria regulado pela natureza de processo penal, a partir da consideração de que o procedimento não resultaria em efeitos políticos: "chama-se *impeachment* à medida que tem por fito obstar, impedir, que a pessoa investida de funções públicas continue a exercê-las. Não há julgamento político, *stricto sensu*, do Presidente da República. Há julgamento jurídico",[47] de maneira que "as expressões adotadas pelo texto constitucional de 1988 ('crime', 'acusação', 'julgamento' e 'crimes de responsabilidade') estão a indicar que não importam deficiência na terminologia, mas intencional concessão de índole penal ao instituto. Por outro lado, o fato de a Constituição Federal haver prescrito que, no *impeachment*, os crimes de responsabilidade do Presidente 'serão definidos em lei especial, que estabelecerá as normas de processo e julgamento', é, por si só, fator que espanca a possibilidade de o julgamento, pelo Senado presidido pelo Presidente do Supremo, ir além dos limites do julgamento jurídico".[48]

Celso Ribeiro Bastos e **Ives Gandra da Silva Martins**, como também **Fernando Whitaker da Cunha** e **Miguel Reale Júnior**, sustentam que o *impeachment* seria recoberto pela natureza de processo misto, a partir da combinação entre a fonte de que promana a investigação e a sanção de que redunda o julgamento, aplicando-se-lhe subsidiariamente as regras e princípios da Teoria Geral do Processo: "os objetivos do *impeachment* são diversos dos da lei penal. Esta almeja, antes de tudo, à aplicação de uma medida punitiva

---

importante organizar o tribunal a que deve ser atribuído o juízo em caso de *impeachment*, isto é, as malversações dos homens do poder ou, por outras palavras, o abuso ou violação da confiança pública. Como todos estes delitos atacam diretamente a sociedade mesma, são pela sua natureza daqueles que com mais propriedade podem ser chamados de políticos". HAMILTON, Alexander; MADISON, James; JAY, John. *O Federalista*. Brasília: UnB, 1984, p. 319.

45 SANTOS, Carlos Maximiliano Pereira dos. *Comentários à Constituição Brasileira*. 5ª ed. v. II. Rio de Janeiro: Freitas Bastos, 1954, p. 260.

46 PINTO, Paulo Brossard de Souza. *O "Impeachment". Aspectos da Responsabilidade Política do Presidente da República*. Porto Alegre: Globo, 1965, p. 71.

47 MIRANDA, Francisco Cavalcanti Pontes de. *Comentários à Constituição de 1946*. 2ª ed. v. II. São Paulo: Max Limonad, 1953, p. 416.

48 SOARES, Humberto Ribeiro. *"Impeachment". Crimes de Responsabilidade do Presidente da República*. Rio de Janeiro: Lumen Juris, 1993, p. 71.

como meio a serviço da repressão ao crime. Aquele visa, sobretudo, à cessação de uma situação afrontosa à Constituição e às leis. Mas o crime de responsabilidade tem como característica própria da jurisdição a circunstância de ser apenas cabível dentro de hipóteses legalmente previstas",[49] de modo que "o *impeachment* é um feito essencialmente político, mas de tonalidade constitucional-penal, o que lhe dá um certo caráter misto",[50] e "nada justifica, em verdade, a contraposição abstrata entre a finalidade política de um instituto jurídico e a necessidade de subordinar a forma de seu procedimento às normas estabelecidas pela Teoria Geral do Processo, os quais não visam senão a assegurar a justa aplicação da lei, garantindo ao acusado pleno direito de defesa".[51]

O Supremo Tribunal Federal tem firmado jurisprudência no sentido da natureza penal do processo por crime de responsabilidade do Presidente da República,[52] de sorte que há a possibilidade de controle jurisdicional dos atos produzidos durante o processo por crime de responsabilidade do Chefe do Poder Executivo,[53] excluído o mérito das decisões proferidas pelas Casas Legislativas.[54]

2.1.3.2.2.2 Procedimento

O procedimento dos crimes de responsabilidade do Presidente da República é bifásico, de arte que há a exteriorização da fase de juízo de prelibação, realizado pela Câmara dos Deputados, que, pelo voto de dois terços dos seus membros, pode subjugar o Chefe do Poder Executivo a julgamento (*iudicium accusationis*),[55] e fase de juízo de deliberação, reservado ao Senado Federal, sob a direção do Presidente do Supremo Tribunal Federal, que, pelo voto de dois terços dos seus membros, pode submeter o Chefe do Poder Executivo à perda do cargo, com inabilitação, por oito anos, para o exercício de função pública (*iudicium causae*).[56]

O regular exercício da ação por crime de responsabilidade está condicionado ao fato de o agente político não ter deixado o cargo que o sujeitava ao processo de *impeachment*, de forma que a perda do mandato de Presidente da República produz dois efeitos, nos termos do art. 15 da Lei nº 1.079/50. Quando a exoneração ou renúncia é anterior ao recebimento da denúncia, o processo por crime de responsabilidade não pode ser instaurado.[57] Quando a exoneração ou renúncia é posterior ao recebimento da denúncia, o

---

49 BASTOS, Celso Ribeiro; MARTINS, Ives Gandra da Silva. *Comentários à Constituição do Brasil*. v. IV. São Paulo: Saraiva, 1995, p. 158.

50 CUNHA, Fernando Whitaker da. *Poder Legislativo e "Impeachment"* in *Revista da Faculdade de Direito da Universidade do Estado do Rio de Janeiro*, nº 1, 1993, p. 103.

51 REALE JÚNIOR, Miguel. *Natureza Político-Penal do "Impeachment"* in *Ciência Penal*, nº 2, 1981, p. 133.

52 STF, MS nº 20.941, Rel. Min. Sepúlveda Pertence, j. 9.2.1990, *DJU* 31.8.1992.

53 STF, MS nº 21.564, Rel. Min. Carlos Velloso, j. 23.9.1992, *DJU* 27.8.1993.

54 STF, MS nº 21.689, Rel. Min. Carlos Velloso, j. 16.12.1993, *DJU* 7.4.1995.

55 VIEIRA, Antonio Cláudio. *Sobre o "Impeachment" na Câmara dos Deputados* in *Revista dos Tribunais*, nº 685, 1992, p. 403.

56 SOUZA, Maria Carmem Castro. *O Julgamento do Presidente da República pelo Senado Federal* in *Arquivos do Ministério da Justiça*, nº 184, 1994, p. 109.

57 COMPARATO, Fabio Konder. *Crime de Responsabilidade. Renúncia do Agente. Efeitos Processuais* in *Revista Trimestral de Direito Público*, nº 7, 1994, p. 82.

processo por crime de responsabilidade não deve ser extinto, de modo que o desempenho do mandato presidencial no qual tenha sido cometida a infração político-administrativa é exigido para a propositura (condição de procedibilidade), e não também a promoção (condição de punibilidade) da ação de *impeachment*.[58] Portanto, "a renúncia ao cargo, apresentada na sessão de julgamento, quando já iniciado este, não paralisa o processo por crime de responsabilidade",[59] "porque as penas cominadas ao acusado eram a perda do cargo e a inabilitação para o exercício de funções públicas por oito anos".[60] "Se a primeira não mais podia o órgão julgador impor, diante da renúncia, certo é que, se procedente a denúncia, com a condenação restaria, ainda, aplicar a segunda pena, qual seja, a inabilitação para o exercício de funções públicas por oito anos, a teor do art. 52, parágrafo único, da CRFB".[61, 62]

---

58 No sentido do texto, entendendo que a perda do cargo ou inabilitação temporária para o exercício de função pública não está condicionada ao desempenho do mandato de Presidente da República, de maneira que a exoneração ou renúncia não implica a extinção do processo por crime de responsabilidade, Luís Roberto Barroso acentua que "o art. 15 da Lei nº 1.079/50 estatui uma condição de procedibilidade para a instauração do processo por crime de responsabilidade. Não admite a lei seja a denúncia por crime dessa natureza recebida caso o agente político tenha, por qualquer motivo, deixado o cargo do qual era passível de destituição. Inexiste norma prevendo a extinção do processo quando, após sua instauração, venha a operar-se a vacância do cargo". No sentido contrário, entendendo que a perda do cargo e inabilitação temporária para o exercício de função pública estão condicionadas ao desempenho do mandato de Presidente da República, de sorte que a exoneração ou renúncia importa na extinção do processo por crime de responsabilidade, em razão da perda do objeto, Denise Freitas Fabião Guasque advoga que "o art. 15 da Lei nº 1.079/50 vincula o recebimento da peça acusatória ao fato do Presidente estar no exercício do cargo. A contrário senso, se o Presidente tiver renunciado ao cargo antes do recebimento da denúncia, este não poderá ser processado por crime de responsabilidade. Trata-se de uma condição de procedibilidade e também de punibilidade". BARROSO, Luís Roberto. *"Impeachment". Crime de Responsabilidade. Exoneração do Cargo* in *Revista de Direito Administrativo*, nº 212, 1998, p. 161, e GUASQUE, Denise Freitas Fabião. *O "Impeachment" do Presidente da República* in *Revista dos Tribunais*, nº 684, 1992, p. 403.

59 STF, MS nº 21.689, Rel. Min. Carlos Velloso, j. 16.12.1993, *DJU* 7.4.1995.

60 STF, MS nº 21.623, Rel. Min. Carlos Velloso, j. 17.12.1992, *DJU* 28.5.1993.

61 STF, Pet. nº 1.365, Rel. Min. Néri da Silveira, j. 3.12.1997, *DJU* 23.3.2001.

62 No sentido do texto, entendendo que o Presidente da República que tenha sido reeleito não pode sofrer *impeachment* por ato de mandato anterior, Pedro Estevam Serrano assinala que "a possibilidade, em tese, de reeleição não significa que ambos os mandatos, cada um de quatro anos, serão considerados um mesmo período para fins da responsabilização político-administrativa sobre a qual versa o art. 15 da Lei nº 1.079/50". No sentido contrário, entendendo que o Presidente da República que tenha sido reeleito pode sofrer *impeachment* por ato de mandato anterior, Gustavo Badaró atesta que "a denúncia só poderá ser recebida enquanto o denunciado não tiver, por qualquer motivo, deixado definitivamente o cargo sobre o qual versa o art. 15 da Lei nº 1.079/50. Se ele foi reeleito, e ainda não deixou o cargo no segundo mandato, não me parece haver um óbice para o processo de impedimento, mesmo que tenha sido por ato praticado no exercício da função no primeiro mandato". SERRANO, Pedro Estevam. *Presidente Reeleito pode sofrer "Impeachment" por Ato realizado em Mandato Anterior? Não* in *Folha de S. Paulo*, 22.8.2015, p. 3, e BADARÓ, Gustavo. *Presidente Reeleito pode sofrer "Impeachment" por Ato realizado em Mandato Anterior? Sim* in *Folha de S. Paulo*, 22.8.2015, p. 3.

2.1.3.2.2.2.1 Juízo de prelibação

O juízo de admissibilidade da acusação é deflagrado por ação de iniciativa popular,[63] na medida em que a denúncia pode ser oferecida por qualquer cidadão, acompanhada de documentos que a comprovem ou da declaração de impossibilidade de apresentá-los, com indicação do local onde possam ser encontrados e, se for o caso, do rol das testemunhas, em número de cinco, no mínimo.[64]

O Presidente da Câmara dos Deputados dispõe de competência para, ofertada a denúncia, proferir despacho liminar de conteúdo positivo ou negativo. Em caso de despacho liminar de conteúdo negativo, é da competência do Presidente indeferir a peça exordial inepta, não fundamentada ou manifestamente improcedente, sujeitando-se ao controle do Plenário da Câmara dos Deputados, mediante recurso.[65] Em caso de despacho liminar de conteúdo positivo, é da competência do Presidente despachar a petição exordial a uma comissão temporária eleita simultaneamente à notificação do denunciado para, querendo, manifestar-se no prazo de dez sessões.[66]

A Comissão Especial, da qual participam, observada a respectiva proporção, representantes de todos os partidos políticos ou blocos parlamentares que houverem sido indicados pelos líderes e eleitos pelo voto aberto, deve oferecer parecer acerca da admissibilidade da acusação, lido no expediente da sessão da Câmara dos Deputados, publicado na íntegra, juntamente com a denúncia, na Imprensa Oficial e incluído na ordem do dia seguinte,[67] que pode concluir pelo deferimento ou indeferimento do pedido de autorização para instalação do processo por crime de responsabilidade do Presidente da República, sob a forma de projeto de resolução.[68]

Ao Plenário da Câmara, encerrada a discussão sobre a proposição de resolução, compete a votação nominal, pelo procedimento de chamada dos Deputados, alternadamente, do norte para o sul e vice-versa,[69] exigidos dois terços dos votos dos membros da Casa para a aprovação da propositura, motivo pelo qual, na hipótese de rejeição, o expediente é objeto de arquivamento, com os documentos que o instruíam, ao passo que, na hipótese de aprovação, a decisão é comunicada ao Presidente do Senado Federal dentro de duas sessões, com vistas a possibilitar a instauração do processo de *impeachment*.[70]

2.1.3.2.2.2.2 Juízo de deliberação

O juízo de mérito da questão, como o Senado Federal não está vinculado a instaurar o processo e, bem assim, a pronunciar o denunciado,[71] pode ser desenvolvido em três votações plenárias.

---

63 BONAVIDES, Paulo. *A Constitucionalidade dos Atos do Presidente da Câmara dos Deputados sobre o Processo de "Impeachment"* in *Revista do Curso de Mestrado de Direito da Universidade Federal do Ceará*, nº 11, 1992, p. 7.

64 STF, MS nº 23.885, Rel. Min. Carlos Velloso, j. 28.8.2002, *DJU* 20.9.2002.

65 STF, MS nº 20.941, Rel. Min. Aldir Passarinho, j. 9.2.1990, *DJU* 31.8.1992.

66 STF, MS nº 21.564, Rel. Min. Octavio Gallotti, j. 10.9.1992, *DJU* 27.8.1993.

67 STF, MS nº 32.130, Rel. Min. Edson Fachin, j. 14.4.2016, *DJU* 1º.9.2016.

68 STF, ADIn nº 1.628, Rel. Min. Nelson Jobim, j. 30.6.1997, *DJU* 26.9.1997.

69 STF, MS n° 34.127, Rel. Min. Teori Zavascki, j. 14.4.2016, *DJU* 10.10.2016.

70 STF, MS nº 21.564, Rel. Min. Octavio Gallotti, j. 23.9.1992, *DJU* 27.8.1993.

71 MARTINS, Ives Gandra da Silva. *Procedimento Parlamentar para Instauração de Processo contra o Presidente da República no Senado Federal* in *Revista Trimestral de Jurisprudência dos Estados*,

A Mesa Diretora tem competência para proceder à leitura do documento proveniente da Câmara dos Deputados na hora do expediente da sessão seguinte e, depois, à eleição da comissão temporária, integrada por um quarto dos membros da Casa Legislativa, obedecida a proporcionalidade dos partidos políticos ou blocos parlamentares, que deve ficar responsável pelo processo de *impeachment*.[72]

Caso o Plenário do Senado Federal decida pelo recebimento da denúncia, por maioria simples, promover-se-á o afastamento do Presidente da República, pelo prazo de 180 dias, sem prejuízo do regular prosseguimento do feito.

Instaurado o processo, a Comissão Especial da Casa Legislativa deve realizar as sessões necessárias para a tomada dos depoimentos das testemunhas e as diligências que forem solicitadas por ambas as partes, ou que julgar convenientes e oportunas.[73]

Caso o Plenário do Senado Federal decida pela procedência da acusação, por maioria simples, providenciar-se-á o julgamento do Presidente da República pelo crime de responsabilidade que lhe foi imputado.

Pronunciado o denunciado, o libelo acusatório deve ser anexado ao processo e entregue ao Presidente do Senado Federal, para o efeito de remessa, em original, ao Presidente do Supremo Tribunal Federal, com a comunicação do dia designado para a sessão plenária daquele, subordinada à presidência deste.

O Primeiro-Secretário do Senado Federal determina o envio ao acusado de cópia autenticada de todas as peças que formam os autos do processo, intimando-o, em ordem, a permitir a contestação do libelo acusatório e o oferecimento de novos meios de prova.

Ao Presidente do Supremo Tribunal Federal, na sessão plenária do Senado Federal, cumpre inquirir publicamente as testemunhas, após a leitura dos autos do processado, formuladas as perguntas que se fizerem necessárias para o esclarecimento do fato. Ultimada a inquirição, há o debate oral entre a comissão acusadora e o acusado, pelo prazo máximo de duas horas para cada parte, sucedido pela deliberação sobre o objeto da acusação. Ultrapassada a discussão, os atos processuais são relatados, submetido o julgamento à votação nominal dos Senadores, que podem concluir, por dois terços dos votos dos membros do Órgão Julgador, pela perda do cargo, com inabilitação, por oito anos, para o exercício de função pública, sob a forma de resolução, aplicados os Regimentos Internos da Câmara dos Deputados e do Senado Federal e o Código de Processo Penal, naquilo em que lhes forem suscetíveis, no processo e julgamento do Presidente da República.[74, 75]

---

nº 16, 1992, p. 9.

[72] STF, MS nº 21.623, Rel. Min. Carlos Velloso, j. 17.12.1992, *DJU* 28.5.1993.

[73] STF, RE nº 234.223, Rel. Min. Octavio Gallotti, j. 1º.9.1998, *DJU* 12.5.2000.

[74] STF, ADPF nº 378, Rel. Min. Roberto Barroso, j. 17.12.2015, *DJU* 7.3.2016.

[75] O último caso de que se tinha notícia até o processo de *impeachment* de Dilma Rousseff ocorreu em 22 de junho de 2012, no Paraguai, quando o Presidente da República, Fernando Lugo, foi responsabilizado por "mau desempenho" na chefia do Poder Executivo. A título de curiosidade, a acusação foi admitida na tarde de 21 de junho, quinta-feira, e o julgamento do Senado, por 39 a 5 votos, foi encerrado na noite de 22 de junho, sexta-feira, tendo a ação de inconstitucionalidade do ato de posse do então Vice-Presidente da República, Federico Franco, sido rejeitada liminarmente na manhã de 25 de junho de 2012, segunda-feira, pela Suprema Corte paraguaia. FREIRE, Flávio. *Senado cassa Lugo e isola País* in *O Globo*, 23.6.2012, p. 31, e FREITAS, Janio de. *Quem tirou Lugo* in *Folha de S. Paulo*, 26.6.2012, p. 3.

2.2 Vice-Presidência da República

A **Vice-Presidência da República**, exercitada pelo candidato registrado com o Presidente da República eleito, diplomado e empossado pelo Congresso Nacional, é destinatária de *atribuições próprias ou típicas e impróprias ou atípicas.*[76]

Próprias ou típicas são as atribuições que resultam da natureza institucional da função de Vice-Presidente, reduzidas à substituição ou sucessão do Presidente, em caso de vacância ou impedimento, e participação nos Conselhos da República e de Defesa Nacional, além de outras que lhe forem conferidas por lei complementar, com espeque nos arts. 79, *caput* e parágrafo único, *initio*, 89, inc. I, e 91, inc. I.

Impróprias ou atípicas são as atribuições que redundam no auxílio do Presidente, sempre que por ele convocado para missões especiais, com esteio no art. 79, parágrafo único, *in fine*, da CRFB.[77]

2.3 Ministérios de Estado

Os **Ministérios de Estado**, exercidos por brasileiros maiores de 21 anos e no exercício dos direitos políticos, são dedicados a *atribuições de supervisão, planejamento, coordenação e controle* das atividades que lhes são imanentes, decompostas em 31 pastas, quais sejam: Agricultura e Pecuária; Cidades; Cultura; Ciência, Tecnologia e Inovação; Comunicações; Defesa; Desenvolvimento Agrário e Agricultura Familiar; Integração e Desenvolvimento Regional; Desenvolvimento e Assistência Social, Família e Combate à Fome; Direitos Humanos e Cidadania; Fazenda; Educação; Empreendedorismo, Microempresa e Empresa de Pequeno Porte; Esporte; Gestão e Inovação em Serviços Públicos; Igualdade Racial; Desenvolvimento, Indústria, Comércio e Serviços; Justiça e Segurança Pública; Meio Ambiente e Mudança do Clima; Minas e Energia; Mulheres; Pesca e Aquicultura; Planejamento e Orçamento; Portos e Aeroportos; Povos Indígenas; Previdência Social; Relações Exteriores; Saúde; Trabalho e Emprego; Transportes; Turismo e Controladoria-Geral da União, com fulcro nos arts. 12, § 3º, inc. VII, 87 e 88 da CRFB, regrados pelos arts. 17 a 50 da Lei nº 14.600/23.

Nesse diapasão, considerando que os Ministérios de Estado não somente expedem instruções para a execução das leis e regulamentos e praticam os atos pertinentes às atribuições que lhe forem outorgadas ou delegadas, mas também exercem a orientação das entidades e órgãos da Administração Pública federal e referendam os decretos assinados pelo Presidente da República, apresentando-lhe relatório anual de sua gestão ministerial, controvérsia há quanto à indispensabilidade do referendo ministerial para a validade dos decretos presidenciais.

O referendo ministerial não é requisito indispensável de validade dos decretos presidenciais para **José Afonso da Silva**, de forma que o decreto assinado somente pelo Presidente da República, não tendo sido referendado pelo Ministro de Estado a que interessa o assunto, é válido, posto que há a caracterização de liberdade presidencial: "o referendo ministerial consiste na subscrição dos decretos do Chefe do Poder Executivo que dizem respeito à sua pasta. Não interfere na validade do ato, mas empenha a res-

---

[76] ECHAVARRIA, Lince. *Vice-Presidência da República* in *Estudos de Direito*, nº 125, 1996, p. 193.

[77] STF, ADIn nº 966, Rel. Min. Marco Aurélio, j. 11.5.1994, *DJU* 25.8.1995.

ponsabilidade do Ministro conexa com a do Presidente da República. Se ele não assinar, nem por isso o ato deixa de valer e ter eficácia. O máximo que pode acontecer é que a discordância do Ministro implique a sua exoneração, a pedido ou não".[78]

O referendo ministerial é requisito indispensável de validade dos decretos presidenciais para **Michel Temer**, de modo que o decreto assinado unicamente pelo Presidente da República, não tendo sido referendado pelo Ministro de Estado a que interessa a matéria, é inválido, visto que há a configuração de atribuição ministerial: "cumpre aos Ministros referendar os atos e decretos assinados pelo Chefe do Poder Executivo. Sua atribuição é constitucional. Não deriva da vontade do Presidente da República. Têm funções delimitadas pelo texto constitucional. Por isso, serão nulos os atos e decretos presidenciais, na área de atribuição de um Ministro, que não tenham sido por ele referendados".[79]

O Supremo Tribunal Federal, em que pese a norma constitucional do art. 87, parágrafo único, inc. I, decidiu que "a referenda ministerial, que não se reveste de consequência de ordem processual, projeta-se, numa dimensão estritamente institucional, qualificando-se, numa causa geradora de corresponsabilidade político-administrativa dos Ministros de Estado. Cumpre ter presente, no que concerne à função da referenda ministerial, que esta não se qualifica como requisito imprescindível de validade dos decretos assinados pelo Presidente da República".[80]

2.4 Conselho da República

O **Conselho da República**, fundado pelo Presidente e Vice-Presidente da República, Presidentes da Câmara dos Deputados e Senado Federal, Ministro da Justiça, líderes da maioria e minoria na Câmara dos Deputados e Senado Federal e seis cidadãos brasileiros natos, é endereçado à *atribuição de consulta acerca de questões relevantes para a estabilidade das instituições democráticas*,[81] cumprindo-lhe opinar sobre a decretação do estado de defesa, estado de sítio e intervenção federal, com fundação nos arts. 51, inc. V, 52, inc. XIV, 84, incs. XVII e XVIII, 89, 90, 136, *caput*, e 137, *caput*, da CRFB, regulados pela Lei nº 8.041/90.[82]

2.5 Conselho de Defesa Nacional

O **Conselho de Defesa Nacional**, formado pelo Presidente e Vice-Presidente da República, Presidentes da Câmara dos Deputados e Senado Federal, Ministros da Defesa, Justiça, Relações Exteriores e Planejamento, Orçamento e Gestão e Comandantes da Marinha, Exército e Aeronáutica, é empregado para a *atribuição de consulta nos assuntos relacionados com a soberania nacional e a defesa do estado democrático*,[83] convindo-lhe

---

78 SILVA, José Afonso da. *Curso de Direito Constitucional Positivo*. 24ª ed. São Paulo: Malheiros, 2005, p. 658.

79 TEMER, Michel. *Elementos de Direito Constitucional*. 14ª ed. São Paulo: Malheiros, 1998, p. 160.

80 STF, MS nº 22.706, Rel. Min. Celso de Mello, j. 23.1.1997, *DJU* 5.2.1997.

81 LAUBE, Vitor Rolf. *Conselho da República* in *Revista de Informação Legislativa*, nº 111, 1991, p. 57.

82 STF, SL nº 38, Rel. Min. Ellen Gracie, j. 29.6.2004, *DJU* 1º.12.2004.

83 PESCE, Eduardo Italo. *Conselho de Defesa Nacional* in *Revista Marítima Brasileira*, nº 116, 1996, p. 139.

opinar sobre a declaração de guerra externa, celebração de paz, estado de defesa, estado de sítio e intervenção federal, assim como propor os critérios e condições de utilização das áreas indispensáveis ao uso e segurança do território nacional, especialmente na faixa de fronteira e nas relacionadas com a preservação e exploração dos recursos naturais de qualquer tipo, com fundamento nos arts. 84, inc. XVIII, 91, 136, *caput*, e 137, *caput*, da CRFB, regulamentados pela Lei nº 8.183/91.[84]

3 FUNCIONAMENTO

O funcionamento dos órgãos executivos é direcionado pela Chefia de Estado e Chefia de Governo, que compreende a direção superior da Administração Pública.[85]

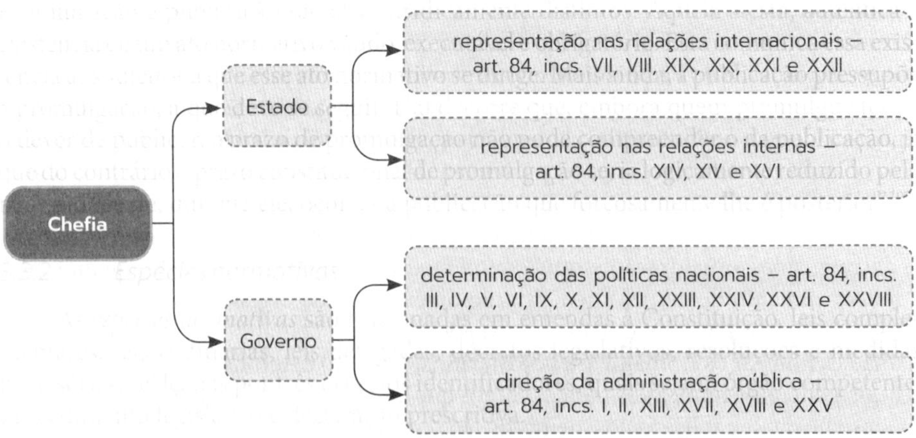

3.1 Chefia de Estado

A **Chefia de Estado** é alusiva à *representação da unidade do Estado*, tanto no âmbito externo (art. 84, incs. VII, VIII, XIX, XX, XXI e XXII) quanto no âmbito interno (art. 84, incs. XIV, XV e XVI, da CRFB),[86] *exempli gratia*: manter relações com Estados estrangeiros e acreditar seus representantes diplomáticos; celebrar tratados, convenções e atos internacionais, sujeitos a referendo do Congresso Nacional; declarar guerra, no caso de agressão estrangeira, autorizado pelo Congresso Nacional ou referendado por ele, quando ocorrida no intervalo das sessões legislativas, e, nas mesmas condições, decretar, total ou parcialmente, a mobilização nacional; celebrar a paz, autorizado ou com o referendo do Congresso Nacional; conferir condecorações e distinções honoríficas; permitir, nos casos previstos em lei complementar, que forças estrangeiras transitem pelo território nacional ou nele permaneçam temporariamente e nomear os Ministros do Supremo Tribunal Federal, Tribunais Superiores e outros magistrados, Ministros do Tribunal de Contas da União, Procurador-Geral da República, Advogado-Geral da

---

84 STF, AC nº 582, Rel. Min. Carlos Britto, j. 3.1.2005, *DJU* 1º.2.2005.

85 STROPPA, Yara Martinez et al. *Poder Executivo* in *Cadernos de Direito Constitucional e Ciência Política*, nº 18, 1997, p. 176.

86 SILVA, José Afonso da. *Presidencialismo e Parlamentarismo no Brasil* in *Revista de Ciência Política*, nº 33, 1989, p. 9.

União, Governadores de Territórios, presidente e diretores do Banco Central do Brasil e outros servidores públicos.[87]

3.2 Chefia de Governo

A **Chefia de Governo** é atinente à *gestão dos negócios do Estado*, tanto os de natureza política (art. 84, incs. III, IV, *initio*, V, IX, X, XI, XII, XXIII, XXIV, XXVI e XXVIII) quanto os de natureza administrativa (art. 84, incs. I, II, IV, *in fine*, VI, XIII, XVII, XVIII e XXV, da CRFB),[88] *verbi gratia*: iniciar o processo legislativo; sancionar, promulgar e fazer publicar as leis; vetar projetos de lei, total ou parcialmente; propor ao Congresso Nacional a decretação do estado de calamidade pública de âmbito nacional; declarar e executar o estado de defesa, estado de sítio e intervenção federal; remeter mensagem e plano de governo ao Congresso Nacional por ocasião da abertura da sessão legislativa, expondo a situação do País e solicitando as providências que julgar necessárias; conceder indulto e comutar penas, com audiência, se necessário, dos órgãos instituídos em lei; enviar ao Congresso Nacional o plano plurianual, o projeto de lei de diretrizes orçamentárias e as propostas de orçamento; prestar, anualmente, ao Congresso Nacional, dentro de 60 dias após a abertura da sessão legislativa, as contas do exercício anterior; editar medidas provisórias; expedir regulamentos para a fiel execução da lei; dispor, mediante decreto, sobre organização e funcionamento da administração federal, quando não implicar aumento de despesa nem criação ou extinção de órgãos públicos, e extinção de funções ou cargos públicos, quando vagos; exercer o comando supremo das Forças Armadas, nomear os Comandantes da Marinha, Exército e Aeronáutica, promover seus oficiais-generais e nomeá-los para os cargos que lhes são privativos; convocar e presidir o Conselho da República, cujos membros são nomeados pelo Presidente da República, e o Conselho de Defesa Nacional; prover e extinguir os cargos públicos federais e exercer, com o auxílio dos Ministros de Estado, a direção superior da Administração Pública.[89]

3.3 Direção superior da Administração Pública

A Administração Pública é definida como complexo de entidades, órgãos e agentes incumbidos do exercício da função administrativa.[90]

Com efeito, há a distinção entre Administração Pública ou administração pública em sentido subjetivo, imanente à concepção de entidades políticas, administrativas, delegatárias e intermédias, e administração pública ou administração pública em sentido objetivo, inerente ao conceito de atividades administrativas internas e externas. A atividade administrativa interna, referente ao interesse público derivado ou secundário, é qualificada como instrumental, pois dedicada aos servidores públicos em geral. A atividade administrativa externa, relativa ao interesse público originário ou primário, é quantificada como finalística, porque destinada à sociedade em geral, exteriorizada pelo

---

87 STF, ADIn nº 1.480, Rel. Min. Celso de Mello, j. 4.9.1997, *DJU* 18.5.2001.

88 CUNHA, Fernando Whitaker da. *Parlamentarismo e Presidencialismo no Brasil* in *Revista de Direito do Tribunal de Justiça do Estado do Rio de Janeiro*, nº 8, 1991, p. 16.

89 STF, ADIn nº 2.170, Rel. Min. Sepúlveda Pertence, j. 1º.6.2000, *DJU* 4.8.2000.

90 MOREIRA NETO, Diogo de Figueiredo. *Administração Pública no Estado Contemporâneo* in *Revista de Informação Legislativa*, nº 117, 1993, p. 23.

poder de polícia (atuação de condicionamento e limitação dos direitos individuais em benefício do convívio social, desempenhada pelo Poder Legislativo, por intermédio da produção de normas jurídicas, gerais e abstratas, restritivas de direitos de indivíduos, cabendo aos Poderes Executivo e Judiciário as atividades de individualização e concretização das normas legais, nos limites dos poderes que lhes forem atribuídos), intervenção na ordem econômica e social (atuação disciplinativa e substitutiva do processo de produção, circulação e consumo de riquezas, bem como seguridade social, educação, trabalho e outras atividades constitucionalmente enumeradas, pelo qual o Estado corrige as deformações e supre as deficiências da iniciativa privada nesses campos de atuação), fomento (atuação de incentivo ao progresso da sociedade, pelo instrumento dos privilégios financeiros e tributários, sem embargo das agências encarregadas da orientação técnica do direcionamento dos investimentos para o incremento de programas privados de desenvolvimento econômico) e serviço público (atividade executada, direta ou indiretamente, pelo Estado, sob regime jurídico próprio, para o atendimento das necessidades sociais).[91]

Demais disso, a Administração Pública é informada pelo princípio da descentralização administrativa, vale dizer, técnica de especialização funcional de atividades estatais, caracterizada pela repartição do exercício do poder entre entidades e órgãos diferentes, compreendendo as descentralizações hierárquica (desconcentração), institucional (outorga), contratual (delegação) e social (reconhecimento). A descentralização hierárquica importa a transferência da execução de atividades estatais para outro órgão, na mesma entidade política, de arte que a desconcentração não opera a criação de novo ente administrativo, havendo o estabelecimento de relações de subordinação entre organismos, sujeitando-os a controle hierárquico. A descentralização institucional impõe a transferência da execução de atividades estatais para outra entidade administrativa, de maneira que a outorga opera a criação de novo ente administrativo, havendo o estabelecimento de relações de coordenação entre entidades, sujeitando-as a controle finalístico. A descentralização contratual implica a transferência da execução de atividades estatais para entidades privadas, de molde que a delegação indicia a redução do Estado, na ordem econômica. A descentralização social implanta a declaração da eficácia das atividades de interesse público desenvolvidas por unidades sociais, personalizadas ou não, de sorte que o reconhecimento indica a recognição pelo Estado, na ordem social.[92]

Em consequência, a Administração Pública é dividida em três setores. O primeiro setor é pertencente à Administração Pública direta, integralizada por entidades políticas (União, Estados, Distrito Federal e Municípios), no qual há a descentralização hierárquica, e à Administração Pública indireta, integrada por entidades administrativas (autarquias, fundações públicas, empresas públicas e sociedades de economia mista), no qual há a descentralização institucional.[93] O segundo setor é pertinente às entidades delegatárias de serviços públicos, instaurado pela concessão e permissão, em razão da descentrali-

---

91 CASTRO, Carlos Borges de. *Os Princípios da Atividade Administrativa na Constituição de 1988* in *Revista do Tribunal de Contas do Estado de São Paulo*, nº 66, 1991, p. 64.

92 BEZERRA, Pedro de Araújo. *Os Princípios da Administração Pública na Constituição de 1988* in *Revista do Curso de Mestrado de Direito da Universidade Federal do Ceará*, nº 9, 1990, p. 189.

93 STF, RE nº 212.160, Rel. Min. Carlos Velloso, j. 28.9.2001, *DJU* 18.2.2002.

zação contratual.[94] O terceiro setor é próprio das entidades intermediárias entre Estado e sociedade, instituído pela cooperação e colaboração, em virtude da descentralização social,[95] sendo exato que "os arts. 76 e 84, incs. I, II e VI, *a*, todos da CRFB, atribuem ao Presidente da República a posição hierárquica de Chefe supremo da Administração Pública federal, ao qual estão subordinados os Ministros de Estado".[96]

3.4 Garantias do Chefe do Poder Executivo

As **garantias** do Chefe do Poder Executivo são evidenciadas pelo *foro especial por prerrogativa de função, imunidade temporária à prisão provisória* e *imunidade temporária à persecução criminal* de que tratam os arts. 51, inc. I, 86, *caput*, *initio*, e §§ 3º e 4º, e 102, inc. I, *b*, da CRFB,[97] sendo oportuna a remissão ao Item 2.1.3.2.1 do presente capítulo.

[94] STF, RE nº 412.978, Rel. Min. Carlos Britto, j. 31.5.2004, *DJU* 15.6.2004.

[95] STF, Recl. nº 1.414, Rel. Min. Ilmar Galvão, j. 17.2.2000, *DJU* 28.2.2000.

[96] STF, ADIn nº 2.564, Rel. Min. Ellen Gracie, j. 8.10.2003, *DJU* 6.2.2004.

[97] O Presidente da República, terminado o seu mandato, tem direito a utilizar os serviços de quatro servidores, para segurança e apoio pessoal, a dois veículos oficiais com motoristas e ao assessoramento de dois servidores ocupantes de cargos em comissão, custeadas as despesas com dotações próprias da Presidência da República, por força da Lei nº 7.474/86, regulamentada pelo Decreto nº 6.381/08. Entretanto, "a nova ordem jurídica instituída pela Carta de 1988, ao deixar de reproduzir o conteúdo do art. 184 da Constituição de 1967 com a Emenda nº 1 de 1969 – que permitia a concessão de subsídio vitalício aos ex-Presidentes da República –, não admitiu que a União suportasse despesas dessa natureza com aqueles que exerceram a Presidência da República". SCHÜLER, Leonardo Costa. *Direitos Assegurados aos ex-Presidentes da República* in *Consultoria Legislativa*, nº 2, 2008, p. 5, e STF, ADIn nº 1.461, Rel. Min. Maurício Corrêa, j. 26.6.1996, *DJU* 22.8.1997.

Capítulo 28

PODER JUDICIÁRIO

Acesse e assista à aula explicativa sobre este assunto.

> *https://uqr.to/14ugu*

1 CONCEITO

O Poder Judiciário nacional, exercitado por **Tribunais** e **Juízos**, é descrito como complexo de órgãos devotados ao exercício prevalecente da função jurisdicional, que conjuga o Supremo Tribunal Federal e Superior Tribunal de Justiça, bem como as Justiças federais e estaduais, comuns e especializadas,[1] sob o controle finalístico de organismo autônomo.[2]

À luz do exposto, o Poder Judiciário é caracterizado pela *unidade funcional*, dado que "não existem dois Poderes Judiciários, porém duas organizações judiciárias, integrantes de um único Poder e vinculadas ao exercício de uma só função".[3] Em outras palavras: "o Poder Judiciário é nacional. É um único e mesmo Poder, que se positiva por intermédio de vários órgãos estatais – estes, sim, federais e estaduais".[4, 5]

---

1 LESSA, Pedro. *Do Poder Judiciário*. Rio de Janeiro: Francisco Alves, 1951, p. 33.

2 LENZA, Pedro; TAVARES, André Ramos; ALARCÓN, Pietro de Jesus Lora. *Reforma do Poder Judiciário*. São Paulo: Método, 2005, p. 139.

3 BERMUDES, Sergio. *Introdução ao Processo*. 3ª ed. Rio de Janeiro: Forense, 2002, p. 26.

4 DINAMARCO, Cândido; GRINOVER, Ada Pellegrini; CINTRA, Antonio Carlos de Araújo. *Teoria Geral do Processo*. 12ª ed. São Paulo: Malheiros, 1996, p. 158.

5 "As linhas fundamentais da estrutura e funcionamento do Poder Judiciário no Brasil estão traçadas na Constituição da República, que dedica à matéria o Capítulo III do Título IV. Aí se encontra a enumeração dos órgãos que compõem o Poder Judiciário nacional: Supremo Tribunal Federal, Superior Tribunal de Justiça, Tribunais Regionais Federais e Juízes Federais, Tribunais e Juízes do Trabalho, Tribunais e Juízes Eleitorais, Tribunais e Juízes Militares e Tribunais e Juízes dos Estados e do Distrito Federal e Territórios – além do Conselho Nacional de Justiça. No rol do art. 92 devem distinguir-se os órgãos federais e estaduais, tendo em conta que o sistema federativo brasileiro comporta a distribuição dos órgãos públicos em diversos níveis, com a peculiaridade de que, enquanto para o Legislativo e Executivo a divisão se manifesta inclusive na nivelação municipal, para o Judiciário ela se detém no nivelamento federal ou estadual". MOREIRA, José Carlos Barbosa. *Estrutura e Funcionamento do Poder Judiciário no Brasil* in *Justiça: promessa e realidade*. Rio de Janeiro: Nova Fronteira, 1996, p. 35.

2 ESTRUTURA

A **organização judiciária** é dividida em dois planos de análise, a partir do Supremo Tribunal Federal, que se afasta de uma Corte Constitucional, pois que não somente exerce a defesa da Constituição da República, e do Superior Tribunal de Justiça, que se aproxima de uma Corte de Cassação, posto que também executa a defesa da legislação federal, reunidos sob a expressão "organismos de superposição".[6]

Com referência à *natureza dos órgãos judiciais*, há a diferenciação entre Justiça Federal e Justiça Estadual. Aquela é composta pelos órgãos jurisdicionais integrados no ordenamento normativo federal, encerrando a Justiça Federal Comum, Justiça do Trabalho, Justiça Eleitoral e Justiça Militar Federal.[7] Esta é constituída pelos órgãos jurisdicionais integrados no ordenamento normativo estadual, englobando a Justiça Estadual Comum e Justiça Militar Estadual.[8]

Com relação à *competência dos órgãos judiciais*, há a distinção entre Justiça Especializada e Justiça Comum. Uma é dispersada entre órgãos jurisdicionais com competência reservada a matéria determinada, formada pela Justiça do Trabalho, Justiça Eleitoral, Justiça Militar Federal e Justiça Militar Estadual.[9] Outra é distribuída entre órgãos jurisdicionais com competência residual, formalizada pela Justiça Federal Comum e Justiça Estadual Comum.[10]

De acordo com a Emenda Constitucional nº 45/04, que procedeu à Reforma do Poder Judiciário, é dotado o Conselho Nacional de Justiça de atribuição para o controle da atuação administrativa e financeira do Poder Judiciário e do cumprimento dos deveres funcionais dos juízes.[11]

2.1 Supremo Tribunal Federal

O **Supremo Tribunal Federal** é composto por 11 Ministros, escolhidos dentre brasileiros natos, no pleno exercício dos direitos políticos, com mais de 35 e menos de 70 anos de idade, de notável saber jurídico e reputação ilibada, e nomeados pelo Presidente da República, depois de aprovada a indicação pelo voto da maioria absoluta dos membros do Senado Federal, para o exercitamento de competências originárias e recursais, em atenção aos arts. 101 a 103 da CRFB.[12, 13]

A *competência originária* é adstrita ao processo e julgamento, em tema cível, de ação direta de inconstitucionalidade de lei ou ato normativo federal ou estadual e ação

---

6 LISBOA, Gilmar Aprígio. *Organização Judiciária*. Porto Alegre: Síntese, 1999, p. 13.

7 THEODORO JÚNIOR, Humberto. *Justiça Federal* in *Revista Jurídica*, nº 265, 1999, p. 56.

8 CALIXTO, Negi. *Justiça Estadual* in *Revista dos Tribunais*, nº 693, 1993, p. 278.

9 ANDRADE, Clarissa Diniz. *Justiça Especializada* in *Revista do Ministério Público do Estado da Bahia*, nº 1, 1998, p. 44.

10 FONTELES, Cláudio Lemos. *Justiça Comum* in *Boletim dos Procuradores da República*, nº 8, 1998, p. 5.

11 OSÓRIO, Fábio Medina. *Conselho Nacional de Justiça* in *Revista de Direito Administrativo*, nº 221, 2000, p. 95.

12 VIEIRA, Oscar Vilhena. *Supremo Tribunal Federal*. 2ª ed. São Paulo: Malheiros, 2002, p. 127.

13 BARBI, Celso Agrícola. *Supremo Tribunal Federal: competências na Constituição de 1988* in *Revista Forense*, nº 308, 1989, p. 13.

declaratória de constitucionalidade de lei ou ato normativo federal,[14] inclusive o pedido de medida cautelar;[15] mandado de segurança e *habeas data* contra atos do Presidente da República, Mesas da Câmara dos Deputados e do Senado Federal, Tribunal de Contas da União, Procurador-Geral da República, assim como do próprio Supremo Tribunal Federal;[16] litígio entre Estado estrangeiro ou organismo internacional e a União, Estado, Distrito Federal ou Território;[17] causas e conflitos entre a União e Estados, União e Distrito Federal, ou entre uns e outros, contendo as respectivas entidades da Administração Pública indireta;[18] extradição solicitada por Estado estrangeiro;[19] reclamação para a preservação de sua competência e garantia da autoridade de suas decisões;[20] execução de sentença nas causas de sua competência originária, facultada a delegação de atribuições para a prática de atos processuais;[21] ação em que todos os membros da magistratura sejam direta ou indiretamente interessados, e aquela em que mais da metade dos membros do tribunal de origem estejam impedidos;[22] conflitos de competência entre o Superior Tribunal de Justiça e quaisquer tribunais, entre Tribunais Superiores, ou entre estes e qualquer outro tribunal;[23] mandado de injunção, quando a elaboração da norma regulamentadora for atribuição do Presidente da República, Congresso Nacional, Câmara dos Deputados, Senado Federal, Mesas de uma dessas Casas Legislativas, Tribunal de Contas da União, Tribunais Superiores, bem como do próprio Supremo Tribunal Federal;[24] ações contra os Conselhos Nacionais de Justiça e do Ministério Público[25] e ação rescisória de seus julgados,[26] sem embargo, em tema criminal, do Presidente e Vice-Presidente da República, membros do Congresso Nacional, Procurador-Geral da República e seus Ministros nos crimes comuns;[27] Ministros de Estado, Comandantes da Marinha, Exército e Aeronáutica, membros dos Tribunais Superiores e Tribunal de Contas da União e chefes de missão diplomática de caráter permanente nos crimes comuns e de responsabilidade;[28] *habeas corpus*, quando o coator ou paciente for agente público cujos atos estejam sujeitos diretamente à jurisdição do Supremo Tribunal Federal, ou se trate de crime sujeito à mesma jurisdição em uma única instância,[29] e revisão criminal de seus julgados.[30]

A *competência recursal* é afetada ao julgamento, pelo instituto do recurso ordinário, do *habeas corpus*, mandado de segurança, *habeas data* e mandado de injunção decididos

---

14 STF, ADC nº 1, Rel. Min. Moreira Alves, j. 27.10.1993, *DJU* 16.6.1995.
15 STF, ADIn nº 1.280, Rel. Min. Moreira Alves, j. 11.5.1995, *DJU* 10.8.1995.
16 STF, MS nº 22.313, Rel. Min. Sydney Sanches, j. 1º.8.1995, *DJU* 25.8.1995.
17 STF, ACO nº 575, Rel. Min. Celso de Mello, j. 1º.8.2000, *DJU* 18.9.2000.
18 STF, ACO nº 447, Rel. Min. Octavio Gallotti, j. 5.3.1993, *DJU* 14.5.1993.
19 STF, Ext. nº 667, Rel. Min. Celso de Mello, j. 25.9.1995, *DJU* 29.9.1995.
20 STF, Recl. nº 511, Rel. Min. Celso de Mello, j. 9.2.1995, *DJU* 15.9.1995.
21 STF, AC nº 568, Rel. Min. Eros Grau, j. 16.12.2004, *DJU* 1º.2.2005.
22 STF, ACO nº 176, Rel. Min. Carlos Velloso, j. 14.4.1993, *DJU* 18.6.1993.
23 STF, CJ nº 7.025, Rel. Min. Celso de Mello, j. 18.5.1995, *DJU* 9.6.1995.
24 STF, MI nº 403, Rel. Min. Ilmar Galvão, j. 18.8.1994, *DJU* 30.9.1994.
25 STF, ACO nº 2.373, Rel. Min. Teori Zavascki, j. 19.8.2014, *DJU* 6.10.2014.
26 STF, AR nº 1.255, Rel. Min. Maurício Corrêa, j. 5.4.2001, *DJU* 13.6.2003.
27 STF, AP nº 305, Rel. Min. Celso de Mello, j. 12.8.1993, *DJU* 10.9.1993.
28 STF, AP nº 321, Rel. Min. Néri da Silveira, j. 19.2.1998, *DJU* 27.3.1998.
29 STF, HC nº 71.261, Rel. Min. Sepúlveda Pertence, j. 11.5.1994, *DJU* 24.6.1994.
30 STF, RvC nº 5.345, Min. Néri da Silveira, j. 31.10.2001, *DJU* 1º.3.2002.

em única instância pelos Tribunais Superiores, se denegatória a decisão,[31] e crime político,[32] como também, pelo instrumento do recurso extraordinário, das causas decididas em única ou última instância, quando a decisão recorrida contrariar regra constitucional,[33] declarar a inconstitucionalidade de tratado ou lei federal[34] e julgar válida lei ou ato de governo local contestado em face da Constituição da República[35] ou lei local contraditada perante a lei federal.[36, 37]

2.2 Superior Tribunal de Justiça

O **Superior Tribunal de Justiça** é composto por, no mínimo, 33 Ministros, escolhidos dentre brasileiros com mais de 35 e menos de 70 anos, de notável saber jurídico e reputação ilibada, e nomeados pelo Presidente da República, depois de aprovada a indicação pelo Senado Federal, sendo um terço dentre juízes dos Tribunais Regionais Federais, um terço dentre desembargadores dos Tribunais de Justiça e um terço dentre advogados, com mais de dez anos de efetiva atividade profissional, e membros do Ministério Público Federal, Estadual, do Distrito Federal e Territórios, com mais de dez anos de carreira, alternadamente, para a exercitação de competências originárias e recursais, em atendimento aos arts. 104 e 105 da CRFB.[38, 39]

A *competência originária* é alusiva ao processo e julgamento, em tema cível, de mandado de segurança e *habeas data* contra atos de Ministro de Estado, Comandantes da Marinha, Exército e Aeronáutica, assim como do próprio Superior Tribunal de Justiça;[40] conflitos de competência entre os demais tribunais, bem como entre tribunal e juízes a ele não vinculados e entre juízes vinculados a tribunais diversos;[41] reclamação para a preservação de sua competência e garantia da autoridade de suas decisões;[42] conflitos de atribuições entre autoridades administrativas e judiciárias da União, ou entre autoridades

---

31 STF, RMS nº 21.597, Rel. Min. Celso de Mello, j. 29.3.1994, *DJU* 30.9.1994.

32 STF, RHC nº 73.452, Rel. Min. Maurício Corrêa, j. 8.4.1997, *DJU* 27.6.1997.

33 STF, RE nº 173.803, Rel. Min. Moreira Alves, j. 13.9.1995, *DJU* 29.9.1995.

34 STF, RE nº 192.616, Rel. Min. Marco Aurélio, j. 27.10.1995, *DJU* 2.2.1996.

35 STF, RE nº 172.823, Rel. Min. Sydney Sanches, j. 1º.4.1997, *DJU* 19.9.1997.

36 STF, AgRg nº 154.369, Rel. Min. Carlos Velloso, j. 14.11.11995, *DJU* 23.2.1996.

37 Tradicionalmente, a admissibilidade do recurso extraordinário é submetida ao requisito específico ou suplementar do prequestionamento da matéria constitucional levada ao Poder Judiciário, a despeito do cabimento, legitimação para recorrer, interesse em recorrer e inexistência de fato impeditivo ou extintivo do poder de recorrer (requisitos de admissibilidade intrínsecos) e da tempestividade, regularidade formal e preparo (requisitos de admissibilidade extrínsecos). A atividade postulatória do recorrente deve ensejar o entendimento explícito do órgão *a quo* acerca da questão constitucional arguida nas razões recursais, de arte que "o ponto omisso da decisão, sobre o qual não foram opostos embargos declaratórios, não pode ser objeto de recurso extraordinário, por faltar o requisito do prequestionamento". VELOSO, Zeno et al. *Reforma do Poder Judiciário Comentada*. São Paulo: Saraiva, 2005, p. 129.

38 LIMA, Jesus Costa. *Superior Tribunal de Justiça*. Brasília: Brasília Jurídica, 1994, p. 131.

39 VELLOSO, Carlos Mário da Silva. *Superior Tribunal de Justiça: competências na Constituição de 1988* in *Revista Trimestral de Jurisprudência dos Estados*, nº 66, 1989, p. 19.

40 STJ, MS nº 3.302, Rel. Min. Vicente Leal, j. 6.4.1995, *DJU* 29.5.1995.

41 STJ, CJ nº 4.053, Rel. Min. Luiz Vicente Cernicchiaro, j. 18.5.1995, *DJU* 19.6.1995.

42 STJ, Recl. nº 1.372, Rel. Min. Ruy Rosado de Aguiar, j. 6.8.2003, *DJU* 8.9.2003.

judiciárias de um Estado e administrativas de outro ou do Distrito Federal, ou entre as deste e da União, ou entre entes federativos e Comitê Gestor do Imposto sobre Bens e Serviços;[43] mandado de injunção, quando a elaboração da norma regulamentadora for atribuição de outras autoridades, órgãos ou entidades federais, da administração direta ou indireta;[44] homologação de sentenças estrangeiras e concessão de *exequatur* a cartas rogatórias[45] e ação rescisória de seus julgados,[46] sem prejuízo, em tema criminal, dos Governadores de Estados e Distrito Federal nos crimes comuns;[47] membros dos Tribunais Regionais Federais, Eleitorais e do Trabalho, Tribunais de Justiça dos Estados e Distrito Federal, Conselhos ou Tribunais de Contas dos Estados, Distrito Federal e Municípios e Ministério Público da União que oficiem perante tribunais nos crimes comuns e de responsabilidade;[48] *habeas corpus*, quando o coator ou paciente for agente público cujos atos estejam sujeitos diretamente à jurisdição do Superior Tribunal de Justiça[49] e revisão criminal de seus julgados.[50]

A *competência recursal* é atinente ao julgamento, pelo instituto do recurso ordinário, do *habeas corpus* e mandado de segurança decididos em única ou última instância pelos Tribunais Regionais Federais ou Tribunais de Justiça dos Estados e Distrito Federal, se denegatória a decisão,[51] e causas em que forem partes Estado estrangeiro ou organismo internacional e Município ou pessoa residente ou domiciliada no País,[52] como também, pelo instrumento do recurso especial, das causas decididas em única ou última instância, pelos Tribunais Regionais Federais ou Tribunais de Justiça dos Estados e Distrito Federal, quando a decisão recorrida contrariar tratado ou lei federal, ou negar-lhes vigência,[53] julgar válido ato de governo local contestado em face de lei federal[54] e der a lei federal interpretação divergente da que lhe haja atribuído outro tribunal.[55, 56]

---

43 STJ, CAT nº 37, Rel. Min. José Dantas, j. 22.5.1995, *DJU* 10.5.1996.

44 STJ, MI nº 185, Rel. Min. Franciulli Netto, j. 20.10.2004, *DJU* 21.3.2005.

45 STJ, REsp nº 21.699, Rel. Min. Sálvio de Figueiredo Teixeira, j. 30.8.1994, *DJU* 26.9.1994.

46 STJ, AI nº 621.213, Rel. Min. João Otávio de Noronha, j. 4.11.2004, *DJU* 14.2.2005.

47 STJ, AP nº 338, Rel. Min. Carlos Alberto Direito, j. 3.11.2004, *DJU* 14.3.2005.

48 STJ, Inq. nº 352, Rel. Min. Fernando Gonçalves, j. 4.8.2004, *DJU* 4.4.2005.

49 STJ, HC nº 39.467, Rel. Min. Felix Fischer, j. 17.2.2005, *DJU* 14.3.2005.

50 STJ, RvC nº 319, Rel. Min. Hamilton Carvalhido, j. 14.4.2004, *DJU* 1º.7.2004.

51 STJ, RHC nº 3.749, Rel. Min. Vicente Leal, j. 26.9.1995, *DJU* 4.12.1995.

52 STJ, ACO nº 4, Rel. Min. Gueiros Leite, j. 6.2.1990, *DJU* 19.3.1990.

53 STJ, REsp nº 43.037, Rel. Min. Cid Fláquer Scartezzini, *DJU* 29.4.1996.

54 STJ, REsp nº 95.998, Rel. Min. Castro Meira, j. 26.10.2004, *DJU* 7.3.2005.

55 STJ, REsp nº 29.281, Rel. Min. Franciulli Netto, j. 15.8.2002, *DJU* 31.5.2004.

56 Hodiernamente, o deslocamento da competência recursal do Superior Tribunal de Justiça das causas decididas em única ou última instância, quando a decisão recorrida julgar válida lei local, e não também ato de governo local, contestada em face de lei federal, para o Supremo Tribunal Federal, à evidência, franqueia-lhe a possibilidade de apreciar ofensa indireta ou reflexa à Constituição da República, de molde que "a competência de julgar válida lei local contestada em face de lei federal, pelo recurso especial, era do Superior Tribunal de Justiça. A competência derivada, pelo recurso extraordinário, passa a ser do Supremo Tribunal Federal. Nesse tópico, a modificação representou uma ampliação à extensão do recurso extraordinário. O Supremo Tribunal Federal deixa de exercer a jurisdição constitucional para se dedicar a tarefas que antes eram exercidas pelo Superior Tribunal de Justiça. O encargo que diz respeito à sistematização das normas infraconstitucionais foi objeto de deslocamento de um para outro tribunal". AGRA, Walber de Moura et al. *Comentários à Reforma do Poder Judiciário*. Rio de Janeiro: Forense, 2005, p. 116.

2.3 Justiça Federal Comum

A **Justiça Federal Comum** é composta pelos *Tribunais Regionais Federais*, constituídos por, no mínimo, 7 Juízes, escolhidos dentre brasileiros com mais de 30 e menos de 70 anos, quando possível, na respectiva região, e nomeados pelo Presidente da República, sendo um quinto dentre advogados, com mais de dez anos de efetiva atividade profissional, e membros do Ministério Público Federal, com mais de dez anos de carreira, e os demais dentre juízes federais, com mais de cinco anos de exercício, promovidos por antiguidade e merecimento, alternadamente, e *Juízos Federais*, contidos nos limites da circunscrição judiciária, na dicção dos arts. 106 a 110 da CRFB.[57, 58]

Os Tribunais Regionais Federais detêm competência para processar e julgar, originariamente, os juízes federais da área de sua jurisdição, incluídos os da Justiça Militar e da Justiça do Trabalho, nos crimes comuns e de responsabilidade, e os membros do Ministério Público da União, excluída a competência da Justiça Eleitoral;[59] revisões criminais e ações rescisórias de julgados seus ou dos juízes federais da região;[60] mandado de segurança e *habeas data* contra ato do próprio Tribunal ou de juiz federal;[61] *habeas corpus*, quando a autoridade coatora for juiz federal,[62] e conflitos de competência entre juízes federais vinculados ao Tribunal,[63] bem assim julgar, em grau de recurso, as causas decididas pelos juízes federais e pelos juízes estaduais no exercício da competência federal da área de sua jurisdição.[64]

Os Juízos Federais dispõem de competência para processar e julgar as causas em que a União, entidade autárquica ou empresa pública federal forem interessadas na condição de autoras, rés, assistentes ou oponentes, exceto as de falência, as de acidentes de trabalho e as sujeitas à Justiça Eleitoral e à Justiça do Trabalho; causas entre Estado estrangeiro ou organismo internacional e Município ou pessoa domiciliada ou residente no País; causas fundadas em tratado ou contrato da União com Estado estrangeiro ou organismo internacional; crimes políticos e infrações penais praticadas em detrimento de bens, serviços ou interesse da União ou de suas entidades autárquicas ou empresas públicas, excluídas as contravenções e resguardada a competência da Justiça Militar e da Justiça Eleitoral; crimes previstos em tratado ou convenção internacional, quando, iniciada a execução no País, o

---

57 JUCOVSKY, Vera Lúcia. *Justiça Federal Comum*. Brasília: Centro de Estudos Judiciários, 1997, p. 7.

58 THEODORO JÚNIOR, Humberto. *Justiça Federal Comum* in *Revista Jurídica*, nº 265, 1999, p. 56.

59 TRF – 2ª Região, Proc. nº 1998.02.03073-2, Rel. Juiz Chalu Barbosa, j. 10.6.1999, *DJU* 13.7.1999.

60 TRF – 2ª Região, Proc. nº 2002.02.42443-3, Rel. Juiz Rogério Carvalho, j. 27.11.2003, *DJU* 9.12.2003.

61 TRF – 2ª Região, Proc. nº 1994.02.09345-1, Rel. Juiz Poul Dyrlund, j. 5.10.2004, *DJU* 18.10.2004.

62 TRF – 2ª Região, Proc. nº 1998.02.08475-1, Rel. Juiz Sergio Corrêa, j. 24.3.1999, *DJU* 8.6.1999.

63 TRF – 2ª Região, Proc. nº 1998.02.32179-6, Rel. Juiz Fernando Marques, j. 30.11.1998, *DJU* 13.1.2000.

64 TRF – 2ª Região, Proc. nº 2000.02.39886-3, Rel. Juíza Vera Lima, j. 29.11.2000, *DJU* 9.8.2001.

resultado tenha ou devesse ter ocorrido no estrangeiro, ou reciprocamente; causas relativas a direitos humanos; crimes contra a organização do trabalho e, nos casos determinados por lei, o sistema financeiro e ordem econômico-financeira; *habeas corpus*, em matéria criminal de sua competência ou quando o constrangimento provier de autoridade cujos atos não estejam diretamente sujeitos a outra jurisdição; mandado de segurança e *habeas data* contra ato de autoridade federal, excetuados os casos de competência dos tribunais federais; crimes cometidos a bordo de navios ou aeronaves, ressalvada a competência da Justiça Militar; crimes de ingresso ou permanência irregular de estrangeiro, execução de carta rogatória, após o *exequatur*, e de sentença estrangeira, após a homologação, causas referentes à nacionalidade, inclusive a respectiva opção, e naturalização e disputa sobre direitos indígenas.

2.4 Justiça do Trabalho

A **Justiça do Trabalho** é composta pelo *Tribunal Superior do Trabalho*, constituído por 27 Ministros, escolhidos dentre brasileiros com mais de 35 e menos de 70 anos, nomeados pelo Presidente da República e, por força da EC nº 92/16, de notável saber jurídico e reputação ilibada, depois de aprovada a indicação pelo voto da maioria absoluta dos membros do Senado Federal, sendo um quinto dentre advogados, com mais de dez anos de efetiva atividade profissional, e membros do Ministério Público do Trabalho, com mais de dez anos de carreira, e os demais dentre juízes dos Tribunais Regionais do Trabalho, oriundos da magistratura de carreira, *Tribunais Regionais do Trabalho*, construídos por, no mínimo, 7 Juízes, escolhidos dentre brasileiros com mais de 30 e menos de 70 anos, quando possível, na respectiva região, e nomeados pelo Presidente da República, sendo um quinto dentre advogados, com mais de dez anos de efetiva atividade profissional, e membros do Ministério Público do Trabalho, com mais de dez anos de carreira, e os demais dentre juízes do trabalho, promovidos por antiguidade e merecimento, alternadamente, e *Juízos do Trabalho*, contidos nos limites da circunscrição judiciária, na esteira dos arts. 111 a 116 da CRFB.[65, 66]

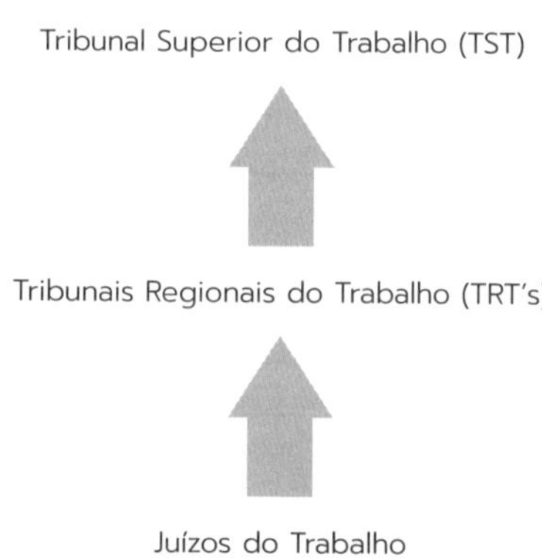

[65] FONSECA, Vicente José da. *Justiça do Trabalho*. São Paulo: LTr, 2001, p. 234.

[66] ROMITA, Arion Sayão. *Justiça do Trabalho* in *Revista LTr: legislação do trabalho e previdência social*, nº 8, 1989, p. 909.

O Tribunal Superior do Trabalho encerra competência para processar e julgar, originariamente, os dissídios individuais e coletivos de natureza econômica ou jurídica, assim como controvérsias em matéria de direito de greve e representação sindical, na esfera de sua jurisdição;[67] reclamação para a preservação de sua competência e garantia da autoridade de suas decisões[68] e litígios relativos ao cumprimento de laudos arbitrais, convenções e acordos coletivos,[69] bem como julgar os recursos interpostos contra pronunciamentos dos Tribunais Regionais do Trabalho.[70]

Os Tribunais Regionais do Trabalho enfeixam competência para processar e julgar, originariamente, os dissídios individuais e coletivos de natureza econômica ou jurídica e homologar as transações incidentais, frustradas a arbitragem e negociação coletiva, no espaço de sua jurisdição;[71] reclamação para a preservação de sua competência e garantia da autoridade de suas decisões;[72] *habeas corpus* e mandado de segurança contra atos dos próprios Tribunais Regionais do Trabalho e dos juízes do trabalho;[73] conflitos de competência que envolvam Varas do Trabalho, Juízos de Direito investidos da jurisdição trabalhista, ou entre uns e outros;[74] ações anulatórias de cláusulas normativas e ações rescisórias propostas para a desconstituição de suas sentenças normativas,[75] como também julgar os recursos interpostos contra provimentos das Varas do Trabalho.[76]

Os Juízos do Trabalho englobam competência para processar e julgar as outras controvérsias decorrentes da relação de trabalho, especialmente ações oriundas do relacionamento de trabalho, abrangidas as entidades de direito público externo e da Administração Pública, direta e indireta, da União, Estados, Distrito Federal e Municípios; ações a respeito do exercício do direito de greve; ações sobre representação sindical que envolvam sindicatos, sindicatos e trabalhadores e sindicatos e empregadores; *habeas corpus*, *habeas data* e mandado de segurança, quando o ato questionado for referente à matéria sujeita à sua jurisdição; conflitos de competência entre órgãos com jurisdição trabalhista; ações de indenização por dano moral ou patrimonial, decorrentes da relação de trabalho; ações relativas às penalidades administrativas impostas aos empregadores pelos órgãos de fiscalização das condições de trabalho e execução, de ofício, das contribuições sociais dos empregadores, incidentes sobre a folha de salários e demais rendimentos do trabalho pagos ou creditados a pessoa física que lhe preste serviço, mesmo sem vínculo empregatício, e dos trabalhadores e demais segurados da previdência social.

---

67 TST, RODC nº 641.077, Rel. Min. Milton de Moura França, j. 13.11.2003, *DJU* 6.2.2004.

68 TST, Recl. nº 45.041, Rel. Min. João Batista Pereira, j. 30.8.2010, *DJU* 17.9.2010.

69 TST, RODI nº 699.608, Rel. Min. Maria Cristina Peduzzi, j. 7.10.2003, *DJU* 24.10.2003.

70 TST, RR nº 726.877, Rel. Min. Antônio José Levenhagen, j. 18.12.2003, *DJU* 27.2.2004.

71 TRT – 1ª Região, RODC nº 22.765, Rel. Juiz Antônio Baptista Moreira, j. 8.8.2000, *DORJ* 11.9.2000.

72 TRT – 1ª Região, RODI nº 9.741, Rel. Juiz Luiz Carlos Bomfim, j. 29.5.1996, *DORJ* 20.6.1996.

73 TRT – 1ª Região, MS nº 329, Rel. Juiz José Martins Júnior, j. 16.3.2000, *DORJ* 10.4.2000.

74 TRT – 1ª Região, CC nº 42, Rel. Juiz José de Mello Porto, j. 25.1.1996, *DORJ* 28.2.1996.

75 TRT – 1ª Região, AA nº 17, Rel. Juíza Dóris de Castro Neves, j. 26.10.1998, *DORJ* 9.4.1999.

76 TRT – 1ª Região, RR nº 24.842, Rel. Juiz Ivan Rodrigues Alves, j. 5.12.2001, *DORJ* 30.8.2002.

2.5 Justiça Eleitoral

A **Justiça Eleitoral** é composta pelo *Tribunal Superior Eleitoral*, constituído por, no mínimo, 7 Ministros, escolhidos dentre brasileiros com mais de 35 e menos de 70 anos, de notável saber jurídico e idoneidade moral, e nomeados pelo Presidente da República, sendo três dentre os Ministros do Supremo Tribunal Federal, três dentre os Ministros do Superior Tribunal de Justiça e dois dentre advogados, indicados por aquele, *Tribunais Regionais Eleitorais*, construídos por 7 Juízes, escolhidos dentre brasileiros com mais de 30 e menos de 70 anos, de notável saber jurídico e idoneidade moral, e nomeados pelo Presidente da República, sendo um dentre juízes federais do Tribunal Regional Federal com sede na Capital do Estado ou Distrito Federal, dois dentre desembargadores, dois dentre juízes de direito do Tribunal de Justiça e dois dentre advogados, indicados por este, *Juntas Eleitorais*, consubstanciadas por um Juiz de Direito, assim como por dois ou quatro cidadãos de notória idoneidade, aprovados pelo Tribunal Regional Eleitoral, designados pela Presidência do mesmo, e *Juízos Eleitorais*, contidos nos limites da circunscrição judiciária, na imposição dos arts. 118 a 121 da CRFB.[77, 78]

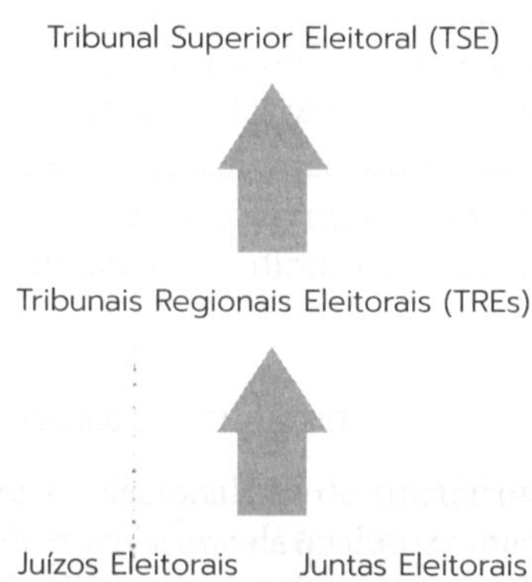

O Tribunal Superior Eleitoral incorpora competência para processar e julgar, originariamente, o registro e a cassação de registro de partido político, diretório nacional e candidatos à Presidência e Vice-Presidência da República;[79] conflitos de jurisdição entre Tribunais Regionais e Juízes Eleitorais de Estados diferentes;[80] crimes eleitorais e comuns que lhes forem conexos praticados por Juízes de Tribunais Eleitorais;[81] *habeas corpus* em matéria eleitoral, referentes a atos do Presidente da República e Ministros de Estado e dos Tribunais Regionais, ou, ainda, quando houver perigo de se consumar a violência antes que o Juiz competente possa prover sobre a impetração;[82] reclamações relativas a obrigações impostas pela legislação aos partidos políticos, quanto à sua contabilidade

---

77 LACERDA, Paulo José Martins. *Justiça Eleitoral*. João Pessoa: Sal da Terra, 2004, p. 78.

78 ROSAS, Roberto. *Justiça Eleitoral* in *Arquivos do Ministério da Justiça*, nº 179, 1992, p. 5.

79 TSE, AC nº 22.055, Rel. Min. Francisco Peçanha Martins, j. 9.9.2004, *DJU* 1º.10.2004.

80 TSE, AC nº 9, Rel. Min. Nilson Vital Naves, j. 16.12.1997, *DJU* 13.2.1998.

81 TSE, AC nº 377, Rel. Min. Eduardo Ribeiro de Oliveira, j. 17.2.2000, *DJU* 2.6.2000.

82 TSE, AC nº 469, Rel. Min. Luiz Carlos Madeira, j. 7.10.2003, *DJU* 31.10.2003.

e apuração da origem dos seus recursos;[83] impugnações à apuração do resultado geral, proclamação dos eleitos e expedição de diploma na eleição de Presidente e Vice-Presidente da República;[84] pedidos de desaforamento dos feitos não decididos nos Tribunais Eleitorais no prazo de 30 dias a contar da conclusão ao relator[85] e ação rescisória, nos casos de inelegibilidade, desde que intentada dentro de 120 dias de decisão irrecorrível,[86] bem como julgar os recursos interpostos das decisões dos Tribunais Regionais, nas hipóteses de contrariedade à expressa disposição da Constituição ou legislação;[87] divergência na interpretação de lei entre dois ou mais Tribunais Eleitorais;[88] denegação de *habeas corpus*, *habeas data*, mandado de injunção ou mandado de segurança;[89] decretação de inelegibilidade ou perda de mandatos eletivos[90] e expedição ou anulação de diplomas nas eleições federais e estaduais.[91]

Os Tribunais Regionais Eleitorais individualizam competência para processar e julgar, originariamente, o registro e a cassação de registro de diretórios de partido político estaduais e municipais e candidatos à Governadoria e Vice-Governadoria do Estado, Congresso Nacional e Assembleia Legislativa;[92] conflitos de jurisdição entre Juízes eleitorais do mesmo Estado;[93] crimes eleitorais cometidos pelos Juízes eleitorais;[94] *habeas corpus* em matéria eleitoral, referentes a atos de autoridades que respondam perante os Tribunais de Justiça por crime de responsabilidade, ou, ainda, quando houver perigo de se consumar a violência antes que o juiz competente possa prover sobre a impetração;[95] reclamações relativas a obrigações impostas pela legislação aos partidos políticos, quanto à sua contabilidade e apuração da origem dos seus recursos[96] e pedidos de desaforamento dos feitos não decididos pelos Juízes eleitorais no prazo de 30 dias a contar da conclusão para julgamento,[97] como também julgar os recursos interpostos dos atos e decisões das Juntas e Juízes Eleitorais, na hipótese de concessão ou denegação de *habeas corpus* ou mandado de segurança.[98]

As Juntas Eleitorais instrumentalizam competência para processar e julgar as impugnações e demais incidentes verificados durante os trabalhos da contagem e apuração das eleições realizadas nas zonas eleitorais sob a sua jurisdição, concluídos no prazo de dez dias, para efeito de diplomação dos eleitos para cargos municipais.

---

83 TSE, AC nº 236, Rel. Min. Raphael Monteiro Filho, j. 23.10.2003, *DJU* 14.11.2003.

84 TSE, AC nº 839, Rel. Min. Walter da Costa Porto, j. 25.9.1997, *DJU* 21.6.2002.

85 TSE, AC nº 14, Rel. Min. Luiz Carlos Madeira, j. 25.11.2004, *DJU* 4.2.2005.

86 TSE, AC nº 207, Rel. Min. Humberto Gomes de Barros, j. 14.4.2005, *DJU* 20.5.2005.

87 TSE, AC nº 357, Rel. Min. Carlos Eduardo Barros, j. 1º.10.2004, *DJU* 29.10.2004.

88 TSE, AC nº 11.627, Rel. Min. Romildo Bueno de Souza, j. 28.9.1990, *DJU* 1º.11.1990.

89 TSE, AC nº 15.164, Rel. Min. Maurício Corrêa, j. 27.8.1998, *DJU* 25.9.1998.

90 TSE, AC nº 20.366, Rel. Min. Sálvio de Figueiredo Teixeira, j. 30.9.2002, *DJU* 15.10.2002.

91 TSE, AC nº 3.512, Rel. Min. Carlos Velloso, j. 24.8.2004, *DJU* 29.10.2004.

92 TRE/RJ, AC nº 28.104, Rel. Juiz Antonio Jayme Boente, j. 28.3.2005, *DORJ* 7.4.2005.

93 TRE/RJ, AC nº 21.757, Rel. Juiz Valmir Martins Peçanha, j. 10.12.2001, *DORJ* 19.12.2001.

94 TRE/RJ, AC nº 28.117, Rel. Juíza Jacqueline Lima Montenegro, j. 4.4.2005, *DORJ* 12.4.2005.

95 TRE/RJ, AC nº 27.847, Rel. Juiz Márcio Pacheco de Mello, j. 17.11.2004, *DORJ* 25.11.2004.

96 TRE/RJ, AC nº 21.167, Rel. Juiz Fernando Marquez de Almeida, j. 12.12.2000, *DORJ* 19.12.2000.

97 TRE/RJ, AC nº 28.052, Rel. Juiz Paulo Espírito Santo, j. 7.3.2005, *DORJ* 30.3.2005.

98 TRE/RJ, AC nº 28.158, Rel. Juiz Marlan de Moraes Marinho, j. 25.4.2005, *DORJ* 5.5.2005.

Os Juízos Eleitorais integram competência para processar e julgar o registro e cassação do registro de candidatos à Prefeitura e Câmara Municipal; crimes eleitorais e comuns que lhes forem conexos, desde que não estejam atribuídos privativamente a instância superior, e *habeas corpus* e mandado de segurança em matéria eleitoral, ressalvada a competência originária do Tribunal Superior e dos Tribunais Regionais, cumprindo-lhe a direção do processo eleitoral.

2.6 Justiça Militar Federal

A **Justiça Militar Federal** é composta pelo *Superior Tribunal Militar*, constituído por 15 Ministros, escolhidos dentre brasileiros com mais de 35 e menos de 70 anos, de notório saber jurídico e conduta ilibada, e nomeados pelo Presidente da República, depois de aprovada a indicação pelo Senado Federal, sendo quatro dentre oficiais-generais do Exército, três dentre oficiais-generais da Marinha e três dentre oficiais-generais da Aeronáutica, todos da ativa e do posto mais elevado da carreira, assim como três dentre advogados, com mais de dez anos de efetiva atividade profissional, e dois dentre juízes-auditores e membros do Ministério Público Militar, e *Conselhos de Justiça Militar*, especiais ou permanentes, constituídos por um Juiz-Auditor e quatro Juízes militares, sob a presidência, dentre estes, de um oficial-general ou oficial superior, de posto mais elevado que o dos demais juízes, ou de maior antiguidade, no caso de igualdade, bem como por um Juiz-Auditor, um Oficial Superior, que será o presidente, e três Oficiais de posto até capitão-tenente ou capitão, na medida dos arts. 122 a 124 da CRFB.[99, 100]

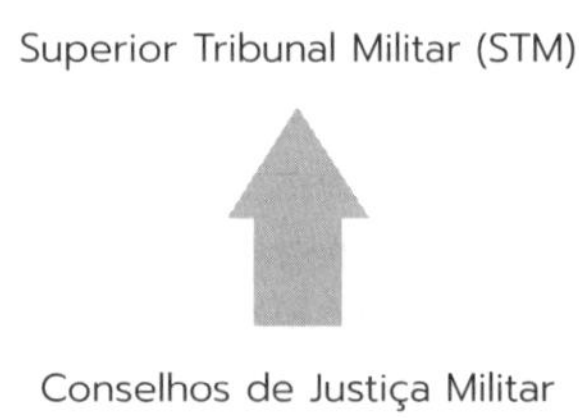

O Superior Tribunal Militar maneja competência para processar e julgar, originariamente, os oficiais generais das Forças Armadas, nos crimes militares;[101] *habeas corpus*, *habeas data* e mandado de segurança contra atos de autoridades da Justiça Militar Federal, como também do próprio Superior Tribunal Militar;[102] pedidos de desaforamento de feitos não decididos;[103] revisão de processos findos;[104] conflitos de competência entre Conselhos de Justiça Militar, Juízes-Auditores, ou entre estes e aqueles, bem assim conflitos de atribuição entre autoridades administrativa e judiciária militares,[105] e julgar os recursos interpostos das decisões dos Juízes de primeira instância.[106]

---

99 LAMAS, Claudia Rocha. *Justiça Militar Federal*. Curitiba: Juruá, 2000, p. 123.

100 PEIXOTO, Antonio. *Justiça Militar Federal* in *Revista do Superior Tribunal Militar*, nº 10, 1988, p. 179.

101 STM, AP nº 2004.01.000049, Rel. Min. Flávio Oliveira Lencastre, j. 26.10.2004, *DJU* 3.2.2005.

102 STM, HC nº 2002.01.033739, Rel. Min. Carlos Alberto Soares, j. 27.6.2002, *DJU* 22.8.2002.

103 STM, Desaf nº 2004.01.000397, Rel. Min. Antônio Carlos Nogueira, j. 9.9.2004, *DJU* 18.10.2004.

104 STM, RvC nº 2001.01.001281, Rel. Min. Marcus Herndl, j. 10.10.2001, *DJU* 17.12.2001.

105 STM, CC nº 2000.01.000299, Rel. Min. Domingos Alfredo Silva, j. 6.4.2000, *DJU* 16.6.2000.

106 STM, Apel nº 2005.01.049862, Rel. Min. Valdésio de Figueiredo, j. 19.4.2005, *DJU* 17.5.2005.

Os Conselhos de Justiça especiais manipulam competência para processar e julgar os oficiais, exceto oficiais-generais, ao passo que os Conselhos de Justiça permanentes manuseiam competência para processar e julgar os acusados que não sejam oficiais, nos crimes militares, ressalvada a competência do júri.

2.7 Justiça Estadual Comum

A **Justiça Estadual Comum** é composta pelo *Tribunal de Justiça*, constituído por Desembargadores em número fixado por lei estadual, sendo um quinto dentre advogados, com mais de dez anos de efetiva atividade profissional, e membros do Ministério Público do Estado, com mais de dez anos de carreira, e os demais dentre juízes de direito, com mais de dois anos de exercício na última ou única entrância, promovidos por antiguidade e merecimento, alternadamente, e *Juízos de Direito*, contidos nos limites da circunscrição judiciária, nas palavras dos arts. 125, *caput*, §§ 1º, 2º, 6º e 7º, e 126 da CRFB.[107, 108]

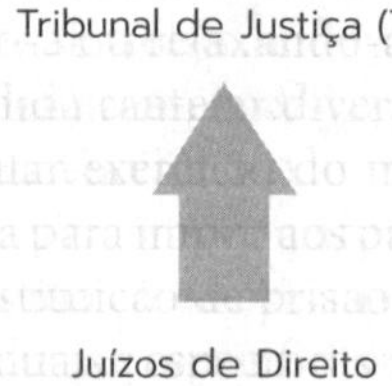

O Tribunal de Justiça porta competência definida na Constituição do Estado, concernindo-lhe, por exemplo, processar e julgar, originariamente, a ação direta de inconstitucionalidade de lei ou ato normativo estadual ou municipal, inclusive a que tenha por objeto a intervenção em Município;[109] Vice-Governador e Deputados Estaduais, nos crimes comuns;[110] Secretários de Estado, Prefeitos, Vice-Prefeitos e Vereadores, Juízes de Direito e membros do Ministério Público, Defensoria Pública e Procuradorias-Gerais do Estado e da Assembleia Legislativa, nos crimes comuns e de responsabilidade, excetuada a competência da Justiça Eleitoral;[111] *habeas corpus*, quando o coator ou paciente for autoridade ou funcionário cujos atos estejam sujeitos diretamente à sua jurisdição, ou se trate de crime cuja ação penal seja de sua competência originária ou recursal;[112] *habeas data* e mandado de segurança contra atos do Governador e Secretários de Estado, Mesa Diretora e Presidente da Assembleia Legislativa, Conselheiros do Tribunal de Contas do Estado, Procuradores-Gerais da Justiça e do Estado, Defensor Público-Geral e Prefeitos da Capital e dos Municípios com mais de 200 mil eleitores, assim como do próprio Tribunal de Justiça;[113] mandado de injunção, quando a elaboração da norma regulamentadora for atribuição de órgão, entidade ou autoridade estadual, da

---

107 ANDRADA, Doorgal Gustavo. *Justiça Estadual Comum*. 2ª ed. Belo Horizonte: Del Rey, 1996, p. 54.

108 MADALENA, Pedro. *Justiça Estadual Comum* in *Revista dos Tribunais*, nº 657, 1990, p. 236.

109 TJRJ, Proc. nº 2003.007.00165, Rel. Des. Roberto Wider, j. 11.3.2005, *DORJ* 9.5.2005.

110 TJRJ, Proc. nº 2004.067.00003, Rel. Des. Índio Brasileiro, j. 25.10.2004, *DORJ* 22.12.2004.

111 TJRJ, Proc. nº 2004.004.00395, Rel. Des. Paulo Ventura, j. 13.9.2004, *DORJ* 16.11.2004.

112 TJRJ, Proc. nº 2002.059.02826, Rel. Des. Nilton Mondego, j. 9.9.2002, *DORJ* 2.4.2003.

113 TJRJ, Proc. nº 2003.004.01560, Rel. Des. Luiz Eduardo Rabello, j. 17.12.2004, *DORJ* 28.3.2005.

Administração Pública estadual, direta ou indireta;[114] execução de sentença nas causas de sua competência originária, facultada a delegação de atribuições para a prática de atos processuais,[115] e revisão criminal e ação rescisória de julgados seus e dos Juízes de Direito, no âmbito de sua competência recursal,[116] bem como julgar, em grau de recurso, as causas decididas em primeira instância.[117]

Os Juízos de Direito possuem competência determinada pelo Código de Organização e Divisão Judiciárias do Estado, convindo-lhes, por exemplo, processar e julgar os feitos da competência dos órgãos judiciais, como prescreve o art. 161 da CERJ, sem embargo do art. 34 da LODJERJ.

2.8 Justiça Militar Estadual

A **Justiça Militar Estadual** é composta pelo *Tribunal de Justiça ou Tribunal de Justiça Militar*, cuja instituição é discricionária nos Estados em que o efetivo militar seja superior a 20 mil integrantes, *Conselhos de Justiça Militar*, sob a presidência do Juiz-Auditor, e *Juízos Militares*, contidos nos limites da circunscrição judiciária, nas regras do art. 125, §§ 3º a 5º, da CRFB.[118, 119]

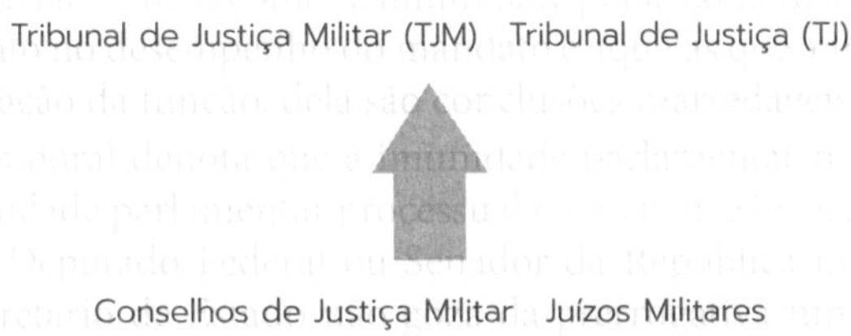

O Tribunal de Justiça ou Tribunal de Justiça Militar retrata competência para processar e julgar, originariamente, a perda do posto e da patente dos oficiais[120] e da graduação das praças.[121]

Os Conselhos de Justiça Militar reúnem competência para processar e julgar os crimes militares que tenham sido cometidos por policiais e bombeiros militares, desde que a vítima não seja civil.[122]

Os Juízos Militares revelam competência para processar e julgar os crimes militares que tenham sido praticados por integrantes da Polícia Militar e do Corpo de Bombeiros Militar, quando a vítima for civil, ressalvada a competência do júri, e as ações judiciais contra atos disciplinares militares, como regulamenta o art. 166 da CERJ, sem exclusão do art. 56 da LODJERJ.

---

114 TJRJ, Proc. nº 2002.046.00012, Rel. Des. Jorge Uchoa, j. 17.11.2003, *DORJ* 23.6.2004.

115 TJRJ, Proc. nº 2003.125.00057, Rel. Des. Miguel Pachá, j. 7.10.2003, *DORJ* 13.2.2004.

116 TJRJ, Proc. nº 2002.006.00098, Rel. Des. Ronald Valladares, j. 7.10.2003, *DORJ* 14.4.2005.

117 TJRJ, Proc. nº 2003.006.00103, Rel. Des. Sylvio Capanema, j. 16.8.2004, *DORJ* 7.10.2004.

118 ROTH, Ronaldo João. *Justiça Militar Estadual*. São Paulo: Juarez de Oliveira, 2003, p. 23.

119 ALMEIDA, Heitor Luiz. *Justiça Militar Estadual* in *Revista do Superior Tribunal Militar*, nº 11, 1986, p. 35.

120 TJRJ, Proc. nº 2002.079.00001, Rel. Des. Luiz Leite Araújo, j. 12.2.2003, *DORJ* 9.7.2003.

121 TJRJ, Proc. nº 2002.050.03544, Rel. Des. Sérvio Túlio Vieira, j. 5.12.2002, *DORJ* 19.3.2003.

122 TJRJ, Proc. nº 2006.008.00261, Rel. Des. Mário Mannheimer, j. 27.2.2007, *DORJ* 6.3.2007.

2.9 Conselho Nacional de Justiça

O **Conselho Nacional de Justiça**, formado por 15 membros com mais de 35 e menos de 66 anos de idade, com mandato de dois anos, admitida, exceto para o Presidente, uma recondução, sendo um Ministro do Supremo Tribunal Federal, um Ministro do Superior Tribunal de Justiça, um Ministro do Tribunal Superior do Trabalho, um Juiz de Tribunal Regional Federal, um Juiz de Tribunal Regional do Trabalho, um Desembargador de Tribunal de Justiça, um Juiz Federal, um Juiz do Trabalho e um Juiz de Direito, definidos pelos órgãos judiciários aos quais estão vinculados, ou não, um membro do Ministério Público da União e um membro de Ministério Público Estadual, denominados pelo Procurador-Geral da República, dois advogados, deliberados pelo Conselho Federal da Ordem dos Advogados do Brasil, e dois cidadãos, de notável saber jurídico e reputação ilibada, designados pela Câmara dos Deputados e Senado Federal, por escolha paritária.

O Conselho Nacional de Justiça é subdividido em Plenário, Presidência, Corregedoria Nacional de Justiça, Comissões, Secretaria-Geral, Departamentos de Pesquisas Judiciárias, de Monitoramento e Fiscalização dos Sistemas Carcerário e de Execução de Medidas Socioeducativas e Ouvidoria. O Plenário, enquanto órgão de autoridade, perante o qual oficiam o Procurador-Geral da República e o Presidente do Conselho Federal da Ordem dos Advogados do Brasil, é composto por todos os Conselheiros, à medida que as Comissões permanentes ou temporárias são compostas por, no mínimo, três Conselheiros, para o estudo de temas e o desenvolvimento de atividades. Ao Presidente e, nas suas ausências e impedimentos, ao Vice-Presidente do Supremo Tribunal Federal tocam a Presidência do Conselho Nacional de Justiça, ao invés da Corregedoria Nacional de Justiça, que é reservada ao Ministro do Superior Tribunal de Justiça. A Secretaria-Geral e os Departamentos de Pesquisas Judiciárias, de Monitoramento e Fiscalização dos Sistemas Carcerário e de Execução de Medidas Socioeducativas, enquanto órgãos de auxílio, são competentes para a preparação técnica de análises e diagnósticos dos diversos segmentos do Poder Judiciário e o acompanhamento de prisões provisórias e definitivas, medidas de segurança e de internação de adolescentes em conflito com a lei, ao passo que a Ouvidoria é competente para a coleta, processamento e transmissão de informações dos serviços jurisdicionais, em articulação com as demais ouvidorias judiciais.[123]

O Conselho Nacional de Justiça é responsável pelo controle da atividade administrativa e financeira dos órgãos jurisdicionais, assim como do cumprimento dos deveres funcionais das autoridades judiciais, por meio de atribuições primárias e secundárias. As atribuições primárias são desmembradas em controle administrativo, exibido pela apreciação, de ofício ou mediante provocação, da legalidade dos atos administrativos praticados por membros ou órgãos do Poder Judiciário, com possibilidade de desconstituição, revisão ou fixação de prazo para que se adotem as providências necessárias ao cumprimento da lei (art. 103-B, § 4º, inc. II, *in fine*), controle financeiro, exposto pela fiscalização da aplicação de recursos e assunção de obrigações, de acordo com os limites estabelecidos na lei de diretrizes orçamentárias (art. 103-B, § 4º, *initio*), e controle disciplinar, exteriorizado pelo recebimento e conhecimento de reclamações contra membros ou órgãos do Poder Judiciário, inclusive contra seus serviços auxiliares, serventias, notários e oficiais de registro e de seus prepostos, sem prejuízo da competência disciplinar e correicional da Instituição,

---

[123] BAETA, Hermann Assis. *Controle do Poder Judiciário*. Brasília: Conselho Federal da Ordem dos Advogados do Brasil, 1999, p. 37.

podendo avocar processos disciplinares em curso, determinar a remoção, disponibilidade ou aposentadoria com subsídios ou proventos proporcionais ao tempo de serviço e aplicar outras sanções administrativas, bem como da revisão, de ofício ou mediante provocação, dos processos disciplinares de juízes, desembargadores ou ministros julgados há menos de um ano (art. 103-B, § 4º, incs. III e V). As atribuições secundárias são demarcadas pela expedição de atos regulamentares, ou recomendação de providências, nos limites de sua atribuição, sem descurar da autonomia do Poder Judiciário, como também da observância das normas jurídicas da Administração Pública, direta ou indireta (art. 103-B, § 4º, incs. I e II, *initio*), representação ao Ministério Público, na hipótese de crime de abuso de autoridade (art. 103-B, § 4º, inc. IV), e elaboração de relatórios, semestrais e anuais, com indicação das providências que julgar necessárias sobre a situação do Poder Judiciário e as atividades do próprio Conselho Nacional de Justiça (art. 103-B, § 4º, incs. VI e VII), entre atribuições outras que lhe forem conferidas pelo Estatuto da Magistratura.[124]

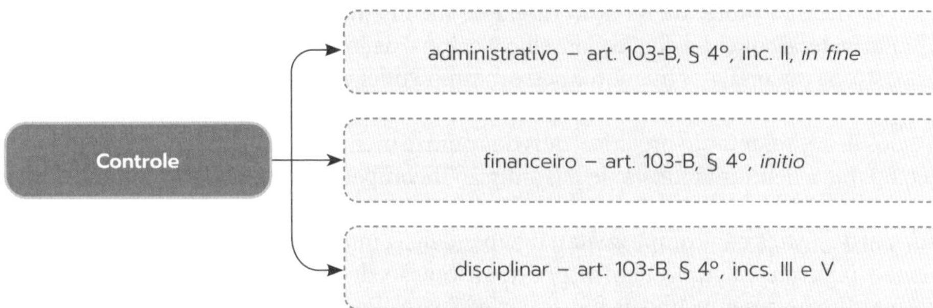

Debruçando-se sobre a questão, a doutrina não é uníssona sobre a *validade da instituição do Conselho Nacional de Justiça*, tendo em vista as normas veiculadas pelos arts. 2º, 18, 25 e 125, além do art. 103-B, incs. X a XIII, e § 4º, da CRFB. De um ângulo, **Ives Gandra da Silva Martins** aduz a inconstitucionalidade da supervisão administrativa, orçamentária, financeira e disciplinar da atividade judiciária, sob a argumentação de que a investidura por tempo certo de membros na origem alheios ao Poder Judiciário violaria o princípio da separação e da independência dos poderes, tal como a sujeição da Justiça Estadual ao controle de Conselho Federal violentaria o princípio federativo: "quanto ao Conselho Nacional de Justiça, entendo que o art. 103-B que o instrumentaliza é em parte inconstitucional, ao determinar que representantes do Legislativo dele façam parte. Em outras palavras, insere-se no órgão de controle da magistratura, elemento de indicação política que, certamente, representará um componente político no controle de funções técnicas – o que, à evidência, constitui um risco, se inconstitucional o dispositivo não fosse, que é. Nesse ponto, portanto, é inconstitucional a Emenda Constitucional nº 45/04 e incompatível o controle da atividade judicial com pessoas estranhas ao Poder Judiciário, em face de o Brasil ser uma democracia presidencialista, na qual há nítida separação de Poderes".[125] De outro ângulo, **Luís Roberto Barroso** advoga a constitucionalidade da supervisão administrativa, orçamentária, financeira e disciplinar da atividade judiciária,

---

124 MARINHO, Josaphat. *Controle do Poder Judiciário* in *Revista da Procuradoria-Geral da República*, nº 3, 1993, p. 39.

125 MARTINS, Ives Gandra da Silva. *Emenda Constitucional. Reforma do Judiciário. Inconstitucionalidade* in *Reforma do Poder Judiciário*. São Paulo: Método, 2005, p. 198.

ao argumento de que não há interferência direta no exercício da função jurisdicional, sendo correto que o Poder Judiciário é caracterizado pela unidade funcional: "o Conselho Nacional de Justiça não viola o princípio da separação de poderes, porquanto é órgão do próprio Judiciário, não de outro Poder, e suas atividades dizem respeito à fiscalização e à supervisão de atividades administrativas, não da atividade privativa do Judiciário. O princípio da separação de poderes não serve de fundamento para pretensões envolvendo a organização interna de cada Poder e a distribuição de atribuições entre órgãos de um mesmo Poder. No mesmo sentido, o Conselho Nacional de Justiça não violenta o princípio da federação, porque é órgão nacional, e não do ente central ou de qualquer dos entes locais, de modo que não há subordinação das estruturas estaduais do Judiciário a um órgão do ente central. O princípio da federação relaciona-se com a autonomia dos entes federados e com a participação deles na formação da vontade dos órgãos nacionais, elementos que em nada são afetados pela criação do organismo de controle da atividade judiciária".[126]

Em decisão proferida na ação direta de inconstitucionalidade nº 3.367, o Supremo Tribunal Federal concluiu que "o Conselho Nacional de Justiça é órgão próprio do Judiciário, composto, na maioria, por membros desse mesmo Poder, nomeados sem interferência direta dos outros Poderes, dos quais o Legislativo apenas indica, fora de seus quadros e, assim, sem vestígios de representação orgânica, dois dos quinze membros, não podendo essa indicação se equiparar a nenhuma forma de intromissão incompatível com a ideia política e o perfil constitucional da separação e independência dos poderes. A composição híbrida do Conselho Nacional de Justiça não compromete a independência interna e externa do Poder Judiciário, pois não julga causa alguma, nem dispõe de atribuição, de nenhuma competência, cujo exercício interfira no desempenho da função jurisdicional. Por fim, o pacto federativo, em relação ao Poder Judiciário, se expressa de forma normativa diversa da que atua sobre os demais Poderes, sendo doutrina assente que o Poder Judiciário tem caráter nacional, consistindo a divisão da estrutura judiciária brasileira, sob equívoca denominação, em 'Justiças', como resultado tão só da repartição racional do trabalho da mesma natureza entre distintos órgãos jurisdicionais. Não é órgão da União Federal, mas sim do Poder Judiciário nacional, de sorte que o Conselho Nacional de Justiça não anula, mas reafirma o princípio federativo".[127, 128]

---

126 BARROSO, Luís Roberto. *Constitucionalidade e Legitimidade do Conselho Nacional de Justiça* in *Reforma do Poder Judiciário*. São Paulo: Revista dos Tribunais, 2005, p. 443.

127 STF, ADIn nº 3.367, Rel. Min. Cezar Peluso, j. 13.4.2005, *DJU* 25.4.2005.

128 Nessa ordem de ideias, o Supremo Tribunal Federal, ao avaliar a constitucionalidade de atos normativos do Conselho Nacional de Justiça, houve por bem delinear três linhas jurisprudenciais. Primeira: o Conselho Nacional de Justiça, sob pena de atividade *ultra vires*, não pode interferir em atos de conteúdo jurisdicional, emanados de quaisquer tribunais ou juízes, nem determinar que eles se abstenham de cumprir leis e atos normativos por aparente vício de inconstitucionalidade. Segunda: ainda que não interfira em atos de conteúdo jurisdicional, o Conselho Nacional de Justiça deveria observância ao princípio da subsidiariedade, pelo qual aos tribunais seria atribuído o exercício prioritário do poder correcional sobre os juízes a eles funcionalmente vinculados, de tal forma que a intervenção do órgão de controle administrativo, disciplinar e financeiro do Poder Judiciário requereria, para legitimar-se, a ocorrência de situações anômalas e excepcionais, como, por exemplo, hipóteses de inércia, simulação investigatória, procrastinação indevida e/ou incapacidade de atuação. Terceira: mesmo que não intervenha no exercício do poder correcional dos tribunais em geral, o Conselho Nacional de Justiça não pode deixar de levar em consideração os costumes locais e as peculiaridades da atividade judicial. STF, MS nº 28.598, Rel. Min. Celso de Mello, j. 14.10.2010, *DJU* 9.2.2011; STF, MS nº 28.801, Rel. Min. Celso de Mello, j. 2.8.2010, *DJU* 6.8.2010, e STF, ADIn nº 4.598, Rel. Min. Luiz Fux, j. 30.6.2011, *DJU* 6.7.2011.

3 FUNCIONAMENTO

O funcionamento dos órgãos jurisdicionais é definido pelo **ativismo judicial**, que, a toda evidência, não se confunde com a judicialização da política e o protago-nismo judicial. Forte nesta premissa, o protagonismo judicial é exteriorizado como uma posição de vértice, a judicialização da política, um fato, e o ativismo judicial, um comportamento.[129]

A expressão "ativismo judicial" pode ser reputada a Arthur Schlesinger Junior, que, ao analisar o perfil dos juízes da Suprema Corte norte-americana em 1947, identificou os "ativistas judiciais" - *Justices* Hugo Black, William O. Douglas, Frank Murphy e Wiley B. Rutledge, Jr. -, os "campeões do autocontrole" - *Justices* Robert H. Jackson, Felix Frankfurter e Harold H. Burton - e, por último, o "grupo intermediário" - *Justice* Stanley F. Reed, sob a liderança do *Chief Justice* Frederick M. Vinson.[130]

A definição de ativismo judicial não é unívoca.

A partir da constatação de cinco significados, o fenômeno sob investigação po-de ser examinado como "prática utilizada para atacar os atos emanados de outros Poderes do Estado, com constitucionalidade defensável", "estratégia de não aplicar os precedentes", "afastamento dos cânones de interpretação", "conduta de legislar desde os tribunais" ou "julgamento predeterminado a um fim".[131]

Em que pese a multiplicidade de significados, permitimo-nos definir o ativismo judicial como método de criação judicial do Direito *extra legem*, porém *intra ius*.

A principal questão do ativismo judicial diz respeito à limitação da atividade criativa do Poder Judiciário, de forma a obter o equilíbrio entre o ativismo e a autocontenção judiciais, em torno de cinco *standards* ou padrões de avaliação sobre a discriminação ou preconceito, deliberação popular, funcionamento da democracia, capacidade técnica e proteção deficiente dos direitos das gerações futuras.

Ativismo ou autocontenção judicial conforme a questão envolva, ou não, minorias objeto de discriminação ou preconceito. As discriminações, sob a forma de preconceitos de origem, raça, sexo, cor ou idade, devem ensejar a participação mais intensa do Poder Judiciário na concretização dos valores constitucionais em jogo. A proteção judicial dos direitos das minorias e dos grupos vulneráveis nas sociedades pluralistas deve compor a agenda dos tribunais constitucionais, em ordem a fornecer efetividade ao direito a ser diferente.

Ativismo ou autocontenção judicial consoante a maior ou menor deliberação popular sobre a matéria. Quanto maior for o grau de deliberação popular no processo de tomada de decisão dos agentes da política, menor deve ser o nível de interferência do Judiciário na esfera de atuação dos outros Poderes do Estado. O tribunal constitucional, como guardião da formação da deliberação popular, deve conter-se frente a organizações de mesma hierarquia. Evidenciar-se-ia, do contrário, uma supremacia inconstitucional daquele em relação a estas.

---

129 HIRSCHL, Ran. *Towards Juristocracy: the origins and consequences of the new constitutionalism*. Cambridge: Harvard University Press, 2007, p. 7.

130 SCHLESINGER JUNIOR, Arthur. *The Supreme Court: 1947 in Fortune Magazine*, 1º.1.1947, p. 202.

131 KMIEC, Keenan. *The Origin and Current Meanings of "Judicial Activism" in Califonia Law Review*, nº 92, 2004, p. 1.463.

Ativismo ou autocontenção judicial conforme a questão envolva, ou não, pres-supostos para o funcionamento da democracia.[132] A democracia é resultado da convivência entre a preservação da vontade da maioria (*majority rule*) e, sobretudo, a proteção dos direitos fundamentais (*minority rigths*). Em linha de princípio, o governo da maioria deve ser protegido, a não ser na hipótese em que a vontade de quem tenha a maioria dos votos imponha ameaça ou lesão à preservação dos direitos fundamentais, quando, então, a regra se inverte.[133]

Ativismo ou autocontenção judicial consoante a maior ou menor capacidade técnica de resolução do litígio. Quanto maior for o nível de capacidade técnica para deslinde da questão jurídica, menor deve ser o grau de interferência do Judiciário na esfera de atuação dos outros Poderes do Estado. O tribunal constitucional, no entanto, dispõe da possibilidade de requisitar informações adicionais, designar perito para que emita parecer sobre a questão, ou fixar data para ouvir depoimentos de pessoas com experiência na matéria, para esclarecimento de circunstância de fato sobre a qual não possua *expertise.*

Ativismo ou autocontenção judicial conforme a questão envolva, ou não, no presente os direitos das gerações do futuro. A proteção deficiente dos direitos das gerações futuras de satisfazer as suas próprias necessidades pode ensejar a participação mais intensa do Poder Judiciário na concretização dos valores constitucionais em jogo. A vinculação às cláusulas pétreas das gerações presentes, como entendemos, há de ser interpretada com moderação. Ela não pode expor os princípios básicos da ordem constitucional, que lhe conferem identidade. Todavia, ela não deve obstar a decisão majoritária dos órgãos de representação popular que tenham a legítima pretensão de ajustar a Constituição à realidade que lhe é subjacente. As cláusulas pétreas, que não resultam na intocabilidade dos enunciados linguísticos da Constituição, dessa forma, têm o condão de impedir a deliberação de proposta de reforma que possa importar em descaracterização do núcleo essencial do bem jurídico tutelado por ela.[134]

Neste contexto, no qual o Poder Judiciário ocupa o epicentro jurídico-constitucional do Estado contemporâneo, por força do ativismo judicial, em grande medida, [135]a atividade jurisdicional é informada por seis princípios constitucionais a partir da Reforma do Judiciário, quais sejam: (i) transcendência, dado que a admissão do recurso extraordinário

---

[132] COMMAGER, Henry. *Majority Rule and Minority Rights*. New York: Peter Smith Pub. Inc., 1980, p. 38-41.

[133] HAHN, Harlan. *Minority Rights and Majority Rule*. New York: John Wiley & Sons Inc., 1976, p. 19-22.

[134] Os limites do ativismo judicial foram expostos pelo Supremo Tribunal Federal no julgamento da ação direta de inconstitucionalidade nº 7.058 e, bem assim, da ação direta de inconstitucionalidade nº 7.223, ocasiões nas quais o tribunal deixou consignado que "muito embora reconheça-se a possibilidade de o Supremo Tribunal Federal adentrar no controle de normas orçamentárias, é imprescindível guardar certa deferência institucional em relação às opções feitas pelas Casas Legislativas, em especial quando esse diálogo vem aperfeiçoado pela análise e rejeição de veto formulado pelo chefe do Poder Executivo", de forma que "conforme jurisprudência desta Corte, a sua atuação frente às soluções encontradas no debate legislativo e nas discussões técnicas dos órgãos governamentais, quando da elaboração e implementação de políticas públicas, deve ocorrer com cautela. Ressalvadas as hipóteses de flagrantes ilegalidade, abuso de poder ou teratologia, impõe-se uma autocontenção do Poder Judiciário". STF, ADIn nº 7.058, Rel. Min. Nunes Marques, j. 4.3.2022, Inf. STF 1.045, e STF, ADIn nº 7.223, Rel. Min. Nunes Marques, j. 12.9.2023, Inf. STF 1.107.

[135] COVER, Robert. *The Origins of Judicial Activism in the Protection of Minorities* in *Yale Law Journal*, nº 91, 1982, p. 1.287.

é condicionada à demonstração da repercussão geral da questão constitucional discutida no caso concreto;[136] (ii) celeridade processual, eis que a todos, no âmbito judicial e administrativo, são assegurados a razoável duração do processo e os meios que garantam a eficiência na sua tramitação;[137] (iii) publicidade dos atos processuais, já que os julgamentos do Poder Judiciário são públicos, podendo a presença, em certos atos, ser limitada às próprias partes e a seus advogados, ou somente a estes, em casos nos quais a preservação do direito à intimidade do interessado no sigilo não prejudique o interesse público à informação;[138] (iv) pluralidade dos meios de acesso à justiça, posto que os Tribunais devem instalar a Justiça itinerante, como também podem funcionar descentralizadamente, pela instituição das Câmaras regionais;[139] (v) federalização das graves violações de direitos humanos, tendo que a competência é suscetível de deslocamento para a Justiça Federal, a requerimento do Procurador-Geral da República, com a finalidade de assegurar o cumprimento de obrigações decorrentes de tratados dos quais o Brasil seja parte,[140] e (vi) precedente judiciário e súmula de tribunal de aplicação obrigatória, visto que a súmula aprovada, revisada ou cancelada, de ofício ou por iniciativa de legitimado ativo para ação direta de inconstitucionalidade, por dois terços dos membros do Supremo Tribunal Federal, quanto à interpretação, validade e eficácia de normas determinadas, é dotada de efeito vinculante relativamente aos demais órgãos do Poder Judiciário e à Administração Pública, direta ou indireta, nas esferas federal, estadual e municipal.[141] Os institutos em epígrafe se desenvolvem em uma relação de complementaridade, forte na argumentação de que recursos extraordinários que houverem sido julgados com a preliminar de repercussão geral da questão constitucional, por primeiro,[142] podem demandar a aprovação, revisão ou cancelamento de enunciados ou verbetes da súmula da jurisprudência predominante com eficácia vinculante, por último.[143]

3.1 Transcendência

A *repercussão geral da questão constitucional, ex autoritate* art. 102, § 3º, da CRFB, é conceituada como requisito intrínseco da admissibilidade do recurso extraordinário que, à semelhança do *writ of certiorari*, desempenha a função de "filtragem processual", em

---

136 BERMUDES, Sérgio. *A Reforma do Judiciário pela Emenda Constitucional nº 45/04*. Rio de Janeiro: Forense, 2005, p. 54.

137 FERREIRA FILHO, Manoel Gonçalves. *A Reforma do Poder Judiciário*. São Paulo: Instituto Roberto Simonsen, 1997, p. 15.

138 STRECK, Lenio Luiz et al. *Comentários à Reforma do Poder Judiciário*. Rio de Janeiro: Forense, 2005, p. 86.

139 LENZA, Pedro et al. *Reforma do Poder Judiciário*. São Paulo: Método, 2005, p. 425.

140 WAMBIER, Teresa Alvim et al. *Reforma do Poder Judiciário*. São Paulo: Revista dos Tribunais, 2005, p. 269.

141 BASTOS, Márcio Thomaz et al. *Reforma do Poder Judiciário*. v. XXI. Brasília: Centro de Estudos Judiciários, 2003, p. 87.

142 LOR, Encarnacion Alfonso. *Súmula Vinculante e Repercussão Geral*. São Paulo: Revista dos Tribunais, 2009, p. 42.

143 THEODORO JÚNIOR, Humberto. *Repercussão Geral do Recurso Extraordinário e Súmula Vinculante do Supremo Tribunal Federal* in *Revista IOB de Direito Civil e Processual Civil*, nº 48, 2007, p. 100.

ordem a permitir o controle do volume de processos submetidos à cognição jurisdicional e, *a fortiori*, assegurar certo grau de estabilidade normativa.[144]

Dentro dessa perspectiva, em nível de Direito Constitucional comparado, a Suprema Corte dos Estados Unidos da América tem competência para processo e julgamento do *writ of certiorari* sobre o qual versa a regra 10 das *Rules of the Supreme Court*, por meio do qual o acesso ao organismo de cúpula do sistema judiciário federal é condicionado à demonstração de importantes e especiais razões para tanto.[145]

O *writ of certiorari* é oriundo do *Judiciary Act of 1891* ou *Evarts Act*, de 3 de março de 1891,[146] tendo a sua utilização processual sido notavelmente estendida, por parte da Suprema Corte, então sob a presidência do *Chief Justice* William Howard Taft, após a publicação do *Judiciary Act of 1925* ou *Judge's Bill*, de 13 de fevereiro de 1925.[147]

Posteriormente, o *Supreme Court Case Selections Act*, de 27 de junho de 1988, estabeleceu as linhas mestras do *writ of certiorari*, definindo-o como uma ordenação dada por uma Corte superior a uma Corte inferior, a fim de que lhe remeta um determinado caso, para que seja revisto por aquela. O peticionário deve explicar por que é vital para o sistema que a questão constitucional seja decidida, em última instância, pela Suprema Corte. Não basta, pois, demonstrar que a decisão tenha sido errônea. Todas as petições recebidas são colocadas *on the docket*, para triagem, e as impugnações que obtiverem quatro votos (*rule of four*) são incluídas em pauta para serem sustentadas (*oral argument*) e receberem uma decisão de mérito devidamente fundamentada (*assigned opinion*).[148]

Não há falar em direito das partes do processo à revisão judicial. Muito pelo contrário, a acessibilidade das partes do processo à Corte Suprema é garantida quando estiverem presentes, a critério dela própria, *compelling reasons*. Ostenta, portanto, o Tribunal, discricionariedade judicial (*discretionary method of review*) para conhecer, ou não, das questões constitucionais que lhe sejam subordinadas.

Em nível de Direito Constitucional brasileiro, o recurso extraordinário tem a sua admissibilidade condicionada à demonstração da repercussão geral. O art. 1.035 do CPC fixa algumas coordenadas para a aferição da repercussão geral, ao estatuir o órgão competente, a matéria constitucional cuja relevância e transcendência deve o recorrente se desincumbir do ônus processual de demonstrar e o procedimento adequado para analisá-la.

---

144 A filtragem processual não se limita à repercussão geral da questão constitucional, na medida em que o controle do volume de processos afetados a julgamento do Plenário do Supremo Tribunal Federal pode ser obtido, *ad exemplum*, pela definição da pauta de julgamento. MARINONI, Luiz Guilherme; MITIDIERO, Daniel. *Repercussão Geral no Recurso Extraordinário*. São Paulo: Revista dos Tribunais, 2007, p. 18, e DIMOULIS, Dimitri; LUNARDI, Soraya Regina Gasparetto. *O Poder de Definição da Pauta no Supremo Tribunal Federal: reflexões sobre um caso de configuração autocriativa do processo objetivo* in *Revista dos Tribunais*, nº 878, 2008, p. 11.

145 Regras da Suprema Corte, regra 10: "A revisão com base no *writ of certiorari* não é matéria de direito, senão que de pura discricionariedade judicial da Corte e será concedida apenas quando se verifiquem razões e motivos especiais para isso". Disponível em: <http://www.supremecourtus.gov>. Acesso em: 13.10.2010.

146 Evarts Act, 26 Stat. 826 (1891).

147 Judge's Bill, 43 Stat. 936 (1925).

148 Supreme Court Case Selections Act, 102 Stat. 662 (1988).

A competência para a aferição da existência da repercussão geral é afeta ao Supremo Tribunal Federal, embora o organismo *a quo* disponha da possibilidade de não admitir o recurso extraordinário em que o requisito objetivo não haja sido afirmado.

No interior do Supremo Tribunal Federal, como as questões constitucionais levadas ao seu conhecimento pelo recurso extraordinário gozam da presunção relativa de repercussão geral, a competência para recusá-la pelo voto de dois terços dos seus membros, toca ao Plenário, a não ser que a Turma tenha decidido pela existência da repercussão geral e, por conseguinte, dispensado a remessa do recurso extraordinário ao Pleno por, no mínimo, quatro votos.[149]

A repercussão geral é caracterizada pelo binômio relevância-transcendência, de arte que a questão constitucional tem de ser relevante, além de transcender os interesses subjetivos da causa.

A relevância pode ser qualificada como econômica, jurídica, política ou social, sendo certo que a repercussão geral deve ser demonstrada em todos os recursos extraordinários, inclusive nos criminais.[150]

A transcendência pode ser examinada do ponto de vista qualitativo ou quantitativo. Pelo aspecto qualitativo, o importe da questão constitucional debatida para a sistematização e o desenvolvimento do Direito é levado em consideração pelo Supremo Tribunal Federal. Pelo aspecto quantitativo, a transcendência diz respeito ao número de pessoas suscetíveis de alcance, atual e futuro, pela decisão da questão constitucional pelo Supremo Tribunal Federal e à natureza do direito sob exame, individual ou metaindividual.[151]

O recurso extraordinário que se direcione à impugnação de decisão contrária a súmula ou jurisprudência predominante do Supremo Tribunal Federal, ou mesmo de decisão que tenha reconhecido a inconstitucionalidade de tratado ou lei federal,[152] em qualquer hipótese, é provido de repercussão geral.[153]

O procedimento para a análise da existência da repercussão geral e os efeitos de sua configuração, ou não, sofrem algumas adaptações em caso de múltiplos recursos que se fundamentem sobre idêntica controvérsia.

Em princípio, a repercussão geral deve ser demonstrada em questão preliminar, formal e fundamentada, suscitada em cada recurso extraordinário, não havendo cogitar-se, a toda evidência, em demonstração implícita da questão constitucional ventilada nos autos. Afirmada a existência da repercussão geral, presentes os demais requisitos de admissibilidade, tem o Supremo Tribunal Federal de conhecer o recurso extraordinário, apreciando o seu mérito. Negada a existência da repercussão geral, o provimento judicial tem efeito pamprocessual, de modo que os outros recursos sobre controvérsia idêntica não são conhecidos liminarmente, estando o Supremo Tribunal Federal autorizado a recusar-se a dar-lhes seguimento de plano.[154]

---

149 STF, AI nº 664.567, Rel. Min. Sepúlveda Pertence, j. 18.6.2007, *DJU* 6.9.2007.

150 STF, RE nº 611.023, Rel. Min. Joaquim Barbosa, j. 15.5.2012, *DJU* 4.6.2012.

151 STF, RE nº 660.970, Rel. Min. Luiz Fux, j. 8.12.2011, *DJU* 21.6.2012.

152 STF, ADIn nº 5.492, Rel. Min. Dias Toffoli, j. 25.4.2023, *DJU* 9.8.2023.

153 STF, RE nº 569.476, Rel. Min. Ellen Gracie, j. 2.4.2008, *DJU* 25.4.2008.

154 STF, RE nº 663.637, Rel. Min. Carlos Britto, j. 12.9.2012, *DJU* 27.9.2012.

Quando houver multiplicidade de recursos extraordinários com fundamento em idêntica controvérsia, a aferição da repercussão geral deve ser processada por amostragem. Ao Juízo ou Tribunal de origem compete selecionar um ou mais recursos extraordinários representativos da controvérsia idêntica e encaminhá-los ao Supremo Tribunal Federal para a análise da repercussão geral, sobrestando os demais até o pronunciamento definitivo da Corte. Afirmada a existência da repercussão geral, os recursos extraordinários sobrestados até então devem ser apreciados pelos Tribunais, Turmas de Uniformização ou Turmas Recursais, Cíveis ou Criminais, restando ao Supremo Tribunal Federal cassar ou reformar, liminarmente, os acórdãos contrários à orientação firmada. Negada a existência de repercussão geral, os recursos extraordinários que se encontravam sobrestados na origem, aguardando a decisão, são automaticamente considerados como não admitidos.[155, 156]

3.2 Celeridade processual

A *razoável duração do processo*, *ex causa* art. 5º, inc. LXXVIII, da CRFB, é concebida como direito à eficiente realização do processo pelo qual se leva o pedido à cognição judicial ou administrativa, por intermédio da preordenação das medidas necessárias à celeridade processual.[157] Somos do entendimento de que o processo legislativo, da mesma forma que os processos administrativo e judicial, é influenciado pelo princípio da razoável duração, tanto que as deliberações do Poder Legislativo não podem se estender indefinidamente, devendo a Casa iniciadora, na hipótese de modificação no sentido da proposição jurídica, limitar-se a discussão da emenda parlamentar que houver sido apresentada pela Casa revisora.

O direito à razoável duração do processo indica a necessidade de aceleração do processo, em razão de técnicas extraprocessuais, extrajudiciais e judiciais.[158] As técnicas extraprocessuais são evidenciadas pela reorganização judiciária, mudança do perfil do operador do Direito, alteração no regime de custas processuais e investimentos tecnológicos e materiais no Poder Judiciário. As técnicas extrajudiciais são exteriorizadas pela autotutela, autocomposição, heterocomposição e arbitragem. As técnicas judiciais são externadas pela diferenciação da tutela jurisdicional, desformalização do processo, sumarização procedimental, tutela jurisdicional coletiva, julgamento antecipado do mérito da lide, abreviação do procedimento recursal, limitação de acesso aos tribunais, execução por título executivo extrajudicial, execução provisória da sentença, manipulação do fator despesas processuais e honorários advocatícios e sanções processuais ao protelador.[159, 160]

---

155 STF, AI nº 725.604, Rel. Min. Dias Toffoli, j. 1º.6.2010, *DJU* 17.9.2010.

156 Regimento Interno do Supremo Tribunal Federal, art. 328, *caput*, *initio*: "Protocolado ou distribuído recurso cuja questão for suscetível de reproduzir-se em múltiplos feitos, a Presidência do Tribunal ou o(a) Relator(a), de ofício ou a requerimento da parte interessada, comunicará o fato aos Tribunais ou Turmas de Juizado Especial". Disponível em: <http://www.stf.gov.br>. Acesso em: 13.10.2010.

157 TUCCI, José Rogério Cruz e. *Tempo e Processo*. São Paulo: Revista dos Tribunais, 1997, p. 66.

158 GAJARDONI, Fernando da Fonseca. *Técnicas de Aceleração do Processo*. São Paulo: Lemos & Cruz, 2003, p. 76.

159 SILVEIRA, Felipe da. *A Proteção à Probidade e Celeridade Processual. Novas Ferramentas no Combate à Má-Fé Processual* in *Revista de Processo*, nº 165, 2008, p. 157.

160 STF, AI nº 841.941, Rel. Min. Cármen Lúcia, j. 6.4.2011, *DJU* 19.4.2011.

O direito à razoável duração do processo indicia a possibilidade de responsabilização civil do Estado pela demora na prestação jurisdicional,[161] em virtude da transgressão do dever jurídico originário ou primário de disponibilização de tutela adequada, efetiva e tempestiva das necessidades de Direito Material,[162] a despeito da jurisprudência do Supremo Tribunal Federal: "o Estado não é civilmente responsável pelos atos do Poder Judiciário, a não ser nas situações expressamente declaradas em lei, porquanto a administração da justiça é um dos privilégios da soberania. Assim, pela demora da decisão de uma causa responde civilmente o Juiz, quando incorrer em dolo ou fraude, ou ainda sem justo motivo recusar, omitir ou retardar medidas que deve ordenar de ofício ou a requerimento da parte".[163]

O direito à razoável duração do processo é informado por alguns critérios, especialmente o bem jurídico em jogo, complexidade da causa ou recurso, comportamento das partes,[164] "notadamente as iniciativas processuais tomadas por elas, e maneira pela qual o processo é conduzido pelo órgão judiciário".[165]

Exemplo de razoável duração do processo é fornecido pelo art. 1.048 do CPC, segundo o qual os procedimentos judiciais em que figure como parte ou interessado pessoa com idade igual ou superior a 60 anos, ou portadora de deficiência, física, sensorial ou mental, ou doença grave, têm prioridade de tramitação em todas as instâncias.

3.3 Publicidade dos atos processuais

A *publicidade da atividade judicial*, *ex iure* arts. 5º, inc. LX, e 93, inc. IX, da CRFB, é conformada pela possibilidade do exame dos autos por qualquer pessoa e presença do público nas audiências e sessões, ressalvadas as hipóteses nas quais a preservação do direito à intimidade do interessado no sigilo não prejudique o interesse público à informação.[166]

Em consequência, a publicidade dos atos processuais pode ser investigada sob dois prismas. O direito de consultar os autos é assegurado para o controle da atividade desempenhada pelos órgãos do Poder Judiciário, assim como para a plenitude do direito de defesa e recursos a ela inerentes. O direito de participar das audiências e sessões é atribuído às partes e seus advogados, ou somente a estes, quando a defesa da intimidade ou interesse social o exigirem,[167] sendo exato que o apregoamento dos atos constituintes do procedimento judicial tem a função política de legitimação do exercício da função jurisdicional, uma vez que o Poder Judiciário, ao contrário dos Poderes Executivo e Legislativo, não é alcançado pela legitimidade proveniente de eleições populares.[168]

---

[161] ANNONI, Danielle. *Responsabilidade do Estado pela Demora na Prestação Jurisdicional*. Rio de Janeiro: Forense, 2003, p. 107.

[162] DELGADO, José Augusto. *A Demora na Entrega da Prestação Jurisdicional. Responsabilidade do Estado* in *Revista Trimestral de Direito Público*, nº 14, 1996, p. 259.

[163] STF, RE nº 70.121, Rel. Min. Djaci Falcão, j. 13.10.1971, *DJU* 30.3.1973.

[164] DELMAS-MARTY, Mireille. *Por um Direito Comum*. São Paulo: Martins Fontes, 2004, p. 131.

[165] STF, ADIO-QO nº 25, Rel. Min. Gilmar Mendes, j. 20.5.2020, *DJU* 12.11.2020.

[166] ALBERTON, Cláudia Marlise da Silva. *A Publicidade dos Atos Processuais*. Rio de Janeiro: Aide, 2000, p. 27.

[167] NAVARRETE, Antonio Lorca. *A Necessária Motivação das Decisões Judiciais* in *Revista Brasileira de Direito Processual*, nº 57, 1988, p. 123.

[168] STF, HC nº 69.013, Rel. Min. Celso de Mello, j. 24.3.1992, *DJU* 1º.7.1992.

3.4 Pluralidade dos meios de acesso à justiça

A *Justiça itinerante, ex professo* arts. 107, § 2º, 115, § 1º, e 125, § 7º, da CRFB, é consubstanciada à realização de audiências e demais funções da atividade jurisdicional, nos limites territoriais da respectiva jurisdição, servindo-se de equipamentos públicos e comunitários.[169]

A organização da Justiça itinerante é composta por unidade móvel, para agilizar o atendimento inicial dos interessados e realização de audiências, e estrutura cartorária simplificada, para o registro e lançamento estatístico, guarda e arquivamento dos documentos procedimentais e efetuação das demais tarefas necessárias ao bom andamento dos trabalhos, havendo a possibilidade de parceria entre o Poder Judiciário e o Poder Executivo na alocação de recursos humanos para o projeto.

A operacionalização da Justiça itinerante é comprometida às populações residentes em Municipalidades que não sejam Comarcas ou Distritos e localidades distantes dos fóruns das Comarcas-sede em Municípios de grande extensão territorial, hipossuficientes econômica e tecnicamente.[170]

Os Tribunais Regionais Federais, Tribunais Regionais do Trabalho e Tribunais de Justiça dos Estados e do Distrito Federal e Territórios poderão instituir Câmaras regionais e delegar a prática de atos de administração e de mero expediente sem caráter decisório aos servidores.[171]

3.5 Federalização das graves violações de direitos humanos

O *incidente de deslocamento de competência, ex vi* art. 109, inc. V-A e § 5º, da CRFB, é consagrado ao cumprimento de obrigações decorrentes de tratados internacionais de direitos humanos dos quais o Brasil seja parte, por iniciativa do Procurador-Geral da República, em qualquer fase da persecução.[172]

O incidente pressupõe a grave violação de direitos humanos, que determina a responsabilidade internacional, no caso de violação de obrigações assumidas pela União,[173] e quadro de omissões das autoridades estaduais constituídas, que não exclui a realização de investigações pela Polícia Federal, no caso de ilícito de repercussão interestadual ou internacional que exija repressão uniforme, em atenção à Lei nº 10.446/02.[174]

---

169 CABRAL, José Bernardo. *A Promessa Constitucional de Acesso à Justiça e de Participação Popular.* Brasília; Senado Federal, 2002, p. 7.

170 PINI, Sueli Pereira. *A Experiência do Juizado Itinerante* in *Revista do Centro de Estudos Judiciários,* nº 17, 2002, p. 71.

171 STF, RE nº 343.866, Rel. Min. Ellen Gracie, j. 31.5.2005, *DJU* 24.6.2005.

172 LOUREIRO, Sílvia Maria da Silveira. *Tratados Internacionais sobre Direitos Humanos na Constituição.* Belo Horizonte: Del Rey, 2005, p. 107.

173 GÓIS, Ewerton. *A Responsabilidade Internacional por Violação de Direitos Humanos.* Campinas: Servanda, 2011, p. 34.

174 COELHO, Inocêncio Mártires. *A Federalização dos Crimes contra os Direitos Humanos* in *Revista da Fundação Escola Superior do Ministério Público do Distrito Federal e Territórios,* nº 11, 1998, p. 83.

O incidente produz o deslocamento de competência de justiça, assegurada a competência do Tribunal do Júri,[175] bem como a competência por prerrogativa de função, no domínio da Justiça Federal Comum, em atendimento à Resolução STJ nº 6/05.[176]

O incidente revela que, a nosso sentir, o Superior Tribunal de Justiça tem competência sobre matéria constitucional no tocante aos direitos humanos, da mesma forma que o Supremo Tribunal Federal tem competência sobre matéria legal, a exemplo da ação de executoriedade de lei federal sobre a qual versa o art. 36, inc. III, *in fine*, e do recurso extraordinário contra decisão que tenha julgada válida lei local contestada em face de lei federal a que se refere o art. 102, inc. III, *d*, da CRFB.

A jurisprudência teve a oportunidade de deixar consignado que "o deslocamento de competência, em que a existência de crime praticado com grave violação aos direitos humanos é pressuposto de admissibilidade do pedido, imprescinde da demonstração concreta de risco de descumprimento de obrigações decorrentes de tratados internacionais firmados pelo Brasil, resultante da inércia, negligência, falta de vontade política ou de condições reais do Estado-membro, por suas instituições, em proceder à devida persecução penal".[177] "Mostra-se, na hipótese, conveniente o deslocamento da investigação e do processamento da ação penal para os organismos federais com atribuição e competência no local do fato principal",[178] sendo evidente se tratar de "medida constitucional excepcional".[179]

3.6 Precedente judicial e súmula de tribunal de aplicação obrigatória

Os *verbetes da súmula da jurisprudência predominante com eficácia vinculante* são definidos como enunciados jurídicos aprovados, revisados ou cancelados, de ofício ou por iniciativa de legitimado para ação direta de inconstitucionalidade, por dois terços dos membros do Supremo Tribunal Federal, quanto à interpretação, validade e eficácia de normas determinadas, em relação aos demais órgãos do Poder Judiciário e à Administração Pública, direta ou indireta, nas esferas federal, estadual, distrital e municipal, sob pena de reclamação.[180]

Pelo fio do exposto, considerando o trinômio igualdade – estabilidade – previsibilidade na entrega da prestação jurisdicional,[181] a súmula com efeito vinculante promove a aproximação entre o controle difuso, instaurado pela via de exceção, dado que a súmula traduz reiteradas decisões acerca de matéria constitucional,[182] e o controle concentrado, instituído pela via de ação direta, eis que o efeito vinculante transcende as controvérsias atuais entre órgãos judiciários e administrativos ou organismos judiciais entre si que moti-

---

175 CAZETTA, Ubiratan. *Direitos Humanos e Federalismo: o incidente de deslocamento de competência*. São Paulo: Atlas, 2009, p. 43.

176 PIOVESAN, Flávia Cristina. *Direitos Humanos e Jurisdição Supranacional: a exigência da federalização* in *Boletim dos Procuradores da República*, nº 16, 1999, p. 16.

177 STJ, IDC nº 1, Rel. Min. Arnaldo Esteves Lima, j. 8.6.2005, *DJU* 19.7.2005.

178 STJ, IDC nº 2, Rel. Min. Laurita Vaz, j. 27.10.2010, *DJU* 22.11.2010.

179 STJ, IDC nº 3, Rel. Min. Jorge Mussi, j. 10.12.2014, *DJU* 2.2.2015.

180 TUCCI, José Rogério Cruz e. *Precedente Judicial como Fonte do Direito*. São Paulo: Revista dos Tribunais, 2004, p. 147.

181 MANCUSO, Rodolfo de Camargo. *Divergência Jurisprudencial e Súmula Vinculante*. São Paulo: Revista dos Tribunais, 1999, p. 297.

182 TAVARES, André Ramos. *Teoria da Justiça Constitucional*. São Paulo: Saraiva, 2005, p. 221.

varam a jurisprudência assentada pelo Supremo Tribunal Federal, em decorrência de grave insegurança jurídica e de relevante multiplicação de processos sobre questão idêntica, de constitucionalidade de leis e atos normativos.[183]

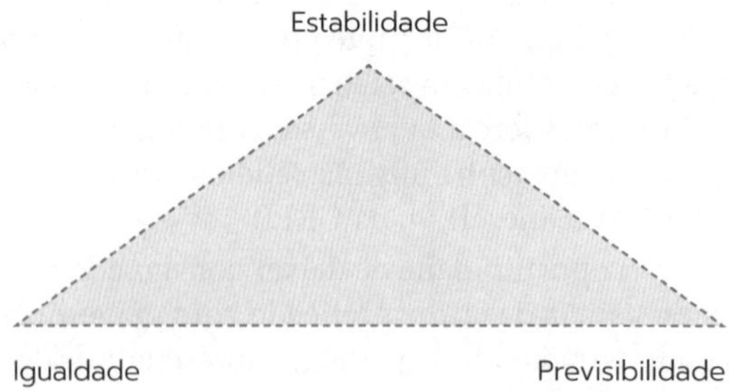

3.6.1 *Origem*

A súmula vinculante, na ordem jurídica brasileira, remonta à interpenetração dos domínios da *Civil Law*, sistema dedutivo, de origem romano-germânica, no qual a lei, assim como a analogia, costumes e princípios gerais, são fontes do Direito, com a predominância da produção legislativa, e da *Common Law*, sistema indutivo, de origem anglo-saxônica, no qual os precedentes, bem como os costumes, são fontes do Direito, com a prevalência da produção jurisprudencial,[184] tanto no que concerne ao parâmetro eleito para a regulação dos direitos e das obrigações, como no que tange ao método escolhido para a colheita da prova nos processos,[185] sintetizada pela absorção de elementos imanentes aos ordenamentos romano-germânicos pelo Direito anglo-saxônico, como, por exemplo, as *Rules of Civil Procedure*, que disciplinam o processo judicial na Inglaterra e no País de Gales, e pela adoção de elementos inerentes aos ordenamentos anglo-saxônicos pelo Direito romano-germânico, como, por exemplo, no processo penal, a transação penal e suspensão do processo, e, no processo civil, as ações coletivas e efeito vinculante, em torno da regra do *stare decisis et non quieta movere*.[186]

No Império, a súmula com efeito vinculante é antecedida pela Lei nº 2.684, de 23 de outubro de 1875, que reconheceu a validade dos assentos da Casa de Suplicação de Lisboa, depois da instituição do Tribunal da Relação da Província do Rio de Janeiro, pelo instrumento do Alvará de 10 de maio de 1808, até a independência do Brasil, por intermédio da Proclamação de 7 de setembro de 1822.[187]

Na República, a súmula com eficácia vinculante é antecipada pelo art. 896, *a*, pelo qual cabia recurso de revista para o Tribunal Superior do Trabalho das decisões proferidas em

---

183 ALMEIDA, Marcelo Pereira de. *Precedentes Judiciais*. Curitiba: Juruá, 2014, p. 143.

184 DAVID, René. *Grandes Sistemas do Direito Contemporâneo*. 3ª ed. São Paulo: Martins Fontes, 1996, p. 20.

185 CARDOZO, Benjamin. *Natureza do Processo e a Evolução do Direito*. 2ª ed. Rio de Janeiro: Editora Nacional de Direito, 1956, p. 107.

186 NOGUEIRA, Gustavo Santana. *"Stare Decisis et Non Quieta Movere": a vinculação aos precedentes no Direito comparado e brasileiro*. Rio de Janeiro: Lumen Juris, 2011, p. 103.

187 BUENO, José Antônio Pimenta. *Direito Publico Brazileiro e Analyse da Constituição do Império*. Rio de Janeiro: Typographia de J. Villeneuve, 1857, p. 113.

grau de recurso ordinário, em dissídio individual, pelos Tribunais Regionais do Trabalho, quando dessem a dispositivo de lei federal interpretação diversa da que lhe houvesse sido dada por Súmula de Jurisprudência daquele, do Decreto-lei nº 5.452/43, com a redação da Lei nº 9.756/98,[188] além do art. 120, parágrafo único, pelo qual o relator poderia decidir de plano o conflito de competência, havendo jurisprudência dominante do tribunal sobre a questão suscitada, cabendo agravo para o órgão recursal competente, art. 475, § 3º, pelo qual a sentença proferida contra a União, Estado, Distrito Federal, Município e as respectivas autarquias e fundações de direito público, bem assim a que julgasse procedentes, no todo ou em parte, os embargos à execução de dívida ativa da Fazenda Pública, não estaria sujeita ao duplo grau de jurisdição quando estivesse fundada em jurisprudência do plenário do Supremo Tribunal Federal ou em súmula deste Tribunal ou do Tribunal Superior competente, art. 544, §§ 3º e 4º, pelo qual o relator poderia conhecer do agravo de instrumento para dar provimento ao próprio recurso extraordinário ou especial que houvesse sido denegado, se o acórdão recorrido estivesse em confronto com a súmula ou jurisprudência dominante do Supremo Tribunal Federal ou Superior Tribunal de Justiça, art. 479, *caput*, pelo qual o julgamento, tomado pelo voto da maioria absoluta dos membros que integrassem o tribunal, deveria ser objeto de súmula e constituir precedente na uniformização da jurisprudência, e art. 557, § 1º-A, pelo qual o relator poderia dar provimento ao recurso, quando a decisão recorrida estivesse em manifesto confronto com súmula ou com jurisprudência dominante do Supremo Tribunal Federal, ou de Tribunal Superior, da Lei nº 5.869/73, com a redação dada pelas Leis nºs 8.950/94, 9.756/98 e 10.352/01,[189] que revelam não somente a valorização dos precedentes jurisprudenciais, mas também a ampliação dos poderes judicantes do relator, como tendências do processo contemporâneo.[190]

3.6.2 Natureza

A natureza jurídica do processo de aprovação, revisão ou cancelamento da súmula vinculante não é uníssona na doutrina, nacional e estrangeira, tendo havido a identificação de três correntes.

De um lado, **Castanheira Neves** e **Lenio Luiz Streck** acentuam que a súmula vinculante seria recoberta de natureza legislativa, posto que possibilitaria a produção de normas jurídicas abstratas e gerais. Em síntese: "ao ser atribuída aos supremos tribunais, por meio dos assentos, a função legislativa, o sentido com que a lei deve ser entendida e aplicada veio a estabelecer-se não só uma mediação, como até uma interposição normativa",[191] e "ao editar uma súmula vinculante, oponível *erga omnes*, o Supremo Tribunal Federal assume funções legiferantes, agregando ao produto legislado a prévia interpretação".[192]

De outro lado, **Jorge Miranda** e **Luis Carlos Alcoforado** advertem que a súmula vinculante seria revestida de natureza jurisdicional, visto que necessitaria de provocação

---

188 GIGLIO, Wagner. *Direito Processual do Trabalho*. 10ª ed. São Paulo: Saraiva, 1997, p. 416.

189 FUX, Luiz. *Direito Processual Civil*. Rio de Janeiro: Forense, 2002, p. 124.

190 DINAMARCO, Cândido Rangel. *Fundamentos do Processo Moderno*. 3ª ed. v. II. São Paulo: Malheiros, 2000, p. 1.102.

191 NEVES, Castanheira. *O Instituto dos Assentos e a Função Jurídica dos Supremos Tribunais*. Coimbra: Coimbra Editora, 1983, p. 315.

192 STRECK, Lenio Luiz. *Súmulas no Direito Brasileiro: eficácia, poder e função*. 2ª ed. Porto Alegre: Livraria do Advogado, 1998, p. 13.

e julgamento de diversos casos anteriores. Em suma: "o assento é resultado da função jurisdicional, porque a causa da lei interpretativa, como a de qualquer outra lei, vem a ser a realização do interesse público, ao passo que a causa do assento consiste no cumprimento da lei, não devendo ser olvidado que o assento nem traduz liberdade de conteúdo, nem liberdade de formação, sendo a decisão final de um processo judicial",[193] e "o poder vinculante é o exercício da função jurisdicional com efeito normativo que se outorga ao Supremo Tribunal Federal, pela vontade da Constituição da República, para editar súmula, resultante de reiteradas decisões sobre a matéria, com força de lei, cujo comando obriga aos demais órgãos do Poder Judiciário e à Administração Pública".[194]

Dubitativamente, **Mauro Cappelletti** e **Marco Antonio Muscari** aduzem que a súmula vinculante seria um *tertium genus*, intermediário entre o abstrato dos atos legislativos e o concreto dos atos jurisdicionais, uma vez que "os juízes estão constrangidos a ser criadores do Direito. Efetivamente, eles são chamados a interpretar e, por isso, inevitavelmente, a esclarecer, integrar, plasmar e transformar, e não raro a criar *ex novo* o Direito. Isso não significa que eles sejam legisladores. Existe, realmente, essencial diferença entre os processos legislativo e jurisdicional"[195] e "a súmula vinculante é mais do que a jurisprudência e menos do que a lei; situa-se a meio-caminho entre uma e outra. Com a jurisprudência guarda similitude pelo fato de provir do Poder Judiciário e de estar sempre relacionada a casos concretos que lhe dão origem. Assemelha-se à lei pelos traços de obrigatoriedade e da destinação geral, a tantos quantos subordinados ao ordenamento jurídico pátrio. É um *tertium genus*, portanto".[196, 197]

3.6.3 *Tipologia*

No tocante aos efeitos da súmula da jurisprudência, os enunciados aprovados, revisados ou cancelados pelo Supremo Tribunal Federal são divididos em três espécies, de acordo com a Emenda Constitucional nº 45/04.

A súmula com eficácia suasória, que importa a persuasão dos órgãos administrativos e judiciários a proferirem decisões em consonância com a jurisprudência, é proposta pelo voto da maioria absoluta dos membros do Supremo Tribunal Federal, com fulcro no art. 102, § 1º, do RISTF.[198]

---

193 MIRANDA, Jorge. *Contributo para uma Teoria da Inconstitucionalidade*. 2ª ed. Coimbra: Coimbra Editora, 1996, p. 196.

194 ALCOFORADO, Luis Carlos. *Súmula Vinculante*. São Paulo: Revista dos Tribunais, 2001, p. 57.

195 CAPPELLETTI, Mauro. *Juízes Legisladores?* Coimbra: Coimbra Editora, 1993, p. 73.

196 MUSCARI, Marco Antonio. *Súmula Vinculante*. São Paulo: Juarez de Oliveira, 1999, p. 53.

197 O processo de aprovação, revisão ou cancelamento da súmula vinculante, na sistemática da Lei nº 11.417/06, é dotado de natureza jurisdicional, eis que o processo objetivo é revelado pela atuação processual do Procurador-Geral da República (art. 2º, § 2º), *amicus curiae* (art. 3º, § 2º) e restrição temporal dos efeitos da súmula vinculante (art. 4º), conquanto a produção sumular possa ser realizada *ex officio* pelo Supremo Tribunal Federal (art. 2º, *caput*), bem assim a aprovação, revisão ou cancelamento da súmula vinculante não autorize a suspensão dos processos em que se discuta a mesma questão (art. 6º). TAVARES, André Ramos. *Nova Lei de Súmula Vinculante: estudos e comentários à Lei nº 11.417, de 19 de dezembro de 2006*. 3ª ed. São Paulo: Método, 2009, p. 29, 75 e 81.

198 BERMUDES, Sérgio. *A Reforma do Judiciário pela Emenda Constitucional nº 45/04*. Rio de Janeiro: Forense, 2005, p. 119.

A súmula com eficácia vinculante, que implica a invalidação dos atos administrativos e decisões judiciais prolatadas em contrariedade à jurisprudência, é produzida pelo voto de dois terços dos membros do Supremo Tribunal Federal, com fundamento no art. 103-A da CRFB.[199]

A súmula com eficácia obstativa, que impede a proliferação de recursos procrastinatórios, é proclamada pelo art. 932, inc. IV, do CPC, que possibilita ao relator negar provimento a recurso que contrariar, nas questões preponderantemente de direito, a jurisprudência, sumulada ou não, do Supremo Tribunal Federal.[200]

3.6.4 Validade

Quanto à constitucionalidade da norma introduzida pelo art. 103-A da CRFB, há dissenso entre dois posicionamentos.

André Ramos Tavares,[201] **Rodolfo de Camargo Mancuso**,[202] **Victor Nunes Leal**[203] e **Humberto Peña de Moraes**[204] são firmados no sentido da validade da norma constitucional

---

199 MITIDIERO, Daniel. *Precedentes: da persuasão à vinculação.* São Paulo: Revista dos Tribunais, 2016, p. 94.

200 No sentido do texto, entendendo que permanece a súmula com eficácia suasória ou persuasiva, Gilmar Ferreira Mendes assevera que "a Emenda Constitucional nº 45/04 não conferiu efeito vinculante imediato à súmula já existente do Supremo Tribunal Federal, dispondo apenas sobre a faculdade de o Tribunal assim fazê-lo, desde que por voto de dois terços dos Ministros, em procedimento assemelhado à edição de uma nova súmula. Embora talvez não tenha mais relevância prática, a possibilidade de produção de súmula vinculante não afasta a admissibilidade da súmula comum, disciplinada pelo Regimento Interno do Supremo Tribunal Federal". No sentido contrário, entendendo que não persiste a súmula com eficácia suasória ou persuasiva, André Ramos Tavares assinala que "a anterior súmula não vinculante deixará de existir, pois perde seu significado. Na forma regimental vigente para a súmula não vinculante, sua aprovação demandava a deliberação, em Plenário do Supremo Tribunal Federal, da maioria absoluta de seus membros. A partir de agora, o regime da súmula (vinculante) exige aprovação por dois terços dos membros do Tribunal. Assim é que foi encartada a regra de transição de que a anterior súmula (aquela já editada sem força vinculante) produzirá efeito vinculante somente após sua confirmação pelo voto de dois terços dos Ministros do Supremo Tribunal Federal". A jurisprudência do Supremo Tribunal Federal é no sentido de que "a formulação sumular de perfil ordinário, que não se qualifica como pauta vinculante de julgamento, despojada, portanto, da eficácia vinculante que lhe é excepcional, constatado o que dispõe o art. 103-A da CRFB, há de ser entendida, em face das múltiplas funções que lhe são inerentes – função de estabilidade do sistema, função de segurança jurídica, função de orientação jurisprudencial, função de simplificação da atividade processual e função de previsibilidade decisória –, como mero resultado paradigmático a ser autonomamente observado, sem caráter impositivo, pelos juízos e tribunais, nas decisões que venham a proferir". MENDES, Gilmar Ferreira. *Passado e Futuro da Súmula Vinculante: considerações à luz da Emenda Constitucional nº 45/04* in *Reforma do Judiciário*. São Paulo: Saraiva, 2005, p. 353; TAVARES, André Ramos. *A Súmula Vinculante na Emenda Constitucional nº 45/04* in *Reforma do Poder Judiciário no Brasil Pós-88*. São Paulo: Saraiva, 2005, p. 122, e STF, Recl. nº 10.707, Rel. Min. Celso de Mello, j. 20.10.2010, *DJU* 4.11.2010.

201 TAVARES, André Ramos. *Tribunal e Jurisdição Constitucional*. São Paulo: Instituto Brasileiro de Direito Constitucional, 1998, p. 149.

202 MANCUSO, Rodolfo de Camargo. *Divergência Jurisprudencial e Súmula Vinculante*. São Paulo: Revista dos Tribunais, 1999, p. 297.

203 LEAL, Victor Nunes. *Passado e Futuro da Súmula da Jurisprudência do Supremo Tribunal Federal* in *Revista de Direito Administrativo*, nº 145, 1981, p. 10.

204 MORAES, Humberto Peña de. *Súmulas Vinculantes: evolução ou retrocesso do Direito?* in *Tribuna do Advogado*, nº 2, 2004, p. 16.

inserida no art. 103-A, tendo em conta que a súmula vinculante resguardaria a independência funcional dos magistrados na operação de verificação sobre a aplicação, ou não, do enunciado ao caso concreto submetido à apreciação judicial, assim como a possibilidade de interpretação pelo órgão judiciário do verbete da jurisprudência. Outrora, o Ministro **Nelson Azevedo Jobim** salientou que "a lentidão da máquina do Judiciário é causada pela individualidade das decisões, sendo certo que o efeito vinculante será instrumento eficaz para dar celeridade à solução de controvérsias constitucionais".[205]

Dalmo de Abreu Dallari,[206] **Cármen Lúcia da Rocha**,[207] **Oscar Vilhena Vieira**[208] e **Lenio Luiz Streck**[209] são fixados no sentido da invalidade da norma constitucional inserta no art. 103-A, tendo em vista que a súmula vinculante não respeitaria o princípio da separação dos poderes, bem como a necessidade de participação dos cidadãos na produção normativa, de modo a legitimar as decisões políticas, na jurisprudência. Outrossim, o Ministro **José Celso de Mello Filho** sustentou que "não se pode impor ao juiz a interdição do seu direito de pensar e de refletir sobre todas as questões, fáticas e jurídicas, sujeitas ao seu conhecimento. Não se pode acolher essa diretriz do pensamento único, pois não há cidadãos livres sem juízes independentes".[210]

A norma constitucional insertada no art. 103-A se nos afigura válida, sendo exato que os Juízos e Tribunais podem deixar de aplicar o enunciado ao caso concreto, quando verificarem que a questão submetida à apreciação judicial não é igual ao precedente judiciário (*distinguishing*),[211] como também o Supremo Tribunal Federal deve proceder à revisão da súmula da jurisprudência,[212] quando vislumbrar a mudança do parâmetro anteriormente firmado no precedente judiciário (*overruling*),[213] não obstante o Tribunal Constitucional tenha declarado a inconstitucionalidade do art. 2º do Código Civil,[214] em face do art. 115, nº 5, da Constituição portuguesa,[215] "na parte em que atribui aos tribunais, por meio de assentos, competência para fixar doutrina com força obrigatória geral. O afloramento

---

205 JOBIM, Nelson Azevedo. *Vantagens da Súmula Vinculante* in *Jornal do Commercio*, 27.5.2005, p. 26.

206 DALLARI, Dalmo de Abreu. *O Poder dos Juízes*. São Paulo: Saraiva, 1996, p. 62.

207 ROCHA, Cármen Lúcia da. *Sobre a Súmula Vinculante*. Belo Horizonte: Del Rey, 1996, p. 10.

208 VIEIRA, Oscar Vilhena. *Que Reforma?* in *Estudos Avançados*, nº 51, 2004, p. 195.

209 STRECK, Lenio Luiz. *Súmulas Vinculantes e a Reforma do Judiciário: o leito do procusto da Justiça brasileira* in *Revista do Ministério Público do Estado do Rio Grande do Sul*, nº 35, 1995, p. 29.

210 MELLO FILHO, José Celso de. *A Polêmica da Súmula Vinculante* in *Jornal do Commercio*, 13.2.2003, p. 22.

211 DWORKIN, Ronald. *Law's Empire*. Cambridge: Harvard University Press, 1986, p. 32.

212 RAWLS, John. *Justice as Fairness*. Cambridge: Harvard University Press, 2001, p. 52.

213 O *overruling* não se confunde com o *overriding*, isto é, superação parcial de precedente judicial, em razão da superveniência de nova regra ou princípio legal. BARNES, Jeb. *Overruled? Legislative Overrides, Pluralism, and Contemporary Court-Congress Relations*. Palo Alto: Stanford University Press, 2004, p. 31.

214 Código Civil português, art. 2º: "Nos casos declarados na lei, podem os tribunais fixar, por meio de assentos, doutrina com força obrigatória geral." Disponível em: <http://www.presidenciarepublica.pt>. Acesso em: 5.7.2005.

215 Constituição portuguesa, art. 115, nº 5: "Nenhuma lei pode criar outras categorias de atos legislativos ou conferir a atos de outra natureza o poder de, com eficácia externa, interpretar, integrar, modificar, suspender ou revogar qualquer dos seus preceitos." Disponível em: <http://www.parlamento.pt>. Acesso em: 5.7.2005.

constitucional do valor da uniformização jurisprudencial há de ser entendido em termos de, numa perspectiva global do funcionamento do sistema judiciário, justificar a subordinação de todos os tribunais judiciais à jurisprudência do Supremo Tribunal de Justiça sem que, de tal subordinação, resulte comprometida a sua independência decisória".[216]

3.6.5 *Pressupostos*

A eficácia vinculante dos enunciados da súmula da jurisprudência é submetida a quatro pressupostos materiais.

A relevante multiplicação de processos sobre questão idêntica expressa que a súmula vinculante é traduzida como instrumento de uniformização da jurisprudência, sem embargo da remodelação das categorias do processo civil individual para a efetividade da tutela dos conflitos de massa, com vistas à garantia dos direitos difusos, coletivos e individuais homogêneos.

As reiteradas decisões sobre matéria constitucional exprimem que o objeto da súmula vinculante gira em torno da interpretação de determinada norma federal, estadual ou municipal, contraposta em face de regra ou princípio constitucional, de forma a definir os limites de eficácia e dispor sobre a validade da norma interpretada.

A controvérsia atual evita a produção de súmula vinculante para prevenir divergência entre órgãos judiciais e administrativos ou organismos judiciários entre si, em razão do texto constitucional.

A grave insegurança jurídica evidencia a previsibilidade da súmula vinculante, pelo fato de casos análogos receberem tratamento isonômico.[217]

3.6.6 *Requisitos*

A súmula com efeito vinculante é subordinada a três requisitos formais.

A iniciativa é dedicada aos legitimados para ação direta de inconstitucionalidade, Defensor Público-Geral Federal, Superior Tribunal de Justiça, Tribunais da Justiça Federal Comum, Justiça do Trabalho, Justiça Eleitoral, Justiça Militar, Justiça Estadual e, incidentalmente ao curso de processo em que seja parte, Município, ressalvada a possibilidade de produção sumular de ofício.

A aprovação é deliberada pelo Plenário do Supremo Tribunal Federal, na medida em que a eficácia vinculante da súmula é disposta pela maioria qualificada de dois terços dos respectivos membros.

A publicação é desincumbida pela Imprensa Oficial da União, uma vez que a eficácia vinculante da súmula é divulgada em seção especial do Diário da Justiça e do Diário Oficial da União, com a numeração correspondente, tomando novos números os enunciados ou verbetes que forem modificados, no prazo de dez dias após a sessão em que houver sido editada, revista ou cancelada a súmula vinculante.[218]

---

216 *DR* 7.12.1993, 810/93.

217 DIAS, João Luis Fischer. *O Efeito Vinculante dos Precedentes Jurisprudenciais e Súmulas dos Tribunais*. São Paulo: IOB Thompson, 2004, p. 22.

218 SILVA, José Anchieta. *A Súmula de Efeito Vinculante Amplo no Direito Brasileiro*. Belo Horizonte: Del Rey, 1998, p. 59.

3.6.7 *Alcance*

O alcance da súmula vinculante é restringido subjetiva e objetivamente.

Sob o ângulo subjetivo, a súmula implica a vinculação dos demais órgãos do Poder Judiciário e da Administração Pública, direta e indireta, de maneira que não somente o Poder Legislativo, mas também o Supremo Tribunal Federal e Governo, nas esferas federal, estadual e municipal, são afastados da eficácia vinculante, à luz do art. 103-A, *caput*.

Sob o ângulo objetivo, a súmula importa a vinculação à regra ou princípio necessário para a resolução da questão de direito colocada em discussão pelos argumentos das partes no caso concreto (*ratio decidendi*),[219] de sorte que as considerações jurídicas elaboradas pelo Supremo Tribunal Federal não relacionadas com os fatos postos sob adjudicação (*obter dictum*)[220] não são afetadas pela súmula vinculante, a teor do art. 103-A, § 1º, da CRFB.

Torna a súmula vinculante cabível a reclamação ao Supremo Tribunal Federal, na hipótese de prática de ato administrativo, bem assim de prolatação de ato jurisdicional em contrariedade à jurisprudência, a fim de invalidar a decisão reclamada, de acordo com os arts. 156 a 162 do RISTF.[221] A responsabilização cível, penal e política-administrativa do agente público que contrariar, aplicar incorretamente ou negar vigência de súmula vinculante cuja aplicação a casos semelhantes houver sido decidida em sede de reclamação é extraída do art. 186 do CC e art. 319 do CP, da mesma forma que o art. 64-B da Lei nº 9.784/99, com a redação dada pela Lei nº 11.417/06. *Ut supra*: "acolhida pelo Supremo Tribunal Federal a reclamação fundada em violação de enunciado da súmula vinculante, dar-se-á ciência à autoridade prolatora e ao órgão competente para o julgamento do recurso, que deverão adequar as futuras decisões administrativas em casos semelhantes, sob pena de responsabilização pessoal nas esferas cível, penal e político-administrativa".[222]

---

219 ROSS, Alf. *Law and Justice*. London: Stevens & Sons, 1958, p. 86.

220 HART, Herbert. *The Concept of Law*. Oxford: Clarendon Press, 1961, p. 113.

221 SILVA, Celso de Albuquerque. *Do Efeito Vinculante: sua legitimação e aplicação*. Rio de Janeiro: Lumen Juris, 2005, p. 182-186.

222 ANDRADE, Fábio Martins de. *Reforma do Poder Judiciário: os aspectos gerais, o sistema de controle de constitucionalidade das leis e atos normativos e a regulamentação da súmula vinculante* in *Revista de Informação Legislativa*, nº 171, 2006, p. 190. V., também: DINAMARCO, Cândido Rangel. *Súmulas Vinculantes* in *Revista Forense*, nº 347, 1999, p. 62; LEAL, Victor Nunes. *Passado e Futuro da Súmula do Supremo Tribunal Federal* in *Revista de Direito Administrativo*, nº 145, 1981, p. 10; LIMA, Leonardo Moreira. *"Stare Decisis" e Súmula Vinculante: um estudo comparado* in *Direito, Estado e Sociedade*, nº 14, 1999, p. 180; MELO FILHO, Álvaro. *Súmulas Vinculantes: os dois lados da questão* in *Revista de Processo*, nº 81, 1997, p. 105; MORAES, Guilherme Peña de. *Súmula Vinculante no Direito Constitucional Brasileiro* in *Revista do Ministério Público do Estado do Rio de Janeiro*, nº 25, 2007, p. 107; NORTHFLEET, Ellen Gracie. *Ainda sobre o Efeito Vinculante* in *Cadernos de Direito Tributário e Finanças Públicas*, nº 16, 1996, p. 12; PASSOS, José Joaquim Calmon de. *Súmula Vinculante* in *Gênesis – Revista de Direito Processual Civil*, nº 6, 1997, p. 632; ROSAS, Roberto. *Do Assento e do Prejulgamento à Súmula do Supremo Tribunal Federal* in *Revista dos Tribunais*, nº 404, 1993, p. 21, e TEIXEIRA, Sálvio de Figueiredo. *As Tendências Brasileiras rumo à Jurisprudência Vinculante* in *Informativo Jurídico da Biblioteca Oscar Saraiva*, nº 10, 1998, p. 151.

3.7 Garantias dos membros do Poder Judiciário

Aos magistrados, enquanto membros de poder dotado de autonomia administrativa e financeira,[223] são destinadas as **garantias** funcionais da *vitaliciedade*, *inamovibilidade* e *irredutibilidade de subsídio*.

3.7.1 Vitaliciedade

A organização funcional da Administração Pública de qualquer dos Poderes é integrada por cargos em comissão, cargos efetivos e cargos vitalícios.[224]

Os primeiros são cargos públicos dos quais não decorre nenhuma segurança, na medida em que os cargos em comissão são declarados em lei de livre nomeação e exoneração. Os cargos em comissão, que, ao contrário das funções de confiança, não são reservados aos servidores de carreira, destinam-se apenas às atribuições de direção, chefia e assessoramento.

Os segundos são cargos públicos dos quais deflui a menor segurança, eis que os titulares que houverem adquirido a estabilidade pelo exercício do cargo efetivo durante três anos podem perdê-lo por decisão judicial transitada em julgado, cível ou criminal, procedimento administrativo disciplinar em que lhes sejam assegurados o contraditório e ampla defesa, avaliação periódica de desempenho negativa e excesso de gasto orçamentário de que tratam os arts. 41, § 1º, e 169, § 4º, da CRFB. A efetividade não se confunde com a estabilidade e a estabilização, dado que a efetividade é um atributo do cargo público, ao invés da estabilidade, que pode ser um atributo do servidor público regularmente provido em cargo efetivo, e da estabilização, que pode ser um atributo do servidor público irregularmente provido em cargo efetivo sobre o qual versa o art. 19 do ADCT.

Os terceiros são cargos públicos dos quais deriva a maior segurança, uma vez que os titulares que houverem adquirido a vitaliciedade pelo exercício do cargo vitalício durante dois anos podem perdê-lo por decisão judicial transitada em julgado de natureza cível, não se lhe aplicando a decretação da sua perda como efeito secundário da condenação penal definitiva. A vitaliciedade dos magistrados que não se submetem a concurso público para o provimento de cargo vitalício é adquirida no termo de investidura, dispensando-se-lhes o estágio probatório.[225]

3.7.2 Inamovibilidade

Os magistrados, incluindo os juízes substitutos, têm a garantia que lhes nega a possibilidade de remoção compulsória de um órgão judicial, singular ou colegiado, para outro, salvo por motivo de interesse público, mediante decisão do tribunal ou Conselho Nacional de Justiça, pelo voto da maioria absoluta de seus membros.[226]

---

223 As garantias do Poder Judiciário são bipartidas em garantias institucionais, que compreendem a autonomia administrativa e financeira (arts. 96 e 99), e garantias funcionais, que contêm a vitaliciedade, inamovibilidade e irredutibilidade de subsídio (art. 95, incs. I a III). TAVARES, André Ramos. *Manual do Poder Judiciário Brasileiro.* São Paulo: Saraiva, 2012, p. 211-212 e 237-240.

224 OLIVEIRA, Régis Fernandes de. *Servidores Públicos.* São Paulo: Malheiros, 2004, p. 34.

225 STF, ADIn nº 4.638, Rel. Min. Marco Aurélio, j. 8.2.2012, *DJU* 14.2.2012.

226 DALLARI, Adilson Abreu. *Regime Constitucional dos Servidores Públicos.* 2ª ed. São Paulo: Revista dos Tribunais, 1990, p. 63.

Por um lado, quanto ao antecedente, a inamovibilidade é resultado da lotação em juízo ou tribunal.

Por outro lado, quanto ao consequente, a inamovibilidade não é restrita à circunscrição judiciária de lotação do juiz, desembargador ou ministro.

Portanto, a remoção compulsória que não decorra de motivo de interesse público de uma comarca ou sessão judiciária para outra, como também de um órgão judicial para outro, ainda que na mesma comarca ou sessão judiciária, não é permitida.[227]

3.7.3 Irredutibilidade de subsídio

O subsídio, com fundamento nos arts. 37, § 11, *in fine*, e 39, § 4º, da CRFB, é definido como modalidade de retribuição pecuniária fixada em parcela única, vedado o acréscimo de qualquer outra espécie remuneratória, exceto as de natureza indenizatória.[228]

Mercê do art. 8º, inc. I, da Resolução CNJ nº 13/06, ao subsídio dos magistrados, cujo valor nominal não é suscetível de redução, podem ser acrescidas parcelas indenizatórias, não se aplicando à totalização do subsídio e das vantagens pecuniárias o teto do serviço público a que se refere o art. 37, inc. XI, da CRFB.[229]

Nosso entendimento é de que a irredutibilidade não se limita ao valor nominal, mas projeta-se sobre o valor real, tanto que o subsídio mensal dos Ministros do Supremo Tribunal Federal deve ser objeto de reajustes periódicos, em ordem a preservar a retribuição pecuniária dos magistrados da inflação, por força de lei ordinária de iniciativa reservada da Presidência da Corte, de acordo com o art. 96, inc. II, *b*, da CRFB.[230]

Acesse o
MATERIAL SUPLEMENTAR

Entre no Ambiente de Aprendizagem através das instruções contidas na orelha deste livro e acesse os conteúdos exclusivos desta edição:
- Atualizações legislativas mensais.
- Questões de prova interativas.
- Esquemas.

---

227 STF, MS nº 27.958, Rel. Min. Ricardo Lewandowski, j. 17.5.2012, *DJU* 29.8.2012.

228 MELLO, Celso Antônio Bandeira de. *Regime Constitucional dos Servidores da Administração Direta e Indireta*. São Paulo: Revista dos Tribunais, 1990, p. 117.

229 STF, MS nº 24.875, Rel. Min. Sepúlveda Pertence, j. 11.5.2006, *DJU* 6.10.2006.

230 Além das garantias que lhes são próprias, aos membros do Poder Judiciário são concedidas as prerrogativas enumeradas no art. 33 da LOMAN. TORQUATO, Gaudêncio. *Judiciário em Ebolição* in *O Estado de S. Paulo*, 5.2.2012, p. 2; COMPARATO, Fábio Konder. *Notas sobre a Independência e as Garantias da Magistratura* in *Revista Trimestral de Direito Público, nº 33, 2001, p. 12, e BRÍGIDO, Carolina. Magistrados sob Vigilância in O Globo, 31.12.2012, p. 3. V., também: STF, HC nº* 95.259, Rel. Min. Eros Grau, j. 2.2.2009, *DJU* 12.2.2009; STF, HC nº 95.809, Rel. Min. Marco Aurélio, j. 22.8.2008, *DJU* 29.8.2008, e STF, HC nº 103.891, Rel. Min. Marco Aurélio, j. 15.3.2011, *DJU* 30.5.2011.

Capítulo 29

ORGANIZAÇÃO DOS PODERES DOS ESTADOS, DOS MUNICÍPIOS E DO DISTRITO FEDERAL

Acesse e assista à aula explicativa sobre este assunto.

> *https://uqr.to/14ugv*

1 CONCEITO

A organização dos Poderes dos Estados, Municípios e Distrito Federal é informada por princípios e regras da Constituição da República Federativa do Brasil, que importam limitações à auto-organização das unidades da federação.[1, 2]

---

1 FERRARI, Sérgio. *Constituição Estadual e Federação*. Rio de Janeiro: Lumen Juris, 2003, p. 143.

2 Na doutrina, as limitações à auto-organização das unidades da federação são objeto de cinco estudos, sob a ótica do poder constituinte derivado decorrente. Raul Machado Horta alinhava as normas centrais, decompostas em princípios constitucionais, princípios estabelecidos e regras de preordenação dos Estados-membros, dado que "as normas centrais, tenham elas a natureza de princípios constitucionais, princípios estabelecidos e regras de preordenação, afetam a liberdade criadora do poder constituinte estadual. Como consequência da subordinação à Constituição Federal, a atividade do constituinte estadual se exaure na elaboração de normas de reprodução, mediante as quais faz o transporte para a Constituição Estadual das normas centrais, enquanto as normas de imitação traduzem a adesão voluntária do constituinte a uma disposição constitucional". Manoel Gonçalves Ferreira Filho alude aos princípios de limitação e regras de preordenação, eis que "o exame do texto vigente revela que não são postos como limites à auto-organização dos Estados apenas princípios propriamente ditos, ou seja, normas gerais que exprimem valoração, ou definem linhas mestras, diretrizes. Além de princípios nesse sentido próprio, a Lei Magna exige dos Estados a observância de regras precisas, que preordenam a sua organização". Anna Cândida da Cunha Ferraz anota as limitações positivas e negativas, explicitadas ou não, já que "as limitações negativas consistem em vedações, explícitas ou implícitas, que circunscrevem a atuação do poder constituinte decorrente. As limitações positivas concernem à assimilação obrigatória, pelo Constituinte Estadual, de preceitos ou princípios, explícita ou implicitamente estabelecidos na Constituição Federal, e que retratam o sistema constitucional do país; à observância de princípios federais, genéricos ou específicos, e que se estendem aos Estados e à absorção obrigatória de princípios federais, cujo destinatário é, específica e exclusivamente, o Estado-membro". José Afonso da Silva aponta os princípios constitucionais sensíveis, extensíveis e estabelecidos, posto que "os princípios que circunscrevem a atuação do Constituinte Estadual podem ser considerados em

2 PRINCÍPIOS CONSTITUCIONAIS

Os Estados, Municípios e Distrito Federal organizam-se e regem-se pelas Constituições e Leis Orgânicas que adotarem, observados[3] os **princípios constitucionais**, qualificados como fundamentais, gerais e setoriais, a teor dos arts. 25, 29 e 32 da CRFB.[4]

Os *princípios fundamentais* são sínteses das normas constitucionais, que a eles podem ser direta ou indiretamente reconduzidas, com o objetivo de organizar o Estado, fracionados em democracia, república e federação.[5]

Os *princípios gerais* são desdobramentos dos princípios fundamentais, que são irradiados pelo ordenamento constitucional, com o objeto de limitar o poder do Estado,

---

dois grupos: os princípios constitucionais sensíveis e os princípios constitucionais estabelecidos. A Constituição vigente, em prestígio do federalismo, praticamente eliminou os princípios extensíveis, aqueles que consubstanciavam regras de organização, cuja aplicação se estende aos Estados". Gabriel Ivo apresenta os princípios fundamentais, limites formais e outros limites, visto que "quando a Constituição Federal exige a observância dos princípios, está a referir-se aos princípios fundamentais e às outras normas constitucionais, não propriamente princípios, nas quais encontram o seu desenvolvimento necessário. A elaboração da Constituição do Estado-membro também sofre limitação denominada de formal. Terá de ser criada por autoridade constitucionalmente competente e sob a forma que a ordem constitucional prescreve para a sua perfeita integração no mundo jurídico". HORTA, Raul Machado. *A Autonomia do Estado-Membro no Direito Constitucional Brasileiro.* Belo Horizonte: Estabelecimentos Gráficos Santa Maria, 1964, p. 192; FERREIRA FILHO, Manoel Gonçalves. *Curso de Direito Constitucional.* 29ª ed. São Paulo: Saraiva, 2002, p. 67; FERRAZ, Anna Cândida da Cunha. *Poder Constituinte do Estado-Membro.* São Paulo: Revista dos Tribunais, 1979, p. 134; SILVA, José Afonso da. *Curso de Direito Constitucional Positivo.* 24ª ed. São Paulo: Malheiros, 2005, p. 611, e IVO, Gabriel. *Constituição Estadual: competência para elaboração da Constituição do Estado-Membro.* São Paulo: Max Limonad, 1997, p. 175.

3 Na jurisprudência, o Supremo Tribunal Federal assinala que "o relevo jurídico do tema evidencia-se pela singular circunstância de que o poder constituinte do Estado-membro traduz função jurídica necessariamente sujeita aos condicionamentos normativos postos pela Constituição Federal", "tendo em vista que é nesta que reside o núcleo de emanação (e de restrição) que informa e dá substância ao poder constituinte decorrente que a Lei Fundamental da República confere a essas unidades regionais da Federação". "A questão da necessária observância pelos Estados-membros dos princípios e regras da Constituição Federal provoca a discussão sobre o alcance do poder jurídico da União de impor, ou não, às demais pessoas estatais que integram a estrutura da federação, o respeito incondicional a padrões heterônomos por ela própria instituídos como fatores de compulsória aplicação", "uma vez que o poder de conformação do constituinte estadual não se reveste de caráter absoluto". À luz do exposto, "os limites à autonomia dos Estados-membros quanto à sua capacidade de se auto-organizarem dizem respeito a princípios e não a toda e qualquer norma constitucional federal. Não há, assim, obrigatoriedade constitucional no sentido de que a Constituição Estadual copie cada regra constante da Constituição Federal, reduzindo praticamente a nada sua autonomia política". STF, ADin nº 161, Rel. Min. Celso de Mello, j. 11.12.1989, *DJU* 23.2.1990; STF, ADin nº 507, Rel. Min. Celso de Mello, j. 14.2.1996, *DJU* 8.8.2003; STF, ADin nº 216, Rel. Min. Célio Borja, j. 23.5.1990, *DJU* 7.5.1993; STF, ADin nº 1.080, Rel. Min. Celso de Mello, j. 29.6.1994, *DJU* 28.2.2003, e STF, ADin nº 793, Rel. Min. Carlos Velloso, j. 3.4.1997, *DJU* 16.5.1997.

4 ROTHENBURG, Walter. *Princípios Constitucionais.* Porto Alegre: Sergio Antonio Fabris, 1999, p. 67.

5 SOARES, Mário Lúcio Quintão. *Princípios Constitucionais Fundamentais* in *Revista de Direito Privado,* nº 14, 2003, p. 49.

fragmentados em legalidade, igualdade, inafastabilidade do controle judiciário e devido processo legal.[6]

Os *princípios setoriais* informam um complexo de normas constitucionais afetas a um determinado ramo do Direito Positivo.[7]

3 REGRAS DE ORGANIZAÇÃO DOS ESTADOS, DOS MUNICÍPIOS E/OU DO DISTRITO FEDERAL

Os Poderes dos Estados, Municípios e Distrito Federal estão submetidos a regras constitucionais de organização destinadas, indistinta ou especificadamente, aos entes federativos.

3.1 Estados

Nos **Estados**, os Poderes Legislativo, Executivo e Judiciário são exercidos pelas Assembleias Legislativas, Governadores de Estado e Tribunais e Juízos estaduais, com fulcro nos arts. 27, 28 e 125 da CRFB.

As *Assembleias Legislativas* são integradas por Deputados Estaduais, em número proporcional ao triplo da representação do Estado na Câmara dos Deputados e, atingido o número de 36, será acrescido de tantos quantos forem os Deputados Federais acima de 12, cabendo-lhe as atribuições enumeradas no art. 99.

Os *Governadores de Estado* são eleitos pelo sistema de maioria absoluta, para mandato de quatro anos, sujeito à perda por condenação por crime comum, por decisão irrecorrível do Superior Tribunal de Justiça, ou crime de responsabilidade, por deliberação majoritária da Assembleia Legislativa Estadual, como preceituam os arts. 99, inc. XIII, 136, § 3º, 138, § 1º, e 147, *caput*.

As *Justiças Estaduais* são compostas pelos Tribunais de Justiça, constituídos por Desembargadores em número fixado por lei ordinária estadual, e Juízos de Direito, consoante a Lei de Organização e Divisão Judiciária do Estado, sem embargo da instituição dos Tribunais de Justiça Militar e dos Conselhos de Justiça Militar, de acordo com os arts. 160, 164 e 166, todos da CERJ.[8]

3.2 Municípios

Nos **Municípios**, os Poderes Legislativo e Executivo são exercitados pelas Câmaras Municipais e Prefeitos de Município, com fundamentação no art. 29 da CRFB.

As *Câmaras Municipais* são integradas por Vereadores, em número proporcional à população da Municipalidade, atendido o limite mínimo de 9, bem assim o limite máximo de 55, nos Municípios de menos de 15 mil e mais de 8 milhões de habitantes, cabendo-lhe as atribuições enunciadas no art. 45.

---

6 GUERRA FILHO, Willis Santiago. *Princípios Constitucionais Gerais* in *Revista dos Tribunais*, nº 719, 1995, p. 57.

7 Para o estudo dos princípios setoriais do Direito Administrativo, Ambiental, Civil, Eleitoral, Empresarial, Penal, Previdenciário, Processual, Trabalhista e Tributário, v:: Capítulo 4, Item 5.2.3.

8 VELLOSO, Carlos Mário da Silva. *Estado Federal e Estados Federados na Constituição Brasileira de 1988* in *Revista Brasileira de Estudos Políticos*, nº 74, 1992, p. 41.

Os *Prefeitos de Município* são escolhidos pelo sistema de maioria simples ou absoluta, caso a população seja inferior ou superior a 200 mil eleitores – o que representa, somente, 96 do total de 5.568 Municípios do Brasil –, para mandato de quatro anos, suscetível de perda por condenação por crime de responsabilidade, por decisão irrecorrível do Tribunal de Justiça, ou infração político-administrativa, por deliberação majoritária da Câmara Municipal, como preconizam os arts. 45, inc. XXVIII, 100, § 3º, 105 e 113, *caput*.[9]

3.3 Distrito Federal

No **Distrito Federal**, os Poderes Legislativo, Executivo e Judiciário são externados pela Câmara Legislativa, Governador do Distrito Federal e Tribunal e Juízos distritais, com fundamento no art. 32, §§ 2º e 3º, da CRFB.

A *Câmara Legislativa* é integrada por Deputados Distritais, em número proporcional ao triplo da representação do Distrito Federal na Câmara dos Deputados, cabendo-lhe as atribuições especificadas no art. 60.

O *Governador do Distrito Federal* é eleito pelo sistema de maioria absoluta, para mandato de quatro anos, sujeito à perda por condenação por crime comum, por decisão irrecorrível do Superior Tribunal de Justiça, ou crime de responsabilidade, por deliberação majoritária da Câmara Legislativa Distrital, como prescrevem os arts. 60, inc. XXIV, 88, § 3º, 90, § 1º, e 103, *caput*.

A *Justiça Distrital* é composta pelo Tribunal de Justiça, constituído por Desembargadores em número fixado por lei ordinária federal, e Juízos de Direito, consoante a Lei de Organização e Divisão Judiciária do Distrito Federal, sem prejuízo da instituição dos Conselhos de Justiça Militar, de ajuste com os arts. 82, § 4º, e 107, todos da LODF.[10]

4 REGRAS DE ORGANIZAÇÃO DA UNIÃO EXTENSÍVEIS, DE FORMA SIMÉTRICA, AOS ESTADOS, AOS MUNICÍPIOS E AO DISTRITO FEDERAL

Os Poderes dos Estados, Municípios e Distrito Federal estão subordinados a regras de organização da União extensíveis, de modo simétrico, às entidades federativas, com exemplificações na jurisprudência desenhada pelo Supremo Tribunal Federal.

4.1 Poder Legislativo

No que alude ao **Poder Legislativo**, são exemplos de regras constitucionais que, por simetria, são extensíveis aos Estados, Municípios e Distrito Federal, as pertinentes ao *processo legislativo* ("as normas básicas sobre processo legislativo, tais como as referentes às hipóteses de iniciativa reservada, devem ser observadas pelos Estados-membros"),[11] *perda de mandato eletivo* ("a Constituição da República deixa claro que as regras por ela fixadas quanto à perda de mandato parlamentar devem ser obrigatoriamente observadas

---

9 HORTA, Raul Machado. *A Posição do Município no Direito Constitucional Federal Brasileiro* in *Revista Brasileira de Estudos Políticos*, nº 55, 1982, p. 187.

10 IAUBÉ, Vitor Rolf. *Distrito Federal: natureza jurídica decorrente da Constituição de 1988* in *Revista de Direito Público*, nº 97, 1991, p. 206.

11 STF, ADIn nº 1.201, Rel. Min. Moreira Alves, j. 14.11.2002, *DJU* 19.12.2002.

pelas Constituições dos Estados"),[12] *instituição de Comissão Parlamentar de Inquérito* ("a possibilidade de criação de Comissões Parlamentares de Inquérito é uma norma de absorção compulsória nos Estados-membros, destinada a garantir o potencial do Poder Legislativo em sua função de fiscal da administração")[13] e *controle externo, com o auxílio do Tribunal de Contas* ("o controle externo das contas é do Tribunal de Contas, como órgão auxiliar da Assembleia Legislativa, por força do princípio da simetria. Constitui ato atentatório à efetiva atuação das Cortes de Contas disposição que restrinja de seu controle fiscalizador quaisquer das competências constitucionais a elas outorgadas como agentes desse *munus*"),[14] e *convocação de suplente, em decorrência de licença por interesse particular* ("o prazo previsto para a convocação de suplente, no caso de licença de parlamentar para tratar de interesse particular, é de observância obrigatória pelos Estados-membros e deve ser adotado pelas respectivas Assembleias Legislativas"),[15] não sendo admissível a previsão de *mais de uma reeleição dos membros da Mesa Diretora da Casa Legislativa para o mesmo cargo* ("o art. 57, § 4º, da CRFB não é norma de reprodução obrigatória por parte dos Estados-membros. É inconstitucional a recondução em número ilimitado, para mandatos consecutivos, dos membros das Mesas Diretoras das Assembleias Legislativas para os mesmos cargos que ocupam, sendo-lhes permitida uma única reeleição, limite cuja observância independe de os mandatos consecutivos referirem-se à mesma legislatura").[16]

4.2 Poder Executivo

No que atenta ao **Poder Executivo**, são exemplos de regras constitucionais que, por simetria, são extensíveis aos Estados, Municípios e Distrito Federal, as referentes à *expedição de decretos* ("por simetria ao modelo federal, compete apenas ao Chefe do Poder Executivo estadual a expedição de decretos e regulamentos que garantam a fiel execução das leis"),[17] *provimento de cargos públicos* ("nomeação de dirigentes de autarquias e fundações públicas pelo Governador do Estado, após aprovação das indicações pela Assembleia Legislativa. Observância ao modelo federal, que prevê a participação legislativa na nomeação de dirigentes de entidades da Administração Pública"),[18] *autorização prévia para ausência do País* ("afronta os princípios constitucionais da harmonia e independência entre os Poderes e da liberdade de locomoção norma estadual que exige prévia licença da Assembleia Legislativa para que o Governador e o Vice-Governador possam ausentar-se do País por qualquer prazo. Espécie de autorização que, segundo o modelo federal, somente se justifica quando o afastamento exceder a quinze dias"),[19] *realização de eleições em caso de dupla vacância* ("é inconstitucional, por violar o pressuposto da dupla vacância, previsto para o modelo federal e cuja observância pelos Estados-membros é obrigatória, norma de Constituição estadual que, a pretexto de

---

12 STF, ADIn nº 2.461, Rel. Min. Gilmar Mendes, j. 12.5.2005, *DJU* 25.5.2005.

13 STF, ACO nº 730, Rel. Min. Joaquim Barbosa, j. 15.9.2004, *DJU* 12.10.2004.

14 STF, ADIn nº 2.361, Rel. Min. Maurício Corrêa, j. 11.10.2001, *DJU* 12.8.2003.

15 STF, ADIn nº 7.253, Rel. Min. Cármen Lúcia, j. 22.5.2023, *DJU* 6.6.2023.

16 STF, ADIn nº 6.720, Rel. Min. Roberto Barroso, j. 24.9.2021, *DJU* 30.9.2021.

17 STF, ADIn nº 910, Rel. Min. Maurício Corrêa, j. 20.8.2003, *DJU* 21.11.2003.

18 STF, ADIn nº 1.281, Rel. Min. Maurício Corrêa, j. 11.3.2004, *DJU* 23.4.2004.

19 STF, ADIn nº 738, Rel. Min. Maurício Corrêa, j. 13.11.2002, *DJU* 7.2.2003.

disciplinar a dupla vacância no último biênio do mandato do Chefe do Poder Executivo, suprime a realização de eleições"),[20] não sendo admissível a *submissão da persecução criminal a controle de natureza política* ("às unidades federativas é vedado instituir normas que condicionem a instauração de ação penal contra Governador de Estado por crime comum à previa autorização da casa legislativa, cabendo ao Superior Tribunal de Justiça dispor, fundamentadamente, sobre a aplicação de medidas cautelares penais, inclusive afastamento do cargo")[21] nem a prescrição de *irresponsabilidade do Chefe do Poder Executivo por atos estranhos às suas funções* ("a imunidade do Chefe de Estado à persecução penal deriva de cláusula constitucional exorbitante do direito comum e, por traduzir consequência derrogatória do postulado republicano, só pode ser outorgada pela própria Constituição Federal. Os Estados-membros não podem reproduzir em suas Constituições o conteúdo normativo dos preceitos inscritos no art. 86, §§ 3º e 4º, da CRFB, pois as prerrogativas contempladas nesses preceitos da Lei Fundamental, por serem unicamente compatíveis com a condição institucional de Chefe de Estado, são apenas extensíveis ao Presidente da República").[22]

4.3 Poder Judiciário

No que atine ao **Poder Judiciário**, são exemplos de regras constitucionais que, por simetria, são extensíveis aos Estados e Distrito Federal, as relativas à *promoção na carreira* ("é inconstitucional norma estadual que prevê a adoção do maior tempo de serviço público como critério de desempate para a promoção de magistrados"),[23] *eleição dos órgãos diretivos* ("impossibilidade de o Presidente, Vice-Presidente e Corregedor-Geral do Tribunal de Justiça do Estado serem eleitos, diretamente, pelos membros vitalícios da magistratura local"),[24] *reclamação para a preservação da competência dos Tribunais* ("a reclamação constitui instrumento que, aplicado no âmbito dos Estados-membros, tem como objetivo preservar a competência dos Tribunais de Justiça estaduais, diante de eventual usurpação por parte de Juízo ou outro Tribunal local. A adoção desse instrumento pelos Estados-membros, além de estar em sintonia com o princípio da simetria, está em consonância com o princípio da efetividade das decisões judiciais"),[25] *prerrogativas funcionais e garantias dos membros da Magistratura* ("além de ser esse, na atualidade, o regime das normas constitucionais federais sobre os servidores públicos em geral, com mais razão, não há como admitir possam os Estados subtrair garantias inseridas nas regras constitucionais centrais do estatuto da magistratura"),[26] tais como a *inamovibilidade, irredutibilidade de subsídio e vitaliciedade do cargo de juiz* ("a Constituição Federal enumera taxativamente as hipóteses de aposentadoria facultativa e compulsória dos magistrados e veicula normas de absorção necessária pelos Estados-membros, que não as podem nem restringir nem ampliar, sob pena de ofensa à vitaliciedade, à efetividade da qual

[20] STF, ADIn nº 7.137, Rel. Min. Rosa Weber, j. 22.8.2022, *DJU* 29.8.2022.

[21] STF, ADIn nº 4.764, Rel. Min. Roberto Barroso, j. 4.5.2017, DJU 15.8.2017.

[22] STF, ADIn nº 1.022, Rel. Min. Celso de Mello, j. 19.10.1995, *DJU* 17.11.1995.

[23] STF, ADIn nº 6.772, Rel. Edson Fachin, j. 26.9.2022, *DJU* 27.10.2022.

[24] STF, ADIn nº 2.012, Rel. Min. Marco Aurélio, j. 4.8.1999, *DJU* 28.2.2003.

[25] STF, ADIn nº 2.212, Rel. Min. Ellen Grade, j. 2.10.2003, *DJU* 14.11.2003.

[26] STF, ADIn nº 183, Rel. Min. Sepúlveda Pertence, j. 7.8.1997, *DJU* 31.10.1997.

serve o caráter exaustivo dos casos previstos de aposentadoria compulsória do juiz"),[27] não sendo admissível a previsão de *foro especial por prerrogativa de função em relação a determinados agentes estaduais ou distritais, como os Advogados Públicos, Delegados de Polícia e Defensores Públicos* ("o Supremo Tribunal Federal consagrou tese no sentido da impossibilidade de estender-se a prerrogativa de foro, ainda que por prescrição da Carta Estadual, em face da ausência de previsão simétrica no modelo federal, sendo certo que a matéria é de Direito Processual, sobre a qual somente a União pode legislar, nos termos do art. 22, inc. I, da CRFB").[28, 29]

Acesse o
MATERIAL SUPLEMENTAR

Entre no Ambiente de Aprendizagem através das instruções contidas na orelha deste livro e acesse os conteúdos exclusivos desta edição:
- Atualizações legislativas mensais.
- Questões de prova interativas.
- Esquemas.

---

27 STF, ADIn nº 98, Rel. Min. Sepúlveda Pertence, j. 7.8.1997, *DJU* 31.10.1997.

28 STF, ADIn nº 882, Rel. Min. Maurício Corrêa, j. 19.2.2004, *DJU* 23.4.2004.

29 Sobre o princípio da simetria, na jurisprudência desenvolvida pelo Supremo Tribunal Federal, v.: STF, ADIn nº 134, Rel. Min. Maurício Corrêa, j. 25.3.2004, *DJU* 3.9.2004; STF, ADIn nº 678, Rel. Min. Carlos Velloso, j. 13.11.2002, *DJU* 19.12.2002; STF, ADIn nº 792, Rel. Min. Moreira Alves, j. 26.5.1997, *DJU* 20.4.1997; STF, ADIn nº 952, Rel. Min. Sydney Sanches, j. 13.10.1993, *DJU* 12.4.2002; STF, ADIn nº 999, Rel. Min. Dias Toffoli, j. 26.6.2023, *DJU* 18.8.2023; STF, ADIn nº 1.304, Rel. Min. Maurício Corrêa, j. 11.3.2004, *DJU* 16.4.2004; STF, ADIn nº 1.434, Rel. Min. Sepúlveda Pertence, j. 10.11.1999, *DJU* 25.2.2000; STF, ADIn nº 2.079, Rel. Min. Maurício Corrêa, j. 29.4.2004, *DJU* 18.6.2004; STF, ADIn nº 2.350, Rel. Min. Mauricio Corrêa, j. 25.3.2004, *DJU* 30.4.2004; STF, ADIn nº 2.417, Rel. Min. Maurício Corrêa, j. 3.9.2003, *DJU* 5.12.2003; STF, ADIn nº 2.553, Rel. Min. Alexandre de Moraes, j. 15.5.2019, *DJU* 28.5.2019; STF, ADIn nº 2.587, Rel. Min. Maurício Corrêa, j. 10.12.2004, *DJU* 3.12.2004; STF, ADIn nº 2.646, Rel. Min. Maurício Corrêa, j. 10.7.2002, *DJU* 4.10.2002; STF, ADIn nº 2.711, Rel. Min. Maurício Corrêa, j. 4.3.2004, *DJU* 16.4.2004; STF, ADIn nº 2.966, Rel. Min. Joaquim Barbosa, j. 6.4.2005, *DJU* 6.5.2005; STF, ADIn nº 3.046, Rel. Min. Sepúlveda Pertence, j. 15.4.2004, *DJU* 28.5.2004; STF, ADIn nº 5.373, Rel. Min. Celso de Mello, j. 9.5.2019, *DJU* 26.8.2019; STF, ADIn nº 5.378, Rel. Min. Edson Fachin, j. 19.12.2022, *DJU* 2.2.2023; STF, ADIn nº 5.540, Rel. Min. Edson Fachin, j. 3.5.2017, *DJU* 8.5.2017, e STF, ADIn nº 5.823, Rel. Min. Marco Aurélio, j. 8.5.2019, *DJU* 14.5.2019; STF, ADIn nº 6.597, Rel. Min. Gilmar Mendes, j. 18.4.2023, *DJU* 2.5.2023; STF, ADIn nº 6.619, Rel. Min. Gilmar Mendes, j. 24.10.2022, *DJU* 3.11.2022; STF, ADIn nº 6.640, Rel. Min. Edson Fachin, j. 22.8.2022, *DJU* 2.9.2022; STF, ADIn nº 6.688, Rel. Min. Gilmar Mendes, j. 7.12.2022, *DJU* 28.4.2023; STF, ADIn nº 6.937, Rel. Min. Gilmar Mendes, j. 22.11.2022, *DJU* 25.11.2022; STF, ADIn nº 6.981, Rel. Min. Roberto Barroso, j. 13.12.2022, *DJU* 9.1.2023, e STF, ADIn nº 7.002, Rel. Min. Roberto Barroso, j. 25.4.2023, *DJU* 5.5.2023.

Capítulo 30

FUNÇÕES ESSENCIAIS À JUSTIÇA

Acesse e assista à aula explicativa sobre este assunto.

> https://uqr.to/14ugw

1 CONCEITO

As **funções essenciais à justiça** são descritas como complexo orgânico que, embora não conformando um quarto Poder do Estado, recebeu a seu cargo a função de provedoria da justiça.[1]

A elocução "essenciais" é referente à função institucional precípua a ser desencadeada por esses organismos, qual seja: a de suscitar o controle das atividades do Estado, sob os aspectos preventivo ou repressivo e interno ou externo.

A expressão "justiça" é relativa à atuação institucional a ser desenvolvida por esses órgãos, devendo ser atendidas as dimensões éticas do ordenamento jurídico, quais sejam: a da legalidade, legitimidade e licitude.

À luz do exposto, no âmbito das carreiras de Estado, as funções essenciais à justiça englobam a *Advocacia Pública*, dedicada à tutela dos interesses públicos cometidos a cada entidade estatal,[2] *Defensoria Pública*, deliberada à tutela dos interesses, individuais e metaindividuais, dos necessitados econômicos e jurídicos,[3] e *Ministério Público*, destinado à tutela dos interesses difusos, coletivos, individuais homogêneos e individuais indisponíveis,[4] sujeito o Estado ao dever de garantir a igualdade de tratamento entre elas, uma vez que "houve a preocupação do poder constituinte em ampliar o espaço jurídico de atendimento à população, esta projeção se dá pela extensão da prestação jurisdicional. Com a ampliação do conceito de prestação jurisdicional, operou-se uma verdadeira extensão das magistraturas: à magistratura judicante (art. 92), com a mesma hierarquia constitucional, alinham-se a magistratura de partido (arts. 131 e 132), ma-

---

1 QUINTÃO, Geraldo Magela. *Das Funções Essenciais à Justiça*. Brasília: Anpaf, 1997, p. 7.

2 SOUTO, João Carlos. *Advocacia Pública*. Brasília: Iadc, 2003, p. 31.

3 MORAES, Guilherme Peña de. *Defensoria Pública*. São Paulo: Malheiros, 1999, p. 178.

4 MAZZILLI, Hugo Nigro. *Ministério Público*. 5ª ed. São Paulo: Saraiva, 2005, p. 60.

gistratura instrumental (art. 134) e magistratura de pé (arts. 127 a 130), aplicando-se o princípio da isonomia às carreiras disciplinadas no Capítulo IV do Título IV da CRFB".[5, 6]

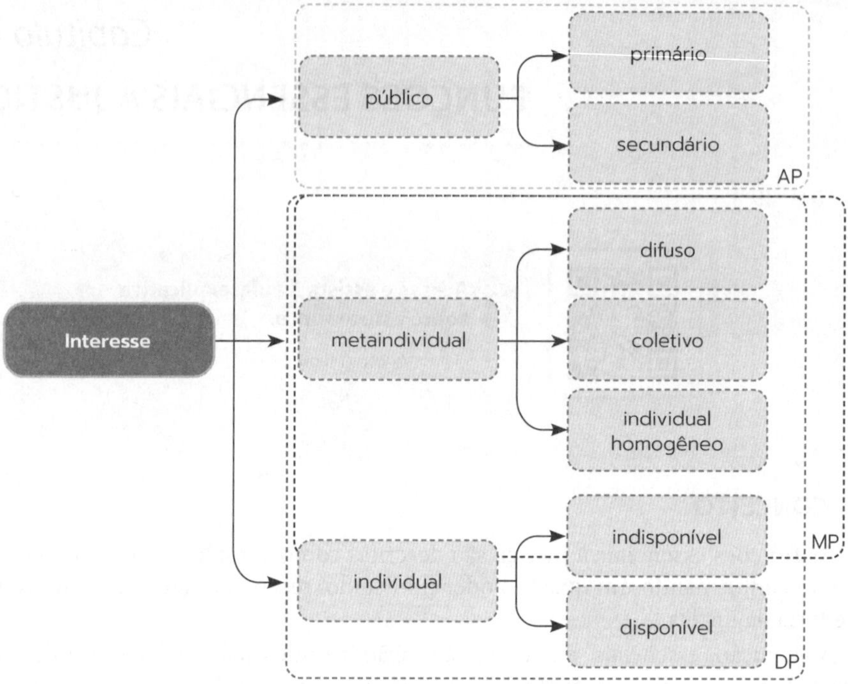

2 ADVOCACIA PÚBLICA

A Advocacia Pública detém atribuição para a representação, judicial e extrajudicial, das unidades da federação, sem prejuízo da consultoria e assessoramento jurídico do Poder Executivo, a teor dos arts. 131 e 132 da CRFB, regulados pela Lei Complementar nº 73/93, bem assim arts. 176 e 177 da CERJ, regrados pela Lei Complementar estadual nº 15/80.[7]

A **estrutura** da Advocacia Pública é fundada pela *Advocacia-Geral da União e Procuradoria-Geral da Fazenda Nacional*, que atuam junto ao Supremo Tribunal Federal, Superior Tribunal de Justiça, Justiça Federal e instâncias administrativas da União, sendo certo que aquela é reduzida à cobrança judicial e extrajudicial da dívida ativa de natureza tributária desta, e *Procuradorias-Gerais dos Estados e do Distrito Federal*, que atuam junto às Justiças Estaduais e Distrital e instâncias administrativas dos Estados

---

5 BARACHO, José Alfredo. *Parecer* in *Revista de Direito da Defensoria Pública do Estado do Rio de Janeiro*, nº 7, 1995, p. 199-200.

6 Aos Advogados Privados, que também são indispensáveis à administração da justiça, é franqueada a garantia da inviolabilidade por seus atos e manifestações no exercício da profissão pelo art. 133 da CRFB. TJRJ, Proc. nº 2006.001.62784, Rel. Des. Edson de Vasconcelos, j. 7.3.2007, *DORJ* 3.7.2007.

7 MOREIRA NETO, Diogo de Figueiredo. *As Funções Essenciais à Justiça e as Procuraturas Constitucionais* in *Revista de Direito da Procuradoria-Geral do Estado de São Paulo*, nº 36, 1992, p. 11.

e do Distrito Federal.[8] O Supremo Tribunal Federal afastou a possibilidade de criação de órgãos estranhos às Procuradorias-Gerais dos Estados e do Distrito Federal para a consultoria e assessoramento jurídico de autarquias e fundações públicas após a promulgação da Constituição da República, por força do princípio da unicidade orgânica da advocacia pública estadual e distrital, como também de Procuradorias-Gerais das Fazendas desvinculadas às Procuradorias-Gerais dos Estados e do Distrito Federal, para a representação das unidades da federação nas causas de natureza fiscal: "instituição de Procuradorias-Gerais das Fazendas Estaduais e Distrital, subordinadas às Secretarias da Fazenda. Usurpação da competência funcional exclusiva das Procuradorias-Gerais dos Estados e do Distrito Federal. Ausência de prescrição constitucional para a descentralização funcional da Advocacia Pública. Ofensa ao art. 132 da CRFB. Inaplicabilidade da hipótese prevista no art. 69 do ADCT".[9]

O **funcionamento** da Advocacia Pública é exteriorizado por *funções judiciais*, exercitadas perante organismos judiciários, como, por exemplo, a representação da Fazenda Pública junto a Juízos e Tribunais, comuns ou especializados, e *funções extrajudiciais*, exercidas perante órgãos administrativos, como, por exemplo, o assessoramento da Chefia do Poder Executivo em assuntos de natureza jurídica, elaborando pareceres e estudos ou propondo normas, medidas e diretrizes.[10] O Tribunal de Justiça do Rio de Janeiro afamou a impossibilidade de a Secretaria de Estado de Fazenda parcelar créditos tributários, inscritos ou não em dívida ativa, desde que a respectiva cobrança não esteja ajuizada: "a atribuição da Secretaria Fazendária para a cobrança da dívida ativa viola o preceito do art. 176, § 6º, da CERJ, que reserva tal mister exclusivamente à Procuradoria-Geral do Estado, tendo em vista que a concessão de parcelamento da dívida inscrita e não ajuizada é modalidade de cobrança extrajudicial da dívida ativa".[11, 12]

3 DEFENSORIA PÚBLICA

A Defensoria Pública dispõe de atribuição para a assistência jurídica, integral e gratuita, dos necessitados econômicos e jurídicos, traduzida pela representação judicial, prática de atos jurídicos extrajudiciais e consultoria jurídica, decomposta em aconselhamento, informação e orientação, à vista do art. 134 da CRFB, regulado pela Lei Comple-

---

8 SILVA, José Afonso. *Advocacia Pública* in *Revista da Procuradoria-Geral do Estado do Rio Grande do Sul*, nº 50, 1994, p. 11.

9 STF, ADIn nº 1.679, Rel. Min. Gilmar Mendes, j. 8.10.2003, *DJU* 21.11.2003.

10 MACHADO, Rubens Approbato. *Advocacia Pública* in *Revista da Ordem dos Advogados do Brasil*, nº 74, 2002, p. 99.

11 TJRJ, Proc. nº 1999.007.00021, Rel. Des. Laerson Mauro, j. 7.5.1999, *DORJ* 28.6.2000.

12 Aos Advogados Públicos é fornecida a garantia da estabilidade, desde que, na organização funcional da unidade da federação a que pertencerem, a representação, judicial e extrajudicial, e a consultoria e assessoramento jurídico do Poder Executivo sejam organizados em carreira. Noutro eixo, os membros da Advocacia Pública são desprovidos de inamovibilidade, sob pena de usurpação do poder administrativo discricionário da Chefia do Poder Executivo no tocante à designação dos agentes públicos dos órgãos da Administração Pública, e, em parte, de independência funcional, tendo em conta a vinculação entre a atividade processual que lhes é imputada e a defesa do interesse público. STF, ADIn nº 291, Rel. Min. Joaquim Barbosa, j. 7.4.2010, *DJU* 10.9.2010.

mentar nº 80/94, bem como arts. 179 a 181 da CERJ, regrados pela Lei Complementar estadual nº 6/77.[13]

A **estrutura** da Defensoria Pública é formada pela *Defensoria Pública da União*, que atua junto ao Supremo Tribunal Federal, Superior Tribunal de Justiça, Justiça Federal Comum, Justiça do Trabalho, Justiça Eleitoral, Justiça Militar Federal e instâncias administrativas da União, *Defensoria Pública do Distrito Federal*, que atua junto à Justiça Distrital e instâncias administrativas do Distrito Federal, e *Defensorias Públicas dos Estados*, que atuam junto às Justiças Estaduais e instâncias administrativas dos Estados.[14] O Tribunal de Justiça do Rio de Janeiro afirmou a impossibilidade de organização de Defensorias Públicas Municipais: "ato normativo municipal que dispôs sobre atividade da Defensoria Pública, na assistência jurídica devida aos necessitados pelo Estado, deve ter a sua eficácia suspensa. O sistema federativo fica alcançado e o ato normativo impugnado, além de criar ônus para o próprio Município, interfere em atribuições constitucionais específicas da Defensoria Pública do Estado, que mantém Defensores Públicos em cada órgão do Poder Judiciário e núcleo de atendimento na Municipalidade".[15]

O **funcionamento** da Defensoria Pública é evidenciado por *funções próprias*, que pressupõem a hipossuficiência econômica, demandada por necessitados patrimoniais, como, por exemplo, o patrocínio de ação civil, e *funções impróprias*, que prescindem de hipossuficiência econômica, destinadas aos necessitados jurídicos, como, por exemplo, a curadoria especial e a defesa de réu revel.[16] O Supremo Tribunal Federal afiançou a possibilidade de a Defensoria Pública requisitar, de quaisquer autoridades públicas e de seus agentes, certidões, vistorias, processos, esclarecimentos e outras providências necessárias ao exercício de suas atribuições, dentre as quais o manejo de ação civil pública em favor de associações que incluem entre suas finalidades estatutárias a proteção de interesses metaindividuais: "a Constituição Federal impõe, sim, que os Estados prestem assistência jurídica aos necessitados. Daí decorre a atribuição mínima compulsória da Defensoria Pública. Não, porém, o impedimento a que os seus serviços se estendam ao patrocínio de outras iniciativas processuais em que se vislumbre interesse social que justifique esse subsídio estatal. Confusão não há entre a legitimação ativa do Ministério Público para a promoção, em nome próprio, da ação civil pública, e a função da assistência jurídica, confiada à Defensoria Pública para a representação em juízo de outras pessoas físicas ou jurídicas concorrentemente legitimadas à defesa de interesses difusos, coletivos ou individuais homogêneos".[17, 18]

---

13 MOREIRA NETO, Diogo de Figueiredo. *A Defensoria Pública na Construção do Estado de Justiça* in *Revista de Direito da Defensoria Pública do Estado do Rio de Janeiro*, nº 7, 1995, p. 22.

14 MORAES, Humberto Peña de. *Defensoria Pública* in *Livro de Estudos Jurídicos*, nº 1, 1991, p. 27.

15 TJRJ, Proc. nº 1991.007.00028, Rel. Des. Pedro Américo, j. 4.9.1991, *DORJ* 9.9.1991.

16 SILVA, José Fontenelle Teixeira da. *Defensoria Pública* in *Revista da Ordem dos Advogados do Brasil*, nº 17, 1981, p. 121.

17 STF, ADIn nº 558, Rel. Min. Sepúlveda Pertence, j. 16.8.1991, *DJU* 26.3.1993.

18 Aos Defensores Públicos são franqueadas as garantias da independência funcional no desempenho de suas atribuições, inamovibilidade, excepcionada a sanção disciplinar de remoção compulsória, irredutibilidade de vencimentos e estabilidade, depois de três anos de exercício do cargo de provimento efetivo. TJRJ, Proc. nº 2011.001.27813, Rel. Des. José Carlos Paes, j. 18.5.2011, *DORJ* 22.6.2011.

4 MINISTÉRIO PÚBLICO

O Ministério Público é dotado de atribuição para a defesa da ordem jurídica, regime democrático e interesses sociais e individuais indisponíveis, de acordo com os arts. 127 a 130 da CRFB, regulados pela Lei nº 8.625/93 e Lei Complementar nº 75/93, à semelhança dos arts. 170 a 175 da CERJ, regrados pela Lei Complementar estadual nº 106/03.[19]

4.1 Posicionamento constitucional

O Ministério Público, embora não seja considerado como tal, é provido de características inerentes a Poder do Estado, diante da competência do Senado Federal para processo e julgamento do Procurador-Geral da República nos crimes de responsabilidade (art. 52, inc. II), proibição de delegação legislativa sobre organização do Ministério Público, carreira e garantia de seus membros (art. 68, § 1º, inc. I), tipificação dos atos do Presidente da República que atentem contra o livre exercício do Ministério Público como crime de responsabilidade (art. 85, inc. II), autonomia administrativa, delimitada como capacidade de direção própria, por meio da prática dos atos de gestão, organização dos serviços auxiliares, decisão sobre situação administrativa funcional e elaboração de regimentos internos (art. 127, § 2º), autonomia financeira, demarcada como capacidade de manipulação de recursos financeiros, com vistas à elaboração da proposta orçamentária, gestão e aplicação dos recursos destinados ao custeio das atividades do órgão titular da dotação orçamentária (arts. 127, § 3º, e 168), e garantias e vedações próprias dos membros do Ministério Público (art. 128, § 5º, incs. I e II).

Sem embargo da posição do Supremo Tribunal Federal, que firmou jurisprudência no sentido da "integração do Ministério Público na estrutura do Poder Executivo",[20] cremos que o *Parquet* é revestido da natureza jurídica de **órgão independente**, que se posta ao lado dos Poderes do Estado, *com elevado status constitucional*, a exemplo do Tribunal de Contas.[21, 22]

4.2 Princípios institucionais

O Ministério Público é informado por princípios explícitos e implícito.

A Instituição é submetida aos **princípios explícitos** da *unidade*, já que o Ministério Público constitui um todo orgânico, com idênticos fundamentos, direção e finalidade, *indivisibilidade*, posto que há a possibilidade de substituição de um membro do Mi-

---

19 MOREIRA NETO, Diogo de Figueiredo. *O Ministério Público: deveres constitucionais da Instituição face as situações de insegurança jurídica* in *Revista de Direito Constitucional e Internacional*, nº 30, 2000, p. 78.

20 STF, ADIn nº 132, Rel. Min. Sepúlveda Pertence, j. 30.4.2003, *DJU* 30.5.2003.

21 RODRIGUES, João Gaspar. *Abordagem sobre o Posicionamento do Ministério Público* in *Revista Forense*, nº 348, 1999, p. 126.

22 Alfredo Valladão acentua que "o Ministério Público se apresenta com a figura de um verdadeiro Poder do Estado. Se Montesquieu tivesse escrito hoje o 'Espírito das Leis', por certo não seria tríplice, mas quádrupla, a divisão dos Poderes. Ao órgão que legisla, ao que executa, ao que julga, um outro órgão acrescentaria ele – o que defende a sociedade e a lei, perante a justiça, parta a ofensa de onde partir, isto é, dos indivíduos ou dos próprios Poderes do Estado". VALLADÃO, Alfredo. *O Ministério Público*. Rio de Janeiro: Freitas Bastos, 1973, p. 27.

nistério Público por outro, sem que haja vinculação de opinião, no mesmo processo, e *independência funcional*, visto que não há hierarquia funcional, conquanto exista hierarquia administrativa, entre os membros do Ministério Público, que não estão vinculados às recomendações dos Órgãos de Administração Superior em matérias relacionadas ao desempenho de suas atribuições, nem podem ser responsabilizados pelos atos que praticarem no exercício de suas funções, na forma do art. 127, § 1º.[23]

A Instituição é sujeita ao **princípio implícito** do *promotor natural*, resumido como predeterminação em lei do órgão de execução do Ministério Público para oficiar em certo processo, inafastável por ato discricionário imputado ao Procurador-Geral, nos termos dos arts. 5º, inc. LIII, 127, § 2º, e 128, § 5º, inc. I, *b*, todos da CRFB. De um lado, o promotor natural é antecedido pela lotação por titularidade no órgão de execução e inamovibilidade do membro do Ministério Público, na medida em que a falta de atribuição importa nulidade absoluta do processo. De outro lado, o promotor natural é sucedido pela limitação do poder hierárquico do Procurador-Geral à independência funcional dos membros do Ministério Público, de maneira que as avocações, delegações, designações e remoções são restritas às hipóteses previstas em lei. O promotor natural é revestido de dois aspectos, por via de consequência: um é correlato ao direito subjetivo da pessoa, natural ou jurídica, que figura como parte no processo que reclama a intervenção ministerial, à atuação do membro do Ministério Público lotado no órgão com atribuição predeterminada em lei, enquanto outro é correlativo ao direito subjetivo público do membro do Ministério Público de oficiar nos processos incluídos no rol de atribuição do órgão que titulariza,[24] de sorte que "o postulado do promotor natural, que se revela imanente ao sistema constitucional brasileiro, repele, a partir da vedação de designações casuísticas efetuadas pela Chefia da Instituição, a figura do acusador de exceção. Esse princípio consagra uma garantia destinada tanto a proteger o membro do Ministério Público, uma vez que lhe assegura o exercício pleno e independente do seu ofício, quanto a tutelar a própria coletividade, a quem se reconhece o direito de ver atuando, em quaisquer causas, apenas o promotor cuja intervenção se justifique a partir de critérios abstratos e predeterminados, estabelecidos em lei. O postulado do promotor natural limita, por isso mesmo, o poder do Procurador-Geral que, embora expressão visível da unidade institucional, não deve exercer a Chefia do *Parquet* de modo hegemônico e incontrastável".[25, 26]

---

23 MÉDICE, Sérgio de Oliveira. *O Princípio da Independência Funcional* in *Justitia*, nº 60, 1999, p. 733.

24 PENTEADO, Jaques de Camargo. *O Princípio do Promotor Natural* in *Justitia*, nº 60, 1999, p. 971.

25 STF, HC nº 67.759, Rel. Min. Celso de Mello, j. 6.8.1992, *DJU* 1º.7.1993.

26 Paulo Cezar Pinheiro Carneiro adverte que "o princípio do promotor natural pressupõe que cada órgão da instituição tenha, por um lado, as suas atribuições fixadas em lei e, por outro, que o agente, que ocupa legalmente o cargo correspondente ao seu órgão de atuação, seja aquele que irá oficiar no processo correspondente, salvo as exceções previstas em lei, vedado em qualquer hipótese, o exercício das funções por pessoas estranhas ao quadro funcional do *Parquet*". CARNEIRO, Paulo Cezar Pinheiro. *O Ministério Público no Processo Civil e Penal: promotor natural, atribuição e conflito*. 5ª ed. Rio de Janeiro: Forense, 1999, p. 51.

4.3 Estrutura orgânica

O Ministério Público, na esteira dos arts. 128, incs. I e II, e 130-A da CRFB, é constituído por dois ramos, sob controle finalístico do Conselho Nacional.

O **Ministério Público da União** é decomposto em *Ministério Público Federal*, que atua junto ao Supremo Tribunal Federal, Superior Tribunal de Justiça, Tribunais Regionais Federais, Juízos Federais e instâncias administrativas da União, *Ministério Público do Trabalho*, que atua junto ao Tribunal Superior do Trabalho, Tribunais Regionais do Trabalho e Juízos do Trabalho, *Ministério Público Militar*, que atua junto ao Superior Tribunal Militar e Conselhos de Justiça Militar, e *Ministério Público do Distrito Federal e Territórios*, que atua junto ao Tribunal de Justiça, Juízos de Direito distritais e instâncias administrativas do Distrito Federal.[27]

Os **Ministérios Públicos dos Estados** são denotados nos Tribunais de Justiça, Tribunais de Justiça Militar, Conselhos de Justiça Militar, Juízos de Direito estaduais e instâncias administrativas dos Estados, não lhes cabendo intervir em qualquer assunto ou feito do Tribunal de Contas, tendo em conta que o "*Ministério Público especial junto aos Tribunais de Contas* qualifica-se como órgão estatal dotado de identidade e de fisionomia próprias que o tornam inconfundível e inassimilável à Instituição do *Ministério Público comum*. Não se reveste de legitimidade constitucional a participação do Ministério Público comum perante os Tribunais de Contas dos Estados, pois essa participação e atuação acham-se constitucionalmente reservadas aos membros do Ministério Público especial".[28]

O **Conselho Nacional do Ministério Público**, formado por 14 membros, escolhidos dentre brasileiros de notável saber jurídico e reputação ilibada, com mais de 35 e menos de 66 anos, e nomeados pelo Presidente da República, depois de aprovada a indicação pelo voto da maioria absoluta dos membros do Senado Federal, com mandato de dois anos, admitida uma recondução, sendo quatro membros do Ministério Público da União, chefiado pelo Procurador-Geral da República, assegurada a representação de cada uma de suas carreiras, três membros do Ministério Público dos Estados, dois juízes, definidos pelo Supremo Tribunal Federal e pelo Superior Tribunal de Justiça, dois advogados, deliberados pelo Conselho Federal da Ordem dos Advogados do Brasil, e dois cidadãos, denominados pela Câmara dos Deputados e pelo Senado Federal, por escolha paritária – cujo organograma é integrado por Plenário, Presidência, Corregedoria Nacional do Ministério Público, Comissões e Secretaria-Geral –,[29] é desenhado como órgão de fiscalização dos atos concernentes à autonomia financeira e administrativa, inclusive sob o aspecto disciplinar, da Instituição, em ordem a garantir a participação da sociedade no planejamento de políticas ministeriais, e bem o aperfeiçoamento do modelo institucional em vigor, a partir de atribuições primárias e secundárias. As atri-

---

27 Hugo Nigro Mazzilli afirma que "inexiste Ministério Público Eleitoral, enquanto instituição: só existem funções eleitorais do Ministério Público, que devem ser cometidas pela lei ao Ministério Público Federal ou dos Estados, cabendo ao Promotor Eleitoral o exercício das funções de Ministério Público junto à Justiça Eleitoral (perante Juízes e Juntas Eleitorais), podendo ser ele membro do Ministério Público local". MAZZILLI, Hugo Nigro. *Regime Jurídico do Ministério Público*. 5ª ed. São Paulo: Saraiva, 2005, p. 77.

28 STF, ADIn nº 2.884, Rel. Min. Celso de Mello, j. 2.12.2004, *DJU* 20.5.2005.

29 FERREIRA, Sérgio de Andréa. *O Ministério Público na Emenda Constitucional nº 45/04* in *Revista Forense*, nº 378, 2005, p. 69.

buições primárias são divididas em controle administrativo, exibido pela apreciação, de ofício ou mediante provocação, da legalidade dos atos administrativos praticados por membros ou órgãos do Ministério Público da União e dos Estados, com possibilidade de desconstituição, revisão ou fixação de prazo para que se adotem as providências necessárias ao cumprimento da lei e resolução de conflitos de atribuição entre o Ministério Público da União e dos Estados (art. 130-A, § 2º, inc. II, *in fine*), controle financeiro, exposto pela fiscalização da aplicação de recursos e assunção de obrigações, de acordo com os limites estabelecidos na lei de diretrizes orçamentárias (art. 130-A, § 2º, *initio*), e controle disciplinar, exteriorizado pelo recebimento e conhecimento de reclamações contra membros ou órgãos do Ministério Público da União ou dos Estados, podendo avocar procedimentos disciplinares em curso, determinar a remoção, disponibilidade ou aposentadoria com subsídios ou proventos proporcionais ao tempo de serviço e aplicar outras sanções administrativas, assim como da revisão dos processos disciplinares de membros do Ministério Público da União ou dos Estados julgados há menos de um ano (art. 130-A, § 2º, incs. III e IV). As atribuições secundárias são divisadas pela expedição de atos regulamentares, ou recomendação de providências, sem descurar da autonomia funcional e administrativa do Ministério Público, bem como da observância das normas jurídicas da Administração Pública (art. 130-A, § 2º, incs. I e II, *initio*), e elaboração de relatório anual, com indicação das providências que julgar necessárias sobre a situação do Ministério Público e as atividades do próprio Conselho Nacional do Ministério Público (art. 130-A, § 2º, inc. V).[30] Em que pese a opinião de um dos mais festejados autores do País,[31] a organização do Conselho Nacional do Ministério Público não se nos afigura ofensiva ao princípio da separação e da independência dos poderes, dado que não há interferência direta no exercício das funções institucionais pelos membros na origem estranhos ao Ministério Público, como também ao princípio da federação, eis que não há sujeição do *Parquet* Estadual ao controle de Conselho Federal, sendo exato que a Instituição é caracterizada pela unidade funcional.[32]

4.4 Regime jurídico

O Ministério Público é regido pela Lei nº 8.625/93 e Lei Complementar nº 75/93, sem prejuízo da Lei Complementar do Estado do Acre nº 8/83, Lei Complementar do Estado de Alagoas nº 15/96, Lei Complementar do Estado do Amapá nº 9/94, Lei Complementar do Estado do Amazonas nº 11/93, Lei Complementar do Estado da Bahia nº

---

30 GARCIA, Emerson. *Conselho Nacional do Ministério Público: primeiras impressões* in *Revista do Ministério Público do Estado do Rio de Janeiro*, nº 21, 2005, p. 93.

31 OSÓRIO, Fábio Medina. *Conselhos Nacionais de Justiça e do Ministério Público: divisão ou concentração de poderes?* in *Revista de Direito Administrativo*, nº 221, 2000, p. 95.

32 O Supremo Tribunal Federal concedeu medida liminar em ação direta de inconstitucionalidade para suspender a eficácia da norma inscrita no art. 5º, § 1º, *in fine*, da EC nº 45/04, em face da norma insculpida no art. 60, § 2º, da CRFB, tendo em vista a "densa plausibilidade da arguição de inconstitucionalidade de norma atributiva de competência transitória para a hipótese de não se efetivarem a tempo, na forma do texto permanente, as indicações ou escolhas dos membros do Conselho Nacional do Ministério Público, por inobservância do processo legislativo previsto na Constituição da República, dada a patente subversão do conteúdo da proposição aprovada pela Câmara dos Deputados, por força de emenda que lhe impôs o Senado, e afinal se enxertou no texto". STF, ADIn nº 3.472, Rel. Min. Sepúlveda Pertence, j. 28.4.2005, *DJU* 10.5.2005.

11/96, Lei do Estado do Ceará nº 10.675/82, Lei Complementar do Estado do Espírito Santo nº 95/97, Lei Complementar do Estado de Goiás nº 25/98, Lei Complementar do Estado do Maranhão nº 13/91, Lei Complementar do Estado do Mato Grosso nº 3/86, Lei Complementar do Estado do Mato Grosso do Sul nº 72/94, Lei Complementar do Estado de Minas Gerais nº 34/94, Lei Complementar do Estado do Pará nº 1/82, Lei Complementar do Estado da Paraíba nº 19/94, Lei Complementar do Estado do Paraná nº 85/99, Lei Complementar do Estado de Pernambuco nº 12/94, Lei Complementar do Estado do Piauí nº 12/93, Lei Complementar do Estado do Rio de Janeiro nº 106/03, Lei Complementar do Estado do Rio Grande do Norte nº 141/96, Lei do Estado do Rio Grande do Sul nº 7.669/82, Lei Complementar do Estado de Rondônia nº 6/85, Lei Complementar do Estado de Roraima nº 3/94, Lei Complementar do Estado de Santa Catarina nº 197/00, Lei Complementar do Estado de São Paulo nº 734/93, Lei do Estado de Sergipe nº 2.380/82 e Lei Complementar do Estado de Tocantins nº 12/96.

A **Lei Orgânica Nacional do Ministério Público** institui normas gerais para a organização dos Ministérios Públicos dos Estados e do Distrito Federal e Territórios, cujo projeto é de *iniciativa exclusiva do Presidente da República.*[33]

A **Lei Orgânica do Ministério Público da União** instrui normas de organização de todos os ramos do Ministério Público da União, cujo projeto é de *iniciativa concorrente entre o Presidente da República e o Procurador-Geral da República.*[34]

As **Leis Orgânicas dos Ministérios Públicos dos Estados** instrumentalizam normas de organização de cada ramo dos Ministérios Públicos dos Estados, cujo projeto é de *iniciativa exclusiva do Procurador-Geral de Justiça*, em atenção aos arts. 61, § 1º, inc. II, *d*, e 128, § 5º, ambos da CRFB.[35, 36]

4.5 Campo de atuação

O Ministério Público, considerando a norma inserida no art. 257 do CPP, bem assim a norma insertada nos arts. 177 e 178 do CPC, atua tanto na esfera criminal quanto na esfera cível.[37]

Na **esfera criminal**, o campo de atividade do Ministério Público comporta a atuação no interesse da sociedade ou acusado.

---

33 GRINBERG, Rosana. *Lei Orgânica Nacional do Ministério Público: Lei nº 8.625, de 12.2.1993* in *Revista Trimestral de Jurisprudência dos Estados*, nº 143, 1995, p. 15.

34 MAZZILLI, Hugo Nigro. *Lei Orgânica do Ministério Público da União: Lei Complementar nº 75, de 20.5.1993* in *Revista da Procuradoria-Geral da República*, nº 3, 1993, p. 18.

35 STF, ADIn nº 5.281, Rel. Min. Cármen Lúcia, j. 12.5.2021, *DJU* 20.5.2021.

36 Emerson Garcia assegura que "poderão as Constituições estaduais prever a iniciativa concor-rente dos Governadores, preservando igual direito dos Procuradores-Gerais, em atendimento ao princípio da simetria. A Constituição da República contemplou, em preceitos autônomos, a iniciativa do Chefe do Poder Executivo e a iniciativa dos Procuradores-Gerais, que foi tão somente facultada, o que não guarda similitude com a ideia de exclusividade". GARCIA, Emerson. *Ministério Público*: organização, atribuições e regime jurídico. Rio de Janeiro: Lu-men Juris, 2004, p. 3.

37 MAZZILLI, Hugo Nigro. *Alguns Casos de Atuação do Ministério Público* in *Revista dos Tribunais*, nº 688, 1993, p. 252.

A *atuação no interesse da sociedade* é delineada pela promoção exclusiva da ação penal pública, requisição para instauração de inquérito policial, realização de investigações criminais e controle da atividade policial.

A *atuação no interesse do acusado* é demonstrada pela livre manifestação no sentido da absolvição penal, como também pela interposição de recurso, impetração de *habeas corpus* e iniciativa de revisão criminal que, de alguma maneira, beneficie o autor do fato, indiciado, acusado, condenado ou culpado.[38]

Na **esfera cível**, o campo de atividade do Ministério Público compreende a atuação extrajudicial e judicial.

A *atuação extrajudicial* é denotada pela promoção da administração pública dos interesses privados, participação nos Tribunais e Conselhos de Contas e atendimento ao público.

A *atuação judicial* é desmembrada em iniciativa e intervenção em juízo. Com efeito, na atuação judicial com a condição de órgão agente, o Ministério Público tem a iniciativa em juízo, figurando como demandante (autor, exequente ou requerente). Demais disso, na atuação judicial com a condição de órgão interveniente, o Ministério Público tem a intervenção em juízo, por motivo da natureza da lide ou qualidade da parte, funcionando como fiscal da correta aplicação da regra jurídica ao caso concreto.[39] Por último, as atuações em decorrência da qualidade da parte e natureza da lide são diferenciadas quanto à natureza da intervenção, atuação processual e interesse em recorrer: a natureza da intervenção do Ministério Público em razão da qualidade da parte é a de "fiscal assistente", de forma que o órgão ministerial encontra-se ligado ao interesse da parte que reclama a atuação protetiva, não havendo a possibilidade de iniciativa de impulso processual e de interposição de recursos em detrimento dela, conquanto haja a possibilidade de livre opinamento, nos casos de impulso processual alheio ou recurso interposto por outrem, posto que a causa da intervenção consiste em interesse individual indisponível correlacionado à qualidade subjetiva da parte;[40] ao passo que a natureza da intervenção do Ministério Público em virtude da natureza da lide é a de "fiscal imparcial", de modo que o órgão ministerial não se encontra ligado ao interesse das partes, sendo livre a iniciativa de impulso processual, havendo a possibilidade de interposição de recursos em detrimento de quaisquer delas, visto que a causa da intervenção consiste em interesse difuso, coletivo ou individual homogêneo correlato à qualidade objetiva da situação.[41, 42]

---

38 GONÇALVES, Luiz Carlos dos Santos. *A Iniciativa do Ministério Público no Processo Penal* in *Revista Brasileira de Ciências Criminais*, nº 46, 2004, p. 142.

39 JARDIM, Afranio Silva. *A Intervenção do Ministério Público no Processo Civil* in *Revista de Processo*, nº 44, 1986, p. 166.

40 STF, ADIn nº 758, Rel. Min. Celso de Mello, j. 22.4.1993, *DJU* 8.4.1994.

41 STF, AR nº 1.364, Rel. Min. Moreira Alves, j. 22.5.2002, *DJU* 2.5.2003.

42 José Maria Leoni de Oliveira atesta que "o Ministério Público é parte imparcial e sua presença no processo, mesmo que no polo ativo da lide, visa a fiscalizar a exata aplicação da lei, em cujo favor intervém, e não em benefício da pessoa que eventualmente poderá vir a ser beneficiada por sua ação, pois, trata-se de tutelar um interesse público, e não um interesse privado". OLIVEIRA, José Maria Leoni de. *A Nova Lei de Investigação de Paternidade*. 4ª ed. Rio de Janeiro: Lumen Juris, 1999, p. 148.

4.6 Funções institucionais

O Ministério Público é titular de funções típicas e atípicas.

As **funções típicas** estão em conformidade com a destinação institucional, como, por exemplo, as enumeradas no art. 129, incs. I a VIII, da CRFB.[43]

As **funções atípicas** estão em desconformidade com a destinação institucional, como, por exemplo, a enunciada no art. 68 do CPP,[44] não se revelando doutrina e jurisprudência uníssonas quanto à subsistência das funções anômalas do Ministério Público. Na doutrina, **Paulo Cezar Pinheiro Carneiro** defende a revogação das funções atípicas, em face do art. 129, inc. IX, da CRFB, porquanto "a ordem constitucional só permite que o Ministério Público exerça outras funções que lhe forem conferidas desde que compatíveis com sua finalidade, o que exclui toda e qualquer função considerada anômala".[45] Na jurisprudência, o Supremo Tribunal Federal decidiu pela inconstitucionalidade progressiva das funções atípicas, na hipótese da ação civil para reparação ou ressarcimento de danos oriundos de infrações penais, sendo a vítima ou sucessor hipossuficiente econômico, porque, "no contexto da Constituição da República, a atribuição anteriormente dada ao Ministério Público pelo art. 68 do CPP, constituindo modalidade de assistência jurídica, deve reputar-se transferida para a Defensoria Pública. Essa, porém, para esse fim, só se pode considerar existente, onde e quando organizada, de direito e de fato, mercê do art. 134, *caput*, da CRFB. Até que, na União ou em cada Estado considerado, se implemente essa condição de viabilização da cogitada transferência constitucional de atribuições, a legitimação do Ministério Público para promoção, no juízo cível, da reparação ou ressarcimento do dano resultante de crime, pobre o titular do direito, será considerada ainda vigente".[46]

4.6.1 Ação penal pública

A titularidade da *ação penal pública condenatória* é definida como "primeiro fator de proteção das liberdades públicas",[47] na medida em que, no sistema acusatório, a imparcialidade da autoridade judiciária competente é preservada pela legitimação ativa do Ministério Público para a deflagração da persecução criminal, com alicerce no art. 129, inc. I, da CRFB e art. 24 do CPP.[48]

Não há monopólio da ação penal pública nos ordenamentos jurídicos em geral, a partir da consubstanciação da ação penal privada subsidiária da pública para a condenação por crimes de ação penal pública, caso a denúncia não tenha sido oferecida no prazo legal, devendo o *Parquet* aditar a queixa, repudiá-la e oferecer denúncia substitutiva,

---

43 MAZZILLI, Hugo Nigro. *Funções Institucionais do Ministério Público* in *Revista Forense*, nº 86, 1990, p. 5.

44 STOCO, Rui. *Legitimidade do Ministério Público na Ação Civil "Ex Delicto"* in *Repertório de Jurisprudência IOB: civil, processual, penal e comercial*, nº 20, 1997, p. 404.

45 CARNEIRO, Paulo Cezar Pinheiro. *Tutela Preventiva dos Direitos Difusos pelo Ministério Público* in *Justitia*, nº 131, 1985, p. 279.

46 STF, RE nº 147.776, Rel. Min. Sepúlveda Pertence, j. 19.5.1998, *DJU* 19.6.1998.

47 MARREY, Luiz Antonio Guimarães. *O Ministério Público e a Tutela das Liberdades Públicas* in *Justitia*, nº 131, 1985, p. 317.

48 STF, ADIn nº 1.570, Rel. Min. Maurício Corrêa, j. 12.2.2004, *DJU* 22.10.2004.

intervir em todos os atos do processo, fornecer elementos de prova, interpor recurso e, na hipótese de negligência do querelante, retomar a ação como parte principal.[49]

Não há ação penal popular no ordenamento brasileiro em especial, a partir da constatação de que "a violação da norma penal faz nascer o *ius puniendi* de que é titular o Estado, necessariamente imposto pelo competente processo penal, instaurado por meio da ação que deveria sempre ser exercida pelo Ministério Público, dado que o interesse na imposição da pena é de natureza pública, jamais de caráter privado. Considerações sobre o reflexo direto do delito na esfera jurídica do ofendido, e a inércia do órgão do *Parquet*, sempre possível, na prática, são apontados como suporte da ação penal pública condicionada e ação penal de iniciativa privada".[50]

4.6.2 *Fiscalização da regularidade dos serviços públicos*

A *apreciação de reclamações sobre autoridades e serviços públicos* evidencia que o Ministério Público é destinatário da função de *ombudsman*, uma vez que os órgãos de execução detêm atribuição para sugerir ao poder competente a elaboração de normas e alteração da legislação em vigor,[51] além de expedir notificações, visando à melhoria dos serviços públicos e ao respeito aos interesses, direitos e bens cuja defesa lhes cabe promover, com amparo no art. 129, inc. II, da CRFB e art. 7º, incs. IV e V, da Lei nº 8.987/95.[52]

Em consequência, na fiscalização da regularidade dos serviços públicos, o "guardião das promessas" dispõe do controle das omissões da Administração Pública,[53] de arte a "viabilizar a concretização de políticas públicas, quando venham a ser descumpridas, total ou parcialmente, pelas instâncias governamentais destinatárias do comando inscrito na própria Constituição da República. A incumbência de formular e implementar políticas públicas, em bases excepcionais, poderá atribuir-se ao Poder Judiciário, se e quando os órgãos estatais competentes, por descumprirem os encargos político-jurídicos que sobre eles incidem, vierem a comprometer, com tal comportamento, a eficácia e a integridade de direitos individuais e/ou coletivos impregnados de estatura constitucional, ainda que derivados de cláusulas revestidas de conteúdo programático, de molde a viabilizar, a todos, o acesso aos bens cuja fruição lhes haja sido injustamente recusada pelo Estado".[54]

4.6.3 *Inquérito civil e ação civil pública*

A propositura de *ação civil pública, com suporte probatório em inquérito civil ou peças de informação*, tem por objeto a proteção, prevenção e reparação dos danos causados à infância e adolescência, meio ambiente, consumidor, contribuinte, bens e

---

49 BEZERRA, Fábio Luiz de Oliveira. *Ação Penal Privada Subsidiária da Pública* in *IOB: repertório de jurisprudência civil, processual, penal e comercial*, nº 23, 2009, p. 827.

50 DAL POZZO, Antonio Araldo Ferraz. *Ação Penal Popular* in *Justitia*, nº 129, 1985, p. 9.

51 PARISE, Elaine Martins. *O Poder de Recomendação do Ministério Público como Instrumento Útil para a Provocação do Autocontrole de Constitucionalidade* in *MPMG Jurídico*, nº 1, 2005, p. 16.

52 GUIMARÃES, Márcio. *Ministério Público, "Ombudsman" e Ouvidor na Fiscalização dos Serviços Públicos* in *Direito Empresarial Público*, nº 1, 2002, p. 785.

53 FRISCHEISEN, Luiza Cristina Fonseca. *Atuação do Ministério Público na implantação de Políticas Públicas estabelecidas na Constituição Federal* in *Boletim dos Procuradores da República*, nº 5, 1998, p. 28.

54 STF, ADPF nº 45, Rel. Min. Celso de Mello, j. 29.4.2004, *DJU* 4.5.2004.

direitos de valor artístico, estético, histórico, turístico e paisagístico e outros interesses difusos, coletivos e individuais homogêneos, sem embargo da anulação ou declaração de nulidade de atos lesivos ao patrimônio público ou à moralidade administrativa da União, Estados, Distrito Federal ou Municípios, com anteparo no art. 129, inc. III, da CRFB e art. 5º da Lei nº 7.347/85.[55]

Malgrado o Supremo Tribunal Federal tenha deixado consignado que "não cabe ao Ministério Público a função de proteger direitos individuais homogêneos, ainda que disponíveis, sob pena de desvio de função",[56] a legitimidade ativa do *Parquet* para a manipulação de ação civil pública dirigida à tutela de interesses individuais homogêneos disponíveis é constatada pela mais autorizada doutrina, *exempli gratia*: "o que legitima o Ministério Público a ajuizar ação civil pública na defesa de direitos individuais homogêneos não é a natureza destes mesmos direitos, mas a circunstância de sua proteção ser feita por meio de ação coletiva";[57] "muito embora a Constituição atribua ao Ministério Público apenas a defesa de interesses individuais indisponíveis, além dos difusos e coletivos, a relevância social da tutela coletiva dos interesses ou direitos individuais homogêneos levou o legislador a conferir à Instituição a legitimação para agir nessa modalidade de demanda, mesmo em se tratando de interesses ou direitos disponíveis",[58] e "não será difícil concluir que a legitimação ativa do Ministério Público para a defesa de interesses individuais homogêneos dos consumidores e dos investidores no mercado financeiro, estabelecida nas Leis nºs 6.024/74, 7.913/89 e 8.078/90, é perfeitamente compatível com a incumbência constitucional de defender os interesses sociais, imposta pelo art. 127 da Carta Magna. É nesta dimensão, e somente nela, que a defesa de tais direitos individuais, divisíveis e disponíveis, pode ser promovida pelo Ministério Público sem ofensa à Constituição",[59] motivo pelo qual "a legitimidade ativa do *Parquet* não depende exclusivamente da existência de interesses indisponíveis, devendo-se levar em consideração a defesa da ordem jurídica e dos interesses sociais. Ademais, deve ser visto que os direitos individuais homogêneos constituem um grupo de direitos decomponíveis em dois momentos normativos, sendo que apenas o primeiro destes, efetivamente indisponível, é objeto da tutela coletiva. Finalmente, deve ser analisado que a tutela dos direitos individuais homogêneos, como consectários dos direitos coletivos, cuja persecução o art. 129, inc. III, do Texto Maior confere ao Ministério Público, não traça qualquer restrição no que pertine à indisponibilidade dos interesses individualmente considerados".[60]

---

55 MAZZILLI, Hugo Nigro. *Tutela de Interesses Coletivos e Difusos* in *Revista dos Tribunais*, nº 668, 1998, p. 9.

56 STF, RE nº 213.631, Rel. Min. Ilmar Galvão, j. 9.12.1999, *DJU* 7.4.2000.

57 NERY JUNIOR, Nelson. *O Ministério Público e sua Legitimação para a Defesa do Consumidor em Juízo* in *Justitia*, nº 54, 1992, p. 244.

58 GRINOVER, Ada Pellegrini. *Ação Civil Pública e Defesa dos Interesses Individuais Homogêneos* in *Revista de Direito do Consumidor*, nº 5, 1993, p. 206.

59 ZAVASCKI, Teori Albino. *O Ministério Público e a Defesa dos Direitos Individuais Homogêneos* in *Revista de Informação Legislativa* nº 30, 1993, p. 173.

60 GOUVÊA, Marcos Antonio Maselli de Pinheiro. *A Legitimidade do Ministério Público para Defesa de Interesses Individuais Homogêneos* in *Revista do Ministério Público do Estado do Rio de Janeiro*, nº 11, 2000, p. 199.

4.6.4 Instrumentos de jurisdição constitucional orgânica

O Ministério Público, representado judicialmente pelo Procurador-Geral, possui capacidade para ser parte nos processos instaurados em decorrência do exercício da *ação direta de inconstitucionalidade genérica, interventiva ou omissiva e ação declaratória de constitucionalidade de lei ou ato normativo, como também da arguição de descumprimento de preceito fundamental*, com apoio nos arts. 36, inc. III, 103, inc. VI, e 129, inc. IV, da CRFB, art. 2º, inc. VI, da Lei nº 9.868/99, art. 2º, inc. I, da Lei nº 9.882/99 e art. 2º da Lei nº 12.562/11.[61]

Faculta-se a qualquer pessoa, mediante representação, solicitar a utilização dos instrumentos de jurisdição constitucional orgânica ao Chefe da Instituição, que, examinando os fundamentos jurídicos do requerimento, decide sobre o cabimento do seu ingresso em juízo.[62]

4.6.5 Proteção dos interesses das populações indígenas

A promoção da *defesa judicial dos direitos e interesses das populações indígenas*, enquanto grupos participantes do processo civilizatório nacional, cuja organização social, costumes, línguas, crenças, tradições e direitos originários sobre as terras que tradicionalmente ocupam são reconhecidos pela República Federativa do Brasil, é função institucional do Ministério Público, com arrimo no art. 129, inc. V, da CRFB e arts. 36 e 37 da Lei nº 6.001/73.[63]

O Ministério Público não somente pode deflagrar a proteção dos interesses das populações indígenas, na condição de órgão agente, mas também deve intervir em todos os atos dos processos judiciais desencadeados pelos índios, suas comunidades e organizações, na condição de órgão interveniente.[64]

4.6.6 Poder de requisição

A *requisição de informações, exames, perícias e documentos, bem assim de diligências investigatórias e instauração de procedimentos administrativos*, como, por exemplo, o inquérito policial, é um dos meios de que o Ministério Público dispõe para a consecução de sua destinação constitucional, cujo desatendimento enseja responsabilização civil, posto que há, em suposição, a caracterização do ato de improbidade administrativa descrito no art. 11 da Lei nº 8.429/92, com a redação dada pela Lei nº 14.230/21, e responsabilização criminal, visto que há, em tese, a configuração do crime de prevaricação desenhado no art. 319 do CP, sem exclusão da possibilidade de responsabilização político-administrativa, em virtude de imputação pelo crime contra a probidade na Administração tipificado no art. 9º, nº 3, da Lei nº 1.079/50, com assento no art. 129, incs. VI e VIII, da CRFB.[65]

---

61 FERREIRA FILHO, Manoel Gonçalves. *O Sistema Constitucional Brasileiro e as Recentes Inovações no Controle de Constitucionalidade* in *Revista de Direito Administrativo*, nº 220, 2000, p. 11.

62 STF, Recl. nº 849, Rel. Min. Adalício Nogueira, j. 10.3.1971, *DJU* 9.12.1971.

63 DALLARI, Dalmo de Abreu. *Reconhecimento e Proteção dos Direitos dos Índios* in *Revista de Informação Legislativa*, nº 111, 1991, p. 315.

64 STF, ADIn nº 1.499, Rel. Min. Néri da Silveira, j. 5.9.1996, *DJU* 22.10.1999.

65 CAMPOS, Wanderley de. *Poder de Requisição do Ministério Público: reflexos de seu indeferimento* in *Justitia*, nº 152, 1990, p. 58.

À guisa de complementação, doutrina e jurisprudência são direcionadas no sentido da impossibilidade de quebra de sigilo bancário, fiscal e telefônico por requisição ministerial, independentemente de mandado judicial, sendo certo que "o sigilo de dados visa a assegurar ao indivíduo a sua identidade diante dos riscos proporcionados pela niveladora pressão social e pela incontrastável impositividade do Poder Público. Aquilo que é exclusivo é o que passa pelas opções pessoais, afetadas pela subjetividade do indivíduo e que não é guiado nem por normas, nem por padrões objetivos. No recôndito da privacidade esconde-se a intimidade. A intimidade não exige publicidade, eis que não envolve direitos de terceiros. No âmbito da privacidade, a intimidade é o mais exclusivo dos seus direitos",[66] de sorte que "a quebra de sigilo bancário, fiscal ou telefônico, ato que se reveste de extrema gravidade jurídica e cuja prática pressupõe, necessariamente, a competência do órgão Judiciário que a determina, só deve ser decretada, e sempre em caráter de absoluta excepcionalidade, quando existentes fundados elementos de suspeita que se apoiem em indícios idôneos, reveladores de possível autoria de prática delituosa por parte daquele que sofre a investigação penal realizada pelo Estado. A relevância da garantia do sigilo, que traduz, na concreção do seu alcance, uma das projeções realizadoras do direito à intimidade, impõe, por isso mesmo, cautela e prudência ao órgão competente do Poder Judiciário na determinação da ruptura da esfera de privacidade que o ordenamento jurídico, em norma de salvaguarda, pretendeu submeter à cláusula de reserva constitucional".[67] Em síntese: "a norma inscrita no art. 129, incs. VI e VIII, da CRFB não autoriza ao Ministério Público, sem a interferência da autoridade judiciária, quebrar sigilo de alguém. Se o sigilo é uma espécie de direito à privacidade, somente autorização expressa na Carta Magna legitimaria o Ministério Público a promover, diretamente e sem a intervenção de nenhuma autoridade judiciária, a quebra de sigilo de qualquer pessoa".[68]

4.6.7 Controle externo da atividade policial

O exercício do *controle externo da atividade policial* é desvelado pelo livre ingresso em estabelecimentos policiais ou prisionais, acesso a quaisquer documentos relativos à atividade policial e representação pela adoção de providências para sanar omissão indevida, ou para prevenir ou corrigir ilegalidade ou abuso de poder, à autoridade com atribuição para tanto.[69]

A respeito da investigação criminal pelo Ministério Público,[70] a Excelsa Corte, que houvera decidido que "o Ministério Público não tem poderes para realizar diretamente investigações, mas sim requisitá-las à autoridade policial, não lhe cabendo, portanto, inquirir diretamente pessoas suspeitas da autoria de crime",[71] procedeu à alteração do

---

66 FERRAZ JÚNIOR, Tercio Sampaio. *Sigilo de Dados: o direito à privacidade e os limites à função fiscalizadora do Estado* in *Cadernos de Direito Tributário e Finanças Públicas*, nº 1, 1992, p. 141.

67 STF, Recl. nº 511, Rel. Min. Celso de Mello, j. 9.2.1995, *DJU* 15.9.1995.

68 STF, RE nº 215.301, Rel. Min. Carlos Velloso, j. 13.4.1999, *DJU* 28.5.1999.

69 MAZZILLI, Hugo Nigro. *Controle Externo da Atividade Policial* in *Revista dos Tribunais*, nº 664, 1991, p. 387.

70 MORAES, Guilherme Peña de. *Lineamentos da Investigação Criminal pelo Ministério Público* in *MP em Revista*, nº 1, 2004, p. 13.

71 STF, HC nº 81.326, Rel. Min. Nelson Jobim, j. 6.5.2003, *DJU* 1º.8.2003.

seu entendimento, restando as jurisprudências do Supremo Tribunal Federal, Superior Tribunal de Justiça e Tribunal de Justiça do Rio de Janeiro uníssonas em torno da "legitimidade jurídica do poder investigatório do Ministério Público".[72] "Malgrado seja defeso ao Ministério Público presidir o inquérito policial propriamente dito, não lhe é vedado, como titular da ação penal, promover investigações".[73] "O Ministério Público não exorbita de suas funções ao oferecer denúncia respaldada em peças de informação obtidas em procedimento administrativo por ele instaurado".[74]

Sob um ângulo, o poder de investigação criminal do *Parquet* é corroborado por dois fundamentos constitucionais.

A realização direta da investigação criminal pelo Ministério Público está lastreada nos poderes explícitos do art. 129, incs. I, VI e VII, da CRFB, uma vez que o princípio da universalização das investigações é concretizado pelas regras que prescrevem a função institucional de promoção da ação penal pública, cujo substrato probatório mínimo pode, ou não, ser fornecido pela polícia judiciária, sob controle externo, da Instituição. É dizer: "o princípio da universalização das investigações representa o aumento do leque de órgãos legitimados a participar no trabalho de investigação criminal, em oposição ao monopólio e exclusividade do trabalho policial. As investigações administrativas, parlamentares e ministeriais amoldam-se à ampliação dos organismos habilitados a investigar".[75]

Ainda que as funções institucionais do Ministério Público não houvessem sido enumeradas expressamente na Constituição da República, posicionamento diferente importaria violação da teoria dos poderes implícitos, segundo a qual os órgãos que detêm um poder (*e. g.*: acusação pública) dispõem de todos os meios disponíveis para a sua consecução (*v. g.*: diligências investigatórias). Vale dizer: "ao conferir ao Ministério Público a função institucional de promover, privativamente, a ação penal pública, o constituinte conferiu-lhe, de forma acessória e implícita, a busca de todos os meios, de modo geral e moralmente admissíveis, para subsidiar a oferta de sua denúncia. Não se pode, ao mais singelo raciocínio lógico, afastar a ideia de que o titular de algo não possa se valer de instrumentos próprios para viabilizar o pleno exercício dessa titularidade, substrato esse, aliás, base de sustentação da própria doutrina dos poderes implícitos".[76]

Sob outro ângulo, o poder de investigação criminal do *Parquet* pode ser subsidiado por três fundamentos legais, a teor do art. 8º, inc. V, da Lei Complementar nº 75/93 e art. 26, inc. I, *c*, da Lei nº 8.625/93.

O Ministério Público dispõe da titularidade da ação penal de natureza condenatória, de maneira que a realização direta da investigação criminal é indispensável para a formação da justa causa, não sendo exigível a imparcialidade do órgão agente.[77]

---

72 STF, HC nº 89.837, Rel. Min. Celso de Mello, j. 20.10.2009, *DJU* 20.11.2009.

73 STJ, REsp nº 665.997, Rel. Min. Felix Fischer, j. 22.3.2005, *DJU* 30.5.2005.

74 TJRJ, Proc. nº 1999.059.01422, Rel. Des. Telma Musse Diuana, j. 15.7.1999, *DORJ* 10.12.1999.

75 SANTIN, Valter Foleto. *A Investigação Criminal e o Acesso à Justiça* in *Revista dos Tribunais*, nº 792, 2002, p. 464.

76 CRUZ, Alex Sandro Teixeira da. *O Ministério Público e a Investigação Criminal* in *Consulex*, nº 159, 2003, p. 23.

77 MELLO FILHO, José Celso de. *Ministério Público no Inquérito Policial* in *Revista do Ministério Público do Estado de Santa Catarina*, nº 3, 1980, p. 71.

O inquérito policial não se confunde com o procedimento administrativo investigatório suplementar, já que o primeiro figura como inquérito policial, sob o comando da autoridade policial, ao passo que o segundo funciona como peça de informação, sob a condução do membro do Ministério Público.[78]

Mesmo que os cadernos investigatórios policial e ministerial fossem similares, o inquérito policial é dispensável, posto que a denúncia ou queixa pode ser amparada em peça de informação, e, nas hipóteses de crimes de agentes públicos dotados de foro especial por prerrogativa de função, inadmissível, visto que a promoção da ação penal pública é viabilizada por procedimento administrativo realizado perante autoridade judiciária, a denotar que as diligências investigatórias não são atribuídas exclusivamente à polícia judiciária.[79]

À vista do exposto, a persecução criminal pode ser deflagrada com fulcro em investigação realizada pelo Ministério Público, como também a condenação penal pode ser imposta com fundamento em elementos de convicção obtidos pelo *Parquet*, uma vez submetidos ao crivo do contraditório, sendo certo que eventual nulidade ocorrida naquela não tem o condão de invalidar esta.[80]

4.6.8 Garantias dos membros do Ministério Público

Os membros do Ministério Público têm as **garantias** funcionais da *vitaliciedade*, *irredutibilidade de subsídio* e *inamovibilidade*, excepcionada a remoção compulsória por motivo de interesse público, à semelhança das garantias disponibilizadas aos Magistra-

---

[78] JARDIM, Afranio Silva. *Ministério Público e Controle da Atividade Policial* in *Revista do Ministério Público do Estado de Sergipe*, nº 3, 1992, p. 60.

[79] DOTTI, René Ariel. *O Ministério Público e a Polícia Judiciária: relações formais e desencontros materiais* in *Ministério Público, Direito e Sociedade*, nº 1, 1986, p. 121-144.

[80] No sentido do texto, entendendo que a investigação criminal pelo Ministério Público é permitida, Marcellus Polastri Lima atenta que a "Constituição Federal não dá à Polícia Civil a exclusividade de apuração das infrações penais, e nem mesmo das atividades de polícia judiciária". No sentido contrário, entendendo que a investigação criminal pelo Ministério Público é proibida, Marcelo Caetano Peruchin atesta que a "Constituição da República previu a exclusividade dos atos de investigação criminal à polícia judiciária, não tendo feito qualquer ressalva no tocante à previsão de tal atribuição a nenhum outro órgão, nem mesmo ao Ministério Público". A jurisprudência é reiterada no sentido de que "o fato de o Ministério Público ter oferecido ação penal com base nos elementos de convicção a ele trazidos por outro meio que não o inquérito policial não significa dizer que ingressou em seara reservada à polícia judiciária, nem mesmo que tenha presidido inquérito policial". "O Ministério Público possui a prerrogativa de instaurar procedimento administrativo de investigação e conduzir diligências investigatórias, podendo requisitar diretamente documentos e informações que julgar necessários ao exercício de suas atribuições de *dominus litis*". "Poder investigatório assegurado pelo ordenamento jurídico sem ferir o equilíbrio entre as partes". LIMA, Marcellus Polastri. *O Ministério Público pode ou não investigar? Uma Análise de Recente Decisão do Supremo Tribunal Federal* in *Revista Brasileira de Ciências Criminais*, nº 46, 2004, p. 371; PERUCHIN, Marcelo Caetano. *Da Ilegalidade da Investigação Criminal exercida, exclusivamente, pelo Ministério Público no Brasil* in *Revista Jurídica*, nº 315, 2004, p. 100; STF, HC nº 96.638, Rel. Min. Ricardo Lewandowski, j. 2.12.2010, *DJU* 1º.2.2011; STJ, HC nº 128.233, Rel. Min. Arnaldo Esteves Lima, j. 15.12.2009, *DJU* 1º.2.2010, e TJRJ, Proc. nº 2000.050.04174, Rel. Des. Paulo Ventura, j. 27.3.2001, *DORJ* 1º.5.2001.

dos em geral,[81] razão pela qual aos interessados é alvitrada a reapreciação do Capítulo 28, Item 3.7.

81 Os membros do Ministério Público são suscetíveis de remoção compulsória, por iniciativa do Procurador-Geral, mediante decisão do Conselho Superior, pelo voto da maioria absoluta de seus membros, assegurados o contraditório e ampla defesa. MAZZILLI, Hugo Nigro. *A Reforma Constitucional e as Garantias da Magistratura* in *Revista de Direito do Ministério Público do Estado do Rio de Janeiro*, nº 7, 1998, p. 117, e STF, RE nº 734.767, Rel. Min. Cármen Lúcia, j. 27.6.2013, *DJU* 1º.8.2013.

Capítulo 31

MECANISMOS CONSTITUCIONAIS DE DEFESA DO ESTADO

Acesse e assista à aula explicativa sobre este assunto.

> https://uqr.to/14ugx

1 CONCEITO

Os **mecanismos constitucionais de defesa do Estado** são sintetizados como meios predispostos para assegurar a observância e, portanto, a conservação de uma ordem constitucional.[1]

Com efeito, há a diferenciação entre o *sistema de legalidade ordinário*, no qual os direitos fundamentais, e as garantias constitucionais respectivas, impõem limitações ao poder político, e o *sistema de legalidade extraordinário*, no qual as situações de crise, traduzidas por agitações sociais, políticas, econômicas, ideológicas ou afins, importam restrição a direitos fundamentais ou suspensão das garantias constitucionais, sob pena de embaraçamento à atividade da organização estatal.[2]

Demais disso, há a distinção entre o *sistema de legalidade extraordinário flexível*, no qual as medidas excepcionais não estão predeterminadas, de maneira que o titular dos poderes de crise é autorizado a realizar todas as atividades que, no caso concreto, sejam necessárias para o restabelecimento da normalidade, como, por exemplo, a lei marcial, e o *sistema de legalidade extraordinário rígido*, no qual as medidas excepcionais

---

1 MORAES, Humberto Peña de. *Mecanismos de Defesa do Estado e das Instituições Democráticas no Sistema Constitucional de 1988: estado de defesa e estado de sítio* in *Revista da Escola da Magistratura do Estado do Rio de Janeiro*, nº 23, 2003, p. 198.

2 Paul Leroy fraciona as situações de crise que podem incidir sobre a organização estatal em: (i) as deflagradas com a finalidade de destruir a independência ou integridade territorial do Estado, (ii) as engendradas para derrubar o regime político-institucional e (iii) as econômicas--financeiras. LEROY, Paul. *L'Organization Constitutionnelle et les Crises*. Paris: Librairie Générale de Droit et de Jurisprudence, 1966, p. 34.

estão preestabelecidas em enumeração taxativa, de sorte a atribuir rigor ao sistema de legalidade especial, como, por exemplo, o estado de emergência.[3]

Em face do exposto, o ordenamento normativo brasileiro apresenta dois mecanismos de defesa da integridade do sistema jurídico-constitucional, representados pelo estado de sítio e estado de defesa, sendo certo que este revela anormalidade limitada e menos grave do que aquele, como exsurge do cotejo entre os arts. 136, § 1º, inc. I, e 138, *caput*, ambos da CRFB.[4]

2 ESTADO DE DEFESA

O **estado de defesa** é concebido como restrição a direitos ou ocupação temporária de bens ou serviços públicos na ocorrência da necessidade de preservar ou prontamente restabelecer, em locais restritos ou determinados, a ordem pública ou a paz social ameaçada por grave e iminente instabilidade institucional ou atingidos por calamidades de grandes proporções na natureza, à luz do art. 136 da CRFB.[5]

Acrescente-se que o estado de defesa é produto da Constituição de 1988, uma vez que a Emenda Constitucional nº 11/78 aduzia ao "*estado de emergência*", quando fossem exigidas providências imediatas, com vistas a impedir ou repelir atividades subversivas.[6]

2.1 Pressupostos

A decretação do estado de defesa pressupõe a *ocorrência de ameaça de grave e iminente instabilidade institucional ou atingimento por calamidades de grandes proporções na natureza*, com espeque no art. 136, *caput*.

2.2 Requisitos

A deflagração do estado de defesa requer os *opinamentos dos Conselhos da República e de Defesa Nacional*, de arte que os pronunciamentos são qualificados como obrigatórios, em que pese a possibilidade de o Presidente da República instaurar o

---

3 Geneviève Camus fragmenta as vantagens do manejo dos poderes de crise pelo Poder Executivo: (i) permanência, em decorrência da possibilidade de orientação contínua das medidas excepcionais, (ii) homogeneidade, em razão da composição limitada, e (iii) preparo para o exercício da função, em virtude do impulso habitual para tarefas análogas. CAMUS, Geneviève. *L'État de Nécessité em Démocratie*. Paris: Librairie Générale de Droit et de Jurisprudence, 1965, p. 83.

4 Lucien Nizard frisa as características dos mecanismos de defesa da integridade do sistema jurídico-constitucional: (i) necessidade, dado que o estado de crise é dirigido a situações que, pela sua gravidade, colocam em risco a estabilidade do regime e instituições democráticas, e (ii) temporariedade, eis que o prazo de duração é estabelecido pela Constituição da República. NIZARD, Lucien. *Théorie des Circonstances Exceptionnelles et la Légalité*. Paris: Pichon & Durand-Auzias, 1962, p. 14.

5 CORRÊA, Oscar Dias. *A Defesa do Estado de Direito e a Emergência Constitucional*. Rio de Janeiro: Presença, 1980, p. 28.

6 SANTOS, Aricê Moacir Amaral. *O Estado de Emergência*. São Paulo: Revista dos Tribunais, 1980, p. 12.

mecanismo de defesa da ordem constitucional em contrariedade aos provimentos dos órgãos consultivos, com esteio nos arts. 90, inc. I, e 91, § 1º, inc. II.[7]

2.3 Instituição

O *decreto executivo*, que institui o estado de defesa, deve especializar o tempo de duração, áreas abrangidas e medidas coercitivas, como também designar o executor das providências.

O tempo de duração é, no máximo, de 30 dias, sem embargo da possibilidade de uma prorrogação, por igual ou menor período.

As áreas abrangidas são locais restritos ou determinados, nos quais haja a necessidade de preservar ou prontamente restabelecer a ordem pública ou paz social.

As medidas coercitivas são divididas em restrição a direitos fundamentais, simbolizados pela liberdade de reunião, ainda que exercida no seio de associações, e sigilo de correspondência e das comunicações telegráficas, telefônicas e de dados, ocupação e uso temporário de bens e serviços públicos, diante de calamidade pública, e prisão por crime contra o Estado.

A designação do executor é franqueada pelas normas veiculadas nos arts. 136, §§ 1º, incs. I e II, e 3º, inc. I, e 141.

2.4 Controle

O estado de defesa é objeto de *controle político e jurisdicional*, de forma que um é efetivado pelas Casas do Poder Legislativo, enquanto outro é efetuado pelos Órgãos do Poder Judiciário.

O controle político é decomposto em três momentos, ordenados no tempo. O primeiro é referente ao decreto que instituiu ou prorrogou o estado de defesa, que deve ser exposto, pelo Presidente da República ao Congresso Nacional, no prazo de 24 horas. O segundo é relativo às medidas excepcionais, que devem ser examinadas por Comissão integrada por cinco parlamentares, designada pela Mesa do Congresso Nacional e com anuência dos líderes partidários, cuja incumbência é fiscalizar e acompanhar a sua execução. O terceiro é pertinente à especificação e justificação das providências adotadas durante o estado de defesa, tão logo este cesse, em mensagem encaminhada pelo Executivo ao Legislativo, constando a relação nominal dos atingidos e indicação das restrições aplicadas.

O controle jurisdicional é decorrência do acesso à ordem jurídica justa, tendo em conta que qualquer ameaça ou lesão a direitos fundamentais perpetrada durante o estado de defesa é sujeita à apreciação de órgãos judiciários, em conformidade com os arts. 5º, inc. XXXV, 136, § 4º, 140 e 141, parágrafo único.[8]

---

7 MARTINS, Ives Gandra da Silva. *Estado de Defesa* in *Boletim de Direito Administrativo*, nº 5, 1995, p. 279.

8 SOUZA, José Guilherme de. *A Defesa do Estado e a Suspensão Temporária de Direitos Individuais* in *Revista Brasileira de Direito Comparado*, nº 5, 1990, p. 187.

2.5 Extinção

O advento do termo final do prazo de vigência e a rejeição do decreto que instituiu ou prorrogou o estado de defesa implicam a *extinção* normal ou anormal do mecanismo constitucional de defesa do Estado, não obstante a possibilidade de responsabilização civil e penal dos executores e agentes pelos ilícitos cometidos, em consonância com os arts. 37, § 6º, *in fine*, e 141, *caput*.

3 ESTADO DE SÍTIO

O **estado de sítio** é conceituado como suspensão de garantias, na hipótese de comoção de grave repercussão nacional ou ocorrência de fatos que comprovem a ineficácia de medidas tomadas durante o estado de defesa, ou, ainda, declaração de estado de guerra ou resposta à agressão armada estrangeira, a teor dos arts. 137 a 139 da CRFB.[9]

Adite-se que o estado de sítio é proveniente da República Francesa, visto que o Decreto de 10 de julho de 1791 e o Ato Adicional de 22 de abril de 1815 admitiam a declaração do *état de siège* como resultado de guerra ou agressão armada estrangeira (sítio real) e desordem interna (sítio ficto).[10]

3.1 Pressupostos

O desencadeamento do estado de sítio pressupõe a *ocorrência de comoção grave de repercussão nacional, fatos que comprovem a ineficácia das medidas tomadas durante o estado de defesa, declaração de estado de guerra ou resposta à agressão armada estrangeira*, com fulcro no art. 137, incs. I e II.

A ameaça de guerra externa não autoriza a manipulação do estado de sítio, ao contrário da norma ventilada no art. 175, *caput*, da Constituição de 1934. Não se desconhece que o estado de guerra consiste em improbidade técnica, já que o procedimento de declaração foi abolido pelo art. 2º, § 4º, *initio*, da Carta das Nações Unidas de 1945.

3.2 Requisitos

A determinação do estado de sítio requer os *opinamentos dos Conselhos da República e de Defesa Nacional*, bem assim a *autorização do Congresso Nacional*, antecedida de solicitação, com definição dos motivos determinantes do pedido, que deve ser decidida por maioria absoluta.

O Presidente do Senado Federal dispõe de atribuição para a convocação extraordinária do Congresso Nacional, caso a decretação do estado de sítio tenha sido solicitada durante o recesso parlamentar, levando em consideração que o Poder Legislativo deve permanecer em funcionamento até o término das medidas coercitivas, de sorte a viabilizar a autorização de prorrogação do estado de sítio, com fundamento nos arts. 90, inc. I, 91, § 1º, inc. II, 137, *caput*, e 138, §§ 2º e 3º.[11]

---

9 DANTAS, Francisco Ivo Cavalcanti. *Da Defesa do Estado e das Instituições Democráticas na Nova Constituição*. Rio de Janeiro: Aide, 1989, p. 26.

10 BARBOSA, Ruy. *O Estado de Sítio: sua natureza, seus efeitos, seus limites*. Rio de Janeiro: Cia. Impressora, 1892, p. 21.

11 CORREA, Manoel Pio. *Estado de Sítio* in *Revista do Clube Militar*, nº 396, 2002, p. 16.

3.3 Instituição

O *decreto executivo* que institui o estado de sítio deve especificar o tempo de duração, normas necessárias à sua execução e garantias constitucionais suspensas.

O tempo de duração, na conjuntura de comoção grave de repercussão nacional ou fatos que comprovem a ineficácia das medidas tomadas durante o estado de defesa, é de 30 dias, com possibilidade de prorrogações, por prazo igual ou superior ao máximo, ao passo que, na contingência de declaração de estado de guerra ou resposta à agressão armada estrangeira, é indeterminado, enquanto durar o pressuposto que justificou a sua decretação.

As normas necessárias à execução do estado de sítio são diretrizes para orientação do mecanismo de defesa da ordem constitucional.

As garantias constitucionais suspensas são reduzidas às medidas excepcionais, sintetizadas pela obrigação de permanência em localidade determinada; detenção em edifício não destinado a acusados ou condenados por crimes comuns; restrições à inviolabilidade da correspondência, sigilo das comunicações, prestação de informações e liberdade de imprensa, radiodifusão e televisão, excepcionados os pronunciamentos de parlamentares efetuados em Casas Legislativas, desde que liberados pela Mesa; sustação da liberdade de reunião; busca e apreensão em domicílio; intervenção nas empresas de serviços públicos e requisição de bens, sendo exato que a deflagração do estado de sítio em razão da declaração de estado de guerra ou resposta à agressão armada estrangeira motiva a adoção de outras providências.

Após a publicação do ato normativo, deve haver a designação do executor das medidas extraordinárias e da área abrangida, que pode corresponder a todo o território nacional, como prescrevem os arts. 138, *caput* e § 1º, e 139.

3.4 Controle

O estado de sítio é objeto de *controle político e jurisdicional*, de modo que aquele é exercido pelas Casas do Poder Legislativo, ao passo que este é exercitado pelos Órgãos do Poder Judiciário.

O controle político é qualificado como preventivo, concomitante e sucessivo. Preventivamente, o Presidente da República deve solicitar ao Congresso Nacional autorização para a decretação ou prorrogação do estado de sítio. Concomitantemente, as medidas devem ser examinadas por Comissão integrada por cinco parlamentares, designada pela Mesa do Congresso Nacional e com anuência dos líderes partidários, cuja incumbência é fiscalizar e acompanhar a sua execução. Sucessivamente, as providências devem ser especificadas e justificadas, tão logo cesse o estado de sítio, em mensagem encaminhada pelo Executivo ao Legislativo, constando a relação nominal dos atingidos e indicação das restrições aplicadas.

O controle jurisdicional é resultante do acesso à ordem jurídica justa, tendo em vista que qualquer ameaça ou lesão a direitos fundamentais praticada durante o estado de sítio é suscetível de apreciação por órgãos judiciários, em decorrência dos arts. 5º, inc. XXXV, 137, *caput*, 140 e 141, parágrafo único.[12]

---

12 NAUD, Leda Maria Cardoso. *Estado de Sítio e Suspensão de Liberdades Individuais* in *Revista de Informação Legislativa*, nº 12, 1966, p. 227.

3.5 Extinção

O advento do termo final do prazo de vigência do estado de sítio importa a *extinção* do instrumento de defesa do Estado e das instituições democráticas, sem prejuízo da possibilidade de responsabilização civil e penal dos executores e agentes pelos ilícitos cometidos, assim como responsabilização político-administrativa do Presidente da República por crime de responsabilidade, em deferência aos arts. 37, § 6º, *in fine*, e 141, *caput*, da CRFB, bem como art. 7º, inc. X, da Lei nº 1.079/50.[13]

4 OUTROS MECANISMOS CONSTITUCIONAIS DE DEFESA DO ESTADO

No âmbito do Direito Comparado, dois outros mecanismos constitucionais de defesa do Estado são revestidos de importância: os derivados das ordenações franco-germânicas, que encerram a suspensão da Constituição e os poderes extraordinários do Presidente da República, e os descendentes dos ordenamentos anglo-saxônicos, que englobam a lei marcial e a suspensão do *habeas corpus*.

4.1 Mecanismos franco-germânicos

Os **mecanismos de procedência franco-germânica** são diferenciados pela atribuição de poderes ao governo e predestinação da conduta das autoridades, cuja origem remonta à ditadura romana, na qual poderes quase absolutos eram conferidos a um magistrado, extraordinário e temporário, em ocasiões de grave perigo, durante o período de 501 a. C. a 216 a. C., quando o instituto foi desnaturado por força do *Princeps legibus solutus*.

Os poderes atribuídos ao *magister populi* (dirigente do povo) ou *praetor maximus* (cônsule superior) eram quase absolutos, na medida em que a administração e a jurisdição eram exercidas pelo ditador, no que fosse necessário para a salvação pública, a despeito da necessidade de anuência do Senado para a disposição do tesouro público.

O provimento era extraordinário e temporário, uma vez que perdurava da nomeação, precedida de assentimento do Senado e sucedida de ratificação pela *lex curiata* (lei de investidura), até o desaparecimento do motivo, devendo o ditador abdicar de suas funções.

Quid inde, a ditadura romana era dividida em duas espécies: a *rei gerundae causa*, adstrita a operações de guerra perante inimigos da República, e a *seditiones sedandae causa*, atrelada a perturbações e crises internas, a partir da constatação de que os mecanismos de defesa do Estado romano eram identificados pela suspensão da *provocatio ad populum*, isto é, direito do condenado, externado pela formulação de um pedido ao povo, reunido nos comícios, e *intercessio*, ou seja, competência dos magistrados, exteriorizada pelo veto em face de ato de outro magistrado, de molde a eliminar as possibilidades de apelação das sentenças do ditador.[14]

---

13 SLAIBI FILHO, Nagib. *Estado de Defesa e Estado de Sítio* in *Revista Forense*, nº 306, 1989, p. 333.

14 JOLOWICZ, Herbert. *Historical Introduction to the Study of Roman Law*. 3ª ed. London: Cambridge University Press, 1972, p. 54.

4.1.1 Suspensão da Constituição

A *suspensão da Constituição* é esboçada pela sustação da eficácia das normas constitucionais, mediante a verificação de circunstâncias de agitação ou desordem por tempo indeterminado, como preceituava a Constituição francesa de 1799,[15] Constituição chilena de 1833[16] e Constituição brasileira de 1937,[17] sob a rubrica de "estado de emergência".

4.1.2 Poderes extraordinários do Presidente da República

Os *poderes extraordinários do Presidente da República* são esclarecidos pela admissibilidade de o titular dos poderes de crise, observados os pressupostos, consistentes em ameaça grave e imediata à independência do país, como também à integridade do território nacional, cumprimento dos compromissos internacionais ou interrupção do funcionamento regular dos Poderes constituídos, e o requisito, consubstanciado na manifestação do Primeiro-Ministro, Presidentes das Assembleias e Conselho Constitucional, realizar todas as medidas exigidas pelas circunstâncias, desde que informe a população por meio de mensagem.[18]

Assinale-se que não há confusão entre os poderes extraordinários e a ampliação do poder regulamentar do Presidente da República, em atenção à impossibilidade de produção legislativa oportuna, decorrente de situações de crise e a consequente necessidade de mobilização de recursos para enfrentá-las, como preconiza o art. 16 da Constituição francesa.[19]

4.2 Mecanismos anglo-saxônicos

Os **mecanismos de proveniência anglo-saxônica** são distinguidos pela preordenação do aparato militar para a manutenção ou restabelecimento da ordem, cuja origem retorna à lei marcial de 15 de setembro de 1863, que redundou na suspensão

---

15 ESMEIN, Adhémar. *Éléments de Droit Constitutionnel Français*. 6ª ed. Paris: Recueil Sirey, 1914, p. 582.

16 EGAÑA, Jose Luis. *Derecho Constitucional Chileno*. Santiago: Universidad Católica de Chile, 2002, p. 113.

17 CAMPOS, Francisco. *Direito Constitucional*. v. I. Rio de Janeiro: Freitas Bastos, 1956, p. 430.

18 WALINE, Marcel. *Précis de Droit Administratif*. Paris: Monchrestien, 1969, p. 516.

19 Constituição da França, art. 16: "Quando as instituições da República, a independência do país, a integridade do seu território ou o cumprimento de seus compromissos internacionais estiverem ameaçados de maneira grave e imediata, e o funcionamento regular dos poderes públicos constitucionais estiver interrompido, o Presidente da República tomará as medidas exigidas por estas circunstâncias, após consultar oficialmente o Primeiro-Ministro e os Presidentes das Assembleias, bem assim o Conselho Constitucional. O Presidente da República informará a nação por meio de uma mensagem. Tais medidas deverão ser inspiradas por um desejo de garantir aos poderes públicos constitucionais, com a mínima demora, os meios de cumprir a sua missão. O Conselho Constitucional será consultado a respeito. O Parlamento se reunirá de pleno direito. A Assembleia Nacional não poderá ser dissolvida durante o exercício dos poderes extraordinários." Disponível em: <http://www.conseil-constitutionnel.fr>. Acesso em: 24.6.2004.

do *habeas corpus* em relação aos prisioneiros e inimigos, no contexto da Guerra Civil estadunidense.[20]

4.2.1 *Suspensão do* habeas corpus

A *suspensão do habeas corpus* é evidenciada pelo sobrestamento do remédio constitucional, em face de três características: natureza transitória, necessidade de salvaguardar a ordem pública e lei formal que o determine, de acordo com o *Habeas Corpus Amendment Act* de 1679.[21]

4.2.2 *Lei marcial*

A *lei marcial* é extremada pelo afastamento da antijuridicidade ou ilicitude de determinados comportamentos que, no sistema de legalidade ordinária, seriam ofensivos aos direitos fundamentais, justificados por necessidades conjunturais e razoavelmente presumidas.

Atente-se que todos os atos excepcionais de violência, praticados pelas forças militares, para a manutenção da ordem, salvo se houver a verificação do *bill of indemnity* (lei de anistia), são subsumidos à apreciação dos órgãos judiciais.[22] Em suma: "a lei marcial significa que a autoridade pode praticar todos os atos que for capaz de provar necessários para a manutenção ou restabelecimento da ordem, perante um Juízo ou Tribunal",[23] de maneira a atender à norma vertida do art. 1º, seção 9, nº 2, da Constituição norte-americana.[24]

Acesse o
MATERIAL SUPLEMENTAR

Entre no Ambiente de Aprendizagem através das instruções contidas na orelha deste livro e acesse os conteúdos exclusivos desta edição:
- Atualizações legislativas mensais.
- Questões de prova interativas.
- Esquemas.

---

20 HOLST, Hermann. *The Constitutional Law of the United States of America*. Chicago: Callaghan, 1887, p. 127.

21 SHARPE, Robert. *The Law of "Habeas Corpus"*. Oxford: Clarendon Press, 1976, p. 54.

22 NICHOLAS, Samuel. *The Martial Law*. Philadelphia: J. Campbell, 1862, p. 75.

23 DICEY, Alberto Veen. *The Law of the Constitution*. London: MacMillan, 1960, p. 288.

24 Constituição dos Estados Unidos da América, art. 1º, seção 9, nº 2: "O *habeas corpus* não poderá ser suspenso, exceto em caso de rebelião ou invasão, quando a segurança pública possa exigi-lo". Disponível em: <http://www.supremecourtus.gov>. Acesso em: 24.6.2004.

Capítulo 32

CONTROLE DE CONSTITUCIONALIDADE

Acesse e assista à aula explicativa sobre este assunto.

> *https://uqr.to/14ugy*

1 CONCEITO

O controle de constitucionalidade é conceituado como **juízo de adequação da norma infraconstitucional (objeto) à norma constitucional (parâmetro), por meio da verificação da relação imediata de conformidade vertical entre aquela e esta, com o fim de impor a sanção de invalidade à norma que seja revestida de incompatibilidade material e/ou formal com a Constituição.**[1]

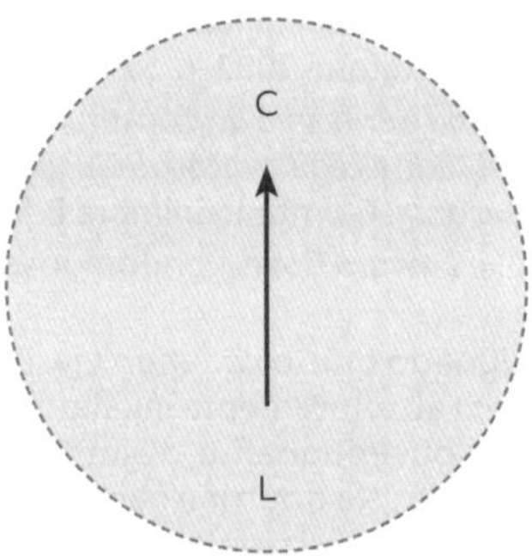

Com efeito, há a diferenciação entre *controle de legalidade*, *controle de convencionalidade* e *controle de constitucionalidade*, na medida em que o primeiro é imanente ao Direito Administrativo, pois destinado à aferição da validade de norma infralegal em face da Legislação, o segundo é inerente ao Direito Internacional, porquanto direcionado à análise da validade de norma legal em face de tratados e convenções sobre direitos humanos, e o terceiro é intrínseco ao Direito Constitucional, porque dirigido à apreciação da validade de norma infraconstitucional em face da Constituição.[2]

---

1 NEVES, Marcelo. *Teoria da Inconstitucionalidade das Leis*. São Paulo: Saraiva, 1988, p. 74.

2 MIRANDA, Jorge. *Contributo para uma Teoria da Inconstitucionalidade*. Coimbra: Coimbra Editora, 1996, p. 19-20.

Demais disso, há a distinção entre *fiscalização da constitucionalidade* e *garantia da Constituição*, uma vez que a fiscalização é instrumento para a consecução da garantia, a fim de salvaguardar a hierarquia das normas constitucionais.[3]

Em face do exposto, o controle de constitucionalidade é o sistema de imunização da Constituição, dado que a atividade preventiva ou repressiva, desempenhada por órgãos de natureza política ou judicial, pode importar na invalidação de normas infraconstitucionais que contravenham à forma e/ou matéria das normas constitucionais, em virtude da supremacia e rigidez da Constituição.[4]

2 HISTÓRICO

A despeito do posicionamento de doutrina nacional e estrangeira segundo o qual a origem dos modernos sistemas de controle de constitucionalidade remontaria ao *Bonham's Case*, de 1610,[5] em que *Sir* Edward Coke, como *Chief Justice of the Court of Common Pleas*, procedeu à invalidação da aplicação da multa de 5 libras e, ulteriormente, a decretação da prisão por sete dias de Thomas Bonham por exercício da medicina, ao argumento de que o *Royal College of Physicians of London* de que tratava o *Royal Decree*, de 23 de setembro de 1518, e o *Parliament Act*, de 30 de agosto de 1523, não dispunha de autoridade sobre ele,[6] entendemos que o *judicial review of legislation* é originário do *leading case* **Marbury v. Madison**, de 1803.[7]

Anteriormente ao *precedent case*, no caso Commonwealth v. Caton, de 1782, a validade do *Virginia's Treason Act* já havia sido aferida pela Corte Geral da Virgínia,[8] bem

---

3 MORAIS, Carlos Blanco de. Justiça *Constitucional: garantia da Constituição e controlo da constitucionalidade*. Coimbra: Coimbra Editora, 2002, p. 57 e 62.

4 MOREIRA, Vital. *Princípio da Maioria e Princípio da Constitucionalidade: legitimidade e limites da Justiça Constitucional* in *Legitimidade e Legitimação da Justiça Constitucional – Colóquio nº 10º Aniversário do Tribunal Constitucional*. Coimbra: Coimbra Editora, 1995, p. 178 e 196.

5 COKE, Edward. *The Reports of Sir Edward Coke*. London: Joseph Butterworth and Son, 1826, p. 355-383.

6 *Sir* Edward Coke deixou consignado que "o *common law* irá controlar atos do Parlamento e, às vezes, extirpá-los por serem absolutamente inválidos. Quando um ato do Parlamento for contrário ao direito ou razão, ou repugnante, ou impossível de ser realizado, o *common law* irá controlá-lo e declará-lo nulo". Na doutrina nacional, Gustavo Nogueira, assim como Lênio Streck, enfatiza que "coube a um juiz inglês, *Sir* Edward Coke, em 1610, a elaboração da teoria segundo a qual cabia ao Poder Judiciário controlar a validade das leis e dos atos administrativos que fossem contrários a uma suposta lei superior". Na doutrina estrangeira, Allen Boyer, bem como Daniel Hulsebosch, engendra que "a moderna teoria do controle de constitucionalidade tem origem na opinião de *Sir* Edward Coke no *Bonham's Case*, de 1610. Muito da vitalidade dessa doutrina relaciona-se com as circunstâncias nas quais o caso foi processado". BOYER, Allen. *Sir Edward Coke and the Elizabethan Age*. Standford: Standford University Press, 2003, p. 84-85; HULSEBOSCH, Daniel. *The Ancient Constitution and the Expanding Empire: Sir Edward Coke's British jurisprudence in Law and History Review*. v. XXI, nº 3. Cambridge: Cambridge University Press, 2003, p. 480; STRECK, Lênio. *Jurisdição Constitucional e Hermenêutica – uma nova crítica do direito*. 2ª ed. Rio de Janeiro: Forense, 2004, p. 305-306, e NOGUEIRA, Gustavo. *Sir Edward Coke e o Judicial Review Inglês: breve história* in *Teoria do Processo – Panorama Doutrinário Mundial*. v. II. Salvador: JusPodivm, 2010, p. 186.

7 Marbury v. Madison, 5 U.S. 137 (1803).

8 Commonwealth v. Caton, 8 Va. (4 Call) 5n (1782).

assim, no caso Vanhorne's Lessee v. Dorrance, de 1795, a invalidade do *Pennsylvania's Quieting and Corfirming Act* também havia sido afirmada pela Suprema Corte dos Estados Unidos da América.[9, 10]

William Marbury havia sido nomeado, por intermédio do *Midnight Judges Act*, de 13 de fevereiro de 1801, juiz de paz do Distrito de Columbia ao final do mandado presidencial de Adams. Tendo Jefferson assumido a Presidência da República, o Secretário de Governo, James Madison, denegou a entrega da devida comissão a William Marbury, dando ensejo à impetração, perante a Suprema Corte estadunidense, do *writ of mandamus* em 16 de dezembro de 1801. Neste contexto, o *Chief Justice John Marshall*, em 24 de fevereiro de 1803, declarou a inconstitucionalidade da norma veiculada pelo art. 13 da Lei Judiciária norte-americana, que atribuía à Suprema Corte a competência para processo e julgamento do *writ* respectivo, nos seguintes termos: "se uma lei for em oposição à Constituição, e se ambas, a lei e a Constituição, se aplicam a um caso particular, as Cortes devem decidir, nesse caso, se aplicam a lei, deixando de aplicar a Constituição, ou se conformam com a Constituição, deixando de aplicar a lei. A Corte, portanto, deve determinar qual de duas normas conflitantes deve reger o caso. Isso é da própria essência da função jurisdicional. Se, pois, as Cortes devem zelar pela Constituição, e se a Constituição é superior a qualquer lei ordinária editada pelo Legislativo, a Constituição, e não essa lei ordinária, deve reger o caso ao qual ambas, a lei e a Constituição, se aplicam".[11]

Posteriormente ao *test case*, a Suprema Corte dos Estados Unidos da América voltou a declarar a inconstitucionalidade de alguma lei federal na segunda metade do século XIX, o que se deu no caso Scott v. Sanford, de 1857,[12] malgrado tenha havido a declaração de inconstitucionalidade de leis estaduais no caso Fletcher v. Peck, de 1810,[13] e no caso Martin v. Hunter's Lessee, de 1816.[14, 15, 16]

---

9 Vanhorne's Lessee v. Dorrance, 2 U.S. 304 (1795).

10 William Michael Treanor aduz que o controle de leis e atos normativos estaduais em face de Constituições de Estados igualmente foi manifestado nos casos Holmes v. Watson (New Jersey, 1780), Rutgers v. Waddington (New York, 1784), Symsbury v. Bidwell (Connecticut, 1785), Trevett v. Weeden (Rhode Island, 1786) e Bayard v. Singleton (North Carolina, 1787). TREANOR, William Michael. *Judicial Review Before Marbury* in *Stanford Law Review*, nº 58, 2005, p. 474, 476, 478, 480 e 487.

11 REHNQUIST, William. *The Supreme Court of the United States*. New York: William Morrow Press, 1987, p. 16.

12 Scott v. Sanford, 60 U.S. 19 How. 393 (1857).

13 Fletcher v. Peck, 6 Cranch 87 (1810).

14 Martin v. Hunter's Lessee, 14 U.S. 304 (1816).

15 Mary Sarah Bilder adverte que a primeira referência bibliográfica ao *judicial review of legislation* é extraída de trabalho de Edward Samuel Corwin, sob a designação de "*The Supreme Court and the Fourteenth Amendment*", constante da *Michigan Law Review*, de 1909. BILDER, Mary Sarah. *The Corporate Origins of Judicial Review* in *Yale Law Journal*, nº 116, 2006, p. 505.

16 SMITH, Edward Conrad. *The Constitution of United States with Cases Sumaries*. 11ª ed. New York: Barnes & Noble Books, 1979, p. 123.

3 PRESSUPOSTOS

A efetividade do controle de constitucionalidade imprescinde da supremacia e rigidez da Constituição, como também da existência de órgão incumbido do exercício da jurisdição constitucional.[17, 18]

A respeito, a **jurisdição constitucional** é a atividade jurisdicional de defesa da Constituição, por intermédio do desempenho do controle de constitucionalidade (*questione di legittimità costituzionale*) e proteção processual dos direitos fundamentais (*questione di costituzionalità*), a suscitar três questões diferentes, correlativas à natureza, legitimação democrática e limites de atuação da justiça constitucional.[19]

A *natureza da jurisdição constitucional* não é imune à discussão. **Hans Kelsen** comenta que a atividade é dotada de índole jurisdicional, conquanto resulte em hipótese excepcional de exercício em abstrato da jurisdição: "a jurisdição constitucional tem um caráter político em uma medida muito maior do que a função exercida ordinariamente pelos juízos e tribunais, não porque sua função não seja jurisdicional, nem porque a sua função não pode ser conferida a órgão com independência judicial".[20] **Carl Schmitt** postula que a atividade não ostenta índole jurisdicional, porquanto o exercício da jurisdição pressupõe a existência de um caso concreto: "a aplicação de uma regra a outra regra é algo qualitativamente distinto da aplicação de uma regra a um caso concreto. Se é comprovada a existência de uma contradição entre a regra consubstanciada na legislação ordinária e a regra contida na Constituição, com a declaração de invalidade da primeira, não se pode dizer que realizamos uma aplicação da regra formulada na Constituição à regra legal, no mesmo sentido em que diríamos que existe aplicação judicial da regra ao caso concreto. Naquela, comparam-se regras umas com as outras, e quando são encontradas colisões e contradições, que são

---

17 CLÈVE, Clèmerson Merlin. *A Fiscalização Abstrata da Constitucionalidade no Direito Brasileiro*. 2ª ed. São Paulo: Revista dos Tribunais, 2000, p. 28-29.

18 Para o estudo dos princípios da supremacia e rigidez constitucional, v.: Capítulo 5, Item 3.1.

19 Sobre as relações entre processo e Constituição, há dois sentidos vetoriais distintos. No sentido Constituição-processo, ter-se-á a tutela constitucional do processo, compreendendo os princípios constitucionais do processo, relativa ao Direito Constitucional Processual, de maneira que a estrutura do processo é condicionada por determinados princípios inscritos na ordem constitucional, como o do devido processo legal. No sentido processo-Constituição, dar-se-á a jurisdição constitucional, contendo o controle de constitucionalidade e a proteção processual dos direitos fundamentais, referente ao Direito Processual Constitucional, de sorte que a validade das leis e dos atos normativos e a efetividade dos direitos fundamentais são tuteladas pela justiça constitucional. BARACHO, José Alfredo de Oliveira. *Processo Constitucional*. Rio de Janeiro: Forense, 1984, p. 97; CORREIA, Marcus Orione. *Direito Processual Constitucional*. São Paulo: Saraiva, 1999, p. 2; GRINOVER, Ada Pellegrini. *O Processo Constitucional em Marcha*. São Paulo: Max Limonad, 1985, p. 6; ROSAS, Roberto. *Direito Processual Constitucional*. 3ª ed. São Paulo: Revista dos Tribunais, 1999, p. 11; GUERRA FILHO, Willis Santiago. *Introdução ao Direito Processual Constitucional*. Porto Alegre: Síntese, 1999, p. 7; FIGUEIREDO, Lúcia Valle. *Princípios Constitucionais do Processo* in *Revista Trimestral de Direito Público*, nº 1, 1993, p. 118-126, e MIRANDA, Jorge. *Constituição e Processo Civil* in *Revista de Processo*, nº 98, 2000, p. 29-42.

20 KELSEN, Hans. *La Garantie Jurisdictionnelle de la Constitution. La Justice Constitutionnelle* in *Revue du Droit Public et de la Science Politique en France et à l'Étranger*, 1928, p. 197-247. V., também: CARNELUTTI, Francesco. *Verità, Dubbio, Certezza* in *Rivista di Diritto Processuale*, nº 20, 1965, p. 7, e PELAYO, Manuel García. *Idea de la Política y Otros Escritos*. Madrid: Centro de Estudos Constitucionales, 1983, p. 11.

possíveis por causas muito distintas, uma das regras elimina a outra. Nesta, quando a regra é aplicada judicialmente a um caso concreto determinado, se subsume um caso concreto a uma regra. O caso da colisão de regras revela, por conseguinte, que a decisão que a resolve não deflui do exercício de jurisdição, em face da inexistência de subsunção processual e concreta".[21]

A *legitimidade democrática dos órgãos investidos na jurisdição constitucional* é reconduzida à abertura interpretativa, para viabilizar a implementação de uma hermenêutica constitucional adequada à sociedade pluralista, com a ampliação do círculo de participantes do processo de interpretação da Constituição, a partir da consideração de que "quanto mais aberto à participação social se mostrar o processo de interpretação e aplicação da Carta Política, mais consistentes e mais eficazes serão as decisões da jurisdição constitucional enquanto respostas hermenêuticas às perguntas da sociedade sobre o sentido, o alcance e a própria necessidade de sua Constituição".[22, 23]

O *limite de atuação dos órgãos incumbidos da jurisdição constitucional* é delimitado pela garantia das condições democráticas do processo legislativo, com o asseguramento da efetividade dos direitos fundamentais, a partir da constatação de que "a missão precípua da justiça constitucional se projeta para além da mera função de legislador negativo, guardião da coerência sistêmica do ordenamento jurídico. Seu papel é o de articular o debate público em torno de princípios constitucionais, constrangendo os agentes políticos a levá-los em conta no desenrolar do processo democrático, porquanto o exercício da

---

21 SCHMITT, Carl. *Der Hüter der Verfassung*. Tübingen: J.C.B. Mohr, 1931, p. 71 e 84-86. V., também: CALAMANDREI, Piero. *La Illegittimità Costituzionale delle Leggi nel Processo Civile* in *Opere Giuridiche*, nº 3, 1968, p. 337, e SOSPEDRA, Manuel Martínez. *La Constitución Española de 1812. El Constitucionalismo Liberal a Principios de Siglo XIX*. Valencia: Cátedra Fadrique Furió Ceriol, 1978, p. 1.785.

22 COELHO, Inocêncio Mártires et al. *Hermenêutica Constitucional e Direitos Fundamentais*. Brasília: Instituto Brasiliense de Direito Público, 2000, p. 92-99. V., também, do mesmo autor: *Interpretação Constitucional*. Porto Alegre: Sergio Antonio Fabris, 1997, p. 89-93, e *As Ideias de Peter Häberle e a Abertura da Interpretação Constitucional* in *Revista de Direito Administrativo*, nº 211, 1998, p. 128.

23 A doutrina era equívoca quanto à legitimidade democrática da justiça constitucional. De um lado, Raoul Berger, assim como René de Lacharrière, advertiam sobre a ilegitimidade democrática da jurisdição constitucional, com fulcro na dificuldade contramajoritária (*countermajoritarian difficulty*), eis que o exercício da jurisdição constitucional poderia importar na invalidação dos atos produzidos pelo Poder Executivo ou Poder Legislativo, mediante decisões proferidas pelo Poder Judiciário, inobstante os agentes daqueles sejam ungidos pela vontade popular e sujeitos à responsabilidade política de que estão isentos os agentes deste. De outro lado, Eduardo García de Enterría, bem como Dieter Grimm, acentuavam a legitimidade democrática da jurisdição constitucional, com fulcro na separação dos poderes (*separation of powers*) e maioria (*majority*), já que a Constituição seria produto do poder constituinte, hierarquicamente superior ao poder legislativo ordinário, cuja rigidez deve ser assegurada pelo Poder Judiciário, como também a jurisdição constitucional asseguraria a indisponibilidade dos direitos fundamentais, que são trunfos perante as maiorias eventuais. BERGER, Raoul. *Government by Judiciary. The Transformation of the Fourteenth Amendment*. Massachusetts: Harvard University Press, 1977, p. 56; LACHARRIÈRE, René de. *Le Conseil Constitutionne* in *Pouvoirs*, nº 13, 1980, p. 34; ENTERRÍA, Eduardo García de. *La Constitución como Norma y el Tribunal Constitucional*. 3ª ed. Madrid: Civitas, 2001, p. 65, e GRIMM, Dieter. *Verfassungsgerichtsbarkeit – Funktion und Funktionsgrenzen in demokratischem Staat* in *Jus-Didaktik*, nº 4, 1977, p. 43.

jurisdição (e ainda mais agudamente, o exercício da jurisdição constitucional) envolve uma atividade volitiva – e não apenas cognitiva".[24, 25]

4 NATUREZA DO ATO INCONSTITUCIONAL E DA DECISÃO DE INCONSTITUCIONALIDADE

A **natureza do ato inconstitucional e da decisão de inconstitucionalidade** é objeto de controvérsia na doutrina nacional e estrangeira.

Uma corrente doutrinária, com inspiração norte-americana, adverte que a natureza do ato inconstitucional é a de *ato nulo*, de modo que a invalidade da lei ou ato normativo importa na sua ineficácia *ab initio*, visto que o ato inconstitucional não integrou o ordenamento jurídico, não tendo havido a produção de nenhum efeito jurídico: "norma inconstitucional é norma inválida, por desconformidade com o regramento superior, por desatender os requisitos impostos pela norma maior. É nula de pleno direito".[26] Por conseguinte, a natureza da decisão de inconstitucionalidade é a de *decisão meramente declaratória*, porquanto declara a nulidade do ato inconstitucional, que nunca foi incorporado ao sistema de Direito Positivo.[27]

Outra corrente doutrinária, com inspiração austríaca, acentua que a natureza do ato inconstitucional é a de *ato anulável, com eficácia ex tunc*, de forma que a invalidade da lei ou ato normativo não implica a sua ineficácia *ab initio*, posto que o ato inconstitucional integrou o ordenamento jurídico, tendo havido a produção de efeitos jurídicos até o momento da anulação: "a norma inconstitucional é simplesmente anulável e essa condição é uma sanção imposta por um órgão competente para tal. Pela não concordância da mesma com as disposições normativas superiores, ou seja, com a norma fundamental de tal sistema jurídico. Porém, este reconhecimento pode ter força retroativa, visto que a norma inválida, como a válida, produziu efeitos até a constatação de sua irregularidade".[28] Por conclusão, a natureza da decisão de inconstitucionalidade

---

24 BINENBOJM, Gustavo et al. *Legitimação dos Direitos Humanos*. Rio de Janeiro: Renovar, 2002, p. 223-248. V., também, do mesmo autor: *A Nova Jurisdição Constitucional Brasileira: legitimidade democrática e instrumentos de realização*. Rio de Janeiro: Renovar, 2001, p. 73-82, e *Aspectos Processuais do Controle Abstrato da Constitucionalidade* in *Revista de Direito Administrativo*, nº 218, 1999, p. 151.

25 A doutrina não é unívoca quanto aos limites de atuação da justiça constitucional. Por um lado, Jürgen Habermas assinala que a atividade da justiça constitucional é fundamentada em considerações de índole procedimental, ao argumento de que os direitos fundamentais seriam condições essenciais ao funcionamento da democracia discursiva. Por outro lado, Ronald Dworkin assevera que a atividade da justiça constitucional é fundamentada em considerações de índole substancial, sob o fundamento de que os direitos fundamentais decorrem de princípios morais essenciais ao funcionamento da democracia constitucional. HABERMAS, Jürgen. *Direito e Democracia entre Facticidade e Validade*. v. II. Rio de Janeiro: Tempo Brasileiro, 1997, p. 298, e DWORKIN, Ronald. *Uma Questão de Princípio*. São Paulo: Martins Fontes, 2000, p. 41.

26 BARROSO, Luís Roberto. *O Direito Constitucional e a Efetividade de suas Normas: limites e possibilidades da Constituição brasileira*. 4ª ed. Rio de Janeiro: Renovar, 2000, p. 83.

27 WILLOUGHBY, Wester Woodbury. *The Constitutional Law of the United States*. t. I. New York: Baker, Voorhis & Co., 1910, p. 9-10.

28 FERRARI, Regina Maria Macedo Nery. *Efeitos da Declaração de Inconstitucionalidade*. 4ª ed. São Paulo: Revista dos Tribunais, 1999, p. 124.

é a de *decisão constitutiva negativa*, porque anula o ato inconstitucional, que havia sido incorporado ao sistema de Direito Positivo.[29]

Debruçando-se sobre o tema, a jurisprudência do Supremo Tribunal Federal, historicamente, deixa inscrito que a natureza do ato inconstitucional e da decisão de inconstitucionalidade seria a de ato nulo e a de decisão meramente declaratória, respectivamente: "atos inconstitucionais são nulos e destituídos, em consequência, de qualquer carga de eficácia jurídica, de maneira que a declaração de inconstitucionalidade importa no reconhecimento desse supremo vício jurídico, que inquina de total nulidade os atos emanados do Poder Público".[30] Entretanto, as técnicas de decisão, enumeradas nos arts. 27 e 28 da Lei nº 9.868/99, mitigam a nulidade do ato inconstitucional, assim como a declaratoriedade da decisão de inconstitucionalidade, vez que permitem a restrição ou eliminação do efeito retroativo, bem como a obtenção de efeito prospectivo,[31] de sorte que haveria a possibilidade de existência de atos nulos, com a produção de efeitos válidos.[32, 33]

5 TIPOLOGIA DA INCONSTITUCIONALIDADE

A tipologia da inconstitucionalidade compreende cinco classificações.

5.1 Inconstitucionalidade material e inconstitucionalidade formal

A primeira classificação da inconstitucionalidade, quanto à **origem do vício**, a divide em material e formal, subdividida em formal propriamente dita e orgânica.[34, 35]

A *inconstitucionalidade material* é identificada pelo vício na declaração prescritiva da norma infraconstitucional submetida ao controle de constitucionalidade, na medida em que aquela é provida de conteúdo diferente do preceituado na norma constitucional na qual deveria ter buscado o seu fundamento de validade. Decerto, constituem exemplos de inconstitucionalidade material a inconstitucionalidade por excesso de poder legislativo, na qual o objeto da norma infraconstitucional consiste em finalidade diversa da prevista na norma constitucional,[36] e a inconstitucionalidade por violação do princípio da proporcionalidade, na qual o objeto da norma infraconstitucional corresponde à finalidade prevista na norma constitucional, porém de modo desproporcional,[37] *exempli gratia*: "o poder de taxar não pode chegar à desmedida do poder de destruir, uma vez que aquele

---

29 KELSEN, Hans. *General Theory of Law and State*. New York: Russel & Russel, 1961, p. 161.

30 STF, ADIn nº 652, Rel. Min. Celso de Mello, j. 2.4.1992, *DJU* 2.4.1993.

31 SARMENTO, Daniel de Moraes. *Eficácia Temporal do Controle de Constitucionalidade das Leis* in *Revista de Direito Administrativo*, nº 212, 1998, p. 33.

32 BARCELLOS, Ana Paula de. *Normatividade dos Princípios e o Princípio da Dignidade da Pessoa Humana na Constituição de 1988* in *Revista de Direito Administrativo*, nº 221, 2000, p. 173.

33 Para o estudo das técnicas de decisão, v.: Capítulo 34, Item 7.2.

34 Preliminarmente, cabe advertir que toda norma jurídica é retratada por três critérios identificadores, a saber: declaração prescritiva, procedimento e órgão competente. QUEIROZ, Luís César Souza de. *Sujeição Passiva Tributária*. Rio de Janeiro: Forense, 1998, p. 110-116.

35 BITTENCOURT, Carlos Alberto Lúcio. *O Controle Jurisdicional da Constitucionalidade das Leis*. 2ª ed. Rio de Janeiro: Forense, 1968, p. 56.

36 TÁCITO, Caio. *Desvio de Poder Legislativo* in *Revista Trimestral de Direito Público*, nº 1, 1993, p. 62.

37 MENDES, Gilmar Ferreira. *A Proporcionalidade na Jurisprudência do Supremo Tribunal Federal* in *Revista IOB*, nº 23, 1994, p. 469.

somente pode ser exercido dentro dos limites que o tornem compatível com a liberdade de trabalho, comércio e da indústria e com o direito de propriedade. É um poder, cujo exercício não deve ir até o abuso, o excesso, o desvio, sendo aplicável, ainda aqui, a doutrina fecunda do *détournement de pouvoir*. Não há que estranhar a invocação dessa teoria ao propósito da inconstitucionalidade, quando os julgados têm proclamado que o conflito entre a norma comum e o preceito da Lei Maior pode se acender não somente considerando a letra do texto, como também, e principalmente, o espírito do dispositivo invocado".[38] "Eis aí outro fundamento igualmente suficiente para conduzir à invalidade da lei por ofensa ao princípio da proporcionalidade ou razoabilidade. Eles servem não só para lastrear o questionamento da proporcionalidade ou razoabilidade da disciplina legal impugnada, mas também para indicar a conveniência de sustar - ao menos provisoriamente - as inovações por ela impostas, as quais, onerosas e de duvidosos efeitos úteis, acarretariam danos de incerta reparação para a economia do setor, na hipótese - que não é de afastar - de que venha ao final a declarar a inconstitucionalidade da lei".[39]

A *inconstitucionalidade formal* é individualizada pelo vício no procedimento (inconstitucionalidade formal propriamente dita) ou órgão competente (inconstitucionalidade orgânica) da norma infraconstitucional sujeita ao controle de constitucionalidade, uma vez que aquela foi produzida por procedimento ou órgão diverso do prescrito na norma constitucional na qual deveria ter encontrado o seu fundamento de validade. Destarte, constituem exemplos de inconstitucionalidade formal a inconstitucionalidade por quebra de decoro, na qual a vontade de parlamentar é viciada pela percepção de vantagem indevida na fase de votação do projeto de lei,[40] e a inconstitucionalidade por usurpação de iniciativa reservada, na qual um projeto de lei, malgrado a iniciativa reservada ao Presidente da República tenha sido usurpada por outrem, recebe a sanção presidencial,[41] *ad exemplum*: "o vício de corrupção da vontade do parlamentar e seu compromisso com o interesse público ofende o devido processo legislativo por contrariar o princípio da representação democrática e a moralidade que deve, obrigatoriamente, nortear a produção de normas jurídicas, a ensejar, quando demonstrada a prevalência de interesses individuais, a inconstitucionalidade da norma produzida em desacordo com os parâmetros constitucionais".[42] "A sanção do projeto de lei não tem o condão de sanar o vício de inconstitucionalidade formal, eis que a vontade do Chefe do Poder Executivo - ainda que deste seja a prerrogativa institucional usurpada - revela-se juridicamente insuficiente para convalidar o defeito radical oriundo do descumprimento da Constituição da República".[43, 44]

---

38 STF, RE nº 18.331, Rel. Min. Orozimbo Nonato, j. 21.9.1951, *RF* 145/164.

39 STF, ADIn nº 855, Rel. Min. Sepúlveda Pertence, j. 1º.7.1993, *DJU* 1º.10.1993. V., também: STF, ADIn nº 1.753, Rel. Min. Sepúlveda Pertence, j. 16.4.1998, *DJU* 12.6.1998.

40 LENZA, Pedro. *O Mensalão e o Vício de Decoro Parlamentar* in *Carta Forense*, nº 6, 2005, p. 10.

41 PIRES, Bernardo Rohden. *Aspectos Polêmicos do Processo Legislativo* in *Revista de Direito da UnB*, nº 9, 2010, p. 271.

42 STF, ADIn nº 4.887, Rel. Min. Cármen Lúcia, j. 11.11.2021, *DJU* 25.11.2021.

43 STF, ADIn nº 1.070, Rel. Min. Celso de Mello, j. 23.11.1994, *DJU* 15.9.1995. V, também: STF, Rp. nº 890, Rel. Min. Oswaldo Trigueiro, j. 27.3.1974, *RTJ* 69/629.

44 A doutrina não era uníssona a respeito do efeito convalidatório da sanção presidencial aposta a projeto de lei cuja iniciativa reservada ao Presidente da República houvera sido usurpada por outrem. Postulando que a sanção do Presidente da República sanava a inconstituciona-

5.2 Inconstitucionalidade por ação e inconstitucionalidade por omissão

A segunda classificação da inconstitucionalidade, quanto à **causa do vício**, a divide em ação e omissão.[45]

A *inconstitucionalidade por ação* decorre de conduta comissiva ou positiva do Estado no campo do processo legislativo, de arte que há a produção de norma infraconstitucional em desconformidade, sob o(s) aspecto(s) formal e/ou material, com norma constitucional que lhe serviria de fundamento de validade.

A *inconstitucionalidade por omissão* deflui de conduta omissiva ou negativa do Estado no campo do processo legislativo, de molde que não ocorre, em linha de princípio, a produção normativa reclamada por regra constitucional.

A inconstitucionalidade por omissão pressupõe a violação do dever constitucional de legislar – *Verfassungsauftrag* –, imposto em norma constitucional de eficácia limitada declaratória de princípio institutivo ou programático, já que todas imprescindem de regulamentação para tornarem-se aplicáveis.[46] O dever constitucional de legislar é reco-

---

lidade pela usurpação da sua iniciativa reservada, Themístocles Brandão Cavalcanti e Miguel Seabra Fagundes sustentavam que a "regra de reserva é imperativa no que tange a subordinar a formação da lei à vontade exclusiva do titular da iniciativa. Ora, essa vontade pode atuar em dois momentos: no da iniciativa e no da sanção. Faltando a sua incidência, o ato é nulo; mas se ela incidir com a sanção, satisfeita estará a razão da norma de reserva". Sustentando que a sanção do Presidente da República não sanava a inconstitucionalidade pela usurpação da sua iniciativa reservada, porque o ato inconstitucional, revestido da natureza de ato nulo, seria insuscetível de convalidação, Caio Tácito e Francisco Campos postulavam que a "regra de reserva tem como fundamento pôr na dependência do titular da iniciativa a regulamentação dos interesses vinculados a certa matéria. Mas este não é o único fundamento da reserva. Há outro, tão importante quanto ele, que é por na dependência do titular da iniciativa o momento em que a regulamentação dos interesses vinculados a certas matérias haverá de ser discutida, ou seja, a apreciação da oportunidade", tendo o enunciado nº 5 da Jurisprudência do Supremo Tribunal Federal, segundo o qual "a sanção do projeto supre a falta de iniciativa do Poder Executivo", sido cancelado a partir de 1974. CAVALCANTI, Themístocles Brandão. *Parecer* in *Revista de Direito Administrativo*, nº 72, 1964, p. 417; FAGUNDES, Miguel Seabra. *Parecer* in *Revista de Direito Administrativo*, nº 72, 1964, p. 423; TÁCITO, Caio. *Parecer* in *Revista de Direito Administrativo*, nº 68, 1963, p. 341, e CAMPOS, Francisco. *Parecer* in *Revista de Direito Administrativo*, nº 73, 1965, p. 380.

45 POLETTI, Ronaldo Rebello de Britto. *Controle da Constitucionalidade das Leis*. 2ª ed. Rio de Janeiro: Forense, 1995, p. 209.

46 No sentido do texto, entendendo que a inconstitucionalidade por omissão pressupõe a existência de norma constitucional de eficácia limitada, declaratória de princípio institutivo ou organizatório ou declaratória de princípio programático, v.: LOURENÇO, Rodrigo Lopes. *Controle da Constitucionalidade à luz da Jurisprudência do Supremo Tribunal Federal*. Rio de Janeiro: Forense, 1998, p. 141. No sentido contrário, entendendo que a inconstitucionalidade por omissão pressupõe a existência de norma constitucional de eficácia limitada, declaratória de princípio institutivo ou organizatório, enquanto "as normas programáticas apenas poderiam ser objeto de ação por omissão se, entre outros requisitos, o texto constitucional as vinculasse também à elaboração legislativa posterior para garantir a sua aplicabilidade", v.: SANTOS, William Douglas Resinente dos; MOTTA FILHO, Sylvio Clemente da. *Controle de Constitucionalidade: teoria e questões*. 2ª ed. Niterói: Impetus, 2000, p. 61. A jurisprudência do Supremo Tribunal Federal é preponderante no sentido de que "a inconstitucionalidade por omissão é provocada pela ausência de regulamentação normativa de disposições constitucionais de eficácia limitada". STF, MI nº 3.322, Rel. Min. Celso de Mello, j. 1º.6.2011, *DJU* 6.6.2011.

berto da natureza de obrigação jurídica sem cominação de sanção específica, posto que ao órgão judicial competente não é permitido, ao declarar a omissão inconstitucional, compelir qualquer Poder do Estado a produzir a norma regulamentadora reclamada, limitando-se, em geral, a constituí-lo em mora, certificando-o para a adoção das medidas necessárias e, em caso de função administrativa, fixando o prazo de 30 dias para a realização da providência reivindicada.[47]

A inconstitucionalidade por omissão requer, durante intervalo de tempo razoável, a inércia de qualquer Poder do Estado. O intervalo de tempo necessário para a produção da norma regulamentadora deve ser aferido segundo o princípio da razoabilidade, tendo o conceito de discricionariedade do administrador evoluído no sentido do âmbito de liberdade de conformação do legislador.[48] A inércia de qualquer Poder do Estado não necessariamente deriva de uma conduta estatal omissiva ou negativa no campo do processo legislativo, visto que a omissão inconstitucional pode ser qualificada como total ou absoluta – *absolute Verfassungswidrigkeit* –, na qual não há a produção da norma reclamada, e parcial ou relativa – *relative Verfassungswidrigkeit* –, na qual há a produção da regra reclamada, porém em descumprimento ao princípio da igualdade, como ocorre na hipótese em que uma regra jurídica, veiculada por lei ordinária, deixa de estender um benefício a determinada categoria de pessoas.[49]

A inconstitucionalidade por omissão não se confunde com a lacuna de legislação e, bem assim, o estado de coisas inconstitucional de que tratam as arguições de descumprimento de preceito fundamental n°s 347 e 976, em tramitação no Supremo Tribunal Federal.[50]

A lacuna técnica, ao contrário da omissão inconstitucional, não demanda intervalo de tempo razoável. Outrossim, a lacuna técnica pode ser suprida por um dos mecanismos enumerados no art. 4º da LINDB, ou seja, pela analogia, bons costumes e princípios gerais de direito, em vez da omissão inconstitucional, que deve ser sanada por mecanismos político-jurídicos ou estritamente jurídicos, tais como o mandado de injunção e ação direta de inconstitucionalidade por omissão, *ut* arts. 5º, inc. LXXI, e 103, § 2º, da CRFB.[51]

O estado de coisas inconstitucional é demonstrado pelo fracasso generalizado de políticas públicas que, causado pelo bloqueio do processo político ou institucional, resulta em violações massivas de direitos humanos. A teoria foi desenvolvida pela Corte Constitucional da Colômbia na solução de casos estruturais, como, por exemplo, os relacionados aos estabelecimentos carcerários,[52] deslocamentos internos[53] e saúde pública,[54]

---

47 SILVA, José Afonso da. *Aplicabilidade das Normas Constitucionais*. 3ª ed. São Paulo: Malheiros, 1998, p. 128-129.

48 BARROSO, Luís Roberto. *Interpretação e Aplicação da Constituição*. 3ª ed. São Paulo: Saraiva, 1999, p. 200.

49 MELLO, Celso Antônio Bandeira de. *Conteúdo Jurídico do Princípio da Igualdade*. 3ª ed. São Paulo: Malheiros, 1999, p. 21-22.

50 STF, ADPF-MC nº 347, Rel. Min. Marco Aurélio, j. 9.9.2015, *DJU* 14.9.2015, e e STF, ADPF nº 976, Rel. Min. Alexandre de Moraes, j. 22.8.2023, *DJU* 1º.9.2023.

51 FARIA, Luiz Alberto Gurgel de. *Mandado de Injunção e Ação Direta de Inconstitucionalidade por Omissão: aspectos distintivos* in *Revista Forense*, nº 322, 1992, p. 45.

52 Sentencia T-153/98. Abril 28 de 1998.

53 Sentencia T-025/04. Abril 27 de 2004.

54 Sentencia T-760/08. Julho 31 de 2008.

na forma do art. 27, nº 3, do Decreto nº 2.591, de 19 de novembro de 1991.[55] O estado de coisas inconstitucional é contemplado em ordens judiciais de execução complexa do tribunal constitucional que, no exercício da jurisdição supervisora que lhe é investida, deve proceder à realização de audiências públicas de prestação de informações e autos de monitoramento das providências adotadas pelo Estado.[56]

5.3 Inconstitucionalidade originária e inconstitucionalidade superveniente

A terceira classificação da inconstitucionalidade, quanto à **ocasião do vício**, a divide em originária e superveniente.[57]

A *inconstitucionalidade originária* é expressada no momento da produção da norma submetida ao controle de constitucionalidade.

A *inconstitucionalidade superveniente* é exteriorizada em momento posterior à produção da norma subjugada ao controle de constitucionalidade, em decorrência de mutação constitucional ou reforma constitucional.

Malgrado a jurisprudência predominante do Supremo Tribunal Federal seja firmada no sentido contrário,[58] a doutrina prevalecente salienta a tendência de considerar a inconstitucionalidade superveniente como efeito da incompatibilidade entre uma norma infraconstitucional e outra norma constitucional superveniente, prescrita por nova Constituição ou reforma constitucional, à luz do art. 1º, parágrafo único, inc. I, da Lei nº 9.882/99.[59]

5.4 Inconstitucionalidade total e inconstitucionalidade parcial

A quarta classificação da inconstitucionalidade, quanto à **extensão do vício**, a divide em total e parcial.[60]

A *inconstitucionalidade total* afeta toda a norma sujeita ao controle de constitucionalidade, como na hipótese de regra produzida por órgão incompetente ou procedimento inadequado.

A *inconstitucionalidade parcial* alcança parcela da norma subordinada ao controle de constitucionalidade, sendo possível que o vício atinja parte do texto de alínea.[61]

---

55 Decreto nº 2.591/91, art. 27, nº 3: "Em todo caso, o juiz deve estabelecer os efeitos da sua decisão para o caso concreto, mantida a sua competência até que o direito seja totalmente reintegrado ou as causas da ameaça tenham cessado". Disponível em: <http://www.congreso.gov.co>. Acesso em: 24.9.2015.

56 GARAVITO, César Rodríguez. *Juicio a la Exclusión: el impacto de los tribunales sobre los derechos sociales en el Sur Global*. Buenos Aires: Siglo Veintiuno, 2015, p. 33.

57 MENDES, Gilmar Ferreira. *Controle da Constitucionalidade: aspectos jurídicos e políticos*. São Paulo: Saraiva, 1990, p. 90.

58 STF, ADIn nº 2.501, Rel. Min. Moreira Alves, j. 15.5.2002, *DJU* 6.6.2003.

59 TAVARES, André Ramos. *Tratado da Arguição de Descumprimento de Preceito Fundamental*. São Paulo: Saraiva, 2001, p. 221.

60 MENDES, Gilmar Ferreira. *Jurisdição Constitucional*. 3ª ed. São Paulo: Saraiva, 1999, p. 274.

61 A doutrina acentua a parcelaridade da norma, para efeito de controle de constitucionalidade, não havendo correspondência entre a extensão do veto parcial e a declaração de inconstitucionalidade parcial, eis que a primeira deve alcançar texto integral de artigo, parágrafo, inciso

A declaração de inconstitucionalidade de uma norma pode operar efeitos sobre outras, desde que aquela mantenha relação de dependência e estas deixem de ter significado autônomo,[62] "fazendo presumir que o legislador não adotaria um desacompanhado do outro (*the legislature would not have passed one without the other*)".[63]

5.5 Inconstitucionalidade antecedente e inconstitucionalidade consequente

A quinta classificação da inconstitucionalidade, quanto ao **momento lógico da configuração do vício**, a divide em antecedente e consequente.[64]

A *inconstitucionalidade antecedente* redunda em incompatibilidade, material ou formal, comissiva ou omissiva, originária ou superveniente, total ou parcial, em face de uma norma constitucional.

A *inconstitucionalidade consequente* recai sobre uma norma infraconstitucional que encontrava o seu fundamento de validade em outra declarada inconstitucional.

A inconstitucionalidade consequente ou derivada e a inconstitucionalidade oblíqua ou reflexa são diferentes. *Ex positis*, a primeira deflui da relação imediata de incompatibilidade vertical entre norma infraconstitucional e norma constitucional, enquanto a

---

ou alínea, ao passo que a segunda pode atingir texto parcial de alínea, em atenção ao art. 66, § 2º, da CRFB. CLÈVE, Clèmerson Merlin. *Atividade Legislativa do Poder Executivo*. 2ª ed. São Paulo: Revista dos Tribunais, 2000, p. 114.

62 A jurisprudência admite a declaração de inconstitucionalidade com efeito para outros dispositivos ou inconstitucionalidade por arrastamento, como exsurge do acórdão: "ação direta de inconstitucionalidade. Aditamento para afastar problemas com o cumprimento de liminar já concedida, restabelecendo lei expressamente revogada pelo diploma legal parcialmente impugnado. Liminar deferida, para suspender a eficácia *ex nunc* das expressões 'a Lei nº 7.834, de 1989', constantes no art. 38 da Lei nº 8.216, de 13 de agosto de 1991", tendo o relator consignado que "há conexão entre o disposto no art. 27, *caput*, e a parte do art. 38 que se mencionou e que revoga a lei (Lei nº 7.834/89), que criou a carreira cujos cargos aquele transformava. Há uma relação de dependência entre eles, atuam juntos para o mesmo fim, fazendo presumir que o legislador não adotaria um desacompanhado do outro". STF, ADIn nº 722, Rel. Min. Moreira Alves, j. 20.5.1992, *DJU* 19.6.1992. V. também: STF, ADIn nº 397, Rel. Min. Eros Grau, j. 3.8.2005, *DJU* 10.8.2005; STF, ADIn nº 1.136, Rel. Min. Eros Grau, j. 16.8.2006, *DJU* 8.9.2006; STF, ADIn nº 2.447, Rel. Min. Joaquim Barbosa, j. 4.3.2009, *DJU*, 17.3.2009; STF, ADIn nº 2.501, Rel. Min. Joaquim Barbosa, j. 4.9.2008, *DJU* 22.9.2008; STF, ADIn nº 2.645, Rel. Min. Sepúlveda Pertence, j. 11.11.2004, *DJU* 22.11.2004; STF, ADIn nº 2.895, Rel. Min. Carlos Velloso, j. 2.2.2005, *DJU* 20.5.2005; STF, ADIn nº 2.982, Rel. Min. Gilmar Mendes, j. 17.6.2004, *DJU* 12.11.2004; STF, ADIn nº 2.995, Rel. Min. Celso de Mello, j. 13.12.2006, *DJU* 28.9.2007; STF, ADIn nº 3.148, Rel. Min. Celso de Mello, j. 13.12.2006, *DJU* 28.9.2007; STF, ADIn nº 4.001, Rel. Min. Eros Grau, j. 4.2.2009, *DJU* 16.2.2009, e STF, ADIn nº 4.009, Rel. Min. Eros Grau, j. 4.2.2009, *DJU* 28.5.2009 ; STF, ADIn nº 5.922, Rel. Min. Luiz Fux, j. 14.2.2020, *DJU* 9.3.2020; STF, ADIn nº 6.292, Rel. Min. Gilmar Mendes, j. 29.6.2020, *DJU* 21.8.2020; STF, ADIn nº 6.437, Rel. Min. Rosa Weber, j. 31.5.2021, *DJU* 7.6.2021; STF, ADIn nº 6.720, Rel. Min. Roberto Barroso, j. 27.9.2021, *DJU* 30.9.2021, e STF, ADIn nº 6.754, Rel. Min. Edson Fachin, j. 28.6.2021, *DJU* 13.7.2021.

63 CASTILHO NETO, Arthur de. *Reflexões Críticas sobre a Ação Declaratória de Constitucionalidade no Supremo Tribunal Federal* in *Revista da Procuradoria-Geral da República*, nº 2, 1993, p. 21.

64 RAMOS, Elival da Silva. *A Inconstitucionalidade das Leis*. São Paulo: Saraiva, 1994, p. 165.

segunda decorre da relação mediata de inconformidade vertical entre norma infralegal e norma constitucional.[65]

6 ESPÉCIES DE CONTROLE DE CONSTITUCIONALIDADE

As espécies de controle de constitucionalidade são classificadas a teor da natureza do órgão e do momento do exercício.

Quanto à **natureza do órgão**, existe a diferenciação entre *controle político*, praticado por órgão excluído do Poder Judiciário, e *controle judicial*, processado por órgão incluído no Poder Judiciário.

Quanto ao **momento do exercício**, ocorre a divisão entre *controle preventivo*, realizado sobre proposta de emenda ou projeto de lei, não tendo a norma adquirido vigência, e *controle repressivo*, reclamado sobre emenda ou lei, tendo a norma adquirido vigência, com o desiderato de elidir a presunção relativa de validade ou confirmá-la em presunção absoluta de validade.[66]

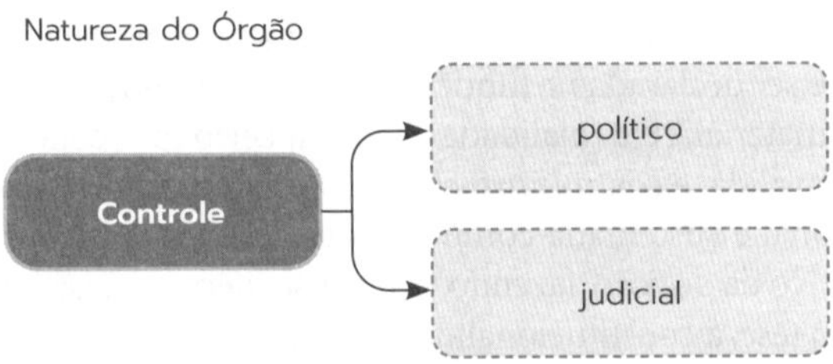

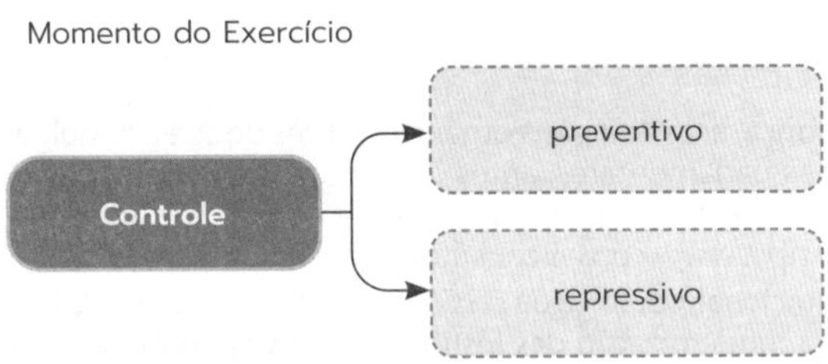

Tradicionalmente, o sistema francês adotava o controle preventivo, implementado por órgão de natureza política,[67] ao obrigar que as leis orgânicas, antes de sua promulgação, e os regulamentos das assembleias parlamentares, antes de entrarem em vigor, fossem subordinados ao Conselho Constitucional, que se pronunciava sobre a conformidade deles com a Constituição, na forma do art. 61 da *Constitution de France*, regulada pela

---

65 PALU, Oswaldo Luiz. *Controle de Constitucionalidade: conceitos, sistemas e efeitos*. 2ª ed. São Paulo: Revista dos Tribunais, 2001, p. 82-83.

66 CAPPELLETTI, Mauro. *Nécessité et Légitimité de la Justice Constitutionnelle* in *Cours Constitutionnelles Europeénnes et Droits Fondamentaux*. Paris: Économica, 1982, p. 463.

67 FRANCK, Christian. *Les Functions Juridictionnelles du Conseil Constitutionnel et du Conseil d´État dans l'Ordre Constitutionnel*. Paris: Sirey, 1974, p. 43. V., também: TROPER, Michel. *Justice Constitutionnelle et Démocratie* in *Revue Française de Droit Constitutionnel*. Paris: Presses Universitaires de France, 1990, p. 31.

Loi Organique sur le Conseil Constitutionnel (7.11.1958).[68, 69] Ademais, o sistema português apresenta o controle repressivo, implementado por órgão de natureza judicial,[70] ao proibir que nos feitos submetidos a julgamento os tribunais apliquem normas que infrinjam o disposto na Constituição ou os princípios nela consignados, bem assim permite que o Tribunal Constitucional aprecie e declare, com força obrigatória geral, a inconstitucionalidade de quaisquer normas, nos termos dos arts. 207 e 281 da *Constituição da República Portuguesa*, regulamentada pela *Lei de Organização, Funcionamento e Processo do Tribunal Constitucional* (15.11.1982).[71]

7 MODALIDADES DE CONTROLE DE CONSTITUCIONALIDADE

As modalidades de controle de constitucionalidade judicial são classificadas à vista do número de órgãos exercentes e do modo de exercício.

Sobre o **número de órgãos**, existe a diferenciação entre *controle difuso*, exercido por todos os juízos e tribunais, e *controle concentrado*, exercitado por um órgão judicial.

Sobre o **modo de exercício**, ocorre a divisão entre *controle incidental*, instaurado pela via de exceção, no qual a questão constitucional é suscitada como causa de pedir, devendo a inconstitucionalidade ser declarada na fundamentação da decisão, não fazendo, por conseguinte, coisa julgada material, cuja finalidade é subtrair certo caso concreto da incidência da norma reputada de inválida, e *controle principal*, instituído pela via de ação direta, no qual a questão constitucional é sustentada como pedido, devendo a inconstitucionalidade ser declarada no dispositivo da decisão, fazendo, por consequência, coisa julgada material, cuja finalidade é aferir, em tese, a constitucionalidade da norma cuja validade é controvertida.[72]

---

68 Constituição da França, art. 61: "As leis orgânicas, antes de sua promulgação, e os regulamentos das assembleias parlamentares, antes de entrarem em vigor, devem ser submetidos ao Conselho Constitucional, que se pronunciará sobre a conformidade deles com a Constituição." Disponível em: <http://www.conseilconstitutionnel.fr>. Acesso em: 21.10.2002.

69 O Conselho Constitucional, por força da *Loi Constitutionnelle nº 2008-724*, de 23 de julho de 2008, que dispõe sobre a modernização das instituições da Vª República Francesa, deixou de fazer apenas um controle de constitucionalidade abstrato e preventivo para passar a atuar como uma verdadeira justiça constitucional, com competência de proceder a um controle de constitucionalidade concreto e repressivo dos atos de todos os níveis de governo. MATHIEU, Bertrand; VERPEAUX, Michel. *L'Autorité des Décisions du Conseil Constitutionnel*. Paris: Dalloz, 2010, p. 54.

70 COSTA, José Manuel Moreira Cardoso da. *A Jurisdição Constitucional em Portugal*. Coimbra: Coimbra Editora, 1992, p. 13. V., também: ALMEIDA, Luís Nunes de. *O Tribunal Constitucional: o conteúdo, a vinculatividade e os efeitos das suas decisões* in *Portugal – Sistema Político e Constitucional*. Lisboa: Lex, 1989, p. 951.

71 Constituição da República Portuguesa, arts. 207 e 281: "Nos feitos submetidos a julgamento não podem os tribunais aplicar normas que infrinjam o disposto na Constituição ou os princípios nela consignados" e "O Tribunal Constitucional aprecia e declara, com força obrigatória geral: (a) a inconstitucionalidade de quaisquer normas; (b) a ilegalidade de quaisquer normas constantes de ato legislativo, com fundamento em violação de lei com valor reforçado; (c) a ilegalidade de quaisquer normas constantes de diploma regional, com fundamento em violação do estatuto da região ou de lei geral da República". Disponível em: <http://www.tribunalconstitucional.pt>. Acesso em: 21.10.2002.

72 CAPPELLETTI, Mauro. *Judicial Review of Legislation: European antecedents and adaptations* in *Harvard Law Review*, nº 79, 1966, p. 1.221.

Número de Órgãos

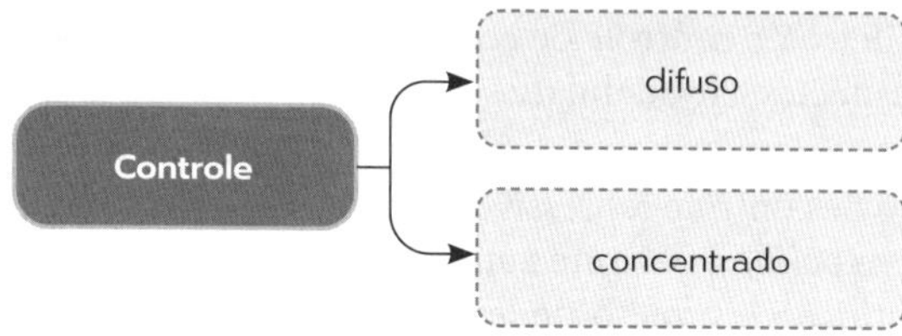

Modo de Exercício

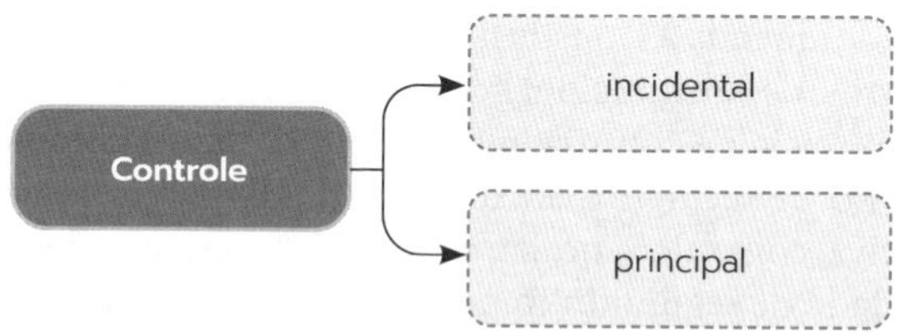

Hodiernamente, o sistema norte-americano acolhe o controle difuso, instrumentalizado pela via de exceção,[73] de maneira que os organismos jurisdicionais podem deixar de aplicar as leis que contrariarem a Constituição, como emerge do art. 3º da *Constitution of the United States of America*, regulada pela *Rules of the Supreme Court* (12.1.2010).[74] Outrossim, o sistema austríaco aplica o controle concentrado, instado pela via de ação direta,[75] de sorte que o Tribunal Constitucional deve pronunciar a inconstitucionalidade das leis federais ou regionais submetidas à sua apreciação, como exsurge do art. 140 da *Österreichische Bundesverfassungsgesetz*, regulamentada pela *Verfassungsgerichtshofgesetz* (12.5.1953).[76, 77]

---

[73] SCHMIDHAUSER, John; BERG, Larry. *The Supreme Court and Congress: conflict and interaction*. New York: Free Press, 1972, p. 23. V., também: DEENER, David. *Judicial Review in Modern Constitutional Systems* in *American Political Science Review*, nº 46, 1952, p. 1.083.

[74] Constituição dos Estados Unidos da América, art. 3º: "O Poder Judiciário dos Estados Unidos será exercido por uma Corte Suprema e pelos tribunais inferiores que o Congresso periodicamente criar e estabelecer. A competência do Poder Judiciário se estenderá a todos os casos, de direito e de equidade, surgidos sob esta Constituição, sob as leis dos Estados Unidos e os tratados celebrados, ou que se celebrarem sob a sua autoridade". Disponível em: <http://www.supremecourtus.gov>. Acesso em: 21.10.2002.

[75] ERMACORA, Felix. *Der Verfassungsgerichtshof*. Graz-Wien-Köln: Verlag Styria, 1956, p. 83. V., também: MELICHAR, Erwin. *Die Verfassungsgerichtsbarkeit in Österreich* in *Verfassungsgerichtsbarkeit in der Gegenwart*. Köln-Berlin: Heymanns, 1962, p. 38.

[76] Constituição Federal Austríaca, art. 140: "O Tribunal Constitucional declarará a possível inconstitucionalidade de uma lei federal ou regional, quando aplicadas pelo Tribunal Administrativo, Tribunal Supremo ou qualquer tribunal chamado a resolver em segunda instância, como também conhecerá de ofício, quando o próprio Tribunal Constitucional tenha que aplicar a lei a um litígio pendente". Disponível em: <http://www.vfgh.gv.at>. Acesso em: 21.10.2002.

[77] O Tribunal Constitucional, por força da *Verfassungsgerichtshofgesetz 1953 § 17*, de 12 de maio de 1953, detém competência para examinar as leis federais que tenham sido impugnadas por Governo regional e as leis regionais que tenham sido questionadas pelo Governo federal ou um terço dos membros do Conselho Nacional. OBERNDORFER, Peter. *Die osterreichische Verwaltungsgerichtsbarkeit*. Wien-Linz, 1983, p. 243-244, e *Die Verfassungsrechtsprechung im Rahmen der staatlichen Funktionen in Europäische Grundrechtezeitschrift*, 1988, p. 193-194.

8 SISTEMA BRASILEIRO DE CONTROLE DE CONSTITUCIONALIDADE

O sistema brasileiro de controle de constitucionalidade é dual ou paralelo, eis que coexistem todas as espécies e modalidades admitidas em Direito Comparado.[78]

A ordem constitucional nacional dispõe das **espécies** de controle preventivo-político, assim como de controle repressivo-judicial. O controle *preventivo*, implantado por órgãos de natureza *política*, permite a apreciação da constitucionalidade de proposta de emenda à Constituição e projeto de lei pelo Poder Executivo e Poder Legislativo, tal como o veto por inconstitucionalidade (art. 66, § 1º, *initio*) e o parecer terminativo da Comissão de Constituição e Justiça e de Redação (art. 58, § 2º, inc. I). O controle *repressivo*, implementado por órgão de natureza *judicial*, propicia a declaração de inconstitucionalidade de emenda à Constituição ou lei pelo Poder Judiciário, tal como nas modalidades de controle de constitucionalidade enumeradas *retro*. Excepcionalmente, há a possibilidade de exercício de controle repressivo-político, na hipótese de sustação de atos normativos do Poder Executivo que exorbitem dos limites do poder regulamentar ou da delegação legislativa, com fulcro no art. 49, inc. V,[79] e de controle preventivo-judicial, na hipótese de mandado de segurança impetrado por membro do Congresso Nacional, processado e julgado pelo Supremo Tribunal Federal, contra proposta de emenda ou projeto de lei que viole limitação ao poder de reforma constitucional, ao argumento de que o impetrante é titular do direito líquido e certo a não se sujeitar a processo legislativo inconstitucional, com fundamento no art. 60, § 4º, da CRFB.[80]

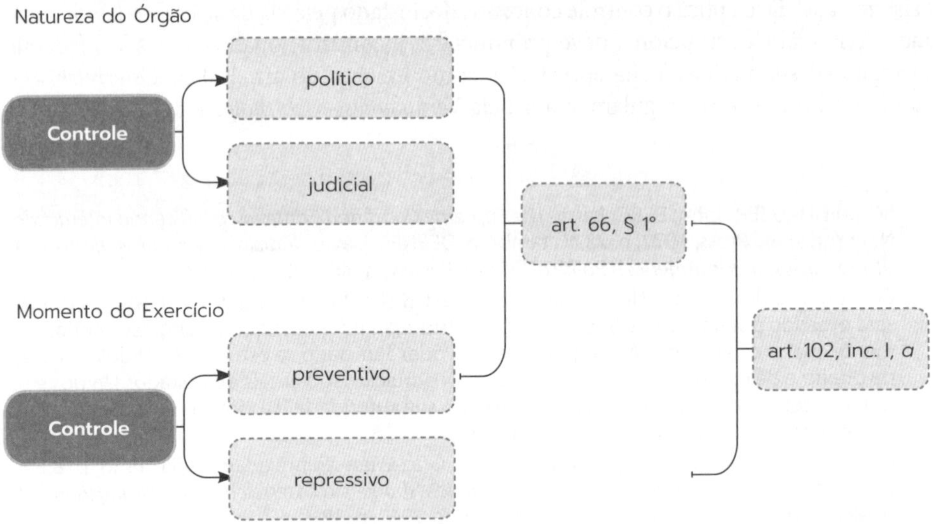

---

78 CAPPELLETTI, Mauro. *O Controle Judicial de Constitucionalidade das Leis no Direito Comparado*. Porto Alegre: Sergio Antonio Fabris, 1984, p. 14.

79 AZEVEDO, Luiz Henrique Cascelli. *O Controle Legislativo de Constitucionalidade*. Porto Alegre: Sergio Antonio Fabris, 2001, p. 81.

80 MORAES, Germana Oliveira. *O Controle Jurisdicional da Constitucionalidade do Processo Legislativo*. São Paulo: Dialética, 1998, p. 78.

O ordenamento jurídico pátrio disponibiliza as **modalidades** de controle difuso-incidental, bem como de controle concentrado-principal. O controle *difuso*, instado pela *via de exceção*, permite a declaração de inconstitucionalidade de lei ou ato normativo, suscitada como objeto incidental da atividade cognitiva, por qualquer órgão judicial, como, por exemplo, a arguição de inconstitucionalidade (art. 97). O controle *concentrado*, instrumentalizado pela *via de ação direta*, proporciona a declaração de inconstitucionalidade de lei ou ato normativo, sustentada como objeto principal da atividade cognitiva, por dois órgãos judiciais, consistentes no Supremo Tribunal Federal e Tribunal de Justiça, consoante a inconstitucionalidade possa ser declarada em face da Constituição da República, Constituição de Estado ou Lei Orgânica do Distrito Federal, como, por exemplo, a ação direta de inconstitucionalidade (art. 102, inc. I, *a*, *initio*), ação declaratória de constitucionalidade (art. 102, inc. I, *a*, *in fine*), ação direta de inconstitucionalidade por omissão (art. 103, § 2º), ação direta de inconstitucionalidade interventiva (art. 36, inc. III, *initio*) e arguição de descumprimento de preceito fundamental (art. 102, § 1º), além da ação direta de inconstitucionalidade (art. 125, § 2º) e ação direta de inconstitucionalidade interventiva (art. 35, inc. IV) no âmbito estadual ou distrital. Extraordinariamente, há a possibilidade de existência de controle misto, híbrido ou eclético, em decorrência de cisão funcional de competência em plano vertical, na hipótese de arguição de descumprimento de preceito fundamental indireta, manejada incidentalmente sobre processo em trâmite perante qualquer órgão judicial, em que tenha sido arguida a inconstitucionalidade de lei ou ato normativo federal, estadual, distrital ou municipal, inclusive os anteriores à Constituição, para que uma relevante controvérsia constitucional possa ser resolvida pelo Supremo Tribunal Federal, com esteio no art. 102, § 1º, da CRFB.[81]

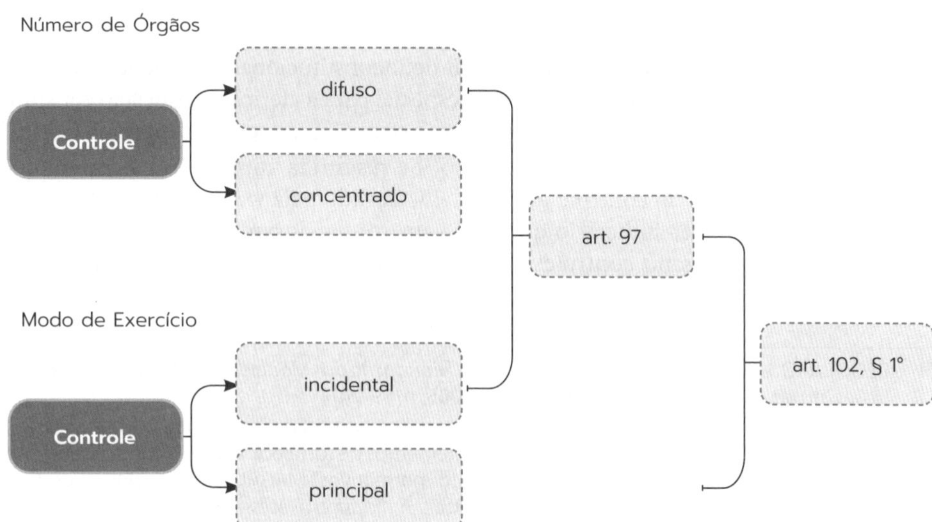

---

81 BARROSO, Luís Roberto. *Conceitos Fundamentais sobre o Controle de Constitucionalidade e a Jurisprudência do Supremo Tribunal Federal* in *O Controle de Constitucionalidade e a Lei nº 9.868/99*. Rio de Janeiro: Lumen Juris, 2001, p. 245-246.

Não se desconhece que a bipartição entre o modelo difuso-incidental - em que pode haver litígio entre partes identificadas, na medida em que a ação é promovida pelo demandante em face do demandado, de maneira a afirmar a existência, realização prática ou asseguramento, em concreto, do direito material deduzido em juízo - e o modelo concentrado-principal - em que não há litígio entre partes individualizadas, uma vez que a ação é proposta pelo requerente contra a lei ou o ato normativo, de sorte a aferir, em abstrato, a constitucionalidade da norma legal impugnada -, nos sistemas jurídicos contemporâneos, é objeto de flexibilização ou relativização, com o intercâmbio entre eles, o qual denominamos de "concretização do controle abstrato", em contraposição à "abstrativização do controle concreto".[82]

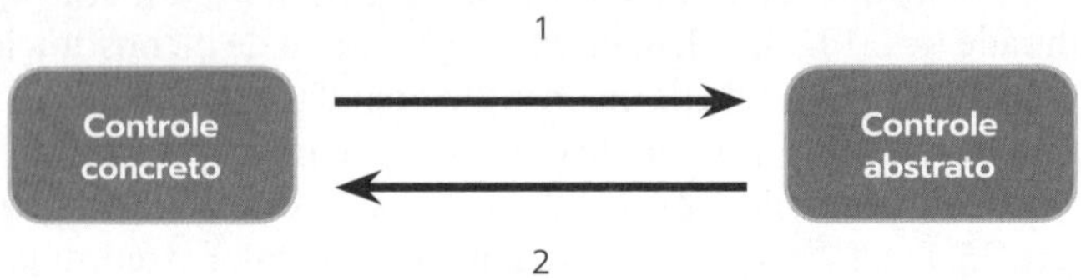

1 = Concretização do controle abstrato

2 = Abstrativização do controle concreto

A "concretização do controle abstrato"[83] é sistematizada como utilização de institutos de jurisdição constitucional orgânica, vinculada ao controle concentrado, instado pela via de ação direta, em processos deflagrados pelo exercício da jurisdição constitucional das liberdades, voltada ao controle difuso, instrumentalizado pela via de exceção, como, por exemplo: (i) na abertura procedimental admitida pelo *amicus curiae*, (ii) na modulação temporal dos efeitos da declaração incidental de inconstitucionalidade de lei ou de ato normativo e (iii) na adoção de procedimento especial para a aferição da questão constitucional, à semelhança do *writ of certiorari*, como mecanismo de acesso à Suprema Corte.[84]

A "abstrativização do controle concreto"[85] é resumida como reconhecimento de força normativa, típica do controle principal, instaurado pela via de ação direta, a pronunciamentos do Poder Judiciário que resolvam contenciosamente litígios existentes na sociedade, tomados no controle incidental, instituído pela via de exceção, sem a

---

82 PEGORARO, Lucio. *A Circulação, a Recepção e a Hibridação dos Modelos de Justiça Constitucional* in *Revista de Informação Legislativa*, nº 165, 2005, p. 59-74.

83 A elocução "concretização do controle abstrato" pode ser remontada a José Quadros de Magalhães, segundo o qual, "no Brasil, foram introduzidos elementos de fortalecimento do controle abstrato, em detrimento do controle concreto de leis e atos normativos". MAGALHÃES, José Quadros de. *O Controle de Constitucionalidade e a Reforma do Poder Judiciário. A Necessidade de um Novo Supremo Tribunal Federal*. Disponível em: <http://www.jusvi.com.br>. Acesso em: 3.9.2006.

84 Para o estudo do controle abstrato concretizado, v.: Capítulo 28, Item 3.1; Capítulo 33, Item 3, e Capítulo 34, Item 7.2.

85 A expressão "abstrativização do controle concreto" pode ser reputada a Fredie Didier Júnior, segundo o qual "nada impede que o controle de constitucionalidade seja difuso, embora principal: a análise da constitucionalidade da norma legal é feita em tese, porém por qualquer órgão judicial". DIDIER JÚNIOR, Fredie. *Transformações do Recurso Extraordinário. Aspectos Polêmicos dos Recursos Cíveis e Assuntos Afins*. Disponível em: <http://www.lfg.com.br>. Acesso em: 3.9.2006.

intermediação de outro Poder, como, por exemplo: (i) no mandado de injunção, individual ou coletivo, (ii) no redimensionamento da suspensão de execução de lei ou de ato normativo declarado inconstitucional por provimento definitivo do Supremo Tribunal Federal e (iii) no manejo da reclamação constitucional para a preservação da competência e garantia da autoridade das decisões judiciais e dos enunciados da súmula vinculante da jurisprudência predominante da Suprema Corte.[86]

As nomenclaturas sobre as quais nos debruçamos, a toda evidência, não são necessariamente contrárias. A "abstrativização" tem o significado de expansão, de ampliação dos efeitos do controle concreto. A "concretização" tem o significado de extensão, de aplicação dos elementos do controle abstrato. Portanto, as tendências do controle de constitucionalidade brasileiro, dual ou paralelo, operam em ambos os sentidos, mas não possuem o mesmo grau de intensidade.[87, 88]

---

[86] Para o estudo do controle concreto abstrativizado, v.: Capítulo 15, Item 4; Capítulo 28, Item 3.6.7, e Capítulo 33, Item 6.2.

[87] MORAES, Guilherme Peña de. *Justiça Constitucional: limites e possibilidades da atividade normativa dos tribunais constitucionais*. São Paulo: Atlas, 2012, p. 23 e 73-74.

[88] A interpenetração entre os modelos de controle de constitucionalidade de leis e atos normativos, *de lege lata*, é consagrada nos arts. 5º, inc. LXXI, 52, inc. X, e 102, inc. I, *l*, e § 3º, da CRFB, regulados pelo art. 1.035 do CPC, arts. 7º, § 2º, e 27 da Lei nº 9.868/99 e art. 11 da Lei nº 9.882/99. *De lege ferenda*, a "concretização do controle abstrato" e "abstrativização do controle concreto" são consubstanciadas na Proposta de Emenda à Constituição nº 406/01, que "autoriza o Supremo Tribunal Federal, nos casos de incidente de constitucionalidade, a suspender todos os processos em curso perante qualquer juízo ou tribunal, para proferir decisão, com eficácia vinculante, que verse exclusivamente sobre matéria constitucional", e Proposta de Emenda à Constituição nº 243/04, que "estabelece a competência exclusiva da Suprema Corte para dirimir conflitos de natureza constitucional", da mesma forma que o Projeto de Lei nº 6.543/06, que "legitima qualquer pessoa lesada ou ameaçada por ato do Poder Público a propor arguição de descumprimento de preceito fundamental", e Projeto de Lei nº 52/06, que "dispõe sobre a concessão de medida liminar na arguição de descumprimento de preceito fundamental". SOUZA, Eduardo Francisco de. *A Abstração do Controle Difuso de Constitucionalidade*. Disponível em: <http://planalto.gov.br>. Acesso em: 10.4.2008.

Capítulo 33

ARGUIÇÃO DE INCONSTITUCIONALIDADE

Acesse e assista à aula explicativa sobre este assunto.

> *https://uqr.to/14ugz*

1 CONCEITO

A arguição de inconstitucionalidade de lei ou ato normativo federal, estadual ou municipal em face da Constituição federal ou estadual, *ut* arts. 948 a 950 do CPC, é conceituada como incidente processual, suscitável perante órgão fracionário de tribunal, com o escopo de resolver questão constitucional no processo de controle de constitucionalidade difuso, para assentar uma das premissas da decisão de mérito.

De um lado, na via de exceção, a questão constitucional é sujeita a dois *requisitos*, quais sejam: (i) o subjetivo, posto que a arguição de inconstitucionalidade pode ser suscitada pelas partes, terceiro interveniente ou Ministério Público, sem prejuízo da declaração de inconstitucionalidade *ex officio,* e acolhida pelo voto da maioria absoluta dos membros do plenário ou órgão especial do tribunal exercente do controle de constitucionalidade incidental, e (ii) o objetivo, visto que a arguição de inconstitucionalidade, em consonância com o princípio da reserva de plenário, enseja a cisão funcional de competência em plano horizontal, de maneira que o provimento final resulta da integração dos pronunciamentos do plenário ou órgão especial e do órgão fracionário do tribunal exercente do controle de constitucionalidade difuso.[1]

De outro lado, na via de exceção, a questão constitucional é revestida de três *características*, quais sejam: (i) a anterioridade, na medida em que a análise da questão prejudicial é logicamente anterior à decisão da questão prejudicada, a despeito da ordem temporal da sua arguição ou resolução; (ii) a superordinação, uma vez que a resolução da questão prejudicada é condicionada à valoração jurídica da questão prejudicial, e (iii) a autonomia, sendo certo que a questão prejudicial pode existir independentemente da questão prejudicada, como objeto do controle de constitucionalidade concentrado.[2]

---

1 MENDES, Gilmar Ferreira. *Controle de Constitucionalidade: aspectos jurídicos e políticos*. São Paulo: Saraiva, 1990, p. 201-205.

2 MOREIRA, José Carlos Barbosa. *Questões Prejudiciais e Coisa Julgada*. Rio de Janeiro: Borsoi, 1967, p. 29-30.

Em remate, a *denominação* "controle de constitucionalidade incidental" é preferível à designação "controle de constitucionalidade pela via de exceção", pois "quando se fala em exceção, o que se indica é a defesa oposta pelo réu. Essa nomenclatura, no entanto, não é adequada ao controle da constitucionalidade pelo sistema difuso, por via da denominada exceção, porque nem sempre será o réu quem levantará a questão da inconstitucionalidade. Prefiro, então, dizer que no sistema difuso temos uma questão prejudicial, uma questão prévia, que diz respeito a outra relação jurídica, ou seja, à adequação da lei ou ato normativo à Constituição, que o tribunal deverá apreciar antes da questão principal, exatamente para verificar se a alegada inconstitucionalidade existe, ou não".[3]

2 CABIMENTO

A arguição de inconstitucionalidade é cabível em qualquer processo de competência originária ou recursal do tribunal exercente do controle de constitucionalidade incidental, bem assim em decisão submetida a reexame necessário, na prestação de tutela jurisdicional cognitiva, executiva ou cautelar.

Acerca do **controle de constitucionalidade coletivo**, a doutrina é equívoca em torno da utilização da ação civil pública como instrumento de controle de constitucionalidade concreto, de sorte que duas correntes exsurgem como antagônicas.

Gilmar Ferreira Mendes,[4] **José dos Santos Carvalho Filho**,[5] **José Manoel Arruda Alvim**,[6] **Arnoldo Wald**[7] e **Antonio Cezar Lima da Fonseca**[8] salientam a *impossibilidade* de a ação civil pública ser utilizada como instrumento de controle de constitucionalidade difuso, com amparo em cinco alegações.

O processo instaurado em decorrência do exercício da ação civil pública, sob o aspecto prático, seria assemelhado ao processo deflagrado pela ação direta de inconstitucionalidade, porquanto o objeto imediato da arguição de inconstitucionalidade não seria a tutela do direito difuso, coletivo ou individual homogêneo que, no caso concreto, teria sido lesado ou ameaçado de lesão, mas seria a aferição, em tese, da constitucionalidade da lei ou do ato normativo versado na ação civil pública.

A competência constitucionalmente reservada ao Supremo Tribunal Federal ou aos Tribunais de Justiça, conforme o parâmetro do controle de constitucionalidade fosse a Constituição da República ou a Constituição do Estado, seria usurpada.

---

3 GRINOVER, Ada Pellegrini. *O Processo em sua Unidade*. v. II. Rio de Janeiro: Forense, 1984, p. 153-154.

4 MENDES, Gilmar Ferreira. *Direitos Fundamentais e Controle de Constitucionalidade: estudos de Direito Constitucional*. São Paulo: Celso Bastos, 1998, p. 379-385.

5 CARVALHO FILHO, José dos Santos. *Ação Civil Pública e Declaração Incidental de Inconstitucionalidade* in *Direito em Revista*, nº 7, 1998, p. 34-35.

6 ALVIM, José Manoel Arruda. *A Declaração Concentrada de Inconstitucionalidade pelo STF e os Limites Impostos à Ação Civil Pública e ao Código de Proteção e Defesa do Consumidor* in *Revista de Processo*, nº 81, 1996, p. 129-131.

7 WALD, Arnoldo. *Usos e Abusos da Ação Civil Pública (Análise de sua Patologia)* in *Revista Forense*, nº 329, 1995, p. 10.

8 FONSECA, Antonio Cezar Lima da. *Da Declaração de Inconstitucionalidade* in *Cadernos de Direito Constitucional e Ciência Política*, nº 2, 1993, p. 12.

A lei ou ato normativo, como a eficácia da sentença ou acórdão proferido na ação civil pública era espacialmente restrita ao território da unidade da federação na qual foi prolatada, tendo havido a declaração incidental de inconstitucionalidade, poderia ter a sua eficácia suspensa em certo(s) Estado(s) e/ou no Distrito Federal, e em outros não, *ex vi* do disposto no art. 16 da Lei nº 7.347/85.

As decisões proferidas em ações civis públicas diferentes, provenientes de órgãos jurisdicionais diversos, cuja competência é fixada segundo o critério territorial, podem ser contraditórias entre si, na forma do art. 2º da Lei nº 7.347/85.

A eficácia do pronunciamento de procedência na ação civil pública seria oponível *erga omnes*, à semelhança do provimento de procedência na ação direta de inconstitucionalidade, de modo que a sentença ou acórdão do órgão jurisdicional competente para processo e julgamento da ação civil pública produziria efeitos que não poderiam ser sequer alcançados pelo acórdão do órgão jurisdicional exercente do controle de constitucionalidade concentrado, enquanto não suspensa a eficácia, mediante resolução do Senado Federal ou da Assembleia Legislativa, da norma declarada inconstitucional por decisão irrecorrível do Supremo Tribunal Federal ou do Tribunal de Justiça, nos termos do art. 52, inc. X, da CRFB e do art. 99, inc. XVI, da CERJ.

Luís Roberto Barroso,[9] **Clèmerson Merlin Clève**,[10] **Oswaldo Luiz Palu**,[11] **Hugo Nigro Mazzilli**[12] e **Alexandre Freitas Câmara**[13] sustentam a *possibilidade* de a ação civil pública ser utilizada como instrumento de controle de constitucionalidade incidental, com assento em cinco argumentos.

O exercício da ação civil pública dá ensejo à instauração de processo subjetivo, dado que há partes individualizadas, tendo o demandante proposto a ação em face do demandado, com o objetivo de proteger direito difuso, coletivo ou individual homogêneo, e não de processo objetivo, eis que não há partes individualizadas, não tendo o requerente proposto a ação em face da norma, sem o objetivo de proteger a ordem jurídica.

A arguição de inconstitucionalidade, em sede de ação civil pública, não importa na usurpação da competência constitucionalmente reservada ao Supremo Tribunal Federal ou aos Tribunais de Justiça, conquanto tenha havido deslocamento da competência de juízo, a critério do demandante, que sequer pode ser legitimado ativo para a ação direta de inconstitucionalidade.

O âmbito de eficácia da decisão de mérito na ação civil pública não é espacialmente delimitado pelo território da entidade federativa da qual tenha emanado, tendo em vista que a decisão definitiva opera efeitos no espaço demarcado pelo pedido formulado pelo autor da ação civil pública, e não pela competência do órgão jurisdicional para processo e julgamento, em virtude da interação entre a Lei nº 7.347/85 e a Lei nº

---

9 BARROSO, Luís Roberto. *O Direito Constitucional e a Efetividade de suas Normas: limites e possibilidades da Constituição brasileira*. 4ª ed. Rio de Janeiro: Renovar, 2000, p. 237-242.

10 CLÈVE, Clèmerson Merlin. *A Fiscalização Abstrata da Constitucionalidade no Direito Brasileiro*. 2ª ed. São Paulo: Revista dos Tribunais, 2000, p. 97.

11 PALU, Oswaldo Luiz. *Controle de Constitucionalidade: conceitos, sistemas e efeitos*. São Paulo: Revista dos Tribunais, 1999, p. 217-225.

12 MAZZILLI, Hugo Nigro. *A Defesa dos Interesses Difusos em Juízo*. 9ª ed. São Paulo: Saraiva, 1997, p. 63.

13 CÂMARA, Alexandre Freitas. *Escritos de Direito Processual*. Rio de Janeiro: Lumen Juris, 2001, p. 334.

8.078/90, restando inválida a alteração empreendida no art. 16 da Lei nº 7.347/85, em razão da Lei nº 9.494/97.

A possibilidade de existência de pronunciamentos judiciais contraditórios não infirma a possibilidade de o controle de constitucionalidade ser incidentalmente suscitado mediante ação civil pública, a partir da constatação de que no controle de constitucionalidade difuso é possível a existência de provimentos judiciais contraditórios a respeito da constitucionalidade ou da inconstitucionalidade da mesma lei ou ato normativo submetido à apreciação de órgãos jurisdicionais diferentes, enquanto não suspensa a execução pelo Senado Federal ou pela Assembleia Legislativa, conforme o controle de constitucionalidade se dê em nível federal ou estadual.

A declaração incidental de inconstitucionalidade, considerando que na ação civil pública a decisão definitiva produz efeitos *erga omnes*, *ultra partes* ou *erga victimae*, consoante a pretensão seja deduzida para a tutela de direitos difusos, coletivos ou individuais homogêneos, não provoca efeitos *erga omnes*, pois a eficácia subjetivamente ilimitada do provimento de procedência pressupõe que a sentença ou acórdão tenha sido alcançada pela autoridade da coisa julgada material, o que, a toda evidência, não ocorre na hipótese, já que a inconstitucionalidade é suscitada como questão prejudicial, e não como questão principal, sendo declarada na fundamentação, e não no dispositivo, de acordo com o art. 504, inc. II, do CPC.

À guisa de complementação, as jurisprudências do Supremo Tribunal Federal e do Superior Tribunal de Justiça são tendenciosas a admitir a utilização da ação civil pública como instrumento de controle de constitucionalidade pela via de exceção, *verbi gratia*: "a Excelsa Corte tem reconhecido a legitimidade da utilização da ação civil pública como instrumento idôneo de fiscalização incidental de constitucionalidade, pela via difusa, de quaisquer leis ou atos do Poder Público, mesmo quando contestados em face da Constituição da República, desde que, nesse processo coletivo, a controvérsia constitucional, longe de identificar-se como objeto único da demanda, qualifica-se como simples questão prejudicial, indispensável à resolução do litígio",[14] "posicionamento desta Corte no sentido de que, nas ações civis públicas, não se nega a possibilidade de declaração de inconstitucionalidade, *incidenter tantum*, de lei ou ato normativo federal ou local",[15] "o controle difuso de constitucionalidade das leis pode ser exercido em sede de ação civil pública, no juízo de primeiro grau, quando for necessário para a decisão da hipótese concreta, sendo exato que, na espécie, a declaração de inconstitucionalidade não consubstancia o pedido, mas sim a causa de pedir",[16] "se o ajuizamento da ação civil pública visar, não à apreciação da validade constitucional de lei em tese, mas objetivar o julgamento de uma específica e concreta relação jurídica, aí, então, tornar-se-á lícito promover, *incidenter tantum*, o controle de constitucionalidade de qualquer ato emanado do Poder Público",[17] "quadro em que não sobra espaço para falar em invasão da jurisdição concentrada privativa do Supremo Tribunal Federal".[18] Outrossim, "é possível a declaração incidental de inconstitucionalidade, na ação civil pública, de quaisquer leis

---

14 STF, Recl. nº 212, Rel. Min. Celso de Mello, j. 24.11.2000, *DJU* 1º.12.2000.

15 STF, RE nº 227.159, Rel. Min. Néri da Silveira, j. 12.3.2002, *DJU* 17.5.2002.

16 STF, Recl. nº 1.519, Rel. Min. Carlos Velloso, j. 21.3.2002, *DJU* 24.5.2002.

17 STF, RE nº 411.156, Rel. Min. Celso de Mello, j. 19.11.2009, *DJU* 3.12.2009.

18 STF, Recl. nº 602, Rel. Min. Ilmar Galvão, j. 3.9.1997, *DJU* 14.2.2003.

ou atos normativos do Poder Público, desde que a controvérsia constitucional não figure como pedido, mas sim como causa de pedir, fundamento ou simples questão prejudicial, indispensável à resolução do litígio principal",[19] "a declaração incidental de inconstitucionalidade na ação civil pública não faz coisa julgada material, pois se trata de controle difuso de constitucionalidade, sujeito ao crivo do Supremo Tribunal Federal, via recurso extraordinário, sendo insubsistente a tese de que tal sistemática teria os mesmos efeitos da ação direta de inconstitucionalidade",[20] "o efeito *erga omnes* da coisa julgada material na ação civil pública será de âmbito nacional, regional ou local conforme a extensão e a indivisibilidade do dano ou ameaça de dano, atuando no plano dos fatos e litígios concretos, por meio, principalmente, das tutelas condenatória, executiva e mandamental, que lhe asseguram eficácia prática, diferentemente da ação direta de inconstitucionalidade, que produz coisa julgada material *erga omnes* no âmbito da vigência espacial da lei ou ato normativo impugnado",[21] "ação civil pública, fundamentada em inconstitucionalidade de lei, exercendo o controle difuso de constitucionalidade. A declaração incidental de inconstitucionalidade não tem eficácia normativa, porquanto é premissa do pedido. O fundamento da ação civil pública não fica coberto pelo manto da coisa julgada material",[22] "dessarte, somente se exclui a possibilidade do exercício da ação civil pública quando nela o autor deduzir pretensão efetivamente destinada a viabilizar o controle abstrato de constitucionalidade de determinada lei ou ato normativo".[23, 24]

3 INICIATIVA

A arguição de inconstitucionalidade é de iniciativa: (i) das partes, (ii) dos terceiros intervenientes, (iii) do Ministério Público e (iv) do órgão jurisdicional.

---

19 STJ, REsp nº 401.440, Rel. Min. Eliana Calmon, j. 3.9.2002, *DJU* 14.10.2002.

20 STJ, REsp nº 403.355, Rel. Min. Eliana Calmon, j. 20.8.2002, *DJU* 30.9.2002.

21 STJ, REsp nº 299.271, Rel. Min. Eliana Calmon, j. 17.12.2002, *DJU* 8.9.2003.

22 STJ, REsp nº 419.781, Rel. Min. Luiz Fux, j. 19.11.2002, *DJU* 19.12.2002.

23 STJ, REsp nº 402.044, Rel. Min. Franciulli Netto, j. 9.4.2002, *DJU* 5.8.2002.

24 Anteriormente, o Supremo Tribunal Federal e Superior Tribunal de Justiça divergiam do entendimento que adotamos. A um, porque "a ação que se intitula ação civil pública, mas, como decorreria do pedido, seria, em realidade, verdadeira ação direta de inconstitucionalidade", vale dizer, "na ação civil pública, o controle *incidenter tantum* equivaleria, pelos seus efeitos, à verdadeira ação direta de inconstitucionalidade". A dois, porque "constituiria usurpação de competência do Supremo Tribunal Federal para controle concentrado de constitucionalidade a ação civil pública aforada no juízo de direito ou juízo federal onde se pretende a inconstitucionalidade da norma". A três, porque "a declaração de inconstitucionalidade *erga omnes*, para ter efeito em todo território nacional, não poderia ser objeto de ação civil pública, pelo motivo de que a unidade do direito substantivo é estabelecida pela Constituição". A quatro, porque "admitida a ação civil pública em matéria de inconstitucionalidade de leis ou atos normativos, ficaria possibilitada a prolatação de sentenças contraditórias". A cinco, porque "a ação civil pública não poderia servir de meio para a declaração, com efeito *erga omnes*, de inconstitucionalidade de lei". STF, AI nº 189.601, Rel. Min. Moreira Alves, j. 26.8.1997, *DJU* 3.10.1997; STF, Recl. nº 601, Rel. Min. Carlos Velloso, j. 9.9.1997, *DJU* 25.9.1997, e STF, Recl. nº 554, Rel. Min. Maurício Corrêa, j. 13.11.1997, *DJU* 26.11.1997. V., também: STJ, REsp nº 106.993, Rel. Min. Ari Pargendler, j. 28.4.1998, *DJU* 18.5.1998; STJ, REsp nº 134.979, Rel. Min. Garcia Vieira, j. 7.11.1997, *DJU* 15.12.1997, e STJ, REsp nº 212.540, Rel. Min. José Delgado, j. 22.6.1999, *DJU* 16.8.1999.

No que alude às **partes**, o demandante (autor, exequente ou requerente) e o demandado (réu, executado ou requerido), assim como os litisconsortes ativos e passivos, podem suscitar o incidente de inconstitucionalidade em qualquer momento processual, mormente no oferecimento da petição inicial ou resposta, não havendo preclusão temporal em relação à questão jurídica.[25]

No que concerne aos **terceiros intervenientes**, o procedimento da arguição de inconstitucionalidade admite o *amicus curiae*, traduzido como admissão formal, no processo de controle incidental, de órgãos ou entidades interessadas na discussão sobre a constitucionalidade de determinada norma jurídica.[26]

No que pertence ao **Ministério Público**, o *Parquet* atua no processo de controle de constitucionalidade concreto, na qualidade de órgão agente (*dominus litis*) ou de órgão interveniente (*custos legis*), por meio da apresentação de parecer, salvo na hipótese em que a arguição de inconstitucionalidade houver sido suscitada por ele mesmo.[27]

No que toca ao **órgão jurisdicional**, é possível a *declaração de inconstitucionalidade ex officio*, como também é permitida a *declaração de inconstitucionalidade por motivo diferente*, ainda que a arguição não tenha sido suscitada perante a primeira instância, sendo evidente que "a arguição de inconstitucionalidade, por via de exceção, exercitada

---

25 Acrescente-se que, com fundamento em José Carlos Barbosa Moreira, "a parte pode arguir a inconstitucionalidade em petição avulsa que junte aos autos durante a tramitação da causa ou do recurso perante o órgão, ou até, se for o caso, em sustentação oral, na sessão de julgamento, até o encerramento da votação, enquanto não anunciado pelo presidente o resultado desta". MOREIRA, José Carlos Barbosa. *Comentários ao Código de Processo Civil*. 8ª ed. v. V. Rio de Janeiro: Forense, 1999, p. 37-38.

26 Advirta-se que, com fulcro em Gilmar Ferreira Mendes, "é admissível que as pessoas jurídicas de direito público responsáveis pela edição do ato questionado e os titulares do direito de propositura, referidos no art. 103 da CRFB, exerçam direito de manifestação no incidente de inconstitucionalidade, assegurando-se-lhes o direito de apresentar memoriais ou de pedir a juntada de documentos. Ademais, o Relator, constatando a relevância da matéria e a representatividade dos postulantes, é autorizado a admitir, por despacho irrecorrível, a manifestação de outros órgãos ou entidades. Tais providências conferem um caráter pluralista também ao processo incidental de controle de constitucionalidade, permitindo que o Tribunal decida com pleno conhecimento dos diversos aspectos envolvidos na questão. A possibilidade de manifestação de outros órgãos ou entidades representativas cria, destarte, a figura do *amicus curiae*". MENDES, Gilmar Ferreira. *O Controle Incidental de Normas no Direito Brasileiro* in *Cadernos de Direito Constitucional e Ciência Política*, nº 23, 1998, p. 38.

27 Assevere-se que, com esteio em Hugo Nigro Mazzilli, a atuação processual do Ministério Público no processo de controle de constitucionalidade, sem prejuízo da arguição de inconstitucionalidade, dar-se-á: "pela ação de inconstitucionalidade e representação para fins de intervenção da União e dos Estados, nos casos previstos na Constituição, ação declaratória de constitucionalidade de lei ou ato normativo federal e arguição de descumprimento de preceito fundamental". MAZZILLI, Hugo Nigro. *Regime Jurídico do Ministério Público*. 3ª ed. São Paulo: Saraiva, 1996, p. 230.

por meio de controle difuso de constitucionalidade, não necessita haver sido ventilada no juízo de primeiro grau, para ser apreciada perante a instância recursal".[28, 29]

4 COMPETÊNCIA

A competência para a arguição de inconstitucionalidade, à luz do art. 97 da CRFB, é fixada em razão do **princípio da reserva de plenário**, segundo o qual, somente pelo voto da maioria absoluta dos membros do plenário ou órgão especial do *tribunal* exercente do controle de constitucionalidade incidental, a *inconstitucionalidade* de lei ou ato normativo pode ser declarada – ou afastada a incidência da norma legal pertinente à lide, na esteira da Súmula Vinculante nº 10[30] – mesmo que arguida por integrante do próprio colegiado. Face à distinção entre instância e grau, na medida em que aquela é relativa à organização judiciária, ao passo que este é referente à atividade jurisdicional, o princípio da reserva de plenário é aplicável aos órgãos de segunda instância (tribunais), no exercício do primeiro (competência originária) ou do segundo (competência recursal) grau de jurisdição.[31]

Na primeira instância, compete ao *juízo* declarar a inconstitucionalidade da lei ou ato normativo submetido ao controle concreto, independentemente da arguição de inconstitucionalidade. Em consequência, por exemplo, o princípio da reserva de plenário não é condição de eficácia das decisões de inconstitucionalidade emanadas das Turmas Recursais,[32] posto que integram a primeira instância da organização judiciária, ainda que possam exercer o segundo grau da atividade jurisdicional sobre determinada matéria: "arguida, em concreto, *incidenter tantum*, inconstitucionalidade perante Turma de Recursos Cíveis, deve, a mesma, manifestar-se pela sua rejeição ou admissão, descabendo a remessa ao plenário ou órgão especial do Tribunal de Justiça, uma vez que

---

28 Assinale-se que, com espeque em Luís Roberto Barroso, "esta proposição somente se aplica ao controle por via incidental. No caso de controle por via principal, entende o Supremo Tribunal Federal não poder pronunciar a invalidade de qualquer dispositivo distinto dos que foram impugnados". BARROSO, Luís Roberto. *Constituição da República Federativa do Brasil Anotada*. São Paulo: Saraiva, 1998, p. 209.

29 STJ, REsp nº 237.705, Rel. Min. Garcia Vieira, j. 16.12.1999, *ADV-COAD* 19-2000/292.

30 O Supremo Tribunal Federal considera declaratório de inconstitucionalidade o acórdão que – embora sem o explicitar – afasta a incidência da norma legal pertinente à lide, para decidi-la sob critérios diversos alegadamente extraídos da Constituição. Para caracterização da contrariedade à Súmula Vinculante nº 10 é necessário que a decisão fundamente-se na incompatibilidade entre a norma legal tomada como base dos argumentos expostos na ação ou recurso e a Constituição. STF, Recl. nº 6.944, Rel. Min. Cármen Lúcia, j. 23.6.2010, *DJU* 13.8.2010; STF, Recl. nº 7.322, Rel. Min. Cármen Lúcia, j. 23.6.2010, *DJU* 13.8.2010, e STF, Recl. nº 14.872, Rel. Min. Gilmar Mendes, j. 31.5.2016, DJU 29.6.2016.

31 STF, RE nº 868.457, Rel. Min. Teori Zavascki, j. 16.4.2015, *DJU* 27.4.2015.

32 No sentido do texto, entendendo que o princípio da reserva de plenário não é aplicável às Turmas Recursais, de forma que a declaração de inconstitucionalidade é da competência da Turma Recursal, v.: MOREIRA, José Carlos Barbosa. *Comentários ao Código de Processo Civil*, p. 39-40. No sentido contrário, entendendo que o princípio da reserva de plenário é aplicável às Turmas Recursais, de modo que a declaração de inconstitucionalidade é da competência do plenário ou órgão especial do tribunal a que a Turma Recursal é funcionalmente vinculada, v.: CARVALHO, Luis Gustavo Grandinetti Castanho de et al. *Lei dos Juizados Cíveis e Criminais Comentada e Anotada*. Rio de Janeiro: Lumen Juris, 2000, p. 504.

as Turmas Recursais não são órgãos fracionários da Corte de Justiça estadual, mas tão somente órgãos, não obstante colegiados, de primeira instância, com funções recursais, de segundo grau de jurisdição, ao qual compete conhecer e manifestar-se a respeito das arguições de inconstitucionalidade".[33]

Na segunda instância, compete ao órgão fracionário declarar a *constitucionalidade* da lei ou ato normativo sujeita ao controle concreto, independentemente da arguição de inconstitucionalidade. Em conclusão, por exemplo, o princípio da reserva de plenário é condição de eficácia das decisões exaradas pelos grupos de câmaras e seções criminais que reúnam a maioria absoluta dos membros dos tribunais que não possuam órgão especial, tendo sido acolhida a arguição de inconstitucionalidade,[34] visto que é exigível o pronunciamento do plenário do tribunal exercente do controle de constitucionalidade difuso, excepcionada a hipótese do art. 949, parágrafo único, do CPC: "nenhum órgão fracionário de qualquer tribunal dispõe de competência, no sistema jurídico brasileiro, para declarar a inconstitucionalidade de leis ou atos emanados do Poder Público. Essa magna prerrogativa jurisdicional foi atribuída, em grau de absoluta exclusividade, ao plenário dos tribunais".[35]

Vexata quaestio é relativa à constitucionalidade da norma veiculada pelo art. 949, parágrafo único, do CPC, segundo a qual o órgão fracionário do tribunal exercente do controle de constitucionalidade concreto pode deixar de submeter a arguição de inconstitucionalidade ao plenário ou órgão especial e, bem assim, o relator pode julgar a causa ou recurso por decisão monocrática, desde que tenha havido pronunciamento anterior, ainda que não sumulado, do plenário ou órgão especial do mesmo tribunal ou do plenário do Supremo Tribunal Federal, tendo havido a identificação de duas correntes doutrinárias sobre o tema. A constitucionalidade é acentuada por **Nagib Slaibi Filho**, porquanto não importaria em restrição da autonomia dos órgãos judiciais, singulares ou colegiados, nos quais estão investidas as autoridades judiciárias: "nem se pode arguir de inconstitucional a nova disposição ora em comento, sob o argumento de restringir a autonomia dos tribunais ou dos seus órgãos ou integrantes, pois o que o art. 99 da CRFB garante é a autonomia do Poder Judiciário, e não dos tribunais, e não pode agitar malferimento da autonomia funcional dos juízes aqueles que estão jungidos ao reconhecimento da inconstitucionalidade pelo plenário ou órgão especial do próprio tribunal e, no tema constitucional, a Constituição erigiu a Suprema Corte ao papel de seu guardião".[36]

---

33 STF, RE nº 453.744, Rel. Min. Cezar Peluso, j. 13.6.2006, *DJU* 25.8.2006.

34 No sentido do texto, entendendo que o princípio da reserva de plenário é aplicável aos grupos de câmaras e seções criminais que reúnam a maioria absoluta dos membros dos tribunais que não possuam órgão especial, tendo sido acolhida a arguição de inconstitucionalidade, de maneira que o provimento do plenário ou órgão especial seria indispensável, v.: LIMA, Alcides de Mendonça. *Competência para Declarar a Inconstitucionalidade das Leis* in *Revista Forense*, nº 123, 1956, p. 353. No sentido contrário, entendendo que o princípio da reserva de plenário não é aplicável aos grupos de câmaras e seções criminais que reúnam a maioria absoluta dos membros dos tribunais que não possuam órgão especial, tendo sido acolhida a arguição de inconstitucionalidade, de sorte que o provimento do plenário ou órgão especial seria dispensável, v.: BITTENCOURT, Carlos Alberto Lúcio. *O Controle Jurisdicional da Constitucionalidade das Leis*. 2ª ed. Rio de Janeiro: Forense, 1968, p. 46.

35 STF, HC nº 70.249, Rel. Min. Celso de Mello, j. 4.5.1993, *RTJ* 150/224.

36 SLAIBI FILHO, Nagib. *A Arguição de Inconstitucionalidade nos Tribunais (Notas sobre a nova redação que a Lei nº 9.756/98 deu ao art. 481 do CPC)* in *Revista de Direito do Tribunal de Justiça do Estado do Rio de Janeiro*, nº 42, 2001, p. 13.

A inconstitucionalidade é advogada por **Alexandre Freitas Câmara**, porque implicaria violação dos princípios da reserva de plenário – dado que a inconstitucionalidade seria declarada por órgão fracionário que não disporia de maioria absoluta dos membros do tribunal exercente do controle de constitucionalidade difuso – e do contraditório – eis que as partes do processo no qual foi suscitado o incidente de inconstitucionalidade seriam alcançadas pela eficácia da decisão formada em outro processo no qual não teriam a possibilidade de participação: "ao permitir que o órgão fracionário afirme – ainda que tendo por fundamento decisão proferida pelo plenário do tribunal que integra, de seu órgão especial ou do plenário do Supremo Tribunal Federal – a inconstitucionalidade de lei ou de ato normativo, o novo dispositivo contraria o disposto no art. 97 da CRFB, já que afasta a cláusula de reserva de plenário. Ainda que assim não fosse, seria inconstitucional a regra em exame, por ser a norma jurídica que o mesmo contém flagrantemente violadora do princípio constitucional do contraditório, estabelecido no art. 5º, inc. LV, da CRFB, vez que aqueles que são partes do processo em que irá incidir a eficácia vinculante da decisão anterior serão atingidos por decisão formada em procedimento de que não tiveram a oportunidade de participar".[37] A jurisprudência do Supremo Tribunal Federal e do Superior Tribunal de Justiça são firmadas no sentido da constitucionalidade da regra inserida no art. 949, parágrafo único, do CPC, ao argumento de que "versando a controvérsia sobre ato normativo já declarado inconstitucional pelo guardião maior da Carta Política da República – o Supremo Tribunal Federal – descabe o deslocamento previsto no art. 97 do referido Diploma Maior. O julgamento de plano pelo órgão fracionário homenageia não só a racionalidade, como também implica interpretação teleológica do art. 97 em comento, evitando a burocratização dos atos judiciais no que nefasta ao princípio da economia e da celeridade. A razão de ser do preceito está na necessidade de evitar-se que órgãos fracionários apreciem, pela vez primeira, a pecha de inconstitucionalidade arguida em relação a certo ato normativo".[38] "Se o único fundamento da causa é a inconstitucionalidade de texto de lei, inexistindo matéria remanescente a ser decidida, é desnecessário que a Corte Especial devolva os autos ao órgão julgador que a suscitou, para completar-lhe o julgamento, devendo, desde logo, decidir o feito, a fim de se evitar procrastinação incompatível com os princípios que regem o processo moderno".[39] A jurisprudência do Tribunal de Justiça do Rio de Janeiro, além de reconhecer a constitucionalidade da regra insertada no art. 949, parágrafo único, do CPC, lança mão do poder geral de cautela para garantir aos seus órgãos fracionários, nas hipóteses que se subsumam ao art. 97 da CRFB, a possibilidade de manutenção de liminar que tenha sido concedida no decurso do processo "até o pronunciamento sobre a questão" do plenário ou órgão especial.[40, 41]

---

37 CÂMARA, Alexandre Freitas. *Do Parágrafo Único do Artigo 481 do CPC – Inovação Inconstitucional da Lei nº 9.756/98* in *Direito em Revista*, nº 9, 1999, p. 7.

38 STF, AI nº 169.964, Rel. Min. Marco Aurélio, j. 26.9.1995, *DJU* 3.11.1995.

39 STJ, MS nº 1.178, Rel. Min. Antônio de Pádua Ribeiro, j. 31.8.1995, *DJU* 9.10.1995.

40 TJRJ, Proc. nº 2010.031.93116, Rel. Des. Mauro Dickstein, j. 13.12.2011, *DORJ* 17.2.2012.

41 Considerando que a declaração de inconstitucionalidade por omissão de medida para tornar efetiva norma constitucional é reservada ao Supremo Tribunal Federal, não se nos afigura possível o controle difuso-incidental de condutas negativas do Estado no campo do processo legislativo, por falecer competência a outro juízo ou tribunal para examiná-las. Dentro dessa perspectiva, o Tribunal de Justiça do Rio de Janeiro sufragou a tese da sua "incompetência para

5 PROCEDIMENTO

O procedimento da arguição de inconstitucionalidade, a teor dos arts. 948 a 950 do CPC, pode ser deflagrado pelas partes, terceiro interveniente, Ministério Público ou tribunal exercente do controle de constitucionalidade incidental, no momento processual adequado, sendo imprescindível a manifestação do *Parquet*, na qualidade de órgão interveniente (*custos legis*), ressalvada a hipótese em que a inconstitucionalidade houver sido suscitada por ele mesmo, devendo o relator submeter a questão constitucional, na sessão de julgamento, ao órgão fracionário, competindo-lhe, pelo voto da maioria simples de seus membros, acolher ou rejeitar a arguição de inconstitucionalidade.[42]

Por um lado, no caso de rejeição da arguição de inconstitucionalidade, compete ao órgão fracionário prosseguir no julgamento da causa ou recurso, aplicando contenciosamente a lei ou ato normativo que havia sido impugnado ao caso concreto. Ressalte-se que o pronunciamento do órgão fracionário que resolve o mérito com assento na constitucionalidade da lei ou ato normativo é recorrível.

Por outro lado, no caso de acolhimento da arguição de inconstitucionalidade, excepcionada a hipótese prevista no art. 949, parágrafo único, do CPC, compete ao órgão fracionário suspender o julgamento da causa ou recurso e remeter a questão constitucional ao plenário ou órgão especial na forma estatuída no regimento interno do tribunal, com a vinculação daquele à decisão deste, posto que a solução da questão prejudicial é incorporada ao julgamento da causa ou recurso como premissa inafastável. Repise-se que o provimento do órgão fracionário que suspende o julgamento da causa ou recurso e remete a questão constitucional ao plenário ou órgão especial, assim como o pronunciamento do plenário ou órgão especial que declara a constitucionalidade ou inconstitucionalidade da lei ou ato normativo, são irrecorríveis, salvo por embargos de declaração, ao passo que o acórdão do órgão fracionário pronunciado em conformidade com o que se houver assentado quanto à questão constitucional é recorrível, visto que completa o julgamento da causa ou recurso, cuja competência foi cindida pelo critério funcional em decorrência do acolhimento da arguição de inconstitucionalidade, como prescreve o enunciado ou verbete nº 513 da Súmula da Jurisprudência Predominante do Supremo Tribunal Federal.[43]

---

proceder ao controle difuso-incidental de inconstitucionalidade por omissão, quando, está em discussão ofensa à Constituição da República, só passível de ser examinada pelo Supremo Tribunal Federal". TJRJ, Proc. nº 1998.001.11152, Rel. Des. Áurea Pimentel Pereira, j. 15.12.1998, *DORJ* 7.5.1999.

42 Frise-se que na hipótese de inadmissibilidade da arguição de inconstitucionalidade, seja porque a questão é referente a ato que não tenha natureza normativa ou não seja oriundo do Poder Público, seja porque a questão é relativa a lei ou ato normativo de que não dependa a decisão sobre a causa ou recurso, pode o relator deixar de submeter a arguição de inconstitucionalidade ao órgão fracionário, cumprindo-lhe, ao fazer a sua exposição na sessão de julgamento, mencionar a questão, nos termos do art. 937, *caput*, do CPC. MIRANDA, Francisco Cavalcanti Pontes de. *Comentários ao Código de Processo Civil.* v. VI. Rio de Janeiro: Forense, 1975, p. 480.

43 Grife-se que, como exsurge da jurisprudência predominante do Supremo Tribunal Federal, no caso de recurso extraordinário, tendo sido acolhida a arguição de inconstitucionalidade, é exigível a juntada de cópia do acórdão do plenário ou órgão especial, sendo insuficiente a transcrição da decisão, *ipsis litteris*: "a ausência do acórdão plenário que reconheceu a ilegitimidade constitucional de leis ou atos normativos emanados do Poder Público impede – ante a essencialidade de que se reveste essa peça processual – que o Supremo Tribunal Federal

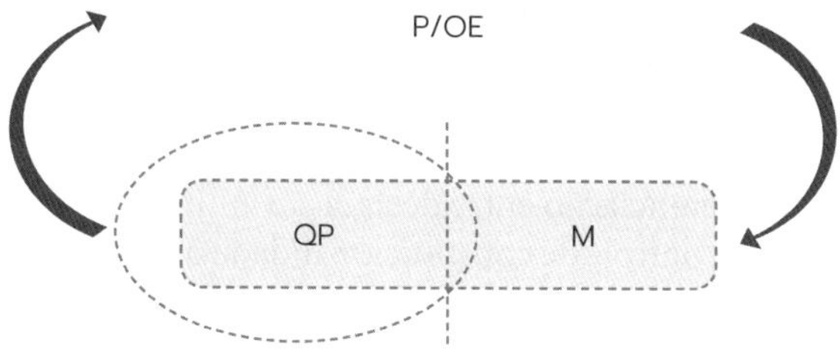

Portanto, o procedimento da arguição de inconstitucionalidade enseja a **cisão funcional de competência em plano horizontal**, na medida em que é da competência do *plenário ou órgão especial* decidir pela constitucionalidade ou inconstitucionalidade da lei ou ato normativo, bem como é da competência do *órgão fracionário* julgar a causa ou recurso em consonância com o que se houver assentado quanto à questão constitucional, redundando no provimento final da integração dos pronunciamentos do plenário ou órgão especial e do órgão fracionário do tribunal exercente do controle de constitucionalidade concreto (decisão subjetivamente complexa). Nessa ordem de ideias, a cisão funcional de competência é definida como divisão da competência entre dois órgãos jurisdicionais, segundo o critério funcional, em virtude da separação da questão constitucional para julgamento, sendo certo que o fenômeno pode ser detectado em plano horizontal ou plano vertical, conforme o órgão jurisdicional com competência para resolver o mérito da causa seja da mesma instância (exemplo: incidente de arguição de inconstitucionalidade, na forma do art. 948 do CPC) ou de instância inferior (exemplo: arguição incidental ou indireta de descumprimento de preceito fundamental, nos termos do art. 1º, parágrafo único, inc. I, da Lei nº 9.882/99), em relação ao órgão jurisdicional com competência para resolver a questão constitucional.[44]

6 DECISÃO

A arguição de inconstitucionalidade, acolhida pelo voto da maioria absoluta dos membros do plenário ou órgão especial do tribunal exercente do controle de constitucionalidade concreto, resulta na ineficácia da norma impugnada, limitada às partes do mesmo processo, sendo mister tecermos comentários acerca: (i) da declaração de inconstitucionalidade, (ii) da suspensão de execução e (iii) da coisa julgada.

6.1 Declaração de inconstitucionalidade

A **declaração de inconstitucionalidade**, no controle incidental, é objeto de divergência doutrinária.

Alexandre Freitas Câmara ensina a *inexistência* da declaração de inconstitucionalidade, com fundamento na distinção entre *iudicium* e *cognitio*. Dessa forma, no controle de constitucionalidade direto, o órgão exercente julga a questão constitucional

---

aprecie, de modo adequado, a controvérsia jurídica suscitada", porquanto "é no acórdão do plenário ou órgão especial que se há de buscar a motivação da decisão recorrida, com respeito à arguição de inconstitucionalidade". STF, RE nº 158.540, Rel. Min. Celso de Mello, j. 6.4.1997, *DJU* 23.5.1997, e STF, RE nº 164.569, Rel. Min. Sepúlveda Pertence, j. 19.10.1993, *DJU* 4.2.1994.

[44] MENDES, Gilmar Ferreira. *Incidente de Inconstitucionalidade* in *Consulex*, nº 33, 1999, p. 21.

(*iudicium*), sendo declarada a inconstitucionalidade da norma, ao passo que, no controle de constitucionalidade incidental, o órgão exercente conhece da questão constitucional (*cognitio*), sendo negada a aplicação da norma impugnada.[45]

José Carlos Barbosa Moreira indica a *existência* da declaração de inconstitucionalidade, com fulcro na diferenciação entre declaração emitida *principaliter* ou *incidenter tantum*. Desse modo, no controle de constitucionalidade direto, a questão constitucional configura o objeto principal da atividade cognitiva do órgão judicial (*principaliter*), sendo a inconstitucionalidade declarada no dispositivo, ao passo que, no controle de constitucionalidade incidental, a questão constitucional configura o objeto incidental da atividade cognitiva do órgão judicial (*incidenter tantum*), sendo a inconstitucionalidade declarada na fundamentação da decisão.[46]

Em alusão à questão, temos o entendimento de que a melhor apreciação coube à segunda corrente, uma vez que a declaração de inconstitucionalidade assenta numa das premissas da decisão de mérito, cuja consequência é a inaplicação da norma impugnada na relação jurídica sob exame,[47] "restando ao Supremo Tribunal Federal, como guardião maior da Constituição da República, declarar a inconstitucionalidade de lei ou ato normativo, sempre que esta se verificar".[48]

6.2 Suspensão de execução

A **suspensão de execução** é delineada como ato político do Senado Federal, veiculado por meio da resolução de que trata o art. 52, inc. X, da CRFB, que confere efeitos *erga omnes* à decisão definitiva do Supremo Tribunal Federal sobre a inconstitucionalidade de lei ou ato normativo federal, estadual ou municipal em face da Constituição federal. Deveras, o escopo da suspensão de execução é converter eficácia *inter partes* em eficácia *erga omnes* da declaração incidental de inconstitucionalidade, sem infringência ao limite subjetivo da coisa julgada, pois "enquanto não suspensa, pelo Senado Federal, a decisão do Supremo Tribunal Federal, como as decisões judiciais não constituem precedentes obrigatórios, os outros juízes e tribunais podem reputar o ato como constitucional, embora sujeitos à revisão daquele. Porém, em suspenso o texto, a lei ou ato normativo, pelo Senado Federal, perde eficácia, deixa de ter executoriedade",[49] tendo havido a individualização de cinco questões relevantes.

---

45 CÂMARA, Alexandre Freitas. *Parecer (CPI do Judiciário. Ação Civil Pública. Legitimidade do IAB. Controle Incidental de Constitucionalidade. Competência)* in *Escritos de Direito Processual*. Rio de Janeiro: Lumen Juris, 2001, p. 334.

46 MOREIRA, José Carlos Barbosa. *Parecer (Inconstitucionalidade irregularmente declarada por via incidental. Coisa julgada. Ação rescisória não proposta. Irrelevância de julgamentos posteriores do Supremo Tribunal Federal)* in *Direito Aplicado*. v. II. Rio de Janeiro: Forense, 2000, p. 232-233 e 238.

47 VELOSO, Zeno. *Controle Jurisdicional de Constitucionalidade*. 2ª ed. Belo Horizonte: Del Rey, 2000, p. 41.

48 STF, RE nº 219.934, Rel. Min. Ellen Gracie, j. 13.10.2004, *DJU* 26.11.2004.

49 MELLO, Oswaldo Aranha Bandeira de. *Teoria das Constituições Rígidas*. 2ª ed. São Paulo: José Bushatsky, 1980, p. 212.

1 = Declaração de inconstitucionalidade

2 = Trânsito em julgado

3 = Remessa ao Senado

4 = Publicação de resolução

Sobre a *natureza da competência do Senado Federal*, a doutrina não é uniforme quanto à possibilidade de o Senado Federal deixar de suspender a execução da lei ou ato normativo cuja inconstitucionalidade foi incidentalmente declarada por decisão definitiva do Supremo Tribunal Federal, de arte que três correntes são divergentes.

A primeira, abordada por **Carlos Alberto Lúcio Bittencourt**,[50] expressa a obrigatoriedade, é dizer, o Senado Federal detém competência de natureza vinculada, estando obrigado a suspender a execução da lei ou ato normativo declarado inconstitucional, no controle concreto, por decisão definitiva do Supremo Tribunal Federal, porquanto haveria a configuração de ato complexo.

A segunda, adotada por **Alfredo Buzaid**,[51] **Manoel Gonçalves Ferreira Filho**,[52] **Celso Ribeiro Bastos**,[53] **Tanya Kristyane Kozicki**[54] e **Zeno Veloso**,[55] expõe a obrigatoriedade mitigada, quer dizer, o Senado Federal está obrigado a suspender a execução da lei ou ato normativo declarado inconstitucional, no controle difuso, por decisão definitiva do Supremo Tribunal Federal, desde que estejam presentes os requisitos formais da declaração de inconstitucionalidade.

A terceira, afirmada por **Paulo Napoleão Nogueira da Silva**,[56] **Aliomar Baleeiro**,[57] **Ataliba Pereira Viana**,[58] **Elival da Silva Ramos**,[59] **Marcello Caetano**,[60] **Josaphat**

---

[50] BITTENCOURT, Carlos Alberto Lúcio. Ob. cit., p. 145.

[51] BUZAID, Alfredo. *Da Ação Direta de Declaração de Inconstitucionalidade no Direito Brasileiro*. São Paulo: Saraiva, 1958, p. 89.

[52] FERREIRA FILHO, Manoel Gonçalves. *Comentários à Constituição Brasileira de 1988*. 2ª ed. v. I. São Paulo: Saraiva, 1997, p. 316.

[53] BASTOS, Celso Ribeiro et al. *Comentários à Constituição do Brasil*. v. IV, t. I. São Paulo: Saraiva, 1995, p. 179.

[54] KOZICKI, Tanya Kristyane. *O Controle de Constitucionalidade das Leis e Atos Normativos e a Competência do Senado para Suspender a Execução daqueles Declarados Inconstitucionais* in *Cadernos de Direito Constitucional e Ciência Política*, nº 17, 1996, p. 273.

[55] VELOSO, Zeno. Ob. cit., p. 62-63.

[56] SILVA, Paulo Napoleão Nogueira da. *O Controle da Constitucionalidade e o Senado*. 2ª ed. Rio de Janeiro: Forense, 2000, p. 94.

[57] BALEEIRO, Aliomar. *O Supremo Tribunal Federal, esse outro Desconhecido*. Rio de Janeiro: Forense, 1968, p. 97-98.

[58] VIANA, Ataliba Pereira. *Relações entre os Poderes do Estado*. Rio de Janeiro: Borsoi, 1959, p. 307.

[59] RAMOS, Elival da Silva. *A Inconstitucionalidade das Leis: vício e sanção*. São Paulo: Revista dos Tribunais, 1994, p. 125.

[60] CAETANO, Marcello. *Direito Constitucional*. v. II. Rio de Janeiro: Forense, 1987, p. 274.

Marinho,[61] **Paulo Brossard,**[62] **Gilmar Ferreira Mendes,**[63] **Clèmerson Merlin Clève**[64] e **José Celso de Mello Filho,**[65] exprime a facultatividade, vale dizer, o Senado Federal dispõe de competência de natureza discricionária, não estando obrigado a suspender a execução da lei ou ato normativo declarado inconstitucional, no controle incidental, por decisão definitiva do Supremo Tribunal Federal, conquanto haveria a possibilidade de apreciação de conveniência e oportunidade política da suspensão de execução.

Cremos que, a toda evidência, razão assiste à terceira corrente doutrinária, não estando o Senado Federal vinculado a suspender a execução da lei ou ato normativo cuja inconstitucionalidade foi incidentalmente declarada por decisão definitiva do Supremo Tribunal Federal, já que aquele é revestido de liberdade de conformação legislativa negativa. Ademais, a jurisprudência do Supremo Tribunal Federal é predominante no mesmo sentido: "a função institucional do Senado da República não o reduz à mera condição de órgão parlamentar exercente, em caráter compulsório, de uma atividade juridicamente vinculada. Pelo contrário, o Senado da República não está obrigado a proceder à edição da resolução suspensiva do ato estatal cuja inconstitucionalidade, em caráter irrecorrível, foi declarada *in concreto* pelo Supremo Tribunal Federal. Esse ato do Senado submete-se, quanto à sua prática, sempre facultativa, a um regime de estrita discricionariedade legislativa".[66]

Sobre a *extensão da suspensão de execução*, a doutrina não é uníssona quanto à possibilidade de o Senado Federal restringir os efeitos da decisão definitiva do Supremo Tribunal Federal sobre a inconstitucionalidade da lei ou ato normativo submetido a controle de constitucionalidade difuso, de maneira que duas correntes são discordantes.

Uma, com espeque em **Manoel Gonçalves Ferreira Filho**[67] e **Gilmar Ferreira Mendes,**[68] concebe a impossibilidade de o Senado Federal suspender a execução de parcela da lei ou ato normativo declarado inconstitucional por decisão definitiva do Supremo Tribunal Federal, dado que a extensão da suspensão de execução é necessariamente igual à da declaração incidental de inconstitucionalidade.

Outra, com esteio em **Michel Temer**[69] e **Clèmerson Merlin Clève,**[70] conceitua a possibilidade de o Senado Federal suspender a execução de parcela da lei ou ato normativo declarado inconstitucional por decisão definitiva do Supremo Tribunal Federal, eis que a extensão da suspensão de execução não necessariamente é igual à da declaração incidental de inconstitucionalidade.

---

61 MARINHO, Josaphat. *O Art. 64 da Constituição e o Papel do Senado* in *Revista de Informação Legislativa*, nº 2, 1964, p. 12.

62 BROSSARD, Paulo. *O Senado e as Leis Inconstitucionais* in *Revista de Informação Legislativa*, nº 50, 1976, p. 55.

63 MENDES, Gilmar Ferreira. Ob. cit., p. 216.

64 CLÈVE, Clèmerson Merlin. Ob. cit., p. 121-122.

65 MELLO FILHO, José Celso de. Ob. cit., p. 139.

66 STF, MI nº 460, Rel. Min. Celso de Mello, j. 10.6.1994, *DJU* 16.6.1994.

67 FERREIRA FILHO, Manoel Gonçalves. *Curso de Direito Constitucional*. 23ª ed. São Paulo: Saraiva, 1996, p. 35.

68 MENDES, Gilmar Ferreira. Ob. cit., p. 215-216.

69 TEMER, Michel. *Elementos de Direito Constitucional*. 14ª ed. São Paulo: Malheiros, 1998, p. 48-49.

70 CLÈVE, Clèmerson Merlin. Ob. cit., p. 121.

Entendemos que o Senado Federal, assim como pode deixar de suspender execução da totalidade, pode deixar de suspender a execução de parcela da lei ou ato normativo cuja inconstitucionalidade é incidentalmente declarada por decisão definitiva. Entretanto, a jurisprudência do Supremo Tribunal Federal é preponderante em sentido contrário: "a inconstitucionalidade da segunda resolução daquele órgão legislatório, para interpretar a decisão judicial, modificando-lhe o sentido ou restringindo-lhe os efeitos".[71]

Sobre a *revogabilidade da resolução suspensiva*, a doutrina não é unívoca quanto à possibilidade de o Senado Federal revogar a resolução suspensiva, de molde que duas correntes doutrinárias são contrárias.

A primeira, alvitrada por **José Celso de Mello Filho**,[72] externa a impossibilidade de revogação da resolução suspensiva, posto que a competência constitucional do Senado Federal é exaurida no momento em que a execução da lei ou ato normativo submetido ao controle de constitucionalidade concreto for suspensa.

A segunda, anotada por **José Horácio Meirelles Teixeira**,[73] exterioriza a possibilidade de revogação da resolução suspensiva, visto que a alteração da jurisprudência do órgão exercente do controle de constitucionalidade difuso, na apreciação de outros casos concretos, justificaria o levantamento da suspensão de execução.

Emprestamos adesão à primeira corrente doutrinária, pela qual a resolução suspensiva do Senado Federal é irrevogável, ao argumento de que este exaure sua competência constitucional no momento em que edita aquela. Outrossim, a jurisprudência do Supremo Tribunal Federal é prestigiada no mesmo sentido: "o ato do Senado Federal não é um ato legislativo, sendo complementar de uma decisão judicial, ampliativo dos efeitos desta. Não pode o Senado Federal rever, em sua substância, a decisão do Supremo Tribunal Federal".[74]

Sobre a *eficácia temporal da suspensão de execução*, a doutrina não é unissonante quanto à eficácia retroativa ou prospectiva da resolução suspensiva do Senado Federal, de sorte que duas correntes doutrinárias são contraditórias.

Uma, em atenção a **Themístocles Brandão Cavalcanti**,[75] **Regina Maria Macedo Nery Ferrari**,[76] **Anna Cândida da Cunha Ferraz**,[77] **José Afonso da Silva**[78] e **Nagib Slaibi Filho**,[79] considera a eficácia *ex nunc* da suspensão de execução. A resolução

---

[71] STF, MS nº 16.512, Rel. Min. Amaral Santos, j. 16.5.1966, *DJU* 31.8.1966.

[72] MELLO FILHO, José Celso de. Ob. cit., p. 139-140.

[73] TEIXEIRA, José Horácio Meirelles. *Curso de Direito Constitucional*. Rio de Janeiro: Forense Universitária, 1991, p. 429-431.

[74] STF, MS nº 16.519, Rel. Min. Luiz Gallotti, j. 16.2.1966, *RTJ* 38/569.

[75] CAVALCANTI, Themístocles Brandão. *Do Controle da Constitucionalidade*. Rio de Janeiro: Forense, 1966, p. 164.

[76] FERRARI, Regina Maria Macedo Nery. *Efeitos da Declaração de Inconstitucionalidade*. 4ª ed. São Paulo: Revista dos Tribunais, 1999, p. 152-153.

[77] FERRAZ, Anna Cândida da Cunha. *Apontamentos sobre o Controle de Constitucionalidade* in *Revista de Direito da Procuradoria-Geral do Estado de São Paulo*, nº 34, 1990, p. 36.

[78] SILVA, José Afonso da. *Aplicabilidade das Normas Constitucionais*. 3ª ed. São Paulo: Malheiros, 1998, p. 162.

[79] SLAIBI FILHO, Nagib. *Anotações à Constituição de 1988: aspectos fundamentais*. 2ª ed. Rio de Janeiro: Forense, 1989, p. 107.

suspensiva do Senado Federal operaria efeitos prospectivos a partir da sua edição, isto é, os efeitos da declaração incidental de inconstitucionalidade seriam limitados às partes do mesmo processo enquanto não implementada a suspensão de execução da lei ou ato normativo declarado inconstitucional por decisão definitiva do Supremo Tribunal Federal, não alcançando os atos jurídicos perfeitos e direitos adquiridos na vigência deste.

Outra, em atendimento a **Gilmar Ferreira Mendes,**[80] **Clèmerson Merlin Clève,**[81] **Zeno Veloso,**[82] **Paulo Napoleão Nogueira da Silva**[83] e **Marcello Caetano,**[84] consigna a eficácia *ex tunc* da suspensão de execução. A resolução suspensiva do Senado Federal operaria efeitos retroativos a partir da produção da lei ou ato normativo declarado inconstitucional por decisão definitiva do Supremo Tribunal Federal, ou seja, a generalização dos efeitos da declaração incidental de inconstitucionalidade em decorrência da suspensão de execução retroage à formação da norma submetida ao controle de constitucionalidade difuso, não havendo atos jurídicos perfeitos e direitos adquiridos com assento nesta.

Concluímos que a suspensão de execução do Senado Federal produz efeitos *ex nunc*, vez que "os problemas dos efeitos da declaração de inconstitucionalidade no caso concreto deve ser resolvido, levando-se em conta dois aspectos: (i) surte efeito *ex tunc*, fulminando a relação jurídica fundada na lei ou ato normativo inconstitucional, desde o seu nascimento; (ii) no entanto, a lei ou ato normativo continua eficaz e aplicável, até que o Senado Federal suspenda sua executoriedade; essa manifestação do Senado, que não revoga nem anula a lei, mas simplesmente lhe retira a eficácia, tem efeito *erga omnes* daí por diante, isto é, *ex nunc*. São dois momentos: a decisão judicial com efeito *ex tunc* e *inter partes* e a resolução do Senado Federal com efeito *ex nunc* e *erga omnes*".[85] Todavia, a jurisprudência do Supremo Tribunal Federal é prevalecente em sentido contrário: "a suspensão da vigência da lei ou ato normativo por inconstitucionalidade torna sem efeito todos os atos praticados sob o império da lei inconstitucional".[86]

Sobre a extensão aos pronunciamentos de inconstitucionalidade no controle difuso, pela via de exceção, da eficácia *erga omnes* e vinculante, independentemente da suspensão de execução da lei ou ato normativo pelo Senado Federal, a questão do *redimensionamento da vinculatividade das decisões do Supremo Tribunal Federal* não é imune ao debate.

---

80 MENDES, Gilmar Ferreira. Ob. cit., p. 209.

81 CLÈVE, Clèmerson Merlin. Ob. cit., p. 122.

82 VELOSO, Zeno. Ob. cit., p. 60.

83 SILVA, Paulo Napoleão Nogueira da. Ob. cit., p. 111.

84 CAETANO, Marcello. Ob. cit., p. 275.

85 SILVA, José Afonso da. *O Controle de Constitucionalidade das Leis no Brasil* in *La Jurisdicción Constitucional en Iberoamérica*. Madrid: Dykinson, 1997, p. 402-403.

86 STF, MS nº 17.976, Rel. Min. Amaral Santos, j. 13.9.1968, *DJU* 26.9.1969.

Daniel Bijos Faidiga,[87] **Izaias José de Santana,**[88] **Dirley da Cunha Júnior,**[89] **Fredie Didier Júnior,**[90] **Zeno Veloso,**[91] **Marcelo Buliani Bolzan**[92] e **Luiz Flávio Gomes**[93] pleiteiam que a norma veiculada pelo art. 52, inc. X, é objeto de mutação constitucional, de forma a possibilitar que as declarações de inconstitucionalidade do Plenário do Supremo Tribunal Federal, em sede de controle concreto, quando a validade de lei ou ato normativo houver sido discutida em tese, sejam recobertas de efeito *erga omnes* e vinculante, limitando-se o Senado Federal a publicar a decisão no Diário do Congresso Nacional, pelo fio de três argumentações. Primeira: enfraquecimento do controle difuso-incidental, em proveito do controle concentrado-principal, no qual todas as controvérsias judiciais relevantes sobre a aplicação de disposições legais, por iniciativa de legitimados ativos, concorrentes e disjuntivos, podem ser levadas ao conhecimento do Supremo Tribunal Federal que, inclusive, dispõe de competência para suspender liminarmente a eficácia de leis ou atos normativos. Segunda: a suspensão de execução não se aplica às decisões de não recepção de normas pré-constitucionais, bem assim às técnicas de decisão no controle de constitucionalidade, nas quais o Supremo Tribunal Federal, embora não promova a declaração de inconstitucionalidade de leis ou atos normativos, fixa a interpretação constitucionalmente adequada ou correta em "decisões de calibragem", tal como se dá na interpretação conforme a Constituição e declaração parcial de inconstitucionalidade sem redução de texto e sem pronúncia de nulidade. Terceira: o cabimento da arguição de inconstitucionalidade de leis ou atos normativos nas ações coletivas demonstraria a inutilidade da suspensão de execução no controle de constitucionalidade coletivo, tendo em vista que o provimento judicial de tutela coletiva poderia ser revestido, por si só, de efeito *erga omnes*.[94] Similarmente ao art. 31, nº 2, da

---

87 FAIDIGA, Daniel Bijos. *Efeito Vinculante e Declaração Incidental de Inconstitucionalidade*. Curitiba: Juruá, 2008, p. 146-148.

88 SANTANA, Izaias José de. *Controle Concreto de Constitucionalidade: efeitos das decisões e vinculação do Poder Judiciário*. Porto Alegre: Sérgio Antônio Fabris, 2008, p. 146-147.

89 CUNHA JÚNIOR, Dirley da. *O Princípio do "Stare Decisis" e a Decisão do Supremo Tribunal Federal no Controle Difuso de Constitucionalidade* in *Leituras Complementares de Direito Constitucional: controle de constitucionalidade*. Salvador: JusPodivm, 2007, p. 73-97.

90 DIDIER JÚNIOR, Fredie. *O Recurso Extraordinário e a Transformação do Controle Difuso de Constitucionalidade no Direito Brasileiro* in *Constituição, Jurisdição e Processo*. Porto Alegre: Notadez, 2007, p. 329-345.

91 VELOSO, Zeno. *O Senado Precisa ser Retirado do Controle Difuso de Constitucionalidade* in *Cadernos de Direito*, nº 9, 2005, p. 172-175.

92 BOLZAN, Marcelo Buliani. *A Evolução do Controle Incidental de Constitucionalidade* in *Revista Brasileira de Estudos Constitucionais*, nº 4, 2007, p. 148.

93 GOMES, Luiz Flávio. *Efeitos do Controle de Constitucionalidade Difuso Abstrativizado* in *Consulex*, nº 221, 2006, p. 47.

94 Noutro momento, a extensão aos pronunciamentos de inconstitucionalidade no controle difuso, pela via de exceção, da eficácia *erga omnes* e vinculante, independentemente da suspensão de execução da lei ou ato normativo pelo Senado Federal, foi referendada por Carlos Alberto Lúcio Bittencourt, para quem "o objetivo do art. 45, inc. IV – a referência diz respeito à Constituição de 1967, com a Emenda nº 1 de 1969 – é apenas tornar pública a decisão do tribunal, levando-a ao conhecimento de todos os cidadãos. Dizer que o Senado Federal 'suspende a execução' da lei inconstitucional é, positivamente, impropriedade técnica, uma vez que o ato normativo, sendo 'inexistente' ou 'ineficaz', não pode ter suspensa a sua execução". BITTENCOURT, Carlos Alberto Lúcio. Ob. cit., p. 145-146.

Lei Orgânica do Tribunal Constitucional Federal alemão,[95] o Ministro **Gilmar Ferreira Mendes** postula que "hodiernamente, a fórmula relativa à suspensão de execução da lei pelo Senado Federal há de ter simples efeito de publicidade. Se o Supremo Tribunal Federal, no exercício do controle concreto, chegar à conclusão, de modo definitivo, de que a lei ou ato normativo é inconstitucional, esta decisão terá efeitos gerais, fazendo-se a comunicação ao Senado Federal para que este publique a decisão no Diário do Congresso. Tal como assente, não é (mais) a decisão do Senado Federal que confere eficácia geral ao julgamento do Supremo Tribunal Federal. A própria decisão da Corte contém essa força normativa".[96]

Lenio Luiz Streck, Marcelo Andrade Cattoni de Oliveira, Martonio Mont'Alverne Barreto Lima,[97] **Glauco Salomão Leite,**[98] **Marcelo Lamy,**[99] **Dimitri Dimoulis** e **Soraya Regina Gasparetto Lunardi**[100] propõem que a releitura do papel do Senado Federal traduziria uma usurpação de competência reformadora pelo Poder Judiciário, por força de três argumentos. Primeiro: a jurisdição constitucional teria ultrapassado as possibilidades semânticas do texto constitucional, resultando em inovação não comportada pelo art. 52, inc. X. Segundo: o precedente obrigatório importaria em violação dos princípios da separação dos poderes, devido processo legal, ampla defesa e contraditório, ao diminuir as atribuições do Senado Federal à de um órgão de divulgação intralegislativa dos acórdãos do Supremo Tribunal Federal, cujos efeitos poderão alcançar pessoas que não tiveram garantida a sua participação nos processos de tomada das decisões que as atingirão. Terceiro: a impossibilidade jurídica da declaração incidental de inconstitucionalidade com efeito *erga omnes* e vinculante seria demonstrada pelos pressupostos materiais da produção sumular. Como a aprovação, revisão ou cancelamento dos enunciados ou verbetes da Súmula Vinculante da Jurisprudência Predominante do Supremo Tribunal Federal é subordinada à reiteração de decisões sobre matéria constitucional, os pronunciamentos

---

95 Lei Orgânica do Tribunal Constitucional Federal, art. 31, nº 2: "Nos casos previstos no art. 13, nºs 6, 11, 12 e 14, a decisão do Tribunal tem força de lei. Isso vale também nos casos do art. 13, nº 8, quando o Tribunal declara uma lei compatível ou incompatível com a Lei Orgânica ou nula. Se uma lei for declarada compatível ou incompatível com a Lei Orgânica ou com direito federal, ou for declarada nula, dispositivo da decisão deverá ser publicado pelo Ministério da Justiça no Diário Oficial. O mesmo vale para os dispositivos de decisão dos casos do art. 13, nºs 12 e 14". Disponível em: <http://www.bundesverfassungsgericht.de>. Acesso em: 30.6.2009.

96 MENDES, Gilmar Ferreira. *O Papel do Senado Federal no Controle de Constitucionalidade*: *um caso clássico de mutação constitucional* in *Revista de Informação Legislativa*, nº 162, 2004, p. 149-168. V., também, do mesmo autor: *Die abstrakte Normenkontrolle vor dem Bundesverfassungsgericht und vor dem brasilianischen Supremo Tribunal Federal*. Berlin: Duncker & Humblot, 1991, p. 131-132.

97 STRECK, Lenio Luiz; OLIVEIRA, Marcelo Andrade Cattoni de; LIMA, Martonio Mont'Alverne Barreto. *A Nova Perspectiva do Supremo Tribunal Federal Sobre o Controle Difuso*: *mutação constitucional e limites da legitimidade da jurisdição constitucional* in *Constitucionalismo*: *os desafios do terceiro milênio*. Belo Horizonte: Fórum, 2008, p. 353-384.

98 LEITE, Glauco Salomão. *A Extensão da Eficácia "Erga Omnes" e do Efeito Vinculante às Decisões de Inconstitucionalidade em Controle Difuso pelo Supremo Tribunal Federal*: *hipótese de mutação (in) constitucional* in *Constituição e Efetividade Constitucional*. Salvador: JusPodivm, 2008, p. 1-20.

99 LAMY, Marcelo. *Generalização dos Efeitos da Decisão de Inconstitucionalidade* in *Cadernos Interdisciplinares Luso-Brasileiros*, nº 1, 2006, p. 145.

100 DIMOULIS, Dimitri; LUNARDI, Soraya Regina Gasparetto. *Efeito Transcendente, Mutação Constitucional e Reconfiguração do Controle de Constitucionalidade no Brasil* in *Revista Brasileira de Estudos Constitucionais*, nº 5, 2008, p. 225, 233 e 235-236.

de inconstitucionalidade no controle difuso, pela via de exceção, à toda evidência, não poderiam ser dotados de força normativa.[101] Semelhantemente ao art. 18, nº 2, da Lei Orgânica do Conselho Constitucional francês,[102] o Ministro **Joaquim Benedito Barbosa Gomes** pugna que "tradicionalmente, os efeitos das decisões se limitam, em princípio, às partes em litígio, a ab-rogação formal da lei não tem lugar senão depois da intervenção do Senado. A intervenção do Senado é quase automática, e inclina-se muito facilmente às decisões da Corte. Quanto às decisões proferidas em sede de controle dos atos infralegislativos, elas produzem efeito *erga omnes* desde a sua publicação, porque de acordo com a Constituição a Corte não tem a obrigação de comunicá-la ao Senado Federal".[103]

Temos o entendimento de que a decisão que porventura viesse a ser tomada pelo Supremo Tribunal Federal deveria levar em consideração os balizamentos impostos pelo constituinte derivado no art. 103-A da CRFB, introduzido pela Emenda Constitucional nº 45/04, e pelo legislador ordinário no art. 2º, *caput*, §§ 1º, 3º e 4º, da Lei de Súmula Vinculante. Não é suficiente uma decisão colegiada que ponha termo ao processo de reclamação constitucional de que cogitamos, como postulam os defensores da tese da mutação constitucional, para que a mudança da Constituição, formal ou tácita, seja levada a efeito.[104] Nem é preciso uma emenda à Constituição que revogue o art. 52, inc. X,

---

101 Noutro tempo, a extensão aos pronunciamentos de inconstitucionalidade no controle difuso, pela via de exceção, da eficácia *erga omnes* e vinculante, independentemente da suspensão de execução da lei ou ato normativo pelo Senado Federal, foi refutada por Oswaldo Aranha Bandeira de Mello, para quem "Carlos Alberto Lúcio Bittencourt se manifestou favorável à tese da obrigatoriedade da decisão definitiva de inconstitucionalidade do Supremo Tribunal Federal, para outros Juízos e Tribunais e os outros poderes governamentais. Mas não vingou por não encontrar apoio no nosso costume constitucional, na falta de texto expresso a respeito. O Senado Federal apenas cassa a lei, que deixa de obrigar, e, assim, perde a sua executoriedade porque, dessa data em diante, a revoga simplesmente". MELLO, Oswaldo Aranha Bandeira de. Ob. cit., p. 183 e 211.

102 Lei Orgânica do Conselho Constitucional, art. 18, nº 2: "O Conselho Constitucional, em conformidade com os arts. 54 e 61, nº 2, da Constituição da França, deve notificar imediatamente o Presidente da República, o Primeiro Ministro e os Presidentes da Assembleia Nacional e do Senado. Estes últimos deverão informar os membros das assembleias". Disponível em: <http://www.conseilconstitutionnel.fr>. Acesso em: 30.6.2009.

103 GOMES, Joaquim Benedito Barbosa. *La Cour Suprême dans le Système Politique Brésilien*. Paris: Librairie Générale de Droit et de Jurisprudence, 1994, p. 104-105. V., também, do mesmo autor: *Evolução do Controle de Constitucionalidade de Tipo Francês* in *Revista de Informação Legislativa*, nº 158, 2003, p. 97-125.

104 A autoridade da decisão proferida no *habeas corpus* nº 82.959, que gira em torno da progressibilidade do regime prisional nos crimes hediondos, foi sujeita à cognição do Supremo Tribunal Federal na reclamação constitucional nº 4.335. O Ministro Eros Roberto Grau defendeu a tese da mutação constitucional, acompanhando o voto do relator, Ministro Gilmar Ferreira Mendes, "no sentido de que, pelo art. 52, inc. X, da CRFB, ao Senado Federal está atribuída competência apenas para dar publicidade à suspensão da execução de lei declarada inconstitucional, no todo ou em parte, por decisão definitiva do Supremo Tribunal Federal, haja vista que essa decisão contém força normativa bastante para suspender a execução da lei". Em divergência, o Ministro José Paulo Sepúlveda Pertence fomentou a tese da reforma constitucional, no que foi seguido pelos Ministros Joaquim Benedito Barbosa Gomes, Enrique Ricardo Lewandowski, Teori Albino Zavascki, Luís Roberto Barroso, Rosa Maria Weber Candiota da Rosa, Marco Aurélio Mendes de Farias Mello e José Celso de Mello Filho. "Aduziram, no ponto, que a Emenda Constitucional nº 45/04 dotou o Supremo Tribunal Federal de um poder que, praticamente, sem reduzir o Senado Federal a um órgão de publicidade de suas decisões, dispensaria essa

sobre o qual comentamos, como pugnam os defensores da tese da reforma constitucional, para que a intervenção do Senado Federal no processo de controle de constitucionalidade possa ser racionalizada.[105] O único dispositivo constitucional que possibilitou a obtenção da força normativa no controle concreto de constitucionalidade de leis e de atos normativos cuida dos enunciados ou verbetes da súmula da jurisprudência com eficácia vinculante, desde que satisfeitos os pressupostos da relevante multiplicação de processos acerca de questão idêntica, reiteradas decisões sobre matéria constitucional, controvérsia atual e grave insegurança jurídica, bem como os requisitos da iniciativa de legitimado ativo enumerado no art. 3º, incs. I a XI, e § 1º, da Lei nº 11.417/06, ressalvada a possibilidade de produção sumular de ofício, aprovação pelo voto de dois terços dos magistrados constitucionais e publicação pela Imprensa Oficial da União. Nesse sentido, a Corte deveria se valer da súmula vinculante caso decidisse pela extensão aos pronunciamentos de inconstitucionalidade no controle difuso, pela via incidental, da força normativa, típica do controle concentrado, pela via principal, independentemente da suspensão de execução de lei ou de ato normativo pelo Senado Federal, sob pena de se incorrer em mutação constitucional que resulte em negativa de vigência de regras e princípios da Constituição, tais como os da divisão dos poderes e da segurança jurídica, que sequer poderiam ter os seus núcleos essenciais afetados por reforma constitucional.[106] Não obstante, o Supremo Tribunal Federal "entendeu ser necessário, a fim de evitar anomias e fragmentação da unidade, equalizar a decisão que se toma tanto em sede de controle abstrato quanto em sede de controle incidental", tendo deliberado que "a Corte comunica ao Senado Federal a declaração de inconstitucionalidade, para que ele faça a publicação, intensifique a publicidade".[107, 108]

---

intervenção, qual seja, o instituto da súmula vinculante". Constatando a ocorrência de fato superveniente - a edição da súmula vinculante nº 26 -, o Tribunal, por maioria, houve por bem conhecer e julgar procedente a reclamação constitucional. Disponível em: <http://www.stf.gov.br>. Acesso em: 15.11.2014.

105 A Proposta de Emenda à Constituição nº 130/92, que já tramitou na Câmara dos Deputados, poderia ter resultado na supressão do "inc. X do art. 52", e a Proposta de Emenda à Constituição nº 11/08, que não mais tramita no Senado Federal, poderia ter revogado o "inc. X do art. 52 (suspensão da execução de lei ou ato normativo declarado inconstitucional por decisão definitiva do Supremo Tribunal Federal)". Disponíveis em: <http://www.camara.gov.br> e <http://www.senado.gov.br>. Acessos em: 15.10.2018.

106 A título de informação, a última suspensão de execução de que se tem notícia se deu pela Resolução SF nº 5, de 15 de fevereiro de 2012, que suspendeu a execução da expressão "vedada a conversão em penas restritivas de direitos", constante do art. 33, § 4º, da Lei nº 11.343, de 23 de agosto de 2006, declarada inconstitucional por decisão definitiva do Supremo Tribunal Federal nos autos do *habeas corpus* nº 97.256. Disponível em: <http://www.planalto.gov.br>. Acesso em: 15.10.2012.

107 A decisão foi prolatada na Ação Direta de Inconstitucionalidade nº 3.406. Na sessão de 29 de novembro de 2017, o Supremo Tribunal Federal, por maioria, vencido o Ministro Marco Aurélio Mendes de Farias Mello, então, declarou incidentalmente, com efeito *erga omnes* e vinculante, a inconstitucionalidade do art. 2º da Lei nº 9.055, de 1º de junho de 1995, que permite a extração, industrialização, utilização, comercialização e transporte do amianto e dos produtos que o contenham. Disponível em: <http://www.stf.gov.br>. Acesso em: 15.10.2018.

108 Para o estudo da súmula vinculante, v.: Capítulo 28, Item 3.6.

6.3 Coisa julgada

A declaração incidental de inconstitucionalidade **não** é revestida pela autoridade da **coisa julgada material**, pois a imutabilidade do conteúdo do pronunciamento jurisdicional contra o qual não é cabível nenhum recurso é objetivamente limitado à questão principal, não sendo alcançada a questão prejudicial consistente na constitucionalidade da norma sujeita ao controle de constitucionalidade concreto, podendo a questão constitucional ser rediscutida em outro processo.[109]

Cabe afirmar, quanto à *ação declaratória incidental*, que o objeto do processo de controle de constitucionalidade difuso é insuscetível de ampliação pela demanda de declaração incidente, porque a questão constitucional não pode ser decidida como questão principal, previamente a esta, com o fim de ser alcançada pela autoridade da coisa julgada material, sob pena de a ação declaratória incidental ser empregada como sucedâneo da ação direta de inconstitucionalidade, com infringência da legitimação ativa – na medida em que a parte pode não dispor da iniciativa para instaurar o processo de controle de constitucionalidade abstrato – e da competência de juízo –, uma vez que a competência para julgar a questão constitucional como objeto do processo de controle de constitucionalidade concentrado é do Supremo Tribunal Federal ou Tribunal de Justiça – em contrariedade aos arts. 5º e 325. Na doutrina, **Humberto Dalla Bernardina de Pinho** questiona: "pode a parte interessada solicitar ao juiz que decida a questão relativa à inconstitucionalidade, na forma do art. 470, servindo-se da ação declaratória incidental contemplada nos arts. 5º e 325? A resposta para tal indagação é, a nosso ver, invariavelmente negativa. Isto se dá, basicamente por duas razões. A razão de ordem lógica consiste no fato de que a própria sistemática do controle difuso exclui a possibilidade da ação declaratória incidental, pois caso fosse tal hipótese admitida, acabaríamos por ter um controle pela via principal, eis que a questão prejudicial seria decidida junto como mérito, passando a integrá-lo, para efeitos de decisão e coisa julgada. A razão de ordem processual reside em impedimento que nos é apresentado pelo próprio legislador, pois um dos requisitos para que a questão prejudicial seja julgada e integrada ao mérito é que o juiz possua competência em razão da matéria para analisá-la, sendo cediço que apenas o Supremo Tribunal Federal, nas questões que ofendem a Carta Magna, e o Tribunal de Justiça local, para aquelas contrárias à Carta Estadual, têm competência *ratione materiae* para examinar tais matérias *principaliter*".[110] Na jurisprudência, o Supremo Tribunal Federal deixou assentado que "o controle de constitucionalidade por via incidental se impõe toda vez que a decisão da causa o reclame, não podendo o juiz julgá-la com base em lei que tenha por inconstitucional, senão declará-la em prejudicial, para ir ao objeto do pedido".[111]

Vale ressaltar, quanto à *ação rescisória*, que o provimento final, desde que transitado em julgado e formado com inobservância do princípio da reserva de plenário, em virtude da declaração pelo órgão fracionário do tribunal exercente do controle de constitucionalidade incidental, não tendo sido a arguição submetida ao plenário ou

---

109 GRINOVER, Ada Pellegrini. Ob. cit., p. 154-155.

110 PINHO, Humberto Dalla Bernardina de. *A Inconstitucionalidade como Questão Prejudicial no Controle Difuso Incidental da Constitucionalidade das Leis perante Órgãos Jurisdicionais de Primeira Instância*. Disponível em: <http://www.femperj.org.br>. Acesso em: 8.1.2001.

111 STF, RE nº 89.553, Rel. Min. Rafael Mayer, j. 24.3.1981, *DJU* 22.4.1981.

órgão especial e não havendo pronunciamento anterior do plenário ou órgão especial do mesmo tribunal ou do plenário do Supremo Tribunal Federal, é impugnável mediante ação rescisória, em conformidade com o art. 966, inc. V, do CPC. Na doutrina, **José Carlos Barbosa Moreira** repisa: "o acórdão fica viciado por *error in procedendo*, consistente na inobservância da sistemática imposta pela norma do art. 97 da CRFB, a cuja luz nenhum órgão fracionário de tribunal pode declarar, mesmo *incidenter tantum*, a inconstitucionalidade de lei ou ato normativo, mas deve submeter ao plenário (ou ao órgão especial) qualquer arguição que nesse sentido se faça, seja quem for que a suscite. O vício torna rescindível o acórdão; não o tornando nulo de pleno direito. Não proposta a ação rescisória, e esgotado o biênio, a decisão, apesar do vício, já não comporta desconstituição por meio algum".[112] Na jurisprudência, o Supremo Tribunal Federal deixou consignado que "a nulidade da decisão judicial transitada em julgado só pode ser declarada por via de ação rescisória".[113]

Acesse o
MATERIAL SUPLEMENTAR

Entre no Ambiente de Aprendizagem através das instruções contidas na orelha deste livro e acesse os conteúdos exclusivos desta edição:
- Atualizações legislativas mensais.
- Questões de prova interativas.
- Esquemas.

[112] MOREIRA, José Carlos Barbosa. *Direito Aplicado*. v. II. Rio de Janeiro: Forense, 2000, p. 245.

[113] STF, MS nº 17.976, Rel. Min. Amaral Santos, j. 13.9.1968, *DJU* 26.9.1969.

Capítulo 34

AÇÃO DIRETA DE INCONSTITUCIONALIDADE

Acesse e assista à aula explicativa sobre este assunto.

> *https://uqr.to/14uh0*

1 CONCEITO

A ação direta de inconstitucionalidade, *ad instar* arts. 102, inc. I, *a* e *p*, 103, *caput*, §§ 1º e 3º, e 129, inc. IV, da CRFB, como também arts. 2º a 12 e 22 a 28 da Lei nº 9.868/99, é dirigida à **impugnação de lei ou ato normativo federal ou estadual em face da Constituição federal**.

A ação direta de inconstitucionalidade deflagra a *jurisdição* constitucional orgânica, e não a jurisdição constitucional das liberdades, na medida em que tutela a validade das leis e atos normativos.[1]

A ação direta de inconstitucionalidade instaura o *processo* de controle abstrato, e não o processo de controle concreto, uma vez que a validade das leis e atos normativos é aferida em tese.[2]

O objeto da *ação* direta de inconstitucionalidade é elidir a presunção relativa de constitucionalidade, por meio da suspensão da eficácia da norma cuja invalidade é declarada pelo Supremo Tribunal Federal, da lei ou ato normativo impugnado.[3]

2 NATUREZA JURÍDICA

A natureza jurídica do processo de controle abstrato ou principal, pelo qual é exercida a jurisdição constitucional orgânica e formado pela ação direta de inconstitucionalidade, é a de **processo objetivo**. A respeito, o processo subjetivo, imanente ao controle de constitucionalidade difuso, pela via de exceção, não se confunde com o processo objetivo, inerente ao controle de constitucionalidade concentrado, pela via de ação direta, de acordo com cinco critérios.

---

1 TAVARES, André Ramos. *Tribunal e Jurisdição Constitucional*. São Paulo: Celso Bastos, 1998, p. 109.

2 BARACHO, José Alfredo de Oliveira. *Processo Constitucional*. Rio de Janeiro: Forense, 1984, p. 109.

3 MENDES, Gilmar Ferreira. *Direitos Fundamentais e Controle de Constitucionalidade: estudos de Direito Constitucional*. São Paulo: Celso Bastos, 1998, p. 321.

Lide: no processo subjetivo, pode haver litígio, de arte que a lide é categoria acidental do processo deflagrado pela via de exceção, e, no processo objetivo, não há litígio, de molde que a lide é categoria inexistente no processo desencadeado pela via de ação direta.

Partes: no processo subjetivo, há partes individualizadas, dado que a ação é proposta pelo demandante em face do demandado, enquanto no processo objetivo há uma parte individualizada, eis que a ação é proposta pelo requerente contra a lei ou ato normativo.

Objeto: no processo subjetivo, há a afirmação da existência, realização prática ou asseguramento da efetividade, em concreto, do direito material deduzido em juízo ou tribunal, ao inverso do processo objetivo, no qual há a aferição, em abstrato, da constitucionalidade da lei ou ato normativo.

Eficácia: no processo subjetivo, a decisão de inconstitucionalidade, até a suspensão da execução, por parte do Senado Federal, da lei ou ato normativo, opera efeitos *inter partes*, enquanto no processo objetivo a decisão de inconstitucionalidade, desde a sua prolatação pelo Supremo Tribunal Federal, opera efeitos *erga omnes* e vinculante.

Finalidade: no processo subjetivo, o desiderato é tutelar judicialmente direitos subjetivos, posto que estão em jogo interesses individuais ou metaindividuais, próprios ou alheios, e, no processo objetivo, o fim é tutelar jurisdicionalmente direito objetivo, visto que está em jogo interesse público na proteção do ordenamento jurídico.[4]

Outrossim, a natureza objetiva do processo de controle de constitucionalidade abstrato produz dez consequências processuais.

Interesse processual: alguns legitimados ativos prescindem da demonstração de pertinência temática, para efeito de ação direta de inconstitucionalidade, já que o interesse processual decorre de suas próprias atribuições institucionais, à luz do art. 2º, incs. I, II, III, VI, VII e VIII, da Lei nº 9.868/99. "Determinados legitimados para propor ação direta de inconstitucionalidade não têm de preencher o requisito objetivo da relação de pertinência entre o interesse específico para cuja defesa essas autoridades, órgãos ou entidades são constituídas e o ato normativo que é arguido como inconstitucional."[5]

Capacidade postulatória: certos legitimados ativos dispõem de capacidade postulatória, para fins de ação direta de inconstitucionalidade, a despeito de inabilitação legal, a propósito do art. 2º, incs. I, II, III, IV, V, VI e VII, da Lei nº 9.868/99. "Determinadas autoridades, órgãos e entidades, além de ativamente legitimados à instauração do controle concentrado de constitucionalidade das leis e atos normativos federais e estaduais, mediante ajuizamento da ação direta de inconstitucionalidade perante o Supremo Tribunal

---

4 Sobre a natureza jurídica do processo de controle abstrato ou principal, na doutrina brasileira, v.: MENDES, Gilmar Ferreira. *Controle de Constitucionalidade: aspectos jurídicos e políticos*. São Paulo: Saraiva, 1990, p. 249-261; na doutrina alemã, v.: STARCK, Christian et al. *Bundesverfassungsgericht und Grundgesetz*. v. I. Tübingen: Mohr, 1976, p. 296-310; na doutrina italiana, v.: CAPPELLETTI, Mauro. *Il Controllo Giudiziario di Costituzionalità delle Leggi nel Diritto Comparato*. Milano: Giuffrè, 1968, p. 104-108; na doutrina espanhola, v.: ENTERRÍA, Eduardo García de. *La Constitución y el Tribunal Constitucional*. 2ª ed. Madrid: Tecnos, 1981, p. 103; na doutrina norte-americana, v.: SULLIVAN, Kathleen et al. *Constitutional Law*. 13ª ed. New York: The Foundation, 1997, p. 68, e, na doutrina portuguesa, v.: CANAS, Vitalino. *Os Processos de Fiscalização da Constitucionalidade e da Legalidade pelo Tribunal Constitucional – Natureza e Princípios Estruturantes*. Coimbra: Coimbra Editora, 1986, p. 87-89.

5 STF, ADIn nº 913, Rel. Min. Moreira Alves, j. 18.8.1993, *DJU* 5.5.1995.

Federal, possuem capacidade processual plena. Podem, enquanto ostentarem aquela condição, praticar quaisquer atos ordinariamente privativos de advogado."[6]

Desistência: não é possível a disposição sobre o pedido veiculado na ação direta de inconstitucionalidade, sendo inadmissível a desistência, inclusive da medida cautelar, com espeque no art. 5º da Lei nº 9.868/99. "Instaurado o processo de controle normativo abstrato perante o Supremo Tribunal Federal, não mais assiste ao autor qualquer poder de disposição sobre a ação direta de inconstitucionalidade. Por conseguinte, não lhe será lícito requerer a desistência de ação direta já ajuizada,"[7] e "o princípio da indisponibilidade, que rege o processo de controle normativo abstrato, impede que o autor da ação direta de inconstitucionalidade venha a desistir do pedido de medida cautelar por ele eventualmente formulado".[8]

Litisconsórcio: a formação de litisconsórcio, no polo passivo da relação jurídica-processual deflagrada pela ação direta de inconstitucionalidade, é restrita às autoridades ou órgãos estatais dos quais emanou a lei ou ato normativo impugnado, com esteio no art. 6º da Lei nº 9.868/99. "Não há lugar para ingresso, na relação processual, de particular voltado à defesa de interesse subjetivo, sendo restrita às autoridades ou órgãos estatais dos quais emanou a lei ou ato normativo impugnado, a formação litisconsorcial passiva nas ações diretas de inconstitucionalidade."[9]

Intervenção de terceiros: não é permitida a intervenção de terceiros, por meio da assistência, oposição, nomeação à autoria, denunciação da lide, chamamento ao processo e recurso de terceiro prejudicado, embora seja admissível a existência de *amicus curiae*, em atenção ao art. 7º da Lei nº 9.868/99. "A figura do terceiro interessado não tem sido admitida no processo de controle normativo abstrato, cuide-se de intervenção *ad excludendum*, trate-se de intervenção *ad coadjuvandum*",[10] "apesar da possibilidade de ingresso formal de entidade dotada de representatividade adequada no processo de controle abstrato de constitucionalidade".[11]

Contraditório: o princípio do contraditório, no processo instaurado em virtude do exercício da ação direta de inconstitucionalidade, é atendido pelo oferecimento de informações pela autoridade, órgão ou entidade da qual emanou a lei ou ato normativo impugnado, assim como pela atuação processual do Advogado-Geral da União, na qualidade de curador da presunção de constitucionalidade, com fundamento no art. 8º da Lei nº 9.868/99. "O postulado do contraditório, no processo de controle abstrato de constitucionalidade, vê-se atendido com a possibilidade do órgão estatal defender, objetivamente, o próprio ato que editou, e, também, com a intervenção do Advogado-Geral da União, que, em atuação processual plenamente vinculada, deve assumir, na condição de garante e curador da presunção de constitucionalidade, a defesa irrestrita da validade jurídica da norma impugnada."[12]

---

6 STF, ADIn nº 127, Rel. Min. Celso de Mello, j. 20.11.1989, *DJU* 4.12.1992.

7 STF, ADIn nº 1.971, Rel. Min. Celso de Mello, j. 25.6.1999, *DJU* 2.8.1999.

8 STF, ADIn nº 892, Rel. Min. Celso de Mello, j. 27.10.1994, *DJU* 7.11.1997.

9 STF, ADIn nº 1.286, Rel. Min. Ilmar Galvão, j. 6.9.1995, *DJU* 6.10.1995.

10 STF, ADIn nº 1.350, Rel. Min. Celso de Mello, j. 27.6.1996, *DJU* 7.7.1996.

11 STF, ADIn nº 2.321, Rel. Min. Celso de Mello, j. 11.10.2000, *DJU* 19.10.2000.

12 STF, ADIn nº 1.434, Rel. Min. Celso de Mello, j. 29.8.1996, *DJU* 22.11.1996.

Dilação probatória: o processo de controle abstrato de constitucionalidade não possui dilação probatória, razão pela qual a perícia é restrita à matéria jurídica, não compreendendo a matéria fática, que envolva conceito jurídico indeterminado, com fulcro no art. 9º da Lei nº 9.868/99. "O Supremo Tribunal Federal tem orientação assentada no sentido da impossibilidade de controle abstrato da constitucionalidade de lei, quando, para o deslinde da questão, se mostra indispensável o exame de matéria de fato."[13]

Suspeição e impedimento: não é admissível a *recusatio iudicis*, mediante arguição de suspeição ou oposição de impedimento, ressalvada a hipótese de Ministro do Supremo Tribunal Federal que, na qualidade de Procurador-Geral da República, tenha recusado representação para propor ação direta de inconstitucionalidade, à vista do art. 22 da Lei nº 9.868/99. "A exceção de suspeição é incabível no âmbito do processo objetivo de controle normativo abstrato de constitucionalidade"[14] e "nos julgamentos das ações diretas de inconstitucionalidade não está impedido o Ministro que, na condição de Ministro de Estado, haja referendado a lei ou ato normativo objeto da ação, porém está impedido o Ministro que, na condição de Procurador-Geral da República, haja recusado representação para ajuizar ação direta de inconstitucionalidade."[15]

Ação rescisória: não é cabível a ação rescisória contra decisão de inconstitucionalidade revestida pela coisa julgada material, a teor do art. 26 da Lei nº 9.868/99. "Não cabe ação rescisória contra decisão de declaração de inconstitucionalidade de lei em tese, falecendo legitimidade ao particular para intentá-la."[16]

Prazo processual: não se aplica o benefício da contagem em dobro do prazo processual para a Fazenda Pública e o Ministério Público, "mesmo que seja para interposição de recurso extraordinário em processo de fiscalização normativa abstrata".[17]

Pelo fio do exposto, de um lado, "o controle normativo de constitucionalidade qualifica-se como típico processo de caráter objetivo, vocacionado exclusivamente à defesa, em tese, da harmonia do sistema constitucional. A instauração desse processo objetivo tem por função instrumental viabilizar o julgamento da validade abstrata do ato estatal em face da Constituição da República". De outro lado, "o exame de relações jurídicas concretas e individuais constitui matéria juridicamente estranha ao domínio do processo de controle concentrado de constitucionalidade. A tutela jurisdicional de situações individuais, suscitada a controvérsia de índole constitucional, há de ser obtida na via do controle difuso de constitucionalidade, que, supondo a existência de um caso concreto, revela-se acessível a qualquer pessoa que disponha de interesse e legitimidade."[18]

3 CABIMENTO

A ação direta de inconstitucionalidade, como prescreve o art. 102, inc. I, *a*, *initio*, da CRFB, é cabível para a impugnação de lei ou ato normativo federal ou estadual em face da Constituição federal.

---

13 STF, ADIn nº 1.286, Rel. Min. Ilmar Galvão, j. 7.2.1996, *DJU* 6.9.1996.

14 STF, ADIn nº 1.354, Rel. Min. Maurício Corrêa, j. 7.2.1996, *DJU* 15.2.1996.

15 STF, ADIn nº 55, Rel. Min. Octavio Gallotti, j. 31.5.1989, *DJU* 16.3.1990.

16 STF, AR nº 878, Rel. Min. Rafael Mayer, j. 19.3.1980, *DJU* 6.6.1980.

17 STF, ADIn nº 5.814, Rel. Min. Roberto Barroso, j. 6.2.2019, Inf. STF 929.

18 STF, ADIn nº 459, Rel. Min. Celso de Mello, j. 9.8.1999, *DJU* 1º.9.2000.

O **parâmetro** do controle de constitucionalidade abstrato consiste na *Constituição federal*, ou seja, instrumento introdutor fundamental, pelo qual são veiculadas normas constitucionais em vigor.[19]

O **objeto** do controle de constitucionalidade concentrado consiste na *lei ou ato normativo federal ou estadual*, isto é, instrumento introdutor primário, formal (lei) ou materialmente (ato normativo) legislativo, pelo qual são veiculadas normas legais, caracterizadas pela abstração (descrição de fato de possível ocorrência no futuro), generalidade (prescrição de conduta dirigida a pessoas indeterminadas) e autonomia (aptidão para produzir efeitos jurídicos próprios, independentemente de combinação com outras normas jurídicas).[20]

---

19 A Constituição Federal revogada, excepcionalmente, pode funcionar como parâmetro do controle de constitucionalidade incidental, desde que a lei ou ato normativo impugnado tenha sido produzido e a arguição de inconstitucionalidade tenha sido suscitada anteriormente à promulgação da Constituição Federal em vigor, estando a causa ou recurso pendente de julgamento. Na doutrina, Rodrigo Lopes Lourenço acentua que "só é possível utilizarem-se princípios e regras de Constituição revogada como parâmetro para verificação de constitucionalidade no método concreto, nunca no abstrato, e, ainda assim, para impugnar normas editadas antes da Constituição em vigor". Na jurisprudência, o Supremo Tribunal Federal "já firmou orientação no sentido de que a ação direta de inconstitucionalidade não é cabível quando a arguição se faz em face de Constituição já revogada". LOURENÇO, Rodrigo Lopes. *Controle de Constitucionalidade à luz da Jurisprudência do STF*. Rio de Janeiro: Forense, 1998, p. 18; STF, ADIn nº 3, Rel. Min. Moreira Alves, j. 7.2.1992, *DJU* 18.9.1992; STF, Rp. nº 1.228, Rel. Min. Octavio Gallotti, j. 9.11.1988, *DJU* 2.12.1988; STF, Rp. nº 1.286, Rel. Min. Néri da Silveira, j. 20.10.1988, *DJU* 25.11.1988; STF, Rp. nº 1.345, Rel. Min. Octavio Gallotti, j. 9.11.1988, *DJU* 2.12.1988; STF, Rp. nº 1.365, Rel. Min. Néri da Silveira, j. 17.11.1988, *DJU* 9.12.1988; STF, Rp. nº 1.373, Rel. Min. Néri da Silveira, j. 20.10.1988, *DJU* 25.11.1988; STF, Rp. nº 1.376, Rel. Min. Octavio Gallotti, j. 13.10.1988, *DJU* 11.11.1988; STF, Rp. nº 1.402, Rel. Min. Octavio Gallotti, j. 9.11.1988, *DJU* 2.12.1988; STF, Rp. nº 1.427, Rel. Min. Octavio Gallotti, j. 9.11.1988, *DJU* 2.12.1988; STF, Rp. nº 1.497, Rel. Min. Néri da Silveira, j. 17.11.1988, *DJU* 17.2.1989; STF, Rp. nº 1.500, Rel. Min. Néri da Silveira, j. 20.10.1988, *DJU* 25.11.1988; STF, Rp. nº 1.510, Rel. Min. Octavio Gallotti, j. 9.11.1988, *DJU* 2.12.1988; STF, Rp. nº 1.536, Rel. Min. Octavio Gallotti, j. 9.11.1988, *DJU* 2.12.1988; STF, Rp. nº 1.541, Rel. Min. Octavio Gallotti, j. 9.11.1988, *DJU* 2.12.1988; STF, Rp. nº 1.566, Rel. Min. Octavio Gallotti, j. 13.10.1988, *DJU* 18.11.1988; STF, Rp. nº 1.586, Rel. Min. Octavio Gallotti, j. 27.4.1989, *DJU* 9.6.1989; STF, Rp. nº 1.620, Rel. Min. Octavio Gallotti, j. 13.10.1988, *DJU* 11.11.1988, e STF, Rp. nº 1.690, Rel. Min. Octavio Gallotti, j. 13.10.1988, *DJU* 11.11.1988.

20 As leis ou atos normativos distritais, extraordinariamente, podem figurar como objeto do controle de constitucionalidade abstrato, desde que tenha sido produzido pelo Distrito Federal, no exercício de competência legislativa estadual, e não também de competência legislativa municipal. Na doutrina, Clèmerson Merlin Clève adverte que "as leis ou atos normativos distritais são impugnáveis, por via de ação direta de inconstitucionalidade, perante o Supremo Tribunal Federal, unicamente quando editados, pelo Distrito Federal, no exercício da competência legislativa estadual". Na jurisprudência, o Supremo Tribunal Federal "já assentou entendimento no sentido do descabimento da ação direta de inconstitucionalidade quando tenha por objeto leis ou atos normativos distritais fundados no exercício da competência municipal". CLÈVE, Clèmerson Merlin. *A Fiscalização Abstrata da Constitucionalidade no Direito Brasileiro*. 2ª ed. São Paulo: Revista dos Tribunais, 2000, p. 183; STF, ADIn nº 209, Rel. Min. Sydney Sanches, j. 20.5.1998, *DJU* 11.9.1998; STF, ADIn nº 1.358, Rel. Min. Gilmar Mendes, j. 4.2.2015, *DJU* 3.3.2015; STF, ADIn nº 1.587, Rel. Min. Octavio Gallotti, j. 19.6.1997, *DJU* 15.8.1997; STF, ADIn nº 1.812, Rel. Min. Ilmar Galvão, j. 17.6.1998, *DJU* 4.9.1998; STF, ADIn nº 1.832, Rel. Min. Ilmar Galvão, j. 27.5.1998, *DJU* 7.8.1998; STF, ADIn nº 6.522, Rel. Min. Cármen Lúcia, j. 17.5.2021, *DJU* 27.5.2021, e STF, ADIn nº 6.584, Rel. Min. Gilmar Mendes, j. 24.5.2021, *DJU* 2.6.2021.

Destarte, não cabe ação direta de inconstitucionalidade contra lei ou ato normativo pré-constitucional, de maneira que "é assente a jurisprudência do Supremo Tribunal Federal no sentido de não caber ação direta de inconstitucionalidade de lei ou ato normativo federal ou estadual anterior à Constituição de 1988",[21] bem como não cabe ação direta de inconstitucionalidade contra lei ou ato normativo municipal em face da Constituição federal, de sorte que, "consoante jurisprudência iterativa do Supremo Tribunal Federal, inexiste controle de constitucionalidade abstrato de lei ou ato normativo municipal frente à Constituição de 1988",[22] sem prejuízo do cabimento de arguição de descumprimento de preceito fundamental para a impugnação de leis ou atos normativos pré-constitucionais, como também de leis ou atos normativos municipais, perante a Constituição da República, em atenção ao art. 1º, parágrafo único, inc. I, *in fine*, da Lei nº 9.882/99.[23]

3.1 Emenda à Constituição

As emendas à Constituição podem figurar como objeto do controle abstrato, em concordância com os arts. 59, inc. I, e 60 da CRFB.

As normas constitucionais originárias não estão sujeitas ao controle de constitucionalidade concentrado, porquanto são produzidas no exercício do poder constituinte originário, caracterizado como ilimitado.[24] É dizer: "a tese de que há hierarquia entre normas constitucionais originárias dando azo à declaração de inconstitucionalidade de umas em face de outras é incompossível com o sistema de Constituição rígida, vez que na atual Carta Magna, compete ao Supremo Tribunal Federal, precipuamente, a guarda da Constituição, o que implica dizer que essa jurisdição lhe é atribuída para impedir que se desrespeite a Constituição como um todo, e não para, com relação a ela, exercer o papel de fiscal do poder constituinte originário, a fim de verificar se este teria, ou não,

---

21 STF, ADIn nº 847, Rel. Min. Néri da Silveira, j. 11.3.1993, *DJU* 8.4.1994. V., também: STF, ADIn nº 2, Rel. Min. Paulo Brossard, j. 6.2.1992, *DJU* 21.11.1997; STF, ADIn nº 30, Rel. Min. Marco Aurélio, j. 11.6.1997, *DJU* 15.8.1997; STF, ADIn nº 344, Rel. Min. Carlos Velloso, j. 7.2.1992, *DJU* 7.12.1995; STF, ADIn nº 409, Rel. Min. Sepúlveda Pertence, j. 13.3.2002, *DJU* 26.4.2002; STF, ADIn nº 455, Rel. Min. Octavio Gallotti, j. 18.10.1995, *DJU* 12.4.1996; STF, ADIn nº 508, Rel. Min. Sydney Sanches, j. 12.2.2003, *DJU* 23.5.2003; STF, ADIn nº 699, Rel. Min. Sydney Sanches, j. 12.2.2003, *DJU* 23.5.2003; STF, ADIn nº 992, Rel. Min. Carlos Velloso, j. 20.5.1994, *DJU* 30.5.1994; STF, ADIn nº 1.360, Rel. Min. Moreira Alves, j. 26.10.1995, *DJU* 24.11.1995, e STF, ADIn nº 1.581, Rel. Min. Moreira Alves, j. 15.4.1997, *DJU* 24.4.1997.

22 STF, ADIn nº 1.268, Rel. Min. Carlos Velloso, j. 18.4.1995, *DJU* 26.4.1995. V., também: STF, ADIn nº 1.536, Rel. Min. Marco Aurélio, j. 10.3.1997, *DJU* 10.4.1997; STF, ADIn nº 1.560, Rel. Min. Carlos Velloso, j. 21.2.1997, *DJU* 28.2.1997; STF, ADIn nº 1.784, Rel. Min. Sydney Sanches, j. 17.2.1998, *DJU* 26.2.1998; STF, ADIn nº 1.803, Rel. Min. Moreira Alves, j. 19.3.1998, *DJU* 24.4.1998; STF, ADIn nº 1.941, Rel. Min. Carlos Velloso, j. 13.1.1999, *DJU* 9.2.1999; STF, ADIn nº 2.141, Rel. Min. Celso de Mello, j. 11.2.2000, *DJU* 17.2.2000; STF, ADIn nº 2.161, Rel. Min. Maurício Corrêa, j. 8.3.2000, *DJU* 14.3.2000, e STF, ADIn nº 5.089, Rel. Min. Celso de Mello, j. 14.2.2014, *DJU* 20.2.2014.

23 BERNARDES, Juliano Taveira. *Arguição de Descumprimento de Preceito Fundamental*. Disponível em: <http://www.planalto.gov.br>. Acesso em: 29.1.2001.

24 FERREIRA FILHO, Manoel Gonçalves. *O Poder Constituinte*. 3ª ed. São Paulo: Saraiva, 1999, p. 13-14.

violado os princípios de direito suprapositivo que ele próprio havia incluído no texto da mesma Constituição".[25]

As normas constitucionais derivadas estão submetidas ao controle de constitucionalidade concentrado, conquanto são produzidas no exercício do poder constituinte derivado, caracterizado como limitado,[26] havendo duas principais hipóteses de **normas constitucionais inconstitucionais**. Uma consiste nas regras constitucionais federais, inseridas em emendas à Constituição da República, produzidas no exercício do poder constituinte derivado reformador, que desobedeçam as limitações ao poder de reforma constitucional, *ex causa* art. 60, §§ 1º a 4º.[27] Outra consiste nas regras constitucionais estaduais, insertadas em emendas à Constituição do Estado, ou não, produzidas no exercício do poder constituinte derivado decorrente, que descumpram os princípios constitucionais sensíveis, *ex iure* art. 34, inc. VII, ambos da CRFB.[28] Vale dizer: "não há dúvida de que, em face do sistema constitucional, é o Supremo Tribunal Federal competente para, em controle concentrado, examinar a constitucionalidade, ou não, de emenda à Constituição federal"[29] e a de "regra constitucional estadual, veiculada, ou não, por emenda".[30]

A toda evidência, a ação direta de inconstitucionalidade, perante o Supremo Tribunal Federal, é cabível para a impugnação de emenda à Constituição da República, em decorrência da violação dos limites ao poder de reforma constitucional, ao argumento de que "uma emenda à Constituição pode infringir, formal ou materialmente, disposições da Constituição quando não são observadas as disposições processuais prescritas para a alteração da Constituição ou quando uma emenda se propõe a alterar disposições da Constituição contrariamente à declaração de imodificabilidade destas inserta no documento constitucional".[31]

3.2 Lei complementar

As leis complementares podem funcionar como objeto do controle principal, com substrato nos arts. 59, inc. II, e 69 da CRFB.

As leis complementares são caracterizadas pela **natureza ontológico-formal**. O aspecto ontológico indica que as matérias suscetíveis de tratamento pelas leis complementares são reservadas constitucionalmente.[32] O aspecto formal indicia que o projeto de

---

25 STF, ADIn nº 815, Rel. Min. Moreira Alves, j. 1º.5.1996, Inf. STF 30. V., também: STF, ADIn nº 997, Rel. Min. Moreira Alves, j. 28.3.1996, *DJU* 30.8.1996.

26 SILVA, José Afonso da. *Poder Constituinte e Poder Popular (Estudos sobre a Constituição).* São Paulo: Malheiros, 2000, p. 244-246.

27 SAMPAIO, Nelson de Sousa. *O Poder de Reforma Constitucional.* 3ª ed. Belo Horizonte: Nova Alvorada, 1994, p. 108-114.

28 FERRAZ, Anna Cândida da Cunha. *Poder Constituinte do Estado-Membro.* São Paulo: Revista dos Tribunais, 1979, p. 177-183.

29 STF, ADIn nº 829, Rel. Min. Moreira Alves, j. 14.4.1993, *DJU* 16.9.1994.

30 STF, ADIn nº 165, Rel. Min. Sepúlveda Pertence, j. 7.8.1997, *DJU* 26.9.1997.

31 BACHOF, Otto. *Normas Constitucionais Inconstitucionais?* Coimbra: Almedina, 1994, p. 52.

32 Algumas matérias, embora o texto constitucional tenha feito referência à "lei", devem ser tratadas por lei complementar, em virtude de "insuficiência literal". Dessa forma, em matéria orçamentária, a norma do art. 194, § 4º, confrontada com a do art. 154, inc. I, e, em matéria

lei complementar é submetido a procedimento legislativo especial, devendo ser aprovado por maioria absoluta dos membros do Congresso Nacional.

O cabimento da ação direta de inconstitucionalidade contra leis complementares suscita duas questões, pertinentes à **sucessão entre lei complementar e ordinária**. A primeira é alusiva à lei ordinária produzida após a complementar, tendo aquela tratado de matéria constitucionalmente reservada a esta, de maneira que é admissível a ação direta de inconstitucionalidade para a impugnação da lei formalmente ordinária, eis que a norma legal veiculada pela lei ordinária contraria a reserva constitucional da matéria à lei complementar.[33] A segunda é atinente à lei complementar produzida após a ordinária, não tendo aquela tratado de matéria constitucionalmente reservada a ela, de sorte que é admissível a ação direta de inconstitucionalidade para a impugnação de lei formalmente complementar, já que esta deve ser considerada como lei ordinária.[34]

3.3 Lei ordinária

As leis ordinárias podem figurar como objeto do controle abstrato, em conformidade com os arts. 59, inc. III, e 64 a 67 da CRFB.

A ação direta de inconstitucionalidade é cabível para a impugnação de **leis ordinárias de vigência temporária**, enquanto mantiverem a sua existência jurídica.[35] Em concordância com a asserção *retro*, a jurisprudência do Supremo Tribunal Federal é firmada no sentido de que o advento do termo final do prazo de vigência da lei ordinária importa em prejuízo à ação direta de inconstitucionalidade, em decorrência da perda do objeto, a não ser que o julgamento tenha sido incluído em pauta antes do exaurimento da vigência da lei temporária: "o objeto do controle concentrado de constitucionalidade somente pode ser o ato estatal de conteúdo normativo, em regime de plena vigência, razão

---

tributária, as normas dos arts. 150, inc. VI, *c*, e 153, § 4º, testilhadas com a do art. 146, inc. II, devem ser reguladas por lei complementar, e não por lei ordinária. COELHO, Sacha Calmon Navarro. *O Controle da Constitucionalidade das Leis e do Poder de Tributar na Constituição de 1988*. Belo Horizonte: Del Rey, 1992, p. 396.

33 BASTOS, Celso Ribeiro. *Lei Complementar: teoria e comentários*. 2ª ed. São Paulo: Instituto Brasileiro de Direito Constitucional, 1999, p. 138-142.

34 A doutrina não é uniforme acerca dos efeitos da lei formalmente complementar. A corrente doutrinária minoritária, conforme Hugo de Brito Machado, pleiteia que, havendo superioridade hierárquica da lei complementar em relação à ordinária, a lei formalmente complementar não pode ser considerada como lei ordinária, havendo a necessidade de aprovação em votação por maioria absoluta do projeto de lei complementar revogadora. A corrente doutrinária majoritária, consoante José Souto Maior Borges, a que nos filiamos, postula que, não havendo, em princípio, superioridade hierárquica da lei complementar em relação à ordinária, a lei formalmente complementar deve ser considerada como lei ordinária, havendo a possibilidade de revogação sem a necessidade de aprovação em votação por maioria absoluta do projeto de lei ordinária revogadora, tendo o Supremo Tribunal Federal enfrentado a "questão concernente às relações entre a lei complementar e a lei ordinária. Inexistência de vínculo hierárquico-normativo. Espécies normativas que possuem campos de atuação materialmente distintos". BORGES, José Souto Maior. *Eficácia e Hierarquia da Lei Complementar* in *Revista de Direito Público*, nº 25, 1973, p. 98; MACHADO, Hugo de Brito. *Posição Hierárquica da Lei Complementar* in *Revista Dialética de Direito Tributário*, nº 14, 1996, p. 20-21, e STF, RE nº 592.148, Rel. Min. Celso de Mello, j. 25.8.2009, *DJU* 11.9.2009.

35 POLETTI, Ronaldo. *Controle da Constitucionalidade das Leis*. 2ª ed. Rio de Janeiro: Forense, 1995, p. 169.

pela qual a cessação superveniente da vigência da norma estatal impugnada em sede de ação direta de inconstitucionalidade, enquanto fato jurídico que se revela apto a gerar a extinção do processo de fiscalização abstrata, tanto pode decorrer da sua revogação pura e simples, como do exaurimento de sua vigência, tal como sucede nas hipóteses de normas legais de caráter temporário".[36]

A ação direta de inconstitucionalidade não é cabível para a impugnação de **leis ordinárias de conteúdo administrativo**, porque não revestidas de abstração e generalidade.[37] Em contrariedade com a asseveração *supra*, a jurisprudência do Supremo Tribunal Federal é fixada no sentido de que as leis ordinárias de criação de Municípios e orçamento público, embora possuam conteúdo administrativo, são suscetíveis de impugnação no controle de constitucionalidade concentrado: "ainda que não seja em si mesma uma norma jurídica, mas ato com forma de lei, que outorga *status* municipal a uma comunidade territorial, a criação de Município, pela generalidade dos efeitos que irradia, é um dado inovador, com força prospectiva, do complexo normativo em que se insere a nova unidade política, de sorte que a validade da lei criadora, em face da Lei Fundamental, pode ser questionada por ação direta de inconstitucionalidade perante a Corte Maior",[38] "que deve exercer sua função precípua de fiscalização da constitucionalidade das leis e atos normativos quando houver um tema ou controvérsia constitucional arguida em abstrato, independentemente do caráter geral ou específico, concreto ou abstrato de seu objeto. Possibilidade de submissão das normas orçamentárias ao controle de constitucionalidade principal".[39]

A ação direta de inconstitucionalidade não admite o exame de **leis ordinárias diferentes** do objeto do controle de constitucionalidade concentrado.[40] Em outros termos: "o Supremo Tribunal Federal tem orientação assentada no sentido da impossibilidade de controle abstrato da constitucionalidade de lei, quando, para o deslinde da questão, se mostra indispensável o exame do conteúdo de outras normas jurídicas infraconstitucionais".[41]

3.4 Lei delegada

As leis delegadas podem funcionar como objeto do controle concentrado, de acordo com os arts. 59, inc. IV, e 68 da CRFB.

---

36 STF, ADIn nº 612, Rel. Min. Celso de Mello, j. 3.6.1993, *DJU* 6.5.1994. V., também: STF, ADIn nº 534, Rel. Min. Celso de Mello, j. 26.8.1992, *DJU* 8.4.1994; STF, ADIn nº 636, Rel. Min. Carlos Velloso, j. 17.9.1997, *DJU* 29.9.1997; STF, ADIn nº 784, Rel. Min. Moreira Alves, j. 14.8.1997, *DJU* 26.9.1997; STF, ADIn nº 1.607, Rel. Min. Maurício Corrêa, j. 18.6.1997, *DJU* 26.9.1997; STF, ADIn nº 2.179, Rel. Min. Marco Aurélio, j. 19.4.2000, *DJU* 4.5.2000; STF, ADIn nº 4.356, Rel. Min. Dias Toffoli, j. 9.2.2011, *DJU* 12.5.2011, e STF, ADIn nº 4.426, Rel. Min. Dias Toffoli, j. 9.2.2011, Inf. STF 627.

37 PALU, Oswaldo Luiz. *Controle de Constitucionalidade: conceitos, sistema e efeitos*. São Paulo: Revista dos Tribunais, 1999, p. 181-182.

38 STF, ADIn nº 733, Rel. Min. Sepúlveda Pertence, j. 17.6.1992, *DJU* 30.6.1995.

39 STF, ADIn nº 4.048, Rel. Min. Gilmar Mendes, j. 14.5.2008, *DJU* 22.8.2008.

40 BARROSO, Luís Roberto. *Constituição da República Federativa do Brasil Anotada*. São Paulo: Saraiva, 1998, p. 209.

41 STF, ADIn nº 1.286, Rel. Min. Ilmar Galvão, j. 21.6.1995, *DJU* 6.9.1996.

O Congresso Nacional é destinatário da atribuição que lhe franqueia exercer, anomalamente, o **controle de constitucionalidade político e repressivo** sobre as leis delegadas, mediante a sustação do ato normativo primário do Poder Executivo, no que houver excedido aos limites da delegação legislativa,[42] tendo o Supremo Tribunal Federal entendido que a ação direta de inconstitucionalidade é admissível para a invalidação do decreto legislativo de sustação que houver exorbitado dos limites próprios à preservação da competência do Poder Legislativo, sobre o qual versa o art. 49, inc. V, da CRFB.[43]

3.5 Decreto legislativo

Os decretos legislativos podem figurar como objeto do controle principal, com suporte nos arts. 59, inc. VI, e 49 da CRFB.

O Congresso Nacional, considerando os arts. 49, inc. I, e 84, inc. VIII, da CRFB, dispõe de atribuição para referendar os tratados e convenções internacionais celebrados pelo Presidente da República, introduzindo-os no ordenamento jurídico brasileiro, pelo instrumento do decreto legislativo, tendo o Supremo Tribunal Federal orientado que a ação direta de inconstitucionalidade é admissível para a invalidação do **decreto legislativo de incorporação de tratados e convenções internacionais à ordem normativa brasileira,**[44] vez que se encontra em nível de igualdade com a legislação ordinária.[45, 46]

3.6 Resolução

As resoluções podem funcionar como objeto do controle abstrato, em consonância com os arts. 59, inc. VII, 51 e 52 da CRFB.

As resoluções que houverem veiculado os **regimentos internos da Câmara dos Deputados e do Senado Federal** são suscetíveis de controle de constitucionalidade concentrado, não sendo suficiente para torná-los insindicáveis pelo Poder Judiciário o fato de constituírem atos *interna corporis*. Todavia, a ação direta de inconstitucionalidade não é cabível para obstar a tramitação de projeto de lei, com a alegação de descumprimento do regimento interno do respectivo órgão legislativo, visto que o controle de constitucionalidade judicial e preventivo somente é admitido para a impugnação de proposta

---

[42] MENDES, Gilmar Ferreira. *Direitos Fundamentais e Controle de Constitucionalidade: estudos de Direito Constitucional*, p. 298-299. V., também: CLÈVE, Clèmerson Merlin. *Atividade Legislativa do Poder Executivo*. 2ª ed. São Paulo: Revista dos Tribunais, 2000, p. 268.

[43] STF, ADIn nº 1.553, Rel. Min. Marco Aurélio, j. 6.3.1997, *DJU* 16.5.1997.

[44] DOLINGER, Jacob. *Direito Internacional Privado*. 5ª ed. Rio de Janeiro: Renovar, 2000, p. 84-88. V., também: CASTRO, Amílcar de. *Direito Internacional Privado*. 3ª ed. Rio de Janeiro: Forense, 1977, p. 123.

[45] STF, ADIn nº 1.480, Rel. Min. Celso de Mello, j. 17.7.1996, *DJU* 2.8.1996.

[46] O conflito entre ato internacional convencional e legislação ordinária, em princípio, é solucionado pelo critério temporal, com a preponderância da norma posterior sobre a anterior, seja ela de origem interna ou externa, pois o ato internacional convencional encontra-se em nível de igualdade com a legislação ordinária. No entanto, há a configuração de duas exceções, nas quais o tratado-contrato alteraria as leis anteriores, porém não poderia ser alterado por leis posteriores, a saber: (i) tratados fiscais, *ex professo* art. 98 do CTN, e (ii) tratados de extradição, *ex vi* arts. 81 a 99 da LM. BARROSO, Luís Roberto. *Interpretação e Aplicação da Constituição*. 3ª ed. São Paulo: Saraiva, 1999, p. 19-20.

de emenda à Constituição que tenha desobedecido à limitação material explícita ao poder de reforma constitucional ("cláusula pétrea"), pelo instrumento do mandado de segurança, com a finalidade de tutelar o direito líquido e certo de membro do Congresso Nacional de não se submeter a procedimento legislativo que não encontre fundamento de validade na Constituição da República,[47] tendo a Excelsa Corte ratificado que "a ação direta de inconstitucionalidade não é admitida para impedir tramitação de projeto de lei, com base na alegação de que seu conteúdo entra em choque com algum princípio constitucional. A inconstitucionalidade, nesse caso, não será quanto ao processo da lei, mas, ao contrário, será da própria lei, razão por que só poderá ser atacada depois da sua existência. Diversas, porém, são as hipóteses em que a vedação constitucional se dirige ao próprio processamento da emenda, vedando a sua apresentação. A inconstitucionalidade, neste caso, já existe antes da proposta se transformar em emenda constitucional, porque o próprio processamento já desrespeita, frontalmente, a Constituição".[48, 49]

3.7 Medida provisória

As medidas provisórias podem figurar como objeto do controle principal, com sustentação nos arts. 59, inc. V, e 62 da CRFB.

Sob o ângulo material, o controle de constitucionalidade concentrado das medidas provisórias comporta uma investigação tríplice, qual seja: "(i) inicialmente, ao controle dos pressupostos de habilitação (se, afinal, estão ou não presentes); (ii) depois, ao controle da matéria objeto da medida provisória (se suporta regramento legislativo provisório ou não), e (iii) finalmente, ao controle da constitucionalidade da matéria propriamente dita (se é compatível, desde o ponto de vista substantivo, com as regras e princípios plasmados no Estatuto Fundamental)".[50] Assim, o controle de constitucionalidade abstrato, como emerge da jurisprudência do Supremo Tribunal Federal, pode incidir sobre os pressupostos materiais para a edição da medida provisória, havendo a possibilidade de **declaração de inconstitucionalidade do ato normativo pela inexistência de relevância e/ou urgência**, desde que objetivamente aferível:[51] "a apreciação dos requisitos de urgência e relevância, em princípio, fica por conta dos Poderes Executivo e Legislativo, a menos que a relevância ou a urgência evidenciar-se improcedente",[52] ou seja, "os conceitos de relevância e de urgência a que se refere o art. 62 da CRFB, como pressupostos para a edição de medidas provisórias, decorrem, em princípio, do juízo

---

47 MORAES, Germana de Oliveira. *O Controle Jurisdicional da Constitucionalidade do Processo Legislativo*. São Paulo: Dialética, 1998, p. 78-84.

48 STF, MS nº 20.257, Rel. Min. Moreira Alves, j. 8.10.1980, *RTJ* 99/1.040.

49 A diferenciação entre decreto legislativo e resolução é exteriorizada na matéria das espécies normativas, pelo que aquele introduz normas jurídicas sobre as matérias de competência exclusiva do Congresso Nacional enunciadas no art. 49, ao passo que esta insere normas jurídicas sobre as matérias de competência privativa da Câmara dos Deputados e do Senado Federal enumeradas nos arts. 51 e 52, todos da CRFB, sem prejuízo de outras do próprio Congresso Nacional. SAMPAIO, Nelson de Souza. *O Processo Legislativo*. 2ª ed. Belo Horizonte: Del Rey, 1996, p. 91-97.

50 CLÈVE, Clèmerson Merlin. *Medidas Provisórias*. 2ª ed. São Paulo: Max Limonad, 1999, p. 135.

51 REIS, Carlos David Santos Aarão. *Medidas Provisórias: controle jurisdicional de seus pressupostos* in *Revista Trimestral de Direito Público*, nº 8, 1994, p. 114-121.

52 STF, ADIn nº 1.397, Rel. Min. Carlos Velloso, j. 28.4.1997, *DJU* 27.6.1997.

discricionário de oportunidade e de valor do Presidente da República, mas admitem o controle judiciário quanto ao excesso do poder de legislar",[53] de forma que "descabe o exame da relevância e da urgência, como requisitos da medida provisória, quando dependam de avaliação subjetiva, e não meramente objetiva".[54]

Sob o ângulo processual, o controle de constitucionalidade concentrado das medidas provisórias é diferenciado, conforme tenha havido ou não conversão em lei, de modo que "não se questiona que, rejeitada expressamente a medida provisória ou decorrido *in albis* o prazo constitucional para sua apreciação pelo Congresso Nacional, há de se ter por prejudicada a ação direta de inconstitucionalidade. Igualmente pacífico se afigura o entendimento segundo o qual não prejudica a ação direta de inconstitucionalidade de medida provisória a sua intercorrente conversão em lei sem alterações, dado que a sua aprovação e promulgação integrais apenas lhe tornam definitiva a vigência com eficácia *ex tunc* e sem solução de continuidade, preservada a identidade originária do seu conteúdo normativo, objeto da arguição de invalidade".[55] Logo, o controle de constitucionalidade abstrato, como exsurge da jurisprudência do Supremo Tribunal Federal, compreende duas hipóteses distintas: uma é a em que a medida provisória é rejeitada pelo Congresso Nacional ou não é apreciada no prazo constitucional, de maneira que a ação direta de inconstitucionalidade resta prejudicada – "cessada a vigência da medida provisória, pelo decurso *in albis* do prazo constitucional, opera-se, ante a superveniente perda de objeto, a extinção anômala do processo de ação direta de inconstitucionalidade";[56] outra é a em que a medida provisória é convertida em lei pelo Congresso Nacional, de sorte que deve haver o **aditamento da petição inicial**, desde que não tenha sido alterado substancialmente o conteúdo normativo do objeto da ação direta de inconstitucionalidade[57] – "a lei de conversão, derivada de medida provisória objeto da ação direta de inconstitucionalidade, tendo operado alterações profundas no conteúdo material desse ato normativo editado pelo Presidente da República, constitui espécie jurídica diversa, não podendo ser impugnada na mesma ação, mediante simples aditamento da inicial".[58]

Em tempo: a norma jurídica veiculada pelo art. 12 da Lei nº 9.868/99 consubstancia um **procedimento sumário**,[59] aplicável à ação direta de inconstitucionalidade contra medida provisória, que permite ao relator, na hipótese de existência de provimento

---

53 STF, ADIn nº 162, Rel. Min. Moreira Alves, j. 14.12.1989, *DJU* 19.9.1997.

54 STF, ADIn nº 1.754, Rel. Min. Sydney Sanches, j. 12.3.1998, *DJU* 6.8.1999. V., também: STF, ADIn nº 2.213, Rel. Min. Celso Mello, j. 4.4.2002, *DJU* 12.4.2002, e STF, ADIn nº 2.332, Rel. Min. Moreira Alves, j. 5.9.2001, *DJU* 2.4.2004.

55 MENDES, Gilmar Ferreira. *O Controle de Constitucionalidade das Medidas Provisórias*. Disponível em: <http://www.planalto.gov.br>. Acesso em: 29.1.2001.

56 STF, ADIn nº 293, Rel. Min. Celso de Mello, j. 6.5.1993, *DJU* 18.6.1993.

57 CARVALHO FILHO, José dos Santos. *O Controle da Relevância e Urgência nas Medidas Provisórias* in *Revista de Direito do Ministério Público do Estado do Rio de Janeiro*, nº 9, 1999, p. 133-145.

58 STF, ADIn nº 258, Rel. Min. Celso de Mello, j. 26.4.1991, *DJU* 28.2.1992. V., também: STF, ADIn nº 1.882, Rel. Min. Gilmar Mendes, j. 4.12.2003, *DJU* 15.12.2003; STF, ADIn nº 2.238, Rel. Min. Alexandre de Moraes, j. 24.6.2020, *DJU* 15.9.2020; STF, ADIn nº 3.068, Rel. Min. Marco Aurélio, j. 25.8.2004, *DJU* 1º.9.2004, e STF, ADIn nº 4.049, Rel. Min. Carlos Britto, j. 5.11.2008, *DJU* 8.5.2009.

59 GAJARDONI, Fernando da Fonseca. *Técnicas de Aceleração do Processo*. São Paulo: Lemos & Cruz, 2003, p. 76.

liminar, submeter a questão constitucional diretamente ao Supremo Tribunal Federal, para resolver o mérito do processo de controle abstrato.[60, 61]

3.8 Observações complementares

Ex positis, é mister asseverar dez observações complementares, pertinentes: (i) aos *decretos*, (ii) aos *regimentos dos tribunais*, (iii) às *resoluções e deliberações administrativas*, (iv) às *convenções e acordos coletivos de trabalho e sentenças normativas*, (v) aos *pareceres da Consultoria-Geral da República*, (vi) aos *enunciados de súmula de jurisprudência predominante*, (vii) às *leis ou atos normativos municipais*, (viii) às *leis ou atos normativos estrangeiros*, (ix) à *revogação intercorrente e (x) à fungibilidade entre ações diretas de controle abstrato ou principal.*

3.8.1 Decreto

O regulamento, formalizado pelo decreto, compreende normas jurídicas abstratas e genéricas, embora não autônomas, produzidas no exercício da competência legislativa privativa do Chefe do Poder Executivo, com o escopo de uniformizar a execução da lei, bem assim a organização e funcionamento da Administração Pública. Por ilação, o regulamento, no ordenamento jurídico brasileiro, é delimitado pelo princípio da legalidade, consistindo em ato estritamente subordinado, dependente da lei que objetiva regulamentar, segundo o art. 84, incs. IV e VI, da CRFB.[62]

O decreto não é submetido a controle de constitucionalidade, porquanto a verificação da relação imediata de compatibilidade vertical das normas regulamentares deve ser efetuada em relação às normas legais, e não em referência às normas constitucionais.[63] Em outras palavras: "não é admissível ação direta de inconstitucionalidade de decreto regulamentar que desrespeite ou afronte a lei regulamentada",[64] porque "haveria ilegalida-

---

60 STF, ADIn nº 3.022, Rel. Min. Joaquim Barbosa, j. 2.8.2004, *DJU* 4.3.2005. V., também: STF, ADIn nº 3.319, Rel. Min. Ellen Gracie, j. 20.10.2004, *DJU* 11.2.2005, e STF, ADIn nº 3.331, Rel. Min. Joaquim Barbosa, j. 27.10.2004, *DJU* 18.2.2005.

61 Na hipótese em que a eficácia da norma jurídica, veiculada pela medida provisória e impugnada pela ação direta de inconstitucionalidade, é suspensa em decorrência da edição de nova medida provisória, o processo de controle de constitucionalidade abstrato é suspenso até a apreciação do Congresso Nacional, de arte que "a jurisprudência do Supremo Tribunal Federal já se firmou no sentido de que, quando a medida provisória ainda pendente de apreciação pelo Congresso Nacional é revogada por outra, fica suspensa a eficácia da que foi objeto de revogação até que haja pronunciamento do Poder Legislativo sobre a medida provisória revogadora, com a consequente suspensão do processo da ação direta de inconstitucionalidade proposta contra a medida provisória revogada". STF, ADIn nº 1.659, Rel. Min. Moreira Alves, j. 27.11.1997, *DJU* 8.5.1998. V., também: STF, ADIn nº 1.636, Rel. Min. Sepúlveda Pertence, j. 6.8.1997, *DJU* 26.9.1997, e STF, ADIn nº 1.910, Rel. Min. Sepúlveda Pertence, j. 21.6.2001, *DJU* 27.2.2004.

62 MELLO, Celso Antônio Bandeira de. *Curso de Direito Administrativo*. 11ª ed. São Paulo: Malheiros, 1999, p. 240. V., também: PIETRO, Maria Sylvia Zanella di. *Direito Administrativo*. 10ª ed. São Paulo: Atlas, 1998, p. 75 e 192.

63 MENDES, Gilmar Ferreira. *Aspectos da Declaração de Inconstitucionalidade dos Atos Normativos* in *Revista Trimestral de Direito Público*, nº 2, 1993, p. 273.

64 STF, ADIn nº 1.537, Rel. Min. Sydney Sanches, j. 12.12.1996, *DJU* 13.6.1997.

de e não inconstitucionalidade",[65] a partir da constatação de que "a inconstitucionalidade que autoriza o exercício do controle concentrado é apenas aquela que decorre de uma relação antinômica de frontal e direta incompatibilidade com o texto da Carta Política".[66]

O decreto é sujeito ao controle de legalidade, instrumentalizado pelos remédios constitucionais, especialmente o mandado de segurança, desde que a norma regulamentar impugnada seja caracterizada como concreta.[67] Em outros termos: "se o regulamento de execução vai além do conteúdo da lei, ou se afasta dos limites que esta lhe traça, incorre em ilegalidade",[68] "revestindo-se de sindicabilidade, pela via jurídico-processual do mandado de segurança, os atos de efeitos concretos",[69] "assim considerados os que não veiculam, em seu conteúdo, normas que disciplinam relações jurídicas em abstrato".[70]

Anomalamente, entretanto, a jurisprudência do Supremo Tribunal Federal é pacificada no sentido do cabimento da ação direta de inconstitucionalidade contra decreto autônomo, naquilo que houver invalidamente inovado a ordem normativa, com o fim de coibir ofensa ao princípio da legalidade:[71] "somente na hipótese de não existir lei que preceda o ato regulamentar, é que poderia este ser acoimado de inconstitucional, assim sujeito ao controle de constitucionalidade";[72] "não se tratando de decreto autônomo, o ato normativo não pode ser atacado em ação direta de inconstitucionalidade, que não é via adequada à mera declaração de ilegalidade de norma regulamentar";[73] "só é cabível ação direta de inconstitucionalidade para verificar-se se há ofensa ao princípio constitucional da reserva legal ou de invasão de competência legislativa de um dos membros da federação, quando o ato normativo impugnado é autônomo, ou seja, ato normativo que não vise a regulamentar lei ou que não se baseie nela, pois, caso contrário, a questão se situa primariamente no âmbito legal, não dando ensejo ao conhecimento da ação direta de inconstitucionalidade";[74] "uma vez ganhando o decreto contornos de verdadeiro ato normativo autônomo, cabível é a ação direta de inconstitucionalidade";[75] "tem-se objeto idôneo à ação direta de inconstitucionalidade quando o decreto impugnado não é de caráter regulamentar de lei, mas constitui ato normativo que pretende derivar o seu conteúdo diretamente da Constituição",[76] e "cabe ação direta de inconstitucionalidade para verificar a ocorrência de ofensa ao princípio constitucional da reserva legal ou de

---

65 STF, ADIn nº 1.569, Rel. Min. Maurício Corrêa, j. 1º.12.1998, *DJU* 17.12.1998.

66 STF, ADIn nº 1.226, Rel. Min. Celso de Mello, j. 6.9.1996, *DJU* 12.9.1996. V., também: STF, ADIn nº 2.334, Rel. Min. Gilmar Mendes, j. 24.4.2003, *DJU* 30.5.2003; STF, ADIn nº 4.040, Rel. Min. Cármen Lúcia, j. 19.6.2013, *DJU* 1º.7.2013, e STF, ADIn nº 4.409, Rel. Min. Alexandre de Moraes, j. 6.6.2018, *DJU* 11.6.2018.

67 CLÈVE, Clèmerson Merlin. *Três Textos sobre Política e Direito* in *Revista Sequência*, nº 14, 1987, p. 82-92.

68 STF, RE nº 154.027, Rel. Min. Carlos Velloso, j. 25.11.1997, *DJU* 20.2.1998.

69 STF, ADIn nº 1.531, Rel. Min. Sydney Sanches, j. 31.1.1997, *DJU* 13.2.1997.

70 STF, MS nº 22.330, Rel. Min. Celso de Mello, j. 18.7.1995, *DJU* 1º.8.1995. V., também: STF, ADIn nº 4.176, Rel. Min. Cármen Lúcia, j. 20.6.2012, *DJU* 1º.8.2012.

71 BARROSO, Luís Roberto. *Temas de Direito Constitucional*. Rio de Janeiro: Renovar, 2001, p. 29.

72 STF, ADIn nº 1.253, Rel. Min. Carlos Velloso, j. 30.6.1995, *DJU* 25.8.1995.

73 STF, ADIn nº 1.258, Rel. Min. Néri da Silveira, j. 26.5.1995, *DJU* 20.6.1997.

74 STF, ADIn nº 1.383, Rel. Min. Moreira Alves, j. 14.3.1996, *DJU* 18.10.1996.

75 STF, ADIn nº 1.396, Rel. Min. Marco Aurélio, j. 8.6.1998, *DJU* 7.8.1998.

76 STF, ADIn nº 1.590, Rel. Min. Sepúlveda Pertence, j. 19.6.1997, *DJU* 15.8.1997.

usurpação de competência legislativa por um dos entes federados quando o ato normativo impugnado tem por base dispositivo constitucional, sendo, pois, autônomo".[77]

3.8.2 Regimento de tribunal

Os regimentos internos de que trata o art. 96, inc. I, *a*, da CRFB são elaborados pelos próprios tribunais, com observância das normas de processo e das garantias processuais das partes, contendo disposição sobre competência e funcionamento dos respectivos órgãos jurisdicionais e administrativos.

Dessarte, há matérias reservadas à normativa legal, alusivas ao campo processual propriamente dito, e matérias reservadas à normativa regimental, atinentes ao campo do funcionamento dos órgãos jurisdicionais e administrativos, de forma que eventual incompatibilidade entre normas inseridas nos regimentos internos dos tribunais e normas insertadas na Constituição da República, pertinentes ao funcionamento dos órgãos jurisdicionais e administrativos, enseja o controle de constitucionalidade abstrato, operacionalizado pela ação direta de inconstitucionalidade.[78, 79]

3.8.3 Resolução e deliberação administrativas

Os atos administrativos, ainda que revestidos de natureza normativa, como, por exemplo, as instruções normativas, são insuscetíveis de controle concentrado, deflagrado pela ação direta de inconstitucionalidade, na medida em que não encontram fundamento de validade em normas constitucionais, mas em normas legais.[80, 81]

Contudo, excepcionalmente, a jurisprudência do Supremo Tribunal Federal é remansada no sentido do cabimento da ação direta de inconstitucionalidade contra resolução e deliberação administrativas de tribunais, em decorrência da extensão dos

---

77 STF, ADIn nº 1.883, Rel. Min. Maurício Corrêa, j. 29.10.1998, *DJU* 27.11.1998. V., também: STF, ADIn nº 1.969, Rel. Min. Marco Aurélio, j. 24.3.1999, *DJU* 5.3.2004; STF, ADIn nº 2.564, Rel. Min. Ellen Gracie, j. 8.10.2003, *DJU* 15.12.2003; STF, ADIn nº 2.950, Rel. Min. Marco Aurélio, j. 6.10.2004, *DJU* 14.10.2004; STF, ADIn nº 3.239, Rel. Min. Rosa Weber, j. 8.2.2018, *DJU* 23.2.2018; STF, ADIn nº 3.944, Rel. Min. Carlos Britto, j. 5.8.2010, *DJU* 1º.10.2010; STF, ADIn nº 4.387, Rel. Min. Dias Toffoli, j. 4.9.2014, *DJU* 10.10.2014; STF, ADIn nº 4.661, Rel. Min. Marco Aurélio, j. 20.10.2011, *DJU* 23.3.2012, STF, ADIn nº 6.121, Rel. Min. Marco Aurélio, j. 13.6.2019, *DJU* 12.12.2019 ; STF, ADIn nº 6.476, Rel. Min. Roberto Barroso, j. 8.9.2021, *DJU* 16.9.2021, e STF, ADIn nº 6.543, Rel. Min. Cármen Lúcia, j. 29.3.2021, *DJU* 17.5.2021.

78 CLÈVE, Clèmerson Merlin. Ob. cit., p. 214-215.

79 STF, ADIn nº 1.936, Rel. Min. Néri da Silveira, j. 11.3.1999, *DJU* 22.3.1999. V., também: STF, ADIn nº 758, Rel. Min. Dias Toffoli, j. 27.9.2019, *DJU* 18.11.2019; STF, ADIn nº 1.985, Rel. Min. Nelson Jobim, j. 19.4.1999, *DJU* 28.4.1999; STF, ADIn nº 2.480, Rel. Min. Sepúlveda Pertence, j. 2.4.2007, *DJU* 16.6.2007; STF, ADIn nº 2.993, Rel. Min. Carlos Velloso, j. 10.12.2003, *DJU* 19.12.2003; STF, ADIn nº 4.108, Rel. Min. Ellen Gracie, j. 2.2.2009, *DJU* 6.3.2009, e STF, ADIn nº 6.032, Rel. Min. Gilmar Mendes, j. 5.12.2019, *DJU* 13.12.2019.

80 PALU, Oswaldo Luiz. Ob. cit., p. 179-181.

81 STF, ADIn nº 1.347, Rel. Min. Celso de Mello, j. 5.10.1995, *DJU* 1º.12.1995. V., também: STF, ADIn nº 1.364, Rel. Min. Néri da Silveira, j. 19.12.1995, *DJU* 11.4.1997; STF, ADIn nº 2.069, Rel. Min. Néri da Silveira, j. 2.2.2000, *DJU* 9.5.2003; STF, ADIn nº 2.243, Rel. Min. Marco Aurélio, j. 16.8.2000, *DJU* 6.6.2003; STF, ADIn nº 2.484, Rel. Min. Carlos Velloso, j. 19.12.2001, *DJU* 14.11.2003, e STF, ADIn nº 2.714, Rel. Min. Maurício Corrêa, j. 13.3.2003, *DJU* 15.6.2003.

efeitos das normas administrativas: "pelos termos da resolução e da deliberação impugnadas e da extensão de seus efeitos a todos os servidores vinculados ao tribunal, assumem elas o caráter de atos normativos, podendo, pois, sofrer impugnação em ação direta de inconstitucionalidade".[82]

3.8.4 *Convenção e acordo coletivos de trabalho e sentença normativa*

Os dissídios coletivos de trabalho envolvem sujeitos de direito indeterminados, representados pelos sindicatos, podendo ser solucionados pela autodefesa, autocomposição ou heterocomposição: na autodefesa, as partes utilizam seus próprios meios de pressão, tais como a greve e o *lockout*; na autocomposição, as partes nivelam-se e encontram diretamente a solução do conflito trabalhista, mediante convenções ou acordos coletivos de trabalho, e, na heterocomposição, as partes submetem-se a uma solução emanada de um terceiro imparcial, cuja decisão é qualificada como inevitável, consubstanciada na jurisdição, em cujo exercício pode ser proferida a sentença normativa, e na arbitragem.[83]

As convenções e acordos coletivos de trabalho são conceituados como negócios jurídicos bilaterais, por meio dos quais os sindicatos representativos das categorias profissionais, como uma parte, e os sindicatos representativos das categorias econômicas ou empresas, como outra parte, estipulam condições de trabalho a serem aplicadas no âmbito das respectivas categorias ou empresas acordantes e que passarão a integrar o

---

82 STF, ADIn nº 1.727, Rel. Min. Sydney Sanches, j. 3.3.1999, *DJU* 3.9.1999. V., também: STF, ADIn nº 577, Rel. Min. Octavio Gallotti, j. 25.10.1995, *DJU* 8.3.1996; STF, ADIn nº 661, Rel. Min. Néri da Silveira, j. 22.9.1994, *DJU* 11.4.1997; STF, ADIn nº 662, Rel. Min. Eros Grau, j. 22.6.2006, *DJU* 10.11.2006; STF, ADIn nº 663, Rel. Min. Ilmar Galvão, j. 5.10.1995, *DJU* 27.10.1995; STF, ADIn nº 664, Rel. Min. Celso de Mello, j. 11.3.1992, *DJU* 8.4.1994; STF, ADIn nº 693, Rel. Min. Moreira Alves, j. 26.10.1995, *DJU* 2.2.1996; STF, ADIn nº 730, Rel. Min. Ilmar Galvão, j. 27.9.1995, *DJU* 27.10.1995; STF, ADIn nº 785, Rel. Min. Moreira Alves, j. 13.11.2002, *DJU* 29.8.2003; STF, ADIn nº 857, Rel. Min. Nelson Jobim, j. 31.10.2002, *DJU* 13.6.2003; STF, ADIn nº 1.244, Rel. Min. Néri da Silveira, j. 29.3.1995, *DJU* 9.6.1995; STF, ADIn nº 1.614, Rel. Min. Marco Aurélio, j. 19.6.1997, *DJU* 27.3.1998; STF, ADIn nº 1.618, Rel. Min. Néri da Silveira, j. 11.6.1997, *DJU* 31.10.1997; STF, ADIn nº 1.652, Rel. Min. Octavio Gallotti, j. 20.8.1997, *DJU* 10.10.1997; STF, ADIn nº 1.660, Rel. Min. Nelson Jobim, j. 18.12.1998, *DJU* 16.12.2005; STF, ADIn nº 1.661, Rel. Min. Néri da Silveira, j. 28.8.1997, *DJU* 18.9.1998; STF, ADIn nº 1.710, Rel. Min. Sydney Sanches, j. 3.3.1999, *DJU* 3.9.1999; STF, ADIn nº 1.748, Rel. Min. Sydney Sanches, j. 15.12.1997, *DJU* 8.9.2000; STF, ADIn nº 2.103, Rel. Min. Ellen Gracie, j. 9.9.2004, *DJU* 8.10.2004; STF, ADIn nº 2.149, Rel. Min. Moreira Alves, j. 22.3.2000, *DJU* 31.10.2003; STF, ADIn nº 2.201, Rel. Min. Nelson Jobim, j. 24.9.2003, *DJU* 12.12.2003; STF, ADIn nº 2.266, Rel. Min. Néri da Silveira, j. 13.9.2000, *DJU* 5.9.2003; STF, ADIn nº 2.579, Rel. Min. Carlos Velloso, j. 21.8.2003, *DJU* 26.9.2003; STF, ADIn nº 2.602, Rel. Min. Moreira Alves, j. 3.4.2003, *DJU* 6.6.2003; STF, ADIn nº 2.874, Rel. Min. Marco Aurélio, j. 28.8.2003, *DJU* 3.10.2003; STF, ADIn nº 2.958, Rel. Min. Cezar Peluso, j. 28.8.2003, *DJU* 3.10.2003; STF, ADIn nº 3.224, Rel. Min. Ellen Gracie, j. 13.10.2004, *DJU* 26.11.2004; STF, ADIn nº 3.345, Rel. Min. Celso de Mello, j. 25.8.2005, *DJU* 8.9.2005; STF, ADIn nº 3.401, Rel. Min. Gilmar Mendes, j. 26.4.2006, *DJU* 23.2.2007; STF, ADIn nº 4.018, Rel. Min. Eros Grau, j. 13.2.2008, *DJU* 16.5.2008; STF, ADIn nº 4.947, Rel. Min. Rosa Weber, j. 1º.7.2014, *DJU* 30.10.2014; STF, ADIn nº 5.081, Rel. Min. Roberto Barroso, j. 27.5.2015, *DJU* 19.8.2015; STF, ADIn nº 5.104, Rel. Min. Roberto Barroso, j. 21.5.2014, *DJU* 30.10.2014, e STF, ADIn nº 5.122, Rel. Min. Edson Fachin, j. 3.5.2018, *DJU* 11.5.2018; STF, ADIn nº 7.214, Rel. Min. Ricardo Lewandowski, j. 3.10.2022, *DJU* 5.10.2022, e STF, ADIn nº 7.261, Rel. Min. Edson Fachin, j, 3.11.2022, *DJU* 10.11.2022.

83 NASCIMENTO, Amauri Mascaro. *Iniciação ao Direito do Trabalho*. 26ª ed. São Paulo: LTr, 2000, p. 514-515.

conteúdo dos contratos individuais de emprego, na forma do art. 7º, inc. XXVI, da CRFB, assim como art. 611, *caput* e § 1º, da CLT.[84] Por conseguinte, as convenções e acordos coletivos de trabalho não podem figurar como objeto do controle abstrato, por meio da ação direta de inconstitucionalidade, dado que, tendo sido celebrados entre sindicatos ou sindicatos e empresas, não correspondem a atos estatais.[85]

As sentenças normativas são definidas como meios de solução jurisdicional dos dissídios coletivos, tendo sido frustradas as tentativas de autocomposição e arbitragem, proferidas pelos Tribunais do Trabalho, no exercício do poder normativo em que se encontram investidos, por meio das quais são inseridas normas jurídicas abstratas e genéricas, cujos efeitos são estendidos a toda categoria, nos termos do art. 114, § 2º, da CRFB, bem como arts. 616, § 3º, e 867, parágrafo único, da CLT.[86] Por consequência, as sentenças normativas podem funcionar como objeto do controle concentrado, por via da ação direta de inconstitucionalidade, nos capítulos em que se limite a regular norma constitucional, eis que as normas jurídicas por elas introduzidas são caracterizadas como autônomas.[87]

3.8.5 Parecer da Consultoria-Geral da República

Os pareceres administrativos são manifestações de órgãos técnicos sobre assuntos submetidos à sua consideração, providos de caráter meramente opinativo, não vinculando a Administração Pública e/ou particulares, salvo na hipótese de aprovação por ato subsequente.[88]

Os pareceres da Consultoria-Geral, aprovados pelo Presidente da República, tendo adquirido caráter normativo, podem ensejar o controle abstrato, por intermédio da ação direta de inconstitucionalidade, uma vez que são abstratos, gerais e autônomos. Em alusão ao assunto, na doutrina, **Zeno Veloso** acentua que "se o instrumento utilizado assumiu caráter normativo, com um mínimo de abstração e generalidade, é passível de impugnação por via de ação direta de inconstitucionalidade, sendo admitido o controle concentrado em relação a parecer da Consultoria-Geral da República, aprovado pelo Presidente da República",[89] e, igualmente, na jurisprudência, o Supremo Tribunal Federal adverte que "como o parecer da Consultoria-Geral da República, aprovado pelo Presidente da República, assume caráter normativo, pode ele sofrer impugnação, pelo mecanismo da ação direta de inconstitucionalidade, por se tratar de ato normativo federal".[90]

---

84 A distinção entre convenções coletivas e acordos coletivos de trabalho é externada nos sujeitos dos negócios jurídicos bilaterais, já que aqueles são firmados entre os sindicatos representativos das categorias profissionais e econômicas, enquanto estes são fixados entre os sindicatos representativos das categorias profissionais e empresas. CUNHA, Maria Inês Moura da. *Direito do Trabalho*. 2ª ed. São Paulo: Saraiva, 1997, p. 208.

85 ANDRADE FILHO, Edmar Oliveira. *Controle de Constitucionalidade de Leis e Atos Normativos*. São Paulo: Dialética, 1997, p. 42.

86 GIGLIO, Wagner. *Direito Processual do Trabalho*. 10ª ed. São Paulo: Saraiva, 1997, p. 367.

87 RAMOS, Elival da Silva. *A Inconstitucionalidade das Leis: vício e sanção*. São Paulo: Saraiva, 1994, p. 192.

88 MEIRELLES, Hely Lopes. *Estudos e Pareceres de Direito Público*. v. VIII. São Paulo: Revista dos Tribunais, 1984, p. 149.

89 VELOSO, Zeno. Ob. cit., p. 110.

90 STF, ADIn nº 4, Rel. Min. Sydney Sanches, j. 7.3.1991, *RDA* 195/86.

3.8.6 *Enunciado de súmula de jurisprudência predominante*

Os enunciados de súmula de jurisprudência preponderante decorrem da sucessão de acórdãos consonantes, sobre o mesmo tema, proferidos de modo reiterado e constante, por órgão jurisdicional colegiado.[91]

Os enunciados de súmula de jurisprudência prevalecente, quando recobertos de eficácia persuasiva ou suasória, não são considerados como atos normativos para efeito de controle de constitucionalidade, de sorte que a ação direta de inconstitucionalidade não é admitida para a sua impugnação.[92]

A fiscalização abstrata da constitucionalidade da súmula com eficácia vinculante não é unívoca na doutrina. **André Ramos Tavares**, ao se referir à "natureza do processo de edição, revisão ou cancelamento da súmula", advoga que "como consequência da caracterização do processo de formação de súmula vinculante como um processo objetivo, e tendo sido previstos expressamente, pela Reforma do Poder Judiciário, os mecanismos de revisão e cancelamento, não será cabível nem a arguição de descumprimento de preceito fundamental nem a ação direta de inconstitucionalidade em face de súmula vinculante".[93] **Fábio Martins de Andrade**, ao se reportar à "eventual possibilidade de controle de constitucionalidade das futuras súmulas vinculantes", alvitra que "caso se trate de espécies de atos normativos, as súmulas vinculantes serão impugnáveis por meio de ação direta de inconstitucionalidade. Caso não se trate disso, mas de atos emanados pelo Poder Público, então, serão impugnáveis por arguição de descumprimento de preceito fundamental".[94] O Supremo Tribunal Federal, sob a relatoria do Ministro **Eros Roberto Grau**, atestou que "os enunciados de súmula nada mais são senão expressões sintetizadas de entendimentos consolidados na Corte. Não se confundem com a súmula vinculante do art. 103-A da CRFB. Esta consubstancia o ato normativo, aqueles enunciados não. Por isso, não podem ser concebidos como ato de Poder Público".[95]

3.8.7 *Lei ou ato normativo municipal*

As leis ou atos normativos municipais, ainda que o parâmetro do controle abstrato seja norma de reprodução ou norma de imitação, não são impugnáveis pela ação direta de inconstitucionalidade.

Nessa ordem de ideias, as normas jurídicas inseridas na Constituição estadual, cujo texto constitucional seja idêntico ao das normas jurídicas insertadas na Constituição federal em que encontram fundamento de validade, configuram normas de reprodução ou normas de imitação, distinguindo-se na medida em que "as primeiras decorrem do caráter compulsório da disposição constitucional superior, enquanto as

---

91 MANCUSO, Rodolfo de Camargo. *Divergência Jurisprudencial e Súmula Vinculante*. São Paulo: Revista dos Tribunais, 1999, p. 33-41.

92 STF, ADIn nº 1.493, Rel. Min. Sydney Sanches, j. 26.9.1996, Inf. STF 46.

93 TAVARES, André Ramos. *Nova Lei de Súmula Vinculante: estudos e comentários à Lei nº 11.417, de 19 de dezembro de 2006*. 3ª ed. São Paulo: Método, 2009, p. 30-31.

94 ANDRADE, Fábio Martins de. *Reforma do Poder Judiciário: aspectos gerais, o sistema de controle de constitucionalidade das leis e a regulamentação da súmula vinculante* in *Revista de Informação Legislativa*, nº 171, 2006, p. 190.

95 STF, ADPF nº 80, Rel. Min. Eros Grau, j. 17.8.2005, *DJU* 25.8.2005.

segundas traduzem a adesão voluntária do constituinte a um determinado dispositivo constitucional",[96] motivo pelo qual se nos afigura cabível a representação de inconstitucionalidade contra lei ou ato normativo municipal em face de preceito da Constituição estadual, ainda que obrigatoriamente reproduzido, porque é investigada a origem, e não o conteúdo normativo, do parâmetro do controle concentrado: "o Tribunal de Justiça (e não o Supremo Tribunal Federal) é competente para processar e julgar representação de inconstitucionalidade contra lei ou ato normativo municipal, contrastada com norma da Constituição estadual, ainda que venha esta a consubstanciar mera reprodução de regra da Constituição federal",[97] "revelando-se legítimo invocar remissão que, inscrita na Constituição estadual, remete, diretamente, às regras constantes da própria Constituição federal, assim incorporando-as, formalmente, mediante a técnica de remissão normativa, ao plano do ordenamento constitucional do Estado-membro".[98]

Sem prejuízo do cabimento da representação de inconstitucionalidade de lei ou ato normativo municipal, na hipótese em que o Tribunal de Justiça der interpretação à norma constitucional estadual contrária à norma constitucional federal, é admissível a interposição de recurso extraordinário: "possibilidade de controle recursal extraordinário pelo Supremo Tribunal Federal",[99] "se a interpretação dada pelo Tribunal de Justiça à regra inscrita na Constituição estadual, que reproduz a regra constitucional federal de observância obrigatória pelos Estados, contrariar o sentido, alcance e conteúdo da Constituição da República".[100]

À guisa de complementação, na hipótese em que a ação direta de inconstitucionalidade e a representação de inconstitucionalidade são processadas simultaneamente perante o Supremo Tribunal Federal e o Tribunal de Justiça, no caso em que o processo da ação direta possui abrangência igual à do processo da representação de inconstitucionalidade, dar-se-á a suspensão deste, ao passo que, no caso em que o processo da representação possui abrangência maior do que a do processo da ação direta de inconstitucionalidade, não se dará a suspensão daquele, limitando-se o Tribunal de Justiça a não exarar pronunciamento jurisdicional em relação aos dispositivos impugnados em face do Supremo Tribunal Federal: "quando tramitam paralelamente ação direta de inconstitucionalidade e representação de inconstitucionalidade, uma no Tribunal de Justiça e outra no Supremo Tribunal Federal, contra a mesma lei ou ato normativo impugnado em face de preceitos constitucionais estaduais que são reprodução de pre-

---

96 HORTA, Raul Machado. *Autonomia do Estado-Membro no Direito Constitucional Brasileiro*. Belo Horizonte: Santa Maria, 1964, p. 192-193. V., também, do mesmo autor: *Poder Constituinte do Estado-Membro* in *Revista de Direito Público*, nº 88, 1988, p. 5-17.

97 STF, ADIn nº 1.529, Rel. Min. Octavio Gallotti, j. 3.3.1997, Inf. STF 61.

98 STF, ADPF nº 100, Rel. Min. Celso de Mello, j. 15.12.2008, *DJU* 18.12.2008. V., também: STF, Recl. nº 337, Rel. Min. Paulo Brossard, j. 18.8.1994, *DJU* 19.12.1994; STF, Recl. nº 588, Rel. Min. Marco Aurélio, j. 5.2.1997, *DJU* 4.4.1997; STF, Recl. nº 596, Rel. Min. Néri da Silveira, j. 17.11.1996, Inf. STF 53; STF, RE nº 169.863, Rel. Min. Maurício Corrêa, j. 10.2.1998, *DJU* 20.3.1998; STF, RE nº 191.273, Rel. Min. Carlos Velloso, j. 1º.4.1997, Inf. STF 73; STF, ADIn nº 1.341, Rel. Min. Francisco Rezek, j. 19.9.1995, *DJU* 22.9.1995; STF, Recl. nº 5.049, Rel. Min. Celso de Mello, j. 17.10.2008, *DJU* 24.10.2008, e STF, Recl. nº 10.500, Rel. Min. Celso de Mello, j. 18.10.2010, *DJU* 26.10.2010.

99 STF, Pet. nº 1.623, Rel. Min. Celso de Mello, j. 2.12.1998, *DJU* 14.12.1998.

100 STF, Pet. nº 1.120, Rel. Min. Celso de Mello, j. 1º.3.1996, *DJU* 7.3.1996. V., também: STF, Recl. nº 383, Rel. Min. Moreira Alves, j. 11.6.1992, *DJU* 21.5.1993, e STF, Recl. nº 425, Rel. Min. Néri da Silveira, j. 27.5.1993, *DJU* 22.10.1993.

ceitos constitucionais federais, suspende-se o curso da representação de inconstitucionalidade proposta perante o Tribunal de Justiça até o julgamento final da ação direta de inconstitucionalidade proposta perante o Supremo Tribunal Federal",[101] enquanto "curso simultâneo de ação direta de inconstitucionalidade e representação de inconstitucionalidade, com abrangência maior do processo estadual, não impõe sua suspensão, devendo apenas o Tribunal de Justiça se abster de proferir julgamento específico sobre a inconstitucionalidade nos dispositivos objeto da ação direta de inconstitucionalidade, sempre que os padrões estaduais a considerar sejam normas de reprodução compulsória da Constituição federal",[102] sendo juridicamente possível, dessa forma, "a tramitação simultânea de ação direta de inconstitucionalidade no Supremo Tribunal Federal e de incidente de arguição de inconstitucionalidade em tribunal de segunda instância, ambos discutindo a validade do mesmo dispositivo legal".[103]

3.8.8 Lei ou ato normativo estrangeiro

Na solução de conflitos de leis no espaço, compete à autoridade judiciária brasileira, ao aplicar diretamente a lei estrangeira indicada pela regra de conexão, atentar para o sentido, alcance e conteúdo que se lhe dá no país de sua origem, respeitando a interpretação doutrinária e jurisprudencial que lá se produz, desde que em conformidade com a ordem pública, tendo em vista os arts. 4º e 409 do Código de Bustamante, incorporado ao ordenamento jurídico pátrio em decorrência do Decreto nº 18.871/29.[104]

A doutrina identifica duas hipóteses distintas para efeito de controle de constitucionalidade. A primeira é a de submissão da lei ou ato normativo estrangeiro a controle de constitucionalidade em face da Constituição sob a qual foi editada, posto que há a possibilidade de o órgão jurisdicional nacional declarar a inconstitucionalidade de lei estrangeira perante a Constituição com fundamento na qual foi produzida, desde que o faça incidentalmente, negando-lhe aplicação ao caso concreto, e o controle de constitucionalidade judicial seja admitido pelo sistema de Direito Positivo do Estado do qual emanou a Constituição utilizada como parâmetro. A segunda é a submissão da lei ou ato normativo estrangeiro a controle de constitucionalidade em face da Constituição brasileira, visto que há a possibilidade de o órgão jurisdicional nacional declarar a inconstitucionalidade de lei estrangeira perante a Constituição do Brasil, em virtude da violação de qualquer norma formalmente constitucional, consubstanciadora da ordem pública internacional,[105] com a consequente inadmissibilidade da ação direta de inconstitucionalidade contra lei estrangeira, sendo certo que "quando a Constituição é invocada

---

101 STF, ADIn nº 1.423, Rel. Min. Moreira Alves, j. 20.6.1996, *DJU* 28.6.1996. V., também: STF, ADIn nº 3.773, Rel. Min. Menezes Direito, j. 4.3.2009, *DJU* 4.9.2009; STF, ADIn nº 4.138, Rel. Min. Celso de Mello, j. 11.12.2009, *DJU* 17.12.2009, e STF, RE nº 537.232, Rel. Min. Celso de Mello, j. 1º.2.2010, Inf. STF 574.

102 STF, ADIn nº 2.146, Rel. Min. Sepúlveda Pertence, j. 6.4.2000, *DJU* 13.4.2000. V., também: STF, Pet. nº 2.701, Rel. Min. Marco Aurélio, j. 8.10.2003, *DJU* 19.3.2004.

103 STF, Recl. nº 26.512, Rel. Min. Ricardo Lewandowski, j. 9.5.2017, *DJU* 25.9.2017.

104 DOLINGER, Jacob; TIBÚRCIO, Carmen. *"Vade-Mécum" de Direito Internacional Privado*. Rio de Janeiro: Renovar, 1996, p. 263 e 299.

105 BARROSO, Luís Roberto. *Interpretação e Aplicação da Constituição*, p. 37-38, 42, 44 e 46-49.

para recusar a aplicação de direito estrangeiro, este não é rejeitado por ser inconstitucional, mas sim por ser contrário à ordem pública, constitucionalmente informada".[106]

3.8.9 Revogação intercorrente

A revogação das normas em jogo no controle concentrado, durante o processamento da ação direta de inconstitucionalidade, produz duas consequências distintas.[107]

A derrogação da norma que figura como parâmetro do controle de constitucionalidade não implica prejuízo à ação direta, desde que não tenha havido modificação substancial do dispositivo constitucional que servia de padrão de confronto com o ato impugnado.[108] Em síntese: "quando há, posteriormente ao ajuizamento da ação direta de inconstitucionalidade, modificação, que interesse à norma impugnada, no parâmetro constitucional que lhe serve de aferição para a declaração de inconstitucionalidade, ou não, dele, a Excelsa Corte já firmou o entendimento de que a ação fica prejudicada por essa circunstância superveniente".[109]

A ab-rogação da norma que funciona como objeto do controle de constitucionalidade concentrado previamente à inclusão em pauta de julgamento, não se evidenciando indício de burla da jurisdição constitucional da Corte Suprema, importa em prejuízo à ação direta, em decorrência de falta de objeto, de maneira que eventuais efeitos residuais havidos devem ser perseguidos ulteriormente em controle de constitucionalidade difuso.[110] Em suma: "a revogação intercorrente da lei ou ato normativo impugnado prejudica a ação direta de inconstitucionalidade, independentemente da existência de efeitos residuais concretos. Essa orientação jurisprudencial do Supremo Tribunal Federal

---

106 CANOTILHO, José Joaquim Gomes; MOREIRA, Vital. *Constituição da República Portuguesa Anotada.* 3ª ed. Coimbra: Coimbra Editora, 1993, p. 263.

107 SANCHES, Sydney. *Aspectos Processuais do Controle de Constitucionalidade* in *Revista de Processo*, nº 79, 1995, p. 134.

108 MELLO, Celso Antônio Bandeira de. *Leis Originariamente Inconstitucionais compatíveis com Emenda Constitucional Superveniente* in *Revista Trimestral de Direito Público*, nº 23, 1998, p. 12-23.

109 STF, ADIn nº 1.691, Rel. Min. Moreira Alves, j. 5.2.2003, *DJU* 4.4.2003. V., também: STF, ADIn nº 119, Rel. Min. Dias Toffoli, j. 19.2.2014, *DJU* 28.3.2014; STF, ADIn nº 145, Rel. Min. Dias Toffoli, j. 20.6.2018, *DJU* 25.6.2018; STF, ADIn nº 471, Rel. Min. Eros Grau, j. 3.4.2008, *DJU* 29.8.2008; STF, ADIn nº 509, Rel. Min. Ricardo Lewandowski, j. 19.2.2014, *DJU* 16.9.2014; STF, ADIn nº 909, Rel. Min. Nelson Jobim, j. 20.6.2001, *DJU* 6.6.2003; STF, ADIn nº 1.586, Rel. Min. Sydney Sanches, j. 27.2.2003, *DJU* 29.8.2003; STF, ADIn nº 1.594, Rel. Min. Eros Grau, j. 4.6.2008, *DJU* 22.8.2008; STF, ADIn nº 1.662, Rel. Min. Maurício Corrêa, j. 30.8.2001, *DJU* 19.9.2003; STF, ADIn nº 1.730, Rel. Min. Moreira Alves, j. 5.2.2003, *DJU* 7.3.2003; STF, ADIn nº 2.159, Rel. Min. Eros Grau, j. 12.8.2004, *DJU* 7.12.2007; STF, ADIn nº 2.197, Rel. Min. Maurício Corrêa, j. 10.3.2004, *DJU* 2.4.2004; STF, ADIn nº 2.391, Rel. Min. Ellen Gracie, j. 13.8.2003, *DJU* 15.12.2003; STF, ADIn nº 2.443, Rel. Min. Marco Aurélio, j. 25.9.2014, *DJU* 3.11.2014, STF, ADIn nº 3.085, Rel. Min. Eros Grau, j. 17.2.2005, *DJU* 28.2.2005; STF, ADIn nº 3.133, Rel. Min. Cármen Lúcia, j. 24.6.2020, *DJU* 18.9.2020, e STF, ADIn nº 4.887, Rel. Min. Cármen Lúcia, j. 11.11.2021, *DJU* 25.11.2021.

110 CARVALHO, Flávia Meschick de. *A Ação Direta de Inconstitucionalidade e a Revogação Superveniente do Ato Normativo Impugnado* in *Consulex*, nº 42, 2003, p. 6-8.

nada mais reflete senão a própria natureza jurídica do controle normativo abstrato, em cujo âmbito não se discutem situações de caráter concreto ou individual".[111]

3.8.10 Fungibilidade entre ações diretas de controle abstrato ou principal

Caso a ação direta de inconstitucionalidade seja proposta para a impugnação de norma diversa de lei ou ato normativo federal ou estadual, havendo dúvida aceitável a respeito da ação apropriada para a discussão de omissão inconstitucional ou preceito

---

[111] STF, ADIn nº 1.203, Rel. Min. Celso de Mello, j. 19.4.1995, *RTJ* 160/145. V., também: STF, ADIn nº 254, Rel. Min. Maurício Corrêa, j. 5.11.2003, *DJU* 5.12.2003; STF, ADIn nº 282, Rel. Min. Alexandre de Moraes, j. 5.11.2019, *DJU* 28.11.2019; STF, ADIn nº 463, Rel. Min. Carlos Velloso, j. 9.10.2003, *DJU* 31.10.2003; STF, ADIn nº 520, Rel. Min. Maurício Corrêa, j. 24.4.1997, *DJU* 6.6.1997; STF, ADIn nº 547, Rel. Min. Maurício Corrêa, j. 30.5.1997, *DJU* 6.6.1997; STF, ADIn nº 649, Rel. Min. Paulo Brossard, j. 7.10.1992, *DJU* 23.9.1994; STF, ADIn nº 667, Rel. Min. Ilmar Galvão, j. 28.3.1996, *DJU* 2.4.1996; STF, ADIn nº 709, Rel. Min. Paulo Brossard, j. 7.10.1992, *DJU* 10.6.1994; STF, ADIn nº 850, Rel. Min. Carlos Velloso, j. 24.2.1997, *DJU* 6.3.1997; STF, ADIn nº 942, Rel. Min. Paulo Brossard, j. 11.11.1993, *DJU* 11.3.1994; STF, ADIn nº 943, Rel. Min. Moreira Alves, j. 26.10.1995, *DJU* 24.11.1995; STF, ADIn nº 951, Rel. Min. Roberto Barroso, j. 27.10.2016, DJU 21.6.2017; STF, ADIn nº 1.041, Rel. Min. Francisco Rezek, j. 1º.2.1995, *DJU* 19.4.1996; STF, ADIn nº 1.043, Rel. Min. Moreira Alves, j. 9.3.1995, *DJU* 20.4.1995; STF, ADIn nº 1.080, Rel. Min. Rosa Weber, j. 5.4.2018, *DJU* 13.4.2018; STF, ADIn nº 1.153, Rel. Min. Marco Aurélio, j. 18.4.1996, *DJU* 24.5.1996; STF, ADIn nº 1.368, Rel. Min. Néri da Silveira, j. 14.8.2000, *DJU* 1º.9.2000; STF, ADIn nº 1.430, Rel. Min. Moreira Alves, j. 19.2.1999, *DJU* 3.3.1999; STF, ADIn nº 1.570, Rel. Min. Maurício Corrêa, j. 12.2.2004, *DJU* 22.10.2004; STF, ADIn nº 1.584, Rel. Min. Ilmar Galvão, j. 6.12.1999, *DJU* 13.12.1999; STF, ADIn nº 1.667, Rel. Min. Ilmar Galvão, j. 3.4.2003, *DJU* 9.5.2003; STF, ADIn nº 1.685, Rel. Min. Maurício Corrêa, j. 23.10.1997, *DJU* 12.12.1997; STF, ADIn nº 1.688, Rel. Min. Carlos Velloso, j. 24.11.1997, *DJU* 28.11.1997; STF, ADIn nº 1.762, Rel. Min. Maurício Corrêa, j. 3.3.1998, *DJU* 11.3.1998; STF, ADIn nº 1.801, Rel. Min. Maurício Corrêa, j. 13.11.1999, *DJU* 21.10.1999; STF, ADIn nº 1.894, Rel. Min. Cármen Lúcia, j. 19.2.2014, *DJU* 2.6.2014; STF, ADIn nº 1.909, Rel. Min. Moreira Alves, j. 17.3.1999, *DJU* 25.6.1999; STF, ADIn nº 1.920, Rel. Min. Eros Grau, j. 23.8.2006, *DJU* 2.2.2007; STF, ADIn nº 1.964, Rel. Min. Dias Toffoli, j. 4.9.2014, *DJU* 9.10.2014; STF, ADIn nº 2.001, Rel. Min. Moreira Alves, j. 24.6.1999, *DJU* 3.9.1999; STF, ADIn nº 2.006, Rel. Min. Eros Grau, j. 22.11.2007, *DJU* 4.12.2007; STF, ADIn nº 2.043, Rel. Min. Moreira Alves, j. 7.12.1999, *DJU* 1º.2.2000; STF, ADIn nº 2.049, Rel. Min. Rosa Weber, j. 5.11.2019, *DJU* 26.11.2019; STF, ADIn nº 2.072, Rel. Min. Cármen Lúcia, j. 4.2.2015, *DJU* 2.3.2015; STF, ADIn nº 2.097, Rel. Min. Moreira Alves, j. 4.5.2000, *DJU* 16.6.2000; STF, ADIn nº 2.157, Rel. Min. Moreira Alves, j. 10.4.2003, *DJU* 6.6.2003; STF, ADIn nº 2.161, Rel. Min. Maurício Corrêa, j. 5.4.2000, *DJU* 9.6.2000; STF, ADIn nº 2.168, Rel. Min. Rosa Weber, j. 13.3.2020, *DJU* 2.4.2020; STF, ADIn nº 2.218, Rel. Min. Maurício Corrêa, j. 6.2.2001, *DJU* 16.2.2001; STF, ADIn nº 2.840, Rel. Min. Ellen Gracie, j. 6.11.2003, *DJU* 18.11.2003; STF, ADIn nº 3.108, Rel. Min. Marco Aurélio, j. 29.5.2020, *DJU* 17.6.2020; STF, ADIn nº 3.232, Rel. Min. Cezar Peluso, j. 14.8.2008, *DJU* 3.10.2008; STF, ADIn nº 3.306, Rel. Min. Gilmar Mendes, j. 17.3.2011, *DJU* 7.6.2011; STF, ADIn nº 3.339, Rel. Min. Eros Grau, j. 2.2.2005, *DJU* 19.5.2006; STF, ADIn nº 3.341, Rel. Min. Ricardo Lewandowski, j. 29.5.2014, *DJU* 1º.7.2014; STF, ADIn nº 3.566, Rel. Min. Cezar Peluso, j. 15.2.2007, *DJU* 15.6.2007; STF, ADIn nº 3.567, Rel. Min. Ricardo Lewandowski, j. 10.10.2019, *DJU* 21.10.2019; STF, ADIn nº 3.778, Rel. Min. Cármen Lúcia, j. 31.10.2007, *DJU* 18.4.2008; STF, ADIn nº 3.885, Rel. Min. Gilmar Mendes, j. 6.6.2013, *DJU* 28.6.2013; STF, ADIn nº 3.983, Rel. Min. Cezar Peluso, j. 14.8.2008, *DJU* 26.8.2008; STF, ADIn nº 3.990, Rel. Min. Cezar Peluso, j. 14.8.2008, *DJU* 26.8.2008; STF, ADIn nº 4.620, Rel. Min. Dias Toffoli, j. 20.6.2012, *DJU* 1º.8.2012; STF, ADIn nº 4.635, Rel. Min. Celso de Mello, j. 24.8.2020, *DJU* 17.9.2020; STF, ADIn nº 5.551, Rel. Min. Cármen Lúcia, j. 15.3.2021, *DJU* 23.3.2021; STF, ADIn nº 5.857, Rel. Min. Cármen Lúcia, j. 11.10.2019, *DJU* 28.10.2019, STF, ADIn nº 5.908, Rel. Min. Alexandre de Moraes, j. 20.11.2019, *DJU* 4.12.2019, e STF, ADIn nº 6.196, Rel. Min. Alexandre de Moraes, j. 20.3.2020, *DJU* 2.4.2020; e STF, ADIn nº 6.926, Rel. Min. Dias Toffoli, j. 4.7.2022, *DJU* 19.10.2022.

fundamental, filiamo-nos ao entendimento que permite a conversão da ação direta de inconstitucionalidade sobre a qual versa a Lei nº 9.868/99 em ação direta de inconstitucionalidade por omissão, ou mesmo na arguição de descumprimento de preceito fundamental de que trata a Lei nº 9.882/99.

Dentro dessa perspectiva, **Luiz Guilherme Marinoni** enfatiza que "a legitimação do princípio da fungibilidade reside, precisamente, no aproveitamento do ato processual praticado, ainda que equivocadamente e fora dos critérios legais, em situações em que seria excessivo exigir o acerto em sua forma específica. A fungibilidade não se destina a legitimar o equívoco crasso. Portanto, é preciso que haja dúvida fundada e objetiva, capaz de autorizar a interpretação inadequada do sistema processual e o seu uso equivocado".[112]

Em reforço ao posicionamento que se adota, o Supremo Tribunal Federal decidiu pela "possibilidade de conhecimento de ação direta de inconstitucionalidade como ação direta de inconstitucionalidade por omissão"[113] e, igualmente, "conhecimento de ação direta de inconstitucionalidade como arguição de descumprimento de preceito fundamental",[114] "quando coexistentes todos os pressupostos de admissibilidade desta, em caso de inadmissibilidade daquela",[115] ante a perfeita satisfação dos requisitos exigidos à sua propositura (legitimidade, objeto, fundamentação e pedido), bem como a relevância da situação trazida aos autos do processo".[116]

4 LEGITIMAÇÃO ATIVA

Os legitimados ativos para a ação direta de inconstitucionalidade, de forma concorrente e disjuntiva, são enumerados taxativamente no art. 103, incs. I a IX, da CRFB, regulado pelo art. 2º da Lei nº 9.868/99, de modo que a pretensão declaratória de inconstitucionalidade pode ser deduzida pelo Presidente da República, pela Mesa do Senado Federal, Câmara dos Deputados, Assembleia Legislativa ou Câmara Legislativa, por Governador de Estado ou Distrito Federal, pelo Procurador-Geral da República, pelo Conselho Federal da Ordem dos Advogados do Brasil, por partido político com representação no Congresso Nacional, por confederação sindical ou por entidade de classe de âmbito nacional, litisconsorciados ou não. Portanto, no ordenamento constitucional brasileiro, não houve a configuração da ação popular de inconstitucionalidade,[117] embora tenha sido assegurado a qualquer pessoa, mediante o exercício do direito de petição, suscitar a iniciativa de alguns legitimados ativos para a ação direta de inconstitucionalidade.

Sobre a matéria, à luz da exigência de **pertinência temática** como critério objetivo para aferição da legitimação ativa de determinadas autoridades, órgãos ou entidades, a jurisprudência nacional estabelece a diferenciação entre legitimados ativos universais e especiais. Os *legitimados ativos universais* são os que prescindem da demonstração de pertinência temática, pois o interesse genérico em preservar a supremacia da Constituição

---

112 MARINONI, Luiz Guilherme. *Processo de Conhecimento.* 2ª ed. São Paulo: Revista dos Tribunais, 2003, p. 512.

113 STF, ADIn nº 7.013, Rel. Min. Cármen Lúcia, j. 3.7.2023, *DJU* 5.9.2023.

114 STF, ADIn nº 4.180, Rel. Min. Cezar Peluso, j. 10.3.2010, *DJU* 16.4.2010.

115 STF, ADIn nº 4.163, Rel. Min. Cezar Peluso, j. 29.2.2012, *DJU* 1º.3.2013.

116 STF, ADPF nº 72, Rel. Min. Ellen Gracie, j. 1º.6.2005, *DJU* 2.12.2005.

117 STF, ADIn nº 79, Rel. Min. Celso de Mello, j. 13.4.1992, *DJU* 5.6.1992.

decorre das suas atribuições institucionais, compreendendo o Presidente da República, as Mesas do Senado Federal e Câmara dos Deputados, o Procurador-Geral da República, o Conselho Federal da Ordem dos Advogados do Brasil e os partidos políticos com representação no Congresso Nacional,[118] com fundamento nos incs. I, II, III, VI, VII e VIII do art. 103 da CRFB e art. 2º da Lei nº 9.868/99. Os *legitimados ativos especiais* são os que imprescindem da demonstração de pertinência temática, sendo-lhes exigida a relação de adequação entre o interesse específico para cuja tutela foram constituídos e o conteúdo da norma jurídica arguida como inconstitucional, contendo as Mesas das Assembleias Legislativas e Câmara Legislativa[119] e os Governadores de Estado e Distrito Federal[120] – a ação direta de inconstitucionalidade é admissível desde que a lei ou ato normativo impugnado diga respeito à entidade federativa respectiva[121] –, bem assim as confederações sindicais[122] e as entidades de classe de âmbito nacional[123] – a ação direta de inconstitucionalidade é admissível desde que a lei ou ato normativo impugnado diga respeito aos filiados ou associados respectivos[124] –, com fulcro nos incs. IV, V e IX do art. 103 da CRFB e art. 2º da Lei nº 9.868/99, tendo o "Supremo Tribunal Federal erigido o vínculo de pertinência temática à condição objetiva de requisito qualificador da legitimidade ativa *ad causam* do autor, somente naquelas hipóteses de ação direta ajuizada por confederações sindicais, por entidades de classe de âmbito nacional, por Mesas das Assembleias Legislativas estaduais ou Câmara Legislativa distrital e, finalmente, por Governadores dos Estados-membros e Distrito Federal",[125] eis que "a legitimidade ativa destes, para a ação direta de inconstitucionalidade, vincula-se ao objeto da ação, pelo que deve haver pertinência da norma impugnada com os objetivos do autor da ação",[126] conquanto "a exigência de pertinência temática não impeça o amplo conhecimento da ação direta, com a declaração de inconstitucionalidade da norma para além do âmbito dos indivíduos representados pela entidade requerente, quando o vício for idêntico para todos os seus destinatários",[127] de acordo com "reiterados pronunciamentos da Corte Maior".[128] Outrora, parcela da doutrina advogava a inconstitucionalidade da exigência

---

118 STF, ADIn nº 1.396, Rel. Min. Marco Aurélio, j. 7.2.1996, *DJU* 22.3.1996.

119 STF, ADIn nº 1.307, Rel. Min. Francisco Rezek, j. 19.12.1995, *DJU* 24.5.1996.

120 STF, ADIn nº 902, Rel. Min. Marco Aurélio, j. 3.3.1994, *DJU* 22.4.1994.

121 STF, ADIn nº 733, Rel. Min. Sepúlveda Pertence, j. 17.6.1992, *DJU* 30.6.1995.

122 STF, ADIn nº 1.151, Rel. Min. Marco Aurélio, j. 11.11.1994, *DJU* 19.5.1995.

123 STF, ADIn nº 305, Rel. Min. Paulo Brossard, j. 22.5.1991, *DJU* 6.5.1994.

124 STF, ADIn nº 1.464, Rel. Min. Moreira Alves, j. 26.9.1996, *DJU* 13.12.1996.

125 STF, ADIn nº 1.096, Rel. Min. Celso de Mello, j. 16.3.1995, *DJU* 22.9.1995.

126 STF, ADIn nº 1.507, Rel. Min. Carlos Velloso, j. 3.2.1997, *DJU* 6.6.1997.

127 STF, ADIn nº 4.203, Rel. Min. Dias Toffoli, j. 30.10.2014, *DJU* 2.2.2015.

128 STF, ADIn nº 77, Rel. Min. Sepúlveda Pertence, j. 15.4.1993, *DJU* 23.4.1993; STF, ADIn nº 138, Rel. Min. Sydney Sanches, j. 14.2.1990, *DJU* 16.11.1990; STF, ADIn nº 714, Rel. Min. Octávio Gallotti, j. 5.8.1993, *DJU* 27.5.1994; STF, ADIn nº 913, Rel. Min. Moreira Alves, j. 18.8.1993, *DJU* 5.5.1995; STF, ADIn nº 1.114, Rel. Min. Cármen Lúcia, j. 20.5.2009, *DJU* 10.9.2009; STF, ADIn nº 1.157, Rel. Min. Celso de Mello, j. 1º.12.1994, *DJU* 17.11.2006; STF, ADIn nº 1.194, Rel. Min. Sydney Sanches, j. 14.2.1996, *DJU* 29.3.1996; STF, ADIn nº 1.250, Rel. Min. Moreira Alves, j. 22.3.1995, *DJU* 30.6.1995; STF, ADIn nº 1.519, Rel. Min. Carlos Velloso, j. 6.11.1996, *DJU* 13.12.1996; STF, ADIn nº 1.626, Rel. Min. Sepúlveda Pertence, j. 14.8.1997, *DJU* 26.9.1997; STF, ADIn nº 1.643, Rel. Min. Maurício Corrêa, j. 5.12.2002, *DJU* 14.3.2003; STF, ADIn nº 1.802, Rel. Min. Sepúlveda Pertence, j. 27.8.1998, *DJU* 13.2.2004; STF, ADIn nº 1.970, Rel. Min. Nelson Jobim, j. 1º.7.1999, *DJU* 18.2.2000;

de pertinência temática em referência aos legitimados ativos especiais, pelo motivo de que "a relação de pertinência assemelha-se muito ao estabelecimento de uma condição de ação – análoga, talvez, ao interesse de agir –, que não decorre dos expressos termos da Constituição e parece ser estranha à natureza do processo de controle de normas. Por isso, a fixação de tal exigência parece ser defesa até mesmo ao legislador ordinário federal, no uso de sua competência específica".[129]

4.1 Presidente da República

A legitimação ativa do Presidente da República para a ação direta de inconstitucionalidade enseja duas questões importantes.

Uma é alusiva à **sucessão e substituição do Presidente da República**, em concordância com os arts. 79 e 80 da CRFB, de maneira que o sucessor (Vice-Presidente da República) e os substitutos (Vice-Presidente da República e Presidentes da Câmara dos Deputados, do Senado Federal e do Supremo Tribunal Federal) do Presidente da República dispõem de legitimação ativa para a ação direta de inconstitucionalidade, enquanto estiverem no exercício da Chefia do Poder Executivo, transitoriamente ou não.[130]

Outra é atinente à possibilidade de ajuizamento de **ação direta de inconstitucionalidade contra lei federal cujo projeto não tenha sido vetado pelo Presidente da República**, em contrariedade com o art. 66, § 1º, da CRFB, de sorte que há antagonismo entre duas correntes doutrinárias. **Gilmar Ferreira Mendes** assevera que o Presidente da República detém legitimidade ativa para a ação direta de inconstitucionalidade contra lei federal, ainda que o projeto não tenha sido vetado durante o processo legislativo, especialmente na hipótese em que resta demonstrado que a inconstitucionalidade não era manifesta no momento da sanção, quer dizer: "eventual sanção da lei questionada não obsta à admissibilidade da ação direta proposta pelo Chefe do Poder Executivo, mormente se demonstrar que não era manifesta, ao tempo da sanção, a ilegitimidade suscitada".[131] **Rodrigo Lopes Lourenço** assinala que o Presidente da República não dispõe de legitimidade ativa para a ação direta de inconstitucionalidade contra lei federal, não tendo sido o projeto vetado durante o processo legislativo, porquanto a admissibilidade da impugnação pressuporia o exercício do direito de veto pelo Chefe do Poder Executivo, vale dizer: "o Presidente da República necessita ajuizar ação direta de inconstitucionalidade se, por exemplo, após vetar um projeto de lei por inconstitucionalidade, usando a competência que lhe é outorgada pela regra inscrita no art. 66, § 1º, da CRFB, tal veto for rejeitado pelo Congresso Nacional, com fulcro no preceito inserto no § 4º do mesmo dispositivo".[132] *Permissa venia*, ainda que em contraste com a opinião de um dos mais prestigiados autores do País, entendemos ser possível ao Presidente da República propor

---

STF, ADIn nº 2.482, Rel. Min. Moreira Alves, j. 2.10.2002, *DJU* 25.4.2003, STF, ADIn nº 4.406, Rel. Min. Rosa Weber, j. 18.10.2019, *DJU* 4.11.2019, e STF, ADIn nº 5.216, Rel. Min. Gilmar Mendes, j. 13.3.2020, *DJU* 23.3.2020.

129 MENDES, Gilmar Ferreira. *Jurisdição Constitucional*. 3ª ed. São Paulo: Saraiva, 1999, p. 145.

130 STF, ADIn nº 604, Rel. Min. Celso de Mello, j. 26.11.1991, *RTJ* 141/346.

131 MENDES, Gilmar Ferreira. *Direitos Fundamentais e Controle de Constitucionalidade: estudos de Direito Constitucional*, p. 317-318.

132 LOURENÇO, Rodrigo Lopes. *Controle de Constitucionalidade à luz da Jurisprudência do Supremo Tribunal Federal*, p. 39.

ação direta de inconstitucionalidade contra lei federal cujo projeto não tenha sido por ele vetado, "em primeiro lugar, porque a legitimidade deste para o ajuizamento da ação direta de inconstitucionalidade não é condicionada de nenhuma forma pela Constituição, não cabendo ao seu intérprete e aplicador restringir o que não foi objeto de restrição por parte do legislador constituinte. Em segundo lugar, porque, se o Chefe do Poder Executivo sancionou a lei e entendeu que estava errado, é melhor que proponha a ação direta do que persistir no erro, cumprindo uma lei inconstitucional",[133] malgrado a jurisprudência do Supremo Tribunal Federal, salvo melhor juízo, seja assentada no sentido contrário, como demonstra o acórdão: "quando o ato normativo impugnado em sede de fiscalização abstrata tiver emanado também do Chefe do Poder Executivo - a lei, sendo ato estatal subjetivamente complexo, emerge da conjugação das vontades autônomas do legislativo e do Executivo - e este figurar, em consequência, no polo passivo da relação processual, tornar-se-á juridicamente impossível o seu ingresso em condição subjetiva diversa daquela que já ostentava no processo. Não pode o Presidente da República, desse modo, pretender figurar, simultaneamente, numa mesma relação processual, nas antagônicas posições de sujeito ativo e de sujeito passivo".[134]

4.2 Mesas do Senado Federal e da Câmara dos Deputados

A legitimação ativa das Mesas do Senado Federal e da Câmara dos Deputados para a ação direta de inconstitucionalidade não aproveita os membros do Poder Legislativo federal.

Por conseguinte, há a possibilidade de a Mesa propor a ação direta de inconstitucionalidade, ainda que **comissão ou plenário do Senado Federal ou da Câmara dos Deputados** entenda que a lei ou ato normativo impugnado não seja viciado pela inconstitucionalidade, de forma que é permitido que a mesa diretora seja requerente e o órgão legislativo respectivo seja requerido, na mesma ação direta de inconstitucionalidade, como, por exemplo, na hipótese de projeto de resolução, cuja iniciativa exclusiva deveria ter sido exercida pela mesa diretora, apresentado por comissão e aprovado pelo plenário.[135]

4.3 Mesas de Assembleia Legislativa e da Câmara Legislativa

A legitimação ativa da Mesa da Câmara Legislativa,[136] assim como do Governador do Distrito Federal,[137] para a ação direta de inconstitucionalidade, deflui da norma veiculada pelo art. 103, incs. IV e V, da CRFB n/f EC nº 45/04.

---

[133] BINENBOJM, Gustavo. *Aspectos Processuais do Controle Abstrato da Constitucionalidade no Brasil* in *Revista de Direito da Associação dos Procuradores do Novo Estado do Rio de Janeiro*, nº 5, 2000, p. 35.

[134] STF, ADIn nº 807, Rel. Min. Celso de Mello, j. 27.5.1993, *DJU* 11.6.1993.

[135] STF, ADIn nº 732, Rel. Min. Celso de Mello, j. 22.5.1992, *RTJ* 143/57.

[136] STF, ADIn nº 665, Rel. Min. Octavio Gallotti, j. 19.3.1992, *DJU* 24.4.1992.

[137] STF, ADIn nº 645, Rel. Min. Ilmar Galvão, j. 15.2.1992, *DJU* 21.2.1992.

Todavia, a compatibilização entre a lei federal e a jurisprudência do Supremo Tribunal Federal, sob a denominação "**legalização da jurisprudência**",[138] havia resultado na legitimação ativa da Mesa da Câmara Legislativa, bem como do Governador do Distrito Federal, para a ação direta de inconstitucionalidade anteriormente à Reforma do Poder Judiciário e das Funções Essenciais à Justiça, por força da norma ventilada pelo art. 2º, incs. IV e V, da Lei nº 9.868/99.[139, 140]

4.4 Governador de Estado e do Distrito Federal

A legitimação ativa do Governador de Estado, como também do Governador do Distrito Federal, para a ação direta de inconstitucionalidade não é limitada à impugnação de leis ou atos normativos oriundos da entidade federativa governada pelo requerente.

O Governador pode impugnar, por intermédio da ação direta de inconstitucionalidade, **lei ou ato normativo originário de entidade federativa diferente**, se demonstrar a repercussão nos interesses específicos do Estado ou Distrito Federal, tal como na hipótese de concessão, por lei ou ato normativo estadual ou distrital, de benefícios fiscais relativos ao imposto sobre operações relacionadas à circulação de mercadorias e prestação de serviços de transporte interestadual e intermunicipal e de comunicação, em contraste com a norma jurídica insculpida no art. 155, § 2º, inc. XII, *g*, da CRFB.[141]

4.5 Procurador-Geral da República

A legitimação ativa do Procurador-Geral da República para a ação direta de inconstitucionalidade provoca três questões interessantes.

Com efeito, no que se refere ao **campo de atuação do Ministério Público da União**, na hipótese em que a ação direta de inconstitucionalidade é proposta pelo Procurador-

---

138 SANTOS, William Douglas Resinente; MOTTA FILHO, Sylvio Clemente. *Legalizando a Jurisprudência – Breves Comentários à Lei nº 9.868/99* in *Boletim Informativo Juruá*, nº 245, 2000, p. 6-7.

139 FERREIRA FILHO, Manoel Gonçalves. *O Sistema Constitucional Brasileiro e as Recentes Inovações no Controle de Constitucionalidade* in *Revista de Direito Administrativo*, nº 220, 2000, p. 11.

140 Menelick de Carvalho Netto reconhece a inconstitucionalidade não somente do art. 2º, incs. IV e V, mas de toda a Lei nº 9.868/99, uma vez que "contrária a distribuição de competências judiciais prefigurada na Constituição e aos pressupostos mais arraizados e internalizados de nossa ambiência constitucional". CARVALHO NETTO, Menelick de. *A Contribuição do Direito Administrativo Enfocado da Ótica do Administrado para uma Reflexão acerca dos Fundamentos do Controle de Constitucionalidade das Leis no Brasil: um pequeno exercício de Teoria da Constituição* in *Revista do Tribunal Superior do Trabalho*, nº 68, 2002, p. 84.

141 STF, ADIn nº 902, Rel. Min. Marco Aurélio, j. 3.3.1994, *DJU* 22.4.1994. V., também: STF, ADIn nº 2.376, Rel. Min. Marco Aurélio, j. 1º.6.2011, *DJU* 1º.7.2011; STF, ADIn nº 2.396, Rel. Min. Ellen Gracie, j. 8.5.2003, *DJU* 1º.8.2003; STF, ADIn nº 2.452, Rel. Min. Nelson Jobim, j. 24.9.2003, *DJU* 10.10.2003; STF, ADIn nº 2.549, Rel. Min. Ricardo Lewandowski, j. 1º.6.2011, *DJU* 10.6.2011; STF, ADIn nº 2.656, Rel. Min. Maurício Corrêa, j. 8.5.2003, *DJU* 1º.8.2003; STF, ADIn nº 2.906, Rel. Min. Marco Aurélio, j. 1º.6.2011, *DJU* 29.6.2011; STF, ADIn nº 3.389, Rel. Min. Joaquim Barbosa, j. 6.9.2007, *DJU* 1º.2.2008; STF, ADIn nº 3.664, Rel. Min. Cezar Peluso, j. 1º.6.2011, *DJU* 10.6.2011; STF, ADIn nº 3.673, Rel. Min. Joaquim Barbosa, j. 6.9.2007, *DJU* 1º.2.2008; STF, ADIn nº 3.674, Rel. Min. Marco Aurélio, j. 1º.6.2011, *DJU* 29.6.2011; STF, ADIn nº 3.794, Rel. Min. Joaquim Barbosa, j. 1º.6.2011, *DJU* 10.6.2011; STF, ADIn nº 4.152, Rel. Min. Cezar Peluso, j. 1º.6.2011, *DJU* 10.6.2011, e STF, ADIn nº 4.457, Rel. Min. Marco Aurélio, j. 1º.6.2011, DJU 1º.7.2011, e STF, ADIn nº 4.507, Rel. Min. Marco Aurélio, j. 5.8.2020, *DJU* 1º.10.2020.

-Geral da República, o *Parquet* acumula as posições de órgão agente (requerente) e órgão interveniente (*custos legis*), sendo-lhe aberta vista para emissão de parecer, a teor dos arts. 103, inc. VI, § 1º, e 129, inc. IV, da CRFB, regulados pelos arts. 6º, inc. I, e 46, parágrafo único, inc. I, da Lei Complementar nº 75/93.[142]

Demais disso, no que se relaciona à **destinação institucional do Ministério Público da União**, na ação direta de inconstitucionalidade, genérica e interventiva, a atribuição do Procurador-Geral da República na primeira é desvinculada de interesse jurídico específico a ser protegido, sendo dirigida à preservação do ordenamento jurídico objetivo, ao passo que na segunda é vinculada a interesse jurídico específico a ser protegido, consistente na preservação dos princípios constitucionais sensíveis.[143]

No que diz respeito à **obrigatoriedade ou facultatividade de o Procurador-Geral da República submeter a representação de inconstitucionalidade, ainda que estivesse pessoalmente convencido da constitucionalidade da norma impugnada, ao Supremo Tribunal Federal**, na vigência da Constituição de 1967, com a Emenda nº 1 de 1969, em que a legitimação ativa era exclusiva do *Parquet*, três correntes doutrinárias eram divergentes. A obrigatoriedade era pleiteada por **Themístocles Brandão Cavalcanti**[144] e **Josaphat Marinho**,[145] de maneira que o Procurador-Geral da República deveria arguir a inconstitucionalidade com parecer contrário, com fundamento no princípio da indisponibilidade da representação de inconstitucionalidade, sob pena de usurpação da competência constitucional do Supremo Tribunal Federal. A obrigatoriedade, no caso de representação oferecida por pessoa jurídica de direito público, e facultatividade, no caso de representação oferecida por pessoa natural ou pessoa jurídica de direito privado, era sustentada por **Celso Ribeiro Bastos**[146] e **Arnoldo Wald**.[147] A facultatividade era postulada por **Alfredo Buzaid**,[148] **José Luiz Anhaia Mello**,[149] **José Carlos Barbosa Moreira**[150] e **Celso Agrícola Barbi**,[151] de sorte que o Procurador-Geral da República deveria determinar o arquivamento da arguição, com fulcro no princípio da disponibilidade da representação de inconstitucionalidade, sob pena de configuração de ação popular de inconstitucionalidade, mediante a convolação, por via oblíqua, da titularidade exclusiva

---

142 CARNEIRO, Paulo Cézar Pinheiro. *O Ministério Público no Processo Civil e Penal*. 5ª ed. Rio de Janeiro: Forense, 1999, p. 7-14.

143 MELLO, Oswaldo Aranha Bandeira de. *Teoria das Constituições Rígidas*. 2ª ed. São Paulo: José Bushatsky, 1980, p. 189.

144 CAVALCANTI, Themístocles Brandão. *Do Controle de Constitucionalidade*. Rio de Janeiro: Forense, 1966, p. 115-118.

145 MARINHO, Josaphat. *Inconstitucionalidade de Lei: representação ao Supremo Tribunal Federal* in *Revista de Direito Público*, nº 12, 1971, p. 150-161.

146 BASTOS, Celso Ribeiro. *Curso de Direito Constitucional*. 6ª ed. São Paulo: Saraiva, 1983, p. 75.

147 WALD, Arnoldo. *Da Iniciativa para o Exercício da Ação Direta de Declaração de Inconstitucionalidade* in *Revista de Direito Público*, nº 16, 1972, p. 168.

148 BUZAID, Alfredo. *Da Ação Direta de Declaração de Inconstitucionalidade no Direito Brasileiro*. São Paulo: Saraiva, 1958, p. 110.

149 MELLO, José Luiz Anhaia. *Os Princípios Constitucionais e a sua Proteção*. 2ª ed. São Paulo: Saraiva, 1996, p. 110.

150 MOREIRA, José Carlos Barbosa. *As Partes na Ação Declaratória de Inconstitucionalidade* in *Revista de Direito da Procuradoria-Geral do Estado da Guanabara*, nº 13, 1964, p. 67.

151 BARBI, Celso Agrícola. *Evolução do Controle de Constitucionalidade das Leis no Brasil* in *Revista de Direito Público*, nº 4, 1969, p. 34-43.

em titularidade universal. O Supremo Tribunal Federal, na esteira da melhor doutrina, firmou jurisprudência no sentido da facultatividade, ao argumento de que o Chefe do Ministério Público da União era o *dominus litis*, "cabendo-lhe a iniciativa de encaminhar ao Supremo Tribunal Federal a representação de inconstitucionalidade".[152, 153]

4.6 Conselho Federal da Ordem dos Advogados do Brasil

A legitimação ativa do Conselho Federal da Ordem dos Advogados do Brasil para a ação direta de inconstitucionalidade é atribuída para a impugnação de lei ou ato normativo federal ou estadual, ainda que não se refira aos interesses específicos dos advogados, conquanto é qualificada como universal.

A Ordem dos Advogados do Brasil – cuja **natureza jurídica** é a de serviço público independente, categoria singular (*sui generis*), submetida ao Direito Público (exercício do poder de polícia administrativa da profissão) e ao Direito Privado (demais finalidades), em razão da retomada de vigência da norma invalidamente revogada, inserida no art. 44, § 1º, da Lei nº 8.906/94, pela suspensão da eficácia, ainda que liminar, da norma revogadora, insertada no art. 58 da Lei nº 9.649/98, como preceitua o art. 11, § 2º, da Lei nº 9.868/99[154, 155] –, por meio do seu Conselho Federal, é a única entidade de fiscalização de profissão regulamentada que dispõe de legitimação ativa para a ação direta de inconstitucionalidade, vez que não há a possibilidade de outra entidade de fiscalização de profissão regulamentada suscitar o controle de constitucionalidade concentrado perante o Supremo Tribunal Federal.[156, 157]

4.7 Partido político com representação no Congresso Nacional

A legitimação ativa dos partidos políticos com representação no Congresso Nacional para a ação direta de inconstitucionalidade toca às entidades partidárias que possuam, no mínimo, um representante no Senado Federal ou Câmara dos Deputados, a fim de permitir a defesa da minoria no âmbito da jurisdição constitucional orgânica.[158]

Os partidos políticos, quanto à **amplitude da impugnação**, são legitimados ativos para a ação direta de inconstitucionalidade de lei ou ato normativo de qualquer conteúdo normativo, independentemente de prévia audiência de qualquer órgão partidário, ressalvada a hipótese de disposição em sentido contrário no estatuto. "Os partidos

---

152 STF, Recl. nº 849, Rel. Min. Adalício Nogueira, j. 10.3.1971, *DJU* 9.12.1971.

153 Na vigência da Constituição de 1988, doutrina e jurisprudência são fixadas no mesmo sentido, pois a qualquer pessoa é atribuída a possibilidade de provocar o controle de constitucionalidade concentrado – posto que é assegurado o direito de petição a alguns legitimados ativos para a ação direta de inconstitucionalidade – ou deflagrar o controle de constitucionalidade difuso –, visto que não é restrita a iniciativa da arguição de inconstitucionalidade. CLÈVE, Clèmerson Merlin. *A Fiscalização Abstrata da Constitucionalidade no Direito Brasileiro*, p. 178-179.

154 LÔBO, Paulo Luiz Neto. *Comentários ao Novo Estatuto da Advocacia e da OAB*. Brasília: Conselho Federal, 1994, p. 152.

155 STF, ADIn nº 1717, Rel. Min. Sydney Sanches, j. 22.9.1999, *DJU* 25.2.2000.

156 BASTOS, Celso Ribeiro. *A Constituição de 1988 e seus Problemas*. São Paulo: LTr, 1997, p. 172.

157 STF, ADIn nº 641, Rel. Min. Marco Aurélio, j. 11.12.1991, *RTJ* 144/747.

158 STF, ADIn nº 2.270, Rel. Min. Celso de Mello, j. 9.8.2000, *DJU* 22.8.2000.

políticos têm legitimidade para o ajuizamento de ação direta de inconstitucionalidade, independentemente da matéria versada, na norma atacada".[159]

Os partidos políticos, quanto à **representação processual**, são representados, nas ações diretas de inconstitucionalidade, pelo presidente do seu diretório nacional, não estando os diretórios regionais e municipais autorizados a propô-las perante o Supremo Tribunal Federal. "Não estão autorizados a propor ação direta de inconstitucionalidade os diretórios municipais, nem os diretórios regionais, dos partidos políticos, mas, somente, os diretórios nacionais, por meio dos respectivos órgãos de representação".[160]

O partido político que sofrer **perda superveniente da representação no Congresso Nacional**, por deixar de possuir um representante no Senado Federal ou Câmara dos Deputados, no curso da ação direta de inconstitucionalidade, não se despe da legitimação ativa para prosseguir no processo de controle de constitucionalidade concentrado, à proporção que "o partido político com representação no Congresso Nacional dispõe de legitimidade para a instauração do processo de fiscalização abstrata de constitucionalidade, podendo ajuizar, perante o Supremo Tribunal Federal, a pertinente ação, qualquer que seja o número de representantes da agremiação partidária nas Casas do Poder Legislativo da União",[161] "devendo a aferição da legitimidade ser feita no momento da propositura da ação, de molde que a perda superveniente de representação do partido político no Congresso Nacional não o desqualifica como legitimado ativo para a ação direta de inconstitucionalidade".[162]

4.8 Confederação sindical

A legitimação ativa das confederações sindicais para a ação direta de inconstitucionalidade é adstrita aos interesses específicos dos filiados, porquanto é qualificada como especial.

Por um lado, há a diferenciação entre **federação sindical**, com fundamento no art. 534, e **confederação sindical**, com fulcro no art. 535, ambos da CLT, dado que a primeira é composta por, no mínimo, cinco sindicatos de atividades idênticas, similares ou conexas, desde que representem a maioria absoluta dos sindicatos do correspondente grupo, de âmbito preferencialmente estadual, ao passo que a segunda é formada por, no mínimo, três federações do mesmo ramo econômico ou profissional, de âmbito necessariamente nacional,[163] sendo a jurisprudência do Supremo Tribunal Federal firmada no sentido da ilegitimidade ativa das federações sindicais, mesmo que de âmbito nacional: "a Corte já firmou orientação de que das entidades sindicais apenas as confederações que estão organizadas nos moldes exigidos pela CLT é que têm legitimidade para propor ação direta de inconstitucionalidade, não a tendo, portanto, as federações, ainda que nacionais, por não serem entidades sindicais de grau máximo".[164]

---

159 STF, ADIn nº 1.396, Rel. Min. Marco Aurélio, j. 7.2.1996, *DJU* 22.3.1996.

160 STF, ADIn nº 1.449, Rel. Min. Ilmar Galvão, j. 7.5.1996, *DJU* 21.5.1996.

161 STF, ADIn nº 2.060, Rel. Min. Celso de Mello, j. 14.4.2000, *DJU* 26.4.2000.

162 STF, ADIn nº 2.159, Rel. Min. Gilmar Mendes, j. 12.8.2004, *DJU* 24.8.2004. V., também: STF, ADIn nº 2.618, Rel. Min. Gilmar Mendes, j. 12.8.2004, *DJU* 24.8.2004.

163 SÜSSEKIND, Arnaldo. *Direito Constitucional do Trabalho*. Rio de Janeiro: Renovar, 1999, p. 365-366.

164 STF, ADIn nº 1.795, Rel. Min. Moreira Alves, j. 13.4.1998, *DJU* 30.4.1998.

Por outro lado, há a distinção entre **confederação sindical**, em conformidade com o art. 535 da CLT, e **central sindical**, em consonância com o art. 18, § 3º, da Lei nº 7.998/90, art. 3º, § 3º, da Lei nº 8.036/90 e art. 3º, § 2º, da Lei nº 8.213/91, eis que a primeira é entidade sindical representativa de categorias econômicas ou profissionais, ao passo que a segunda é sociedade civil coordenadora de entidades sindicais diversificadas,[165] sendo a jurisprudência do Supremo Tribunal Federal fixada no sentido da ilegitimidade ativa das centrais sindicais para a ação direta de inconstitucionalidade, embora possam representar judicialmente as confederações sindicais: "fixou-se a Corte no sentido da ilegitimidade das centrais sindicais à propositura da ação direta de inconstitucionalidade. Nada impede, entretanto, que à central sindical, associação civil que é, outra entidade de classe, legitimada a propor a ação, outorgue poderes para que o faça em seu nome".[166]

Outrossim, a confederação sindical, para efeito de legitimação ativa para a ação direta de inconstitucionalidade, deve ter obtido o registro no órgão estatal com atribuição para tanto, como prescreve a norma jurídica insculpida no art. 8º, inc. I, da CRFB:[167] "a Corte Excelsa tem orientação no sentido de que não ofende a Constituição a exigência de registro sindical no Ministério da Economia, órgão este que, sem prejuízo de regime diverso passível de instituição pelo legislador comum, ainda continua a ser o órgão estatal incumbido de atribuição normativa para proceder à efetivação do ato registral".[168]

4.9 Entidade de classe de âmbito nacional

A legitimação ativa das entidades de classe de âmbito nacional para a ação direta de inconstitucionalidade suscita questões relevantes em torno do **conceito**, **amplitude**, "**associação de associações**" e **entidades internacionais**.

As entidades de classe de âmbito nacional, pela aplicação analógica da norma jurídica veiculada pelo art. 7º, § 1º, da Lei nº 9.096/95 (Lei Orgânica dos Partidos Políticos), é sujeita a dois requisitos: (i) o da homogeneidade, ou seja, o ente deve congregar membros de uma mesma categoria econômica ou profissional (entidade de classe)[169] e (ii) o da espacialidade, isto é, o ente deve reunir componentes em, no mínimo, nove entidades federativas e que integrem as cinco regiões geográficas do país (âmbito nacional),[170] motivo pelo qual a UNE (União Nacional dos Estudantes) não dispõe de legitimação ativa para a ação direta de inconstitucionalidade, já que os seus filiados, embora domiciliados em todos os entes da federação, não pertencem a uma mesma categoria econômica, mas conformam um segmento da sociedade.[171]

---

165 ROMITA, Arion Sayão. *A Globalização da Economia e o Poder dos Sindicatos* in *Revista de Direito da Associação dos Procuradores do Novo Estado do Rio de Janeiro*, nº 3, 2000, p. 24.

166 STF, ADIn nº 1.310, Rel. Min. Carlos Velloso, j. 10.7.1995, *DJU* 10.9.1995.

167 RUFFINO, Câmara. *A Criação de Sindicatos e o Órgão Competente para Registrá-los* in *Suplemento Trabalhista LTr*, nº 43, 1990, p. 1.173.

168 STF, ADIn nº 1.565, Rel. Min. Néri da Silveira, j. 23.10.1997, *RTJ* 147/868. V., também: STF, ADIn nº 705, Rel. Min. Celso de Mello, j. 24.6.1992, *RTJ* 152/782; STF, ADIn nº 1.121, Rel. Min. Celso de Mello, j. 6.9.1995, *RTJ* 159/413; STF, ADIn nº 4.380, Rel. Min. Celso de Mello, j. 22.3.2017, *DJU* 27.3.2017; e STF, ADIn nº 4.422, Rel. Min. Celso de Mello, j. 1º.7.2010, *DJU* 5.8.2010.

169 STF, ADIn nº 4.600, Rel. Min. Luiz Fux, j. 5.3.2015, *DJU* 26.3.2015.

170 STF, ADIn nº 77, Rel. Min. Sepúlveda Pertence, j. 9.4.1993, *DJU* 23.4.1993.

171 STF, ADIn nº 894, Rel. Min. Néri da Silveira, j. 18.11.1993, *DJU* 20.4.1995.

As entidades de classe de âmbito nacional, independentemente de autorização específica dos seus associados, são legitimadas ativas para a ação direta de inconstitucionalidade, ainda que a categoria respectiva não seja o único segmento da sociedade compreendido no âmbito normativo da lei ou ato normativo impugnado.[172]

As entidades que congregam pessoas jurídicas coletivamente representativas de categoria profissional ou econômica podem caracterizar ente de classe de âmbito nacional para efeito de controle de constitucionalidade abstrato por meio da ação direta de inconstitucionalidade, já que o conceito de classe encerra não unicamente as pessoas naturais, mas também as pessoas jurídicas constituídas para representá-las.[173]

As entidades internacionais que possuam seção brasileira, domiciliada no território nacional e incumbida de representá-las no Brasil, não configuram entidade de classe de âmbito nacional para fins de controle de constitucionalidade concentrado perante o Supremo Tribunal Federal.[174, 175]

4.10 Observações complementares

Ipso facto, é de assinalar três observações complementares, pertinentes: (i) à *representação judicial*, (ii) à *pluralidade de partes*, por litisconsórcio, intervenção de terceiros ou *amicus curiae*, e (iii) à *atuação processual do Procurador-Geral da República e do Advogado-Geral da União.*

4.10.1 Representação judicial

A capacidade processual é dividida em capacidade de ser parte, capacidade de estar em juízo e capacidade postulatória.

A capacidade de ser parte, também denominada de legitimidade para a causa (*legitimatio ad causam*), consiste na aptidão para integrar a relação jurídica-processual, em nome próprio ou alheio. A legitimidade para a causa é adquirida em decorrência da titularidade da relação jurídica-material deduzida em juízo, havendo identidade entre a parte em sentido material e a parte em sentido processual (legitimação ordinária); contudo, excepcionalmente, a legitimidade para a causa pode ser adquirida a despeito da titularidade da relação jurídica-material deduzida em juízo, não havendo identidade entre a parte em sentido material e a parte em sentido processual (legitimação extraordinária), desde que legalmente autorizado, na dicção do art. 18, *caput*, do CPC.

A capacidade de estar em juízo, também designada de legitimidade para o processo (*legitimatio ad processum*), corresponde à aptidão para adquirir direitos e contrair obrigações, em nome próprio, sob pena de representação (incapacidade absoluta) ou assistência (incapacidade relativa). A legitimidade para o processo é adquirida em razão da maioridade, emancipação, casamento, exercício de cargo ou emprego público, colação de grau em curso de ensino superior e estabelecimento civil ou comercial, ou pela

---

172 STF, ADIn nº 1.590, Rel. Min. Sepúlveda Pertence, j. 19.6.1997, *DJU* 15.8.1997.

173 STF, ADIn nº 3.153, Rel. Min. Sepúlveda Pertence, j. 12.8.2004, *DJU* 9.9.2005.

174 STF, ADIn nº 79, Rel. Min. Celso de Mello, j. 13.4.1992, *DJU* 5.6.1992.

175 MENDES, Gilmar Ferreira. *O Direito de Propositura das Confederações Sindicais e das Entidades de Classe de Âmbito Nacional* in *Cadernos de Direito Constitucional e Ciência Política*, nº 6, 1994, p. 72-73.

existência de relação de emprego privado, desde que, em função deles, o menor com 16 anos completos tenha economia própria, na esteira do art. 5º do CC.

A capacidade postulatória, também intitulada de direito de postular (*ius postulandi*), delimita a aptidão para atuar tecnicamente em juízo. O direito de postular é adquirido em virtude da inscrição como advogado na Ordem dos Advogados do Brasil, assim como do provimento em cargo da classe inicial da carreira do Ministério Público a que se referem os arts. 129 e 133 da CRFB, arts. 1º, 3º e 8º da Lei nº 8.906/94 e arts. 25 e 59 da Lei nº 8.625/93; todavia, extraordinariamente, há a possibilidade de atuação em juízo com dispensa da capacidade postulatória, como, por exemplo, nas hipóteses de *habeas corpus*, de reclamação trabalhista e de causa cível de menor complexidade, nos termos do art. 654, *caput, initio*, do CPP, art. 791, *caput*, da CLT e art. 9º, *caput* e § 1º, da Lei nº 9.099/95.

Em consequência, há distinção entre legitimação ativa e representação judicial. A legitimação ativa é correlata à legitimidade para a causa (*legitimatio ad causam*), cuja natureza jurídica é a de condição da ação, de forma que o demandante postula, em nome próprio, direito próprio (legitimação ativa ordinária) ou alheio (legitimação ativa extraordinária), sob pena de extinção do processo sem julgamento de mérito (CPC, art. 485, inc. VI). A representação judicial é correlativa ao direito de postular (*ius postulandi*), cuja natureza jurídica é a de pressuposto processual, de modo que o representante postula, em nome alheio, direito alheio, sob pena de suspensão do processo (CPC, art. 76, *caput*).[176] A jurisprudência do Supremo Tribunal Federal é assentada no sentido de que a norma insculpida no art. 103, incs. I a VII, da CRFB atribui legitimação ativa, bem como capacidade processual, para a ação direta de inconstitucionalidade às autoridades, órgãos e entidades nela enumerados, pelas quais o Presidente da República, as Mesas do Senado Federal, Câmara dos Deputados, Assembleias Legislativas e Câmara Legislativa, os Governadores de Estado e Distrito Federal, o Procurador-Geral da República e o Conselho Federal da Ordem dos Advogados do Brasil podem ajuizar ação direta de inconstitucionalidade, sem constituição de advogado, ao passo que os partidos políticos com representação no Congresso Nacional, as confederações sindicais e as entidades de classe de âmbito nacional são representados em juízo por advogados regularmente habilitados, por intermédio de procuração com outorga de poderes especiais, sendo prescindível a indicação do dispositivo a ser examinado, *ad summam*: "o Governador de Estado e as demais autoridades e entidades referidas no art. 103, incs. I a VII, da CRFB, além de ativamente legitimados à instauração do controle concentrado de constitucionalidade das leis e atos normativos, federais e estaduais, mediante ajuizamento de ação direta de inconstitucionalidade perante o Supremo Tribunal Federal, possuem capacidade postulatória. Podem, enquanto ostentarem aquela condição, praticar, no processo de ação direta de inconstitucionalidade, quaisquer atos ordinariamente privativos de advogado".[177]

---

[176] CINTRA, Antonio Carlos de Araújo; GRINOVER, Ada Pellegrini; DINAMARCO, Cândido Rangel. *Teoria Geral do Processo*. 12ª ed. São Paulo: Malheiros, 1996, p. 261 e 292. V., também: MEDEIROS, Hortêncio Catunda de. *Esquema de Teoria Geral do Processo*. 3ª ed. Rio de Janeiro: Renovar, 1998, p. 99-101.

[177] STF, ADIn nº 127, Rel. Min. Celso de Mello, j. 20.11.1989, *DJU* 4.12.1992. V., também: STF, ADIn nº 2.187, Rel. Min. Octavio Gallotti, j. 15.6.2000, *DJU* 12.12.2003, e STF, ADIn nº 2.728, Rel. Min. Maurício Corrêa, j. 28.5.2003, *DJU* 6.6.2003.

4.10.2 Pluralidade de partes

A pluralidade de partes é resultante da coexistência de duas ou mais pessoas em uma polaridade ou ambos os polos da relação jurídica-processual, em decorrência de litisconsórcio ou intervenção de terceiros.

4.10.2.1 Litisconsórcio

O litisconsórcio é conceituado como situação jurídica caracterizada pela pluralidade, no processo, de autores e/ou réus. Por ilação, como os litisconsortes são pessoas que, pela demanda, citação, intervenção ou sucessão, adquirem a qualidade de parte no mesmo processo, o litisconsórcio pode ser classificado como: (i) litisconsórcio ativo, litisconsórcio passivo e litisconsórcio misto ou recíproco, dado que, quanto à posição dos litisconsortes na relação jurídica-processual, no primeiro, diversos autores demandam em face de um réu, no segundo, um autor demanda em face de vários réus e, no terceiro, diversos autores demandam em face de vários réus; (ii) litisconsórcio inicial ou originário e litisconsórcio incidental ou ulterior, já que, quanto ao momento da formação do litisconsórcio, aquele é constituído desde a propositura da ação, enquanto este é constituído após a propositura da ação; (iii) litisconsórcio simples e litisconsórcio unitário, posto que, quanto ao regime de tratamento dos litisconsortes, no primeiro, o pronunciamento judicial pode ser diferente para cada litisconsorte, ao inverso do segundo, no qual o provimento jurisdicional deve ser uniforme para todos litisconsortes, e (iv) litisconsórcio facultativo e litisconsórcio necessário, visto que, quanto ao poder aglutinador das razões que conduzem à formação do litisconsórcio, aquele decorre da manifestação de vontade das partes, enquanto este deflui da natureza incindível da relação jurídica-material deduzida em juízo ou disposição legal, sob pena de extinção do processo sem julgamento de mérito, com esteio nos arts. 113 a 118 do CPC.[178]

Isso posto, o litisconsórcio ativo, facultativo e unitário, ainda que ulterior, é admitido na ação direta de inconstitucionalidade, desde que todos os requerentes disponham de legitimidade ativa, porque é imprescindível que todos detenham a aptidão para a condução autônoma do processo de controle de constitucionalidade abstrato:[179] "a possibilidade jurídico-constitucional da legitimação concorrente para agir torna viável, no plano da ação direta de inconstitucionalidade, a formação de litisconsórcio ativo, desde que os litisconsortes disponham, autonomamente, de qualidade para fazer instaurar o processo objetivo de controle de constitucionalidade".[180]

4.10.2.2 Intervenção de terceiros

A intervenção de terceiros é definida como fato jurídico caracterizado pelo ingresso, no processo, de quem não era parte da demanda. Por inferência, como o terceiro é pessoa estranha à relação jurídica-material deduzida e à relação jurídica-processual

---

178 DINAMARCO, Cândido Rangel. *Litisconsórcio*. 4ª ed. São Paulo: Malheiros, 1996, p. 17. V., também: MOREIRA, José Carlos Barbosa. *Litisconsórcio Unitário*. Rio de Janeiro: Forense, 1972, p. 12.

179 NASCIMENTO FILHO, Firly. *Da Ação Direta de Declaração de Inconstitucionalidade: aspectos constitucionais, processuais e federativos*. Rio de Janeiro: Lumen Juris, 1996, p. 117.

180 STF, ADIn nº 79, Rel. Min. Celso de Mello, j. 6.9.1989, *DJU* 1º.3.1990.

pendente, porém ligada àquela por uma relação jurídica conexa e dependente, na defesa de interesse próprio, a intervenção de terceiros é dividida em (i) assistência: ingresso, no processo, de terceiro (assistente) com o fim de auxiliar a uma das partes da demanda (assistido); (ii) chamamento ao processo: ingresso, no processo, de terceiro (chamado) com o fim de tornar efetiva a garantia de uma das partes (chamante), tendo sido demandado isoladamente pela satisfação da coobrigação; (iii) denunciação da lide: ingresso, no processo, de terceiro (litisdenunciado) com o fim de assegurar o direito de regresso de uma das partes (litisdenunciante), em caso de sucumbência eventual na demanda principal, e (iv) desconsideração da personalidade jurídica: ingresso, no processo, de terceiro (sócio ou titular) com o fim de tornar ineficaz a alienação ou oneração de bens de sociedade empresária ou empresa individual, havida em fraude de execução, em relação ao requerente, com espeque nos arts. 119 a 137 do CPC.[181]

Isto visto, a intervenção de terceiros, sob qualquer modalidade, não é admitida na ação direta de inconstitucionalidade, em virtude da natureza objetiva do processo de controle de constitucionalidade concentrado, inadequado para a tutela de interesses subjetivos:[182] "o pedido de intervenção, ordinariamente, não tem cabimento em sede de ação direta de inconstitucionalidade, eis que terceiros não dispõem, em nosso sistema de direito positivo, de legitimidade para intervir no processo de controle normativo abstrato. A razão de ser dessa vedação legal repousa na circunstância de o processo de fiscalização normativa abstrata qualificar-se como processo de caráter objetivo".[183]

4.10.2.3 Colaborador informal da Corte

O *amicus curiae*, traduzido como "colaborador informal da Corte",[184] é sistematizado como admissão formal, no processo de controle de constitucionalidade, de autoridades, órgãos ou entidades interessados na discussão sobre a validade da lei ou ato normativo impugnado ou questionado, por causa da relevância da matéria e representatividade dos postulantes, com o efeito da participação da sociedade na jurisdição constitucional, franqueando ao Supremo Tribunal Federal decidir com pleno conhecimento dos diversos aspectos envolvidos na questão constitucional *sub judice*, à luz do art. 7º, § 2º, da Lei nº 9.868/99.[185]

A origem do *amicus curiae* é bipartida em direta e indireta. Mediatamente, o *amicus curiae* é originário do Direito romano-germânico, no qual o *consiliarius* dispunha da possibilidade de atuar individualmente, na condição de *iuris peritus*, ou não, na constituição do *consilium sapientis*, no processo judicial, em ordem a auxiliar o magistrado. Imediatamente, o *amicus curiae* é oriundo do Direito anglo-saxônico, no qual o

---

181 CARNEIRO, Athos Gusmão. *Intervenção de Terceiros*. 8ª ed. São Paulo: Saraiva, 1996, p. 15. V., também: FUX, Luiz. *Intervenção de Terceiros (Aspectos do Instituto)*. São Paulo: Saraiva, 1990, p. 11.

182 PALU, Oswaldo Luiz. Ob. cit., p. 217.

183 STF, ADIn nº 2.321, Rel. Min. Celso de Mello, j. 11.10.2000, *DJU* 19.10.2000.

184 BIANCHI, Paolo. *Un'Amicizia Interessata: l'amicus curiae davanti alla Corte Suprema degli Stati Uniti* in *Giurisprudenza Costituzionale*, nº 6, 1995, p. 13.

185 CABRAL, Antonio do Passo. *Pelas Asas de Hermes: a intervenção do "amicus curiae"* in *Revista de Processo*, nº 117, 2004, p. 8.

colaborador informal da corte foi transposto da Inglaterra, de onde proveio em 1353,[186] para os Estados Unidos, sendo o caso The Schooner Exchange v. McFadden, de 1812, a primeira referência na história da Suprema Corte à intervenção do *amicus curiae*.[187]

Os pressupostos materiais do *amicus curiae* são sintetizados pela relevância da matéria em exame[188] e representatividade adequada dos postulantes,[189] tendo em conta a repercussão na ordem pública[190] e a necessidade de ser ouvido segmento representativo de interessados no desfecho da ação.[191]

Os requisitos formais do *amicus curiae* são singularizados pelo requerimento subscrito por profissional habilitado[192] e despacho de mero expediente, que não se sujeita a agravo regimental,[193] até a data da remessa dos autos à mesa para julgamento,[194] sob pena de tumulto processual,[195] tendo em consideração a possibilidade de juntada, por linha, de memorial expositivo.[196]

A atuação processual do *amicus curiae* é simbolizada pela faculdade de apresentação de manifestação escrita a respeito da matéria versada nos autos[197] e de sustentação oral das razões que justificaram a sua admissão formal na causa,[198] além da faculdade de submeter, ao relator, proposta de requisição de informações adicionais, de designação de peritos e de convocação de audiências públicas,[199] embora não lhe seja atribuída a legitimação para pleitear a concessão de medida liminar[200] e recorrer das decisões prolatadas no âmbito do controle de constitucionalidade abstrato ou concreto,[201] sendo certo que a jurisprudência do Supremo Tribunal Federal tem admitido que "o instituto do *amicus curiae* não é restrito ao processo objetivo",[202] à semelhança dos arts. 950, § 3º, e 1.035, § 4º, do CPC ("considerando a relevância da matéria e a representatividade dos postulantes, o relator poderá admitir, por despacho irrecorrível, a manifestação de outros órgãos ou entidades" e "o relator poderá admitir, na análise da repercussão geral, a manifestação de terceiros, subscrita por procurador habilitado, nos termos do Regimento Interno do Supremo Tribunal Federal"), art. 31, *caput*, da Lei nº 6.385/76 ("nos processos judiciários que tenham por objetivo matéria incluída na competência

---

186 CRISCUOLI, Giovanni. "*Amicus Curiae*" in *Rivista Trimestrale di Diritto e Procedura Civile*, nº 27, 1973, p. 195.

187 MENEZES, Paulo de Tarso Duarte. *Aspectos Gerais da Intervenção do "Amicus Curiae" nas Ações de Controle de Constitucionalidade pela Via Concentrada* in *Direito Público*, nº 17, 2007, p. 37.

188 STF, ADIn nº 3.026, Rel. Min. Eros Grau, j. 10.2.2005, *DJU* 18.2.2005.

189 STF, ADIn nº 3.355, Rel. Min. Joaquim Barbosa, j. 16.6.2005, *DJU* 23.6.2005.

190 STF, RE nº 659.424, Rel. Min. Celso de Mello, j. 9.12.2013, *DJU* 13.12.2013.

191 STF, ADIn nº 3.313, Rel. Min. Marco Aurélio, j. 12.5.2005, *DJU* 20.5.2005.

192 STF, ADIn nº 3.320, Rel. Min. Celso de Mello, j. 9.8.2005, *DJU* 17.8.2005.

193 STF, ADIn nº 3.504, Rel. Min. Marco Aurélio, j. 2.8.2005, *DJU* 9.8.2005.

194 STF, ADIn nº 4.071, Rel. Min. Menezes Direito, j. 22.4.2009, *DJU* 6.5.2009.

195 STF, ADIn nº 3.428, Rel. Min. Ellen Gracie, j. 30.9.2005, *DJU* 6.10.2005.

196 STF, ADIn nº 748, Rel. Min. Celso de Mello, j. 1º.8.1994, *DJU* 18.11.1994.

197 STF, ADIn nº 3.420, Rel. Min. Joaquim Barbosa, j. 15.6.2005, *DJU* 24.6.2005.

198 STF, ADIn nº 2.777, Rel. Min. Cezar Peluso, j. 27.11.2003, *DJU* 15.12.2003.

199 STF, ADIn nº 4.010, Rel. Min. Rosa Weber, j. 26.6.2012, *DJU* 2.8.2012.

200 STF, ADPF nº 347, Rel. Min. Alexandre de Moraes, j. 18.3.2020, *DJU* 1º.7.2020.

201 STF, ADIn nº 2.581, Rel. Min. Maurício Corrêa, j. 11.4.2002, *DJU* 18.4.2002.

202 STF, RE nº 416.827, Rel. Min. Gilmar Mendes, j. 21.9.2005, *DJU* 28.9.2005.

da Comissão de Valores Mobiliários, será esta sempre intimada para, querendo, oferecer parecer ou prestar esclarecimentos, no prazo de quinze dias a contar da intimação"), art. 49, parágrafo único, da Lei nº 8.906/94 ("os Presidentes dos Conselhos e das Subseções têm legitimidade para intervir, inclusive como assistentes, nos inquéritos e processos em que sejam indiciados, acusados ou ofendidos os inscritos na Ordem dos Advogados do Brasil"), arts. 57, *caput*, 118 e 175, *caput*, da Lei nº 9.279/96 ("a ação de nulidade de patente deverá ser ajuizada no foro da Justiça Federal e o Instituto Nacional da Propriedade Industrial, quando não for autor, intervirá no feito", "a ação de nulidade do registro deverá ser ajuizada no foro da Justiça Federal e o Instituto Nacional da Propriedade Industrial, quando não for autor, intervirá no feito" e "aplicam-se à ação de nulidade de registro de desenho industrial, no que couber, as disposições anteriores"), art. 5º, parágrafo único, da Lei nº 9.469/97 ("as pessoas jurídicas de direito público poderão, nas causas cuja decisão possa ter reflexos, ainda que indiretos, de natureza econômica, intervir, independentemente da demonstração de interesse jurídico, para esclarecer questões de fato e de direito, podendo juntar documentos e memoriais reputados úteis ao exame da matéria e, se for o caso, recorrer, hipótese em que, para fins de deslocamento de competência, serão consideradas partes"), art. 31, *caput*, da Lei nº 9.784/99 ("quando a matéria do processo envolver assunto de interesse geral, o órgão competente poderá, mediante despacho motivado, abrir período de consulta pública para manifestação de terceiros, antes da decisão do pedido, se não houver prejuízo para a parte interessada"), art. 14, § 7º, da Lei nº 10.259/01 ("se necessário, o relator pedirá informações ao Presidente da Turma Recursal ou Coordenador da Turma de Uniformização e ouvirá o Ministério Público, no prazo de cinco dias. Eventuais interessados, ainda que não sejam partes no processo, poderão se manifestar, no prazo de trinta dias") e art. 118 da Lei nº 12.529/11 ("nos processos judiciais em que se discuta a aplicação desta lei ordinária, o Conselho Administrativo de Defesa Econômica deverá ser intimado para, querendo, intervir no feito na qualidade de assistente"). Registre-se que, "no procedimento de edição, revisão ou cancelamento de enunciado da súmula vinculante, o relator poderá admitir, por decisão irrecorrível, a manifestação de terceiros na questão" submetida à cognição do Supremo Tribunal Federal, a teor do art. 3º, § 2º, da Lei nº 11.417/06.[203]

---

[203] Em que pese a posição topográfica do art. 138 do CPC, a natureza jurídica do *amicus curiae* não é uníssona na doutrina, tendo havido a identificação de três correntes. Fredie Didier Júnior acentua que "o *amicus curiae* é um auxiliar do juízo", pois que o instituto seria desenvolvido pela necessidade de aprimoramento das decisões proferidas pelo Poder Judiciário. Gustavo Santana Nogueira acrescenta que "o *amicus curiae* é uma nova modalidade de intervenção de terceiros", posto que o instrumento seria determinado pela pluralização do debate constitucional em torno de leis e atos normativos. Adhemar Ferreira Maciel, em posicionamento que perfilhamos, adverte que "o *amicus curiae* não guarda nenhuma verossimilhança com o auxiliar do juízo", que é incumbido da atividade-meio, nem com a "intervenção de terceiros", que pode influenciar a atividade-fim, vez que não há a aquisição da qualidade de parte, sequer acessória, no processo objetivo, bem como não há a possibilidade de repercussão na competência originária do Supremo Tribunal Federal, que, considerando o art. 131, § 3º, do RISTF, atualizado com a introdução da Emenda Regimental nº 15/04, direcionou a sua jurisprudência no sentido da "admissão de terceiro na relação processual, com vistas à manifestação sobre a questão de direito subjacente à controvérsia constitucional". "A intervenção de terceiro, na condição de *amicus curiae*, qualifica-se como fator de legitimação social das decisões do Supremo Tribunal Federal, em ordem a permitir que nele se realize, sob uma perspectiva eminentemente pluralística, a possibilidade de participação de autoridades, órgãos ou entidades que efetivamente representem os interesses

4.10.3 Atuação processual do Procurador-Geral da República e do Advogado--Geral da União

O processo de controle de constitucionalidade concentrado, instaurado em decorrência do exercício da ação direta de inconstitucionalidade, imprescinde da atuação do Procurador-Geral da República e do Advogado-Geral da União, à vista do art. 103, §§ 1º e 3º, da CRFB, como também do art. 8º da Lei nº 9.868/99.

O Procurador-Geral da República atua no processo de controle de constitucionalidade abstrato na qualidade de *custos legis*, sendo da sua atribuição a emissão de parecer, no sentido da constitucionalidade ou inconstitucionalidade da lei ou ato normativo impugnado.[204] No caso em que a ação direta de inconstitucionalidade é proposta pelo Procurador-Geral da República, o Ministério Público da União acumula as posições de órgão agente (requerente) e órgão interveniente (*custos legis*), na medida em que "dentro da estrutura do processo objetivo, a função de órgão agente, sem prejuízo do exercício da função fiscalizadora, é atribuída ao Procurador-Geral da República".[205] No caso em que o Ministério Público da União toma conhecimento do conteúdo da impugnação durante o processamento da ação direta de inconstitucionalidade, é dispensável a remessa dos autos à Procuradoria-Geral da República, uma vez que "o preceito inserto no art. 103, § 1º, da CRFB há de merecer interpretação teleológica. Visa ao conhecimento da matéria pelo Ministério Público, não implicando, necessariamente, seja-lhe enviado automaticamente todo e qualquer processo. O pronunciamento do órgão pode ocorrer na assentada".[206]

O Advogado-Geral da União atua no processo de controle de constitucionalidade concentrado na qualidade de curador da presunção de constitucionalidade da lei ou ato normativo impugnado, com a finalidade de assegurar o atendimento ao princípio do contraditório.[207] Ao Advogado-Geral da União cabe a defesa de leis ou atos normativos estaduais, pelo motivo de não ostentar a condição de representante judicial da União no processo objetivo,[208] "competindo ao Advogado-Geral da União, em ação direta de

---

gerais da coletividade ou expressem os valores essenciais e relevantes de grupos, classes ou estratos sociais." DIDIER JÚNIOR, Fredie. *Possibilidade de Sustentação Oral pelo "Amicus Curiae"* in *Revista Dialética de Direito Processual*, nº 8, 2003, p. 37-38; NOGUEIRA, Gustavo Santana. *Do "Amicus Curiae"* in *Revista do Tribunal Regional Federal da 1ª Região*, nº 7, 2004, p. 22; MACIEL, Adhemar Ferreira. *"Amicus Curiae": um instituto democrático* in *Revista de Informação Legislativa*, nº 153, 2002, p. 7; STF, ADIn nº 2.321, Rel. Min. Celso de Mello, j. 25.10.2000, *DJU* 10.6.2005, e STF, ADIn nº 2.130, Rel. Min. Celso de Mello, j. 20.12.2000, *DJU* 2.2.2001.

204 LOURENÇO, Rodrigo Lopes. Ob. cit., p. 32.

205 STF, ADIn nº 1.254, Rel. Min. Celso de Mello, j. 14.8.1996, *DJU* 19.9.1997.

206 STF, AgRg nº 158.725, Rel. Min. Marco Aurélio, j. 18.12.1995, *DJU* 8.3.1996.

207 CLÈVE, Clèmerson Merlin. *A Fiscalização Abstrata da Constitucionalidade no Direito Brasileiro*, p. 180.

208 A Advocacia-Geral da União, em algumas oportunidades, tem sustentado a procedência de pedidos formalizados em ações diretas, quando as pretensões são endereçadas à declaração de inconstitucionalidade de leis ou atos normativos estaduais ou distritais. O Supremo Tribunal Federal, não se comprometendo com a tese institucional, entendeu falecer-lhe competência para impor sanção à Advocacia-Geral da União quando o papel de contraditora no processo objetivo não for exercido, "em decorrência da inexistência de previsão constitucional para tanto". COSTA, Álvaro Augusto Ribeiro. *Atuação Processual do Advogado-Geral da União* (Parecer exarado nos autos das ações diretas de inconstitucionalidade nºs 2.903, 3.280, 3.322, 3.368,

inconstitucionalidade, a defesa da norma legal ou ato normativo impugnado",[209] "independentemente da sua natureza federal ou estadual".[210] Ao Advogado-Geral da União cumpre exercer atividade processual vinculada, por não dispor da possibilidade de reconhecer a inconstitucionalidade da lei ou ato normativo impugnado no processo objetivo, salvo na hipótese em que o Supremo Tribunal Federal tenha declarado a invalidade da norma infraconstitucional em processo subjetivo, *ad conclusum*: "o Advogado-Geral da União é investido do dever institucional de defender a plena validade jurídica do ato estatal impugnado, consoante proclamado pela jurisprudência do Supremo Tribunal Federal, que qualificou o Chefe da Advocacia-Geral da União como garante e curador da presunção de constitucionalidade de todos os atos emanados do Poder Público",[211] devendo ser advertido que "o Advogado-Geral da União não está obrigado a defender tese jurídica se sobre ela esta Suprema Corte já fixou entendimento pela sua inconstitucionalidade".[212]

5 PROCEDIMENTO

O procedimento da ação direta de inconstitucionalidade é disciplinado pelos arts. 3º a 12 e 22 a 28 da Lei nº 9.868/99, bem assim pelos arts. 169 a 175 do RISTF, naquilo que este não contrariar aquela.

5.1 Petição inicial

A **petição inicial**, na ação direta de inconstitucionalidade, não é submetida a prazo,[213] isto é, "o ajuizamento da ação direta de inconstitucionalidade não está sujeito à observância de qualquer prazo de natureza prescricional ou decadencial, eis que atos inconstitucionais jamais convalidam pelo mero decurso do tempo".[214]

A petição inicial deve indicar os seguintes *requisitos*: (i) o dispositivo da lei ou ato normativo impugnado e os fundamentos jurídicos do pedido em relação a cada uma

---

3.458, 3.476 e 3.528, Secretaria-Geral de Consultoria da Advocacia-Geral da União, Brasília, 2005) e STF, ADIn nº 3.916, Rel. Min. Eros Grau, j. 7.10.2009, Inf. STF 562.

209 STF, ADIn nº 2.433, Rel. Min. Marco Aurélio, j. 4.2.2015, *DJU* 5.3.2015.

210 STF, ADIn nº 97, Rel. Min. Moreira Alves, j. 22.11.1989, *DJU* 30.3.1990.

211 STF, ADIn nº 1.350, Rel. Min. Celso de Mello, j. 31.7.1996, *DJU* 13.8.1996.

212 STF, ADIn nº 1.616, Rel. Min. Maurício Corrêa, j. 24.5.2001, *DJU* 24.8.2001.

213 Nos ordenamentos jurídicos em que o controle de constitucionalidade judicial e preventivo é ordinariamente admitido, a petição inicial é sujeita a prazo, como, por exemplo, na Espanha, o controle de constitucionalidade abstrato pode ser provocado no prazo de três meses, cujo termo inicial é a data da publicação da lei ou ato normativo, na forma do art. 33 da Lei Orgânica do Tribunal Constitucional espanhol – "O recurso de inconstitucionalidade deve ser formulado dentro do prazo de três meses a partir da publicação da lei, disposição ou ato com força de lei impugnado mediante demanda apresentada ao Tribunal Constitucional" –, ao passo que, em Portugal, o controle de constitucionalidade concentrado pode ser suscitado no prazo de oito dias, cujo termo inicial é a data de recepção do diploma, nos termos do art. 278, nº 3, da Constituição portuguesa – "A apreciação preventiva da constitucionalidade deve ser requerida no prazo de oito dias a contar da data da recepção do diploma". ENTERRÍA, Eduardo García de. Ob. cit., p. 138, e CANAS, Vitalino. Ob. cit., p. 125.

214 STF, ADIn nº 1.247, Rel. Min. Celso de Mello, j. 17.8.1995, *DJU* 8.9.1995.

das impugnações[215] e (ii) o pedido, com suas especificações, sob pena de inépcia.[216] O Supremo Tribunal Federal, embora esteja adstrito ao pedido formulado na ação direta de inconstitucionalidade, não está vinculado aos fundamentos jurídicos deduzidos na petição inicial, já que há a possibilidade de declaração de inconstitucionalidade em decorrência de violação de preceito constitucional não indicado pelo requerente:[217] "o Tribunal, no desempenho de sua atividade jurisdicional, conquanto esteja condicionado pelo pedido",[218] "não está condicionado pelas razões de ordem jurídica invocadas como suporte da pretensão de inconstitucionalidade deduzida pelo autor da ação direta",[219] "com a possibilidade de o pedido vir a ser julgado procedente por outro fundamento jurídico",[220] "diverso daquele alegado pelo requerente".[221]

A petição inicial deve conter os sequentes elementos de *instrução*: (i) cópias da lei ou ato normativo impugnado e dos documentos necessários para comprovar a impugnação e (ii) instrumento de procuração, quando subscrita por advogado. O Supremo Tribunal Federal exige a outorga de poderes especiais, no instrumento de procuração, para a instauração do processo de controle de constitucionalidade concentrado:[222] "embora o vício na representação processual consistente na ausência de procuração com poderes

---

215 A propositura de duas ou mais ações diretas de inconstitucionalidade contra o mesmo dispositivo da lei ou ato normativo enseja o apensamento dos autos do processo de controle abstrato. Em apertada síntese: "o ajuizamento de duas ou mais ações diretas de inconstitucionalidade, cuja impugnação seja exatamente a mesma (identidade total), dá ensejo ao apensamento das ações subsequentes aos autos da anteriormente ajuizada, para efeito de sua tramitação conjunta e posterior julgamento". STF, ADIn nº 1.460, Rel. Min. Sydney Sanches, j. 17.3.1999, *DJU* 25.3.1999.

216 A cumulação de pedidos na ação direta de inconstitucionalidade pode ser investigada sob dois ângulos. Sob o aspecto objetivo, a cumulação de demandas é inadmitida na hipótese de identidade de fundamento jurídico do pedido em referência às leis ou atos normativos impugnados, em razão da inidoneidade da alegação genérica de inconstitucionalidade. Sob o aspecto subjetivo, a cumulação de demandas é inadmitida na hipótese de diversidade das autoridades ou órgãos dos quais emanaram as leis ou atos normativos impugnados, em virtude da diferenciação dos requeridos, ressalvados os casos em que as normas inquinadas mantêm uma relação material entre si. Em outras palavras: "não é cabível o ajuizamento de inicial com alegação genérica de inconstitucionalidade ou cumulação de duas ou mais ações entre partes diversas em decorrência do diverso nível de governo de que emanam as leis ou atos normativos em causa". "No entanto, há duas hipóteses, pelo menos, em que a cumulação objetiva, mais que facultada, é necessária. Uma é aquela em que, dada a imbricação substancial entre a norma federal e a estadual, a cumulação é indispensável para viabilizar a eficácia do provimento judicial visado. Outra é aquela em que da relação material entre os dois diplomas resulta que a inconstitucionalidade de um possa tornar-se questão prejudicial da invalidez do outro". STF, ADIn nº 1.256, Rel. Min. Moreira Alves, j. 20.3.1995, *DJU* 30.3.1995. V., também: STF, ADIn nº 259, Rel. Min. Moreira Alves, j. 11.3.1991, *DJU* 19.2.1993; STF, ADIn nº 561, Rel. Min. Celso de Mello, j. 23.8.1995, *DJU* 23.3.2001; STF, ADIn nº 2.213, Rel. Min. Celso de Mello, j. 4.4.2002, *DJU* 12.4.2002, e STF, ADIn nº 2.844, Rel. Min. Sepúlveda Pertence, j. 24.4.2003, *DJU* 27.6.2003.

217 MENDES, Gilmar Ferreira. *Controle de Constitucionalidade: aspectos jurídicos e políticos*, p. 268.

218 STF, ADIn nº 2.191, Rel. Min. Celso de Mello, j. 17.4.2000, *DJU* 26.4.2000.

219 STF, ADIn nº 561, Rel. Min. Celso de Mello, j. 20.3.1995, *DJU* 30.3.1995.

220 STF, ADIn nº 1.493, Rel. Min. Sydney Sanches, j. 26.9.1996, Inf. STF 46.

221 STF, ADIn nº 1.967, Rel. Min. Octavio Gallotti, j. 25.11.1999, *DJU* 15.4.2005.

222 LOURENÇO, Rodrigo Lopes. Ob. cit., p. 56.

específicos com expressa referência à lei ou ato normativo impugnado seja sanável",[223] "todas as procurações, outorgadas pelos requerentes a seus advogados, devem conter poderes especiais para a instauração do pertinente processo de controle normativo abstrato perante o Tribunal, com a indicação objetiva do diploma legislativo, e respectivos preceitos, que devam expor-se, especificamente, à impugnação em sede de ação direta de inconstitucionalidade".[224]

A petição inicial pode ser objeto de *aditamento*, ainda que após a concessão da medida liminar, desde que antes do requerimento de informações à autoridade ou órgão do qual emanou a lei ou ato normativo impugnado pela ação direta de inconstitucionalidade:[225] "com a requisição de informações à autoridade ou órgão do qual emanou a lei ou ato normativo arguido de inconstitucional opera-se a preclusão do direito, reconhecido ao requerente da ação direta de inconstitucionalidade, de aditar a petição inicial".[226]

5.2 Despacho liminar

O relator dispõe de competência para, oferecida a petição inicial, proferir **despacho liminar**.

Em caso de *despacho liminar de conteúdo negativo*, é da competência do relator indeferir liminarmente a petição inicial inepta, não fundamentada ou manifestamente improcedente.

A norma jurídica inserida no art. 4º da Lei nº 9.868/99, em conformidade com o princípio do juiz natural, consagra "a tendência progressiva a transferir para o relator atribuições judicantes tradicionalmente reservadas ao órgão colegiado",[227] cuja constitucionalidade é assegurada pela possibilidade do provimento de indeferimento ser submetido ao controle colegiado mediante agravo, no prazo de cinco dias, por aplicação analógica do art. 4º, § 2º, da Lei nº 9.882/99.[228]

Em caso de *despacho liminar de conteúdo positivo*, é da competência do relator, na hipótese de inexistência de pedido de medida liminar, requerer informações às autoridades ou órgãos dos quais emanou a lei ou ato normativo impugnado, no prazo de 30 dias, ao passo que, na hipótese de existência de pedido de medida liminar, requerer informações às autoridades ou órgãos dos quais emanou a lei ou ato normativo impug-

---

223 STF, ADIn nº 6.051, Rel. Min. Cármen Lúcia, j. 27.3.2020, *DJU* 6.5.2020.

224 STF, ADIn nº 2.270, Rel. Min. Celso de Mello, j. 9.8.2000, *DJU* 22.8.2000.

225 MENDES, Gilmar Ferreira. *Jurisdição Constitucional,* p. 128.

226 STF, ADIn nº 437, Rel. Min. Celso de Mello, j. 11.3.1991, *DJU* 19.2.1993. V., também: STF, ADIn nº 1.926, Rel. Min. Roberto Barroso, j. 20.4.2020, *DJU* 2.6.2020; STF, ADIn nº 4.298, Rel. Min. Cezar Peluso, j. 7.10.2009, *DJU* 27.11.2009, STF, ADIn nº 4.309, Rel. Min. Cezar Peluso, j. 7.10.2009, *DJU* 27.11.2009, e STF, ADIn nº 4.541, Rel. Min. Cármen Lúcia, j. 19.4.2021, *DJU* 4.5.2021.

227 MOREIRA, José Carlos Barbosa. *Algumas Inovações da Lei nº 9.756/98 em matéria de Recursos Cíveis* in *Revista de Direito da Procuradoria-Geral do Estado do Rio de Janeiro*, nº 52, 1999, p. 29.

228 MENDES, Gilmar Ferreira. *Ação Direta de Inconstitucionalidade e Ação Declaratória de Constitucionalidade* in *Mandado de Segurança, Ação Popular, Ação Civil Pública, Mandado de Injunção, "Habeas Data", Ação Direta de Inconstitucionalidade e Ação Declaratória de Constitucionalidade*. 22ª ed. São Paulo: Malheiros, 2000, p. 303.

nado, no prazo de cinco dias, unicamente sobre os pressupostos do pronunciamento liminar, ressalvado o caso de excepcional urgência.[229]

As normas jurídicas insertadas nos arts. 6º e 10, *caput*, *in fine*, da Lei nº 9.868/99, em consonância com o princípio do contraditório,[230] consubstanciam "o direito de manifestação das autoridades ou órgãos dos quais emanou a lei ou ato normativo impugnado, que tem a possibilidade de se manifestar, defendendo, se quiserem, o objeto da ação direta de inconstitucionalidade".[231, 231, 232]

5.3 Informações

As **informações** pertinentes ao objeto da ação direta de inconstitucionalidade, sem embargo da audiência das autoridades ou órgãos dos quais emanou a lei ou ato normativo impugnado, podem ser prestadas pelo *amicus curiae*.[233]

Consequentemente, o relator deve requerer informações às *autoridades ou órgãos dos quais tiver emanado a lei ou ato normativo impugnado*,[234] bem assim pode admitir o requerimento de manifestação processual do *amicus curiae*,[235] no prazo de 30 dias contado do recebimento do pedido, podendo ser dispensadas, em caso de urgência, *ad referendum* do Tribunal.[236]

5.4 Manifestação do Procurador-Geral da República e do Advogado--Geral da União

A possibilidade de manifestação no processo instaurado em decorrência do exercício da ação direta de inconstitucionalidade, prestadas ou não as informações pelas autoridades ou órgãos dos quais emanou a lei ou ato normativo impugnado, é garantida sucessivamente ao **Advogado-Geral da União** – na qualidade de *curador da presunção de constitucionalidade da lei ou ato normativo impugnado* (*defensor legis*) – e ao **Procurador-Geral da República** – na qualidade de *órgão interveniente* (*custos legis*) –, no prazo de 15 dias – na hipótese de inexistência de pedido de medida liminar – ou de três dias – na hipótese de existência de pedido de medida liminar – para cada qual.[237]

---

229 STF, ADIn nº 1.507, Rel. Min. Carlos Velloso, j. 3.2.1997, *DJU* 6.6.1997.

230 MENDES, Gilmar Ferreira. *Anteprojeto de Lei sobre Processo e Julgamento da Ação Direta de Inconstitucionalidade e da Ação Declaratória de Constitucionalidade* in *Cadernos de Direito Constitucional e Ciência Política*, nº 29, 1999, p. 24.

231 VELOSO, Zeno. Ob. cit., p. 81.

232 O entendimento do Supremo Tribunal Federal não é discrepante, a partir da constatação de que a resposta ao requerimento de informações é qualificada como dispensável. STF, ADIn nº 1.532, Rel. Min. Maurício Corrêa, j. 21.5.1997, *DJU* 2.6.1997.

233 SANTOS, William Douglas Resinente; MOTTA FILHO, Sylvio Clemente. Ob. cit., p. 8, V., também: BINENBOJM, Gustavo. Ob. cit., p. 34.

234 STF, ADIn nº 2.098, Rel. Min. Ilmar Galvão, j. 18.3.2002, *DJU* 19.4.2002.

235 STF, ADIn nº 2.130, Rel. Min. Celso de Mello, j. 20.12.2000, *DJU* 2.2.2001.

236 STF, ADIn nº 2.777, Rel. Min. Cezar Peluso, j. 3.12.2003, *DJU* 15.12.2003.

237 MENDES, Gilmar Ferreira. *Considerações sobre o Papel do Procurador-Geral da República no Controle Abstrato de Normas: proposta de releitura* in *Advocacia Dinâmica: Seleções Jurídicas*, nº 7, 1997, p. 14.

Portanto, o desiderato da atuação processual do Advogado-Geral da União é permitir o atendimento ao princípio do contraditório no processo abstrato, enquanto o escopo da atuação processual do Procurador-Geral da República é possibilitar a fiscalização da regularidade do processo concentrado de controle de constitucionalidade, quer dizer, "o postulado do contraditório, no processo de controle abstrato de constitucionalidade, vê-se atendido com a possibilidade do órgão estatal defender, objetivamente, o próprio ato que editou, e, também, com a intervenção do Advogado-Geral da União, que, em atuação processual plenamente vinculada, deve assumir, na condição de garante e curador da presunção de constitucionalidade, a defesa irrestrita da validade jurídica da norma impugnada",[238] ao passo que "dentro da estrutura do processo objetivo, a função de órgão agente, sem prejuízo do exercício da função fiscalizadora, é atribuída ao Procurador-Geral da República".[239]

5.5 Dilação probatória

O relator, caso haja necessidade de **dilação probatória**, em decorrência da indispensabilidade de esclarecimentos sobre fatos relativos ao processo legislativo, forma de incidência e repercussão prática para a aferição da constitucionalidade da lei ou ato normativo sujeito ao controle abstrato, pode "requisitar informações adicionais, designar perito ou comissão de peritos para que emita parecer sobre a questão ou fixar data para, em audiência pública, ouvir depoimentos de pessoas com experiência e autoridade na matéria", assim como "solicitar informações aos Tribunais Superiores, aos Tribunais federais e aos Tribunais estaduais acerca da aplicação da norma impugnada no âmbito de sua jurisdição", "no prazo de trinta dias, contado da solicitação do relator", de acordo com o art. 9º da Lei nº 9.868/99.[240]

Ao longo da dilação probatória, revela-se possível o emprego de formas alternativas de solução consensual de litígios constitucionais pelo Supremo Tribunal Federal, a partir da consideração de que o relator pode designar audiência de conciliação, com notas de mediação. Frustrada a conciliação, deve o relator proceder à instituição de comissão especial, com a supervisão do tribunal. Ao final das reuniões da comissão especial, a proposta conciliatória é deliberada, votada e, caso aprovada, referendada formalmente pelos participantes. Preenchidas as formalidades legais, compete ao Supremo Tribunal Federal homologar o acordo político-jurídico, que passa a possuir, desde então, eficácia *erga omnes* e efeito vinculante. A decisão que homologar o acordo pode ser encaminhada ao Congresso Nacional para as deliberações cabíveis acerca do aperfeiçoamento legislativo nas normas jurídicas em torno das quais se estabeleceu o diálogo constitucional. Por fim, a autocomposição deve ser objeto de acompanhamento de cumprimento a cargo do tribunal, que, inclusive, pode ser provocado a homologar novo acordo a respeito da

---

238 STF, ADIn nº 1.434, Rel. Min. Celso de Mello, j. 29.8.1996, *DJU* 22.11.1996.

239 STF, ADIn nº 1.254, Rel. Min. Celso de Mello, j. 14.8.1996, *DJU* 19.9.1997.

240 CASTILHO NETO, Arthur de. *Reflexões Críticas sobre a Ação Direta de Inconstitucionalidade no Supremo Tribunal Federal* in *Revista de Direito da Procuradoria-Geral da República*, nº 2, 1993, p. 39. V., também: GAMA, Patrícia Calmon Nogueira da. *Controle Abstrato de Constitucionalidade à luz da Lei nº 9.868/99* in *Revista de Direito Administrativo*, nº 220, 2000, p. 114.

questão constitucional, como desdobramento do ajuste entabulado pela abertura da via autocompositiva.[241]

Todavia, não obstante a possibilidade de o processo de controle de constitucionalidade concentrado estar condicionado à apreciação integrada de elementos fáticos e jurídicos, "o Supremo Tribunal Federal tem orientação assentada no sentido da impossibilidade de controle abstrato da constitucionalidade de lei ou ato normativo, quando, para o deslinde da questão, se mostra indispensável o *exame de matéria de fato*".[242, 243]

5.6 Acórdão

O **acórdão**, na ação direta de inconstitucionalidade, é proferido na sessão de julgamento, desde que seja atendido o *quorum* - número mínimo para instalação da sessão de julgamento - de oito Ministros e a *maioria absoluta* - número mínimo para a deliberação sobre a questão constitucional - de seis Ministros do Supremo Tribunal Federal. Em alusão à matéria, a jurisprudência preparada pelo Supremo Tribunal Federal tem consignado a possibilidade de obtenção da maioria absoluta em sessões de julgamento diferentes.[244]

A decisão, no processo de controle abstrato de constitucionalidade, é irrecorrível, excepcionada a interposição de embargos de declaração. Por conseguinte, os embargos infringentes são inoponíveis contra a decisão em análise, tendo sido revogada a norma

---

241 STF, ADIn nº 7.191, Rel. Min. Gilmar Mendes, j. 15.12.2022, *DJU* 19.12.2022.

242 STF, ADIn nº 1.286, Rel. Min. Ilmar Galvão, j. 7.2.1996, *DJU* 6.9.1996.

243 O "controle das prognoses legislativas" pode ser reconduzido à Klaus Jürgen Philippi, para quem o processo de conhecimento envolve a investigação integrada de elementos fáticos e jurídicos. Considerando a existência da "comunicação entre norma e fato" (*Kommunikation zwischen Norm und Sachverhalt*), desmistifica o Autor a ideia de que a questão constitucional configura simples "questão jurídica" de aferição de legitimidade da lei em face da Constituição. Dessa forma, Klaus Jürgen Philippi constata a possibilidade jurídica de exame ou revisão dos fatos legislativos pressupostos ou adotados pelo legislador, entendendo-se como tal qualquer "fato real" (*realer Sachverhalt*) que tenha relevo para aplicação de uma norma. Em seguida, o Autor procede à classificação dos fatos legislativos em "fatos históricos" (*historische Tatsache*), "fatos atuais" (*gegenwärtige Tatsachen*) e "eventos futuros" (*zukünftige Tatsachen*). No tocante aos "eventos futuros", segundo a concepção dos prognósticos legislativos, a decisão acerca da legitimidade ou ilegitimidade de uma dada lei ou ato normativo depende da confirmação de uma prognose fixada pelo legislador ou da provável verificação de um dado evento. De outro modo, havendo erro no prognóstico, ou a mera inocorrência do evento previsto, estaria viciada de inconstitucionalidade a lei editada sob este fundamento: a não confirmação da prognose. O exame dos fatos legislativos, por último, não é olvidado pelo Direito Constitucional brasileiro, tanto que o art. 9º, § 1º, da Lei nº 9.868/99 permite ao relator da ação direta de inconstitucionalidade, em caso de necessidade de esclarecimento de matéria ou circunstância de fato ou de notória insuficiência das informações existentes nos autos, requisitar informações adicionais, designar perito ou comissão de peritos para que emita parecer sobre a questão, ou fixar data para, em audiência pública, ouvir depoimentos de pessoas com experiência e autoridade na matéria. PHILIPPI, Klaus Jürgen. *Tatsachenfeststellungen des Bundesverfassungsgerichts: ein Beitrag zur rational-empirischen Fundierung verfassungsgerichtlicher Entscheidungen*. Köln: Heymann, 1971, p. 14.

244 STF, ADIn nº 526, Rel. Min. Sepúlveda Pertence, j. 12.12.1991, *DJU* 5.3.1993.

inserida no art. 333, inc. IV e parágrafo único, do RISTF, em razão da norma insertada no art. 26 da Lei nº 9.868/99.[245]

A decisão, no processo de controle concentrado de constitucionalidade, opera efeitos a partir da sua publicação, tendo havido a comunicação às autoridades ou órgãos dos quais emanou a lei ou ato normativo. Por consequência, a dissociação temporal entre a declaração de inconstitucionalidade e a sua publicação, com o fim de permitir que o legislador ordinário produza nova disciplina jurídica em relação ao tema em exame, não é admitida no ordenamento jurídico brasileiro, pois é da competência do Supremo Tribunal Federal fazer publicar a parte dispositiva do acórdão, em seção especial do *Diário da Justiça* e do *Diário Oficial da União*, no prazo de dez dias após o trânsito em julgado da decisão de mérito, em virtude do art. 28, *caput*, da Lei nº 9.868/99.[246]

6 MEDIDA LIMINAR

A medida liminar, com espeque no art. 102, inc. I, *p*, da CRFB, bem como nos arts. 10 a 12 da Lei nº 9.868/99, resulta na suspensão da eficácia da norma jurídica impugnada pela ação direta de inconstitucionalidade, com a retomada de vigência da norma revogada acaso existente, até a decisão definitiva de mérito. De fato, a **natureza jurídica** da medida liminar, na ação direta de inconstitucionalidade, é a de pronunciamento de **tutela antecipada**,[247] na medida em que o seu objeto é a antecipação dos efeitos práticos da decisão de procedência, concedida no processo de controle de constitucionalidade abstrato, a requerimento da parte, fundada em juízo de probabilidade,[248] a ensejar três observações.

A concessão da medida liminar, na ação direta de inconstitucionalidade, é submetida ao atendimento de dois **pressupostos**, quais sejam: (i) relevância da fundamentação jurídica da arguição de inconstitucionalidade da norma impugnada[249, 250] e (ii) conveniência da pronta suspensão de eficácia, para evitar a ocorrência de dano de difícil ou impossível

---

245 MENDES, Gilmar Ferreira. *Direitos Fundamentais e Controle de Constitucionalidade: estudos de Direito Constitucional*, p. 425.

246 CLÈVE, Clèmerson Merlin. *A Fiscalização Abstrata da Constitucionalidade no Direito Brasileiro*, p. 259.

247 A tutela antecipada e a tutela cautelar são distintas. A primeira é precipuamente satisfativa, vez que possibilita a realização prática do direito afirmado pelo autor, mediante a antecipação dos efeitos da decisão de procedência. A segunda é primordialmente assegurativa, visto que permite a proteção dos meios e fins do processo principal, mediante a conservação de determinada situação fática ou jurídica, sendo certo que "a tutela cautelar tem por fim assegurar a viabilidade da realização de um direito, não podendo realizá-lo. A tutela que satisfaz um direito, ainda que fundado em juízo de aparência, é antecipatória". MARINONI, Luiz Guilherme. *Novas Linhas do Processo Civil.* 3ª ed. São Paulo: Malheiros, 1999, p. 125-132. V., também, do mesmo autor: *A Antecipação da Tutela*. 5ª ed. São Paulo: Malheiros, 1999, p. 93.

248 ZAVASCKI, Teori Albino. *Eficácia das Liminares nas Ações de Controle Concentrado de Constitucionalidade* in *Revista de Processo*, nº 98, 2000, p. 285, 289 e 294. V., também, do mesmo autor: *Antecipação da Tutela*. São Paulo: Saraiva, 1997, p. 46-48.

249 STF, ADIn nº 1.280, Rel. Min. Moreira Alves, j. 11.5.1995, *DJU* 10.8.1995.

250 A jurisprudência do Supremo Tribunal Federal tem destacado que "a suspensão cautelar da eficácia da lei ou ato normativo, impugnado pela ação direta de inconstitucionalidade, não inibe o Poder Público de editar novo ato estatal, observados os parâmetros instituídos pelo sistema de Direito Positivo". STF, ADIn nº 652, Rel. Min. Celso de Mello, j. 2.4.1992, *DJU* 2.4.1993.

reparação, da norma impugnada,[251, 252] tendo "o Supremo Tribunal Federal acentuado que a concessão de medida liminar pressupõe o concurso de dois requisitos, isto é, o sinal do bom direito e o risco de manter-se com plena eficácia a lei ou ato normativo a que se atribui a pecha de inconstitucionalidade".[253]

O deferimento da medida liminar, na ação direta de inconstitucionalidade, é sujeito ao preenchimento de quatro **requisitos**, quais sejam: (i) aprovação por seis votos, se presentes na sessão de julgamento pelo menos oito Ministros, excetuado nos períodos de recesso; (ii) audiência das autoridades ou órgãos dos quais emanou a lei ou ato normativo, no prazo de cinco dias, ressalvada em excepcional urgência; (iii) manifestação do Advogado-Geral da União e do Procurador-Geral da República, no prazo de três dias, desde que o relator considere indispensável; e (iv) publicação do dispositivo da decisão na seção especial do *Diário Oficial da União* e do *Diário da Justiça da União*, no prazo de dez dias, pelo Supremo Tribunal Federal.[254]

A medida liminar, na ação direta de inconstitucionalidade, opera **efeitos** com pertinência às pessoas e ao tempo, a partir da data da publicação da ata de julgamento no *Diário da Justiça da União*,[255] salvo em casos excepcionais a serem examinados pelo Presidente do Supremo Tribunal Federal.[256] Acerca da *eficácia pessoal*, a medida liminar produz os efeitos *erga omnes* e vinculante da prestação jurisdicional de natureza constitucional que se antecipa,[257] de forma que é cabível a reclamação nas hipóteses de descumprimento do pronunciamento liminar, tendo "o Supremo Tribunal Federal admitido a reclamação para salvaguarda da autoridade da decisão liminar em ação direta de inconstitucionalidade, quando o mesmo órgão de que emanara a norma declarada inconstitucional persiste na prática de atos concretos que lhe pressuporiam a validade".[258] Acerca da *eficácia temporal*, a medida liminar produz os efeitos *ex nunc*, ressalvadas as

---

251 STF, ADIn nº 1.230, Rel. Min. Ilmar Galvão, j. 18.5.1995, *DJU* 9.6.1995.

252 A jurisprudência do Supremo Tribunal Federal tem desvelado que "o tardio ajuizamento da ação direta de inconstitucionalidade, quando já decorrido lapso temporal considerável desde a edição da lei ou ato normativo impugnado, desautoriza o reconhecimento da situação configuradora do pressuposto da conveniência, em ordem, até mesmo, a inviabilizar a concessão da medida liminar postulada". STF, ADIn nº 1.100, Rel. Min. Celso de Mello, j. 28.7.1994, *DJU* 3.8.1994.

253 STF, ADIn nº 1.265, Rel. Min. Marco Aurélio, j. 11.5.1995, *DJU* 9.6.1995. V., também: STF, ADIn nº 176, Rel. Min. Marco Aurélio, j. 21.8.1992, *DJU* 9.10.1992; STF, ADIn nº 950, Rel. Min. Marco Aurélio, j. 20.10.1993, *DJU* 25.8.1995; STF, ADIn nº 1.034, Rel. Min. Marco Aurélio, j. 25.2.1994, *DJU* 15.4.1994, e STF, ADIn nº 1.362, Rel. Min. Francisco Rezek, j. 11.12.1995, *DJU* 29.3.1996.

254 A jurisprudência do Supremo Tribunal Federal tem evidenciado que "descabe, no processo da ação direta de inconstitucionalidade, a pretendida notificação da medida liminar a outras autoridades que não a responsável pela edição da norma questionada". STF, ADIn nº 1.394, Rel. Min. Sepúlveda Pertence, j. 28.12.1995, *DJU* 7.2.1996.

255 STF, ADIn nº 711, Rel. Min. Néri da Silveira, j. 5.8.1992, *DJU* 11.6.1993.

256 STF, ADIn nº 1.251, Rel. Min. Celso de Mello, j. 13.12.1996, *DJU* 3.2.1997.

257 STF, ADIn nº 2.188, Rel. Min. Néri da Silveira, j. 14.4.2000, *DJU* 9.3.2001.

258 STF, Recl. nº 399, Rel. Min. Sepúlveda Pertence, j. 7.10.1993, *DJU* 24.3.1995. V., também: STF, Recl. nº 556, Rel. Min. Maurício Corrêa, j. 21.9.1995, *DJU* 3.10.1995; STF, Recl. nº 935, Rel. Min. Gilmar Mendes, j. 28.4.2003, *DJU* 17.10.2003; STF, Recl. nº 1.507, Rel. Min. Néri da Silveira, j. 21.9.2000, *DJU* 1º.3.2002; STF, Recl. nº 1.652, Rel. Min. Gilmar Mendes, j. 28.4.2003, *DJU* 22.8.2003; STF, Recl. nº 1.880, Rel. Min. Maurício Corrêa, j. 7.11.2002, *DJU* 18.11.2002; STF, Recl. nº 2.256, Rel. Min. Gilmar Mendes, j. 11.9.2003, *DJU* 13.11.2003; STF, Recl. 2.810, Rel. Min. Marco Aurélio, j. 18.11.2004, *DJU* 18.3.2005, e STF, Recl. nº 3.309, Rel. Min. Celso de Mello, j. 1º.7.2005, *DJU* 4.8.2005.

hipóteses em que a Excelsa Corte concede-lhe os efeitos *ex tunc*, de arte que "a medida liminar, em ação direta de inconstitucionalidade, é provida, ordinariamente, de eficácia *ex nunc*, operando, portanto, a partir do momento em que o Supremo Tribunal Federal a defere. Excepcionalmente, e para que não se frustrem os seus objetivos, a medida liminar poderá projetar-se com eficácia *ex tunc*, em caráter retroativo, com repercussão sobre situações pretéritas. Para que se outorgue eficácia *ex tunc* ao provimento liminar, em sede de ação direta de inconstitucionalidade, impõe-se que a Corte Excelsa assim o determine, expressamente, na decisão que conceder essa medida extraordinária".[259, 260]

7 DECISÃO

A decisão definitiva de mérito, no controle de constitucionalidade abstrato, opera efeitos em relação às **pessoas** e ao **tempo**.

7.1 Eficácia pessoal

A decisão definitiva de mérito é recoberta de eficácia *erga omnes* e eficácia vinculante,[261] desde a publicação do acórdão do Supremo Tribunal Federal no *Diário da Justiça da União*.[262]

Sobre a **eficácia *erga omnes***, a decisão exarada na ação direta de inconstitucionalidade produz efeitos contra todos, dado que a norma veiculada pela lei ou ato normativo declarado inconstitucional por decisão definitiva do Supremo Tribunal Federal perde a eficácia, fazendo-se mister a comunicação à autoridade ou órgão responsável pela

---

259 STF, ADIn nº 2.105, Rel. Min. Celso de Mello, j. 23.3.2000, *DJU* 28.4.2000. V., também: STF, ADIn nº 1.459, Rel. Min. Sydney Sanches, j. 30.5.1996, *DJU* 28.6.1996; STF, ADIn nº 1.603, Rel. Min. Moreira Alves, j. 21.5.1997, *DJU* 29.8.1997; STF, ADIn nº 1.614, Rel. Min. Marco Aurélio, j. 19.6.1997, *DJU* 1º.8.1997; STF, ADIn nº 1.645, Rel. Min. Carlos Velloso, j. 6.8.1997, *DJU* 26.9.1997; STF, ADIn nº 1.801, Rel. Min. Maurício Corrêa, j. 11.3.1998, *DJU* 18.3.1998; STF, ADIn nº 2.107, Rel. Min. Ilmar Galvão, j. 9.12.1999, *DJU* 18.2.2000; STF, ADIn nº 3.519, Rel. Min. Joaquim Barbosa, j. 16.6.2005, *DJU* 30.9.2005; STF, ADIn nº 3.671, Rel. Min. Cezar Peluso, j. 28.8.2008, *DJU* 28.11.2008; STF, ADIn nº 4.042, Rel. Min. Gilmar Mendes, j. 26.6.2008, *DJU* 30.4.2009, e STF, ADIn nº 6.039, Rel. Min. Edson Fachin, j. 13.3.2019, *DJU* 2.12.2019.

260 MENDES, Gilmar Ferreira. *Teoria da Legislação e Controle de Constitucionalidade: algumas notas* in *Revista IOB/DCAP*, nº 8, 1998, p. 26.

261 Há consenso na doutrina e jurisprudência quanto à constitucionalidade da norma inserida no art. 28, parágrafo único, da Lei nº 9.868/99, em face da norma insertada no art. 102, § 2º, da CRFB, de modo que o efeito vinculante não é limitado às decisões definitivas de mérito na ação declaratória de constitucionalidade, em decorrência do caráter "ambivalente" ou "dúplice" da ação direta de inconstitucionalidade. Na doutrina, Ives Gandra da Silva Martins defende que o efeito vinculante é ínsito à ação direta de inconstitucionalidade e ação declaratória de constitucionalidade, "até porque as duas ações configuram facetas complementares do mesmo fenômeno de salvaguarda judicial da Lei Suprema". Na jurisprudência, o Supremo Tribunal Federal deliberou que "quando cabível, em tese, a ação declaratória de constitucionalidade, a mesma força vinculante haverá de ser atribuída à decisão definitiva da ação direta de inconstitucionalidade". MARTINS, Ives Gandra da Silva. *Distinção entre Suspensão de Vigência e Eficácia de Norma Inconstitucional e Materialidade do Direito Suspenso em Processo Cautelar de Ação Direta de Inconstitucionalidade com Liminar Concedida* in *Revista de Processo*, nº 78, 1995, p. 166, e STF, Recl. nº 621, Rel. Min. Sepúlveda Pertence, j. 3.6.1996, *DJU* 4.7.1996.

262 STF, ADIn nº 711, Rel. Min. Néri da Silveira, j. 3.4.1992, *DJU* 19.6.1993.

expedição do ato, para que lhe suste a execução, sob pena de decretação de intervenção federal ou configuração de crime de responsabilidade, à vista dos arts. 34, inc. VI, e 85, inc. VII, da CRFB, assim como do art. 25 da Lei nº 9.868/99. Nessa direção, a comunicação ao Senado Federal, para efeito de suspensão de execução da lei ou ato normativo declarado inconstitucional por decisão definitiva do Supremo Tribunal Federal no controle abstrato, é prescindível, porque a decisão de inconstitucionalidade é provida de eficácia *erga omnes*, a teor do art. 52, inc. X, da CRFB, bem assim do art. 180 do RISTF, razão pela qual "a comunicação ao Senado só se faz em se tratando de declaração de inconstitucionalidade incidente e, não, quando decorrente da ação direta, caso em que, se relativa a intervenção federal, a suspensão do ato é da competência do Presidente da República, e, se referente a declaração de inconstitucionalidade em tese, não há que se falar em suspensão, pois, passando em julgado o acórdão desta Corte, tem ele eficácia *erga omnes* e não há que se suspender lei ou ato normativo nulo com relação a todos".[263]

Cabe acentuar, quanto à **decisão de rejeição da inconstitucionalidade**, com fulcro no art. 24 da Lei nº 9.868/99, que a improcedência do pedido formulado na ação direta de inconstitucionalidade obsta o reexame, em outro processo de controle concentrado, da lei ou ato normativo declarado inconstitucional por decisão definitiva do Supremo Tribunal Federal, eis que resulta em declaração de constitucionalidade da norma jurídica impugnada, com eficácia contra todos.[264]

Cumpre advertir, quanto à **revogação de norma inconstitucional**, com fundamento no art. 2º, § 1º, da LINDB, que a norma veiculada por lei ou ato normativo declarado inconstitucional por decisão, ainda que liminar, do Supremo Tribunal Federal no controle abstrato é suscetível de revogação, apesar da declaração de inconstitucionalidade,

263 ALVES, José Carlos Moreira. *Parecer* in *Diário da Justiça*, 16.5.1977, p. 3.123.

264 Quanto aos efeitos da decisão de rejeição da inconstitucionalidade, há dois sistemas no Direito Constitucional comparado. Brasil e Alemanha, nos quais a rejeição da pretensão declaratória de inconstitucionalidade implica a declaração de constitucionalidade da norma jurídica impugnada, ficando o órgão judicial exercente do controle abstrato impedido de reexaminá-la em outro processo objetivo. Itália, Espanha e Portugal, nos quais a rejeição da pretensão declaratória de inconstitucionalidade não importa na declaração de constitucionalidade da norma jurídica impugnada, ficando o órgão judicial exercente do controle concentrado desimpedido de reexaminá-la em outro processo objetivo, não devendo ser olvidado que, no sistema estadunidense, a própria admissão de recurso em que se discuta a aplicação da legislação ordinária a caso concreto trazido ao conhecimento da Suprema Corte pode ser rejeitada com base na ausência de demonstração de importantes e especiais razões para tanto. Na doutrina brasileira, v.: MENDES, Gilmar Ferreira. *A Eficácia "Erga Omnes" das Decisões proferidas em Controle Abstrato de Normas* in *Revista IOB/DCAP*, nº 1, 1999, p. 30; na doutrina alemã, v.: SOHN, Hartmut. *Die abstrakte Normenkontrolle* in *Bundesverfassungsgericht und Grundgesetz*. v. I. Tübingen: Mohr, 1976, p. 292; na doutrina italiana, v.: ZAGREBELSKY, Gustavo. *La Giustizia Costituzionale*. Bolonia: Il Mulino, 1977, p. 185; na doutrina espanhola, v.: BOCANEGRA, Raul Sierra. *El Valor de las Sentencias del Tribunal Constitucional*. Madrid: Debate, 1982, p. 254; na doutrina norte-americana, v.: HANUS, Jerome. *Denial of Certiorari and Supreme Court Policy-Making* in *American University Law Review*. v. XVII. Washington D. C.: Washington College of Law, 1967, p. 41, e, na doutrina portuguesa, v.: CANAS, Vitalino. *Os Efeitos das Decisões do Tribunal Constitucional: a garantia da segurança jurídica, da equidade e do interesse público in Revista Brasileira de Direito Constitucional*, nº 2, 2003, p. 225.

já que aquela é referente à vigência, enquanto esta é relativa à validade, com repercussão na eficácia da norma jurídica.[265]

Sobre a **eficácia vinculante**, a decisão do Supremo Tribunal Federal, na ação direta de inconstitucionalidade, vincula os demais órgãos do Poder Judiciário e a Administração Pública, direta e indireta, nas esferas federal, estadual e municipal, nos termos do art. 102, § 2º, da CRFB e art. 28, parágrafo único, da Lei nº 9.868/99. Nessa diretriz, o efeito vinculante consiste em instituto processual tendente a ampliar os limites objetivo e subjetivo da coisa julgada, na medida em que atribui eficácia transcendente à decisão definitiva de mérito, no âmbito da jurisdição constitucional.

Deve estar remarcado, quanto aos **limites**, que o efeito vinculante possui dimensões objetiva e subjetiva. Sob a perspectiva do **limite objetivo**, o efeito vinculante alcança os fundamentos determinantes, não estando limitado ao dispositivo, do pronunciamento jurisdicional. Sob a perspectiva do **limite subjetivo**, o efeito vinculante atinge os órgãos constitucionais, não estando restrito às partes do processo, integrantes do Poder Judiciário e da Administração Pública.[266] Não se descarta, então, em contrariedade à supremacia judicial na interpretação constitucional, a possibilidade de correção legislativa de decisões judiciais, quando, por exemplo, ao desempenharem o poder constituinte derivado, a Câmara dos Deputados e Senado Federal promulgarem e publicarem emenda à Constituição em sentido contrário a deliberação proferida pelo Supremo Tribunal Federal – tal como ocorreu na Emenda Constitucional nº 57, de 18 de dezembro de 2008, antecedida pela ação direta de inconstitucionalidade nº 2.240, de 9 de maio de 2007, sobre a criação de Municípios –,[267] e de correção executiva de decisões judiciais, quando, por exemplo, ao desenvolver a função legislativa atípica, o Governo Federal editar medida provisória em sentido contraposto a deliberação proveniente do Supremo Tribunal Federal – tal como ocorreu na ação direta de inconstitucionalidade nº 3.645, de 31 de maio de 2006, sucedida pela Medida Provisória nº 327, de 31 de outubro de 2006, acerca da produção de organismos geneticamente modificados –,[268] *exempli gratia*: "a jurisprudência tem reconhecido o caráter transcendente e vinculante dos fundamentos determinantes de decisão do Supremo Tribunal Federal",[269] "proferida em sede de controle normativo abstrato",[270] "atingindo os demais órgãos do Poder Judiciário e todos os da Administração

---

265 Quanto aos planos de análise científica das normas jurídicas, há a diferenciação entre vigência, validade e eficácia. A vigência consiste na existência jurídica da norma. A validade corresponde à qualidade da norma jurídica produzida em consonância com o ordenamento normativo. A eficácia designa a aptidão formal para a produção dos efeitos próprios das normas jurídicas. BARROSO, Luís Roberto. *O Direito Constitucional e a Efetividade de suas Normas: limites e possibilidades da Constituição brasileira.* 4ª ed. Rio de Janeiro: Renovar, 2000, p. 81-84.

266 PESSANHA, Rodrigo Brandão. *Supremacia Judicial* versus *Diálogos Constitucionais: a quem cabe a última palavra sobre o sentido da Constituição?* Rio de Janeiro: Lumen Juris, 2011, p. 34.

267 SENGÈS, Gustavo Antunes. *O Fenômeno da Correção Legislativa de Decisão Judicial.* Rio de Janeiro: Pontifícia Universidade Católica, 2010, p. 84.

268 PEIXOTO, Leonardo Scofano. *Justiça Constitucional – Morfologia Subjetiva do Supremo Tribunal Federal.* São Paulo: Pontifícia Universidade Católica, 2011, p. 53.

269 STF, Recl. nº 2.986, Rel. Min. Celso de Mello, j. 11.3.2005, *DJU* 18.3.2005.

270 STF, Recl. nº 14.156, Rel. Min. Celso de Mello, j. 2.4.2013, *DJU* 5.4.2013.

Pública, e não também o legislador, que pode editar nova lei com idêntico conteúdo normativo, sem ofender a autoridade da decisão".[271]

Deve ser registrado, quanto às **consequências**, que o efeito vinculante é imposto aos demais órgãos do **Poder Judiciário** e à **Administração Pública**. Sob o prisma dos outros órgãos judiciais, o efeito vinculante implica a **proibição de reiteração ou repetição** (*Wiederholungsverbot*), de maneira que a decisão de inconstitucionalidade dotada de efeito vinculante obsta a reprodução do conteúdo normativo da lei ou ato normativo invalidado em outros, e na **imposição de teor idêntico** (*gleiche Rechtsfrage*), de sorte que a decisão de inconstitucionalidade provida de efeito vinculante implica a ineficácia de outras leis ou atos normativos, conquanto não figurem como objeto do controle de constitucionalidade abstrato, de conteúdo normativo semelhante. Sob o prisma dos órgãos administrativos, o efeito vinculante torna cabível a **reclamação constitucional** (*Verfassungsberchwerde*), entendida como remédio processual correcional,[272] disponibilizado àqueles que tenham sido prejudicados pelo descumprimento do pronunciamento do Supremo Tribunal Federal, com vistas à garantia da autoridade dos provimentos deste, *verbi gratia*: "a jurisprudência do Supremo Tribunal Federal tem revelado a possibilidade de utilização, ainda que em caráter excepcional, da via reclamatória como instrumento processual idôneo de preservação da autoridade decisória dos julgados prolatados em sede de ação direta de inconstitucionalidade",[273] "assiste plena legitimidade ativa, para o manejo da reclamação, àquele, particular ou não, que venha a ser afetado, em sua esfera jurídica, por decisões de outros magistrados que se revelem contrárias ao entendimento fixado, em caráter vinculante, no julgamento dos processos objetivos de controle norma-

---

271 STF, Recl. nº 2.617, Rel. Min. Cezar Peluso, j. 23.2.2005, *DJU* 20.5.2005.

272 Há controvérsia na doutrina e jurisprudência quanto à natureza jurídica da reclamação constitucional. A natureza de ação é reconhecida por Francisco Cavalcanti Pontes de Miranda, para quem "a reclamação é uma ação contra ato do juiz suscetível de exame fora da via recursal". A natureza de incidente processual é referida por Egas Moniz de Aragão, para quem "a reclamação é um incidente processual, provocado pela parte ou Procurador-Geral da República, visando a que o Supremo Tribunal Federal imponha a sua competência quando usurpada, explícita ou implicitamente, por outro qualquer tribunal ou juiz". A natureza de recurso ou sucedâneo recursal é respaldada por Alcides de Mendonça Lima, para quem "a reclamação se torna, em muitos casos, uma necessidade inelutável, ou melhor, as situações pela mesma presentemente atendidas exigem solução pronta, sem que os recursos regulares satisfaçam a esse objetivo". A natureza de medida de Direito Processual Constitucional é retratada por José Frederico Marques, para quem "a reclamação é um desdobramento das atribuições jurisdicionais que são conferidas, constitucionalmente, aos Tribunais. Inserindo-se, assim, no campo do Direito Processual Constitucional, pode a ordem jurídica, mediante normas regimentais, criar providências dessa natureza para a garantia da observância de julgados em que se interfere, até mesmo, o guardião supremo e último da própria Lei Magna", tendo o Supremo Tribunal Federal decidido que "a natureza da reclamação não é a de um recurso, de uma ação e nem de um incidente processual. Situa-se ela no âmbito do direito constitucional de petição previsto no art. 5º, inc. XXXIV, da CRFB". MIRANDA, Francisco Cavalcanti Pontes de. *Comentários ao Código de Processo Civil*. v. V. Rio de Janeiro: Forense, 1974, p. 384; ARAGÃO, Egas Moniz de. *A Correição Parcial*. Curitiba: Imprensa da Universidade Federal do Paraná, 1969, p. 110; LIMA, Alcides de Mendonça. *Sistema de Normas Gerais dos Recursos Cíveis*. Rio de Janeiro: Freitas Bastos, 1963, p. 210; MARQUES, José Frederico. *Instituições de Direito Processual Civil*. v. IV. Campinas: Millennium, 2000, p. 315, e STF, ADIn nº 2.212, Rel. Min. Ellen Gracie, j. 2.10.2003, *DJU* 14.11.2003.

273 STF, Recl. nº 467, Rel. Min. Celso de Mello, j. 10.10.1994, *DJU* 9.12.1994.

tivo abstrato instaurado mediante ajuizamento da ação direta de inconstitucionalidade",[274] de molde que "a procedência da reclamação, quando promovida com o objetivo de fazer prevalecer o *imperium* dos julgados provenientes do Supremo Tribunal Federal, importa na desconstituição do ato que houver desrespeitado a autoridade da decisão emanada da Suprema Corte".[275]

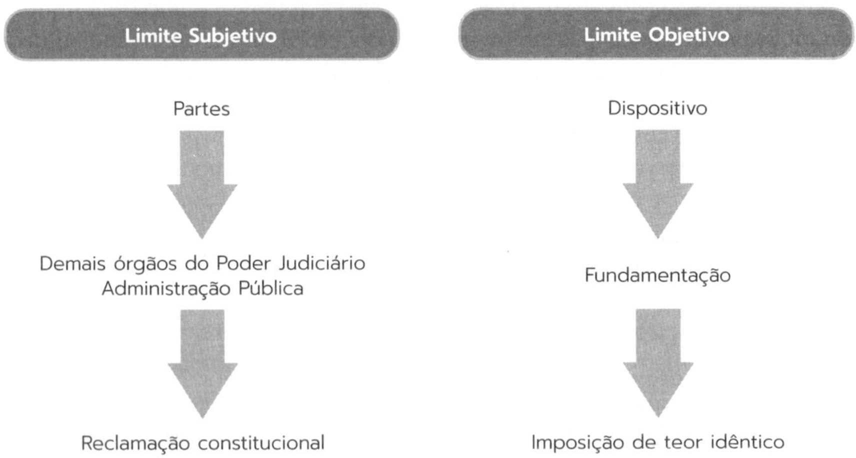

Em atenção ao efeito vinculante, todos os órgãos administrativos e judiciais, excepcionado o Supremo Tribunal Federal – *ainda que não tenham atuado no processo de controle de constitucionalidade abstrato* –, devem adequar as suas condutas às regras e princípios dimanados do provimento jurisdicional – *mesmo que veiculados na fundamentação da decisão no controle de constitucionalidade concentrado* – nas situações futuras.[276]

7.2 Eficácia temporal

A decisão definitiva de mérito é revestida de eficácia *ex tunc*, porquanto limitar-se-ia a declarar a inconstitucionalidade e pronunciar a nulidade, desde o momento da produção, da norma impugnada mediante ação direta, não subsistindo a questão da rescindibilidade das decisões do controle incidental, instituído pela via de exceção, bem assim o questionamento das técnicas de decisão no controle principal, instaurado pela via de ação direta, imunes a controvérsia.

---

274 STF, Recl. nº 2.143, Rel. Min. Celso de Mello, j. 12.3.2003, *DJU* 6.6.2003.

275 STF, Recl. nº 899, rel. Min. Celso de Mello, j. 5.6.2002, *DJU* 20.9.2002. V., também: STF, Recl. nº 872, Rel. Min. Nélson Jobim, j. 9.9.2004, *DJU* 20.5.2005; STF, Recl. nº 909, Rel. Min. Nelson Jobim, j. 9.9.2004, *DJU* 27.5.2005; STF, Recl. nº 1.722, Rel. Min. Celso de Mello, j. 9.4.2005, *DJU* 13.5.2005; STF, Recl. nº 2.102, Rel. Min. Maurício Corrêa, j. 11.6.2002, *DJU* 3.8.2002; STF, Recl. nº 2.126, Rel. Min. Gilmar Mendes, j. 12.8.2002, *DJU* 19.8.2002; STF, Recl. nº 14.810, Rel. Min. Dias Toffoli, j. 23.5.2013, *DJU* 9.8.2013; STF, Recl. nº 23.644, Rel. Min. Roberto Barroso, j. 9.8.2016, *DJU* 24.8.2016; STF, Recl. nº 28.747, Rel. Min. Luiz Fux, j. 5.6.2018, *DJU* 14.6.2018, e STF, Recl. nº 32.655, Rel. Min. Edson Fachin, j. 23.4.2019, *DJU* 9.5.2019.

276 MENDES, Gilmar Ferreira. *O Efeito Vinculante das Decisões do Supremo Tribunal Federal nos Processos de Controle Abstrato de Normas* in *Revista IOB/DCAP*, nº 4, 1999, p. 33-39.

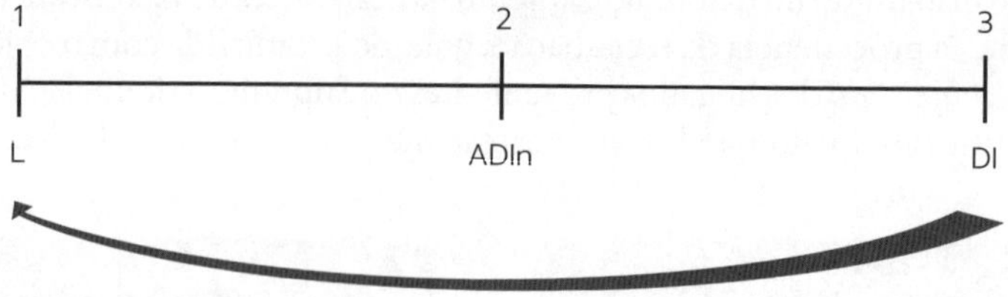

Sobre a **rescindibilidade das decisões prolatadas no controle difuso** fundadas em lei ou ato normativo declarado inconstitucional pelo Supremo Tribunal Federal, em sede de jurisdição constitucional concentrada, o tema é objeto de divergência.

A possibilidade de rescisão da sentença ou acórdão de mérito é afastada por **Juliano Taveira Bernardes,**[277] **Luiz Guilherme Marinoni,**[278] **José Carlos Barbosa Moreira,**[279] **Bruno Noura Rêgo**[280] e **Sacha Calmon Navarro Coelho,**[281] ao argumento de que a coisa julgada é oponível à legislação positiva, e também à legislação negativa a cargo do Supremo Tribunal Federal.

A possibilidade de rescisão da sentença ou acórdão de mérito é afirmada por **Luís Roberto Barroso,**[282] **Pedro Eduardo Pinheiro de Siqueira,**[283] **Alexandre Freitas Câmara,**[284] **Gilmar Ferreira Mendes**[285] e **Clèmerson Merlin Clève,**[286] sob a argumentação de que a coisa julgada é suscetível de relativização, tomando em consideração a ponderação entre a justiça das decisões jurisdicionais, transmitida pelo acesso à ordem jurídica justa, e a segurança nas relações jurídicas interpessoais, simbolizada pela imunização dos efeitos substanciais dos provimentos judiciais.

---

277 BERNARDES, Juliano Taveira. *Controle Abstrato de Constitucionalidade: elementos materiais e princípios processuais*. São Paulo: Saraiva, 2004, p. 74 e 350.

278 MARINONI, Luiz Guilherme. *Coisa Julgada Inconstitucional*. 2ª ed. São Paulo: Revista dos Tribunais, 2010, p. 21.

279 MOREIRA, José Carlos Barbosa. *Inconstitucionalidade irregularmente declarada por via incidental. Coisa julgada. Ação rescisória. Irrelevância de julgamentos posteriores do Supremo Tribunal Federal* in *Direito Aplicado*. v. II. Rio de Janeiro: Forense, 2000, p. 238.

280 RÊGO, Bruno Noura. *ADIn e ADC: comentários sobre a Lei nº 9.868, de 11 de novembro de 1999* in *Revista Dialética de Direito Tributário*, nº 60, 2000, p. 36.

281 COÊLHO, Sacha Calmon Navarro. *Da Impossibilidade Jurídica de Ação Rescisória de Decisão anterior à Declaração de Inconstitucionalidade pelo Supremo Tribunal Federal no Direito Tributário* in *Cadernos de Direito Tributário e Finanças Públicas*, nº 15, 1996, p. 197.

282 BARROSO, Luís Roberto. *Controle de Constitucionalidade no Direito Brasileiro*. São Paulo: Saraiva, 2004, p. 192.

283 SIQUEIRA, Pedro Eduardo Pinheiro de. *A Coisa Julgada Inconstitucional*. Rio de Janeiro: Renovar, 2006, p. 212.

284 CÂMARA, Alexandre Freitas. *Acórdão que deixou de aplicar lei que o Supremo Tribunal Federal considera compatível com a Constituição. Possibilidade de relativização da coisa julgada material* in *Escritos de Direito Processual*. v. II. Rio de Janeiro: Lumen Juris, 2005, p. 431.

285 MENDES, Gilmar Ferreira. *A Nulidade da Lei Federal declarada inconstitucional e seus Efeitos: considerações sobre a decisão do Supremo Tribunal Federal proferida no RE nº 122.202* in *Revista Trimestral de Direito Público*, nº 12, 1995, p. 19.

286 CLÈVE, Clèmerson Merlin. *A Declaração de Inconstitucionalidade de Dispositivo Normativo em sede de Juízo Abstrato e os Efeitos sobre os Atos Singulares praticados sob sua égide* in *Cadernos de Direito Constitucional e Ciência Política*, nº 19, 1997, p. 279.

Acertadamente nos parece ter deliberado o Supremo Tribunal Federal ao reconhecer que a eficácia retroativa da declaração de inconstitucionalidade pode atingir as denominadas "causas de exaurimento" ou "fórmulas de preclusão" e, por via de consequência, sufragar a admissibilidade da ação rescisória por ofensa à literal disposição da Constituição, ainda que a decisão rescindenda seja anterior à orientação firmada por ele próprio. *Ut infra*: "a manutenção de decisões das instâncias ordinárias divergentes da interpretação adotada pelo Supremo Tribunal Federal revela-se afrontosa à força normativa da Constituição e ao princípio da máxima efetividade da norma constitucional. Cabe ação rescisória por ofensa à literal disposição constitucional, ainda que a decisão rescindenda seja anterior à orientação fixada pelo Tribunal";[287] "cabimento da ação rescisória contra decisão baseada em interpretação controvertida anterior à orientação do Supremo Tribunal Federal";[288] "é viável a ação rescisória na hipótese em que a decisão que se quer rescindir contraria decisão definitiva do Supremo Tribunal Federal em matéria constitucional";[289] "cabimento da ação rescisória por ofensa a literal disposição constitucional"[290] e, por fim, "a declaração de inconstitucionalidade de preceito normativo pelo Supremo Tribunal Federal não produz a automática rescisão das decisões anteriores que tenham adotado entendimento diferente. Para que tal ocorra, será indispensável a propositura da ação rescisória".[291, 292]

Sobre as **técnicas de decisão promovidas no controle concentrado**, tradicionalmente, doutrina e jurisprudência frisam a eficácia retroativa da decisão definitiva de mérito, tendo **Jorge Miranda** salientado que "a declaração de inconstitucionalidade produz efeitos retroativamente, *ex tunc*, e não apenas efeitos a contar da data da própria declaração ou *ex nunc*. Assim sucede por dois motivos essenciais: por a Constituição como fundamento de validade, como base da força intrínseca da norma em causa, dever prevalecer incondicionalmente desde o momento em que esta é emitida ou em que ocorre a contradição ou desconformidade, e não apenas desde o instante em que a contradição é reconhecida; por a mera eficácia futura da declaração poder acarretar diferenças de tratamento das pessoas e dos casos sob o império do mesmo princípio ou regra constitucional, uns sujeitos ao seu comando e outros (os considerados antes da declaração de inconstitucionalidade) subordinados, ao cabo e ao resto, ao sentido da norma inconstitucional, ao sentido de uma norma juridicamente inválida",[293] assim como o Ministro **José Carlos Moreira Alves** ratificado que "se me afigura que não é a ação direta de inconstitucionalidade uma simples ação declaratória de nulidade, como qualquer outra, mas, ao contrário, um instrumento especialíssimo de defesa da

---

287 STF, RE nº 328.812, Rel. Min. Gilmar Mendes, j. 6.3.2008, *DJU* 2.5.2008.

288 STF, RE nº 500.043, Rel. Min. Cármen Lúcia, j. 26.5.2009, *DJU* 26.6.2009.

289 STF, RE nº 596.686, Rel. Min. Eros Grau, j. 20.4.2010, *DJU* 14.5.2010.

290 STF, RE nº 565.730, Rel. Min. Gilmar Mendes, j. 30.9.2008, *DJU* 28.11.2008.

291 STF, RE nº 730.462, Rel. Min. Teori Zavascki, j. 28.5.2015, *DJU* 9.9.2015.

292 O Supremo Tribunal Federal, no tocante às relações jurídicas tributárias de trato sucessivo, sinalizou que "as decisões proferidas em ação direta interrompem automaticamente os efeitos temporais das decisões transitadas em julgado nas referidas relações, respeitadas a irretroatividade, anterioridade anual e noventena ou anterioridade nonagesimal, conforme a natureza do tributo". STF, RE nº 955.227, Rel. Min. Roberto Barroso, j. 8.2.2023, *DJU* 2.5.2023.

293 MIRANDA, Jorge. *Manual de Direito Constitucional*. 2ª ed. v. II. Coimbra: Coimbra Editora, 1988, p. 387.

ordem jurídica vigente estruturada com base no respeito aos princípios constitucionais vigentes, uma vez que a declaração de inconstitucionalidade, obtida no controle concentrado, passa em julgado com reflexos sobre o passado (a nulidade opera *ex tunc*)".[294, 295] Hodiernamente, doutrina e jurisprudência grifam a necessidade de temperamento da eficácia retroativa da decisão definitiva de mérito, tendo **José Joaquim Gomes Canotilho** sustentado que "a tradicional dogmática ancorada na bipartição radical entre leis e atos normativos constitucionais e inconstitucionais carece de revisão: porque uma lei ou ato normativo inconstitucional pode não ser (como habitualmente se pressupõe) um ato inconstitucional *ab initio*, vindo apenas tornar-se inconstitucional, e porque os efeitos de inconstitucionalidade podem não ser sempre os da nulidade, mas os de simples declaração de inconstitucionalidade",[296] bem como o Ministro **José Paulo Sepúlveda Pertence** reiterado que "sou, em tese, favorável a que, com todos os temperamentos e contrafortes possíveis e para situações absolutamente excepcionais, se permita a ruptura do dogma da nulidade *ex radice* da lei ou ato normativo inconstitucional, facultando-se ao Tribunal protrair o início da eficácia da declaração de inconstitucionalidade".[297, 298]

Por todo o exposto, o Direito Constitucional comparado disponibiliza poderes tendencialmente normativos aos órgãos de jurisdição constitucional orgânica não somente para relativizar a eficácia retroativa das decisões de inconstitucionalidade, mas também, quando a inconstitucionalidade de lei ou ato normativo não for declarada, fixar a interpretação constitucionalmente adequada ou correta em "decisões de calibragem",[299] denominadas ainda de "decisões intermediárias"[300] ou "decisões criativas",[301] como, por exemplo, (i) a restrição temporal dos efeitos da decisão de inconstitucionalidade, (ii) o afastamento do efeito repristinatório, (iii) a interpretação conforme a Constituição, (iv) a declaração parcial de inconstitucionalidade sem redução de texto, (v) o apelo ao

---

294 STF, Rp. nº 1.016, Rel. Min. Moreira Alves, j. 20.9.1979, *RTJ* 95/993.

295 BARBOSA, Rui. *Trabalhos Jurídicos*. Rio de Janeiro: Casa de Rui Barbosa, 1962, p. 70-71; CAMPOS, Francisco. *Direito Constitucional*. v. I. Rio de Janeiro: Freitas Bastos, 1956, p. 430-431; BUZAID, Alfredo. *Da Ação Direta de Declaração de Inconstitucionalidade no Direito Brasileiro*. São Paulo: Saraiva, 1958, p. 130-132, e MELLO, Oswaldo Aranha Bandeira de. *A Teoria das Constituições Rígidas*. 2ª ed. São Paulo: José Bushatsky, 1980, p. 212-214.

296 CANOTILHO, José Joaquim Gomes. *Constituição Dirigente e Vinculação do Legislador*. Coimbra: Coimbra Editora, 1994, p. 206.

297 STF, ADIn nº 1.102, Rel. Min. Maurício Corrêa, j. 5.10.1995, *RDDT* 5/119.

298 CASTRO, Carlos Roberto de Siqueira. *Da Declaração de Inconstitucionalidade e seus Efeitos* in *Revista Forense*, nº 335, 1996, p. 17-44; SARMENTO, Daniel de Moraes. *Eficácia Temporal do Controle de Constitucionalidade das Leis (o Princípio da Proporcionalidade e a Ponderação dos Interesses)* in *Revista de Direito Administrativo*, nº 212, 1998, p. 27-40; MACHADO, Hugo de Brito. *Efeitos da Declaração de Inconstitucionalidade* in *Revista Trimestral de Direito Público*, nº 6, 1994, p. 221-225, e TORRES, Ricardo Lobo. *A Declaração de Inconstitucionalidade e a Restituição de Tributos* in *Revista Dialética de Direito Tributário*, nº 8, 1996, p. 99-110.

299 MENDES, Gilmar Ferreira. *Novos Aspectos do Controle de Constitucionalidade Brasileiro* in *Direito Público*, nº 27, 2009, p. 33.

300 SAMPAIO, José Adércio Leite. *Hermenêutica e Jurisdição Constitucional*. Belo Horizonte: Del Rey, 2001, p. 163, 170, 175-176 e 189.

301 FERNANDES, André Dias. *Modulação de Efeitos e Decisões Manipulativas no Controle de Constitucionalidade Brasileiro*. Salvador: JusPodivm, 2018, p. 43.

legislador, (vi) a declaração de inconstitucionalidade sem pronúncia de nulidade e (vii) a declaração de norma ainda constitucional em trânsito para a inconstitucionalidade.

Na **restrição temporal dos efeitos da decisão de inconstitucionalidade**, o órgão judicial, tendo em vista razões de segurança jurídica ou de excepcional interesse social, reduz o âmbito de eficácia retroativa do pronunciamento jurisdicional, mediante a fixação de termo inicial para a produção de todos (limitação temporal total) ou alguns (limitação temporal parcial) dos efeitos da declaração de inconstitucionalidade, entre a produção da norma jurídica e a publicação da decisão de procedência, e reconhece a intangibilidade das situações de fato consumadas anteriormente ao marco temporal definido no controle de constitucionalidade abstrato. Em consequência, no dispositivo da decisão definitiva de mérito, o pedido formulado na ação direta de inconstitucionalidade é julgado procedente, posto que a lei ou ato normativo é declarado inconstitucional, com a manipulação dos seus efeitos quanto ao tempo.[302, 303]

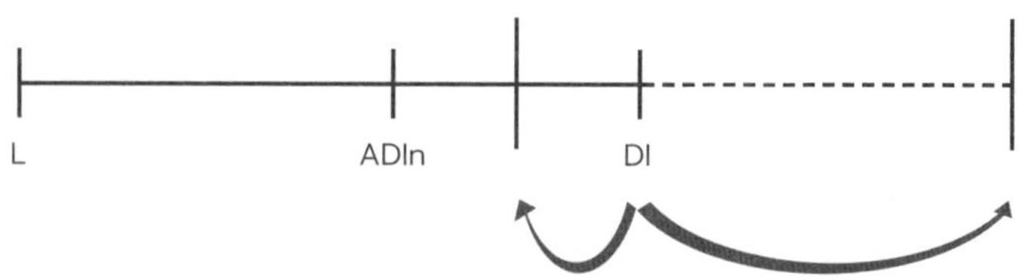

No **afastamento do efeito repristinatório**, o órgão judicial exclui a retomada de vigência da norma revogada em virtude da declaração de inconstitucionalidade da norma revogadora. Em consequência, no dispositivo da decisão definitiva de mérito, o pedido formulado na ação direta de inconstitucionalidade é julgado procedente, visto que a lei ou ato normativo é declarado inconstitucional, sem tornar vigente a norma invalidamente revogada.[304, 305]

---

302 MENDES, Gilmar Ferreira. *O Controle de Constitucionalidade das Leis na Atualidade* in *Estudos em Homenagem ao Professor Caio Tácito*. Rio de Janeiro: Renovar, 1997, p. 266-272.

303 Extraordinariamente, a modulação da eficácia temporal enseja a eficácia *ex nunc* da decisão de inconstitucionalidade, desde que o marco temporal seja determinado no momento da sua publicação, a partir do qual há a produção de efeitos prospectivos, e não também de efeitos retroativos. Na doutrina brasileira, v.: BONAVIDES, Paulo. *Curso de Direito Constitucional*. 10ª ed. São Paulo: Malheiros, 2000, p. 301-310; na doutrina alemã, v.: HESSE, Konrad. *Grundzüge des Verfassungsrechts der Bundesrepublik Deutschland*. 20ª ed. Heidelberg: C. F. Müller Verlag, 1995, p. 500; na doutrina italiana, v.: RUFFIA, Paolo Biscaretti di. *Diritto Costituzionale. Istituzioni di Diritto Pubblico*. 9ª ed. Milano: Giuffrè, 1972, p. 469-475; na doutrina espanhola, v.: MENAUT, Antonio-Carlos Pereira. *Lecciones de Teoría Constitucional*. 3ª ed. Madrid: Colex, 1997, p. 266; na doutrina norte-americana, v.: TRIBE, Laurence. *American Constitutional Law*. 2ª ed. New York: The Foundation Press, 1988, p. 30, e, na doutrina portuguesa, v.: CANOTILHO, José Joaquim Gomes; MOREIRA, Vital. *Fundamentos da Constituição*. Coimbra: Coimbra Editora, 1991, p. 275-276.

304 MENDES, Gilmar Ferreira. *Anteprojeto de Lei sobre Processo e Julgamento da Ação Direta de Inconstitucionalidade e da Ação Declaratória de Constitucionalidade* in *Cadernos de Direito Constitucional e Ciência Política*, nº 29, 1999, p. 25.

305 A repristinação e o efeito repristinatório não se confundem. A repristinação denota a retomada de vigência da norma revogada pela revogação da norma revogadora, em decorrência de disposição expressa em ato legislativo, de forma que há três normas e duas revogações válidas, com esteio no art. 2º, § 3º, da LINDB. O efeito repristinatório denota a retomada de vigência da norma revogada pela declaração de inconstitucionalidade da norma revogadora, em razão de disposição expressa em ato jurisdicional, de modo que há duas normas e uma

Na **interpretação conforme a Constituição**, o órgão judicial elimina as possibilidades de interpretação incompatíveis com a Constituição, de maneira que há a redução do conteúdo normativo, sem afetar a expressão literal da norma jurídica submetida ao controle de constitucionalidade concentrado. Em consequência, no dispositivo da decisão definitiva de mérito, o pedido formulado na ação direta de inconstitucionalidade é julgado improcedente, na medida em que a lei ou ato normativo é declarado constitucional, desde que adotada determinada interpretação.[306, 307]

Na **declaração parcial de inconstitucionalidade sem redução de texto**, o órgão judicial elimina as hipóteses de aplicação incompatíveis com a Constituição, de sorte que há a redução do programa normativo, sem alterar a expressão literal da norma jurídica. Em consequência, no dispositivo da decisão definitiva de mérito, o pedido formulado na ação direta de inconstitucionalidade é julgado parcialmente procedente, uma vez que a lei ou ato normativo é declarado inconstitucional, se aplicável a determinada hipótese.[308, 309]

---

revogação inválida, com espeque no art. 11, § 2º, da Lei nº 9.868/99. PEREIRA, Caio Mário da Silva. *Instituições de Direito Civil.* 15ª ed. v. I. Rio de Janeiro: Forense, 1994, p. 85-86; LOPES, Miguel Maria de Serpa. *Curso de Direito Civil.* 3ª ed. v. I. Rio de Janeiro: Freitas Bastos, 1960, p. 97-98; GOMES, Orlando. *Introdução ao Direito Civil.* 13ª ed. Rio de Janeiro: Forense, 1998, p. 40-41, e OLIVEIRA, José Maria Leoni Lopes de. *Introdução ao Direito Civil.* v. I. Rio de Janeiro: Lumen Juris, 1998, p. 273-274.

306 MENDES, Gilmar Ferreira. *Controle de Constitucionalidade na Alemanha: a declaração de nulidade da lei inconstitucional, a interpretação conforme a Constituição e a declaração de constitucionalidade da Lei na jurisprudência da Corte Constitucional alemã* in *Revista de Direito Administrativo*, nº 193, 1993, p. 22-27.

307 A interpretação conforme a Constituição decorre do princípio da unidade do ordenamento jurídico, pois este comporta dois subprincípios. O primeiro, com fundamento na dogmática norte-americana, funciona como critério de interpretação, pelo qual a dúvida em relação à constitucionalidade de uma norma jurídica é resolvida em favor de sua conservação, correspondendo à presunção de constitucionalidade. O segundo, com fulcro na dogmática alemã, funciona como técnica de decisão, pelo qual uma norma jurídica não deve ser declarada inconstitucional quando possa ser interpretada em consonância com a Constituição, correspondendo à interpretação conforme a Constituição. LARENZ, Karl. *Methodenlehre der Rechtswissenschaft.* 6ª ed. München: Beck, 1991, p. 479-484; MÜLLER, Friedrich. *Juristiche Methodik.* 2ª ed. Berlin: Duncker & Humblot, 1976, p. 85; ZIPPELIUS, Reinhold. *Verfassungskonforme Auslegung von Gesetzen* in *Bundesverfassungsgericht und Grundgesetz*, nº 2, 1976, p. 108, e SPANNER, Hartmut. *Die verfassungskonforme Auslegung in der Rechtsprechung des Bundesverfassungsgerichts* in *Archiv des öffentlichen Rechts*, nº 61, 1966, p. 503.

308 MENDES, Gilmar Ferreira. *A Suspensão Parcial da Lei sem Redução de Texto em sede de Cautelar* in *Revista IOB/DCAP*, nº 6, 1998, p. 9.

309 A diferenciação entre a interpretação conforme a Constituição e a declaração parcial de inconstitucionalidade sem redução de texto é referente aos momentos do processo hermenêutico. A interpretação conforme a Constituição é imanente à interpretação, eis que consiste na exclusão de possibilidades de interpretação da norma jurídica submetida ao controle de constitucionalidade abstrato. A declaração parcial de inconstitucionalidade sem redução de texto é inerente à aplicação, já que consiste na exclusão de hipóteses de aplicação da norma jurídica sujeita ao controle de constitucionalidade concentrado. Ambas importam na redução do conteúdo ou programa normativo, vez que o texto da lei ou ato normativo não é alcançado pela declaração de constitucionalidade (interpretação conforme a Constituição) ou inconstitucionalidade (declaração parcial de inconstitucionalidade sem redução de texto). SCHLAICH, Klaus. *Das Bundesverfassungsgericht.* München: Beck, 1985, p. 184-187; IPSEN, Jörn. *Rechtsfolgen der Verfassungswidrigkeit von Norm und Einzelakt.* Baden-Baden: Nomos Verlagsge-

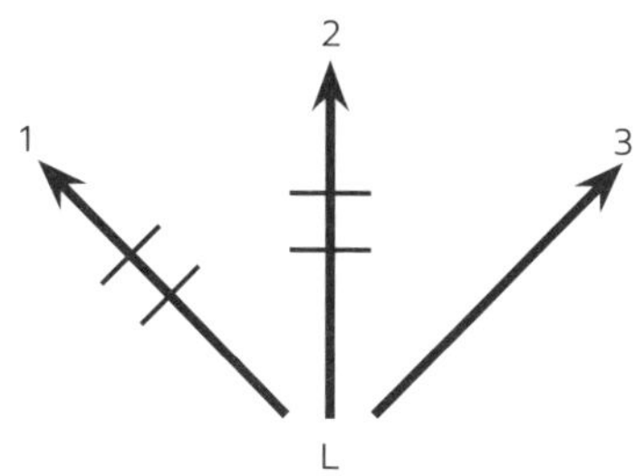

ICC: possibilidades de interpretação
DPISRT: hipóteses de aplicação

No **apelo ao legislador**, o órgão judicial ainda reconhece a validade da norma jurídica submetida ao controle de constitucionalidade abstrato, porém adverte para a necessidade de sua alteração, complementação ou substituição, antes que se consolide o estado de inconstitucionalidade. Em consequência, no dispositivo da decisão definitiva de mérito, o pedido formulado na ação direta de inconstitucionalidade é julgado improcedente, porquanto a lei ou ato normativo é declarado constitucional, conforme os fundamentos da decisão.[310, 311]

Na **declaração de inconstitucionalidade sem pronúncia de nulidade**, o órgão judicial já reconhece o estado de inconstitucionalidade da norma jurídica, todavia excepciona a possibilidade de sua aplicação, para exortar os órgãos legislativos a produzirem nova regulamentação. Em consequência, no dispositivo da decisão definitiva de mérito, o pedido formulado na ação direta de inconstitucionalidade é julgado procedente, conquanto a lei ou ato normativo é declarado inconstitucional sem pronúncia

---

sellschaft, 1980, p. 100; MOENCH, Christoph. *Verfassungswidriges Gesetz und Normenkontrolle*. Baden-Baden: Nomos Verlagsgesellschaft, 1977, p. 31, e SKOURIS, Wassilios. *Teilnichtigkeit von Gesetzen*. Berlin: Duncker & Humblot, 1973, p. 108-109.

310 MENDES, Gilmar Ferreira. *O Apelo ao Legislador na práxis da Corte Constitucional Federal Alemã* in *Arquivos do Ministério da Justiça*, nº 179, 1992, p. 81.

311 O apelo ao legislador não importa em dever de legislar, motivo pelo qual, na hipótese de inércia do órgão legislativo, a norma jurídica ventilada na lei ou ato normativo declarado ainda constitucional é válida até que o órgão judicial, devidamente provocado, venha a proferir nova decisão. BRYDE, Brun-Otto. *Verfassungsentwicklung, Stabilität und Dynamik im Verfassungsrecht der Bundesrepublik Deutschland*. Baden-Baden: Nomos, 1982, p. 397; PESTALOZZA, Christian. *"Noch verfassungsmässige" und "bloss verfassungswidrige" Rechtslagen* in *Bundesverfassungsgericht und Grundgesetz*, nº 1, 1976, p. 556; GERONTAS, Apostolo. *Die Appellentscheidungen, Sondervotumsappelle und die blosse Unvereinbarkeitsfeststellung als Ausdruck der Funktionellen Grenzen der Verfassungsgerichtsbarkeit* in *Deutsches Verwaltungsblatt*, 1982, p. 486-487, e SACHS, Michael. *Tenorierung bei Normenkontrollentscheidungen des Bundesverfassungsgerichts* in *Die öffentliche Verwaltung*, 1982, p. 23 e 29.

de nulidade, em razão da inexistência de norma apta a preencher eventual lacuna no ordenamento jurídico.[312, 313]

Na **declaração de norma ainda constitucional em trânsito para a inconstitucionalidade**, o órgão judicial ressalva a possibilidade de vir a declarar a invalidade da norma jurídica aferida no controle de constitucionalidade concentrado, porque a afirmação da sua constitucionalidade é fundamentada em circunstância fática, que se pode modificar ao longo do tempo. Em consequência, no dispositivo da decisão definitiva de mérito, o pedido formulado na ação direta de inconstitucionalidade é julgado improcedente, de arte que a lei ou ato normativo é declarado constitucional, em decorrência do reconhecimento de um estado imperfeito, insuficiente para justificar a declaração de inconstitucionalidade.[314, 315]

situação de fato

Constitucionalidade → Inconstitucionalidade

As técnicas de decisão em epígrafe, reiterada e sistematicamente, são utilizadas por vários tribunais constitucionais do mundo e até por tribunais internacionais de direitos humanos.

---

312 MENDES, Gilmar Ferreira. *A Declaração de Inconstitucionalidade sem Pronúncia de Nulidade da Lei na Jurisprudência da Corte Constitucional Federal Alemã* in *Revista de Informação Legislativa*, nº 118, 1993, p. 61.

313 A distinção entre o apelo ao legislador e a declaração de inconstitucionalidade sem pronúncia de nulidade é relativa à configuração, ou não, da situação constitucional imperfeita. O primeiro evidencia que a norma impugnada pela ação direta é recoberta de estado ainda constitucional, isto é, a arguição de inconstitucionalidade é rejeitada pelo órgão judicial exercente do controle abstrato. A segunda expõe que a norma impugnada pela ação direta é revestida de estado já inconstitucional, ou seja, a arguição de inconstitucionalidade é acolhida pelo órgão judicial exercente do controle concentrado. A finalidade da declaração de inconstitucionalidade sem pronúncia de nulidade é evitar o "vácuo jurídico" resultante da inaplicação da lei ou ato normativo declarado inconstitucional por decisão definitiva de mérito. HEIN, Peter. *Die Unvereinbarkeitserklärung verfassungswidriger Gesetze durch das Bundesverfassungsgericht*. Baden-Baden: Nomos Verlagsgesellschaft, 1980, p. 31; GUSY, Christoph. *Parlamentarischer Gesetzgeber und Bundesverfassungsgericht*. Berlin: Duncker & Humblot, 1985, p. 210; MAURER, Hartmut. *Zur Verfassungswidrigerklärung von Gesetzen* in *Festschrift für Werner Weber*, 1974, p. 347-348, e ZEIDLER, Wolfgang. *Die Verfassungsrechtsprechung im Rahmen der staatlichen Funktionen* in *Europäische Grundrechtszeitschrift*, 1988, p. 207 e 214.

314 MENDES, Gilmar Ferreira. *A Declaração de Constitucionalidade e a Lei ainda Constitucional* in *Consulex*, nº 35, 1999, p. 32-35.

315 O apelo ao legislador e a declaração de norma ainda constitucional em trânsito para a inconstitucionalidade aproximam-se, dado que constituem técnicas de decisão específicas para atuar sobre situações constitucionais imperfeitas, mediante a constatação de processo de inconstitucionalização, sem que se tenha de pronunciar a inconstitucionalidade e a nulidade da lei ou ato normativo. EBSEN, Ingwer. *Das Bundesverfassungsgericht als Element gesellschaftlicher Selbstregulierung*. Berlin: Duncker & Humblot, 1985, p. 96-97; ERICHSEN, Hans-Uwe. *Staatsrecht und Verfassungsgerichtsbarkeit*. 3ª ed. v. II. München: Allgemeine Lehren der Grundrechte, 1982, p. 194; STERN, Klaus. *Das Staatsrecht der Bundesrepublik Deutschland*. 2ª ed. v. I. München: Allgemeine Lehren der Grundrechte, 1982, p. 1.039, e RUPP-V. BRÜNNECK, Wiltraut. *Darf das Bundesverfassungsgericht an den Gesetzgeber appellieren?* in *Festschrift für Gebhard Müller*, 1970, p. 355.

O Tribunal Constitucional Federal da Alemanha, sob influxo dos arts. 31, 78 e 79 da sua Lei Orgânica,[316] tem se referido à *Fristsetzung*,[317] ao *Abgangsrenovierung*,[318] à *Verfassungskonforme Auslegung*,[319] à *Teilnichtigerklärung ohne Normtextreduzierung*,[320] ao *Appellentscheidung*,[321] à *Unvereinbarkeitserklärung*[322] e ao *Verfassungswidrigwerden*,[323] com eficácia vinculante sobre os órgãos constitucionais da União e dos Estados-membros, bem como todos os tribunais e órgãos administrativos.

A Suprema Corte norte-americana, no caso Linkletter v. Walker, de 1965, e, ulteriormente, no caso Stovall v. Denno, de 1967, desenvolveu a *theory of prospectivity*, ao enfatizar que "a Constituição não proíbe nem obriga a eficácia retroativa".[324] Frisou, outrossim, que "os critérios orientadores da resolução da questão implicam: o propósito de servir-se dos novos padrões, a extensão da confiança nos antigos padrões pelas autoridades responsáveis pela aplicação da lei e o efeito na administração da justiça de uma aplicação retroativa dos novos padrões".[325]

O Tribunal Constitucional espanhol faz uso das *sentencias interpretativas*, traduzidas como decisões nas quais são atribuídos diversos significados a um único significante, de acordo com os princípios da supremacia da Constituição e da conservação das normas legais, em ponderação.[326] Estas decisões "declaram a constitucionalidade de um preceito impugnado na medida em que ele seja interpretado no sentido que

---

316 Lei Orgânica do Tribunal Constitucional Federal, arts. 31, 78 e 79: "As decisões do Tribunal vinculam os órgãos constitucionais da União e dos Estados-membros, assim como todos os tribunais e órgãos administrativos. Nos casos previstos no art. 13, nºs 6, 11, 12 e 14, a decisão do Tribunal tem força de lei. Isso vale também nos casos do art. 13, nº 8, quando o Tribunal declara uma lei compatível ou incompatível com a Lei Orgânica ou nula. Se uma lei for declarada compatível ou incompatível com a Lei Orgânica ou com direito federal, ou for declarada nula, dispositivo da decisão deverá ser publicado pelo Ministério da Justiça no Diário Oficial. O mesmo vale para os dispositivos de decisão dos casos do art. 13, nºs 12 e 14. Caso o Tribunal forme a convicção que o direito federal é incompatível com a Lei Fundamental ou que o direito estadual conflita com a Lei Fundamental ou outro direito federal, deve declarar a sua nulidade. Se outras disposições da mesma lei, pela mesma razão, forem incompatíveis com a Lei Fundamental ou outro direito federal, deve o Tribunal declarar, igualmente, a sua nulidade. É legítimo o pedido de revisão criminal nos termos do Código de Processo Penal contra a sentença condenatória penal que se baseia em uma norma legal declarada inconstitucional ou nula, ou que se assenta em uma interpretação que o Tribunal considerou incompatível com a Lei Fundamental". Disponível em: <http://www.bundesverfassungsgericht.de>. Acesso em: 13.10.2010.

317 *BVerfGE* 1, 14.

318 *BVerfGE* 6, 282.

319 *BVerfGE* 2, 266.

320 *BVerfGE* 11, 168.

321 *BVerfGE* 7, 282.

322 *BVerfGE* 6, 246.

323 *BVerfGE* 4, 157.

324 Linkletter v. Walker, 381 U.S. 629 (1965).

325 Stovall v. Denno, 388 U.S. 293 (1967). V., também: Hanover Shoe v. United Shoe Machinery Corp., 392 U.S. 481 (1968); Allen v. State Board of Elections, 393 U.S. 544 (1969); Cipriano v. City of Houma, 395 U.S. 701 (1969); City of Phoenix v. Kolodziejski, 399 U.S. 204 (1970), e Chevron Oil Co. v. Huson, 404 U.S. 97 (1971).

326 REVORIO, Francisco Javier Díaz. *Las Sentencias Interpretativas del Tribunal Constitucional*. Valladolid: Lex Nova, 2001, p. 54.

o próprio Tribunal Constitucional considera como adequado à Constituição, ou ele não seja interpretado no sentido (ou sentidos) que considera inadequado(s)".[327] "Só é admissível a declaração de inconstitucionalidade dos preceitos cuja incompatibilidade com a Constituição resultar induvidosa por ser impossível levar a efeito uma interpretação conforme a mesma."[328]

O Conselho Constitucional francês, na Decisão nº 80-127 DC, de 1981, sobre *Loi renforçant la sécurité et protégeant la liberté des personnes*,[329] e, posteriormente, na Decisão nº 93-325 DC, de 1993, sobre *Loi relative à la maîtrise de l'immigration et aux conditions d'entrée, d'accueil et de séjour des étrangers*,[330] formulou a diferenciação entre a interpretação construtiva, na qual são agregados os elementos que completam a norma legal, a interpretação neutralizante, na qual são conservadas inoperantes as interpretações que poderiam ser declaradas inconstitucionais, e a interpretação diretiva, na qual são estabelecidas as modalidades de aplicação que se conservam nos limites do constitucionalmente admissível.[331]

A Corte Constitucional italiana, com base na técnica da *doppia pronuncia*, serve-se de decisões interpretativas de *accoglimento*, nas quais o organismo afasta as interpretações contrárias à Constituição, recobertas de natureza vinculante,[332] e de *rigetto*, nas quais o órgão de jurisdição constitucional afirma as interpretações conforme a Constituição, revestidas de natureza persuasiva.[333]

O Tribunal Constitucional de Portugal, sob influência do art. 66 da Lei sobre a sua Organização, Funcionamento e Processo,[334] tem a possibilidade de, quando a segurança jurídica,[335] razões de equidade[336] ou interesse público de excepcional relevo o exigirem,[337] fixar os efeitos da declaração de inconstitucionalidade com alcance limitado.[338]

À guisa de conclusão, malgrado as técnicas de decisão atípicas promovidas no controle abstrato ou concentrado sejam limitadas aos arts. 11, § 2º, 27 e 28, parágrafo único, da Lei nº 9.868/99, o Supremo Tribunal Federal tem utilizado – ou pelo menos se aproximado da utilização – o afastamento do efeito repristinatório,[339] a restrição

---

327 *BOE* 13.2.1981, 5.

328 *BOE* 18.9.1992, 119.

329 *JO* 22.1.1981, p. 308.

330 *JO* 18.8.1993, p. 11.722.

331 MATHIEU, Bertrand. *Les Grandes Délibérations du Conseil Constitutionnel*. Paris: Dalloz, 2009, p. 351.

332 *GU* 26.6.1974, nº 192.

333 *GU* 24.5.1985, nº 164. V., também: *GU* 22.11.2000, nº 496; *GU* 11.4.2001, nº 102; *GU* 2.1.2002, nº 444; *GU* 4.7.2007, nº 237; *GU* 12.12.2007, nº 418, e *GU* 2.1.2008, nº 463.

334 Lei de Organização, Funcionamento e Processo do Tribunal Constitucional, art. 66: "A declaração de inconstitucionalidade ou de ilegalidade com força obrigatória geral tem os efeitos previstos no art. 282 da Constituição". Disponível em: <http://www.tribunalconstitucional.pt>. Acesso em: 13.10.2010.

335 *DR* 3.8.1990, 246/90.

336 *DR* 29.6.1995, 225/95.

337 *DR* 9.4.2002, 140/02.

338 *DR* 27.4.2005, 222/05.

339 Exemplo: "a declaração de inconstitucionalidade *in abstracto*, de um lado, e a suspensão liminar de eficácia do ato reputado inconstitucional, de outro, importam, considerando o

temporal dos efeitos da decisão de inconstitucionalidade,[340] a interpretação conforme a Constituição[341] e a declaração parcial de inconstitucionalidade sem redução de texto,[342] sem que se possa olvidar o apelo ao legislador,[343] a declaração de inconstitucionalidade

---

efeito repristinatório que lhes é inerente, em restauração das normas estatais revogadas pelo diploma objeto do processo de controle normativo abstrato. Detectada a manifestação de eventual eficácia repristinatória indesejada, cumpre determinar o afastamento da lei ou ato normativo ressuscitado". STF, ADIn nº 2.574, Rel. Min. Carlos Velloso, j. 2.10.2002, *DJU* 29.8.2003.

340 Exemplo: "a ordem natural das coisas direciona no sentido de ter-se como regra a retroação da eficácia do acórdão declaratório constitutivo negativo à data de integração, da lei fulminada por inconstitucional, no arcabouço normativo, correndo por conta da exceção a fixação de termo inicial diverso. A regra no tocante à declaração de inconstitucionalidade de lei ou ato normativo vem sendo a de emprestar-se a eficácia desde o nascedouro. A exceção deve incidir em hipóteses nas quais a declaração de inconstitucionalidade implique em repercussões que possam colocar em jogo a segurança jurídica, acionando-se, assim, a cláusula da homenagem ao interesse social". STF, ADIn nº 1.498, Rel. Min. Marco Aurélio, j. 10.4.2003, *DJU* 5.12.2003.

341 Exemplo: "a Lei nº 8.215/91 mostra-se constitucional no que se lhe empreste interpretação harmônica com algumas premissas. A consideração do exercício por mais de dois anos e da quinta parte da lista de antiguidade ocorre vaga a vaga, descabendo fixá-la, de início e de forma global, para preenchimento das diversas existentes. Confeccionada a lista de merecimento para a primeira vaga, apuram-se, para a vaga subsistente, os nomes dos juízes que, afastados os já selecionados, componham a referida quinta parte de antiguidade e tenham, no cargo de Presidente de Junta de Conciliação e Julgamento, dois anos de exercício. A norma constante da parte final da alínea *b* do inc. II do art. 93 da CRFB diz respeito à lista de merecimento a ser elaborada e não à vaga aberta, podendo o Tribunal, de qualquer forma, recusar o nome remanescente, observada a maioria qualificada de dois terços. Inexistentes juízes que atendam às condições cumulativas previstas na alínea *b* do inc. II do art. 93 da CRFB em número suficiente à feitura da lista tríplice, apura-se a primeira quinta parte dos mais antigos, considerados todos os magistrados, isto para os lugares remanescentes na lista de merecimento. Ação que se julga improcedente, para declarar a constitucionalidade da 2ª parte do § 1º do art. 3º da Lei nº 8.215/91, considerada a interpretação dada no voto do Relator, afastada, por inconstitucional, qualquer outra exegese que a contrarie". STF, ADIn nº 581, Rel. Min. Marco Aurélio, j. 12.8.1992, *DJU* 6.11.1992.

342 Exemplo: "para conciliar o fundamento da livre iniciativa e do princípio da livre concorrência com os da defesa do consumidor e da redução das desigualdades sociais, em conformidade com os ditames da justiça social, pode o Estado, por via legislativa, regular a política de preços de bens e de serviços, abusivo que é o poder econômico que visa ao aumento arbitrário dos lucros. Não é, pois, inconstitucional a Lei nº 8.039/90, pelo só fato de ela dispor sobre critérios de reajuste das mensalidades das escolas particulares. Exame das inconstitucionalidades alegadas com relação a cada um dos artigos da mencionada Lei. Ofensa ao princípio da retroatividade com relação à expressão 'março' contida no § 5º do art. 2º da referida Lei. Ação que se julga procedente em parte, para declarar a inconstitucionalidade da expressão 'março' contida no § 5º do art. 2º da Lei nº 8.038/90, em todos os sentidos que não aquele segundo o qual estão ressalvadas as hipóteses de aplicação em que, no caso concreto, ocorra direito adquirido, ato jurídico perfeito e coisa julgada". STF, ADIn nº 319, Rel. Min. Moreira Alves, j. 3.3.1993, *DJU* 30.4.1993.

343 Exemplo: "não raro reconhece a Corte que a lei ou a situação jurídica não se tornou 'ainda' inconstitucional e exorta o legislador a que proceda, às vezes dentro de determinado prazo, à correção ou à adequação dessa situação ainda constitucional". STF, RE nº 385.397, Rel. Min. Sepúlveda Pertence, j. 29.6.2007, *DJU* 6.9.2007.

sem pronúncia de nulidade[344] e a declaração de norma ainda constitucional em trânsito para a inconstitucionalidade,[345] isolada ou conjugadamente.[346]

O ponto controvertido, no entanto, que se instalou no Supremo Tribunal Federal dizia respeito à possibilidade de extensão das decisões de calibragem ou intermediárias, sobretudo a técnica da restrição temporal dos efeitos da decisão de inconstitucionalidade, ao controle concreto ou difuso de constitucionalidade.

Eros Roberto Grau, no julgamento do agravo de instrumento nº 519.608, pleiteou que "a aplicação do art. 27 da Lei nº 9.868/99, apenas se impõe no controle principal, em sede de ação direta de inconstitucionalidade".[347]

Gilmar Ferreira Mendes, no julgamento do recurso extraordinário nº 197.917, postulou que "o controle incidental não é incompatível com a ideia da limitação de efeitos temporais na decisão de inconstitucionalidade preconizada no art. 27 da Lei nº 9.868/99".[348]

Desde que respeitadas as limitações da competência jurisdicional dos órgãos, singulares ou colegiados, incumbidos do controle concreto ou difuso de constitucionalidade, somos do entendimento de que a técnica de decisão pode ser manipulada por qualquer organismo judicial no regular desempenho das suas funções. Não se trata a restrição temporal dos efeitos da decisão de inconstitucionalidade de instituto cuja aplicabilidade se limita à ação direta de inconstitucionalidade. Opostamente, a aplicação do instituto se irradia por todo o controle de constitucionalidade, seja o principal, seja

---

344 Exemplo: "o estado de exceção é uma zona de indiferença entre o caos e o estado da normalidade. Não é a exceção que se subtrai à norma, mas a norma que, suspendendo-se, dá lugar à exceção. À Justiça incumbe decidir regulando também essas situações de exceção. Não se afasta do ordenamento, ao fazê-lo, eis que aplica a norma à exceção desaplicando-a, isto é, retirando-a da exceção. Ação direta julgada procedente para declarar a inconstitucionalidade, mas não pronunciar a nulidade, pelo prazo de vinte e quatro meses, da Lei do Estado da Bahia nº 7.619/00". STF, ADIn nº 2.240, Rel. Min. Eros Grau, j. 9.5.2007, *DJU* 3.8.2007.

345 Exemplo: "não é de ser reconhecida a inconstitucionalidade do § 5º do art. 5º da Lei nº 1.060/50, acrescentado pela Lei nº 7.871/89, no ponto em que confere prazo em dobro, para recurso, às Defensorias Públicas, ao menos até que sua organização, nos Estados, alcance o nível de organização do respectivo Ministério Público, que é a parte adversa, como órgão de acusação, no processo da ação penal pública. Vistos, relatados e discutidos estes autos, acordam os Ministros, em rejeitar a arguição de inconstitucionalidade do § 5º do art. 5º da Lei nº 1.060/50, com a redação da Lei nº 7.871/89, no que concerne ao prazo em dobro fixado para recurso do Defensor Público, por entendê-la ainda constitucional". STF, HC nº 70.514, Rel. Min. Sydney Sanches, j. 23.3.1994, *DJU* 27.6.1997.

346 Exemplo: "o Tribunal julgou procedente pedido formulado em ação direta para declarar, sem pronúncia de nulidade, a inconstitucionalidade do art. 192, § 2º, da CECE. O Plenário deliberou também modular os efeitos da declaração de inconstitucionalidade do art. 192, § 2º, da CECE, para conceder o prazo de doze meses, a partir da publicação da ata da sessão de julgamento, para que a matéria pudesse ser submetida ao CONFAZ". STF, ADIn nº 429, Rel. Min. Luiz Fux, j. 20.8.2014, Inf. STF 755.

347 GRAU, Eros Roberto. *Interpretação e Aplicação do Direito* (Palestra proferida no "Seminário sobre os 15 Anos do Código de Defesa do Consumidor", promovido pela Escola da Magistratura do Estado, Rio de Janeiro, 29.8.2005).

348 MENDES, Gilmar Ferreira. *O Direito Processual na Constituição da República* (Palestra proferida no "Seminário sobre os 15 Anos da Constituição da República", promovido pela Escola da Magistratura do Estado, Rio de Janeiro, 10.10.2003).

o incidental. A pretexto de exemplificação, a modulação temporal dos efeitos temporais da declaração incidental de inconstitucionalidade pode ser vislumbrada, a nosso ver, em ação civil pública em que se discuta a inconstitucionalidade de lei ou ato normativo que sirva de fundamento à pretensão coletiva deduzida em juízo ou tribunal, que, tendo em consideração razões de segurança jurídica ou de excepcional interesse social, pode restringir os efeitos daquela declaração ou decidir que ela só tenha eficácia a partir de seu trânsito em julgado ou de outro momento que venha a ser fixado.

O Tribunal Pleno, na questão de ordem suscitada na ação cautelar nº 189, "fixou orientação no sentido de permitir, em controle de constitucionalidade concreto ou difuso, a restrição dos efeitos temporais da decisão de inconstitucionalidade *incidenter tantum*". "Essas colocações têm a virtude de demonstrar que a decisão de inconstitucionalidade *in concreto* também se mostra passível de limitação de efeitos. A base constitucional dessa limitação parece sugerir que a declaração de inconstitucionalidade temporalmente restrita revela-se abrangente do modelo de controle de constitucionalidade como um todo."[349, 350]

Acesse o
MATERIAL SUPLEMENTAR

Entre no Ambiente de Aprendizagem através das instruções contidas na orelha deste livro e acesse os conteúdos exclusivos desta edição:
- Atualizações legislativas mensais.
- Questões de prova interativas.
- Esquemas.

---

349 STF, AC-QO nº 189, Rel. Min. Gilmar Mendes, j. 9.6.2004, Inf. STF 351. V., também: STF, HC nº 82.959, Rel. Min. Marco Aurélio, j. 23.2.2006, DJU 1º.9.2006; STF, MS nº 26.602, Rel. Min. Eros Grau, j. 4.10.2007, *DJU* 17.10.2008; STF, RE nº 600.885, Rel. Min. Cármen Lúcia, j. 9.2.2011, *DJU* 21.2.2011; STF, RE nº 500.171, Rel. Min. Ricardo Lewandowski, j. 16.3.2011, *DJU* 28.3.2011; STF, RE nº 586.453, Rel. Min. Dias Toffoli, j. 20.2.2013, *DJU* 6.6.2013; STF, RE nº 627.268, Rel. Min. Dias Toffoli, j. 11.6.2013, *DJU* 26.8.2013; STF, RE nº 593.849, Rel. Min. Edson Fachin, j. 19.10.2016, *DJU* 24.10.2016; STF, RE nº 732.686, Rel. Min. Luiz Fux, j. 19.10.2022, *DJU* 20.4.2023; STF, RE nº 776.594, Rel. Min. Dias Toffoli, j. 5.12.2022, *DJU* 9.2.2023, e STF, RE nº 1.288.440, Rel. Min. Roberto Barroso, j. 3.7.2023, *DJU* 28.8.2023.

350 Ordinariamente, os tribunais internacionais de direitos humanos procedem à restrição dos efeitos temporais da decisão de inconstitucionalidade, como, por exemplo, o Tribunal de Justiça das Comunidades Europeias, que, na Sentença *Defrenne*, de 8 de abril de 1976, decidiu que "na ignorância do nível global em que as retribuições tivessem tido que ser estabelecidas, consequências imperiosas de segurança jurídica que se referem ao conjunto dos interesses em jogo, tanto públicos como privados, impedem em princípio de pôr em questão as remunerações relativas a períodos passados. Por conseguinte, o efeito direto da norma impugnada não pode ser invocado ao apoio de reivindicações que se referem a períodos de remuneração precedentes à data da presente Sentença, exceto no que se refere a trabalhadores que houvessem formalizado um pedido judicial ou suscitado uma reclamação de efeito equivalente". ROJO, Margarira Beladiez. *Validez y Eficacia de los Actos Administrativos*. Madrid: Marcial Pons, 1994, p. 351.

Capítulo 35
AÇÃO DECLARATÓRIA DE CONSTITUCIONALIDADE

Acesse e assista à aula explicativa sobre este assunto.

> *https://uqr.to/14uh1*

1 CONCEITO

A ação declaratória de constitucionalidade, *ex autoritate* art. 102, inc. I, *a*, *in fine*, da CRFB, como também arts. 13 a 28 da Lei nº 9.868/99, é dirigida à **solução de controvérsia judicial relevante sobre a aplicação de lei ou ato normativo federal em face da Constituição federal**.[1]

A ação declaratória de constitucionalidade não se coaduna com a *avocatória*, posto que a segunda permitia que o Supremo Tribunal Federal avocasse causas processadas perante qualquer juízo ou tribunal, a requerimento do Procurador-Geral da República, quando decorresse perigo de grave lesão à ordem, saúde, segurança ou finanças públicas, à luz do art. 119, inc. I, *o*, da Constituição de 1967, com a Emenda nº 1 de 1969, regulamentado pelo art. 252 do RISTF. Dessa forma, a competência para processo e julgamento da avocatória era decorrencial, porquanto a causa era devolvida ao Supremo Tribunal Federal, sob fundamento precipuamente político, enquanto a competência para processo e julgamento da ação declaratória de constitucionalidade é originária, porque a questão é conhecida diretamente pelo Supremo Tribunal Federal, sob fundamento primordialmente jurídico.[2]

A ação declaratória de constitucionalidade também não se confunde com a *representação de inconstitucionalidade com parecer contrário*, visto que a última possibilitava que o Procurador-Geral da República encaminhasse representação, quando provocado por autoridade ou terceiro para exercitar a iniciativa exclusiva, entendendo improcedente a fundamentação do requerimento, com parecer contrário à declaração de inconstitucionalidade da lei ou ato normativo, a teor do art. 119, inc. I, *l*, da Constituição de 1967, com a Emenda nº 1 de 1969, regulamentado pelo art. 169, § 1º, do RISTF. Desse modo,

---

1 SLAIBI FILHO, Nagib. *Breve História do Controle de Constitucionalidade* in *Seleções Jurídicas COAD/ADV*, ago./set., 2002, p. 35.

2 COELHO, Sacha Calmon Navarro. *Avocatória* in *Revista Trimestral de Direito Público*, nº 2, 1993, p. 191.

a legitimação ativa para a representação de inconstitucionalidade com parecer contrário era exclusiva do Procurador-Geral da República, para a declaração de constitucionalidade de lei ou ato normativo federal ou estadual, enquanto a legitimação ativa para a ação declaratória de constitucionalidade é concorrente entre Presidente da República, Mesa do Senado Federal, Câmara dos Deputados, Assembleia Legislativa ou Câmara Legislativa, Governador de Estado ou Distrito Federal, Procurador-Geral da República, Conselho Federal da Ordem dos Advogados do Brasil, partido político com representação no Congresso Nacional, confederação sindical ou entidade de classe de âmbito nacional, para a declaração de constitucionalidade de lei ou ato normativo federal.[3]

Em conclusão, "a ação declaratória de constitucionalidade nada mais é do que uma ação direta de inconstitucionalidade com sinal trocado", uma vez que o exercício delas resulta na instauração de "processo de natureza ambivalente ou dúplice", de sorte que nesta a pretensão é dedicada à declaração de inconstitucionalidade da norma impugnada, para elidir a presunção relativa de constitucionalidade, ao passo que naquela a pretensão é destinada à declaração de constitucionalidade da norma questionada, para converter a presunção relativa em absoluta de constitucionalidade.[4]

2 NATUREZA JURÍDICA

A natureza jurídica do processo instaurado em decorrência do exercício da ação declaratória de constitucionalidade é a de **processo objetivo**, na medida em que "independe de situações concretas ou subjetivadas, buscando resolver, em tese e abstratamente, sobre a compatibilidade, em face da Constituição, de determinado ato normativo".[5]

Cremos que, a toda evidência, não assiste razão à parcela da doutrina nacional que pugna pela inconstitucionalidade material da norma veiculada pela Emenda Constitucional nº 3/93, ao argumento de que a ação declaratória de constitucionalidade infringiria os princípios da inafastabilidade do controle judicial, devido processo legal, ampla defesa e contraditório, com violação da independência e harmonia entre os Poderes, sujeitando o Judiciário a exercer uma atividade homologatória ou sancionadora da legislação ordinária. A um, porque os princípios que informam o processo subjetivo não podem ser transportados irrestritamente para o processo objetivo. A dois, porque a ação declaratória de constitucionalidade é um dos instrumentos de provocação da jurisdição constitucional concentrada, com o desiderato de assegurar a supremacia da Constituição Federal, que prescreve a independência e harmonia entre os Poderes. A três, porque a ação declaratória de constitucionalidade imprescinde da demonstração da existência de controvérsia judicial relevante sobre a aplicação de lei ou ato normativo federal, com o escopo de impedir que o Judiciário exerça uma atividade homologatória

---

3 LEAL, Víctor Nunes. *Representação de Inconstitucionalidade perante o STF: um aspecto inexplorado* in *Revista de Direito Público*, nº 53, 1972, p. 33.

4 MENDES, Gilmar Ferreira et al. *Controle Concentrado de Constitucionalidade: comentários à Lei nº 9.868/99*. São Paulo: Saraiva, 2001, p. 239. V., também, do mesmo autor: *O Controle de Constitucionalidade no Brasil: balanço e perspectivas* in *1988 – 1998. Uma Década de Constituição*. Rio de Janeiro: Renovar, 1999, p. 199.

5 SLAIBI FILHO, Nagib. *Ação Declaratória de Constitucionalidade*. 2ª ed. Rio de Janeiro: Forense, 2000, p. 106.

ou sancionadora da legislação ordinária.[6] Sobre a matéria, o Supremo Tribunal Federal firmou jurisprudência no sentido da *constitucionalidade* da regra inserida no art. 1º da EC nº 3/93, em face da regra insertada no art. 60, § 4º, incs. III e IV, da CRFB, no tocante à instituição da ação declaratória de constitucionalidade no ordenamento brasileiro.[7]

3 OBJETO

A ação declaratória de constitucionalidade, de acordo com o art. 102, inc. I, *a*, *in fine*, da CRFB, é cabível para dirimir controvérsia judicial relevante sobre a aplicação de lei ou ato normativo federal em face da Constituição federal.

O **parâmetro** do controle de constitucionalidade abstrato consiste na *Constituição federal*, quer dizer, instrumento introdutor fundamental, pelo qual são veiculadas normas constitucionais em vigor.[8]

O **objeto** do controle de constitucionalidade concentrado corresponde à *lei ou ato normativo federal*, vale dizer, instrumentos introdutores primários, formal (lei) e

---

6 No sentido do texto, acentuando a constitucionalidade da norma preceituada na Emenda Constitucional nº 3/93, v.: CARVALHO NETO, Inacio de. *Ação Declaratória de Constitucionalidade à luz da Lei nº 9.868/99*. Curitiba: Juruá, 2000, p. 53; MENDES, Gilmar Ferreira. *A Ação Declaratória de Constitucionalidade: a inovação da Emenda nº 3/93* in *Cadernos de Direito Constitucional e Ciência Política*, nº 4, 1993, p. 98; DANTAS, Marcelo. *Ação Declaratória de Constitucionalidade* in *Revista da Procuradoria-Geral da República*, nº 4, 1996, p. 175; MACHADO, Hugo Brito. *Ação Declaratória de Constitucionalidade* in *Revista dos Tribunais*, nº 697, 1993, p. 36, e GALLOTTI, Maria. *Constituição de 1988 e Controle Jurisdicional de Tributos* in *Revista de Direito Administrativo*, nº 193, 1993, p. 44. No sentido contrário, advertindo sobre a inconstitucionalidade da norma prescrita na Emenda Constitucional nº 3/93, v.: DELFIM, Ricardo Alessi. *Ação Declaratória de Constitucionalidade e os Princípios Constitucionais do Processo*. São Paulo: Juarez de Oliveira, 2001, p. 34; ATALIBA, Geraldo. *Emenda nº 3/93 à Constituição de 1988* in *Revista Trimestral de Direito Público*, nº 4, 1993, p. 172; MARANHÃO, Clayton. *Inconstitucionalidade da Emenda Constitucional nº 3/93* in *Revista de Processo*, nº 72, 1996, p. 112; FIGUEIREDO, Marcelo. *A Ação Declaratória de Constitucionalidade – Inovação Infeliz e Inconstitucional* in *Revista de Estudos Jurídicos*, nº 8, 1994, p. 222, e COSTA, Evaldo Borges Rodrigues da. *A Reforma do Judiciário, a Súmula Vinculante e os Interesses Difusos* in *APMP Revista*, nº 28, 1999, p. 49.

7 "Ação declaratória de constitucionalidade. Incidente de inconstitucionalidade da Emenda Constitucional nº 3/93, no tocante à instituição dessa ação. Questão de ordem. Tramitação da ação declaratória de constitucionalidade. Incidente que se julga no sentido da constitucionalidade da Emenda Constitucional nº 3/93, no tocante à ação declaratória de constitucionalidade". STF, ADC nº 1, Rel. Min. Moreira Alves, j. 27.10.1993, *DJU* 16.6.1995.

8 A doutrina predominante admite a instituição da ação declaratória de constitucionalidade de lei ou ato normativo estadual em face da Constituição estadual, independentemente de autorização expressa na Constituição federal, em decorrência do caráter ambivalente ou dúplice da ação direta de inconstitucionalidade permitida aos Estados, com fundamento no art. 125, § 2º, da CRFB. MENDES, Gilmar Ferreira. *Direitos Fundamentais e Controle de Constitucionalidade*. São Paulo: Celso Bastos, 1998, p. 322; VELOSO, Zeno. *Controle Jurisdicional de Constitucionalidade*. 2ª ed. Belo Horizonte: Del Rey, 2000, p. 344; LOURENÇO, Rodrigo Lopes. *Controle da Constitucionalidade à luz da Jurisprudência do Supremo Tribunal Federal*. Rio de Janeiro: Forense, 1998, p. 136; MORAES, Alexandre de. *Jurisdição Constitucional e Tribunais Constitucionais*. São Paulo: Atlas, 2000, p. 242, e FERRARI, Regina Maria Macedo. *Ação Declaratória de Constitucionalidade. Atos Normativos Municipais* in *Cadernos de Direito Constitucional e Ciência Política*, nº 9, 1999, p. 99.

materialmente (ato normativo) legislativos, suscetíveis de impugnação por via de ação direta de inconstitucionalidade, excluídos os estaduais.[9]

Outrossim, o interesse de agir é exteriorizado pela demonstração de controvérsia judicial relevante sobre a aplicação da disposição objeto da ação declaratória,[10] com o fim de uniformizar a jurisprudência em matéria constitucional: "a delimitação do objeto da ação declaratória de constitucionalidade não se adstringe aos limites do objeto fixado pelo autor, mas estes estão sujeitos aos limites da controvérsia judicial que o autor tem que demonstrar",[11] "tendo em conta o debate instaurado sobre a constitucionalidade da lei ou ato normativo federal",[12] bem assim "ação declaratória de constitucionalidade. Comprovação liminar da existência de controvérsia judicial em torno da lei ou ato normativo federal. Necessidade de que esse dissídio se exteriorize em proporções relevantes, pela ocorrência de decisões antagônicas que, em ambos os sentidos e em volume expressivo, consagrem teses conflitantes".[13]

4 LEGITIMAÇÃO ATIVA

Os **legitimados ativos** para a ação declaratória de constitucionalidade, de forma concorrente e disjuntiva, são enumerados taxativamente no art. 103, incs. I a IX, da CRFB, regulado pelo art. 13 da Lei nº 9.868/99, de modo que a pretensão declaratória de constitucionalidade pode ser deduzida pelo Presidente da República, pela Mesa do Senado Federal, Câmara dos Deputados, Assembleia Legislativa ou Câmara Legislativa, por Governador de Estado ou Distrito Federal, pelo Procurador-Geral da República, pelo Conselho Federal da Ordem dos Advogados do Brasil, por partido político com representação no Congresso Nacional, por confederação sindical ou por entidade de classe de âmbito nacional, litisconsorciados ou não.[14] Não é excluída a possibilidade de oferecimento de representação, por parte de qualquer pessoa interessada em provocar

---

9 A jurisprudência prevalecente admite a promoção de ação declaratória de constitucionalidade de medida provisória ainda não convertida em lei: "o Tribunal, por maioria de votos, julgou procedente o pedido formulado na petição inicial, para declarar a constitucionalidade dos arts. 14, 15, 16, 17 e 18 da Medida Provisória nº 2.152-2, de 1º de junho de 2001, a qual revogou a Medida Provisória nº 2.148-1, de 22 de maio de 2001, hoje sob o número 2.198-5 e datando de 24 de agosto de 2001". STF, ADC nº 9, Rel. Min. Ellen Gracie, j. 13.12.2001, *DJU* 6.2.2002. V., também: STF, ADIn nº 2.468, Rel. Min. Néri da Silveira, j. 29.6.2001, *DJU* 14.12.2001, e STF, ADIn nº 2.470, Rel. Min. Néri da Silveira, j. 29.6.2001, *DJU* 14.12.2001.

10 A norma ventilada pelo art. 14, inc. III, da Lei nº 9.868/99 prescreve que a petição inicial deve indicar a existência de controvérsia judicial relevante sobre a aplicação da disposição objeto da ação declaratória, de maneira que a dúvida sobre a validade da lei ou ato normativo federal não é suficiente para a demonstração do interesse de agir na ação declaratória de constitucionalidade, pois "a dúvida é um estado de espírito, que se traduz na hesitação entre afirmar e negar algo. Toda dúvida é, necessariamente, subjetiva". MOREIRA, José Carlos Barbosa. *O Novo Processo Civil Brasileiro*. 22ª ed. Rio de Janeiro: Forense, 2002, p. 155. V., também, do mesmo autor: *Comentários ao Código de Processo Civil*. 7ª ed. v. V. Rio de Janeiro: Forense, 1998, p. 537.

11 STF, ADC nº 1, Rel. Min. Moreira Alves, j. 1º.12.1993, *DJU* 16.6.1995.

12 STF, ADC nº 19, Rel. Min. Marco Aurélio, j. 9.2.2012, *DJU* 17.2.2012.

13 STF, ADC nº 8, Rel. Min. Celso de Mello, j. 13.10.1999, *DJU* 4.4.2003.

14 STF, ADC nº 2, Rel. Min. Carlos Velloso, j. 7.8.1997, *DJU* 26.9.1997.

o controle de constitucionalidade abstrato, a um dos legitimados ativos para a ação declaratória de constitucionalidade, com espeque no art. 5º, inc. XXXIV, *a*, da CRFB.[15]

Vexata quaestio é a relativa à *atuação do Advogado-Geral da União no processo instaurado em razão da ação declaratória de constitucionalidade*, tendo em vista que a pretensão deduzida perante o Supremo Tribunal Federal é dirigida à preservação da constitucionalidade da lei ou ato normativo questionado. Sobre o tema, malgrado a jurisprudência seja firmada no sentido da desnecessidade de atuação processual do Advogado-Geral da União, se nos afigura imprescindível a sua manifestação, em virtude da possibilidade de declaração de inconstitucionalidade da lei ou ato normativo federal, uma vez julgado improcedente o pedido formulado na ação declaratória de constitucionalidade, com esteio no art. 24, *in fine*, da Lei nº 9.868/99, *in expressis*: "o Supremo Tribunal Federal definiu alguns critérios a serem observados na tramitação da ação, sintetizados pela impossibilidade de se admitir terceiros na relação processual, ainda que legitimados para a propositura da ação direta de inconstitucionalidade, remessa ao Procurador-Geral da República para oficiar como *custos legis* em sentido amplo e desnecessidade de audição do Advogado-Geral da União. Não tenho o que opor à tramitação formal da ação, exceto ao que concerne ao pronunciamento do Advogado-Geral da União, que entendo cabível, dado que na apreciação da ação declaratória de constitucionalidade poderá esta Corte concluir pelo conflito do ato normativo com a Carta".[16]

5 PROCEDIMENTO

O procedimento da ação declaratória de constitucionalidade é disciplinado pelos arts. 13 a 28 da Lei nº 9.868/99, assim como pelos arts. 169 a 175 do RISTF, sendo certo que este é aplicável analogicamente àquela.[17]

5.1 Petição inicial

A **petição inicial**, na ação declaratória de constitucionalidade, é submetida a três *requisitos*, quais sejam: (i) o dispositivo da lei ou ato normativo questionado e os fundamentos jurídicos do pedido em relação a cada um dos questionamentos, (ii) o pedido, com suas especificações, e (iii) a demonstração de controvérsia judicial relevante sobre a aplicação do dispositivo sujeito ao controle de constitucionalidade, sob pena de inépcia.

Demais disso, a petição inicial deve ser instruída por cópias da lei ou ato normativo questionado e dos documentos necessários para comprovar a procedência do pedido de declaração de constitucionalidade, bem como pelo instrumento de procuração, quando subscrita por advogado.

---

15 "O direito de petição, presente em todas as Constituições brasileiras, qualifica-se como importante prerrogativa de caráter democrático. Trata-se de instrumento jurídico-constitucional posto à disposição de qualquer interessado – mesmo aqueles destituídos de personalidade jurídica – com a explícita finalidade de viabilizar a defesa, perante as instituições estatais, de direitos e valores revestidos tanto de natureza pessoal, quanto de significação coletiva." STF, ADIn nº 1.247, Rel. Min. Celso Mello, j. 7.8.1995, *DJU* 8.9.1995.

16 MELLO, Marco Aurélio Mendes de Farias. *Voto* in *Revista de Direito Administrativo*, nº 201, 1995, p. 145.

17 ALVES, José Carlos Moreira. *Voto* in *Revista de Direito Administrativo*, nº 201, 1995, p. 136.

5.2 Despacho liminar

O relator dispõe de competência para, oferecida a petição inicial, proferir **despacho liminar**.

Em caso de *despacho liminar de conteúdo negativo*, é da competência do relator indeferir liminarmente a petição inicial inepta, não fundamentada ou manifestamente improcedente.

Em caso de *despacho liminar de conteúdo positivo*, é da competência do relator, na hipótese de inexistência de pedido de medida liminar, requerer informações às autoridades ou órgãos dos quais emanou a lei ou ato normativo questionado, no prazo de 30 dias, ao passo que, na hipótese de existência de pedido de medida liminar, requerer informações às autoridades ou órgãos dos quais emanou a lei ou ato normativo questionado, no prazo de cinco dias, unicamente sobre os pressupostos do pronunciamento liminar, ressalvado o caso de excepcional urgência.

5.3 Informações

As **informações** pertinentes ao objeto da ação declaratória de constitucionalidade, sem embargo da audiência das *autoridades ou órgãos dos quais emanou a lei ou ato normativo questionado*, podem ser prestadas pelo *amicus curiae*.[18]

5.4 Manifestação do Procurador-Geral da República e do Advogado--Geral da União

A possibilidade de manifestação no processo instaurado em decorrência do exercício da ação declaratória de constitucionalidade, prestadas ou não as informações pelas autoridades ou órgãos dos quais emanou a lei ou ato normativo, é garantida sucessivamente ao **Advogado-Geral da União** – na qualidade de *curador da presunção de constitucionalidade da lei ou ato normativo questionado* (*defensor legis*) – e ao **Procurador-Geral da República** – na qualidade de *órgão interveniente* (*custos legis*) –, no prazo de 15 dias – na conjectura de inexistência de pedido de medida liminar – ou de três dias – na conjuntura de existência de pedido de medida liminar – para cada um.

---

18 O veto aposto ao art. 18, § 2º, do Projeto nº 2.960/97 (Câmara dos Deputados) e nº 10/99 (Senado Federal) não teve o condão de impedir a admissão formal de autoridades, órgãos ou entidades interessados na discussão sobre a constitucionalidade da lei ou ato normativo questionado, em atenção à relevância da matéria e à representatividade dos postulantes, de sorte a atribuir caráter pluralista ao processo objetivo, franqueando ao Supremo Tribunal Federal decidir com pleno conhecimento dos diversos aspectos envolvidos na questão constitucional, em virtude da natureza ambivalente ou dúplice do processo instaurado pela ação declaratória de constitucionalidade. Acerca do assunto, Milton Luiz Pereira assevera: "no controle abstrato de inconstitucionalidade e de constitucionalidade, está previsto o ingresso de entidades com a representatividade legalmente exigida, para a assistência pertinente (Lei nº 9.868/99, art. 7º, § 2º)". PEREIRA, Milton Luiz. "*Amicus Curiae*" – *Intervenção de Terceiros* in *Consulex*, nº 142, 2002, p. 32-33. v., também: MACIEL, Adhemar Ferreira. "*Amicus Curiae*": *um instituto democrático* in *Revista de Informação Legislativa*, nº 153, 2002, p. 7-9.

5.5 Dilação probatória

O relator, caso haja necessidade de **dilação probatória**, em razão da indispensabilidade de *esclarecimentos sobre fatos* relativos ao processo legislativo, forma de incidência e repercussão prática para a aferição da constitucionalidade da lei ou ato normativo sujeito ao controle abstrato, pode requisitar informações adicionais, designar perito ou comissão de peritos para que emita parecer sobre a questão ou fixar data para, em audiência pública, ouvir depoimentos de pessoas com experiência e autoridade na matéria, como também solicitar informações aos Tribunais Superiores, aos Tribunais federais e aos Tribunais estaduais acerca da aplicação da norma impugnada no âmbito de sua jurisdição, sujeitas ao prazo de 30 dias, contado da solicitação do relator.

5.6 Acórdão

O **acórdão**, na ação declaratória de constitucionalidade, é proferido na sessão de julgamento, desde que seja atendido o *quorum* – número mínimo para instalação da sessão de julgamento – de oito Ministros e a *maioria absoluta* – número mínimo para a deliberação sobre a questão constitucional – de seis Ministros do Supremo Tribunal Federal, com a possibilidade de obtenção da maioria absoluta em sessões de julgamento diferentes.

À vista disso, a decisão de procedência ou improcedência do pedido formulado na ação declaratória de constitucionalidade opera efeitos a partir da sua publicação, em seção especial do *Diário da Justiça* e do *Diário Oficial da União*, no prazo de dez dias após o trânsito em julgado da decisão de mérito, tendo havido a comunicação às autoridades ou órgãos dos quais emanou a lei ou ato normativo.

6 MEDIDA LIMINAR

A **medida liminar** na ação declaratória de constitucionalidade é revestida de *natureza cautelar*, já que consiste na determinação de que os Juízes e Tribunais suspendam o julgamento dos processos que envolvam a aplicação da lei ou ato normativo, ou na própria suspensão da eficácia de quaisquer decisões judiciais que eventualmente tenham, de forma expressa ou tácita, afastado a aplicação da norma questionada, até a resolução do mérito do processo objetivo, "a fim de evitar o agravamento do estado de insegurança ou de incerteza jurídica que se pretende eliminar",[19] mesmo na ausência de norma constitucional que autorize a concessão do provimento de urgência.[20]

---

[19] MENDES, Gilmar Ferreira. *Medida Cautelar em Ação Declaratória de Constitucionalidade* in *Repertório de Jurisprudência IOB*, nº 20, 1997, p. 504.

[20] A ausência de norma constitucional que autorize a concessão de medida liminar na ação declaratória de constitucionalidade não tem o condão de impossibilitar o provimento de urgência, visto que o poder de cautela é inerente à atividade jurisdicional. A jurisprudência do Supremo Tribunal Federal é firmada no sentido da admissibilidade de concessão de medida liminar no processo objetivo, mesmo na ausência de norma autorizativa, desde a edição da Emenda Constitucional nº 1/69: "representação provocada por magistrado para obter declaração de inconstitucionalidade de disposição da Resolução nº 1/75, do Tribunal de Justiça, as quais comprometem suas garantias, asseguradas pela Constituição. Pedido de medida preventiva visando a garantir a eficácia de ulterior decisão da causa, concretizada na suspensão da execução das normas tidas como inconstitucionais. Embora a suspensão da lei ou decreto, tidos

Nessa ordem de ideias, a jurisprudência do Supremo Tribunal Federal é assentada no sentido da admissibilidade da medida cautelar na ação declaratória de constitucionalidade, *ad exemplum*: "em ação dessa natureza, pode a Suprema Corte conceder medida cautelar que assegure, temporariamente, tal força e eficácia à futura decisão de mérito. E assim é, mesmo sem expressa previsão constitucional de medida cautelar na ação declaratória de constitucionalidade, pois o poder de acautelar é imanente ao de julgar".[21] Vale dizer: "o exercício do poder geral de cautela, pelo Supremo Tribunal Federal, em sede de ação declaratória de constitucionalidade, destina-se a garantir a utilidade da prestação jurisdicional a ser efetivada no processo de controle normativo abstrato, em ordem a impedir que o eventual retardamento na apreciação do litígio constitucional culmine por afetar e comprometer o resultado definitivo do julgamento",[22] como exsurge do art. 21 da Lei nº 9.868/99.

7 DECISÃO

A **decisão definitiva de mérito**, no controle de constitucionalidade abstrato, deflagrado pelas ações diretas de inconstitucionalidade e constitucionalidade, opera efeitos análogos em relação às *pessoas* e ao *tempo*, sendo oportuna a remissão ao Capítulo 34, Item 7.

Questão sobre a qual não há unidade de pensamento gira em torno da modulação temporal dos efeitos da decisão de constitucionalidade. **Dirley da Cunha Júnior** advoga que a norma veiculada pelo art. 27 da Lei nº 9.868/99 não é subsumível à declaração de constitucionalidade, a partir da consideração de que "a decisão que acolhe a ação declaratória e reconhece a constitucionalidade da lei ou ato normativo federal produz eficácia *ex tunc*, limitando-se a confirmar um estado de constitucionalidade preexistente".[23] **Luís Roberto Barroso** aduz que a eficácia temporal da declaração de constitucionalidade é suscetível de restrição, a partir da constatação de que "é possível especular que em uma hipótese na qual haja ocorrido ampla controvérsia judicial a respeito da constitucionalidade de determinada norma jurídica - com sua inaplicação em larga escala - se possa estabelecer uma eficácia prospectiva da decisão".[24] O Supremo Tribunal Federal decidiu que "a pretensão de declaração de constitucionalidade de lei ou ato normativo federal com eficácia *ex nunc* envolve completa inversão da presunção de validade das normas

---

como inconstitucionais, caiba ao Senado Federal, nada impede que, verificados os pressupostos a que se refere o art. 22, inc. IV c/c art. 175 do RISTF, expedidos com base no art. 120, *c*, da Constituição, seja ela concedida. Razões que conspiram em prol desta afirmação. Precedentes do Supremo Tribunal Federal admitindo-a, em casos semelhantes". STF, Rp. nº 933, Rel. Min. Thompson Flores, j. 11.12.1975, *RTJ* 76/342.

21 STF, ADC nº 4, Rel. Min. Sydney Sanches, j. 11.2.1998, *DJU* 21.5.1999.

22 MELLO FILHO, José Celso de. *Voto* in *Revista Trimestral de Jurisprudência*, nº 169, 1999, p. 420.

23 CUNHA JÚNIOR, Dirley da. *Controle de Constitucionalidade: teoria e prática*. 3ª ed. Salvador: JusPodivm, 2008, p. 252.

24 BARROSO, Luís Roberto. *Controle de Constitucionalidade no Direito Brasileiro*. São Paulo: Saraiva, 2004, p. 230.

legais",[25] eis que a modulação temporal dos efeitos "tem como pressuposto a declaração prévia de inconstitucionalidade".[26, 27]

[25] STF, ADIn nº 1.040, Rel. Min. Ellen Gracie, j. 31.5.2006, *DJU* 1º.9.2006.

[26] STF, ADIn nº 3.462, Rel. Min. Cármen Lúcia, j. 15.9.2010, Inf. STF 600.

[27] Não se afasta a possibilidade de implementação de outra técnica de decisão, a exemplo do apelo ao legislador, como deliberou o Supremo Tribunal Federal na ação declaratória de constitucionalidade nº 39, ao julgar procedente o pedido, "para reconhecer a validade do Decreto nº 2.100/96 e formular apelo ao legislador 'para que elabore disciplina acerca da denúncia dos tratados internacionais, a qual preveja a chancela do Congresso Nacional como condição para a produção de efeitos na ordem jurídica interna, por se tratar de um imperativo democrático e de uma exigência do princípio da legalidade'". STF, ADC nº 39, Rel. Min. Dias Toffoli, j. 19.6.2023, *DJU* 18.8.2023.

Capítulo 36

AÇÃO DIRETA DE INCONSTITUCIONALIDADE POR OMISSÃO

Acesse e assista à aula explicativa sobre este assunto.

> *https://uqr.to/14uh2*

1 CONCEITO

A ação direta de inconstitucionalidade por omissão, *ad literam* art. 103, § 2º, da CRFB, como também arts. 12-A a 12-H da Lei nº 9.868/99,[1] é dirigida à **adoção de medida necessária para tornar efetiva norma constitucional federal**.[2]

Em que pese as semelhanças entre ambas, a ação direta de inconstitucionalidade por omissão e o mandado de injunção são diferenciados a partir de seis critérios.

Quanto à **natureza jurídica**, a ação direta de inconstitucionalidade por omissão é um *instrumento de provocação da jurisdição constitucional concentrada*, tal como a ação

---

1 Clèmerson Merlin Clève acentuava que "a ação direta de inconstitucionalidade por omissão – ainda antes da Lei nº 12.063/09, que introduziu o Capítulo II-A na Lei nº 9.868/99 – haveria de seguir, e salvo aquilo que fosse impertinente, o mesmo procedimento da ação direta de inconstitucionalidade de lei ou ato normativo". CLÈVE, Clèmerson Merlin. *A Fiscalização Abstrata da Constitucionalidade no Direito Brasileiro*. 2ª ed. São Paulo: Revista dos Tribunais, 2000, p. 340. V., também, na doutrina brasileira: VELOSO, Zeno. *Controle Jurisdicional de Constitucionalidade*. 2ª ed. Belo Horizonte: Del Rey, 2000, p. 253-254.

2 José Joaquim Gomes Canotilho adverte que a norma inscrita no art. 103, § 2º, da CRFB, que preceitua a ação direta de inconstitucionalidade por omissão, foi inspirada pela norma inserida no art. 283 da Constituição portuguesa, com a redação atribuída pela Primeira Revisão Constitucional (Lei Constitucional nº 1/82), bem assim pela Segunda Revisão Constitucional (Lei Constitucional nº 1/89), que prescreve a inconstitucionalidade por omissão, nos seguintes termos: "A requerimento do Presidente da República, do Provedor de Justiça ou, com fundamento em violação de direitos das regiões autônomas, dos presidentes das assembleias legislativas regionais, o Tribunal Constitucional aprecia e verifica o não cumprimento da Constituição por omissão das medidas legislativas necessárias para tornar exequíveis as normas constitucionais. Quando o Tribunal Constitucional verificar a existência de inconstitucionalidade por omissão, dará disso conhecimento ao órgão legislativo competente". CANOTILHO, José Joaquim Gomes et al. *Constituição da República Portuguesa e Lei do Tribunal Constitucional*. 6ª ed. Coimbra: Coimbra Editora, 2002, p. 173. V., também, na doutrina estrangeira: MORAIS, Carlos Blanco de. *Justiça Constitucional: garantia da Constituição e controlo de constitucionalidade*. v. I. Coimbra: Coimbra Editora, 2002, p. 347.

direta de inconstitucionalidade genérica (art. 102, inc. I, *a*, *initio*), ação declaratória de constitucionalidade (art. 102, inc. I, *a*, *in fine*), ação direta de inconstitucionalidade interventiva (art. 36, inc. III, *initio*) e arguição de descumprimento de preceito fundamental (art. 102, § 1º), enquanto o mandado de injunção é um *remédio constitucional*, tal como o *habeas corpus* (art. 5º, inc. LXVIII), mandado de segurança, individual e coletivo (art. 5º, incs. LXIX e LXX), *habeas data* (art. 5º, inc. LXXII), ação popular (art. 5º, inc. LXXIII) e ação civil pública (art. 129, inc. III), todos da CRFB.

Quanto ao **objeto**, a ação direta de inconstitucionalidade por omissão é dedicada à tutela do *direito objetivo*, traduzido como ordem jurídica violada pela omissão inconstitucional, enquanto o mandado de injunção é destinado à tutela de *direito subjetivo*, com assento constitucional, cujo exercício esteja inviabilizado pela ausência de norma regulamentadora.

Quanto à **competência**, o órgão judicial competente para processo e julgamento da ação direta de inconstitucionalidade por omissão é, exclusivamente, o *Supremo Tribunal Federal*, enquanto a competência para processo e julgamento do mandado de injunção pode ser conferida a *Juízo ou Tribunal*, integrante de qualquer Justiça, sendo fixada em função do órgão legislativo competente para a produção da norma regulamentadora reclamada.

Quanto à **legitimação ativa**, a ação direta de inconstitucionalidade por omissão pode ser ajuizada por quaisquer das *pessoas naturais, órgãos ou entidades enumeradas taxativamente no art. 103 da CRFB*, no exercício de legitimação extraordinária, enquanto o mandado de injunção pode ser assestado por quaisquer dos *titulares de direitos subjetivos constitucionais, cujo exercício esteja inviabilizado pela falta da norma regulamentadora*, no exercício de legitimação ordinária.

Quanto à **eficácia da decisão**, o provimento jurisdicional proferido em sede de ação direta de inconstitucionalidade por omissão produz *efeitos erga omnes*, enquanto o pronunciamento jurisdicional prolatado em sede de mandado de injunção provoca *efeitos inter partes*, em regra.

Quanto ao **conteúdo da decisão**, a procedência do pedido formalizado na ação direta de inconstitucionalidade por omissão dá ensejo a uma decisão de conteúdo meramente *mandamental*, enquanto o conteúdo da decisão de procedência do pedido formulado no mandado de injunção pode ser *mandamental, condenatório ou constitutivo*, conforme a corrente doutrinária adotada.[3]

2 NATUREZA JURÍDICA

A natureza jurídica do processo instaurado em decorrência do exercício da ação direta de inconstitucionalidade por omissão é a de **processo objetivo**, já que é orientada à proteção do direito objetivo, ou seja, do ordenamento normativo violado pela omissão inconstitucional.

É dizer: a ação direta de inconstitucionalidade por omissão tem por finalidade a *defesa da integralidade da vontade constitucional*, sendo o procedimento apropriado para

---

[3] FARIA, Luiz Alberto Gurgel de. *Controle da Constitucionalidade na Omissão Legislativa. Instrumentos de Proteção Judicial e seus Efeitos*. Curitiba: Juruá, 2001, p. 109. V., também, do mesmo autor: *Mandado de Injunção e Ação Direta de Inconstitucionalidade por Omissão: aspectos distintivos* in *Revista Forense*, nº 322, 1992, p. 45.

a declaração de mora do legislador, com o consequente desencadeamento, por iniciativa do órgão remisso, do processo de supressão da omissão inconstitucional.[4]

3 CABIMENTO

A ação direta de inconstitucionalidade por omissão é cabível para a implementação de medida necessária para tornar efetiva norma constitucional federal.

O **parâmetro** do controle de constitucionalidade abstrato consiste em *norma constitucional de eficácia limitada*, declaratória de princípio institutivo ou princípio programático, que tenha imposto o dever constitucional de legislar violado. Por conseguinte, no caso em que a norma constitucional tenha sido revogada,[5] assim como regulamentada durante o processamento da ação direta de inconstitucionalidade por omissão,[6] dar-se-á a extinção do processo.[7]

O **objeto** do controle de constitucionalidade concentrado corresponde à *medida de natureza normativa*, a compreender as medidas normativas de caráter legislativo e administrativo.[8] Por dedução, no caso de omissão de medida não revestida de cunho normativo, há a possibilidade de a providência que demanda atividade material do Estado ser obtida por outro mecanismo processual, como, por exemplo, a ação civil pública, porquanto "a medida cuja omissão deve ser suprida, há de se compreender, como de caráter normativo e não referente à prática de ato em caso concreto".[9, 10]

4 LEGITIMAÇÃO ATIVA

Os **legitimados ativos** para a ação direta de inconstitucionalidade, inclusive a predisposta ao suprimento de omissão inconstitucional, de forma concorrente e disjuntiva, são enumerados taxativamente no art. 103, incs. I a IX, da CRFB, regulado pelo art. 12-A da Lei nº 9.868/99, de modo que a pretensão pode ser deduzida pelo Presidente da República, pela Mesa do Senado Federal, Câmara dos Deputados, Assembleia Legislativa ou Câmara Legislativa, por Governador de Estado ou Distrito Federal, pelo Procurador-Geral da República, pelo Conselho Federal da Ordem dos Advogados do Brasil, por partido político com representação no Congresso Nacional, por confederação sindical ou por entidade de classe de âmbito nacional.[11]

Advertência: na hipótese de *omissão inconstitucional absoluta*, o Advogado-Geral da União não atua no processo instaurado em razão da ação direta de inconstituciona-

---

4 MACHADO, Márcia Rodrigues. *Inconstitucionalidade por Omissão* in *Revista de Direito da Procuradoria-Geral do Estado de São Paulo*, nº 30, 1992, p. 50.

5 STF, ADIn nº 1.836, Rel. Min. Moreira Alves, j. 18.6.1998, *DJU* 4.12.1998.

6 STF, ADIn nº 480, Rel. Min. Paulo Brossard, j. 13.10.1994, *DJU* 25.11.1994.

7 STF, ADIn nº 877, Rel. Min. Ilmar Galvão, j. 5.10.1995, *DJU* 27.10.1995.

8 GALLOTTI, Maria Isabel. *A Constituição de 1988 e o Controle Jurisdicional de Tributos* in *Revista de Direito Administrativo*, nº 193, 1993, p. 39.

9 STF, ADIn nº 19, Rel. Min. Aldir Passarinho, j. 1º.4.1989, *DJU* 14.4.1989.

10 A ação direta de inconstitucionalidade, na eventualidade de omissão inconstitucional, pode ser conhecida como ação direta de inconstitucionalidade por omissão, em decorrência da fungibilidade entre mecanismos processuais de controle abstrato ou principal. STF, ADIn nº 7.013, Rel. Min. Cármen Lúcia, j. 3.7.2023, *DJU* 5.9.2023.

11 STF, ADIn nº 3.682, Rel. Min. Gilmar Mendes, j. 9.5.2007, *DJU* 6.9.2007.

lidade, porque não há lei ou ato normativo cuja presunção de constitucionalidade deva ser tutelada, sendo certo que "a audiência do Advogado-Geral da União, prevista no art. 103, § 3º, da CRFB, é necessária na ação direta de inconstitucionalidade, em tese, de norma legal ou ato normativo (já existentes), para se manifestar sobre o ato ou texto impugnado, não, porém, na ação direta de inconstitucionalidade por omissão, pois nesta se pressupõe, exatamente, a inexistência de norma ou ato normativo".[12]

5 PROCEDIMENTO

O procedimento da ação direta de inconstitucionalidade por omissão é disciplinado pelos arts. 12-B a 12-H da Lei nº 9.868/99, bem como pelos arts. 169 a 175 do RISTF, naquilo que este não contrarie aquela.

5.1 Petição inicial

A **petição inicial**, na ação direta de inconstitucionalidade por omissão, deve indicar o dispositivo que veicula a norma constitucional de eficácia limitada, declaratória de princípio institutivo ou princípio programático, cujo dever constitucional de legislar por ela imposto tenha sido violado, assim como a inércia de qualquer Poder do Estado, durante intervalo de tempo razoável, sob pena de inépcia.

Ademais, a petição inicial deve ser *instruída* pelos documentos necessários para comprovar a impugnação e pelo instrumento de procuração, quando subscrita por advogado.

5.2 Despacho liminar

O relator dispõe de competência para, oferecida a petição inicial, proferir **despacho liminar**.

Em caso de *despacho liminar de conteúdo negativo*, é da competência do relator indeferir liminarmente a petição inicial inepta, não fundamentada ou manifestamente improcedente.

Em caso de *despacho liminar de conteúdo positivo*, é da competência do relator determinar o processamento da ação direta, com vistas à aferição da inconstitucionalidade por omissão.

5.3 Informações

As **informações** pertinentes ao objeto da ação direta de inconstitucionalidade por omissão, embora não existam autoridades ou órgãos responsáveis pela produção de lei ou ato normativo impugnado cuja audiência possa ser requisitada, podem ser prestadas pelo *amicus curiae*.

5.4 Manifestação do Procurador-Geral da República e do Advogado-Geral da União

A possibilidade de manifestação no processo instaurado em virtude da ação direta de inconstitucionalidade por omissão é garantida sucessivamente ao **Advogado-Geral da União** – na qualidade de *curador da presunção de constitucionalidade da lei ou ato*

[12] STF, ADIn nº 23, Rel. Min. Sydney Sanches, j. 9.8.1989, *DJU* 1º.9.1989.

normativo impugnado (*defensor legis*), unicamente no caso de omissão inconstitucional relativa – e ao **Procurador-Geral da República** – na qualidade de *órgão interveniente* (*custos legis*), ainda que o Ministério Público funcione como órgão agente (requerente).

5.5 Dilação probatória

O relator, na hipótese de exigência de **dilação probatória**, resultante da necessidade de *apreciação integrada de elementos fáticos e jurídicos*, pode admitir a produção de provas técnicas, a serem valoradas no julgamento da ação direta de inconstitucionalidade por omissão.

No decurso da dilação probatória, pode o Supremo Tribunal Federal empregar as técnicas de autocomposição, a fim de se obter solução concertada ao litígio constitucional.[13]

5.6 Acórdão

O **acórdão**, na ação direta de inconstitucionalidade por omissão, é proferido na sessão de julgamento, desde que seja atendido o *quorum* – número mínimo para instalação da sessão de julgamento – de oito Ministros e a *maioria absoluta* – número mínimo para a deliberação sobre a questão constitucional – de seis Ministros do Supremo Tribunal Federal, com a possibilidade de a maioria absoluta ser alcançada em sessões de julgamento diferentes.

Outrossim, a decisão de procedência ou improcedência opera efeitos a partir da sua publicação, em seção especial do *Diário da Justiça* e do *Diário Oficial da União*, no prazo de dez dias após o trânsito em julgado da decisão de mérito.

6 MEDIDA LIMINAR

A **medida liminar** na ação direta de inconstitucionalidade por omissão pode consistir na *suspensão da eficácia da lei ou ato normativo impugnado*, na conjuntura de omissão inconstitucional relativa, e na *suspensão de processos judiciais ou procedimentos administrativos*, ou outra providência a ser fixada pelo Supremo Tribunal Federal, na conjectura de omissão inconstitucional absoluta, a teor do art. 12-F, § 1º, da Lei nº 9.868/99, introduzido pela Lei nº 12.063/09.

7 DECISÃO

A decisão de procedência, na ação direta de inconstitucionalidade por omissão, limita-se a cientificar o Poder competente para a adoção das providências necessárias, e, em se tratando de atribuições de natureza administrativa, para fazê-lo no prazo de 30 dias.[14] Decerto, em atenção à independência e harmonia entre os Poderes, o Legislativo não é sujeito a prazo para o suprimento da omissão inconstitucional, bem como o Judiciário não dispõe de competência para a realização da medida reclamada para tornar efetiva a norma constitucional federal, que está circunscrita à liberdade de conformação legislativa, de maneira que "a ordem constitucional, ao instituir a ação direta de inconstitucionalidade por omissão, divorcia-se da sistemática tradicional de controle que permite eliminar, com

13 STF, ADIO-QO nº 25, Rel. Min. Gilmar Mendes, j. 20.5.2020, *DJU* 12.11.2020.

14 MAGALHÃES, José Luiz Quadros de. *Dos Efeitos da Ação Direta de Inconstitucionalidade por Ação e por Omissão*. Disponível em: <http://www.geocities.com>. Acesso em: 6.1.2003.

eficiência, as inconstitucionalidades do sistema jurídico. Em prol, certamente, do princípio da separação dos poderes, acaba por comprometer a prevalência da Constituição",[15] razão pela qual "a procedência da ação direta de inconstitucionalidade por omissão, importando em reconhecimento judicial do estado de inércia do Poder Público, confere ao Supremo Tribunal Federal, unicamente, o poder de identificar o legislador inadimplente, para que este adote as medidas necessárias à concretização do texto constitucional. Não assiste ao Supremo Tribunal Federal, contudo, em face dos próprios limites fixados pela Carta Política em tema de inconstitucionalidade por omissão, a prerrogativa de expedir provimentos normativos com o objetivo de suprir a inatividade do órgão legislativo inadimplente".[16, 17]

Por fim, na hipótese de inconstitucionalidade por omissão parcial ou relativa, na qual há a produção da regra reclamada, porém em descumprimento ao princípio da igualdade formal, como, por exemplo, na hipótese em que uma norma jurídica, veiculada por lei ordinária, deixa de estender um benefício a determinada categoria de pessoas, duas são as medidas ou providências à disposição dos organismos de justiça constitucional para o restabelecimento da igualdade de tratamento entre os destinatários da norma legal. Uma é a *decisão subtrativa* que, ao declarar a inconstitucionalidade de toda a lei ou ato normativo, elimina o benefício em questão. Outra é a *decisão aditiva* que, ao declarar a inconstitucionalidade da lei ou ato normativo na parte em que não contempla uma parcela da categoria de pessoas na mesma situação jurídica, estende o âmbito normativo de regra viciada pela omissão inconstitucional parcial ou relativa, com a finalidade de destinar o benefício a ela, não se revelando a (im)possibilidade jurídica dessa técnica de decisão de inconstitucionalidade por omissão imune ao debate.

José Joaquim Gomes Canotilho, com amparo na doutrina de **Rui Medeiros**, defende que a correção do alcance da norma legal e a sua extensão às situações objeto da exclusão inconstitucional resultaria em violação direta e frontal ao princípio democrático e ao princípio da separação e interdependência dos órgãos de soberania. Nas suas palavras: "o tribunal constitucional desempenha e não pode deixar de desempenhar fundamentalmente a função de *jurisdictio*; não é um legislador. Ora, quando os tribunais constitucionais usam e abusam de decisões aditivas corre-se sempre o risco de as folgas democráticas de apreciação política serem restringidas a ponto de os tribunais constitucionais merecerem a censura de se arvorarem em 'superlegisladores'".[18]

---

15 PIOVESAN, Flávia Cristina. *Proteção Judicial contra Omissões Legislativas*. São Paulo: Revista dos Tribunais, 1995, p. 108.

16 STF, ADIn nº 1.458, Rel. Min. Celso de Mello, j. 23.5.1996, *DJU* 20.9.1996. V., também: STF, ADIn nº 2.486, Rel. Min. Ilmar Galvão, j. 19.12.2001, *DJU* 22.3.2002; STF, ADIn nº 3.682, Rel. Min. Gilmar Mendes, j. 9.5.2007, *DJU* 6.9.2007, e STF, ADIO nº 22, Rel. Min. Cármen Lúcia, j. 22.4.2015, *DJU* 3.8.2015.

17 A despeito da literalidade do art. 103, § 2º, da CRFB, o Supremo Tribunal Federal tem concedido prazo superior a 30 dias para a solução do impasse, eventualmente o prorrogado, e, em caso de permanência da mora, deslocado a atribuição para a adoção das providências necessárias para órgão estranho ao Poder remisso. STF, ADIO nº 38, Rel. Min. Luiz Fux, j. 28.8.2023, *DJU* 1º.9.2023. V., também: STF, ADIO nº 25, Rel. Min. Gilmar Mendes, j. 30.11.2016, *DJU* 18.8.2017; STF, ADIO nº 27, Rel. Min. Cármen Lúcia, j. 4.7.2023, *DJU* 28.8.2023, e STF, ADIO nº 59, Rel. Min. Rosa Weber, j. 3.11.2022, *DJU* 18.8.2023.

18 CANOTILHO, José Joaquim Gomes. *Jurisdição Constitucional e Intranquilidade Discursiva* in *Perspectivas Constitucionais nos 20 Anos da Constituição de 1976*. v. I. Coimbra: Coimbra Editora, 1996, p. 882-883. V., também: MEDEIROS, Rui. *A Decisão de Inconstitucionalidade*. Lisboa: Universidade Católica, 1999, p. 509-511.

Jorge Miranda, com apoio na doutrina de **Jónatas Eduardo Mendes Machado**, demonstra que o tribunal constitucional, ao recorrer à decisão aditiva, não atuaria, sequer, como um legislador positivo, limitando-se a restabelecer a igualdade. Nos seus termos: "não vemos como recusar esse tipo de decisões perante discriminações ou diferenciações de tratamento infundadas, frente às quais a extensão do regime mais favorável se oferece, simultaneamente, como a decisão mais imediata para a sensibilidade coletiva e a mais próxima dos valores constitucionais. Há imperativos materiais que se sobrepõem a considerações orgânico-funcionais. O organismo de fiscalização não se comporta aqui como um legislador, pois que não age por iniciativa própria nem utiliza critérios políticos; age em processo instaurado por outrem e vinculado aos critérios de interpretação e construção inerentes à hermenêutica constitucional. O princípio da igualdade não deve ser visto tanto pela negativa, quanto pela positiva; mais do que a supressão de diferenças, ele exige hoje a atribuição de benefícios por igual e, em algumas circunstâncias, paulatinamente".[19, 20]

A despeito do enunciado nº 339 – "Não cabe ao Poder Judiciário, que não tem função legislativa, aumentar vencimentos de servidores públicos, sob fundamento de isonomia" –, cuja vigência em face da atual Constituição foi ratificada por uma série de decisões que fomentou a edição do verbete nº 37 da Súmula Vinculante do Supremo Tribunal Federal,[21] não há cogitar-se em rompimento metodológico, segundo o nosso

---

19 MIRANDA, Jorge. *Teoria do Estado e da Constituição*. Rio de Janeiro: Forense, 2002, p. 515. V., também: MACHADO, Jónatas Eduardo Mendes. *Liberdade Religiosa numa Comunidade Constitucional Inconclusiva. Dos Direitos da Verdade aos Direitos dos Cidadãos*. Coimbra: Almedina, 1996, p. 296.

20 O Tribunal Constitucional de Portugal em, no mínimo, duas oportunidades houve por bem fazer uso da técnica da decisão aditiva. Em sede de fiscalização concreta, no Acórdão nº 203/86, no qual se discutia a constitucionalidade de norma legal que, em matéria de atualização monetária de pensões decorrentes de acidentes do trabalho, terminou por dispensar tratamento menos favorável aos antigos beneficiários da pensão em virtude da edição de leis e de atos normativos mais favoráveis aos novos beneficiários, o Tribunal considerou "o motivo da diferenciação de tratamento normativo de todo arbitrário, insuscetível de postular a diferenciação contemplada naqueles dois quadros normativos", do que resultou o reconhecimento da inconstitucionalidade das normas legais anteriores e na extensão do regime mais favorável a todos os beneficiários. Em sede de fiscalização abstrata, no Acórdão nº 12/88, a mesma questão voltou a ser apreciada, tendo o Tribunal declarado a inconstitucionalidade, com força obrigatória geral, das leis e dos atos normativos que integravam o regime menos favorável, "que representariam uma opção do legislador ordinário sem apoio em qualquer justificação e, portanto, materialmente infundada, podendo-se dizer que ele", ao restringir a aplicação do regime mais favorável em matéria de atualização monetária de pensões derivadas acidentes de trabalho, "teria exorbitado da sua liberdade de conformação do princípio da igualdade e contrariado abertamente os valores da justiça distributiva". *DR* 26.8.1986, 203/86, e *DR* 12.1.1988, 12/88.

21 O Supremo Tribunal Federal "tem entendido que continua em vigor, em face da atual Constituição, a Súmula nº 339, dado que o art. 39, § 1º, da Carta Magna é preceito dirigido ao legislador, a quem compete concretizar o princípio da isonomia, considerando especificamente os casos de atribuições iguais ou assemelhadas, não cabendo ao Poder Judiciário substituir-se ao legislador. Contra lei que viola o princípio da isonomia é cabível, no âmbito do controle concentrado, ação direta de inconstitucionalidade por omissão, que, se procedente, dará margem a que dessa declaração seja dada ciência ao Poder Legislativo para que aplique, por lei, o referido princípio constitucional"; "o Poder Judiciário, que não dispõe de função legislativa, não pode conceder a servidores civis, sob fundamento de isonomia, extensão de vantagens pecuniárias que foram exclusivamente outorgadas por lei aos servidores militares. A Súmula nº 339 do Supremo Tribunal Federal – que consagra,

entendimento, no obrar do tribunal constitucional que proceda à interpretação da disposição normativa geral, necessariamente dirigida pelas normas constitucionais, dentre as quais o princípio da igualdade, e delineie a regra jurídica individual de modo a alcançar a parcela da categoria de pessoas que, embora excluída, devesse ser necessariamente por ela alcançada. Em situações como essa, não visualizamos a mais remota usurpação da função legislativa, isso porque a normativa geral, ao ser transportada da abstração de suas linhas estruturais para a realidade que lhe é subjacente, o será em harmonia com os ditames constitucionais. O tribunal constitucional, dessa forma, pode aplicar a normativa geral sob uma perspectiva corretiva aos casos concretos que decida, compatibilizando-a com o seu fundamento de validade.

Acesse o
MATERIAL SUPLEMENTAR

Entre no Ambiente de Aprendizagem através das instruções contidas na orelha deste livro e acesse os conteúdos exclusivos desta edição:
- Atualizações legislativas mensais.
- Questões de prova interativas.
- Esquemas.

---

na jurisprudência desta Corte, uma específica projeção do princípio da separação de poderes – foi recebida pela Carta Política de 1988. Reveste-se, em consequência, de plena eficácia e de integral aplicabilidade sob a vigente ordem constitucional. A extensão jurisdicional, em favor dos servidores preteridos, do benefício pecuniário que lhes foi indevidamente negado pelo legislador encontra obstáculo no princípio da separação de poderes. O princípio da divisão funcional do poder impede que, estando em plena vigência o ato legislativo, venham os Tribunais a ampliar-lhe o conteúdo normativo e a estender a sua eficácia jurídica a situações subjetivas nele não previstas, ainda que a pretexto de tornar efetiva a cláusula isonômica inscrita na Constituição"; "ao Poder Judiciário é vedado conceder aumento a servidores públicos com fundamento no princípio da isonomia, uma vez que não possui função legislativa. Súmula nº 339, do Supremo Tribunal Federal"; "concretização do princípio da isonomia, considerados os casos de atribuições iguais ou assemelhados, em face da omissão da lei. Impossibilidade, eis que não cabe ao Poder Judiciário substituir o legislador ordinário para estender a servidores vantagens e benefícios não previstos em lei. Cabimento de ação direta por omissão que, julgada procedente, ensejará o envio de comunicação ao Poder Legislativo para sanar, por lei, o vício de inconstitucionalidade"; "a ação direta por omissão não pode ser utilizada com o objetivo de transformar o Supremo Tribunal Federal, indevidamente, em legislador positivo, já que o poder de inovar o sistema normativo, em caráter inaugural, constitui função típica da instituição parlamentar. Não se revela lícito pretender, em sede de controle abstrato, que o Supremo Tribunal Federal, a partir da supressão seletiva de fragmentos do discurso normativo inscrito no ato estatal impugnado, proceda à virtual criação de outra regra legal, substancialmente divorciada do conteúdo material que lhe deu o próprio legislador" e "a equiparação de vencimentos requer a edição de lei específica, razão pela qual não se admite a extensão, pela via judicial, de vantagem de natureza pessoal, legalmente instituída, a pretexto de se empregar tratamento isonômico". STF, RE nº 173.252, Rel. Min. Moreira Alves, j. 5.11.1998, *DJU* 18.5.2001; STF, MS nº 21.662, Rel. Min. Celso de Mello, j. 5.4.1994, *DJU* 5.4.1994; STF, RE nº 538.000, Rel. Min. Luiz Fux, j. 22.5.2012, *DJU* 21.6.2012; STF, RE nº 175.531, Rel. Min. Maurício Corrêa, j. 28.2.2002, *DJU* 28.6.2002; STF, ADIn nº 1.063, Rel. Min. Celso de Mello, j. 18.5.1994, *DJU* 27.4.2001, e STF, RE nº 705.661, Rel. Min. Rosa Weber, j. 17.12.2013, *DJU* 11.2.2014.

Capítulo 37

AÇÃO DIRETA DE INCONSTITUCIONALIDADE INTERVENTIVA

Acesse e assista à aula explicativa sobre este assunto.

> https://uqr.to/14uh3

1 CONCEITO

A ação direta de inconstitucionalidade interventiva, *ex vi* arts. 34, inc. VII, e 36, inc. III, *initio*, e § 3º, da CRFB, como também Lei nº 12.562/11, é dirigida à **impugnação de ato dos poderes estaduais ou distritais que infrinja princípio constitucional sensível, de maneira a promover a sua declaração de inconstitucionalidade perante o Supremo Tribunal Federal e a requisitar a decretação de intervenção federal ao Presidente da República.**[1]

Ante o exposto, a ação direta de inconstitucionalidade interventiva ostenta duas *finalidades*: uma, de natureza jurídica, consiste na declaração de inconstitucionalidade de ato dos poderes estaduais que tenha violado algum princípio constitucional sensível, pelo Supremo Tribunal Federal, e outra, de natureza política, corresponde à decretação

---

1 A doutrina estabelece a diferenciação entre a ação direta de inconstitucionalidade interventiva, prescrita nos arts. 34, inc. VII, e 36, inc. III, *initio*, e a ação de executoriedade de lei federal, prevista nos arts. 34, inc. VI, *initio*, e 36, inc. III, *in fine*, todos da CRFB, reunidas sob o gênero intervenção normativa, que "decorre da inclusão, no ordenamento jurídico do ente federativo sob intervenção, de algum princípio em tese incompatível com aqueles da ordem jurídica prevalente", de sorte que "o decreto de intervenção dependerá: no caso de inobservância de princípio constitucional sensível, de provimento, pelo Supremo Tribunal Federal, de representação do Procurador-Geral da República, representação essa que caracteriza a ação direta de inconstitucionalidade interventiva; no caso de recusa à execução de lei federal, de provimento, também pelo Supremo Tribunal Federal, de representação do Procurador-Geral da República; aqui não se trata de obter declaração de inconstitucionalidade, portanto essa representação tem natureza diversa da referida anteriormente; seu objeto consiste em garantir a executoriedade da lei federal pelas autoridades estaduais, digamos que seja uma ação de executoriedade da lei". SILVA, José Afonso da. *Curso de Direito Constitucional Positivo*. 24ª ed. São Paulo: Malheiros, 2005, p. 487. V., também: SLAIBI FILHO, Nagib. *Anotações à Constituição de 1988: aspectos fundamentais*. 2ª ed. Rio de Janeiro: Forense, 1989, p. 188.

da intervenção federal, pelo Presidente da República, na medida em que aquela é antecedente lógico desta.[2]

2 NATUREZA JURÍDICA

A natureza jurídica do processo instaurado em decorrência do exercício da ação direta de inconstitucionalidade interventiva é objeto de divergência entre duas correntes doutrinárias.

A primeira, com espeque em **Gilmar Ferreira Mendes, Clèmerson Merlin Clève, Oswaldo Aranha Bandeira de Mello** e **José Carlos Moreira Alves**, assegura que a ação direta de inconstitucionalidade interventiva ensejaria a instauração de *processo subjetivo*, posto que haveria litígio entre a União e o Estado ou Distrito Federal. Dessa forma, a ação interventiva seria proposta pelo Procurador-Geral da República, na condição de representante judicial da União, em face do Estado ou Distrito Federal, com o objetivo de tutelar direitos subjetivos, mediante a solução da pretensão deduzida perante o Supremo Tribunal Federal. Em outras palavras: "não se tem aqui um processo objetivo, mas a judicialização de conflito federativo atinente à observância de deveres jurídicos especiais, impostos pelo ordenamento federal ao Estado-membro. No caso, trata-se de exercício do direito de ação, cuja autora seria a União, representada pelo Procurador-Geral da República, e o réu, o Estado federado, atribuindo-se-lhe ofensa a princípio constitucional da União. A despeito das peculiaridades que envolvem essa modalidade de controle de constitucionalidade no Direito brasileiro, parece inequívoco que o Procurador-Geral da República não veicula, na representação interventiva, um interesse da coletividade, na preservação da ordem constitucional, mas o interesse substancial da União, como guardiã dos postulados federativos, na observância dos princípios constitucionais sensíveis";[3] "a ação direta interventiva não desencadeia um processo objetivo. De fato, o objeto do processo não é a declaração da inconstitucionalidade, em tese, de um ato estadual, mas, antes, a solução de um conflito entre a União e o Estado-membro, que pode desembocar numa intervenção. São partes na ação direta interventiva a União, representada pelo Procurador-Geral da República, e o Estado ou Distrito Federal. Na ação interventiva, incumbe ao Supremo Tribunal Federal não mais do que resolver o conflito federativo";[4] "na hipótese, repita-se, se cogita de exercício do direito de ação, cuja autora seria a União, representada pelo Procurador-Geral da República, e o réu, o Estado, a que se atribuía haver violado princípio constitucional da União, e que deveria ser citado na pessoa do seu representante legal, para deduzir a sua defesa, ante o Supremo Tribunal Federal",[5] porquanto haveria distinção entre "o controle direto, para fins

---

[2] MORAES, Humberto Peña de. *Do Processo Interventivo, em tema de Estado Federal. Considerações em torno de Aspectos Estruturais dos Institutos da Intervenção Federal, nos Estados e Distrito Federal, e da Ação Direta de Inconstitucionalidade Interventiva* in *Acesso à Justiça*. v. II. Rio de Janeiro: Lumen Juris, 2004, p. 177.

[3] MENDES, Gilmar Ferreira. *Controle de Constitucionalidade: aspectos jurídicos e políticos*. São Paulo: Saraiva, 1990, p. 222-224.

[4] CLÈVE, Clèmerson Merlin. *A Fiscalização Abstrata da Constitucionalidade no Direito Brasileiro*. 2ª ed. São Paulo: Revista dos Tribunais, 2000, p. 128-130.

[5] MELLO, Oswaldo Aranha Bandeira de. *A Teoria das Constituições Rígidas*. 2ª ed. São Paulo: José Bushatsky, 1980, p. 192.

concretos, de intervenção da União nos Estados, e o controle direto, em abstrato, dos atos normativos federais e estaduais".[6]

A segunda, a que nos filiamos, com esteio em **José Horácio Meirelles Teixeira**, **Themístocles Brandão Cavalcanti**, **Alfredo Buzaid** e **Célio Borja**, assinala que a ação direta de inconstitucionalidade interventiva enseja a instauração de *processo objetivo*, visto que não há litígio entre a União e o Estado ou Distrito Federal. Desse modo, a ação interventiva é proposta pelo Procurador-Geral da República, na qualidade de substituto processual, contra ato de poder estadual ou distrital, com o objetivo de tutelar a ordem jurídica, mediante a aferição, em tese, da constitucionalidade daquela perante esta. Em outros termos: "pede-se, na ação interventiva, não a reparação de uma lesão, mas a própria declaração da inconstitucionalidade, como objeto principal da ação. A declaração de inconstitucionalidade não é, portanto, aqui, *incidenter tantum*, mas *principaliter*";[7] "a ação interventiva tem fim específico, envolve sempre e somente matéria constitucional, e em função do processo de intervenção. Não resta dúvida que a apreciação da constitucionalidade é do conteúdo mesmo da ação interventiva, isto é, a sua matéria, uma vez que a confrontação do ato se faz necessariamente com os princípios constitucionais sensíveis";[8] "o Procurador-Geral da República é o autor da ação interventiva e opera como substituto processual. Não o move um interesse pessoal; ele representa toda a coletividade, empenhada em expurgar a ordem jurídica de atos políticos, manifestamente inconstitucionais e capazes de pôr em risco a estrutura do Estado",[9] porque há a configuração de "declaração de inconstitucionalidade de lei, em tese, para efeitos interventivos".[10]

O Supremo Tribunal Federal, pela voz do Ministro **José Celso de Mello Filho**, salienta a natureza subjetiva do processo deflagrado pela ação direta de inconstitucionalidade interventiva, pois "faz instaurar, entre o poder central e as coletividades autônomas periféricas, um litígio constitucional, cuja finalidade precípua consiste em dar solução jurisdicional ao conflito federativo. Impõe-se ao Supremo Tribunal Federal, no âmbito desse procedimento especial, o dever de compor tal situação de conflito e de litigiosidade constitucional entre a União e o Estado-membro". Nesse diapasão, "a existência de litígio constitucional entre a União e o Estado-membro acha-se subjacente ao instituto da ação direta interventiva, cuja configuração jurídico-processual qualifica-o como notável instrumento de composição de conflitos federativos, destinado a restaurar a ordem constitucional vulnerada e a fazer cessar situações de lesão ou de ofensa a um dos princípios constitucionais sensíveis. O ajuizamento da ação interventiva supõe

---

6 ALVES, José Carlos Moreira. *A Evolução do Controle de Constitucionalidade no Brasil* in *As Garantias do Cidadão na Justiça*. São Paulo: Saraiva, 1993, p. 6.

7 TEIXEIRA, José Horácio Meirelles. *Curso de Direito Constitucional*. Rio de Janeiro: Forense Universitária, 1991, p. 436.

8 CAVALCANTI, Themístocles Brandão. *Do Controle da Constitucionalidade*. Rio de Janeiro: Forense, 1966, p. 123.

9 BUZAID, Alfredo. *Da Ação Direta de Declaração de Inconstitucionalidade no Direito Brasileiro*. São Paulo: Saraiva, 1958, p. 107.

10 BORJA, Célio. *O Controle Judicial de Constitucionalidade* in *A Nova Ordem Constitucional: aspectos polêmicos*. Rio de Janeiro: Forense, 1990, p. 179.

formal provocação do Procurador-Geral da República, a quem se deferiu a titularidade exclusiva do seu exercício, para efeito de instauração deste processo subjetivo".[11]

3 CABIMENTO

A ação direta de inconstitucionalidade interventiva é cabível para assegurar a observância dos princípios constitucionais sensíveis, que constituem o fundamento da organização jurídica do Estado federal, com o escopo de garantir o equilíbrio federativo, sob pena de intervenção federal.[12]

O **parâmetro** da ação direta de inconstitucionalidade interventiva compreende os *princípios constitucionais sensíveis*, isto é, forma republicana, sistema representativo e regime democrático; direitos da pessoa humana; autonomia municipal; prestação de contas da Administração Pública, direta e indireta, e aplicação do mínimo exigido da receita resultante de impostos estaduais, inclusive a proveniente de transferências, na manutenção e desenvolvimento do ensino e nas ações e serviços de saúde.

O **objeto** da ação direta de inconstitucionalidade interventiva consiste em *atos dos poderes estaduais ou distritais*, ou seja, atos, comissivos ou omissivos, abstratos ou concretos, oriundos dos Estados ou Distrito Federal, como, por exemplo, os que prescrevam a hereditariedade como critério de acesso aos cargos, empregos e funções públicas, assim como a irresponsabilidade penal do Chefe do Poder Executivo, reduzam a participação dos cidadãos no processo eleitoral, bem como o pluripartidarismo, ou restrinjam a soberania e representação populares, como também o objetivo finalístico de tutela dos direitos fundamentais; demonstrem que a entidade federativa não dispõe de condições para responder à gravidade de infração penal praticada no seu território; elimine a possibilidade de a unidade da federação administrar os bens e eleger os governantes municipais; exibam irregularidades na prestação de contas, apuradas em parecer prévio do Tribunal de Contas estadual ou distrital, ou deixem de aplicar parcela da receita pública nas áreas de educação e saúde públicas, de acordo com os arts. 167, inc. IV, 198, § 2º, e 212 da CRFB e art. 77 do ADCT, respectivamente.[13]

4 LEGITIMAÇÃO ATIVA

A **legitimação ativa** para a ação direta de inconstitucionalidade interventiva é atribuída, de forma *exclusiva*, ao Procurador-Geral da República, malgrado o Chefe do Ministério Público da União não esteja obrigado a ajuizá-la perante o Supremo Tribunal

---

11 MELLO FILHO, José Celso de. *Voto* in *Revista Trimestral de Jurisprudência*, nº 160, 1996, p. 3.

12 LEWANDOWSKI, Enrique. *Pressupostos Materiais e Formais da Intervenção Federal no Brasil*. São Paulo: Revista dos Tribunais, 1994, p. 106.

13 A jurisprudência é firmada no sentido de que a prática de infração penal, revestida de extrema gravidade, a indicar que a entidade federativa não dispõe de condições mínimas para assegurar os direitos da pessoa humana, tendo sido deflagrada a persecução criminal, não enseja a decretação de intervenção federal: "embora a extrema gravidade dos fatos e o repúdio que sempre merecem os atos de violência e crueldade, não se trata, porém, de situação concreta que, por si só, possa configurar causa bastante a decretar-se intervenção federal no Estado, tendo em conta, também, as providências já adotadas pelas autoridades locais para a apuração do ilícito". STF, IF nº 114, Rel. Min. Néri da Silveira, j. 13.3.1991, *DJU* 27.9.1996.

Federal, sendo-lhe permitido determinar o arquivamento de qualquer representação que lhe tenha sido dirigida.[14]

Por oportuno, "tanto pela generalidade da Constituição Federal ao não explicitar o qualificativo de ato normativo, quanto pela natureza da Advocacia-Geral da União de representar a União em juízo e exercer as atividades de assessoramento e consultoria do Poder Executivo, que em último grau decretará a intervenção federal, somos pela admissibilidade da manifestação do Advogado Geral da União nos pleitos interventivos perante o Supremo Tribunal Federal".[15]

5 PROCEDIMENTO

O procedimento da ação direta de inconstitucionalidade interventiva é disciplinado pela Lei nº 12.562/11, assim como pelos arts. 350 a 354 do RISTF e arts. 19 a 22 da Lei nº 8.038/90, no que couber.

5.1 Petição inicial

A **petição inicial**, na ação direta de inconstitucionalidade interventiva, deve indicar o princípio constitucional sensível que se considera violado, bem como o ato dos poderes estaduais ou distritais impugnado, sob pena de inépcia.

Ademais, a petição inicial deve ser *instruída* pelos documentos necessários para comprovar a impugnação.

5.2 Despacho liminar

O relator dispõe de competência para, oferecida a petição inicial, proferir **despacho liminar**.

Em caso de *despacho liminar de conteúdo negativo*, é da competência do relator indeferir liminarmente a petição inicial manifestamente infundada.

Em caso de *despacho liminar de conteúdo positivo*, é da competência do relator, frustradas as providências oficiais que lhe parecerem adequadas para remover, administrativamente, a causa do pedido, requerer informações às autoridades ou órgãos que hajam elaborado ou praticado o ato impugnado, no prazo de 10 dias.

---

14 No sentido do texto, entendendo que a atuação do Procurador-Geral da República seria discricionária, dado que o Chefe do Ministério Público da União poderia determinar o arquivamento da representação, sob pena de configuração de ação popular de inconstitucionalidade, mediante a convolação, por via oblíqua, de titularidade exclusiva em titularidade universal, v.: BARBI, Celso Agrícola. *Evolução do Controle de Constitucionalidade das Leis no Brasil* in *Revista de Direito Público*, nº 4, 1969, p. 34-43. No sentido contrário, entendendo que a atuação do Procurador-Geral da República seria vinculada, eis que o Chefe do Ministério Público da União deveria arguir a inconstitucionalidade com parecer contrário, sob pena de usurpação da competência constitucional do Supremo Tribunal Federal, v.: MARINHO, Josaphat. *Inconstitucionalidade de Lei: representação ao Supremo Tribunal Federal* in *Revista de Direito Público*, nº 12, 1971, p. 150-161. O Supremo Tribunal Federal, na vigência da Constituição de 1967, com a Emenda nº 1 de 1969, fixou jurisprudência no sentido da discricionariedade, tendo em vista que o Procurador-Geral da República era o *dominus litis*, "cabendo-lhe a iniciativa de encaminhar ao Supremo Tribunal Federal a representação de inconstitucionalidade". STF, Recl. nº 849, Rel. Min. Adalício Nogueira, j. 10.3.1971, *DJU* 9.12.1971.

15 PINTO FILHO, Francisco Bilac Moreira. *A Intervenção Federal e o Federalismo Brasileiro*. Rio de Janeiro: Forense, 2002, p. 401.

5.3 Informações

As **informações** das autoridades ou órgãos dos quais emanou o ato impugnado podem ser *dispensadas*, desde que o relator, ao receber os autos ou no curso do processo, entenda que a decisão de mérito é urgente em face de relevante interesse de ordem pública, com a convocação da sessão de julgamento.

5.4 Manifestação do Procurador-Geral da República e do Advogado--Geral da União

A possibilidade de manifestação no processo instaurado em decorrência do exercício da ação direta de inconstitucionalidade interventiva, prestadas ou não as informações pelas autoridades ou órgãos responsáveis pelo ato impugnado, é garantida sucessivamente ao **Advogado-Geral da União** - na qualidade de *curador da presunção de constitucionalidade do ato normativo* (*defensor legis*) - e ao **Procurador-Geral da República** - na qualidade de *órgão interveniente* (*custos legis*).

5.5 Dilação probatória

O relator, na hipótese de exigência de **dilação probatória**, em razão da necessidade de *apreciação integrada de elementos fáticos e jurídicos*, pode admitir a produção de provas técnicas, a serem valoradas no julgamento da ação direta de inconstitucionalidade interventiva.

5.6 Acórdão

O **acórdão**, na ação direta de inconstitucionalidade interventiva, é proferido na sessão de julgamento, na qual o relatório deve ser apresentado pela Presidência e submetido à apreciação do Plenário do Supremo Tribunal Federal.

Outrossim, julgado procedente o pedido, o relator deve comunicar a decisão às autoridades ou órgãos estaduais ou distritais interessados, bem assim expedir *requisição de decretação de intervenção federal ao Presidente da República.*

6 MEDIDA LIMINAR

A doutrina não era unívoca a respeito da possibilidade de medida liminar durante o processamento da ação direta de inconstitucionalidade interventiva.[16]

Uma corrente, com fulcro em **Alexandre de Moraes**, advogava a *inadmissibilidade* do pronunciamento de urgência, pela justificativa de que a norma inscrita no art. 102, inc. I, *p*, da CRFB, que permite a concessão de medida liminar no processo da ação direta de inconstitucionalidade genérica, não seria aplicável à ação direta de inconstitucionalidade interventiva.[17]

Outra corrente, com fundamento em **José Afonso da Silva**, postulava a *admissibilidade* do provimento de urgência, pelo motivo de que a norma inserida no art. 2º da Lei nº 5.778/72, que possibilita ao relator da ação direta de inconstitucionalidade inter-

---

16 TAVARES, André Ramos. *Curso de Direito Constitucional*. São Paulo: Saraiva, 2002, p. 762.

17 MORAES, Alexandre de. *Direito Constitucional*. 11ª ed. São Paulo: Atlas, 2002, p. 630.

ventiva estadual, a requerimento da Chefia do Ministério Público do Estado, suspender liminarmente o ato impugnado, seria aplicável à ação direta de inconstitucionalidade interventiva federal.[18]

Permissa venia, ainda que em contraste com a opinião de um dos mais prestigiados autores nacionais, entendíamos ser inadmissível a concessão de medida liminar, já que pronunciamento de urgência não poderia implicar a antecipação de efeitos práticos inalcançáveis pelo provimento final, que é restrito à declaração de inconstitucionalidade do ato de poder estadual ou distrital, acompanhada de requisição de intervenção federal ao Presidente da República.[19] Entretanto, o Supremo Tribunal Federal, na vigência da Lei nº 2.271/54 – revogada pela Lei nº 4.337/64 –, admitiu a suspensão liminar do ato impugnado, forte no argumento de que "entre as peculiaridades do processo de mandado de segurança, que o art. 4º da Lei nº 2.271/54 manda sejam observadas na representação de intervenção federal, inclui-se a suspensão liminar do ato impugnado".[20] A questão da possibilidade da tutela de urgência foi solucionada pela regra do art. 5º da Lei nº 12.562/11, que estendeu ao Supremo Tribunal Federal o poder de deferir pedido de medida liminar, consubstanciada na suspensão do andamento de processo ou efeitos de decisões judiciais ou administrativas ou qualquer outra providência que se relacione com a matéria objeto da intervenção federal.

7 DECISÃO

A decisão de procedência, na ação direta de inconstitucionalidade interventiva, limita-se à **declaração de inconstitucionalidade**, na medida em que a *suspensão da eficácia do ato impugnado* decorre de providência do Presidente da República, pelo instrumento do decreto, na forma do art. 36, § 3º, da CRFB.[21]

Além disso, uma vez requisitada a decretação de intervenção federal pelo Supremo Tribunal Federal, há a identificação de duas situações de fato. Na primeira, quando a

---

[18] SILVA, José Afonso da. *Curso de Direito Constitucional Positivo.* 20ª ed. São Paulo: Malheiros, 2002, p. 485.

[19] MIRANDA, Francisco Cavalcanti Pontes de. *Comentários à Constituição de 1967 com a Emenda nº 1 de 1969.* 2ª ed. v. II. São Paulo: Revista dos Tribunais, 1970, p. 257.

[20] STF, Rp. nº 466, Rel. Min. Cândido Motta Filho, j. 22.1.1962, *DJU* 17.10.1962. V., também: STF, Rp. nº 467, Rel. Min. Luiz Gallotti, j. 12.5.1961, *DJU* 2.8.1961.

[21] Pelo fio do exposto, a decisão de procedência, na ação interventiva, é sujeita à técnica da declaração de inconstitucionalidade sem pronúncia de nulidade. Na doutrina, Gilmar Ferreira Mendes deixa consignado que "o Tribunal deve limitar-se a declarar a inconstitucionalidade da providência ou da omissão de determinado Estado-membro. A providência impugnada não pode ser cassada ou suspensa, porquanto a suspensão do ato do Governo estadual ou distrital há de ocorrer mediante providência do Presidente da República, dentro do contexto do processo interventivo (CRFB, art. 36, § 3º)". Na jurisprudência, José Carlos Moreira Alves ratifica que a ação interventiva consiste em "instrumento jurídico que se integra num processo político – a intervenção – para legitimá-lo. Embora diga respeito à lei em tese, não se apresenta, propriamente, como instrumento de controle concentrado de constitucionalidade, porque a declaração de inconstitucionalidade nela obtida não opera *erga omnes*, mas apenas possibilita (como elo de uma cadeia em que se conjugam poderes diversos) ao Presidente da República suspender a execução do ato impugnado". MENDES, Gilmar Ferreira. *Jurisdição Constitucional.* São Paulo: Saraiva, 1996, p. 285, e ALVES, José Carlos Moreira. *Voto* in *Revista Trimestral de Jurisprudência*, nº 103, 1982, p. 1.112.

suspensão da eficácia do ato declarado inconstitucional é suficiente para o restabelecimento da normalidade, é dispensada a apreciação do decreto pelo Congresso Nacional, posto que não há intervenção federal. Na segunda, quando a suspensão da eficácia do ato declarado inconstitucional não é suficiente para o restabelecimento da normalidade, em virtude de o Estado ou Distrito Federal não ter procedido à suspensão ou revogação do ato que atenta contra princípio constitucional sensível, é da atribuição do Presidente da República decretar a intervenção federal, por intermédio de novo decreto, submetendo-o à apreciação do Congresso Nacional, no prazo de 24 horas, nos termos do art. 36, § 1º, *in fine*, da CRFB, visto que "a ofensa do Estado ou Distrito Federal aos princípios constitucionais sensíveis configura um nítido ilícito constitucional, cuja prática gera, em seus efeitos, dupla consequência: a jurídica, consistente na declaração de inconstitucionalidade do comportamento estatal impugnado, e a política, consistente na decretação de intervenção federal – caso a suspensão da execução do ato impugnado não seja bastante para o restabelecimento da normalidade –, por ato do Presidente da República, em atenção à requisição emanada do Supremo Tribunal Federal".[22]

Acesse o
MATERIAL SUPLEMENTAR

Entre no Ambiente de Aprendizagem através das instruções contidas na orelha deste livro e acesse os conteúdos exclusivos desta edição:
- Atualizações legislativas mensais.
- Questões de prova interativas.
- Esquemas.

[22] STF, IF nº 114, Rel. Min. Néri da Silveira, j. 13.3.1991, *DJU* 27.9.1996.

Capítulo 38

ARGUIÇÃO DE DESCUMPRIMENTO DE PRECEITO FUNDAMENTAL

Acesse e assista à aula explicativa sobre este assunto.

> *https://uqr.to/14uh4*

1 CONCEITO

A arguição de descumprimento de preceito fundamental, *ad vicem* art. 102, § 1º, da CRFB, assim como Lei nº 9.882/99, é dirigida a **evitar ou reparar lesão a preceito fundamental resultante de ato do Poder Público, bem como solucionar controvérsia constitucional a respeito de lei ou ato normativo federal, estadual ou municipal, incluídos os anteriores à Constituição da República.**[1, 2]

---

1 Com efeito, quanto ao Direito Constitucional comparado, a arguição de descumprimento de preceito fundamental é inspirada na queixa constitucional, conforme o art. 93, § 1º, nº 4, *a*, da Constituição alemã – "Compete ao Tribunal Constitucional Federal apreciar as queixas constitucionais que podem ser interpostas por toda a gente com a alegação de ter sido lesado, pelo Poder Público, num dos seus direitos fundamentais ou num dos seus direitos consagrados no nº 4 do art. 20, sem prejuízo dos arts. 33, 38, 101, 103 e 104" –, e no recurso de amparo, consoante o art. 161, nº 1, *b*, da Constituição espanhola – "O Tribunal Constitucional tem jurisdição em todo o território espanhol e é competente para conhecer do recurso de amparo por violação dos direitos fundamentais referidos no art. 53, nº 2, desta Constituição e nos casos e formas que a lei estabelecer". HÄBERLE, Peter. *El Recurso de Amparo en el Sistema Germano-Federal de Jurisdicción Constitucional* in *La Jurisdicción Constitucional en Iberoamerica*. Madrid: Dykinson, 1997, p. 257, e LLORENTE, Francisco Rubio. *El Recurso de Amparo* in *Estudios sobre Jurisdicción Constitucional*. Madrid: McGraw-Hill, 1997, p. 51.

2 Demais disso, quanto ao Direito Constitucional brasileiro, a arguição de descumprimento de preceito fundamental consistia na única hipótese de competência originária do Supremo Tribunal Federal preceituada em norma constitucional de eficácia limitada: "a arguição de descumprimento de preceito fundamental decorrente da Carta Política, prevista no art. 102, § 1º, da CRFB, supõe, para efeito de sua utilização perante o Supremo Tribunal Federal, a edição da lei reclamada pelo próprio texto constitucional, de tal modo que, à falta da necessária *interpositio legislatoris*, tornar-se-á formalmente inviável a invocação desse novo remédio processual. A imprescindibilidade dessa lei resulta da circunstância de que cabe ao legislador definir a disciplina ritual da ação de descumprimento"; "a arguição de descumprimento de preceito fundamental depende de lei, como está expresso no próprio § 1º do art. 102 da CRFB.

Decerto, considerando que a arguição de descumprimento de preceito fundamental é informada pelo princípio da subsidiariedade, o seu *objeto* é ampliação da jurisdição constitucional orgânica, na medida em que o regular exercício da arguição de descumprimento é condicionado à inexistência de outro meio adequado para a impugnação de determinada lei ou ato normativo, no controle de constitucionalidade pela via de ação direta,[3] ou à inexistência de outro meio efetivo de tutela dos preceitos fundamentais, no controle de constitucionalidade pela via de exceção.[4] De um lado, no que tange ao controle de constitucionalidade concentrado, as principais hipóteses de cabimento da arguição direta ou autônoma decorrem da inadequação da ação direta de inconstitucionalidade para a impugnação de lei ou ato normativo municipal em face da Constituição federal,[5] como também lei ou ato normativo pré-constitucional,[6]

E ainda não há lei em vigor a respeito"; "enquanto não houver lei, estabelecendo a forma pela qual será apreciada a arguição de descumprimento de preceito fundamental, decorrente da Constituição, o Supremo Tribunal Federal não pode apreciá-la. Até porque sua função precípua é de guarda da Constituição. E é esta que exige lei para que sua missão seja exercida em casos como esse. Trata-se de competência cujo exercício ainda depende de lei" e "enquanto não se editar lei estabelecendo a forma pela qual será apreciada a arguição de descumprimento de preceito fundamental decorrente da Constituição, o Supremo Tribunal Federal não poderá processá-la e julgá-la. Regra não autoaplicável". STF, Pet. nº 927, Rel. Min. Celso de Mello, j. 28.7.1994, *DJU* 3.8.1994; STF, Pet. nº 1.118, Rel. Min. Sydney Sanches, j. 27.2.1996, *DJU* 4.3.1996; STF, Pet. nº 1.140, Rel. Min. Sydney Sanches, j. 2.5.1996, *DJU* 31.5.1996, e STF, Pet. nº 1.365, Rel. Min. Néri da Silveira, j. 3.12.1997, *DJU* 23.3.2001.

3 BERNARDES, Juliano Taveira. *Arguição de Descumprimento de Preceito Fundamental*. Disponível em: <http://www.planalto.gov.br>. Acesso em: 29.1.2001.

4 MENDES, Gilmar Ferreira. *Arguição de Descumprimento de Preceito Fundamental: demonstração de inexistência de outro meio eficaz*. Disponível em: <http://www.planalto.gov.br>. Acesso em: 29.1.2001.

5 Nesse sentido, quanto à impugnação de lei ou ato normativo municipal em face da Constituição federal anteriormente à preceituação legal da arguição de descumprimento de preceito fundamental, as leis e os atos normativos municipais somente poderiam figurar como objeto da arguição de inconstitucionalidade, a teor dos arts. 948 a 950 do CPC. Ademais, a alternativa é superior à proposta legislativa pela qual seria conferida competência aos Tribunais de Justiça para, em sede de ação direta de inconstitucionalidade, aferir a constitucionalidade de lei ou ato normativo municipal, em face da Constituição Federal, porquanto daria ensejo a múltiplas interpretações e interposição de recursos extraordinários. MOREIRA, José Carlos Barbosa. *Comentários ao Código de Processo Civil*. 8ª ed. v. V. Rio de Janeiro: Forense, 1999, p. 36.

6 Não obstante, quanto à impugnação de lei ou ato normativo pré-constitucional anteriormente à previsão legal da arguição de descumprimento de preceito fundamental, três correntes eram divergentes sobre a incompatibilidade entre uma norma infraconstitucional e outra norma constitucional superveniente, estabelecida por nova Constituição (poder constituinte originário) ou reforma constitucional (poder constituinte derivado). A primeira, imanente às doutrinas alemã e espanhola, capitaneada por Luís Roberto Barroso e Marcelo Neves, acolhida pela jurisprudência do Supremo Tribunal Federal, frisava que o efeito da incompatibilidade entre uma norma infraconstitucional e outra norma constitucional superveniente seria a revogação, devendo o conflito ser resolvido no campo da vigência, posto que a antinomia entre norma posterior e norma anterior em referência à mesma matéria implica a revogação desta, desde que aquela seja de superior ou igual hierarquia, de forma que não seria cabível nenhum instrumento de provocação da jurisdição constitucional concentrada, devendo ser utilizada a interposição de recurso extraordinário. A segunda, inerente às doutrinas italiana e portuguesa, configurada por José de Carlos Nunes e Wilson de Souza Campos Batalha, grifava

pela via de ação direta. De outro lado, no que toca ao controle de constitucionalidade difuso, a principal hipótese de cabimento da arguição indireta ou incidental deflui da inefetividade do recurso extraordinário para solucionar controvérsia constitucional relevante sobre preceito fundamental, a critério discricionário do Supremo Tribunal Federal, pela via de exceção.[7, 8] Em síntese: "a relação de subsidiariedade é estabelecida entre os instrumentos de proteção do sistema objetivo, logo, entre a ação direta de inconstitucionalidade e a arguição de descumprimento de preceito fundamental. Portanto, sendo cabível a ação direta de inconstitucionalidade, não caberá a arguição direta ou autônoma. Todavia, em relação ao recurso extraordinário, já não haveria este óbice, de maneira que, sendo relevante a controvérsia constitucional, o Supremo Tribunal Federal poderá processar e julgar a arguição indireta ou incidental",[9] tendo em vista que "a arguição de descumprimento de preceito fundamental é admissível, sempre que houver qualquer outro meio juridicamente idôneo apto a sanar, com efetividade real, o estado de lesividade emergente do ato impugnado. A mera possibilidade de utilização de outros meios processuais, contudo, não basta, por si só, para justificar a invocação do princípio da subsidiariedade, pois, para que esse postulado possa legitimamente incidir, revela-se essencial que os instrumentos disponíveis mostrem-se capazes de neutralizar,

---

que o efeito da incompatibilidade entre uma norma infraconstitucional e outra norma constitucional superveniente seria a inconstitucionalidade superveniente, devendo o conflito ser resolvido no campo da validade, visto que a dissonância entre norma infraconstitucional e norma constitucional em relação à mesma matéria importa na inconstitucionalidade daquela, independentemente do momento em que se manifesta, de modo que seria cabível o emprego de qualquer instrumento de provocação da jurisdição constitucional concentrada. A terceira, liderada por Carlos Alberto Lúcio Bittencourt, José Afonso da Silva e José Joaquim Gomes Canotilho, postulava que o efeito da incompatibilidade entre uma norma infraconstitucional e outra norma constitucional superveniente seria a revogação por inconstitucionalidade, uma vez que há o concurso entre a revogação – eis que há normas jurídicas que se sucedem no tempo – e a inconstitucionalidade – já há normas jurídicas de níveis hierárquicos diferentes. A norma veiculada pelo art. 1º, parágrafo único, inc. I, *in fine*, da Lei nº 9.882/99 consubstancia a segunda corrente doutrinária, porque estatui o cabimento de um instrumento de provocação da jurisdição constitucional concentrada contra lei ou ato normativo anterior à Constituição. BARROSO, Luís Roberto. *A Constituição e o Conflito de Normas no Tempo: Direito Constitucional Intertemporal* in *Revista da Faculdade de Direito da Universidade do Estado do Rio de Janeiro*, nº 3, 1995, p. 213; NEVES, Marcelo. *Teoria da Inconstitucionalidade das Leis*. São Paulo: Saraiva, 1988, p. 96; NUNES, José de Castro. *Teoria e Prática do Poder Judiciário*. Rio de Janeiro: Forense, 1943, p. 600-601; BATALHA, Wilson de Souza Campos. *Direito Intertemporal*. Rio de Janeiro: Forense, 1980, p. 434; BITTENCOURT, Carlos Alberto Lúcio. *O Controle Jurisdicional da Constitucionalidade das Leis*. 2ª ed. Rio de Janeiro: Forense, 1968, p. 131; SILVA, José Afonso da. *Aplicabilidade das Normas Constitucionais*. 3ª ed. São Paulo: Malheiros, 1998, p. 217, e CANOTILHO, José Joaquim Gomes. *Direito Constitucional*. 6ª ed. Coimbra: Almedina, 1993, p. 1.108.

7 MORAES, Humberto Peña de. *Arguição de Descumprimento de Preceito Fundamental. Apontamentos para a compreensão do tema* in *Revista de Direito do Tribunal de Justiça do Estado do Rio de Janeiro*, nº 48, 2001, p. 34.

8 BASTOS, Celso Ribeiro. *Arguição de Descumprimento de Preceito Fundamental e Legislação Regulamentadora* in *Arguição de Descumprimento de Preceito Fundamental – Análises à luz da Lei nº 9.882/99*. São Paulo: Atlas, 2001, p. 80.

9 MENDES, Gilmar Ferreira. *Arguição de Descumprimento de Preceito Fundamental* (Palestra promovida pela Universidade Gama Filho, realizada no Campus da Candelária, Rio de Janeiro, em 1º.6.2000).

de maneira eficaz, a situação de lesividade que se busca obstar com o ajuizamento da ação constitucional".[10, 11]

1	2
Inexistência de meio cabível na via de ação direta	Inexistência de meio eficaz na via de exceção
Lei ou ato normativo municipal	Recurso extraordinário
Lei ou ato normativo pré-constitucional	Mandado de segurança

2 NATUREZA JURÍDICA

A arguição de descumprimento de preceito fundamental é instituto bivalente ou dúplice, dado que comporta a **arguição direta ou autônoma**, com fulcro no art. 1º, *caput*, e a **arguição indireta ou incidental**, com fundamento no art. 1º, parágrafo único, inc. I, ambos da Lei nº 9.882/99.

Por um lado, a arguição autônoma é suscitada diretamente perante o Supremo Tribunal Federal, para evitar ou reparar lesão a preceito fundamental, resultante de ato do Poder Público. Destarte, a natureza jurídica da arguição direta é a de *ação constitucional*, porquanto veicula pretensão dirigida à tutela de preceito fundamental decorrente da Constituição, ameaçado ou lesado por ato do Poder Público.

A arguição direta ou autônoma consiste em forma própria de ação, razão pela qual deflagra a jurisdição constitucional orgânica, condicionada ao descumprimento de preceito fundamental.[12]

---

10 STF, ADPF nº 17, Rel. Min. Celso de Mello, j. 5.6.2002, *DJU* 14.2.2003.

11 Por oportuno, "o Supremo Tribunal Federal resolveu questão de ordem no sentido de conhecer, como ação direta de inconstitucionalidade, arguição de descumprimento de preceito fundamental em que se impugna dispositivo legal por ofensa a preceito constitucional", "restando observados os demais requisitos necessários à propositura daquela (legitimidade ativa, objeto, fundamentação e pedido)", "em nome da instrumentalidade, certeza jurídica, economia e celeridade processuais". STF, ADPF nº 72, Rel. Min. Ellen Gracie, j. 1º.6.2005, *DJU* 10.6.2005; STF, ADIn nº 2.028, Rel. Min. Rosa Weber, j. 2.3.2017, DJU 8.5.2017; STF, ADIn nº 2.036, Rel. Min. Rosa Weber, j. 2.3.2017, DJU 8.5.2017; STF, ADIn nº 2.228, Rel. Min. Rosa Weber, j. 2.3.2017, *DJU* 16.5.2017; STF, ADIn nº 2.621, Rel. Min. Rosa Weber, j. 2.3.2017, *DJU* 16.5.2017; STF, ADIn nº 4.163, Rel. Min. Cezar Peluso, j. 29.2.2012, *DJU* 9.3.2012, e STF, ADIn nº 4.180, Rel. Min. Cezar Peluso, j. 10.3.2010, *DJU* 16.4.2010.

12 TAVARES, André Ramos. *Tratado da Arguição de Descumprimento de Preceito Constitucional Fundamental*. São Paulo: Saraiva, 2001, p. 249.

A arguição direta ou autônoma pode ser revestida de caráter preventivo ou repressivo, conforme o seu objeto seja evitar ou reparar lesão a preceito fundamental, resultante de ato do Poder Público.[13]

STF

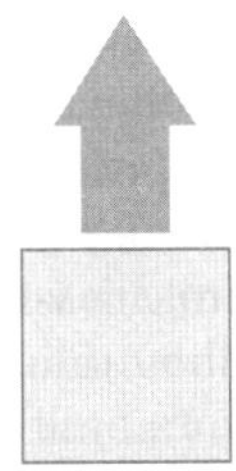

Art. 1º, *caput*

Por outro lado, a arguição incidental é suscitada durante a tramitação de processo em qualquer juízo ou tribunal, incluindo o Supremo Tribunal Federal, desde que seja relevante o fundamento da controvérsia sobre a constitucionalidade de lei ou ato normativo federal, estadual ou municipal, incluídos os anteriores à Constituição. Deveras, a natureza jurídica da arguição indireta é a de *incidente de constitucionalidade*, porque viabiliza a suspensão do processo em curso perante qualquer juízo ou tribunal, para que seja proferida decisão exclusivamente sobre a questão constitucional suscitada, com o fim de antecipar a solução da controvérsia constitucional, que percorreria a via de exceção até o pronunciamento do Supremo Tribunal Federal em recurso extraordinário.

A arguição indireta ou incidental produz a cisão funcional de competência em plano vertical, entre a questão constitucional e o mérito, que são dirimidos por órgãos judiciais de instâncias diferentes. Sobre o assunto, o acolhimento da arguição indireta ou incidental implica a cisão funcional de competência em plano vertical, na medida em que a controvérsia sobre a constitucionalidade da lei ou ato normativo impugnado deve ser resolvida pelo Supremo Tribunal Federal, na forma do art. 1º, parágrafo único, inc. I, *in fine*, da Lei nº 9.882/99, ao passo que o acolhimento da arguição de inconstitucionalidade importa na cisão funcional de competência em plano horizontal, uma vez que a inconstitucionalidade da lei ou ato normativo impugnado pode ser declarada pelo plenário ou órgão especial do mesmo tribunal, nos termos do art. 949 do CPC.[14]

A arguição indireta ou incidental não se confunde com a avocatória, consistente na requisição de processo em curso perante qualquer Juízo ou Tribunal, com devolução da causa ou recurso ao Supremo Tribunal Federal e suspensão dos efeitos das decisões proferidas, pelo Procurador-Geral da República, em decorrência de perigo à ordem, segurança, saúde e finanças públicas, de acordo com o art. 119, inc. I, *o*, da Constituição de 1967, com a Emenda nº 1 de 1969. Sobre a matéria, a arguição indireta ou incidental não implica violação do princípio do juiz natural, eis que o Supremo Tribunal Federal somente decide a questão constitucional suscitada, com esteio em fundamento jurídico,

---

13 BINENBOJM, Gustavo. *A Nova Jurisdição Constitucional Brasileira: legitimidade democrática e instrumentos de realização*. Rio de Janeiro: Renovar, 2002, p. 190.

14 MENDES, Gilmar Ferreira. *Incidente de Inconstitucionalidade* in *Consulex*, nº 33, 1999, p. 21.

de forma que é conservada a competência do Juízo ou Tribunal, perante o qual estava em curso a causa ou recurso, para o julgamento do mérito do processo, à proporção que a avocatória importa em violação do princípio do juiz natural, já que o Supremo Tribunal Federal também decide as outras questões suscitadas, com espeque em fundamento político, de modo que é deslocada a competência do Juízo ou Tribunal, perante o qual estava em curso a causa ou recurso, para o julgamento do mérito do processo.[15]

A arguição indireta ou incidental enseja o controle de constitucionalidade misto, pelo motivo de ensejar a instauração de processo objetivo lastreado em questão constitucional suscitada em processo subjetivo, por intermédio do trânsito do controle de constitucionalidade difuso para o controle de constitucionalidade concentrado.[16] Sobre o tema, **José Joaquim Gomes Canotilho** ratifica, *ipsis litteris*: "trata-se de processo de declaração de inconstitucionalidade com base no controle concreto de normas. Este processo conjuga duas dimensões: a abstrata, dado que se trata de declaração de inconstitucionalidade com força obrigatória geral, tal como sucede nos processos principais de inconstitucionalidade, e a concreta, pois a declaração de inconstitucionalidade tem como base a fiscalização concreta da inconstitucionalidade de normas jurídicas, de sorte que permite-se o trânsito do controle difuso para o controle concentrado, mediante o processo de generalização dos efeitos jurídicos da decisão de inconstitucionalidade, a partir de uma fiscalização abstrata sucessiva".[17]

Por fim, quanto à constitucionalidade da norma veiculada pelo art. 1º, parágrafo único, inc. I, da Lei nº 9.882/99, duas correntes doutrinárias são antagônicas. **Alexandre de Moraes** salienta a inconstitucionalidade, posto que teria havido a ampliação legal da competência do Supremo Tribunal Federal, enumerada taxativamente na Constituição da República.[18] **André Ramos Tavares**, com o nosso apoio, sublinha a constitucionalidade, visto que há a aplicação do princípio constitucional do acesso à justiça, com o aperfeiçoamento dos métodos de controle de constitucionalidade no ordenamento jurídico brasileiro,[19] na linha do pensamento do Supremo Tribunal Federal, segundo o qual "a previsão legal não representa ampliação de competência, pois objetivou permitir a provocação da Corte para apreciar relevantes controvérsias constitucionais concretamente debatidas em qualquer juízo ou tribunal, quando inexistente outra forma idônea de tutelar preceitos fundamentais. Ela se revela como mecanismo que contribui para uma maior segurança jurídica, eis que propicia, de modo eficaz, que uma decisão sobre a mesma questão de direito ocorra de forma isonômica e uniforme".[20]

---

15 BASTOS, Celso Ribeiro; VARGAS, Alexis Galiás de Souza. *A Arguição de Descumprimento de Preceito Fundamental e a Avocatória*. Disponível em: <http://www.planalto.gov.br>. Acesso em: 13.6.2001.

16 WALD, Arnoldo. *O Incidente de Constitucionalidade: instrumento de uma Justiça rápida e eficiente*. Disponível em: <http://www.planalto.gov.br>. Acesso em: 13.6.2001.

17 CANOTILHO, José Joaquim Gomes. *Direito Constitucional e Teoria da Constituição*. 3ª ed. Coimbra: Almedina, 1999, p. 919-920 e 958-959.

18 MORAES, Alexandre de. *Comentários à Lei nº 9.882/99 – Arguição de Descumprimento de Preceito Fundamental* in *Arguição de Descumprimento de Preceito Fundamental – Análises à luz da Lei nº 9.882/99*. São Paulo: Atlas, 2001, p. 21.

19 TAVARES, André Ramos. *Arguição de Descumprimento de Preceito Constitucional Fundamental: aspectos essenciais do instituto na Constituição e na Lei* in *Arguição de Descumprimento de Preceito Fundamental – Análises à luz da Lei nº 9.882/99*. São Paulo: Atlas, 2001, p. 65.

20 STF, ADIn nº 2.231, Rel. Min. Roberto Barroso, j. 22.5.2023, *DJU* 15.6.2023.

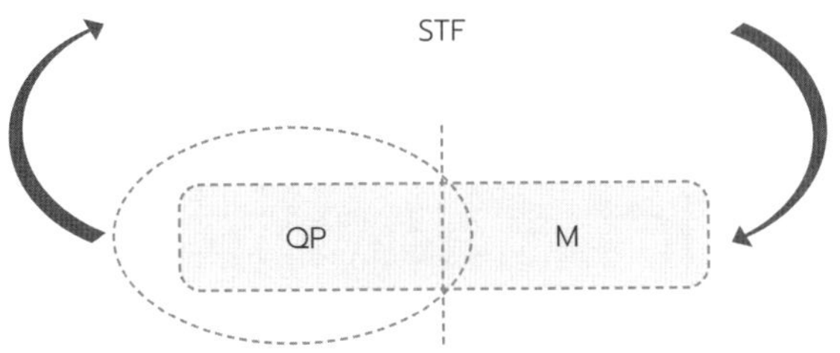

Art. 1º, parágrafo único, inc. I

3 CABIMENTO

A arguição de descumprimento de preceito fundamental é cabível para evitar ou reparar lesão a preceito fundamental resultante de ato do Poder Público, como também solucionar controvérsia constitucional a respeito de lei ou ato normativo federal, estadual ou municipal, incluídos os anteriores à Constituição, desde que não exista outro meio capaz de sanar a lesividade.[21]

O **parâmetro** da arguição, direta ou indireta, compreende todos os preceitos constitucionais de natureza fundamental, isto é, regras e princípios que expressam valores constitucionais que asseguram a continuidade e a estabilidade do ordenamento jurídico democrático, a saber: (i) os *princípios fundamentais*, subdivididos em princípio republicano, princípio federativo, princípio presidencialista, princípio democrático, princípio da livre iniciativa e princípio da separação de funções estatais, com espeque nos arts. 1º a 4º; (ii) os *direitos fundamentais*, subdivididos em direitos individuais, direitos metaindividuais, direitos sociais, direito à nacionalidade e direitos políticos, com esteio nos arts. 5º a 14; (iii) os *princípios setoriais da Administração Pública*, subdivididos em princípio da legalidade, princípio da impessoalidade, princípio da moralidade, princípio da publicidade e princípio da eficiência, em atenção ao art. 37, *caput*; e (iv) as *limitações materiais explícitas ao poder de reforma constitucional*, compreendendo as cláusulas pétreas, em atendimento ao art. 60, § 4º, todos da CRFB.[22, 23]

---

21 CAMPO, Hélio Márcio. *Arguição de Descumprimento de Preceito Fundamental*. São Paulo: Juarez de Oliveira, 2001, p. 24.

22 CORRÊA, Oscar Dias. *A Constituição de 1988: contribuição crítica*. Rio de Janeiro: Forense Universitária, 1991, p. 157.

23 Em razão da inexistência de hierarquia formal, os preceitos fundamentais resultam da hierarquia axiológica entre as normas constitucionais. A propósito, Diogo de Figueiredo Moreira Neto salienta: "embora todos os dispositivos constitucionais tenham a mesma hierarquia normativa, obviamente não terão a mesma hierarquia axiológica. Essa desigualdade decorre do fato, muitas vezes esquecido, de que a Constituição não é apenas um diploma legal a mais, no ordenamento jurídico do País, embora seja o de maior importância; mas é também, e sobretudo, um documento político, impregnado de valores metajurídicos, de distintos níveis e diversas abrangências, vez que os princípios normativos, que os exprimem positivamente, carregam suas características políticas e têm, por isso, diferentes cargas de eficácia. Exemplificando, sucintamente, essa hierarquia axiológica, podemos afirmar que os princípios que definem liberdades, preferem aos que as condicionam ou restringem; e os que atribuem poderes ao Estado, cedem aos que reservam poderes aos indivíduos, e os que reforçam a ordem espontânea tem a preferência sobre os que

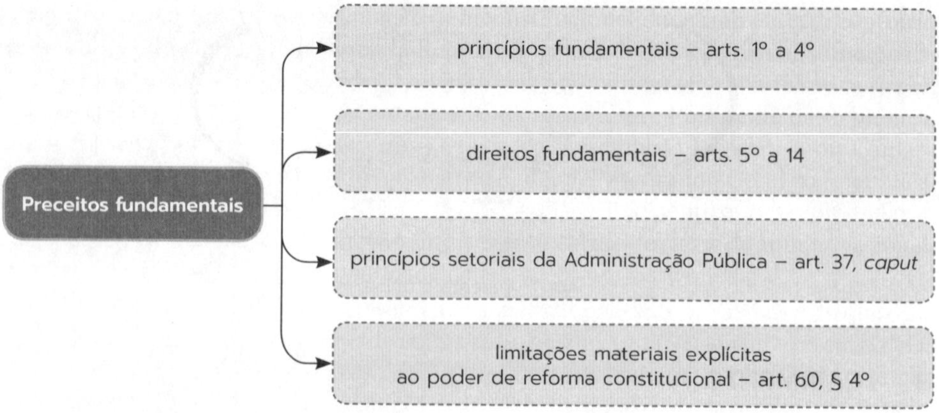

O **objeto** da arguição, autônoma ou incidental, consiste em alguns *atos estatais*, ou seja, atos, comissivos ou omissivos, abstratos ou concretos, praticados no exercício de função administrativa, legislativa ou jurisdicional, inclusive um conjunto de provimentos judiciais, que operam efeitos jurídicos em âmbito federal, estadual, distrital ou municipal,[24] ressalvados os políticos.[25, 26]

Ante o exposto, a arguição de descumprimento de preceito fundamental simboliza a tutela diferenciada dos valores constitucionais no sistema judicial de controle de

---

a excepcionam". MOREIRA NETO, Diogo de Figueiredo. *A Ordem Econômica na Constituição de 1988* in *Revista de Direito da Procuradoria-Geral do Estado do Rio de Janeiro*, nº 42, 1990, p. 59.

24 MORAES, Humberto Peña de et al. *Acesso à Justiça*. v. I. Rio de Janeiro: Lumen Juris, 2001, p. 143.

25 O Supremo Tribunal Federal decidiu pelo incabimento da arguição de descumprimento de preceito fundamental contra veto imotivado do Prefeito do Rio de Janeiro a projeto de lei aprovado pela Câmara Municipal, ao argumento de que "o veto constitui ato político do Poder Executivo, insuscetível de ser enquadrado no conceito de ato do Poder Público, previsto no art. 1º da Lei nº 9.882/99". STF, ADPF nº 1, Rel. Min. Néri da Silveira, j. 3.2.2000, Inf. STF 176.

26 No sentido do texto, salientando que os atos privados são insuscetíveis de controle de constitucionalidade pelo instrumento da arguição de descumprimento de preceito fundamental, Eduardo Rocha Dias frisa que "é afastada, a princípio, a possibilidade de se alegar o descumprimento de preceito fundamental face a entidades privadas. A atitude lesiva deve decorrer, portanto, de ato do poder público, o que por si só constitui uma limitação às virtualidades do instituto". No sentido contrário, sustentando que os atos privados são suscetíveis de controle de constitucionalidade por intermédio da arguição de descumprimento de preceito fundamental, Daniel de Moraes Sarmento grifa que "a expressão 'ato do Poder Público', empregada pelo legislador, deve ser compreendida em seu sentido mais lato, e alcança também, em nosso entendimento, os atos de particulares que agem investidos de autoridade pública. Parece-nos, neste particular, perfeitamente cabível a analogia com o mandado de segurança, que pode também ser impetrado contra atos de pessoas jurídicas de direito privado, no exercício de atribuições do Poder Público". Ao longo do tempo, o Supremo Tribunal Federal tem realizado unicamente o controle de constitucionalidade de "atos estatais". DIAS, Eduardo Rocha. *Alterações no Processo de Controle Abstrato de Constitucionalidade e a Extensão do Efeito Vinculante à Ação Direta de Inconstitucionalidade e à Arguição de Descumprimento de Preceito Fundamental* in *Revista Dialética de Direito Tributário*, nº 55, 2000, p. 67-68; SARMENTO, Daniel de Moraes. *Apontamentos sobre a Arguição de Descumprimento de Preceito Fundamental* in *Revista de Direito Administrativo*, nº 224, 2001, p. 101, e STF, ADIn nº 612, Rel. Min. Celso de Mello, j. 3.6.1993, *DJU* 6.5.1994.

constitucionalidade, para fins de compreender não somente os atos estatais normativos, mas também os atos estatais de execução, de todas as esferas federativas, consoante a "tendência ao *judicial review* da conformidade da ação pública a um conjunto de valores fundamentais universalmente aceitos".[27]

4 LEGITIMAÇÃO ATIVA

Os **legitimados ativos** para a arguição direta ou autônoma, de forma concorrente e disjuntiva, são enumerados taxativamente no art. 2º da Lei nº 9.868/99 c/c art. 2º, inc. I, da Lei nº 9.882/99, de modo que a pretensão pode ser deduzida pelo Presidente da República, pela Mesa do Senado Federal, Câmara dos Deputados, Assembleia Legislativa ou Câmara Legislativa, por Governador de Estado ou Distrito Federal, pelo Procurador-Geral da República, pelo Conselho Federal da Ordem dos Advogados do Brasil, por partido político com representação no Congresso Nacional, por confederação sindical ou por entidade de classe de âmbito nacional. Outrossim, malgrado o veto aposto ao art. 2º, inc. II, do Projeto nº 2.872/99, que permitia o manejo da arguição de descumprimento de preceito fundamental por qualquer pessoa lesada ou ameaçada em decorrência de ato do Poder Público, há a possibilidade de os interessados representarem ao Procurador-Geral da República, no exercício do direito de petição, com o desiderato de solicitar a promoção da arguição direta ou autônoma, cumprindo-lhe decidir sobre o cabimento do seu ingresso em juízo.[28, 29]

A doutrina é antagônica quanto à *aplicação da norma inscrita no art. 2º, inc. I, da Lei nº 9.882/99 à arguição indireta ou incidental*, tendo havido a identificação de duas correntes. A aplicabilidade da norma referida é salientada por **Walter Claudius Rothenburg**, de maneira que a arguição indireta somente poderia ser deflagrada pelos legitimados para a ação direta de inconstitucionalidade: "o veto legislativo que excluiu a legitimação ativa popular amputou, na prática, uma das virtudes e talvez o maior sentido da arguição, que era a possibilidade de qualquer pessoa lesada ou ameaçada por ato do Poder Público suscitar incidentalmente o descumprimento de preceito fundamental e levar a questão constitucional diretamente ao Supremo Tribunal Federal. A modalidade indireta de arguição só poderá ser utilizada por quem pode propor arguição direta desde logo".[30] A inaplicabilidade da norma relacionada é sustentada por **André Ramos Tavares**, de sorte que a arguição incidental também poderia ser demandada pelas partes do processo em que a questão constitucional que envolva preceito fundamental tenha sido suscitada: "o veto criado pelo Executivo, quanto à possibilidade de propositura da arguição por qualquer pessoa lesada ou ameaçada, não surtiu efeitos práticos, posto que a natureza da arguição indireta exige um sistema de legitimados que seja diverso daquele engendrado para a ação autônoma de arguição. Assim, a arguição incidental só

---

27 CAPPELLETTI, Mauro. *O Controle Judicial de Constitucionalidade das Leis no Direito Comparado*. Porto Alegre: Sergio Antonio Fabris, 1984, p. 20.

28 GARCIA, Maria. *Arguição de Descumprimento de Preceito Fundamental: direito do cidadão* in *Revista de Direito Constitucional e Internacional*, nº 32, 2000, p. 105.

29 STF, ADPF nº 11, Rel. Min. Carlos Velloso, j. 30.1.2001, *DJU* 6.2.2001.

30 ROTHENBURG, Walter Claudius. *Arguição de Descumprimento de Preceito Fundamental* in *Arguição de Descumprimento de Preceito Fundamental – Análises à luz da Lei nº 9.882/99*. São Paulo: Atlas, 2001, p. 222.

será apreciada pelo Supremo Tribunal Federal se originária for de um processo judicial já instaurado no qual se controverta sobre questão constitucional que envolva preceito fundamental, desde que seja apresentada a arguição por alguma das partes interessadas".[31] Cremos que, a toda evidência, razão assiste à primeira corrente doutrinária, que está em harmonia com a norma inserida no art. 950, § 2º, do CPC, de acordo com a qual os legitimados para a ação direta de inconstitucionalidade detêm a possibilidade de manifestarem-se a respeito da "questão constitucional objeto de apreciação pelo órgão especial ou pelo Pleno do Tribunal".[32]

5 PROCEDIMENTO

O procedimento da arguição de descumprimento de preceito fundamental é disciplinado pelos arts. 3º a 11 da Lei nº 9.882/99, assim como pelos arts. 169 a 175 do RISTF, porquanto este é aplicável por analogia àquela.

5.1 Petição inicial

A **petição inicial**, na arguição de descumprimento de preceito fundamental, é submetida a quatro requisitos, quais sejam: (i) o preceito fundamental que se considera violado, (ii) o ato questionado, (iii) o pedido, com suas especificações, e (iv) a demonstração de controvérsia judicial relevante sobre a aplicação do preceito fundamental que funciona como parâmetro do controle de constitucionalidade, quando suscitada indireta ou incidentalmente, sob pena de inépcia da demanda.

Ademais, a petição inicial deve ser *instruída* com prova da violação do preceito fundamental, do ato questionado e dos documentos necessários para comprovar a procedência do pedido, bem como pelo instrumento de procuração, quando subscrita por advogado.[33]

5.2 Despacho liminar

O relator dispõe de competência para, oferecida a petição inicial, proferir **despacho liminar**.

Em caso de *despacho liminar de conteúdo positivo*, é da competência do relator, na hipótese de inexistência de pedido de medida liminar, requerer informações às autoridades responsáveis pela prática do ato questionado, no prazo de dez dias, ao passo que, na hipótese de existência de pedido de medida liminar, requerer informações às autoridades responsáveis pela produção do ato questionado, como também ao Advogado-Geral da União ou Procurador-Geral da República, no prazo comum de cinco dias, unicamente sobre os pressupostos do pronunciamento liminar, ressalvado o caso de excepcional urgência.

---

[31] TAVARES, André Ramos. *Arguição de Descumprimento de Preceito Constitucional Fundamental: aspectos essenciais do instituto na Constituição e na Lei* in *Arguição de Descumprimento de Preceito Fundamental – Análises à luz da Lei nº 9.882/99*. São Paulo: Atlas, 2001, p. 72.

[32] AMARAL JÚNIOR, José Levi Mello do. *Incidente de Arguição de Inconstitucionalidade. Comentários ao Art. 97 da Constituição e aos Arts. 480 a 482 do Código de Processo Civil*. São Paulo: Revista dos Tribunais, 2002, p. 74.

[33] STF, ADPF nº 167, Rel. Min. Eros Grau, j. 1º.10.2009, *DJU* 9.10.2009.

Em caso de *despacho liminar de conteúdo negativo*, é da competência do relator indeferir liminarmente a petição inicial, quando a demanda for inepta ou não seja o caso de arguição de descumprimento de preceito fundamental, como, por exemplo, na hipótese de desatendimento ao princípio da subsidiariedade, na medida em que "a arguição de descumprimento de preceito fundamental é ação de natureza constitucional cuja admissão é vinculada à inexistência de qualquer outro meio eficaz de sanar a lesividade do ato de poder atacado",[34] de maneira que a "ausência do requisito do art. 4º, § 1º, da Lei nº 9.882/99 importa no indeferimento liminar da petição inicial, com a determinação do arquivamento do feito".[35]

5.3 Informações

As **informações** relativas ao objeto da arguição de descumprimento de preceito fundamental, sem embargo da audiência das *autoridades das quais emanou o ato questionado*, podem ser prestadas pelo *amicus curiae*, visto que qualquer interessado pode ser admitido na relação jurídica processual, com o escopo de oferecer manifestação sobre a questão de direito subjacente à controvérsia constitucional.[36]

5.4 Manifestação do Procurador-Geral da República e do Advogado--Geral da União

A possibilidade de manifestação no processo instaurado em decorrência do exercício da arguição de descumprimento de preceito fundamental, prestadas ou não as informações pelas autoridades responsáveis pela prática do ato questionado, é garantida sucessivamente ao **Advogado-Geral da União** – na qualidade de *curador da presunção de constitucionalidade do ato normativo* (*defensor legis*) – e ao **Procurador-Geral da República** – na qualidade de *órgão interveniente* (*custos legis*) – no prazo de cinco dias, para cada qual.[37]

5.5 Dilação probatória

O relator, caso haja necessidade de **dilação probatória**, pode ouvir as partes nos processos que ensejaram a arguição de descumprimento de preceito fundamental, bem assim requisitar informações adicionais, designar perito ou comissão de peritos para

---

34 STF, ADPF nº 12, Rel. Min. Ilmar Galvão, j. 20.3.2001, *DJU* 26.3.2001.

35 STF, ADPF nº 13, Rel. Min. Ilmar Galvão, j. 29.3.2001, *DJU* 3.4.2001.

36 STF, ADPF nº 46, Rel. Min. Marco Aurélio, j. 13.6.2005, *DJU* 20.6.2005.

37 O Supremo Tribunal Federal, conquanto os arts. 5º, § 2º, e 7º, parágrafo único, da Lei nº 9.882/99 permitam a atuação do Advogado-Geral da União nas hipóteses de concessão de medida liminar, assim como possibilitam a intervenção do Procurador-Geral da República nas hipóteses em que o Ministério Público não figure como requerente, deve ensejar a atuação do primeiro na defesa de todos os atos normativos federais, estaduais, distritais ou municipais, bem como a intervenção do segundo em todos os processos instaurados em razão do exercício da arguição de descumprimento de preceito fundamental, ainda que o *Parquet* funcione como órgão agente (parte), como prescreve o art. 103, §§ 1º e 3º, da CRFB. VELOSO, Zeno. *Controle Jurisdicional de Constitucionalidade*. 2ª ed. Belo Horizonte: Del Rey, 2000, p. 322.

que emita parecer sobre a questão ou fixar data para, em audiência pública, ouvir depoimentos de pessoas com experiência e autoridade na *matéria*.[38]

No decurso da dilação probatória, pode o Supremo Tribunal Federal empregar as formas alternativas de solução consensual de litígios constitucionais, como a designação de audiência de conciliação, com notas de mediação, para a obtenção de acordo a respeito do preceito fundamental.[39]

5.6 Acórdão

O **acórdão**, na arguição de descumprimento de preceito fundamental, é proferido na sessão de julgamento, desde que seja atendido o *quorum* - número mínimo para instalação da sessão de julgamento - de oito Ministros e a *maioria absoluta* - número mínimo para a deliberação sobre a questão constitucional - de seis Ministros do Supremo Tribunal Federal, com a possibilidade de obtenção da maioria absoluta em sessões de julgamento diferentes.[40]

Demais disso, a decisão de procedência ou improcedência do pedido formulado na arguição de descumprimento de preceito fundamental opera efeitos a partir da sua publicação, em seção especial do *Diário da Justiça* e do *Diário Oficial da União*, no prazo de dez dias após o trânsito em julgado da decisão de mérito, tendo havido a comunicação às autoridades das quais emanou o ato questionado.

6 MEDIDA LIMINAR

A **medida liminar** na arguição de descumprimento de preceito fundamental é revestida de *natureza cautelar*, uma vez que consiste na determinação de que os Juízes e Tribunais suspendam o andamento de processo ou os efeitos de decisões judiciais,[41] ou de qualquer outra medida que apresente relação com a matéria objeto do controle de constitucionalidade,[42] salvo se decorrentes de coisa julgada.[43] "Nesse aspecto, a cautelar da arguição de descumprimento de preceito fundamental assemelha-se à disciplina con-

---

38 STF, ADPF nº 101, Rel. Min. Cármen Lúcia, j. 9.6.2008, *DJU* 17.6.2008.

39 STF, ADPF nº 984, Rel. Min. Gilmar Mendes, j. 15.12.2022, *DJU* 19.12.2022.

40 Em virtude do princípio da reserva de plenário, segundo o qual a inconstitucionalidade não pode ser declarada nos tribunais senão pelo órgão que disponha da maioria absoluta de seus membros, Nagib Slaibi Filho sustenta que a norma veiculada pelo art. 97 da CRFB não é aplicável unicamente ao controle difuso-incidental, como exsurge do art. 10 da Lei nº 9.868/99, tendo restado ineficaz o veto aposto ao art. 8º, § 1º, do Projeto nº 2.872/99. É dizer: "o disposto no art. 97 da CRFB exige que somente pelo voto da maioria absoluta de seus membros ou do respectivo órgão especial poderão os tribunais reconhecer – em controle difuso ou concentrado – a inconstitucionalidade de lei ou ato normativo do Poder Público. O princípio da reserva de plenário, que se extrai do disposto no art. 97 da CRFB, é aplicável em qualquer reconhecimento de inconstitucionalidade pelos tribunais". SLAIBI FILHO, Nagib. *A Arguição de Inconstitucionalidade nos Tribunais (Notas sobre a nova redação que a Lei nº 9.756/98 deu ao art. 481 do CPC)* in *Revista de Direito do Tribunal de Justiça do Estado do Rio de Janeiro*, nº 42, 2001, p. 13.

41 STF, ADPF nº 405, Rel. Min. Rosa Weber, j. 14.6.2017, *DJU* 23.6.2017.

42 STF, ADPF nº 709, Rel. Min. Roberto Barroso, j. 21.6.2021, *DJU* 29.6.2021.

43 STF, ADPF nº 79, Rel. Min. Cezar Peluso, j. 18.6.2007, *DJU* 17.8.2007.

ferida à medida liminar na ação declaratória de constitucionalidade", em concordância com o art. 21 da Lei nº 9.868/99 e art. 5º, § 3º, da Lei nº 9.882/99.[44]

7 DECISÃO

A **decisão definitiva de mérito**, na arguição de descumprimento de preceito fundamental, provida de eficácia contra todos e vinculante relativamente aos demais órgãos do Poder Público,[45] opera efeitos retroativos até o momento da produção do ato questionado, que podem ser modulados pela aplicação do *método da ponderação* ao controle de constitucionalidade, à semelhança do provimento final da ação direta de inconstitucionalidade, em consonância com os arts. 10, § 3º, e 11, ambos da Lei nº 9.882/99, pelo que remetemos o interessado ao Capítulo 34, Item 7.

Entretanto, "revela-se inaplicável a teoria da limitação temporal dos efeitos, se e quando o Supremo Tribunal Federal, ao julgar determinada causa, nesta formular um juízo negativo de recepção, por entender que certa lei pré-constitucional mostra-se materialmente incompatível com normas constitucionais a ela supervenientes. A não recepção de lei ou ato normativo anterior à Constituição, por não implicar a declaração de inconstitucionalidade, descaracteriza um dos pressupostos indispensáveis à utilização da técnica da modulação temporal, que supõe, para incidir, dentre outros elementos, a necessária existência de um juízo de inconstitucionalidade".[46]

---

[44] STF, ADPF nº 33, Rel. Min. Gilmar Mendes, j. 20.3.2003, *DJU* 28.3.2003.

[45] Por último, somos do entendimento de que a norma veiculada pelo art. 10, § 3º, da Lei nº 9.882/99, pela qual a decisão definitiva de mérito, na arguição de descumprimento de preceito fundamental, é dotada de eficácia vinculante relativamente aos demais órgãos do Poder Público, inclusive os órgãos do Poder Legislativo, é eivada de inconstitucionalidade material, pela violação do princípio da separação dos poderes, consubstanciado no art. 2º da CRFB. A respeito, com idêntico posicionamento, v.: CLÈVE, Clèmerson Merlin; DIAS, Cibele Fernandes. *Arguição de Descumprimento de Preceito Fundamental* in *Novos Rumos da Autonomia Municipal*. São Paulo: Max Limonad, 2000, p. 78.

[46] STF, AgRg em AI nº 582.280, Rel. Min. Celso de Mello, J 12.9.2006, *DJU* 6.11.2006.

Capítulo 39

CONTROLE DE CONSTITUCIONALIDADE NO PLANO ESTADUAL

Acesse e assista à aula explicativa sobre este assunto.

> *https://uqr.to/14uh5*

1 CONCEITO

A constitucionalidade de lei ou ato normativo estadual e/ou municipal, em face da Constituição do Estado, pode ser investigada pelo Poder Judiciário, por meio do controle incidental, instaurado pela via de exceção, ou controle principal, instituído pela via de ação direta.[1]

2 CONTROLE INCIDENTAL

Com referência ao controle incidental, instrumentalizado pela via de exceção, no qual a questão constitucional é suscitada como causa de pedir, devendo a inconstitucionalidade ser declarada na fundamentação da decisão, não fazendo, por conseguinte, coisa julgada material, cuja finalidade é subtrair um caso concreto da incidência da norma reputada de inconstitucional, os órgãos judiciais estaduais exercem, simultaneamente, a **jurisdição constitucional federal e estadual**, na medida em que os Juízos de Direito e Tribunais dos Estados dispõem de competência para a declaração de inconstitucionalidade de lei ou ato normativo federal, estadual ou municipal em face da Constituição da República, bem assim a inconstitucionalidade de lei ou ato normativo estadual ou municipal em face da Constituição do Estado,[2] com a identificação de três pontos controversos.

A um: quanto à *aplicação do princípio da reserva de plenário aos órgãos judiciais estaduais*, temos o entendimento de que as Turmas Recursais podem não submeter a arguição de inconstitucionalidade ao plenário, posto que compõem a primeira instância da

---

1 SILVEIRA, Renata. *Controle Jurisdicional da Constitucionalidade e as Peculiaridades relativas às Leis e Atos Normativos Municipais*. Rio de Janeiro: Opus, 2002, p. 23. V., também, sobre o assunto: FLORES, Patrícia Teixeira Rezende. *Aspectos Processuais da Ação Direta de Inconstitucionalidade de Lei Municipal*. São Paulo: Revista dos Tribunais, 2002, p. 78.

2 MENDES, Gilmar Ferreira. *Controle de Constitucionalidade: aspectos jurídicos e políticos*. São Paulo: Saraiva, 1990, p. 321.

organização judiciária, ainda que exerçam o segundo grau da atividade jurisdicional sobre causas cíveis de menor complexidade e infrações penais de menor potencial ofensivo, ao passo que os Grupos de Câmaras e as Seções Criminais que reúnam a maioria absoluta dos membros dos tribunais que não possuam órgão especial devem sujeitar a questão constitucional ao plenário, visto que constituem a segunda instância da organização judiciária, na qual os órgãos fracionários não dispõem de competência para declaração de inconstitucionalidade, excepcionada a hipótese do art. 949, parágrafo único, do CPC.[3]

A dois: quanto à *suspensão da execução de lei ou ato normativo municipal declarado inconstitucional em face da Constituição estadual*, algumas normas constitucionais estaduais imputaram a Câmara Municipal, enquanto outras incumbiram a Assembleia Legislativa, a atribuição para suspender a execução de lei ou ato normativo municipal declarado inconstitucional por decisão de Tribunal de Justiça, como, por exemplo, a inscrita no art. 54, inc. XXV c/c art. 113, *caput*, da CEPR ("compete, privativamente, à Assembleia Legislativa suspender, no todo ou em parte, a execução de lei ou ato normativo estadual declarado inconstitucional por decisão irrecorrível do Tribunal competente", de maneira que "declarada a inconstitucionalidade, a decisão será comunicada à Assembleia Legislativa ou à Câmara Municipal para suspensão de execução da lei ou ato normativo") e a inserida no art. 99, inc. XVI, da CERJ ("compete privativamente à Assembleia Legislativa suspender a execução, no todo ou em parte, de lei ou ato normativo estadual ou municipal declarado inconstitucional por decisão definitiva do Tribunal de Justiça"), respectivamente.[4]

A três: quanto ao *cabimento de recurso extraordinário contra decisão de inconstitucionalidade*, o pronunciamento jurisdicional que declare a inconstitucionalidade de lei ou ato normativo local (estadual ou municipal) é suscetível de impugnação, mediante recurso extraordinário, em razão de contrariedade, alegada ou arguida, entre o provimento recorrido e a Constituição da República, à luz do art. 102, inc. III, *a*, da CRFB.[5]

3 CONTROLE PRINCIPAL

Com relação ao controle principal, instrumentalizado pela via de ação direta, no qual a questão constitucional é suscitada como pedido, devendo a inconstitucionalidade ser declarada no dispositivo da decisão, fazendo, por consequência, coisa julgada material, cuja finalidade é aferir, em tese, a validade da norma cuja constitucionalidade é controvertida, a fiscalização abstrata é deflagrada por **ação direta de inconstitucionalidade**, inclusive a causada por omissão legislativa, em conformidade com o art. 125, § 2º, da CRFB, assim como art. 162 da CERJ, e **ação direta de inconstitucionalidade interventiva**, em consonância com o art. 35, inc. IV, da CRFB, bem como art. 355, inc. IV, da CERJ, **no âmbito estadual**.[6, 7]

---

3 LIMA, Alcides de Mendonça. *Competência para Declarar a Inconstitucionalidade das Leis* in *Revista Forense*, nº 123, 1956, p. 353.

4 ROSAS, Roberto. *Lei Municipal. Controle de Constitucionalidade* in *Revista Trimestral de Direito Público*, nº 1, 1993, p. 310.

5 ROCHA, Fernando Luiz Ximenes. *O Controle da Constitucionalidade de Leis e Atos Normativos Municipais em face da Constituição Federal* in *Revista de Direito Administrativo*, nº 203, 1996, p. 109-110.

6 CLÈVE, Clèmerson Merlin. *A Fiscalização Abstrata da Constitucionalidade no Direito Brasileiro*. 2ª ed. São Paulo: Revista dos Tribunais, 2000, p. 393-394.

7 "O processo e o julgamento da representação de que trata o art. 35, inc. IV, da CRFB – intervenção do Estado em seus Municípios – regulavam-se, no que fosse aplicável, pela Lei nº 4.337/64", de forma que não há peculiaridade em relação à equivalente federal, como exsurge do art. 1º

Questão que se impõe diz respeito à possibilidade de *instituição da ação declaratória de constitucionalidade de lei ou ato normativo estadual em face da Constituição do Estado.* **José Afonso da Silva** salienta a inadmissibilidade da ação declaratória de constitucionalidade em âmbito estadual, ao argumento de que "não tem ela por objeto a verificação da constitucionalidade de lei ou ato normativo estadual ou municipal, nem é prevista a possibilidade de sua criação nos Estados".[8] **Nagib Slaibi Filho** sustenta a admissibilidade da ação declaratória de constitucionalidade em âmbito estadual, pelo motivo de que "a competência remanescente do Estado-membro está afirmada no art. 25 da CRFB; se é verdade que não há dispositivo expresso na Emenda Constitucional nº 3/93 sobre a criação da ação pela Constituição estadual, também é certo que não há vedação expressa (e o que não é proibido pela Constituição da República, é permitido aos Estados-membros); o processo da ação declaratória de constitucionalidade foi criado pelo poder constituinte federal e o Estado-membro está autorizado a observar os princípios da Constituição; o Estado-membro está autorizado a legislar supletivamente sobre procedimentos em matéria estadual; a Constituição estadual pode definir a competência do Tribunal de Justiça, a quem já cabe processar e julgar a representação de inconstitucionalidade; o processo da ação declaratória de constitucionalidade, se não integra o processo legislativo, cujo paradigma federal constitui princípio extensível aos Estados e aos Municípios, tem relevante função na legitimação e eficácia dos atos genéricos e abstratos, função que não pode ser escamoteada aos atos estaduais, que não diferem, nesse aspecto, dos atos federais".[9] Parece-nos que assiste razão à segunda corrente doutrinária, de sorte que haveria a possibilidade de, independentemente de autorização expressa pelo constituinte derivado, instituição da ação declaratória de constitucionalidade em âmbito estadual, em virtude da ambivalência da ação direta de inconstitucionalidade de lei ou ato normativo estadual em face da Constituição do Estado, a teor do art. 125, § 2º, da CRFB, assim como do art. 24 da Lei nº 9.868/99.[10]

3.1 Natureza jurídica

A natureza jurídica do processo instaurado em decorrência do exercício da ação direta de inconstitucionalidade no âmbito estadual é a de **processo objetivo**. Por ilação, o que já foi estudado sobre a lide, partes, objeto, eficácia e finalidade, bem como o interesse processual, capacidade postulatória, desistência, litisconsórcio, intervenção de terceiro, contraditório, dilação probatória, suspeição e ação rescisória, aplica-se, com as devidas adaptações, no plano estadual.

Sem embargo da natureza objetiva do processo, o Supremo Tribunal Federal tem admitido a interposição de *recurso extraordinário contra decisão proferida em ação direta de inconstitucionalidade no âmbito estadual, na hipótese de violação de norma de reprodução ou*

---

da Lei nº 5.778/72. PINTO FILHO, Francisco Bilac Moreira. *A Intervenção Federal e o Federalismo Brasileiro*. Rio de Janeiro: Forense, 2002, p. 320-322.

8 SILVA, José Afonso da. *Curso de Direito Constitucional Positivo*. 20ª ed. São Paulo: Malheiros, 2002, p. 59.

9 SLAIBI FILHO, Nagib. *Ação Declaratória de Constitucionalidade*. 2ª ed. Rio de Janeiro: Forense, 2000, p. 95.

10 SILVA, Antonio Claudio Macedo. *Da Possibilidade de Instituição da Ação Declaratória de Constitucionalidade no Ordenamento Jurídico-Constitucional dos Estados-Membros da Federação* in *Revista da Procuradoria-Geral do Estado da Bahia*, nº 22, 1996, p. 55-78.

imitação, com a resultante "confusão entre institutos de verificação de constitucionalidade: o concreto, recurso extraordinário, e o abstrato, representação de inconstitucionalidade. A questão pitoresca daí decorrente é que o julgamento do recurso extraordinário terá eficácia *erga omnes* no âmbito do Estado do qual se originou o procedimento, porque a decisão recorrida, por ter sido proferida em verificação abstrata, tem tal efeito".[11] Repise-se: "as decisões proferidas pelos Tribunais de Justiça, em sede de controle normativo abstrato, no julgamento de ações diretas de inconstitucionalidade, expõem-se à possibilidade de impugnação mediante recurso extraordinário, interponível para o Supremo Tribunal Federal. Esta Corte, ao apreciar a questão – após acentuar a admissibilidade da ação direta perante Tribunal de Justiça, em cujo âmbito se impugne lei municipal, sob alegação de ofensa a normas constitucionais estaduais que reproduzem ou imitam dispositivos constitucionais federais –, deixou assentado, na matéria, o pleno cabimento de recurso extraordinário, se a interpretação dada pelo Tribunal de Justiça à regra inscrita na Carta estadual contrariar o sentido e alcance da Constituição da República",[12] sendo certo que "a decisão tomada em recurso extraordinário interposto contra acórdão de Tribunal de Justiça em representação de inconstitucionalidade de lei municipal frente à Constituição estadual tem eficácia *erga omnes*, por se tratar de controle concentrado, ainda que a via do recurso extraordinário seja própria do controle difuso, eficácia essa que se estende a todo o território nacional".[13, 14]

3.2 Cabimento

A ação direta de inconstitucionalidade no âmbito estadual é cabível para a impugnação de lei ou ato normativo estadual ou municipal em face da Constituição estadual.[15]

O **parâmetro** do controle de constitucionalidade abstrato consiste na *Constituição estadual*, é dizer, instrumento introdutor fundamental, pelo qual são veiculadas normas constitucionais estaduais.

Não se evidencia juridicamente possível o pedido de declaração de inconstitucionalidade de lei ou ato normativo municipal em face da Constituição federal, no tocante a normas que não possuam reprodução na Constituição estadual, por instrumento da ação direta de inconstitucionalidade no âmbito do Estado, de forma que é inválida a "Consti-

---

11 LOURENÇO, Rodrigo Lopes. *Controle da Constitucionalidade à luz da Jurisprudência do STF*. Rio de Janeiro: Forense, 1998, p. 129.

12 STF, Pet. nº 1.120, Rel. Min. Celso de Mello, j. 7.3.1996, *RTJ* 147/404.

13 STF, RE nº 187.142, Rel. Min. Ilmar Galvão, j. 13.8.1998, Inf. STF 118.

14 "É por essa razão, considerada a possibilidade jurídico-processual de interposição de recurso extraordinário contra decisões proferidas por Tribunal de Justiça em sede de controle abstrato, que assiste competência ao Presidente do Supremo Tribunal Federal para apreciar pedido de suspensão de execução de medida cautelar, deferida em processo de ação direta de inconstitucionalidade no âmbito estadual, de acordo com o art. 4º da Lei nº 8.437/92, que outorga competência ao Presidente do Tribunal, a que couber o conhecimento do respectivo recurso, para 'suspender, em despacho fundamentado, a execução da liminar nas ações movidas contra o Poder Público ou seus agentes, a requerimento do Ministério Público ou de pessoa jurídica de direito público interessada, em caso de manifesto interesse público ou flagrante ilegitimidade, e para evitar grave lesão à ordem, à saúde, à segurança e à economia públicas'." STF, Pet. nº 1.466, Rel. Min. Celso de Mello, j. 25.8.1998, *DJU* 2.9.1998.

15 FERRARI, Regina Maria Macedo Nery. *A Inconstitucionalidade da Lei Municipal*. Curitiba: Juruá, 1991, p. 100.

tuição estadual que confere, ao Tribunal de Justiça, a competência para o julgamento, e se define a legitimidade ativa para a propositura, de ação direta de inconstitucionalidade de leis ou atos normativos municipais, em face da Constituição da República",[16] eis que "é irrecusável que os Estados-membros não detêm competência para instituir, no âmbito de seu ordenamento positivo, sistema de controle concentrado de constitucionalidade de leis ou atos normativos municipais, contestados em face da Carta federal. A Constituição da República, ao prever o controle concentrado de constitucionalidade nos Estados-membros, erigiu a própria Constituição estadual à condição de parâmetro, único e exclusivo, de verificação da validade das leis ou atos normativos locais".[17] Também não se mostra juridicamente possível o pedido de declaração de inconstitucionalidade de lei ou ato normativo municipal em face da Lei Orgânica municipal, por intermédio da ação direta de inconstitucionalidade no âmbito do Estado, de modo que "as ações diretas de inconstitucionalidade ou representações de inconstitucionalidade, como o dizem as denominações, só podem ater-se a contrastes com disposições constitucionais, não com normas de Direito Comum, não importando sua hierarquia".[18] "Consequentemente, a violação de dispositivo da Lei Orgânica do Município não pode ser invocada em ação dessa natureza."[19]

O **objeto** do controle de constitucionalidade concentrado corresponde à *lei ou ato normativo estadual ou municipal*, vale dizer, instrumento introdutor primário, formal (lei) ou materialmente (ato normativo) legislativo, pelo qual são veiculadas normas legais estaduais ou municipais.

Não se revela juridicamente possível o pedido de declaração de inconstitucionalidade de Emenda à Constituição estadual em face da própria Constituição do Estado, em razão da inexistência de hierarquia jurídica entre as normas, uma vez que ambas são produtos do poder constituinte derivado, sendo admissível a ação direta de inconstitucionalidade perante o Supremo Tribunal Federal, tendo em vista que "uma emenda constitucional se incorpora ao texto do respectivo repositório e não pode ser declarada inconstitucional, ressalvada a violação de cláusulas perpétuas inexistentes em Constituições estaduais – a não ser diante de texto que tenha supremacia, a Constituição federal. A questão é de impossibilidade jurídica do pedido, o de declaração de inconstitucionalidade de um dispositivo incorporado à Constituição, diante dela própria".[20] A "inconstitucionalidade de Emenda à Constituição estadual só pode ser arguida perante a Constituição da República, por meio de ação direta de inconstitucionalidade perante o Supremo Tribunal Federal".[21]

Deve ser consignado que o Supremo Tribunal Federal, no recurso extraordinário nº 650.898, vislumbrou que os "Tribunais de Justiça podem exercer controle abstrato de constitucionalidade de leis ou atos normativos municipais utilizando como parâmetro normas da Constituição Federal, desde que se trate de normas de reprodução obrigatória

---

16 STF, ADIn nº 508, Rel. Min. Octávio Gallotti, j. 14.6.1991, *DJU* 23.8.1991.

17 STF, ADIn nº 409, Rel. Min. Celso de Mello, j. 6.12.1990, *DJU* 15.3.1991.

18 TJSP, Proc. nº 23.377, Rel. Des. Yussef Cahali, j. 5.4.1995, *DOSP* 15.4.1995.

19 TJSP, Proc. nº 12.648, Rel. Des. César de Moraes, j. 15.5.1991, *DOSP* 1º.6.1991.

20 TJRJ, Proc. nº 1999.007.00045, Rel. Des. Martinho Campos, j. 17.9.1999, *DORJ* 25.11.1999.

21 TJRJ, Proc. nº 1999.007.00024, Rel. Des. Sylvio Capanema de Souza, j. 16.8.1999, *DORJ* 28.9.1999.

pelos Estados",[22] inclusive as oriundas de emendas, à semelhança do posicionamento do Tribunal de Justiça de São Paulo, na sessão de 24 de maio de 2017,[23] e do Tribunal de Justiça do Rio de Janeiro, na sessão de 31 de julho de 2017.[24]

3.3 Legitimação ativa

Os legitimados ativos para a ação direta de inconstitucionalidade no âmbito estadual são enumerados taxativamente na Constituição do Estado, vedada a instituição da ação popular de inconstitucionalidade.

Em que pesem autorizadas opiniões em contrário,[25] tivemos oportunidade de deixar constatado que as normas veiculadas pelas Constituições dos Estados que atribuam legitimação ativa a autoridades, órgãos e entidades que não guardem, no plano estadual, equivalência com os legitimados ativos para a ação direta de inconstitucionalidade, no plano nacional, são plenamente válidas, "porquanto o art. 125, § 2º, da CRFB não impõe a obrigação de que os legitimados concorrentes para a ação direta de inconstitucionalidade de lei ou ato normativo estadual ou municipal em face de Constituição estadual sejam equivalentes, no plano do Estado, aos legitimados concorrentes para a ação direta de inconstitucionalidade de lei ou ato normativo federal ou estadual em face da Constituição federal (Presidente da República, Mesa do Senado Federal, Câmara dos Deputados, Assembleia Legislativa ou Câmara Legislativa, Governador de Estado ou Distrito Federal, Procurador-Geral da República, Conselho Federal da Ordem dos Advogados do Brasil, partido político com representação no Congresso Nacional, confederação sindical e entidade de classe de âmbito nacional), só exigindo que a legitimação para agir não seja atribuída a um único órgão".[26] Na doutrina, **Sílvio Roberto Mello Moraes** frisa que a legitimidade pode ser atribuída "àqueles que, segundo a visão de cada unidade federativa, melhor poderiam se responsabilizar por ela. Tal diversidade é, repita-se, perfeitamente constitucional, consoante dicção do art. 125, § 2º, da CRFB".[27] Na jurisprudência, o Supremo Tribunal Federal é firmado no mesmo sentido, na medida em que "carece de plausibilidade a arguição, a qual não somente trai o mau vezo de reduzir o poder constituinte estadual à imitação servil da Constituição federal, mas também não leva às consequências devidas as suas premissas que induziriam a impugnação a outros tópicos do mesmo dispositivo. No que toca ao controle direto da constitucionalidade de âmbito estadual, a única norma federal a preservar é a do art. 125, § 2º, da CRFB, que autoriza os Estados a instituir a representação e lhes veda apenas 'a atribuição para agir a um único órgão'. Não vejo base para impugnar a ampliação da iniciativa, pelo Estado, a outros órgãos públicos ou entidades: eventuais

---

22 STF, RE nº 650.898, Rel. Min. Roberto Barroso, j. 1o.2.2017, *DJU* 24.8.2017.

23 TJSP, Proc. nº 2.243.116, Rel. Des. Amorim Cantuária, j. 24.5.2017, *DOSP* 30.5.2017.

24 TJRJ, Proc. nº 2015.007.61216, Rel. Des. Camilo Ruliere, j. 31.7.2017, *DORJ* 3.8.2017.

25 FONSECA, Antônio Cézar Lima da. *Da Declaração de Inconstitucionalidade* in *Cadernos de Direito Constitucional e Ciência Política*, nº 2, 1993, p. 9-10.

26 MORAES, Guilherme Peña de. *Instituições da Defensoria Pública*. São Paulo: Malheiros, 1999, p. 212.

27 MORAES, Sílvio Roberto Mello. *Apontamentos sobre o Controle Jurisdicional de Leis e Atos Normativos Estaduais e Municipais na Constituição do Estado do Rio de Janeiro* in *Cadernos de Direito Constitucional e Ciência Política*, nº 2, 1993, p. 225.

desbordamentos de sua atuação concreta, em relação às suas finalidades institucionais, poderão eventualmente ser questionadas à luz do requisito da pertinência temática, mas não inibem, em tese, o deferimento da legitimação".[28]

Face ao caráter pluralista do controle de constitucionalidade, na ação direta de inconstitucionalidade no âmbito estadual, o Procurador-Geral do Estado, assim como o Procurador-Geral da Assembleia Legislativa, Prefeito Municipal e Presidente da Câmara Municipal, podem atuar no processo de controle de constitucionalidade abstrato na qualidade de *curadores da presunção de constitucionalidade da lei ou ato normativo impugnado*, como prescrevem, *verbi gratia*, o art. 162, § 3º, da CERJ – "Quando não for o autor da representação de inconstitucionalidade, o Procurador-Geral do Estado nela oficiará" –, o art. 90, § 2º, da CESP – "Quando o Tribunal de Justiça apreciar a inconstitucionalidade, em tese, de norma legal ou ato normativo, citará, previamente, o Procurador-Geral do Estado, a quem caberá defender, no que couber, o ato ou texto impugnado" – e o art. 95, § 4º, da CERS – "Quando o Tribunal de Justiça apreciar a inconstitucionalidade, em tese, de norma legal ou ato normativo, citará, previamente, o Procurador-Geral do Estado, que defenderá o ato ou texto impugnado" –, bem como o art. 118, § 5º, da CEMG – "Quando o Tribunal de Justiça apreciar a inconstitucionalidade, em tese, de norma legal ou ato normativo estadual, citará, previamente, o Procurador-Geral do Estado e o Procurador-Geral da Assembleia Legislativa, que defenderão o ato ou texto impugnado, ou, no caso de norma legal ou ato normativo municipal, o Prefeito e o Presidente da Câmara Municipal, para a mesma finalidade" –, advertindo-se que, quando houver proposto a ação direta de inconstitucionalidade de lei ou ato normativo estadual em face da Constituição do Estado, o Procurador-Geral não está obrigado a tutelar a presunção de constitucionalidade da norma impugnada.[29]

À guisa de complementação, "o Supremo Tribunal Federal assentou ser possível a manifestação de interessado no processo de controle de constitucionalidade, na qualidade de *amicus curiae*, desde que reconhecida a relevância da matéria e a representatividade do postulante".[30] "Legitimidade da intervenção do *amicus curiae* no processo de fiscalização abstrata de constitucionalidade instaurado perante o Tribunal de Justiça local".[31]

3.4 Procedimento

O **procedimento** da ação direta de inconstitucionalidade no âmbito estadual é disciplinado pelos arts. 3º a 12 e 22 a 28 da Lei nº 9.868/99, como também pelos arts. 169 a 175 do RISTF, naquilo que for compatível, a exemplo dos arts. 104 a 109 do Regimento Interno, atualizado pela Resolução nº 5/05, do Tribunal de Justiça do Rio de Janeiro.

Destarte, "a natureza dos efeitos da decisão judicial que declara a inconstitucionalidade de uma lei – *ex tunc* ou *ex nunc* – não emerge de princípio ou de preceito sediado na Constituição, configurando, isto sim, uma *questão de política judicial*, desse modo

---

28 STF, ADIn nº 558, Rel. Min. Sepúlveda Pertence, j. 16.8.1991, *RTJ* 146/438.

29 FERRARI, Sérgio. *O Papel do Procurador-Geral do Estado na Representação por Inconstitucionalidade perante a Constituição Federal* in *Revista Jurídica do Instituto Brasileiro de Advocacia Pública*, nº 8, 1999, p. 12-15.

30 STF, RE nº 595.964, Rel. Min. Cármen Lúcia, j. 16.12.2010, *DJU* 16.2.2011.

31 STF, RE nº 597.165, Rel. Min. Celso de Mello, j. 4.4.2011, *DJU* 12.4.2011.

sujeita a livre valoração judicial a ser feita em cada caso concreto, segundo os reclamos de justiça e razoabilidade em cada espécie litigiosa. O Tribunal pode dar efeito *ex nunc* à declaração de inconstitucionalidade em homenagem à boa-fé dos destinatários da norma, decorrente do princípio da presunção de constitucionalidade das leis”.[32]

3.5 Medida liminar

Os **efeitos** práticos da decisão de procedência do pedido formulado na ação direta de inconstitucionalidade no âmbito estadual podem ser **antecipados**, de sorte a viabilizar a *suspensão da eficácia da norma impugnada*, com a retomada de vigência da norma revogada acaso existente, até a decisão de mérito, em atenção ao princípio da simetria.[33]

3.6 Decisão

A **decisão definitiva de mérito**, no controle de constitucionalidade abstrato, deflagrado pelas ações diretas de inconstitucionalidade em âmbitos federal e estadual, opera efeitos análogos em relação às *pessoas* e ao *tempo*, nos limites da jurisdição constitucional federal e estadual, desempenhada pelo Supremo Tribunal Federal e Tribunais dos Estados, respectivamente.

Por todo o exposto, a norma veiculada pelo art. 162, § 4º, da CERJ, segundo a qual a declaração de inconstitucionalidade deve ser comunicada à Assembleia Legislativa ou Câmara Municipal, prescreve um ato de cooperação entre os Poderes Judiciário e Legislativo, com o escopo de conferir maior publicidade à decisão, uma vez que o provimento jurisdicional já é revestido de eficácia *erga omnes*.[34, 35]

Acesse o
MATERIAL SUPLEMENTAR

Entre no Ambiente de Aprendizagem através das instruções contidas na orelha deste livro e acesse os conteúdos exclusivos desta edição:
- Atualizações legislativas mensais.
- Questões de prova interativas.
- Esquemas.

[32] TJRJ, Proc. nº 1999.007.00051, Rel. Des. Sérgio Cavalieri Filho, j. 2.10.2000, *DORJ* 25.10.2000. No sentido do texto, v.: TJRJ, Proc. nº 2002.001.28176, Rel. Des. Maurício Caldas Lopes, j. 11.2.2003, *DORJ* 14.4.2003. No sentido contrário, v.: TJRJ, Proc. nº 2002.001.10589, Rel. Des. Jessé Torres Pereira, j. 5.2.2003, *DORJ* 26.9.2002.

[33] ZAVASCKI, Teori Albino. *Eficácia das Liminares nas Ações de Controle Concentrado de Constitucionalidade* in *Revista de Processo*, nº 98, 2000, p. 285, 289 e 294.

[34] MENDES, Gilmar Ferreira. *A Eficácia "Erga Omnes" das Decisões proferidas em Controle Abstrato de Normas* in *Revista IOB/DCAP*, nº 1, 1999, p. 30.

[35] STF, RE nº 199.293, Rel. Min. Marco Aurélio, j. 19.5.2004, *DJU* 6.8.2004.

Capítulo 40
ORÇAMENTO

Acesse e assista à aula explicativa sobre este assunto.

> https://uqr.to/14uh6

1 CONCEITO

O orçamento é **instrumento de realização de despesas, a partir da discriminação de receitas**, sendo integrado por três planejamentos orçamentários, a teor dos princípios da unidade e universalidade.[1]

O *plano plurianual* é direcionado ao estabelecimento de programas governamentais de desenvolvimento econômico de longo prazo, conforme os arts. 165, inc. I e §§ 1º e 4º, e 167, § 1º.[2]

As *diretrizes orçamentárias* são dirigidas precipuamente para o estabelecimento de metas e prioridades da Administração Pública federal para o exercício financeiro subsequente, na forma do art. 165, inc. II e § 2º.[3]

A *lei orçamentária* é direcionada ao estabelecimento do orçamento fiscal dos Poderes Legislativo, Executivo e Judiciário, da mesma forma que os órgãos e entidades da Administração Pública, direta e indireta, orçamento de investimento das empresas em que a União detenha a maioria do capital social com direto a voto e orçamento da seguridade social que, por sua vez, compreende a saúde, previdência e assistência social, consoante o art. 165, inc. III e § 5º, da CRFB.[4]

2 NATUREZA

A **natureza** do orçamento é objeto de controvérsia doutrinária.

---

1 TORRES, Ricardo Lobo. *Orçamento na Constituição*. Rio de Janeiro: Renovar, 1995, p. 13.

2 CAVALCANTE, Pedro Luiz. *Plano Plurianual* in *Revista do Serviço Público*, nº 58, 2007, p. 129.

3 CONTI, José Maurício. *Diretrizes Orçamentárias* in *Revista Fórum de Direito Financeiro e Econômico*, nº 1, 2012, p. 25.

4 DALLARI, Adilson Abreu. *Lei Orçamentária* in *Revista de Informação Legislativa*, nº 129, 1996, p. 157.

As doutrinas alemã e francesa, de **Paul Laband** e **Gaston Jèze**, defendem que o orçamento é *lei formal*, isto é, ato-condição que não obriga o Poder Executivo a realizar as despesas previstas, não enseja a invocação de direitos subjetivos por parte de terceiros e não revoga as leis materiais de Direito Financeiro, forte na consideração de que, "embora do ponto de vista formal seja estabelecido como lei, o orçamento não é, todavia, uma lei, mas um plano de gestão".[5] "O orçamento preenche a condição exigida pelo Direito Positivo para o exercício da competência dos agentes administrativos."[6]

As doutrinas espanhola e italiana, de **Sainz de Bujanda** e **Gustavo Ingrosso**, delineiam que o orçamento é *lei material*, ou seja, ato materialmente legislativo dotado de eficácia inovadora, na medida em que "o orçamento deve ser considerado como uma lei em sentido pleno, de conteúdo normativo, porque as normas que regulam a autorização de despesas, administração e gerenciamento de receitas são verdadeiras regras de Direito Positivo".[7] "O orçamento é uma lei de organização, entendendo por tal não somente a que cria um órgão, mas também a que disciplina seu funcionamento."[8]

Em posição intermediária, **Léon Duguit** destaca que o orçamento tem a natureza de *lei material*, no tocante à receita, e *lei formal*, quanto à despesa pública, sendo certo que "a parte do orçamento que autoriza e regula a cobrança de tributos é uma lei do ponto de vista material. O Parlamento, na votação, realmente atua como legislador, que pode constitucionalmente modificar ou suprimir as disposições legais. A previsão de despesas do orçamento é, contudo, uma lei do ponto de vista formal. O Parlamento deve permanecer absolutamente dentro dos limites dos dispositivos legais, em respeito ao princípio da legalidade".[9, 10]

3 FUNÇÕES

O orçamento tem a **função econômica** e a **função política**.

Economicamente, o orçamento funciona como *mecanismo de estabilidade econômica* e de controle do déficit público.

Politicamente, o orçamento funciona como *mecanismo de controle da Administração Pública* que, diante da previsão de receitas, está adstrita à execução das despesas nos limites estabelecidos pelo Poder Legislativo.[11]

---

5 LABAND, Paul. *Das Staatsrecht des Deutschen Reichs*. 5ª ed. Tübingen: J.C.B. Mohr, 1911, p. 289.

6 JÈZE, Gaston. *Cours Élémentaire de Science des Finances et de Législation Financière Française*. Paris: Giard & Brière, 1904, p. 24.

7 BUJANDA, Sainz de. *Lecciones de Derecho Financiero*. 7ª ed. Madrid: Universidad Complutense, 1989, p. 441.

8 INGROSSO, Gustavo. *Diritto Finanziaro*. 2ª ed. Napoli: Casa Editrice Dott. Eugenio Jovene, 1956, p. 60.

9 DUGUIT, Léon. *Traité de Droit Constitutionnel*. 2ª ed. v. IV. Paris: Ancienne Librairie Fontemoing & Cie., 1924, p. 433.

10 Por força da EC nº 86/15, é obrigatória a execução da programação orçamentária de que trata o art. 166, § 9º, da CRFB. ZOEHLER, Eber; TAVARES, José Fernando; GREGGIANIN, Eugênio; MOURA Márcia Rodrigues; GONTIJO, Vander. *Orçamento Impositivo*. Brasília: Câmara dos Deputados, 2013, p. 36.

11 DALTON, Hugh. *Princípios de Finanças Públicas*. Rio de Janeiro: FGV, 1970, p. 263.

4 ELABORAÇÃO

A **elaboração** do orçamento é resultado da interação de Poderes.[12]

O *Poder Executivo* tem a iniciativa reservada sobre os projetos de plano plurianual, diretrizes orçamentárias e lei orçamentária, assegurada a possibilidade de envio pelo Presidente da República de mensagem ao Congresso Nacional para propor modificação nos projetos de lei enquanto não iniciada a votação da parte cuja alteração é proposta (arts. 165, incs. I a III, e 166, § 5º).

O *Poder Legislativo* tem a competência para deliberação sobre os projetos de lei e, baseado em parecer de comissão mista permanente de Deputados Federais e Senadores da República, aprovação de emendas relacionadas com a correção de erros ou omissões dos dispositivos do texto do projeto de lei orçamentária que sejam compatíveis com o plano plurianual e diretrizes orçamentárias e indiquem os recursos necessários para tanto (art. 166, *caput* e § 1º, inc. I, §§ 2º e 3º).

A toda evidência, "o Poder Executivo tem a competência para deflagrar o processo legislativo. A lei orçamentária deve ser apreciada pelo Poder Legislativo, ao qual caberá deliberar sobre o projeto de lei apresentado pelo Presidente da República, fazendo--lhe as modificações que julgar necessárias dentro dos limites constitucionalmente estabelecidos".[13]

5 GESTÃO

A **gestão** do orçamento tem a ver com os princípios da descentralização, eficiência e, sobretudo, responsabilidade ou *accountability*.

Nessa perspectiva, a *responsabilidade na gestão fiscal* pressupõe a ação planejada e transparente, em que se previnem riscos e se corrigem desvios capazes de afetar o equilíbrio das contas públicas, por meio do cumprimento de metas de resultados e obediência a limites e condições para a renúncia de receita e geração de despesas.[14]

6 VERTENTES

O orçamento é constituído pelas **vertentes** da receita e despesa.

6.1 Receita

A *receita* é definida como soma de dinheiro que ingressa no patrimônio público para a realização de despesa pública, contemplando a receita originária e a receita derivada.[15]

A receita originária é procedente da exploração do patrimônio do Estado, sendo dividida em preços públicos, ingressos comerciais e compensações financeiras. Os preços públicos são receitas originárias de prestação de serviço público específico e divisível.

---

12 ASSIS, Luiz Gustavo de. *Processo Legislativo e Orçamento Público: função de controle do Parlamento. São Paulo: Saraiva, 2012, p. 63.*

13 STF, ADIn nº 5.287, Rel. Min. Luiz Fux, j. 18.5.2016, *DJU* 12.9.2016.

14 OLIVEIRA, Régis de. *Princípios de Responsabilidade Fiscal.* 2ª ed. São Paulo: Revista dos Tribunais, 2002, p. 64.

15 LIENHARD, Andreas. *Finanzrecht.* Basel: Helbing Lichtenhahn, 2011, p. 74.

Os ingressos comerciais são receitas originárias de exploração direta de atividade econômica e concurso de prognóstico. As compensações financeiras são receitas originárias de indenização pela extração de recursos minerais situados nos territórios de Estados, Municípios e, se for o caso, Distrito Federal ou contraprestação pelas despesas causadas pelas empresas de exploração de petróleo, gás natural e recursos hídricos para fins de geração de energia elétrica aos poderes públicos.

A receita derivada é proveniente da iniciativa privada, sendo dividida em tributos e multas. Os tributos são receitas derivadas de prestação pecuniária compulsória, em moeda ou cujo valor nela se possa exprimir, instituída em lei e cobrada mediante atividade administrativa plenamente vinculada. As multas são receitas derivadas de sanção de ato ilícito.[16]

6.2 Despesa

A *despesa* é desenhada como soma de dinheiro que gasta o Estado para a realização de obras e prestação de serviços públicos, englobando a despesa de capital e a despesa corrente.[17]

A despesa de capital é recoberta de natureza patrimonial, sendo dividida em investimentos, inversões financeiras e transferências de capital. Os investimentos são despesas de capital para planejamento e execução de obras, programas especiais de trabalho, aquisição de instalações, equipamentos e material permanente e constituição ou aumento do capital de empresas que não sejam de caráter comercial ou financeiro. As inversões financeiras são despesas de capital para aquisição de imóveis, ou de bens de capital em utilização, títulos representativos do capital de entidades de qualquer espécie e constituição ou aumento do capital de empresas que tenham caráter comercial ou financeiro. As transferências de capital são despesas de capital para investimentos ou inversões financeiras que devam ser realizados por outras pessoas jurídicas de direito público ou privado e amortização da dívida pública.

A despesa corrente é revestida de natureza operacional, sendo dividida em despesas de custeio e transferências correntes. As despesas de custeio são despesas correntes para manutenção de serviços criados anteriormente à lei orçamentária, inclusive as endereçadas a atender as obras de conservação e adaptação de bens imóveis. As transferências correntes são despesas correntes que não correspondem a contraprestação direta em bens ou serviços.[18]

As autorizações de despesas não computadas ou insuficientemente dotadas no orçamento são créditos adicionais que podem ser destinados a reforço de dotação orçamentária, como também a despesas para as quais não haja dotação orçamentária específica ou despesas urgentes e imprevistas, em caso de guerra, comoção social ou calamidade pública.[19]

---

16 DUVERGER, Maurice. *Finances Publiques*. Paris: Presses Universitaires de France, 1971, p. 48.

17 PRIETO, Luis María. *Derecho Financiero*. 16ª ed. Madrid: Aranzadi, 2016, p. 24.

18 MORSELLI, Emanuelle. *Compendio di Scienza delle Finanze*. Padova: Cedam, 1947, p. 51.

19 MERVILLE, Anne-Dominique. *Droit Financier*. 2ª ed. Paris: Gualino, 2015, p. 56.

7 FISCALIZAÇÃO

A **fiscalização** da execução orçamentária é realizada por meio do *controle* sobre todas as pessoas, naturais ou jurídicas, públicas ou privadas, que manipulem bens, dinheiros e valores públicos.[20]

7.1 Modalidades

A fiscalização é qualificada como contábil, financeira, orçamentária, operacional e patrimonial.

A fiscalização contábil é a que se faz sobre os registros contábeis.

A fiscalização financeira tem por objeto a arrecadação de receita e realização de despesa que constem da previsão orçamentária.

A fiscalização orçamentária é a que se faz sobre a execução orçamentária.

A fiscalização operacional tem por objeto as operações de crédito e as despesas que não constem da previsão orçamentária.

A fiscalização patrimonial é a que se faz sobre o domínio público.

7.2 Espécies

O controle é suscetível a duas classificações.

De um lado, o controle pode ser fracionado em controle interno e controle externo. O controle interno é exercido pela Administração Pública, direta e indireta, de qualquer dos Poderes da União. O controle externo é exercitado, com o auxílio do Tribunal de Contas da União, pelo Congresso Nacional.

De outro, o controle pode ser fragmentado em controle *a priori*, controle simultâneo e controle *a posteriori*. No controle interno, há o predomínio do controle contemporâneo, enquanto no controle externo há a preponderância do controle repressivo, em detrimento do controle preventivo.

7.3 Objeto

A fiscalização da execução orçamentária recai sobre a subvenção ou despesa corrente e a renúncia de receita ou gasto tributário.

Por sua vez, a renúncia de receita é subdividida em subsídio, isenção, redução da base de cálculo ou alíquota, crédito presumido, anistia e remissão, tendo em vista os arts. 150, § 6º, 165, § 6º, e 195, § 11, da CRFB.[21]

---

20 SILVA, José Afonso da. *Orçamento no Brasil*. São Paulo: Revista dos Tribunais, 1973, p. 40.

21 ALMEIDA, Francisco Carlos. *Renúncia de Receita* in *Revista do Tribunal de Contas da União*, nº 88, 2001, p. 54.

Capítulo 41

ORDEM ECONÔMICA E FINANCEIRA

Acesse e assista à aula explicativa sobre este assunto.

> https://uqr.to/14uh7

1 CONCEITO

A expressão "**ordem econômica e financeira**" pode ser investigada sob dois ângulos.[1]

Sob a perspectiva do art. 170, a ordem econômica é vislumbrada como *conjunto de relações econômicas.*

Sob a perspectiva do art. 173, § 5º, ambos da CRFB, bem como da Lei nº 13.874/19, que institui a Declaração de Direitos de Liberdade Econômica, a ordem econômica é visualizada como complexo de normas reguladoras do comportamento dos sujeitos econômicos, isto é, *conjunto de regras e princípios jurídicos de conformação do processo econômico, mediante o condicionamento da atividade econômica a determinados fins políticos do Estado.*[2, 3]

2 PRINCÍPIOS

A ordem econômica é informada pelos **princípios** da subsidiariedade do Estado (art. 174, *caput*), igualdade econômica (art. 170, inc. IX), desenvolvimento econômico (art. 174, § 1º), democracia econômica (art. 170, inc. VIII) e liberdade de iniciativa (art. 170, *caput*).[4]

2.1 Subsidiariedade do Estado

A *subsidiariedade do Estado*, dado que o papel do Estado contemporâneo é precipuamente o de agente regulador, e não o de agente propulsor da economia, reconhecendo-se que a exploração de atividade econômica toca à iniciativa privada, sob fiscalização, incentivo e planejamento do Estado.

---

1 MOREIRA, Vital. *A Ordem Jurídica do Capitalismo*. Coimbra: Centelha, 1973, p. 67.

2 GRAU, Eros Roberto. *Elementos de Direito Econômico*. São Paulo: Revista dos Tribunais, 1981, p. 47.

3 STF, RE nº 632.644, Rel. Min. Luiz Fux, j. 10.4.2012, *DJU* 10.5.2012.

4 MUKAI, Toshio. *Participação do Estado na Atividade Econômica*. São Paulo: Revista dos Tribunais, 1979, p. 37.

2.2 Igualdade econômica

A *igualdade econômica*, eis que o processo econômico deve ser igualitário, conquanto as empresas de pequeno porte constituídas sob as leis brasileiras e que tenham sua sede e administração no País possam receber tratamento favorecido para a simplificação das obrigações administrativas, tributárias, previdenciárias e creditícias.

2.3 Desenvolvimento econômico

O *desenvolvimento econômico*, na medida em que ao Estado são impostas a concepção e, depois, a execução de políticas públicas que assegurem a redução das desigualdades regionais e sociais.

2.4 Democracia econômica

A *democracia econômica*, tendo em vista que o processo econômico deve ser democrático, fomentada a expansão das oportunidades de emprego produtivo.

2.5 Liberdade de iniciativa

A *liberdade de iniciativa*, uma vez que a liberdade de empresa, pela livre escolha das atividades econômicas e, bem assim, dos meios adequados para tanto, não se confunde com a liberdade de concorrência, pela livre disputa de clientela, na economia de mercado, desde que afastada a concorrência desleal para a produção, distribuição, circulação e consumo de riquezas.[5]

3 FORMAS

O Estado, malgrado reconheça a propriedade privada e a liberdade de iniciativa, condiciona o uso da propriedade e o desempenho da atividade econômica ao bem-estar social.[6]

Considerando o objeto da atuação estatal, dessa forma, o Estado pode intervir sobre a propriedade e o domínio econômico.

3.1 Intervenção do Estado na propriedade

Os bens situados no território nacional são objeto de **intervenção do Estado na propriedade**, por meio da *requisição, ocupação temporária, limitação administrativa, tombamento, parcelamento e edificação compulsórios, servidão administrativa e desapropriação* de que tratam os arts. 5º, incs. XXIV e XXV, 22, inc. III, 23, inc. III, 24, inc. VII, 136, § 1º, inc. II, 139, inc. VII, 182, § 4º, incs. I e III, 184 e 216, § 1º.

3.2 Intervenção do Estado no domínio econômico

As atividades desenvolvidas pelas sociedades empresárias são objeto de **intervenção do Estado no domínio econômico**, com o fim de promover a *justiça social* a que

---

5 LOBO, Jorge. *Soluções para a Crise das Empresas e a Constituição Econômica do Brasil* in *Revista dos Tribunais*, nº 699, 1994, p. 21.

6 MEIRELLES, Hely Lopes. *Estudos e Pareceres de Direito Público*. v. VII. São Paulo: Revista dos Tribunais, 1983, p. 2.

se referem os arts. 170, *caput*, e 193, todos da CRFB, sobre os quais debruçar-nos-emos nas próximas linhas.[7]

4 MECANISMOS

A intervenção do Estado na economia é operacionalizada pelos **mecanismos** do planejamento (art. 174, § 1º), fomento público (art. 174, *caput*), prevenção e repressão ao abuso do poder econômico (art. 173, § 4º) e exploração direta de atividade econômica (art. 173, § 1º).[8]

4.1 Planejamento

O *planejamento* é entendido como processo de racionalização da atividade econômica, mediante a definição de limites e objetivos da intervenção do Estado na economia, formalizado nos planos e programas nacionais, regionais e setoriais de desenvolvimento econômico.[9]

A estrutura do planejamento é formada por previsões, meios e objetivos. O planejamento contém as previsões de comportamento, de forma que, a partir do diagnóstico da economia, é traçado um prognóstico sobre a conduta dos sujeitos econômicos. Os meios são dispostos no planejamento pela coordenação de ações estatais, de modo a instrumentalizar as políticas públicas. O planejamento encerra a formulação de objetivos, de sorte que a planificação da economia é determinante para o setor público, que deve planejar o desenvolvimento econômico, como também implementar as políticas públicas nos setores e regiões estabelecidos no planejamento, e indicativa para o setor privado, que pode sofrer influências, em decorrência do fomento público ou exploração direta da atividade econômica, nos setores e regiões contemplados pelo planejamento.[10]

4.2 Fomento público

O *fomento público* é definido como incentivo do Estado, direto ou indireto, às atividades econômicas que concorram para o progresso da sociedade.[11]

O fomento público é executado diretamente por entidades políticas, que podem conceder incentivos tributários e financeiros. Os incentivos tributários, de natureza negativa, implicam renúncia de receita pública, como o subsídio, isenção, redução de base de cálculo ou alíquota, crédito presumido, anistia e remissão. Os incentivos financeiros, de natureza positiva, importam em realização de despesa pública, a exemplo da restituição de tributo.

---

7 A intervenção do Estado, consoante o entendimento de Orlando Gomes, deve ser formulada pela (i) utilização da lei como instrumento de programação econômica, (ii) substituição de princípios jurídicos e de estruturas jurídicas e (iii) introdução de novas técnicas ou mudança de função de institutos tradicionais. GOMES, Orlando. *Direito Econômico*. São Paulo: Saraiva, 1977, p. 31.

8 SOUTO, Marcos Juruena Villela. *Aspectos Jurídicos do Planejamento Econômico*. 2ª ed. Rio de Janeiro: Lumen Juris, 2000, p. 22.

9 MONCADA, Luis Cabral de. *Direito Econômico*. Coimbra: Coimbra Editora, 1988, p. 404.

10 BASTOS, Celso Ribeiro. *O Planejamento na Constituição* in *Revista de Direito da Procuradoria-Geral do Estado de São Paulo*, nº 31, 1989, p. 105.

11 ATHAYDE, Augusto de. *Estudos de Direito Econômico e de Direito Bancário*. Rio de Janeiro: Liber Juris, 1983, p. 81.

O fomento público é executado indiretamente por entidades administrativas e intermédias, que devem fornecer ensino e assistência a determinadas classes sociais ou categorias profissionais. As entidades administrativas são pessoas jurídicas de Direito Público que detêm autonomia administrativa, como as autarquias e fundações públicas. As entidades intermédias são pessoas jurídicas de Direito Privado, a exemplo dos serviços sociais autônomos e organizações sociais.[12]

4.3 Prevenção e repressão ao abuso do poder econômico

A *prevenção e a repressão ao abuso do poder econômico* são formalizadas pela imposição de medidas de polícia administrativa contra as práticas de restrição à livre concorrência que, em geral, objetivam o aumento arbitrário dos lucros, dominação dos mercados ou eliminação da concorrência.[13]

As formas de restrição da concorrência englobam o acordo colusório, deflagrado como composição voluntária para aumentar preços, reduzir a produção e dividir mercados, abuso de posição dominante, demarcada como limitação das decisões de produção e distribuição de riquezas no mercado, e concentração empresarial, desenhada como alteração estrutural sobre a propriedade ou gestão das empresas integradas.

As formas de defesa da concorrência envolvem a apreciação dos atos de concentração empresarial que possam prejudicar a livre concorrência ou resultar na dominação de mercados relevantes de bens ou serviços pelo Conselho Administrativo de Defesa Econômica, que também dispõe de atribuição para a operacionalização das penalidades cominadas às infrações contra a ordem econômica. Nesse sentido, o abuso do poder econômico e a concorrência desleal são diferentes, a partir da constatação de que o abuso do poder econômico diz respeito aos interesses metaindividuais no mercado, com a aplicação da Lei Antitruste, enquanto a concorrência desleal gira em torno dos interesses individuais dos concorrentes, com a incidência do Código de Propriedade Industrial.[14]

4.4 Exploração direta de atividade econômica

A *exploração direta de atividade econômica* é conferida às empresas públicas e sociedades de economia mista de intervenção no domínio econômico.[15]

A atividade econômica pode ser objeto de exploração em regime de absorção ou monopólio e, sobretudo, participação ou concorrência no mercado, por imperativos de segurança nacional ou relevante interesse público.[16]

---

12 MARQUES NETO, Floriano de Azevedo. *O Fomento como Instrumento de Intervenção Estatal na Ordem Econômica* in *Revista de Direito Público da Economia*, nº 32, 2010, p. 57.

13 PROENÇA, José Marcelo Martins. *Concentração Empresarial e o Direito da Concorrência*. São Paulo: Saraiva, 2001, p. 21.

14 BASTOS, Celso Ribeiro. *O Abuso do Poder Econômico* in *Cadernos de Direito Constitucional e Ciência Política*, nº 9, 1994, p. 7.

15 FIGUEIREDO, Lúcia Valle. *Empresas Públicas e Sociedades de Economia Mista*. São Paulo: Revista dos Tribunais, 1978, p. 58.

16 GRAU, Eros Roberto. *Sociedades de Economia Mista, Empresas Públicas, Fundações Públicas e Autarquias Prestadoras de Serviços Públicos in Revista Trimestral de Direito Público*, nº 6, 1995, p. 269.

5 REDUÇÃO

A **redução da intervenção do Estado no domínio econômico** é desencadeada pela transferência da execução de atividades do Estado para entidades da sociedade, pelos mecanismos da desestatização e regulação, com o escopo de redimensionar as funções e o tamanho da estrutura da Administração Pública, por força dos arts. 21, inc. XI, e 177, § 2º, inc. III, ambos da CRFB.[17]

5.1 Desestatização

A *desestatização* consiste na redução do tamanho do Estado às dimensões adequadas para o exercício das funções que lhe comete a sociedade, sendo devolvidas à iniciativa privada as atividades indevidas ou excessivamente estatizadas, sob a forma de privatização, terceirização, delegação e gestão associada de funções públicas.[18]

5.1.1 Privatização

A privatização é definida como alienação dos direitos que asseguram à Administração Pública a preponderância nas deliberações sociais e o poder de eleger a maioria dos administradores da empresa estatal.

5.1.2 Terceirização

A terceirização é delineada como transferência da execução de determinada atividade a terceiros, conservando a Administração Pública o planejamento e o controle.

5.1.3 Delegação

A delegação de serviços públicos é denotada pelos contratos administrativos de concessão e permissão, pelos quais a Administração Pública transmite a gestão de certas atividades para pessoas jurídicas, consórcios de empresas ou pessoas naturais que possuam condições para a sua execução, por conta e risco próprio, remunerados por tarifas pagas pelos usuários.

5.1.4 Gestão associada de funções públicas

A gestão associada de funções públicas é desenhada pelos acordos administrativos de consórcio, convênio, contrato de gestão e acordo de programa, pelos quais a Administração Pública procede à ampliação da autonomia gerencial, orçamentária e financeira de órgãos e entidades, bem como à delimitação de metas de desempenho e transferência de recursos humanos e materiais para tanto.[19]

---

17 AZEVEDO, Plauto Faraco de. *Direito, Justiça Social e Neoliberalismo.* São Paulo: Revista dos Tribunais, 1999, p. 23.

18 SOUTO, Marcos Juruena Villela. *Desestatização, Privatização, Concessões e Terceirizações.* 3ª ed. Rio de Janeiro: Lumen Juris, 2000, p. 9.

19 OLIVEIRA, Gustavo Henrique Justino de. *Governança Pública e Parcerias do Estado: a relevância dos acordos administrativos para a nova gestão pública* in *Boletim de Direito Administrativo*, nº 25, 2009, p. 773.

5.2 Regulação

A *regulação* corresponde à atividade normativa, precipuamente técnica, desenvolvida pelas agências reguladoras sobre as quais versa a Lei nº 13.848/19.[20]

Fortes nessa premissa, as agências reguladoras são autarquias especiais que, para o exercício das funções normativa, fiscalizatória e parajudicial, são dotadas das autonomias técnica, financeira e administrativa.

As agências reguladoras de serviços públicos são autarquias especiais, distintas, pois, das entidades autárquicas que, em regra, compõem a Administração Pública.

As funções normativa, fiscalizatória e parajudicial são características das agências reguladoras, que funcionam como instâncias de produção de normas regulatórias pela Administração Pública, fiscalização sobre a regularidade da prestação dos serviços públicos que houverem sido delegados à iniciativa privada e arbitramento dos conflitos de interesses entre os delegantes, delegatários e usuários.

As agências reguladoras de serviços públicos são forjadas pela autonomia técnica, eis que as decisões das agências reguladoras têm motivação predominantemente técnica, não havendo falar em recursos administrativos impróprios, autonomia financeira, na medida em que as agências reguladoras têm receitas que lhes são destinadas, por exemplo, as taxas de fiscalização da Administração Pública, e autonomia administrativa, tendo em vista que os conselheiros das agências reguladoras têm investidura por tempo certo, somente havendo a possibilidade de demissão em caso de falta grave apurada em procedimento administrativo disciplinar, "não podendo a exoneração dos conselheiros delas ficar a critério discricionário do Poder Executivo. Tal fato poderia subverter a própria natureza da autarquia especial, devotada à regulação e fiscalização dos serviços públicos prestados no âmbito da entidade política, com certo grau de autonomia conferido por lei".[21, 22]

Acesse o
MATERIAL SUPLEMENTAR

Entre no Ambiente de Aprendizagem através das instruções contidas na orelha deste livro e acesse os conteúdos exclusivos desta edição:
- Atualizações legislativas mensais.
- Questões de prova interativas.
- Esquemas.

---

20 BENJÓ, Isaac. *Fundamentos de Economia da Regulação*. Rio de Janeiro: Thex, 1999, p. 58.

21 BARROSO, Luís Roberto. *Natureza Jurídica e Funções das Agências Reguladoras de Serviços Públicos. Limites da Fiscalização a ser desempenhada pelo Tribunal de Contas do Estado* in *Revista Trimestral de Direito Público*, nº 25, 1999, p. 73.

22 STF, ADIn nº 1.949, Rel. Min. Dias Toffoli, j. 17.9.2014, *DJU* 14.11.2014.

Capítulo 42
ORDEM SOCIAL

Acesse e assista à aula explicativa sobre este assunto.

> https://uqr.to/14uh8

1 CONCEITO

A **ordem social tem como base o primado do trabalho e como objetivo o bem-estar e justiça sociais**, de acordo com o art. 193 da CRFB.

Nesse sentido, o Título II, sobretudo o Capítulo II, e o Título VIII, que evidencia o "núcleo substancial do regime democrático",[1] têm relação entre si, a partir da constatação de que a ordem social dispõe os mecanismos que asseguram a efetividade dos direitos sociais instituídos na Constituição da República.[2]

2 PRIMADO DO TRABALHO

Em decorrência do *primado do trabalho* sobre o capital, constitui o trabalho o fator produtivo de maior relevo.[3]

A fortiori, o ordenamento jurídico, como um todo, deve estar voltado à valorização do trabalho, sem o qual não se produz riqueza apta a sustentar a ordem social.[4, 5]

3 BEM-ESTAR SOCIAL

O *bem-estar social* pode ser investigado sob os ângulos individual e coletivo.[6]

---

1 NASCIMENTO, Tupinambá Castro. *A Ordem Social e a Nova Constituição.* Rio de Janeiro: Aide, 1991, p. 9.

2 José Afonso da Silva acentua que "o bem-estar e a justiça sociais como objetivo quer dizer que as relações econômicas e sociais do país, para gerarem o bem-estar, hão de propiciar trabalho e condição de vida, material, espiritual e intelectual, adequada ao trabalhador e sua família, e que a riqueza produzida no país, para gerar justiça social, há de ser equanimemente distribuída". SILVA, José Afonso da. *Comentário Contextual à Constituição.* 2ª ed. São Paulo: Malheiros, 2006, p. 758.

3 FALCÃO NETO, Joaquim de Arruda. *Ordem Constitucional Econômica.* Rio de Janeiro: FGV, 2013, p. 73.

4 STF, ADIn nº 1.721, Rel. Min. Carlos Britto, j. 11.10.2006, *DJU* 29.6.2007.

5 Celso Ribeiro Bastos adverte que "o primado do trabalho é o princípio que unifica toda a ordem social". BASTOS, Celso Ribeiro. *Curso de Direito Constitucional.* São Paulo: Celso Bastos, 2002, p. 765.

6 TÁCITO, Caio. *Temas de Direito Público.* v. I. Rio de Janeiro: Renovar, 1997, p. 377.

Individualmente, refere-se o bem-estar às condições materiais de existência digna e, especialmente, aos direitos sociais de que trata o art. 6º.

Coletivamente, relaciona-se o bem-estar ao meio ambiente ecologicamente equilibrado, dentro dos limites da função social da propriedade e das políticas urbana, agrícola e fundiária sobre os quais versam os arts. 5º, inc. XXIII, 170, inc. III, 173, § 1º, inc. I, 182, § 2º, 184, *caput*, 185, parágrafo único, 186, *caput*, e 225, *caput*, todos da CRFB.[7, 8]

4 JUSTIÇA SOCIAL

Considerada como ditame da ordem econômica que, fundada na valorização do trabalho humano e na livre-iniciativa, tem por fim assegurar a todos existência digna, a *justiça social* é definida como "superação das injustiças na repartição do produto econômico", em ordem a reduzir, tanto quanto possível, as desigualdades sociais.[9]

Ex positis, "justiça social, hoje, mais do que simplesmente retribuir riquezas criadas pelo esforço coletivo, significa distinguir, reconhecer e incorporar à sociedade mais ampla valores diversificados, muitas vezes considerados inferiores àqueles reputados dominantes".[10, 11]

5 DIVISÃO DA MATÉRIA

A ordem social, embora o Título VIII (mormente os Capítulos IV, VI e VIII da Constituição da República) disponha acerca de matérias que não sejam ligadas ao primado do trabalho nem ao bem-estar e justiça sociais,[12] é formada pela *seguridade social* (arts. 194 a 204), *educação, cultura, desporto* (arts. 205 a 217), *ciência, tecnologia, inovação* (arts. 218 e 219-B), *comunicação social* (arts. 220 a 224), *meio ambiente* (art. 225), *família, criança, adolescente, jovem, idoso* (arts. 226 a 230) e *índios* (arts. 231 e 232).[13]

Os temas foram objeto dos estudos sobre os direitos fundamentais, pelo que remetemos o interessado ao Capítulo 8, Itens 5, 6, e 7, e Capítulo 9, Itens 2.4, 2.5.2, 2.5.3 e 4.3.

---

7 BONAVIDES, Paulo. *Do Estado Liberal ao Estado Social.* 7ª ed. São Paulo: Malheiros, 2001, p. 184.

8 Francisco Cavalcanti Pontes de Miranda afirma que "o conceito de bem-estar social é assaz largo, porém serve de pauta constitucional à obra legislativa e está implícito no de função social da propriedade". MIRANDA, Francisco Cavalcanti Pontes de. *Comentários à Constituição de 1967 com a Emenda nº 1 de 1969.* 3ª ed. v. VI. Rio de Janeiro: Forense, 1987, p. 47.

9 GRAU, Eros Roberto. *A Ordem Econômica na Constituição de 1988.* 5ª ed. São Paulo: Malheiros, 2000, p. 223.

10 STF, ADPF nº 186, Rel. Min. Ricardo Lewandowski, j. 26.4.2012, *DJU* 20.10.2014.

11 Manoel Gonçalves Ferreira Filho assegura que "a justiça social é a virtude que ordena para o bem comum todos os atos humanos exteriores". FERREIRA FILHO, Manoel Gonçalves. *Curso de Direito Constitucional.* 32ª ed. São Paulo: Saraiva, 2006, p. 358.

12 MORAES FILHO, Evaristo de. *A Ordem Social no Novo Texto Constitucional.* São Paulo: LTr, 1988, p. 21.

13 Uadi Lammêgo Bulos atesta que "a técnica utilizada pelo constituinte foi a de colocar dentro do rótulo genérico da 'ordem social' várias matérias que, a rigor, não deveriam vir prescritas sob tal designação. Misturaram assuntos que, rigorosamente, não se encaixam. Ciência, tecnologia e meio ambiente, por exemplo, nada têm que ver com ordem social, salvo se tais expressões forem tomadas com bastante abrangência. O mesmo não se poderá fazer com o tema relativo aos índios, porque, nesse caso, será difícil empreender qualquer associação lógica com a ordem social". BULOS, Uadi Lammêgo. *Constituição Federal Anotada.* 3ª ed. São Paulo: Saraiva, 2001, p. 1.278.

Acesse o
MATERIAL SUPLEMENTAR

Entre no Ambiente de Aprendizagem através das instruções contidas na orelha deste livro e acesse os conteúdos exclusivos desta edição:
- Atualizações legislativas mensais.
- Questões de prova interativas.
- Esquemas.

BIBLIOGRAFIA

ABREU, Alzira Alves de. *Dicionário Histórico-Biográfico Brasileiro.* 2ª ed. v. II. Rio de Janeiro: FGV, 2001.

ACCIOLI, Wilson. *Instituições de Direito Constitucional.* 3ª ed. Rio de Janeiro: Forense, 1984.

_________. *Teoria Geral do Estado.* Rio de Janeiro: Forense, 1985.

ACKERMAN, Bruce. *The Rise of World Constitutionalism* in *Virginia Law Review*, nº 83, 1997.

_________. *The Living Constitution* in *Yale Law Journal*, nº 120, 2007.

ADEODATO, João Maurício. *Filosofia do Direito.* São Paulo: Saraiva, 2005.

ADOMEIT, Klaus. *Rechts und Staatsphilosophie.* v. II. Heidelberg: Decker's Verlag, 1995.

ADRADOS, Francisco Rodrigues. *Ilustración y Política en la Grecia Clásica.* Madrid: Revista de Occidente, 1966.

AESANI, Liliana Minardi et al. *A Privacidade na Sociedade da Informação: breves reflexões* in *Revista do Curso de Direito do Centro Universitário das Faculdades Metropolitanas Unidas*, nº 28, 2006.

AFFONSO, Daniela Ferro. *Do Mandado de Segurança e a Questão da Execução Provisória.* Rio de Janeiro: Lumen Juris, 1998.

AFFONSO, Sebastião Baptista. *Administração na Constituição* in *Revista de Informação Legislativa*, nº 108, 1990.

AFONSO, Carlos. *Teoria do Estado.* Petrópolis: Vozes, 1988.

AGRA, Walber de Moura. *Manual de Direito Constitucional.* São Paulo: Revista dos Tribunais, 2002.

_________. *Curso de Direito Constitucional.* Rio de Janeiro: Forense, 2006.

AGUIAR, Joaquim Castro. *Competência e Autonomia dos Municípios na Nova Constituição.* Rio de Janeiro: Forense, 1993.

AINA, Eliane Maria Barreiros. *Direito à Moradia.* 2ª ed. Rio de Janeiro: Lumen Juris, 2004.

ALBERTON, Cláudia Marlise da Silva. *A Publicidade dos Atos Processuais.* Rio de Janeiro: Aide, 2000.

ALCALÁ-ZAMORA, Niceto y Castillo et al. *Derecho Procesal Penal.* Buenos Aires: Guilhermo Kraft, 1945.

ALCOFORADO, Luis Carlos. *Súmula Vinculante.* São Paulo: Revista dos Tribunais, 2001.

ALCORTA, Amancio. *Las Garantías Constitucionales*. 2ª ed. Buenos Aires: Félix Lajouane, 1897.

ALEIXO, Pedro. *Imunidades Parlamentares* in *Revista Brasileira de Estudos Políticos*, nº 1, 1961.

ALENCAR, Rosmar Cavalcanti de. *Ação Popular*. 2ª ed. Porto Alegre: Nuria Fabris, 2008.

ALEXANDRIDIS, Georgios José Ilias. *Questionamentos sobre o Inquérito Civil* in *Revista de Direitos Difusos*, nº 36, 2006.

ALEXY, Robert. *Theorie der Grundrechte*. 2ª ed. Frankfurt: Suhrkamp, 1986.

_________. *Sistema Jurídico, Principios Jurídicos y Razón Práctica* in *Derecho y Razón Práctica*. México: Fontamara, 1993.

_________. *Teoria dos Direitos Fundamentais*. São Paulo: Malheiros, 2008.

ALIGHIERI. *Monarquia*. Rio de Janeiro: Tecnoprint, 1988.

ALLIX, Dominique. *Droits Fondamentaux*. 2ª ed. Paris: Montchrestien, 2002.

ALMEIDA, Felipe Lima de. *Interceptação das Correspondências dos Presos* in *Boletim do IBCCrim*, nº 145, 2004.

ALMEIDA, Fernanda Dias Menezes de. *Competências na Constituição de 1988*. São Paulo: Atlas, 1991.

_________. *Direito de Reunião*. São Paulo: Max Limonad, 2001.

ALMEIDA, Francisco Carlos. *Renúncia de Receita* in *Revista do Tribunal de Contas da União*, nº 88, 2001.

ALMEIDA, Gregório Assagra de. *Direito Processual Coletivo Brasileiro: um novo ramo do Direito Processual (princípios, regras interpretativas e a problemática da sua interpretação)*. São Paulo: Saraiva, 2003.

ALMEIDA, Guilherme Beltrão de. *"Habeas Data" - Questões a Enfrentar* in *"Habeas Data"*. São Paulo: Revista dos Tribunais, 1998.

ALMEIDA, Heitor Luiz. *Justiça Militar Estadual* in *Revista do Superior Tribunal Militar*, nº 11, 1986.

ALMEIDA, José Antônio Figueiredo de. *Eleições 98. Comentários à Lei nº 9.504/97*. Brasília: Brasília Jurídica, 1998.

ALMEIDA, Liliane do Espírito Santo Roriz de. *Conflito entre Normas Constitucionais*. Rio de Janeiro: América Jurídica, 2001.

ALMEIDA, Luís Nunes de. *O Tribunal Constitucional: o conteúdo, a vinculatividade e os efeitos das suas decisões* in *Portugal - Sistema Político e Constitucional*. Lisboa: Lex, 1989.

ALMEIDA, Marcelo Pereira de. *Precedentes Judiciais*. Curitiba: Juruá, 2014.

ALMEIDA, Maria Herminia de. *Revolução de 1930 e Questão Sindical* in *Coleção Temas Brasileiros*, nº 54, 1982.

ALTERINI, Atílio Aníbal. *Insegurança Jurídica*. Buenos Aires: Abeledo-Perrot, 1993.

ALVES, José. *Direito Constitucional Brasileiro*. 2ª ed. São Paulo: José Bushatsky, 1973.

ALVES, José Carlos Moreira. *Direito Romano*. 7ª ed. v. I. Rio de Janeiro, Forense, 1991.

_________. *A Evolução do Controle de Constitucionalidade no Brasil* in *As Garantias do Cidadão na Justiça*. São Paulo: Saraiva, 1993.

_________. *Voto* in *Revista Trimestral de Jurisprudência*, nº 103, 1982.

_________. *Voto* in *Revista de Direito Administrativo*, nº 201, 1995.

ALVES, Rogério Pacheco. *Improbidade Administrativa*. Rio de Janeiro: Lumen Juris, 2002.

ALVES JÚNIOR, Luis. *A Fundamentação da Medida Provisória: requisito de legitimidade constitucional* in *Revista do Centro Acadêmico Afonso Pena*, nº 3, 1997.

ALVEZ, Maria Cristina. *Remédio Constitucional*. São Paulo: FTD, 1999.

ALVIM, Eduardo Pellegrini Arruda. *Mandado de Segurança no Direito Tributário*. São Paulo: Faculdade de Direito da Pontifícia Universidade Católica de São Paulo, 1996.

ALVIM, José Eduardo Carreira. *"Habeas Data"*. Rio de Janeiro: Forense, 2001.

ALVIM, José Manoel Arruda. *A Declaração Concentrada de Inconstitucionalidade pelo STF e os Limites Impostos à Ação Civil Pública e ao Código de Proteção e Defesa do Consumidor* in *Revista de Processo*, nº 81, 1996.

ALVIM NETTO, José Manoel de Arruda. *Anotações sobre a Medida Liminar em sede de Mandado de Segurança* in *Revista de Processo*, nº 39, 1985.

AMADO, Gildásio. *Educação Média*. Rio de Janeiro: José Olympio, 1973.

AMARAL JÚNIOR, José Levi Mello do. *Incidente de Arguição de Inconstitucionalidade. Comentários ao Art. 97 da Constituição e aos Arts. 480 a 482 do Código de Processo Civil*. São Paulo: Revista dos Tribunais, 2002.

AMERICANO, Alberto. *Ensaio sobre o Conceito de Nação*. São Paulo: USP, 1945.

ANDRADA, Doorgal Gustavo. *Justiça Estadual Comum*. 2ª ed. Belo Horizonte: Del Rey, 1996.

ANDRADE, Clarissa Diniz. *Justiça Especializada* in *Revista do Ministério Público do Estado da Bahia*, nº 1, 1998.

ANDRADE, Fábio Martins de. *Reforma do Poder Judiciário: aspectos gerais, o sistema de constitucionalidade das leis e a regulamentação da súmula vinculante* in *Revista de Informação Legislativa*, nº 171, 2006.

ANDRADE, José Carlos Vieira de. *Os Direitos Fundamentais na Constituição Portuguesa*. Coimbra: Almedina, 1987.

ANDRADE, Manuel Domingues de. *Ensaio sobre a Teoria da Interpretação das Leis*. 4ª ed. Coimbra: Arménio Amado, 1987.

ANDRADE FILHO, Edmar Oliveira. *Controle de Constitucionalidade de Leis e Atos Normativos*. São Paulo: Dialética, 1997.

ANNONI, Danielle. *Responsabilidade do Estado pela Demora na Prestação Jurisdicional*. Rio de Janeiro: Forense, 2003.

ANTUNES, Paulo de Bessa. *Direito Ambiental*. 9ª ed. Rio de Janeiro: Lumen Juris, 2006.

APPIO, Eduardo Fernando. *Controle Judicial das Políticas Públicas no Brasil*. Curitiba: Juruá, 2004.

AQUINO, Tomás de. *Summa Theologica*. Madrid: Biblioteca de Autores Cristianos, 1990.

AQUIRRE, Antônio. *Ensino Básico*. Belo Horizonte: Cedeplar, 1995.

ARAGÃO, Egas Moniz de. *A Correição Parcial*. Curitiba: Imprensa da Universidade Federal do Paraná, 1969.

ARAÚJO, Anildo Fábio de. *O Controle de Constitucionalidade no Distrito Federal* in *Revista de Informação Legislativa*, nº 144, 1999.

ARAÚJO, Edmir Netto de. *Os Princípios Administrativos na Constituição de 1988* in *Revista da Procuradoria-Geral do Estado de São Paulo*, nº 32, 1990.

ARAÚJO, José Henrique Mouta. *Mandado de Segurança: questões controvertidas*. Salvador: JusPodivm, 2007.

________. *A Teoria da Encampação no Mandado de Segurança: ponderações necessárias* in *Revista Dialética de Direito Processual*, nº 78, 2009.

ARAÚJO, Luis Ivani de Amorim. *Curso de Direito Internacional Público*. 8ª ed. Rio de Janeiro: Forense, 1995.

________. *A Nacionalidade* in *Revista da Faculdade de Direito Cândido Mendes*, nº 8, 2003.

ARAUJO, Luiz Alberto David. *Curso de Direito Constitucional*. São Paulo: Saraiva, 1998.

________. *Direitos das Pessoas Portadoras de Deficiência*. São Paulo: Revista dos Tribunais, 2006.

ARAÚJO, Nádia de. *Perda e Reaquisição da Nacionalidade Brasileira* in *A Nova Constituição e o Direito Internacional*. Rio de Janeiro: Freitas Bastos, 1987.

________. *O Direito Internacional Privado e a Proteção da Pessoa Humana: evolução do método conflitual e a observância dos direitos fundamentais* in *XXVIII Curso de Derecho Internacional organizado por el Comité Jurídico Interamericano y la Secretaría General de la Organización de los Estados Americanos*. Washington D. C.: OEA, 2002.

ARAUJO JUNIOR, João Marcelo. *Os Grandes Movimentos Atuais de Política Criminal* in *Fascículos de Ciências Penais*, nº 9, 1988.

ARIMATÉA, José Rodrigues. *Propriedade*. São Paulo: Lemos e Cruz, 2003.

ARISTÓTELES. *Política*. São Paulo: Martin Claret, 2001.

ARROYO, César Rodrigo Landa. *Autonomía Procesal del Tribunal Constitucional: la experiencia del Peru* in *Anuario de Derecho Constitucional Latinoamericano*, nº 15, 2009.

ASCENÇÃO, José Oliveira. *Direito de Propriedade Autoral*. Rio de Janeiro: Forense, 1980.

_________. *O Direito: introdução e teoria geral*. Rio de Janeiro: Renovar, 1994.

ASSIS, Luiz Gustavo de. *Processo Legislativo e Orçamento Público:* função de controle do Parlamento. São Paulo: Saraiva, 2012.

ASSIS, Olney Queiroz. *Legislação sobre a Pessoa Portadora de Deficiência*. São Paulo: Damásio de Jesus, 2005.

ATALIBA, Geraldo. *Sistema Constitucional Tributário Brasileiro*. São Paulo: Revista dos Tribunais, 1966.

_________. *República e Constituição*. 2ª ed. São Paulo: Malheiros, 1998.

_________. *Hipótese de Incidência Tributária*. 6ª ed. São Paulo: Malheiros, 2000.

_________. *Emenda nº 3/93 à Constituição de 1988* in *Revista Trimestral de Direito Público*, nº 4, 1993.

ATHAYDE, Augusto de. *Estudos de Direito Econômico e de Direito Bancário*. Rio de Janeiro: Liber Juris, 1983.

ATIENZA, Manuel. *As Razões do Direito. Teorias da Argumentação Jurídica*. 2ª ed. São Paulo: Landy, 2002.

_________. *Sobre lo Razonable en el Derecho* in *Revista Española de Derecho Constitucional*, nº 27, 1989.

AUBY, Jean Bernard. *Distinction du Droit Privé et du Droit Public*. Paris: Panthéon Assas, 2004.

AURELLI, Arlete Inês. *O Juízo de Admissibilidade na Ação de Mandado de Segurança*. São Paulo: Malheiros, 2006.

ÁVILA, Humberto Bergmann. *Neoconstitucionalismo: entre a ciência do direito e o direito da ciência* in *Vinte Anos da Constituição Federal de 1988*. Rio de Janeiro: Lumen Juris, 2009.

_________. *A Distinção entre Princípios e Regras e a Redefinição do Dever de Proporcionalidade* in *Revista da Pós-Graduação da Faculdade de Direito da Universidade de São Paulo*, nº 1, 1999.

_________. *A Distinção entre Princípios e Regras: a redefinição do dever de proporcionalidade* in *Revista de Direito Administrativo*, nº 215, 1999.

_________. *As Novas Regras relativas à Edição de Medidas Provisórias* (Palestra promovida para o Grupo de Estudos da Procuradoria-Geral do Estado do Rio Grande do Sul, Porto Alegre, 1º.8.2001).

AZAMBUJA, Darcy. *Teoria do Estado*. Porto Alegre: Globo, 1962.

AZEVEDO, Álvaro Villaça. *União Estável* in *Cadernos de Direito Constitucional e Ciência Política*, nº 22, 1998.

AZEVEDO, Damião Alves de. *A Natureza Jurídica das Associações de Municípios e dos Convênios Intermunicipais* in *Revista de Direito Administrativo*, nº 238, 2004.

AZEVEDO, Luiz Henrique Cascelli. *O Controle Legislativo de Constitucionalidade.* Porto Alegre: Sergio Antonio Fabris, 2001.

AZEVEDO, Plauto Faraco de. *Crítica à Dogmática e Hermenêutica Jurídica.* Porto Alegre: Sergio Antonio Fabris, 1989.

________. *Direito, Justiça Social e Neoliberalismo.* São Paulo: Revista dos Tribunais, 1999.

AZZARITTI, Gaetano. *Problemi attuali di Diritto Costituzionale.* Milano: Giuffrè, 1951.

BACHA, Sergio Reginaldo. *Mandado de Injunção* in *Cadernos de Direito Constitucional e Ciência Política*, nº 11, 1995.

BACHOF, Otto. *Verfassungswidrige Verfassungsnormen?* Tübingen: Verlag, 1951.

________. *Weze zum Rechtstaat.* Königstein: Althenäum, 1979.

BADARÓ, Gustavo. *Presidente Reeleito pode sofrer "Impeachment" por Ato realizado em Mandato Anterior? Sim* in *Folha de S. Paulo*, 22.8.2015.

BADIA, Juan Ferrando. *El Estado Unitario, el Estado Federal y el Estado Autonómico.* Madrid: Tecnos, 1986.

________. *Del Estado Unitario al Estado Autonómico: su proceso* in *Revista del Departamiento de Derecho Político*, nº 5, 1986.

BAETA, Hermann Assis. *Controle do Poder Judiciário.* Brasília: Conselho Federal da Ordem dos Advogados do Brasil, 1999.

BALEEIRO, Aliomar. *O Supremo Tribunal Federal, esse outro Desconhecido.* Rio de Janeiro: Forense, 1968.

________. *Limitações Constitucionais ao Poder de Tributar.* 6ª ed. Rio de Janeiro: Forense, 1985.

________. *O Tribunal de Contas e o Controle Externo da Execução Orçamentária* in *Revista de Direito Administrativo*, nº 31, 1953.

BALERA, Wagner. *A Seguridade Social na Constituição de 1988.* São Paulo: Revista dos Tribunais, 1989.

BARACHO, José Alfredo de Oliveira. *Processo Constitucional.* Rio de Janeiro: Forense, 1984.

________. *Teoria Geral do Federalismo.* Rio de Janeiro: Forense, 1986.

________. *Hermenêutica Constitucional* in *Revista de Direito Público*, nº 60, 1981.

________. *Novos Rumos do Federalismo* in *Revista de Direito Público*, nº 65, 1983.

________. *Parecer* in *Revista de Direito da Defensoria Pública do Estado do Rio de Janeiro*, nº 7, 1995.

BARACHO, Tereza Cristina. *"Habeas Data"*. Belo Horizonte: Del Rey, 1997.

BARBI, Celso Agrícola. *Do Mandado de Segurança.* 8ª ed. Rio de Janeiro: Forense, 1998.

________. *Evolução do Controle de Constitucionalidade das Leis no Brasil* in *Revista de Direito Público*, nº 4, 1969.

_________. *Mandado de Segurança na Constituição de 1988* in *Revista dos Tribunais*, nº 635, 1988.

_________. *Mandado de Injunção* in *Revista dos Tribunais*, nº 637, 1988.

_________. *Supremo Tribunal Federal: competências na Constituição de 1988* in *Revista Forense*, nº 308, 1989.

BARBIERI, Samia Roges. *Direitos dos Índios*. Coimbra: Almedina, 2009.

BARBIERO, Louri Geraldo. *Ato Jurídico Perfeito* in *Revista de Direito do TJSP*, nº 153, 1995.

BARBOSA, Ruy. *Obras Completas de Ruy Barbosa*. v. XVII. t. I. Rio de Janeiro: Ministério da Educação e Saúde, 1890.

_________. *O Estado de Sítio: sua natureza, seus efeitos, seus limites*. Rio de Janeiro: Cia. Impressora, 1892.

_________. *Comentários à Constituição Federal Brasileira*. v. V. São Paulo: Saraiva & Cia., 1934.

_________. *Trabalhos Jurídicos*. Rio de Janeiro: Casa de Rui Barbosa, 1962.

BARBOSA SOBRINHO, Osório. *A Constituição Federal vista pelo STF*. São Paulo: Juarez de Oliveira, 2001.

BARCELLOS, Ana Paula de. *A Eficácia Jurídica dos Princípios Constitucionais*. Rio de Janeiro: Renovar, 2002.

_________. *Ponderação, Racionalidade e Atividade Jurisdicional*. Rio de Janeiro: Renovar, 2005.

_________. *O Mínimo Existencial e Algumas Fundamentações* in *Legitimação dos Direitos Fundamentais*. Rio de Janeiro: Renovar, 2002.

_________. *Normatividade dos Princípios e o Princípio da Dignidade da Pessoa Humana na Constituição de 1988* in *Revista de Direito Administrativo*, nº 221, 2000.

BARNES, Jeb. *Overruled? Legislative Overrides, Pluralism, and Contemporary Court-Congress Relations*. Palo Alto: Stanford University Press, 2004.

BARROS, Antonio Milton. *Considerações sobre a Busca Domiciliar em face da Constituição Federal* in *Revista de Estudos Jurídicos*, nº 9, 2000.

BARROS, Hamilton de Moraes e. *As Liminares do Mandado de Segurança*. Rio de Janeiro: Forense, 1963.

BARROS, José Manoel. *Filosofia do Direito*. São Paulo: Juarez de Oliveira, 2004.

BARROS, Suzana de Toledo. *O Princípio da Proporcionalidade e o Controle de Constitucionalidade das Leis Restritivas de Direitos Fundamentais*. Brasília: Brasília Jurídica, 1996.

BARROSO, Luís Roberto et al. *O Começo da História: a nova interpretação constitucional e o papel dos princípios no direito brasileiro* in *Revista Forense*, nº 371, 2004.

BARROSO, Luís Roberto. *Direito Constitucional Brasileiro: o problema da federação*. Rio de Janeiro: Forense, 1982.

_________. *Constituição da República Federativa do Brasil Anotada*. São Paulo: Saraiva, 1998.

_________. *Interpretação e Aplicação da Constituição*. 3ª ed. São Paulo: Saraiva, 1999.

_________. *O Direito Constitucional e a Efetividade de suas Normas: limites e possibilidades da Constituição brasileira*. 4ª ed. São Paulo: Renovar, 2000.

_________. *Temas de Direito Constitucional*. v. I. Rio de Janeiro: Renovar, 2001.

_________. *Temas de Direito Constitucional*. v. II. Rio de Janeiro: Renovar, 2003.

_________. *Controle de Constitucionalidade no Direito Brasileiro*. São Paulo: Saraiva, 2004.

_________. *A Igualdade Perante a Lei: algumas reflexões* in *Temas Atuais do Direito Brasileiro*. 1ª série. Rio de Janeiro: UERJ, 1987.

_________. *Conceitos Fundamentais sobre o Controle de Constitucionalidade e a Jurisprudência do Supremo Tribunal Federal* in *O Controle de Constitucionalidade e a Lei nº 9.868/99*. Rio de Janeiro: Lumen Juris, 2001.

_________. *Constitucionalidade e Legitimidade do Conselho Nacional de Justiça* in *Reforma do Poder Judiciário*. São Paulo: Revista dos Tribunais, 2005.

_________. *Neoconstitucionalismo e Constitucionalização do Direito (O Triunfo Tardio do Direito Constitucional no Brasil)* in *A Constitucionalização do Direito*. Rio de Janeiro: Lumen Juris, 2007.

_________. *Poder Executivo – Lei Inconstitucional – Descumprimento* in *Revista de Direito Administrativo*, nº 181, 1990.

_________. *A Proteção do Meio Ambiente na Constituição Brasileira* in *Revista Forense*, nº 317, 1993.

_________. *Mandado de Injunção: perfil doutrinário jurisprudencial* in *Revista de Direito Administrativo*, nº 191, 1993.

_________. *Princípios Constitucionais Brasileiros* in *Revista da Faculdade de Direito da Universidade do Estado do Rio de Janeiro*, nº 1, 1993.

_________. *A Constituição e o Conflito de Normas no Tempo: Direito Constitucional Intertemporal* in *Revista da Faculdade de Direito da Universidade do Estado do Rio de Janeiro*, nº 3, 1995.

_________. *Os Princípios da Razoabilidade e da Proporcionalidade no Direito Constitucional* in *Revista de Direito do Ministério Público do Estado do Rio de Janeiro*, nº 4, 1996.

_________. *Comissões Parlamentares de Inquérito. Limite de sua competência. Sentido da expressão constitucional "poderes de investigação próprios das autoridades judiciais"* in *Revista Forense*, nº 335, 1996.

_________. *"Impeachment". Crime de Responsabilidade. Exoneração do Cargo* in *Revista de Direito Administrativo*, nº 212, 1998.

_________. *Mandado de Injunção: o que foi sem nunca ter sido. Uma proposta de reformulação* in *Revista de Processo*, nº 89, 1998.

_________. *Entre a Lei e a Justiça: princípio da razoabilidade no Direito brasileiro* in *AMAERJ Notícias*, nº 41, 1998.

_________. *Natureza Jurídica e Funções das Agências Reguladoras de Serviços Públicos. Limites da Fiscalização a ser desempenhada pelo Tribunal de Contas do Estado* in *Revista Trimestral de Direito Público*, nº 25, 1999.

_________. *Fundamentos Teóricos e Filosóficos do Novo Direito Constitucional Brasileiro (Pós-Modernidade, Teoria Crítica e Pós-Positivismo)* in *Revista Forense*, 356, 2001.

_________. *Anencefalia, Inviabilidade do Feto e Antecipação Terapêutica do Parto.* Disponível em: <http://www.planalto.gov.br>. Acesso em: 20.2.2006.

BARROW, Clyde. *Theory of the State*. Milwaukee: University of Wisconsin, 1993.

BARTHÉLEMY, Joseph. *Traité Élémentaire de Droit Constitutionnel*. Paris: Librairie Dalloz, 1926.

BASSEDAS, Eulália. *Educação Infantil*. Porto Alegre: Artmed, 1999.

BASTOS, Celso Ribeiro et al. *Interpretação e Aplicabilidade das Normas Constitucionais*. São Paulo: Saraiva, 1982.

_________. *Comentários à Constituição do Brasil*. v. II. São Paulo: Saraiva, 1989.

_________. *Comentários à Constituição do Brasil*. v. IV, t. I. São Paulo: Saraiva, 1995.

_________. *Comentários à Constituição do Brasil*. v. VI. São Paulo: Saraiva, 1990.

_________. *Comentários à Constituição do Brasil*. v. VIII. São Paulo: Saraiva, 1998.

_________. *A Arguição de Descumprimento de Preceito Fundamental e a Avocatória*. Disponível em: <http://www.planalto.gov.br>. Acesso em: 13.6.2001.

BASTOS, Celso Ribeiro. *Do Mandado de Segurança*. São Paulo: Saraiva, 1978.

_________. *Curso de Teoria do Estado e Ciência Política*. São Paulo: Saraiva, 1986.

_________. *Por uma Nova Federação*. São Paulo: Revista dos Tribunais, 1995.

_________. *A Constituição de 1988 e seus Problemas*. São Paulo: LTr, 1997.

_________. *Lei Complementar: teoria e comentários*. 2ª ed. São Paulo: Instituto Brasileiro de Direito Constitucional, 1999.

_________. *Curso de Direito Constitucional*. São Paulo: Celso Bastos, 2002.

_________. *Da Reconfiguração do Estado* in *As Tendências do Direito Público no Limiar de um Novo Milênio*. São Paulo: Saraiva, 2000.

_________. *A Federação nas Constituições Brasileiras* in *Revista da Procuradoria-Geral do Estado de São Paulo*, nº 29, 1988.

_________. *O Planejamento na Constituição* in *Revista de Direito da Procuradoria-Geral do Estado de São Paulo*, nº 31, 1989.

_________. *O Município: sua evolução histórica e suas atuais competências* in *Cadernos de Direito Constitucional e Ciência Política*, nº 1, 1992.

_________. *O Abuso do Poder Econômico* in *Cadernos de Direito Constitucional e Ciência Política*, nº 9, 1994.

BASTOS, José Tavares. *Naturalização*. São Paulo: Saraiva, 1926.

BASTOS, Lucília Isabel Candini. *Mandado de Segurança Coletivo: legitimidade ativa e objeto*. Curitiba: Juruá, 2007.

BASTOS, Márcio Thomaz et al. *Reforma do Poder Judiciário*. v. XXI. Brasília: Centro de Estudos Judiciários, 2003.

BASTOS, Nuno Manuel. *Direito ao Transporte*. Coimbra: Almedina, 2004.

BATALHA, Wilson de Souza Campos. *Direito Intertemporal*. Rio de Janeiro: Forense, 1980.

BATISTA, Weber Martins et al. *Juizados Especiais Cíveis e Criminais e Suspensão Condicional do Processo Penal*. Rio de Janeiro: Forense, 1999.

BATISTA, Weber Martins. *Trancamento do Inquérito Policial ou Ação Penal* in *Revista Forense*, nº 328, 1994.

BATTAGLIA, Felice. *Teoria dello Stato*. Milano: Giuffrè, 1955.

BAUGHAN, Brian. *Fundamental Rights*. Philadelphia: Mason Crest, 2006.

BAYLER, Maria Célia de Almeida. *Os Princípios Fundamentais e a Conformação do Estado Brasileiro* in *Revista de Direito Constitucional*, nº 33, 2000.

BEAUMONT, Paul et al. *Convergence and Divergence in European Public Law*. London: Hart Publishing, 2002.

BELAUNDE, Domingo Garcia. "Notas sobre las Garantías Constitucionales" in *Revista del Instituto Interamericano de Derechos Humanos*, nº 10, 1989.

BENJÓ, Isaac. *Fundamentos da Economia da Regulação*. Rio de Janeiro: Thex, 1999.

BERGER, Raoul. *Government by Judiciary. The Transformation of the Fourteenth Amendment*. Massachusetts: Harvard University Press, 1977.

BERMUDES, Sérgio. *Introdução ao Processo*. 3ª ed. Rio de Janeiro: Forense, 2002.

_________. *A Reforma do Judiciário pela Emenda Constitucional nº 45/04*. Rio de Janeiro: Forense, 2005.

_________. *O Mandado de Injunção* in *Revista dos Tribunais*, nº 642, 1989.

_________. *O Mandado de Injunção* in *ADV Advocacia Dinâmica: boletim informativo semanal*, nº 42, 1990.

BERNARDES, Juliano Taveira. *Controle Abstrato de Constitucionalidade: elementos materiais e princípios processuais*. São Paulo: Saraiva, 2004.

_________. *Arguição de Descumprimento de Preceito Fundamental*. Disponível em: <http://www.planalto.gov.br>. Acesso em: 29.1.2001.

BERNARDES, Wilba Lúcia Maia. *Da Nacionalidade: brasileiros natos e naturalizados*. Belo Horizonte: Del Rey, 1996.

BERNARDI, Ovídio. *Ação de Enriquecimento Ilícito e Ação Popular* in *Revista dos Tribunais*, nº 314, 1967.

BERTOLO, Rubens Geraldi. *Direito à Segurança do Domicílio*. São Paulo: Método, 2003.

BEZERRA, Fábio Luiz de Oliveira. *Ação Penal Privada Subsidiária da Pública* in *IOB: repertório de jurisprudência civil, processual, penal e comercial*, nº 23, 2009.

BEZERRA, Pedro de Araújo. *Os Princípios da Administração Pública na Constituição de 1988* in *Revista do Curso de Mestrado de Direito da Universidade Federal do Ceará*, nº 9, 1990.

BIANCHI, Paolo. *Un'Amicizia Interessata: l'amicus curiae davanti alla Corte Suprema degli Stati Uniti* in *Giurisprudenza Costituzionale*, nº 6, 1995.

BICALHO, Maria Fernanda. *As Câmaras Municipais no Império Português* in *Revista Brasileira de História*, nº 36, 1998.

BILDER, Mary Sarah. *The Corporate Origins of Judicial Review* in *Yale Law Journal*, nº 116, 2006.

BINENBOJM, Gustavo et al. *Legitimação dos Direitos Humanos*. Rio de Janeiro: Renovar, 2002.

BINENBOJM, Gustavo. *A Nova Jurisdição Constitucional Brasileira: legitimidade democrática e instrumentos de realização*. Rio de Janeiro: Renovar, 2001.

_________. *Uma Teoria do Direito Administrativo: direitos fundamentais, democracia e constitucionalização*. Rio de Janeiro: Renovar, 2006.

_________. *Aspectos Processuais do Controle Abstrato da Constitucionalidade no Brasil* in *Revista de Direito Administrativo*, nº 218, 2001.

BISPO, Luiz. *Direito Constitucional Brasileiro*. São Paulo: Saraiva, 1981.

BITELLI, Marco Alberto de. *Direito à Segurança das Comunicações Pessoais*. São Paulo: Revista dos Tribunais, 2004.

BITENCOURT, Cezar Roberto. *Juizados Especiais Criminais na Justiça Federal: análise comparativa das Leis nos 9.099/95 e 10.259/01*. 2ª ed. São Paulo: Saraiva, 2005.

BITTAR, Carlos Alberto. *O Direito Civil na Constituição de 1988*. 2ª ed. São Paulo: Revista dos Tribunais, 1991.

_________. *Direito à Imagem*. 3ª ed. Rio de Janeiro: Forense Universitária, 2001.

BITTENCOURT, Carlos Alberto Lúcio. *O Controle Jurisdicional da Constitucionalidade das Leis*. 2ª ed. Rio de Janeiro: Forense, 1968.

BLACK, Henry Campbell. *Handbook of Construction and Interpretation of Law*. Saint Paul: West Publishing Co., 1896.

BLOCK, Fred. *State Theory*. Philadelphia: Templo Press, 1988.

BLUNTSCHLI, Johann. *The Theory of the State*. 3ª ed. New York: Clarendon Press, 1921.

BOBBIO, Norberto et al. *Dicionário de Política*. 5ª ed. v. II. Brasília: UnB, 2004.

BOBBIO, Norberto. *A Era dos Direitos*. Rio de Janeiro: Campus, 1992.

_________. *A Teoria das Formas de Governo*. 6ª ed. Brasília: UnB, 1992.

_________. *Teoria do Ordenamento Jurídico*. 5ª ed. Brasília: UnB, 1994.

BOCANEGRA, Raul Sierra. *El Valor de las Sentencias del Tribunal Constitucional*. Madrid: Debate, 1982.

BOCHENEK, Antonio César. *A Autoridade Coatora e o Ato Coator no âmbito do Mandado de Segurança Individual* in *Aspectos Polêmicos e Atuais do Mandado de Segurança*. São Paulo: Revista dos Tribunais, 2002.

BÖCKENFÖRDE, Ernst-Wolfgang. *Der Staat als sittlicher Staat*. Berlin: Duncker & Humblot, 1978.

_________. *Staat, Verfassung, Demokratie*. Frankfurt: Suhrkamp, 1992.

_________. *Grundrechtstheorie und Grundrechtsinterpretation* in *Neue Juristische Wochenschrift*, nº 1, 1974.

BODIN, Jean. *Les Six Livres de la République*. Paris: Librairie Générale Française, 1993.

BOLZAN, Marcelo Buliani. *A Evolução do Controle Incidental de Constitucionalidade* in *Revista Brasileira de Estudos Constitucionais*, nº 4, 2007.

BONAVIDES, Paulo et al. *História Constitucional do Brasil*. 3ª ed. Rio de Janeiro: Paz e Terra, 1991.

BONAVIDES, Paulo. *Curso de Direito Constitucional*. 11ª ed. São Paulo: Malheiros, 2001.

_________. *Do Estado Liberal ao Estado Social*. 7ª ed. São Paulo: Malheiros, 2001.

_________. *Teoria Constitucional da Democracia Participativa*. São Paulo: Malheiros, 2001.

_________. *Teoria do Estado*. 4ª ed. São Paulo: Malheiros, 2003.

_________. *As Constituições Brasileiras: notícia, história e análise crítica*. Brasília: OAB, 2008.

_________. *Quem tem medo da Constituinte?* in *Folha de S. Paulo*, 26.7.1981.

_________. *A Constitucionalidade dos Atos do Presidente da Câmara dos Deputados sobre o Processo de "Impeachment"* in *Revista do Curso de Mestrado de Direito da Universidade Federal do Ceará*, nº 11, 1992.

_________. *Direitos Fundamentais, Globalização e Neoconstitucionalismo* in *Revista Latino-Americana de Estudos Constitucionais*, nº 2, 2003.

BONETTO, María. *Las Transformaciones del Estado*. 2ª ed. Córdoba: Advocatus, 2003.

BONFILS, Henry. *Manuel de Droit International Public*. 5ª ed. Paris: Arthur Rousseau, 1908.

BONGIOVANNI, Giorgio et al. *Reasonableness and Law*. New York: Springer, 2009.

BORGES, Alice Gonzalez. *Normas Gerais nas Licitações e Contratos Administrativos* in *Revista Trimestral de Direito Público*, nº 16, 1996.

_________. *Os Consórcios Públicos na sua Legislação Reguladora* in *Interesse Público*, nº 32, 2005.

BORGES, José Souto Maior. *Eficácia e Hierarquia da Lei Complementar* in *Revista de Direito Público*, nº 25, 1973.

BORJA, Célio. *O Controle Judicial de Constitucionalidade* in *A Nova Ordem Constitucional: aspectos polêmicos*. Rio de Janeiro: Forense, 1990.

BOSCHI, Fabio Bauab. *Conflito de Normas Constitucionais* in *Cadernos de Direito Constitucional e Ciência Política*, nº 4, 1993.

BOSON, Gerson de Brito Mello. *Curso de Direito Internacional Público*. 2ª ed. Belo Horizonte: Del Rey, 1994.

_________. *Filosofia do Direito*. 2ª ed. Belo Horizonte: Del Rey, 1996.

BOSSUET, Jacques-Bénigne. *Politique tirée des propres Paroles de l' Écriture Sainte*. Paris: A. Colin, 1966.

BOUDREAUX, Paul. *The Electoral College and its Meager Federalism* in *Marquette Law Review*, nº 88, 2004.

BOUTMY, Emil. *Études de Droit Constitutionnel*. 3ª ed. Paris: Plon, 1885.

BOYER, Allen. *Sir Edward Coke and the Elizabethan Age*. Standford: Standford University Press, 2003.

BRACTON, Henry. *De legibus et consuetudinibus Angliae*.

BRANCO, Elcir. *Teoria do Estado*. São Paulo: Saraiva, 1988.

BREGA FILHO, Vladimir. *Direitos Fundamentais*. São Paulo: Juarez de Oliveira, 2002.

BRÍGIDO, Carolina. *Magistrados sob Vigilância* in *O Globo*, 31.12.2012.

BRITO, Edvaldo. *Limites da Revisão Constitucional*. Porto Alegre: Sergio Antonio Fabris, 1993.

BRITTO, Carlos Ayres et al. *Direito Adquirido contra as Emendas Constitucionais* in *Revista de Direito Administrativo*, nº 202, 1995.

BRITTO, Carlos Ayres. *O "Impeachment" na Constituição de 1988* in *Revista de Direito Civil, Imobiliário, Agrário e Empresarial*, nº 58, 1991.

_________. *Revisão Constitucional: Norma de Eficácia Esvaída* in *Revista Trimestral de Direito Público*, nº 6, 1994.

_________. *O Regime Constitucional dos Tribunais de Contas* in *Cadernos de Soluções Constitucionais*, nº 1, 2003.

BRUGGER, Winfried. *Grundrechte und Verfassungsgerichtsbarkeit* in *den Vereinigten Staaten von Amerika*. Tübingen: Möhr, 1987.

BRUNER, Christopher M. *Managing Corporate Federalism: the least-bad approach to the shareholder bylaw debate* in *Delaware Journal of Corporate Law*, nº 36, 2011.

BRUNO, Aníbal. *Direito Penal*. 5ª ed. Rio de Janeiro: Forense, 2003.

BRYCE, James. *Flexible and Rigid Constitutions* in *Studies* in *History and Jurisprudence*. v. I. Oxford: Clarendon, 1901.

BRYDE, Brun-Otto. *Verfassungsentwicklung, Stabilität und Dynamik* in *Verfassungsrecht der Bundesrepublik Deutschland*. Baden-Baden: Nomos, 1982.

BUENO, Cassio Scarpinella. *Liminar em Mandado de Segurança*. 2ª ed. São Paulo: Revista dos Tribunais, 1999.

_________. *Mandado de Segurança*. 3ª ed. São Paulo: Saraiva, 2007.

_________. *A Nova Lei do Mandado de Segurança*. São Paulo: Saraiva, 2009.

_________. *"Habeas Data": comentários à Lei nº 9.507, de 12 de novembro de 1997* in *Manual dos Procedimentos Especiais na Legislação Extravagante*. São Paulo: Saraiva, 2003.

_________. *A Legitimidade Ativa no Mandado de Segurança Coletivo* in *Revista de Processo*, nº 88, 1997.

BUENO, José Antônio Pimenta. *Direito Publico Brazileiro e Analyse da Constituição do Império*. Rio de Janeiro: Typographia de J. Villeneuve, 1857.

BUJANDA, Sainz de. *Lecciones de Derecho Financiero*. 7ª ed. Madrid: Universidad Complutense, 1989.

BULGARELLI, Waldirio. *Questões Atuais de Direito Empresarial*. São Paulo: Malheiros, 1995.

BULOS, Uadi Lammêgo. *Elementos de Direito Constitucional*. Belo Horizonte: Nova Alvorada, 1996.

_________. *Mandado de Segurança Coletivo*. São Paulo: Revista dos Tribunais, 1996.

_________. *Manual de Interpretação Constitucional*. São Paulo: Saraiva, 1997.

_________. *Mutação Constitucional*. São Paulo: Saraiva, 1997.

_________. *Constituição Federal Anotada*. 3ª ed. São Paulo: Saraiva, 2001.

_________. *Elaboração e Reforma das Constituições* in *Revista de Direito Administrativo*, nº 203, 1996.

_________. *Mudanças Constitucionais Informais* in *Trabalho e Doutrina*, nº 11, 1996.

BÚRCA, Grainne de. *Fundamental Rights and the Reach of European Constitutional Law* in *Oxford Journal of Legal Studies*, nº 13, 1993.

BURDEAU, Georges. *Traité de Science Politique*. 2ª ed. v. IV. Paris: Librairie Générale de Droit et de Jurisprudence, 1969.

_________. *Théorie de l'État*. Paris: Seuil, 1970.

_________. *Droit Constitutionnel et Institutions Politiques*. 6ª ed. Paris: Presses Universitaires de France, 1974.

_________. *Du Droit à la Science Politique* in *Ecrits de Droit Constitutionnel et de Science Politique*. Paris: Panthéon-Assas, 2011.

_________. *La Science Politique, Science pour l'Homme* in *Recueil Dalloz de Doctrine, de Jurisprudence et de Legislation*, nº 1, 1950.

BURKERT, Herbert. *Privacy – Data Protection* in *International Review of Administrative Sciences*, nº 62, 1996.

BUSANA, Dante. *"Habeas Corpus"* in *Revista da Escola Paulista da Magistratura*, nº 1, 1993.

BUZAID, Alfredo. *Da Ação Direta de Declaração de Inconstitucionalidade no Direito Brasileiro*. São Paulo: Saraiva, 1958.

_________. *Do Mandado de Segurança*. São Paulo: Saraiva, 1989.

_________. *Considerações sobre o Mandado de Segurança Coletivo*. São Paulo: Saraiva, 1992.

_________. *Bem Público de Uso Comum. Alteração de Destino. Ação Popular. Bem público de uso comum pode sofrer modificação em sua qualificação jurídica e tornar-se alienável. Ação popular pressupõe a nulidade do ato jurídico e a lesão ao patrimônio público* in *Revista de Direito Administrativo*, nº 84, 1966.

_________. *Ato das Disposições Constitucionais Transitórias* in *Revista dos Tribunais*, nº 669, 1984.

CABRAL, Antonio do Passo. *Pelas Asas de Hermes: a intervenção do "amicus curiae"* in *Revista de Processo*, nº 117, 2004.

CABRAL, José Bernardo. *A Promessa Constitucional de Acesso à Justiça e de Participação Popular*. Brasília; Senado Federal, 2002.

CAETANO, Marcello. *História Breve das Constituições Portuguesas*. 3ª ed. Lisboa: Verbo, 1971.

_________. *Direito Constitucional*. v. II. Rio de Janeiro: Forense, 1987.

_________. *Direito Administrativo*. 10ª ed. v. I. Coimbra: Almedina, 2005.

CAHALI, Yussef Said. *Estatuto do Estrangeiro*. São Paulo: Saraiva, 1983.

CALAMANDREI, Piero. *Istituzioni di Diritto Processuale Civile secundo il nuovo Codice*. Padova: Cedam, 1943.

_________. *La Illegittimità Costituzionale delle Leggi nel Processo Civile* in *Opere Giuridiche*. nº 3, 1968.

CALDAS, Pedro Frederico. *Vida Privada, Liberdade de Imprensa e Dano Moral*. São Paulo: Saraiva, 1997.

CALDAS, Ruy de Araújo. *A Construção de um Modelo de Arcabouço Legal para Ciência, Tecnologia e Inovação* in *Revista Parcerias Estratégicas*, nº 11, 2001.

CALERA, Nicolás María López. *Eu, o Estado*. Madrid: Trotta, 1992.

_________. *Filosofía del Derecho*. 2ª ed. Albolote: Comares, 2004.

CALIXTO, Negi. *Justiça Estadual* in *Revista dos Tribunais*, nº 693, 1993.

CALMON, Eliana. *Dimensões do Direito Contemporâneo*. São Paulo: IOB, 2001.

CALMON, Pedro. *Direito Constitucional Brasileiro*. Rio de Janeiro: Freitas Bastos, 1947.

CAMACHO, Miguel. *Teoría del Estado*. México: Editores Mexicanos Unidos, 1969.

CÂMARA, Alexandre Freitas. *Escritos de Direito Processual*. Rio de Janeiro: Lumen Juris, 2001.

_________. *Acórdão que deixou de aplicar lei que o Supremo Tribunal Federal considera compatível com a Constituição. Possibilidade de relativização da coisa julgada material* in *Escritos de Direito Processual*. v. II. Rio de Janeiro: Lumen Juris, 2005.

_________. *Do Parágrafo Único do Artigo 481 do CPC – Inovação Inconstitucional da Lei nº 9.756/98* in *Direito em Revista*, nº 9, 1999.

CAMARGO, Margarida Maria Lacombe et al. *1988 – 1998: uma década de Constituição*. Rio de Janeiro: Renovar, 1999.

CAMARGO, Paulo Teixeira de. *O Município na Fase de Colonização das Américas* in *Revista Brasileira dos Municípios*, nº 22, 1953.

CAMMAROSANO, Márcio. *Direito ao Cargo*. São Paulo: Revista dos Tribunais, 1984.

CAMPBELL, Edward. *Science of Law*. Holmes Beach: Gaunt, 1996.

CAMPO, Hélio Márcio. *Arguição de Descumprimento de Preceito Fundamental*. São Paulo: Juarez de Oliveira, 2001.

_________. *A Ação Popular Constitucional* in *Revista de Direito Administrativo*, nº 38, 1954.

CAMPOS, Antônio Macedo de. *Ação de Mandado de Segurança*. São Paulo: Saraiva, 1985.

CAMPOS, Francisco. *Pareceres*. Rio de Janeiro: José Olympio, 1934.

_________. *Direito Constitucional*. v. I. Rio de Janeiro: Freitas Bastos, 1956.

_________. *Comissão Parlamentar de Inquérito: poderes do Congresso* in *Revista Forense*, nº 195, 1964.

_________. *Parecer* in *Revista de Direito Administrativo*, nº 73, 1965.

CAMPOS, Germán Bidart. *Derecho Constitucional*. Buenos Aires: Ediar, 1968.

_________. *Filosofía del Derecho*. Buenos Aires: Ediar, 1969.

CAMPOS, Ronaldo Cunha. *Ação Civil Pública*. Rio de Janeiro: Aide, 1995.

CAMPOS, Wanderley de. *Poder de Requisição do Ministério Público: reflexos de seu indeferimento* in *Justitia*, nº 152, 1990.

CAMPOS FILHO, Paulo Barbosa. *Da Ação Popular Constitucional*. São Paulo: Saraiva, 1968.

CAMUS, Geneviève. *L'État de Nécessité en Démocratie*. Paris: Librairie Générale de Droit et de Jurisprudence, 1965.

CANARIS, Claus-Wilhelm. *Die Feststellung von Lücken* in *Gesetz*. Berlin: Duncker & Humblot, 1983.

_________. *Systemdenken und Systembegriff* in *der Jurisprudenz*. Berlin: Duncker & Humblot, 1983

_________. *Grundrechte und Privatrecht*. Berlin: Walter de Gruyter, 2005.

CANAS, Vitalino. *Os Processos de Fiscalização da Constitucionalidade e da Legalidade pelo Tribunal Constitucional: Natureza e Princípios Estruturantes*. Coimbra: Coimbra Editora, 1986.

_________. *Introdução às Decisões de Provimento do Tribunal Constitucional*. 2ª ed. Lisboa: Cognitio, 1994.

_________. *Os Efeitos das Decisões do Tribunal Constitucional: a garantia da segurança jurídica, da equidade e do interesse público* in *Revista Brasileira de Direito Constitucional*, nº 2, 2003.

CÂNDIDO, Joel José. *Inelegibilidades no Direito Brasileiro*. 2ª ed. Bauru: Edipro, 2003.

_________. *Direito Eleitoral Brasileiro*. 11ª ed. Bauru: Edipro, 2004.

_________. *Os Direitos Políticos no âmbito do Direito Eleitoral: perspectivas atuais e futuras*. Disponível em: <http://www.planalto.gov.br>. Acesso em: 25.12.2006.

CANOTILHO, José Joaquim Gomes et al. *Constituição da República Portuguesa Anotada*. 3ª ed. Coimbra: Coimbra Editora, 1993.

_________. *Constituição da República Portuguesa e Lei do Tribunal Constitucional*. 6ª ed. Coimbra: Coimbra Editora, 2002.

_________. *Fundamentos da Constituição*. Coimbra: Coimbra Editora, 1991.

CANOTILHO, José Joaquim Gomes. *Direito Constitucional*. 6ª ed. Coimbra: Almedina, 1993.

_________. *Constituição Dirigente e Vinculação do Legislador*: Coimbra: Coimbra Editora, 1994.

_________. *Direito Constitucional e Teoria da Constituição*. 3ª ed. Coimbra: Almedina, 1999.

_________. *Estudos sobre Direitos Fundamentais*. Coimbra: Coimbra Editora, 2004.

_________. *Jurisdição Constitucional e Intranquilidade Discursiva* in *Perspectivas Constitucionais nos 20 Anos da Constituição de 1976*. v. I. Coimbra: Coimbra Editora, 1996.

_________. *O Direito Constitucional entre o Moderno e o Pós-Moderno* in *Revista Brasileira de Direito Comparado*, nº 9, 1990.

CAPDEVILA, Joan. *La Delimitación de la Frontera Hispanofrancesa*. Barcelona: Universitat de Barcelona, 2012.

CAPITANT, David. *Les Effets Juridiques des Droits Fondamentaux en Allemagne*. Paris: Librairie Générale de Droit et de Jurisprudence, 2001.

CAPPELLETTI, Mauro. *O Controle Judicial de Constitucionalidade das Leis no Direito Comparado*. Porto Alegre: Sergio Antonio Fabris, 1984.

_________. *Juízes Legisladores?* Coimbra: Coimbra Editora, 1993.

_________. *Nécessité et Légitimité de la Justice Constitutionnelle* in *Cours Constitutionnelles Européennes et Droits Fondamentaux*. Paris: Économica, 1982.

__________. *Judicial Review of Legislation: European antecedents and adaptations* in *Harvard Law Review*, nº 79, 1966.

CARACCIOLO, Alberto. *La Formazione dello Stato Moderno*. Bologna: Zanichelli, 1970.

CARBONELL, Miguel. *Derechos Fundamentales*. México: Porrua, 2005.

CARDOZO, Benjamin. *Natureza do Processo e a Evolução do Direito*. 2ª ed. Rio de Janeiro: Editora Nacional de Direito, 1956.

CARLYLE, Alexander. *A History of Medieval Political Theory*. London: Blackwood, 1950.

__________. *Judicial Review of Legislation: European Antecedents and Adaptations* in *Harvard Law Review*, nº 79, 1966.

CARNEIRO, André Corrêa de Sá. *Princípios do Processo Legislativo* in *Jornal da Secretaria de Recursos Humanos do Senado Federal*, nº 115, 2010.

CARNEIRO, Athos Gusmão. *Intervenção de Terceiros*. 8ª ed. São Paulo: Saraiva, 1996.

__________. *O Mandado de Segurança Coletivo e suas Características Básicas* in *Revista Forense*, nº 316, 1991.

__________. *Anotações sobre o Mandado de Segurança Coletivo* in *Revista de Direito da Procuradoria-Geral do Estado do Rio de Janeiro*, nº 45, 1992.

CARNEIRO, Nélson. *Das Ações Populares Civis no Direito Brasileiro* in *Revista Forense*, nº 136, 1967.

CARNEIRO, Paulo Cezar Pinheiro. *Acesso à Justiça. Juizados Especiais Cíveis e Ação Civil Pública*. Rio de Janeiro: Forense, 1999.

__________. *O Ministério Público no Processo Civil e Penal: promotor natural, atribuição e conflito*. 5ª ed. Rio de Janeiro: Forense, 1999.

__________. *Tutela Preventiva dos Direitos Difusos pelo Ministério Público* in *Justitia*, nº 131, 1985.

CARNELUTTI, Francesco. *Diritto e Processo*. Napoli: Morano, 1958.

__________. *Veritá, Dubbio, Certezza* in *Rivista di Diritto Processuale*, nº 20, 1965.

CARRAZZA, Roque Antonio. *Ação Direta de Inconstitucionalidade por Omissão e Mandado de Injunção* in *Justitia*, nº 55, 1993.

CARRIÓ, Genaro. *Principios Jurídicos y Positivismo Jurídico*. Buenos Aires: Abeledo-Perrot, 1970.

CARUSO, Gianfranco Silva. *Nacionalidade no Direito Brasileiro: princípios sobre aquisição, perda e reaquisição deste direito* in *Direito e Paz*, nº 6, 2002.

CARVALHO, Alcírio Dardeau de. *Nacionalidade e Cidadania*. Rio de Janeiro: Freitas Bastos, 1956.

CARVALHO, Eduardo Santos de. *Ministério Público e Efetividade do Direito*. v. II. Rio de Janeiro: Fundação Escola Superior do Ministério Público do Estado, 2006.

CARVALHO, Flávia Meschick de. *A Ação Direta de Inconstitucionalidade e a Revogação Superveniente do Ato Normativo Impugnado* in *Consulex*, nº 42, 2003.

CARVALHO, Ivan de. *O Mandado de Segurança Coletivo e os Partidos Políticos* in *Revista de Processo*, nº 72, 1993.

CARVALHO, Kildare Gonçalves. *Direito Constitucional Didático.* 6ª ed. Belo Horizonte: Del Rey, 1999.

_________. *Processo Legislativo* in *Revista de Julgados do Tribunal de Alçada do Estado de Minas Gerais*, nº 38, 1989.

_________. *Repartição de Competências na Constituição de 1988* in *Revista da Faculdade de Direito Milton Campos*, nº 1, 1994.

CARVALHO, Luis Gustavo Grandinetti Castanho de et al. *Lei dos Juizados Cíveis e Criminais Comentada e Anotada.* Rio de Janeiro: Lumen Juris, 2000.

__________. *O STF e o Direito de Imprensa: análise e consequências do julgamento da ADPF nº 130.* Rio de Janeiro: Lumen Juris, 2011.

CARVALHO, Luis Gustavo Grandinetti Castanho de. *Direito de Informação e Liberdade de Expressão.* Rio de Janeiro: Renovar, 1999.

CARVALHO, Luiz Paulo Vieira de. *Direito Civil.* 4ª ed. Niterói: Impetus, 2010.

_________. *Direito das Sucessões.* 2ª ed. São Paulo: Atlas, 2015.

CARVALHO, Márcia Haydée Porto de. *Hermenêutica Constitucional: métodos e princípios específicos de interpretação.* Florianópolis: Obra Jurídica, 1997.

_________. *Direito à Honra.* Florianópolis: Obra Jurídica, 2002.

CARVALHO, Paulo de Barros. *Teoria da Norma Tributária.* São Paulo: Lael, 1974.

_________. *Curso de Direito Tributário.* 10ª ed. São Paulo: Saraiva, 1998.

_________. *Direito Tributário: fundamentos jurídicos da incidência.* 2ª ed. São Paulo: Saraiva, 1999.

_________. *Medidas Provisórias* in *Revista de Direito Público*, nº 97, 1991.

_________. *Comentários sobre as Regras Gerais de Interpretação da Legislação Tributária* in *Revista Dialética de Direito Tributário*, nº 12, 1999.

CARVALHO FILHO, José dos Santos. *Processo Administrativo Federal.* Rio de Janeiro: Lumen Juris, 2001.

_________. *Ação Civil Pública.* 4ª ed. Rio de Janeiro: Lumen Juris, 2004.

_________. *Ação Civil Pública e Declaração Incidental de Inconstitucionalidade* in *Direito em Revista*, nº 7, 1998.

_________. *O Controle da Relevância e Urgência nas Medidas Provisórias* in *Revista de Direito do Ministério Público do Estado do Rio de Janeiro*, nº 9, 1999.

CARVALHO NETO, Inacio de. *Ação Declaratória de Constitucionalidade à luz da Lei nº 9.868/99.* Curitiba: Juruá, 2000.

CARVALHO NETTO, Menelick de. *A Contribuição do Direito Administrativo Enfocado da Ótica do Administrado para uma Reflexão acerca dos Fundamentos do Controle de Constitucionalidade das Leis no Brasil: um pequeno exercício de Teoria da Constituição* in *Revista do Tribunal Superior do Trabalho*, nº 68, 2002.

CASANOVA, González. *Teoría del Estado*. Barcelona: Bosch, 1980.

CASASANTA, Marie. *Direito de Ser Votado*. Belo Horizonte: Os Amigos do Livro, 1937.

CASSESE, Sabino. *A Crise do Estado*. Campinas: Saberes, 2010.

CASSIRER, Ernst. *O Futuro do Estado*. Lisboa: Publicações Europa-América, 1961.

CASTILHO, Ricardo dos Santos. *Interesses Difusos, Coletivos e Individuais Homogêneos*. Campinas: LZN, 2003.

_________. *Estatuto do Estrangeiro*. São Paulo: Iglu, 2006.

CASTILHO NETO, Arthur de. *Reflexões Críticas sobre a Ação Direta de Inconstitucionalidade no Supremo Tribunal Federal* in *Revista de Direito da Procuradoria-Geral da República*, nº 2, 1993.

CASTRO, Amílcar de. *Direito Internacional Privado*. 3ª ed. Rio de Janeiro: Forense, 1977.

CASTRO, Araújo. *A Reforma Constitucional*. Rio de Janeiro: Leite Ribeiro, 1924.

CASTRO, Carlos Borges de. *Os Princípios da Atividade Administrativa na Constituição de 1988* in *Revista do Tribunal de Contas do Estado de São Paulo*, nº 66, 1991.

CASTRO, Carlos Roberto de Siqueira. *O Devido Processo Legal e a Razoabilidade das Leis na Nova Constituição do Brasil*. 2ª ed. Rio de Janeiro: Forense, 1989.

_________. *Da Declaração de Inconstitucionalidade e seus Efeitos* in *Revista Forense*, nº 335, 1996.

CASTRO, Edson de Resende. *Direito Eleitoral*. 3ª ed. Belo Horizonte: Melhoramentos, 2006.

CASTRO, Flávia Viveiros de. *Interpretação Constitucional e Prestação Jurisdicional*. Rio de Janeiro: Lumen Juris, 2000.

CASTRO, Raimundo. *A Nova Constituição Brasileira*. 2ª ed. Rio de Janeiro: Freitas Bastos, 1936.

CATALAN, Marcos. *Proteção Constitucional do Meio Ambiente e seus Mecanismos de Tutela*. São Paulo: Método, 2008.

CAUPERS, João. *Direitos dos Trabalhadores*. Coimbra: Almedina, 1985.

CAVALCANTE, Pedro Luiz. *Plano Plurianual* in *Revista do Serviço Público*, nº 58, 2007.

CAVALCANTI, Pedro. *Direito no Cargo*. Brasília: Senado Federal, 1965.

CAVALCANTI, Themistocles Brandão. *Princípios Gerais de Direito Administrativo*. Rio de Janeiro: Freitas Bastos, 1945.

_________. *A Constituição Federal Comentada*. 2ª ed. v. III. Rio de Janeiro: José Konfino, 1952.

_________. *Mandado de Segurança*. 4ª ed. Rio de Janeiro: Freitas Bastos, 1957.

_________. *Do Controle da Constitucionalidade.* Rio de Janeiro: Forense, 1966.

_________. *Teoria do Estado.* 2ª ed. São Paulo: Borsoi, 1969.

_________. *Parecer* in *Revista de Direito Administrativo*, nº 72, 1964.

CAZETTA, Ubiratan. *Direitos Humanos e Federalismo: o incidente de deslocamento de competência.* São Paulo: Atlas, 2009.

CERNICCHIARO, Luiz Vicente et al. *Direito Penal na Constituição.* 3ª ed. São Paulo: Revista dos Tribunais, 1995.

CERNICCHIARO, Luiz Vicente. *Questões Penais.* Belo Horizonte: Del Rey, 1998.

CERQUEIRA, José Gama. *Direito de Propriedade Industrial.* Rio de Janeiro: Forense, 1946.

CERQUEIRA, Thales Tácito Pontes de Pádua. *Preleções de Direito Eleitoral.* Rio de Janeiro: Lumen Juris, 2006.

CÉSAR, Afonso. *A Previdência Social e as Constituições Republicanas* in *Revista de Informação Legislativa*, nº 12, 1966.

CÉSAR, João Batista Martins. *Tutela Coletiva.* São Paulo: LTr, 2006.

CÉSAR, Joaquim Portes Cerqueira. *A Garantia Constitucional do "Habeas Data"* in *Revista de Processo*, nº 61, 1991.

CHAHAD, José Paulo. *Proteção contra o Desemprego Involuntário* in *Revista de Direito do Trabalho*, nº 98, 2000.

CHAMBERLAIN, Samuel. *Supreme Court outlaws Affirmative Action in College Admissions in Landmark Decision* in *The New York Post*, 29.6.2023.

CHAPERON, Elisabeth. *Droit Public.* Paris: Foucher, 2007.

CHAUI, Marilena de Souza. *Direito à Cultura.* São Paulo: Fundação Perseu Abramo, 2006.

_________. *Liberdade* in *Convite à Filosofia.* São Paulo: Ática, 1999.

CHAVES, Antônio. *Direito ao Próprio Corpo.* 2ª ed. São Paulo: Revista dos Tribunais, 1994.

_________. *Retirada de Órgãos do Corpo Humano para Transplantes* in *Revista de Direito Civil, Imobiliário, Agrário e Empresarial*, nº 26, 1983.

CHIAVENATO, Idalberto. *Administração, Teoria, Prática e Processo.* São Paulo: Makron Books, 1989.

CHIERCHIA, Pietro Merola. *L'Interpretazione Sistematica della Costituzione.* Padova: Cedam, 1978.

CHIMENTI, Ricardo Cunha. *Apontamentos de Direito Constitucional.* 4ª ed. São Paulo: EDJ, 2005.

CHIOVENDA, Giuseppe. *Principii di Diritto Processuale Civile.* Napoli: Jovene, 1933.

CHORÃO, Maria José Mexia Bigote. *Doações e Forais das Capitanias do Brasil – 1534-1536.* Lisboa: Arquivo Nacional da Torre do Tombo, 1999.

CHOUKR, Fauzi Hassan. *Garantias Constitucionais.* 3ª ed. Rio de Janeiro: Lumen Juris, 2006.

CHRISTENSEN, Anna et al. *Swedish Law in the New Millennium.* v. I. Stockholm: Norstedts Juridik, 2000.

CÍCERO. *De res publica.*

CINTRA, Antonio Carlos de Araújo et al. *Teoria Geral do Processo.* 12ª ed. São Paulo: Malheiros, 1996.

CITTADINO, Gisele Guimarães. *Pluralismo, Direito e Justiça Distributiva: elementos da filosofia constitucional contemporânea.* 2ª ed. Rio de Janeiro: Lumen Juris, 2000.

CLAPHAM, Andrew. *Human Rights in the Private Sphere.* Oxford: Clarendon Press, 1993.

CLÈVE, Clèmerson Merlin et al. *Arguição de Descumprimento de Preceito Fundamental* in *Novos Rumos da Autonomia Municipal.* São Paulo: Max Limonad, 2000.

_________. *O Estado Brasileiro: algumas linhas sobre a divisão de poderes na federação brasileira à luz da Constituição de 1988* in *Revista de Informação Legislativa,* nº 104, 1989.

CLÈVE, Clèmerson Merlin. *Medidas Provisórias.* 2ª ed. São Paulo: Max Limonad, 1999.

_________. *A Fiscalização Abstrata da Constitucionalidade no Direito Brasileiro.* 2ª ed. São Paulo: Revista dos Tribunais, 2000.

_________. *Atividade Legislativa do Poder Executivo no Estado Contemporâneo e na Constituição de 1988.* 2ª ed. São Paulo: Revista dos Tribunais, 2000.

_________. *Direito Constitucional e Direito Alternativo: por uma dogmática constitucional emancipatória* in *Direito Alternativo.* Rio de Janeiro: COAD, 1994.

_________. *"Habeas Data": algumas notas de leitura* in *"Habeas Data".* São Paulo: Revista dos Tribunais, 1998.

_________. *Três Textos sobre Política e Direito* in *Revista Sequência,* nº 14, 1987.

_________. *Administração Pública e nova Constituição* in *Revista de Informação Legislativa,* nº 106, 1990.

_________. *Medidas Provisórias. Limitações em face do Texto Constitucional e da Hierarquia das Leis. Separação dos Poderes. Violação* in *Jurisprudência Brasileira: cível e comércio,* nº 159, 1990.

_________. *A Declaração de Inconstitucionalidade de Dispositivo Normativo em sede de Juízo Abstrato e os Efeitos sobre os Atos Singulares praticados sob sua égide* in *Cadernos de Direito Constitucional e Ciência Política,* nº 19, 1997.

COELHO, Anna Marta de Toledo. *Princípios Constitucionais Trabalhistas* in *Revista de Legislação Trabalhista,* nº 53, 1992.

COELHO, Fabio Ulhoa. *Para Entender Kelsen.* 4ª ed. São Paulo: Saraiva, 2001.

_________. *Kelsen e a Ciência do Direito* in *Revista da Pós-Graduação em Direito da Pontifícia Universidade Católica de São Paulo*, nº 1, 1995.

COELHO, Inocêncio Mártires. *Interpretação Constitucional*. Porto Alegre: Sergio Antonio Fabris, 1997.

_________. *Sobre a Aplicabilidade da Norma Constitucional que instituiu o Mandado de Injunção* in *Revista de Informação Legislativa*, nº 104, 1989.

_________. *A Federalização dos Crimes contra os Direitos Humanos* in *Revista da Fundação Escola Superior do Ministério Público do Distrito Federal e Territórios*, nº 11, 1998.

_________. *As Ideias de Peter Häberle e a Abertura da Interpretação Constitucional* in *Revista de Direito Administrativo*, nº 211, 1998.

COELHO, João Lucas. *A Democracia Participativa na Constituição de 1988: os institutos do plebiscito, referendo e iniciativa popular* in *Revista da Ordem dos Advogados do Brasil*, nº 54, 1994.

COELHO, Rosa Júlia Plá. *Mecanismos de Proteção dos Direitos Fundamentais*. Brasília: Ordem dos Advogados do Brasil, 2005.

COELHO, Sacha Calmon Navarro. *O Controle da Constitucionalidade das Leis e do Poder de Tributar na Constituição de 1988*. Belo Horizonte: Del Rey, 1992.

_________. *Avocatória* in *Revista Trimestral de Direito Público*, nº 2, 1993.

_________. *Da Impossibilidade Jurídica de Ação Rescisória de Decisão anterior à Declaração de Inconstitucionalidade pelo Supremo Tribunal Federal no Direito Tributário* in *Cadernos de Direito Tributário e Finanças Públicas*, nº 15, 1996.

COHEN, William et al. *Constitutional Law*. 11ª ed. New York: Foundation Press, 2001.

COING, Helmut. *Grundzüge der Rechtsphilosophie*. Berlin: Walter de Gruyter, 1969.

COKE, Edward. *The Reports of Sir Edward Coke*. London: Joseph Butterworth and Son, 1826.

COLEMAN, Jules. *Moral Theories of Torts: their scope and limits*. New York: Law and Philosophy, 1983.

_________. *Philosophy of Law*. 7ª ed. Belmont: Wadsworth, 2003.

COMANDUCCI, Paolo. *Formas de (Neo)constitucionalismo* in *Isonomia*, n° 16, 2002.

COMMAGER, Henry. *Majority Rule and Minority Rights*. New York: Peter Smith Pub. Inc., 1980.

COMPARATO, Fábio Konder. *Ensaios e Pareceres de Direito Empresarial*. Rio de Janeiro: Forense, 1978.

_________. *Emenda e Revisão na Constituição de 1988* in *Simpósio sobre Revisão Constitucional e Plebiscito. Brasília: Comissão de Estudos Constitucionais do Conselho Federal da Ordem dos Advogados do Brasil*, 1992.

_________. *A Nova Cidadania* in *Direito Público: estudos e pareceres*. São Paulo: Saraiva, 1996.

_________. *Comissões Parlamentares de Inquérito: limites* in *Revista Trimestral de Direito Público*, nº 5, 1994.

_________. *Crime de Responsabilidade. Renúncia do Agente. Efeitos Processuais* in *Revista Trimestral de Direito Público*, nº 7, 1994.

_________. *Iniciativa do Processo Legislativo* in *Justitia*, nº 178, 1997.

_________. *Ação de Improbidade* in *Boletim dos Procuradores da República*, nº 9, 1999.

_________. *Notas sobre a Independência e as Garantias da Magistratura* in *Revista Trimestral de Direito Público, nº 33, 2001.*

CONTE, Francesco. *A Impossibilidade Jurídica da Declaração de Inconstitucionalidade de um Dispositivo incorporado à Constituição Estadual, diante dela própria* (Parecer exarado nos autos do processo nº 1999.007.00038, Centro de Estudos Jurídicos da Procuradoria-Geral do Estado, Rio de Janeiro, 2001).

CONTI, José Maurício. *Diretrizes Orçamentárias* in *Revista Fórum de Direito Financeiro e Econômico*, nº 1, 2012.

COOLEY, Thomas M. *A Treatise on the Constitutional Limitations which rest upon the Legislative Power of the States of the American Union.* 3ª ed. Boston: Little, Brown & Company, 1874.

_________. *The General Principles of Constitutional Law.* 3ª ed. Boston: Little, Brown & Company, 1898.

CORLAY, Pierre-Henri. *Droit Privé.* Paris: Nathan, 2005.

CORREA, Manoel Pio. *Estado de Sítio* in *Revista do Clube Militar*, nº 396, 2002.

CORREA, Oscar Dias. *A Constituição de 1967.* Rio de Janeiro: Forense, 1969.

_________. *A Defesa do Estado de Direito e a Emergência Constitucional.* Rio de Janeiro: Presença, 1980.

_________. *A Constituição de 1988: contribuição crítica.* Rio de Janeiro: Forense Universitária, 1991.

CORREIA, Marcus Orione Gonçalves. *Direito Processual Constitucional.* São Paulo: Saraiva, 1999.

COSTA, Álvaro Augusto Ribeiro. *Atuação Processual do Advogado-Geral da União* (Parecer exarado nos autos das ações diretas de inconstitucionalidade nºs 2.903, 3.280, 3.322, 3.368, 3.458, 3.476 e 3.528, Secretaria-Geral de Consultoria da Advocacia-Geral da União, Brasília, 2005).

COSTA, Cardoso da. *As Comunidades Europeias e a Sociedade Contemporânea* in *Notas Econômicas*, nº 1, 1993.

COSTA, Evaldo Borges Rodrigues da. *A Reforma do Judiciário. A Súmula Vinculante e os Interesses Difusos* in *APMP Revista*, nº 28, 1999.

COSTA, José Manuel Moreira Cardoso da. *A Jurisdição Constitucional em Portugal.* Coimbra: Coimbra Editora, 1992.

COSTA, José Ribamar da. *Férias* in *LTr: suplemento trabalhista*, nº 103, 1988.

COSTA, Nelson. *A História do Município no Brasil* in *Revista Forense*, nº 347, 1999.

COSTA, Paula Martins da. *Ação Penal Não Condenatória*. 2ª ed. São Paulo: Saraiva, 1998.

COSTA JÚNIOR, Paulo José da. *O Direito de Estar Só: tutela da intimidade* in *Revista dos Tribunais*, nº 713, 1995.

COTARELO, Ramón. *Teoría del Estado*. Barcelona: Teide, 1990.

COUTO, Berenice Rojas. *Direito à Assistência Social*. São Paulo: Cortez, 2005.

COVER, Robert. *The Origins of Judicial Activism in the Protection of Minorities in Yale Law Journal*, nº 91, 1982.

CRETELLA JÚNIOR, José. *Mandado de Segurança*. São Paulo: José Bushatsky, 1974.

_________. *Anulação do Ato Administrativo por Desvio de Poder*. Rio de Janeiro: Forense, 1978.

_________. *Comentários à Constituição Brasileira de 1988*. v. II. Rio de Janeiro: Forense Universitária, 1989.

_________. *Mandado de Segurança Coletivo*. 3ª ed. Rio de Janeiro: Forense, 1999.

_________. *Elementos de Direito Constitucional*. 4ª ed. São Paulo: Revista dos Tribunais, 2000.

_________. *Comissão Parlamentar de Inquérito* in *Revista dos Tribunais*, nº 770, 1999.

CRISAFULLI, Vezio. *La Costituzione e le sue Disposizione di Principio*. Milano: Giuffrè, 1952.

CRISCUOLI, Giovanni. *"Amicus Curiae"* in *Rivista Trimestrale di Diritto e Procedura Civile*, nº 27, 1973.

CRUZ, Alex Sandro Teixeira da. *O Ministério Público e a Investigação Criminal* in *Consulex*, nº 159, 2003.

CRUZ, Alexandre et al. *Ações Constitucionais*. Campinas: Millennium, 2007.

CRUZ, Edvaldo Novais. *Bens Públicos Estaduais* in *Revista da Procuradoria-Geral do Estado da Bahia*, nº 13, 1990.

CUEVA, Mario. *Teoría del Estado*. México: Fondo de Cultura Económica, 1996.

CUNHA, André Luiz Nogueira da. *Direitos Políticos*. São Paulo: Juarez de Oliveira, 2004.

CUNHA, Fernando Whitaker da. *Parlamentarismo e Presidencialismo no Brasil* in *Revista de Direito do Tribunal de Justiça do Estado do Rio de Janeiro*, nº 8, 1991.

_________. *Poder Legislativo e "Impeachment"* in *Revista da Faculdade de Direito da Universidade do Estado do Rio de Janeiro*, nº 1, 1993.

CUNHA, Maria Inês Moura da. *Direito do Trabalho*. 2ª ed. São Paulo: Saraiva, 1997.

CUNHA, Sérgio Sérvulo da. *Reeleição do Presidente da República* in *Revista de Informação Legislativa*, nº 130, 1996.

CUNHA JÚNIOR, Dirley da. *Controle Judicial das Omissões do Poder Público*. São Paulo: Saraiva, 2004.

_________. *Controle de Constitucionalidade: teoria e prática*. 3ª ed. Salvador: JusPodivm, 2008.

_________. *O Princípio do* Stare Decisis *e a Decisão do Supremo Tribunal Federal no Controle Difuso de Constitucionalidade* in *Leituras Complementares de Direito Constitucional: controle de constitucionalidade*. Salvador: JusPodivm, 2007.

CURY, Munir. *Estatuto da Criança e Adolescente*. 3ª ed. São Paulo: Revista dos Tribunais, 2002.

CUSTÓDIO FILHO, Ubirajara. *Voto Aberto e Processo Legislativo* in *Revista da Academia Brasileira de Direito Constitucional*, nº 1, 2001.

D'AMICO, Renato. *L'Apparato Amministrativo della Regione*. Bologna: Mulino, 1978.

_________. *La Potesta Legislativa delle Regione* in *Rivista Mensali di Studi Politici*, nº 9, 1972.

DAHL, Borge et al. *Danish Law in an European Perspective*. 2ª ed. Copenhagen: Forlaget Thomson, 2002.

DAL POZZO, Antonio Araldo Ferraz. *Ação Penal Popular* in *Justitia*, nº 129, 1985.

DALL'AGNOL JÚNIOR, Antonio Janyr. *Cadastros de Consumidores* in *Revista da Associação dos Juízes do Rio Grande do Sul*, nº 51, 1991.

DALLARI, Adilson de Abreu. *Regime Constitucional dos Servidores Públicos*. 2ª ed. São Paulo: Revista dos Tribunais, 1990.

_________. *Administração Pública no Estado de Direito* in *Revista Trimestral de Direito Público*, nº 5, 1994.

_________. *Lei Orçamentária* in *Revista de Informação Legislativa*, nº 129, 1996.

DALLARI, Dalmo de Abreu. *Elementos de Teoria Geral do Estado*. 12ª ed. São Paulo: Saraiva, 1986.

_________. *Constituição e Constituinte*. 3ª ed. São Paulo: Saraiva, 1986.

_________. *O Poder dos Juízes*. São Paulo: Saraiva, 1996.

_________. *Reconhecimento e Proteção dos Direitos dos Índios* in *Revista de Informação Legislativa*, nº 111, 1991.

DALMAU, Rubén Martinez. *Cambio Político, Cambio Constitucional y la Nueva Configuración del Sistema de Partidos Políticos en Venezuela* in *Revista de Estudios Políticos*, nº 110, 2000.

_________. *Asembleas Constituíntes e Novo Constitucionalismo em América Latina* in *Tempo Exterior*, nº 17, 2008.

_________. *El Proyecto de Constitución de Ecuador como Último Ejemplo del Nuevo Constitucionalismo Latinoamericano* in *Entre Vocês*, nº 15, 2008.

_________. *El Nuevo Constitucionalismo Latinoamericano y el Proyecto de Constitución de Ecuador de 2008* in *Alter Justitia. Estudio sobre Teoría y Justicia Constitucional*, nº 1, 2008.

DALTON, Hugh. *Princípios de Finanças Públicas*. Rio de Janeiro: FGV, 1970.

DANTAS, Ivo. *Teoria do Estado*. Belo Horizonte: Del Rey, 1989.

_________. *Da Defesa do Estado e das Instituições Democráticas na Nova Constituição*. Rio de Janeiro: Aide, 1989.

_________. *Direito Adquirido, Emendas Constitucionais e Controle da Constitucionalidade*. Rio de Janeiro: Lumen Juris, 1997.

DANTAS, Marcelo. *Mandado de Segurança Coletivo: legitimação ativa*. São Paulo: Saraiva, 2000.

_________. *Ação Declaratória de Constitucionalidade* in *Revista da Procuradoria-Geral da República*, nº 4, 1996.

DANTAS, San Tiago. *A Igualdade Perante a Lei e o Due Process of Law: contribuição ao estudo da limitação constitucional do Poder Legislativo* in *Problemas de Direito Positivo: estudos e pareceres*. Rio de Janeiro: Forense, 1953.

DAU-LIN, Hsü. *Mutación de la Constitución*. Oñati: Instituto Vasco de Administración Pública, 1998.

DAUNOU, Pierre-Claude. *Essai sur les Garanties Constitucionnelles que réclame l'État actuel de la Société*. Paris: Foulon, 1819.

DAVID, René. *Les Grands Systèmes de Droit Contemporains*. 8ª ed. Paris: Dalloz, 1982.

_________. *Grandes Sistemas do Direito Contemporâneo*. 3ª ed. São Paulo: Martins Fontes, 1996.

_________. *Direito Inglês*. São Paulo: Martins Fontes, 2000.

DECOMAIN, Pedro Roberto. *Elegibilidade e Inelegibilidades*. Florianópolis: Obra Jurídica, 2000.

_________. *Mandado de Segurança*. São Paulo: Dialética, 2009.

DEENER, David. *Judicial Review in Modern Constitutional Systems* in *American Political Science Review*, nº 46, 1952.

DELBEZ, Louis. *Les Principes Généraux de Droit International Public*. 3ª ed. Paris: Librairie Générale de Droit et de Jurisprudence, 1964.

DELCAMP, Alain. *La Décentralisation dix ans après*. Paris: Librairie Générale de Droit et de Jurisprudence, 1996.

_________. *Évolution du Fédéralisme, du Regionalisme et de la Decentralisation in La Diversification des Formes et des Structures Étatiques en Europe*. Tokyo: IV Congrès Mondial de Droit Constitutionnel, 1995.

DELFIM, Ricardo Alessi. *Ação Declaratória de Constitucionalidade e os Princípios Constitucionais do Processo*. São Paulo: Juarez de Oliveira, 2001.

DELGADO, José Augusto. *A Demora na Entrega da Prestação Jurisdicional. Responsabilidade do Estado* in *Revista Trimestral de Direito Público*, nº 14, 1996.

DELGADO, Maurício. *Princípios do Direito do Trabalho* in *Revista de Legislação Trabalhista*, nº 59, 1994.

DELITALA, Giacomo. *Gli Effetti della Dichiarazione di Illegittimità Costituzionale delle Leggi* in *Rivista Italiana per le Scienze Giuridiche*, nº 1, 1954.

DELMANTO, Roberto. *A Extinção da Punibilidade nos Crimes Fiscais* in *Revista dos Tribunais*, nº 677, 1992.

DELMAS-MARTY, Mireille. *Por um Direito Comum*. São Paulo: Martins Fontes, 2004.

DENNINGER, Erhard. *Sicherheit, Vielfalt, Solidarität: Ethisierung der Verfassung?* in *Zum Begriff der Verfassung. Die Ordnung des Politischen*. Frankfurt: Fischer, 1994.

_________. *Segurança, Diversidade e Solidariedade ao invés da Liberdade, Igualdade e Fraternidade* in *Revista Brasileira de Estudos Políticos*, nº 88, 2003.

DIAS, Eduardo Rocha. *Alterações no Processo de Controle Abstrato de Constitucionalidade e a Extensão do Efeito Vinculante à Ação Direta de Inconstitucionalidade e à Arguição de Descumprimento de Preceito Fundamental* in *Revista Dialética de Direito Tributário*, nº 55, 2001.

DIAS, Floriano Aguiar. *Constituições do Brasil*. v. I. Rio de Janeiro: Liber Juris, 1975.

DIAS, João Luis Fischer. *O Efeito Vinculante dos Precedentes Jurisprudenciais e Súmulas dos Tribunais*. São Paulo: IOB Thompson, 2004.

DIAS, José de Aguiar. *O Sujeito Passivo no Mandado de Segurança* in *Revista de Direito do Tribunal de Justiça do Estado do Rio de Janeiro*, nº 3, 1990.

DIAS, Maria Berenice. *União Estável* in *Revista do Instituto de Pesquisa e Estudos*, nº 27, 2000.

DIAS, Sergio Novais. *A Competência para Processo e Julgamento do Mandado de Segurança Individual* in *Revista da Ordem dos Advogados do Brasil*, nº 5, 1992.

DICEY, Albert Veen. *The Law of the Constitution*. 9ª ed. London: MacMillan, 1960.

DIDIER JÚNIOR, Fredie et al. *Reforma do Poder Judiciário*. São Paulo: Revista dos Tribunais, 2005.

_________. *Ações Constitucionais*. Salvador: JusPodivm, 2006.

DIDIER JÚNIOR, Fredie. *Curso de Direito Processual Civil*. 17ª ed. v. I. Salvador: JusPodivm, 2015.

________. *O Recurso Extraordinário e a Transformação do Controle Difuso de Constitucionalidade no Direito Brasileiro* in *Constituição, Jurisdição e Processo*. Porto Alegre: Notadez, 2007.

________. *Possibilidade de Sustentação Oral pelo Amicus Curiae* in *Revista Dialética de Direito Processual*, nº 8, 2003.

_________. *Transformações do Recurso Extraordinário. Aspectos Polêmicos dos Recursos Cíveis e Assuntos Afins*. Disponível em: <http://www.lfg.com.br>. Acesso em: 3.9.2006.

DIETLEIN, Johannes von. *Die Lehre von den Grundrechtlichen Schutzpflichten*. Berlin: Duncker & Humblot, 1991.

DIMOULIS, Dimitri et al. *Efeito Transcendente, Mutação Constitucional e Reconfiguração do Controle de Constitucionalidade no Brasil* in *Revista Brasileira de Estudos Constitucionais*, nº 5, 2008.

_________. *O Poder de Definição da Pauta no Supremo Tribunal Federal: reflexões sobre um caso de configuração autocriativa do processo objetivo* in *Revista dos Tribunais*, nº 878, 2008.

DINALLI, Aparecida. *As Câmaras Municipais e sua Função Política no Brasil* in *Cadernos de Direito Constitucional e Ciência Política*, nº 8, 1994.

DINAMARCO, Cândido Rangel. *Litisconsórcio*. 4ª ed. São Paulo: Malheiros, 1996.

_________. *A Instrumentalidade do Processo*. 7ª ed. São Paulo: Malheiros, 1999.

_________. *Fundamentos do Processo Moderno*. 3ª ed. v. II. São Paulo: Malheiros, 2000.

_________. *Escopos Políticos do Processo* in *Participação e Processo*. São Paulo: Revista dos Tribunais, 1988.

_________. *Súmulas Vinculantes* in *Revista Forense*, nº 347, 1999.

_________. *Sobre a Tutela ao Estrangeiro* in *Revista Forense*, nº 357, 2001.

DINAMARCO, Pedro da Silva. *Ação Civil Pública*. São Paulo: Saraiva, 2001.

DINIZ, Márcio Augusto Vasconcelos. *Constituição e Hermenêutica Constitucional*. Belo Horizonte: Melhoramentos, 1998.

DINIZ, Maria Helena. *Constituição de 1988: legitimidade, vigência, eficácia e supremacia*. São Paulo: Atlas, 1989.

_________. *Norma Constitucional e seus Efeitos*. 2ª ed. São Paulo: Saraiva, 1992.

_________. *Lei de Introdução ao Código Civil Brasileiro Interpretada*. 2ª ed. São Paulo: Saraiva, 1996.

_________. *O Estado Atual do Biodireito: transplantes de tecidos, órgãos e partes do corpo*. São Paulo: Saraiva, 2001.

DIREITO, Carlos Alberto Menezes. *Manual do Mandado de Segurança*. 2ª ed. Rio de Janeiro: Renovar, 1994.

_________. *Mandado de Segurança contra Ato Legislativo* in *Revista de Direito Administrativo*, nº 193, 1993.

_________. *Comissão Parlamentar de Inquérito: limites* in *Revista da Faculdade de Direito da Universidade do Estado do Rio de Janeiro*, nº 2, 1994.

DIZ, Nelson Nascimento. *Apontamentos sobre a Legitimação das Entidades Associativas para a propositura de Ações Coletivas para a defesa de Direitos Individuais*

Homogêneos de Consumidores in *Revista de Direito da Associação dos Procuradores do Novo Estado do Rio de Janeiro*, nº 5, 2000.

DOLINGER, Jacob et al. *"Vade-Mécum" de Direito Internacional Privado*. Rio de Janeiro: Renovar, 1996.

DOLINGER, Jacob. *Comentários à Constituição*. Rio de Janeiro: Freitas Bastos, 1991.

_________. *Direito Internacional Privado*. 5ª ed. Rio de Janeiro: Renovar, 2000.

DOMENACH, Jean-Marie. *Propaganda Política*. 2ª ed. São Paulo: Difusão Europeia do Livro, 1963.

DONATI, Donato. *Stato e Territorio*. Padova: Cedam, 1940.

DORÉ, Francis. *Les Regimes Politiques en Asie*. Paris: Presses Universitaires de France, 1973.

DÓRIA, Sampaio. *Curso de Direito Constitucional*. 2ª ed. São Paulo: Companhia Nacional, 1946.

DOTTI, René Ariel. *Proteção da Vida Privada e Liberdade de Informação*. São Paulo: Revista dos Tribunais, 1980.

_________. *Responsabilidade Penal da Pessoa Jurídica*. 2ª ed. São Paulo: Revista dos Tribunais, 2010.

_________. *O Ministério Público e a Polícia Judiciária: relações formais e desencontros materiais* in *Ministério Público, Direito e Sociedade*, nº 1, 1986.

DOUZINAS, Costas. *O Fim dos Direitos Humanos* in *Revista Ética e Filosofia Política*, nº 14, 2011.

DREIER, Ralf et al. *Probleme der Verfassungsinterpretation*. Baden-Baden: Nomos Verlagsgesellschaft, 1976.

DRUEY, Jean Nicolas. *Privatrecht als Recht der Kommunikation* in *Schweizer Juristen Zeitschrift*, nº 1, 1983.

DUARTE, José. *A Constituição Brasileira de 1946*. Rio de Janeiro: Imprensa Nacional, 1947.

DUARTE, Leonardo Avelino. *Decreto Legislativo* in *Revista de Direito Constitucional e Internacional*, nº 41, 2002.

DUGUIT, Leon. *Traité de Droit Constitutionnel*. 3ª ed. v. II. Paris: Fontemoing, 1930.

_________. *Traité de Droit Constitutionnel*. 2ª ed. v. IV. Paris: Ancienne Librairie Fontemoing & Cie., 1924.

DÜRIG, Günter et al. *Grundgesetz Kommentar*. München: C.H. Beck, 1987.

DÜRIG, Günter. *Grundrechte und Zivilrechtsprechung*. München: Isar-Verlag, 1956.

D'URSO, Flávia. *Princípio da Proporcionalidade no Processo Penal*. São Paulo: Atlas, 2007.

DUVERGER, Maurice. *Finances Publiques*. Paris: Presses Universitaires de France, 1971.

DWORKIN, Ronald. *Law's Empire*. Cambridge: Harvard University Press, 1986.

_________. *Sovereign Virtue*. Massachusetts: Harvard University Press, 2000.

_________. *Uma Questão de Princípio*. São Paulo: Martins Fontes, 2000.

_________. *Levando os Direitos a Sério*. São Paulo: Martins Fontes, 2002.

_________. *The Bakke Decision* in *The New York Review*, 17.8.1978.

_________. *Race and the Uses of Law* in *The New York Times*, 13.4.2001.

EBSEN, Ingwer. *Das Bundesverfassungsgericht als Element gesellschaftlicher Selbstregulierung*. Berlin: Duncker & Humblot, 1985.

ECHAVARRIA, Lince. *Vice-Presidência da República* in *Estudos de Direito*, nº 125, 1996.

EGAÑA, Jose Luis. *Derecho Constitucional Chileno*. Santiago: Universidad Católica de Chile, 2002.

EHMKE, Horst. *Grezen der Verfassungsaenderung*. Tübingen: Verlag, 1951.

EKMEKDJIAN, Miguel Ángel. *Derecho Constitucional*. Buenos Aires: Depalma, 1993.

_________. *"Habeas Data". El Derecho a la Intimidad Frente a la Revolución Informática*. Buenos Aires: Depalma, 1996.

ELAZAR, Daniel. *American Federalism*. 3ª ed. New York: Harper and Row, 1984.

_________. *Exploring Federalism*. Tuscaloosa: University of Alabama Press, 1987.

_________. *Federal Systems of the World* in *Handbook of Federal, Confederal and Autonomy Arrangements*, nº 1, 1994.

ELIAS, Roberto João. *Direitos das Crianças e Adolescentes*. São Paulo: Saraiva, 2005.

ELY, John Hart. *Foreword: on discovering fundamental values* in *Harvard Law Review*, nº 92, 1978.

ENCINAR, José González. *Derecho Constitucional*. 5ª ed. Barcelona: Ariel, 2003.

ENGELS, Friedrich. *L'Origine de la Famille, de la Propriété Privé et de l'État*. 3ª ed. Paris: Éditions Sociales, 1971.

ENTERRÍA, Eduardo García de. *La Formación del Derecho Público Europeo tras la Revolución Francesa*. Madrid: Alianza, 1994.

_________. *La Constitución como Norma y el Tribunal Constitucional*. 3ª ed. Madrid: Civitas, 2001.

_________. *Constituição como Norma* in *Revista de Direito Público*, nº 78, 1986.

EPSTEIN, David. *The Political Theory of the Federalist*. Chicago: University of Chicago Press, 1984.

ERICHSEN, Hans-Uwe. *Staatsrecht und Verfassungsprozessrecht*. 3ª ed. v. II. Muenchen: Allgemeine Lehren der Grundrechte, 1982.

ERMACORA, Felix. *Der Verfassungsgerichtshof*. Graz-Wien-Köln: Verlag Styria, 1956.

ESMEIN, Adhémar. *Éléments de Droit Constitutionnel Français et Comparé*. 6ª ed. Paris: Librairie de la Société du Recueil Sirey, 1914.

ESPÍNDOLA, Eduardo. *Constituição dos Estados Unidos do Brasil*. v. I. Rio de Janeiro: Freitas Bastos, 1952.

ESPÍNDOLA, Ruy. *Conceito de Princípios Constitucionais*. São Paulo: Revista dos Tribunais, 1999.

ESPÍNDOLA FILHO, Eduardo. *Código de Processo Penal Brasileiro Anotado*. v. IV. Rio de Janeiro: Rio, 1980.

ESSER, Josef. *Grundsatz und Norm* in *Der richterlichen Fortbildung des Privatrechts*. Heidelberg: J. C. B. Mohr, 1969.

EVANS-PRITCHARD, Ambrose. *Angry Iceland defies the World* in *The Telegraph*, 6.1.2010.

FACHIN, Zulmar. *Acesso à Água Potável*. São Paulo: Millennium, 2010.

FAGUNDES, Miguel Seabra. *O Controle dos Atos Administrativos pelo Poder Judiciário*. 3ª ed. Rio de Janeiro: Forense, 1957.

_________. *Da Ação Popular* in *Revista de Direito Administrativo*, nº 6, 1946.

_________. *Parecer* in *Revista de Direito Administrativo*, nº 72, 1964.

FAIDIGA, Daniel Bijos. *Efeito Vinculante e Declaração Incidental de Inconstitucionalidade*. Curitiba: Juruá, 2008.

FALCÃO, Alcino. *Limitações Constitucionais do Direito Tributário* in *Revista de Informação Legislativa*, nº 72, 1981.

FALCÃO NETO, Joaquim de Arruda. *Ordem Constitucional Econômica*. Rio de Janeiro: FGV, 2013.

FANCKIN, Reginaldo. *O Perfil Constitucional da Lei Orgânica dos Municípios* in *Revista dos Tribunais*, nº 23, 1990.

FARABULINI JUNIOR, Anselmo. *Direito de Votar*. Brasília: Câmara dos Deputados, 1985.

FARIA, Bento de. *Código de Processo Penal*. v. II. Rio de Janeiro: Record, 1960.

FARIA, Luiz Alberto Gurgel de. *Controle da Constitucionalidade na Omissão Legislativa. Instrumentos de Proteção Judicial e seus Efeitos*. Curitiba: Juruá, 2001.

_________. *Mandado de Injunção e Ação Direta de Inconstitucionalidade por Omissão: aspectos distintivos* in *Revista Forense*, nº 322, 1992.

_________. *Mandado de Segurança Coletivo: legitimidade e interesse* in *Revista dos Tribunais*, nº 687, 1993.

_________. *O Direito Adquirido e as Emendas Constitucionais* in *Revista Trimestral de Direito Público*, nº 22, 1998.

FARIAS, Cristiano Chaves. *Garantismo Constitucional*. Rio de Janeiro: Lumen Juris, 2006.

FARIAS, Edilsom Pereira de. *Colisão de Direitos*. Porto Alegre: Sergio Antonio Fabris, 1996.

_________. *Direito à Liberdade de Expressão ou Manifestação*. São Paulo: Revista dos Tribunais, 2004.

FAVA, Marcos Neves. *Indiscriminação no trabalho* in *LTr: suplemento trabalhista*, nº 121, 2004.

FAVOREU, Loius et al. *Cours Constitutionnelles Europeénnes et Droits Fondamentaux*. Paris: Economica, 1982.

FAVOREU, Loius. *La Constitutionalization du Droit* in *L'Unité du Droit: mélanges en hommage a Roland Drago*. Paris: Economica, 1996.

_________. *La Décision de Inconstitutionnalité* in *Revue Internationale de Droit Comparé*, nº 2, 1986.

_________. *Le Droit Constitutionnel, Droit de la Constitution et Constitution du Droit* in *Revue Française de Droit Constitutionnel*, nº 1, 1990.

FEHNEMANN, Ursula. *Die Innehabung Und Wahrnehmung Von Grundrechten Im Kindesalter*. Berlin: Duncker & Humblot, 1983.

FERNANDES, André Dias. *Modulação de Efeitos e Decisões Manipulativas no Controle de Constitucionalidade Brasileiro.* Salvador: JusPodivm, 2018.

FERNANDES, Annibal. *Segurança e Medicina do Trabalho* in *Revista de Direito do Trabalho*, nº 67, 1987.

FERNANDES, Antonio Scarance. *Recursos no Processo Penal*. São Paulo: Revista dos Tribunais, 1996.

_________. *A Fiança Criminal e a Constituição Federal* in *Justitia*, nº 155, 1991.

FERNANDES, Bernardo Gonçalves. *Curso de Direito Constitucional*. Rio de Janeiro: Lumen Juris, 2010.

FERNANDES, Milton. *Direito à Intimidade*. São Paulo: Saraiva, 1977.

_________. *O "Habeas Data" como Defesa à Ameaça Tecnológica* in *Revista dos Tribunais*, nº 704, 1994.

FERRAJOLI, Luigi. *Diritti Fondamentali*. Roma: Laterza, 2001.

_________. *Poderes Salvajes: la crisis de la democracia constitucional*. Madrid: Trotta, 2011.

_________. *Dos Modelos de Constitucionalismo*. Madrid: Trotta, 2013.

_________. *La Democracia Constitucional* in *Democracia y Garantismo*. Madrid: Trotta, 2010.

FERRANTE, Miguel. *Nacionalidade: brasileiros natos e naturalizados*. 2ª ed. São Paulo: Saraiva, 1984.

FERRARA, Francesco. *Interpretação e Aplicação das Leis*. 4ª ed. Coimbra: Arménio Amado, 1987.

FERRARESI, Eurico. *Do Mandado de Segurança: comentários à Lei nº 12.016, de 07 de agosto de 2009*. Rio de Janeiro: Forense, 2010.

FERRARI, Regina Maria Macedo Nery. *A Inconstitucionalidade da Lei Municipal*. Curitiba: Juruá, 1991.

_________. *Efeitos da Declaração de Inconstitucionalidade*. 4ª ed. São Paulo: Revista dos Tribunais, 1999.

_________. *Competência Legislativa do Município* in *Cadernos de Direito Constitucional e Ciência Política*, nº 1, 1992.

_________. *Ação Declaratória de Constitucionalidade. Atos Normativos Municipais* in *Cadernos de Direito Constitucional e Ciência Política*, nº 9, 1999.

_________. *A Repartição de Competências na Federação Brasileira* in *Revista dos Tribunais*, nº 762, 1999.

FERRARI, Sérgio. *Constituição Estadual e Federação*. Rio de Janeiro: Lumen Juris, 2003.

_________. *A Repartição de Competências na Federação Brasileira* in *Revista dos Tribunais*, nº 762, 1999.

_________. *O Papel do Procurador-Geral do Estado na Representação por Inconstitucionalidade perante a Constituição Federal* in *Revista Jurídica do Instituto Brasileiro de Advocacia Pública*, nº 8, 1999.

FERRAZ, Anna Cândida da Cunha. *Poder Constituinte do Estado-Membro*. São Paulo: Revista dos Tribunais, 1979.

_________. *Processos Informais de Mudança da Constituição*. São Paulo: Max Limonad, 1986.

_________. *Apontamentos sobre o Controle de Constitucionalidade* in *Revista de Direito da Procuradoria-Geral do Estado de São Paulo*, nº 34, 1990.

FERRAZ, Antonio Augusto Mello de Camargo. *Ação Popular. Agravo de instrumento contra decisão que excluiu o autor da relação por ter ele perdido a qualidade para agir. Inocorrência da "perpetuatio jurisdictionis"* in *Justitia*, nº 100, 1978.

_________. *Apontamentos sobre o Inquérito Civil* in *Justitia*, nº 157, 1992.

FERRAZ, Sérgio. *Mandado de Segurança (Individual e Coletivo). Aspectos Polêmicos*. 3ª ed. São Paulo: Malheiros, 1996.

_________. *Mandado de Segurança*. São Paulo: Malheiros, 2006.

FERRAZ JÚNIOR, Tecio Sampaio. *Constituinte: assembleia, processo, poder*. 2ª ed. São Paulo: Revista dos Tribunais, 1986.

_________. *Interpretação e Estudos da Constituição de 1988*. São Paulo: Atlas, 1990.

_________. *Introdução ao Estudo do Direito – Técnica, Decisão e Dominação*. 2ª ed. São Paulo: Atlas, 1994.

_________. *Teoria da Norma Jurídica*. 4ª ed. Rio de Janeiro: Forense, 2000.

_________. *Poder Legislativo* in *Revista de Direito Público*, nº 95, 1990.

_________. *Sigilo de Dados: o direito à privacidade e os limites à função fiscalizadora do Estado* in *Cadernos de Direito Constitucional e Ciência Política*, nº 1, 1992.

FERREIRA, Luiz Pinto. *Teoria do Estado*. Rio de Janeiro: José Konfino, 1957.

_________. *Princípios Gerais do Direito Constitucional Moderno*. 5ª ed. v. I. São Paulo: Revista dos Tribunais, 1971.

_________. *Teoria e Prática do "Habeas Corpus"*. São Paulo: Saraiva, 1979.

_________. *Comentários à Constituição Brasileira*. v. I. São Paulo: Saraiva, 1989.

________. *Curso de Direito Constitucional.* 12ª ed. São Paulo: Saraiva, 2002.

FERREIRA, Luiz Tarcisio. *Prefeito Municipal* in *Revista de Direito Público*, nº 81, 1987.

FERREIRA, Sérgio de Andréa. *A Especificidade do Controle dos Poderes Públicos no Contexto da Função Jurisdicional* in *Estudos em Homenagem a Geraldo Ataliba.* v. II. São Paulo: Malheiros, 1997.

________. *Medida Provisória: natureza jurídica* in *Revista Trimestral de Direito Público*, nº 1, 1993.

________. *O Princípio da Segurança Jurídica em face das Reformas Constitucionais* in *Revista Forense*, nº 334, 1996.

________. *O Ministério Público na Emenda Constitucional nº 45/04* in *Revista Forense*, nº 378, 2005.

FERREIRA, Vasco. *A Nacionalidade: aspectos fundamentais.* Lisboa: Jornal do Foro, 1950.

FERREIRA FILHO, Manoel Gonçalves. *A Democracia Possível.* 2ª ed. São Paulo: Saraiva, 1974.

________. *A Reconstrução da Democracia.* São Paulo: Saraiva, 1979.

________. *Parlamentarismo.* São Paulo: Saraiva, 1993.

________. *Do Processo Legislativo.* 3ª ed. São Paulo: Saraiva, 1995.

________. *Comentários à Constituição Brasileira de 1988.* 2ª ed. v. I. São Paulo: Saraiva, 1997.

________. *A Reforma do Poder Judiciário.* São Paulo: Instituto Roberto Simonsen, 1997.

________. *Direitos Fundamentais.* 2ª ed. São Paulo: Saraiva, 1998.

________. *O Poder Constituinte.* 3ª ed. São Paulo: Saraiva, 1999.

________. *Curso de Direito Constitucional.* 32ª ed. São Paulo: Saraiva, 2006.

________. *A Aplicabilidade das Normas Constitucionais* in *Direito Constitucional Econômico.* São Paulo: Saraiva, 1990.

________. *O Futuro do Estado e o Estado do Futuro* in *Aspectos do Direito Constitucional Contemporâneo.* São Paulo: Saraiva, 2003.

________. *As Tendências do Direito Constitucional Contemporâneo* in *Lições de Direito Constitucional em Homenagem ao Jurista Celso Ribeiro Bastos.* São Paulo: Saraiva, 2005.

________. *O Estado Federal Brasileiro* in *Revista da Faculdade de Direito da Universidade de São Paulo*, nº 77, 1982.

________. *Notas sobre o Mandado de Injunção* in *Repertório IOB de Jurisprudência*, nº 1, 1988.

________. *A Auto-Organização dos Estados-Membros e seus Limites. A Repartição de Competência* in *Revista da Indústria*, nº 1, 1992.

________. *As Medidas Provisórias no Sistema Constitucional Brasileiro* in *Cadernos de Direito Tributário e Finanças Públicas*, nº 8, 1994.

________. *Significação e Alcance das "Cláusulas Pétreas"* in *Revista de Direito Administrativo*, nº 202, 1995.

________. *Os Direitos Fundamentais: problemas jurídicos, particularmente em face da Constituição Brasileira de 1988* in *Revista de Direito Administrativo*, nº 203, 1996.

________. *Poder Constituinte e Direito Adquirido* in *Revista de Direito Administrativo*, nº 210, 1997.

________. *O Futuro do Estado* in *Revista da Escola Paulista da Magistratura*, nº 4, 1999.

________. *O Sistema Constitucional Brasileiro e as Recentes Inovações no Controle de Constitucionalidade* in *Revista de Direito Administrativo*, nº 220, 2000.

________. *A Medida Provisória como Fonte de Insegurança Jurídica* in *Revista de Direito Mackenzie*, nº 2, 2001.

________. *O Valor do Ato Inconstitucional em face do Direito Positivo Brasileiro* in *Revista de Direito Administrativo*, nº 230, 2002.

________. *Aspectos Jurídicos referentes à Convocação de Nova Revisão Constitucional* (Palestra promovida pela Federação das Indústrias do Estado de São Paulo, realizada no Centro das Indústrias do Estado, São Paulo, 15.6.1997).

FERREIRA SOBRINHO, José Wilson. *Teoria do "Quorum"* in *Revista Trimestral de Direito Público*, nº 6, 1994.

FIGUEIREDO, *Fran. Introdução à Teoria da Interpretação Constitucional* in *Revista de Informação Legislativa*, nº 87, 1985.

FIGUEIREDO, Lúcia Valle. *Empresas Públicas e Sociedades de Economia Mista*. São Paulo: Revista dos Tribunais, 1978.

________. *Direitos Coletivos*. São Paulo: Revista dos Tribunais, 1989.

________. *Mandado de Segurança*. 2ª ed. São Paulo: Malheiros, 1997.

________. *Autoridade Coatora e Sujeito Passivo* in *Cinquenta Anos de Mandado de Segurança*. Porto Alegre: Sergio Antonio Fabris, 1986.

________. *Partidos Políticos e Mandado de Segurança Coletivo* in *Revista de Direito Público*, nº 95, 1990.

________. *Princípios Constitucionais do Processo* in *Revista Trimestral de Direito Público*, nº 1, 1993.

________. *Mandado de Segurança Coletivo* in *Revista Trimestral de Direito Público*, nº 3, 1993.

________. *Competências Administrativas dos Estados* in *Revista de Direito Administrativo*, nº 207, 1997.

FIGUEIREDO, Marcelo. *Teoria Geral do Estado*. 2ª ed. São Paulo: Malheiros, 2001.

_________. *A Ação Declaratória de Constitucionalidade – Inovação Infeliz e Inconstitucional* in *Revista de Estudos Jurídicos*, nº 8, 1994.

_________. *A Constituição e o Meio Ambiente* in *Revista Trimestral de Direito Público*, nº 42, 2003.

FIGUEROA, Alfonso. *Criaturas de la Moralidad. Una Aproximación Neoconstitucionalista al Derecho a través de los Derechos*. Madrid: Trotta, 2013.

FILMER, Robert. *Patriarcha, or the Natural Power of Kings*. London: Cambridge University Press, 1999.

FILOMENO, José Geraldo Brito. *Funções Institucionais do Ministério Público*. São Paulo: Saraiva, 2001.

FINE, Toni. *Introdução ao Sistema Jurídico Angloamericano*. São Paulo: Martins Fontes, 2011.

FIORAVANTI, Maurizio. *Stato e Costituzione*. Torino: Giappichelli, 1993.

_________. *Costituzione*. Bologna: Mulino, 1999.

FLAKS, Milton. *Mandado de Segurança: pressupostos da impetração*. Rio de Janeiro: Forense, 1980.

_________. *Instrumentos Processuais de Defesa Coletiva* in *Boletim de Direito Administrativo*, nº 9, 1993.

FLOCK, Elizabeth. *Iceland crowdsources its Next Constitution* in *The Washington Post*, 10.6.2011.

FLORES, Patrícia Teixeira Rezende. *Aspectos Processuais da Ação Direta de Inconstitucionalidade de Lei Municipal*. São Paulo: Revista dos Tribunais, 2002.

FLORIAN, Henri Bousquet de. *Revisions des Constitutions*. Paris: Plon, 1891.

FONSECA, Antonio Cezar Lima da. *Da Declaração de Inconstitucionalidade* in *Cadernos de Direito Constitucional e Ciência Política*, nº 2, 1993.

FONSECA, João Francisco Naves da. O Processo do Mandado de Injunção. São Paulo: Saraiva, 2016.

FONSECA, Vicente José da. *Justiça do Trabalho*. São Paulo: LTr, 2001.

FONTELES, Cláudio Lemos. *Justiça Comum* in *Boletim dos Procuradores da República*, nº 8, 1998.

FORSTHOFF, Ernst. *Modernstaat im Wandel*. Stuttgart: Kohlhammer, 1964.

FRAGA, Alberico. *Do Poder Legislativo*. Salvador: Imprensa Oficial, 1928.

FRAGA, Mirto. *Estatuto do Estrangeiro*. Rio de Janeiro: Forense, 1985.

_________. *A Dupla Nacionalidade no Direito Brasileiro de acordo com a Emenda de Revisão nº 3/94* in *Arquivos do Ministério da Justiça*, nº 184, 1994.

FRAGOSO, Heleno Cláudio. *Transexualismo: cirurgia e lesão corporal* in *Revista de Direito Penal*, nº 25, 1979.

FRANÇA, Limongi. *A Irretroatividade das Leis e o Direito Adquirido*. 3ª ed. São Paulo: Revista dos Tribunais, 1982.

FRANÇA, Rubens Limongi. *Sucessão Testamentária* in *Revista dos Tribunais*, nº 784, 2001.

FRANCISCO, José Carlos. *Neoconstitucionalismo e Atividade Jurisdicional*. Belo Horizonte: Del Rey, 2012.

FRANCK, Christian. *Les Functions Juridictionnelles du Conseil Constitutionnel et du Conseil d'État dans l'Ordre Constitutionnel*. Paris: Sirey, 1974.

FRANCO, Afonso Arinos de Mello. *História e Teoria do Partido Político no Direito Constitucional Brasileiro*. Rio de Janeiro: Revista Forense, 1948.

_________. *Curso de Direito Constitucional Brasileiro*. v. I. Rio de Janeiro: Forense, 1958.

FRANCO, Geraldo Francisco Pinheiro. *Impossível a Sobrevida do Feto, deve ser Autorizado o Aborto* in *Boletim do Instituto Brasileiro de Ciências Criminais*, nº 11, 1999.

FRANCO SOBRINHO, Manoel de Oliveira. *Atos Administrativos*. São Paulo: Saraiva, 1980.

FREIRE, Annibal. *Do Poder Executivo*. Brasília: UnB, 1981.

FREIRE, Antonio Peña. *Las Garantías Constitucionales en el Estado Constitucional de Derecho*. Madrid: Trotta, 1997.

FREIRE, Flávio. *Senado cassa Lugo e isola País* in *O Globo*, 23.6.2012.

FREIRE JÚNIOR, Américo Bedê. *O Controle Judicial de Políticas Públicas*. São Paulo: Revista dos Tribunais, 2005.

FREITAS, Janio de. *Quem tirou Lugo* in *Folha de S. Paulo*, 26.6.2012.

FREITAS, José Ferreira de. *Lei Ordinária* in *Cadernos de Direito Constitucional e Ciência Política*, nº 10, 1995.

FRICKER, von Staatsgebiet. *Gebiet und Gebietshoheit*. Tuebingen, 1901.

FRIEDE, Reis. *Curso Analítico de Direito Constitucional e de Teoria Geral do Estado*. Rio de Janeiro: Forense, 1999

_________. *Direito Adquirido* in *Revista de Direito do TJRJ*, nº 40, 1999.

FRISCHEISEN, Luiza Cristina Fonseca. *Atuação do Ministério Público na implantação de Políticas Públicas estabelecidas na Constituição Federal* in *Boletim dos Procuradores da República*, nº 5, 1998.

FRITZ, Kurt von. *The Theory of the Mixed Constitution in Antiquity*. New York: Arno Press, 1975.

FRONTINI, Paulo Salvador. *Processo Legislativo: visão atual da competência dos Poderes Executivo e Legislativo em tema de elaboração legislativa* in *Justitia*, nº 105, 1979.

_________. *Ação por Crime de Responsabilidade* in *Justitia*, nº 100, 1987.

FRUTZIN, Arnold. *Cooperação Internacional no Espaço*. Rio de Janeiro: Record, 1966.

FURET, François et al. *La Revolution Française*. Vervier: Nouvelles Éditions Marabaut, 1979.

_________. *Orateurs de la Révolution Française*. Paris: Éditions Gallimard, 1989.

FURTADO, Luísa Elisabeth. *Ação Popular: mecanismo de controle dos atos da administração pelo cidadão*. São Paulo: LTr, 1997.

FUX, Luiz. *Intervenção de Terceiros (Aspectos do Instituto)*. São Paulo: Saraiva, 1990.

_________. *Direito Processual Civil*. Rio de Janeiro: Forense, 2002.

GAJARDONI, Fernando da Fonseca. *Técnicas de Aceleração do Processo*. São Paulo: Lemos & Cruz, 2003.

GALDINO, Flávio. *Introdução à Teoria dos Custos dos Direitos*. Rio de Janeiro: Lumen Juris, 2005.

GALLOTTI, Maria. *Constituição de 1988 e Controle Jurisdicional de Tributos* in *Revista de Direito Administrativo*, nº 193, 1993.

GALVÃO, Paulo Braga. *Emenda à Constituição* in *Revista da Faculdade de Direito da Universidade do Estado do Rio de Janeiro*, nº 1, 1993.

GAMA, Guilherme Calmon da. *A Finalidade do Mandado de Injunção* in *Revista do Instituto de Pesquisas e Estudos*, nº 18, 1997.

GAMA, Hélio Zaghetto. *Direito do Consumidor*. 4ª ed. Rio de Janeiro: Forense, 1999.

GAMA, Patrícia Calmon Nogueira da. *Controle Abstrato de Constitucionalidade à luz da Lei nº 9.868/99* in *Revista de Direito Administrativo*, nº 220, 2000.

GAMBINO, Silvio. *Revisione Costituzionale*. Milano: Giuffrè, 2007.

GARAVITO, César Rodríguez. *Juicio a la Exclusión: el impacto de los tribunales sobre los derechos sociales en el Sur Global*. Buenos Aires: Siglo Veintiuno, 2015.

GARCIA, Emerson. *Ministério Público: organização, atribuições e regime jurídico*. Rio de Janeiro: Lumen Juris, 2004.

_________. *Conselho Nacional do Ministério Público: primeiras impressões* in *Revista do Ministério Público do Estado do Rio de Janeiro*, nº 21, 2005.

_________. *Poder Normativo Primário dos Conselhos Nacionais de Justiça e do Ministério Público: a gênese de um equívoco* in *BDA: Boletim de Direito Administrativo*, nº 6, 2006.

GARCIA, Enrique Alonso. *La Interpretación de la Constitución*. Madrid: Centro de Estudios Constitucionales, 1984.

_________. *Los Efectos Formales de la Declaración de Inconstitucionalidad en el Sistema Constitucional Español* in *Revista Española de Derecho Constitucional*, nº 6, 1982.

GARCÍA, Manuel. *As Transformações do Estado*. Porto Alegre: Dom Quixote, 2007.

GARCIA, Maria. *Arguição de Descumprimento de Preceito Fundamental: direito do cidadão* in *Revista de Direito Constitucional e Internacional*, nº 32, 2000.

_________. *"Habeas Data". O direito à informação. O direito fundamental à intimidade, à vida privada, à honra e à imagem das pessoas. Um perfil constitucional* in *Revista de Direito Constitucional e Internacional*, nº 36, 2001.

_________. *A Previdência Social dos Servidores Públicos* in *Boletim de Direito Administrativo*, nº 10, 2003.

GARVEY, John et al. *Modern Constitutional Theory*. Saint Paul: West Publishing, 1991.

GASPARINI, Diógenes. *Objeção de Consciência e Serviço Militar* in *Revista Trimestral de Direito Público*, nº 2, 1999.

GASSET, José Ortega y. *La Idea de Principio*. 2ª ed. v. I. Madrid: Revista de Occidente, 1967.

GAVETTI, Érica. *Limitações ao Uso de Medidas Provisórias* in *Jurisprudência Brasileira: cível e comércio*, nº 191, 2002.

GERONTAS, Apostolo. *Die Appellentscheidungen, Sondervotumsappelle und die blosse Unvereinbarkeitsfeststellung als Ausdruck der Funktionellen Grenzen der Verfassungsgerichtsbarkeit* in *Deutsches Verwaltungsblatt*, 1982.

GHERSI, Carlos. *Derechos Fundamentales*. Buenos Aires: La Ley, 2004.

GIDI, Antônio. *Coisa Julgada e Litispendência em Ações Coletivas. Mandado de Segurança Coletivo, Ação Coletiva de Consumo, Ação Coletiva Ambiental, Ação Civil Pública e Ação Popular*. São Paulo: Saraiva, 1995.

GIGLIO, Wagner. *Direito Processual do Trabalho*. 10ª ed. São Paulo: Saraiva, 1997.

GIOLO JÚNIOR, Cildo. *Considerações sobre a Advocacia Privada e Pública* in *Revista Jurídica*, nº 2, 1999.

GIRARDELLI, Adriana Carvalho. *Direito de Associação*. São Paulo: Lex, 2005.

GÓES, Gisele Santos Fernandes. *Princípio da Proporcionalidade no Processo Civil*. São Paulo: Saraiva, 2004.

GÓIS, Ewerton. *A Responsabilidade Internacional por Violação de Direitos Humanos*. Campinas: Servanda, 2011.

GOMES, Joaquim Benedito Barbosa. *La Cour Suprême dans le Système Politique Brésilien*. Paris: Librairie Générale de Droit et de Jurisprudence, 1994.

_________. *Ação Afirmativa e Princípio Constitucional da Igualdade. O Direito como Instrumento de Transformação Social. A Experiência dos Estados Unidos da América*. Rio de Janeiro: Renovar, 2001.

_________. *Evolução do Controle de Constitucionalidade de Tipo Francês* in *Revista de Informação Legislativa*, nº 158, 2003.

GOMES, Luiz Flávio. *Direito Penal – Parte Geral*. São Paulo: Revista dos Tribunais, 2003.

_________. *Anotações sobre o Mandado de Injunção* in *Revista dos Tribunais*, nº 647, 1989.

_________. *Efeitos do Controle de Constitucionalidade Difuso Abstrativizado* in *Consulex*, nº 221, 2006.

GOMES, Luiz Roldão de Freitas. *Norma Jurídica. Interpretação e Aplicação. Aspectos Atuais* in *Revista Forense*, nº 316, 1991.

GOMES, Orlando. *Direito Econômico*. São Paulo: Saraiva, 1977.

_________. *Introdução ao Direito Civil*. 13ª ed. Rio de Janeiro: Forense, 1998.

_________. *Sucessões*. 7ª ed. Rio de Janeiro: Forense, 1998.

GOMES, Sérgio Alves. *Hermenêutica Jurídica e Constituição no Estado de Direito Democrático*. Rio de Janeiro: Forense, 2001.

GOMES JÚNIOR, Luiz Manoel. *Ação Popular: aspectos polêmicos*. 2ª ed. Rio de Janeiro: Forense, 2004.

GOMES NETO, Francisco Antônio. *"Habeas Corpus" de Ofício*. Rio de Janeiro: Instituto do Açúcar e do Álcool, 1974.

GOMEZ, José Maria. *Surpresas de uma Crítica: a propósito de juristas repensando as relações entre o Direito e o Estado* in *Crítica do Direito e do Estado*. Rio de Janeiro: Graal, 1984.

GONÇALVES, Amílcar. *Quais os Limites da Intervenção nos Estados?* São Paulo: USP, 1922.

GONÇALVES, Luiz Carlos dos Santos. *A Iniciativa do Ministério Público no Processo Penal* in *Revista Brasileira de Ciências Criminais*, nº 46, 2004.

GONÇALVES, Victor Hugo. *Direito à Segurança dos Dados Pessoais*. Rio de Janeiro: Forense, 2022.

GONÇALVES NETO, Francisco. *O Mandado de Segurança Coletivo e os Sindicatos* in *Revista LTr: legislação do trabalho e previdência social*, nº 53, 1989.

GOUVÊA, José Roberto. *Nota sobre a Transcrição do Termo de Nascimento de Filhos de Pais Brasileiros, Nascidos no Exterior* in *Revista dos Tribunais*, nº 685, 1992.

GOUVÊA, Marcos Maselli. *O Controle Judicial das Omissões Administrativas*. Rio de Janeiro: Forense, 2003.

_________. *O Direito ao Fornecimento Estatal de Medicamentos* in *Revista Forense*, nº 370, 1999.

_________. *A Legitimidade do Ministério Público para Defesa de Interesses Individuais Homogêneos* in *Revista do Ministério Público do Estado do Rio de Janeiro*, nº 11, 2000.

GOYARD-FABRE, Simone. *Les Principes Philosophiques du Droit Politique Moderne*. Paris: Presses Universitaires de France, 1997.

GRABER, Mark A. *A New Introduction to American Constitutionalism*. London: Oxford University Press, 2013.

GRAGLIA, Lino et al. *How the Constitution Disappeared*. Boston: Northeastern University Press, 1994.

GRASSO, Pietro Giuseppe. *Potere Costituente* in *Enciclopedia del Diritto*, v. IV, 1985.

GRAU, Eros Roberto. *Elementos de Direito Econômico*. São Paulo: Revista dos Tribunais, 1981.

_________. *A Ordem Econômica na Constituição de 1988*. 5ª ed. São Paulo: Malheiros, 2000.

_________. *Disciplina Jurídica da Atividade Econômica* in *Cadernos de Direito Econômico*, nº 1, 1983.

_________. *Saque de Títulos de Crédito contra a Administração Pública Direta* in *Revista de Direito Público*, nº 68, 1984.

_________. *Medidas Provisórias na Constituição de 1988* in *Revista dos Tribunais*, nº 658, 1990.

_________. *Sociedades de Economia Mista, Empresas Públicas, Fundações Públicas e Autarquias Prestadoras de Serviços Públicos in Revista Trimestral de Direito Público*, nº 6, 1995.

_________. *Interpretação e Aplicação do Direito* (Palestra proferida no "Seminário sobre os 15 Anos do Código de Defesa do Consumidor", promovido pela Escola da Magistratura do Estado, Rio de Janeiro, 29.8.2005).

GRAVES, Robert. *The Greek Myths: the definitive retelling*. 2ª ed. v. I. London: Penguin Books, 2011.

GRECO, Marco Aurélio. *A Reedição de Medidas Provisórias e o Abuso do Poder de Legislar* in *Revista Dialética de Direito Tributário*, nº 66, 2001.

GRECO FILHO, Vicente. *Tutela Constitucional das Liberdades*. São Paulo: Saraiva, 1989.

_________. *Manual de Processo Penal*. São Paulo: Saraiva, 1991.

_________. *Tutela Constitucional das Liberdades* in *BDA: Boletim de Direito Administrativo*, nº 11, 1995.

GRIFFIN, Stephen. *American Constitutionalism*. New Jersey: Princeton University Press, 1998.

_________. *Constitutional Theory Transformed* in *Yale Law Journal*, nº 108, 1999.

GRIMM, Dieter. *Die Zukunft der Verfasung*. 2ª ed. Frankfurt: Suhrkamp, 1994.

_________. *Verfassungsgerichtsbarkeit – Funktion und Funktionsgrenzen in demokratischemStaat* in *Jus-Didaktik*, nº 4, 1977.

GRINBERG, Rosana. *Lei Orgânica Nacional do Ministério Público: Lei nº 8.625, de 12.02.1993* in *Revista Trimestral de Jurisprudência dos Estados*, nº 143, 1995.

GRINOVER, Ada Pellegrini et al. *Juizados Especiais Criminais: comentários à Lei nº 9.099/99*. São Paulo: Revista dos Tribunais, 1996.

_________. *As Garantias Constitucionais do Direito de Ação*. São Paulo: *Revista dos Tribunais*, 1973.

_________. *As Condições da Ação Penal*. São Paulo: José Bushatsky, 1977.

_________. *O Processo em sua Unidade*. v. II. Rio de Janeiro: Forense, 1984.

_________. *O Processo Constitucional em Marcha*. São Paulo: Max Limonad, 1985.

GRINOVER, Ada Pellegrini. *Novas Tendências do Direito Processual de acordo com a Constituição de 1988*. 2ª ed. Rio de Janeiro: Forense Universitária, 1990.

_________. *Interrogatório do Réu e Direito ao Silêncio* in *Ciência Penal*, nº 1, 1976.

_________. *Mandado de Segurança Coletivo: legitimação e interesse* in *Revista de Processo*, nº 57, 1990.

_________. *Ação Civil Pública e Defesa dos Interesses Individuais Homogêneos* in *Revista de Direito do Consumidor*, nº 5, 1993.

_________. *Uma Nova Modalidade de Legitimação à Ação Popular. Possibilidade de Conexão, Continência e Litispendência* in *Cadernos de Direito Constitucional e Ciência Política*, nº 19, 1997.

_________. *"Habeas Corpus" e Mandado de Segurança impetrados em Segunda Instância por Promotor de Justiça* in *Justitia*, nº 60, 1999.

_________. *Ações Coletivas: novas questões sobre a legitimação e a coisa julgada* in *Revista Forense*, nº 361, 2002.

_________. *Efeitos da Sentença Coletiva* (Palestra proferida na "7ª Reunião do Fórum Permanente de Direito Constitucional", promovida pela Escola da Magistratura do Estado, Rio de Janeiro, 28.09.2007).

GROPPALLI, Alexandre. *Doutrina do Estado*. 2ª ed. Rio de Janeiro: Saraiva, 1968.

GROSSI, Pietro. *El Ordem Jurídico Medieval*. Madrid: Tecnos, 1996.

GRUPENMACHER, Betina Treiger. *Poder Constituinte Decorrente e Autonomia do Estado-Membro no Direito Constitucional Brasileiro* in *Cadernos de Direito Constitucional e Ciência Política*, nº 16, 1996.

GUALAZZI, Eduardo Lobo. *Tribunal de Contas*. São Paulo: Revista dos Tribunais, 1992.

GUASP, Jaime. *Derecho Procesal Civil*. Madrid: Instituto de Estúdios Políticos, 1968.

GUASQUE, Denise Freitas Fabião. *O "Impeachment" do Presidente da República* in *Revista dos Tribunais*, nº 684, 1992.

GUASTINI, Ricardo. *La Constitucionalización del Ordenamiento Jurídico* in *Neoconstitucionalismo(s)*. Madrid: Trotta, 2002.

GUERRA, Marcelo. *Direitos Fundamentais*. São Paulo: Revista dos Tribunais, 2003.

GUERRA, Sérgio. *As Transformações do Estado*. Rio de Janeiro: FGV, 2009.

GUERRA FILHO, Willis Santiago. *Ensaios de Teoria Constitucional*. Fortaleza: UFC – Imprensa Universitária, 1989.

_________. *Introdução ao Direito Processual Constitucional*. Porto Alegre: Síntese, 1999.

_________. *Processo Constitucional e Direitos Fundamentais*. São Paulo: Celso Bastos, 1999.

_________. *A Filosofia do Direito aplicada ao Direito Processual e à Teoria da Constituição*. São Paulo: Atlas, 2001.

_________. *Interpretação Especificamente Constitucional* in *Revista da Procuradoria-Geral do Estado do Ceará*, nº 10, 1993.

_________. *Direitos Fundamentais: teoria e realidade normativa* in *Revista dos Tribunais*, nº 713, 1995.

_________. *Princípios Constitucionais Gerais* in *Revista dos Tribunais*, nº 719, 1995.

GUIMARÃES, Francisco Xavier da Silva. *Direito à Nacionalidade*. Rio de Janeiro: Forense, 1995.

_________. *Medidas Compulsórias: deportação, expulsão e extradição*. 2ª ed. Rio de Janeiro: Forense, 2002.

GUIMARÃES, Márcio. *Ministério Público, "Ombudsman" e Ouvidor na Fiscalização dos Serviços Públicos* in *Direito Empresarial Público*, nº 1, 2002.

GUSMÃO, Paulo Dourado de. *Filosofia do Direito*. 7ª ed. Rio de Janeiro: Forense Jurídica, 2004.

GUSY, Christoph. *Parlamentarischer Gesetzgeber und Bundesverfassungsgericht*. Berlin: Duncker & Humblot, 1985.

HÄBERLE, Peter. *Die Verfassung des Pluralismus*. Königstein: Athenäum, 1980.

_________. *Hermenêutica Constitucional. A Sociedade Aberta dos Intérpretes da Constituição: contribuição para a interpretação pluralista e procedimental da Constituição*. Porto Alegre: Sergio Antonio Fabris, 2002.

_________. *El Recurso de Amparo en el Sistema Germano-Federal de Jurisdicción Constitucional* in *La Jurisdicción Constitucional en Iberoamerica*. Madrid: Dykinson, 1997.

HABERMAS, Jürgen. *Theorie und Praxis*. Frankfurt: Suhrkamp, 1974.

_________. *Faktizität und Geltung, Beiträge zur Diskurstheorie des Rechts und des demokratischen Rechsstaats*. Frankfurt: Suhrkamp, 1992.

_________. *A Inclusão do Outro*. São Paulo: Loyola, 2002.

_________. *O Estado Nacional Europeu. Sobre o Passado e o Futuro da Soberania e da Nacionalidade* in *A Inclusão do Outro: estudos de teoria política*. São Paulo: Edições Loyola, 2002.

_________. *A Guerra e seus Juízos Contraditórios* in *Folha de S. Paulo*, 27.4.2003.

HACK, Neiva Silvana. *Direito à Renda Mínima*. Curitiba: InterSaberes, 2021.

HAHN, Harlan. *Minority Rights and Majority Rule*. New York: John Wiley & Sons Inc., 1976.

HAMILTON, Alexander et al. *O Federalista*. Brasília: UnB, 1984.

HAMILTON, Sergio Demoro. *"Habeas Corpus" contra Ato de Particular* in *Revista da Escola da Magistratura do Estado do Rio de Janeiro*, nº 32, 2005.

HANUS, Jerome. *Denial of Certiorari and Supreme Court Policy-Making in American University Law Review*. v. XVII. Washington D. C.: Washington College of Law, 1967.

HARADA, Kiyoshi. *Intervenção Federal nos Estados para pôr termo a Grave Comprometimento da Ordem Pública* in *Revista do Instituto dos Advogados de São Paulo*, nº 10, 2002.

HARGER, Marcelo. *Desvio de Poder na Edição de Medidas Provisórias pelo Presidente da República* in *Boletim de Direito Administrativo*, nº 18, 2002.

HART, Herbert. *The Concept of Law*. Oxford: Clarendon Press, 1961.

_________. *O Conceito do Direito*. 3ª ed. Lisboa: Calouste Gulbenkian, 2001.

HARTMANN, Nicolai. *O Pensamento Filosófico e sua História*. Lisboa: C. Garcia, 1944.

HAURIOU, Maurice. *Précis de Droit Constitutionnel*. 2ª ed. Paris: Recueil Sirey, 1929.

HEGEL, Georg. *Die Verfassung Deutschlands*.

_________. *Grundlinien der Philosophie des Rechts*. 3ª ed. Stuttgart: Frommans, 1967.

HEIDEGGER, Martin. *In Cammino verso il Linguaggio*. Milano: Mursia, 1984.

HEIN, Peter. *Die Unvereinbarkeitserklärung verfassungswidriger Gesetze durch das Bundesverfassungsgericht*. Baden-Baden: Nomos Verlagsgesellschaft, 1980.

HELLER, Agnes. *Além da Justiça*. Rio de Janeiro: Civilização Brasileira, 1998.

HELLER, Hermann. *Staatslehre*. Leyden: A. W. Sijthoff's Uitgeversmaatschappij, 1934.

HENKEL, Heinrich. *Einführung in die Rechtsphilosophie*. München: C. H. Beck, 1977.

HESSE, Konrad. *Grundzüge des Verfassungsrechts der Bundesrepublik Deutschland*. 20ª ed. Heidelberg: C. F. Müller, 1995.

_________. *Die Normative Kraft der Verfassung* in *Verfassung*. Darmstad: Wissenschaftliche Buchgesellschaft, 1978.

_________. *Funktionelle Grenzen der Verfassungsgerichtsbarkeit* in *Festschrift für Hans Huber*. Bern: Stämpfli & Cie, 1981.

HIRSCHL, Ran. *Towards Juristocracy: the origins and consequences of the new constitutionalism*. Cambridge: Harvard University Press, 2007.

HOADLY, George. *The Constitutional Guarantees*. New York: Michael Burnham & Co., 1889.

HOBBES, Thomas. *Leviathan or Matter, Form and Power of Commenwealth Ecclesiastical and Civil*. New York: Macmillan Publishing, 1978.

HOFFBAUER, Nélson Hungria. *O Segredo em torno da Escrituração Mercantil* in *Revista Brasileira de Criminologia e Direito Penal*, nº 10, 1965.

_________. *A Pena de Morte no Brasil* in *Comunicações da Faculdade de Direito da Universidade de Coimbra*, nº 2, 1967.

HOLST, Hermann. *The Constitutional Law of the United States of America*. Chicago: Callaghan, 1887.

HOLT, James. *Magna Charta*. 2ª ed. London: Cambridge University Press, 1992.

HOMEM, Ariosvaldo de Góis Costa. *Defensoria Pública. Legitimidade para propor Ação Civil Pública* in *Mural: Direito em movimento*, nº 45, 2007.

HORTA, Raul Machado. *A Autonomia do Estado-Membro no Direito Constitucional Brasileiro*. Belo Horizonte: Estabelecimentos Gráficos Santa Maria, 1964.

_________. *Reflexões sobre o Poder Constituinte*. Belo Horizonte: Del Rey, 1995.

_________. *Estudos de Direito Constitucional*. 2ª ed. Belo Horizonte: Del Rey, 1999.

_________. *Limitações Constitucionais dos Poderes de Investigação* in *Revista de Direito* Público, nº 5, 1969.

_________. *Imunidades Parlamentares* in *Revista de Direito Público*, nº 3, 1978.

_________. *A Posição do Município no Direito Constitucional Federal Brasileiro* in *Revista Brasileira de Estudos Políticos*, nº 55, 1982.

_________. *Natureza do Poder Constituinte do Estado-Membro* in *Revista de Direito Público*, nº 85, 1988.

_________. *Poder Constituinte do Estado-Membro* in *Revista de Direito Público*, nº 88, 1988.

_________. *Medidas Provisórias* in *Revista de Informação Legislativa*, nº 107, 1990.

_________. *Constituição e Direito Adquirido* in *Revista Trimestral de Direito Público*, nº 1, 1993.

_________. *Normas Centrais na Constituição Federal* in *Revista do Instituto dos Advogados do Estado de Minas Gerais*, nº 3, 1994.

HUARTE-MENDICOA, Ignacio. *Teoría y Práctica del Decreto-Ley en el Ordenamiento Español* in *Revista de Administración Pública*, nº 106, 1985.

HULLEN, Renita. *Regime dos Servidores e Princípio da Acessibilidade aos Cargos e Empregos Públicos* in *Revista de Direito Público*, nº 84, 1987.

HULSEBOSCH, Daniel. *The Ancient Constitution and the Expanding Empire: Sir Edward Coke's british jurisprudence* in *Law and History Review*. v. XXI, nº 3. Cambridge: Cambridge University Press, 2003.

IGLÉSIAS, Francisco. *Constituintes e Constituições Brasileiras*. 4ª ed. São Paulo: Brasiliense, 1987.

INGROSSO, Gustavo. *Diritto Finanziaro*. 2ª ed. Napoli: Casa Editrice Dott. Eugenio Jovene, 1956.

IPSEN, Jörn. *Rechtsfolgen der Verfassungswidrigkeit von Norm und Einzelakt*. Baden-Baden: Nomos Verlagsgesellschaft, 1980.

IVO, Gabriel. *Constituição Estadual: competência para elaboração da Constituição do Estado-Membro*. São Paulo: Max Limonad, 1997.

JACKSON, Kenneth. *The Encyclopedia of New York City*: the New York Historical Society. New Haven: Yale University Press, 1995.

JACQUES, Paulino Ignácio. *Da Igualdade Perante a Lei: fundamento, conceito e conteúdo*. 2ª ed. Rio de Janeiro: Forense, 1957.

_________. *Curso de Direito Constitucional.* 2ª ed. Rio de Janeiro: Revista Forense, 1958.

_________. *Formação Territorial e Jurídica do Estado da Guanabara. O Município Neutro. O Distrito Federal* in *Revista de Direito da Procuradoria-Geral do Estado do Rio de Janeiro. Edição Comemorativa dos 50 Anos*, nº 2, 2006.

JARDIM, Afranio Silva. *Direito Processual Penal.* 6ª ed. Rio de Janeiro: Forense, 1997.

_________. *Reflexão Teórica sobre o Processo Penal* in *Justitia*, nº 127, 1984.

_________. *A Intervenção do Ministério Público no Processo Civil* in *Revista de Processo*, nº 44, 1986.

_________. *Ministério Público e Controle da Atividade Policial* in *Revista do Ministério Público do Estado de Sergipe*, nº 3, 1992.

JELLINEK, Georg. *Verfassungseanderung und Verfassungswandlung.* Berlin: Hearing, 1906.

_________. *Allgemeine Staatslehre.* 3ª ed. Berlin: Windelband, 1914.

JENNINGS, Charles. *Direito à Privacidade.* São Paulo: Futura, 2000.

JESUS, Damásio Evangelista de. *Questões Criminais.* 3ª ed. São Paulo: Saraiva, 1984.

_________. *Lei dos Juizados Especiais Criminais Anotada.* 10ª ed. São Paulo: Saraiva, 2007.

_________. *Interceptação de Comunicações Telefônicas* in *Revista dos Tribunais*, nº 735, 1997.

_________. *Proibição de Liberdade Provisória e Relaxamento de Prisão Processual* in *Revista Síntese de Direito Penal e Processual Penal*, nº 29, 2005.

_________. *Estágio Atual da Delação Premiada no Direito Penal Brasileiro* in *Revista Bonijuris*, nº 506, 2006.

JEVEAUX, Geovany Cardoso. *Direitos Adquiridos na Interpretação do Supremo Tribunal Federal.* Rio de Janeiro: GZ, 2010.

JÈZE, Gaston. *Cours Élémentaire de Science des Finances et de Législation Financière Française.* Paris: Giard & Brière, 1904.

JOBIM, Nelson Azevedo. *Vantagens da Súmula Vinculante* in *Jornal do Commercio*, 27.05.2005.

JOLOWICZ, Herbert. *Historical Introduction to the Study of Roman Law.* 3ª ed. London: Cambridge University Press, 1972.

JÓNSDÓTTIR, Birgitta. *Lessons from Iceland* in *The Guardian*, 15.11.2011.

JORGE, William Wanderley. *Contribuição a Noção do Crime de Tortura* in *Revista dos Tribunais*, nº 665, 1991.

JUCOVSKY, Vera Lúcia. *Justiça Federal Comum.* Brasília: Centro de Estudos Judiciários, 1997.

KAHN, Paul. *Interpretation and Authority in State Constitutionalism* in *Harvard Law Review*, nº 106, 1993.

KALTHOFF, Henrique. *Da Nacionalidade no Direito Internacional Privado e na Legislação Comparada*. São Paulo: Saraiva, 1935.

KANT, Immanuel. *Grundlegung zur Metaphysic der Sitten*. 3ª ed. Hamburg: F. Meiner, 1965.

KAREKLAS, Iacovos. *Constitutional Law and Federations*. Blue Ridge Summit: Lexington, 2021.

KATZ, Ellis. *American Federalism, Past, Present and Future* in *United States Information Agency Journal*, nº 4, 1997.

KELLY, Alfred et al. *The American Constitution. Its Origins and Developments*. 6ª ed. New York: Norton, 1983.

KELSEN, Hans. *Théorie Pure du Droit*. Paris: Dalloz, 1962.

_________. *Teoria Pura do Direito*. 2ª ed. São Paulo: Martins Fontes, 1987.

_________. *Teoria Geral do Direito e do Estado*. São Paulo: Martins Fontes, 1990.

_________. *A Democracia*. São Paulo: Martins Fontes, 1993.

_________. *La Garantie Jurisdictionnelle de la Constitution. La Justice Constitutionnelle* in *Revue du Droit Public et de la Science Politique en France et à l'Étranger*, 1928.

KENNEDY, Rick. *The History of Reasonableness*. Rochester: University of Rochester Press, 2004.

KERN, Fritz. *Kingship and Law in the Middle Ages*. New Jersey: Lawbook Exchange, 2005.

KHAN, Rahmatullah. *Le Fédéralisme et le Développement des Ordres Juridiques*. Bruxelles: Emile Bruylant, 1971.

KLAIN, Claude. *Théorie et Pratique du Pouvoir Costituant*. Paris: Presses Universitaires de France, 1996.

KLEIN, Friedrich. *Konstitutionell Garantien und Rechtsinstitutsgarantien*. Breslau: M. u. H. Marcus, 1934.

KMIEC, Keenan. *The Origin and Current Meanings of "Judicial Activism"* in *California Law Review*, nº 92, 2004.

KOPPERNOCK, Martin. *Das Grundtecht auf bioethische Selbstbestimmung. Zur Rekonstruktion des allgemeinen Persönlichkeitsrechts*. Baden-Baden: Nomos, 1997.

_________. *Niemiecki model partycypacji pracownicy we współzarządzaniu i jako właściciele in Dialog. Pismo dialogu społecznego*, nº 3, 2010.

KOZICKI, Tanya Kristyane. *O Controle de Constitucionalidade das Leis e Atos Normativos e a Competência do Senado para Suspender a Execução daqueles Declarados Inconstitucionais* in *Cadernos de Direito Constitucional e Ciência Política*, nº 17, 1996.

KRAKOVICS, Fernanda. *Fim de Jogo para Demóstenes Torres* in *O Globo*, 11.7.2012.

KRELL, Andreas Joachim. *Direitos Sociais e Controle Jurisdicional no Brasil e na Alemanha*. Porto Alegre: Sergio Antonio Fabris, 2002.

_________. *Discricionariedade Administrativa e Proteção Ambiental: o controle dos conceitos jurídicos indeterminados e a competência dos órgãos ambientais*. Porto Alegre: Livraria do Advogado, 2004.

KRISCH, Nico. *Beyond Constitutionalism: the pluralist structure of Postnational Law*. London: Oxford University Press, 2013.

KRÜGER, Herbert. *Archiv des öffentlichen Rechts*. v. LXXVII. Tübingen: Mohr Siebeck, 1951.

LABAND, Paul. *Le Droit Public de l'Empire Allemand*. Paris: Francesa, 1900.

_________. *Das Staatsrecht des Deutschen Reichs*. 5ª ed. Tübingen: J.C.B. Mohr, 1911.

LACERDA, José Cândido Sampaio de. *Manual de Direito Falimentar*. 12ª ed. Rio de Janeiro: Freitas Bastos, 1985.

LACERDA, Paulo José Martins. *Justiça Eleitoral*. João Pessoa: Sal da Terra, 2004.

LACHARRIÈRE, René de. *Le Conseil Constitutionnel* in *Pouvoirs*, nº 13, 1980.

LAMAS, Claudia Rocha. *Justiça Militar Federal*. Curitiba: Juruá, 2000.

LAMY, Marcelo. *Generalização dos Efeitos da Decisão de Inconstitucionalidade* in *Cadernos Interdisciplinares Luso-Brasileiros*, nº 1, 2006.

LARENZ, Karl. *Methodenlehre der Rechtswissenschaft*. 6ª ed. München: Beck, 1991.

LASKI, Harold Joseph. *Liberdade*. Salvador: Progresso, 1957.

LASSALLE, Ferdinand. *Qué és una Constitución?* Buenos Aires: Siglo Veinte, 1946.

LASTRA, Arturo. *Teoría del Estado*. Buenos Aires: Abeledo-Perrot, 1998.

LAUBE, Vitor Rolf. *Conselho da República* in *Revista de Informação Legislativa*, nº 111, 1991.

_________. *Distrito Federal: natureza jurídica decorrente da Constituição de 1988* in *Revista de Direito Público*, nº 97, 1991.

LE BRET, Candin. *De la Souveraineté du Roi*. Paris: J. Quesnel, 1932.

LEAL, Aurelino de Araújo. *História Constitucional do Brasil*. Rio de Janeiro: Imprensa Oficial, 1915.

_________. *Teoria e Prática da Constituição Federal Brasileira*. Rio de Janeiro: F. Briguet, 1925.

LEAL, Rogério Gesta. *Teoria do Estado*. Porto Alegre: Livraria do Advogado, 1997.

_________. *Jurisdição e Direitos Fundamentais*. v. I. Porto Alegre: Livraria do Advogado, 2005.

LEAL, Victor Nunes. *Problemas de Direito Público*. Rio de Janeiro: Forense, 1960.

_________. *Coronelismo, Enxada e Voto*. 3ª ed. São Paulo: Alfa-Ômega, 1976.

_________. *Representação de Inconstitucionalidade perante o STF: um aspecto inexplorado* in *Revista de Direito Público*, nº 53, 1972.

_________. *Passado e Futuro da Súmula da Jurisprudência do Supremo Tribunal Federal* in *Revista de Direito Administrativo*, nº 145, 1981.

LEIBHOLZ, Gerhard et al. *Grundgesetz für die Bundesrepublik Deutschland, Kommentar na Hand der Rechtsprechung des Bundesverfassungsgerichts.* 6ª ed. Köln: O. Schmidt, 1978.

LEITE, Carlos Henrique Bezerra. *Direitos Metaindividuais.* São Paulo: LTr, 2005.

LEITE, Glauco Salomão. *A Extensão da Eficácia "Erga Omnes" e do Efeito Vinculante às Decisões de Inconstitucionalidade em Controle Difuso pelo Supremo Tribunal Federal: hipótese de mutação (in)constitucional* in *Constituição e Efetividade Constitucional.* Salvador: JusPodivm, 2008.

LEME, Ernesto. *A Intervenção Federal.* São Paulo: Revista dos Tribunais, 1930.

LENAERTS, Koen et al. *Constitutional Law of the European Union.* v. I. London: Sweet & Maxwell, 1999.

LENZA, Pedro et al. *Reforma do Poder Judiciário.* São Paulo: Método, 2005.

LENZA, Pedro. *Ação Civil Pública.* São Paulo: Revista dos Tribunais, 2003.

_________. *O Mensalão e o Vício de Decoro Parlamentar* in *Carta Forense*, nº 6, 2005.

LEROY, Paul. *L'Organization Constitutionnelle et les Crises.* Paris: Librairie Générale de Droit et de Jurisprudence, 1966.

LESSA, Paulo Inácio Dias. *O Recebimento da Denúncia ou da Queixa nas Ações Penais da Competência Originária do Supremo Tribunal Federal* in *Revista Trimestral de Jurisprudência dos Estados*, nº 116, 1993.

LESSA, Pedro. *Reforma Constitucional.* Rio de Janeiro: Lux, 1925.

_________. *Do Poder Judiciário.* Rio de Janeiro: Francisco Alves, 1951.

LEWANDOWSKI, Enrique Ricardo. *Proteção dos Direitos Fundamentais.* Rio de Janeiro: Forense, 1984.

_________. *Pressupostos Materiais e Formais da Intervenção Federal no Brasil.* São Paulo: Revista dos Tribunais, 1994.

LEYSER, Maria Fátima. *Direito à Liberdade de Ação.* São Paulo: Juarez de Oliveira, 1999.

_________. *Mandado de Segurança Individual e Coletivo.* São Paulo: Wvc, 2002.

LIBERATI, Wilson Donizeti. *Direito à Educação.* São Paulo: Malheiros, 2004.

LIEBMAN, Enrico Tullio. *Manuale di Diritto Processuale Civile.* 5ª ed. v. I. Milano: Giuffrè, 1992.

LIEBMANN, George. *Common Law Tradition.* New Brunswick: Transaction Publishers, 2006.

LIENHARD, Andreas. *Finanzrecht.* Basel: Helbing Lichtenhahn, 2011.

LIMA, Alcides de Mendonça. *Sistema de Normas Gerais dos Recursos Cíveis.* Rio de Janeiro: Freitas Bastos, 1963.

_________. *Competência para Declarar a Inconstitucionalidade das Leis* in *Revista Forense*, nº 123, 1956.

LIMA, Dilson Machado de. *Direitos dos Idosos*. Porto Alegre: Líder, 2006.

LIMA, Eusébio. *Teoria do Estado*. 8ª ed. Rio de Janeiro: Record, 1957.

LIMA, Francisco Gérson de. *Fundamentos Constitucionais para a Impetrabilidade de "Habeas Corpus" Coletivo* in *Filosofia e Constituição – Estudos em Homenagem ao Prof. Raimundo Bezerra Falcão*. Rio de Janeiro: Letra Legal, 2004.

LIMA, Jesus Costa. *Superior Tribunal de Justiça*. Brasília: Brasília Jurídica, 1994.

LIMA, Leonardo Moreira. *"Stare Decisis" e Súmula Vinculante: um estudo comparado* in *Direito, Estado e Sociedade*, nº 14, 1999.

LIMA, Marcellus Polastri. *Juizados Especiais Criminais na forma das Leis nos 10.259/01, 10.455/02 e 10.741/03*. Rio de Janeiro: Lumen Juris, 2005.

_________. *O Ministério Público pode ou não investigar? Uma Análise de Recente Decisão do Supremo Tribunal Federal* in *Revista Brasileira de Ciências Criminais*, nº 46, 2004.

LIMA, Regina Marta Cereda. *Poder Constituinte e Poder Reformador*. São Paulo: Livraria de Direito, 1996.

LIMA, Sebastião de Oliveira. *O Mandado de Segurança Coletivo e os seus Principais Problemas* in *Revista Trimestral de Direito Público*, nº 3, 1993.

LIMA NETO, José Henrique Barbosa Moreira. *A Inconstitucionalidade da Lei de Comunicações Telefônicas* in *Internet World*, nº 15, 1996.

LINHARES, Paulo. *Direitos Fundamentais*. São Paulo: Iglu, 2002.

LIPPMANN, Ernesto. *Direitos Fundamentais*. São Paulo: LTr, 1999.

_________. *O "Habeas Data" visto pela Doutrina e interpretado pelos Tribunais* in *Revista dos Tribunais*, nº 723, 1996.

LISBOA, Gilmar Aprígio. *Organização Judiciária*. Porto Alegre: Síntese, 1999.

LLORENTE, Francisco Rubio. *El Recurso de Amparo* in *Estudios sobre Jurisdicción Constitucional*. Madrid: McGraw-Hill, 1997.

LOAEZA, Soledad. *As Relações entre Estado e Igreja* in *Foro Internacional*, nº 36, 1996.

LOBO, Jorge. *Soluções para a Crise das Empresas e a Constituição Econômica do Brasil* in *Revista dos Tribunais*, nº 699, 1994.

LÔBO, Paulo Luiz Neto. *Comentários ao Novo Estatuto da Advocacia e da OAB*. Brasília: Conselho Federal da Ordem dos Advogados do Brasil, 1994.

_________. *Competência Legislativa dos Estados na Nova Constituição de 1988* in *Revista Forense*, nº 304, 1988.

LOCATELI, Douglas Vitoriano. *Limites à Competência da União para editar Normas Gerais em Matéria Tributária* in *Revista Tributária e de Finanças Públicas*, nº 43, 2002.

LOCKE, John. *Deux Traités du Gouvernement*. Paris: Presses Universitaires de France, 1995.

LOEWENSTEIN, Karl. *Verfassungslehre*. 3ª ed. Tübingen: J.C.B. Mohr, 1975.

_________. *Teoría de la Constitución*. 2ª ed. Barcelona: Ariel, 1979.

LOPES, Ana Maria. *Direitos Fundamentais*. Porto Alegre: Sergio Antonio Fabris, 2001.

LOPES, Maurício Antônio Ribeiro. *Poder Constituinte Reformador: limites e possibilidades da Revisão Constitucional Brasileira*. São Paulo: Revista dos Tribunais, 1993.

_________. *Princípios Penais Constitucionais: o sistema das constantes constitucionais* in *Revista dos Tribunais*, nº 779, 2000.

LOPES, Miguel Maria de Serpa. *Comentários à Lei de Introdução ao Código Civil*. t. I. Rio de Janeiro: Freitas Bastos, 1944.

_________. *Curso de Direito Civil*. 3ª ed. v. I. Rio de Janeiro: Freitas Bastos, 1960.

LOR, Encarnacion Alfonso. *Súmula Vinculante e Repercussão Geral*. São Paulo: Revista dos Tribunais, 2009.

LORENZETTI, Ricardo. *Fundamentos do Direito Privado*. São Paulo: Revista dos Tribunais, 1998.

LOTUFO, Renan et al. *Direito Civil Constitucional*. São Paulo: Max Limonad, 1999.

LOUREIRO, Caio Márcio. *Ação Civil Pública e o Acesso à Justiça*. São Paulo: Método, 2004.

LOUREIRO, Sílvia Maria da Silveira. *Tratados Internacionais sobre Direitos Humanos na Constituição*. Belo Horizonte: Del Rey, 2005.

LOUREIRO FILHO, Lair da Silva. *Constituição do Estado de São Paulo Anotada*. São Paulo: Juarez de Oliveira, 1999.

LOURENÇO, Rodrigo Lopes. *Controle da Constitucionalidade à luz da Jurisprudência do Supremo Tribunal Federal*. Rio de Janeiro: Forense, 1998.

LUCON, Paulo Henrique dos Santos. *Tutela Coletiva*. São Paulo: Atlas, 2006.

LUHMANN, Niklas. *Stato di Diritto e Sistema Social*. Napoles: Guida, 1978.

LUISI, Luis. *Princípios Constitucionais Penais*. Porto Alegre: Sergio Antonio Fabris, 1991.

LUÑO, Antonio-Enrique Pérez. *Derechos Humanos, Estado de Derecho y Constitución* 3ª ed. Madrid: Tecnos, 1990.

_________. *Segurança Jurídica*. 2ª ed. Barcelona: Ariel, 1994.

_________. *Derechos Fundamentales*. 6ª ed. Madrid: Tecnos, 1995.

_________. *Derechos Humanos y Constitucionalismo en la Actualidad: continuidad o cambio de paradigma?* in *Derechos Humanos y Constitucionalismo ante el Tercer Milenio*. Madrid: Marcial Pons, 1996.

LYRIO, Emmanuel Francisco Mendes. *Distrito Federal: pessoa política e o exercício de suas funções administrativa, legislativa e judiciária* in *Revista de Informação Legislativa*, nº 77, 1983.

MACEDO, Elaine Harzheim. *Repercussão Geral das Questões Constitucionais: nova técnica de filtragem do recurso extraordinário* in *Revista Direito e Democracia*, nº 6, 2005.

MACHADO, Agapito. *Juizados Especiais Criminais na Justiça Federal*. 2ª ed. São Paulo: Saraiva, 2003.

MACHADO, Carlos Augusto Alcantara. *Pressupostos do Mandado de Injunção* in *Consulex*, nº 43, 2000.

MACHADO, Hugo de Brito. *Os Princípios Jurídicos da Tributação na Constituição de 1988*. 3ª ed. São Paulo: Revista dos Tribunais, 1994.

_________. *Mandado de Segurança*. 2ª ed. São Paulo: Revista dos Tribunais, 1995.

_________. *Curso de Direito Tributário*. 14ª ed. São Paulo: Malheiros, 1999.

_________. *Direito à Segurança em Matéria Tributária*. 5ª ed. São Paulo: Dialética, 2003.

_________. *Ação Declaratória de Constitucionalidade* in *Revista dos Tribunais*, nº 697, 1993.

_________. *Efeitos de Medida Provisória Rejeitada* in *Revista dos Tribunais*, nº 700, 1994.

_________. *Efeitos da Declaração de Inconstitucionalidade* in *Revista Trimestral de Direito Público*, nº 6, 1994.

_________. *Posição Hierárquica da Lei Complementar* in *Revista Dialética de Direito Tributário*, nº 14, 1996.

_________. *Regulamentação das Relações Jurídicas decorrentes de Medidas Provisórias: a questão da não conversão em lei* in *Boletim de Direito Administrativo*, nº 13, 1997.

_________. *A Importância dos Conceitos na Teoria Geral do Direito* (Palestra proferida no "Fórum Brasileiro de Direito Público e Privado", promovido pelo Instituto Bresa, Fortaleza, 19.10.2012).

MACHADO, Jónatas Eduardo Mendes. *Liberdade Religiosa numa Comunidade Constitucional Inconclusiva. Dos Direitos da Verdade aos Direitos dos Cidadãos*. Coimbra: Almedina, 1996.

MACHADO, Márcia Rodrigues. *Inconstitucionalidade por Omissão* in *Revista de Direito da Procuradoria-Geral do Estado de São Paulo*, nº 30, 1992.

MACHADO, Paulo Affonso Leme. *Direito ao Meio Ambiente*. 10ª ed. São Paulo: Malheiros, 2002.

MACHADO, Rubens Approbato. *Advocacia Pública* in *Revista da Ordem dos Advogados do Brasil*, nº 74, 2002.

MACIEL, Adhemar Ferreira. *Observações sobre Autoridade Coatora no Mandado de Segurança* in *Revista dos Tribunais*, nº 618, 1987.

_________. *"Amicus Curiae": um instituto democrático* in *Revista de Informação Legislativa*, nº 153, 2002.

MACIEL, Marcela Albuquerque. *Omissão Inconstitucional: a tarefa realizadora da Constituição e o mandado de injunção* in *Revista de Direitos Difusos*, nº 37, 2006.

MADALENA, Pedro. *Justiça Estadual Comum* in *Revista dos Tribunais*, nº 657, 1990.

MADALENO, Rolf. *Sucessão Legítima* in *Revista dos Tribunais*, nº 753, 1998.

MADEIRA, José Maria Pinheiro. *Administração Pública Centralizada e Descentralizada*. 2ª ed. Rio de Janeiro: América Jurídica, 2003.

MAGALHÃES, José Luiz Quadros de. *Debates da Teoria do Estado*. Belo Horizonte: UFMG, 1995.

_________. *Poder Municipal*. Belo Horizonte: Del Rey, 1997.

_________. *Pacto Federativo*. Belo Horizonte: Mandamentos, 2000.

_________. *Teoria do Estado, Democracia e Poder Local*. 2ª ed. Rio de Janeiro: Lumen Juris, 2002.

_________. *Direito Constitucional*. v. II. Belo Horizonte: Mandamentos, 2002.

_________. *Dos Efeitos da Ação Direta de Inconstitucionalidade por Ação e por Omissão*. Disponível em: <http://www.geocities.com>. Acesso em: 6.1.2003.

_________. *O Controle de Constitucionalidade e a Reforma do Poder Judiciário. A Necessidade de um Novo Supremo Tribunal Federal*. Disponível em: <http://www.jusvi.com.br>. Acesso em: 3.9.2006.

MAGNO, Wilney. *Ação Civil Pública e Controle Jurisdicional dos Atos Administrativos*. Rio de Janeiro: Aldebarã, 1996.

MAIOR FILHO, Marcos Souto. *Direito Eleitoral. Contexto Constitucional e Aspectos Práticos*. Curitiba: Juruá, 2006.

MAISTRE, Joseph de. *Essai sur le principe générateur des constitutions politiques et des autres institutions humaines*.

MALBERG, Carré de. *Contribution à la Théorie Générale de l'État*. v. I. Paris: Recueil Sirey, 1920.

_________. *Contribution à la Théorie Generale de l'État*. v. II. Paris: Librairie Sirey, 1922.

MALCHER, Maurício Gama. *O "Habeas Data"* in *Consulex*, nº 20, 1998.

MALERBI, Diva Prestes. *Perfil do "Habeas Data"*. São Paulo: Revista dos Tribunais, 1989.

MALHADAS, Júlio Assumpção. *Salário* in *LTr: suplemento trabalhista*, nº 97, 1987.

MALUF, Carlos Alberto. *Da Cláusula de Inalienabilidade*. 3ª ed. São Paulo: Saraiva, 1986.

MANCUSO, Rodolfo de Camargo. *Ação Civil Pública*. 2ª ed. São Paulo: Revista dos Tribunais, 1992.

_________. *Ação Popular*. São Paulo: Revista dos Tribunais, 1993.

_________. *Divergência Jurisprudencial e Súmula Vinculante*. São Paulo: Revista dos Tribunais, 1999.

_________. *Interesses Difusos: conceito e legitimação para agir*. 5ª ed. São Paulo: Revista dos Tribunais, 2001.

_________. *Jurisdição Coletiva e Coisa Julgada. Teoria Geral das Ações Coletivas*. São Paulo: Revista dos Tribunais, 2006.

_________. *Análise Comparativa entre os Objetos e as Legitimações Ativas das Ações Vocacionadas a Tutela dos Interesses Metaindividuais* in *Justitia*, nº 160, 1992.

MANNRICH, Nelson. *Acordos e Convenções Coletivas* in *LTr: suplemento trabalhista*, nº 59, 1995.

MARANHÃO, Clayton. *Inconstitucionalidade da Emenda Constitucional nº 3/93* in *Revista de Processo*, nº 72, 1996.

MARANHÃO, Jarbas. *Princípios Básicos da Administração Pública* in *Revista de Informação Legislativa*, nº 108, 1990.

MARCATO, Antônio Carlos. *Breves Considerações sobre Jurisdição e Competência* in *Revista de Processo*, nº 66, 1992.

MARINHO, Alexandre Araripe et al. *Direito Penal - Introdução e Aplicação da Lei Penal*. Rio de Janeiro: Lumen Juris, 2005.

MARINHO, Ilmar. *Tratado sobre a Nacionalidade*. Rio de Janeiro: Imprensa Nacional, 1956.

MARINHO, Josaphat. *O Art. 64 da Constituição e o Papel do Senado* in *Revista de Informação Legislativa*, nº 2, 1964.

_________. *Inconstitucionalidade de Lei: representação ao Supremo Tribunal Federal* in *Revista de Direito Público*, nº 12, 1971.

_________. *Controle do Poder Judiciário* in *Revista da Procuradoria-Geral da República*, nº 3, 1993.

_________. *Limites do Poder de Revisão Constitucional* in *Revista Trimestral de Direito Público*, nº 24, 1998.

MARINONI, Luiz Guilherme et al. *Repercussão Geral no Recurso Extraordinário*. São Paulo: Revista dos Tribunais, 2007.

MARINONI, Luiz Guilherme. *A Antecipação da Tutela*. 5ª ed. São Paulo: Malheiros, 1999.

_________. *Novas Linhas do Processo Civil*. 4ª ed. São Paulo: Malheiros, 2000.

_________. *Processo de Conhecimento*. 2ª ed. São Paulo: Revista dos Tribunais, 2003.

_________. *Coisa Julgada Inconstitucional*. 2ª ed. São Paulo: Revista dos Tribunais, 2010.

_________. *Proibição da Concessão de Liminares: inconstitucionalidade* in *Revista de Processo*, nº 60, 1994.

_________. *Observações a partir de uma Visão da Ideologia no Processo Civil*. Disponível em: <http://www.planalto.gov.br>. Acesso em: 20.02.2006.

MARIOTTI, Alexandre. *Teoria do Estado*. Porto Alegre: Síntese, 1999.

MARMOR, Andrei. *Positive Law*. Oxford: Clarendon Press, 2001.

MARQUES, Claudia Lima. *As Novas Regras sobre a Proteção do Consumidor nas Relações Contratuais* in *Revista de Direito do Consumidor*, nº 1, 1992.

MARQUES, Heitor. *Ensino Superior*. Campo Grande: Ucdb, 1999.

MARQUES, José Frederico. *Instituições de Direito Processual Civil*. v. IV. Campinas: Millennium, 2000.

_________. *Ação Popular. Ato lesivo ao patrimônio do Estado, sem ser, todavia, nulo ou anulável. Impossibilidade jurídica do pedido* in *Revista dos Tribunais*, nº 181, 1949.

MARQUES NETO, Floriano de Azevedo. *Os Consórcios Públicos* in *Revista de Direito do Estado*, nº 2, 2006.

_________. *O Fomento como Instrumento de Intervenção Estatal na Ordem Econômica* in *Revista de Direito Público da Economia*, nº 32, 2010.

_________. *Os Grandes Desafios do Controle da Administração Pública* in *Fórum de Contratação e Gestão Pública*, nº 100, 2010.

MARREY, Luiz Antonio Guimarães. *O Ministério Público e a Tutela das Liberdades Públicas* in *Justitia*, nº 131, 1985.

MARSHALL, Carla Izolda Fiúza Costa. *Direito Constitucional: doutrina e prática*. Rio de Janeiro: Lumen Juris, 1996.

MARTINEZ, Pedro Romano. *Direito ao Trabalho*. Coimbra: Almedina, 2002.

MARTINEZ, Wladimir Novaes. *A Seguridade Social na Constituição Federal*. 2ª ed. São Paulo: LTr, 1992.

_________. *Direito à Previdência Social*. São Paulo: LTr, 2000.

MARTINS, Ives Gandra da Silva. *O "Impeachment" na Constituição de 1988*. Belém: Cejup, 1992.

_________. *Direito Tributário*. v. I. Rio de Janeiro: América Jurídica, 2003.

_________. *Aspectos Polêmicos da Ação Civil Pública*. 2ª ed. São Paulo: Saraiva, 2007.

_________. *Emenda Constitucional. Reforma do Judiciário. Inconstitucionalidade* in *Reforma do Poder Judiciário*. São Paulo: Método, 2005.

_________. *Procedimento Parlamentar para Instauração de Processo contra o Presidente da República no Senado Federal* in *Revista Trimestral de Jurisprudência dos Estados*, nº 16, 1992.

_________. *Aspectos Procedimentais do Instituto Jurídico do "Impeachment" e Conformação da Figura da Improbidade Administrativa* in *Cadernos de Direito Constitucional e Ciência Política*, nº 2, 1993.

_________. *Estado de Defesa* in *Boletim de Direito Administrativo*, nº 5, 1995.

_________. *Distinção entre Suspensão de Vigência e Eficácia de Norma Inconstitucional e Materialidade do Direito Suspenso em Processo Cautelar de Ação Direta de Inconstitucionalidade com Liminar Concedida* in *Revista de Processo*, nº 78, 1995.

_________. *As Competências Exclusivas de atribuição da União* in *Revista Dialética de Direito Tributário*, nº 7, 1996.

_________. *Participação dos Trabalhadores nos Lucros ou Resultados da Empresa* in *Revista do Tribunal Superior do Trabalho*, nº 65, 1999.

_________. *O Supremo e o Homicídio Uterino* in *Igreja e Bioética*, nº 2, 2004.

MARTINS, Nei Frederico. *Duração do Trabalho* in *Revista de Direito do Trabalho*, nº 74, 1988.

MARTINS, Neide Câmara. *Considerações sobre o Inquérito Civil* in *Revista do Ministério Público do Rio Grande do Sul*, nº 27, 1992.

MARTINS, Plínio Lacerda. *Corte de Energia Elétrica por Falta de Pagamento – Prática Abusiva – Código do Consumidor* in *Revista de Informação Legislativa*, nº 145, 2000.

MARTINS, Sergio Pinto. *Direito Trabalhista*. 11ª ed. São Paulo: Atlas, 2000.

_________. *Competência para analisar "Habeas Data"* in *LTr: revista legislação do trabalho*, nº 69, 2005.

MATHIEU, Bertrand et al. *L'Autorité des Décisions du Conseil Constitutionnel*. Paris: Dalloz, 2010.

MATHIEU, Bertrand. *Les Grandes Délibérations du Conseil Constitutionnel*. Paris: Dalloz, 2009.

MATIELO, Fabrício Zamprogna. *Mandado de Segurança*. 2ª ed. Porto Alegre: Sagra Luzzatto, 2001.

MATTA, José Eduardo Nobre. *"Habeas Data"*. Rio de Janeiro: Lumen Juris, 2005.

MATTEUCCI, Nicola. *Sovranità* in *Dizionario di Politica*, v. II, 1983.

MATTOS, Adherbal Meira. *Curso de Direito Internacional Público*. Rio de Janeiro: Renovar, 1996.

MATTOS, Hebe Maria. *Escravidão e Cidadania no Brasil Monárquico*. Rio de Janeiro: Zahar, 2000.

MAULAZ, Ralph Batista de. *Espécies Normativas* in *Revista Jurídica da Universidade de Franca*, nº 4, 2000.

MAURER, Hartmut. *Zur Verfassungswidrigerklärung von Gesetzen* in *Festschrift für Werner* Weber, 1974.

MAZZEI, Rodrigo Reis. *Mandado de Injunção coletivo: viabilidade frente aos (falsos) dogmas* in *Revista de Direitos Difusos*, nº 36, 2006.

MAZZILLI, Hugo Nigro et al. *Algumas Considerações sobre o Princípio Federativo* in *Justitia*, nº 146, 1989.

MAZZILLI, Hugo Nigro. *O Inquérito Civil*. São Paulo: Saraiva, 1999.

_________. *A Defesa dos Interesses Difusos em Juízo*. 12ª ed. São Paulo: Saraiva, 2000.

_________. *Regime Jurídico do Ministério Público*. 5ª ed. São Paulo: Saraiva, 2005.

_________. *Funções Institucionais do Ministério Público* in *Revista Forense*, nº 86, 1990.

_________. *Controle Externo da Atividade Policial* in *Revista dos Tribunais*, nº 664, 1991.

_________. *Alguns Casos de Atuação do Ministério Público* in *Revista dos Tribunais*, nº 688, 1993.

_________. *Lei Orgânica do Ministério Público da União: Lei Complementar nº 75, de 20.5.1993*, in *Revista da Procuradoria-Geral da República*, nº 3, 1993.

_________. *Tutela de Interesses Coletivos e Difusos* in *Revista dos Tribunais*, nº 668, 1998.

_________. *A Reforma Constitucional e as Garantias da Magistratura* in *Revista de Direito do Ministério Público do Estado do Rio de Janeiro*, nº 7, 1998.

_________. *Foro por Prerrogativa de Função e Lei nº 10.628/02* in *Revista Jurídica*, nº 304, 2003.

MAZZUOLI, Valerio de Oliveira. *A Incorporação dos Tratados Internacionais de Proteção dos Direitos Humanos no Ordenamento Brasileiro* in *Revista de Informação Legislativa*, nº 147, 2000.

_________. *O Novo § 3º do Art. 5º da Constituição e sua Eficácia* in *Revista Forense*, nº 378, 2005.

MCILWAIN, Charles. *Constitutionalism and the Changing World*. London: Cambridge University Press, 1939.

_________. *Constitutionalism: ancient and modern*. Ithaca: Cornell University Press, 1940.

MEDEIROS, Hortêncio Catunda de. *Esquema de Teoria Geral do Processo*. 3ª ed. Rio de Janeiro: Renovar, 1998.

MEDEIROS, Rui. *A Decisão de Inconstitucionalidade*. Lisboa: Universidade Católica, 1999.

MÉDICE, Sérgio de Oliveira. *Imunidades Parlamentares na Nova Constituição* in *Revista dos Tribunais*, nº 666, 1993.

_________. *O Princípio da Independência Funcional* in *Justitia*, nº 60, 1999.

MEDINA, José Miguel Garcia et al. *Mandado de Segurança Individual e Coletivo: comentários à Lei nº 12.016, de 7 de agosto de 2009*. São Paulo: Revista dos Tribunais, 2009.

MEDINA, José Miguel Garcia. *"Habeas Data"*. São Paulo: Revista dos Tribunais, 1998.

MEDINA, Llewellyn A. Davies. *A Constituição: poder constituinte originário, poder constituinte derivado, direitos subjetivos e direitos adquiridos* in *Revista de Informação Legislativa*, nº 131, 1996.

MEIRA, José de Castro. *Administração Pública na Nova Constituição* in *Revista de Informação Legislativa*, nº 119, 1993.

MEIRELLES, Hely Lopes. *Estudos e Pareceres de Direito Público*. v. IV. São Paulo: Revista dos Tribunais, 1981.

_________. *Estudos e Pareceres de Direito Público*. v. VII. São Paulo: Revista dos Tribunais, 1983.

_________. *Estudos e Pareceres de Direito Público*. v. VIII. São Paulo: Revista dos Tribunais, 1984.

_________. *Mandado de Segurança*. 28ª ed. São Paulo: Malheiros, 2005.

_________. *Problemas do Mandado de Segurança* in *Revista de Direito Administrativo*, nº 73, 1963.

MELICHAR, Erwin. *Die Verfassungsgerichtsbarkeit in Österreich* in *Verfassungsgerichtsbarkeit in der Gegenwart*. Köln-Berlin: Heymanns, 1962.

MELLO, Celso Antônio Bandeira de. *Atos Administrativos e Direito dos Administrados*. São Paulo: Revista dos Tribunais, 1981.

_________. *Regime Constitucional dos Servidores da Administração Direta e Indireta*. São Paulo: Revista dos Tribunais, 1990.

_________. *Curso de Direito Administrativo*. 11ª ed. São Paulo: Malheiros, 1999.

_________. *Conteúdo Jurídico do Princípio da Igualdade*. 3ª ed. São Paulo: Malheiros, 1999.

_________. *Discricionariedade e Controle Jurisdicional*. 2ª ed. São Paulo: Malheiros, 2000.

_________. *Discriminação Constitucional de Competências Legislativas: a competência municipal* in *Estudos em Homenagem a Geraldo Ataliba. Direito Administrativo e Constitucional*. v. II. São Paulo: Malheiros, 1997.

_________. *A Eficácia das Normas Constitucionais sobre Justiça Social* in *Revista de Direito Público*, nº 57-58, 1981.

_________. *Função Social da Propriedade* in *Revista de Direito Público*, nº 84, 1987.

_________. *Abastecimento de Água. Serviço Público. Regime Jurídico. Tarifas* in *Revista de Direito Público*, nº 55, 1988.

_________. *Leis Originariamente Inconstitucionais compatíveis com Emenda Constitucional Superveniente* in *Revista Trimestral de Direito Público*, nº 23, 1998.

_________. *O Direito Adquirido e o Direito Administrativo* in *Revista Trimestral de Direito Público*, nº 24, 1998.

MELLO, Celso de Albuquerque. *Direito Constitucional Internacional*. Rio de Janeiro: Renovar, 1994.

_________. *Direito Internacional Público*. 14ª ed. Rio de Janeiro: Renovar, 2002.

_________. *Antinomias no Direito Internacional dos Direitos Humanos* in *Arquivos de Direitos Humanos*, nº 3, 2001.

MELLO, Humberto de Souza. *A Intervenção Federal nos Negócios Peculiares aos Estados-Membros* in *Revista de Informação Legislativa*, nº 6, 1965.

MELLO, José Luiz Anhaia. *O Estado Federal e suas Novas Perspectivas*. São Paulo: Max Limonad, 1960.

_________. *Os Princípios Constitucionais e a sua Proteção*. 2ª ed. São Paulo: Saraiva, 1996.

MELLO, Marco Aurélio Mendes de Farias. *O "Habeas Corpus" e a Competência Originária do STF* in *Revista Brasileira de Ciências Criminais*, nº 9, 1995.

_________. *Voto* in *Revista de Direito Administrativo*, nº 201, 1995.

MELLO, Oswaldo Aranha Bandeira de. *A Teoria das Constituições Rígidas*. 2ª ed. São Paulo: José Bushatsky, 1980.

_________. *A Nacionalidade no Direito Constitucional Brasileiro* in *Revista de Direito Administrativo*, nº 15, 1949.

MELLO, Rubens Camargo de. *Empregados Domésticos* in *Revista dos Tribunais*, nº 626, 1987.

MELLO FILHO, José Celso de. *Constituição Federal Anotada*. 2ª ed. São Paulo: Saraiva, 1986.

_________. *Ministério Público no Inquérito Policial* in *Revista do Ministério Público do Estado de Santa Catarina*, nº 3, 1980.

_________. *Considerações sobre as Medidas Provisórias* in *Revista da Procuradoria-Geral do Estado de São Paulo*, nº 33, 1990.

_________. *Voto* in *Revista Trimestral de Jurisprudência*, nº 157, 1992.

_________. *Voto* in *Revista Trimestral de Jurisprudência*, nº 160, 1994.

_________. *Voto* in *Revista Trimestral de Jurisprudência*, nº 169, 1999.

_________. *A Polêmica da Súmula Vinculante* in *Jornal do Commercio*, 13.2.2003.

MELO, Carlos Antônio de Almeida. *A Constituição Originária, a Constituição Derivada e o Direito Adquirido: considerações, limites e possibilidades* in *Revista de Informação Legislativa*, nº 143, 1999.

MELO FILHO, Álvaro. *Direito ao Desporto*. São Paulo: Malheiros, 2005.

_________. *Súmulas Vinculantes: os dois lados da questão* in *Revista de Processo*, nº 81, 1997.

MENAULT, Antonio-Carlos Pereira. *Lecciones de Teoría Constitucional*. 3ª ed. Madrid: Colex, 1997.

MENDES, António Alfredo. *O "Habeas Corpus"*. Lisboa: Universidade Autônoma de Lisboa, 2005.

MENDES, Antônio Carlos. *Introdução à Teoria das Inelegibilidades*. São Paulo: Malheiros, 1994.

MENDES, Gilmar Ferreira et al. *Ação Declaratória de Constitucionalidade*. São Paulo: Saraiva, 1994.

________. *Hermenêutica Constitucional e Direitos Fundamentais*. Brasília: Brasília Jurídica, 2000.

________. *Controle Concentrado de Constitucionalidade: comentários à Lei nº 9.868/99*. São Paulo: Saraiva, 2001.

MENDES, Gilmar Ferreira. *Controle de Constitucionalidade: aspectos jurídicos e políticos*. São Paulo: Saraiva, 1990.

________. *Die abstrakte Normenkontrolle vor dem Bundesverfassungsgericht und vor dem brasilianischen Supremo Tribunal Federal*. Berlin: Duncker & Humblot, 1991.

________. *Direitos Fundamentais e Controle de Constitucionalidade: estudos de Direito Constitucional*. São Paulo: Celso Bastos, 1998.

________. *Jurisdição Constitucional*. 3ª ed. São Paulo: Saraiva, 1999.

________. *O Controle de Constitucionalidade das Leis na Atualidade* in *Estudos em Homenagem ao Professor Caio Tácito*. Rio de Janeiro: Renovar, 1997.

________. *O Controle de Constitucionalidade no Brasil: balanço e perspectivas* in *1988 – 1998. Uma Década de Constituição*. Rio de Janeiro: Renovar, 1999.

________. *Ação Direta de Inconstitucionalidade e Ação Declaratória de Constitucionalidade* in *Mandado de Segurança, Ação Popular, Ação Civil Pública, Mandado de Injunção, "Habeas Data", Ação Direta de Inconstitucionalidade e Ação Declaratória de Constitucionalidade*. 22ª ed. São Paulo: Malheiros, 2000.

________. *Passado e Futuro da Súmula Vinculante: considerações à luz da Emenda Constitucional nº 45/04* in *Reforma do Judiciário*. São Paulo: Saraiva, 2005.

________. *O Apelo ao Legislador na práxis da Corte Constitucional Federal Alemã* in *Arquivos do Ministério da Justiça*, nº 179, 1992.

________. *Aspectos da Declaração de Inconstitucionalidade dos Atos Normativos* in *Revista Trimestral de Direito Público*, nº 2, 1993.

________. *A Ação Declaratória de Constitucionalidade: a inovação da Emenda nº 3/93* in *Cadernos de Direito Constitucional e Ciência Política*, nº 4, 1993.

________. *A Declaração de Inconstitucionalidade sem Pronúncia de Nulidade da Lei na Jurisprudência da Corte Constitucional Federal Alemã* in *Revista de Informação Legislativa*, nº 118, 1993.

________. *Controle de Constitucionalidade na Alemanha: a declaração de nulidade da lei inconstitucional, a interpretação conforme a Constituição e a declaração de constitucionalidade da Lei na jurisprudência da Corte Constitucional alemã* in *Revista de Direito Administrativo*, nº 193, 1993.

________. *A Proporcionalidade na Jurisprudência do Supremo Tribunal Federal* in *Revista IOB*, nº 23, 1994.

________. *O Direito de Propositura das Confederações Sindicais e das Entidades de Classe de Âmbito Nacional* in *Cadernos de Direito Constitucional e Ciência Política*, nº 6, 1994.

_________. *A Nulidade da Lei Federal declarada inconstitucional e seus Efeitos: considerações sobre a decisão do Supremo Tribunal Federal proferida no RE nº 122.202* in *Revista Trimestral de Direito Público*, nº 12, 1995.

_________. *Medida Cautelar em Ação Declaratória de Constitucionalidade* in *Repertório de Jurisprudência IOB*, nº 20, 1997.

_________. *Considerações sobre o Papel do Procurador-Geral da República no Controle Abstrato de Normas: proposta de releitura* in *Advocacia Dinâmica: Seleções Jurídicas*, nº 7, 1997.

_________. *O Controle Incidental de Normas no Direito Brasileiro* in *Cadernos de Direito Constitucional e Ciência Política*, nº 23, 1998.

_________. *Teoria da Legislação e Controle de Constitucionalidade: algumas notas* in *Revista IOB/DCAP*, nº 8, 1998.

_________. *Incidente de Inconstitucionalidade* in *Consulex*, nº 33, 1999.

_________. *A Declaração de Constitucionalidade e a Lei ainda Constitucional* in *Consulex*, nº 35, 1999.

_________. *A Eficácia "Erga Omnes" das Decisões proferidas em Controle Abstrato de Normas* in *Revista IOB/DCAP*, nº 1, 1999.

_________. *O Efeito Vinculante das Decisões do Supremo Tribunal Federal nos Processos de Controle Abstrato de Normas* in *Revista IOB/DCAP*, nº 4, 1999.

_________. *A Suspensão Parcial da Lei sem Redução de Texto em sede de Cautelar* in *Revista IOB/DCAP*, nº 6, 1999.

_________. *Anteprojeto de Lei sobre Processo e Julgamento da Ação Direta de Inconstitucionalidade e da Ação Declaratória de Constitucionalidade* in *Cadernos de Direito Constitucional e Ciência Política*, nº 29, 1999.

_________. *O Princípio da Proporcionalidade na Jurisprudência do Supremo Tribunal Federal: novas leituras* in *Repertório IOB de Jurisprudência: tributário, constitucional e administrativo*, nº 14, 2000.

_________. *O Papel do Senado Federal no Controle de Constitucionalidade: um caso clássico de mutação constitucional* in *Revista de Informação Legislativa*, nº 162, 2004.

_________. *A Justiça Constitucional nos Contextos Supranacionais* in *Direito Público*, nº 8, 2005.

_________. *Novos Aspectos do Controle de Constitucionalidade Brasileiro* in *Direito Público*, nº 27, 2009.

_________. *O Controle de Constitucionalidade das Medidas Provisórias*. Disponível em: <http://www.planalto.gov.br>. Acesso em: 29.1.2001.

_________. *Arguição de Descumprimento de Preceito Fundamental: demonstração de inexistência de outro meio eficaz*. Disponível em: <http://www.planalto.gov.br>. Acesso em: 29.1.2001.

_________. *Arguição de Descumprimento de Preceito Fundamental* (Palestra promovida pela Universidade Gama Filho, realizada no Campus da Candelária, Rio de Janeiro, em 1º.6.2000).

_________. *O Direito Processual na Constituição da República* (Palestra proferida no "Seminário sobre os 15 Anos da Constituição da República", promovido pela Escola da Magistratura do Estado, Rio de Janeiro, 10.10.2003).

MENDONÇA JÚNIOR, Delosmar. *Manual de Direito Eleitoral*. Salvador: JusPodivm, 2006.

MENEZES, Aderson. *Teoria do Estado*. Rio de Janeiro: Forense, 1960.

MENEZES, Paulo de Tarso Duarte. *Aspectos Gerais da Intervenção do "Amicus Curiae" nas Ações de Controle de Constitucionalidade pela Via Concentrada* in *Direito Público*, nº 17, 2007.

MENEZES, Paulo Lucena de. *A Ação Afirmativa no Direito Norte-Americano*. São Paulo: Revista dos Tribunais, 2001.

MERRYMAN, John. *Civil Law Tradition*. 3ª ed. Palo Alto: Stanford University Press, 2007.

MERVILLE, Anne-Dominique. *Droit Financier*. 2ª ed. Paris: Gualino, 2015.

MESQUITA, José Ignácio Botelho de. *Anteprojeto de Lei sobre o Mandado de Injunção* in *O Estado de S. Paulo*, 26.8.1989.

MESQUITA FILHO, Julio de. *Cassado o Mandato de Barreto Pinto* in *O Estado de S. Paulo*, 28.5.1949.

MEYERSON, Michael. *Liberty's Blueprint*: how Hamilton, Madison and Jay wrote the Federalist Papers, defined the Constitution and made democracy safe for the world. New York: Basic Books, 2008.

MICHELS, Vera Maria Nunes. *Direito Eleitoral*. 5ª ed. Porto Alegre: Livraria do Advogado, 2006.

MILLER, Arthur. *Computer and Privacy* in *Michigan Law Review*, nº 67, 1969.

MIRABETE, Julio Fabrini. *Processo Penal*. 8ª ed. São Paulo: Atlas, 1997.

MIRANDA, Francisco Cavalcanti Pontes de. *Direito Internacional Privado*. Rio de Janeiro: J. Olympio, 1935.

_________. *Comentários à Constituição da República dos Estados Unidos do Brasil de 1934*. v. II. Rio de Janeiro: José Olympio, 1936.

_________. *Nacionalidade de Origem e Naturalização no Direito Brasileiro*. Rio de Janeiro: A. Coelho Branco Filho, 1938.

_________. *Comentários à Constituição de 1946*. 2ª ed. v. II. São Paulo: Max Limonad, 1953.

_________. *História e Prática do "Habeas Corpus"*. 4ª ed. Rio de Janeiro: Borsoi, 1961.

_________. *Comentários à Constituição de 1967 com a Emenda nº 1 de 1969*. 2ª ed. v. I. São Paulo: Revista dos Tribunais, 1970.

_________. *Comentários à Constituição de 1967 com a Emenda nº 1 de 1969*. 2ª ed. v. II. São Paulo: Revista dos Tribunais, 1970.

_________. *Comentários ao Código de Processo Civil*. v. I. Rio de Janeiro: Forense, 1973.

_________. *Comentários à Constituição de 1967 com a Emenda nº 1 de 1969*. 2ª ed. v. V. São Paulo: Revista dos Tribunais, 1974.

_________. *Comentários ao Código de Processo Civil*. v. V. Rio de Janeiro: Forense, 1974.

_________. *Comentários ao Código de Processo Civil*. v. VI. Rio de Janeiro: Forense, 1975.

_________. *Tratado das Ações*. v. VI. São Paulo: Revista dos Tribunais, 1976.

_________. *Comentários à Constituição de 1967 com a Emenda nº 1 de 1969*. 3ª ed. v. IV. Rio de Janeiro: Forense, 1987.

_________. *Comentários à Constituição de 1967 com a Emenda nº 1 de 1969*. 3ª ed. v. VI. Rio de Janeiro: Forense, 1987.

_________. *Defesa, Guarda e Rigidez das Constituições* in *Revista de Direito Administrativo* – Seleção Histórica, 1995.

MIRANDA, Jorge. *As Constituições Portuguesas de 1822 ao Texto Atual da Constituição*. 4ª ed. Lisboa: Petrony, 1977.

_________. *Manual de Direito Constitucional*. 2ª ed. v. II. Coimbra: Coimbra Editora, 1988.

_________. *Contributo para uma Teoria da Inconstitucionalidade*. 2ª ed. Coimbra: Coimbra Editora, 1996.

_________. *O Constitucionalismo Luso-Brasileiro*. Lisboa: Comissão Nacional para as Comemorações dos Descobrimentos Portugueses, 2001.

_________. *Teoria do Estado*. Coimbra: Coimbra Editora, 2002.

_________. *Teoria do Estado e da Constituição*. Rio de Janeiro: Forense, 2002.

_________. *O Direito Constitucional e Ordinário Anterior* in *Estudos sobre a Constituição*. v. I. Lisboa: Petrony, 1977.

_________. *Constituição e Processo Civil* in *Revista de Processo*, nº 98, 2000.

_________. *Eleição do Presidente da República* in *Revista de Direito Constitucional e Internacional*, nº 30, 2000.

MIRANDA, José Apolinário. *Ação Cível*. São Paulo: Cautela, 1999.

MITIDIERO, Daniel. *Precedentes*: da persuasão à vinculação. São Paulo: Revista dos Tribunais, 2016.

MODESTO, Paulo. *A Reforma Administrativa e o Direito Adquirido ao Regime da Função Pública* in *Revista Trimestral de Direito Público*, nº 14, 1996.

MOENCH, Christoph. *Verfassungswidriges Gesetz und Normenkontrolle*. Baden-Baden: Nomos Verlagsgesellschaft, 1977.

MÖLLER, Max. *Teoria Geral do Neoconstitucionalismo. Bases Teóricas do Constitucionalismo Contemporâneo*. Porto Alegre: Livraria do Advogado, 2011.

MONCADA, Luís Cabral de. *Filosofia do Direito*. 2ª ed. Coimbra: Coimbra Editora, 1988.

_________. *Direito Econômico*. Coimbra: Coimbra Editora, 1988.

MONTENEGRO FILHO, Misael. *Recursos Cíveis*. São Paulo: Atlas, 2007.

MONTESQUIEU. *Do Espírito das Leis*. São Paulo: Difusão Europeia do Livro, 1962.

MORA-DONATTO, Cecília. *El Valor de la Constitución Normativa*. México: Instituto de Investigaciones Jurídicas, 2002.

MORAES, Alexandre de et al. *Juizados Especiais Criminais: aspectos práticos da Lei nº 9.099/95*. São Paulo: Atlas, 1996.

_________. *Os Dez Anos da Constituição Federal*. São Paulo: Atlas, 1999.

_________. *Jurisdição Constitucional e Tribunais Constitucionais*. São Paulo: Atlas, 2000.

_________. *Os Vinte Anos da Constituição da República Federativa do Brasil*. São Paulo: Atlas, 2008.

MORAES, Alexandre de. *Direitos Fundamentais*. 3ª ed. São Paulo: Atlas, 2000.

_________. *Constituição do Brasil Interpretada*. São Paulo: Atlas, 2002.

_________. *Comentários à Constituição*. São Paulo: Atlas, 2002.

_________. *Direito Constitucional Administrativo*. São Paulo: Atlas, 2002.

_________. *Presidencialismo*. São Paulo: Atlas, 2004.

_________. *Direito Constitucional*. 17ª ed. São Paulo: Atlas, 2005.

_________. *Previdência Social e os Direitos Adquiridos* in *Revista de Previdência Social*, nº 184, 1996.

_________. *Imunidades Parlamentares* in *Revista Brasileira de Ciências Criminais*, nº 21, 1998.

MORAES, Germana Oliveira. *O Controle Jurisdicional da Constitucionalidade do Processo Legislativo*. São Paulo: Dialética, 1998.

MORAES, Guilherme Peña de. *Instituições da Defensoria Pública*. São Paulo: Malheiros, 1999.

_________. *Direitos Fundamentais: Conflitos e Soluções*. São Paulo: Frater et Labor, 2000.

_________. *Nacionalidade: lineamentos da Nacionalidade Derivada e da Naturalização Extraordinária*. Rio de Janeiro: Lumen Juris, 2000.

_________. *Mandado de Segurança*. Rio de Janeiro: CEPAD, 2001.

_________. *Mandado de Injunção, "Habeas Data" e Ação Popular*. Rio de Janeiro: CEPAD, 2001.

_________. *Homologação de Sentença Estrangeira à luz da Jurisprudência do Supremo Tribunal Federal*. Rio de Janeiro: Lumen Juris, 2002.

_________. *Readequação Constitucional do Estado Moderno: transformações do conceito de Estado no Direito Constitucional do limiar do século XXI*. Rio de Janeiro: Lumen Juris, 2006.

_________. *Justiça Constitucional: limites e possibilidades da atividade normativa dos tribunais constitucionais*. São Paulo: Atlas, 2012.

_________. *Constitucionalismo Brasileiro: passado, presente e futuro da Constituição Cidadã* in *30 Anos da Constituição Federal e o Direito Brasileiro*. Rio de Janeiro: Forense, 2018.

_________. *Ações Afirmativas no Direito Constitucional Comparado* in *Revista da Escola da Magistratura do Estado do Rio de Janeiro*, nº 23, 2003.

_________. *Lineamentos da Investigação Criminal pelo Ministério Público* in *MP em Revista*, nº 1, 2004.

_________. *Súmula Vinculante no Direito Constitucional Brasileiro* in *Revista do Ministério Público do Estado do Rio de Janeiro*, nº 25, 2007.

_________. *(In)Fidelidade Partidária* in *Revista Científica Virtual da Escola Superior de Advocacia da OAB-SP*, nº 11, 2012.

MORAES, Humberto Peña de. *Arguição de Descumprimento de Preceito Fundamental. Apontamentos para a Compreensão do Tema*. Rio de Janeiro: COAD, 2001.

_________. *Do Processo Interventivo, em tema de Estado Federal. Considerações em torno de Aspectos Estruturais dos Institutos da Intervenção Federal, nos Estados e Distrito Federal, e da Ação Direta de Inconstitucionalidade Interventiva* in *Acesso à Justiça*. v. II. Rio de Janeiro: Lumen Juris, 2004.

_________. *Defensoria Pública* in *Livro de Estudos Jurídicos*, nº 1, 1991.

_________. *Lei Veda Acesso do Reclamante à Justiça* in *AFAT Notícias*, nº 41, 2000.

_________. *Arguição de Descumprimento de Preceito Fundamental: apontamentos para a compreensão do tema* in *Revista de Direito do Tribunal de Justiça do Estado do Rio de Janeiro*, nº 48, 2001.

_________. *Mecanismos de Defesa do Estado e das Instituições Democráticas no Sistema Constitucional de 1988: estado de defesa e estado de sítio* in *Revista da Escola da Magistratura do Estado do Rio de Janeiro*, nº 23, 2003.

_________. *Súmulas Vinculantes: evolução ou retrocesso do Direito?* in *Tribuna do Advogado*, nº 2, 2004.

MORAES, Marcos Ramayana de. *Direito Eleitoral*. 6ª ed. Niterói: Impetus, 2006.

MORAES, Maria Celina Bodin de. *Constituição e Direito Civil: tendências* in *Revista dos Tribunais*, nº 779, 2000.

MORAES, Sílvio Roberto Mello. *Apontamentos sobre o Controle Jurisdicional de Leis e Atos Normativos Estaduais e Municipais na Constituição do Estado do Rio de Janeiro* in *Cadernos de Direito Constitucional e Ciência Política*, nº 2, 1993.

MORAES FILHO, Evaristo de. *A Ordem Social no Novo Texto Constitucional*. São Paulo: LTr, 1988.

MORAIS, Carlos Blanco de. *Justiça Constitucional: garantia da Constituição e controlo da constitucionalidade*. Coimbra: Coimbra Editora, 2002.

MORBIDELLI, Janice Helena Ferreri. *Um Novo Pacto Federativo para o Brasil*. São Paulo: Celso Bastos, 1999.

MOREIRA, Eduardo Ribeiro. *Neoconstitucionalismo. A Invasão da Constituição*. São Paulo: Método, 2007.

_________. *Teoria da Reforma Constitucional*. São Paulo: Saraiva, 2012.

_________. *Neoconstitucionalismo e Teoria da Interpretação* in *Vinte Anos da Constituição Brasileira*. São Paulo: Saraiva, 2009.

_________. *Nova Revisão Constitucional: um atentado à Constituição Federal* in *Revista de Direito Constitucional e Internacional*, nº 56, 2006.

MOREIRA, José Carlos Barbosa. *Questões Prejudiciais e Coisa Julgada*. Rio de Janeiro: Borsoi, 1967.

_________. *Litisconsórcio Unitário*. Rio de Janeiro: Forense, 1972.

_________. *Direito Processual*. v. VI. São Paulo: Saraiva, 1997.

_________. *Comentários ao Código de Processo Civil*. 8ª ed. v. V. Rio de Janeiro: Forense, 1999.

_________. *Direito Aplicado*. v. II. Rio de Janeiro: Forense, 2000.

_________. *Direito Aplicado*. 2ª ed. v. I. Rio de Janeiro: Forense, 2001.

_________. *O Novo Processo Civil Brasileiro*. 22ª ed. Rio de Janeiro: Forense, 2002.

_________. *Estrutura e Funcionamento do Poder Judiciário no Brasil* in *Justiça: promessa e realidade*. Rio de Janeiro: Nova Fronteira, 1996.

_________. *Inconstitucionalidade irregularmente declarada por via incidental. Coisa julgada. Ação rescisória. Irrelevância de julgamentos posteriores do Supremo Tribunal Federal* in *Direito Aplicado*. v. II. Rio de Janeiro: Forense, 2000.

_________. *As Partes na Ação Declaratória de Inconstitucionalidade* in *Revista de Direito da Procuradoria-Geral do Estado da Guanabara*, nº 13, 1964.

_________. *Problemas da Ação Popular* in *Revista de Direito Administrativo*, nº 85, 1966.

_________. *A Administração Pública e a Ação Popular* in *Revista de Direito do Ministério Público do Estado da Guanabara*, nº 2, 1967.

_________. *Aspectos Processuais Civis na Nova Constituição* in *Revista da Defensoria Pública do Estado do Rio de Janeiro*, nº 4, 1990.

_________. *S.O.S. para o Mandado de Injunção* in *Jornal do Brasil*, 11.09.1990.

_________. *Ações Coletivas na Constituição Federal de 1988* in *Revista de Processo*, nº 61, 1991.

_________. *Algumas Inovações da Lei nº 9.756/98 em matéria de Recursos Cíveis* in *Revista de Direito da Procuradoria-Geral do Estado do Rio de Janeiro*, nº 52, 1999.

_________. *O "Habeas Data" Brasileiro e a sua Lei Regulamentadora*. Disponível em: <http://www.planalto.gov.br>. Acesso em: 30.08.2007.

MOREIRA, Vital. *A Ordem Jurídica do Capitalismo*. Coimbra: Centelha, 1973.

_________. *Princípio da Maioria e Princípio da Constitucionalidade: legitimidade e limites da Justiça Constitucional* in *Legitimidade e Legitimação da Justiça Constitucional – Colóquio nº 10º Aniversário do Tribunal Constitucional*. Coimbra: Coimbra Editora, 1995.

MOREIRA NETO, Diogo de Figueiredo. *Ordem Econômica e Desenvolvimento na Constituição de 1988*. Rio de Janeiro: APEC, 1989.

_________. *Direito da Participação Política: legislativa, administrativa e judicial*. Rio de Janeiro: Renovar, 1992.

_________. *Sociedade, Estado e Administração Pública*. Rio de Janeiro: Topbooks, 1995.

_________. *Curso de Direito Administrativo*. 11ª ed. Rio de Janeiro: Forense, 1999.

_________. *Mutações do Direito Administrativo*. Rio de Janeiro: Renovar, 2000.

_________. *Mutações do Direito Público*. Rio de Janeiro: Renovar, 2006.

_________. *Servidores Públicos* in *Revista Forense*, nº 302, 1988.

_________. *Competência Concorrente Limitada. O Problema da Conciliação das Normas Gerais* in *Revista de Informação Legislativa*, nº 100, 1988.

_________. *A Ordem Econômica na Constituição de 1988* in *Revista de Direito da Procuradoria-Geral do Estado do Rio de Janeiro*, nº 42, 1990.

_________. *As Competências Executivas do Município* in *Revista de Informação Legislativa*, nº 111, 1991.

_________. *As Funções Essenciais à Justiça e as Procuraturas Constitucionais* in *Revista de Direito da Procuradoria-Geral do Estado de São Paulo*, nº 36, 1992.

_________. *Administração Pública no Estado Contemporâneo* in *Revista de Informação Legislativa*, nº 117, 1993.

_________. *A Defensoria Pública na Construção do Estado de Justiça* in *Revista de Direito da Defensoria Pública do Estado do Rio de Janeiro*, nº 7, 1995.

_________. *Poder Concedente para o Abastecimento de Água* in *Revista de Direito Administrativo*, nº 213, 1998.

_________. *O Ministério Público: deveres constitucionais da Instituição face às situações de insegurança jurídica* in *Revista de Direito Constitucional e Internacional*, nº 30, 2000.

_________. *A Lei de Responsabilidade Fiscal e os Princípios de Direito Público* (Palestra proferida no Seminário "A Lei de Responsabilidade na Gestão Fiscal", promovido pelo Centro de Estudos Jurídicos da Procuradoria-Geral do Estado e Escola da Magistratura do Estado, Rio de Janeiro, 3.7.2000).

MORÓN, Miguel. *El Recurso de Amparo Constitucional*. Madrid: Centro de Estudios Constitucionales, 1987.

MORO, Sergio Fernando. *Desenvolvimento e Efetivação Judicial de Normas Constitucionais*. São Paulo: Max Limonad, 2001.

_________. *Por uma Revisão da Teoria da Aplicabilidade das Normas Constitucionais* in *Revista de Direito Constitucional e Internacional*, nº 37, 2001.

MORRIS, Harvey. *Crowdsourcing Iceland's Constitution* in *The New York Times*, 24.10.2012.

MORSELLI, Emanuelle. *Compendio di Scienza delle Finanze*. Padova: Cedam, 1947.

MORTATI, Costantino. *La Constitución en Sentido Material*. Madrid: Centro de Estudios Políticos y Constitucionales, 2000.

MOSSIN, Heráclito Antônio. *Mandado de Segurança em Matéria Penal*. 2ª ed. São Paulo: Atlas, 1996.

_________. *"Habeas Corpus"*. 4ª ed. São Paulo: Atlas, 1999.

_________. *Recursos em Matéria Criminal*. São Paulo: Manole, 2005.

MOTA, Octanny Silveira. *Código Brasileiro de Aeronáutica: espaço aéreo brasileiro e sua utilização* in *Revista dos Tribunais*, nº 660, 1990.

MOTTA, Fernando. *Teoria Geral da Administração*. 22ª ed. São Paulo: Pioneira, 1998.

MUKAI, Toshio. *Participação do Estado na Atividade Econômica*. São Paulo: Revista dos Tribunais, 1979.

MÜLLER, Friedrich. *Juristiche Methodik*. 2ª ed. Berlin: Duncker & Humblot, 1976.

_________. *Rechtsstaatliche Form, Demokratische Politik-Beitrage zu Öffentlichem Recht, Methodik, Rechts - und Staatstheorie*. Berlin: Duncker & Humblot, 1977.

_________. *Die Einheit der Verfassung*. Berlin: Duncker & Humblot, 1979.

MÜLLER, Jörg Paul. *Soziale Grundrechte* in *der Verfassung?* 2ª ed. Basel: Helbing & Lichtenhahn, 1981.

MUNHÓZ, Francisco. *Os Princípios no Sistema Constitucional e no Sistema Tributário* in *Cadernos de Direito Constitucional e Ciência Política*, nº 26, 1999.

MUÑOZ, Lourdes Martinez. *Família Monoparental* in *Revista de Educação*, nº 325, 2001.

MURIEL, Christine Santini. *Aspectos Jurídicos das Transfusões de Sangue* in *Revista dos Tribunais*, nº 706, 1994.

MURPHY, Walter et al. *American Constitutional Interpretation*. New York: The Foundation Press, 1986.

MURTEIRA, Mário. *A Crise do Estado*. Lisboa: Economia e Socialismo, 1985.

MUSCARI, Marco Antonio. *Súmula Vinculante*. São Paulo: Juarez de Oliveira, 1999.

MYRDAL, Gunar. *O Estado do Futuro*. Rio de Janeiro: Zahar, 1962.

NADER, Paulo. *Filosofia do Direito*. 16ª ed. Rio de Janeiro: Forense Jurídica, 2003.

NASCIMENTO, Amauri Mascaro. *Iniciação ao Direito do Trabalho*. 26ª ed. São Paulo: LTr, 2000.

NASCIMENTO, Tupinambá Castro. *A Ordem Social e a Nova Constituição*. Rio de Janeiro: Aide, 1991.

__________. *Comentários à Constituição Federal*. Porto Alegre: Livraria do Advogado, 1997.

NASCIMENTO FILHO, Firly. *Da Ação Direta de Declaração de Inconstitucionalidade: aspectos constitucionais, processuais e federativos*. Rio de Janeiro: Lumen Juris, 1996.

NAUD, Leda Maria Cardoso. *Estado de Sítio e Suspensão de Liberdades Individuais* in *Revista de Informação Legislativa*, nº 12, 1966.

NAVARRETE, Antonio Lorca. *A Necessária Motivação das Decisões Judiciais* in *Revista Brasileira de Direito Processual*, nº 57, 1988.

NEGRI, Antonio. *Poder Constituinte – Ensaio sobre as Alternativas da Modernidade*. Rio de Janeiro: DP&A, 2002.

NEIVA, José Antônio Lisboa. *A Competência na Ação Popular* in *Justitia*, nº 171, 1995.

NERY JÚNIOR, Nelson. *Princípios de Direito Processual na Constituição da República*. São Paulo: Revista dos Tribunais, 1995.

__________. *Mandado de Segurança Coletivo* in *Revista de Processo*, nº 57, 1990.

__________. *O Ministério Público e sua Legitimação para a Defesa do Consumidor em Juízo* in *Justitia*, nº 54, 1992.

__________. *Processo do Trabalho: um estudo sobre a ação civil pública trabalhista* in *LTr: revista legislação do trabalho*, nº 64, 2000.

NEUMARK, Fritz. *Grundsätze gerechter und ökonomisch rationaler Steuerpolitik*. Tübingen: J. C. B. Mohrs, 1970.

NEVES, Castanheira. *O Instituto dos Assentos e a Função Jurídica dos Supremos Tribunais*. Coimbra: Coimbra Editora, 1983.

NEVES, Marcelo. *Teoria da Inconstitucionalidade das Leis*. São Paulo: Saraiva, 1988.

NIBOYET, Jean. *Traité de Droit International*. 2ª ed. Paris: Recueil Sirey, 1947.

NICHOLAS, Samuel. *The Martial Law*. Philadelphia: J. Campbell, 1862.

NICOLAU, Jairo. *Eleições no Brasil*. Rio de Janeiro: Zahar, 2012.

NIESS, Pedro Henrique Távora. *Direitos Políticos: condições de elegibilidades e inelegibilidades*. São Paulo: Saraiva, 1994.

NIPPERDEY, Hans. *Grundrechte und Privatrecht*. München: C.H. Beck, 1962.

NISHIYAMA, Adolfo Mamoru. *Remédio Constitucional*. São Paulo: Manole, 2003.

NIZARD, Lucien. *Théorie des Circonstances Exceptionnelles et la Légalité*. Paris: Pichon & Durand-Auzias, 1962.

NOBRE JÚNIOR, Edilson Pereira. *Mandado de Segurança Coletivo e sua Impetração por Partido Político* in *Revista dos Tribunais*, nº 847, 2006.

NOGUEIRA, Alberto. *A Reconstrução dos Direitos Humanos da Tributação*. Rio de Janeiro: Renovar, 1997.

NOGUEIRA, Gustavo Santana. *"Stare Decisis et Non Quieta Movere": a vinculação aos precedentes no Direito comparado e brasileiro*. Rio de Janeiro: Lumen Juris, 2011.

_________. *Sir Edward Coke e o Judicial Review Inglês: breve história* in *Teoria do Processo – Panorama Doutrinário Mundial*. v. II. Salvador: JusPodivm, 2010.

_________. *Do "Amicus Curiae"* in *Revista do Tribunal Regional Federal da 1ª Região*, nº 7, 2004.

NOGUEIRA, Paulo Lúcio. *Curso Completo de Processo Penal*. 4ª ed. São Paulo: Saraiva, 1990.

_________. *Instrumentos de Tutela e Direitos Constitucionais*. São Paulo: Saraiva, 1994.

NOGUEIRA, Rubem. *Da Responsabilidade do Presidente da República pela não Promulgação das Leis* in *Revista de Informação Legislativa*, nº 62, 1979.

NORONHA, Edgard de Magalhães. *Curso de Direito Processual Penal*. 21ª ed. São Paulo: Saraiva, 1992.

NORTHFLEET, Ellen Gracie. *Ainda sobre o Efeito Vinculante* in *Cadernos de Direito Tributário e Finanças Públicas*, nº 16, 1996.

NOVAES, Adauto. *A Crise do Estado*. Rio de Janeiro: Civilização Brasileira, 2003.

NOVAIS, Jorge. *Teoria do Estado*. Coimbra: Coimbra Editora, 1987.

NOVELINO, Marcelo. *Direito Constitucional*. 3ª ed. São Paulo: Método, 2009.

NOVELLI, Flávio. *Estudos sobre a Constituição do Brasil*. v. I. Rio de Janeiro: FGV, 1977.

NUNES, Antônio José Avelãs. *A Constituição Europeia*. Coimbra: Coimbra Editora, 2007.

NUNES, José de Castro. *As Constituições Estaduais do Brasil*. v. I. Rio de Janeiro: Leite Ribeiro, 1922.

_________. *Teoria e Prática do Poder Judiciário*. Rio de Janeiro: Forense, 1943.

_________. *Fazenda Pública em Juízo*. Rio de Janeiro: Freitas Bastos, 1950.

_________. *Do Mandado de Segurança e de Outros Meios de Defesa contra os Atos do Poder Público*. 8ª ed. Rio de Janeiro: Forense, 1980.

NUNES, Rizzatto. *O Princípio Constitucional da Dignidade da Pessoa Humana: doutrina e jurisprudência*. São Paulo: Saraiva, 2002.

OBERNDORFER, Peter. *Die osterreichische Verwaltungsgerichtsbarkeit*. Wien-Linz, 1983.

_________. *Die Verfassungsrechtsprechung im Rahmen der staatlichen Funktionen* in *Europäische Grundrechtezeitschrift*, 1988.

OCTÁVIO, Rodrigo. *Direito Internacional Privado*. Rio de Janeiro: F. Briguiet, 1933.

O'DONOGHUE, Aoife. *Constitutionalism in Global Constitutionalisation*. London: Cambridge University Press, 2014.

OLIVÁN, Manuel Castells. *Redes de Indignação e Esperança*. Rio de Janeiro: Zahar, 2013.

OLIVEIRA, Carlos Alberto de. *O Pressuposto do Mandado de Injunção* in *Estudos Jurídicos*, nº 57, 1990.

OLIVEIRA, Euclides de. *Direito de Propriedade Hereditária*. São Paulo: Saraiva, 2005.

OLIVEIRA, Fábio Corrêa Souza de. *Por uma Teoria dos Princípios. O Princípio Constitucional da Razoabilidade*. Rio de Janeiro: Lumen Juris, 2003.

OLIVEIRA, Fátima de. *Educação de Pós-Graduação*. Campinas: Papirus, 1995.

OLIVEIRA, Fernando Andrade de. *A Administração Pública na Constituição de 1988* in *Revista de Direito Administrativo*, nº 206, 1996.

OLIVEIRA, Francisco Antonio de. *Mandado de Segurança e Controle Jurisdicional: mandado de segurança coletivo, enfoques trabalhistas e jurisprudência*. São Paulo: Revista dos Tribunais, 1992.

OLIVEIRA, Gustavo Henrique Justino de. *Governança Pública e Parcerias do Estado: a relevância dos acordos administrativos para a nova gestão pública* in *Boletim de Direito Administrativo*, nº 25, 2009.

OLIVEIRA, Hugo Sarubbi Cysneiros de. *Da Aplicabilidade do Mandado de Segurança: extensão às autoridades de empresas estatais em casos de procedimentos licitatórios decorrentes do exercício da concessão de serviços públicos* in *Revista de Informação Legislativa*, nº 158, 2003.

OLIVEIRA, José Maria Leoni de. *Introdução ao Direito Civil*. v. I. Rio de Janeiro: Lumen Juris, 1998.

__________. *A Nova Lei de Investigação de Paternidade*. 4ª ed. Rio de Janeiro: Lumen Juris, 1999.

OLIVEIRA, Lourival de. *Interesse Processual e Mandado de Segurança Coletivo* in *Revista de Processo*, nº 56, 1989.

OLIVEIRA, Márcia Cristina Reimann de. *A Lei de Responsabilidade Fiscal e o Município* in *Revista Jurídica da Universidade de Franca*, nº 6, 2001.

OLIVEIRA, Rafael Carvalho Rezende. *Administração Pública, Concessões e Terceiro Setor*. Rio de Janeiro: Lumen Juris, 2009.

OLIVEIRA, Régis Fernandes de. *Princípios de Responsabilidade Fiscal*. 2ª ed. São Paulo: Revista dos Tribunais, 2002.

__________. *Servidores Públicos*. São Paulo: Malheiros, 2004.

OLIVEIRA, Rui de. *Condição Jurídica do Estrangeiro no Brasil*. Rio de Janeiro: A. Coelho Branco, 1938.

OLIVEIRA, Victor Correia de. *A Intervenção do Ministério Público na Ação Popular* in *Revista de Direito do Ministério Público do Estado do Rio Grande do Sul*, nº 36, 1986.

OLIVEIRA FILHO, João de. *Inquérito Parlamentar* in *Revista de Informação Legislativa*, nº 2, 1964.

OLIVEIRA JÚNIOR, José de. *Teoria Jurídica e Novos Direitos*. Rio de Janeiro: Lumen Juris, 2000.

OPPENHEIMER, Franz. *The State, Its History and Development Viewed Sociologicaly*. New York: Bobbs-Merrill, 1914.

ORIONE NETO, Luiz. *Processo Cautelar*. São Paulo: Saraiva, 2006.

ORNELAS, Waldeck Vieira. *Proteção à Maternidade e Paternidade* in *Revista de Previdência Social*, nº 223, 1999.

OSOFSKY, Hari M. *Diagonal Federalism and Climate Change Implications for the Obama Administration* in *Alabama Law Review*, nº 62, 2011.

OSÓRIO, Fábio Medina. *Conselhos Nacionais de Justiça e do Ministério Público: divisão ou concentração de poderes?* in *Revista de Direito Administrativo*, nº 221, 2000.

PACE, Alessandro. *Problematica delle Libertà Costituzionali*. 2ª ed. Padova: Cedam, 1990.

_________. *La Garanzia dei Diritti Fondamentali nell'Ordinamento Costituzionale Italiano* in *Rivista Trimestrale di Diritto e Procedura Civile*, nº 43, 1989.

PACHECO, Cláudio. *Tratado das Constituições Brasileiras*: noções gerais e história constitucional. São Paulo: Saraiva, 1990.

PACHECO, José da Silva. *O Mandado de Segurança e Outras Ações Constitucionais Típicas*. São Paulo: *Revista dos Tribunais*, 1990.

_________. *Regime Jurídico dos Bens Imóveis da União* in *Revista Brasileira de Direito Aeronáutico*, nº 71, 1997.

PACHECO, José Ernani de Carvalho. *"Habeas Corpus"*. 6ª ed. Curitiba: Juruá, 1994.

PAES, Paulo Roberto Tavares. *Direito Empresarial*. 3ª ed. São Paulo: Atlas, 2001.

PALLIERI, Balladore. *Dottrina dello Stato*. Padova: Cedam, 1964.

PALU, Oswaldo Luiz. *Controle de Constitucionalidade: conceitos, sistemas e efeitos*. 2ª ed. São Paulo: Revista dos Tribunais, 2001.

PARDO, David. *Direitos Fundamentais*. Rio de Janeiro: Lumen Juris, 2003.

PARISE, Elaine Martins. *O Poder de Recomendação do Ministério Público como Instrumento Útil para a Provocação do Autocontrole de Constitucionalidade* in *MPMG Jurídico*, nº 1, 2005.

PASSOS, José Joaquim Calmon de. *Mandado de Segurança Coletivo, Mandado de Injunção e "Habeas Data": Constituição e processo*. Rio de Janeiro: Forense, 1989.

_________. *O Mandado de Segurança contra Atos Jurisdicionais* in *Revista de Processo*, nº 33, 1984.

_________. *Súmula Vinculante* in *Gênesis – Revista de Direito Processual Civil*, nº 6, 1997.

_________. *A Crise do Poder Judiciário e as Reformas Instrumentais: avanços e retrocessos* in *Revista Síntese de Direito Civil e Processual Civil*, nº 15, 2002.

PASSOS, Paulo Roberto. *Direito à Liberdade de Locomoção*. Bauru: Edipro, 2000.

PAULA, Marcelo Cortez Ramos de. *Direito de Reunião* in *Revista Brasileira de Ciências Criminais*, nº 21, 1998.

PAUPÉRIO, Arthur Machado. *O Conceito Polêmico de Soberania e sua Revisão Contemporânea*. Rio de Janeiro: Irmãos Pongetti, 1949.

_________. *Teoria do Estado*. Rio de Janeiro: Freitas Bastos, 1985.

PAZZAGLINI FILHO, Marino. *Princípios Constitucionais Reguladores da Administração Pública*. São Paulo: Atlas, 2000.

PEGAS, Manuel Álvares. *Commentaria ad Ordinationes Regni Portvgalliae*. Ulyssipone Occidentali: Ex Tipographia Ferreyriana, 1671.

PEGORARO, Lucio. *A Circulação, a Recepção e a Hibridação dos Modelos de Justiça Constitucional* in *Revista de Informação Legislativa*, nº 165, 2005.

PEIXINHO, Manoel Messias. *A Interpretação da Constituição e os Princípios Fundamentais*. 2ª ed. Rio de Janeiro: Lumen Juris, 2000.

PEIXOTO, Antonio. *Justiça Militar Federal* in *Revista do Superior Tribunal Militar*, nº 10, 1988.

PEIXOTO, Leonardo Scofano. *Justiça Constitucional – Morfologia Subjetiva do Supremo Tribunal Federal*. São Paulo: Pontifícia Universidade Católica, 2011.

PELAYO, Manuel García. *Derecho Constitucional Comparado*. 4ª ed. Madrid: Manuales da la Revista de Ocidente, 1967.

_________. *Las Transformaciones del Estado Contemporáneo*. Madrid: Alianza, 1977.

_________. *Idea de la Política y Otros Escritos*. Madrid: Centro de Estudos Constitucionales, 1983.

PELEGRINI, Márcia. *Intervenção Estadual nos Municípios. Cumprimento de Ordem ou Decisão Judicial*. São Paulo: Max Limonad, 2000.

PENTEADO, Jaques de Camargo. *O Princípio do Promotor Natural* in *Justitia*, nº 60, 1999.

PENTEADO FILHO, Nestor Sampaio. *Direitos Humanos*. 3ª ed. São Paulo: Método, 2009.

PEREIRA, Caio Mário da Silva. *Instituições de Direito Civil*. 15ª ed. v. I. Rio de Janeiro: Forense, 1994.

_________. *O Direito de Propriedade e sua Evolução Histórica* in *Revista Forense*, nº 152, 1951.

PEREIRA, Jane Reis Gonçalves et al. *Estrutura Normativa das Normas Constitucionais: notas sobre a distinção entre princípios e regras* in *Os Princípios da Constituição de 1988*. Rio de Janeiro: Lumen Juris, 2001.

PEREIRA, Lafayette Rodrigues. *Direitos da Família*. Rio de Janeiro: B. L. Garnier, 1869.

PEREIRA, Luis Cezar. *A Deportação do Estrangeiro e seu Processo no Brasil* in *Revista dos Tribunais*, nº 717, 1995.

PEREIRA, Luiz. *A Crise do Estado*. São Paulo: Nobel, 1997.

PEREIRA, Milton Luiz. *"Amicus Curiae" - Intervenção de Terceiros* in *Consulex*, nº 142, 2002.

_________. *Intervenção Federal: requisição judicial* in *Revista dos Tribunais*, nº 795, 2002.

PEREIRA JÚNIOR, Jessé Torres. *Aspectos Constitucionais da Lei de Responsabilidade Fiscal* in *Revista da Escola da Magistratura do Estado do Rio de Janeiro*, nº 15, 2001.

PEREZ, Augusto. *As Transformações do Estado*. Franca: UNESP, 1998.

PERLINGIERI, Pietro et al. *Commento alla Costituzione Italiana*. 2ª ed. Napoli: Edizioni Scientifiche Italiane, 2001.

PERRUD, Rogério José. *Medida Provisória: pressupostos para sua edição* in *LTr: suplemento trabalhista*, nº 33, 1998.

PERUCHIN, Marcelo Caetano. *Da Ilegalidade da Investigação Criminal exercida, exclusivamente, pelo Ministério Público no Brasil* in *Revista Jurídica*, nº 315, 2004.

PESCE, Eduardo Italo. *Conselho de Defesa Nacional* in *Revista Marítima Brasileira*, nº 116, 1996.

PESSANHA, Rodrigo Brandão. *Supremacia Judicial* versus *Diálogos Constitucionais: a quem cabe a última palavra sobre o sentido da Constituição?* Rio de Janeiro: Lumen Juris, 2011.

PESSOA, Eduardo. *Direito de Comunicação*. Rio de Janeiro: Esplanada, 2005.

PESTALOZZA, Christian. *"Noch verfassungsmässige" und "bloss verfassungswidrige" Rechtslagen* in *Bundesverfassungsgericht und Grundgesetz*, nº 1, 1976.

PHILIPPI, Klaus Jürgen. *Tatsachenfeststellungen des Bundesverfassungsgerichts: ein Beitrag zur rational-empirischen Fundierung verfassungsgerichtlicher Entscheidungen*. Köln: Heymann, 1971.

PIÇARRA, Nuno. *A Separação dos Poderes como Doutrina e Princípio Constitucional. Um Contributo para o Estudo das suas Origens e Evolução*. Coimbra: Coimbra Editora, 1989.

_________. *O Inquérito Parlamentar e os seus Modelos Constitucionais*. Coimbra: Almedina, 2004.

PIEROTH, Bodo et al. *Grundrechte Staatsrecht*. 21ª ed. Heidelberg: Müller Verlag, 2005.

PIETRO, Maria Sylvia Zanella Di. *Direito Administrativo.* 11ª ed. São Paulo: Atlas, 1999.

_________. *Coisa Julgada* in *Revista Jurídica do TCU*, nº 70, 1996.

PINHEIRO, Naide Maria. *Estatuto do Idoso*. Campinas: LNZ, 2006.

PINHO, Humberto Dalla Bernardina de. *A Natureza Jurídica do Direito Individual Homogêneo e sua Tutela pelo Ministério Público como Forma de Acesso à Justiça*. Rio de Janeiro: Forense, 2002.

_________. *A Inconstitucionalidade como Questão Prejudicial no Controle Difuso Incidental da Constitucionalidade das Leis perante Órgãos Jurisdicionais de Primeira Instância*. Disponível em: <http://www.femperj.org.br>. Acesso em: 8.1.2001.

PINI, Sueli Pereira. *A Experiência do Juizado Itinerante* in *Revista do Centro de Estudos Judiciários*, nº 17, 2002.

PINTO, Paulo Brossard de Souza. *O "Impeachment". Aspectos da Responsabilidade Política do Presidente da República*. Porto Alegre: Globo, 1965.

_________. *O Senado e as Leis Inconstitucionais* in *Revista de Informação Legislativa*, nº 50, 1976.

_________. *Da Obrigação de Depor perante Comissões Parlamentares de Inquérito* in *Revista de Informação Legislativa*, nº 69, 1981.

PINTO FILHO, Francisco Bilac Moreira. *A Intervenção Federal e o Federalismo Brasileiro*. Rio de Janeiro: Forense, 2002.

PIOVESAN, Flávia Cristina. *Proteção Judicial contra Omissões Legislativas: ação direta de inconstitucionalidade por omissão e mandado de injunção*. São Paulo: Revista dos Tribunais, 1995.

_________. *Temas de Direitos Humanos*. 2ª ed. São Paulo: Max Limonad, 2003.

_________. *Direitos Humanos e Jurisdição Supranacional: a exigência da federalização* in *Boletim dos Procuradores da República*, nº 16, 1999.

PIRES, Bernardo Rohden. *Aspectos Polêmicos do Processo Legislativo* in *Revista de Direito da UnB*, nº 9, 2010.

PIRES, Maria Coeli Simões. *A Institucionalização das Regiões Metropolitanas e o Novo Modelo de Federalismo Brasileiro* in *Revista de Direito Público*, nº 84, 1987.

_________. *Autonomia Municipal no Estado Brasileiro* in *Revista de Informação Legislativa*, nº 142, 1999.

PIZZORUSSO, Alessandro. *Lezioni di Diritto Costituzionale*. 3ª ed. v. II. Roma: Foro Italiano, 1984.

_________. *Ripensando i Controlli sui Decretti Legge alla luce Dell'esperienza Italiana* in *Politica del Diritto*, nº 3, 1995.

PLATÃO. *República*. Rio de Janeiro: Ediouro, 1992.

PODETTI, Javier Ramiro. *Teoría y Técnica del Proceso Civil y Trilogía Estructural de la Ciencia del Proceso Civil*. Buenos Aires: Ediar, 1963.

POGGI, Gianfranco. *The Crise of the Modern State*. Palo Alto: Stanford University Press, 1978.

POLETTI, Ronaldo Rebello de Brito. *Controle da Constitucionalidade das Leis*. 2ª ed. Rio de Janeiro: Forense, 1995.

_________. *O Banimento e os seus Efeitos* in *Revista Forense*, nº 255, 1976.

_________. *Diferenças entre Deportação, Expulsão e Extradição* in *Revista dos Tribunais*, nº 498, 1977.

POLÍBIO. *Histórias*.

POLLAK, Christiana. *Verhältnismässigkeitsprinzip und Grundrechtsschutz in der Judikatur des Europäischen Gerichtshofs und des Österreichischen Verfassungsgerichtshofs*. Baden-Baden: Nomos Verlagsgesellschaft, 1991.

POZZOLO, Susanna. *Neoconstitucionalismo e Positivismo Jurídico*. 3ª ed. São Paulo: Inovação, 2013.

PRAÇA, José Joaquim Lopes. *Direito Constitucional Portuguez*. v. I. Coimbra: Imprensa Litteraria, 1878.

PRADE, Péricles. *Lesividade e Ilegalidade como Pressupostos da Ação Popular* in *Revista de Processo*, nº 42, 1986.

_________. *Competência Tributária do Município* in *Revista Dialética de Direito Tributário*, nº 96, 2003.

PRATS, Fermín Morales. *La Tutela Penal de la Intimidad: "privacy" e informática*. Barcelona: Destino, 1984.

PRAZERES, Otto. *Responsabilidade do Presidente da República* in *Arquivo Judiciário*, nº 80, 1946.

PRÈLOT, Marcel. *Précis de Droit Constitutionnel*. 2ª ed. Paris: Dalloz, 1952.

_________. *Institutions Politiques et Droit Constitutionnel*. 10ª ed. Paris: Dalloz, 1987.

PRIETO, Luis María. *Derecho Financiero*. 16ª ed. Madrid: Aranzadi, 2016.

PROENÇA, José Marcelo Martins. *Concentração Empresarial e o Direito da Concorrência*. São Paulo: Saraiva, 2001.

PUGLIESE, Roberto. *Assistência Jurídica* in *Revista de Direito Civil, Imobiliário, Agrário e Empresarial*, nº 74, 1995.

QUARESMA, Regina. *Mandado de Injunção: possibilidade do cidadão não sofrer omissão constitucional* in *Boletim de Doutrina da ADCOAS*, nº 4, 1999.

QUEIRÓ, Afonso Rodrigues. *Sobre Algumas Garantias Constitucionais*. Coimbra: Revista de Direito e Estudos Sociais, 1975.

QUEIROZ, Ari de. *Direito Constitucional*. 7ª ed. Goiânia: IEPC, 1996.

QUEIROZ, Luis César Souza de. *Sujeição Passiva Tributária*. Rio de Janeiro: Forense, 1998.

_________. *Mandado de Injunção. Aspectos polêmicos. Doutrina e Jurisprudência* in *Revista da Faculdade de Direito da UERJ*, nº 2, 1994.

QUINTANA, Segundo Linares. *Reglas para la Interpretación Constitucional*. Buenos Aires: Plus Ultra, 1987.

QUINTÃO, Geraldo Magela. *Das Funções Essenciais à Justiça*. Brasília: Anpaf, 1997.

RADBRUCH, Gustav. *Rechtsphilosophie*. 8ª ed. Stuttgart: K. F. Koehler, 1973.

RAMOS, Dircêo Torrecillas. *Remédios Constitucionais*. São Paulo: WVC, 1998.

_________. *O Federalismo Assimétrico*. 2ª ed. Rio de Janeiro: Forense, 2000.

RAMOS, Elival da Silva. *Ação Popular como Instrumento de Participação Política*. São Paulo: Revista dos Tribunais, 1991.

_________. *A Inconstitucionalidade das Leis: vício e sanção*. São Paulo: Saraiva, 1994.

_________. *Competência Legislativa da União* in *Revista de Direito Público*, nº 77, 1986.

RAMOS, Saulo. Assembleia Constituinte. *Natureza, Extensão e Limitação dos seus Poderes*. Brasília: Alhombra, 1987.

_________. *A Medida Provisória* in *A Nova Ordem Constitucional: aspectos polêmicos*. Rio de Janeiro: Forense, 1990.

_________. *Serviços de Saúde prestados pela Iniciativa Privada e o Contrato de Seguro-Saúde* in *Cadernos de Direito Constitucional e Ciência Política*, nº 12, 1995.

RANGEL, Vicente Marotta. *Natureza Jurídica e Delimitação do Mar Territorial*. São Paulo: Saraiva, 1965.

RÁO, Vicente. *Posse dos Direitos Pessoais*. São Paulo: Saraiva & Cia., 1929.

RAWLS, John. *A Theory of Justice*. London: Oxford University Press, 1972.

_________. *Justiça e Democracia*. São Paulo: Martins Fontes, 2000.

_________. *Justice as Fairness*. Cambridge: Harvard University Press, 2001.

REALE, Miguel. *Parlamentarismo Brasileiro*. 2ª ed. São Paulo: Saraiva, 1962.

_________. *Teoria do Direito e do Estado*. 5ª ed. São Paulo: Saraiva, 2000.

_________. *Filosofia do Direito*. São Paulo: Saraiva, 2002.

_________. *Decoro Parlamentar e Cassação de Mandado Eletivo* in *Revista de Direito Público*, nº 10, 1969.

REALE JÚNIOR, Miguel. *Natureza Político-Penal do "Impeachment"* in *Ciência Penal*, nº 2, 1981.

_________. *O Caminho da Redemocratização* in *Revista da Universidade de São Paulo*, nº 65, 2005.

RÉ, Aluísio Iunes Monti Ruggeri. *A Defensoria Pública como Instrumento de Acesso à Justiça Coletiva: legitimidade ativa e pertinência temática* in *Revista de Processo*, nº 167, 2009.

RÊGO, Bruno Noura. *ADIn e ADC: comentários sobre a Lei nº 9.868, de 11 de novembro de 1999* in *Revista Dialética de Direito Tributário*, nº 60, 2000.

REHNQUIST, William. *The Supreme Court of the United States*. New York: William Morrow Press, 1987.

REICHSTEINER, Beat Walter. *Questões Relacionadas à Sucessão com Conexão Internacional* in *Revista de Direito Constitucional e Internacional*, nº 37, 2001.

REIS, Carlos David Santos Aarão. *O Juiz, os Meios de Comunicação e a Sociedade de Massas* in *Revista de Direito do TJRJ*, nº 13, 1992.

_________. *Medida Provisória: controle jurisdicional de seus pressupostos* in *Revista Trimestral de Direito Público*, nº 8, 1994.

REIS, Palhares Moreira. *O Direito Eleitoral Positivo Brasileiro e a Constituição* in *Revista Trimestral de Jurisprudência dos Estados*, nº 69, 1989.

_________. *A Nacionalidade Brasileira e a Constituição de 1988* in *Revista Trimestral de Jurisprudência* dos Estados, nº 78, 1990.

_________. *Sobre a Guerra* in *Revista de Informação Legislativa*, nº 144, 1999.

REMÉDIO, José Antonio. *Mandado de Segurança Individual e Coletivo*. São Paulo: Saraiva, 2006.

RENAULT, Alain. *Philosophie du Droit*. Paris: Presses Universitaires de France, 1991.

REQUEJO, Ferran et al. *Federalism beyond Federations: asymmetry and processes of resymmetrisation*. Abingdon: Ashgate Publishing, 2011.

REQUIÃO, Rubens. *Curso de Direito Falimentar*. 16ª ed. t. I. São Paulo: Saraiva, 1995.

REVORIO, Francisco Javier Díaz. *Las Sentencias Interpretativas del Tribunal Constitucional*. Valladolid: Lex Nova, 2001.

REVUELTAS, Andrea. *Las Transformaciones del Estado*. México: Universidad Autónoma Metropolitana, 1996.

REZEK, José Francisco. *Direito Internacional Público*. 6ª ed. São Paulo: Saraiva, 1996.

REZENDE, Alaor Satuf. *Prescrição* in *Revista de Direito do Trabalho*, nº 75, 1988.

RIANI, Frederico Augusto D'Avila. *Revisão Constitucional – Possibilidades Jurídicas* in *Revista do Curso de Direito da Universidade Federal de Uberlândia*, nº 27, 1998.

_________. *Comissão Parlamentar de Inquérito: pressupostos para criação, objeto e poderes* in *Revista de Direito Constitucional e Internacional*, nº 36, 2001.

RIBAS, Lídia Maria Rodrigues. *Responsabilidade Penal da Pessoa Jurídica* in *Revista de Direito Ambiental*, nº 25, 2002.

RIBEIRO, Fávila. *Pressupostos Constitucionais do Direito Eleitoral*. Porto Alegre: Sergio Antonio Fabris, 1990.

RIBEIRO, Vinício. *Constituição da República Portuguesa: anotações, legislação, pareceres do Conselho Consultivo da Procuradoria-Geral da República, jurisprudência, comunicação social e doutrina*. Coimbra: Almedina, 1993.

RIBEIRO FILHO, Basileu. *O Juiz e o Respeito do Direito à Vida Privada* in *Revista da OAB/RJ*, nº 1, 1975.

RIBEIRO JÚNIOR, João. *Direitos Fundamentais, Garantias e Remédios Constitucionais*. Bauru: Edipro, 1999.

RICCITELLI, Antonio. *"Impeachment" à Brasileira: instrumento de controle parlamentar?* São Paulo: Manole, 2006.

ROBESPIERRE, Maximilien de. *Le Défenseur de la Constitution*.

ROCHA, Cármen Lúcia Antunes da. *Princípios Constitucionais da Administração Pública*. Belo Horizonte: Del Rey, 1994.

_________. *Sobre a Súmula Vinculante*. Belo Horizonte: Del Rey, 1996.

_________. *Direito à Segurança das Relações Jurídicas*. São Paulo: Perspectiva, 2004.

_________. *O Princípio da Dignidade da Pessoa Humana e a Exclusão Social* in *Revista Interesse Público*, nº 4, 1999.

ROCHA, Fernando Luiz Ximenes. *O Controle da Constitucionalidade de Leis e Atos Normativos Municipais em face da Constituição Federal* in *Revista de Direito Administrativo*, nº 203, 1996.

ROCHA, Francisco da. *Constituição do Estado Novo*. Porto Alegre: Barcellos, Bertaso & Cia., 1940.

ROCHA, Luis Alberto. *Resolução* in *Revista Trimestral de Direito Público*, nº 26, 1999.

ROCHA, Roberto Paraíso. *Constituição do Estado do Rio de Janeiro Anotada*. 2ª ed. Rio de Janeiro: Lumen Juris, 2001.

ROCHA, Sílvio Luis Ferreira da. *Função Social da Propriedade*. São Paulo: Malheiros, 2005.

ROCHA, Sonia. *Transferência de Renda*. Rio de Janeiro: Campus, 2013.

RODRIGUES, João Gaspar. *Abordagem sobre o Posicionamento do Ministério Público* in *Revista Forense*, nº 348, 1999.

RODRIGUES, José Carlos. *Constituição Politica do Imperio do Brazil seguida do Acto Addicional, da Lei da Sua Interpretação e de Outras*. Rio de Janeiro: Eduardo & Henrique Laemmert, 1863.

RODRIGUES, Marilene Talarico Martins. *Lei Complementar* in *Revista dos Tribunais*, nº 668, 1991.

RODRIGUES, Maurício Andreiuolo. *Poder Constituinte Supranacional – esse Novo Personagem*. Porto Alegre: Sergio Antonio Fabris, 2000.

_________. *Os Tratados Internacionais de Proteção dos Direitos Humanos e a Constituição* in *Teoria dos Direitos Fundamentais*. Rio de Janeiro: Renovar, 1999.

RODRIGUES, Silvio. *Casamento* in *Revista Brasileira de Direito Comparado*, nº 11, 1991.

RODRIGUEZ, Américo Plá. *Princípios de Direito do Trabalho*. 3ª ed. São Paulo: LTr, 2000.

RODRÍGUEZ-PATRÓN, Patricia. *La Liberdad del Tribunal Constitucional Federal Alemán en la Configuración de su Derecho Procesal* in *Revista Española de Derecho Constitucional*, nº 62, 2001.

ROJO, Margarira Beladiez. *Validez y Eficacia de los Actos Administrativos*. Madrid: Marcial Pons, 1994.

ROMANO, Santi. *Lo Stato Moderno e la sua Crisi*. Milano: Giuffrè, 1969.

_________. *Diritto Costituzionale*. 2ª ed. Milano: Giuffrè, 1990.

ROMITA, Arion Sayão. *Justiça do Trabalho* in *Revista LTr: legislação do trabalho e previdência social*, nº 8, 1989.

_________. *Proteção da Relação de Emprego contra Despedida Arbitrária ou sem Justa Causa* in *Revista LTr: legislação do trabalho e previdência social*, nº 53, 1989.

_________. *Organização Sindical* in *Revista da Academia Nacional de Direito do Trabalho*, nº 6, 1998.

_________. *A Globalização da Economia e o Poder dos Sindicatos* in *Revista de Direito da Associação dos Procuradores do Novo Estado do Rio de Janeiro*, nº 3, 2000.

ROSA, Paulo Rodrigues. *Cabimento de "Habeas Corpus" contra Punições Disciplinares Militares* in *IOB: repertório de jurisprudência civil, processual, penal e comercial*, nº 6, 2001.

ROSANVALLON, Pierre. *La Crise de l'État Moderne*. Paris: Seuil, 1981.

ROSAS, Roberto. *Direito Sumular*. 7ª ed. São Paulo: Malheiros, 1995.

_________. *Direito Processual Constitucional*. 3ª ed. São Paulo: Revista dos Tribunais, 1999.

_________. *Justiça Eleitoral* in *Arquivos do Ministério da Justiça*, nº 179, 1992.

_________. *Lei Municipal. Controle de Constitucionalidade* in *Revista Trimestral de Direito Público*, nº 1, 1993.

_________. *Do Assento e do Prejulgamento à Súmula do Supremo Tribunal Federal* in *Revista dos Tribunais*, nº 404, 1993.

ROSENFELD, Michel. *Affirmative Action and Justice: a philosophical and constitutional inquiry*. New Haven: Yale University Press, 1991.

ROSS, Alf. *Law and Justice*. London: Stevens & Sons, 1958.

ROSSI, Amélia. *Neoconstitucionalismo. Ultrapassagem ou Releitura do Positivismo Jurídico?* Curitiba: Juruá, 2011.

ROTH, Ronaldo João. *Justiça Militar Estadual*. São Paulo: Juarez de Oliveira, 2003.

ROTHENBURG, Walter Claudius. *Princípios Constitucionais*. Porto Alegre: Sergio Antonio Fabris, 1999.

_________. *Inconstitucionalidade por Omissão*. São Paulo: Revista dos Tribunais, 2005.

ROUSSEAU, Jean-Jacques. *Du contrat social*.

________. *Discours sur L'origine et les Fondements de l'inégalité*. Paris: Garnier, 1954.

________. *Social Contract*. London: Oxford University Press, 1999.

ROXIN, Claus. *A Apreciação Jurídico-Penal da Eutanásia* in *Revista Brasileira de Ciências Criminais*, nº 32, 2000.

ROYO, Javier Pérez. *Curso de Derecho Constitucional*. 10ª ed. Madrid: Marcial Pons, 2005.

RUARO, Regina Linden et al. *O Poder Regulamentar e os Conselhos Nacionais de Justiça e do Ministério Público: algumas anotações sobre o poder regulamentar autônomo no Brasil* in *Revista dos Tribunais*, nº 858, 2007.

RUFFIA, Paolo Biscaretti di. *Diritto Costituzionale. Istituzioni di Diritto Pubblico*. 9ª ed. Milano: Giuffrè, 1972.

RUFFINO, Câmara. *A Criação de Sindicatos e o Órgão Competente para Registrá-los* in *Suplemento Trabalhista LTr*, nº 43, 1990.

RUPP-V. BRÜNNECK, Wiltraut. *Darf das Bundesverfassungsgericht an den Gesetzgeber appellieren?* in *Festschrift für Gebhard Müller*, 1970.

RUSSOMANO, Rosah. *Curso de Direito Constitucional*. 5ª ed. Rio de Janeiro: Freitas Bastos, 1997.

SÁ, Luís. *Teoria do Estado*. Lisboa: Caminho, 1986.

SÁ, Maria de Fátima. *Direito às Partes Separadas do Corpo*. 2ª ed. Belo Horizonte: Del Rey, 2003.

SACHS, Michael. *Tenorierung bei Normenkontrollentscheidungen des Bundesverfassungsgerichts* in *Die öffentliche Verwaltung*, 1982.

SALDANHA, Nelson. *Filosofia do Direito*. 2ª ed. Rio de Janeiro: Renovar, 2005.

________. *O Estado do Futuro* in *Revista da Escola da Magistratura do Estado de Pernambuco*, nº 7, 1998.

SALISBURY, John. *Policraticus*.

SAMPAIO, José Adércio Leite. *Hermenêutica e Jurisdição Constitucional*. Belo Horizonte: Del Rey, 2001.

SAMPAIO, Laerte José Castro. *Interpretação Constitucional sobre Alienação Fiduciária e Prisão Civil* in *Os Dez Anos da Constituição Federal*. São Paulo: Atlas, 1999.

SAMPAIO, Nelson de Sousa. *O Poder de Reforma Constitucional*. 3ª ed. Belo Horizonte: Nova Alvorada, 1995.

________. *O Processo Legislativo*. 2ª ed. Belo Horizonte: Del Rey, 1996.

SANCHES, Sydney. *Aspectos Processuais do Controle de Constitucionalidade* in *Revista de Processo*, nº 79, 1995.

SANCHÍS, Luis Pietro. *Sobre Principios y Normas*. Madrid: Centro de Estudios Constitucionales, 1992.

SANDULLI, Aldo. *Legge, Forza di Legge, Valore di Legge* in *Scritti Giuridici in Memoria di Piero Calamandrei*. v. V. Padova: Cedam, 1958.

SANTANA, Izaias José de. *Controle Concreto de Constitucionalidade: efeitos das decisões e vinculação do Poder Judiciário*. Porto Alegre: Sergio Antonio Fabris, 2008.

SANTIN, Valter Foleto. *A Investigação Criminal e o Acesso à Justiça* in *Revista dos Tribunais*, nº 792, 2002.

SANTOS, Aricê Moacir Amaral. *O Estado de Emergência*. São Paulo: Revista dos Tribunais, 1980.

_________. *O Mandado de Injunção*. São Paulo: Revista dos Tribunais, 1989.

SANTOS, Boaventura de Souza. *Os Tribunais nas Sociedades Contemporâneas*. Porto: Afrontamento, 1996.

SANTOS, Carlos Maximiliano Pereira dos. *Commentarios à Constituição Brasileira de 1891*. v. I. Rio de Janeiro: Jacintho Ribeiro dos Santos, 1918.

_________. *Comentários à Constituição Brasileira*. 5ª ed. v. II. Rio de Janeiro: Freitas Bastos, 1954.

_________. *Hermenêutica e Aplicação do Direito*. 11ª ed. Rio de Janeiro: Forense, 1990.

SANTOS, Cláudio. *Poder Geral de Cautela* in *Revista de Direito da Universidade Federal de Uberlândia*, nº 21, 1992.

SANTOS, Ernani Fidélis dos. *Mandado de Segurança Individual e Coletivo: legitimação e interesse* in *Revista da Associação dos Juízes do Rio Grande do Sul*, nº 54, 1989.

SANTOS, Gustavo Ferreira. *O Princípio da Proporcionalidade na Jurisprudência do Supremo Tribunal Federal*. Rio de Janeiro: Lumen Juris, 2004.

SANTOS, José Nicolau dos. *Fundamentos Jurídicos da Transformação dos* Estados. Curitiba: Guaíra, 1943.

SANTOS, Juarez Cirino dos. *Direito Penal – Parte Geral*. Rio de Janeiro: Lumen Juris, 2006.

SANTOS, Marisa dos. *Assistência Social: serviços* in *Revista de Direito Social*, nº 2, 2001.

SANTOS, Moacyr Amaral. *Ação Popular. Requisitos. Não é meio processual idôneo para impugnar a criação de Municípios, se inexiste lesão ao patrimônio público. Simples perda de área por parte de Município desmembrado não constitui, por si, essa lesão, que deve ser verificada concretamente* in *Revista Trimestral de Jurisprudência*, nº 54, 1969.

SANTOS, Ulderico Pires dos. *Mandado de Injunção: estudos e considerações*. São Paulo: Paumape, 1988.

SANTOS, William Douglas Resinente dos et al. *Controle de Constitucionalidade: teoria e questões*. 2ª ed. Niterói: Impetus, 2000.

________. *Legalizando a Jurisprudência – Breves Comentários à Lei nº 9.868/99* in *Boletim Informativo Juruá*, nº 245, 2000.

SARLET, Ingo Wolfgang. *A Eficácia dos Direitos Fundamentais*. Porto Alegre: Livraria do Advogado, 2001.

________. *Jurisdição e Direitos Fundamentais*. Porto Alegre: Livraria do Advogado, 2005.

________. *Dignidade da Pessoa Humana e Direitos Fundamentais na Constituição Federal de 1988*. 4ª ed. Porto Alegre: Livraria do Advogado, 2006.

________. *O Estado Social de Direito, a Proibição do Retrocesso e a Garantia Fundamental da Propriedade* in *Revista de Direito da Associação dos Procuradores do Novo Estado do Rio de Janeiro*, nº 5, 2000.

________. *Os Direitos Fundamentais Sociais na Ordem Constitucional. Em busca dos Direitos Perdidos: uma discussão à luz do Estado Democrático de Direito* in *Revista do Instituto de Hermenêutica Jurídica*, nº 1, 2003.

________. *Direito Fundamental à Moradia na Constituição de 1988: algumas anotações a respeito de seu contexto, conteúdo e possível eficácia*. Disponível em: <http://www.planalto.gov.br>. Acesso em: 05.07.2006.

SARMENTO, Daniel de Moraes. *A Ponderação de Interesses na Constituição Federal*. Rio de Janeiro: Lumen Juris, 2000.

________. *Direitos Fundamentais e Relações Privadas*. Rio de Janeiro: Lumen Juris, 2004.

________. *Eficácia Temporal do Controle de Constitucionalidade das Leis* in *Revista de Direito Administrativo*, nº 212, 1998.

________. *Apontamentos sobre a Arguição de Descumprimento de Preceito Fundamental* in *Revista de Direito Administrativo*, nº 224, 2001.

SAUER, João Guilherme. *Sucessão "causa mortis". Lei federal nº 8.049/90, que alterou a redação do art. 1.594 do Código Civil Brasileiro. Herança vacante. Momento em que a pessoa jurídica de direito público interno sucede ao "de cujus". Direitos do Estado do Rio de Janeiro* in *Procuradoria-Geral do Estado do Rio de Janeiro: legislação básica e pareceres normativos*. v. I. Rio de Janeiro: Lumen Juris, 2000.

SCAMBINI, José. *Direito à Liberdade de Consciência e Crença*. Petrópolis: Vozes, 1978.

SCHAARSCHMIDT, Helmut Anton. *Representação Paritária e do Pessoal* in *LTr: suplemento trabalhista*, nº 65, 1994.

SCHÄFER, Jairo Gilberto. *As Garantias dos Direitos Fundamentais* in *Revista de Informação Legislativa*, nº 142, 1999.

SCHAPIRO, Robert. *Polyphonic Federalism: state constitutions in the federal courts* in *California Law Review*, nº 87, 1999.

SCHELER, Max. *Da Reviravolta dos Valores*. Petrópolis: Vozes, 1994.

SCHIER, Paulo Ricardo. *Filtragem Constitucional: construindo uma nova dogmática jurídica*. Porto Alegre: Sergio Antonio Fabris, 1999.

SCHLAICH, Klaus. *Das Bundesverfassungsgericht*. München: Beck, 1985.

SCHLESINGER JUNIOR, Arthur. *The Supreme Court: 1947 in Fortune Magazine*, 1º.1.1947.

SCHMIDHAUSER, John et al. *The Supreme Court and Congress: conflict and interaction*. New York: Free Press, 1972.

SCHMITT, Carl. *Der Hüter der Verfassung*. Tübingen: J.C.B. Mohr, 1931.

________. *Teoría de la Constitución*. Madrid: Alianza, 1996.

________. *La Defensa de la Constitución*. 2ª ed. Madrid: Tecnos, 1998.

SCHNEIDER, Hans-Peter. *Die Funktion der Verfassung in Einführung in däs öffentliche Recht, Verfassung und Verwaltung*. Heidelberg: C. F. Müller, 1985.

SCHOLLER, Heinrich. *O Princípio da Proporcionalidade no Direito Constitucional e Administrativo da Alemanha* in *Interesse Público*, nº 2, 1999.

SCHÜLER, Leonardo Costa. *Direitos Assegurados aos ex-Presidentes da República* in *Consultoria Legislativa*, nº 2, 2008.

SCHWARTZ, Bernard. *American Federalism: a contemporary view*. New York: Juan March, 1984.

________. *O Federalismo Norte-Americano Atual*. Rio de Janeiro: Forense Universitária, 1984.

SCHWARTZ, Germano. *Direito à Saúde*. Porto Alegre: Livraria do Advogado, 2001.

SEGATTO, Antonio Carlos. *O Instituto do "Habeas Data"*. Leme: LED, 1999.

SEGERS, Mary. *Elusive Equality: liberalism, affirmative action and social change in America*. New York: Schochen Books, 1983.

SENGÈS, Gustavo Antunes. *O Fenômeno da Correção Legislativa de Decisão Judicial*. Rio de Janeiro: Pontifícia Universidade Católica, 2010.

SERRANO, Pedro Estevam. *Presidente Reeleito pode sofrer "Impeachment" por Ato realizado em Mandato Anterior? Não* in *Folha de S. Paulo*, 22.8.2015.

SHARPE, Robert. *The Law of "Habeas Corpus"*. Oxford: Clarendon Press, 1976.

SHIMURA, Sérgio. *Tutela Coletiva*. São Paulo: Método, 2006.

SICHES, Luis Recaséns. *Vida Humana*. 3ª ed. México: Porrúa, 1952.

SIDOU, José Maria Othon. *Mandado de Segurança*. 2ª ed. Rio de Janeiro: Freitas Bastos, 1959.

________. *"Habeas Corpus", Mandado de Segurança, Mandado de Injunção, "Habeas Data", Ação Popular. As Garantias Ativas dos Direitos Coletivos*. 4ª ed. Rio de Janeiro: Forense, 1992.

SIEYÈS, Emmanuel Joseph. *Qu'est-ce que le Tiers État?* Paris, 1789.

________. *Qu'est-ce que le Tiers État?* Genève: Droz, 1970.

SILVA, Antonio Claudio Macedo. *Da Possibilidade de Instituição da Ação Declaratória de Constitucionalidade no Ordenamento Jurídico-Constitucional dos*

Estados-Membros da Federação in *Revista da Procuradoria-Geral do Estado da Bahia*, nº 22, 1996.

SILVA, Ariovaldo Perrone da. *A Posição da Pessoa Jurídica de Direito Público na Ação de Mandado de Segurança* in *Justitia*, nº 156, 1991.

SILVA, Carlos Walter Marques. *O Congresso Nacional e a Medida Provisória* in *Revista Jurídica da Faculdade de Direito da Alta Paulista*, nº 2, 1999.

SILVA, Celso Albuquerque. *Interpretação Constitucional Operativa*. Rio de Janeiro: Lumen Juris, 2001.

_________. *Do Efeito Vinculante: sua legitimação e aplicação*. Rio de Janeiro: Lumen Juris, 2005.

SILVA, Elvio da. *Educação de Graduação*. Bauru: Edusc, 2006.

SILVA, Fonseca da. *Competências Tributárias Estaduais* in *Revista de Informação Legislativa*, nº 117, 1993.

SILVA, Gustavo Just da Costa e. *Os Limites da Reforma Constitucional*. Rio de Janeiro: Renovar, 2000.

SILVA, Hélio. 1938 – *Terrorismo em Campo Verde*. Rio de Janeiro: Civilização Brasileira, 1971.

SILVA, Jairo. *As Transformações do Estado*. João Pessoa: Ideia, 2005.

SILVA, João Manuel Pereira da. *Obras Literárias e Políticas*. v. II. Rio de Janeiro: Baptiste Louis Garnier, 1862.

SILVA, José Afonso da. *Princípios do Processo de Formação das Leis*. São Paulo: Revista dos Tribunais, 1964.

_________. *Ação Popular*. São Paulo: Revista dos Tribunais, 1968.

_________. *Orçamento no Brasil*. São Paulo: Revista dos Tribunais, 1973.

_________. *Mandado de Injunção e "Habeas Data"*. São Paulo: Revista dos Tribunais, 1989.

_________. *Aplicabilidade das Normas Constitucionais*. 3ª ed. São Paulo: Malheiros, 1998.

_________. *Poder Constituinte e Poder Popular (Estudos sobre a Constituição)*. São Paulo: Malheiros, 2000.

_________. *Direito Ambiental Constitucional*. 5ª ed. São Paulo: Malheiros, 2004.

_________. *Curso de Direito Constitucional Positivo*. 24ª ed. São Paulo: Malheiros, 2005.

_________. *Comentário Contextual à Constituição*. 2ª ed. São Paulo: Malheiros, 2006.

_________. *O Controle de Constitucionalidade das Leis no Brasil* in La *Jurisdicción Constitucional en Iberoamérica*. Madrid: Dykinson, 1997.

_________. *O Estado-Membro na Constituição Federal* in *Revista de Direito Público*, nº 16, 1984.

_________. *A Cidade-Capital: função do Estado Moderno* in *Revista Trimestral de Jurisprudência dos Estados*, nº 43, 1987.

_________. *Presidencialismo e Parlamentarismo no Brasil* in *Revista de Ciência Política*, nº 33, 1989.

_________. *Advocacia Pública* in *Revista da Procuradoria-Geral do Estado do Rio Grande do Sul*, nº 50, 1994.

_________. *Reforma Constitucional e Direito Adquirido* in *Revista de Direito Administrativo*, nº 213, 1998.

_________. *Ministério Público nos Processos Oriundos do Exercício da Ação Popular* in *Justitia*, nº 60, 1999.

_________. *Medida Provisória: limites da função legislativa* in *Revista de Direito Administrativo*, nº 220, 2000.

SILVA, José Anchieta. *A Súmula de Efeito Vinculante Amplo no Direito Brasileiro*. Belo Horizonte: Del Rey, 1998.

SILVA, José Fontenelle Teixeira da. *Defensoria Pública* in *Revista da Ordem dos Advogados do Brasil*, nº 17, 1981.

SILVA, José Justino de Andrade e. *Collecção Chronologica da Legislação Portugueza Compilada e Annotada*. Lisboa: Imprensa Nacional, 1859.

SILVA, Laura Belluzzo. *Direito à Liberdade Profissional*. São Paulo: Unimarco, 1996.

SILVA, Luis Renato Ferreira da. *A Justa Causa como Condição para o Exercício da Ação Penal* in *Revista dos Tribunais*, nº 655, 1990.

SILVA, Maria de Lourdes et al. *Poder Executivo* in *Cadernos de Direito Constitucional e Ciência Política*, nº 18, 1997.

SILVA, Maria Manuela Magalhães et al. *Noções de Direito Constitucional e Ciência Política*. Lisboa: Rei dos Livros, 2000.

SILVA, Paulo Napoleão Nogueira da. *A Evolução do Controle da Constitucionalidade e a Competência do Senado Federal*. São Paulo: Revista dos Tribunais, 1992.

_________. *O Controle da Constitucionalidade e o Senado*. 2ª ed. Rio de Janeiro: Forense, 2000.

SILVA, Ricardo Perlingeiro da. *A Eficácia "Ex Nunc" da Naturalização e a Extradição de Brasileiros* in *Revista Forense*, nº 339, 1997.

SILVA, Virgílio Afonso da. *Sistemas Eleitorais: tipos, efeitos jurídico-políticos e aplicação ao caso brasileiro*. São Paulo: Malheiros, 1999.

_________. *Interpretação Constitucional e Sincretismo Metodológico* in *Interpretação Constitucional*. São Paulo: Malheiros, 2007.

_________. *O Proporcional e o Razoável* in *Revista dos Tribunais*, nº 798, 2002.

_________. *Princípios e Regras: mitos e equívocos acerca de uma distinção* in *Revista Latino-Americana de Estudos Constitucionais*, nº 1, 2003.

SILVA FILHO, Artur Marques da. *"Habeas Data": remédio heroico ou inócuo* in *Revista dos Tribunais*, nº 649, 1989.

SILVA FILHO, Derly Barreto e. *Destinação e Utilidade do Mandado de Injunção* in *Revista dos Tribunais*, nº 673, 1991.

SILVA JÚNIOR, Hédio. *Igualdade Material*. São Paulo: Juarez de Oliveira, 2002.

SILVA NETO, Manoel Jorge e. *Curso de Direito Constitucional*. Rio de Janeiro: Lumen Juris, 2006.

SILVEIRA, Felipe da. *A Proteção à Probidade e Celeridade Processual. Novas Ferramentas no Combate à Má-Fé Processual* in *Revista de Processo*, nº 165, 2008.

SILVEIRA, José Néri da. *A Reforma Constitucional e o Controle de sua Constitucionalidade* in *Revista do Ministério Público do Estado do Rio Grande do Sul*, nº 35, 1995.

SILVEIRA, Paulo Fernando. *Freios e Contrapesos ("Checks and Balances")*. Belo Horizonte: Del Rey, 1999.

SILVEIRA, Renata. *Controle Jurisdicional da Constitucionalidade e as Peculiaridades relativas às Leis e Atos Normativos Municipais*. Rio de Janeiro: Opus, 2002.

SILVEIRA NETO, Honório. *Teoria do Estado*. 7ª ed. Rio de Janeiro: Forense, 1985.

SILVÉRIO, Paulo Roberto Mendonça. *O Instituto Jurídico dos Direitos Adquiridos e a "Cláusula Pétrea" dos Direitos e Garantias Individuais* in *Revista de Informação Legislativa*, nº 128, 1995.

SIQUEIRA, Pedro Eduardo Pinheiro de. *A Coisa Julgada Inconstitucional*. Rio de Janeiro: Renovar, 2006.

SKOURIS, Wassilios. *Teilnichtigkeit von Gesetzen*. Berlin: Duncker & Humblot, 1973.

SLAIBI FILHO, Nagib. *Anotações à Constituição de 1988: aspectos fundamentais*. 2ª ed. Rio de Janeiro: Forense, 1989.

_________. *Ação Declaratória de Constitucionalidade*. Rio de Janeiro: Forense, 1994.

_________. *Direito Constitucional*. Rio de Janeiro: Forense, 2004.

_________. *Estado de Defesa e Estado de Sítio* in *Revista Forense*, nº 306, 1989.

_________. *A Arguição de Inconstitucionalidade nos Tribunais: notas sobre a nova redação que a Lei nº 9.756/98 deu ao art. 481 do CPC* in *Revista de Direito do Tribunal de Justiça do Estado do Rio de Janeiro*, nº 42, 2001.

_________. *Breve História do Controle de Constitucionalidade* in *Seleções Jurídicas COAD/ADV*, ago./set., 2002.

SMANIO, Gianpaolo Poggio. *Tutela Penal dos Interesses Metaindividuais*. São Paulo: Atlas, 2000.

SMEND, Rudolf. *Die politische Gewalt im Verfassungsstaat und das Problem der Staatsform*. Tübingen: J.C.B. Mohr, 1923.

_________. *Verfassung und Verfassungsrecht* in *Staatsrechtliche Abhandlungen und andere Aufsätze*. 3ª ed. Berlin: Duncker & Humblot, 1955.

SMITH, Edward Conrad. *The Constitution of United States with Cases Sumaries*. 11ª ed. New York: Barnes & Noble Books, 1979.

SOARES, Humberto Ribeiro. *"Impeachment". Crimes de Responsabilidade do Presidente da República*. Rio de Janeiro: Lumen Juris, 1993.

SOARES, Mário Bento Martins. *Ação Popular. Singularidades e Controvérsias do Instituto* in *Revista de Direito Público*, nº 53, 1980.

SOARES, Mário Lúcio. *Princípios Constitucionais Fundamentais* in *Revista de Direito Privado*, nº 14, 2003.

SÖHN, Hartmut. *Die abstrakte Normenkontrolle* in *Bundesverfassungsgericht und Grundgesetz*. v. I. Tübingen: Mohr, 1976.

SONTHEIMER, Kurt. *Teoría del Estado*. Buenos Aires: Eudeba, 1971.

SOSPEDRA, Manuel Martínez. *La Constitución Española de 1812. El Constitucionalismo Liberal a Principios de Siglo XIX*. Valencia: Cátedra Fadrique Furió Ceriol, 1978.

SOUSA, Marcelo Rebelo de. *O Valor Jurídico do Acto Inconstitucional*. Lisboa: AAFDL, 1988.

_________. *Ciência Política: conteúdos e métodos*. Lisboa: Lex, 1998.

_________. *Direito Constitucional*. Lisboa: Lex, 1999.

_________. *As Formas de Organização do Estado – Unitário, Federal, Regional – e as suas Implicações ao Nível da Organização do Controlo Financeiro. A Estrutura do Estado* in *Jornadas da Organização Europeia de Entidades Fiscalizadoras Superiores*. Funchal: Eurosai, 2001.

SOUSA, Nuno de. *Nacionalidade das Empresas Jornalísticas e de Radiodifusão Sonora e de Sons e Imagens* in *Boletim da Faculdade de Direito da Universidade de Coimbra. Estudos em Homenagem a Afonso Queiroz*, nº 1, 1984.

SOUTO, João Carlos. *Advocacia Pública*. Brasília: Iadc, 2003.

SOUTO, Marcos Juruena Villela et al. *Direito Empresarial Público*. Rio de Janeiro: Lumen Juris, 2002.

SOUTO, Marcos Juruena Villela. *Licitações e Contratos Administrativos*. 3ª ed. Rio de Janeiro: Esplanada, 1998.

_________. *Desestatização: privatização, concessões e terceirizações*. 3ª ed. Rio de Janeiro: Lumen Juris, 2000.

_________. *Aspectos Jurídicos do Planejamento Econômico*. 2ª ed. Rio de Janeiro: Lumen Juris, 2000.

_________. *Ordem Econômica na Constituição* in *Revista Tributária e de Finanças Públicas*, nº 32, 2000.

SOUZA, Eduardo Francisco de. *A Abstração do Controle Difuso de Constitucionalidade*. Disponível em: <http://planalto.gov.br>. Acesso em: 10.4.2008.

SOUZA, Gelson Amaro de. *Mandado de Segurança e Indicação Errônea da Autoridade Coatora* in *Revista dos Tribunais*, nº 106, 2002.

SOUZA, José. *Teoria do Estado*. São Paulo: José Bushatsky, 1967.

SOUZA, José Barcelos de. *Doutrina e Prática do "Habeas Corpus"*. Belo Horizonte: Sigla, 1998.

SOUZA, José Guilherme de. *A Defesa do Estado e a Suspensão Temporária de Direitos Individuais* in *Revista Brasileira de Direito Comparado*, nº 5, 1990.

SOUZA, Maria Carmem Castro. *O Julgamento do Presidente da República pelo Senado Federal* in *Arquivos do Ministério da Justiça*, nº 184, 1994.

SOUZA, Sebastião de. *Dos Processos Especiais*. v. I. Rio de Janeiro: Forense, 1957.

SOUZA JÚNIOR, Cezar Saldanha. *O Tribunal Constitucional como Poder. Uma Nova Teoria da Divisão dos Poderes*. São Paulo: Memória Jurídica, 2002.

SOUZA NETO, Cláudio Pereira de. *A Segurança Pública na Constituição Federal de 1988* in *Revista Diálogo Jurídico*, nº 17, 2007.

SPANNER, Hartmut. *Die verfassungskonforme Auslegung* in *der Rechtsprechung des Bundesverfassungsgerichts* in *Archiv des öffentlichen Rechts*, nº 61, 1966.

STAATSGEBIET, Fricker von. *Gebiet und Gebietshoheit*. Tübingen: J. C. B. Mohrs, 1901.

STARCK, Christian et al. *Bundesverfassungsgericht und Grundgesetz*. v. I. Tübingen: Mohr, 1976.

STARCK, Christian. *La Jurisprudence de la Cour Constitutionelles federale concernant les Droits Fondamentaux* in *Revue du Droit Public et de la Science Politique en France et a l'Étranger*, nº 5, 1988.

STEFANO, Rodolfo de. *Il Problema del Potere*. Milano: Giuffrè, 1962.

STEINMETZ, Wilson Antônio. *Colisão de Direitos Fundamentais*. Porto Alegre: Livraria do Advogado, 2001.

STERN, Klaus. *Das Staatsrecht der Bundesrepublik Deutschland*. 2ª ed. v. I. München: Allgemeine Lehren der Grundrechte, 1982.

__________. *Das Staatsrechts der Bundesrepublik Deutschland*. München: C. H. Beck, 1988.

STEVENSON, Garth. *Canadian Federalism*. Toronto: McClelland & Stewart, 1989.

STOCO, Rui. *Legitimidade do Ministério Público na Ação Civil "Ex Delicto"* in *Repertório de Jurisprudência IOB: civil, processual, penal e comercial*, nº 20, 1997.

STRECK, Lenio Luiz et al. *Comentários à Reforma do Poder Judiciário*. Rio de Janeiro: Forense, 2005.

__________. *A Nova Perspectiva do Supremo Tribunal Federal Sobre o Controle Difuso: mutação constitucional e limites da legitimidade da jurisdição constitucional* in *Constitucionalismo: os desafios do terceiro milênio*. Belo Horizonte: Fórum, 2008.

__________. *Os Limites Constitucionais das Resoluções do Conselho Nacional de Justiça e Conselho Nacional do Ministério Público* in *Revista de Doutrina*, nº 9, 2005.

STRECK, Lenio Luiz. *Mandado de Injunção*. Rio de Janeiro: Edições Trabalhistas, 1991.

_________. *Súmulas no Direito Brasileiro: eficácia, poder e função*. 2ª ed. Porto Alegre: Livraria do Advogado, 1998.

_________. *Jurisdição Constitucional e Hermenêutica – uma nova crítica do direito*. 2ª ed. Rio de Janeiro: Forense, 2004.

_________. *Hermenêutica, Constituição e Processo, ou de "como a discricionariedade não combina com a democracia": o contraponto da resposta correta* in *Constituição e Processo: contribuição do processo ao constitucionalismo democrático brasileiro*. Belo Horizonte: Del Rey, 2009.

_________. *Súmulas Vinculantes e a Reforma do Judiciário: o leito do procusto da Justiça brasileira* in *Revista do Ministério Público do Estado do Rio Grande do Sul*, nº 35, 1995.

STRENGER, Irineu. *Mandado de Injunção*. Rio de Janeiro: Forense, 1988.

STRÖMHOLM, Stig. *Right of Privacy and Rights of Personality*. Stockholm: P. A. Norstedt & Söner, 1967.

STROPPA, Yara Martinez de Carvalho e Silva et al. *Poder Executivo* in *Cadernos de Direito Constitucional e Ciência Política*, nº 18, 1997.

STROPPA, Yara Martinez de Carvalho e Silva. *Município: aquisição de bens móveis e imóveis* in *Boletim de Direito Administrativo*, nº 9, 1992.

SUANZES-CARPEGNA, Joaquim. *Teoría del Estado*. Madrid: Tecnos, 1983.

SUBIRÓS, Giselle Molina. *El Sistema Axiológico de la Convención sobre la Eliminación de Todas las Formas de Discriminación contra la Mujer como Parâmetro de Control Constitucional en la Formulación e Implementación de Leyes y Políticas Públicas* in *Revista del Instituto Interamericano de Derechos Humanos*, nº 35, 2002.

SULLIVAN, Kathleen et al. *Constitutional Law*. 13ª ed. New York: The Foundation, 1997.

SUNDFELD, Carlos Ari. *Licitação e Contrato Administrativo*. São Paulo: Malheiros, 1994.

_________. *"Habeas Data" e Mandado de Segurança Coletivo* in *Revista de Direito Público*, nº 95, 1990.

SUNSTEIN, Cass. *The Partial Constitution*. Cambridge: Harvard University Press, 1993.

SUORDEM, Fernando Paulo da Silva. *O Princípio da Separação de Poderes e os Novos Movimentos Sociais. A Administração Pública no Estado Moderno entre as Exigências de Liberdade e Organização*. Coimbra: Almedina, 1995.

SURHONE, Lambert et al. *Abwägungsausfall: Verwaltungsrecht, Planungsrecht, Bundesverwaltungsgericht, Verhältnismässigkeitsprinzip, Bauplanungsrecht, Felix Weyreuther, Ermessensfehlerlehre*. Beau Bassin: Betascript Publishing, 2010.

SÜSSEKIND, Arnaldo. *Direito Constitucional do Trabalho*. Rio de Janeiro: Renovar, 1999.

SYMONIDES, Janusz. *Direitos Humanos*. Brasília: UNESCO Brasil, 2003.

SZKLAROWSKY, Leon Frejda. *Distrito Federal: Município ou Estado?* in *Revista Tributária e de Finanças Públicas*, nº 38, 2001.

TÁCITO, Caio. *Temas de Direito Público*. v. I. Rio de Janeiro: Renovar, 1997.

________. *Parecer* in *Revista de Direito Administrativo*, nº 68, 1963.

________. *As Medidas Provisórias na Constituição de 1988* in *Revista Forense*, nº 305, 1989.

________. *As Medidas Provisórias na Constituição de 1988* in *Revista de Direito Público*, nº 90, 1990.

________. *Desvio de Poder Legislativo* in *Revista Trimestral de Direito Público*, nº 1, 1993.

________. *Comissão Parlamentar de Inquérito: sigilos bancário, fiscal e telefônico* in *Revista de Direito Administrativo*, nº 208, 1997.

TAMAYO, Luis Alfonso. *Filosofía del Derecho*. México: Harla, 1995.

TAVARES, Ana Lucia de Lyra. *O Mandado de Injunção como Exemplo de Recepção de Direito* in *1988-1998: uma década de Constituição*. Rio de Janeiro: Renovar, 1999.

TAVARES, André Ramos et al. *Arguição de Descumprimento de Preceito Fundamental – Análises à luz da Lei nº 9.882/99*. São Paulo: Atlas, 2001.

TAVARES, André Ramos. *Tribunal e Jurisdição Constitucional*. São Paulo: Celso Bastos, 1998.

________. *Tratado da Arguição de Descumprimento de Preceito Fundamental*. São Paulo: Saraiva, 2001.

________. *Curso de Direito Constitucional*. São Paulo: Saraiva, 2002.

________. *Teoria da Justiça Constitucional*. São Paulo: Saraiva, 2005.

________. *Nova Lei de Súmula Vinculante: estudos e comentários à Lei nº 11.417, de 19 de dezembro de 2006*. 3ª ed. São Paulo: Método, 2009.

________. *Manual do Novo Mandado de Segurança: Lei nº 12.016, de 7 de agosto de 2009*. Rio de Janeiro: Forense, 2009.

________. *Manual do Poder Judiciário Brasileiro*. São Paulo: Saraiva, 2012.

________. *A Súmula Vinculante na Emenda Constitucional nº 45/04* in *Reforma do Poder Judiciário no Brasil Pós-88*. São Paulo: Saraiva, 2005.

________. *A Constituição Aberta: elementos de uma hermenêutica constitucional* in *Retrospectiva dos Vinte Anos da Constituição Federal*. São Paulo: Saraiva, 2009.

TAVARES, Iris Eliete Teixeira Neves et al. *Poder Legislativo* in *Revista Brasileira de Estudos Políticos*, nº 83, 1996.

TAVARES, Iris Neves de Pinto. *Presidência da República* in *Revista Brasileira de Estudos Políticos*, nº 84, 1997.

TAVARES, Marcelo. *Direito Previdenciário*. 8ª ed. Rio de Janeiro: Lumen Juris, 2006.

TEIXEIRA, Francisco Dias. *Benefícios de Assistência Social* in *Boletim dos Procuradores da República*, nº 6, 1998.

TEIXEIRA, José Horácio Meirelles. *Curso de Direito Constitucional*. Rio de Janeiro: Forense Universitária, 1991.

TEIXEIRA, Patrícia Trunfo. *Recursos em Matéria Civil*. Porto Alegre: Verbo Jurídico, 2005.

TEIXEIRA, Sálvio de Figueiredo. *As Tendências Brasileiras rumo à Jurisprudência Vinculante* in *Informativo Jurídico da Biblioteca Oscar Saraiva*, nº 10, 1998.

TEIXEIRA FILHO, Manoel Antônio. *O Controle Jurisdicional da Constitucionalidade das Leis e dos Atos Normativos do Poder Público*. São Paulo: Ltr, 1985.

_________. *Mandado de Injunção e Direitos Sociais* in *Revista Ltr*, nº 53, 1989.

TELES, Carlos André Coutinho. *As Decisões Monocráticas do Supremo Tribunal Federal e a Necessária Deliberação Suficiente* in *Direito Público*, nº 94, 2020.

TELES, *Vanali*. *Direito à Ciência*. Brasília: *Thesaurus*, 2013.

TEMER, Michel. *Elementos de Direito Constitucional*. 14ª ed. São Paulo: Malheiros, 1998.

TENÓRIO, Oscar. *Direito Internacional Público*. 10ª ed. Rio de Janeiro: Freitas Bastos, 1970.

TEPEDINO, Gustavo. *A Nova Propriedade: o seu conteúdo, entre o Código Civil e a Constituição* in *Revista Forense*, nº 306, 1989.

_________. *Premissas Metodológicas para a Constitucionalização do Direito Civil* in *Temas de Direito Civil*. Rio de Janeiro: Renovar, 1999.

TERESI, Francesco. *Lezioni sulle Garanzie Costituzionali*. Padova: Cedam, 1999.

THEODORO, Marcelo Antonio. *Direitos Fundamentais*. 2ª ed. Curitiba: Juruá, 2003.

THEODORO JÚNIOR, Humberto. *Processo de Execução*. 9ª ed. São Paulo: Revista dos Tribunais, 1989.

_________. *Curso de Direito Processual Civil*. 22ª ed. v. I. Rio de Janeiro: Forense, 1997.

_________. *Tutela de Urgência*. 2ª ed. Rio de Janeiro: América Jurídica, 2001.

_________. *Litisconsórcio e Intervenção de Terceiros no Processo Civil Brasileiro* in *Revista Forense*, nº 334, 1996.

_________. *Justiça Federal Comum* in *Revista Jurídica*, nº 265, 1999.

_________. *Repercussão Geral do Recurso Extraordinário e Súmula Vinculante do Supremo Tribunal Federal* in *Revista IOB de Direito Civil e Processual Civil*, nº 48, 2007.

THOMSON, Judith J. *The Real of Rights*. Cambridge: Harvard University Press, 1990.

TOBEÑAS, Castan. *Los Derechos del Hombre*. 2ª ed. Madrid: Reus, 1975.

TOJAL, Sebastião Barros. *Teoria do Estado*. Rio de Janeiro: Forense, 1997.

TOLEDO, Gastão Alves de. *Lei Delegada* in *Revista de Informação Legislativa*, nº 113, 1992.

TORNAGHI, Hélio Bastos. *Curso de Processo Penal*. 7ª ed. v. II. São Paulo: Saraiva, 1990.

TORQUATO, Gaudêncio. *Judiciário em Ebulição* in *O Estado de S. Paulo*, 5.2.2012.

TORRES, Marcelo Nóbrega da Câmara. *Direitos Sociais*. Brasília: Senado Federal, 1987.

TORRES, Ricardo Lobo et al. *Teoria dos Direitos Fundamentais*. Rio de Janeiro: Renovar, 1999.

TORRES, Ricardo Lobo. *Normas de Interpretação e Integração do Direito Tributário*. Rio de Janeiro: Forense, 1994.

_________. *Orçamento na Constituição*. Rio de Janeiro: Renovar, 1995.

_________. *Os Direitos Humanos e a Tributação*. Rio de Janeiro: Renovar, 1995.

_________. *Curso de Direito Financeiro e Tributário*. 6ª ed. Rio de Janeiro: Renovar, 1999.

_________. *O Conceito de Mínimo Existencial e os Direitos Fundamentais* in *Revista de Direito Administrativo*, nº 177, 1989.

_________. *A Declaração de Inconstitucionalidade e a Restituição de Tributos* in *Revista Dialética de Direito Tributário*, nº 8, 1996.

TOURINHO FILHO, Fernando da Costa. *Processo Penal*. 19ª ed. v. I. São Paulo: Saraiva, 1997.

_________. *Prisão Provisória* in *Revista de Informação Legislativa*, nº 122, 1994.

TREANOR, William Michael. *Judicial Review Before Marbury* in *Stanford Law Review*, nº 58, 2005.

TRIBE, Laurence. *American Constitutional Law*. 2ª ed. New York: The Foundation Press, 1988.

TRIGUEIRO, Oswaldo. *Direito Constitucional Estadual*. Rio de Janeiro: Forense, 1980.

TRINDADE, Antônio Augusto Cançado. *Memorial em prol de uma Nova Mentalidade quanto à Proteção dos Direitos Humanos nos Planos Internacional e Nacional* in *Arquivos de Direitos Humanos*. Rio de Janeiro: Renovar, 1999.

TROPER, Michel. *Justice Constitutionnelle et Démocratie* in *Révue Française de Droit Constitutionnel*. Paris: Presses Universitaires de France, 1990.

TUCCI, José Rogério Cruz e. *Tempo e Processo*. São Paulo: Revista dos Tribunais, 1997.

_________. *Precedente Judicial como Fonte do Direito*. São Paulo: Revista dos Tribunais, 2004.

TUCCI, Rogério Lauria. *"Habeas Corpus"*. São Paulo: Saraiva, 1978.

_________. *Teoria e Prática do "Habeas Corpus"*. Belém: CEJUP, 1986.

_________. *Direitos Individuais*. 2ª ed. São Paulo: Revista dos Tribunais, 2004.

_________. *Processo e Procedimento da Ação de "Habeas Data"* in *"Habeas Data"*. São Paulo: Revista dos Tribunais, 1998.

TUCKER, George. *Constitutional Law* in *Encyclopaedia of Law and Procedure*. v. VIII. Boston: Little, Brown & Company, 1896.

UBILOS, Juan Maria Bilbao. *La Eficacia de los Derechos Fundamentales frente a Particulares*. Madrid: Centro de Estudios Constitucionales, 1997.

UGGERE, Carlos Alberto Pimentel. *Mandado de Segurança Coletivo como Instrumento para Defesa dos Interesses Difusos, Coletivos e Individuais Homogêneos*. Curitiba: Juruá, 1999.

URBINA, Alberto Trueba. *Derecho Procesal del Trabajo*. v. I. México: Laguna, 1941.

USERA, Raúl Canosa. *Interpretación Constitucional y Fórmula Política*. Madrid: Centro de Estudios Constitucionales, 1988.

VALENTE, Flávio Luiz. *Direito à Alimentação*. São Paulo: Cortez, 2002.

VALENTE, Manoel Adam Lacayo. *Cláusula de Convalidação em Medidas Provisórias* in *Revista de Informação Legislativa*, nº 130, 1996.

_________. *Natureza Jurídica dos Conselhos de Fiscalização de Profissões Regulamentadas* in *Revista de Informação Legislativa*, nº 153, 2002.

VALLADÃO, Alfredo. *O Ministério Público*. Rio de Janeiro: Freitas Bastos, 1973.

VANOSSI, Jorge Reinaldo. *Teoría Constitucional*. 2ª ed., v. I. Buenos Aires: Depalma, 2000.

_________. *El Poder de Investigación del Congreso Nacional* in *Boletín Mexicano de Derecho Comparado*, nº 27, 1976.

VASAK, Karel. *As Dimensões Internacionais dos Direitos do Homem*. Lisboa: Editora Portuguesa de Livros Técnicos e Científicos, 1983.

VASCONCELLOS, José de. *Educação Fundamental*. São Paulo: Dom Bosco, 1983.

VASCONCELOS, Antonio Ramos de. *Proteção Constitucional do Sigilo Bancário, Fiscal e Telefônico* in *Jurisprudência do Supremo Tribunal Federal*, nº 214, 1996.

VECCHIO, Giorgio del. *Filosofia del Diritto*. 2ª ed. Citta di Castello: Leonardo da Vinci, 1932.

VELLOSO, Carlos Mário da Silva. *Curso de Mandado de Segurança*. São Paulo: Revista dos Tribunais, 1986.

_________. *Temas de Direito Público*. Belo Horizonte: Del Rey, 1994.

_________. *As Novas Garantias Constitucionais: o mandado de segurança coletivo, o "habeas data", o mandado de injunção e a ação popular para a defesa da moralidade administrativa* in *Revista dos Tribunais*, nº 644, 1989.

_________. *Superior Tribunal de Justiça: competências na Constituição de 1988* in *Revista Trimestral de Jurisprudência* dos Estados, nº 66, 1989.

_________. *Funcionário Público. Aposentadoria. Direito Adquirido* in *Revista de Direito Público*, nº 21, 1990.

_________. *Estado Federal e Estados Federados na Constituição Brasileira de 1988* in *Revista Brasileira de Estudos Políticos*, nº 74, 1992.

_________. *Intervenção da União nos Estados: autonomia dos entes federados* in *Boletim de Direito Administrativo*, nº 13, 1997.

_________. *Comissões Parlamentares de Inquérito* in *Cadernos de Direito Constitucional e Ciência Política*, nº 26, 1999.

VELLOSO, João. *A Crise do Estado*. São Paulo: José Olympio, 1992.

VELOSO, Waldir de Pinho. *Filosofia do Direito*. São Paulo: Thomson IOB, 2004.

VELOSO, Zeno et al. *Reforma do Poder Judiciário Comentada*. São Paulo: Saraiva, 2005.

VELOSO, Zeno. *Controle Jurisdicional de Constitucionalidade*. 2ª ed. Belo Horizonte: Del Rey, 2000.

_________. *O Senado Precisa ser Retirado do Controle Difuso de Constitucionalidade* in *Cadernos de Direito*, nº 9, 2005.

VENTURI, Elton. *Processo Civil Coletivo: a tutela jurisdicional dos direitos difusos, coletivos e individuais homogêneos no Brasil*. São Paulo: Malheiros, 2007.

VERUCCI, Florisa. *Igualdade Formal*. Brasília: Instituto Teotônio Vilela, 1998.

VIAMONTE, Carlos Sánchez. *El Poder Constituinte*. Buenos Aires: Editorial Bibliográfica Argentina, 1957.

VIANA, Ataliba Pereira. *Relações entre os Poderes do Estado*. Rio de Janeiro: Borsoi, 1959.

VIANA, Camila Rocha. *A Evolução do Monopólio do Petróleo e o Novo Marco Regulatório do Pré-Sal* in *Revista Brasileira de Direito do Petróleo, Gás e Energia*, nº 3, 2013.

VIANA, Henrique de Brito. *Teoria Jurídica do Território*. São Paulo: Saraiva, 1957.

VIANA, Jorge Candido. *"Habeas Corpus": impetrante ou capacidade postulatória* in *Revista do Mercosul*, nº 6, 2000.

VIDIGAL, Luiz Eulálio de Bueno. *Do Mandado de Segurança*. São Paulo: Saraiva, 1953.

_________. *Da Imutabilidade dos Julgados que concedem Mandado de Segurança*. São Paulo: Faculdade de Direito da Universidade de São Paulo, 1953.

VIEHWEG, Theodor. *Topik und Jurisprudenz*. 2ª ed. München: C. H. Beck, 1963.

VIEIRA, Antonio Cláudio. *Sobre o "Impeachment" na Câmara dos Deputados* in *Revista dos Tribunais*, nº 685, 1992.

VIEIRA, Felipe. *Comentários à Constituição*. 2ª ed. Rio de Janeiro: Ferreira, 2005.

VIEIRA, José Marcos Rodrigues. *Ação Cível*. Belo Horizonte: Del Rey, 2002.

VIEIRA, José Ribas. *Leituras e Debates em torno da Interpretação no Direito Constitucional nos Anos 90* in *Impulso – Revista de Ciências Sociais e Humanas*, nº 20, 1996.

VIEIRA, Oscar Vilhena. *Supremo Tribunal Federal: jurisprudência política*. 2ª ed. São Paulo: Malheiros, 2002.

_________. *Que Reforma?* in *Estudos Avançados*, nº 51, 2004.

VIEIRA, Roberto Átila Amaral. *Ação Popular* in *Revista de Direito Público*, nº 89, 1989.

VIEITO, Aurélio Agostinho Verdade. *Da Hermenêutica Constitucional*. Belo Horizonte: Del Rey, 2000.

VIGLIAR, José Marcelo Menezes. *Tutela Coletiva*. 2ª ed. São Paulo: Atlas, 1999.

VIGO, Rodolfo. *Los Principios Jurídicos*. Buenos Aires, Depalma, 2000.

VILLANOVA, Lourival. *Teoria do Estado*. Recife: Edição do Autor, 1953.

_________. *As Estruturas Lógicas e o Sistema de Direito Positivo*. São Paulo: Revista dos Tribunais, 1977.

_________. *Lógica Jurídica*. São Paulo: José Bushatsky, 1978.

VILLENEUVE, Marcel. *Traité de l'État*. Paris: Recueil Sirey, 1929.

VIRGA, Pietro. *Diritto Costituzionale*. 6ª ed. Milano: Giuffrè, 1967.

VITORELLI, Edilson. *O Devido Processo Legal Coletivo*. 2a ed. São Paulo: Revista dos Tribunais, 2019.

WALD, Arnoldo et al. *O "Habeas Data" na Lei nº 9.507, de 12 de novembro de 1997*. Disponível em: <http://www.saraivajur.com.br>. Acesso em: 07.09.2007.

WALD, Arnoldo. *Do Mandado de Segurança na Prática Judiciária*. 3ª ed. Rio de Janeiro: Forense, 1968.

_________. *Da Iniciativa para o Exercício da Ação Direta de Declaração de Inconstitucionalidade* in *Revista de Direito Público*, nº 16, 1972.

_________. *Usos e Abusos da Ação Civil Pública (Análise de sua Patologia)* in *Revista Forense*, nº 329, 1995.

_________. *O Incidente de Constitucionalidade: instrumento de uma Justiça rápida e eficiente*. Disponível em: <http://www.planalto.gov.br>. Acesso em: 13.06.2001.

WALINE, Marcel. *Précis de Droit Administratif*. Paris: Monchrestien, 1969.

WALLER, Harold. *Canadian Federalism. From Crisis to Constitution*. Lanham, M.D.: University Press of America, 1984.

WAMBIER, Luiz Rodrigues et al. *Legitimidade da Defensoria Pública para o Ajuizamento de Ação Civil Pública* in *Breves Comentários à Nova Sistemática Processual Civil*. v. III. São Paulo: Revista dos Tribunais, 2007.

WAMBIER, Teresa Alvim et al. *Reforma do Poder Judiciário*. São Paulo: Revista dos Tribunais, 2005.

WARREN, Samuel Dennis et al. *The Right of Privacy* in *Harvard Law Review*, nº 4, 1890.

WASSERSTROM, Richard. *Philosophy and Social Issues: five studies*. Notre Dame: University of Notre Dame Press, 1980.

WATANABE, Kazuo. *Controle Jurisdicional e Mandado de Segurança contra Atos Judiciais*. São Paulo: Revista dos Tribunais, 1980.

_______. *Cognição no Processo Civil*. São Paulo: Revista dos Tribunais, 1987.

WEBER, Max. *Wirtschaft und Gesellschaft*. 5ª ed. Tübingen: J. Winckelmann, 1922.

WECHSLER, Herbert. *Towards neutral principles of Constitutional Law* in *Harvard Law Review*, nº 73, 1959.

WEINTRAUB, Arthur Bragança. *Os Regimes de Previdência Privada* in *Revista de Previdência Social*, nº 250, 2001.

WEISS, André. *Manuel de Droit International Privé*. 5ª ed. Paris: Librairie de la Société du Recueil General des Lois et des Arrets et du Journal du Palais, 1905.

WEISSHEIMER, Marco Aurélio. *Bolsa Família*. São Paulo: Fundação Perseu Abramo, 2010.

WHEARE, Kenneth. *Model State Constitution*. 6ª ed. New York: National Municipal League, 1963.

WHEELER, John. *Salient Issues of Constitutional Revision*. New York: National Municipal League, 1961.

WILHELMI, Marco Aparicio. *Los Pueblos Indígenas y la Formación del Estado-Nación en América Latina* in *Caminos hacia el Reconocimiento. Pueblos Indígenas, Derechos y Pluralismo*. Girona: Universitat de Girona, 2005.

_______. *El Derecho de los Pueblos Indígenas a la Libre Determinación* in *Pueblos Indígenas y Derechos Humanos*. Bilbao: Universidad de Deusto, 2006.

_______. *Los Pueblos Indígenas y sus Demandas: punto de partida del reconocimiento constitucional de los derechos de los pueblos indígenas* in *Derecho Constitucional para el Siglo XXI*. Madrid: Aranzadi, 2006.

_______. *Nuevos Avances del Poder Constituyente Democrático: aprendiendo del sur* in *Por una Asamblea Constituyente. Una Solución Democrática a la Crisis*. Madrid: Sequitur, 2012.

WILLOUGHBY, Wester Woodbury. *The Constitutional Law of the United States*. t. I. New York: Baker, Voorhis & Co., 1910.

WOOD, Horace. *A Treatise on the Legal Remedies of Mandamus and Prohibition, Habeas Corpus, Certiorari and Quo Warranto*. 3ª ed. Albany: W.C. Little & Co., Law Booksellers, 1896.

YARSHELL, Flávio Luiz. *Tutela Jurisdicional*. 2ª ed. São Paulo: DPJ, 2006.

ZACARIAS, André. *Direito à Segurança em Matéria Penal*. São Paulo: CL Edijur, 2003.

ZAFFARONI, Eugenio Raúl et al. *Manual de Direito Penal Brasileiro – Parte Geral*. 2ª ed. São Paulo: Revista dos Tribunais, 1999.

ZAGREBELSKY, Gustavo. *La Giustizia Costituzionale*. Bolonia: Il Mulino, 1977.

_________. *Il Diritto Mitte. Logge Diritti Giustizia*. Torino: Einaudi, 1992.

ZAINAGHI, Domingos Sávio. *Greve* in *Revista de Direito do Trabalho*, nº 113, 2004.

ZANETI JÚNIOR, Hermes. *Mandado de Segurança Coletivo: aspectos processuais controversos*. Porto Alegre: Sergio Antonio Fabris, 2001.

ZANGRANDO, Carlos Henrique. *Automação* in *Revista de Legislação do Trabalho*, nº 64, 2000.

ZAPPERI, Robert. *Introdución au "Qu'est-ce que le Tiers État?"* Geneve: Librairie, 1970.

ZAVASCKI, Teori Albino. *Antecipação da Tutela*. São Paulo: Saraiva, 1997.

_________. *Processo Coletivo: tutela de direitos coletivos e tutela coletiva de direitos*. 2ª ed. São Paulo: Revista dos Tribunais, 2007.

_________. *O Ministério Público e a Defesa dos Direitos Individuais Homogêneos* in *Revista de Informação Legislativa* nº 30, 1993.

_________. *Restrições à Concessão de Liminares* in *Revista dos Tribunais*, nº 718, 1994.

_________. *Defesa de Direitos Coletivos e Defesa Coletiva de Direitos* in *Revista Jurídica*, nº 212, 1995.

_________. *Eficácia das Liminares nas Ações de Controle Concentrado de Constitucionalidade* in *Revista de Processo*, nº 98, 2000.

ZEIDLER, Wolfgang. *Die Verfassungsrechtsprechung im Rahmen der staatlichen Funktionen* in *Europäische Grundrechtszeitschrift*, 1988.

ZIPPELIUS, Reinhold. *Verfassungskonforme Auslegung von Gesetzen* in *Bundesverfassungsgericht undGrundgesetz*, nº 2, 1976.

_________. *Staatslehre*. 11ª ed. München: C.H. Beck, 2001.

ZOEHLER, Eber *et al. Orçamento Impositivo*. Brasília: Câmara dos Deputados, 2013.

ZUCK, Rüdiger. *Das Recht des Verfassungsbeschwerde*. 3ª ed. München: C.H. Beck, 2006.

ÍNDICE REMISSIVO

A

B

C

D

H

I

J

L

M

N

O

P

Q

R

S

T

U

V

2024
1 2 3 4 5 6 7 8 9 10